刑事訴訟 理論과 實務

2023

사단법인 **한국형사소송법학회**
The Korean Association of Criminal Procedure

머리말

2021년과 2022년에 이어서 2023년 한 해 동안 한국연구재단 등재학술지 '형사소송 이론과 실무'에 게재된 논문을 단행본으로 엮어서 세 번째 통합본을 발간하게 되었습니다. 학술지 개별 권·호를 기준으로 하면 2023년에 발간된 제15권 제1호부터 제15권 제4호까지 학술지에 게재된 논문들을 한곳에 모은 책자입니다.

학술지의 이름에서 표현되고 있듯이 이 책자에는 형사절차와 관련한 이론과 실무의 현안 쟁점들은 물론이고 형사소송법의 기초적 법리에 관련된 전문가의 식견이 녹아있는 다양한 주제들이 다루어지고 있으며, 최신의 국제적 흐름을 반영한 비교법적 자료들도 풍부하게 제시되고 있습니다. 독자들께서는 이 책자에 게재된 몇 편의 글을 읽는 것만으로 형사소송과 관련한 현재 주요 쟁점과 관심방향에 대한 궁금증을 해소할 수 있는 좋은 기회를 가질 수 있을 것입니다.

본서에 게재된 논문들의 수록 순서는 개별 발간호에 게재된 순서를 따랐기 때문에 형사소송법의 편장 순서나 해당 주제별로 정리된 상태가 아니어서 특정 주제나 분야를 바로 찾아보기에 다소 불편할 수도 있을 것입니다만, 목차를 일견해 보시면 어렵지 않게 관심 분야의 글에 접근할 수 있을 것입니다.

임의동행, 인신구속제도, 구속자석방제도, 압수수색영장 사전심문제, 행정조사·영장집행시 참여권, 온라인 수색, 정보저장매체의 수색·압수 및 참여권 보장과 증거능력 등 대물·대인적 강제처분에 관한 법치주의적 통제에 대한 다양한 글들은 독자 여러분들이 균형있는 시각을 가지는 데 도움이 될 수 있을 것입니다.

또한 사법협조자, 인공지능을 활용한 전자감시, 리걸테크와 형사전자소송, 형사공판의 디지털화와 같은 주제의 글들은 가까운 미래에 우리의 형사절차를 생각해 보고 합리적인 방향을 찾기 위해서 우리는 어떤 문제들을 고민해야 할지에 대한 조언이 될 것으로 보입니다.

수사준칙, 형사소송법과 검찰청법 개정, 공수처에 대한 평가나 공판중심주의와 법관의 인사제도에 대한 글들은 지난 몇 년간 입법의 변화가 어떤 문제를 가져왔는지, 바람직한 형사소송제도의 개선은 어디에서부터 시작해야 하는지에 대한 정책적 관심을 가지신 분들에게 나침반의 역할을 할 것이라 믿습니다.

    학회 고문이신 정웅석 전임 회장님의 노력으로 2023년 제1회 법학전문대학원생 형사소송법 관련 논문경진대회에서 수상한 법학전문대학원 재학생의 논문 3편이 게재되어 있습니다. 판례암기와 시험법학으로 전락하고 있다는 법학전문대학원의 현실에 대한 비판이 거센 상황에서 현재의 법학전문대학원 교육에 최소한의 글쓰기 능력이라도 고양할 수 있는 계기를 마련하고 미래의 형사소송법 이론과 실무의 전문가를 키운다는 생각으로 법무부장관상과 형사소송법학회장상을 마련하고, 해당 법전원의 형사법담당교수님의 추천을 받은 학생들의 논문을 엄선하여 공개발표를 통해 선정한 논문들입니다. 앞으로 지속적으로 논문경진대회를 통해 학문적 글쓰기의 중요성을 환기시키고, 미래의 형사소송 이론과 실무 분야의 전문가를 양성하는데 기여하고자 합니다. 많은 관심과 지원을 부탁드립니다.

    2023년 각호에 게재된 논문들을 모두 모은 통합본이 발간될 수 있도록 2023년 한 해 동안 학술논문의 모집단계에서 KCI의 파일등재까지 모든 작업을 정성으로 관리해 주신 편집위원장 형사법무정책연구원 윤지영 박사님, 여러 편집위원님들과 차종진 편집간사님에게 학회를 대신하여 깊은 감사의 말씀을 전합니다. 2023년 통합호의 출판을 담당하신 박영사 안종만 회장님과 안상준 대표님, 편집작업을 총괄하신 한두희 과장님에게도 감사드립니다. 끝으로 2024년 학술지의 편집위원장의 책임을 넘겨받은 김혁돈 가야대학교 교수님과 간사로 편집실무를 총괄하시는 동서대 이수진 교수님에게도 고맙다는 말씀을 드립니다.

    한국형사소송법학회의 등재학술지 '형사소송 이론과 실무'가 형사소송법의 이론과 실무분야의 유일무이한 최고수준의 학술지로서 그 명성을 이어갈 수 있도록 모든 학회원 분들과 독자 여러분들의 지속적인 관심과 애정을 부탁드립니다. 감사합니다.

2024년 6월 30일

(사)한국형사소송법학회 회장

김 성 룡

목 차

제15권 제1호

한국형사소송법학회 『형사소송 이론과 실무』
제15권 제1호 (2023.3) 3~24면.
Theories and Practices of Criminal Procedure Vol. 15 No. 1 (March. 2023) pp. 3~24.
10.34222/kdps.2023.15.1.1

형사절차상 통지 대상자와 권리행사자의 범위에 대한 문제점과 개선방안
-임의동행과 인신구속 상황을 중심으로-

김 태 수[*]

―――――――――― 목 차 ――――――――――

Ⅰ. 머리말

　형사절차는 형벌권을 실현하기 위한 것이므로 신속하고 적정하게 진행되어야 한다. 이를 위해서는 형사 절차단계마다 통지라는 수단을 통하여 이해관계인 등에게 결정된 사항[1]), 진행된 상태[2]), 기일과 장소[3]), 이유나 취지[4]), 효력[5]), 참여권[6]) 등을

――――――――――――――

[*] 한국해양대학교 강사, 법학박사
1) 압수물처분과 당사자에의 통지(제135조), 지방검찰청검사장 등의 처리(제261조) 등
2) 피해자 등에 대한 통지(제259조의2), 재정신청 심리와 결정(제262조) 등
3) 검사 및 변호인 등의 출석(제266조의8), 공판기일의 지정(제267조) 등
4) 재판확정기록의 열람·등사(제59조의2), 우체물의 압수(제107조), 영장발부와 법원에 대한 통지(제204조), 고소인 등에 대한 송부통지(제245조의6), 고소인 등의 이의신청(제245조의7), 고소인등에의 처분고지(제258조), 공소제기 후 검사가 보관하고 있는 서류 등의 열람·등사(제266조의3), 피해자 등의 공판기록 열람·등사(제294조의4), 상소포기등과 상대방의 통지(제356조), 소송기록접수와 통지(제361조의2), 소송기록접수와 통지(제378조), 상고이유서와 답변서(제379조), 소송기록등의 송부(제411조), 정식재판의 청구(제453조) 등
5) 대표변호인(제32조의2), 소환장송달의 의제(268조), 검사의 불출석(제278조), 피해자등의 진

통지하도록 규정하고 있다. 즉, 통지라는 수단을 이용하여 일정한 내용이나 권리 등을 이해관계인에게 고지하여 신속하게 형사절차를 진행함과 동시에 피의자나 피고인의 방어권을 보장하고 있다. 일정한 내용을 고지를 받은 자는 스스로 권리나 방어권 행사 등을 할 수도 있지만 불안한 상태에서의 방어권 행사는 쉽지 않다. 따라서 당사자와 일정한 관계있는 자에게도 특정 사항이나 권리 등을 통지하도록 규정하고 통지를 받은 자는 당사자 본인을 위해 여러 가지 권리 등을 행사하여 방어권 등을 보장하고 있다.

이처럼 형사절차상 통지는 당사자뿐만 아니라 당사자와 일정한 관계에 있는 자에게 통지하도록 함으로써 기본권 침해나 방어권을 보장하는데 그 취지가 있다. 하지만 통지를 받는 자의 범위가 제한적으로 규정되어 있거나 통지의 대상자가 아님에도 불구하고 당사자 본인을 위한 여러 가지 권리 등을 행사할 수 있도록 규정되어 있다면 이는 기본권 침해뿐만 아니라 방어권 행사에 장애를 주게 된다.

따라서 본 논문에서는 우선, 당사자와 일정한 관계있는 자 즉, 통지를 받는 대상자의 범위가 어떻게 규정되어 있는지 둘째, 통지를 받은 자와 권리 등을 행사할 수 있는 자의 범위를 달리 규정한 것은 적정한 것인지 셋째, 현행법에서 규정하고 있는 통지 대상자의 범위는 적정한 것인지 마지막으로 통지 대상자의 범위를 어떻게 규정하는 것이 적정한 것인지를 이하에서 살펴보고자 한다.

Ⅱ. 통지의 대상자

1. 의의

수사기관의 범죄혐의 유무를 파악하기 위해서는 무엇보다도 관련자의 진술을 토대로 증거를 수집하고 범인을 검거하게 된다. 따라서 관련자의 진술을 듣기 위해서는 수사기관은 동의를 받아 동행하거나(임의동행) 아니면 영장에 의해 동행(강제동행)하게 된다. 그런데 임의동행이나 영장에 의한 동행이라 하더라도, 동행자의 가족 등은 동행자의 신변에 대한 안전, 동행한 목적과 이유 등에 대해서는 전혀 알지 못

술권(제294조의2) 등

6) 영장집행과 당사자의 참여(제121조), 영장집행과 참여권자에의 통지(제122조), 장의 집행과 책임자의 참여(영제123조), 당사자의 참여권, 신문권(제163조), 증인신문의 청구(제221조의2) 등

하기 때문에 수사기관은 이러한 사실을 동행한 자와 일정한 관계에 있는 자에게 동행자의 현재의 상태, 향후 방어권 행사 등에 지장이 없도록 일정한 사실이나 권리 등을 통지하도록 규정하고 있다.

이처럼 동행자와 일정한 관계에 있는 자에게 통지하도록 하는 것은 형사절차의 공개 원칙과 법치국가원리를 보장하기 위한 것이다. 따라서 동행자가 통지 거절에 대한 동의나 합목적적 고려를 근거로 하여 사실을 통지하지 않는 것은 허용될 수 없다[7]. 따라서 이하에서는 어떤 상황에서 누구에게 어떤 내용으로 통지해야 하는지를 임의동행과 인신구속으로 나누어 살펴보고자 한다.

(1) 임의동행에 대한 통지

임의동행이란 수사기관이 용의자, 참고인 또는 피의자의 동의를 얻어 수사기관까지 동행하는 것을 말한다. 현행 임의동행으로는 경찰관직무집행법(제3조)에 의한 임의동행, 주민등록법(제26조)에 의한 임의동행 그리고 형사소송법(제199조 제1항)에 의한 임의동행이 있다.

1) 경찰관직무집행법상 임의동행에 대한 통지

경찰관은 수상한 행동이나 그 밖의 주위 사정을 합리적으로 판단하여 볼 때 어떠한 죄를 범하였거나 범하려 하고 있다고 의심할 만한 상당한 이유가 있는 사람 또는 이미 행하여진 범죄나 행하여지려고 하는 범죄행위에 관한 사실을 안다고 인정되는 사람을 정지시켜 질문을 할 수 있고 질문하는 것이 그 사람에게 불리하거나 교통에 방해가 된다고 인정될 때에는 질문을 하기 위하여 가까운 경찰서·지구대·파출소 또는 출장소(지방해양경찰관서를 포함)로 동행할 것을 요구할 수 있다[8](경찰관직무집행법 제3조 제1항 전단, 제2항).[9] 경찰관직무집행법상 임의동행시 경찰관은 동행한 사람의 가족이나 친지 등에게 동행한 경찰관의 신분, 동행 장소, 동행 목적과 이유를 알리거나 본인으로 하여금 즉시, 연락할 수 있는 기회를 주어야 하며, 변호인의 도움을 받을 권리가 있음을 알리도록 규정하고 있다(경찰관직무집행법 제3

---

7) 이재상, 『형사소송법』(제14판), (박영사, 2022), 187면.

8) 이 경우 동행을 요구받은 사람은 그 요구를 거절할 수 있다(경찰관직무집행법 제3조 제2항 후단).

9) 임의동행을 요구할 경우, 경찰공무원의 공무원을 제시하면서 소속과 성명을 밝히고 질문이나 동행의 목적과 이유를 설명하여야 하며, 동행을 요구하는 경우에는 동행 장소를 밝혀야 한다(경찰관직무집행법 제3조 제4항, 경찰관직무집행법 시행령 제5조).

조 제5항 전단).[10]

그런데 경찰관직무집행법상 임의동행시 동행자와 일정한 관계 있는 자에게 통지하도록 규정하고 있으나 통지 대상자는 '가족이나 친지 등'으로 규정하여 대상자의 범위가 누구까지인지를 명확히 규정하지 않고 있다. 물론, 임의동행자 본인이 직접 '가족이나 친지 등'에게 연락하는 경우에는 문제가 되지 않으나 경찰관이 직접 통지를 해야 하는 경우 '가족이나 친지 등'이라는 문구는 너무나 추상적이고 광범위하여, 자칫 형식적으로 임의동행자의 지인에게 통지하여 실질적으로 임의동행자 보호나 방어권 보장에 장애를 줄 우려가 다분히 있다고 사료된다.

2) 주민등록법상 임의동행에 대한 통지

사법경찰관리가 범인을 체포하는 등 그 직무를 수행할 때에 17세 이상인 주민의 신원이나 거주 관계를 확인할 필요가 있으면 주민등록증의 제시를 요구할 수 있다(주민등록법 제26조 제1항 전단). 이 경우 사법경찰관리는 주민등록증을 제시하지 아니하는 자로서 신원을 증명하는 증표나 그 밖의 방법에 따라 신원이나 거주 관계가 확인되지 아니하는 자에게는 범죄의 혐의가 있다고 인정되는 상당한 이유가 있을 때에 한정하여 인근관계 관서에서 신원이나 거주 관계를 밝힐 것을 요구할 수 있다(주민등록법 제26조 제1항 후단).[11]

주민등록법상 임의동행은 범죄혐의가 있는 자를 '인근관계 관서에서 신원이나 거주 관계를 밝힐 것을 요구'할 수 있도록 규정[12]하고 있으나 문제는 주민등록법상 임의동행은 경찰관직무집행법과 달리, 임의동행자와 일정한 관계 즉, 누구에게 어떤 내용으로 통지해야 하는지에 대한 명문의 규정을 두지 않고 있다는 점이다.

---

10) 경찰관직무집행법은 1953. 12. 14(법률 제299호)자로 제정되었으나 가족이나 친지 등에게 통지제도는 규정하고 있지 않다가 1988. 12. 31(법률 제4048호)자로 경찰관직무집행법의 일부 개정이 되면서 제5항에서 추가되었다. 그 후 2014. 5. 20(법률 제12600호)자로 제3조는 전부 개정이 되었으나 제3조 제5항은 그대로 유지가 되어 현재까지 시행되고 있다.

11) 사법경찰관리는 신원 등을 확인할 때 친절과 예의를 지켜야 하며, 정복근무 중인 경우 외에는 미리 신원을 표시하는 증표를 지니고 이를 관계인에게 내보여야 한다(주민등록법 제26조 제2항).

12) 주민등록증을 제시하지 아니하는 자에게 사법경찰관리가 동행을 요구할 경우 일반인의 입장에서는 동행하지 않으면 범죄와 연루되었다고 의혹 내지 범죄혐의를 인정하는 것이 된다는 인식 등으로 인하여 사법경찰관리가 동행을 요구할 경우 이를 거절하기는 어려울 것이다(손봉선, "경찰의 임의동행에 의한 수사의 적법성에 대한 고찰", 『한국콘텐츠학회논문지』 제7권 제12호, 한국콘텐츠학회(2007. 12), 106면이하).

3) 형사소송법상 임의동행에 대한 통지

형사소송법 제199조 제1항[13])은 당사자의 진실한 동의가 있다면 임의수사의 방법으로 임의동행이 가능하다고 보고 있다.[14]) 이러한 임의동행이 적법성을 인정받기위해서 대법원은 '동행에 앞서 피의자에게 동행을 거부할 수 있음을 알려 주었거나동행한 피의자가 언제든지 자유로이 동행과정에서 이탈 또는 동행장소에서 퇴거할수 있었음이 인정되는 등 오로지 피의자의 자발적인 의사에 의하여 수사관서 등에동행이 이루어졌다는 것이 객관적인 사정에 의하여 명백하게 입증된 경우[15])에 한한다'고 판시하고 있다.[16])

하지만 형사소송법상 임의동행은 동의를 받는 형식으로 피의자를 수사관서 등에동행하는 것이 피의자의 신체의 자유가 제한되어 실질적으로 체포와 유사한데도,

---

13) 수사에 관하여는 그 목적을 달성하기 위하여 필요한 조사를 할 수 있다. 다만, 강제처분은 이 법률에 특별한 규정이 있는 경우에 한하며, 필요한 최소한도의 범위 안에서만 하여야 한다(형사소송법 제199조 제1항). '검사와 사법경찰관의 상호협력과 일반적 수사준칙에 관한 규정'에서도 검사와 사법경찰관은 수사를 할 때 수사 대상자의 자유로운 의사에 따른 임의수사를 원칙으로 해야 한다고 규정하고 있다(검사와사법경찰관의상호협력과일반적수사준칙에관한규정 제10조 제1항)

14) 이를 임의수사보다는 강제수사로서의 측면을 강하게 가지고 있다고 보고 있다(신동운, 『간추린 신형사소송법』(제11판), (법문사, 2018), 90-91면.

15) 음주측정을 위해 경찰서에 동행할 것을 요구받고 자발적인 의사로 경찰차에 탑승하였고, 경찰서로 이동 중 하차를 요구하였으나 그 직후 수사과정에 관한 설명을 듣고 빨리 가자고 요구한 경우(대법원 2016. 9. 28. 선고 2015도2798 판결), 동행 당시 피고인이 술에 취한 상태이기는 하였으나, 동행 후 경찰서에서 주취운전자정황진술보고서의 날인을 거부하고 "이번이 3번째 음주운전이다. 난 시청 직원이다. 1번만 봐 달라"고 말하기도 하는 등 자발적인 의사에 의하여 이루어진 경우는 적법하다(대법원 2012. 9. 13. 선고 2012도8890 판결.). 하지만 경찰관들이 '성매매로 현행범 체포한다'고 고지하였으나 성행위를 하고 있는 상태도 아니었고 방 내부 및 화장실 등에서 성관계를 가졌음을 증명할 수 있는 증거물을 발견되지 아니하자 경찰관들은 두 사람을 성매매로 현행범 체포하지 못하고 수사관서로 동행해 줄 것을 요구하면서 그 중 경찰관이 두 사람에게 "동행을 거부할 수도 있으나 거부하더라도 강제로 연행할 수 있다"고 말하자 이에 동행한 경우(대법원 2011. 6. 30. 선고 2009도6717 판결), 임의동행을 거절하는 자를 강제로 연행하려 한 경우(대법원 1991. 5. 10. 선고 91도453 판결), 파출소까지 임의동행한 후 조사받기를 거부하고 파출소에서 나가려고 하다가 경찰관이 이를 제지한 경우(대법원 1997. 8. 22. 선고 97도1240 판결), 경찰서에서 화장실에 갈 때도 경찰관 1명이 따라와 감시 등으로 인해 피고인이 임의로 퇴거할 수 있는 상황은 아니었던 경우(대법원 2006. 7. 6. 선고 2005도6810 판결)에는 적법한 임의동행이라 볼 수 없다.

16) 대법원 2020. 5. 14. 선고 2020도398 판결; 대법원 2012. 9. 13. 선고 2012도8890 판결; 대법원 2011. 6. 30. 선고 2009도6717 판결; 대법원 2006. 7. 6. 선고 2005도6810 판결.

아직 정식 체포·구속단계 이전이라는 이유로 헌법 및 형사소송법이 체포·구속된 피의자에게 부여하는 각종 권리보장 장치가 제공되지 않고[17] 있다는 문제가 있다. 뿐만 아니라 형사소송법에서는 임의동행시 누구에게 어떤 내용을 통지해야 하는지에 대한 명문의 규정이 없다는 점도 문제이다.

(2) 인신구속 관련 통지

1) 체포나 구속의 통지

인신구속으로는 영장에 의한 체포(제200조의2), 구속(제87조, 제201조), 긴급체포(제200조의3), 그리고 현행범인과 준현행범인 체포(제211조)가 있다. 인신구속이 된 경우에는 '변호인이 있는 경우에는 변호인에게, 변호인이 없는 경우에는 법정대리인, 배우자, 직계친족과 형제자매 자 중 피의자나 피고인이 지정한 자'에게 사건명, 일시·장소, 범죄사실의 요지, 체포나 구속의 이유와 변호인을 선임할 수 있는 취지를 알려야 한다(제87조 제1항, 제200조의6, 제209조, 제213조의2). 이처럼 체포나 구속된 경우에 '변호인, 법정대리인, 배우자, 직계친족, 형제자매' 중에서 피의자나 피고인이 지정한 자에게 통지하도록 하고 있다[18]. 하지만 통지할 대상자가 없어 통지를 하지 못한 경우에는 그 취지를 기재한 서면을 기록에 철하여야 한다(형사소송규칙 제51조 제2항).

이처럼 형사소송법에서는 체포나 구속된 경우 '변호인, 법정대리인, 배우자, 직계친족, 형제자매'에게 한정하여 통지하도록 규정하고 있다. 하지만 통지 대상자에서 고모(부), 이모(부), (외)삼촌 등을 제외하는 것이 합리적인지 의심스럽다.

2) 체포·구속적부심의 통지

체포·구속적부심 제도는 체포 또는 구속된 경우라 하더라도 사후적 사법통제 장치로 재차 법원이 체포 또는 구속의 적부 여부와 그 필요성을 심사하여 체포 또는 구속이 부적법 또는 부당한 경우에 피의자를 석방시킬 수 있는 제도이다.[19] 이는

---

17) 대법원 2011. 6. 30. 선고 2009도6717 판결.

18) 통지는 체포나 구속한 때로부터 늦어도 24시간이내에 서면으로 하여야 한다. 급속을 요하는 경우에는 구속되었다는 취지 및 구속의 일시·장소를 전화 또는 모사전송기 기타 상당한 방법에 의하여 통지할 수 있다. 다만, 이 경우에도 구속통지는 다시 서면으로 하여야 한다(형사소송규칙 제51조 제2항, 제3항, 제100조 제1항).

19) 심재무, "개정 형사소송법의 인신구속제도", 『경성법학』 제16권 제2호, 경성대학교 법학연구

수사기관의 불법·부당한 인신구속에 대하여 사후적 사법통제를 통해 피의자의 인권을 보장하기 위하여 인정되는 것이다.

그런데 형사소송법에서 인신구속시 체포·구속적부심사도 청구할 수 있다고 통지 하도록 규정하고 있는데 그 대상자는 '변호인, 법정대리인, 배우자, 직계친족, 형제자매나 가족, 동거인 또는 고용주'로 규정하고 있다(제214조의2 제2항). 즉, 인신구속에 대한 통지는 '변호인, 법정대리인, 배우자, 직계친족, 형제자매'이지만 체포·구속적부심을 청구할 수 있다고 하는 통지의 대상자는 '가족, 동거인, 고용주'가 추가되었다. 이처럼 인신구속에 대한 통지와 체포·구속적부심에 청구에 대한 통지의 대상자를 달리 규정할 필요가 있는지 의구심이 든다.

Ⅲ. 당사자를 위한 권리 등의 행사권자

형사절차에서 피의자나 피고인에게는 헌법과 법률에 따라 기본적 권리를 보장하고 있다. 하지만 임의동행이나 인신구속이 된 당사자 본인 스스로 권리를 직접 행사할 수 있으나 불안한 상태에 있으므로 당사자와 일정한 관계 있는 자가 당사자 본인을 위해 일정한 권리를 행사하거나 조력할 수 있도록 여러 제도가 시행되고 있다. 이하에서는 당사자를 위한 신청이나 청구권을 행사할 수 있는 자의 범위에 대하여 살펴보고자 한다.

1. 변호인 선임권자

피의자나 피고인 스스로 방어권을 행사하기는 쉽지 않기 때문에 조력자가 필요하고 이러한 조력자가 바로 변호인이다. 변호인의 조력을 받기 위해서는 변호인을 선임해야 한다. 변호인 선임은 법정대리인, 배우자, 직계친족과 형제자매는 독립하여 변호인을 선임할 수 있다(제30조 제2항). 특히, '법정대리인, 배우자, 직계친족, 형제자매'의 변호인 선임권은 독립대리권으로 피의자나 피고인 의사에 반하여서도 선임할 수 있다.

변호인을 선임할 수 있는 자는 법에서 일정한 관계 있는 자만으로 한정하여 규정

소(2007. 12), 105면: 이주일, "체포(逮捕)·구속적부심사제도(拘束適否審査制度)의 합리적(合理的) 해석(解釋)", 『외법논집』 제15집, 한국외국어대학교 법학연구소(2003. 12), 447면 이하.

하고 있는데 즉, '법정대리인, 배우자, 직계친족, 형제자매'만이 변호인 선임을 할수 있도록 규정하고 있다. 그러므로 피의자나 피고인의 큰(작은)아버지, 고모(부), 외삼촌(숙모), 이모(부) 등에 의한 변호인 선임은 무효가 된다. 하지만 피의자나 피고인의 방어력을 보충하기 위해 변호인을 선임하는 것임에도 불구하고 이를 제한적으로 규정한 것이 과연 적정한 것인지 의구심이 든다.

2. 변호인 참여 신청권자

헌법상 변호인의 조력을 받을 권리를 실질적으로 보장하기 위하여 형사소송법은 변호인을 피의자와 접견하게 하거나 정당한 사유가 없는 한[20] 피의자에 대한 신문에 참여하도록 규정하고 있다(제243조 제1항). 변호인이 참여하려면 '피의자 또는 그 변호인, 법정대리인, 배우자, 직계친족, 형제자매'가 서면 또는 구술로 신청하여야 하고, 신문에 참여하려는 변호인은 변호인의 피의자신문 참여 전에 검사에게 변호인 선임에 관한 서면을 제출해야 한다(검찰사건사무규칙 제22조 제2항, 제3항).[21]

변호인은 피의자신문시 반드시 변호인이 참여해야 하는 것이 아니라 신청권자가 신청하여야만 변호인이 참여할 수 있다. 신청권자는 피의자 이외에 '변호인, 법정대리인, 배우자, 직계친족, 형제자매'로 한정하고 있다. 하지만 피의자 신문시 변호인 참여는 실질적인 조력을 받아 방어권 행사를 보장하는 것임에도 불구하고 신청권자를 제한적으로 규정한 것이 과연 적정한 것인지 의구심이 든다.

3. 체포 · 구속적부심 청구권자

법원은 체포 또는 구속된 피의자에 대하여 체포 또는 구속의 적법 또는 부당 여

---

20) '정당한 사유'란 변호인이 피의자신문을 방해하거나 수사기밀을 누설할 염려가 있음이 객관적으로 명백한 경우 등을 말한다. 따라서 피의자신문시 변호인에게 피의자로부터 떨어진 곳으로 옮겨 앉으라고 지시를 한 다음 이러한 지시에 따르지 않자 피의자신문에 대한 참여권을 제한하거나(대법원 2008. 9. 12., 자, 2008모793, 결정). 피의자가 변호인의 참여를 원한다는 의사를 명백하게 표시하였음에도 변호인을 참여하게 하지 아니한 채 피의자를 신문(대법원 2013. 3. 28., 선고, 2010도3359, 판결)은 위법이다.

21) 2007. 6. 1(법률 제8496호)자로 형사소송법의 개정 이전에는 구속피의자에 대한 변호인의 접견교통권만 규정(제34조)되었고 피의자신문시 변호인 참여에 관하여 명문에 규정의 없어 논란의 소지가 있었으나 개정된 형사소송법을 이를 명문으로 규정하게 되었다.

부를 심사하여 체포 또는 구속된 피의자를 석방할 수 있다. 체포·구속적부심사의 청구권자는 체포되거나 구속된 "피의자 또는 그 변호인, 법정대리인, 배우자, 직계친족, 형제자매나 가족, 동거인 또는 고용주"로서, 이들 청구권자는 관할법원에 체포 또는 구속의 적부심사를 청구할 수 있다(제214조의2 제1항).

체포·구속적부심에 청구권자로는 '가족, 동거인, 고용주'도 포함이 되어 있는데, 이는 수사기관의 불법 또는 부당한 인신구속에 대하여 사후적 사법통제를 통해 피의자의 인권을 보장하기 위한 것이라 사료된다. 그런데 '가족, 동거인, 고용주'는 인신구속에 대한 통지도 받지도 못하고 변호인 선임도 하지 못함에도 불구하고 체포·구속적부심 청구는 할 수 있다고 규정한 것은 불합리하다[22].

4. 구속취소권자

구속의 사유가 없거나 소멸된 때에는 구속을 취소하여야 한다(제93조, 제209조). 여기서 구속의 사유가 없는 때라 함은 구속사유가 처음부터 존재하지 않았던 경우이고, 구속의 사유가 소멸된 때라 함은 구속된 이후에 계속 구속해야 할 사유가 없어진 때를 말한다. 수사단계나 재판단계에서 구속취소는 직권으로도 가능하지만 청구에 의해서도 가능한데 청구권자로는 '피의자, 피고인, 변호인, 법정대리인, 배우자, 직계친족, 형제자매'에 한정하고 있다(제93조, 제209조).

그런데 체포·구속적부심을 청구권자로는 '변호인, 법정대리인, 배우자, 직계친족, 형제자매나 가족, 동거인 또는 고용주'이다. 즉, 체포 또는 구속의 적법 또는 부당 여부에 대한 체포·구속적부심은 '가족, 동거인 또는 고용주'도 청구할 수 있으나 구속의 사유가 없거나 소멸된 경우, 구속취소는 청구할 수 없다고 규정하고 있어 이는 적정하지 않다고 사료된다.

5. 보석청구권자

형사소송법에서는 구속된 경우라 하더라도 일정한 보증금의 납부 등을 조건으로 하여 구속을 집행정지하여 석방할 수 있도록 보석제도가 운영되고 있다. 이는 무죄추정의 원칙과 당사자주의 이념 등을 실현하기 위한 것으로 보석청구가 있으면 법

---

22) 같은 취지로는 백형구, 『형사소송법강의』(제8정판), (박영사, 2001), 279면.

원은 반드시 보석허가를 해야 하는 필요적 보석(제95조)[23]과 필요적 보석 제외사유에 해당된다고 하더라도 상당한 이유가 있는 때에는 직권 또는 청구에 의하여 보석을 허가할 수 있는 임의적 보석(제96조)이 있다.

임의적 보석청구권자는 체포·구속적부심청구권자와 동일하게 '피고인, 피고인의 변호인·법정대리인·배우자·직계친족·형제자매·가족·동거인 또는 고용주'이다(제94조). 그러나 '가족, 동거인 또는 고용주'는 인신구속에 대한 통지, 변호인 선임, 피의자신문시 변호인 참여신청이나 구속취소를 하지 못함에도 불구하고 보석청구를 할 수 있다고 규정하고 있어 이는 적정하지 않다고 사료된다.

Ⅳ. 문제점

1. 임의동행이나 인신구속에 대한 통지의 문제점

현행 법률에서 임의동행이나 인신구속시 통지의 대상자는 아래 표와 같이 정리될 수 있다.

구분	법률	통지 대상자
임의동행	경찰관직무집행법	가족이나 친지 등
	주민등록법	×
	형사소송법	×
인신구속	체포 또는 구속	변호인, 법정대리인, 배우자, 직계친족, 형제자매
	체포·구속적부심	변호인, 법정대리인, 배우자, 직계친족, 형제자매, 가족, 동거인, 고용주

우선, 임의동행은 당사자의 진실한 동의를 전제로 한 것이다. 그러나 동의라는 외형에도 불구하고 내심은 불이익을 두려워하여 내키지 않으면서도 동행을 하는

---

23) 피고인이 사형, 무기 또는 장기 10년이 넘는 징역이나 금고에 해당하는 죄를 범한 때, ②피고인이 누범에 해당하거나 상습범인 죄를 범한 때, ③피고인이 죄증을 인멸하거나 인멸할 염려가 있다고 믿을 만한 충분한 이유가 있는 때, ④피고인이 도망하거나 도망할 염려가 있다고 믿을 만한 충분한 이유가 있는 때, ⑤피고인의 주거가 분명하지 아니한 때, ⑥피고인이 피해자, 당해 사건의 재판에 필요한 사실을 알고 있다고 인정되는 자 또는 그 친족의 생명·신체나 재산에 해를 가하거나 가할 염려가 있다고 믿을만한 충분한 이유가 있는 때를 제외하고는 보석을 허가하여야 한다(제95조).

경우가 다반사로 사실상 불법체포로서 피의자의 권리를 침해할 가능성이 크다. 더욱이, 수사기관에 의한 수사상 임의동행의 남용을 방지하고 피의자의 권리를 보호하려면 동행한 사람과 일정한 관계있는 자에게 동행한 자의 신분, 동행 장소, 동행 목적과 이유를 통지할 필요가 있다. 이는 통지를 통하여 임의동행이 정당한 경찰활동이고 경찰관의 행위가 불법일 경우 책임을 물을 대상을 명확히 할 수 있으며, 임의동행자의 신변에 대한 불안을 해소함과 동시에 임의동행자 본인을 위한 방어를 준비할 수 있도록 하기 위함이라고 볼 수 있다.[24]

하지만 주민등록법이나 형사소송법상 임의동행은 통지규정 자체를 두지 않고 있다. 다만, 경찰관직무집행법상 임의동행시 통지의 대상자는 '가족이나 친지 등'이라고 규정하고 있으나 이는 통지의 대상자를 명확히 규정하고 있지 않아, 자칫 형식적으로 통지하여 실질적으로 방어권 보장에 지장을 줄 우려가 다분히 있다고 사료된다. 임의동행은 당사자의 동의를 전제로 하기는 하지만 신체의 자유가 제한됨에도 불구하고 체포단계 이전이라는 이유로 통지를 하지 않는 것은 타당하지 않다.

다음으로 인신구속 즉, 체포나 구속된 경우에는 '변호인, 법정대리인, 배우자, 직계친족, 형제자매'에게 통지하도록 규정하고 있다. 하지만 인신구속에 대한 사후적 사법통제 장치로 체포·구속적부심을 청구할 수 있다고 통지해야 하는데 그 대상자로 '변호인, 법정대리인, 배우자, 직계친족, 형제자매나 가족, 동거인 또는 고용주'로 규정하고 있어 문제가 될 수 있다. 즉, 인신구속에 대해서는 '변호인, 법정대리인, 배우자, 직계친족, 형제자매'에게 통지하고 체포·구속적부심사에 대한 통지는 변호인, 법정대리인, 배우자, 직계친족, 형제자매뿐만 아니라 '가족, 동거인, 고용주'에게도 통지하도록 규정하고 있다. 이처럼 인신구속에 대한 통지를 받는 자와 체포·구속적부심에 대한 통지 대상자의 범위를 달리 규정하고 있어 타당하지 않다.[25]

2. 신청 내지 청구권자의 문제점

피의자나 피고인은 형사절차 단계마다 본인 스스로 권리를 직접 행사할 수 있지

---

24) 조국, "불심검문의 한계, 긴급체포와 구속영장발부의 적법성", 『고시계』 11월호, 고시계사 (2000.10), 152-153면 참조.
25) 체포·구속에 대한 통지와 체포·구속적부심 통지는 따로 하지 않고 체포·구속의 통지서에서 '체포·구속적부심을 할 수 있다'는 문구로 통지를 하고 있다(검찰사건사무규칙 별지 제74호 서식).

만 일정한 관계에 있는 자에게 통지하여 당사자 본인을 위해 권리를 신청하거나 청구하여 기본권 및 방어권 행사에 지장이 없도록 하고 있다. 이를 도표로 보면 다음과 같다.

청구권자	대상자
변호인 선임권자	법정대리인, 배우자, 직계친족, 형제자매
피의자신문시 변호인참여 청구권자	변호인, 법정대리인, 배우자, 직계친족, 형제자매
체포·구속적부심 청구권자	변호인, 법정대리인, 배우자, 직계친족, 형제자매, 가족, 동거인, 고용주
구속취소권자	변호인, 법정대리인, 배우자, 직계친족, 형제자매
보석청구권자	변호인, 법정대리인, 배우자, 직계친족, 형제자매, 가족, 동거인, 고용주

표에서 보는 바와 같이 변호인 선임청구는 '법정대리인, 배우자, 직계친족, 형제자매'가 할 수 있고 변호인이 선임되면, '변호인, 법정대리인, 배우자, 직계친족, 형제자매'는 피의자신문시 변호인 참여신청, 체포·구속적부심청구, 구속취소, 보석취소 즉, 당사자를 위해 각종의 권리나 신청을 청구할 수 있다.

하지만 '가족, 동거인, 고용주'는 체포·구속적부심이나 보석청구만 할 수 있고 변호인 선임, 피의자신문시 변호인참여 신청, 구속취소는 청구를 할 수 없도록 규정하고 있는 것이 적정한 것인지 의구심이 든다. 가령 '가족, 동거인, 고용주'가 변호인을 선임을 선임하더라도 청구권자가 아니므로 무효가 된다. 이는 형사절차에서 당사자가 가지는 권리행사에 장애를 초래할 위험이 있다.

V. 개정방향

1. 통지 대상자와 권리 행사자의 동일성

통지라는 제도는 특히, 당사자와 일정한 관계에 있는 자에게 당사자에 대한 신변과 권리 등을 알려 형사절차의 정당성과 방어권 보장하는 데 그 취지가 있다. 따라서 통지를 받은 자는 당사자 본인을 위해 권리 등의 행사 여부를 행사할 수 있어야 한다. 만약, 통지를 받지 못하여 권리 등을 행사하지 못한다면 이는 국민의 기본권을 침해하는 것이라 볼 수 있기 때문이다.

인신구속에 대한 통지의 대상자는 '변호인, 법정대리인, 배우자, 직계친족, 형제자매'는 당사자 본인을 위해 각종의 권리 등을 행사할 수 있지만 '가족, 동거인, 고용주'에게는 '체포·구속적부심에 대한 통지나 청구 그리고 보석청구'에 대해서만 규정하고 있는데, 그렇다면 왜 이렇게 달리 규정한 것인지를 연혁적 측면에서 살펴볼 필요가 있다.

통지제도는 1954. 9. 23(법률 제341호)자로 형사소송법의 제정 당시부터 규정되어 운영되었는데, 통지의 대상자는 공통적으로 '호주, 법정대리인, 배우자, 직계친족, 형제자매'로 한정하였다(제30조). 당시 입법자는 통지의 대상자를 왜 이들로 규정하였는지에 대한 자료가 없어 명확히 판단할 수 없다. 추측해 보면, 당시에는 호주제가 시행되던 시기이므로 한 가족의 대표인 호주에게 통지하도록 한 것이고 미성년자 등의 경우에는 보호자인 법정대리인, 혼인한 경우에는 배우자에게 통지하도록 한 것은 지극히 당연한 것이라 볼 수 있다. 반면, 이들을 제외한 자 중에서 '직계친족, 형제자매'에게도 통지하도록 규정하였는데 그 이유에 대해서는 의구심이 든다. 다만, '직계친족, 형제자매'는 부양의무가 있기 때문에 통지 대상자의 범위를 '직계친족, 형제자매'로 한정한 것으로 유추해 볼 수 있다. 호주제가 폐지되어 현형 법률에서는 '법정대리인, 배우자, 직계친족, 형제자매'에게 통지하고 각종의 권리 등을 청구할 수 있도록 하고 있다[26].

하지만 '가족, 동거인, 고용주'에게는 체포·구속적부심에 대한 통지, 체포·구속적부심 청구 그리고 보석청구만 할 수 있다. 그렇다면 왜 이들에게는 체포·구속적부심에 대한 통지와 청구 그리고 보석청구만 할 수 있도록 규정하였는지 연혁적으로 살펴볼 필요가 있다. 우선, 체포·구속적부심 청구권자의 범위를 살펴보면, 1954. 9. 23(법률 제341호)자로 형사소송법 제정당시부터 구속적부심[27] 청구권자로는 '변호인, 법정대리인, 배우자, 호주, 직계친족, 형제자매' 이외에 '가족[28]'까지도 청구할 수 있도록 규정하였다(제201조 제4항). 하지만 1972년 유신헌법에 의해

---

26) 현행 민법 제779조(가족의 범위) ① 다음의 자는 가족으로 한다.
　　1. 배우자, 직계혈족 및 형제자매
　　2. 직계혈족의 배우자, 배우자의 직계혈족 및 배우자의 형제자매
　　② 제1항제2호의 경우에는 생계를 같이 하는 경우에 한한다.
27) 당시에는 체포적부심이 존재하지 않았다.
28) 1958. 2. 22자로 제정한 민법(법률 제471호) 제779조에서의 가족의 범위는 '호주의 배우자, 혈족과 그 배우자 기타 본법의 규정에 의하여 그 가에 입적한 자는 가족이 된다'.

1973년의 제3차 형사소송법 개정으로 구속적부심은 전면삭제되었고 1980. 10. 27
(헌법 제9호)자로 헌법이 개정되면서 체포·구속적부심을 헌법에 명시하여(헌법 제
12조 제6항) 1980. 12. 18(법률 제3282호)자로 형사소송법을 일부개정하여 구속적부
심 청구권자를 '구속된 피의자 또는 그 변호인, 법정대리인, 배우자, 직계친족, 형제
자매, 호주, 가족이나 동거인 또는 고용주'로 규정하였다(제214조의2 제1항)[29]. 형사
소송법 제정당시와 달리, '동거인과 고용주'가 추가되었다. 그 후 1995. 12. 29(법률
제5054호)자로 형사소송법[30]의 일부개정을 통해 제214조의2(체포와 구속의 적부심
사)에서 체포적부심도 추가되었으나 청구권자는 구속적부심과 동일하게 규정하였
다(제214조의2 제1항).[31]

보석의 청구권자(제94조)[32]는 형사소송법 제정당시부터 '변호인, 법정대리인, 배
우자, 직계친, 형제자매'에 한정하고 있었는데 2007. 6. 1(법률 제8496호)자로 형사
소송법이 일부개정 되면서 이외에 '가족, 동거인 또는 고용주'를 추가하여 보석청구
권자의 범위를 확대하였다.

이처럼 체포·구속적부심이나 보석청구권자의 범위를 '변호인, 법정대리인, 배우
자, 직계친족, 형제자매' 뿐만 아니라 '가족, 동거인 또는 고용주'를 추가하여 형사
절차에서 인신구속의 제한과 무죄추정의 원칙 그리고 피고인 및 피의자의 방어권
을 보장하였다.

---

29) 제214조의2(구속의 적부심사) ①구속영장에 의하여 구속된 피의자 또는 그 변호인, 법정대리
인, 배우자, 직계친족, 형제자매, 호주, 가족이나 동거인 또는 고용주는 구속영장의 발부가 법
률에 위반하거나 구속 후 중대한 사정변경이 있어 구속을 계속할 필요가 없는 때에는 관할법
원에 구속의 적부심사를 청구할 수 있다. 다만 각호의 1에 해당하는 죄나 검사의 범죄인지사
건으로 구속영장이 발부된 자의 경우에는 그러하지 아니하다.
  1. 형법 제2편 제1장과 제2장의 죄, 국가보안법 위반의 죄, 반공법 위반의 죄
30) 제214조의2(체포와 구속의 적부심사) ①체포영장 또는 구속영장에 의하여 체포 또는 구속된
피의자 또는 그 변호인, 법정대리인, 배우자, 직계친족, 형제자매, 호주, 가족이나 동거인 또는
고용주는 관할법원에 체포 또는 구속의 적부심사를 청구할 수 있다.
31) 민법에 규정된 호주제도가 폐지됨에 따라 2005. 3. 31(법률 제7427호)자로 개정되어 기존의
'호주와 가족'이 삭제되어 청구권자는 '체포 또는 구속된 피의자 또는 그 변호인, 법정대리인,
배우자, 직계친족, 형제자매나 동거인 또는 고용주'이다(제214조의2 제1항). 가족도 삭제가 되
었지만 가족의 범위는 '배우자, 직계혈족 및 형제자매'이고 생계를 같이 하는 경우에 한하여
'직계혈족의 배우자, 배우자의 직계혈족 및 배우자의 형제자매'는 가족이 된다(민법 제779조).
32) 제94조(보석의 청구) 피고인, 피고인의 변호인·법정대리인·배우자·직계친족·형제자매·가
족·동거인 또는 고용주는 법원에 구속된 피고인의 보석을 청구할 수 있다.

그런데 '가족, 동거인, 고용주'는 체포나 구속에 대한 통지를 받지 못하고, 설령, 인신구속 사실을 안다고 하더라도 변호인 선임, 피의자신문시 변호인 참여신청, 구속취소를 할 수 없음에도 불구하고 체포·구속적부심이나 보석청구만 할 수 있다고 규정한 것은 당사자를 위한 방어권 보장에 한계가 있다고 볼 수 있다.

이처럼 통지의 대상자가 아님에도 불구하고 각종 권리를 청구할 수 있도록 규정하는 것은 타당하지 않다. 물론, 제도의 특성상 청구권자를 달리 규정할 수 있다. 그렇다고 하더라도 통지를 받는 대상자가 신청이나 청구를 할 수 있도록 규정해야 한다. 달리 규정할 필요가 있다면 그에 상응하는 이유가 존재해야 할 것이다. 체포·구속적부심이나 보석청구에 대해서만 '가족, 동거인, 고용주'를 청구권자로 해야 할 당위성은 없다고 사료된다.

2. 대상자의 범위

통지제도는 당사자와 일정한 관계에 있는 자에게 당사자에 대한 신변과 권리 등을 알려 형사절차의 정당성과 방어권 보장하는 데 그 취지가 있다. 따라서 임의동행이나 인신구속에 대한 통지를 받는 대상자와 신청이나 청구 등을 행사할 수 있는 자의 범위가 다르면, 방어권 보장이나 형사절차의 정당성을 잃게 될 것이다. 그렇다면 통지 대상자와 신청이나 청구권자가 동일해야 한다는 점을 전제로 하여 통지의 대상자 범위는 어떻게 결정해야 하는지 검토해 볼 필요가 있다.

통지의 대상자는 우선, 당사자를 직접 보호해야 할 위치에 있는 자나 조력자에게 통지를 해야 할 것이다. 따라서 변호인이 있다면 변호인에게 통지를 해야 하고 미성년자 등의 경우에는 보호자인 법정대리인, 혼인한 경우에는 배우자에게 통지하도록 해야 할 것이다.

다음으로 가족이나 친족에게도 통지 대상자로 규정해야 한다면 어디까지 보아야 할 것인지 살펴볼 필요가 있다. 우선, 현행법에서는 '직계친족과 형제자매'에 한하여 통지하도록 규정하고 있으나 그 범위가 너무나 협소하다. 가령, 큰아버지나 조카나 사촌은 통지의 대상자가 아니다. 그러므로 범위를 확대하여 가족까지 포함할 필요가 있다. 가족의 범위는 '배우자, 직계혈족 및 형제자매'이고 이들은 생계 여부에 상관없이 가족이지만 '직계혈족의 배우자, 배우자의 직계혈족 및 배우자의 형제자매'는 생계를 같이 하는 경우에 한하여 가족이다(민법 제779조). 이렇게 규정을 하게 된다면 현행법에서는 '직계친족·형제자매'라고 규정하고 있지만 '직계혈족의 배우자, 배우자의 직계혈족 및 배우자의 형제자매가 생계를 같이 하는 경우'에도 통지의 대상자가 되게 된다. 하지만 민법상의 가족이라고 규정을 하게 된다면 큰 (작은)아버지, (외)숙모, (외)삼촌, 고모(부), (외)사촌은 생계여부에 따라 통지의 대상자가 결정되므로 적정하지 않다. 현실적으로 부모나 형제자매를 제외한 자가 생계를 같이 하는 경우도 거의 없으므로 통지의 대상자는 현재와 같이 '직계혈족과 형제자매'와 동일하게 된다.

그렇다면 그 범위를 확대하여 '친족'으로 규정하는 방법이다. 친족의 범위는 8촌 이내의 혈족, 4촌 이내의 인척, 배우자이다(민법 제777조). 이처럼 통지의 대상자를 친족으로 규정을 하게 된다면 생계여부와 상관없이 모든 친족은 통지의 대상자가 된다. 따라서 생계여부와 상관없이 큰(작은)아버지, (외)숙모, (외)삼촌, 고모(부), (외)사촌은 통지의 대상자가 된다. 물론, 이에 대하여 대상자의 범위가 너무나 넓다는 비판이 있을 수 있다. 또한 현실적으로 8촌 이내의 친족간 왕래가 없거나 전부 알지 못하거나 친족간 사이가 더 나쁜 경우도 비일비재하므로 친족으로 규정하는 것은 적정하지 않다는 비판이 있을 수 있다.

하지만 친족의 생명, 신체에 대한 위해를 방어할 방법이 없는 협박에 의하여 강요된 행위(형법 제12조), 죄를 범한 친족을 은닉 또는 도피하게 한 범인은닉(형법 제151조 제2항), 증거인멸 등과 친족간의 특례(형법 제155조 제4항), 친족상도례(형법 제328조) 등의 경우에는 그 대상을 친족으로 하고 있고 이들에게는 친족이라는 이유로 특례를 규정하고 있다. 더욱이, 친족의 생명·신체나 재산에 해를 가하거나 가할 염려가 있다고 믿을만한 충분한 이유가 있는 때에는 보석을 불허하고 있고(제95조 제6호), 피고인을 친족에게 부탁하여 구속의 집행을 정지할 수도 있고(제101조 제1항), 친족의 생명·신체·재산에 해를 가하거나 가할 염려가 있다고 믿을 만한 충분한 이유가 있는 때에는 결정으로 보석 또는 구속의 집행정지를 취소할 수도 있고(제102조 제2항 제4호), 친족이 형사소추 또는 공소제기를 당하거나 유죄판결을 받을 사실이 드러날 염려가 있는 증언을 거부 등을 할 수 있다(제148조 제1호).

이처럼 형법이나 형사소송법에서는 친족이라는 이유로 형벌권을 발생하지 아니하거나 친족의 형사책임에 대해서는 증언거부 등을 행사 할 수 있도록 규정하고 있다. 따라서 통지의 대상자도 친족으로 규정하는 것이 합리적이라 사료된다. 이처럼 대상자가 확대된다면 방어권 행사나 기본권 보장에 더 충실할 수 있을 것이라 사료된다.

다음으로 변호인, 법정대리인이나 친족이 없는 경우이다. 즉, 사실혼 배우자 또는 외국인 노동자의 경우 통지할 대상자가 없어 방어권 행사에 지장을 초래할 위험이 있으므로 이들의 방어권을 최소한 보장하기 위해서는 동거인에게 통지하도록 하여야 한다. 여기서 동거인이란 주민등록부에 등재되어 있을 것을 요하지 않고 사실상 동거하는 사람이면 된다[33]. 만약 동거인이 없다면 방어권을 보장하기 위해 고용주에게도 통지하도록 하여야 한다. 고용주는 일용노동자라 할지라도 어느 정도 계속적인 고용관계에 있는 사람이면 된다[34]. 이처럼 동거인이나 고용주도 통지의 대상자로 규정함으로써 이들의 당사자를 위한 권리 등을 행사할 수 있도록 하는 것이 방어권을 최소한 보장하는 것이라 사료된다.

따라서 임의동행이나 인신구속이 된 경우에 '변호인, 법정대리인, 배우자, 친족, 동거인, 고용주'에게 통지하도록 규정하고 이들의 변호인 선임, 피의자신문시 변호인 참여신청, 체포·구속적부심 청구, 구속취소, 보석청구 등도 할 수 있도록 개정하는 바람직하다고 사료된다.

Ⅵ. 맺음말

형사절차는 무엇보다도 투명하게 공개하고 적정하게 이루어져야 한다. 그러기 위해서는 임의동행이나 인신구속이 된 경우, 동행자와 일정한 관계에 있는 자는 동행자의 안전, 동행자의 현재의 상태나 향후 방어권 행사 등에 지장이 없도록 일정한 사실이나 권리 등을 통지하도록 규정하고 있다. 이처럼 동행자와 일정한 관계에 있는 자에게 통지하도록 하는 것은 형사절차의 공개의 원칙, 형사절차의 정당성 그리고 방어권 보장하는 데 그 취지가 있다

당사자와 일정한 관계있는 자에게도 일정한 내용 등을 통지하도록 규정하고 통지를 받은 자가 당사자 본인을 위해 여러 가지 권리를 행사할 수 있어야 한다. 하지만 임의동행의 경우, 경찰관직무집행법에서는 통지하도록 규정하고 있지만 주민등록법이나 형사소송법에서는 이를 규정하지 않는 것은 불합리하다. 임의동행의 경우라 하더라도 동행자의 신체의 자유가 제한되기 때문에 방어권 보장하기 위해서

---

33) 이재상, 앞의 책, 201면.
34) 임동규, 『형사소송법』, (제16판), (법문사, 2022), 222면.

는 인신구속의 경우에서와 같은 대상자에게 통지하도록 개정해야 한다. 인신구속의 통지의 대상자는 '변호인·법정대리인·배우자·직계친족·형제자매'이고 이들의 통지를 받게 되면, 변호인 선임, 피의자신문시 변호인 참여신청, 체포·구속적부심, 구속취소, 보석청구 등을 할 수 있다. 하지만 '가족, 동거인, 고용주'는 체포·구속적부심이나 보석청구만 할 수 있다. 즉, 변호인을 선임 또는 피의자신문시 변호인 참여신청, 구속취소를 청구하더라도 청구권자가 아니므로 무효이다. 이는 형사절차에서 당사자가 가지는 권리행사에 장애를 초래할 위험이 있다. 이는 통지의 대상자나 청구권자 등이 일치하지 않으므로 문제라고 보아야 할 것이다.

따라서 통지의 대상자와 청구권자 등을 동일하게 규정할 필요가 있다. 통지의 대상자는 우선, 변호인이 있다면 변호인에게 통지해야 하고 미성년자 등의 경우에는 법정대리인, 혼인한 경우에는 배우자에게 통지하도록 해야 할 것이다. 다음으로 혈연관계 및 인척관계에 의해 맺어진 친족도 통지의 대상자로 개정해야 할 것이다. 형법상 강요된 행위(형법 제12조), 친족간 범인은닉 또는 범인도피(형법 제151조 제2항), 친족의 증거인멸 등(형법 제155조 제4항), 친족상도례(형법 제328조)나 친족이 증언을 거부 등(제148조 제1호)을 보더라도 그 대상은 친족이므로 통지의 대상자도 친족으로 규정하는 것이 형사법의 체계와 일맥상통하게 된다.

변호인, 법정대리인, 배우자 그리고 친족이 없는 경우, 가령 법률상 배우자가 아닌 사실혼 배우자 또는 외국인 노동자는 통지할 대상자가 없으므로 동거인에게 통지하도록 하여야 하고 동거인도 없는 경우를 대비하여 고용주에게 통지하도록 하여야 한다. 이들에게 통지하도록 함으로써 방어권을 보장할 수 있다. 따라서 임의동행이나 인신구속이 된 경우 통지의 대상자는 '변호인, 법정대리인, 배우자, 친족, 동거인, 고용주'로 개정하고 이들의 각종의 권리 등을 신청하거나 청구할 수 있도록 개정하는 것을 제안하는 것으로 마무리 하고자 한다.

논문투고일 : 2023.03.10. 논문심사일 : 2023.03.13. 게재확정일 : 2023.03.24.

【참고문헌】

1. 국내문헌

손봉선, "경찰의 임의동행에 의한 수사의 적법성에 대한 고찰", 『한국콘텐츠학회논
　　　문지』 제7권 제12호, 한국콘텐츠학회(2007. 12).
신동운, 『간추린 신형사소송법』(제11판), (법문사, 2018).
이재상, 『형사소송법』(제14판), (박영사, 2022).
이주일, "체포(逮捕)·구속적부심사제도(拘束適否審査制度)의 합리적(合理的) 해석
　　　(解釋)", 『외법논집』 제15집, 한국외국어대학교 법학연구소(2003. 12).
임동규, 『형사소송법』, (제16판), (법문사, 2022).
조국, "불심검문의 한계, 긴급체포와 구속영장발부의 적법성", 『고시계』 11월호, 고
　　　시계사(2000. 10).

2. 참조사이트

대법원(https://glaw.scourt.go.kr).
법제처(https://www.moleg.go.kr/).

【국문초록】

수사기관에 의해 임의동행이나 구속이 된 경우, 동행자의 안전, 상태나 향후 방어권 행사 등에 지장이 없도록 일정한 사실이나 권리 등을 통지하도록 규정하고 있고 통지를 받은 자는 당사자 본인을 위해 여러 가지 권리를 행사할 수 있도록 형사절차 단계마다 이를 규정하고 있다. 이처럼 동행자와 일정한 관계에 있는 자에게 통지하도록 하는 것은 형사절차의 공개의 원칙과 형사절차의 정당성을 확보하는 것이다.

하지만 임의동행 경우, 경찰관직무집행법에서만 통지하도록 규정하고 타법률에서는 규정하지 않는 것은 타당하지 않다. 따라서 임의동행의 경우라 하더라도 동행자의 신체의 자유가 제한되기 때문에 방어권 보장하기 위해서는 인신구속과 같은 대상자에게 통지하도록 개정해야 한다. 통지를 받은 자는 당사자를 위해 각종의 권리 등을 청구할 수 있어야 한다. 하지만 통지의 대상자와 청구권자가 현행법상 일치하지 않아 불합리하다. 현행 통지의 대상자는 '변호인·법정대리인·배우자·직계친족·형제자매'이고 '가족, 동거인, 고용주'는 체포·구속적부심이나 보석청구만 할 수 있다. 이는 통지의 대상자나 청구권자 등이 일치하지 않으므로 문제라고 보아야 할 것이다. 통지의 대상자는 당사자의 방어권 등을 보장하기 위한 것이므로 범위를 확대할 필요가 있다.

대상자의 범위는 변호인이 있다면 변호인에게 통지해야 하고 미성년자 등의 경우에는 법정대리인, 혼인한 경우에는 배우자에게 통지하도록 해야 할 것이다. 다음으로 친족도 통지의 대상자로 개정해야 할 것이다. 또한 사실혼 배후자 또는 외국인 노동자는 통지할 대상자가 없으므로 동거인에게 통지하도록 하여야 하고 동거인도 없는 경우를 대비하여 고용주에게 통지하도록 개정하는 것이 합리적이라 사료된다. 즉, 통지의 대상자는 '변호인, 법정대리인, 배우자, 친족, 동거인, 고용주'로 개정하는 합리적이라 사료된다.

◆ 주제어: 형사절차, 통지, 체포, 친족, 고용주

【Abstract】

Problems and improvement measures on the scope of notification targets and rights holders in criminal proceedings
- Focus on voluntary accompany and personal detention -

Kim, Tae－Soo*

In the case of voluntary accompanying or arrest by an investigative agency, certain facts or rights are required to be notified so that the accompanying person does not interfere with the safety, condition, or future exercise of defense rights, and the notified person is prescribed at each stage of criminal proceedings. In this way, notifying a person who has a certain relationship with the companion is to secure the principle of disclosure of criminal proceedings and the legitimacy of criminal proceedings.

However, in the case of voluntary accompanying, it is not reasonable to stipulate that only the police officer's job execution law is notified and not stipulated in other laws. Therefore, even in the case of voluntary accompanying, the freedom of the companion's body is limited, so in order to guarantee the right to defend, it must be revised to notify the subject such as personal arrest. The person who has received the notification must be able to claim various rights, etc. for the parties. However, it is unreasonable because the subject of the notification and the claimant do not currently match. The subjects of the current notification are "lawyers, legal representatives, spouses, immediate relatives, siblings," and "family members, cohabitants, and employers" can only request arrest, binding pride, or bail. This should be viewed as an inconsistent problem of the subject of notification or the claimant. The subject of the notification is to guarantee the party's right to defend, so it is necessary to expand the scope.

If there is a lawyer, the scope of the subject should be notified to the

---

* Lecturer, Korea Maritime and Ocean University, Ph.D. in Law.

lawyer, and in the case of minors, etc., the legal representative should be notified, and in the case of marriage, the spouse should be notified. Next, relatives should also be revised to be the subject of notification. In addition, since there is no person to notify, the person behind the fact—marriage or foreign worker must notify the cohabitant, and it is reasonable to revise it to notify the employer in case there is no cohabitant. It is considered that the subject of the notification is reasonable to amend to 'lawyers, legal representatives, spouses, relatives, cohabitants, and employers'.

◆ Key Words: Criminal Proceedings, Notice, Arrest, Relation, Employer

한국형사소송법학회 『형사소송 이론과 실무』
제15권 제1호 (2023.3) 25~62면.
Theories and Practices of Criminal Procedure Vol. 15 No. 1 (March. 2023) pp. 25~62.
10.34222/kdps.2023.15.1.23

압수·수색영장 사전 심문제도 도입에 관한 비판적 고찰*

정 웅 석**

Ⅰ. 서설

　법원행정처가 법원이 압수수색영장을 발부하기에 앞서 피의자 등 사건관계인을 심문할 수 있도록 하는 방향으로 형사소송규칙의 개정작업을 추진하는 모양이다. 개정이유로 전자정보에 대한 압수·수색은 전자정보의 특성으로 인하여 사생활의 비밀과 자유, 정보에 대한 자기결정권 등을 침해할 우려가 높아 특별히 규율할 필요가 있으므로 선별압수의 원칙을 준수하고 당사자의 절차 참여를 실질적으로 보장하는 방향으로 전자정보에 대한 압수·수색실무 등을 개선하고자 한다는 것이다.

　그런데 입법예고된 개정안의 주요 내용 중 압수·수색영장 발부 관련 임의적 법관 대면심리수단 도입(안 제58조의2 신설), 피의자 등의 압수·수색영장 집행 참여 시 의견진술권 등 참여권 강화(안 제60조, 제62조, 제110조), 압수·수색대상으로 정보의 명문화(안 제60조 제5항 신설), 전자정보에 대한 압수·수색영장 청구서의 기재사항에 집행계획 추가(안 제107조 제1항 제2조의2 신설) 등은 모두 상위법률인 형사소송법에 정면으로 저촉되거나 형사소송법이 예정하고 있지 아니한 것으로 포괄

─────────────
* 본 연구는 2023학년도 서경대학교 교내연구비 지원에 의하여 이루어졌음.
** 서경대학교 공공인재학부 교수

위임금지원칙에 명확히 반할 뿐더러 순수한 소송절차나 법원 내부의 규율과 사무처리에 관한 사항으로 볼 수도 없다는 점에서, 필연적으로 위헌 논란을 불러올 것으로 보인다.

물론 본 개정안에 대하여 이는 기술적인 소송절차를 규율하는 것에 불과하다거나 피의자나 피압수자의 기본권을 침해하는 것은 아니므로 법률에 저촉되는 것이 아니라는 견해가 제시될 수도 있을 것이다. 특히 입법자가 형사소송 절차에 대하여 적절한 규율을 하지 못하는 상태에서 헌법적 형사소송의 규범을 구체화하기 위한 역할을 법원이 방기하는 것도 옳지 못하다는 입장에서 대법원의 규칙제정권은 소송절차 전반에 대하여 폭넓게 인정될 필요가 있다는 견해도 있을 수 있다.

그러나 이번 형사소송규칙 개정의 목적이 단순히 지방법원 판사의 압수·수색영장 발부절차에 필요한 사항을 기술적으로 규율하고자 하는 것에 있지 않고 상위법률인 형사소송법이 원래 예정한 것보다 압수·수색절차를 엄격하게 제약하고자 하는 것이며, 이는 개정안의 개정이유에도 명백하게 적시되어 있다. 또한 개정 내용이 표면상 피의자나 피압수자의 기본권을 직접 침해하지 않는 것처럼 볼 수도 있으나, 새로운 절차를 진행함으로써 기각되어야 할 영장이 발부되는 경우 법률이 예정하지 않은 절차에 따라 피의자나 피압수자의 기본권을 침해하는 결과에 이를 수 있어 대법원이 자율적으로 정할 수 있다고 단정하기도 어렵다.

이에 압수·수색영장 사전 심문제도 도입 시 문제점을 중심으로 검토하고자 한다.

Ⅱ. 신설되는 형사소송규칙 내용

1. 압수·수색영장 발부 관련 임의적 법관 대면심리수단 도입

(1) 개정안 내용(안 제58조의2 신설)

[형사소송규칙 제58조의2(압수·수색의 심리) ① 법원은 필요하다고 인정한 때에는 압수·수색영장을 발부하기 전 심문기일을 정하여 압수·수색 요건 심사에 필요한 정보를 알고 있는 사람을 심문할 수 있다.

② 검사는 제1항에 따른 심문기일에 출석하여 의견을 진술할 수 있다.]

(2) 제안이유

대법원 재판제도분과위원회의 「전자증거에 대한 압수·수색 실무 개선방안」 자료(2021. 10.)에 따르면, 압수수색의 필요성 등에 의문이 있는 경우 법관은 수사검사와 전화통화를 하는 등의 방법으로 의문점을 해소할 수 있으나, 현재 대면 심문을 하는 절차나 규정은 존재하지 않으므로 법관의 대면심리수단 도입을 마련할 필요성 및 도입한다면 형사소송법을 개정하여야 할지, 형사소송규칙 개정만으로 도입이 가능한지 등을 분석·토의하였다고 한다. 이에 분과위원회는 법관의 대면심리수단 도입이 필요하다는 점에 대해서는 공감하고, 형사소송규칙 개정으로 대면심리수단 도입이 가능하다고 보이므로 형사소송규칙 개정을 제안하였다[1]고 한다. 그리고 입법례로 미국에서는 실무적으로 압수수색영장 청구에 의문이 있는 경우 '청문회에 가까운 수준의 심리'가 이루어진다[2]는 점을 들고 있다.

<연방형사소송규칙 제41조(d)(2)>
(A) 연방 수사관이나 검사가 선서진술서를 제출한 때에는 판사는 선서진술자로 하여금 출석하게 하고 선서진술자나 그가 신청한 증인을 선서하에 신문할 수 있다(선서진술서에 의한 영장).
(B) 판사는 정황상 합리적인 경우에는 선서진술서의 전부 또는 일부를 면제하고 선서한 증언(sworn testimony)에 기초하여 영장을 발부할 수도 있다(선서한 증언에 의한 영장).
<뉴욕 주 형사소송법(NY CP) §690.40>
청구에 대한 결정을 함에 있어 법원은 선서하에 관련된 정보를 알고 있는 모든 사람을 신문할 수 있다. 이러한 신문은 법원에 의해 기록되거나 요약되어야 한다.
<캘리포니아 주형사법 §1526>
(a) 치안판사는 영장을 발부하기 전 영장청구인과 그가 제시하는 증인을 선서하에 신문할 수 있고, 서면으로 된 선서진술서를 받아야 하며, 작성자로 하여금 선서진술서에 서명하도록 하여야 한다.

---

1) 재판제도분과위원회, 「전자증거에 대한 압수·수색 실무 개선방안」 자료(2021. 10.), 1면.
2) 재판제도분과위원회, 「전자증거에 대한 압수·수색 실무 개선방안」 자료(2021. 10.), 11면.

이러한 대면 심리의 효과로서 실질적 대면 심리를 통하여 압수·수색의 실체적 요건을 뒷받침하는 사실관계에 대하여 그 내용의 진실성을 담보할 수 있으며, 탐색적 수색을 미연에 방지하는 효과를 기대할 수 있다[3]는 것이다.

2. 피의자 등의 압수·수색영장 집행 참여 시 의견진술권 등 참여권 강화

(1) 개정안 내용(안 제60조, 제62조, 제110조)

[동규칙 제60조 ③ 법원은 법 제122조 단서에 정한 압수·수색영장 집행 통지의 예외사유가 해소된 경우에는 피고인, 변호인 또는 피압수자(법 제123조, 제129조에 규정된 자를 포함한다. 이하 이 조에서 같다)에게 집행에 참여할 기회를 부여하여야 한다.
④ 검사, 피고인, 변호인 또는 피압수자는 압수·수색영장의 집행에 참여하여 의견을 진술할 수 있다.
동규칙 제62조(압수·수색조서의 기재) 압수·수색에서 다음 각 호의 사실이 있는 경우에는 그 취지를 압수·수색조서에 기재하여야 한다.
 1. 법 제128조에 따른 증명서 또는 법 제129조에 따른 목록을 교부한 경우
 2. 법 제130조에 따른 처분을 한 경우
 3. 압수·수색영장의 집행에 참여한 자가 제60조제4항에 따라 의견을 진술한 경우
동규칙 제110조 ② 검사 또는 사법경찰관은 법 제122조 단서에 정한 압수·수색영장 집행 통지의 예외사유가 해소된 경우에는 피의자, 변호인 또는 피압수자(법 제123조, 제129조에 규정된 자를 포함한다. 이하 이 조에서 같다)에게 집행에 참여할 기회를 부여하여야 한다.
③ 검사 또는 사법경찰관은 전자정보에 대한 압수·수색·검증을 할 때에는 피고인, 변호인 또는 피압수자에게 전자정보에 대한 압수·수색·검증 절차를 설명하는 등 압수·수색·검증의 전 과정에서 그들의 참여권을 실질적으로 보장하기 위하여 노력하여야 한다.
④ 검사 또는 사법경찰관은 현장 외의 장소에서 전자정보에 대한 압수·수색·검증을 하는 경우에는 전 과정에서 피고인, 변호인 또는 피압수자의 참여권을 보장하기 위하여 참여일, 참여장소, 참여인 등에 관하여 협의하여야 한다.]

---

3) 재판제도분과위원회, 「전자증거에 대한 압수·수색 실무 개선방안」 자료(2021. 10.), 13면.

(2) 제안이유

대법원 재판제도분과위원회의 「전자증거에 대한 압수·수색 실무 개선방안」 자료(2021. 10.)에 따르면, 참여권 보장의 구체화 방안으로 압수수색영장 집행시에 이해관계인이 참여하여 '의견 진술'을 할 수 있는 제도를 도입할 필요성을 분석·토의하였다고 한다. 이에 분과위원회는 형사소송규칙을 개정하여 압수수색영장 집행시 이해관계인의 의견진술 권한을 보장하고 이를 위하여 압수수색 조서에 그 취지를 기재하는 방안을 제안하였다[4]고 한다.

3. 압수·수색대상으로 정보의 명문화

(1) 개정안 내용(안 제60조 제5항 신설)

[동규칙 제60조 ⑤ 법원이 컴퓨터용디스크, 그 밖에 이와 비슷한 정보저장매체(이하 "정보저장매체등"이라 한다)에 기억된 정보(이하 "전자정보"라 한다)에 대한 압수·수색을 할 때에는 피고인, 변호인 또는 피압수자에게 전자정보에 대한 압수·수색 절차를 설명하는 등 압수·수색의 전 과정에서 그들의 참여권을 실질적으로 보장하기 위하여 노력하여야 한다.]

(2) 제안이유

대법원 재판제도분과위원회의 「전자증거에 대한 압수·수색 실무 개선방안」 자료(2021. 10.)에 따르면, 2011년 개정된 형사소송법 제106조 제3항은 정보가 아닌 저장매체를 압수수색 대상으로 인식하게 할 여지가 있으므로 압수수색 대상으로서의 정보를 명문화할 것인지에 대하여 분석·토의하였다고 한다. 이에 분과위원회는 형사소송규칙을 개정하여 압수수색 대상으로서의 정보를 명문화하는 것을 제안하였다[5]고 한다.

이는 그동안 대법원 판례가 전자정보의 압수·수색에 관하여 압수·수색의 관련성 범위, 피의자의 참여권 강화, 압수목록 교부 법리 등을 통해 상당히 상세하고 구체적인 기본권보호 법리를 축적한 법리에 기반한 것으로 보인다.

---

4) 재판제도분과위원회, 「전자증거에 대한 압수·수색 실무 개선방안」 자료(2021. 10.), 3면.
5) 재판제도분과위원회, 「전자증거에 대한 압수·수색 실무 개선방안」 자료(2021. 10.), 2면.

(3) 판례의 입장

가. 법원 2011. 5. 26.자 선고 2009모1190 결정

대법원은 일명 '전교조 시국 선언 준항고 사건'에서, 전자정보에 대한 압수·수색
영장을 집행할 때 저장매체 자체를 수사기관 사무실 등 외부로 반출할 수 있는 예
외적인 경우 및 위 영장 집행이 적법성을 갖추기 위한 요건과 관련하여, 「전자정보
에 대한 압수·수색영장을 집행할 때에는 원칙적으로 영장 발부의 사유인 혐의사실
과 관련된 부분만을 문서 출력물로 수집하거나 수사기관이 휴대한 저장매체에 해
당 파일을 복사하는 방식으로 이루어져야 하고, 집행현장 사정상 위와 같은 방식에
의한 집행이 불가능하거나 현저히 곤란한 부득이한 사정이 존재하더라도 저장매체
자체를 직접 혹은 하드카피나 이미징 등 형태로 수사기관 사무실 등 외부로 반출하
여 해당 파일을 압수·수색할 수 있도록 영장에 기재되어 있고 실제 그와 같은 사
정이 발생한 때에 한하여 위 방법이 예외적으로 허용될 수 있을 뿐이다. 나아가 **이
처럼 저장매체 자체를 수사기관 사무실 등으로 옮긴 후 영장에 기재된 범죄 혐의
관련 전자정보를 탐색하여 해당 전자정보를 문서로 출력하거나 파일을 복사하는
과정 역시 전체적으로 압수·수색영장 집행의 일환에 포함된다**고 보아야 한다. 따
라서 그러한 경우 문서출력 또는 파일복사 대상 역시 혐의사실과 관련된 부분으로
한정되어야 하는 것은 헌법 제12조 제1항, 제3항, 형사소송법 제114조, 제215조의
적법절차 및 영장주의 원칙상 당연하다」[6]고 판시한 바 있다. 이에 따르면, 대법원
은 저장매체 자체의 압수 또는 하드카피나 이미징의 방법에 의한 집행은 "집행현장

---

[6] 대법원 2011. 5. 26. 선고 2009모1190 결정(전교조 소속 교원 17,000여 명의 2009. 6. 18.경
시국선언에 따라 그 간부들이 국가공무원법위반 혐의로 고발된 사건에서, 서울중앙지방법원
판사는 압수·수색할 물건을 위 시국선언과 관련된 문서와 전산파일, 데이터베이스, 그 자료
를 보관 중인 저장매체 및 출력물로, 압수의 방법을 컴퓨터 저장장치에 저장된 정보의 경우
피압수자 또는 참여인의 확인을 받아 수사기관이 휴대한 저장장치에 하드카피·이미징하거나
문서로 출력할 수 있는 경우 출력물을 수집하는 것으로 각 기재된 영장을 발부하였다. 이후
경찰관은 위 영장의 집행에 임하였으나 대부분의 컴퓨터에서 하드디시크가 제거된 상태였고,
전원공급이 차단된 상태여서 그 내용을 확인할 수 없게 되자, 컴퓨터 등 저장매체를 경찰서에
가지고 가 전교조 직원 등의 참관하에 압수된 저장매체 파일 중 2009. 5. 1. 이후 열람된 모든
문서파일을 복사한 다음 압수물을 가환부하였다. 이에 전교조 측은 압수·수색영장이 압수의
대상과 방법을 제한하고 있음에도 수사기관이 이를 어긴 채 저장매체 자체를 압수하고 시국
선언과 관련 없는 다수의 파일을 복사하였다고 주장하면서 영장집행에 대한 준항고를 제기한
사안이다).

의 사정상" 출력이나 복사와 같은 방식에 의한 "집행이 불가능하거나 현저히 곤란
한 부득이한 사정이 존재"할 뿐만 아니라, "그와 같은 경우에 그 저장매체 자체를
직접 또는 하드카피나 이미징 등 형태로 수사기관 사무실 등 외부로 반출하여 해당
파일을 압수·수색할 수 있도록 영장에 기재"되어 있는 때에 한하여 예외적으로 허
용될 수 있다는 입장이다.

나. 대법원 2018. 2. 8.자 선고 2017도13263 판결

대법원은 일명 '종근당사건'에서, 「형사소송법 제219조, 제121조에 의하면, 수사
기관이 압수·수색영장을 집행할 때 피의자 또는 변호인은 그 집행에 참여할 수 있
다. 압수의 목적물이 컴퓨터용디스크 그 밖에 이와 비슷한 정보저장매체인 경우에
는 영장 발부의 사유로 된 범죄 혐의사실과 관련있는 정보의 범위를 정하여 출력하
거나 복제하여 이를 제출받아야 하고, 피의자나 변호인에게 참여의 기회를 보장하
여야 한다. 만약 그러한 조치를 취하지 않았다면 이는 형사소송법에 정한 영장주의
원칙과 적법절차를 준수하지 않은 것이다. 수사기관이 정보저장매체에 기억된 정보
중에서 키워드 또는 확장자 검색 등을 통해 범죄 혐의사실과 관련 있는 정보를 선
별한 다음 정보저장매체와 동일하게 비트열 방식으로 복제하여 생성한 파일(이하
'이미지 파일'이라 한다)을 제출받아 압수하였다면 이로써 압수의 목적물에 대한 압
수·수색 절차는 종료된 것이므로, 수사기관이 수사기관 사무실에서 위와 같이 압
수된 이미지 파일을 탐색·복제·출력하는 과정에서도 피의자 등에게 참여의 기회
를 보장하여야 하는 것은 아니라」라고 판시하였다. 이는 ㉠ 저장매체 자체를 직접
또는 이미징 형태로 수사기관의 사무실 등 외부로 가져오는 과정과 ㉡ 관련정보를
탐색하여 해당 부분의 파일을 복사하거나 출력하는 과정을 전체적으로 압수·수색
영장의 집행에 포함된다는 입장으로 볼 수 있다. 다만, 저장매체에 대하여 키워드
또는 확장장 검색 등을 통해 범죄 혐의사실과 관련있는 정보를 선별하여 이를 별도
저장장치에 저장하는 경우 압수·수색이 종료되고, 그 이후 과정은 수사기관의 내
부적 분석행위로써 이 단계까지 피압수자의 참여권이 보장되는 것은 아니라는 입
장이다. 즉, '유관·무관정보의 선별절차'와 '수사기관의 내부적 분석행위'를 준별하
고, 참여권이 보장되는 과정은 전자에 한한다는 점을 분명히 한 것이다.

다. 대법원 2021. 1. 27.자 선고 2021도11170 판결

대법원은 일명 '동양대 PC사건'에서, 전자정보를 압수하고자 하는 수사기관이 정

보저장매체와 거기에 저장된 전자정보를 임의제출의 방식으로 압수할 때 임의제출자의 의사에 따른 전자정보 압수의 대상과 범위가 명확하지 않거나 이를 알 수 없는 경우, 임의제출에 따른 압수의 동기가 된 범죄혐의사실과 관련되고 이를 증명할 수 있는 최소한의 가치가 있는 전자정보에 한하여 압수의 대상이 되는지 여부 및 이때 범죄혐의사실과의 관련성이 인정되는 범위와 관련하여, 「헌법과 형사소송법이 구현하고자 하는 적법절차, 영장주의, 비례의 원칙은 물론, 사생활의 비밀과 자유, 정보에 대한 자기결정권 및 재산권의 보호라는 관점에서 정보저장매체 내 전자정보가 가지는 중요성에 비추어 볼 때, 정보저장매체를 임의제출하는 사람이 거기에 담긴 전자정보를 지정하거나 제출 범위를 한정하는 취지로 한 의사표시는 엄격하게 해석하여야 하고, 확인되지 않은 제출자의 의사를 수사기관이 함부로 추단하는 것은 허용될 수 없다. 따라서 수사기관이 제출자의 의사를 쉽게 확인할 수 있음에도 이를 확인하지 않은 채 특정 범죄혐의사실과 관련된 전자정보와 그렇지 않은 전자정보가 혼재된 정보저장매체를 임의제출받은 경우, 그 정보저장매체에 저장된 전자정보 전부가 임의제출되어 압수된 것으로 취급할 수는 없다. 전자정보를 압수하고자 하는 수사기관이 정보저장매체와 거기에 저장된 전자정보를 임의제출의 방식으로 압수할 때, 제출자의 구체적인 제출 범위에 관한 의사를 제대로 확인하지 않는 등의 사유로 인해 **임의제출자의 의사에 따른 전자정보 압수의 대상과 범위가 명확하지 않거나 이를 알 수 없는 경우에는 임의제출에 따른 압수의 동기가 된 범죄혐의사실과 관련되고 이를 증명할 수 있는 최소한의 가치가 있는 전자정보에 한하여 압수의 대상이 된다.** 이때 범죄혐의사실과 관련된 전자정보에는 범죄혐의사실 그 자체 또는 그와 기본적 사실관계가 동일한 범행과 직접 관련되어 있는 것은 물론 범행 동기와 경위, 범행 수단과 방법, 범행 시간과 장소 등을 증명하기 위한 간접증거나 정황증거 등으로 사용될 수 있는 것도 포함될 수 있다. 다만 그 관련성은 임의제출에 따른 압수의 동기가 된 범죄혐의사실의 내용과 수사의 대상, 수사의 경위, 임의제출의 과정 등을 종합하여 구체적·개별적 연관관계가 있는 경우에만 인정되고, 범죄혐의사실과 단순히 동종 또는 유사 범행이라는 사유만으로 관련성이 있다고 할 것은 아니다」라고 판시하면서, 압수의 대상이 되는 전자정보와 그렇지 않은 전자정보가 혼재된 정보저장매체나 복제본을 임의제출받은 수사기관이 정보저장매체 등을 수사기관 사무실 등으로 옮겨 탐색·복제·출력하는 일련의 과정에서, 피압수자 측에 참여의 기회를 보장하는 등의 적절한 조치를 취하지 않은 경우,

압수 · 수색의 적법 여부 및 이때 정보저장매체 또는 복제본에서 범죄혐의사실과 관련된 전자정보만을 복제 · 출력하였더라도 동일한 것인지에 대해, 「압수의 대상이 되는 전자정보와 그렇지 않은 전자정보가 혼재된 정보저장매체나 그 복제본을 임의제출받은 수사기관이 그 정보저장매체 등을 수사기관 사무실 등으로 옮겨 이를 탐색 · 복제 · 출력하는 경우, 그와 같은 일련의 과정에서 형사소송법 제219조, 제121조에서 규정하는 피압수 · 수색 당사자(이하 '피압수자'라 한다)나 그 변호인에게 참여의 기회를 보장하고 압수된 전자정보의 파일 명세가 특정된 압수목록을 작성 · 교부하여야 하며 범죄혐의사실과 무관한 전자정보의 임의적인 복제 등을 막기 위한 적절한 조치를 취하는 등 영장주의 원칙과 적법절차를 준수하여야 한다. 만약 그러한 조치가 취해지지 않았다면 피압수자 측이 참여하지 아니한다는 의사를 명시적으로 표시하였거나 임의제출의 취지와 경과 또는 그 절차 위반행위가 이루어진 과정의 성질과 내용 등에 비추어 피압수자 측에 절차 참여를 보장한 취지가 실질적으로 침해되었다고 볼 수 없을 정도에 해당한다는 등의 특별한 사정이 없는 이상 압수 · 수색이 적법하다고 평가할 수 없고, 비록 수사기관이 정보저장매체 또는 복제본에서 범죄혐의사실과 관련된 전자정보만을 복제 · 출력하였다 하더라도 달리 볼 것은 아니다」는 입장이다. 한편, 피해자 등 제3자가 피의자의 소유 · 관리에 속하는 정보저장매체를 영장에 의하지 않고 임의제출한 경우, 실질적 피압수자인 피의자에게 참여권을 보장하는 등 피의자의 절차적 권리를 보장하기 위한 적절한 조치가 이루어져야 하는지 여부 및 이때 정보저장매체를 임의제출한 피압수자에 더하여 임의제출자 아닌 피의자에게도 참여권이 보장되어야 하는 '피의자의 소유 · 관리에 속하는 정보저장매체'의 의미 및 이에 해당하는지 판단하는 기준과 관련하여, **피해자 등 제3자가 피의자의 소유 · 관리에 속하는 정보저장매체를 영장에 의하지 않고 임의제출한 경우에는 실질적 피압수 · 수색 당사자(이하 '피압수자'라 한다)인 피의자가 수사기관으로 하여금 그 전자정보 전부를 무제한 탐색하는 데 동의한 것으로 보기 어려울 뿐만 아니라 피의자 스스로 임의제출한 경우 피의자의 참여권 등이 보장되어야 하는 것과 견주어 보더라도 특별한 사정이 없는 한 형사소송법 제219조, 제121조, 제129조에 따라 피의자에게 참여권을 보장하고 압수한 전자정보 목록을 교부하는 등 피의자의 절차적 권리를 보장하기 위한 적절한 조치가 이루어져야 한다.** 이와 같이 정보저장매체를 임의제출한 피압수자에 더하여 임의제출자 아닌 피의자에게도 참여권이 보장되어야 하는 '피의자의 소유 · 관리에 속하는 정보저장매체'란,

피의자가 압수·수색 당시 또는 이와 시간적으로 근접한 시기까지 해당 정보저장매체를 현실적으로 지배·관리하면서 그 정보저장매체 내 전자정보 전반에 관한 전속적인 관리처분권을 보유·행사하고, 달리 이를 자신의 의사에 따라 제3자에게 양도하거나 포기하지 아니한 경우로써, 피의자를 그 정보저장매체에 저장된 전자정보에 대하여 실질적인 피압수자로 평가할 수 있는 경우를 말하는 것이다. 이에 해당하는지 여부는 민사법상 권리의 귀속에 따른 법률적·사후적 판단이 아니라 압수·수색 당시 외형적·객관적으로 인식 가능한 사실상의 상태를 기준으로 판단하여야 한다. 이러한 정보저장매체의 외형적·객관적 지배·관리 등 상태와 별도로 단지 피의자나 그 밖의 제3자가 과거 그 정보저장매체의 이용 내지 개별 전자정보의 생성·이용 등에 관여한 사실이 있다거나 그 과정에서 생성된 전자정보에 의해 식별되는 정보주체에 해당한다는 사정만으로 그들을 실질적으로 압수·수색을 받는 당사자로 취급하여야 하는 것은 아니다」라는 입장이다. 판례가 피의자가 아닌 제3자가 임의제출한 경우 형사소송법 제121조 참여권의 대상자로 '실질적 피압수자'라는 개념을 사용하고 있다는 점에서, '피의자'와 '피압수자'가 분리되는 상황에서도 '피압수자의 참여권'을 '피의자의 참여권' 보장규정인 형사소송법 제121조에서 찾고 있는 것으로 보인다.

라. 대법원 2022. 7. 28.자 선고 2022도2960 판결

대법원은 압수의 대상이 되는 전자정보와 그렇지 않은 전자정보가 혼재된 정보저장매체나 그 복제본을 압수·수색한 수사기관이 정보저장매체 등을 수사기관 사무실 등으로 옮겨 탐색·복제·출력하는 일련의 과정에서 피압수자 측에 참여의 기회를 보장하고 압수된 전자정보의 파일 명세가 특정된 압수목록을 작성·교부하는 등의 조치를 취하지 않은 경우, 압수·수색의 적법 여부 및 이러한 위법한 압수·수색 과정을 통하여 취득한 증거가 위법수집증거에 해당하는지 여부 그리고 사후에 법원으로부터 영장이 발부되었거나 피고인이나 변호인이 이를 증거로 함에 동의하면 위법성이 치유되는지 여부와 관련하여, 「압수의 대상이 되는 전자정보와 그렇지 않은 전자정보가 혼재된 정보저장매체나 그 복제본을 압수·수색한 수사기관이 정보저장매체 등을 수사기관 사무실 등으로 옮겨 이를 탐색·복제·출력하는 경우, 그와 같은 일련의 과정에서 형사소송법 제219조, 제121조에서 규정하는 피압수·수색 당사자(이하 '피압수자'라 한다)나 변호인에게 참여의 기회를 보장하고 압수된 전자정보의 파일 명세가 특정된 압수목록을 작성·교부하여야 하며 범죄혐의사실과 무관한 전자정보의 임의적인 복제 등을 막기 위한 적절한 조치를 취하는 등 영장주의 원칙과 적법절차를 준수하여야 한다. 만약 그러한 조치가 취해지지 않았다면 피압수자 측이 참여하지 아니한다는 의사를 명시적으로 표시하였거나 절차 위반행위가 이루어진 과정의 성질과 내용 등에 비추어 피압수자 측에 절차 참여를 보장한 취지가 실질적으로 침해되었다고 볼 수 없을 정도에 해당한다는 등의 특별한 사정이 없는 이상 압수·수색이 적법하다고 평가할 수 없고, 비록 수사기관이 정보저장매체 또는 복제본에서 범죄혐의사실과 관련된 전자정보만을 복제·출력하였다 하더라도 달리 볼 것은 아니다. 따라서 수사기관이 피압수자 측에 참여의 기회를 보장하거나 압수한 전자정보 목록을 교부하지 않는 등 영장주의 원칙과 적법절차를 준수하지 않은 위법한 압수·수색 과정을 통하여 취득한 증거는 위법수집증거에 해당하고, 사후에 법원으로부터 영장이 발부되었다거나 피고인이나 변호인이 이를 증거로 함에 동의하였다고 하여 위법성이 치유되는 것도 아니다」[7]라고 판시하였다. 즉, 임의제출이 아닌 사전 내지 사후 영장에 근거한 압수가 이루어진 본 사안에서, 대법원은 기존의 전원합의체 판결(대법원 2021. 11. 18. 선고 2016도348 전원합의체 판결)을 인용하면서, 이 엑셀파일 출력물과 그 파일을 복사한 CD는 위법하게 수집된 증거로서 증거능력이 없고, 사후에 압수수색영장을 발부받았더라도 위법성이 치유되지 않는다고 보았던 것이다(엑셀파일 출력물 및 CD의 증거능력을 인정한 원심을 '참여권 보장 및 전자정보 압수목록 교부에 관한 법리오해'를 이유로 파기환송). 결국 '참여권 미보장, 전자정보 압수목록 미교부의 위법이 있는 경우에는 사후 압수·수색영장 발부로 치유되지 않는다.'는 명확한 견해를 밝힌 것으로 볼 수 있다.

마. 검토

이러한 판례의 축적 과정에서 전자정보 압수·수색의 상황과 문제점을 법조계와 학계가 인식하게 되었고, 아마도 그것이 이번 개정안의 기초 토대가 되었을 것이다. 현재도 계속해서 새로운 상황에 접하여 관련성의 원칙과 예외, 실질적 및 형식

---

7) 대법원 2022. 7. 28.자 선고 2022도2960 판결(경찰이 피고인을 체포하면서 사전영장에 의하여 '휴대전화'를 압수하였고, 탐색·복제·출력과정에서 전자정보인 '엑셀파일'을 발견하고 출력 및 CD에 저장하였으며, 이 엑셀파일 등에 대한 사후 압수수색영장을 발부받았으나, 휴대전화 내 엑셀파일 등 전자정보 탐색·복제·출력과 관련하여 사전에 그 일시·장소를 통지하거나 피고인에게 참여의 기회를 보장하거나, 압수한 전자정보 목록을 교부하거나 또는 피고인이 그 과정에 참여하지 아니할 의사를 가지고 있는지 여부를 확인할 수 있는 어떤 객관적인 자료도 존재하지 않았던 사안이다).

적 피압수자의 개념, 참여권의 원칙과 예외 등에 관하여 대법원 판례가 계속 개발, 축적되고 있다.

4. 전자정보에 대한 압수·수색영장 청구서의 기재사항에 집행계획 추가

(1) 개정안 내용(안 제107조 제1항 제2조의2 신설)

[동규칙 제107조 제1항 2의2. 다음 각 목의 사항(압수대상이 전자정보인 경우만 해당한다)

가. 전자정보가 저장된 정보저장매체 등

나. 분석에 사용할 검색어, 검색대상기간 등 집행계획]

(2) 제안이유

대법원 재판제도분과위원회의 「전자증거에 대한 압수·수색 실무 개선방안」 자료(2021. 10.)에 따르면, 압수방법에 관한 법원의 사전규제방안으로 검색어 등 특정하여 영장을 발부하는 방안 및 전자정보 압수수색 집행시 참여권을 보장하는 방안의 도입 필요성을 분석·토의하였다고 한다. 특히 수사기관의 전자정보에 대한 압수수색영장 청구시 집행계획[① 분석에 사용하라 검색어(keyword: 인물, 대상 등), 검색대상 기간 등 검색어 선별계획, ② 예상 분석기관, ③ 압수할 휴대전화 저장정보의 종류(문자메시지, 카카오톡 대화, SNS 전화통화 내역, 전화번호부, 위치정보 등), 저장 또는 송수신 기간 등을 특정]을 제출할 것을 요구하고, 법원이 실제 영장 발부시에 압수방법 및 압수대상으로 위와 같은 ① 내지 ③을 특정하여 압수수색영장을 발부하는 방안의 도입 필요성을 토의하였다고 한다. 이에 분과위원회는 위 방안의 도입 필요성을 논의한 결과 도입이 필요하고, 형사소송규칙 개정 및 압수수색영장 양식 개정으로 도입하는 것을 제안하였다[8]고 한다. 현재 대검 예규 제26조[9] 및 제32조[10])는 '전자정보 압수·수색·검증 안내문' 교부를, 경찰 규칙 제18조[11])는 현장 외

---

8) 재판제도분과위원회, 「전자증거에 대한 압수·수색 실무 개선방안」 자료(2021. 10.), 2면.
9) 디지털 증거의 수집·분석 및 관리 규정 제26조(현장에서의 참여권 보장) ① 주임검사등은 전자정보에 대한 압수·수색·검증을 하는 경우에 별지 제13호의 "전자정보 압수·수색·검증 안내문"에 따라 전자정보에 대한 압수·수색·검증 과정을 설명하는 등으로 참여권의 실질적 보장을 위하여 노력하여야 한다.

압수절차 설명 또는 이에 갈음한 안내서 교부를 각각 규정하고 있다.

Ⅲ. 외국의 입법례

1. 미 국

미국의 영장제도는 과거 수사관이 치안판사의 면전에서 선서하고, 직접 목격 또는 청취한 사실을 구두로 진술하여 필요성을 소명한 다음 영장을 발부받는 방식으로 운용했으나, 현재는 수사관이 선서진술서(affidavit)를 작성하여 영장 신청서에 첨부하는 방식으로 영장 발부 필요성을 소명함이 일반적이고, 이외에도 객관적인 증거서류, 증거물을 첨부하는 것도 가능하다.[12] 따라서 치안판사가 선서진술서의 신뢰성 확인이 필요하다고 판단하는 경우 그 작성자를 출석시켜 대면하여 선서진술서의 신뢰성을 확인하는 경우가 종종 있다. 이는 미국 수정헌법 제4조[13]가 압수수색영장의 발부 요건으로서 압수수색 필요성 소명 및 이를 뒷받침하는 '선서'를 명

---

10) 디지털 증거의 수집·분석 및 관리 규정 제32조(참관 기회의 부여) ① 주임검사등은 현장 외 전자정보의 압수·수색·검증 등 전 과정에서 피압수자등 또는 변호인의 참여권을 보장하기 위하여 참관일, 참관장소, 참관인 등에 관하여 협의하여야 한다.
   ③ 참관인이 참여하는 경우 제33조의 절차를 개시하기 전에 참관인에게 별지 제13호의 "전자정보 압수·수색·검증 안내문"에 따라 전자정보에 대한 압수·수색·검증 과정을 설명하는 등으로 참여권의 실질적 보장을 위하여 노력하여야 한다.
11) 디지털 증거의 처리 등에 관한 규칙 제18조(현장 외 압수절차의 설명) ① 경찰관은 현장 외 압수에 참여하여 동석한 피압수자 등에게 현장 외 압수절차를 설명하고 그 사실을 기록에 편철한다. 이 경우 증거분석관이 현장 외 압수를 지원하는 경우에는 전단의 설명을 보조할 수 있다.
   ② 경찰관 및 증거분석관은 별지 제7호 서식의 현장 외 압수절차 참여인을 위한 안내서를 피압수자 등에게 교부하여 전항의 설명을 갈음할 수 있다.
12) 2009년 개정된 연방 형사소송규칙(Federal Rules of Criminal Procedure) Rule 41(e)(2)는 일반 압수수색영장 외에 별도로 "전자적으로 저장된 정보의 취득을 목적으로 하는 영장(Warrant Seeking Electronically Stored Information)"을 신설하고 압수수색에 있어서 특수한 예외를 인정하고 있다.
13) 미국 수정헌법 제4조. 불합리한 압수와 수색에 대하여 신체, 주거, 서류, 물건의 안전을 확보할 국민의 권리는 침해되어서는 아니 된다. 선서(oath)나 확약(affirmation)에 의하여 상당하다고 인정되는 이유(probable cause)가 있어 특별히 수색할 장소와 압수할 물건, 체포·구속할 사람을 특정한 경우를 제외하고는 영장은 발부되어서는 아니 된다.

문으로 요구하고 있는 것에 기인한다. 다만, 미국 연방법상 치안판사는 서면에 의한 영장 신청 없이 수사관으로부터 전화 등 통신수단을 통해 구두진술만 듣고도 영장을 발부할 수 있는 제도[14])도 두고 있는 등 우리 법제와는 전혀 다른 구조를 취하고 있는 점도 간과해서는 안 된다.

더욱이 미국에서는 일정 범위의 디지털 증거는 압수·수색영장에 의하지 아니하고, "법원의 명령"으로 강제소환의 일종인 서피나(Subpoena)[15])를 통해 증거를 수집할 수 있는 방법이 있고, 나아가, 대배심(Grand Jury)을 통하여 "법원의 관여없이"[16]) 연방 또는 지방검찰청 검사의 서명만으로 증인소환 및 증거제출을 강제하는 서피나(Subpoena)를 발부하여 증거를 수집할 수도 있다. 서피나(Subpoena)에 의하여 자료 제공을 요청하는 경우에는 압수·수색영장과는 달리 상당한 이유를 소명하지 아니하여도 수사상 필요성만 있으면 서피나(Subpoena) 발부가 가능하므로 압수·수색영장에 비하여 그 요건이 매우 완화되어 있는 것이 특징이다.

반면, 우리 형사소송법은 피의자가 죄를 범하였다고 의심할 만한 정황이 있음을 소명하도록 규정하고 있어 선서를 요건으로 하는 미국과는 전혀 다른 법제이다. 즉, 수사관의 선서와 낮은 단계의 소명(probable cause)으로도 압수영장을 발부하는 미국과 달리 범죄혐의를 소명하기 위한 방대한 수사기록을 법원에 제출하고 법원은 이를 바탕으로 영장의 발부 여부를 결정하는 구조인 것이다. 따라서 우리와 전혀 다른 법제를 운영하는 국가의 제도 중 일부분만 발췌하여 마치 보편적으로 적용되는 절차인 것처럼 호도하는 것은 부적절한 것이다.

특히 사법정책연구원의 논문을 그대로 원용하고 있는 사법행정자문회의 검토보

---

14) 연방형사소송규칙 제41조(d)(3). 전화 또는 다른 신뢰 가능한 전자적 수단에 의한 영장 신청) 제4조 1. a.에 따라 치안판사는 전화 또는 다른 신뢰 가능한 전자적 수단에 의해 소통한 정보를 바탕으로 영장을 발부할 수 있다.

15) Subpoena란, 법원의 명령의 일종으로, 특정인에 대하여 증언할 것을 강제하거나, 특정 자료를 제출하도록 강제하는 법원의 명령을 말한다. 특히 증인에 대하여 금융기록이나 이메일 등의 자료제출을 요구하는 것은 "Subpoena Duces Tecum"이라고 한다.

16) 물론 대배심 절차 자체가 법원의 절차이고, 자료를 요청하는 주체는 대배심이므로 법원의 관여가 완전히 배제되는 것은 아니라 할 것이나, 판사의 서명을 요하지 아니한다는 점에서 법원의 관여 없이 증거수집이 가능하다고 볼 수 있는 것이다. 법원이 실제로 개입하는 시점은 대배심의 Subpoena 발부에 이의가 있는 경우이며, 이때에는 양 당사자의 주장을 듣고 법원이 자료제출 여부를 최종 결정하게 된다. 즉, 법원은 Subpoena 대상자가 이의를 제기할 경우에만 Subpoena를 통하여 증거를 수집하는 것이 수사상 필요한지 여부를 사후 심사하여 자료제출 여부를 결정할 수 있다.

고서에 "미국에서 실무적으로 압수·수색영장 청구에 의문이 있는 경우 '청문회에 가까운 수준의 심리'가 이루어진다"고 언급한 내용을 인용하고 있는데,[17] 이는 백승주 검사가 법조 제62권 7호(2013) 실무연구(實務研究) 「미국의 압수수색영장 일부기각 및 압수방법 제한에 관한 실무연구 − 디지털 증거를 중심으로 −; Legal Practice Study : Partial denial and Ex Ante Regulation of Search and Seizure Warrant in the U.S.」 197면~198면에서 적은 내용[18]을 재인용[19]한 것으로 보이지만, 내용을 임의적으로 발췌한 것으로 논문 왜곡에 가깝게 보인다. 왜냐하면 논문에서 소개된 미국절차는 대법원이 도입을 추진하는 공식적 심문절차와는 전혀 궤를 달리하는 비공식적 면담 절차에 불과하기 때문이다. 특히 본 논문에서는 미 연방이나 뉴욕 주의 검찰이 우리나라와는 달리 법원의 영장 일부 기각으로 인한 수사상 장애나 어려움을 겪고 있지는 않다고 하면서, 만약, 한국에서와 같이 법원이 디지털 증거에 관하여 원본압수를 제한하거나, 압수수색 방법을 제한하고자 한다면 다음과 같은 어려움이 초래될 수 있다는 점을 인터뷰 검사들은 지적하였다[20]고 한다.

첫째, 원본 압수를 제한하는 경우에는 수사기관이 압수에 있어 필요한 컴퓨터 하드 드라이브를 사본하여야 한다는 의미인데, 어떻게 원본을 확보할 수 있을지, 즉,

---

17) 사법행정자문회의 검토보고서, 2021, 11면.
18) 백승주 검사 원문 내용(...[이렇듯, 법원과 검찰간의 소통과 논쟁은 상호간의 의견 불일치를 어느 정도 해소하고 있다고 할 수 있다. 즉, 미국에서는 연방이든 주 법원이든 압수수색영장 청구에 의문이 있는 경우 먼저, 검사나 경찰관을 불러 청문회에 가까운 수준의 심리를 한다. 그 과정에서 검사와 판사는 압수수색영장 청구에 있어 그 소명이 부족한지, 지나치게 광범위한 압수수색이 아닌지의 여부에 관하여 함께 상의하고 의견을 교환하며, 이러한 과정을 통하여도 의견이 조율되지 아니하는 경우 판사는 영장을 기각하게 된다. 그러나, 이 때에는 검찰과의 사전 협의가 충분히 이루어졌으므로 검찰의 입장에서도 협의 과정에서 기각 이유에 관하여 상세하게 알 수 있게 된다. 이러한 "비공식적인 협의 과정"("")는 필자가 임의로 붙였음)이 압수수색영장 실무에서 가장 흔하게 사용되고 있고, 그와 같은 상호 소통을 통하여 검찰과 법원과의 마찰을 최소화하고 있는 것이다].
19) 사법정책연구원 논문(2016) 제3장 영장 발부 및 집행절차 개선(...이렇게 영장 발부의 요건이나 그 범위에 관하여 의문이 있는 경우 미국에서와 같이 관련된 정보를 제공하거나 알고 있는 자, 수사관 등을 담당 법관이 직접 대면하여 심문하는 방법으로 실질적으로 심리할 수 있도록 법령상 근거를 마련하는 것도 입법론으로서 의미가 있을 것이다. 미국에서는 실무적으로 압수수색영장 청구에 의문이 있는 경우 청문회에 가까운 수준의 심리가 이루어진다고 한다).
20) 백승주, "미국의 압수수색영장 일부기각 및 압수방법 제한에 관한 실무연구 − 디지털 증거를 중심으로 −; Legal Practice Study : Partial denial and Ex Ante Regulation of Search and Seizure Warrant in the U.S.", 『법조』 제62권 7호(2013), 194면.

피압수자가 자발적으로 사본을 하여 줄 것인지 또는 원본을 자발적으로 제출하여 수사기관으로 하여금 사본을 하도록 수인할지 의문이라는 것이다.

둘째, 위 문제와 관련된 것이지만, 컴퓨터 하드 드라이브 안에서 어떠한 정보가 범죄와 관련된 정보이고, 어떠한 정보는 범죄와 전혀 무관한 정보인지 수사기관이 파악하기는 어렵다는 것이다. 따라서 압수대상 정보만 사본하기 위하여는 모든 파일을 열어볼 수밖에 없는데, 원본의 확보 없이는 이러한 작업은 불가능하다는 것이다.

셋째, 설사 위와 같은 방법으로 필요한 정보만을 사본하는 것이 가능하다 하더라도, 그러한 정보를 추출하는 작업은 상당한 시일이 소요될 수 있으므로, 집행기간이 길어질 수 있으며, 정해진 영장집행 시한(14일) 내에 마칠 수 없는 우려도 있다는 것이다. 특히, 이와 같은 집행의 장기화는 원본을 압수하여 사본하는 경우보다 오히려 피압수자의 권리를 더 침해할 위험성도 있다는 것이다.

넷째, 특정한 포렌식 테크닉을 사용하도록 사전에 법원이 제한하는 것은 '암호화되거나 다른 명칭으로 저장된 중요정보'에의 접근을 방해하므로 증거발견에 장애를 초래할 수 있다는 것이다. 예컨대, 아동 포르노 사건에서 포르노 사진파일은 통상 jpg 파일 형태이지만, 이를 감추어 놓는 경우가 많아 jpg 파일 검색으로는 찾을 수 없게 되므로, 사전에 jpg 파일 검색 툴(tool)만 사용하도록 한다면, 범죄의 증거를 전혀 찾을 수 없게 되는 결과를 초래하게 된다는 것이다.

한편, 압수·수색영장 사전 심문제도의 추진이 논란이 있자 모 검사님에게 문의한바, 현재 우리 실무에서도 영장담당판사가 영장기록을 검토하다가 의문이 있는 경우 검사에게 전화하는 방식 등으로 의견을 교환하고 있다고 한다. 따라서 위 백승주 검사의 논문에 소개된 절차와 본질은 우리나라 실무에서도 동일하게 운영되고 있는 것 같다.

2. 독 일

법관은 검사의 압수·수색영장 청구서 및 기록을 토대로 심리하며,[21] 압수수색영

---

[21] 형사소송법(StPO) 제98조(압수절차) (1) 압수는 법원만이 명할 수 있고, 다만 지체하면 위험할 우려가 있는 경우에 검찰과 검찰수사관(법원조직법 제152조)도 명할 수 있다. 제97조 제2문에 따라 편집국, 출판사, 인쇄소 또는 방송사 내에서 하는 압수는 법원만이 할 수 있다. 제105조(수색절차) (1) 수색은 법관만이 명할 수 있고, 지체하면 위험할 우려가 있는 경우에

장 심문 제도는 없다. 독일 실무상으로는 반드시 서면에 의하도록 되어 있는 구속영장과 달리 압수·수색영장의 경우 반드시 서면에 의할 필요는 없고, 구두에 의한 절차도 가능하다. 물론 대부분은 서면에 의하여 압수·수색영장이 발부되고 있으나, 서면에 의한 절차를 기다리기에는 시간이 촉박한 경우, 경찰이 검사에게 전화상으로, 검사가 판사에게 전화상으로 영장을 신청 내지 청구하고, 판사가 기록을 보지 않고 전화상으로 설명을 들은 채 영장을 발부하기도 한다[22]고 한다. 물론 이와 같이 구두로 영장을 발부한 경우에 있어서도 그 후 서류상으로 정리하여 근거를 남겨두어야 한다. 이러한 구두에 의한 영장 발부절차가 존재하는 이상 야간이나 주말의 경우, 판사가 법원에 직접 나가지 않은 채 집에서 전화상으로 영장 발부 여부의 결정을 내리는 것이 흔히 있는 실무라고 한다.[23]

3. 프랑스

압수·수색권한을 포함한 수사권한은 수사판사의 수사위임서 작성에 의해 경찰 등에게 포괄적으로 위임되므로 일반적으로 판사에게 압수·수색영장을 신청하지 아니하고 수사를 진행한다.[24] 예외적으로 야간수색 및 주거지 압수·수색의 경우 수

는 검찰과 검찰수사관(법원조직법 제152조)이 명할 수 있다. 제103조 제1항 제2문에 따른 수색은 법관인 명한다; 검찰은 지체하면 위험할 우려가 있는 경우에 이를 할 수 있다.
제108조(다른 물건의 압수) (1) 수색을 하면서 그 심리와는 관련이 없으나, 다른 범행을 시사하는 물건을 발견한 경우에는 이를 임시로 압수할 수 있다. 이 사실은 검찰에 알려야 한다. 제1문은 제103조 제1항 제2문에 따라 수색하는 경우에 적용되지 않는다.
22) 『각국의 압수·수색 제도와 실무』, 대검찰청, 2007, 12면.
23) 『각국의 압수·수색 제도와 실무』, 대검찰청, 2007, 12면.
24) 형사소송법 제56조 ① 중죄의 속성으로 판단할 때, 당해 중죄에 가담하였다고 인정되는 자 또는 범죄와 관련된 서류 또는 물건을 소지하고 있다고 인정되는 자가 점유하는 서류, 문서 기타 물건의 압수로 그 증거를 얻을 수 있는 때에는 사법경찰관은 즉석에서 그 자의 거주를 수색하고 조서를 작성한다. 사법경찰관은 또한 형법 제131-2조에 따라 압수 대상인 물건이 있다고 생각되는 장소에 임검하여 수색할 수 있다. 다만, 동조 제5조 및 제6호에 정한 물건을 수색하거나 압수할 목적인 때에는 사전에 검사의 허가를 얻어야 한다.
④ 압수한 일체의 물건 및 서류에 대하여는 즉시 목록을 작성하고 이를 봉인한다. 다만, 현장에서 즉시 면밀한 조사를 하기가 어려운 때에는 목록을 작성하고 정식으로 봉인할 때까지 이를 가봉인한다. 정식 봉인은 제57조에 정한 바에 따라 수색에 입회하였던 자의 참여 하에 이를 실시한다.
⑦ 사법경찰관은 검사의 동의를 받아 진실 발견에 유용한 물건·문서·전자정보 및 형법 제

사판사의 사전허가 필요하지만, 사전허가를 필요로 하는 경우 수사판사는 사전허가 청구서 및 기록을 토대로 심리하며, 허가 여부 결정을 위한 심문 제도는 없다. 즉, 사법경찰관이 검사의 지휘를 받아 비현행범에 대하여 진행하는 '예비수사'에서 압수·수색을 할 때에는 영장주의를 채택한 국가와 유사하게 검사가 압수·수색을 요청하여 석방구금판사의 허가결정을 받아야 하는데, 보통 사법경찰관이 압수·수색의 필요성을 설명하는 사건요약보고서를 만들어 검사에게 제출하고, 검사는 허가요청서를 작성하여 수사기록과 함께 석방구금판사에게 보내며, 사안의 중대성이나 긴급성에 따라서는 검사가 먼저 전화로 사안을 설명하고, 수사기록을 보내지 아니한 채 석방구금판사로부터 구두 허가만 받거나 허가서를 팩스로 받아 압수·수색을 실시할 수도 있다. 검사가 석방구금판사실을 직접 방문하여 사안을 설명하는 경우도 흔히 있고, 필요한 경우 사법경찰관을 대동할 때도 있는데, 검사의 허가요청서가 우리나라의 압수·수색 영장청구서와 다른 점은 ① 범죄사실을 기재할 필요가 없고, 압수하고자하는 대상물을 열거하지도 않으며, ② 왜 압수·수색이라는 수사방법을 사용하여야 하는지, 즉 강제수사방법으로서의 압수·수색의 필요성에 관하여 자세히 기재하고, ③ 서식 자체가 수 개의 장소에 대한 압수·수색을 요청할 수 있게 되어 있어 논란의 여지가 없다[25]는 점이라고 한다.

4. 일 본

일본 형사소송법 제218조[26] 및 제219조[27]에 따르면, 법관은 검사의 압수수색영장 청구서 및 기록을 토대로 심리하며, 압수수색영장 심문제도는 없다.

131조 - 21조에 정한 물건에 대해서만 압수를 유지할 수 있다.
25) 『각국의 압수·수색 제도와 실무』, 대검찰청, 2007, 13면.
26) 제218조 ① 검찰관·검찰사무관 또는 사법경찰직원은 범죄의 수사를 함에 있어서 필요한 때에는 재판관이 발부하는 영장에 의하여 압수·수색 또는 검증을 할 수 있다. 이 경우 신체의 검사는 신체검사 영장에 의하여야 한다.
③ 제1항의 영장은 검찰관·검찰사무관 또는 사법경찰직원의 청구에 의하여 이를 발부한다.
27) 제219조 ① 전조의 영장에는 피의자 또는 피고인의 성명, 죄명, 압수할 물건, 수색할 장소·신체·물건, 검증할 장소·물건 또는 검사할 신체 및 신체검사에 관한 조건, 유효조건 및 그 기간 경과후에는 압수·수색 또는 검증에 착수할 수 없고 영장은 이를 반환하여야 한다는 취지 및 발부 연월일 기타 재판소의 규칙에 규정된 사항을 기재하고 재판관이 이를 기명날인하여야 한다.

5. 스위스

스위스 연방형사소송법은 1996년 형사절차법 초안이 마련된 후, 2011년 1월 1일부터 시행되었는데, 강제처분에 관한 규정은 동 법률 제5편 제1장 이하에서 모두 4개의 조문으로 구성되어 있다.[28] 그 중 수색(Durchsuchung)과 관련된 규정은 제5편 제4장에서 규정하고 있는데, 제1절에서는 일반규정, 제2절에서는 가택수색, 제3절에서는 기록물들의 수색, 제4절에서는 사람 및 물건의 수색에 관한 내용을 규정하고 있다. 기본적으로 제241조 제3항에 따른 긴급한 경우를 제외하고는 수색은 검찰이나 법원에 의해 수행되며, 간단한 사안에 한해서 경찰이 위임을 받아 수행할 수 있는 구조이다. 먼저 제1절 일반규정에 따르면 수색은 검찰이나 관할 법원의 서면에 의한 영장에 의해서 집행되지만, 급한 경우에는 구두로 하고 후에 서면으로 확인하도록 하고 있다(제241조 제1항). 서면 영장에는 수색을 받는 사람, 장소, 물건, 기록물, 수색의 목적, 수행을 위임받은 기관이나 사람이 표시되어야 한다(동조 제2항). 수색을 수행하는 기관이나 사람은 수색을 함에 있어 그 목적을 달성하기 위하여 적절한 안전조치를 취해야 하고(제242조 제1항), 수색을 하는 동안 사람들을 수색장소에 접근하지 못하도록 금지할 수도 있다(동조 제2항). 특히 제243조에서는 우연한 발견(Zufallsfunde)에 대한 규정을 두고 있는데, 영장에 적시된 범죄와 관련이 없지만, 다른 범죄와 관련이 있는 증거나 물건을 우연히 발견한 경우 해당 증거를 확보할 수 있도록 하고 있다(제1항). 그와 같은 경우 우연히 발견한 물건들은 수색절차에 대한 보고서와 함께 전달되고, 계속해서 그에 대한 수색을 진행할 것인지를 결정하게 된다(제2항).

한편, 압수에 관한 규정은 제5편 제7장에서 크게 4가지 유형으로 구분하여 규정하고 있다. 즉 피의자나 제3자의 물건이나 재산은 ① 증거물(Beweismittelbeschlagnahme)로 사용되거나, ② 형사소송비용, 벌금, 속죄금이나 배상금을 위해 사용되거나(Sicherstellung von Kosten, Geldstrafen, Bussen und Entschädigungen), ③ 피해자에게 환부하거나(Rückgabe an den Geschädigten), ④ 몰수(Einziehung)될 것으로 예상되는 경우 압수될 수 있다(제263조 제1항). 압수 역시 서면영장에 의해 집행되지만, 긴급한 경우 구두에 의하고, 사후에 서면으로 확인받아야 한다(동조 제2항).

---

28) 자세한 내용은 이원상, "스위스 연방 형사절차법상 압수 · 수색규정의 시사점", 『형사법의 신동향』 통권 제56호(2017. 9.), 대검찰청 미래기획단, 40면 이하 참조.

하지만, 위험에 당면한 경우 경찰이나 사인이 물건이나 재산을 가지고 있다가 즉시 검찰이나 법원에서 확보할 수 있도록 할 수 있다(동조 제3항).

6. 오스트리아

오스트리아는 1873년 근대적 형사소송법이 시행된 후, 130여년 만인 2004년에 형사소송법을 전면적으로 개정한 것을 시작으로, 위 개정법이 시행되는 2008. 1. 1. 에 이르기까지 형사법 전반에 걸친 개정작업을 진행해왔는데, 특히 형사소송법의 두 체계 중 하나인 공판 전 절차에 해당하는 수사절차를 전면 개정하였다.[29] 그 중 새로운 소송법적 강제 및 수사수단으로 사람에 대한 수색, 신체 및 분자유전학적 검사(제123조, 제124조), 감시(제130조), 비밀수사(제131조), 위장거래(제132조)에 관한 규정이 도입되었는데, 주거 및 그 밖에 주거권에 의해 보호되는 장소에 대한 수색(제117조 제2호의b)은 법원의 승인이 필요한 강제수단이지만, 급박한 경우에는 법원의 승인 없이 검사의 지시로만 가능한 모든 강제수단(제99조 제2항) 및 주거지 및 그 밖의 주거권에 의해 보호되는 공간에 대한 수색(제117조 제2호의b) 등이 있다.[30]

물론 오스트리아법상 압수(Beschlagnahme)절차는 사전 보전조치와 관련된 사후적 결정이라는 점에서 우리나라의 압수절차와 다르지만(이러한 특성으로 우리나라의 경우처럼 통상 압수·수색영장이 발부되는 것이 아니라, 수색영장만 발부됨), 수색의 개념 자체에 찾은 물건을 '보전조치'한다는 점이 당연히 전제되어 있다(제119조 제1항).

7. 중 국

중국 형사소송법상 수사(정찰, 정찰)란 공안기관과 인민검찰원이 형사사건에 대해 법에 따라 증거를 수집하고 사건진실을 밝혀내는 업무행위 및 관련되는 강제조치를 말한다(동법 제108조 제1항). 중국에서의 수사관련 강제조치는 인신자유 제한

---

29) 자세한 내용은 이정봉, "오스트리아 개정 형사소송법상의 검사의 지위와 수사절차에 관한 연구", 『형사법의 신동향』 통권 제24호(2010. 2.), 대검찰청 미래기획단, 116면 이하 참조.
30) 오스트리아 형사소송법은 일반적으로 접근 가능하지 않은 장소, 공간, 교통수단, 용기 등에 대한 수색(제117조 제2호의a)절차와 주거권(Hausrecht)에 의해 보호되는 장소 또는 주거지 및 그 곳에 소재하는 물건에 대한 수색(제117조 제2호의b)절차로 나누어 규정하고 있다.

여부로 인신자유 제한조치와 일반적인 수사조치로 구분할 수 있는데, 후자의 경우에는 대인조치와 대물조치가 있으며, 대물조치는 다시 현장검증과 감정 및 수색과 압수로 세분할 수 있다.[31] 이에 압수·수색과 관련된 조문만을 살펴보면, 형사소송법 제134조(범죄의 증거를 수집하거나 범죄자를 나포하기 위하여 수사기관은 범죄피의자 그리고 범죄자 또는 범죄의 증거를 은닉할 가능성이 있는 자의 신체, 물품, 거처와 기타 관계있는 장소를 수색할 수 있다), 제136조(수색할 때에는 피수색인에게 수색장을 제시하여야 한다. 체포, 구류를 집행할 때 긴급상황이 생기면 수색장이 따로 없어도 수색할 수 있다) 그리고 제139조(수사과정에 발견된 범죄피의자의 혐의(유죄 또는 무죄)를 증명할 수 있는 각종 재물과 서류는 봉인, 압수하여야 한다. 사건과 무관한 재물과 서류는 봉인, 압수하지 못한다. 봉인, 압수한 재물과 서류는 잘 보관하거나 봉인하여야 하며, 사경용하거나 교체하거나 훼손하여서는 안 된다) 등이 주요한 조문인데, 한국의 개념과 큰 차이가 없다.

Ⅳ. 압수·수색영장 사전 심문제도 도입 시 문제점

1. 헌법 위반(형사절차법정주의의 침해)

헌법 제108조는 "대법원은 법률에 저촉되지 아니하는 범위 안에서 소송에 관한 절차, 법원의 내부규율과 사무처리에 관한 규칙을 제정할 수 있다"고 규정하고 있다. 따라서 대법원은 소송절차, 법원의 내부규율 및 사무처리에 관해서 독자적으로 형사소송규칙을 제정할 수 있으나, 형사소송규칙은 첫째 상위법률인 형사소송법에 저촉되지 않아야 하며, 둘째 입법권의 위임을 받아 규칙을 제정할 수 있는데 포괄위임금지원칙을 준수하여야 한다. 헌법재판소도 군사법원법 제348조의2 위헌소원(컴퓨터용디스크 등에 대한 증거조사방식 위헌소원) 사건에서, 대법원규칙 역시 법률의 구체적인 위임을 받아야 한다[32]는 취지로 설시한 바 있다. 물론 대법원규칙으로

---

31) 정영지/강광문 편저, 『중국법 강의』(서울대학교 아시아태평양법 총서 4), 박영사, 2023, 172면.
32) 헌법재판소 2016. 6. 30. 2013헌바27 결정(대법원은 헌법 제108조에 근거하여 입법권의 위임을 받아 규칙을 제정할 수 있다 할 것이고, 헌법 제75조에 근거한 포괄위임금지원칙은 법률에 이미 하위법규에 규정될 내용 및 범위의 기본사항이 구체적으로 규정되어 있어서 누구라도 당해 법률로부터 하위법규에 규정될 내용의 대강을 예측할 수 있어야 함을 의미하므로, 위임입법이 대법원규칙인 경우에도 수권법률에서 이 원칙을 준수하여야 한다).

규율되는 내용이 소송에 관한 절차와 같이 법원의 전문적이고 기술적인 사무에 관한 것이라면 수권법률에서의 위임의 구체성, 명확성의 정도가 다른 규율 영역에 비하여 완화될 수 있다.

그러나 이번 형사소송규칙 개정안의 주요 내용인 압수·수색영장 발부 관련 임의적ᆞ법관 대면심리수단 도입(안 제58조의2 신설), 피의자 등의 압수·수색영장 집행 참여 시 의견진술권 등 참여권 강화(안 제60조, 제62조, 제110조), 압수·수색대상으로 정보의 명문화(안 제60조 제5항 신설), 전자정보에 대한 압수·수색영장 청구서의 기재사항에 집행계획 추가(안 제107조 제1항 제2조의2 신설) 등은 모두 상위법률인 형사소송법에 정면으로 저촉되거나 형사소송법이 예정하고 있지 아니한 것으로 포괄위임금지원칙에 명확히 반할 뿐더러 순수한 소송절차나 법원 내부의 규율과 사무처리에 관한 사항으로 볼 수도 없다는 점에서, 필연적으로 위헌 논란을 불러올 것이다.

개정안에 대하여 이는 기술적인 소송절차를 규율하는 것에 불과하다거나 피의자나 피압수자의 기본권을 침해하는 것은 아니므로 법률에 저촉되는 것이 아니라는 견해가 제시될 수도 있을 것이다. 특히 입법자가 형사소송 절차에 대하여 적절한 규율을 하지 못하는 상태에서 헌법적 형사소송의 규범을 구체화하기 위한 역할을 법원이 방기하는 것도 옳지 못하다는 입장에서 대법원의 규칙제정권은 소송절차 전반에 대하여 폭넓게 인정될 필요가 있다는 견해도 있을 수 있다. 아래 기사에서 부장판사 출신 변호사가 "기본권을 제한하는 방향의 추진이면 법률로 정하는 게 맞지만 오히려 기본권을 신장시키는 방향으로 한다는 것이어서 그런 부분은 대법원 권한 내에 있다"고 말했다[33]는 내용 역시 동일한 입장으로 보인다.

그러나 이번 형사소송규칙 개정의 목적이 단순히 지방법원 판사의 압수·수색영장 발부절차에 필요한 사항을 기술적으로 규율하고자 하는 것에 있지 않고 상위법률인 형사소송법이 원래 예정한 것보다 압수·수색절차를 엄격하게 제약하고자 하는 것이며, 이는 개정안의 개정이유에도 명백하게 적시되어 있다. 이는 상위법률인 형사소송법상 압수·수색의 범위와 압수·수색영장의 집행에 관한 본질적인 내용에 해당하므로 국회의 입법절차에 의하여 규율되는 것이 더 적절할 것이다. 또한 개정 내용이 표면상 피의자나 피압수자의 기본권을 직접 침해하지 않는 것처럼 볼 수도 있으나, 새로운 절차를 진행함으로써 기각되어야 할 영장이 발부되는 경우 법률이

---

33) 헤럴드경제 2023. 2. 9.자, "법원－검찰, 압수수색 영장 '대면심문' 충돌".

예정하지 않은 절차에 따라 피의자나 피압수자의 기본권을 침해하는 결과에 이를 수 있어 대법원이 자율적으로 정할 수 있다고 단정하기도 어렵다. 또한 형사소송법은 피의자(피고인) 권리보장의 역사라는 말이 있듯이, 형사소송법의 다수 규정은 피의자(피고인)의 인권을 보장하는 규정 중심으로 이루어져 있다. 예를 들면, 피의자 신문시 수사기록 규정, 영장실질심사, 구속적부심사 심지어 영장을 통해서만 인신 구속을 하라는 내용도 기본권을 신장시키는 규정으로 볼 수 있다. 그런데 법률(헌법 제12조 제1항)의 위임없이(모법의 수권 없이) 대법원 규칙(동법 제108조)으로 가능하다면, 사실상 형사소송법은 의미가 없을 것이다. 아무리 기본권을 신장시키는 방향으로 대법원 규칙을 개정한다고 하더라도 법률의 위임 없이 국민 일반의 권리·의무와 중요한 사항을 규정하는 것은 '형사절차법정주의'를 잠탈하는 것으로 허용될 수 없기 때문이다.[34]

헌법이 대법원에 자율적인 대법원규칙 제정권을 부여한 것은 법원의 내부절차는 자율적으로 형성하는 것이 사법권 독립을 위하여 바람직하며, 순수한 소송절차에 대해서는 소송을 주재하는 법원이 전문성을 갖고 있으므로 법률에 저촉되지 않는 한 법원이 스스로 규율하게 하는 것이 가장 합리적이라는 판단에 근거할 것이다. 그러나 여기에서 더 나아가 소송절차 외의 사항에 관하여 상위 법률이 규정하고 있지 아니하거나 압수·수색의 대상물처럼 법률이 명백히 다르게 규정하고 있는 부분에 관하여 대법원이 실질적으로 입법권을 행사하여 권력분립의 원칙에 반하는 결

---

34) 대법원 2015. 8. 20. 선고 2012두23808 전원합의체 판결(특정 사안과 관련하여 법률에서 하위 법령에 위임을 한 경우에 모법의 위임범위를 확정하거나 하위 법령이 위임의 한계를 준수하고 있는지 여부를 판단할 때에는, 하위 법령이 규정한 내용이 입법자가 형식적 법률로 스스로 규율하여야 하는 본질적 사항으로서 의회유보의 원칙이 지켜져야 할 영역인지, 당해 법률 규정의 입법 목적과 규정 내용, 규정의 체계, 다른 규정과의 관계 등을 종합적으로 고려하여야 하고, 위임 규정 자체에서 의미 내용을 정확하게 알 수 있는 용어를 사용하여 위임의 한계를 분명히 하고 있는데도 문언적 의미의 한계를 벗어났는지나, 하위 법령의 내용이 모법 자체로부터 위임된 내용의 대강을 예측할 수 있는 범위 내에 속한 것인지, 수권 규정에서 사용하고 있는 용어의 의미를 넘어 범위를 확장하거나 축소하여서 위임 내용을 구체화하는 단계를 벗어나 새로운 입법을 한 것으로 평가할 수 있는지 등을 구체적으로 따져 보아야 한다. 여기서 어떠한 사안이 국회가 형식적 법률로 스스로 규정하여야 하는 본질적 사항에 해당되는지는, 구체적 사례에서 관련된 이익 내지 가치의 중요성, 규제 또는 침해의 정도와 방법 등을 고려하여 개별적으로 결정하여야 하지만, 규율대상이 국민의 기본권 및 기본적 의무와 관련한 중요성을 가질수록 그리고 그에 관한 공개적 토론의 필요성 또는 상충하는 이익 사이의 조정 필요성이 클수록, 그것이 국회의 법률에 의해 직접 규율될 필요성은 더 증대된다).

과를 초래하고, 이로 인하여 행정권의 발동과 행사를 제약하는 것은 우리 헌법의 정신에도 반할 우려가 높다.

무엇보다도 형사소송규칙은 대법원의 내부절차에 의해서 제정되며, 헌법 제107조 제2항에 따라 헌법이나 법률에 저촉되는지 여부에 대한 심사권한도 역시 대법원에게 있다. 따라서 대법원이 스스로 형사소송규칙이 법률에 저촉되지 않는다고 판단하면 아무런 견제를 받지 않고 국회를 통한 입법절차 없이 사실상 입법권을 임의로 행사할 수 있다는 결과가 되므로 대법원 스스로 그 법률 저촉 여부를 더욱 엄격하게 심사해야 할 것이다. 그렇지 않을 경우 형사소송법이 아니라 법관이 발부한 영장이 형사소송의 법원(法源)으로 되는 우를 범하게 될 것이기 때문이다.

2. 소추와 심판의 분리 원칙 훼손

법원이 압수·수색영장의 발부에 앞서 관련자들을 심문할 경우 사실상 법원이 수사 초기단계부터 수사의 개시와 진행에 실질적으로 개입하여 수사의 주재자가 되는 결과를 초래한다. 즉, 법원은 압수·수색 요건 심사에 필요한 정보를 알고 있다고 판단하는 사람이라면 누구든지 제한 없이 소환하여 심문이 가능하게 규정된다면, 심판기관인 법원이 사실상 수사기관으로 변질되는 결과를 초래하여 '소추와 심판의 분리'라는 근대 형사소송법의 대원칙을 정면으로 훼손하는 것이다.

더욱이 개정안은 사법부의 구성원이라고 해서 제도적인 안전장치가 없이도 언제나 부패나 편향으로부터 자유로울 것이라고 가정하는 데에서 출발한다는 점에서 지극히 위험스럽다. 따라서 압수·수색과 같이 수사의 결과에 중대한 영향을 미치는 절차를 판사의 사실상 재량에 전적으로 맡기는 것은 우리 형사소송법이 기본적으로 당사자주의 소송구조를 도입하고 있고 이를 더욱 강화하는 방향으로 발전해왔다고 하더라도[35] 현행 법제의 근본 방향과 일치하지 않는다. 사법부에 대한 현실의 신뢰 여부를 떠나 사법부가 수사결과에 직·간접적으로 영향을 미치려는 절차를 만드는 것은 프랑스 혁명을 계기로 기소와 재판을 분리하여 재판의 공정성을 담보하기 위해 형성된 탄핵주의 재판에서 벗어나 다시 사실상의 규문주의 재판으로 회귀하자는 주장에 다름 아닐 것이다.

한편, 우리나라를 비롯한 대부분 국가의 형사소송법이 채택하고 있는 탄핵주의

---

35) 대법원 2019. 11. 21. 선고 2018도13945 전원합의체 판결의 다수의견에 대한 보충의견.

소송구조에 있어서 소추재량은 사법부에 허용되지 않고 있다. 그런데 개정안이 도입하고자 하는 느슨하고 불투명한 형태의 압수 · 수색심문제도는 우리 법제가 법원에게 부여한 임무인 수사기관의 인권침해를 견제하고 통제하는 역할을 넘어서서, 법원이 수사 결과에 대한 책임을 지지 않으면서도 사실상 보이지 않는 곳에서 수사 결과를 좌우할 수 있는 지나친 재량과 권한의 집중을 허용할 수 있다. 이는 압수 · 수색이 통상 수사의 초기단계에 진행되는 절차라는 점을 감안하면 이 압수 · 수색 심문제도를 통해 법원이 사실상 수사의 초기단계부터 시작하여 전체 수사과정을 주재하게 된다는 점에서 더더욱 우려가 제기될 수밖에 없다. 그리고 이러한 비판은 압수 · 수색 현장의 상황에 따라 달라질 수밖에 없는 검색어와 검색대상기간 등의 구체적 집행계획을 담당 판사가 사전에 정할 수 있도록 하는 개정안의 내용에도 마찬가지로 적용될 것이다. 담당 판사의 재량에 따라 압수 · 수색이 사실상 무력화될 수도 있고, 압수 · 수색의 범위가 넓어질 수도 있는데, 압수 · 수색 필요성에 대한 소명과 달리 이러한 구체적인 집행방법은 어떤 판사가 영장심사를 담당하는지, 그리고 담당 판사가 어떤 지적 배경과 내심의 사유로 검색어와 검색기간을 결정하는지 여부에 따라 천차만별이 될 수 있기 때문이다. 더구나 영장의 구체적인 집행 영역을 사실상 법원이 주재한다는 것은 영장의 법적 성격을 명령장이 아니라 허가장으로 보는 일반적인 견해와도 어울리지 않는다. 또한 그동안 직권주의가 아닌 당사자주의를 지향하여온 대법원이 당사자주의에서의 중립적 판단자의 지위를 버리고 일방 당사자인 검사의 수사 영역을 직접 주재함으로써 오히려 직권주의에 가깝게 형사소송절차를 운영하겠다는 것이어서 대법원의 종전 방침과도 배치되는 정책이다.

3. 형사소송법 규정과 모순

대법원은 구속전피의자심문(영장실질심사제도)와 동일한 형태를 추진하는 것으로 보이지만, 대인적 강제처분과 대물적 강제처분 사이의 범죄혐의는 형사소송법상 동일하지 않다. 즉, 과거에 압수수색의 요건으로서 범죄혐의가 인신체포 · 구속시의 범죄혐의와 동일함을 요하는지 논란이 있었으나, 개정 형사소송법은 인신체포 · 구속시의 범죄혐의에 대하여 '피의자가 죄를 범하였다고 의심할 만한 상당한 이유'(형사소송법 제200조의2 제1항, 제201조 제1항)를 요구하는 반면, 압수 · 수색의 범죄혐의에 대하여는 '피의자가 죄를 범하였다고 의심할 만한 정황이 있을 것'(동법 제215

조)을 요구하고 있을 뿐이다. 따라서 압수·수색의 혐의는 체포·구속보다는 낮은 '최초의 범죄혐의' 또는 '단순한 범죄혐의'로 충분하다고 판단된다.

4. 공판중심주의에 위배

공판중심주의가 내포하고 있는 모든 법원칙을 포괄하는 개념정의가 용이하지는 않지만, 과거 조서에 관한 대법원판결[36] 이후, 가급적 법정에서 발견된 증거만으로 재판을 해야 한다는 의미로 해석되어왔다. 이에 따라 과거에는 "공소사실에 대한 심리와 판단은 오로지 공판기일에서 한다는 의미",[37] "모든 증거자료를 공판에 집중시켜 공판에서 형성된 심증만을 기초로 하여 심판형성을 해야 한다는 주의",[38] "피고사건에 대한 조서·심리를 공판기일의 심리에 집중시키는 주의"[39] 등의 견해가 제시되었으나, 그 후 "공판기일 외에서 수집된 증거를 공판기일의 심리에 집중시키고 피고사건의 실체에 대한 심증형성도 공판심리에 의하여야 한다는 주의",[40] "형사사건의 실체에 대한 유죄 또는 무죄의 심증은 법정에서의 심리에 의해 형성해야 한다는 원칙",[41] "사건의 실체에 관한 법관의 심증형성은 공판기일의 심리를 통해서 이루어져야 한다는 원칙",[42] "공판절차를 형사소송절차의 중심으로 기능하면

---

36) 대판 2004.12.24, 2002도537. 「형사소송법 제312조 제1항 본문은 "검사가 피의자나 피의자 아닌 자의 진술을 기재한 조서와 검사 또는 사법경찰관이 검증의 결과를 기재한 조서는 공판준비 또는 공판기일에서의 원진술자의 진술에 의하여 그 성립의 진정함이 인정된 때에 증거로 할 수 있다."고 규정하고 있는데, 여기서 성립의 진정이라 함은 간인·서명·날인 등 조서의 형식적인 진정성립과 그 조서의 내용이 원진술자가 진술한 대로 기재된 것이라는 실질적인 진정성립을 모두 의미하는 것이고, 위 법문의 문언상 성립의 진정은 '원진술자의 진술에 의하여' 인정되는 방법 외에 다른 방법을 규정하고 있지 아니하므로, 실질적 진정성립도 원진술자의 진술에 의하여서만 인정될 수 있는 것이라고 보아야 하며, 이는 검사 작성의 피고인이 된 피의자신문조서의 경우에도 다르지 않다고 할 것인바, **검사가 피의자나 피의자 아닌 자의 진술을 기재한 조서는 공판준비 또는 공판기일에서 원진술자의 진술에 의하여 형식적 진정성립뿐만 아니라 실질적 진정성립까지 인정된 때에 한하여 비로소 그 성립의 진정함이 인정되어 증거로 사용할 수 있다고 보아야 한다」.**
37) 박천봉, "공판중심주의", 『사법행정』 5권 4호(1964), 83면.
38) 정영석, "공판중심주의", 『고시연구』 16권 12호(1983.12), 99면.
39) 백형구, "공판중심주의", 『고시계』 32권 6호(1987.6), 36면.
40) 이재상/조균석, 『형사소송법』 제11판, 박영사, 2017, 427면.
41) 이창현, 『형사소송법』 제8판, 정독, 2022, 627면.
42) 이은모, 『형사소송법』 제3판, 박영사, 2012, 408면.

서 공판심리에 의하여 유·무죄와 양형에 관한 심증형성을 하되, 최대한 원본증거를 공판절차에서 실질적으로 조사하여야 한다는 원칙"[43] 등의 개념 정의가 제시되었다.

그런데 압수·수색 사전 심문제도를 도입하면 그 조서의 증거능력을 인정할 수밖에 없다는 점에서,[44] 그동안 대법원이 그토록 강조한 공판중심주의에 위배됨에도 불구하고 도입하려는 의도가 무엇인지 궁금하다. 다만, 오로지 "진실이 공판정에서만 발견되어야 한다"거나 "공판정에서 발견된 것만이 진실"이라는 식의 '법원중심주의'에 기초한 것이라면, 또다시 '법원우월주의'가 작동한 것으로 해석된다.

5. 기존 압수수색 제도와의 비정합성 문제

증거재판주의가 강조되는 현대 사법체제는 불과 20~30년 전의 과거와는 달리 체포·구속과 같은 인신구속보다 물건에 대한 압수·수색이 오히려 피의자의 입장에서 불리한 것이 현실이다. 그러나 헌법은 제12조에서 체포·구속의 경우에만 피의자에 대한 변호인의 조력을 받을 권리를 인정하고 있을 뿐, 압수·수색의 경우에는 적법한 절차에 따라 검사가 신청한 영장을 법관이 사전 발부하도록 하거나 또는 현행범 체포나 긴급체포와 같이 사전 영장의 발부가 불가능할 경우 예외적으로 사후영장 청구 및 발부를 허용하는 등 체포·구속과 압수·수색은 다르게 규정하고 있다. 따라서 영장 청구시 실질심사라 할 수 있는 검사를 포함한 '압수·수색 요건 심사에 필요한 정보를 알고 있는 사람을 심문'할 수 있도록 한 개정안 제58조의2는 압수·수색 영장 청구 및 발부 절차에서 헌법상 요구하는 '적법절차'를 형사소송법의 구체적 위임 없이 확대한 것이다.

또한 형사소송법 제121조는 영장 집행시 검사, 피고인 및 변호인이 당사자로써

---

43) 차정인, "공판중심주의 실현방안 연구", 부산대학교 법학박사 학위논문, 2009, 17면.
44) 대법원 2004. 1. 16. 선고 2003도5693 판결.「구속적부심은 구속된 피의자 또는 그 변호인 등의 청구로 수사기관과는 별개 독립의 기관인 법원에 의하여 행하여지는 것으로서 구속된 피의자에 대하여 피의사실과 구속사유 등을 알려 그에 대한 자유로운 변명의 기회를 주어 구속의 적부를 심사함으로써 피의자의 권리보호에 이바지하는 제도인바, 법원 또는 합의부원, 검사, 변호인, 청구인이 구속된 피의자를 심문하고 그에 대한 피의자의 진술 등을 기재한 구속적부심문조서는 형사소송법 제311조가 규정한 문서에는 해당하지 않는다 할 것이나, 특히 신용할 만한 정황에 의하여 작성된 문서라고 할 것이므로 특별한 사정이 없는 한, 피고인이 증거로 함에 부동의하더라도 형사소송법 제315조 제3호에 의하여 당연히 그 증거능력이 인정된다」.

참여할 수 있다고 규정하고 있고, 제122조는 참여권자가 참여하지 않겠다는 의사를 명시하거나 또는 급속을 요하는 경우를 제외하고 영장집행시 참여권자의 참여를 담보하기 위한 참여권자에 대한 통지를 규정하고 있지만, 이는 일반적인 규정에 불과하고 전자정보 압수·수색시 피압수자 등에 대한 참여권 보장은 판례이론으로 발전되어 확립되었을 뿐 형사소송법상 명확한 근거규정도 없다. 그럼에도 불구하고 형사소송법 개정 없이 이번 형사소송규칙 개정안 제110조에는 제3항~제5항을 신설하여 전자정보의 압수·수색에 대한 특칙을 규정하고 있는데, 이는 상위법률에 명확한 근거 없는 규칙의 신설이라 할 것이다.

더욱이 전자정보의 압수와 관련하여 형사소송법은 제106조 제3항에 '정보저장매체'의 압수만을 규정하고 있을 뿐, 압수·수색의 대상이 '정보'라는 규정은 두고 있지 않다. 그럼에도 개정안은 제60조 제5항 규정으로 압수·수색의 대상을 '정보'로 명시하고 있어 이 역시 형사소송법 규정과 어긋난다.

한편, 전술한 것처럼, 미국의 경우 실무상 수사기관의 압수·수색영장 청구에 의문이 있는 경우 '청문회에 가까운 수준의 심리'가 이루어진다고 하면서, 개정안의 정당성을 주장하기도 한다. 그러나 우리와 전혀 법제의 이념과 제도적 구조가 다른 미국의 실무를 이런 식으로 우리 제도와 단선적으로 비교하는 것은 적절하지 않다.

첫째, 미국은 수사절차가 형사소송절차 내에 포함되는 것으로 명확히 규율되지 않으므로 공식적인 조서와 수사기록이 만들어지지 않을 뿐만 아니라 수사기관이 내부적으로 만든 서류들은 증거로서의 가치가 없는 것이 대부분이다. 따라서 전술(前述)한 것처럼, 아무런 조서와 수사기록이 없는 미국 수사기관이 영장을 발부받기 위해서는 영장을 신청하는 측의 구술에 의존할 수밖에 없으며 선서진술서는 그러한 구술절차를 간이화하기 위해 만들어진 서류인 것이다. 반면 우리 법제에서 영장 소명자료로 제출되는 수사기록은 형사소송법상 증거로서의 자격(전문증거로서 예비적인 자격이라고 하더라도)을 갖춘 조서를 포함하고 있다.

둘째, 미국 형사절차의 이념은 철저한 당사자주의에 기초하고 있으므로 검사나 수사기관은 일방 당사자로서 증거를 수집하고 제출할 책임을 지고 있다. 따라서 일방 당사자인 수사기관이 영장에 필요한 소명을 하기 위해서 필요하다면 참고인을 법원에 출석시킬 책임이 있으며, 참고인 구인을 비롯한 제도적 장치도 마련되어 있다. 만약 수사기관이 이에 응하지 않을 경우에는 영장이 기각되고 소추를 못하게 되더라도 당사자주의의 원리에 부합하는 것이다.

셋째 미국의 영장제도는 우리 법처럼 사전 규제와 피의자의 참여권을 중심으로 설계되어 있지 않으며 영장 없는 압수가 오히려 더 일반적인 모습에 가깝고, 압수·수색절차의 위법을 둘러싼 법리도 재판 과정에서 사후적으로 발달된 것이다. 따라서 영장 발부 과정에서 구술심리가 이루어진다는 점만을 따로 떼어내어 우리 법제에서 압수·수색 심문제도를 도입할 근거로 제시하는 것은 적절하다고 보기 어렵다.

6. 수사기밀의 유출 및 수사의 지연

법원행정처는 수사기관 관계자와 제보자에 대한 심문이 주로 이루어지고 피의자·변호인도 대상이라고 밝히고 있는데, 통상 제보자는 피의자 주변 인물일 가능성이 있고, 심문 통지를 받으면 피의자나 피압수자에게도 영장 예정사실이 노출될 우려가 농후하며, 이는 압수물 훼손, 제보자 회유, 증거인멸 행위로 이어져 결국 범죄자가 법망을 빠져나갈 수 있도록 돕는 결과를 초래할 것이다. 무엇보다 피의자 등에 대한 심문을 통해 영장청구 사실이 유출되는 것은 증거인멸을 조장하는 것으로 강제수사의 본질에 반하는 것이다. 게다가 수사기록에 포함된 진술자들은 수사과정에서 압수·수색을 전제로 관련 진술을 하는 것은 아니기 때문에 수사기관에 유리한 진술을 하였다고 하여 이들이 반드시 압수·수색과 관련된 수사비밀을 유지한다는 아무런 보장도 없다. 수사기록만으로 누가 기밀 누설의 위험성이 없는지 미리 아는 것은 매우 어렵고, 만일 심문 과정에서 기밀이 누설되어 증거가 실제로 인멸되었다면 애초에 그러한 증거가 존재하였다는 사실을 사후에 밝혀내기가 사실상 어려워서 이러한 심문절차에서 기밀 누설 문제가 발생하였다는 점도 은폐될 것이므로 정확한 문제의 소재를 밝혀내기도 어려울 것이다.

미국에서도 지나치게 광범위한 수색을 방지하고 국민의 프라이버시를 보호하기 위한 선의에서 비롯된 주장이라 할지라도 법원의 압수수색 방법 제한이 적법한 것이라 할지라도 이러한 제한은 정책적으로 올바르지 아니하다고 보고 있다[45]고 한다. 즉, 영장 단계에서 성급히 영장 판사가 사전에 영장집행을 제한하는 것은 사후에 영장 집행의 적정성 심사보다 오류의 가능성이 현저히 크다는 것이다. 예를 들어 디지털 증거들이 저장매체에 숨겨졌거나 암호화된 경우 제한된 방법에 의하여

---

45) Orin S. Kerr, "Ex Ante Regulation of Computer Search and Seizure", 96 *Va. L. Rev.* 1241 (2010), p. 1277.

압수수색을 한 결과 원하는 정보를 취득할 가능성보다는 원하는 정보를 얻지 못할 가능성이 더 크다는 것이다. 이러한 경우에 사전에 영장 집행방법을 제한함으로 인하여 은폐된 증거들을 찾지 못하게 된다면, 더 이상의 압수수색이 불가능하게 되거나, 필요한 정보를 추적한 후 재차 영장을 받아 다시 압수수색을 하여야 한다. 그러나, 다시 압수수색을 하게 되는 경우에는 이미 수사대상자에게 압수수색이 알려진 상황이므로 증거인멸의 기회를 주게 되는 것이다.

반면에 사전 제한보다 사후 통제에 비중을 두고, 굳이 사전에 광범위한 압수수색을 방지하고자 제한을 두지 않더라도, 수사기관이 지나치게 광범위한 압수수색을 한 것으로 사후에 판단되면 그 결과물은 위법한 증거가 되어 증거능력을 인정받지 못하게 되므로, 프라이버시 보호에는 문제가 없다고 할 수 있다.[46] 이렇듯, 영장 집행 방법의 사전 제한은 사후 통제보다 오류의 가능성이 더 큰 것이다.

또한 압수·수색영장 사전 심문제도가 도입되는 경우 영장 발부 지연으로 인한 수사 지연이 현재보다 더 심각해질 것은 명약관화한 사실이다. 시급히 압수해야 할 증거물이 멸실·훼손될 우려 또한 증가할 것이다. 현재도 압수·수색영장 발부 여부가 청구 당일 결정되지 않는 실정이고, 신병이 확보되지 않은 상태에서 심문절차를 거치는 사전 구속영장의 경우 최소 3~4일에서 길게는 수 주일까지 기간이 소요될 가능성도 농후하다.

7. 영장 판사의 과도한 재량 허용 및 권한의 집중(선택적 심문의 문제)

법원행정처는 '임의적인 절차로 일부 복잡한 사안에서 제한적으로 실시'할 예정이므로 수사기관의 우려는 기우에 불과하다는 입장이다. 그러나 판사가 편의에 따라 선택적으로 압수영장 사전 심문절차를 진행하는 것은 그 자체로 형평성에 반한다. 즉 변호인이 선임되어 첨예하게 다투는 사건이나 권력자와 가진 자의 부패사건 등에만 선택적으로 적용된다면, 결국 서민이나 소시민들을 상대로 한 압수·수색영장은 쉽게 발부되는 반면, 전관 변호사를 선임한 돈 있고 힘 있는 사람들에 대한 압수·수색 사건만 심문기일까지 잡아 혜택을 주는 제도로 변질될 가능성도 농후하다. 즉, 개정안은 삼권분립원칙을 위배하여 법원에 과도한 권한을 집중시킬 뿐만 아니라 당해 영장 발부 여부를 결정하는 판사의 재량을 과도하게 보장함으로써 권

---

46) 백승주, 앞의 논문, 222면.

한의 집중을 초래할 우려가 있다. 왜냐하면 개정안 내용을 살펴보면, 법원이 필요하다고 인정한 때에는 심문기일을 정하여 압수 · 수색 요건 심사에 필요한 정보를 알고 있는 사람을 심문할 수 있다고 하여 심문 여부와 심문 대상의 범위를 전적으로 법원의 재량에 맡겨두고 있으며, 심문의 방법이나 절차, 심문 내용을 조서에 어떻게 기재할 것인지 여부 등에 관하여는 아무런 규정이 없기 때문이다. 구속전피의자심문절차, 증거보전절차나 공판기일 전 증인신문절차와 달리 심문대상자에 대해서 출석요구를 하거나 강제로 구인할 수 있는 방법이 마련되어 있지도 않으며, 심문대상자의 불출석이 당연히 영장 기각으로 귀결된다는 것인지도 불분명합하다. 영장 발부 여부에 대해서 검사가 항고하여 다툴 수 있는 방법도 없다. 이런 상황에서 심문 여부와 심문의 범위 및 절차, 그리고 심문 결과에 따른 처분은 전적으로 담당 판사의 재량에 맡겨질 수밖에 없으며, 그 과정이 의무적으로 기록되거나 공개되지도 않는다.

반면에 미국 연방 Rule 41[47]의 규정 형식을 살펴보면, 그 문언의 해석상, 판사는 상당한 이유가 소명된 경우에는 반드시 영장을 발부하여야 하는 것으로 규정되어 있다. 즉, Rule 41은 수사기관이 "상당한 이유"에 대하여 소명한 때에는, "영장을 발부할 수 있다"라는 형식으로 규정되어 있는 것이 아니라, "반드시 영장을 발부하여야 한다...he must issue an warrant..."는 형식으로 규정되어 있고 이러한 규정 형식은 영장 발부 판사에게 다른 재량의 여지가 없음을 보여준다.

결국 압수 · 수색 시기, 압수 · 수색영장의 발부 여부의 결정 및 집행방법은 객관적 증거인 물적 증거 뿐만 아니라 이를 토대로 한 인적 증거의 확보와 관련되어 사실상 기소 가능 여부를 판가름할 만큼 전체 수사의 결과에 중대한 영향을 미칠 수 있을 것이다.

---

47) Rule 41(d) Obtaining a Warrant. (1) In General. After receiving an affidavit or other information, a magistrate judge - or if authorized by Rule 41(b), a judge of a state court of record - **must** issue the warrant if there is probable cause to search for and seize a person or property or to install and use a tracking device; 또한 Rule 4(a) 역시 이러한 태도를 보이고 있다("If the complaint or one or more affidavits filed with the complaint establish probable cause to believe that an offense has been committed and that the defendant committed it, the judge **must** issue an arrest warrant to an officer authorized to execute it.").

8. 인권침해의 우려

법원행정처는 '수사기관도 법관에게 수사의 필요성을 상세하게 설명할 수 있는 기회가 주어지는 효과가 있다'는 입장이지만, 기록상 압수·수색의 필요성이 소명되지 못하면 수사기관에 보정 요구 또는 영장을 기각하면 충분한데, 기록상 필요성이 소명되지 않았음에도 수사기관의 설명을 듣고 영장을 발부하는 것은 오히려 인권침해적 발상으로 보인다. 더욱이 압수수색영장 사전 심문절차의 경우 피의자에게 도움이 될지 모르지만, 피해자의 입장에서는 증거물이 멸실·훼손의 우려 및 수사기밀의 유출로 인한 불처벌의 가능성도 있다는 점에서 무조건적으로 기본권을 신장시키는 규정으로 볼 수도 없다.

9. 기타

「대법원규칙 등의 제·개정절차 등에 관한 규칙」 제3조 제1항은 대법원규칙의 제·개정을 추진함에 있어 필요한 경우 법원행정처장이 관련 행정기관, 단체 등에 의견을 조회할 수 있도록 규정하고 있다. 문제는 대법원 규칙은 입법예고한 후 대법관회의를 거쳐 대법원장이 서명하여 공포하면 효력이 발생한다는 점이다. 따라서 가급적 중요한 사항에 대해서는 학회 등 관련 단체의 의견을 수렴하는 것이 타당한 절차로 보이는데, 형사사법절차에 중대한 변동을 가져오는 사항에 대하여 수사기관은 물론 관련 학회에 의견조회 없이 전격적으로 입법예고를 했다는 것은 항상 느끼는 '법원 중심의 사상'의 발로로 보인다.

V. 결론

이상에서 살펴본 것처럼 형사소송규칙 개정안은 다양한 헌법적, 이론적, 실무적 문제를 내포하고 있다. 다만 수사기관의 과도한 압수·수색을 엄격하게 규제하여 국민의 기본권 보호를 강화하고자 하는 개정안의 의도 자체는 폄훼하기 어렵다. 그러나 전 세계에서 가장 선진적인 인권보장 제도만을 모아서 우리 법제에 편입시킨다고 하더라도 그것을 통해 얻는 추상적인 편익에 비하여 과도하게 실체진실 발견을 저해하거나 수사절차의 정당한 목적 자체를 저해한다면 그것이 진정으로 합리적인 제도라고 평가하기는 어려울 것이다. 더욱이 개정 내용이 표면상 피의자나 피압수자의 기본권을 직접 침해하지 않는 것처럼 볼 수도 있으나, 새로운 절차를 진행함으로써 기각되어야 할 영장이 발부되는 경우 법률이 예정하지 않은 절차에 따라 피의자나 피압수자의 기본권을 침해하는 결과에 이를 수 있어 대법원이 자율적으로 정할 수 있다고 단정하기도 어렵다.

형사소송법 제정 70년을 맞이하면서 대한민국의 주권은 국민에게 있고 모든 권력은 국민으로부터 나온다는 헌법의식의 고양이 우리 사회의 시대정신이라 할 때, '국가권력으로부터 국민을 어떻게 보호할 것인지 여부'(국가로부터의 자유)만이 중요한 문제가 아니라, 이제는 '국가가 범죄로부터 국민을 어떻게 보호할 것인지 여부'(국가에서의 자유)에도 주의를 기울이는 논의와 입법이 필요한 시점으로 보인다. 즉 공권력 확대에 따른 두려움을 어떻게 통제할 것인가의 문제는 별론으로 하고, '행복의 최대화'보다는 '불행의 최소화'에 중점을 두는 피해자 중심의 사법을 논할 시점인 것이다. 왜냐하면 국가권력을 침해자로만 바라보는 한, 매일매일 쏟아지는 범죄의 홍수 속에 노출되어 살아가야 하는 시민들에 대한 침해를 막기 어렵기 때문이다. 독재권력이 막을 내린 이제는 '국가를 바라보는 발상의 대전환이 필요한 시점'이라고 생각한다.

결국 구속전피의자심문제도(영장실질심사제도)를 통한 피의자의 인신적 권리를 철저히 보장하는 반면, 범죄피해자를 위한 수사기관의 역할(범죄수사 및 기소)을 죄악시 내지 경시하는 것은 배척되어야 한다. 형사소송절차가 '사회 공익의 유지'와 '시민 개인의 인권보장'이라는 두 핵심가치를 주축으로 진행되어야 하는 이유도 여기에 있다.

논문투고일 : 2023.03.07. 논문심사일 : 2022.03.13. 게재확정일 : 2023.03.24.

【참고문헌】

이완규, 『형사소송법특강 - 이념과 현실의 균형을 위한 모색 -』, 법문사, 2006.
이재상/조균석, 『형사소송법(제11판)』, 박영사, 2017.
이창현, 『형사소송법(제8판)』, 정독, 2022.
정영지/강광문 편저, 『중국법 강의』, 서울대학교 아시아태평양법 총서 4, 박영사, 2023.
정웅석, 『국가 형사사법 체계 및 수사구조 연구』, 박영사, 2022.
_____, 『검사의 수사지휘에 관한 연구』, 대명출판사, 2011.
정웅석/최창호/김한균, 『신형사송법』, 박영사, 2023.

백승주, "미국의 압수수색영장 일부기각 및 압수방법 제한에 관한 실무연구 - 디지털 증거를 중심으로 -; Legal Practice Study : Partial denial and Ex Ante Regulation of Search and Seizure Warrant in the U.S.", 『법조』 제62권 7호, 2013.
이원상, "스위스 연방 형사절차법상 압수·수색규정의 시사점", 『형사법의 신동향』 통권 제56호, 대검찰청 미래기획단, 2017.
이정봉, "오스트리아 개정 형사소송법상의 검사의 지위와 수사절차에 관한 연구", 『형사법의 신동향』 통권 제24호, 대검찰청 미래기획단, 2010.
정웅석, "대륙법계 및 영미법계 형사사법체계에 따른 검사의 역할 비교", 『형사소송 이론과 실무』 제13권 제4호, 한국형사소송법학회, 2021.
_____, "검경 수사권조정 개정안의 주요 내용에 대한 비교 분석 및 대안", 『형사소송 이론과 실무』 제12권 제1호, 한국형사소송법학회, 2020.
_____, "우리나라 수사절차 구조 개편에 관한 연구", 『형사소송 이론과 실무』 제10권 제1호, 한국형사소송법학회, 2018.

각국의 압수수색 제도와 실무, 대검찰청, 2007.
대법원 재판제도분과위원회, 「전자증거에 대한 압수·수색 실무 개선방안」 자료집, 2021.

헤럴드경제 2023. 2. 9.자. 「법원-검찰, 압수수색 영장 '대면심문' 충돌」.

【국문초록】

　　법원행정처가 법원이 압수수색영장을 발부하기에 앞서 피의자 등 사건관계인을 심문할 수 있도록 하는 방향으로 형사소송규칙의 개정작업을 추진하는 모양이다. 개정이유로 전자정보에 대한 압수 · 수색은 전자정보의 특성으로 인하여 사생활의 비밀과 자유, 정보에 대한 자기결정권 등을 침해할 우려가 높아 특별히 규율할 필요가 있으므로 선별압수의 원칙을 준수하고 당사자의 절차 참여를 실질적으로 보장하는 방향으로 전자정보에 대한 압수 · 수색실무 등을 개선하고자 한다는 것이다. 물론 수사기관의 과도한 압수 · 수색을 엄격하게 규제하여 국민의 기본권 보호를 강화하고자 하는 개정안의 의도 자체는 폄훼하기 어렵다. 그러나 전 세계에서 가장 선진적인 인권보장 제도만을 모아서 우리 법제에 편입시킨다고 하더라도 그것을 통해 얻는 추상적인 편익에 비하여 과도하게 실체진실 발견을 저해하거나 수사절차의 정당한 목적 자체를 저해한다면 그것이 진정으로 합리적인 제도라고 평가하기는 어려울 것이다.

　　더욱이 이번 형사소송규칙 개정의 목적이 단순히 지방법원 판사의 압수 · 수색영장 발부절차에 필요한 사항을 기술적으로 규율하고자 하는 것에 있지 않고 상위법률인 형사소송법이 원래 예정한 것보다 압수 · 수색절차를 엄격하게 제약하고자 하는 것이며, 이는 개정안의 개정이유에도 명백하게 적시되어 있다. 또한 개정 내용이 표면상 피의자나 피압수자의 기본권을 직접 침해하지 않는 것처럼 볼 수도 있으나, 새로운 절차를 진행함으로써 기각되어야 할 영장이 발부되는 경우 법률이 예정하지 않은 절차에 따라 피의자나 피압수자의 기본권을 침해하는 결과에 이를 수 있어 대법원이 자율적으로 정할 수 있다고 단정하기도 어렵다.

　　형사소송법 제정 70년을 맞이하면서 대한민국의 주권은 국민에게 있고 모든 권력은 국민으로부터 나온다는 헌법의식의 고양이 우리 사회의 시대정신이라 할 때, '국가권력으로부터 국민을 어떻게 보호할 것인지 여부'(국가로부터의 자유)만이 중요한 문제가 아니라, 이제는 '국가가 범죄로부터 국민을 어떻게 보호할 것인지 여부'(국가에서의 자유)에도 주의를 기울이는 논의와 입법이 필요한 시점으로 보인다. 즉 공권력 확대에 따른 두려움을 어떻게 통제할 것인가의 문제는 별론으로 하고, '행복의 최대화'보다는 '불행의 최소화'에 중점을 두는 피해자 중심의 사법을 논할 시점인 것이다. 왜냐하면 국가권력을 침해자로만 바라보는 한, 매일매일 쏟아지는 범죄의 홍수 속에 노출되어 살아가야 하는 시민들에 대한 침해를 막기 어렵기 때문이다. 독재권력이 막을 내린 이제는 '국가를 바라보는 발상의 대전환이 필요한 시점'이라고 생각한다.

결국 구속전피의자심문제도(영장실질심사제도)를 통한 피의자의 인신적 권리를 철저히 보장하는 반면, 범죄피해자를 위한 수사기관의 역할(범죄수사 및 기소)을 죄악시 내지 경시하는 것은 배척되어야 한다. 형사소송절차가 '사회 공익의 유지'와 '시민 개인의 인권보장'이라는 두 핵심가치를 주축으로 진행되어야 하는 이유도 여기에 있다.

◆ 주제어: 압수수색영장, 사전 심문제도, 형사절차법정주의, 형사소송규칙, 대법원규칙

【Abstract】

A Critical Review on the Introduction of the Pre-Interrogation System for Seizure and Search Warrants*

Jeong, Oung-Seok**

The court administration seems to be pushing to revise the criminal procedure rules in a way that allows the court to interrogate suspects and other related parties before issuing a search warrant. For the reason for the revision, seizure and search of electronic information are highly likely to infringe on privacy, freedom, and self-determination of information due to the nature of electronic information, so it is necessary to improve seizure and search practice in order to comply with the principle of screening and ensure the parties' participation in the procedure. Of course, it is difficult to denigrate the intention of the amendment to strengthen the protection of the basic rights of the people by strictly regulating the excessive seizure and search of investigative agencies. However, even if only the world's most advanced human rights protection system is collected and incorporated into our legislation, it would be difficult to evaluate it as a truly reasonable system if it excessively hinders the discovery of the truth or the legitimate purpose of the investigation procedure.

Besides, the purpose of the revision of the Criminal Procedure Rules is not simply to regulate the seizure and search warrant issuance procedures of district court judges, but to restrict the seizure and search procedures more strictly than originally planned. The revision may not seem to directly infringe on the basic rights of suspects or detainees, but it is difficult to conclude that if a warrant is issued by proceeding with a new procedure, it may result in infringement of the basic rights of suspects or detainees according to an

---

* This Research was supported by Seokyeong University in 2023.
** Professor, College of Social Sciences, Department of Law, Seokyeong University.

unscheduled procedure.

In the 70th year of the Criminal Procedure Act, the constitutional consciousness that the sovereignty of the Republic of Korea lies with the people and all power comes from the people, is not the only issue of how to protect the people from state power (freedom from state) but now it is time to discuss and legislate. In other words, it is time to discuss victim—centered justice, which focuses on "minimizing misfortune" rather than "maximizing happiness," aside from the question of how to control the fear of expanding public power. This is because as long as state power is viewed only as an infringer, it is difficult to prevent infringement of citizens who have to live under the flood of crimes every day. Now that the dictatorship has come to an end, I think it is time to "change the idea of looking at the country."

In the end, while thoroughly guaranteeing the personal rights of suspects through the interrogation system(warrant substantive examination system) before arrest, it should be rejected to condemn or downplay the role(criminal investigation and prosecution) of investigative agencies for crime victims. This is why criminal proceedings should be centered on the two core values of "maintenance of the public interest of society" and "guarantee of individual human rights of citizens".

◈ Key Words: search and seizure warrant, a preliminary interrogation system, criminal procedure legalism, Rules of Criminal Procedure, Rules of the Supreme Court

한국형사소송법학회 『형사소송 이론과 실무』
제15권 제1호 (2023.3) 63~87면.
Theories and Practices of Criminal Procedure Vol. 15 No. 1 (March. 2023) pp. 63~87.
10.34222/kdps.2023.15.1.61

독일 형사소송법상 온라인수색[*]
-보안취약점을 활용한 온라인수색의 가능성 검토-

강 지 현[**]

목 차

Ⅰ. 서론

정보통신기술의 발달은 전 세계를 인터넷을 통하여 연결하고, 이 연결은 계속하여 확대된다. 사이버공간에 대한 중요성과 이에 대한 의존이 높아지면서 사이버 공간에서의 공격, 테러, 해킹 등 잠재적인 위협과 위험 역시 함께 증대되고 있다. 특히 제4차 산업혁명 시대가 본격화되고 전 세계가 인터넷을 통해 연결되는 초 연결 사회(hyper-connected society)로 진입하면서 랜섬웨어 등 사이버 공간에서의 공격 및 위협 또한 전 세계적으로 확대되고 있으며, 사이버 공격이 지능화·고도화·대규모화되면서 경제적 피해는 물론 사회적 혼란과 국가 안보에 대한 위협까지 되고 있는 상황이다.

특히 최근 다크웹 활용, 인터넷 우회접속 등 정보통신의 기밀성이 높아지면서 점점 범죄 추적이 어려워지고 있다. 이러한 통신의 암호화는 범죄를 예방하고 수사하

---

* 이 글은 2022년 한국형사소송법학회가 개최한 동계학술대회에서 발표한 내용을 수정·보완한 것임
** 부산대학교 강사, 법학박사

여 소추해야 할 국가기관에게는 기술적·법적 어려움을 가져다준다. 특히 테러와 같은 중대한 범죄를 저지른 자가 암호화 통신을 사용하는 경우, 감청을 하더라도 암호를 풀지 못하면 통신의 내용을 알 수 없어 감청은 결국 실패할 수도 있다.[1]

그리하여 일부 국가에서는 일찍이 온라인수색의 필요성을 인정하고, 해킹기술을 활용한 수색 도구 등을 개발하여 수사 현장에서 활용하는 등 점점 기밀화, 개인화, 암호화 되어가는 디지털정보의 현실에 맞춰 대응해 왔다. 그러나 우리는 온라인수색에 관한 규정을 두고 있지 않고, 이에 대한 법적 논의는 이제 시작 단계에 있다. 테러범죄와 같은 중한 범죄에 대처하기 위해서는 이러한 비밀처분이 필요한 것으로 보인다. 하지만 온라인수색은 통신의 자유 등 기본권 침해의 결과가 중대하기 때문에 입법 이전에 국민의 합의가 우선되어야 한다. 이에 따라 온라인수색 기술 중 보안취약점을 활용한 수색을 중심으로, 특히 온라인수색 법제가 가장 앞서 있는 독일의 논의를 중심으로 온라인수색의 도입가능성을 검토한다. 더하여 향후 온라인수색에 대한 규정 도입시 문제될 수 있는 점에 대해서도 살펴본다.

Ⅱ. 독일의 온라인수색 법제

독일은 온라인수색의 법적 논의가 가장 활발한 곳이다. 범죄예방을 목적으로 한 독일 최초의 온라인수색 규정은 2006년 노르트라인－베스트팔렌주 헌법보호법 제5조이다. 2008년 이 규정은 연방헌법재판소에서 위헌판결을 받았다. 그러나 이 결정에서 연방헌법재판소는 원칙적으로 엄격한 요건을 갖춘 경우 온라인수색이 허용될 수 있다고 판시하였다.[2] 그리고 더 나아가 헌법상 기본권으로서 '정보기술시스템의 기밀성 및 무결성 보장에 관한 기본권', 이른바 'IT－기본권'을 새로이 규정하였다.[3] 이후 독일에서는 연방범죄수사청법 제20k조, 바이에른주 헌법보호법 제6a조,

---

1) 김성룡, "독일 형사소송법 최근 개정의 형사정책적 시사－수사절차를 중심으로－", 『형사정책』, 제29권 제3호 (한국형사정책학회, 2017), 259면; 박희영, "수사 목적의 암호통신감청 (Quellen TKÜ)의 허용과 한계", 『형사정책연구』, 제29권 제2호 (한국형사법무정책연구원, 2018), 26면.

2) BVerfG, Urteil vom 27. Februar 2008 － 1 BvR 370/07; 이 결정에 대한 자세한 내용은 박희영, "정보기술 시스템의 기밀성 및 무결성 보장에 관한 기본권(상)(하) － 독일 연방 헌법재판소 결정(1 BvR 370/07, 1 BvR 595/07) －", 『법제』, 제611호 (법제처, 2008. 11), 43면 이하; 『법제』, 제612호 (법제처, 2008. 12), 31면 이하 참조.

3) IT－기본권에 대한 자세한 분석으로는 박희영, "독일 연방헌법재판소의 '정보기술 시스템의

바이에른주 경찰법 제34d조, 라인란트－팔츠주 경찰법 제31c조에서 이러한 범죄예
방 목적의 온라인수색을 규정하였다.

이후 2016년 연방범죄수사청법(BKAG)에 대한 연방헌법재판소의 판결은 온라인
수색에 대한 독일 내 논의를 변화시키는 중요한 원인이 되었다. 연방헌법재판소는
이 판결에서 연방범죄수사청법의 비밀처분 중 온라인수색은 － 헌법상 기본권을
제약하지만, 기본권 제한과 제한에 대한 헌법상 기본원리를 준수하였으므로 － 헌
법에 합치한다고 판단하였다.

이를 계기로 하여 범죄수사를 위한 온라인수색이 2017년 독일 형사소송법에 도
입되었다. 그리하여 현재 독일에서는 범죄예방과 범죄수사를 위한 온라인수색이 모
두 법률에 규정되어 있다.[4]

1. 연방범죄수사청법 제49조

연방범죄수사청(BKA)은 노르트라인－베스트팔렌주 헌법보호법의 온라인수색에
관한 위헌 판결에서 연방헌법재판소가 제시한 기준을 토대로 연방범죄수사청법 제
20k조(정보기술시스템에 대한 비밀 침입)에 온라인수색을 도입하였다.

그러나 2016년 연방헌법재판소는 연방범죄수사청법의 국제테러의 위험을 방지하
기 위한 － 즉 범죄예방 목적의 － 비밀감시 처분 － 주거내 음성 감시, 온라인 수
색, 전기통신감청, 통신사실확인자료 수집, 데이터를 수집하기 위한 특별한 수단을
사용한 주거외 감시 － 에 관한 수권규정은 헌법에 합치하지만, 사생활의 핵심영역
보호에 관한 규정(제20k조 제7항)은 헌법에 합치하지 않는다고 일부 위헌결정을 내
렸다. 그리하여 2017년 연방범죄수사청은 연방범죄수사청법의 전부 개정을 통하여
연방헌법재판소의 판결과 EU의 '형사절차에서 개인정보 보호지침(RL (EU) 2016/
680)'[5]을 이행하였다. 개정 법률은 데이터보호에 대한 기준의 제시, EU내 경찰기
관 사이 정보교환의 개선, 중앙기관으로서 연방범죄수사청의 구조와 기술의 현대화

기밀성 및 무결성 보장에 관한 기본권'", 『신진상사법률연구』, 제45호 (법무부, 2009), 93면
이하 참조.

4) 박희영, "국가의 합법적인 해킹행위로서 온라인 수색에 관한 독일 법제 동향", 『최신외국법제
정보』 제1호 (한국법제연구원, 2019), 57면.

5) '범죄의 예방, 탐지, 수사, 소추 및 형의 집행을 위해 관할기관이 이행하는 개인정보의 처리에
있어서 개인의 보호에 관한 유럽의회 및 이사회의 지침(ABl. L 119, 04.05.2016, S. 89)'

를 목적으로 한다.[6]

개정된 연방범죄수사청법은 제49조에 온라인수색에 대하여 정하고 있다. 제49조 제1항에 따르면 연방범죄수사청은 사람의 생명, 신체 및 자유에 대한 위험이나 공공의 이익에 대한 위협이 국가(연방 또는 주)의 기반이나 존립 또는 인간의 존재 기반을 위협한다는 가정이 특정한 사실로부터 정당화되는 경우, 당사자 모르게 기술적인 수단을 통해서 당사자가 이용하고 있는 정보기술시스템에 침입하여 당사자의 데이터를 수집할 수 있다고 정하고 있다(제1문).[7] 이러한 온라인수색으로 당사자 자신의 컴퓨터나 네트워크로 연결된 타인의 컴퓨터 – 예를 들어 소위 클라우드 – 에 업로드 되어 있는 사적인 데이터가 수집되고 당사자의 온라인상 행위가 추적될 수 있다.

연방범죄수사청은 또한 예견할 수 있는 시기에 적어도 그 성격에 의해서 구체적인 방법으로 제1문에 언급된 법익의 침해가 발생한다는 가정을 특정한 사실이 정당화하거나 개인의 개별적인 행위가 예견할 수 있는 시기에 제1문에 언급된 법익을 침해하게 될 것이라는 구체적인 개연성을 뒷받침하는 경우에도 이러한 처분을 할 수 있다고 정하고(제1항 제2문), 이러한 처분은 직무수행을 위해서 필요하고 다른 방법으로는 가망이 없거나 본질적으로 어려운 경우에만 수행될 수 있다(제1항 제3문).[8]

특히 제49조 제2항은 온라인수색에 따른 정보기술시스템의 변경과 원상복구 그리고 무권한 이용에 대한 보호를 규정하고 있다. 접근을 통해서 발생하는 정보기술시스템의 변경을 최소화하고, 제3자가 이를 이용할 가능성을 피하고, 종료 후 가능한 한 이를 복구할 수 있어야 한다는 것을 규정하고 있다. 따라서 온라인수색을 통하여 결과적으로 손해발생이 가능하다는 점을 두고 비례성 원칙의 준수여부를 판단하지는 않는다. 개별적인 경우 대상자의 데이터베이스에 대한 공개적 접근이 비밀 접근보다 기본적으로 우선한다.[9]

절차적으로 온라인수색을 위한 명령은 오로지 법관에 의해서만 가능하고 동시에

---

6) 박희영, 앞의 각주 4)의 논문, 62면.

7) 박희영·이상학, "암호통신감청 및 온라인수색에서 부수처분의 허용과 한계", 『형사정책연구』, 제30권 제2호 (한국형사법무정책연구원, 2019), 117면.

8) 박희영, 앞의 각주 4)의 논문, 63면: 제49조 제1항 제3문에서 비례성의 원칙을 구체적으로 정한다.

9) BVerfG Urteil vom 20. April 2016 – BvR 966/09, Rn. 215.

명령의 요건이 갖추어져야 한다. 법원의 온라인수색 명령서에는 1) 가능한 한 이름과 주소가 첨부되어 있는 처분의 대상자, 2) 데이터수집을 위해서 접근해야 될 정보기술시스템의 가능한 한 정확한 표시, 3) 처분의 방법, 범위, 기간, 4) 본질적 사유(제6항 제2문)가 모두 기재되어야 한다. 명령서에 의한 온라인수색이 가능한 기한은 3개월이다(제6항 제3문). 이 기간은 수집된 데이터의 내용을 고려하여 여전히 명령의 요건을 충족한다면 연장이 가능하다(제6항 제4문).[10] 최대 연장 기간은 개별 사안에서 온라인수색의 기간 연장이 비례의 원칙을 준수한다면 문제되지 않는다.[11]

제49조 제7항에서는 사생활의 핵심영역의 보호에 대하여 규정한다. 온라인수색으로 사생활의 핵심영역에 대한 정보만 수집되는 경우, 수색은 허용되지 않는다(제1문). 온라인수색을 통하여 사생활의 핵심영역과 관련되는 데이터가 수집되지 않도록 가능한 한 범위에서 기술적인 확보가 필요하다(제2문). 온라인수색으로 수집된 데이터는 명령을 내린 법원에 지체 없이 제출되어야 하며(제3문), 법원은 데이터의 사용가능성과 삭제를 지체 없이 결정해야 한다(제4문). 사생활의 핵심영역과 관련되는 데이터는 사용되어서는 안 되고 지체 없이 삭제되어야 한다(제5문). 데이터의 수집 및 삭제 사실은 기록되어야 하며(제6문), 이 기록은 오로지 데이터 보호 통제 목적으로만 사용될 수 있다(제7문).[12]

2. 형사소송법 제100b조

독일은 2017년 형사소송법에 온라인수색(제100b조: Online – Durchsuchung)과 암호통신감청을 도입하였다. 타인의 정보기술시스템에 저장되어 있는 데이터는 형사소송법의 압수(제94조 이하)나 수색(제102조 이하) 그리고 통신의 내용과 관련이 있는 경우 통신감청(제100a조)에 의해 접근 가능하다.[13]

온라인수색으로 인한 침해는, 정보기술시스템의 공개적인 압수·수색과는 다르게, 일회적인 특정 시점이 아니라 비밀리에 장기간에 걸쳐서 행해진다. 또한 새로

---

10) 명령의 요건이 더 이상 존재하지 않는 경우에는 명령을 근거로 하여 취해진 조치는 지체 없이 종료되어야 한다(제6항 제5문).

11) BVerfG Urteil vom 20. April 2016 – BvR 966/09, Rn. 216.

12) 데이터수집·삭제기록은 처분대상자에 대한 통지 후 6개월 또는 유효한 통지의 포기에 대한 법원 동의 후 6개월이 경과한 후 삭제되어야 한다(제8문).

13) 박희영, 앞의 각주 4)의 논문, 64면.

도착하는 통신의 내용뿐만 아니라 정보기술시스템에 저장된 모든 내용 그리고 대상자의 시스템 이용 행태가 감시된다는 점에서 통신감청과도 구별된다.[14)]

독일 형사소송법은 제100b조에서 온라인수색의 실체적 요건, 제100e조에서 절차적 요건을 그리고 제100d조에서 사생활의 핵심영역의 보호와 증언거부권자, 제101조 비밀처분의 일반적 절차, 제101b조 통계작성 및 보고의무까지 범죄수사 목적 온라인수색에 대하여 규정하고 있다.

형사소송법 제100b조는 온라인수색의 실체적 요건을 규정하고 있다. 제1항에서 온라인수색이란 대상자의 인식과 상관없이 기술적 수단을 이용하여 대상자가 이용하는 정보기술시스템에 침입하여 데이터를 수집하는 것으로 정의하고 있다. 문언에 따르면 온라인수색은 데이터를 수집하는 것이나, 대상자의 정보기술시스템 이용 행태는 포괄적으로 감시되고 시스템에 저장된 내용이 읽혀질 수 있다.[15)]

온라인수색을 위해서는 다음 세 가지 요건을 모두 갖추어야 한다. 첫째, 제2항에 기술한 특히 중대한 범죄를 정범 또는 공범으로 저질렀거나 그 미수를 처벌하는 사안에서 실행에 착수하였다는 혐의가 일정한 사실에 근거하고, 둘째, 범죄행위가 개별 사안에서도 특히 중대한 비중을 가져야 하며, 셋째, 사실관계의 조사나 피의자의 소재지 파악이 다른 방법으로는 본질적으로 어렵거나 가망이 없어야 한다.

온라인수색은 '특히 중대한 범죄'[16)]의 혐의가 있는 경우에만 할 수 있다. 대상 범죄행위가 개별적인 사안에서 특히 중대하게 평가되어야 한다는 점은 비례의 원칙을 표명한 것과 같으며, 사실관계 조사나 소재지 수사가 다른 방법으로는 본질적으로 어렵거나 가망이 없다는 것은 보충성 원칙을 분명히 드러낸 것이다.[17)] 즉 다른 처분이 불가능한 경우에 비로소 온라인수색이 허용될 수 있다.

온라인수색은 기본적으로 피의자에 대해서만 가능하고, 타인의 정보기술시스템에 대한 침입은 피의자가 타인의 정보기술시스템을 사용하고, 피의자의 정보기술시스템에 침입하는 것만으로는 사실관계 조사나 공동피의자의 소재를 파악하지 못하는 경우에 가능하다(제3항).

---

14) 박희영, "인공지능 음성비서를 통한 주거감시의 허용과 입법방향", 『형사정책연구』, 제32권 제1호 (한국형사법무정책연구원, 2021), 48면.

15) BT–Drs. 18/12785, 47.

16) '특별히 중한 범죄'의 표지는 기본법 제13조의 주거의 불가침에서 사용하고 있다. 형사소송법 제100b조 제2항에 특별히 중한 범죄가 열거되어 있다.

17) 박희영, 앞의 각주 4)의 논문, 66면.

온라인수색에는 통신감청의 경우에 적용되는 기술적인 확보와 프로토콜 규정이 적용된다(제4항). 따라서 데이터 수집을 위해 필요한 경우에만 정보기술시스템을 변경할 수 있고, 변경된 것은 수색 종료 시 기술적으로 가능한 한도에서 자동 복구되어야 한다. 또한 사용된 수단은 현재 기술 수준에 의해 무단 사용으로부터 보호되어야 한다. 수집된 데이터는 현재의 기술 수준에 의해 변경, 무단 삭제 및 무단 인식으로부터 보호되어야 한다. 나아가서 기술적 수단이 사용되는 경우 1) 기술적 수단의 명칭과 투입 시점, 2) 정보기술시스템을 확인하기 위한 식별 정보와 일시적이지 않은 시스템 변경정보, 3) 수집된 데이터의 확인을 가능하게 하는 정보, 4) 그리고 수색을 한 기관이 기록 되어야 한다(제6항, 프로토콜 규정).

형사소송법 제100e조 제2항은 온라인수색에 대한 법원의 명령절차를 규정하고 있다. 기존의 수사판사 – 영장전담판사 – 대신 법원조직법 제74a조 제4항에 언급된 검찰청 소재지를 관할하는 지방법원의 합의부가 명령을 내린다. 긴급한 경우 재판장이 명령할 수 있지만, 3일 이내 합의부의 승인을 받아야 한다. 수색 명령의 기간은 1개월이며, 확보한 수사결과를 고려하여 수색 요건이 존재하는 경우 1개월 미만으로 연장할 수 있다. 수색 기간이 전체 6개월이 초과하는 경우 추가 연장에 대해서는 고등법원이 결정한다.

제100d조 제1항에서는 사생활의 핵심영역의 보호에 대하여 정한다. 규정의 내용은 연방범죄수사청법 제49조 제7항과 유사하다.

형사소송법의 비밀 처분에 관한 일반적 절차는 제101조에 정하고, 이는 온라인수색에도 적용된다. 제2항에서 관련 서류 보관의무가 제100b조의 조치로 확대되었고, 온라인수색에서 통지의무 역시 피의자와 관련자에게로 확대되었다.

3. 2021년 연방헌법재판소 결정

2021년 연방헌법재판소는 바덴–뷔템베르크주 경찰법 제54조 제2항(암호통신감청)에 대한 헌법소원에서 국가가 제조업체에 알려지지 않은 보안취약점 – 소위 제로데이 취약점 – 을 활용하여 암호통신감청을 할 수 있는지에 대하여 판단하였다.[18]

헌법소원 심판대상 법률규정인 주 경찰법 제54조 제2항에 의하면 국가기관은 필

---

18) 보안취약점의 자세한 내용은 아래 III.1.(3) 참조.

요한 경우 정보기술시스템에 침입하는 방식으로 감청할 수 있다. 즉 경찰은 보안취약점을 이용하여 대상자의 정보기술시스템에 침입하여 감청할 수 있다. 그리하여 청구인은 경찰이 감청을 위하여 알고 있는 보안취약점을 제조업체에 알리지 않는 점을 들어, 즉 제로데이 취약점을 활용한 국가기관의 암호통신감청은 정보기술시스템에 대한 기밀성 및 무결성에 대한 기본권을 침해하며, 시스템 제조업체가 알지 못하는 보안취약점의 활용을 금지하는 등 보안취약점의 관리에 대한 입법을 하지 않은 국가는 기본권 보호의무를 위반한 것이라 주장하였다.[19]

경찰이 제로데이 취약점을 보완·제거하는 등의 조치를 취하지 않고 감청을 위하여 유지하는 경우, 제3자 역시 보안취약점을 활용하여 타인의 정보기술시스템에 침입할 수 있다. 침입에 성공하면 시스템 내 모든 정보에 접근할 수 있으며, 데이터를 조작·폐기함으로써 협박할 수도 있다.[20] 특히 제조업체에 보안취약점이 알려지지 않아 취약점이 제거되지 않은 경우, 일반적으로 사인은 이러한 위험으로부터 스스로를 제대로 보호할 수 없다.[21]

연방헌법재판소는 이러한 상황, 즉 국가기관은 보안취약점을 인식하고 있으나 제조업체는 알지 못하고 사인 역시 스스로를 보호할 수 없는 상황에서 국가에게 기본권 보호의무가 발생한다고 판시하였다.[22] 그러나 국가기관이 범죄예방 목적으로 암호통신감청을 할 수 있는 권한이 있을 때, 정보기술시스템의 안전에 대한 공익과 암호통신감청을 통한 (범죄)위험방지라는 공익 사이 충돌이 발생하게 된다.[23] 이 때 경찰이 보안취약점을 제거하지 않고 - 오히려 적극적으로 - 취약점이 외부에 인식되지 않도록 할 수도 있다.

정보기술시스템의 보안 위험으로 인하여 알려지지 않은 보안취약점을 활용한 암호통신감청은 더욱 엄격한 요건 아래 정당화될 수밖에 없지만, 연방헌법재판소는 이런 점으로 인하여 알려지지 않은 보안취약점을 활용한 감청이 처음부터 헌법상

---

19) BVerfG, Beschluss des Ersten Senats vom 08. Juni 2021 - 1 BvR 2771/18 -, Rn. 22; 이 결정에서 연방헌법재판소는 청구인의 헌법소원 심판청구를 각하하였다. 이에 대한 더 자세한 내용은 박희영, "보안취약점 이용 온라인수색과 국가의 기본권 보호의무", 『비교형사법연구』, 제24권 제2호 (한국비교형사법학회, 2022), 154면 이하 참조.
20) BVerfG, Beschluss des Ersten Senats vom 08. Juni 2021 - 1 BvR 2771/18 -, Rn. 29.
21) BVerfG, Beschluss des Ersten Senats vom 08. Juni 2021 - 1 BvR 2771/18 -, Rn. 39.
22) BVerfG, Beschluss des Ersten Senats vom 08. Juni 2021 - 1 BvR 2771/18 -, Rn. 40.
23) BVerfG, Beschluss des Ersten Senats vom 08. Juni 2021 - 1 BvR 2771/18 -, Rn. 42: 온라인 수색에 대한 2008년 연방헌법재판소 판결 BVerfGE 120, 274, 326 참조.

허용될 수 없는 것은 아니라고 판단하였다.[24] 그래서 소위 IT-기본권의 보장이 보안취약점을 활용한 암호통신감청을 완전히 금지하게 할 수 있는 권리를 발생시키거나, 알려지지 않은 보안취약점을 제작업체에 알릴 국가기관의 의무를 발생시키지 못한다.[25]

그러므로 국가기관은 제3자의 침입으로부터 정보기술시스템을 보호할 이익과 위험방지를 위하여 암호통신감청을 할 이익 사이 충돌 상황을 해소하여야 한다.[26] 국가기관은 보안취약점을 알게 되었을 때 이러한 취약점이 유포될 위험을 확인하고, 또한 취약점을 통하여 감청하여 얻는 이익을 양적·질적으로 판단하여야 한다. 두 경우를 비교·평가하여 보안취약점 유지이익이 우월하지 않을 때 제조업체에 알린다.

이 결정에서 연방헌법재판소는 정보기술시스템의 기밀성과 무결성에 대한 기본권과 그 보장을 위한 국가의 보호의무를 인정하였다. 제조업체가 알지 못하는 보안취약점에 대하여 알고 있는 국가기관은 기본권 보호의무를 지며, 시스템에 대한 제3자의 침입으로부터 보호할 의무 역시 진다. 관련 당사자는 스스로를 보호하지 못하지만, 국가기관은 보안취약점과 그로 인한 위험을 알고 있는 상황은 국가기관으로 하여금 이러한 보안격차를 해소할 의무를 부담하게 된다고 보았다. 그리고 연방헌법재판소는 알려지지 않은 보안취약점을 제조업체에 알리지 않고 유지하는 경우, 발생하는 이익 충돌 상황에서 국가기관의 이익형량을 인정하였다.

Ⅲ. 보안취약점을 활용한 온라인수색

1. 온라인수색을 위한 접근 방법

온라인수색을 위해서는 먼저 해당 정보통신시스템(컴퓨터나 스마트폰 등 디지털기기, IT시스템)에 접근해야 한다. 이는 온라인수색, 즉 주된 처분의 집행에 있어서 필요한 처분이다. 이때 필요한 처분이란 압수수색의 집행기관이 수색시 수사의 목적을 효율적으로 달성하기 위하여 필요한 행위로, 수색을 위하여 필요하고도 사회적

---

24) BVerfG, Beschluss des Ersten Senats vom 08. Juni 2021 — 1 BvR 2771/18 —, Rn. 43.
25) BVerfG, Beschluss des Ersten Senats vom 08. Juni 2021 — 1 BvR 2771/18 —, Rn. 43.
26) BVerfG, Beschluss des Ersten Senats vom 08. Juni 2021 — 1 BvR 2771/18 —, Rn. 44.

으로 상당하다고 인정되는 범위 내의 처분을 의미한다. 우리 형사소송법은 제120조
에서 '압수수색영장의 집행에 있어서 … 기타 필요한 처분을 할 수 있다'고 규정하
고, 제199조 제1항에서 '수사에 관하여는 그 목적을 달성하기 위하여 필요한 조사
를 할 수 있'으며, 제2항에서 수사에 있어서 비례의 원칙을 준수할 것을 천명하고
있다.

압수수색의 목적은 실체적 진실을 밝히기 위하여 필요한 증거의 수집 — 증거물
에 대한 점유의 획득 — 으로, 그 성질은 대물적 강제처분이다. 압수수색을 위하여
필요한 처분 역시 수사 목적을 실현하기 위하여 수색의 절차에서 상대방의 의사에
반하여 실질적으로 그의 주거의 자유나 재산 등에 대한 법익을 제약하는 강제적인
수단을 사용한다. 즉 압수수색을 위하여 필요한 처분 — 정보기술시스템에 접근 —
은 주된 처분인 온라인수색을 위하여 전형적으로 수반되는 행위로서, 압수수색의
목적을 달성하기 위하여 필요하고 상당한 수단과 방법을 사용할 때,[27] 압수수색의
집행에 부수적인 필요한 처분으로서 허용될 수 있다.[28]

온라인수색은 상대방의 정보통신시스템에 접근하며 시작된다. 접근 방법은 직접
접근 방법, 원격 접근 방법 — 보안취약점 활용 — 그리고 백도어 활용 방법 등이
있다.

(1) 백도어 활용 방법

백도어(Backdoor)란 본래 프로그램이나 운영체제 등을 만든 시스템설계자가 제
품테스트나 시스템의 사후 관리를 위하여 직접 접속하여 점검할 수 있도록 열어 두
는 특정한 통로를 이른다. 그래서 백도어는 제품의 제작 당시부터 설치되고, 일반
적으로 백도어 존재여부는 개발자나 제조사 외 검증이 불가능하다.[29]

백도어를 활용하면 정상적인 사용자 인증 과정을 거치지 않고도 상대방의 정보
통신시스템에 접근할 수 있다. 온라인수색에 제조과정에서 설치된 백도어를 활용한

---

27) 조광훈, "압수수색영장의 집행절차에서 기타 '필요한 처분'의 의미와 한계", 『형사정책연구』,
제31권 제4호 (한국형사법무정책연구원, 2020), 10면 참조.

28) 그러나 이러한 경우에도 압수수색에 필요한 처분은 부수적인 처분으로서, 제약되는 기본권의
정도는 주된 처분을 통한 침해의 정도를 넘어설 수 없다. 박희영·이상학, 앞의 각주 7)의 논
문, 124면 참조.

29) 2019년 화웨이 5G 통신장비 백도어 설치유무 논란 참조. 뉴스투데이, 화웨이 통신장비 '백도
어' 검증 불가능, '소스코드' 받아야 확인돼, 2019.6.17 (https://www.news2day.co.kr/article/
20190617129687, 최종검색: 2022.12.6).

다면, 사실상 관리자 권한으로 컴퓨터 등 디지털 단말기에 접근할 수 있을 뿐 아니라, 백도어 존재여부 자체를 상대방이 알기 어렵기 때문에 수색의 실효성을 제고할 수 있다.

그러나 수사과정에서 백도어를 활용하기 위해서는 무엇보다 제조사의 협력이 필수적인데, 일반 사기업에 수사에 대한 협력의무를 인정하기는 어렵다.[30] 실제 수사의 효율성을 위한 수사기관의 데이터 접근 요청과 국가기관에 의한 과도한 개인정보의 수집이 사용자의 기본권을 침해하고, 기업의 사용자 개인정보보호의무를 약화시킬 수 있다는 이유로 주요 기술업체가 이를 거부하는 사례가 계속하여 문제되고 있다.[31]

독일은 2017년 형사소송법 개정 당시 암호화된 데이터의 해독에는 많은 시간과 비용이 들지만, 그럼에도 통신사업자 등에 백도어 구축을 의무로 부과할 수는 없다는 점을 밝혔다.[32] 오히려 연방정부가 제3자의 침해로부터 개인정보를 보호할 수 있도록 보안 정책을 강화하여야 한다는 점을 강조하였다.

(2) 직접 접근 방법[33]

직접 접근 방법은 가령 수사관이 비밀리에 대상자의 주거에 들어가서 그 곳에 있는 컴퓨터에 감시소프트웨어를 설치하는 것이다. 예를 들어 비밀수사관이 인터넷기사로 위장하여 IT시스템이 있는 공간에 접근하는 것이다. 주거 외부에서 수사기관이 출입국시 세관통제나 기타 교통 통제처분과 관련하여 일시적으로 모바일기기에 접근할 수도 있다. 또는 제3자가 고의 없이 행위하는 도구로서 물리적인 침입을 하게 하는 것을 생각해 볼 수 있다. 예를 들어 회사의 동료가 판촉물로 받은 USB로 대상 컴퓨터를 감염시키는 경우이다.

(3) 원격 접근 방법 : 보안취약점 활용 방법

인터넷을 통한 원격 접근 방법은 컴퓨터시스템이나 네트워크의 보안상 취약점을

---

30) 미국 연방수사국은 2015년, 2020년 두 차례 사건 피의자의 iPhone 단말기 잠금해제를 위하여 애플사에 'iOS 백도어'를 요청한 바 있다.
31) 한국인터넷진흥원, "기업의 개인정보보호 의무와 정부의 수사권 간 충돌 이슈", 동향자료, 2020.6 주요 사례 참조.
32) BT-Drs. 18/12785, 48.
33) 이에 대하여 보다 자세한 내용은 박희영·이상학, 앞의 각주 7)의 논문, 121, 125면 이하 참조.

이용하여 해당 시스템에 접근하여 감시소프트웨어를 설치하는 방법이다. 예를 들어 트로이목마와 같이 정상파일로 위장하여 상대방이 거부감 없이 설치를 유도하는 프로그램을 이용한다. 주로 이메일의 첨부파일, P2P사이트에서 내려 받을 수 있는 셰어웨어나 프리웨어가 감염경로가 된다. 하지만 이 방법은 상대방이 첨부파일을 열어보지 않거나, 해당 사이트에 접근하지 않거나, 상대방의 시스템 보안상태가 수시로 업데이트 되는 경우 접근하기 어렵다.[34]

그리하여 수사기관에서는 보안취약점을 활용하는 접근 방법이 선호되며, 실제 독일 수사실무에서도 이 방법이 주로 이용되고 있다.[35] 보안취약점(Sicherheitslücke, vulnerability)이란 시스템의 버그나 프로그래밍 오류 등 정보통신시스템상 존재하는 보안상의 결함으로, 프로그램을 본래의 기능과 다르게 작동하거나 허용된 권한을 초과하여 사용할 수 있게 하거나 의도하지 않은 오류를 발생하게 할 수 있는 특성이다.[36]

정보통신 관련 법률에서는 보안취약점의 법적 개념을 직접 정의하고 있지 않지만, 과학기술정보통신부고시, 정보보호조치에 관한 지침 제2조 제15호에는 '취약점 점검'의 정의가 있다.[37] 그에 따르면, '취약점'이란 컴퓨터의 하드웨어 또는 소프트웨어의 결함이나 체계 설계상 허점으로 인하여 사용자에게 허용된 권한 이상의 동작이나 허용된 범위 이상의 정보 열람·변조·유출을 가능하게 하는 약점이다. 정보통신망의 신뢰성과 안정성을 위한 보호조치에 있어 보안취약점이 가지는 중요성을 고려할 때, 취약점의 개념에 대한 정의는 법규성이 없는 행정지침 보다는 법률에 정할 필요가 있다.[38]

보안취약점 활용의 핵심은 제3자가 권리자의 의사에 반하여 타인의 컴퓨터나 스마트폰 등 디지털기기에 접근하고, 그 내부의 데이터를 복제 또는 감시할 수 있게 하는 데 있다. 모든 정보통신시스템에는 보안취약점이 존재한다. 일반적으로 정보통신시스템 장비나 소프트웨어, 운영체제 등에서 취약점이 발견되면 제작자나 개발

---

34) 무엇보다 이러한 방법은 국가가 국민을 기망한다는 점에서도 문제될 수 있다. 박희영, 앞의 각주 19)의 논문, 151-152면.
35) 박희영, 앞의 각주 19)의 논문, 152면.
36) 박희영·이상학, 앞의 각주 7)의 논문, 122면 참조.
37) 과학기술정보통신부고시 제2017-7호, 2017.8.24. 시행.
38) 독일 연방정보기술안정청법 제2조 제6항 '보안취약점'의 개념 정의 참조; 같은 의견으로 박희영, 앞의 각주 19)의 논문, 153면.

자가 취약점을 보완·제거하는 패치를 개발하여 배포하고, 사용자는 시스템 업데이트를 통하여 패치를 설치함으로써 취약점에 대처한다.[39) 물론 모든 사용자가 즉각적으로 업데이트를 진행하지 않기 때문에, 취약점이 알려진 후 취약점을 이용한 침입가능성은 여전히 존재한다. 특히 문제는 제작자나 개발자가 알아차리기 전에 찾아낸 제로데이 취약점에 있다.

제로데이 취약점(Zero－day vulnerabilities)은 개발자가 취약점을 인지하지 못하여 아직 패치가 개발되지 않은 취약점이다. 보통 소프트웨어 제조사는 취약성의 노출에 따른 사이버공격 － 소위 제로데이 취약점 공격 － 으로 제품의 신뢰도와 기업 이미지에 타격을 가져올 수 있으므로, 보안취약점을 신속하게 인지하고 방지하고자 한다. 정부기관의 입장에서도 보안취약점을 먼저 인식한 경우, 취약점을 이용하여 다른 국가에 대한 정보를 수집하거나, 사이버공격방어 활동에 활용할 수 있으므로 취약점을 수집하고자 한다.[40) 그리하여 기업은 물론 각 나라의 정부기관에서도 이러한 사이버공격과 탐사를 사전에 방지하기 위하여 해커나 사이버보안 전문가가 보안취약점 관련 정보를 제공하는 경우, 버그 바운티 프로그램(Bug Bounty Program, 취약점신고포상제) 등을 통하여 보상하는 등의 방식으로 보안취약점을 수집한다.[41)

제로데이 취약점은 식별되지 않았기 때문에, 이를 탐지하고 그로부터 발생하는 손해를 방지하는 것은 매우 곤란하다.[42) 제로데이 취약점의 시장가격은 취약점의 심각성, 공격이용의 복잡성, 취약점이 공개되지 않을 수 있는 기간, 관련 기업 제품, 매수자 등에 따라 천차만별이다. 또한 제로데이 취약점 시장은 법에 의해 규제되지 않으며, 조직화되지 않고 분산되어 있다. 제로데이 취약점 거래 시장은 공개(White), 지하(Black), 회색(Gray) 시장으로 구분되고, 공개시장에서 취약점의 가격은 회색시장이나 지하시장에 비하여 상대적으로 낮기 때문에 심각한 사이버공격을

---

39) 정보통신망 이용촉진 및 정보보호 등에 관한 법률 제47조의4 제4항 참조.
　　④「소프트웨어 진흥법」제2조에 따른 소프트웨어사업자는 보안에 관한 취약점을 보완하는 프로그램을 제작하였을 때에는 한국인터넷진흥원에 알려야 하고, 그 소프트웨어 사용자에게는 제작한 날부터 1개월 이내에 2회 이상 알려야 한다.
40) 오일석, "미국 정보기관 제로데이 취약성 대응 활동의 법정책적 시사점", 『미국헌법연구』, 제30권 제2호 (미국헌법학회, 2019), 146면.
41) 한국인터넷진흥도도 취약점신고포상제를 통하여 보안취약점 정보를 제공한 해커 등에 대한 보상을 실시하고, 사이버 보안 취약점 정보 포털(https://knvd.krcert.or.kr)을 운영한다.
42) 오일석, 앞의 각주 40)의 논문, 147면.

초래하는 제로데이 취약점 정보가 거래되는 경우가 드물다.[43] 제로데이 취약점은
알려지지 않았거나 패치가 개발되지 않았을 때 가치가 있다. 그러므로 취약점 시장
에서 중요한 정보는 공개시장보다는 회색시장이나 지하시장에서 보다 높은 가격으
로 거래될 확률이 높다. 특히 취약점의 매도인과 매수인은 신분의 노출을 꺼리기
때문에 지하시장에서 비트코인 등 암호화폐를 통하여 거래하길 원한다. 그러므로
제로데이 취약점 관련 지하시장은 계속하여 활성화될 것으로 예상된다. 그러나 지
하시장이 활성화되는 경우, 국가기관 역시 심각한 사이버공격을 초래할 수 있는 제
로데이 취약점 정보를 구별할 수 없게 된다. 따라서 조직범죄, 테러집단이 이를 이
용하여 사이버공격을 감행하는 경우, 국가는 심각한 위기 상황에 처할 수도 있다.
특히 주요 정보통신기반시설 등에 대한 제로데이 취약점을 인지하지 못하는 경우,
대규모의 사이버공격 — 예를 들어 DDos — 에 대응할 수 있는 방법이 없어 정보
통신망의 안전성은 물론 국가 안보에도 위험이 초래될 수 있다. 그러므로 각 국가
는 회색시장 또는 지하시장에서 취약점 거래를 통하여 사이버공간의 지배력을 차
지하려 한다. 이러한 활동은 주로 첩보정보를 수집하고 테러정보를 식별하며 조직
범죄에 대응하는 정보기관에 의하여 수행되는 경향을 보인다.[44] 따라서 국가기관
은 정보기관의 첩보활동, 수사기관의 위험방지 또는 범죄수사를 위하여 수집된 보
안취약점을 이용할 수 있을 것으로 생각된다.[45]

　미국의 경우 국가안보국(National Security Agency, NSA)이 제로데이 취약점과 관
련 정보를 활용하고 있다.[46] 국가안보국은 보유한 취약점을 대부분 자체 발견한 것
으로 주장하였으나, 매수한 것으로 파악되었다.[47] 이들 대부분이 지하시장에서 활
동하는 프리랜서 해커나 중개업자를 통하여 매수한 것이며, 1990년 이후부터 취약

---

43) 오일석, 앞의 각주 40)의 논문, 169면.
44) 오일석, 앞의 각주 40)의 논문, 170면.
45) 박희영, 앞의 각주 19)의 논문, 154면 참조.
46) Sam Biddle, The NSA Leak is Real, Snowden Documents Confirm, The Intercept, Aug.
　　19, 2016.
47) New York Times, "Obama Lets NSA Exploit Some Internet Flaws, Officials Say", 2014.
　　4.12(https://www.nytimes.com/2014/04/13/us/politics/obama-lets-nsa-exploit-some
　　-internet-flaws-officials-say.html, 최종검색일: 2022.12.6) 참조; 2013년 스노든이 공개
　　한 자료에 따르면 미 국가안보국은 중소 전문기업 및 대규모 국방 계약자 등 민간기업들로부
　　터 제로데이 취약점을 구매하는데 한해 25.1백만 달러의 예산을 사용하였다. 이를 통해서 국
　　가안보국이 매년 100에서 625개의 제로데이 취약점을 매수하고 있는 것으로 추정한다. 오일
　　석, 앞의 각주 40)의 논문, 162-163면.

점을 축적해 왔다. 이에 대하여 국가안보국의 제로데이 취약점 매수가 사이버보안 강화를 위한 것이 아니라, 첩보정보 수집 목적이라는 지적이 있다.[48] 원칙적으로 국가안보국이 인터넷 보안 관련 중대한 결함을 발견한 경우, 이를 공개하여 수정되도록 하여야 한다. 그러나 '명백한 국가 안보 또는 법 집행의 필요성'을 위한 경우라는 광범위한 예외를 인정한다.[49] 미국 정부는 취약성을 발견하거나 매수하는 경우, 관련 기업에게 공개하지 않고 일반 국민과 관련 기업의 취약성은 그대로 둔 채, 이후의 활용을 위하여 취약성을 공개하지 않고 축적하는 정책을 고수한다.[50]

정부가 보안취약점을 매수하는 것은 시장에 유통되는 취약점을 확보하여 그 유통을 차단하고 패치를 개발할 수 있도록 함으로써 사이버보안의 강화에 유용한 점이 있다. 오히려 정부가 취약점을 확보하지 않은 경우 공개되지 않은 취약점이 더 위험하므로, 정부에 의하여 감시되지 않는 경우 일반 사용자에게 보다 큰 해악이 될 수 있다.[51]

2. 보안취약점 활용시 특수문제 : 정보통신망침입죄와의 관계

정보통신망법 제48조는 정보통신망 침해행위에 대하여 정하고 있다. 제1항에서는 정당한 접근권한 없이 또는 허용된 접근권한을 초과하여 정보통신망에 침입하는 행위를 금지하고, 제71조 제1항 제9호에서 이를 위반하여 정보통신망에 침입한 자에 대한 처벌을 정하고 있다.[52]

정보통신망침입죄는 정보통신망에 정당한 접근권한 없이 또는 허용된 접근권한을 넘어 침입한 경우 성립한다. 일반적으로 접근은 가까이 다가감을 뜻하지만, 정보통신분야에서 접근이란 기억장치에 데이터를 쓰거나 기억 장치에 들어 있는 데이터를 탐색하고 읽는 과정을 의미한다.[53] 정보통신망에 대한 접근(access, 액세스)은 정보통신망을 통하여 대상자의 정보통신시스템에 들어가는 것을 의미한다. 그리하여 정보통신망침입죄의 구성요건적 행위는 접근권한이 없거나 또는 권한을 초과

---

48) 오일석, 앞의 각주 40)의 논문, 163면.
49) New York Times, 앞의 각주 47)의 기사 참조.
50) 오일석, 앞의 각주 40)의 논문, 164면.
51) 오일석, 앞의 각주 40)의 논문, 166면.
52) 정보통신망법 제71조 제2항에서 미수범을 처벌한다.
53) 표준국어대사전 검색

하여 컴퓨터시스템에 침입하는 것이다. 즉 범죄행위는 컴퓨터시스템에 들어가는 것이다. 즉 데이터를 취득하지 않는, 단순히 타인의 컴퓨터시스템에 들어가는 것도 범죄가 된다.

대상 시스템의 보안취약점을 발견할 목적으로 해당 서버의 각 네트워크 포트와 접촉하여 어떤 포트가 열려 있는지 알아보려 시도하는 포트스캔(Portscan)에 대하여, 이 행위가 정보통신망침입죄의 미수에 해당하는지에 대하여 논란이 있다.54) 포트스캔은 대상 시스템의 설정상태에 대한 확인 행위이며, 포트의 열림과 닫힘은 상대방이 보호하고자 하는 데이터가 아니라 시스템운용에 필요한 설정값에 불과하기 때문에 접근의 대상이 되는 데이터에 해당하지 않는다.55) 즉, 포트스캔만으로는 컴퓨터시스템의 데이터에 접근할 수 없고, 이후 추가적인 방법이 동원되어야 하므로, 포트스캔 행위를 정보통신망침입죄의 실행의 착수라 보기는 어렵다.56)

보안취약점을 활용한 온라인수색은 대상자의 컴퓨터 등 스마트기기에 접근하여 컴퓨터의 데이터나 클라우드에 업로드된 데이터를 수집하거나 지속적인 이용행위를 감시하는 방법으로 이루어진다. 이는 타인의 정보통신시스템에 대한 정당한 권한 없는 접근행위로 정보통신망침입죄의 구성요건에 해당하는 행위로 평가할 수 있다.

독일 형법은 제202a조 '정보탐지(Ausspähen von Daten)'라는 표제 아래 무권한 접근에 대하여 특별히 보호된 정보에 권한 없이 보안장치를 해제함으로써 접근하거나 제3자로 하여금 접근하게 한 자를 처벌한다.57) 정당한 권한을 가진 자의 데이

---

54) 이러한 논란으로 인하여 정보통신망에 해당할 수 있는 시스템에 대한 취약점신고포상제는 도입하지 못하고, 소프트웨어에 대한 버그 바운티 프로그램만 운영하고 있다(이관희·김기범, "포트스캔(portscan)의 가벌성에 대한 형사법적 연구", 『경찰학연구』, 제20권 제1호 (경찰대학, 2020), 205면).

55) 이관희·김기범, 앞의 각주 54)의 논문, 214면.

56) 이관희/김기범, 앞의 각주 54)의 논문, 218면; 최호진, "정보통신망침입죄에서 정보통신망 개념과 실행의 착수", 『형사법연구』제28권 제3호 (한국형사법학회, 2016), 81면.

57) Eric Hilgendorf, 『유럽에서의 사이버범죄의 새로운 유형과 형사정책』, 한국형사정책연구원, 2010, 42면 참조; 이 규정은 1987년 전산망보급확장과 이용촉진에 관한 법률(법률 제3848호, 1986.5.12.제정, 1987.1.1.시행) 제22조와 유사하다. 제22조는 전산망의 보호조치를 불법 또는 부당한 방법으로 침해하거나 훼손하는 경우 처벌하도록 하였다(전산망 보호조치 침해 훼손죄). 이후 2001년 정보통신망법이 전부개정(2001.1.16. 전부개정, 법률 제6360호, 2001.7.1.시행)되어, 제22조는 현재의 제48조로 개정되었다. 이는 해킹기술의 급격한 발전으로 보호조치를 침해하지 않고 우회하는 방법으로 정보통신망을 침입할 수 있게 됨에 따른 형벌의 공백을

터 보호를 목적으로, 제202a조의 객체는 보안설정이 된 정보이다. 또한 행위자가 '보안장치를 해제함으로써(unter Überwindung der Zugangssicherung verschafft)' 컴퓨터시스템에 접근한 경우 처벌된다. 보안장치 해제행위에서 행위자의 범죄적 에 너지가 명백하게 드러난다.58) 보안장치는 전혀 무의미한 것을 의미하는 것이 아니 라,59) 보안장치의 해제를 위해서는 시간적·기술적 노력이 - 예를 들어 해킹 등을 통한 해제 - 요구된다.60)

독일의 경우 보안취약점을 이용한 온라인수색이 제202a조의 구성요건적 행위에 포섭되기는 어렵다. 보안취약점을 활용하여 대상자의 컴퓨터 등 정보통신시스템에 침입하는 경우, 별도의 접근권한인 ID와 비밀번호 없이 취약점을 이용하여 정보통 신망에 접근하는 것으로, 특별한 보안장치를 해제할 필요가 없기 때문이다.

그렇지만 우리의 경우 보안취약점을 활용한 온라인수색은 정보통신망침입죄의 구성요건인 정당한 접근권한이 없는 행위에 포섭될 수 있다. 그러나 수사기관이 범 죄의 예방 또는 수사를 위하여 취약점을 활용한 온라인수색을 하는 경우, 정당행위 로 행위의 위법성이 조각될 수 있다. 또는 정보통신망침입죄를 부정한 목적으로 타 인의 컴퓨터 데이터를 획득할 목적으로 또는 다른 범죄를 저지를 의도로 타인의 정 보통신시스템이 접근한 경우 처벌하는 목적범으로 개정하는 것을 고려할 수 있 다.61) 이 경우 범죄예방 또는 수사를 위한 보안취약점 활용 온라인수색의 정보통신 망침입죄의 구성요건해당성을 배제할 수 있을 것이다. 또는 법률유보 형식의 입법 적 해결도 고려할 수 있다.

온라인수색을 위한 원격 접근 방법 중 감시소프트웨어를 설치하는 방법, 즉 해킹 프로그램을 이용한 접근은 정보통신망법 제48조 제2항의 악성프로그램 유포행위에

없애기 위하여 취해진 조치로 알려져 있다. 박희영, "단순해킹의 가벌성에 관한 비교법적 연 구-독일형법 및 사이버범죄 방지조약을 중심으로-", 『인터넷법률』통권 제34호 (법무부, 2006), 34면.
58) Rudolf Rengier, Strafrecht BT II, 17 Aufl., 2016, 282.
59) Hilgendorf, 앞의 각주 57)의 책, 43면.
60) BT-Drs. 16/3656, 10.
61) 그래서 보안취약점을 찾아 시스템을 개선하고, 범죄를 예방하는데 활용하고자 하는 것이라면 이는 정보통신망의 보안과 안전을 위하여 필요한 행위로서 평가할 수 있으므로 정보통신망침 입죄를 목적범으로 전환할 필요가 있다는 견해로 이관희·김기범, 앞의 각주 54)의 논문, 220 면: 이 외에도 화이트해커에 대한 처벌 유보 방안으로 정보통신망침입죄를 친고죄 또는 반의 사불벌죄로 규율할 것을 주장한다.

포함될 수 있다.[62)

Ⅳ. 온라인수색 도입가능성

온라인수색으로 인하여 침해될 것으로 예상할 수 있는 헌법상 기본권은 통신비밀의 자유, 정보자기결정권, 정보기술시스템의 기밀성 및 무결성 보장에 대한 기본권 등이다.[63) 오늘날 우리는 정보통신기술시스템을 이용하지 않고서는 기본권적 자유를 제대로 누릴 수 없으며, 이용에 따른 위험으로부터 벗어나기 위해서는 이용 자체를 포기해야만 한다.

독일 연방헌법재판소는 온라인수색이 일반적 인격권에서 도출되는 정보자기결정권의 독자적 발현으로서 대상자의 정보기술시스템의 기밀성 및 무결성 보장에 대한 기본권을 제한한다고 판단하였다.[64) 헌법은 사생활의 영역에서 정보기술시스템의 이용을 통하여 인격을 발현하는 의미를 고려하여, 소위 IT-기본권을 일반적인 인격권에서 도출한다. 일기장 등의 사적 경험을 다룬 기록, 또는 음성기록 등은 오늘날 데이터의 형태로 제작되고, 저장된다. 개인 간의 통신 역시 인터넷의 통신서비스나 인터넷 기반 소셜네트워크를 통하여 전자적으로 이루어진다. 이 경우 당사자는 정보통신기술시스템의 보안, 즉 데이터의 기밀성과 무결성에 의존하게 된다. 이러한 연결로부터 발생하는 데이터의 고도의 인격적 성격 때문에 IT-기본권의 침해는 주거의 불가침에 대한 침해에 비견할 수 있다.[65)

온라인수색을 통하여, 특히 보안취약점을 활용하여 수색하는 경우, 당사자의 정보기술시스템에 접근하는 수사기관은 추가적인 데이터 수집이나 데이터 처리 없이도 엄청난 양의 데이터를 확보할 수 있다. 온라인수색으로 사인의 컴퓨터 및 그 밖의 정보기술시스템이 조정되고 열람되고, 외부 서버에 비밀리에 저장되어 있다고 신뢰한 개인적 데이터가 수집되고, 네트워크상 당사자의 활동이 추적된다. 이러한

---

62) 제48조 ②누구든지 정당한 사유없이 정보통신시스템, 데이터 또는 프로그램 등을 훼손·멸실·변경·위조 또는 그 운용을 방해할 수 있는 프로그램(이하 "악성프로그램"이라 한다)을 전달 또는 유포하여서는 아니된다.

63) 이에 대한 자세한 검토로 박희영, "예방 및 수사목적의 온라인 비밀 수색의 허용과 한계", 『원광법학』, 제28권 제3호 (원광대학교 법학연구소, 2012), 156면 이하 참조.

64) BVerfG Urteil vom 20. April 2016 ― BvR 966/09. Rn. 209.

65) BVerfG Urteil vom 20. April 2016 ― BvR 966/09. Rn. 210 참조.

접근은 정보자기결정권이 보호하는 개별적 데이터 수집을 넘어선다.[66]

　그러므로 국가는 정보기술시스템의 기밀성 및 무결성의 보장에 대한 국민의 정당한 기대를 존중해야 하며, 제3자의 침해로부터 보호해야 할 의무도 부담한다. 특히 수사기관이 알려지지 않은 보안취약점을 유지하는 경우, 나아가 제3자가 이를 이용하여 대상자의 데이터에 접근하게 되면 정보자기결정권에 대한 침해가 문제된다.

　독일 연방헌법재판소가 온라인수색의 기본권 침해의 강도가 주거내 음성감시와 비교할 수 있다고 판시한 것처럼, 온라인수색은 지금까지의 강제처분 중 가장 기본권 침해의 정도가 중대한 처분이다. 온라인수색에 관한 독일 형사소송법 규정은 엄격한 요건 아래 인정되고 있다.[67] 기본권은 법률로써 제한될 수 있고, IT-기본권의 제한 역시 엄격한 요건아래 가능하다. 그러므로 온라인수색을 도입하기 위해서는 법률의 근거가 필요하다. 이는 온라인수색의 실체적·절차적 요건과 절차 그리고 무엇보다 수색의 한계를 확정하기 위한 것이다.

　온라인수색은 현저히 중대한 법익에 대한 구체적인 위험이 사실상 존재하는 경우 가능하다. 기본권 제한의 강도 역시 대상 범죄의 중대성 등의 요건을 적절하게 고려하여야 한다. 수사에 대한, 특히 강제수사에 대하여 비례의 원칙을 준수할 것을 요하는 현행 형사소송법의 태도를 고려할 때, 온라인수색의 대상이 되는 중대한 범죄의 범위를 정하여 입법할 필요가 있다. 예를 들어 통신비밀보호법은 범죄수사를 위한 통신제한조치의 허가요건을 정하면서 대상범죄의 목록을 - 개별 법률의 구체적 범죄 - 정하고 있다(동법 제5조 제1항). 독일 형사소송법 역시 동일한 형식으로 대상 범죄를 정한다(동법 제100b조 제2항). 온라인수색을 통하여 보호하고자 하는 현저히 중대한 법익은 생명과 신체 그리고 국가 안보 등을 상정할 수 있는데 구체적으로 특정 가능한 범죄의 범위를 정하는 것이 중요하다.

　온라인수색의 도입과 관련하여 또 하나 고려해야 할 문제는 영장주의 원칙이다. 헌법은 강제처분의 사전적 통제수단으로 법관에 의한 영장의 발부를 요한다(동법 제12조 제3항). 영장집행에 급속을 요하는 경우 집행의 통지를 예외로 할 수 있다(형사소송법 제122조 후단). 온라인수색은 처분의 성질상 비공개적으로 은밀하게 이루어진다. 수사의 성질상 사전 영장의 제시가 곤란한 경우, 영장 발부의 방식을 달

---

66) BVerfG, Urteil vom 27. Feb. 2008 - 1 BvR 370/07. Rn. 200.

67) 온라인 수색에 관한 독일 형사소송법 제100b조는 기본적으로 주거내 음성 감시에 관한 규정(제100c조)에 근거하고 있다. 당해 규정에 대하여 연방헌법재판소는 2007년 이미 합헌으로 판단하였다(BVerfG, Beschluss vom 11. Mai 2007 - 2 BvR 543/06. Rn. 64 ff.).

리하거나 요건을 보다 엄격히 하는 방법을 생각해 볼 수 있다. 독일 형사소송법이 온라인수색시 지방법원 합의부의 명령을, 수색기간 연장시 고등법원의 결정을 요하는 점을 참고할 수 있다. 영장주의에 위반하여 이루어진 수사 - 일반영장의 발부와 집행, 참여권의 배제 등 - 는 위법하고, 위법수사를 통하여 수집된 증거는 증거능력이 부정된다. 영장주의가 수사기관에 의한 강제처분의 남용을 방지하기 위한 수단이라는 점을 고려할 때 경우에 따라 달리 적용하는 것은 원칙적으로 타당하지 않다. 그러나 n번방 사건과 같은 신종범죄 방식에 대처하기 위하여 새로운 수사기법의 도입 역시 필요하다. 온라인수색의 절차적 요건을 법정하는 것은 수사의 효율성을 위해서 그리고 무엇보다 국민의 기본권 보호를 위해서도 중요하다.

그리고 온라인수색에 대한 사후적 통제수단 역시 갖추어야 한다. 처분이후 대상자에 대한 통지규정이나 목록의 교부 그리고 수집된 정보의 활용에 대한 사후적인 통제에 대한 규정이 마련되어야 한다.

V. 결론

지금까지 우리는 새로운 유형의 범죄의 등장에 대해서 범죄화와 형량의 강화를 주요한 수단으로 선택해 왔다. 그러나 이보다 범죄에 대응할 수 있는 보다 능동적이고 현실적인 수단은 그에 적합한 수사방법을 적극적으로 개발하고 도입하는 것이다. 현재 우리는 독일과 같이 온라인수색과 같은 비밀처분을 범죄예방이나 수사목적으로 두고 있지 않다. 그러나 정보통신기술의 발전에 따라 범죄의 추적 회피기술도 점점 발전하고 있으므로, 국가기관 특히 수사기관도 이에 맞는 비밀처분이 필요하다.

최근 계속하여 발생하는 디지털 성범죄 등에 대한 뒤늦은 대응에 대하여 입법적 공백과 더불어 오프라인 수색에 기반한 낡은 수사기법을 원인으로 지적한다.[68] 이에 대한 대안으로 보다 적극적인 수사기법으로 온라인수색이 언급된다. 이에 따라 다양한 온라인수색 기법에 대한 논의와 연구 그리고 그 과정에서 발생할 수 있는 대상자 기본권의 제한 문제에 대한 심도 깊고 다양한 논의가 필요하다. 그리고 온라인수색의 도입을 위한 입법 방안 - 처분의 실체적·절차적 요건, 대상자의 인격

---

68) 한겨레21, 해킹으로 성범죄자를 잡을 수 있다면?, 2022.9.21., https://h21.hani.co.kr/arti/society/society_general/52586.html(최종 검색일: 2023.3.1.) 참조.

권 보호를 위한 규정, 수집한 정보의 사용과 삭제 등 — 에 대하여 보다 구체적으로 연구해야 한다.

온라인수색에 대한 독일의 법제는 지금 우리에게 분명 시사하는 바가 있지만, 온라인수색 도입으로 야기될 수 있는 과도한 정보의 수집, 기본권 침해 등을 염두에 두어야 한다. 결국 새로운 기술을 인정하고 이를 디지털 정보의 수색 기법으로서 온라인수색을 제도로서 인정할 것인지 여부는 사회적 합의의 정도와 의지에 달려 있다.

논문투고일 : 2023.03.09. 논문심사일 : 2022.03.13. 게재확정일 : 2023.03.31.

【참고문헌】

김성룡, "독일 형사소송법 최근 개정의 형사정책적 시사－수사절차를 중심으로－",
  『형사정책』, 제29권 제3호, 한국형사정책학회, 2017

김연희, "온라인 수색 도입을 위한 문제점과 방안에 관한 소고", 『법학연구』, 제74
  집, 전북대학교 법학연구소, 2020

민영성·강수경, "독일의 인터넷 비밀수사에 관한 논의와 그 시사점", 『법학논총』,
  제31권 제2호, 국민대학교 법학연구소, 2018

박웅신·이경렬, "다크웹 범죄현상과 형사법적 대응방안", 『형사법의 신동향』, 제58
  호, 대검찰청, 2018

박희영, "단순해킹의 가벌성에 관한 비교법적 연구－독일형법 및 사이버범죄 방지
  조약을 중심으로－", 『인터넷법률』, 통권 제34호, 법무부, 2006

_____, "수사 목적의 암호통신감청(Quellen TKÜ)의 허용과 한계", 『형사정책연
  구』, 제29권 제2호, 한국형사법무정책연구원, 2018

_____, "국가의 합법적인 해킹행위로서 온라인 수색에 관한 독일 법제 동향", 『최
  신외국법제정보』제1호, 한국법제연구원, 2019

박희영·이상학, "암호통신감청 및 온라인수색에서 부수처분의 허용과 한계", 『형
  사정책연구』제30권 제2호, 한국형사법무정책연구원, 2019

박희영, "인공지능 음성비서를 통한 주거감시의 허용과 입법방향", 『형사정책연구』,
  제32권 제1호, 한국형사법무정책연구원, 2021

_____, "보안취약점 이용 온라인수색과 국가의 기본권 보호의무", 『비교형사법연
  구』, 제24권 제2호, 한국비교형사법학회, 2022

오기두, "정보통신망 모니터링에 의한 범죄통제의 적합성", 『형사정책연구』, 제27
  권 제4호, 한국형사법무정책연구원, 2016

오일석, "미국 정보기관 제로데이 취약성 대응 활동의 법정책적 시사점", 『미국헌
  법연구』, 제30권 제2호, 미국헌법학회, 2019

윤지영, "디지털 성범죄 대응을 위한 수사법제 개선 방안－온라인 수색과 잠입수사
  법제화를 중심으로－", 『형사정책』, 제32권 제2호, 한국형사정책학회, 2020

이관희·김기범, "포트스캔(portscan)의 가벌성에 대한 형사법적 연구", 『경찰학연
  구』, 제20권 제1호, 경찰대학, 2020

조광훈, "압수수색영장의 집행절차에서 기타 '필요한 처분'의 의미와 한계", 『형사정책연구』, 제31권 제4호, 한국형사법무정책연구원, 2020

최호진, "정보통신망침입죄에서 정보통신망 개념과 실행의 착수", 『형사법연구』, 제28권 제3호, 한국형사법학회, 2016

허 황, "최근 개정된 독일 형사소송법 제100조b의 온라인수색과 제100조a의 소스통신감청에 관한 연구", 『형사법의 신동향』, 제58호, 대검찰청, 2018

홍준호·유현우, "화이트해커양성 및 활성화 방안에 대한 연구", 『법학연구』, 제17권 제4호, 한국법학회, 2017

한국인터넷진흥원, "기업의 개인정보보호 의무와 정부의 수사권 간 충돌 이슈", 동향자료, 2020.6

Eric Hilgendorf, 『유럽에서의 사이버범죄의 새로운 유형과 형사정책』, 한국형사정책연구원, 2010

Rudolf Rengier, Strafrecht BT II, 17 Aufl., 2016

Sam Biddle, The NSA Leak is Real, Snowden Documents Confirm, The Intercept, Aug. 19, 2016

뉴스투데이, 화웨이 통신장비 '백도어' 검증 불가능, '소스코드'받아야 확인돼, 2019.6.17 (https://www.news2day.co.kr/article/20190617129687, 최종검색일: 2022.12.6.).

한겨레21, 해킹으로 성범죄자를 잡을 수 있다면?, 2022.9.21., https://h21.hani.co.kr/arti/society/society_general/52586.html(최종 검색일: 2023.3.1.)

New York Times, "Obama Lets NSA Exploit Some Internet Flaws, Officials Say", 2014.4.12(https://www.nytimes.com/2014/04/13/us/politics/obama−lets−nsa−exploit−some−internet−flaws−officials−say.html, 최종검색일: 2022.12.6.)

【국문초록】

   사이버공간에 대한 중요성과 이에 대한 의존이 높아지면서 사이버 공간에서의 공격, 테러, 해킹 등 잠재적인 위협과 위험 역시 함께 증대되고 있다. 특히 최근 다크웹 활용, 인터넷 우회접속 등 전기 통신의 기밀성이 높아지면서 점점 범죄 추적이 어려워지고 있다. 그리하여 일부 국가에서는 일찍이 온라인수색의 필요성을 인정하고, 해킹기술을 활용한 수색 도구 등을 개발하여 수사 현장에서 활용하는 등 디지털정보의 현실에 맞추어 대응하고 있다. 그러나 우리 법제는 온라인수색에 대한 규정을 두고 있지 않으며, 이에 대한 법적 논의 역시 시작 단계에 있다. 이에 반하여 독일은 범죄 예방과 수사 목적의 온라인수색 규정을 두고 있다. 물론 독일 연방헌법재판소가 온라인수색으로 인한 기본권 침해는 주거의 불가침에 대한 침해에 비견할 수 있다고 판시한 것처럼, 온라인수색은 지금까지의 강제처분 중 가장 기본권 침해의 정도가 중대한 처분이다. 온라인수색에 관한 독일 형사소송법 규정은 엄격한 요건 아래 인정되고 있다. 이에 따라 보안취약점을 활용한 온라인수색을 중심으로 우리 법제에 온라인수색의 도입가능성을 검토한다.

◆ 주제어: 독일형사소송법, IT 기본권, 독일 온라인수색, 백도어, 보안취약점, 제로데이 취약점, 정보통신망침입죄

【Abstract】

Zur Einführung der Online-Durchsuchung mit Sicherheitslücken

Kang, Jihyun*

Mit zunehmender Bedeutung des Cyberspace und seiner zunehmenden Abhängigkeit steigen auch potenzielle Bedrohungen und Risiken im Cyberspace. Insbesondere die zunehmende Vertraulichkeit der Telekommunikation in letzter Zeit erschwert die Verfolgung von Straftaten. Daher haben einige Länder die Notwendigkeit einer Online−Durchsuchung frühzeitig erkannt und eine Methode mit Hilfe von Hacking−Technologien entwickelt. Unsere Rechtsvorschriften enthalten jedoch keine Bestimmungen für Online− Durchsuchung, und auch die rechtlichen Diskussionen darüber befinden sich in der Anfangsphase.

Dagegen gibt es in Deutschland eine Online−Durchsuchung zur Kriminalprävention und Ermittlung. Selbstverständlich hat das Bundesverfassungsgericht entschieden, dass eine Verletzung der Grundrechte durch die Online−Durchsuchung mit einer Verletzung der Unverletzlichkeit des Wohnsitzes vergleichbar ist. Die Online−Durchsuchung ist die bisher größte Zwangsvollstreckung, bei der der Grad der Verletzung der Grundrechte entscheidend ist. Die Bestimmungen des deutschen Strafprozessgesetzbuches über Online−Durchsuchung werden unter strengen Tatbestände anerkannt. Wir untersuchen daher die Möglichkeit, eine Online−Durchsuchung mit Hilfe von Sicherheitslücken in unsere Rechtsvorschriften einzuführen.

◆ Key Words: Strafprozessrecht, IT-Grundrecht, Online-Durchsuchung, Backdoor, Sicherheitslücke, Zero-day Vulnerability

* Dr. iur., Lecturer at Pusan National University

제15권 제2호

한국형사소송법학회『형사소송 이론과 실무』
제15권 제2호 (2023.6) 91~110면.
Theories and Practices of Criminal Procedure Vol. 15 No. 2 (June. 2023) pp. 91~110.
10.34222/kdps.2023.15.2.1

행정조사와 변호인 참여권
- 미국법과의 비교를 포함하여 -

박 용 철*

목 차

Ⅰ. 들어가는 글

최근 카카오 계열사와 스타트업 기업간 기술침해 관련 각종 분쟁이 발생하였다. 스타트업 기업들이 카카오 계열사를 상대로 민·형사소송을 제기하고 소관 부처인 중소벤처기업부에 기술탈취 행정조사를 신고하였으며, 중소벤처기업부는 해당 신고에 대하여 행정조사에 돌입[1]하였다. 또한 검찰은 최근 공정거래위원회가 조사를 진행 중이던 아파트 빌트인 가구 입찰 담합 사건을 동시에 수사하던 과정에서 이례적으로 아직 조사를 마치지 못한 공정거래위원회에 해당 가구업체 임직원 등에 대한 고발을 요청하기도 하였다.[2] 이와 같이 행정조사는 경우에 따라 형사사건의 전 단계로 행하여지거나 동시에 이루어지기도 하는데, 행정조사 결과 중요한 법 위반이 발견될 경우의 최종 종착지는 결국 형사적 처벌이 될 수밖에 없다.

행정조사는 행정기관이 정책결정 또는 직무수행에 필요한 정보 또는 자료수집을 위하여 실시하는 사전적·보조적 과정인데, 그 실체적 양태가 현장조사, 문서열람,

---

 * 서강대학교 법학전문대학원 교수, 미)뉴욕주 변호사, 대법원 재판연구관
 1) https://www.segye.com/newsView/20230430507975?OutUrl=naver (최종 방문일 2023. 5. 4).
 2) https://www.yna.co.kr/view/AKR20230413008700002?input=1195m (최종 방문일 2023. 5. 4).

시료채취 또는 보고요구, 자료제출요구 또는 출석·진술요구를 행하는 활동으로, 정책결정이나 직무수행에 필요한 조사과정 역시 권력적 또는 비권력적 성격을 다양하게 갖고 있는 것이 특징이다.[3] 이는 종래 행정조사의 개념에 대하여 독자성을 부정하거나 혹은 '권력적 조사활동'으로 보는 협의설에서 벗어난 광의설적인 견해이며 현재는 광의설이 행정조사에 대한 일반적인 견해로, 행정조사는 행정기관 외의 국민으로부터 각종 정보 및 자료를 확보하는 일체의 활동을 아우르는 개념으로 행정조사의 결과는 대외적·대내적으로 행정결정과 직결[4]되는 속성을 갖고 있다.

또한 행정조사는 그 자체가 행정의 실효성 확보수단으로 보기 어렵다. 그리고 행정조사는 행정의 실효성 확보를 위하여 행정법규나 명령에 의하여 부과된 의무를 자발적으로 이행하지 않은 경우에 그 의무를 이행시키거나 이행된 것과 같은 상태를 실현하는 여러 가지 법적 수단인 '행정의 실효성 확보수단'을 필요로 하며, 이에는 전통적으로 행정강제와 행정벌이 있고, 행정벌은 다시 행정형벌과 행정질서벌로 구분되며, 행정강제는 다시 강제집행과 즉시강제로 구분된다.[5] 즉, 행정조사는 그 자체가 목적이 아닌, 행정작용을 위한 준비적·보조적 수단으로 행정벌, 행정질서벌 등 불이익 처분에 의하여 간접적으로 행정조사를 수인하게 하는 성격을 가진 것으로 행정조사의 경우 피조사자가 이를 거부하면 강제조사를 할 수 없고 다만 행정형벌이나 과태료 등을 부과하는 간접적인 방법으로 조사거부에 대한 제재를 할 수 있을 뿐이며, 행정조사 결과 행정형벌 및 행정질서벌 부과 이외에 통고처분, 영업정지나 직장폐쇄 또는 대집행 등 행정적 제재를 수반하게 된다.[6]

문제는 위의 예에서 이미 언급한 바와 같이 행정조사가 행정적 제재로 귀결되지 않고, 추후 고발을 통한 형사적 제재의 전단계로 기능하는 경우가 많다는 것이다. 그러다 보니 행정조사의 피조사자 입장에서는 제재의 수준과 관련하여 단순히 금전적 제재에 불과할 것이라고 잘못 신뢰하여 해당 기관의 행정조사에 적극 협조할 뿐만 아니라 해당 기관이 문제 삼고 있는 점에 대하여 순순히 인정하였는데, 추후

---

3) 「행정조사기본법」 제2조(정의) 제1호, 오준근, "행정조사제도의 법리적 논의. 입법동향의 평가와 개선방향에 관한 연구", 토지공법연구 제45집 (2009), 364-367면,

4) 이재구·이호용, "수사로 활용될 수 있는 행정조사의 법적 쟁점 - 실무자의 관점에서 -", 법학논총 제35권 제2호, 한양대학교 법학연구소 (2018), 416면.

5) 김택수, "행정기관에 의한 수사권 행사 - 특별사법경찰관제도와 행정조사를 중심으로 -", 법문사 (2022), 224면.

6) 이재구·이호용, 전게 논문 417면.

결국 해당 기관의 고발 등을 통하여 수사기관의 수사가 개시되면 수사기관은 이미 행정조사를 통하여 확보한 증거를 바탕으로 피의자로 신분이 변경된 피조사자에 대한 활발한 수사가 가능하게 됨으로써 행정조사의 조사대상자는 피의자로 신분이 변경되기 전 이미 본인에게 불리한 모든 진술과 증거를 해당 행정기관을 통하여 수사기관에게 임의로 제출한 결과가 발생하게 되는, 피조사자가 절대적으로 불이익한 지위에 놓이게 되는 사태가 발생한다.

결국 논의의 핵심은 실질적으로 결국 형사적 제재로 최종적인 불이익 처분이 예상되는 행정조사시 어떠한 원칙에 의하여 수사시 피의자에게 보장되는 정도의 보호를 조사대상자에게 인정할 수 있는가라는 점인데, 흔히 실질적 의미의 적법절차 원칙을 행정조사의 경우 당연히 적용되어야 한다는 논거는 체포·구속이라는 현재적이고 즉각적인 불이익 처분을 당한 형사피의자에게 인정되는 형사절차상의 기본권을 행정조사의 조사대상자에게도 그대로 인정하여야 한다는 것으로, 행정조사에서 수집된 각종 증거가 이후 형사절차에서 피의자가 된 조사대상자에게 불리하게 사용될 수 있다는 근본적인 문제제기 하에서는 당연한 일이기는 하나 본문에서 후술하는 바와 같이 그다지 정치하다거나 정교한 법리는 아니라고 생각한다. 이에 본문에서는 행정기관의 여러 필요에 의하여 행하여지는 행정조사에서의 조사대상자의 지위 등에 대하여 언급하고, 미국법적인 관점을 동원하여 우리 행정조사에 있어서의 적법절차의 원칙을 살펴보며, 행정조사에서 어느 정도 수준의 변호인 조력권이 보장되어야 하고 이에 대한 법령상의 근거는 어떻게 수립하여야 하는 것인지 등에 대한 논의를 이어가면서 본고를 통하여 달성하고자 하는 행정조사와 변호인 참여권에 대한 필자의 잠정적 논의를 마치고자 한다.

II. 행정조사에서의 조사대상자 보호

「행정조사기본법」 제3조 제2항을 살펴보면 대표적이며 가장 중요한 행정조사 영역이라고 할 수 있는 ① 근로기준법상 근로감독관의 직무에 관한 사항(제4호), ② 조세·형사·행형 및 보안처분에 관한 사항(제5호), ③ 금융감독기관의 감독·검사·조사 및 감리에 관한 사항(제6호), ④ 공정거래위원회의 조사에 관한 사항(제7호)에 대하여 동법의 적용을 배제함으로, 「행정조사기본법」 제22조 제2항에 규정되어 있는 변호인 참여권 및 변호인의 의견 진술권을 적용할 수 없는 것처럼 규정되어 있으나, 다른 법률에 변호인 참여권 등에 대한 규정이 있는 경우 당연히 다른 법률에 있는 규정을 적용하게 되는 구조를 갖고 있어 변호인 참여권과 관련하여 ①~④에 어떠한 규정이 있는지 살펴볼 필요가 있게 되었다. 따라서 이번 장에서는 행정조사의 의의와 행정조사기본법상 행정조사의 기본원칙 및 ①~④에 있어서 변호인 조력권의 규정에 대하여 알아보고자 한다.

1. 행정조사의 범위 및 한계

위에서 이미 논의한 바와 같이 우리법상 행정조사는 적어도 「행정조사기본법」이 제정된 이후에는 '행정기관이 사인으로부터 행정상 필요한 자료나 정보를 수집하기 위하여 행하는 일체의 행정작용으로 권력적·비권력적 조사를 포괄하는 것'으로 광범위하게 이해되고 있는 반면, 실무에서는 빈번한 행정조사가 조사 대상자에게 과다한 부담이므로 규제 개혁 차원에서 「행정조사기본법」의 실효성을 높여 조사대상 선정, 집행체계, 절차 등의 개선을 권고하고 있는 상황이다.[7] 동법 제4조는 행정조사에 필요한 6가지 기본원칙을 규정하고 있는데, 이를 일괄하여 보면 과도한 행정조사를 가급적 사전에 방지하고자 하는 공통 목적을 갖고 있다는 것을 알 수 있다.

(1) 조사권 남용 금지의 원칙

「행정조사기본법」 제4조 제1항은 '행정조사는 조사목적을 달성하는데 필요한 최소한의 범위 안에서 실시하여야 하며, 다른 목적 등을 위하여 조사권을 남용하여서는 아니된다.'고 규정하고 있다. 이는 조사 자체가 부당한 목적을 위해서 이루어지는 것을 사전에 방지하기 위하여 필수적인 것은 개별 법령에 있어 조사 목적을 엄격하게 행사하도록 규정하는 것인데, 실제로 행정조사의 근거 법령에 해당 목적을 구체적으로 규정하는 경우는 많지 않고, "필요한 경우에" 할 수 있도록 이른바 포괄적 수권 규정을 둔 경우가 있어 문제가 많다. 이와 같이 입법적으로 행정조사의 목적이 엄격하게 규정된 경우보다 포괄적인 관계로 행정조사의 목적이 범죄 수사임이 명백한 경우에는 이는 조사권의 남용으로 해석된다.[8]

---

7) 최환용·정민선, "국민 중심의 행정조사 관련 법제 개선방안 연구," 연구보고 2016-08, 한국법제연구원 (2016), 27~28면.
8) 최환용·정민선, 전게서 42면.

(2) 객관적 조사대상자 선정의 원칙

동조 제2항은 조사대상 선정에 있어 행정기관은 조사목적에 적합하도록 조사대상자를 선정할 것을 규정하고 있다. 따라서 조사상 필요하다는 이유로 범위를 무제한 확대할 수는 없다. 개별 법령에는 조사대상자의 범위를 명확하게 규정하고 있는 경우도 있으나, 해당 범위를 특정하지 않은 경우도 많으며, '객관적 기준에 따라 공정하게'[9] 대상을 선정하도록 규정하는 것이 통상적이고, 조사대상자 선정을 위한 별도의 절차는 두고 있지 않은 것이 일반적이다.

(3) 중복조사 회피를 위한 공동조사 실시의 원칙

동조 제3항은 유사하거나 동일한 사안에 있어서는 중복되는 행정조사를 회피하기 위하여 공동조사 등을 실시하여야 한다고 규정하고 있다. 또한 동법 제14조는 공동조사의 절차적 내용에 대하여, 동법 시행령 제9조는 구체적인 공동조사 실시 분야에 대하여 규정하고 있다. 동법 제14조는 동일 행정기관 내 2곳 이상의 부서로부터 행정조사의 대상이 되거나, 서로 다른 행정기관에 의하여 행정조사의 대상이 된 조사대상자가 행정조사 사전통지를 받았을 때 관계 행정기관의 장에게 공동조사를 실시하여 줄 것을 신청할 수 있도록 함으로써, 공동조사신청권을 조사대상자에게 부여하고 있고, 동조 제4항에 따라 행정기관의 장이 동법 제6조에 따라 제출한 행정조사운영계획의 내용을 검토한 후 관계 부처의 장에게 공동조사의 실시를 요청할 수 있도록 규정하고 있으나 행정기관이 자발적으로 공동조사를 할 수 있도록 하는 규정은 흠결되어 있다.[10]

(4) 사전 예방적 조사의 원칙

위에서 이미 언급한대로 행정조사는 결국 법령 등의 위반행위를 추후 처벌하기 위한 전단계로 기능해 온 바 있다. 그러나 동조 제4항에서 규정하고 있는 바와 같이 행정조사의 본 목적은 '법령등의 위반에 대한 처벌보다는 법령등을 준수하도록 유도'하는 것이기에 동항 규정은 기존의 행정조사가 제재 위주로 운영되었다는 지적에 따라 처벌보다는 법령 위반 등을 사전에 방지하고, 조사 결과를 제도개선과

---

9) 「국세기본법」 제81조의6 제2항.
10) 최환용·정민선, 전게서 44면.

법령정비 등에 활용하는데 중점을 두기 위한 선언적 의미의 규정으로 이해되고 있다.11)

(5) 비밀누설금지 및 정보 부당사용금지의 원칙

동조 제5항은 행정조사의 대상자 또는 내용에 대한 공표나 직무상 알게 된 비밀에 대한 누설 금지 조항을 규정하고 있고, 동조 제6항은 행정기관에게 행정조사로 알게 된 정보를 다른 법률에 따라 내부에서 이용하거나 다른 기관에 제공하는 경우를 제외하고는 원래의 조사 목적 이외의 용도로 이용하거나 타인에게 제공하는 것을 금지하고 있다.

(6) 정기조사 실시의 원칙

행정조사가 행정기관에 의하여 기습적으로 이루어지는 것을 방지하기 위하여 「행정조사기본법」 제7조는 법률에서 수시조사를 규정하고 있거나, 법령등의 위반에 대해서 혐의가 있거나, 다른 행정기관으로부터 법령등의 위반에 관한 혐의를 통보 또는 이첩받은 경우이거나, 법령등의 위반에 대한 신고를 받거나 민원이 접수된 경우이거나, 그 밖에 행정조사의 필요성이 인정되는 사항으로서 대통령령으로 정하는 경우 이외에는 법령등 행정조사운영계획으로 정하는 바에 따라 정기적으로 실시함을 원칙으로 하고 있다.

(7) 소결

위에서 논의한 이른바 행정조사에서의 조사대상자 보호에 대한 내용은 행정기관의 자의적인 행정조사로 조사대상자가 부당한 조사를 받음으로써 피해를 받는 것을 사전에 예방하여야 한다는 것으로 해석될 수 있고, 동법 제23조에서 규정한 조사권 행사의 제한 중 하나로 규정한 변호인 참여권 및 의견진술권과는 논의의 방향이 다른 것이라 할 수 있다.

---

11) 김영조, "행정조사기기본법의 문제점과 개선방안," 공법학연구 제8권 제3호, 한국비교공법학회 (2007), 101면.

2. 「행정조사기본법」 제3조 제2항의 규정으로 동법의 적용이 배제된 행정조사에 대한 변호인 조력권 규정

「행정조사기본법」 제3조 제2항은 근로, 조세, 금융감독기관의 감독, 공정거래위원회의 조사 등의 사항에 있어서는 동법의 적용 자체를 배제하고 있다. 따라서 동법 제23조 제2항에서 규정하고 있는 변호인 참여권 규정의 적용도 배제되고 있으므로 개별 사안의 경우 각종 법령의 규정을 통하여 변호인 조력권 또는 변호인 참여권이 보장되고 있는지 살펴보고자 한다.

(1) 근로감독관의 행정조사

근로감독관은 「근로기준법」 제102조 제1항에 의거, 사업장 등을 현장조사하고 장부와 서류의 제출을 요구할 수 있을 뿐만 아니라 사용자와 근로자에 대한 심문과 같은 행정조사를 할 수 있는 권한이 있다. 또한 동조 제5항에 근거하여 근로감독관은 「근로기준법」 및 그 밖의 노동관계 법령 위반의 죄에 대하여 「사법경찰관의 직무를 수행할 자와 그 직무범위에 관한 법률」 제6조의2 규정에 따라 사법경찰관의 직무를 수행한다. 즉, 근로감독관은 행정조사 결과 근로 관련 법령 위반 사항을 적발할 경우 이에 대한 수사를 개시할 수 있는 이중적 지위를 갖고 있는 것이다.

고용노동부 훈령인 「근로감독관집무규정」 제8조 제3항은 '고소·고발·범죄인지 사건의 피의자신문 등 당사자의 출석이 불가피한 경우를 제외하고는 대리인의 출석을 허용하여야 하며, 대리인으로부터 반드시 위임장을 제출받아 관계 사건기록에 첨부'하도록 함으로써 근로감독관이 행정조사의 일환으로 조사대상자에 대한 출석 요구를 할 경우 대리인의 출석을 가능하게 하여 변호인의 참여가 가능하도록 규정한 것으로 보인다. 그러나 최근 한 「중대재해처벌법」 사건과 관련하여 현장조사시 사업주가 변호사를 대동하여 방문하자 근로감독관들이 이에 대하여 상당한 이의를 제기하였다고 조사대상자인 사업주가 주장하자 고용노동부 측이 이에 대하여 부인한 사례가 있었던 것으로 보도된 바 있다.[12] 생각컨대 「근로감독관집무규정」 제2조 제1항의 근로감독관의 직무 중 중대재해처벌법상 업무가 명시되어 있지 않고, 근로감독관의 행정조사시 조사대상자의 변호인 참여권 규정 역시 흠결되어 있기 때문에 그러한 일이 있었던 것으로 보인다.

---

12) https://www.korea.kr/briefing/actuallyView.do?newsId=148903125 (최종 방문일 2023. 5. 4).

(2) 세무공무원의 조세범칙행위 혐의자 등에 대한 심문

「조세범처벌법」제2장은 조세범칙조사에 대하여 규정하고 있는데 동법 제7조 제 1항 제1호는 '조세범칙행위의 혐의가 있는 자를 처벌하기 위하여 증거수집 등이 필요한 경우' 동항 제2호는 '연간 조세포탈 혐의금액 등이 대통령령으로 정한 금액 이상인 경우'를 조세범칙조사 대상으로 선정하도록 규정하고 있고, 제8조는 그러한 혐의자들에 대하여 조세범칙조사의 일환으로 조세범칙행위 혐의자 또는 참고인에 대한 심문 및 압수·수색에 대하여 규정하고 있다. 특기할 만한 것은 압수·수색의 경우 「조세범 처벌절차법」시행령 제7조를 두어 변호사, 세무사 또는 공인회계사로서 조세범칙행위 혐의자의 대리인을 참여하게 할 수 있도록 규정하고 압수·수색 영장 청구 등의 절차에 있어서는 「형사소송법」을 준용하도록 하는 등 다양한 혐의자 보호 절차를 두고 있으나, 혐의자 심문의 경우에는 변호인 참여에 대한 근거 규정을 두고 있지 않다는 점이다. 이러한 문제점 역시 최근 대한변협이 주최한 한 세미나에서 지적된 바 있다.[13]

(3) 금융감독기관의 감독·검사·조사 및 감리

금융위원회 및 증권선물위원회는 「자본시장과 금융투자업에 관한 법률(이하 '자본시장법'」제426조 제427조에 따라 동법 위반 행위에 대하여 금융감독원장 또는 금융위원회 소속공무원 중 대통령령으로 정하는 자인 조사공무원에게 위반행위의 혐의가 있는 자를 심문하거나 압수 또는 사업장 등을 수색하게 할 수 있도록 규정하고 있다. 특기할 만한 점은 압수·수색의 경우 「형사소송법」준용 규정을 두는 등 강제수사에 필요한 절차를 밟도록 하고 있으나, 심문에 대하여는 「형사소송법」준용 규정을 두고 있지 않다는 점이다.

최근 금융감독원은 「자본시장법」제176조 위반 혐의로 출석요구를 받고, 변호사와 함께 조사를 받고자 한 사람에 대하여 변호사 입회의 법적 근거가 없다는 이유로 변호사 입회를 불허한 바 있고, 이에 대하여 헌법재판소는 이 사건 이후 금융감독원이 「자본시장조사 업무규정」제17조의4를 신설하여 조사과정에서 변호사인 대리인의 참여에 관한 규정을 마련하여, 문제가 된 사건에서와 같이 금융감독원장이 증권선물위원회로부터 위탁받아 수행하는 조사업무의 집행에도 준용되므로 앞으로

---

13) http://www.taxtimes.co.kr/news/article.html?no=256437 (최종 방문일 2023. 5. 4).

이 사건과 같이 변호사의 입회 불허 행위와 같은 유형의 행위가 반복될 위험이 없으며, 그 밖에 이 사건 입회 불허 행위가 청구인의 기본권을 침해하는지 여부를 해명하는 것이 헌법질서의 수호·유지를 위하여 긴요하다고 볼 사정도 없어 예외적인 심판의 이익 역시 인정되지 아니한다고 판시[14]한 바 있다.

(4) 공정거래위원회의 조사 및 심의

「독점규제 및 공정거래에 관한 법률(이하 '공정거래법')」의 경우 최근 법 개정을 통하여 제83조에 '공정거래위원회로부터 조사 및 심의를 받는 사업자, 사업자단체 또는 이들의 임직원은 변호사 등 변호인으로 하여금 조사 및 심의에 참여하게 하거나 의견을 진술하게 할 수 있'도록 규정함으로써 공정거래 위반 사건의 조사대상자에 대한 보호를 명시하고 있다. 그러나 「공정거래위원회 조사절차에 관한 규칙」 제4조에 '피조사업체의 변호인 참여요청이 조사의 개시 및 진행을 지연시키거나 방해하는 것으로 판단되는 경우' 등의 경우에 변호인의 참여를 배제시킬 수 있는 것으로 규정함으로써 「검사의 사법경찰관리에 대한 수사지휘 및 사법경찰관리의 수사준칙에 관한 규정」 제21조 제4항에 규정되어 있는 변호인 참여에 관한 규정보다 더욱 포괄적인 변호인 참여권 배제 규정을 둠으로써 「공정거래법」 개정의 취지가 몰각되었다는 비판을 받아온 바 있다.[15]

(5) 소결

「행정조사기본법」 제3조 제2항의 규정으로 동법의 적용이 배제된 행정조사의 경우 법령에 변호인 조력권을 규정하여, 「행정조사기본법」 적용 없이도 조사대상자 등에 대한 보호를 명문화 한 경우도 있으나, 조사대상자 등에 대한 압수·수색의 경우와는 달리 심문 절차의 경우 조사대상자에 대한 보호가 미흡하거나 이에 대한 인식이 아직 많이 부족하여 아직 세부적으로 입법이 되어 있지 않은 것으로 보인다. 이는 결국, 피의자신문 과정이라는 것이 임의수사의 일종으로 변호인 참여권 자체가 규정되어 있지 않던 (구)「형사소송법」의 내용이 그대로 유지되어 행정조사 관련 법령에 남아 있는 결과로 판단된다.

---

14) 헌법재판소 2019. 11. 28. 2017헌마1345 결정.

15) http://news.koreanbar.or.kr/news/articleView.html?idxno=24363 (최종 방문일 2023. 5. 4).

Ⅲ. 행정조사에서의 변호인 참여권 보장 여부

그렇다면 행정조사의 경우에도 형사절차의 경우와 마찬가지로 변호인 참여권을 보장해 주어야 한다는 논의의 근거는 과연 무엇일까? 실무에서 통용되는 간명한 논의는 결국 행정조사라는 것이 행정처분으로 마무리 되지 않고 형사절차의 전단계로 진행되는 경우가 많기 때문에 실질적인 적법절차 원칙 준수를 위하여 변호인 참여권 보장이 필요하다는 것이다. 그러나 후술하는 바와 같이 그러한 현실적인 논의를 이끌어 가기 위해서는 적법절차의 원칙 등에 대한 보다 정치한 법리 검토가 우선적으로 필요한 것이고, 그러한 법리 검토 이전에 행정조사와 수사와의 공통점과 차이점을 살펴보는 것도 필요할 것이다. 이에 이번 장에서는 행정조사와 수사와의 차이점과 공통점을 간결하게 살펴보고 행정조사에서의 핵심적인 법리적 근거라 할 수 있는 적법절차의 원칙과 변호인 참여권의 본질 등에 대하여 살펴보고자 한다.

1. 행정조사와 수사의 공통점과 차이점

수사는 형사절차상 개념으로 '범죄의 혐의 유무를 명백히 하여 공소 제기 및 유지 여부를 결정하기 위하여 범인을 발견·확보하고 증거를 수집·보전하는 수사기관의 활동[16]'으로 임의수사와 강제수사로 나누어지며 강제수사의 경우 영장을 통한 법원의 통제를 받는 받고, 수사 대상인 피의자 및 피고인에 대한 다양한 인권보장의 근거를 헌법과 「형사소송법」에 두고 있다.

행정조사는 통상 행정법의 영역에서 다루어지는 것인 반면에 범죄수사인 이른바 사법조사는 형사법의 영역에서 다루어지는 것으로 적어도 이론적으로는 엄격하게 구분될 수 있는 것처럼 보이지만 실제로 두 개념을 구분하는 것은 그다지 용이하지 않다. 일반적인 행정형법을 근거로 하여 행정조사를 독립적으로 시행할 경우 조사 시점에는 해당 조사가 형사절차로 진행 및 발전할 것인지 여부를 알기 어렵다. 즉, 전속고발제도와 같이 행정기관의 전문적 판단에 근거하여 형사절차로 진행될 수도 있고, 형사처벌 규정이 있음에도 불구하고 행정조사 단계에는 적어도 외견상 형사절차와 독립된 조사목적을 갖고 있어서 추후 형사절차로 발전할지 여부를 사전에 알기 어려운 경우도 많은 것이 현실이다.[17)]

---

16) 정웅석·최창호·김한균, 『신형사소송법』(제2판), 박영사 (2023), 71면.

또한, 통상적으로 행정조사절차(administrative investigative proceeding)는 그 성질이 사법적인(adjudicatory) 것이 아니므로[18) 행정기관은 법령에 의하여 조사할 수 있는 권한을 행사할 수 있으나[19), 행정조사절차에서는 사법절차에서 보장되는 각종 헌법상의 권리가 인정되지 않는 것이 일반적인 것이고,[20) 이러한 법리는 변호인의 조력을 받을 권리의 인정 여부에도 그대로 적용된다 할 것이다. 그러나 우리법상 행정조사가 공소제기로 종결될 가능성이 있는 경우는 위에서 언급한 일반 원칙이 적용되는 경우가 아닌 예외적인 경우로, 법령에 따라 변호인의 조력을 받을 권리를 부여할 수 있다고 보고 있다.[21)

2. 행정조사에서의 변호인 참여권

우리나라에서 논의되고 있는, 행정조사의 경우에도 변호인 참여권이 당연히 인정되어야 한다는 견해는 실질적 의미의 적법절차의 원칙을 그 근거로, 적법절차원칙은 형사절차 뿐만 아니라 행정절차에서도 준수되어야 하는 헌법상의 대원칙이라는 점에 근거한다. 즉, 헌법상 규정되어 있는 적법절차의 원칙의 실질적인 의의를 적용 내지 확장시켜 설혹 법령상 근거가 없는 경우라 하더라도 적법절차의 원칙을 근거로 행정조사의 경우라 하더라도 조사 대상자에게 장차 불이익이 예상되는 규제적인 행정조사의 경우에는 조사 대상자에게 변호인의 참여권 등을 보장해 주어야 한다는 논리를 들고 있는 것이다. 이는 헌법재판소가 변호인의 조력을 받을 권리가 불구속 피의자·피고인 모두에게 포괄적으로 인정되는지 여부에 대하여 이는 비록 헌법상 명시적 규정은 없으나 '불구속 피의자의 변호인의 조력을 받을 권리는 헌법

---

17) 강수진, "행정조사로 취득한 증거와 위법수집증거배제 법칙," 형사소송 이론과 실무 제14권 제1호, 형사소송법학회 (2022), 79면.

18) 2 Am. Jur. 2d Administrative Law § 101, U.S. v. Morton Salt Co., 338 U.S. 632, 70 S. Ct. 357, 94 L. Ed. 401 (1950).

19) U.S. v. Morton Salt Co., 338 U.S. 632, 70 S. Ct. 357, 94 L. Ed. 401 (1950), Brasky v. City of New York Dept. of Investigation, 40 A.D. 3d 531, 840 N.Y.S.2d 315 (1st Dep't 2007).

20) Anonymous Nos. 6 and 7 v. Baker, 360 U.S. 287, 79 S.Ct. 1157, 3 L. Ed 2d 1234 (1959); Matter of Comprehensive Investigation of School Dist. of Newark, 276 N.J. Super. 354, 647 A.2d 1383, 94 Ed. Law Rep. 369 (App. Div. 1994).

21) 2 Am. Jur. 2d Administrative Law § 119 (Right to Counsel — Statutory right : Federal Administrative Procedure Act).

상 법치국가원리, 적법절차원칙에서 인정되는 당연한 내용'으로 인정하여 「형사소송법」 제243조에서 피의자신문시 참여할 수 있는 자에 변호인이 포함되어 있지 않다 하더라도 피의자신문시 변호인들이 참여하여 조력할 수 있도록 해 달라는 청구인들의 요청을 거부한 행위는 청구인들의 변호인의 조력을 받을 권리를 침해한 것으로써 위헌임을 확인한 바 있다는[22] 논의와 궤를 같이 하는 것으로 생각된다. 그러나 위 사건에서 논의한, 규정의 흠결에도 불구하고 변호인의 참여권을 인정한 헌법재판소의 법리는 행정조사가 아닌 형사절차에 적용된 것이라는 점, 헌법상 진술거부권에 대하여 대법원은 헌법 제12조 제2항에서 규정하고 있는 진술거부권의 경우 동조 제1항의 적법절차의 원칙에 따라 동조 제2항에서 바로 도출되는 권리가 아닌, 입법적 뒷받침이 필요하다고 선언한 것[23]을 고려하면, 비록 실질적 의미의 적법절차원칙을 들어 행정조사의 경우 조사대상자의 법익 보호를 위하여 법령상 근거가 없다 하더라도 변호인 참여권이 당연한 것으로 주장하는 것이 용이하거나 당연한 측면은 있어도 법리 해석상 정치한 것은 아니라고 본다. 이에 필자의 입장 정리에 많은 영향을 준 미국법상 행정절차 및 행정조사에 있어 변호인 참여권의 인정 여부에 대한 논의를 이곳에서 상세하게 논의하고자 한다.

(1) 적법절차의 원칙과 변호인 참여권의 의의

헌법재판소는 헌법에 규정된 적법절차의 원칙의 범위에 대하여 '헌법조항에 규정된 형사절차상의 제한된 범위내에서만 적용되는 것이 아니라 국가작용으로 기본권 제한과 관련 여부를 따지지 않고 모든 입법작용 및 행정작용에도 광범위하게 적용'되는 것[24]이며, 동 원칙에서 도출되는 중요한 절차적 요청은 '당사자에게 적절한 고지를 행할 것과 당사자에게 의견 및 자료 제출의 기회를 부여할 것이지만 이러한 원칙이 구체적으로 어떠한 절차를 어느 정도로 요구하는 지 여부는 일률적으로 말하기 어렵고, 규율되는 사항의 성질, 관련 당사자의 사익, 절차의 이행으로 제고될 가치, 국가작용의 효율성, 절차에 소요되는 비용, 불복의 기회 등 다양한 요소들을 형량하여 개별적으로 판단할 수밖에 없'는 것[25]으로 설시하고 있다. 또한 동 재판

---

22) 헌법재판소 2004. 9. 23. 2000헌마138.

23) 대법원 2014. 1. 16. 선고 2013도5441 판결.

24) 헌법재판소 1992. 12. 24. 선고 92헌가8 결정.

25) 헌법재판소 2003. 7. 24. 2001헌가25, 헌법재판소 2007. 10. 4. 2006헌바91, 헌법재판소 2020. 2. 27. 2015헌가4.

소는 변호인의 조력을 받을 권리가 불구속 피의자·피고인 모두에게 포괄적으로 인정되는지 여부에 대하여 이는 비록 헌법상 명시적 규정은 없으나 '불구속 피의자의 변호인의 조력을 받을 권리는 헌법상 법치국가원리, 적법절차원칙에서 인정되는 당연한 내용'으로 인정하여 「형사소송법」 제243조에서 피의자신문시 참여할 수 있는 자에 변호인이 포함되어 있지 않다 하더라도 피의자신문시 변호인들이 참여하여 조력할 수 있도록 해 달라는 청구인들의 요청을 거부한 행위는 청구인들의 변호인의 조력을 받을 권리를 침해한 것으로써 위헌임을 확인한 바 있다.[26]

즉, 헌법재판소는 적법절차원칙은 형사절차에서만 통용되는 원칙이 아닌 입법 및 행정절차에서도 공히 적용되어야 하는 원칙이며, 형사절차의 경우 변호인의 피의자신문참여권은 형사소송법상 규정이 없는 경우라 하더라도 적법절차원칙에 의하여 당연히 보장받아야 하는 것으로 명시하였다.

(2) 적법절차의 원칙으로 보장되는 변호인 참여권의 행정조사에의 적용

적법절차의 원칙으로 변호인 참여권의 보장이 헌법상 명징한 것이지만 세부적으로 과연 언제부터, 어떠한 내용으로 해당 권리가 형사절차에서의 피의자·피고인에게 보장되고 있는가라는 점을 살펴보아야 한다. 형사절차상 피의자·피고인의 경우 변호인 조력권이 부여되는 헌법상 최초 시점은 체포 또는 구속 시점에 해당한다. 또한 이 시점에서의 변호인 조력권은 헌법상 권리이기 때문에 체포적부심 또는 구속영장실질심사 절차에 있어 국선변호인을 선임받을 수 있는 보다 구체적이고 현실적인 권리이기도 하다. 그러나 불체포·불구속 피의자가 단순히 수사 대상으로써 피의자신문을 받는 경우는 적어도 헌법 규정상 '변호인의 조력'이 필요한 시점으로 규정되어 있지 않으며, 헌법재판소 결정을 통하여 피의자 신문시 변호인 참여권은 적법절차의 원칙에서 막바로 도출되는 권리로 인정되고 있을 뿐 국선변호인 선임까지 보장해 주는 구체적이고 실질적인 것은 아니다. 즉, 이 단계에서의 변호인의 조력을 받을 권리는 사선 변호인이 참여하는 것을 보장해 주는 것에 불과하다. 결국 헌법재판소 결정 및 현행 형사소송법상 인정되는 피의자신문시 변호인 참여권은 보다 적극적인 의미의 변호인 조력권이라기 보다 상당히 수동적이고 기초적인 의미의 권리일 수밖에 없는 한계가 있다.

이러한 형사절차에 있어 변호인 참여권의 논의는 행정조사의 경우에도 역시 상

---

26) 헌법재판소 2004. 9. 23. 2000헌마138.

당부분 적용될 수 있는 것으로 보인다. 즉, 형사절차 특히 피의자신문과정상의 변호인 참여권은 적법절차의 원칙에 의하여 피의자에게 보호되는 것이기는 하나 사실 변호인을 고용할 수 있는 자만이 주장할 수 있는 것에 불과할 여지가 있다. 행정조사는 여러 규정을 통하여 보면 아무런 문제없는 사항에 관련된 사람을 조사하는 것이 아니므로 규정에 따라 조사대상자 또는 혐의자 등으로 지정되는 사람이 그 대상이 된다. 즉, 행정조사에 있어 그 대상 역시 형사절차의 경우 피의자와 마찬가지로 적어도 행정기관의 불이익한 처분을 받을 수 있는 사람이거나 더 나아가서 형사처벌의 대상까지도 될 수 있다는 것을 의미한다. 따라서 물론 현실적으로 그러한 대상에 대한 심문 과정 등에서 변호인 참여권을 인정해 주는 것은 필수적인 것이겠으나, 변호인 참여권의 보장 내용이 결코 만족스럽지도 않고, 게다가 형사절차의 대상이 될 가능성만으로 이미 형사절차의 대상이 되어 있는 사람에게 보장되는 것과 동일한 내용의 변호인 참여권을 인정해 주어야 한다는 주장은 법리상 다소 거리가 있는 것으로 생각한다.

(3) 미국법상 행정조사에 있어 변호인의 조력을 받을 수 있는 권리가 인정되는지 여부

미국의 경우 일반적으로 행정기관이 담당하는 조사는 민사상 문제이고 이에 대해서는 헌법상 변호인의 조력을 받을 권리가 인정되지 않는다.[27] 또한 행정조사대상자는 조사 절차에서 헌법상 변호인의 조력을 받을 권리를 주장할 수도 없고,[28] 조사대상자의 변호인의 조력을 받을 권리가 제대로 보장되지 않았다는 이유로 절차가 무효화되지도 않는다.[29] 즉, 행정조사를 받는 조사대상자가 헌법상의 변호인의 조력을 받을 권리가 없다는 것이 전통적인 미국법의 입장이다.

그럼에도 불구하고 행정조사에 있어 변호인의 조력을 받을 권리에 대한 미국법에 대한 우리 문헌상 이해를 살펴보면 미국의 경우에는 연방대법원이 Wolff v. McDonnell 판결[30]에서, 적법절차원칙에 근거하여 변호인 조력권이 행정절차에서

---

27) Wood v. Summit County Fiscal Office, 579 F. Supp. 2D 935 (N.D. Ohio 2008), aff'd, 377 Fed. Appx. 512 (6th Cir. 2010).
28) Watson v. Fiala, 101 A.D. 3d 1649, 957 N.Y.S.2d 523 (4th Dep't 2012).
29) New York State Commission for Human Rights v. E. Landau Industries, Inc., 57 Misc. 2d 918, 293 N.Y.S.2d 917 (Sup 1968).
30) 418 U.S. 539 (1974).

항상 인정되는 것은 아니라 판시한 바 있으나, 연방 행정절차법상 규정으로 행정철차에 있어 변호인 조력권이 명시되어 있으므로 미국의 경우에는 법률 규정상 행정절차상 변호인의 구체적 내용이 인정되고 있다고 보거나,[31] 이후 개별 행정절차에서 절차적 보장이 충분하지 않은 경우 행정작용으로 인해 침해되는 사익과 이로 인하여 보전 가능한 공익 등을 비교 형량하여 결정하여야 한다는 이른바 형량 심사기준(balancing test)이 도입되었다고 언급하고 있기는 하다.[32] 그러나 이러한 미국 연방 기준 등에 대한 논의는 주법상 논의를 포함하여 검토하여 보면 사실 다소간의 차이가 있어 보인다.

애초에 미국 연방 수정헌법 제6조에서 규정하고 있는 변호인의 조력을 받을 권리(right to counsel)는 기본적으로 공소제기 이후 피고인이 경제적 사정으로 인하여 사선 변호인을 고용할 수 없는 경우 국선 변호인을 선임해 준다는 적극적 의미의 내용으로 1963년 연방 대법원의 Gideon v. Wainwright 판결[33] 이전에는 주 형사사건의 경우 중범죄(felony)로 기소된 피고인에게도 인정되지 않던 것이다. 또한 동 법원은 Brewer v. Williams 판결[34]에서 변호인의 조력을 받을 권리는 피의자에게 불리한 당사자 절차(adversary proceeding) 혹은 이에 대항하는 절차가 개시된 때부터 인정할 수 있다고 판시하였다. 즉, 연방법상 변호인의 조력을 받을 권리는 단순히 변호인의 참여권을 인정하는 수준에 그쳐 사선 변호인의 조력을 받을 권리만을 인정한다는 소극적 의미가 아니기에, 적어도 공소제기 이후 인정된다는 것이다.

즉, 행정조사의 경우인 공청회 전 단계의 조사 또는 사전 행정 절차의 경우 비록 해당 조사 또는 절차를 통해 추후 형사 사건의 증거가 수집된다 하더라도 변호인의 조력을 받을 권리는 인정할 수 없다는 것[35]이 일반 원칙이라는 결론에 이르게 된다. 이와 결을 같이 하는 것이 뉴욕주 판례에 대한 해석으로 행정절차에 있어 변호인의 참여라는 것은 비록 조사대상자의 혐의 등이 불법행위이고 추후 해당 혐의가 조사대상자에 대한 신문 과정에서 수집된 증거로 기소되어 형사절차에서 입증될

31) 김병주, "행정조사에서 변호인 조력권과 진술거부권 침해 문제," 사법 제59호, 사법발전재단, (2022), 300면.
32) 김병주, 전게 논문 300면.
33) 372 U.S. 355 (1963).
34) 430 U.S. 387 (!977).
35) Ronayne v. Lombard, 92 Misc. 2d 538, 400 N.Y.S.2d 693 (Sup 1977).

수 있는 것이라 하더라도 행정절차에서 반드시 요구되는 것은 아니라고 보고 있다.[36]

물론 이미 논의한 바와 같이 미국의 경우 행정기관에 대한 일반 총칙인 5 U.S. Code Part 1의 제5장(제500조~제596조) 연방 행정절차법(Administrative Procedure) 제555조 제b항은 '행정기관 출석을 강제당한(compelled) 사람은 변호사의 참여, 대리 또는 조언을 받을 수 있고, 해당 행정기관이 허용한 경우에는 다른 자격 있는 대리인을 참여, 대리하도록 하거나 조언을 받을 수 있으며, 행정절차에 있어 당사자는 직접 출석하거나 변호사 또는 다른 자격 있는 대리인과 같이 출석하거나 이들로 하여금 대신 출석하게 할 수 있다.'고 규정함으로써 연방 대법원 판례와 다소 상치된 연방 규정을 포함하고 있고, 비록 행정절차상 변호인 참여권이라는 것이 조사대상자가 요구할 수 있는 헌법적인 것은 아니라 하더라도 주법에 이를 규정함으로써 변호인 참여권을 명문화 할 수 있으나 이 역시 주 헌법상 권리는 아니므로 해당 절차의 원활한 운영 등을 위하여 제한될 수 있음도 규정되어 있다.[37]

따라서 행정절차에 있어 변호인 조력권 또는 변호인 참여권에 대한 미국법상 논의를 보면 이는 헌법적 권리 즉 기본권이 아닌, 법률상의 것이며 적법절차의 원칙에 의하여 반드시 요구되는 것도 아니라는 점이다. 이는 행정조사의 성격상 물론 조사대상자가 행정조사를 통하여 형사절차의 대상이 될 수 있기는 하나 이는 가능성에 불과한 것이어서 이러한 가능성에 기하여 적극적인 의미의 변호인 조력권을 보장해 줄 필요는 없는 것으로 새기는 것으로 판단된다.

(4) 소결

행정절차에 대한 변호인 조력권 또는 변호인 참여권의 주장은 미국법상 논의를 살펴보건대 반드시 적법절차의 원칙에서 연유한다고 볼 수 있는 것은 아니다. 즉, 우리법상 논의되는 행정조사에 있어 변호인 참여권의 주장은 물론 조사대상자의 인권 보호를 위한 중요한 첫 걸음이 될 수는 있으나 참여권 보장이 국선변호인 선임과 같은 적극적 의미의 것이 아닌 만큼 다소 유명무실한 것이 되거나 또는 사선변호인을 선임할 수 있는 경제적 능력이 있는 사람에게만 보장될 수 있는 불평등한

---

36) Popper v. Board of Regents of University of State of N. Y., 26 A.D.2d 871, 274 N.Y.S.2d 49 (3d Dep't 1966).
37) New York Civ. Rights Law § 73.

것일 수 있다는 점 역시 고려할 필요가 있다고 본다. 물론, 그러한 부정적인 측면이 있다는 이유로 행정조사에 있어 변호인 참여권 규정을 삭제하여야 한다거나 부정하여야 한다는 주장에 동조하는 것은 아니며, 오히려 행정조사에 있어 변호인 조력권 또는 변호인 참여권은 적법절차의 원칙에 기초한 헌법상 기본권이 아니기 때문에 법령상 세부적인 규정을 반드시 둠으로써 이의 법리적 흠결 등이 실제적으로 보완되어야 한다는 것임을 밝히고자 한다.

Ⅳ. 나가며

행정기관을 통하여 실질적으로 강제되는 행정조사는 비록 다소 임의적인 성격을 갖고 있다고는 하나 조사대상자 그 누구도 이에 대하여 자발적으로 응한다고는 볼 수 없는 권력적 행위이다. 또한 행정조사에 있어 행정기관의 손과 발이 되는 해당 조사를 위임받은 기관이나 개별 공무원들의 조사 행위는 조사 대상자의 입장에서는 어떠한 형태를 갖고 있다 하더라도 위협적인 것일 수밖에 없다. 그럼에도 불구하고 행정조사 관련 많은 법령 등이 압수·수색과 같은 외관상으로도 조사대상자에 대한 심각한 기본권 침해가 예정된 행위에 대해서는 형사소송법을 준용하게 하는 등 다양한 보완책을 설시하고 있으나 심문 등의 조사 방법의 경우에는 마치 형사소송법상 피의자신문의 경우 피의자가 자발적으로 진술하지 않는 한 진술을 강제할 수는 없는 것이고 진술을 강제하는 고문과 같은 행위는 그 자체로 위법한 것이라는 이유로 오랜 기간동안 피의자 신문시 변호인 피의자신문참여권도 인정하지 않았던 것처럼 변호인 참여 인정에 다소 소극적이거나 아예 부정적인 입장을 일부 취해 온 것도 사실이라 생각한다.

따라서 필자는 비록 행정조사시 변호인 참여권이라는 것이 적법절차의 원칙에서 인정되는 헌법상의 기본권이 될 수 없다는 입장을 견지하면서, 형사소송법상 인정되는 피의자산문시 변호인 참여권이 다소 형식적인 것이라는 비판도 수용하여야 하지만 행정조사시 변호인 참여권의 필요성은 당연히 인정되는 것이기에 이의 인정을 위하여 헌법상 원칙을 들어 설명하기 보다는 개별 법령상 당연히 보장되어야 하는 권리고 새기고 이를 상세하게 규정하는 것이 타당한 것이라 생각한다.

논문투고일 : 2023.06.11. 논문심사일 : 203.06.16. 게재확정일 : 2022.06.28.

【참고문헌】

강수진, "행정조사로 취득한 증거와 위법수집증거배제 법칙,"『형사소송 이론과 실무』제14권 제1호, 한국형사소송법학회 (2022).

길준규, "적정절차(Due Process of Law), 우리 행정법에서도 유효한가?,"『한양법학』제34집, 한양법학회 (2011).

김병주, "행정조사에서 변호인 조력권과 진술거부권 침해 문제,"『사법』제59호, 사법발전재단 (2022).

박현준, "경찰행정조사에서의 인권보장,"『법학연구』제17권 제1호(통권 제65호), 한국법학회 (2017).

백상진, "수사절차와 관련된 행정조사의 통제방안에 관한 연구,"『한국경찰학회보』제18권 제1호, 한국경찰학회 (2016).

심민석, "고권적 행정조사에 있어 적법절차원칙의 준수 및 적용 필요성에 관한 연구 - 입법론적 개선방안을 중심으로 -",『입법학연구』제18권 제1호, 한국입법학회 (2021).

이근우, "행정조사의 형사법적 한계설정," 고려법학 제72호, 고려대학교 법학연구원 (2014).

이재구·이호용, "수사로 활용될 수 있는 행정조사의 법적 쟁점 - 실무자의 관점에서 -",『법학논총』제35권 제2호, 한양대학교 법학연구소 (2018).

최정희, "미국의 행정조사에 대한 영장주의 적용에 관한 연구", 법학연구 제19권 제4호,『한국법학회』(2019).

최환용·장민선, "국민 중심의 행정조사 관련 법제 개선방안 연구," 연구보고 2016-08, 한국법제연구원 (2016).

2 Am. Jur. 2d Administrative Law § 101.
2 Am. Jur. 2d Administrative Law § 119.
New York Civ. Rights Law § 73.

【국문초록】

　행정절차에 대한 변호인 조력권 또는 변호인 참여권의 주장은 미국법상 논의를 살펴보건대 반드시 적법절차의 원칙에서 연유한다고 볼 수 있는 것은 아니다. 즉, 우리법상 논의되는 행정조사에 있어 변호인 참여권의 주장은 물론 조사대상자의 인권 보호를 위한 중요한 첫 걸음이 될 수는 있으나 참여권 보장이 국선변호인 선임과 같은 적극적 의미의 것이 아닌 만큼 다소 유명무실한 것이 되거나 또는 사선변호인을 선임할 수 있는 경제적 능력이 있는 사람에게만 보장될 수 있는 불평등한 것일 수 있다는 점 역시 고려할 필요가 있다고 본다. 물론, 그러한 부정적인 측면이 있다는 이유로 행정조사에 있어 변호인 참여권 규정을 삭제하여야 한다거나 부정하여야 한다는 주장에 동조하는 것은 아니며, 오히려 행정조사에 있어 변호인 조력권 또는 변호인 참여권은 적법절차의 원칙에 기초한 헌법상 기본권이 아니기 때문에 법령상 세부적인 규정을 반드시 둠으로써 이의 법리적 흠결 등이 실제적으로 보완되어야 한다는 것임을 밝히고자 한다.

◆ 주제어: 행정조사, 변호인 조력권, 적법절차의 원칙, 변호인 참여권, 조사대상자

【Abstract】

Administration Investigation & Right to Counsel
- Including the U.S. Law Perspective -

Park, Yong Chul*

The assertion to have the right to counsel or let their counsel participate in administrative procedures does not necessarily stem from the principle of due process of law under the discussions of U.S. law. In other words, having a counsel to represent himself or herself may be a very important first step to protect the human rights of those who is subject to administrative investigations discussed under various Korean laws, but it is also necessary to consider that the right to participate may be somewhat nominal or unequal because the right to counsel in a criminal procedure setting, it is not an active right protected by the government, reaching to a point where a counsel is provided by the government as a right. Of course, I do not agree with the argument that the right to counsel in an administrative investigation should be deleted or denied because of such negative aspects, but rather, the right to counsel in an administrative investigation is not a basic constitutional right based on the principle of due process.

◈ Key Words: administrative investigation, due process of law, administrative agency, constitutional right, the person subject to administrative investigation

---

* Professor, Sogang University Law School

한국형사소송법학회 『형사소송 이론과 실무』
제15권 제2호 (2023.6) 111~136면.
Theories and Practices of Criminal Procedure Vol. 15 No. 2 (June. 2023) pp. 111~136.
10.34222/kdps.2023.15.2.21

형사절차상 인공지능기반 전자감시의 통제

김 한 균[*]

목 차

Ⅰ. 서론

전자감시(electronic surveillance)는 전자적, 기계적 기타 유무선통신 감시도구로써 개인의 위치, 활동 내지 특정 행위에 관한 정보를 취득하는 형사사법체계상의 행위를 뜻한다. 이 같은 감시행위는 행동 감시, 통신 감시, 데이터 감시, 위치추적 감시, 신체 감시, 태도 감시(attitude surveillance) 등의 유형으로, 통신 감청, 도청, 인터넷회선 감청, 영상촬영, 위치추적, 데이터 마이닝(data mining), 소셜미디어 맵핑(social media mapping), 원격 음주 감시(Remote Alcohol Monitoring) 등의 기법으로 기술 발전과 함께 확대된다.[1] 이에 따라 전자감시의 현대적 개념은 예방적 조치 또는 선제적 대응을 위한 정보수집 목적으로 확장되는바, 위험한 행태 탐지 목

---

[*] 한국형사·법무정책연구원 선임연구위원, 법학박사

[1] U.S. v. Carpenter (No. 16－402 in the U.S. Supreme Court Docket, Apr. 13, 2016.); European Committee on Crime Problems, Council for Penological Cooperation, Draft Recommendation On Electronic Monitoring, PCCP (2012) 7rev3, Council of Europe, 4면.; John A.E. Vervaele, "Surveillance and Criminal Investigation: Blurring of Thresholds and Boundaries in the Criminal Justice System?", in S. Gutwirth et al. eds. Reloading Data Protection, 2014, 116면.

적에 따라 개인, 장소, 개체, 정보통신수단을 대상으로 수행하는 체계적 감시가 그 내용이다.[2]

2007년 「특정 성폭력범죄자에 대한 위치추적 전자장치 부착에 관한 법률」 제정 으로부터 우리 형사사법체계에 전자감시 제도가 도입되었다는 견해[3]는 위치 내지 특정행태 감시추적을 전자감시로 보는 전통적 견해에 따른 것으로 보이는데, 종래 부터 전자감청을 범죄수사와 예방을 위한 제도로 활용해 왔다[4]는 점에서 우리 전 자감시 법제의 확장으로 보아야 할 것이다. 또한 위치추적 전자장치의 도입을 기술 발전에 따른 새로운 형사정책의 세계적 경향에 따른 것[5]이라 의미 부여를 하는데, 단지 새로운 수단의 등장에 따른 흐름에 속한다기 보다는 전자감시 기법의 기술적 고도화에 따른 감시 내용의 질적 강화에 있다[6]할 것이어서, 전자감시 확대에 대한 통제 및 인권보호 필요성과 그 법제도적 실현 방안 역시 새롭게 모색되어야 한다는 데서 현실적 의미를 찾아야 한다.

특히 디지털 환경과 인공지능 기술발전은 정부뿐만 아니라 기업과 개인에게까지 도 강화된 감시와 정보수집의 기회와 역량을 허용한다. 즉 비용이나 정보저장 측면 에서 감시의 규모와 기간에 대한 기술적 한계 내지 제한이 크게 줄어들면서 정부의 광범위하고도 특정된 개입적 감시역량은 효과적으로 강화된다. 일종의 일상화된 일 상 감시(mass surveillance)는 디지털 사회의 불가결한 현상이면서도 여전히 표현의 자유나 프라이버시 문제를 제기한다.[7] 한편 이를 테면 중국 사회의 일상적 전자감 시 확대에 대해 개인의 프라이버시보다는 공익의 논리로 수용가능하다는 이해도 있는가 하면, 기술의 발전이 정부의 감시역량 만큼이나 정부의 권력남용을 감시하

---

2) John A.E. Vervaele, 앞의 논문, 116면.
3) 신진수, 자유의 도구로서 바라본 전자감시 – 재판 전(Pretrial Release)구금완화를 중심으로, 일감법학 29, 2014, 192면.
4) 원혜욱, 감청행위의 실태 및 입법례의 비교고찰, 형사법연구 24, 2005, 187면.
5) 신진수, 앞의 논문, 192면.
6) Steven Feldstein, The Global Expansion of AI Surveillance, Carnegie Endowment For International Peace, 2019, 7 – 8면.; John A.E. Vervaele, 앞의 논문, 116면.
7) United Nations Human Rights Council, Report of the Special Rapporteur on the promotion and protection of the right to freedom of opinion and expression, A/HRC/ 23/40, 2013, para. 33.; United Nations Human Rights Council, Report of the Office of the United Nations High Commissioner for Human Rights, The right to privacy in the digital age, Human Rights Council, A/HRC/27/37, 2014, para.2.; John A.E. Vervaele, 앞의 논문, 116면.

는 시민의 역량도 확장하고, 기술 오남용의 통제 역시 발전된 기술로 해결될 수 있다는 관점도 있다.[8]

이러한 배경에서 인공지능기술에 기반을 둔 형사사법기관의 전자감시 활용 양상은 신속성과 저비용, 편재성(ubiquitous)의 증가에 따른 확장이 특징인데, 그 강화의 양적 규모와 질적 수준은 자동화된 화상분류(image classification) 안면인식 및 식별(face recognition), 영상분석(video analysis), 음성식별(voice identification) 기법에서 드러나고 있다. 그럴수록 인공지능기술 기반 감시의 정책적 효과에 대한 기대만큼이나, 뒤따를 인권침해 위험성도 마땅히 살펴야 할 일이다. 전자감시는 전통적인 형사정책적 문제이면서 인권기준의 구체적 실현의 문제로서 안전정책과 인권 패러다임의 재정향에 관련된 문제영역이다. 다만 인공지능 시대변화 상황을 고려한 통제 내지 규제에 관해서 합의된 표준은 부재 상태다.[9]

이러한 통제의 공백상태는 빠른 기술발전과 사회적 수용의 속도를 형사법제와 정책이 발맞추기 어려운 고유한 한계 때문이어서 정책적 시차의 문제로 본다면 어느 정도 불가피한 것이라 할 수 있다. 그러나 형사절차상 전자감시도구가 인공지능기술을 기반으로 확장되는데 있어서 효과성 재평가뿐만 아니라 정당성 재검토가 뒤늦어서는 아니 된다. 인공지능 기술의 효과성은 과대평가되는 반면, 그 위험성은 과소평가 되는 가운데 급격히 현실 도입되고 있기 때문이다. 그 급격함은 과거 마약, 성폭력, 테러범죄와 관련해 전자감시 확대가 검토될 때만해도 찾아볼 수 있던 신중함 만큼에도 미치지 못한다는데서 찾아볼 수 있는데, 첨단기술에 대한 환상 내지 기대는 범죄에 대한 두려움이나 안전요구에 대응하기 보다는 형사사법에 있어서 인권보장적 관점에 따른 경계를 약화시킬 수 있다.

따라서 본 논문은 인공지능기술 기반 전자감시에 대한 법적 통제 필요성과 방향을 정책과 제도적 측면에서 검토한다. 형사절차상 통제의 필요성은 법치국가적 제한에서 나오며, 그 통제의 방향은 시민의 인권보장이어야 할 것이다. 형사법을 비롯한 법적 통제는 종래 유관법제의 개선과 새로운 문제에 대응하기 위한 입법정책의 주요 내용이 될 것이다.

---

8) Stephanie Sherman, The Polyopticon: a diagram for urban artificial intelligences, AI & SOCIETY 38,2023, 1219－1220면.

9) Human-Centered AI Institute, AI Index Report 2023, Stanford University, 2023, 81, 135, 331면.; John A.E. Vervaele, 앞의 논문, 119－120면.

Ⅱ. 전자감시의 형사절차상 활용과 법적 진화

1. 전기통신 내지 인터넷 감청(통신제한조치)

전자감시로서 감청에 대한 법적 규정의 시초는 1994년 제정 통신비밀보호법이다.[10] 2022년 개정 현행법상 감청은 전기통신에 대하여 당사자 동의없이 전자장치·기계장치 등을 사용하여 통신의 음향·문언·부호·영상을 청취·공독하여 그 내용을 지득 또는 채록하거나 전기통신 송·수신을 방해하는 행위로 정의된다.(법 제2조 제7호) 동법 제3조(통신 및 대화비밀의 보호) 제1항에 따라 동법 및 형사소송법 규정에 근거한 합법적 감청이 허용된다. 이러한 전기통신의 감청을 '통신제한조치'라 하는데, 범죄수사 또는 국가안전보장을 위하여 보충적인 수단으로 이용되어야 한다는 제한과, 국민의 통신비밀에 대한 침해가 최소한에 그치도록 노력할 의무가 함께 부과된다. (법 제3조 제2항)[11] 반면 제3조상의 적법절차와 제한 내지 의무를 위반하면 '불법감청'으로서 금지된다. (법 제4조 불법감청에 의한 전기통신내용의 증거사용 금지)

그리고 종래 전기통신과 구별하여 '인터넷 회선을 통하여 송신·수신하는 전기통신'에 대한 감청은 2020년 개정 통신비밀보호법[12]에 이르러서야 규정되었다. (법 제12조의 2 범죄수사를 위하여 인터넷 회선에 대한 통신제한조치로 취득한 자료의 관리) 이는 인터넷 감청의 특성상 다른 통신제한조치에 비하여 수사기관이 취득하는 자료가 매우 방대함에도 불구하고 감청 집행으로 취득한 자료 처리에 대한 객관적 통제 절차가 마련되어 있지 않다는 취지의 헌법불합치 결정[13]에 따른 것이다. 이에 따라 수사기관이 인터넷 회선을 통하여 송신·수신하는 전기통신에 대한 통신제한조치로 취득한 자료에 대해서는 집행 종료 후 범죄수사나 소추 등에 사용하거나 사용을 위하여 보관하고자 하는 때에는 보관이 필요한 전기통신을 선별하여 법원으로부터 보관 승인을 받거나, 승인 청구를 하지 아니한 경우 폐기 절차를 마련하였다.[14] 그런데 통신제한조치로 취득한 자료 사용 또한 제한을 두었지만, (법 제12조

---

10) 통신비밀보호법 [법률 제4650호, 1993. 12. 27., 제정]
11) 동 규정은 2001년 개정법(법률 제6546호, 2001. 12. 29., 일부개정)에서 신설되었다.
12) 통신비밀보호법 (법률 제17090호, 2020. 3. 24., 일부개정)
13) 헌법재판소 2018. 8. 30. 선고 2016헌마263
14) 통신비밀보호법 (법률 제17090호) 개정문 (https://www.law.go.kr/lsInfoP.do?lsiSeq=2156

통신제한조치로 취득한 자료의 사용제한) 범죄 수사·소추뿐만 아니라 범죄예방, 범죄로 인한 징계절차까지 사용범위는 비교적 넓다.

한편 국가정보원법상 '불법감청'은 적법절차에 따르지 아니하고 우편물 검열, 전기통신 감청 또는 공개되지 아니한 타인간의 대화 녹음·청취, 위치정보 또는 통신사실확인자료를 수집하는 행위를 뜻한다. (법 제14조 불법 감청 및 불법위치추적 등의 금지) 여기서 '불법위치추적'도 불법 전자감시의 내용으로 규정하되, 통신비밀보호법 규정에 비해 불법감청의 개념범위를 좁혔고, 불법감청·위치추적 등의 죄(법 제23조)를 규정하였다.

2. 전자감독

전자감독(Electronic Monitoring)은 전자적 기술을 적용하여 범죄인을 감독하는 형사정책 수단으로, 재범위험성이 높은 특정범죄자(성폭력·미성년자 유괴·살인·강도) 및 가석방 중 전자장치 부착이 결정된 자의 신체에 위치추적 전자장치를 부착하여 24시간 대상자 위치, 이동경로를 파악하고 보호관찰관의 밀착 지도·감독을 통해 재범을 효과적으로 방지하는 제도라 규정된다.[15]

살펴보면, 2007년 「특정 성폭력범죄자에 대한 위치추적 전자장치 부착에 관한 법률」은 제1조에서 그 제정목적을 '성폭력범죄자의 재범 방지와 성행 교정을 통한 재사회화를 위하여 그의 행적을 추적하여 위치를 확인할 수 있는 전자장치를 신체에 부착하게 하는 부가적인 조치를 취함으로써 성폭력범죄로부터 국민을 보호함'이라 규정하면서, 본문에서 감시라는 용어를 직접 사용하지는 아니하나, '행적 추적과 위치 확인'을 감시의 내용으로 규정하고 있다.[16] 이러한 의도와 내용이 위치확인

79&ancYd = 20200324&ancNo = 17090&efYd = 20200324&nwJoYnInfo = N&efGubun = Y&chrClsCd = 010202&ancYnChk = 0#0000 2023년 5월 25일 최종검색)

15) 법무부, 전자감독제도 (https://www.moj.go.kr/moj/169/subview.do 2023년 8월 25일 최종검색)

16) 성폭력범죄는 재범의 개연성이 높은 범죄이므로 징역형을 선고받는 성폭력범죄자 등 중에서 다시 성폭력범죄를 범할 위험성이 있다고 인정되는 자에 대하여 위치를 확인할 수 있는 전자장치를 부착하게 하여 그 행적을 추적할 수 있도록 함으로써 성폭력범죄의 재발을 예방할 수 있도록 함.(법률 제8394호, 2007. 4. 27., 제정 제정이유 (https://www.law.go.kr/lsInfoP.do?lsiSeq = 78827&ancYd = 20070427&ancNo = 08394&efYd = 20081028&nwJoYnInfo = N&efGubun = Y&chrClsCd = 010202&ancYnChk = 0#0000 2023년 5월 20일 최종검색)

전자장치라는 도구를 통해 실현되는 형태로 전자감시가 법제화된 것이다.

그런데 성폭력범죄자의 높은 재범률, 성폭력 피해의 심각성 및 성폭력범죄에 대한 국민적 불안감을 해소하려는 '특단의 대책'[17]으로 일단 도입되었던 법제도는 2009년 「특정 범죄자에 대한 위치추적 전자장치 부착 등에 관한 법률」로 개정되고, 다시 2020년 「전자장치 부착 등에 관한 법률」로 개정되면서 현행법 제1조는 동법의 목적을 수사·재판·집행 등 형사사법 절차에서 전자장치를 효율적으로 활용하여 불구속재판을 확대하고, 범죄인의 사회복귀를 촉진하며, 범죄로부터 국민을 보호함을 목적으로 한다고 규정하였다. 역시 감시라는 용어를 사용하는 조문은 없으며, 다만 동법 제2조 제4호에서 위치추적 전자장치란 '전자파를 발신하고 추적하는 원리를 이용하여 위치를 확인하거나 이동경로를 탐지하는 일련의 기계적 설비'라고 하는 개념정의 규정을 둘 뿐이다.

감시의 내용은 위치 확인과 이동경로 탐지라 하여 용어상의 변화가 있을 뿐인데, 2007년 제정부터 법 제3조의 국가책무 규정은 유지되고 있다. 즉 "국가는 이 법의 집행과정에서 국민의 인권이 부당하게 침해되지 아니하도록 주의하여야 한다"는 것이다. 이러한 책무 규정은 특정 성폭력범죄자 사회내 감시강화의 필요성에 따라 법 제도를 도입하면서도 형사사법기관의 '감시' 활동 과정에서 우려되는 인권침해 또한 고려할 수 밖에 없었던 결과라 보인다. 다만 전자감시 제도자체의 인권침해 여부는 법적으로 검토 반영되지 못했으며, 그 집행과정에서의 침해가능성에 한정된다. 그래서 동 규정은 주의규정에 불과하며, 실제 감시의 내용변화보다 감시의 대상 확대를 통한 사실상의 감시 확장강화를 제한하지는 못하였다.

즉 2007년 제정법은 성폭력범죄자를 대상으로 하였다가, 2009년 개정에서는 그 대상에 미성년자 대상 유괴범죄, 2012년 개정에서는 살인범죄 및 강도범죄로 확대하였고, 다시 2020년 개정에서는 이들 범죄 이외의 범죄로 가석방된 자의 관리감독, 보석허가자의 도주 방지와 출석 담보로 확장함으로써 위치추적 전자장치를 통한 감시의 내용적 변화를 가져왔다. 실로 "수사·재판·집행 등 형사사법 절차에서 전자장치를 효율적으로 활용"(현행 전자장치부착법 제1조)하기에 이르렀다.

전자감시의 일 형태로서 전자감독제도는 종래 신상정보 추적 수집 관리의 정보감시 수준을 넘어 신체부착형 감시도구를 통한 위치추적, 감시도구와 보호관찰의

---

17) 법무부, 전자감독제도 (https://www.moj.go.kr/moj/169/subview.do 2023년 8월 25일 최종 검색)

결합, 감시도구의 훼손 및 미수에 대한 형사처벌(동법 제38조), 결합된 보호관찰 위반에 대한 형사처벌(동법 제39조)로 구성된 제재적 감시의 수준으로 진화한 것이다.

Ⅲ. 전자감시의 대상과 산물로서 정보의 통제와 보호

감시의 대상은 특정 개인일 것인데, 특히 전자감시의 대상은 개인, 더 특정하면 개인의 정보이며, 감시 결과 산출물 또한 정보다. 더구나 디지털－인공지능 기술에 기반한 전자감시에 대한 통제는 감시대상이자 산출물인 개인정보에 대한 통제와 보호의 문제가 된다. 그래서 2012년 유럽평의회(Council of Europe)의 전자감독 권고안에서도 전자감시로 수집된 정보의 관리와 활용에 대해서 법적 제한과 오남용 처벌 규정, 그리고 전자감독 집행기관에 대한 독립적 감독 제도 마련을 기본원칙으로 권고한 바 있다.[18]

1. 정보의 감시와 감시의 정보

미국의 1978년 대외정보감시법(Foreign Intelligence Surveillance Act)의 규정에 따르면, 전자감시는 미국내 상대방의 동의 없이 국내 또는 국외에서 국내로 들어오는 전자통신 내용을 전자적, 기계적 기타 감시도구를 통해 획득하는 행위[19]를 뜻한다. 전자통신의 내용이라 함은 해당 통신 당사자의 신상 또는 해당 통신의 존재, 내용, 의미를 포함한다.[20]

따라서 전자감시는 그 대상인 정보에 대한 통제, 산출되고 축적 관리되는 정보에 대한 통제, 그 각각의 정보에 대한 활용·가공에 대한 통제, 즉 3중의 법적 통제 문제를 제기하게 된다. 3중의 법적 통제 필요성은 개인정보보호와 인권의 차원에서 정립된다. 즉 전자감시로부터의 인권보장은 주로 개인정보 보호의 문제에서 법적으

---

18) European Committee on Crime Problems, Council for Penological Cooperation, 앞의 문서, 5면.

19) "the acquisition by an electronic, mechanical, or other surveillance device of the contents of any wire communication to or from a person in the United States, without the consent of any party thereto, if such acquisition occurs within the United States . . . ." (50 U.S.C. § 1801(f)(2))

20) "any information concerning the identity of the parties to such communication or the existence, substance, purport, or meaning of that communication," (50 U.S.C. § 1801(n))

로 구체화될 것이다.

비교해 보면, 우리 법제상 감시 또는 전자감시에 대한 실정법적 개념이 제시되어 있지 아니하거니와[21], 개인정보보호법 제5조 제1항에 따르면 국가와 지방자치단체는 개인정보의 목적 외 수집, 오용·남용 및 무분별한 감시·추적 등에 따른 폐해를 방지할 책무가 있다고 규정할 따름이다. 감시 오남용이나 무분별에 따른 폐해의 방지 책무를 내용적으로 어떻게 이행할 것인지는 법적으로 구체화되어 있지 아니하다.

그렇다면 폐해방지를 위한 ① 감시대상인 정보에 대한 통제, ② 산출관리되는 정보에 대한 통제, ③ 정보 가공활용에 대한 통제는 그 내용과 형식을 개별 법령으로 규정할 것인데, 예컨대 위치추적 전자장치의 경우는 다음과 같이 정리해 볼 수 있다.

첫째, 전자장치부착법 제2조에 따르면 감시대상인 정보는 제9조 제1항상 부착명령에 따른 피부착자의 위치와 이동경로로 규정된다.

둘째, 동법 제16조 제1항에 따르면 보호관찰소장이 피부착자의 전자장치로부터 발신되는 전자파를 수신하여 그 자료(수신자료)를 보존한다. 제16조의3 제1항에 따르면, 위치추적 관제센터가 피부착자 위치를 확인하고 이동경로를 탐지하며, 수신자료를 보존·사용·폐기하는 업무를 담당한다.

셋째, 동법 제16조 제2항에 따르면, 동 수신자료는 열람·조회·제공 또는 공개까지 할 수 있다. 그 사용이 허용되는 사안은 ①피부착자의 특정범죄 혐의에 대한 수사 또는 재판자료, ② 보호관찰관 지도·원호 목적, ③보호관찰심사위원회의 부착명령 임시해제와 그 취소에 관한 심사, ④보호관찰소장이 피부착자의 특정 범죄 혐의에 대한 수사 의뢰의 경우로 한정되었다 하나, 위치추적 전자감독 제도의 중점은 2008년 법제정으로부터 2022년 법개정을 거치면서 이제 범죄인의 사회복귀 촉진보다는 수사·재판·집행 절차의 효율화로 이동하고 있다.

예를 들면 2012년 법개정[22]에서 종래 보호관찰소장은 피부착자가 특정범죄를 저질렀다고 의심할만한 상당한 이유가 있는 때에는 관할 검찰청에 통보하여야 한다(법 제16조 제3항)고 규정하였던 것을 폐지하고, 이를 대신하여 보호관찰소의 장과 수사기관 간에 피부착자의 정보 공유가 가능하도록 감시정보의 제공과 활용 범위

---

21) 형사사법기관의 경우 감시라는 법적 용어가 사용된 예는 경찰관 직무집행법 제10조상 경찰장비에는 해안 감시기구가 포함된 경우다.
22) 법률 제11558호, 2012. 12. 18., 일부개정

를 확대하였다. (법 제16조의 2)[23]

즉 보호관찰소장으로 하여금 범죄예방 및 수사에 필요하다고 판단하는 경우 피부착자의 신상정보 이외에 피부착자에 대한 지도·감독 중 알게 된 사실 등의 자료를 수사기관에 제공할 수 있도록 하면서, (법 제16조의 2 제1항) 시행령에는 신상정보 제공에 대한 규정(제15조의2) 만을 두고 있을 뿐이다. 오히려 피부착자 신상정보의 제공은 형사사법정보시스템에 등록하여 수사기관이 조회하는 방식[24]으로 일정한 통제가 가능한 점과 비교된다.

또한 수신자료의 경우 수사기관의 열람 조회에 대하여 검찰과 법원의 통제를 받도록 하고 있지만 (법 제16조 제4항, 동 시행령 제14조의 2), 판례[25]에 따르면, 성폭력범죄로 다수 처벌을 받은 뒤 위치추적 전자장치를 부착하고 보호관찰을 받고 있던 자가 강간살인 재범한 사안에서 직전 범행의 수사를 담당하던 경찰관이 직전 범행의 특수성과 위험성을 고려하지 않은 채 전자장치 위치정보를 수사에 활용하지 않은 사실, 보호관찰관 또한 높은 재범의 위험성과 반사회성을 인식하였음에도 적극적 조치를 하지 않은 사실은 범죄예방과 재범억지를 위해서 부여된 권한과 직무를 목적과 취지에 맞게 이행하지 못한 것으로 인정할 근거가 된다. 따라서 감시정보(수신자료)의 열람·조회·제공·공개 제한 위반의 벌칙(법 제36조 제3항)보다는 감시정보의 적극적 활용이 현실적으로는 더 의미를 갖게 된다.

2. 전자감시에 있어서 위치정보와 영상정보의 확장적 결합

전자감시의 대상이면서 산출물인 정보에는 영상정보도 포함된다. 이에 관하여 현행 개인정보보호법 제2조는 "고정형 영상정보처리기기"란 일정한 공간에 설치되어 지속적 또는 주기적으로 사람 또는 사물의 영상 등을 촬영하거나 이를 유·무선망을 통하여 전송하는 장치(제7호), "이동형 영상정보처리기기"란 사람이 신체에 착

---

23) 2012년 법개정 이유에 따르면, 고위험 강력범죄로부터 국민의 생명과 안전을 철저히 보호 할 수 있도록 하기 위함이라는 것이다. (https://www.law.go.kr/lsInfoP.do?lsiSeq=130833&ancYd=20121218&ancNo=11558&efYd=20121218&nwJoYnInfo=N&efGubun=Y&chrClsCd=010202&ancYnChk=0#0000 2023년 5월 20일 최종검색)

24) 동 시행령 제15조의 2 제4항;「형사사법절차 전자화 촉진법」제2조제4호

25) 강간살인 피해자의 유족이 경찰관들 및 보호관찰관들의 직무상 의무 위반을 이유로 국가배상을 청구한 사건 (대법원 2022. 7. 14., 선고, 2017다290538, 판결)

용 또는 휴대하거나 이동 가능한 물체에 부착 또는 거치하여 같은 기능을 하는 장치(제7의 2호)라 규정한다. 동법 제25조 제1항 제2호는 범죄의 예방 및 수사를 위하여 필요한 경우를 공개된 장소에 영상정보처리기기를 설치·운영 가능한 예외의 하나로 인정하고 있다. 이어서 제2항은 교도소, 정신보건 시설 등 법령에 근거하여 사람을 구금하거나 보호하는 시설의 경우 불특정 다수가 이용하는 목욕실, 화장실, 탈의실 등 개인의 사생활을 현저히 침해할 우려가 있는 장소의 내부를 볼 수 있도록 영상정보처리기기를 설치·운영하는 것도 예외적으로 허용한다.

2022년 1월 신설되고 2023년 3월 개정된 전자장치부착법 제16조의 3 제2항에 따르면, 위치추적 관제센터장은 피부착자가 법적 준수사항 또는 효용 유지 의무를 위반하거나, 위반하였다고 의심할만한 상당한 이유가 있고 피부착자에 대한 신속한 지도·감독을 위하여 긴급히 필요한 경우 지방자치단체장에게 개인정보보호법에 따른 고정형 영상정보처리기기를 통하여 수집된 영상정보의 제공 등 협조를 요청할 수 있다.[26] 그리고 피부착자에 관한 영상정보를 제공받은 위치추적 관제센터장은 영상정보 열람이 종료된 후 그 사실을 해당 피부착자에게 통지하여야 한다.(동조 제3항)

현실적으로 전자장치 피부착자가 '어린이 보호구역 등 특정지역·장소에의 출입금지, 피해자 등 특정인에의 접근금지' 등의 준수사항을 위반하거나 해당 지역 주변에 머무는 등 준수사항을 위반하고 있다는 상당한 의심이 드는 경우 보호관찰관의 즉각적인 대응이 필요하지만, 법무부 위치추적 관제시스템으로는 대상자의 이동경로와 위치정보 확인만 가능할 뿐이고 실시간 현장 상황을 알 수 없는 한계가 있다.[27] 따라서 이 규정은 전자장치 피부착자의 재범방지를 위해서는 「개인정보 보호법」에 따라 지방자치단체가 설치·운영하는 영상정보처리기기의 영상정보를 활용할 필요성이 있다는 이유로 도입된 것이다.[28] 이로써 피부착자에 부착된 위치추

---

26) 위치정보의 보호 및 이용 등에 관한 법률 제15조(위치정보의 수집 등의 금지) 제1항에 따르면 누구든지 개인위치정보주체의 동의를 받지 아니하고 해당 개인위치정보를 수집·이용 또는 제공하여서는 아니 되지만, 동법 제29조제1항에 따른 긴급구조기관의 긴급구조요청 또는 같은 조 제7항에 따른 경보발송요청이 있는 경우, 제29조제2항에 따른 경찰관서의 요청이 있는 경우, 다른 법률에 특별한 규정이 있는 경우에는 허용된다.

27) 김한균, 김한균, 범죄방지 제도에 대한 기대와 실망의 어긋난 순환고리, 범죄방지포럼 제44호, 한국범죄방지재단, 2022

28) 전자장치 부착 등에 관한 법률 [법률 제18677호, 2022. 1. 4., 일부개정] 개정문 (https://www.law.go.kr/lsInfoP.do?lsiSeq=238799&ancYd=20220104&ancNo=18677&efYd=2022

적 전자장치와 고정형 영상정보처리기기(cctv)가 전자감시의 도구로서 결합·확장된다.

이러한 확장적 결합은 인공지능 기술을 기반으로 강화된 전자감시 제도를 결과하게 되는데 합리적이고 실효적인 법제도적 통제가 과제로 요청될 수 밖에 없다.

Ⅳ. 전자감시와 인공지능기술 결합에 따른 고위험 인공지능 통제

1. 선제적-전방위적 전자감시로의 진화

앞서 살펴본 위치추적 전자감독 제도의 진화는 정보감시와 감시정보를 매개로 수사추적, 범죄예방, 재범방지에 이르는 다각적, 전방위적 감시도구의 가능성 또는 위험성을 성찰케 해 준다. 전자감시 도구는 첨단기술 발전에 따라 거듭 전방위적으로 진화하는 단계에 있다. 예컨대 드론 활용의 촉진 및 기반조성에 관한 법률 제3조(드론산업의 지원) 제2항은 국가 및 지방자치단체는 소방·방재·방역·보건·측량·감시·구호 등의 공공부문에서 드론이 활용될 수 있도록 노력하여야 한다고 규정하여, 국가기관의 감시활동에서 드론의 적극적 활용까지 내다보고 있는 것으로 보인다.

그런 점에서 전망해 보건대, 전자감시는 인공지능기술과 결합하여 선제적－전방위적 감시체계로 발전할 가능성이 보이는바, 이러한 가능성은 효과적 범죄예방을 통한 안전보장과 과도한 추적감시를 통한 인권침해의 양면성이 있어서, 여느 첨단기술과 마찬가지로 형사법적 기반의 마련과 형사정책적 활용에 있어서 신중함이 요구된다. 하지만 양면적 가능성에 대한 경계와 신중한 접근만으로는 인공지능기술을 형사사법체계안으로 들여올 경우 미칠 영향을 예측하고 대비하기 상당히 어렵기 때문에 특히 위험성이 높다 할 것이고, 그 고위험성을 더욱 신중히 살펴 통제할 필요성을 강조하지 않을 수 없다.

특히 앞서 살펴본 전자감독 제도는 인공지능 기술과의 결합이 2021년부터 진행되고 있다. 즉 증가하는 전자감독 대상자의 효율적 관리와 재범 방지의 선제적 개입 역량을 높이기 위해 빅데이터와 인공지능 기술을 활용한 전자감독시스템을 운

0705&nwJoYnInfo=N&efGubun=Y&chrClsCd=010202&ancYnChk=0#0000 2023년 5월 20일 최종검색)

영한다는 것이다.[29] 그 도입의 구실은 고위험 성범죄자의 위험성이다. 위치추적 전자장치의 시초가 성폭력 범죄자 관리수단이었다는 점을 볼 때 전자감시의 도입 통로가 확대강화의 통로로도 이어지는 셈이다.

법무부에 따르면 고위험 성범죄자에 대한 1:1전담보호관찰제 도입, 야간 미귀가 지도 등 늘어나는 업무에 비해 전담직원 인력의 부족한 상황은 계속되고 있어, 전자감독 업무의 효율적 운영을 지원하기 위해 인공지능·빅데이터 분석을 활용한 첨단기술을 도입하였다는 것이다. 이는 법무부 범죄예방데이터담당관실에서 추진하는데, 2021년 인공지능 기반의 전자감독서비스를 구축하였고, 주요 내용은 인공지능관제 및 인공지능보호관찰서비스, 빅데이터 분석플랫폼 구축이다.[30]

제도 취지는 인공지능 기술 활용을 확대하여 데이터 기반의 과학적 보호관찰을 활성화하고, 첨단 기술을 융합한 효과적인 강력범죄 재범예방 체계를 강화하여 사회안전망을 보다 촘촘히 한다는데 있다. 이를 위하여 전자감독 대상자의 재범데이터, 면담내용, 위치정보, 경보처리 내역 등 총 983만 건의 정보를 빅데이터 분석하여 인공지능관제·보호관찰 모델을 개발하였고, 다양한 형태로 분산 관리되고 있는 범죄예방 데이터를 효율적으로 수집·분석·융합·활용할 수 있는 빅데이터 분석플랫폼을 구축하였다[31]는 것이다.

이로써 종래 전자감시로 수집된 위치정보는 재범기록, 피부착자 보호관찰 면담내용 등의 정보와 결합하고, 빅데이터 분석플랫폼이라는 형태로 데이터베이스화되면서 범죄예방 데이터로 탈바꿈하게 된다. 나아가 형사사법기관의 전자감시로부터 산출된 정보의 관리가 '통합'되고 '융합'되면서 종래 전자감시에 대응한 개인정보 보호와 인권보장의 체계는 변화된 제도내용과 형식에 상응한 진화가 요구된다.

이와 관련하여 법무부의 인공지능기술 활용 정책에 대해 개인정보보호법 위반 문제가 제기된 바 있다.[32] 즉 기존 출입국자동심사시스템을 고도화하는 '인공지능 식별추적시스템 구축사업' 추진과정에서 법무부가 출입국 심사 과정에서 확보한 1억7천만건의 내·외국인의 안면이미지, 국적, 성별, 나이 등의 개인정보를 과기정통부에 이관하고 이를 다시 민간 기업에 이관하여 시스템을 구축한다면, 본인 동의

---

29) 인공지능(AI) 기반의 전자감독서비스 구축 – 인공지능으로 전자감독 대상자의 이동유형 – 범죄정보 분석하여 먼저 대응 (법무부 보도자료 2021년 6월28일자)
30) 같은 자료.
31) 같은 자료.
32) 한겨레신문 2021년 10월 21일자

없이 개인정보를 민간기업에 위탁처리하고, 또한 개발된 기술결과물의 지식재산권 (저작권)을 민간기업과 공유하게 되는 문제다.

법무부가 보유한 내·외국인 안면이미지 등 데이터를 활용해 안면 자동인식 등 인공지능 기반 출입국심사 시스템을 구축하는 방안에 관하여 법무부는 출입국 심 사를 위해 출입국관리법 제3조, 제6조, 제12조의 2조에 근거하여 안면 이미지 등 국민과 외국인에 대한 정보(생체정보)를 수집·활용하는 것은 '법률에 특별한 규정 이 있거나 법령상 의무를 준수하기 위하여 불가피한 경우'(개인정보보호법 제15조 제1항 제2호)에 해당된다고 본다. 신속·정확한 출입국심사를 위한 시스템 고도화는 개인정보보호법 제15조 제1항 제3호(공공기관이 법령등에서 정하는 소관업무의 수행 을 위하여 불가피한 경우)에 따라 수집목적 범위내 이용에 해당된다는 것이다.[33]

또한 얼굴 사진 등 개인정보는 법무부 소속기관 보안구역에 기술적 보안조치를 갖춘 실증 랩 내에서 인공지능 학습만을 목적으로만 수탁 업체가 접근하여 사용할 수 있도록 개인정보 보호 조치와 기술적 보안조치를 하였고, 법무부의 본래의 개인 정보 수집·이용 목적과 관련된 업무 처리와 이익을 위한 것으로 별도의 본인 동의 를 요구하지 않는 개인정보보호법 제26조의 개인정보의'위탁처리'에 해당되는 것이 어서 동법 제17조에 규정된 본래의 개인정보 수집·이용 목적의 범위를 넘어 개인 정보의 지배·관리권이 이전되거나 정보를 제공받는 자의 업무처리와 이익을 위하 여 개인정보가 이전되는 '제3자 제공'에는 해당되지 아니한다는 것이다. 다만 안면 인식 정보의 특수성 및 국가안전보장을 고려하여 출입국심사 관리 목적으로 이용 범위를 제한하며, 인공지능 식별추적시스템은 출입국관리 업무에 최소한으로 활용 될 것이며, 개인신상정보가 남용되지 아니하도록 철저히 관리할 예정이라는 것이 다.[34]

이러한 사례는 법무부의 안면자동인식 기술을 활용한 출입국심사 시스템 자동화 추진정책이 '인공지능 식별추적시스템 구축사업'이라는 용어로 알려지면서 안면인 식 인공지능기술에 기반한 새로운 전자감시제도를 도입하려는 시도가 아닌지 우려 를 낳은 경우로 보인다. 이러한 우려는 법무부 당국의 이용범위 제한이나 최소활 용, 남용방지관리의 계획만으로 해소될 수 없으며, 신중하게 설계된 법제적 통제가

---

33) 인공지능 식별추적시스템은 출입국관리 업무에 최소한으로 활용될 것이며, 개인신상정보가 남용되는 일은 결코 없을 것입니다 (법무부 보도자료 2021년 10월 21일자)

34) 같은 자료.

필요한 고위험성의 문제다.

2. 형사절차상 인공지능기반 전자감시의 법적 통제와 유럽연합 인공지능법안의 관점

2021년 4월 유럽연합 인공지능법(Artificial Intelligence Act) 초안[35]은 2022년 12월 유럽정상회의의 최종수정안[36]을 거쳐 유럽의회 2023년 6월 최종안[37]으로 입법에 대한 긍정적 합의가 이루어졌다.

2021년 초안에서는 인공지능 활용으로 인한 유해한 침해가 명백한 경우 금지되어야 할 인공지능에 대해 규정하였다. (안 제5조) 사람의 안전, 생존, 권리에 대한 명백한 위협(clear threat to people's safety, livelihoods and rights)으로서, 허용될 수 없는 위험(unacceptable risk)을 야기하는 인공지능이 그것이다.[38] 구체적으로는 조작적 잠재의식조종기술(manipulative subliminal techniques), 장애인과 같은 취약

---

35) 통칭 유럽인공지능법안의 정식명칭은 「인공지능에 대한 통일적 규율의 기반조정을 위한 유럽의회 및 유럽정상회의 규정 제안」(European Commission, Proposal for a Regulation Of The European Parliament And Of The Council Laying Down Harmonised Rules On Artificial Intelligence (Artificial Intelligence Act) And Amending Certain Union Legislative Acts, Com(2021) 206 final 2021/0106(COD))이다.

36) Council of the European Union, Proposal for a Regulation of the European Parliament and of the Council laying down harmonised rules on artificial intelligence (Artificial Intelligence Act) and amending certain Union legislative acts— General approach, Brussels, 25 November 2022, 14954/22)

37) European Parliament, Artificial Intelligence Act : Amendments adopted by the European Parliament on 14 June 2023 on the proposal for a regulation of the European Parliament and of the Council on laying down harmonised rules on artificial intelligence (Artificial Intelligence Act) and amending certain Union legislative acts (COM(2021)0206 — C9—0146/2021 — 2021/0106(COD))P9_TA(2023)0236

38) 2023년 6월 최종안 제32조는 고위험인공지능 개념을 더 구체화하였다. 즉 고위험인공지능이라 함은 사람의 건강과 안전 또는 기본권, 그리고 환경에 상당한 위해의 위험을 야기하는 경우(pose a significant risk of harm to the health and safety or the fundamental rights of persons, and to the environment)로서, 해당 인공지능시스템이 핵심기반의 안전요소로 활용되는 경우(where the AI system is used as a safety component of a critical infrastructure)를 말한다. 그리고 상당한 위해는 그 위험의 중한 정도, 강도, 발생의 개연성, 지속성을 종합적으로 (level of severity, intensity, probability of occurrence and duration combined altogether) 고려하고, 또한 그 위험이 개인, 집단 내지 특정 집단에 미칠 영향을 고려해 판단한다.

계층에 대한 착취, 공공기관의 사회적 평판기록(social scoring), 법집행기관의 공공
장소 실시간 생체정보판독(Real-time remote biometric identification) 관련 인공지
능기술이다.[39]

　또한 동 법안 제6조, 제7조에 따르면 고위험인공지능(high-risk AI)은 인공지능
시스템이 사람의 안전과 권리에 대해 침해적 효과(adverse impact)를 초래하는 경
우다. 보건안전법규가 적용되는 제품 관련 사용되는 경우와, 다음의 8개 특정 분야
의 경우로 구분된다. 즉 자연인에 대한 생체정보판독과 분류, 핵심인프라 관리운영,
교육훈련, 고용 및 노동자 인사관리, 주요 공공서비스 이용 및 공적 부조 수혜, 법
집행, 출입국관리 및 이민·난민, 사법행정과 민주적 절차가 그것이다.[40]

　2022년 12월 수정안은 특히 고위험 인공지능에 대하여 인공지능기술의 혁신과
인권보장 사이의 균형을 도모할 필요성을 명확히 하면서 그에 따른 법적 기본틀 설
계에 중점을 두었다. 예컨대 인공지능 기반 사회적 평판기록(social scoring)의 금지
대상을 공공기관 뿐만 아니라 민간부문까지 확대하는 방향으로 강화하였다.[41] 이
는 민간부문의 전자감시가 일종의 시장을 형성하면서 정부의 통제까지 벗어나고
있기 때문이며, 인공지능기반 공적 제도가 민간기업의 수단에 의존하는 경우가 많
고 그 경계가 분명치 않을수록 오남용의 위험성이 더욱 높아지기 때문이다.[42] 반면
고위험인공지능에 대한 법적 의무를 강화하면서도, 고위험인공지능에 속하는 경우
로 검토되었던 법집행기관의 딥페이크 탐지(Deepfake detection), 범죄분석(Crime
analytics)는 제외하였다. 이러한 수정은 국가안보와 방위 목적의 인공지능 활용과
인권보장의 균형을 도모하려는 정책적 고려의 결과다.[43] 동 수정안은 핵심디지털
기반(Critical digital infrastructure), 생명보험 및 건강보험을 고위험인공지능 활용에

---

39) 김한균, 고위험 인공지능에 대한 가치지향적·위험평가기반 형사정책, 형사정책 34(1), 2022,
　　17면.
40) 같은 글, 18면.
41) Emre Kazim et al, Proposed EU AI Act—Presidency compromise text: select overview
　　and comment on the changes to the proposed regulation, AI and Ethics 3, 2023, 384면.
42) Human Rights Watch, How the EU's Flawed Artificial Intelligence Regulation Endangers
　　the Social Safety Net (2021년 11월 10일, https://www.hrw.org/news/2021/11/10/how−
　　eus−flawed−artificial−intelligence−regulation−endangers−social−safety−net 2023년
　　8월 20일 최종검색); Report of the Office of the United Nations High Commissioner for
　　Human Rights, 앞의 문서, para.3.
43) Emre Kazim et al, 앞의 논문, 385면.

해당하는 경우로 추가하였다. 또한 고위험 인공지능시스템 활용의 투명성을 높이기 위해 유럽연합 고위험인공지능 시스템 데이터베이스(EU database for high-risk AI systems)[44] 등록 의무를 고위험인공지능 기술공급자와 공공기관 사용자까지 확대하였다. 다만 형사사법기관은 등록 의무대상이 아니다. (수정안 제51조)

또한 2023년 6월 최종안 제38조에 따르면, 법집행기관 조치에서의 인공지능활용은 기본권 보장에 대한 부정적 영향뿐만 아니라 감시나 체포, 구금 권한의 오남용에 이를 수 있는 바, 특히 해당 인공지능 시스템이 양질의 데이터로써 학습되지 아니하였거나, 정확성과 엄정성 충족 요건에 미흡하거나, 적절한 사전 설계나 점검이 불충분할 경우 차별이나 불공정의 결과에 이를 수 있다. 나아가 무죄추정원칙이나 공정한 재판을 받을 권리와 같은 중요한 절차적 기본권의 행사에 장애가 될 수 있는바, 특히 해당 인공지능시스템의 투명성, 설명가능성, 문서기록화가 불충분한 경우다. 따라서 법집행기관의 활용 맥락에서 정확성, 신뢰성, 투명성 여부가 부정적 영향을 방지하고 시민의 신뢰를 유지하며 공적 책임성과 효과적 구제를 보장하는 데 특히 중요한 경우(accuracy, reliability and transparency is particularly important to avoid adverse impacts, retain public trust and ensure accountability and effective redress)라면 고위험인공지능으로 분류됨이 마땅하다. 또한 고위험성의 본질에 비추어 형사소송상 증명력 평가, 프로파일링, 범죄수사와 기소 및 범죄정보분석이 포함된다. 법집행기관과 법원의 인공지능 도구활용은 사회적 배제나 불평등의 요인이 되어서는 아니 된다. 피의자 권리보장에 있어서 인공지능 도구활용은 피의자의 방어권과 정보의 대등성에 불리한 영향을 미친다는 점에서 그 영향이 간과되어서는 아니 된다.

따라서 유럽연합 인공지능법안으로 대표되는 현단계 국제기준 논의[45]에 따르면, 국가안보 목적 전자감시는 고위험 인공지능 대상으로부터 일부 완화도 고려되지만, 공공장소 실시간 생체정보 감시뿐만 아니라, 수사기관과 행형기관의 인공지능기반

---

44) EU Agency for Fundamental Rights, Assessing high－risk artificial intelligence (https:// fra.europa.eu/en/project/2023/assessing－high－risk－artificial－intelligence 2023년 8월 20일 최종검색)

45) 유럽연합의 인공지능법안은 미국와 오스트리아 등 인공지능 통제법안의 모델이 되고 있다. (The U.S. eyes EU－style risk－based approach to AI regulation https://www.politico. eu/newsletter/ai－decoded/brazils－ai－law－us－takes－a－risk－based－approach－soci al－scoring/ 2023년 8월 20일 최종검색)

전자감시 전반은 엄격한 법적 통제의 검토 대상이다.

3. 국내 법안 논의 비교 검토

2023년 5월 현재 국회 입법안중 고위험 인공지능에 관해 다루고 있는 4개 법안[46]의 형사절차상 인공지능기반 전자감시와 관련한 법적 개념규정과 규제 내지 보호장치에 관한 주요 내용과 비교검토해 보면 다음과 같다.

첫째, 고위험영역에서 활용되는 인공지능(고위험인공지능)은 기본권 보호에 부정적 측면에서 중대한 영향을 미칠 우려가 있거나 부당한 차별 내지 편견을 결과할수 있는 경우로 규정된다.[47] 고위험 인정의 법적 표지는 생명·신체의 안전과 기본권에 미치는 중대한 영향이다. 기본권보호에 대한 중대한 영향 내지 그 우려는 수사과정에서 권한 행사에 사용되는 경우, 특히 생체정보 분석(biometric identification)

---

46) 인공지능 육성 및 신뢰 기반 조성 등에 관한 법률안(정필모 의원 대표발의)(의안번호 2111261); 인공지능에 관한 법률안(이용빈 의원 대표발의)(의안번호 2111573); 알고리즘 및 인공지능에 관한 법률안(윤영찬 의원 대표발의)(의안번호 2113509); 인공지능산업 육성 및 신뢰 확보에 관한 법률안(윤두현 의원 대표발의)(의안번호 2118726) 2023년 2월 종래 7건의 인공지능 관련 법률안은 본회의에 부의하지 않기로 하고 지금까지의 논의 과정에서 합의된 사항을 통합 조정한 대안을 과학기술정보방송통신위원회안으로 제안하기로 의결 (과학기술정보방송통신위원회회의록,17면.) 된 상태에서 논의가 진전되지 않고 있다.

47) 법안별 고위험인공지능 개념규정 비교

인공지능산업 육성 및 신뢰 확보에 관한 법률안	제2조 3. "고위험 영역에서 활용되는 인공지능"이란 다음 각 목의 어느 하나에 해당하는 인공지능으로서 사람의 생명, 신체의 안전 및 기본권의 보호에 중대한 영향을 미칠 우려가 있는 인공지능을 말한다. 　마. 범죄 수사나 체포 업무에 있어 생체정보(행정기관이 보유하고 있는 얼굴·지문·홍채 및 손바닥 정맥 등 개인을 식별할 수 있는 신체적 특징에 관한 개인정보)를 분석·활용하는 데 사용되는 인공지능
알고리즘 및 인공지능에 관한 법률안	제2조 3. "고위험인공지능"이란 국민의 생명, 신체의 안전 및 기본권의 보호에 중대한 영향을 미치는 인공지능으로 다음 각 목의 어느 하나에 해당하는 인공지능을 말한다. 　바. 수사 및 기소 등 기본권을 침해할 수 있는 국가기관의 권한 행사에 이용되는 인공지능
인공지능 육성 및 신뢰 기반 조성 등에 관한 법률안	2. "특수한 영역에서 활용되는 인공지능"이란 다음 각 목의 어느 하나에 해당하는 인공지능으로서 사람의 생명·신체에 위험을 줄 수 있거나 부당한 차별 및 편견의 확산 등 인간의 존엄성을 해칠 위험이 있는 인공지능을 말한다. 　다. 범죄 수사나 체포 업무에 활용될 수 있는 생체인식에 사용되는 인공지능

과 활용에서 현실화되므로 인공지능기반 전자감시에 대한 통제는 강화된 법적 기반을 요한다.

둘째, 인공지능 규제에 관하여 우선허용-사후규제를 원칙으로 한다해도 고위험 인공지능은 예외로서, 사전심의와 이용자보호, 고지 등의 의무, 별도 심의기구 설치[48], 손해배상책임 등의 규정이 제안되고 있다.[49] 인공지능 기본법제에서 인공지

---

48) 과학기술정보방송통신위원회회의록, 13-14면.
49) 법안별 고위험인공지능 규제 및 보호규정 비교

인공지능산업 육성 및 신뢰 확보에 관한 법률안	제11조(우선허용 · 사후규제 원칙) ① 국가와 지방자치단체는 인공지능기술의 연구 · 개발 및 인공지능제품 또는 인공지능서비스의 출시를 허용하는 것을 원칙으로 한다. 다만, 인공지능기술, 인공지능제품 또는 인공지능서비스가 국민의 생명 · 안전 · 권익에 위해가 되거나 공공의 안전 보장, 질서 유지 및 복리 증진을 현저히 저해하는 경우에는 이를 제한할 수 있다. 제27조(고위험 영역에서 활용되는 인공지능의 고지 의무) ① 고위험 영역에서 활용되는 인공지능을 이용하여 제품 또는 서비스를 제공하려는 자는 해당 제품 또는 서비스가 고위험 영역에서 활용되는 인공지능에 기반하여 운용된다는 사실을 이용자에게 사전에 고지하여야 한다.
알고리즘 및 인공지능에 관한 법률안	제15조(고위험인공지능 심의위원회) ① 정부는 고위험인공지능을 개발 · 이용하는 과정에서 국민의 생명과 안전을 보호하고 고위험인공지능과 그 알고리즘의 규율에 관한 기본원칙 및 정책 수립 등에 관한 사항을 심의 · 의결하기 위하여 국무총리 소속으로 고위험인공지능심의위원회를 둔다. 제19조(고위험인공지능 이용자의 보호) ① 고위험인공지능 이용자는 다음 각 호의 규정된 권리를 가진다. 1. 고위험인공지능을 이용한 기술 또는 서비스에 대한 설명요구권 2. 고위험인공지능을 이용한 기술 또는 서비스에 대한 이의제기권 또는 거부권 제20조(책임의 일반원칙) ① 이용자는 고위험인공지능의 기술 또는 서비스를 이용함에 있어 손해를 입으면 해당 고위험인공지능사업자에게 손해배상을 청구할 수 있다.
인공지능에 관한 법률안	제34조(운용의 고지) ① 계약의 체결, 권리 · 의무의 행사와 이행, 이익의 제공 및 지위의 부여 등 법률상 · 사실상의 대우나 취급 또는 지위에 중대한 영향을 주는 판단 또는 평가를 목적으로 하는 인공지능을 운용하는 자는 상대방에 대하여 사전에 인공지능을 운용하여 업무를 수행한다는 사실을 고지하여야 한다.
인공지능 육성 및 신뢰 기반 조성 등에 관한 법률안	제20조(특수한 영역에서 활용되는 인공지능 고지의무 등) ① 특수한 영역에서 활용되는 인공지능을 사용하여 업무를 수행하는 자는 해당 업무의 수행에 있어서 특수활용 인공지능을 사용한다는 사실을 상대방이 쉽게 알 수 있도록 사전에 고지하여야 한다. ② 특수활용 인공지능 중 개인의 권리 및 의무관계에 중대한 변화를 가져오는

능기반 전자감시에 대한 통제의 구체적 근거까지 기대하기는 어렵지만, 인공지능에
만 의존하여 최종적인 평가 또는 의사결정 업무를 수행하여서는 아니 된다는 금지
규정 제안은 주목할 만하다.

　다만 관련 법안 논의에서 세계 최초 내지 세계적 수준의 인공지능법이라 자찬하
고 있지만,[50] 고위험인공지능 분류기준의 불명확성, 고위험 인공지능 사용 사실의
고지 및 신뢰성 확보방안 마련의무 부과에 관하여 규정할 뿐인 한계가 지적된다.[51]

　유럽연합 인공지능법안 논의과정에서도 고위험 인공지능의 불명확한 개념규정으
로 인한 문제점이 지적된다.[52] 인공지능기반 제도의 높은 위험성이 인정될 때 합리
적으로 통제 내용과 형식에 대한 규정도 뒷받침되어야 할 것임은 물론이지만, 법적
논의 과정중에도 인공지능 기술은 빠르게 발전하고 인공지능기반 제도 수용에 대
한 사회적 기대와 정책적 추진이 앞서가기 때문에, 인공지능기술을 통한 혁신의 증
진과 인공지능기술에 대한 인권 보장의 균형점을 찾기란 판단이 어려운 정책 문제
다.

　인공지능기반 전자감시의 경우 '국가가 국민에게 영향을 미치는 의사결정을 위하
여 사용되는 인공지능'으로서 일단 고위험 내지 특수활용 인공지능에 해당될 것인
데, 운용의 사전고지의무나 이용자권리, 책임부과와 같은 일반적인 고위험인공지능
통제 규정을 적용하기 어렵다. 그만큼 인공지능기술을 통한 안전확보와 인공지능기

평가 또는 의사결정을 위하여 사용되는 인공지능; 국가, 지방자치단체, 공공기관
등이 사용하는 인공지능으로서 국민에게 영향을 미치는 의사결정을 위하여 사용
되는 인공지능; 정보통신서비스 제공자가 사용하는 인공지능을 사용하여 업무를
수행하는 자는 특수활용 인공지능에만 의존하여 최종적인 평가 또는 의사결정 업
무를 수행하여서는 아니 된다.
　③ 특수활용 인공지능을 사용하여 업무를 수행하는 자는 상대방의 요청이 있
는 경우에는 해당 인공지능이 갖는 의사결정 원리 및 최종결과 등 대통령령이 정
하는 사항을 설명하여야 한다.

50) "이 법은 단순히 진흥법이 아니고 고위험군에 대한 국가의 책무라든지 사업자들이 지켜야 될
　사항들에 대해서도 같이 규정을 하고 있기 때문에 산업 발전과사회적인 적용에 대한 균형점
　들을 갖고 있는 측면에서 세계에 내놔도 손색이 없지 않을 것" (과학기술정보방송통신위원회
　회의록 제403회－과학기술정보방송통신소위 제1차(2023년2월14일) 15면.)
51) 진보네트워크 센터 등, 국회 과방위소위 통과 인공지능법안 시민사회 반대 의견서 관련 과기
　부 답변에 대한 인권시민단체 반박의견서 과기부에 제출 (보도자료 2023년 5월 16일)
52) Philipp Hacker et al, The EU AI Act is improving － but still contains fundamental
　flaws, Tech Monitor. May 19, 2023

술로부터의 인권보장을 균형있게 판단해야 할 정책적 기준점을 고민해 볼 수 있는 의미 있는 과제가 된다.

V. 결론

본 논문은 법치국가적 관점과 인권보장의 필요성으로부터 인공지능기술 기반 전자감시에 대한 법적 통제 수요에 따른 정책과 제도에 대해 논의하였다. 이때 인권보장은 단지 시민개인의 사생활의 권리를 형사사법기관의 권한을 제한하여 보장받아야 한다는 소극적 내용에 그치는 것이 아니라, 형사절차 구성과 운영의 기본원리로서 적극적 의미를 가진다. 이러한 관점에서 전자감시에 대하여 형사법을 비롯한 법적 통제 실현은 일차적으로는 기존 법제 정비, 장기적으로는 새로운 인공지능 시대의 문제에 대응하기 위한 입법정책의 과제가 된다.

앞서 우리나라의 사례로 살펴본 '인공지능 기반의 전자감독서비스'나 '인공지능 식별추적시스템'의 경우를 보건대, 우선허용−사후규제조차 기대하기 어렵고 우선 실행−사후입법의 모양이 되지나 않을까 우려도 된다. 인공지능기반 전자감시에 대한 통제는 종래 인권보호 관점에서 개인정보보호법제와 전자감시법제에 두었던 통제 규정과 함께 인공지능기본법과 통제법제에 관한 국제적, 국내적 논의맥락까지 고려한 차원에서 검토될 필요가 있겠다.

일찍이 국제인권규범체계는 첨단기술을 활용한 전자감시의 확대가 인권보장에 미칠 국제사회의 일치된 우려를 반영해 디지털 시대 프라이버시의 권리를 명확히 한 바 있다. 2013년 유엔 결의안은 현실공간에서 시민들에게 보장되는 인권은 디지털공간에서도 마찬가지로 보장되어야 하며, 각국 정부가 전자감시의 법적 기반과 절차, 실무 전반에 걸쳐 국제인권규범이 부과하는 인권보장 의무의 효과적이고도 완전한 이행을 위한 검토를 할 것을 요청한다.[53]

국제인권규범에 입각한 전자감시의 정당성 기준은 필요성과 비례성이며, 이에 반한 일상적 감시(mass surveillance)는 합법적 목적하에 법적 기반을 갖춘다 하더라도 자의적(arbitrary) 감시로서 반인권적이다.[54] 비례성의 중요한 판단기준은 전자

---

53) UN General Assembly, The right to privacy in the digital age. A/RES/68/167. 18 December 2013

54) Report of the Office of the United Nations High Commissioner for Human Rights, 앞의 문서, para.25.

감시로부터 수집된 정보에 대한 접근제한이다. 정보의 수집과 수집된 정보의 활용에 대한 통제는 별개의 과제일 것이지만, 유엔인권기구에 따르면, 2001년 9/11 테러 이후 형사사법과 국가안보 체계의 감시제도의 경계가 흐려지면서 형사사법기관과 정보기관, 행정기관간의 감시정보 공유는 전자감시 필요성과 비례성의 기준에 반하는 경향을 낳았다.55) 또한 전자감시 법제와 정책이 진화하면서 그 필요성과 비례성에 대해서는 사법적 통제 외에도 국제인권규범에 입각한 평가가 요구되는데, 정부의 감시정책, 법제와 실무의 투명성 부족은 인권규범에 입각한 책임을 묻는데 걸림돌이 된다.56)

이러한 지적은 형사절차상 인공지능기반 전자감시 제도의 도입운용이 합법적 목적을 내세워 실정법적 기반을 갖춘다 하더라도 인권규범이 요구하는 필요성과 비례성 기준에 현실적으로 미치지 못한다면 자의적 제도로서 그 정당성은 물론이거니와 효과성 또한 인정될 수 없다는 점을 시사한다.

논문투고일 : 2023.06.11. 논문심사일 : 203.06.16. 게재확정일 : 2022.06.28.

---

55) 같은 문서, para.27.
56) 같은 문서, para.48.

【참고문헌】

김한균, "고위험 인공지능에 대한 가치지향적·위험평가기반 형사정책", 『형사정책』 34(1), 한국형사정책학회, 2022

김한균, "범죄방지 제도에 대한 기대와 실망의 어긋난 순환고리", 『범죄방지포럼』 제44호, 한국범죄방지재단, 2022

신진수, "자유의 도구로서 바라본 전자감시 – 재판 전(Pretrial Release)구금완화를 중심으로", 『일감법학』 29, 건국대 법학연구소, 2014

원혜욱, "감청행위의 실태 및 입법례의 비교고찰", 『형사법연구』 24, 한국형사법학회, 2005

Council of the European Union, *Proposal for a Regulation of the European Parliament and of the Council laying down harmonised rules on artificial intelligence (Artificial Intelligence Act) and amending certain Union legislative acts– General approach*, Brussels, 25 November 2022, 14954/22

European Committee on Crime Problems, *Council for Penological Cooperation, Draft Recommendation On Electronic Monitoring*, PCCP (2012) 7rev3, Council of Europe, 2012

European Commission, *Proposal for a Regulation Of The European Parliament And Of The Council Laying Down Harmonised Rules On Artificial Intelligence (Artificial Intelligence Act) And Amending Certain Union Legislative Acts*, Com(2021) 206 final 2021/0106(COD)

European Parliament, *Artificial Intelligence Act : Amendments adopted by the European Parliament on 14 June 2023 on the proposal for a regulation of the European Parliament and of the Council on laying down harmonised rules on artificial intelligence (Artificial Intelligence Act) and amending certain Union legislative acts* (COM(2021)0206 – C9–0146/2021 – 2021/0106(COD))P9_TA(2023)0236

Feldstein, Steven, *The Global Expansion of AI Surveillance*, Carnegie

Endowment For International Peace, 2019

Hacker,Philipp et al, *The EU AI Act is improving – but still contains fundamental flaws*, Tech Monitor. May 19, 2023

Human–Centered AI Institute, *AI Index Report 2023, Stanford University, 2023*

Kazim, Emre et al, Proposed EU AI Act–Presidency compromise text: select overview and comment on the changes to the proposed regulation, AI and Ethics 3, 2023

Sherman, Stephanie, *The Polyopticon: a diagram for urban artifcial intelligences*, AI & SOCIETY 38, 2023

United Nations General Assembly, *The right to privacy in the digital age*. A/RES/68/167. 18 December 2013

United Nations Human Rights Council, *Report of the Special Rapporteur on the promotion and protection of the right to freedom of opinion and expression*, A/HRC/23/40, 2013

United Nations Human Rights Council, *Report of the Office of the United Nations High Commissioner for Human Rights, The right to privacy in the digital age*, Human Rights Council, A/HRC/27/37, 2014

Vervaele, John, *Surveillance and Criminal Investigation: Blurring of Thresholds and Boundaries in the Criminal Justice System?*, in S. Gutwirth et al. eds. Reloading Data Protection, Springer, 2014

【국문초록】

본 논문은 형사절차상 전자감시도구가 인공지능기술을 기반으로 확장되는데 따른 법적 통제 및 인권보장 필요성과 방향을 정책과 제도적 측면에서 검토한다. 특히 전자감시 기법의 기술적 고도화에 따른 감시 내용의 질적 강화에 대한 통제 필요성과 그 실현 방안 모색이 새롭게 강조되어야 한다. 형사절차상 통제의 필요성은 법치국가적 제한에서 나오며, 그 통제의 방향은 시민의 인권보장이어야 할 것이다. 형사법을 비롯한 법적 통제는 종래 유관법제의 개선과 새로운 문제에 대응하기 위한 입법정책이 내용이 될 것이다.

현행 전자감시 제도는 위치추적 전자장치와 고정형 영상정보처리기기(cctv)가 전자감시의 도구로서 확장적으로 결합되는 형태로 진전되는바, 인공지능 기술을 기반으로 강화된 전자감시 제도로 결과되므로 합리적이고 실효적인 법제도적 통제의 과제가 요청된다. 또한 형사절차상 전자감시도구가 인공지능기술을 기반으로 확장되는데 있어서 효과성 재평가뿐만 아니라 정당성 재검토가 뒤늦어서는 안될 것은, 인공지능 기술의 효과성은 과대평가되는 반면, 그 위험성은 과소평가 되는 가운데 급격히 현실 도입되고 있기 때문이다. 그 급격함은 과거 마약, 성폭력, 테러범죄와 관련해 전자감시의 확대가 검토될 때만해도 찾아볼 수 있던 신중함 만큼에도 미치지 못한다는데서 찾아볼 수 있는데, 첨단기술에 대한 환상 내지 기대는 범죄에 대한 두려움이나 안전요구에 대응하기 보다는 형사사법에 있어서 인권보장 관점에 따른 경계를 약화시킬 수 있다.

전망컨대 전자감시는 인공지능기술과 결합하여 선제적 – 전방위적 감시체계로 발전할 가능성이 보이는바, 이러한 가능성은 효과적 범죄예방을 통한 안전보장과 과도한 추적감시를 통한 인권침해의 양면성이 있다. 하지만 경계와 신중한 접근만으로는 인공지능기술을 형사사법체계안으로 들여올 경우 미칠 영향을 예측하고 대비하기 상당히 어렵기 때문에 특히 위험성이 높다 할 것이고, 그 고위험성을 더욱 신중히 살펴 통제할 필요성을 강조할 수 밖에 없다.

◆ 주제어: 전자감시, 전자감독, 위치추적 전자감시, 인공지능기반 전자감시, EU 인공지능법

【Abstract】

How to control AI technology-based electronic surveillance in criminal procedure

Kim, Han−Kyun*

This study examines the necessity and direction of legal control and human rights protection policies as electronic surveillance tools in criminal proceedings are expanded based on artificial intelligence technology. In particular, the need for control and the search for ways to realize the enhancement of the quality of surveillance contents due to the technological advancement of electronic surveillance techniques should be newly emphasized. The need for criminal procedure control comes from the rule of law, and the direction of control should be to ensure the human rights of citizens. Legal control, including criminal law, should include the improvement of existing relevant legal systems and legislative policies to respond to new problems.

As the current electronic surveillance system evolves into an expanded combination of location−tracking electronic devices and fixed video information processing devices (CCTV) as tools for electronic surveillance, the enhanced electronic surveillance system based on artificial intelligence technology will inevitably result in the challenge of reasonable and effective legal and institutional control. The expansion of electronic surveillance tools in criminal proceedings based on A.I. technology should not only re−evaluate its effectiveness but also review its legitimacy, as the effectiveness of A.I. technology is overestimated while its risks are underestimated, and it is rapidly being introduced into reality. The urgency is evident in the fact that the expansion of electronic surveillance has not been met with the same level of prudence that has been exercised in the past in

* Senior Research Fellow, Korean Institute of Criminology & Justice

relation to drug, sexual violence, and terrorism offenses, as fantasies and expectations of advanced technology can undermine the boundaries of human rights in criminal justice more than countermeasure fears of crime or the need for safety.

Electronic surveillance is likely to develop into a preemptive and defensive surveillance system in combination with artificial intelligence technology, which has the potential to ensure safety through effective crime prevention and also to violate human rights through excessive tracking and surveillance. However, it is quite difficult to predict and prepare for the impact of introducing AI technology into the criminal justice system, so the risk is particularly high, emphasizing the need to examine and control the high−risk AI more carefully. The proposal for a regulation of the European Parliament and of the Council on laying down harmonised rules on artificial intelligence (Artificial Intelligence Act) is a good example to contemplate.

◆ Key Words: Electronic surveillance, Electronic monitoring, Electronic tagging, AI-based surveillance, EU AI Act

한국형사소송법학회 『형사소송 이론과 실무』
제15권 제2호 (2023.6) 137~163면.
Theories and Practices of Criminal Procedure Vol. 15 No. 2 (June. 2023) pp. 137~163.
10.34222/kdps.2023.15.2.47

동석 신뢰관계인의 진술증거와 적극적인 증거보전절차의 모색* **

김 혁 돈***

───────────── 목 차 ─────────────

───────────────────────────────

Ⅰ. 들어가면서

　성폭력범죄의 경우 그 행위 상황의 특성상 제3자에게 범죄현장이 노출되기 어려운 경우가 많기 때문에 다수의 경우에서 법원은 범죄혐의에 대한 심증을 피해자의 진술을 통하여 형성하게 된다. 그러므로 피해자의 진술을 최대한 신속하고 정확하게 확보하는 것이 범죄의 실체진실을 발견하는 데에 지대한 영향을 미친다고 할 것이다. 더불어 성폭력범죄에 있어 피해자의 진술에 근거하여 심증을 형성하는 경우에 검사는 범죄혐의의 입증을 피해자의 진술내용을 통하여 하려고 할 것이고, 이에 대하여 피고인측은 방어권의 행사라는 명목으로 피해자의 진술내용에 대하여 탄핵하려고 할 것이다. 이 경우 피해자가 수사기관이나 법정에서 다시 범죄피해상황을 다시 환기하여 진술하여야만 하는 소위 2차 피해에 노출되는 문제가 발생한다.

───────────────

　* 이 논문은 2022년 가야대학교 교내학술연구비 지원을 받았음
　** 이 논문은 2023년 4월 21일에 열린 2023년 한국피해자학회·전국범죄피해자지원연합회 춘계
　　공동학술대회에 발표한 것을 수정·보완한 것임
*** 법학박사, 가야대학교 경찰소방학과 부교수

이러한 2차 피해를 방지하기 위한 목적으로 입법된 것이 「성폭력범죄의 처벌 등에 관한 특례법」(이하 '성폭력특별법'이라 칭함) 제30조 제6항이라고 할 수 있다. 동조 제1항에서는 성폭력범죄의 피해자가 19세 미만이거나 신체적인 또는 정신적인 장애로 인하여 사물을 변별하거나 의사를 결정할 능력이 미약한 경우에는 피해자의 진술 내용과 조사과정을 비디오녹화기 등 영상물 녹화장치로 촬영·보존하도록 하고 있고, 제34조에서는 피해자에 대한 조사시에 신뢰관계인이 동석하도록 규정하고 있다. 또한 제36조와 제37조에서는 피해자가 13세 미만의 자이거나 신체 또는 정신적인 장애로 인하여 의사소통이나 의사표현에 어려움이 있는 경우 원활한 조사를 위하여 직권이나 피해자, 그 법정대리인 또는 변호사의 신청에 따라 진술조력인으로 하여금 조사과정이나 증인신문에 참여하여 의사소통을 중개하거나 보조하게 할 수 있다.

피해자에 대한 2차 피해의 방지의 핵심인 제30조 제6항[1])에서는 피해자가 공판정에서 직접 진정성립을 인정하지 않더라도, 미성년 피해자나 신체적인 또는 정신적인 장애로 인하여 미약인 피해자의 경우에는 조사과정에 동석한 신뢰관계인이나 진술조력인의 증언만으로 조사과정을 녹화한 영상물의 진정성립을 인정함을 통하여 피해자에 대한 조사 없이 그 영상녹화물에 대하여 증거능력을 인정하여 피해자에 대한 2차 피해를 방지하고 있다. 그러나 2021년 12월 헌법재판소는 성폭력범죄 피해자에 대한 2차 피해를 방지하고자 하는 목적을 가진 성폭력특별법 제30조 제6항이 미성년 피해자가 증언과정에서 받을 수 있는 2차 피해를 막기 위한 것이기는 하지만 당해 조항으로 인한 피고인의 방어권 제한의 중대성을 고려하고 미성년 피해자의 2차 피해를 방지할 수 있는 여러 조화적인 대안들이 존재함을 고려하면 당해 조항이 달성하려고 하는 피해자에 대한 2차 피해의 방지라는 공익이 제한되는 피고인의 방어권보장보다 우월하다고 쉽게 단정하기는 어렵기 때문에 과잉금지원칙을 위반하여 공정한 재판을 받을 권리를 침해한다고 위헌결정[2])을 한 바 있다. 이로 인하여 향후 미성년자인 성폭력범죄 피해자는 조사과정에서 촬영된 영상녹화물에 대하여 증거능력을 인정받기 위해서 공판정에 출석하여 영상녹화물에 대하여

---

1) "제1항에 따라 촬영한 영상물에 수록된 피해자의 진술은 공판준비기일 또는 공판기일에 피해자나 조사과정에 동석하였던 신뢰관계에 있는 사람 또는 진술조력인의 진술에 의하여 그 성립의 진정함이 인정된 경우에 증거로 할 수 있다."

2) 헌재 2021. 12. 23. 2018헌바524(구 성폭력범죄의 처벌 및 피해자보호 등에 관한 법률 제21조의3 제4항 등 위헌소원)

진정성립을 인정하여야 자신의 조사과정에서의 진술이 증거능력을 가지게 된다. 이 과정에서 미성년인 성폭력피해자는 피고인측의 반대신문에 노출되어 2차 피해를 입게 될 위험이 있게 되므로 미성년인 성폭력범죄 피해자에 대한 2차 피해를 방지할 수 있는 보완책이 필요한 상황이다.

헌법재판소는 동결정문에서 심판대상조항은 미성년 피해자가 증언과정 등에서 받을 수 있는 2차 피해를 막는 것을 목적으로 하고 있다는 점을 인정하고 더불어 피해자의 2차 피해의 방지가 성폭력범죄에 관한 형사절차에 있어 중요한 가치인 점을 확인하고 있다. 더불어 피고인의 공정한 재판을 받을 권리도 보장되어야 한다고 하고, 성폭력범죄의 특성상 심판대상조항에서의 영상물에 수록된 미성년 피해자 진술이 사건의 핵심 증거임에도 피해자에 대한 피고인의 반대신문권을 보장하지 않는 것은 피고인의 방어권에 대한 심각한 침해이고, 심판대상조항이 미성년 피해자의 진술을 담고 있는 영상물에 대하여 신뢰관계인 등에 대한 신문 기회를 보장하고 있는 것만으로는 충분한 방어권 보장이라고 할 수 없다고 확인하고 있다. 또한 피고인의 반대신문권을 일률적으로 제한하지 않더라도 미성년인 성폭력피해자가 증언과정에서 받을 수 있는 2차 피해를 방지할 수 있는 방법이 있다[3]고 한다. 즉 미성년이거나 신체적인 정신적인 장애를 가진 성폭력피해자의 2차 피해를 방지하는 것이 헌법상의 핵심가치이기는 하지만 성폭력범죄의 특성상 실체진실의 발견과 피고인의 방어권보장을 위하여 미성년인 성폭력피해자에 대한 피고인의 반대신문 기회를 보장하여야 하고 이에 있어 피해자에 대하여 발생할 수 있는 2차 피해는 성폭력 피해자를 위하여 마련되어 있는 다양한 증인신문 등의 방법의 활용과 재판장의 적절한 소송지휘권 행사를 통하여 방지할 수 있다는 견해를 취하고 있다.

또한 「아동·청소년의 성보호에 관한 법률」(이하 청소년성보호법이라 칭함) 제26조에서도 제1항에서 아동·청소년대상 성범죄 피해자의 진술내용과 조사과정은 비디오녹화기 등 영상물 녹화장치로 촬영·보존하도록 하고 있으며, 제6항에서 동조의 규정의 절차에 따라 촬영한 영상물에 수록된 피해자의 진술은 공판준비기일 또는 공판기일에 피해자 또는 조사과정에 동석하였던 신뢰관계에 있는 자의 진술에 의하여 그 성립의 진정함이 인정된 때에는 증거로 할 수 있다고 하고 있어 성폭력특별법과 동일한 내용을 가지고 있음에도 성폭력특별법에 대하여만 위헌결정이 있고 이에 대응하는 법률개정 등이 이루어지고 있지 않음으로 인하여 발생할 수 있는

---

3) 헌재 2021. 12. 23. 2018헌바524

적용상의 문제점도 함께 가지고 있다고 하겠다.

조사과정에서 피해자가 진술한 것을 녹화한 영상녹화물이 증거능력을 가질 수 있도록 하기 위하여 형사소송법 제312조 제4항의 참고인진술조서에 대한 규정을 적용하더라도 검사 또는 사법경찰관 앞에서 진술한 내용과 동일하게 기재되어 있음이 원진술자의 공판준비 또는 공판기일에서의 진술이나 영상녹화물 또는 그 밖의 객관적인 방법에 의하여 증명되고, 피고인 또는 변호인이 공판준비 또는 공판기일에 그 기재 내용에 관하여 원진술자를 신문할 수 있었던 때에 한하여 증거로 할 수 있다고 할 것이므로 이 경우에도 피해자의 법정증언은 불가피하고 2차 피해의 위험에 노출될 수밖에 없다. 다만 이 경우 피해자가 극도의 신경불안증 등으로 공판정 진술이 불가능하다고 인정되고 제314조에 의하여 특신상황이 인정된다면 증거능력을 인정받을 수도 있을 것이다. 또한 성폭력 피해자의 조사시에 동석한 신뢰관계인 등에 대하여 형사소송법 제316조 제2항에 의하여 피해자의 진술내용에 대하여 증거능력을 갖추고자 하는 시도도 있을 수 있다.

피해자에 대한 2차 피해 방지를 위하여 미성년인 성폭력피해자의 조사과정에서의 진술이 증거능력을 갖도록 우회경로를 활용하고자 하는 시도가 있을 것이라는 것은 충분히 예상할 수 있고 이것이 성폭력특별법 제30조 제6항의 적용범위를 제한하는 것에 비하여 피고인의 방어권을 더 침해하는 결과를 초래한다는 것도 충분히 예상할 수 있다. 피해자의 2차 피해 방지와 피고인의 방어권 침해를 최소화하는 방법은 결국 최종적으로 범죄의 실체에 대하여 심증형성을 하는 법원이 수사과정 초기부터 적극적으로 증거보전활동을 하는 것이라고 생각한다.

본 논문에서는 헌법재판소의 성폭력특별법 제30조 제6항에 대한 위헌결정의 당부를 살펴봄과 함께 피고인의 대면권의 보장이 현실적으로 피고인의 방어권보장에 충분한 것인지, 피해자의 2차 피해 방지보다 더 우월한 법익이라고 할 수 있는지(II)를 살펴보고자 한다. 더 나아가 피해자의 권익보장을 위하여 공판정 출석을 피하려는 시도로 고려될 수 있는 동석 신뢰관계인이나 진술보조인의 진술이 현행 형사소송법에 의하여 증거능력을 가질 수 있는 가능성을 살펴보고(III), 궁극적으로 최후 판단자인 법원에 의하여 적극적으로 증거를 확보하는 방법인 증거보전절차를 적극적으로 활용하는 방법(IV)을 모색해 보고자 한다.

II. 2차 피해 방지와 반대신문권의 보장

1. 성폭력특별법 제30조 제6항 위헌결정의 평가

전술한 바와 같이 헌법재판소는 성폭력특별법 제30조 제6항에 대하여 미성년 피해자가 증언과정 등에서 받을 수 있는 2차 피해를 막기 위한 것이고 성폭력범죄의 수사와 공판과정에서 입을 수 있는 미성년 피해자의 2차 피해를 방지하는 것이 포기할 수 없는 중요한 가치이지만 성폭력범죄의 공판과정에서 피고인의 공정한 재판을 받을 권리 또한 보장되어야 할 가치라고 하고 있다. 성폭력범죄의 특성상 사건현장이 제3자 등에 공개되지 않은 경우가 많기 때문에 다른 객관적인 증거가 없는 경우가 많고, 이로 인하여 수사과정에서 촬영된 영상물에 수록된 미성년 피해자 진술이 사건의 핵심 증거로 되는 경우가 적지 않음에도 심판대상조항이 피해자의 진술증거의 오류를 탄핵할 수 있는 효과적인 방법인 피고인의 반대신문권을 보장하지 않고 있는 것은 피고인의 방어권을 심히 침해하고 있다는 것이다.

또한 영상물로 녹화된 내용에 관하여 신뢰관계인 등에 대하여 신문할 수 있는 기회를 보장하고 있기는 하지만 영상녹화물의 특성 및 형성과정을 고려할 때 이로써 원진술자에 대하여 반대신문하는 것과 동일하게 평가하기는 어렵다는 것이다. 그 결과 피고인은 사건의 핵심 진술증거에 관하여 충분히 탄핵할 기회를 갖지 못하게 되고 그 결과로 유죄 판결을 받을 수도 있는 가능성을 고려한다면 심판대상조항은 피고인의 방어권을 심각하게 침해하고 있다고 평가하고 있다.

반면 피해자에 대한 피고인의 반대신문권을 제한하지 않더라도, 성폭력범죄 사건 수사의 초기 단계에서부터 증거보전절차의 활용이나 비디오 등 중계장치에 의한 증인신문을 활용한다면 미성년 피해자가 증언과정에서 받을 수 있는 2차 피해를 방지할 수 있고, 이러한 방법을 적극적으로 활용한다면 심판대상조항이 목적으로 하는 피해자의 2차 피해의 방지를 달성할 수 있다는 것이 성폭력특별법 제30조 제6항의 적용범위에서 미성년 피해자를 배제하자는 헌법재판소의 주된 논거이다. 또한 피고인 측이 정당한 방어권의 범위를 넘어 피해자를 위협하거나 반복질문 등 범죄피해 당시를 재생하는 등으로 괴롭히는 반대신문으로 인한 2차 피해는 재판장의 소송지휘권의 행사를 통하여 예방할 수 있다고 한다.

결론적으로 미성년 피해자의 2차 피해를 방지하는 것이 중요한 공익에 해당함에는 의문의 여지가 없지만 심판대상조항을 통하여 달성하려는 공익이 이로 인하여 제한되는 피고인의 사익보다 우월하다고 쉽게 단정하기는 어렵기 때문에 심판대상조항은 과잉금지원칙을 위반하여 공정한 재판을 받을 권리를 침해한다고 한다.[4]

결국 헌법재판소는 심판대상조항 중 '19세 미만의 미성년자'라는 부분에 한정하여, 성폭력범죄의 경우 당사자 외에 범죄를 입증할 만한 객관적인 증거를 확보하기 어렵고 결국 피해자의 진술에 의존할 수 밖에 없기 때문에 피해자의 진술의 신빙성이나 증명력을 확보하기 위하여는 피해자에 대하여 직접 대면하여 행하는 반대신문이 불가피하고, 더 나아가 범죄의 입증이 피해자의 진술에 의존함으로 인하여 피해자 조사시에 확보된 피해자의 진술만으로 실체진실에 대한 심증을 형성하는 것은 피고인의 방어권이나 반대신문권을 과도하게 제한하는 것이어서 과잉금지의 원칙에 반한다고 주장한다.

헌법재판소로부터 위헌이라고 판단된 성폭력특별법 제30조 제6항의 대상인 19세 미만의 미성년자인 성폭력 피해자는 청소년성보호법 제26조에서도 규율대상으로 하고 있는데, 청소년성보호법 제26조에서는 아동·청소년대상 성범죄 피해자의 진술 내용과 조사과정은 비디오녹화기 등 영상물 녹화장치로 촬영·보존하도록 하고 있으며, 이에 따라 촬영한 영상물에 수록된 피해자의 진술은 공판준비기일 또는 공판기일에 피해자 또는 조사과정에 동석하였던 신뢰관계에 있는 자의 진술에 의하여 그 성립의 진정함이 인정된 때에는 증거로 할 수 있다고 규정하고 있어 동석 신뢰관계인의 진술에 대하여 증거능력을 제한하고 있는 헌법재판소의 판단과 충돌되는 규정이 그대로 있어 향후 관련 법률간의 충돌문제를 예정하고 있기도 하다.[5] 그러므로 성폭력특별법과 청소년성보호법이 조화될 수 있도록 입법보완이 이루어져야 할 것이고, 헌법재판소의 위헌결정이 미성년자 모두를 포함하고 있는 점을 감안한다면 청소년성보호법도 이를 반영하여 개정되어야 할 것이다.

성폭력특별법 제30조 제6항과 청소년보호법상의 유사규정과의 조화로운 법적용을 위하여는 성폭력특별법 제30조 제6항의 연혁을 고찰하는 것도 의미가 있을 것이어서 이하에서 살펴보고자 한다. 성폭력 피해아동의 진술을 녹화한 영상녹화물의 증거능력을 부여하는 특례조항은 2003년 구「성폭력범죄의 처벌 및 피해자보호 등

---

4) 헌재 2021. 12. 23. 2018헌바524
5) 해당조항에 대한 위헌결정이 있고도 오랜 시일이 지난 지금까지도 성폭력특별법 제30조 제6항은 아직 개정되지 않고 있는 것도 동일한 상황인데, 그 이유가 의문이다.

에 관한 법률」의 개정을 통해 처음 도입되었는데(제21조의2 제3항),[6] 당시 '한국아동성폭력피해자부모모임'의 국회 앞에서의 시위 등 수사와 재판과정에서 피해아동 등이 반복 진술을 경험하여야 하는 문제가 사회적으로 공론화된 것이 영상녹화제도 도입의 주요 배경으로 작용하였다고 한다.[7] 동 법률에서는 13세 미만의 피해아동과 신체·정신장애로 심신이 미약한 피해자에 대한 영상녹화를 의무화하고, 영상녹화물에 수록된 진술은 공판준비 또는 공판기일에서 피해자뿐만 아니라 조사과정에 동석하였던 신뢰관계인의 진술에 의하여도 성립의 진정을 인정할 수 있도록 하고 있었다. 그 후 2006년 개정을 통하여 영상녹화의 대상을 16세 미만으로 확대하였고(제21조의3), 2010년 위 법률이 폐지되어 처벌법과 보호법으로 이원화된 이후에는 성폭력특별법에 종래의 영상녹화물에 관한 특례조항을 규정하도록 하였다(제26조). 또한 2010년에는 청소년성보호법에도 유사한 취지의 조항이 신설되어, 아동·청소년 성폭력 피해자의 진술이 수록된 영상녹화물에도 증거능력의 특례를 적용할 수 있게 되었다(제18조의2). 나아가 2012년 개정된 성폭력특별법은 영상녹화의 대상을 19세 미만으로 상향 조정하는 한편, 기존의 피해자와 신뢰관계인에 더하여 조사과정에 참여하였던 진술조력인도 영상녹화물의 진정성립을 인정할 수 있는 주체로 추가하였다(제30조). 그리고 2014년에 제정된 아동학대처벌법은 영상녹화물에 관하여 성폭력특별법을 준용하도록 하고 있어(아동학대처벌법 제17조), 「아동복지법」 제3조 제1호에 따른 18세 미만의 학대 피해아동 역시 의무적 영상녹화의 대상이 되었다. 이처럼 영상녹화물에 대하여 증거능력을 인정하는 특례조항의 적용범위가 계속 확장되어 온 것은 그동안의 실무운용과 성과를 바탕으로 동 제도가 피해자의 2차 피해 방지에 기여함이 인정되었기 때문이라고 한다.[8]

결국 성폭력특별법 제30조 제6항의 본질적인 기능은 성폭력피해자의 2차 피해를 방지하는 데에 있다고 할 것이고 동 법률상의 해당조항 중 '19세 미만의 미성년자'라는 부분이 과연 피고인의 반대신문권이나 방어권을 침해하는 것으로서 과잉금지의 원칙을 위반하고 있는지를 살펴보아야 할 것이다. 비교법적으로 검토하더라도 미국이나 일본의 경우, 성폭력사건에 있어서도 피고인의 반대신문권은 보장되어야 하고 증인에게 특별한 보호가 필요한 경우에는 차폐시설의 설치나 비디오 중계장

---

6) 법률 제6995호(2003. 12. 11. 개정, 2004. 3. 12. 시행)

7) 김혁, "19세 미만 성폭력 피해자 진술의 영상녹화물과 피고인의 반대신문권", 「형사법연구」 제34권 제1호, 2022, 95면.

8) 김혁, 앞의 논문, 96~97면.

치를 이용한 증인신문이 가능하다고 한다.[9] 그렇다면, 동석한 신뢰관계인 등에 의하여 피해자의 조사과정에서의 진술을 녹화한 영상녹화물의 증거능력을 인정하는 것이 미성년자의 경우에는 피고인의 반대신문권이나 방어권을 과도하게 침해하는 것이라는 헌법재판소의 결정내용이 비교법적으로도 논리법칙에 위반한 것이라고 보여지지 않다고 생각된다. 다만 헌법재판소는 '신체적인 또는 정신적인 장애로 사물을 변별하거나 의사를 결정할 능력이 미약한 경우'에는 헌법에 반하지 않는 것으로 결정하고 있는데, 이는 심신미약자가 공판과정에 참여하여 진술하기 힘든 것을 고려한 것으로 보인다. 그렇다면 현실적으로 공판정에 출석하여 진술하는 것이 불가능하다고 인정되는 경우가 심신미약자에게만 인정되어야 할 것은 아니라고 할 것이므로, 미성년자 중 그 연령대의 특정에 의하여 공판정에 출석하여 차폐시설 하에서나 비디오 중계장치를 통하여 반대신문하는 것이 곤란한 경우가 없는지 판단하지 않고 미성년자 전체를 일괄적으로 배제하는 것이 과연 합리적인지는 의문이라고 하겠다.

앞서 성폭력특별법 제30조의 변화과정에서도 연령대에 따라 적용범위가 확대되어 온 것을 감안한다면 이 조항의 연혁적인 의미를 고수하는 의미에서라도 19세 미만의 미성년자 전체가 아니라 2차 피해의 중대성 등을 고려하여 13세 미만의 미성년자 등으로 제한하는 것을 고려해 볼 필요가 있다고 생각한다. 또한 동법 제37조에서 진술조력인을 둘 수 있는 연령으로 만13세 미만의 자로 규정하고 있는 점을 감안한다면 '신체적인 또는 정신적인 장애로 사물을 변별하거나 의사를 결정할 능력이 미약한 경우'와 유사할 수 있는 미성년자의 범위를 만13세 미만으로 하는 것이 합리적인 제한이라고 생각한다.

2. 반대신문권 보장이 방어권 보장에 충분한가?

증인에게 질문하거나 질문할 수 있는 권리(반대신문권)는 무기대등의 원칙을 보장하고 증거를 수집하는 과정에서 피고인이나 그의 변호인이 검찰과 동일한 참여권을 가질 수 있도록 보장하기 위한 것이다.[10] 우리보다 오랜 기간 재판제도를 운

---

9) 김혁, 앞의 논문, 102~105면.

10) Sarah Summers/Aline Scheiwiller/David Studer/Zürich, Das Recht auf Konfrontation in der Praxis, ZStrR 03/2016 vom 1.12.2016, S. 352.

영한 유럽에서의 반대신문권 보장의 실제를 보고 반대신문권의 보장이 피고인의 방어권보장과 실체진실의 발견에 충분한 것인지를 살펴보고자 한다.

유럽의 다수의 문헌과 판례에서 증인에 대한 반대신문의 권리는 주로 증인의 신뢰성과 그들의 진술의 신뢰성을 확인하기 위한 방어 수단으로 간주되고 있고, 이러한 권리는 단순한 "질문권"을 넘어 피고인이 각각의 증인과 그의 진술에 대하여 "질문"할 권리를 가진다는 것임과 동시에 유럽인권규약 제6조의 양 당사자에게 적법절차의 원칙이 지켜져야 한다는 것과도 부합하는 것이다. 반대신문의 권리는 형사소송에서 피고인의 적극적인 참여를 보장하고 형사소송에서 진실을 발견하는 데에도 도움이 된다. 유럽인권재판소(European Court of Human Rights, ECHR)는 반대신문의 대상인 증인의 개념을 국가법상의 공식적인 증인의 지위와는 무관하게 독립적으로 정의하고 있는데, 증인은 형사사건에서 증언을 하는 사람, 즉 익명의 정보원, 비밀 수사관 및 공동 피고인을 포함한 모든 사람이라고 한다.[11]

유럽인권재판소는 모든 진술증거는 피고가 출석한 공판정에서 물리적인 대면을 통하여 조사되어야 한다고 하고 예외적인 경우에도 과도하게 제한되어서는 안되며 피고인측이 증인을 심문할 수 있는 충분한 기회가 보장되어야 한다고 하여 검사와 피고인, 증인 사이의 상충되는 이익의 균형을 도모하고 있다.[12]

그러나 다음에 예를 들고 있는 바와 같이 반대신문권의 실질적으로 잘 행사되고 있는지에 대하여 잠재되어 있는 문제는 매우 여러 가지 형태로 존재하는데, 피해자들이 가해자와 마주치는 것을 거부할 수도 있고, 목격자가 협박에 의하여 증언을 거부할 수도 있다. 또한 수사기관에서 관련 사건 수사를 위하여 조사원의 신원을 노출하는 것을 거부할 수도 있으며, 증인이 기소된 후에 사망하는 경우도 있을 수 있는 등 피고인의 반대신문권이 언제나 보장되는 것이 아니고 그 전부 또는 일부가 제한되는 경우가 존재할 수 있다.

스위스법원[13]에서 실제 반대신문권이 효과적으로 보장되는지에 대한 실증적인

---

11) Sarah Summers/Aline Scheiwiller/David Studer/Zürich, Das Recht auf Konfrontation in der Praxis, ZStrR 03/2016 vom 1.12.2016, S. 353.

12) Sarah Summers/Aline Scheiwiller/David Studer, Das Recht auf Konfrontation in der Praxis, ZStrR 03/2016 vom 1.12.2016, S. 354.

13) 스위스법원에서의 경험을 일반적인 것으로 받아들일 수 있는가에 대한 의문을 제기하는 견해도 있다. 그러나 법원의 재판관행에 대한 실증적인 연구가 발표된 예가 많지 않고 우리보다 먼저 근대적인 형사소송제도를 받아들 곳에서 피고인의 반대신문권이 실질적으로 보장되는지에 대한 비교자료로 스위스법원의 예를 검토하고자 한다.

연구에 의하면 총 439건의 사건 중에서 98건의 사건에서 반대신문권 침해사항이 있었다고 보고되었으며, 그 중 53건은 반대신문권 침해에도 불구하고 그 절차적 하자가 재판의 결과에 영향을 미치지 않았고 단 4개의 사건에서만 중대한 반대신문권의 침해로 인정되었다.[14] 또한 각 법원에 따라서도 법정에서 증인심문이 이루어지는 것이 다소 차이가 있었는데, 대체로 법원마다 50~60%의 사건에서는 대면으로 증인심문이 이루어졌지만 취리히지방법원의 경우는 단지 15% 정도만이 대면으로 증인심문이 이루어졌을 뿐이라고 한다. 또한 중대사건의 경우 다수의 증인이 소환되어 심문을 받았지만 이것이 언제나 사건의 중대성에 비례하는 것은 아니라고 한다.[15] 특히 반대신문권이 중대하게 침해되었다고 주장된 사건들에서 피해자가 법정에 출정하는 것을 거부하거나 목격자의 사망, 심지어 피고인의 궐석을 이유로 반대신문권이 침해되었다는 이의가 기각되었고, 더 나아가 법원이 반대심문의 결여가 재판의 결과에 결정적인 영향을 미치지 않는다고 판단한 경우도 있다고 한다.[16]

반대신문권은 본안 심리뿐만 아니라 예비절차에서의 반대신문도 동일한 원리로 보장되어야 한다는 것이 유럽인권규약의 태도이지만 실제에 있어서는 증인의 해외 출장이나 피해자의 자살 등으로 불가능한 경우도 있었고, 법원 스스로 대면심문이 불필요하다고 판단하는 경향도 있었으며, 변호인도 이에 대하여 이의를 제기하는 것이 극히 드물었다고 한다.[17] 또한 본안 심리에서 증인을 직접 심문하는 것이 항상 가능한 것이 아니기에 증인이 심리적으로 불안한 상태에 있는 경우 등과 같은 경우에는 비디오에 의한 심문이나 심리전문가나 의료인의 동석 하에 심문하거나 변호인 심문으로 대체하는 예외적인 경우까지 예정하고 있는 것은 우리의 경우와 비슷하였다.

비디오 등의 중계장치에 의한 증인신문에 대하여도 의문을 가지고 있는데, 반대신문권은 직접 신체적으로 증인을 대면하는 권리로 이해하여 이를 통하여 언어적인 증거 뿐만 아니라 비언어적인 태도 등도 중요한 증거가 될 수 있다고 하는데,

---

14) Sarah Summers/Aline Scheiwiller/David Studer, Das Recht auf Konfrontation in der Praxis, ZStrR 03/2016 vom 1.12.2016, S. 358.

15) Sarah Summers/Aline Scheiwiller/David Studer, Das Recht auf Konfrontation in der Praxis, ZStrR 03/2016 vom 1.12.2016, S. 362.

16) Sarah Summers/Aline Scheiwiller/David Studer, Das Recht auf Konfrontation in der Praxis, ZStrR 03/2016 vom 1.12.2016, S. 363f.

17) 취리히 지방법원과 베른－미텔란트 지방법원에서 관찰된 사건의 약 40~50%에서 증인에 대하여 직접심문하지 않고 판결을 내렸다고 한다.

신체적 및 음성적 반응(얼굴 붉히기, 더듬기, 발한 등)도 피고인측이 신빙성과 신뢰성을 평가할 때 고려될 수 있기 때문이라고 한다. 경우에 따라서는 순수한 오디오 전송으로 충분하고 비디오 전송이 필요하지 않은 경우도 있을 수 있는데 이는 증인(예: 익명 증인)의 보호를 위해 영상 전송이 효과적으로 필요한 경우에만 인정되어야 하기 때문이라고 하고 있다.[18]

이상에서 살펴본 바와 같이 스위스의 실제 재판과정에서는 법적으로는 반대신문권이 보장되어 있음에도 반대신문권이 완전히 보장되는 것은 아니며 현실적으로 온전히 언제나 가능한 것도 아니었다. 또한 피고인의 대면심문권이 제한되었다고 하여 법원이 재판의 결과에 중대한 하자가 있었다고 인정하는 것도 아닌 것을 볼 수 있었다. 그렇다면 미성년자가 성폭력 피해자인 경우에 있어 피고인의 반대신문권을 반드시 인정하여야 하고 이러한 절차가 완전히 보장되지 않았다고 하여 피고인의 방어권이 침해되었다고 인정하여야만 하는, 공판과정에서 절대적으로 보장되어야 하는 권리라고 할 것인지는 다시 고려할 필요가 있다. 또한 피해자에 대하여 비디오중계 등의 방식을 통하여서라도 증언토록 하는 것이 실체진실의 발견을 위하여 반드시 필요하고 효과적이며, 더불어 이를 통하여 미성년인 성폭력 피해자에 대한 2차 피해를 방지할 수 있는 효과적인 방법인지도 다시 고려할 필요가 있다고 할 것이다.

Ⅲ. 영상녹화물 또는 동석 신뢰관계인 등의 진술증거에 대한 증거능력 인정여부

형사소송법 제221조 제1항에서는 "검사 또는 사법경찰관은 수사에 필요한 때에는 피의자가 아닌 자의 출석을 요구하여 진술을 들을 수 있다. 이 경우 그의 동의를 받아 영상녹화할 수 있다."고 하고 있고 제3항에서 "제163조의2 제1항부터 제3항까지는 검사 또는 사법경찰관이 범죄로 인한 피해자를 조사하는 경우에 준용한다."고 하여 신뢰관계인이 동석할 수 있는 규정을 준용하고 있다.

현실에서 성폭력범죄 피해자를 조사하여 증거를 획득하는 과정을 살펴보자. 실제

---

18) Sarah Summers/Aline Scheiwiller/David Studer, Das Recht auf Konfrontation in der Praxis, ZStrR 03/2016 vom 1.12.2016, S. 377f.

성폭력범죄 수사에 있어서 피해자에 대한 진술 획득은 신고나 고소를 접수한 직후 경찰에 의하여 이루어지고 대부분 전문 수사인력이 배치된 해바라기센터에서 이루어진다. 형사소송법상 참고인조사를 함에 있어 영상녹화는 그의 동의를 받아야만 할 수 있으나, 성폭력범죄처벌법 제30조 제1항은 미성년자 등 성폭력범죄 피해자를 조사함에 있어서는 필수적으로 피해자의 진술내용과 조사과정을 영상물로 촬영·보존하도록 규정[19]하고 있어 대부분의 성폭력 사건에서는 피해자를 조사할 때에 영상녹화물 촬영이 이루어진다.

피해자 조사시에는 성폭력특별법에 따라 신뢰관계인이나 진술조력인을 참여케 하고 있고 성폭력범죄 피해자에 대하여 변호사가 없는 경우 검사는 국선변호사를 선정할 수 있는데, 진술조력인과 달리 신뢰관계인에 대한 자격조건에 제한이 없기 때문에 피해자 국선변호사가 신뢰관계인으로 동석하는 경우가 많다. 진술조력인, 신뢰관계인 외에 속기사도 동석하는데, 미성년자 등 성폭력 피해자에 대한 진술이 담긴 영상녹화물은 그 자체로 증거능력이 있으나, 통상 법원이 영상녹화물의 내용을 쉽게 파악하기 위하여 공판검사에게 영상녹화물에 대한 녹취서를 요구하므로 검사는 기소시에 영상녹화물과 함께 녹취서를 증거로 제출하는 것이 보통이다. 따라서 녹취서를 작성하기 위하여 속기사가 동석하고, 녹취서가 작성된 경우 대부분 별도로 진술조서는 작성하지 않는 것이 실무의 관행이라고 한다.[20]

미성년자나 심신상실자 또는 심신미약자가 성폭력 피해자인 경우 이들에 대한 조사과정을 영상녹화물로 촬영하도록 하고 이에 대하여 증거능력을 부여한 입법취지는 성폭력피해자로 하여금 2차 피해에 노출되지 않게 하는 목적도 있지만 '아동이나 정신장애자의 경우에는 그 진술의 일관성을 사실 여부와 관계없이 유지하기 힘들'기 때문에 '가장 정확하게 진술할 수 있는 시점'이 사건 직후라는 점을 감안하였을 것이다. 결국 사건 직후 피해자가 가장 정확하게 말할 수 있을 기간 동안 피해자의 진술을 얻고자 하는 부차적인 목적도 있다는 것이다.[21] 그렇다면 피해자인 참고인이 사건 발생 직후 진술한 내용이 실체진실에 부합할 가능성이 높기 때문에 사건발생 직후 획득된 진술에 대하여 증거능력을 부여할 수 있는 방법을 살펴보는 것도 의의가 있을 것이라고 생각된다.

---

19) 성폭력특별법 제30조 제1항

20) 윤소현, "성폭력 피해자 진술 영상녹화물의 증거사용에 대한 고찰 – 헌법재판소 2021.12.23. 선고 2018헌바524 결정을 중심으로 –", 「형사법의 신동향」 제74호, 2022, 189~191면.

21) 윤소현 앞의 논문, 175면.

1. 피해자 진술 영상녹화물에 대한 증거능력 인정여부

성폭력특별법 제30조 제6항에서 문제가 되는 것은 성폭력피해자가 조사과정에서 진술한 것을 녹화한 영상녹화물에 대하여 원진술자인 피해자가 아닌 조사과정에 동석한 신뢰관계인의 진정성립 인정만으로 증거능력을 인정한다는 것이다. 피해자의 진술내용을 녹화한 영상녹화물이 참고인 신문조서나 진술서와 같이 평가될 수 있다면 형사소송법 제312조 제4항에서 규정하고 있는 것과 같이 검사 또는 사법경찰관이 피고인이 아닌 자의 진술을 기재한 조서에 해당한다고 할 것이고, 그 조서에 기재된 진술이 특히 신빙할 수 있는 상태 하에서 행하여졌음이 증명된 때에 한하여, 적법한 절차와 방식에 따라 작성된 것으로서 그 조서가 검사 또는 사법경찰관 앞에서 진술한 내용과 동일하게 기재되어 있음이 원진술자의 공판준비 또는 공판기일에서의 진술이나 영상녹화물 또는 그 밖의 객관적인 방법에 의하여 증명되고, 피고인 또는 변호인이 공판준비 또는 공판기일에 그 기재 내용에 관하여 원진술자를 신문할 수 있었던 때에는 증거로 할 수 있다고 할 것이다. 그렇다면 우선적으로 영상녹화물에 대하여 일반적인 증거능력을 인정할 것인지가 문제된다.

영상녹화물이라는 증거형태에 대하여 형사소송법상 일반적인 증거능력을 인정할 수 있는가에 대하여는 견해가 나누어지고 있는데, 부정설은 공판중심주의 및 직접주의에 반하고,[22] 공판정에서 제출되는 것 자체가 영상녹화물의 본질에 맞지 않는다고 주장하고 있으며, 형사소송법상 본증으로 증거능력을 인정하는 조항이 없기 때문에 영상녹화물이 일반적으로 증거능력을 가질 수 없다고 한다.[23]

긍정설은 영상녹화물에 대하여 일반적인 증거능력을 인정하게 되면 구두주의와 이를 뒷받침하는 최우량증거원칙 및 중복증거금지원칙을 침해할 수 있다는 견해에 대하여 영상녹화물이 실제로 증거로 제출되는 경우는 거의 없고, 일반적으로 영상녹화물에 들어 있는 진술내용을 공판정에서 출석한 원진술자의 공판정 진술에 의하여 진정성립을 인정하면 위의 우려는 해소될 수 있다는 점[24]과 영상녹화는 사건

---

22) 김봉수, "수사상 영상녹화물의 증거활용에 대한 비판적 검토", 「형사법연구」, 제20권 제3호, 2008, 175~176면; 오기두, "수사과정 영상녹화물의 증거조사(상)", 「저스티스」, 통권 제138호, 2013, 278면.
23) 오기두, 앞의 논문, 297~298면.
24) 이완규, 「개정 형사소송법의 쟁점」, 탐구사, 2007, 157~159면 참조. 정웅석, "영상녹화물의 증거능력에 관한 연구 −2010년 이후의 논의에 대한 답변−", 「형사소송 이론과 실무」, 제7

의 발생 직후 진술자의 기억이 비교적 생생한 시점에서 이루어지기 때문에 신문과
정을 시각적·음향적으로 거의 완전하게 복원할 수 있어 판단자로 하여금 진술시의
태도 등과 같이 조서에서는 드러나지 않던 부분까지 시간적 제약 없이 자세하게 제
공한다는 점에서 실제적으로 서면에 의한 조서보다 훨씬 더 직접주의 원칙에 부합
한다고 주장한다.[25]

　대법원은 피고인 이 외의 제3자의 진술을 녹화한 영상녹화물에 대하여 성폭력특
별법 등에서 특별규정을 두고 있는 등의 특별한 사정이 없는 한 독립적인 증거능력
을 부정하고 있고, 형사소송법에는 없던 수사기관에 의한 참고인 진술의 영상녹화
를 새로 정하면서 그 용도를 참고인에 대한 진술조서의 실질적 진정성립을 증명하
거나 참고인의 기억을 환기시키기 위한 것으로 한정하는 것으로[26] 보아 탄핵증거
로도 사용할 수 없다고 한다.[27] 그럼에도 불구하고 성폭력처벌법 및 청소년성보호
법에서 성폭력범죄의 피해자진술 영상물의 증거능력 인정요건을 형사소송법 제312
조 제4항의 경우보다 완화해서 규정한 것은 피해자진술을 담은 영상녹화물에 대해
서 형사소송법과 다르게 일반적인 증거능력을 인정한다는 뜻이라고 받아들일 수
있다. 그렇다면 형사소송법상 참고인진술을 담고 있는 영상녹화물과 성폭력범죄에
있어서의 피해자의 진술을 담은 영상녹화물은 별개의 것으로 파악하여야 하므로[28]
조서의 형태가 아닌 영상녹화물 자체에 대하여 독립적으로 증거를 인정하는데 소
극적인 태도[29] 하에서는 성폭력피해자의 조사과정에서의 진술을 담고 있는 영상녹

권 제1호, 2015, 241~243면.

25) 앞 장의 유럽인권규약에서 영상녹화물의 증거로서의 가치를 인정하고 있는 태도와 동일하다.
　　동지의 취지로는 정웅석, 앞의 논문, 249면 ; 박노섭, "수사절차상의 신문과 비디오녹화제도",
　　「형사정책」, 제16권 제1호, 2004, 124~125면 참조.
26) 대법원 2014. 7. 10. 선고 2012도5041 판결
27) 윤소현, 앞의 논문, 188면.
28) 이창섭, "수사기관이 참고인을 조사하는 과정에서 작성한 영상녹화물의 증거능력", 「형사법의
　　신동향」통권 제48호, 대검찰청, 2015, 15면.
29) 헌재 2021. 12. 23. 2018헌바524: "영상물에 수록된 미성년 피해자 진술은, 범죄 현장, 범행
　　과정이 그대로 촬영된 영상증거가 아니라, 사후적인 '조사 과정'에서 '피의자, 피고인 또는 그
　　변호인의 참여 없이', 수사기관 등의 질문에 대하여 미성년 피해자가 자신의 기억에 따라 답
　　변하는 내용을 녹화한 '진술증거'이다. 위와 같은 형성 과정상의 한계와 '진술증거'가 내포하는
　　오류 가능성, 영상물이 가지는 기계적·시각적 재현이라는 특성이 왜곡 가능성을 은폐할 수
　　있다는 점 등을 고려할 때, 영상물이 반대신문에 의한 검증과 탄핵의 필요성이 상대적으로 적
　　은 증거방법이라고 볼 수 있는지는 의문이다. 그리고 바로 이러한 위험성 때문에 형사소송법
　　은 원칙적으로 영상물의 용도를 참고인에 대한 진술조서의 실질적 진정성립을 증명하거나 참

화물은 성폭력특별법이나 청소년성보호법에 의하여 증거능력이 인정되는 경우를 제외하고는 증거능력이 인정되기 힘들다고 할 것이다.

그러나 영상녹화물 자체에 대하여 형사소송법 제312조 제4항의 적용대상이 된다고 할 경우에는 형사소송법 제314조가 적용될 가능성이 있어, 피해자의 공판준비 내지는 공판기일에 출석하여 행하는 진술 없이도 증거능력을 가질 수 있는 가능성이 있다고 할 수 있다. 다시 말하여 특별한 사정으로 원진술자가 공판준비절차나 공판정에 출석할 수 없는 경우에 그 진술이나 작성이 특히 신빙할 수 있는 상태에서 행하여졌음이 증명된다면 피해자의 출석 없이도 영상녹화물의 증거능력이 인정될 가능성이 있는 것이다. 특히 성폭력 피해자인 미성년자가 극도의 정신불안증 등으로 최초의 조사 이후 수사기관이나 법원의 감정조차 불가능할 정도에 이르렀다면 이 경우에는 원진술자가 공판과정에 출석하여 진술할 수 없는 경우에 해당한다고 보아야 할 것이다.

대법원의 태도가 "형사소송법 제314조, 제316조 제2항에서 말하는 '원진술자가 진술을 할 수 없는 때'에는 사망, 질병 등 명시적으로 열거된 사유 외에도 원진술자가 공판정에서 진술을 한 경우라도 증인신문 당시 일정한 사항에 관하여 기억이 나지 않는다는 취지로 진술하여 그 진술의 일부가 재현 불가능하게 된 경우도 포함하는 것이고, 위 규정들에서 '그 진술 또는 작성이 특히 신빙할 수 있는 상태 하에서 행하여진 때'라 함은 그 진술내용이나 조서 또는 서류의 작성에 허위개입의 여지가 거의 없고, 그 진술내용의 신빙성이나 임의성을 담보할 구체적이고 외부적인 정황이 있는 경우를 가리킨다"[30]고 하여 원진술자인 피해자가 범죄발생 당시 일정한 사항에 대하여 기억이 나지 않는 경우의 존재만으로 제314조의 적용범위로 인정한 것을 감안하면 미성년인 피해자가 정신불안 등으로 공판정에서의 진술을 거부하는 경우에 원진술자가 출석이 불가능한 경우를 규정한 제314조에서의 예외적인 상황에 해당한다고 할 수 있을 것이다.

피해자가 유아이기 때문에 원진술자인 유아가 직접 진정성립을 인정하는 진술이 불가능한 경우에도 헌법재판소의 위헌결정으로 신뢰관계인이나 진술조력인에 의한 진정성립 인정이 불가능해졌기 때문에 형사소송법 제314조를 반드시 적용할 필요

___

고인 등의 기억을 환기시키기 위한 것으로 한정하고 있을 뿐, 이를 공소사실의 입증을 위한 본증으로 사용할 수 있도록 규정하고 있지는 아니한 것이다."
30) 대법원 2006. 4. 14. 선고 2005도9561 판결

가 있다는 견해도 있다.[31]

2. 신뢰관계동석인 진술에 대한 형사소송법 제316조 제2항의 적용여부

형사소송법은 제221조에서 피의자 아닌 자에 대한 조사시에 영상녹화할 수 있도록 하고 있고 그 피의자 아닌 자가 피해자인 경우에는 신뢰관계인을 동석할 수 있도록 규정하고 있다. 그 동안 참고인에 대한 조사과정을 녹화한 영상녹화물 자체에 대하여 증거능력을 인정할 수 있는지가 문제되었었는데, 성폭력특별법 제30조 제6항에 대한 헌법재판소의 위헌결정으로 성폭력특별법에 의하여 증거능력을 인정받기 위해서도 원진술자인 피해자가 공판절차에 참여하여 진정성립을 인정하여야 하고 동석한 신뢰관계인의 진술에 의하여 피해자가 조사시에 진술한 내용을 녹화한 영상녹화물이 그 자체로 바로 증거능력을 가질 수는 없다고 할 것이다. 그러나 동석한 신뢰관계인의 진술에 의하여 증거능력을 가질 수 있는 방법을 찾아본다면 신뢰관계인이 조사과정에 보고 들은 바를 공판준비절차 또는 공판과정에서 증언하고 이를 전문법칙에 의하여 증거능력이 인정될 수 있는 가능성이 있다.

예를 들어 미성년자인 성폭력범죄 피해자가 조사과정에 진술한 내용을 동석한 신뢰관계인 등이 듣고 기억하여 이를 공판과정에서 증인으로 출석하여 증언한다면 형사소송법 제316조 제2항의 피고인 아닌 자의 진술이 피고인 아닌 타인의 진술을 내용으로 하는 경우라고 볼 수 있다. 그렇다면 원진술자가 사망, 질병, 외국거주, 소재불명 그 밖에 이에 준하는 사유로 인하여 진술할 수 없고, 그 진술이 특히 신빙할 수 있는 상태 하에서 행하여졌음이 증명된 때에는 이를 증거로 할 수 있다고 할 것이므로 피해자에 대한 심문 없이 신뢰관계인 등의 진술에 의하여 피해자의 진술내용이 증거능력을 가질 수 있을 것이다.

특히 피해자가 범행이 일어난 당시가 기억나지 않는 경우도 형사소송법 제314조의 '원진술자가 진술할 수 없는 때'에 해당한다는 대법원의 태도에 따르면 영상녹화물에 대하여가 아니라 피해자의 조사과정에 참석하여 피해자의 진술을 청취한 신뢰관계 동석인이 피해자가 조사과정에서 일정한 사실에 대하여 진술을 한 것을 공판과정에서 증언할 수 있고, 진술자 본인인 피해자가 특별한 사정으로 인하여 진술할 수 없다고 인정된다면 동석한 신뢰관계인 등의 공판과정에서의 증언이 피해자

---

31) 윤소현, 앞의 논문, 195면.

의 진술을 내용으로 하고 있더라도 증거능력을 가질 수 있다고 할 것이다.

그렇다면 이러한 해석방법에 따른 증거능력의 인정이 성폭력특별법 제30조 제6항에 의하여 영상녹화물에 대하여 증거능력을 인정하는 것에 비하여 피고인 반대신문권이나 방어권을 보장하는 데에 더 효과적이라고 할 수 있는가에 대하여는 의문이다. 영상녹화물은 객관적으로 피해자의 진술내용이 녹화된 영상과 음성이 있고 진술 당시의 태도를 살펴볼 수 있는데 반하여 신뢰관계인이 공판정에 증인으로 출석하여 조사과정에서 피해자가 이러저러한 진술을 하였다고 주장하는 것일 뿐이고, 피해자의 진술과정에 대하여 특신상황이 인정된다고 할지라도 사실에 보다 더 부합하는 것은 동석한 신뢰관계인의 진술보다는 그 진술과정을 녹화한 영상녹화물일 것이다. 결국 피해자의 2차 피해를 예방하기 위한 시도의 하나인 피해자 조사시에 동석한 신뢰관계인 등의 인술에 대하여 증거능력을 인정하고자 하는 신뢰관계인 등의 진술에 대하여 형사소송법 제316조 제2항을 적용하자는 시도는 피고인의 방어권을 위협하면서까지 도입할 필요성은 낮아 보인다고 할 것이다.

Ⅳ. 성폭력특별법 개정법률안의 동향

헌법재판소의 성폭력특별법 제30조 제6항에 대한 위헌결정에 따른 후속조치로 동심판대상법조에 대한 보완과 미성년인 성폭력피해자의 2차 피해를 방지하기 위한 법률안이 정부와 국회의원들에 의하여 발의되었다. 이하에서는 성폭력특별법에 대한 정부발의 개정안과 의원발의 입법안의 중요 내용을 알아보고자 한다.

1. 정부발의 입법안

정부는 2022년 6월 29일 성폭력처벌법 일부 개정 법률안[32]을 발의하였는데, 중요 내용은 다음과 같다. 수사 및 재판절차에서 성폭력범죄 피해자를 보호하기 위하여 19세 미만의 미성년자와 심신미약인 피해자를 조사하거나 신문할 때에는 전문조사관에 의하여 조사하거나 신문을 중개하도록 하고, 이들을 증인신문하기 위한 증거보전절차를 전담판사에게 지정하여 맡기도록 하고 있다. 더불어 미성년자인 피

---

32) 정부 발의, "성폭력범죄의 처벌 등에 관한 특례법 일부개정법률안", 의안번호 16206, (2022. 06.29.)

해자를 조사하기 전에 영상녹화된다는 사실과 증거로 사용될 수 있다는 내용을 설명하도록 하고, 피고인과 그 변호인에게 피해자 진술의 영상녹화 사실과 해당 영상녹화물이 증거로 사용될 수 있다는 사실을 서면으로 통지하고 반대신문을 원하는 경우 서면으로 밝히도록 하고, 영상녹화물에 대하여 열람, 등사를 신청할 수 있도록 하고 있다.

특히, 19세 미만인 성폭력범죄 피해자 등의 진술이 녹화된 영상녹화물은 공판기일 등에서 피의자, 피고인 또는 변호인이 그 내용에 대해 피해자를 신문할 수 있었던 경우, 진술 및 영상녹화가 특별히 신빙(信憑)할 수 있는 상태에서 이루어졌음이 증명된 경우로서 피해자가 사망·질병 등으로 진술할 수 없는 경우, 피고인 등이 피해자를 증인으로 신문하기를 원하지 아니한다는 의사를 밝힌 경우에는 증거로 할 수 있도록 하여 영상녹화물의 증거능력에 대한 특례조항을 두고 있다.

더불어 법원으로 하여금 19세 미만인 성폭력범죄 피해자 등을 증인으로 신문하려는 경우에는 사건을 반드시 공판준비절차에 부치고, 증인신문을 위한 심리계획을 수립하기 위하여 공판준비기일을 지정하도록 하고 있으며, 검사에게는 피의자, 피고인 또는 변호인이 피해자를 증인으로 신문하기를 원한다는 의사를 밝힌 경우 또는 증인으로 신문하기를 원하는지에 대한 의사를 밝히지 아니한 경우로서 19세 미만인 성폭력범죄 피해자 등이 공판기일 등에 출석하여 증언하는 것이 곤란하고 부적당하여 피해자의 진술이 녹화된 영상녹화물을 증거로 사용할 필요가 있는 경우에는 피해자의 증인신문을 위하여 관할 지방법원 판사에게 증거보전을 청구하도록 하고 있는 점이 특징이라고 할 수 있다.

정부 발의 개정안은 미성년인 성폭력 피해자의 2차 피해를 방지하는 것에 초점이 맞추어져 있다고 볼 수 있으며, 특히 피해자를 공판기일에 증인신문하려는 경우에는 반드시 공판준비절차를 갖도록 하여 쟁점을 정리하려고 하는 점은 피해자의 2차 피해 방지를 위한 고민의 흔적이라고 평가할 수 있다. 그러나 이러한 경우에도 피해자의 2차 피해를 완벽하게 방지하기는 어려운 현실적인 문제가 있으며 재조사 등의 가능성이 여전히 열려 있다고 할 수 있다.[33] 또한 증거보전절차를 청구할 수 있도록 하고 있으나 이 또한 공판기일에서의 반대신문을 피하기 어려우므로 결국

---

33) 동지의 견해로 소라미, "아동인권의 관점에서 미성년 성폭력 피해자의 영상녹화진술의 증거능력에 대한 「성폭력범죄의 처벌 등에 관한 특례법」의 개정방안 검토", 「사회보장법연구」 제11권 제2호, 서울대 사회보장법연구회, 2022, 123~125면.

은 피해자 진술에 대하여 공판기일에서의 원진술자의 진술 없이도 증거능력을 인정하는 특례조항(개정 법률안 제30조의4 제1항 제2호)을 활용할 것이 강하게 추정된다고 할 것이다.

2. 의원발의 성폭력특별법 개정법률안

정부가 성폭력특법법 개정법률안을 발의한 이후 국회의원에 의하여 발의된 법률안의 주요 내용을 살펴보면 다음과 같다. 2022년 9월 22일 박주민 의원이 대표 발의한 개정법률안은 19세 미만 성폭력범죄 피해자에 대한 전문조사관을 설치하고 수사 및 재판절차에서의 아동 보호 규정 신설하고 19세 미만 피해자등에 대한 공판준비절차·증인신문방식·증인신문장소에 대한 특례를 규정함으로써 19세 미만 피해자 등의 2차 피해를 방지하는 것을 내용으로 하고 있다. 특히 헌법재판소의 위헌결정을 받은 제30조 제6항의 미성년 피해자의 영상녹화물의 증거능력 인정과 관련해서는 제2호에 "피해자의 연령 및 피해자의 발달 수준, 장애의 정도를 종합적으로 고려하여 기억 또는 증거능력의 상실, 외상 후 스트레스장애 등 피해 후유증, 자해·자살 우려 등으로 피해자가 공판준비기일 또는 공판기일에 출석하여 증언하는 것이 곤란하거나 적당하지 아니한 경우"에는 공판준비기일 또는 공판기일에 피해자의 조사 과정에 동석하였던 신뢰관계에 있는 사람 또는 진술조력인의 진술에 의하여 그 성립의 진정함이 인정된 경우에 증거로 할 수 있다고 하여 형사소송법 제314조나 제316조 제2항과 유사한 사유로 공판기일에서의 원진술자의 진술 없이도 증거능력을 인정할 수 있는 가능성을 열어두고 있다.[34]

2022년 11월 28일에 양정숙 의원이 대표발의한 법률안은 19세 미만 성폭력피해자 등의 조사를 전담하고 신문을 중개하는 전문조사관 제도를 도입하고, 피의자·피고인의 반대신문권이 보장된 경우에 영상녹화물을 증거로 할 수 있도록 하며, 증인신문절차에 대한 특례를 신설하여 피고인의 반대신문권을 보장하면서도 성폭력피해자가 수사 및 재판과정에서 겪을 수 있는 2차 피해를 최소화하는 내용을 담고 있다. 특히 법률안 제30조의4에서 미성년 피해자의 진술내용을 녹화한 영상녹화물에 대하여 공판기일에서 신문할 수 있었거나 사망·질병·트라우마·공포·기억소

---

34) 박주민의원 대표발의, "성폭력범죄의 처벌 등에 관한 특례법 일부개정법률안", 의안번호 17651, (2022.09.30.)

실(記憶消失)·외국거주·소재불명, 그 밖에 이에 준하는 사유로 공판준비기일 또는 공판기일에 진술할 수 없는 경우에 증거능력을 인정하는 특례조항을 두고 있어 앞에서의 개정 법률안과 유사한 내용을 담고 있다.[35]

이 밖에도 다수의 개정법률안이 발의되었으나 전문조사관을 두도록 하는 것과 비디오 등 중계장치에 의한 신문 등 대체로 지금까지 발의된 개정법률안과 비슷한 내용을 담고 있다.

3. 개정 법률안에 대한 평가

이상에서 살펴본 바와 같이 정부 발의의 법률안과 의원발의 법률안은 공통적으로 피해자의 조사시에 전문조사관에 의하여 조사받을 수 있도록 하는 것과 증거보전절차를 진행할 수 있도록 하고 있는 점, 피해자 조사시에 녹화된 영상녹화물에 대하여 증거능력을 인정할 수 있도록 하는 내용을 공통적으로 담고 있다고 할 수 있다. 전문조사관의 지정이나 확충은 단 시일 내에 그 효과를 보기에는 여러 가지 한계를 가지고 있다는 문제가 있고, 여러 기관이 중첩적으로 동일한 조직을 가져야 하는가 하는 의문을 낳을 수도 있다. 피해자 조사시에 녹화된 영상녹화물에 대하여 증거능력을 인정하는 특례조항은 헌법재판소의 결정을 우회하는 방법이라는 비난에서 자유로울 수 없고 다시 위헌논란의 문제가 제기될 가능성이 있다. 그러므로, 피해자를 범죄의 기억으로부터 자유롭게 하여 2차 피해를 예방하고, 사건의 실체진실에 보다 더 가까운 증거를 획득하는 방법은 중립적인 기관이 전문인력에 의하여 피해자를 사건 초기에 조사한 내용을 증거로 확보하는 것이라고 생각한다. 법원이야말로 수사기관과 피고인측과 독립된 중립적인 기관이라고 할 수 있어 법원이 적극적으로 사건 초기부터 개입하는 것이 사건의 실체진실의 발견과 피해자의 2차 피해 방지, 피고인의 방어권 보장에도 충실할 수 있는 방법이라고 생각한다.

Ⅴ. 성폭력특별법 제41조와 증거보전절차의 활용

성폭력특별법 제41조 제1항에서는 "피해자나 그 법정대리인 또는 경찰은 피해자

---

35) 양정숙의원 대표발의, "성폭력범죄의 처벌 등에 관한 특례법 일부개정법률안", 의안번호 18500, (2022.11.28.)

가 공판기일에 출석하여 증언하는 것에 현저히 곤란한 사정이 있을 때에는 그 사유를 소명하여 제30조에 따라 촬영된 영상물 또는 그 밖의 다른 증거에 대하여 해당 성폭력범죄를 수사하는 검사에게 「형사소송법」 제184조(증거보전의 청구와 그 절차) 제1항에 따른 증거보전의 청구를 할 것을 요청할 수 있다. 이 경우 피해자가 16세 미만이거나 신체적인 또는 정신적인 장애로 사물을 변별하거나 의사를 결정할 능력이 미약한 경우에는 공판기일에 출석하여 증언하는 것에 현저히 곤란한 사정이 있는 것으로 본다."고 하여 적극적으로 증거보전절차를 규정하고 동범죄 피해자의 조사에 활용할 수 있도록 하고 있다.

헌법재판소는 심판대상조항이 최소침해의 원칙에 반한다는 주요 논거로 성폭력범죄 사건 수사의 초기단계에서부터 증거보전절차를 적극적으로 실시하는 것을 통하여 충분히 미성년자인 성폭력범죄 피해자의 2차 피해를 막을 수 있다는 견해를 취하고 있다. 물론 이러한 헌법재판소의 태도에 대하여 증거보전절차의 활용으로 2차 피해를 방지할 수 있다는 주장을 뒷받침할 실증적, 통계적인 자료 제시는 없고 관련 법조항 내용만을 바탕으로 순수히 추상적, 이론적으로 구성한 주장일 뿐이라는 견해[36]가 있어 과연 성폭력특별법 제41조에 따른 증거보전절차를 적극적으로 활용하는 것을 통하여 객관적이고 실체에 부합하는 증거를 확보할 수는 없는 것인지 알아보고자 한다.

영상녹화물의 진술내용에 대하여 피해자가 증인으로 출석하여 피고인측의 반대신문에 응하여야 하는 2차 피해를 방지하기 위하여는 피해자가 진술하는 횟수를 최소화하는 것이 가장 바람직하다고 할 것이다. 인적 증거의 오염을 방지하기 위해서라도 성폭력특별법 제41조 제1항의 증거보전처분을 활용하여 피해자조사 초기부터 법원이 관여하여 구체적이고 객관적인 증거를 확보한다면 피고인의 방어권보장과 피해자의 2차 피해 방지라는 두 가지 목적을 조화롭게 달성할 수 있다고 생각한다. 통상의 증거보전절차에는 수사기관과 피고인측의 양 당사자가 모두 참여하는 것이 원칙이지만 미성년자 또는 심신상실이나 심신미약자의 조사에 있어서는 참여자를 최소화하는 것이 피해자 보호에 도움이 된다고 생각한다. 그러므로 양 당사자는 증거보전절차를 진행하는 법원에게 질문사항을 작성하여 제출하고 법원은 성폭력피해자 전문조사요원에게 이를 질문하도록 하고 명확하지 않은 부분에는 법원이 제한적으로 직접 참여하게 하는 방법을 생각해 볼 수 있다.

---

36) 윤소현, 앞의 논문, 178면.

이를 위하여는 일반적인 증거보전절차 아닌 피해자가 미성년자이거나 심신상실자 또는 심신미약자인 성폭력범죄에 적용할 증거보전절차를 다시 정비할 필요가 있다. 즉 사건 발생 초기에 피해자를 조사하는 단계에서 법원이 개입하여 판사가 피해자로부터 직접 증거를 취득하는 것이다. 중립성을 담보하고 실체진실의 발견을 확보하기 위하여는 조사 전에 충분히 사건에 대하여 검토를 하여 질문지를 작성하여야 할 것이고 이를 수사기관과 피의자측에 전달하여 보충적인 질의사항을 받아 한 번의 조사를 통하여 실체진실에 가까운 진술증거를 획득하는 것이 가능할 수 있다고 생각한다. 현재는 수사기관에서 담당하고 있는 조사요원을 법원에 배속하게 하거나 법원이 선발하도록 하여 중립적인 조사가 가능하도록 하여야 할 것이고 성폭력범죄 전담재판부를 두고 있는 것과 같이 기능과 조직을 범죄발생 초기에 충분히 대응할 수 있도록 인적, 물적 체계를 갖추는 것이 선결과제라고 할 것이다.

이를 통하여 중립적인 법원에 의하여 객관적이고도 사건 발생 즉후의 증명력 높은 진술을 취득할 수 있을 것이 기대되고, 더 나아가 성폭력 피해자에게 발생할 수 있는 2차 피해나 피해자 등의 증언에 의한 보복범죄도 방지할 수 있을 것이다. 그러나 이러한 증거보전절차의 확대가 피해자측에만 유리한 것은 아니다. 앞에서 언급한 바와 같이 피고인에게도 증거보전절차에 참여할 수 있는 기회를 부여함으로서 방어권보장에 기여할 수 있다고 생각된다. 이를 위해서는 조속한 시일 내에 미성년인 성폭력피해자의 특성을 잘 이해하고 실체진실을 발견할 수 있는 조사전문가와 증거보전절차를 지휘할 수 있는 전문법조인력을 양성하고 증거획득체계를 구축하여야 할 것이다.

Ⅵ. 맺으면서

헌법재판소가 성폭력특별법 제30조 제6항의 '미성년자' 부분에 대하여 위헌결정을 함으로 인하여 미성년인 성폭력 피해자에 대하여 2차 피해가 우려되는 상황에 놓이게 되었다. 헌법재판소에서는 피해자의 2차 피해 방지라는 동 조항의 목적은 비디오 중계장치에 의한 신문 과 재판장의 법정지휘권의 적절한 행사를 통하여 달성할 수 있고 동석한 신뢰관계인의 진정성립 진술만으로 증거능력을 인정하는 것은 피고인의 반대신문권과 방어권을 과도하게 침해하는 것이라고 한다.

그러나 아직 인격이 완벽하게 형성되지 않은 미성년자에게 어떠한 형식으로든지 공판에 출석하게 하여 범죄 당시를 다시 회상하게 하는 것은 인격형성과 발달에 악영향을 미칠 수밖에 없다는 위험으로부터 자유로울 수 없고, 심신상실이나 심신미약인 피해자와의 형평성의 관점에서 보더라도 미성년자 전체에 대하여 성폭력특별법 제30조 제6항의 적용을 배제하도록 한 헌법재판소의 결정은 합리적인 결정이라고 할 수 없다.

더 나아가 미성년인 성폭력 피해자가 공판과정에서 헌법재판소가 제시하는 방법에 의하여도 진술하기 어려운 경우에는 원진술자의 진술 없이도 증거능력이 인정되도록 형사소송법 제314조 또는 제316조 제2항에 의하여 우회하는 방법을 시도할 수도 있는데, 이러한 경우가 피고인의 반대신문권이나 방어권 보장에 더 효과적이라고 볼 수도 없다. 그러므로 미성년자 중의 범위를 정하여 동석한 신뢰관계인의 진정성립에 의하여 증거능력을 인정하는 것이 보다 더 합리적인 결론이라고 생각된다.

또한 헌법재판소에서는 법원의 증거보전처분을 활용할 것을 제시하고 있는데, 현실적으로 증거보전처분이 효과적이지 않다고 보는 견해도 있지만 보다 중립적인 기관에 의하여 객관적인 진술증거 획득을 위하여는 법원이 적극적으로 증거보전을 하는 것이 바람직하다. 그러나 일반적인 증거보전절차에 따른다면 피해자의 2차 피해 방지라는 목적을 달성하기에는 충분하지 않기 때문에 성폭력 피해자에 대한 특별한 증거보전절차를 마련하는 것이 합리적이라고 생각한다. 이에는 전담재판부를 두고 전문인력을 확대하고 진술취득기법을 축적하는 등 성폭력범죄에 특화된 증거획득체계를 갖추는 것이 선결과제라고 할 것이다.

논문투고일 : 2023.05.25. 논문심사일 : 203.06.16. 게재확정일 : 2022.06.28.

【참고문헌】

이완규, 「개정 형사소송법의 쟁점」, 탐구사, 2007

김봉수, "수사상 영상녹화물의 증거활용에 대한 비판적 검토", 「형사법연구」, 제20
　　　권 제3호, 2008

김혁, "19세 미만 성폭력 피해자 진술의 영상녹화물과 피고인의 반대신문권", 「형
　　　사법연구」 제34권 제1호, 2022

박노섭, "수사절차상의 신문과 비디오녹화제도", 「형사정책」, 제16권 제1호, 2004

소라미, "아동인권의 관점에서 미성년 성폭력 피해자의 영상녹화진술의 증거능력에
　　　대한 「성폭력범죄의 처벌 등에 관한 특례법」의 개정방안 검토", 「사회보장
　　　법연구」 제11권 제2호, 서울대 사회보장법연구회, 2022

오기두, "수사과정 영상녹화물의 증거조사(상)", 「저스티스」, 통권 제138호, 2013

윤소현, "성폭력 피해자 진술 영상녹화물의 증거사용에 대한 고찰 - 헌법재판소
　　　2021.12.23. 선고 2018헌바524 결정을 중심으로 -", 형사법의 신동향 제74
　　　호, 2022

이창섭, "수사기관이 참고인을 조사하는 과정에서 작성한 영상녹화물의 증거능력",
　　　「형사법의 신동향」 통권 제48호, 대검찰청, 2015

정웅석, "영상녹화물의 증거능력에 관한 연구 - 2010년 이후의 논의에 대한 답변
　　　-", 「형사소송 이론과 실무」, 제7권 제1호, 2015

Sarah Summers/Aline Scheiwiller/David Studer/Zürich, Das Recht auf
　　　Konfrontation in der Praxis, ZStrR 03/2016 vom 1.12.2016

【국문초록】

미성년자와 심신상실 내지는 심신미약인 성폭력피해자가 공판과정에서 받을 수 있는 2차 피해를 방지하기 위하여 제정된 성폭력특별법 제30조 제6항의 '미성년자' 부분에 대하여 피해자의 2차 피해 방지라는 동 조항의 목적은 비디오중계장치에 의한 신문방법의 활용과 재판장의 법정지휘권의 적절한 행사를 통하여 달성할 수 있고 동석한 신뢰관계인의 진정성립 진술만으로 증거능력을 인정하는 것은 피고인의 반대신문권과 방어권을 과도하게 침해하는 것이라는 이유로 위헌결정을 함으로 인하여 미성년인 성폭력피해자에 대하여 2차 피해가 우려되는 상황에 놓이게 되었다. 그러나 미성년자의 연령범위를 정하지 않고 전체에 대하여 성폭력특별법 제30조 제6항의 적용을 배제하도록 한 것은 인격이 완벽하게 형성되지 않은 미성년자에게 어떠한 형식으로든지 공판과정에 출석하게 하여 범죄 당시를 다시 회상하게 하는 것은 인격형성과 발달에 악영향을 미칠 수밖에 없다는 점과 심신상실이나 심신미약인 피해자와의 형평성의 관점에서 보더라도 합리적인 결정이라고 할 수 없다. 더욱이 미성년인 성폭력피해자를 증인으로 소환하지 않고도 조사과정에서의 진술에 대하여 증거능력을 인정받고자 하는 우회적인 시도가 있을 수 있고, 그 결과는 오히려 피고인의 방어권을 심각하게 침해하는 결과를 초래하게 될 것이다. 그러므로 미성년자 중 만 13세 미만 등으로 범위를 제한하는 것이 바람직하다고 할 것이고, 헌법재판소가 결정문에서 밝히고 있는 바와 같이 피해발생 초기에 중립적인 기관인 법원이 조사과정에 적극적으로 참여하여 여기에서 획득된 진술에 대하여 증거능력을 부여하는 것이 실체진실의 발견과 피해자의 2차 피해방지, 피고인의 방어권보장에도 도움이 될 것이다. 이를 위하여는 법원으로 하여금 증거보전절차를 이행할 전담조직을 구성하고 물적, 인적 인프라를 확충하는 것이 선결되어야 할 것이다.

◆ 주제어: 성폭력특별법, 미성년자, 2차 피해 방지, 방어권, 증거보전절차, 신뢰관계인

【Abstract】

Consider of Testimonial evidence from trusted persons and aggressive evidence preservation procedures

Kim Hyeok Don*

The unconstitutionality of the 'minor' part of Article 30, paragraph 6 of the Special Sexual Violence Act, which was enacted to prevent secondary damage to minors and victims of sexual violence who are mentally or physically incapacitated, has led to a situation where secondary damage to victims of sexual violence who are minors is feared. The reason was that, the purpose of this provision, to prevent secondary victimization, can be achieved through the use of the video relay method and the proper exercise of the judge's courtroom control, and the admission of evidence based solely on the authenticity of a trusted person present would unduly infringe on the accused's right to cross—examine and defense. However, the decision to exclude the application of Article 30(6) of the Special Law on Sexual Violence to all minors without specifying the age range of minors is not a reasonable decision from the perspective of equity with victims who have not fully formed their personality and are forced to recall the time of the crime by attending the public proceedings in any form, as it is bound to have an adverse effect on their personality formation and development. Moreover, there may be circumventive attempts to admit statements made during the investigation without calling the minor victim of sexual assault as a witness, resulting in a serious violation of the accused's right to defense. Therefore, it would be desirable to limit the scope to minors under the age of 13, and as the Constitutional Court stated in its decision, the active participation of the court, as a neutral body, in the investigation process at an early stage of the damage and granting evidentiary power to the statements obtained will help

---

* Doc. of Jus, Professor in Kaya University, Dept. of Police and Firefighting

to discover the truth, prevent secondary damage to the victim, and ensure the defense rights of the accused. This will require courts to establish a dedicated organization to implement evidence preservation procedures and to expand their hardware and human infrastructure.

◆ Key Words: Special Sexual Violence Act, Minor, prevention of secondary victimization, right to defense, Procedure of evidence preservation, trusted person

한국형사소송법학회 『형사소송 이론과 실무』

제15권 제2호 (2023.6) 165~205면.

Theories and Practices of Criminal Procedure Vol. 15 No. 2 (June. 2023) pp. 165~205.

10.34222/kdps.2023.15.2.75

미국 대배심 제도의 현황 및 개선 논의

박 형 관*

목 차

Ⅰ. 서론

수사와 기소에 관한 결정이 적정해야 형사사법 정의가 실현될 수 있는 전제가 충족된다. 수사와 기소에 관한 결정은 피의자를 포함하여 많은 사람들의 기본권에 큰 영향을 끼친다. 공권력 남용의 우려도 상존한다. 따라서 나라마다 다양한 방식으로 그 적정성을 유지하고자 한다. 한국과 같이 검사가 독점적 소추권을 행사하는 곳도 있고 국민이 적극적 주체로 참여하는 나라도 있다. 국민이 참여하면 절차의 효율성이 떨어질 수 있으나 국민의 사법에 대한 신뢰가 높아지고 국민이 수사와 소추기관을 점검하고 통제하게 된다. 한국은 종래 검사에게 소추권을 독점적으로 행사하면서 아울러 수사의 주재자 역할을 담당하게 하였다. 그러던 중 2019년 12월 형사소송법 일부 개정을 비롯한 잇따른 법률개정을 통하여 검사와 경찰이 상호 협력관계로 새로이 자리매김을 하였다. 이제 경찰이 모든 범죄에 대한 1차적 수사권을 행사하고 대다수 사건을 불송치 결정으로 종결할 수 있는 권한도 갖게 되었다.[1]

---

* 가천대학교 법과대학 경찰행정학과 교수, 법학박사.

1) 형사소송법 제195조 참조. 엄밀하게는 검사와 일반사법경찰은 협력관계로 바뀌었지만 검사와 특별사법경찰은 종전과 같이 검사가 지휘하는 관계로 유지된다. 과거 사법경찰관은 일단 수사를 개시하면 범죄혐의가 인정되지 않는 사건도 모두 검사에게 송치하였으나 이제 범죄혐의가

위와 같은 변화 과정에서 수사와 기소의 분리가 형사사법이 나아가야할 목표 중 하나이고 아울러 세계적 추세라는 주장이 '수사는 경찰이, 기소는 검찰이'라는 구호와 함께 대두되었다.[2] 위 주장의 당부에 관하여 이미 많은 논의와 연구가 진행되었으므로 여기서는 위와 같은 논쟁이 단지 수사와 기소에 관한 경찰이나 검찰의 권한 다툼으로 마무리 되어서는 안 된다는 점만 지적하고자 한다.[3] 오히려 수사와 기소 과정에 종래보다 국민이 적극적인 주체로 참여하여 적정성을 점검하고 국민의 형사사법에 관한 신뢰를 회복하는 방안을 찾을 필요가 있겠다.[4]

비교법적으로 일정한 시민들이 공공기관의 활동이나 동료 시민의 범죄를 조사하고 기소 여부를 결정하는 제도가 오랜 동안 존재하여 왔는데 대배심 제도가 대표적이다. 대배심 제도는 영국에서 1164년 영국 왕 헨리 2세(Henry Ⅱ)가 클라렌든 칙령(Constitutions of Clarendon)으로 지역주민인 12명의 배심원으로 하여금 재산권에 관한 소송에서 쟁점들에 관하여 알고 있는 진실을 말하도록 하는 제도를 도입하고, 1166년 클라렌든 조례(The Assize of Clarendon)로 16명의 배심원으로 하여금 범죄 혐의를 조사하고 보고하도록 한데서 연유한다.[5] 대배심 제도는 1933년 영국

인정되는 사건에 대하여만 송치 의무가 있다(형사소송법 제245조의5 참조).

2) 위와 같은 주장을 강하게 피력한 글로, 서보학, 『글로벌 스탠다드에 부합하는 수사기소분리모델설정 및 형사소송법 개정안』, 경찰청 연구용역보고서, 2017. 13쪽 이하.

3) 참고로 이에 관한 필자의 문제의식을 간략히 정리하면 다음과 같다. 수사와 기소를 '단순히' 분리하면 형사사법의 목표 달성에 더 근접하기보다 오히려 후퇴할 우려가 있다. 수사권이나 기소권 모두 강력한 권한으로 적정한 절차적 통제가 반드시 필요한 것인데 단순한'분리'는 바람직한 통제가 어렵기 때문이다. 적법절차와 인권이 보장되는 수사와 기소과정을 통하여 실체적 진실이 밝혀져 사회정의가 실현되어야 한다는 점에는 다툼이 없을 것이다. 소추권자가 소추 여부를 판단하기 위한 자료에 멀어질수록 소추 여부 결정의 적정성이 낮아진다. 수사와 기소에 관한 권한이 분리된다면 오히려 그 기능이 독립적이 될 가능성이 커진 경찰의 수사권과 검사의 소추권은 국민에 의해 적절히 통제 또는 점검될 필요가 있다. 국민이 수사와 기소 과정을 적절히 통제한다면 수사와 기소가 분리될 이유가 없을 것이다. 공판중심주의나 직접주의 원칙이 법관이 유, 무죄의 심증을 공개된 공판정에서 형성하여야 한다고 요구하는 것처럼 소추권자도 단지'기록'을 통하여 기소 여부에 관한 심증을 형성하여서는 안 되는 것이다.

4) 비교법적으로 국민이 기소의 적정성을 심사하는 방안은 다양하다. 미국의 대배심, 영국의 치안판사 제도, 일본의 검찰심사회 등이 될 수 있겠다. 영국의 경우 치안판사는 비법률가로 구성되므로 일반 국민이 참여한다고 볼 수 있다. 이에 관한 보다 자세한 설명은, 박형관, "영국과 미국의 수사와 기소에 관한 절차적 통제구조와 시사점," 『형사소송 이론과 실무』, 제12권 제1호(한국형사소송법학회, 2020), 92쪽 참조.

5) Leonard W. Levy, *Origins of Bill of Rights*, (Yale University Press, 1999), p.210－212.

에서 폐지되었지만 미국에서 다양한 모습으로 활발히 유지되고 있다.[6] 미국 대배심은 아래에서 보듯이 각 주에 따라 다양한 모습을 보이지만 국민이 수사와 기소에 주체적으로 참여한다는 공통점을 지닌다. 대배심이 검사의 들러리에 불과하고 비효율적이라는 비판도 있지만 국민이 직접 형사사법에 참여하여 민주적 정당성을 부여한다는 점에서 대배심은 순기능을 여전히 행사한다.[7]

이제 한국도 수사와 기소 절차에서 국민 참여를 높이는 방안을 구체적으로 마련할 시점이 되었다. 그러한 의미에서 미국 대배심 제도를 음미할 필요가 있다.[8] 미국 대배심은 연방과 각 주에서 다양한 모습으로 운용되고 있고 그 편차도 크다. 아울러 대배심의 독립성이나 절차상 적법절차 보장을 높일 필요가 있다는 등 다양한 개선 방안이 논의되어 왔다. 그 운용모습과 개선 논의들을 살펴 우리에게 주는 시사점을 찾을 수 있을 것이다. 그동안 국내에서 미국 대배심 제도의 내용을 소개하거나 검찰 개혁의 일환으로 도입 필요성을 주장하는 논문 등이 일부 발표된바 있지만,[9] 미국 연방대배심을 중심으로 연구가 이루어지고 각 주의 대배심 운용 현황이나 대배심 개선 논의의 쟁점을 다룬 연구는 많지 않다.

이 글은 미국 대배심의 운용현황을 살펴보고(Ⅱ.), 미국 내에서 개선 논의의 쟁점 등을 검토한 다음(Ⅲ.) 한국의 상황에 주는 시사점을 찾아보는 것을 목적으로 한다. 대배심 제도와 같이 한 나라의 형사사법의 틀에 큰 영향을 미치는 제도의 도입은 섣부르게 결정할 수 없는 과제이고 폭 넓고 깊은 연구가 필요할 것이다. 이 글은

---

6) 영국에서 1933년 대배심 제도가 폐지되고 대배심이 담당하던 기능이 치안판사에게 상당 부분 이전하였다. 즉 치안판사 법원이 경죄는 직접 재판을 하고 정식기소범죄나 선택가능범죄에 대하여 형사재판에서 재판을 받아도 될 정도로 증거가 있는지 여부를 예비청문절차 등을 통하여 판단한다{이에 관한 설명으로 McPeake, Robert, et. al, *Criminal Litigation and Sentencing*, 27th Edition(Oxford, 2015), p.113}. 영국 치안판사는 법률가가 아닌 시민으로 구성되므로 시민에 의한 형사절차 참여가 여전히 유지되고 있다고 하겠다.

7) 이는 기소 결정에 국민이 참여하는 국민의 사법에 대한 신뢰를 높이는데 기여하고 검사의 기소결정의 적정성을 점검하는 역할을 한다. 역사적으로 미국의 대배심은 시민에 의한 수사라는 '창'의 기능과 부당한 공권력으로부터 시민을 보호한다는 역할을 수행하였다.

8) 미국 대배심 제도가 검찰권에 대한 민주적 통제의 이상에 근접한다는 의견으로, 김태명, "검찰시민위원회 및 기소심사회 제도에 대한 비판적 고찰,"『형사정책연구』, 제21권 제4호(형사정책연구원, 2010), 173쪽.

9) 검사들을 중심으로 미국 대배심 제도를 소개하는 다수 발표되었다. 사실 소환장을 발부하여 인적, 물적 증거를 수집할 수 있는 대배심의 수사 기능은 검사의 입장에서 매력적인 수사방법이라 할 수 있다.

그러한 후속 연구를 위한 시론적, 개괄적 연구의 성격을 띤다. 미국 대배심 제도의 다양한 모습과 개선 논의를 살피면서 한국의 사법제도에 부작용 없이 이식할 수 있는 형태를 찾아낼 수 있으리라 생각한다.

Ⅱ. 미국 대배심 운영 현황

1. 일반 현황

미국이 영국의 식민지였던 사정으로 미국 대배심 제도는 영국 대배심 제도에 기원을 두고 발전하였다. 영국에서 대배심이 단지 범죄에 대한 수사와 기소에 관한 권한만을 행사한 것이 아니라 공공시설이나 공공기능에 대한 감독기능을 아울러 수행하였으므로 미국 대배심도 범죄수사나 기소 여부에 관한 결정뿐만 아니라 도로, 다리, 공공빌딩이나 교도소를 유지, 관리하는데 실패한 공무원에 대한 책임을 추궁하는 역할까지 담당하였다. 나아가 새로운 입법을 제안하고 행정부의 권한남용을 폭로하고 시민을 대표하며 과세율을 정하고 필수품에 대한 가격 통제까지 담당하였다.[10] 18세기 중반 이후 영국으로부터 분리 독립 운동이 전개될 당시 미국 대배심은 영국에 대항하는 시위주동자나 밀수입업자들에 대한 기소를 거부하는 등 대배심은 식민지 독립운동의 한 축을 담당하기에 이른다. 위 과정에서 대배심은 많은 이들의 지지를 얻게 되고 미국 수정헌법에도 명문으로 규정되었다. 위와 같은 역사적 배경을 이해하면 대배심이 담당하는 업무 영역에 많은 변화가 이루어졌지만 미국 여러 주에서 대배심이 범죄 수사나 기소에 권한 이외에 교도소 시설이나 공공시설의 감독, 공무원의 직무 감독 기능을 여전히 수행하고 있는 이유를 알 수 있다.[11]

아래 <표 1>은 미국 내 대배심 운용에 관한 일반 현황을 간략히 정리한 것이다. 연방, 주 등 관할권에 따라 운용되는 모습이 다채롭다. 우선 중죄 사건의 기소

---

10) Campbell, William J.,"Eliminating Grand Jury," 64 J. Crim. L. & Criminology 174, 177 (1973); 오경식, "미국의 기소대배심 운영과 한국의 도입방안,"『형사법의 신동향』, 통권 제28호(대검찰청, 2010), 7쪽.

11) 이러한 주 대배심의 특별한 역할(special duties)에 관한 현황 설명으로, National Center for State Courts(NASC), Center of Jury Studies, Reforming the Grand Jury Indicting Process: Recent Efforts to Improve Public Confidence in Cases Involving Police Use of Lethal Force, p.3 (2021).

에 대배심의 기소 결정이 필수적인지 여부에 따라 살펴보면 미국 연방대배심과 같이 이를 원칙적으로 요구하는 곳도 있고 선택적인 것으로 정한 곳들도 있다. 미국 연방수정헌법 제5조는 "누구라도 사형 또는 중죄에 대하여 대배심에 의한 고발이나 기소장이 없이 처벌받지 아니한다"는 내용을 담고 있지만 미국 연방대법원은 대배심에 의하여 기소 결정을 받을 권리가 수정헌법 제14조의 적법절차 조항을 통하여 각 주에까지 적용되는 권리는 아니라고 판시하였다.[12] 이에 따라 각 주들은 나름의 대배심 제도를 발전시킨다. 대배심의 기소 결정이 필수적으로 요구되는 곳에서도 기소 결정이 요구되는 범죄의 범위에 차이가 있다. 모든 사건에 대하여 대배심에 의한 기소를 요구하는 주는 뉴저지 주, 사우스캐롤라이나 주, 테네시 주, 버지니아 주 등 4곳이다. 중죄에 대하여 대배심에 의한 기소를 요구하는 곳은 알라바마 주, 알래스카 주, 델라웨어 주, 켄터키 주, 매사추세츠 주,[13] 메인 주, 미시시피 주, 뉴햄프셔 주, 뉴욕 주, 노스캐롤라이나 주, 오하이오, 텍사스, 웨스트버지니아 주, 워싱턴 특별구 및 연방 등 15곳이고, 사형 또는 무기형 이상의 죄의 경우에 대배심에 의한 기소를 요구하는 곳은 조지아 주,[14] 플로리다 주, 루이지애나 주, 미네소타 주, 로드아일랜드 주 등 5곳이다. 대배심에 의한 기소가 선택적인 주는 애리조나 주를 비롯하여 26개 주이다. 대배심 제도는 원래 미국 식민지 초기에 검사의 강력한 재판절차 회부결정(charge)[15] 권한을 견제하기 위하여 미국 헌법 기초자들에 의하여 설계된 것이다. 이러한 역사적 배경에 따라 미국 동부나 남부 주들에서는 대배심이 비교적 활발히 활용되는 경향을 보이고 서부 지역에서는 활용도가 상대적으로 낮다.[16] 대배심의 기소 결정이 필수적이라도 피고인이 대부분 대배심에 의한 기소를 받을 권리를 포기할 수 있다. 대배심 기소 결정이 선택사항인 곳에서는 필요한 경우 법원이나 검찰이 대배심의 소집을 요청하게 된다. 캔사스 주 등 일부 주들에서는 일정한 요건을 갖추면 시민이 직접 요청할 수 있다.[17] 펜실베이니아 주는

---

12) *Hurtado v. California*, 110 U.S. 516 (1884).

13) 원칙적으로 주 교도소에서 복역하는 범죄, 즉 사형 또는 5년 이상 형이 선고되는 범죄에 대하여 대배심에 의한 기소 결정을 요구한다.

14) 사형이 선고될 수 있는 범죄에 대하여 대배심에 의한 기소를 요구한다.

15) 미국 형사사법절차에서 일단 charge가 이루어지면 수사단계가 끝나고 광의의 재판절차가 개시되는 것이므로 charge를 한국의 입건이나 기소로 번역하기 어렵다. 편의상 '재판절차 회부 결정'으로 번역하였다.

16) 박세현, "미국의 기소배심 실무 연구," 『해외연수검사연구논문집』, 24집(법무연수원, 2009), 10쪽.

17) National Center for State Courts(NASC), Center of Jury Studies, Reforming the Grand

거의 모든 범죄에 대하여 대배심에 의한 기소는 폐지하였고 필요한 경우 대배심으로 하여금 범죄수사만 담당하게 한다.[18] 코네티컷 주도 1983년 헌법 일부 개정으로 사형, 무기형에 해당하는 범죄에 대하여 대배심에 의한 기소 결정이 필요하다는 내용을 폐지하였다.[19]

대배심 제도에 대하여 많은 비판이 제기되어 왔고 각 관할권마다 활용 정도는 각양각색이지만 이를 전적으로 폐지한 곳은 없다.[20]

〈표 1〉 미국 대배심 운용 현황[21]

관할권 (연방, 주)	중죄 기소에 대배심 승인 요부[22]	배심원 수	기소 결정 필요 인원(명)	임기 (개월)[23]	공식기록 작성 요부	변호사 출석 허용 여부	공판절차 증거법의 적용
연방	○	16-23	12	18	○		
워싱턴 특별구 (D.C.)	○	16-23	12	18			
Alabama	○	18	12	18			

Jury Indicting Process: Recent Efforts to Improve Public Confidence in Cases Involving Police Use of Lethal Force (2021), p.7. 캔사스 주, 네브래스카 주, 네바다 주, 뉴멕시코 주, 노스다코타 주, 오클라호마 주 등 6개 주이다. 선거인 명부의 2%에 해당하는 인원의 신청을 요건으로 하는 주(뉴 멕시코 주)에서부터 25%를 요건으로 하는 주(네바다 주)까지 있다고 한다.

18) 펜실베이니아 주와 코네티컷 주는 사실상 형사사건에 대한 기소 대배심의 사용을 폐지하였으므로 제외하였다. 펜실베이니아 주는 대배심에 의한 기소 결정을 모든 범죄에 대하여 폐지하였는데 2012년 주 형사소송규칙 개정을 통하여 증인위협(witness intimidation) 경우에 한하여 대배심에 의한 기소를 허용하였다(234 Pa. Code Rule 556, 참조). 코네티컷 주도 모든 범죄에 대하여 대배심에 의한 기소 결정을 폐지하였다.

19) 따라서 1983년 5월 26일 이후 사건에 대하여 검사는 information이나 complaint에 의하여 기소하는 것이 가능하다(CT ST § 54–46, 참조).

20) 펜실베이니아 주나 코네티컷 주처럼 대배심에 의한 기소 결정(grand jury indictment) 제도를 사실상 폐지한 주들에서도 범죄수사용 대배심(investigating grand jury)은 계속 존재하고 활용된다.

21) 미국 주 법원 국립센터 배심 연구 센터(National Center for State Courts, Center for Jury Studies) 웹사이트 자료와 아래 논문 등을 참조하고 필요한 경우 법령 등을 참조하여 정리하였다{Emerson, Grand Jury Reform: A Review of Key Issues, U.S. Department of Justice National institute of Justice (1983); 박세현, 앞의 논문, 18 내지 29쪽; 박철웅, "미국 기소배심 제도의 국내도입방안 – 미국 국민수사참여 모델 연구,"『국외훈련검사 연구논문집』, 제27집(2012), 212 내지 218쪽}.

Alaska	○	12/18	7	4			
Arizona		12/16	9	4	○	△24)	
Arkansas		16	12				
California		12/ 19/ 23²⁵⁾	8/ 12/ 14	12	○		○
Colorado		12 또는 23	9 또는 12	12	○	○	
connecticut					○		
Delaware	○	10-15	7 또는 10	15			
Florida	△	12-21	12	12		△26)	
Georgia	△	16/23	12				
Hawaii		16	12	12	○		
Idaho		16	12	6	○		○
Illinois		16	9	18	○	○	
Indiana		6	5	6		△27)	
Iowa		7	5	12	○		
Kansas		15	12	3	○	○	
Kentucky	○	12	9	1	○		
Louisiana	△	12	9	8		△28)	
Maine	○	13-23	12	12			
Maryland		23	12				
Massachusetts	○	23	12	3	○	○	
Michigan		13- 17	9	6		○	
Minnesota	△	16/23	16	12	○	△29)	
Mississippi	○	15-25	12	6			
Missouri		12	9	6	○		
Montana		11	8		○		
Nebraska		16	12		○	○	
Nevada		17	12	12	○	△30)	○
New Hampshire	○	23	12	6			
New Jersey	◎	23	12	4	○		
New Mexico		12	8	3	○	△31)	○
New York	○	16-23	12		○	△32)	○
north carolina	○	12-18	12	12			
North Dakota		8-11	6		○		○
ohio	○	15	12	5			
Oklahoma		12	9	18	○	○	○
oregon		7	5		○		○

pennsylvania		15-23	12	18	○	○	
Rhode Island	△	13/23	12	18	○		○
South Carolina	◎	18	12	18	△33)		
South Dakota		6-10	6	24	○	○	○
Tennessee	◎	13	12	24			
Texas	○	12	9		△34)		
Utah		9-15	12	18	○	○	○
Vermont		18-23	12	6	○		
virginia	◎	5-7	4	12	△35)	△36)	
Washington		12	9	2	○	△37)	
West Virginia	○	16	12	4			
Wisconsin		17	12	1		○	
Wyoming		12	9	12			

---

22) 모든 범죄에 원칙적으로 대배심의 기소결정을 요구하는 곳은 '◎', 중죄에 대하여 요구하는 곳은 '○', 사형 또는 무기형 이상이 선고되는 경우에 대배심의 기소결정을 요구하는 곳은 '△' 표기하였다.

23) 기본 임기를 표시하였다. 관할권에 따라 연장이 가능하다. 예를 들어 앨라배마 주는 6개월 연장이 가능하다.

24) 잠재적 피의자(target witness)의 경우 변호인의 조력을 받을 수 있다(Ari. §21-412).

25) 캘리포니아 주의 경우, 인구 2만 이하인 경우는 대배심인 12인으로 구성되고, 인구 2만을 초과하고 4백만 미만인 경우 19인, L.A.는 23인으로 구성된다.

26) 증인은 대배심 절차에서 1명의 변호인과 상의할 수 있으나 변호인의 조력을 받을 권리가 전적으로 인정되는 것은 아니다(Fla. Stat. § 905.17, 참조).

27) 잠재적 피의자(target)의 경우 변호인 참석이 허용된다(IC 35-34-2-5.5).

28) 잠재적 피의자(target)의 경우 변호인 참석이 허용된다(La. Code Crim. Proc. art. 433).

29) 자기부죄거부 특권을 포기한 증인 또는 형사면책을 받은 증인의 경우에 변호인 참석이 허용된다(Minn. R. Crim. P. 18.03).

30) 잠재적 피의자(target)의 경우만 변호인 참석이 허용된다(N.R.S. 172.239).

31) 잠재적 피의자(target)의 경우만 변호인 참석이 허용된다(NM ST § 31-6-4).

32) 형사면책을 포기한 증인만 변호인 참석이 허용된다(N.Y. Crim. Proc. Law §190.52).

33) 주 대배심(state grand jury)의 경우 공식기록 작성이 요구된다(S.C. Code § 14-7-1700).

34) 피고인 또는 피의자의 진술 등에 관하여 기록 작성이 요구된다(Tex. Code Crim. Proc. § 20A.201).

35) 범죄수사를 위한 특별대배심의 경우 공식기록을 작성한다.

36) 범죄수사를 위한 특별대배심의 경우 변호인 동석을 허용한다(VA Code Ann. §19.2-209).

37) 원칙적으로 증인에게 변호사 동석이 허용되지만 형사면책을 받은 증인은 변호사가 동석할 수 없다(RCW 10.27.120).

'기소 결정을 위한 대배심(Indictment Grand Jury)'의 규모도 5명에서 23명까지 다양하고 이에 따라 기소 결정에 필요한 정족수도 4명에서 16명까지 차이가 있다.[38] 대배심 임기도 1개월에서 24개월까지로 다양하며 임기 연장 규정을 둔 곳들도 있다. 대배심의 담당 업무도 관할권에 따라서는 범죄수사나 기소 결정에 관한 업무에 그치지 않고 구금 시설의 감독, 지방공공단체 관계 사건조사, 감찰 등 민사, 행정사건 영역까지 담당하는 곳들도 많다.[39]

대배심은 단지 형사사건의 기소 결정뿐만 아니라 관할권에 따라 민사, 행정사건에 대한 조사를 할 수 있다.[40] 또한 특정 사안을 조사하고 보고서를 작성하여 법원에 제출하기도 한다. 법원은 위 보고서를 검토한 후 수정 과정을 거쳐 공식기록으로 공개하거나 봉인하여 비공개로 할 것인지 여부를 결정한다. 통상 위와 같은 보고서는 공적 인물의 활동을 대상을 작성되므로 보고서에 지목된 사람은 그에 대한 답변을 제출하거나 법원의 결정에 대하여 항소할 수 있다.

대배심의 독립성 보장 수준이나 심리절차에서 증인이나 잠재적 피의자의 절차적 권리를 보장하는 정도, 공식기록 작성 여부, 공판절차에 적용되는 증거법 규정 적용 여부, 대배심 결정에 대한 사법심사의 정도 등에 관하여 관할권마다 다양한 모습을 보인다. 이는 아래에서 살피듯이 대배심 제도에 관하여 다양한 개혁방안이 제기되었고 각 관할권에 따라 이를 수용하는 정도나 대응에 차이가 생김에 따라 나타난 결과로 보인다.

---

38) 코네티컷 주는 대배심에 의한 기소 결정은 폐지하고 다만 독특하게 '판사나 주 심판원 또는 판사 3명(a judge, constitutional state referee or any three judges)'으로 수사대배심을 구성하여 일정한 범위의 수사를 할 수 있도록 한다(CT ST § 54-47b, 참조). 주 심판원은 통상 은퇴 판사가 맡는다.

39) 이에 관한 보다 자세한 현황은, 박세현, 앞의 논문, 18 내지 29쪽 참조.

40) 대배심은 특정한 조직에 소속되지 않고 독립적으로 활동하므로 수사기관보다 더 객관적으로 자료 수집과 조사를 할 수 있을 것이다. 미국 대배심의 경우 기소 결정에 이르지 않더라도 사안을 조사 후 보고서를 제출하는 역할을 수행하는 경우도 많다. 사실 분쟁은 사실관계가 제대로 밝혀지지 않은 경우 격화된다. 따라서 객관적인 조사 주체인 대배심이 중립적인 견지에서 일정한 사실에 대하여 조사하고 그 결과를 보고서로 제출하는 방식은 매우 효과적인 분쟁해결수단이 될 수 있다.

2. 구체적 운용 모습

(1) 대배심의 구성과 개시

미국 대배심 중에서 연방대배심이 가장 활발하게 운용되고 있고 미국 내에서 갖는 비중도 높으므로 연방대배심을 중심으로 대배심이 구체적으로 운용되는 모습을 살피면서 필요에 따라 다른 곳들의 운용 모습을 덧붙여 살핀다. 각 주의 경우에는 대체로 주 대배심(state grand jury)과 카운티 대배심(county grand jury)이 구별되어 구성된다. 카운티 대배심은 각 카운티에서 발생하는 지역 사건을 담당하고 주 대배심은 여러 카운티들에 관련된 사건이나 사안이 중대하여 주 차원에서 수사할 필요가 있는 사건을 담당한다. 대배심원의 선출은 통상 선거인 명부, 운전면허대장, 징세대장 등에서 일정한 풀(pool)을 추출하고 위 풀에서 대상자를 선임하는 과정을 거친다. 심리배심과 마찬가지로 대배심의 경우에도 배심원의 구성이 공정하고 중립적이어야 한다.[41]

대배심은 통상 법원이나 검사가 소집한다. 연방대배심의 경우 연방법원이나 연방법무부장관 등이 소집을 요구할 수 있다.[42] 연방지방법원은 공공의 이익에 부합한다고 판단하는 경우 1개 또는 1개 이상의 대배심을 소집할 수 있고 연방법무부장관은 특별 대배심을 요청할 수 있다.[43] 연방대배심은 원칙적으로 18개월 동안 근무하며 법원이 공공의 이익을 위하여 필요하다고 판단하는 경우 그 기간을 연장할 수 있다. 피고인은 중죄의 경우 대배심에 의하여 기소될 권리를 포기할 수 있다.[44] 대배심은 검사가 제출한 기소장의 타당성을 검토하고 승인 여부를 결정하지만 특정 사안에 대하여 수사하고 보고서를 법원에 제출하기도 한다. 대배심의 구성인원이나 기소 결정에 필요한 정족수 등은 위 일반현황에서 살핀 바와 같다.

대배심 심리는 법원 건물 내에서 진행되지만 법원은 거의 관여하지 않는다. 대배심 절차는 재판절차와 달리 비공개로 진행되며 수사단계라는 특성상 재판절차에서

---

41) 배심이 지역사회의 각 그룹을 제대로 대표하지 못하는 경우 미국 수정헌법 제14조의 평등보호조항 위반이 될 수 있고(Castnecda v. Partida, 430 U.S. 482 [1977]), '명백한 다수 그룹(large distinctive group)'을 배심원 풀에서 '조직적으로 배제(systematic exclusion)'하는 경우 수정헌법 제6조 위반이 될 수 있다(Taylor v. Louisiana, 419 U.S. 522 [1975]).

42) 18 U.S.C. §3331.

43) 18 U.S.C. §3331, §3333. 특별대배심은 일반대배심보다 오랜 기간 운용될 수 있다.

44) FRCP §7 (b). 다만 사형에 처해질 수 있는 범죄에서 위 권리가 포기될 수 없다.

보장되는 절차적 권리가 그대로 보장되지 않는다.

(2) 대배심의 수사 권한

대배심의 주요 권한 중 하나는 조사 또는 수사 권한이다. 대배심은 소환장 발부
권한, 면책특권 부여 및 법정모욕죄 부과 등을 통하여 강력한 수사 권한을 행사한
다. 나아가 연방대법원은 대배심이 적절하다고 판단하는 경우 증거의 제출이나 증
언을 강제할 수 있고 이러한 대배심 운용절차에 형사재판절차에 적용되는 기술적이
고 절차적 규정과 증거법 규정에 의하여 제약되지 않는다고 판시하였다.[45] 하지만
후술하는 바와 같이 주에 따라 위와 같은 절차적 권리의 보장 수준은 편차가 크다.

대배심은 소환장 발부를 통하여 증거자료를 수집한다. 소환장은 형식상 법원이
발부하지만 연방대배심의 경우 실무상 검사가 미리 준비된 소환장 용지에 필요한
사항을 기재하여 소환장을 발부한다.[46] 증인이 소환에 정당한 이유 없이 이에 응하
지 않는 경우 법정모독이나 사법방해죄로 처벌될 수 있으므로 위 발부 권한은 매우
강력한 힘이다. 소환장에는 증인을 직접 소환하는 소환장(증인소환장, subpoena ad
testificandum)과 물적 증거의 제출을 요구하는 소환장(subpoena duces tecum, '증
거제출명령') 2가지 종류가 있다. 후자의 경우 소환장에 의하여 간접적으로 증거를
수집하므로 압수수색영장을 통한 증거 수집과는 질적인 차이가 있다.[47] 소환장 발
부 요건으로 혐의에 대한 상당한 이유까지 필요하지 않고 합리적 의심으로도 충분
하다. 증거제출명령에 의한 증거의 수집에는 법령상 제약이나 판례상 인정된 제약
들이 있다. 판례는 증거와 사안과의 관련성이 필요하고 대상의 특정이 필요하며 기
록의 경우 합리적 기간 내일 필요가 있어야 한다고 판시한 바 있다.[48] 또한 위법한
도청에 의하여 수집된 증거는 연방법에 의하여 증거로 사용될 수 없는데 위 증거에
기초하여 대배심에서 증인을 소환하여 조사하는 것은 허용되지 않는다.[49] 증인을
소환하더라도 증인은 수정헌법 제5조에 규정된 자기부죄거부 특권 또는 헌법, 법률
및 커먼 로 원칙상 인정되는 다양한 특권들을 행사하면서 소환에 응하지 않을 수

---

45) United States v. Calandra, 414 U.S. 338 (1974).
46) Doyle, 앞의 보고서, 8쪽 각주 52; 박세현, 앞의 논문, 45쪽 참조. 물론 대배심의 요구에 의하
    여 소환장이 발부될 수 있다는 점에 대하여 이론은 없다.
47) 박세현, 앞의 논문, 43쪽.
48) United States v. Gurule, 437 F.2d 239 (10th Cir. 1970).
49) In re Grand Jury Proceedings (Kinamon), 45 F.3d 343 (9th Cir. 1995).

있다. 주 법률에 의하여 비밀로 분류된 정보를 대배심에 제출할 의무가 있는지에 관하여는 다툼이 있다. 증인이 자기부죄거부 특권을 주장하는 경우 대배심은 증인 면책제도를 이용하여 증인을 소환하는 것이 가능하다. 증인면책은 증거면책(Use and derivative immunity)과 행위면책(Transactional immunity)으로 나뉜다. 증거면 책은 증언 및 증언을 통하여 밝혀진 증거를 증인에게 형사상 불리하게 사용하지 못 하도록 하는 것이고 행위면책은 해당 증언과 관련 있는 행위 자체를 면책하는 것이 다. 증인면책을 부여하면 증인이 위 특권을 주장하면서 증언을 거부할 수 없으므로 매우 강력한 소환권한을 행사하는 셈이다. 물론 소환대상자가 소환에 응하는 것이 매우 비합리적이거나 억압적이라 판단하여 법원에 구제를 신청하면 법원이 이를 검토하여 소환장을 파기하거나 수정할 수 있으나[50] 신청이 인용되는 경우는 드물 다. 소환대상자가 소환에 불응하는 경우 법원은 법정모독죄를 적용하여 민, 형사상 제재를 가할 수 있다. 예를 들어 증언할 때까지 일정 기간 유치장(jail)에 구금할 수 있다.[51] 대배심은 소환장을 통하여 개인이나 법인에 대하여 자료제출명령을 할 수 있고 따라서 계좌추적 등도 가능하다. 증인이 대배심 절차에서 허위 증언을 하는 경우 위증죄로 처벌된다.[52] 이러한 다양한 강제수단으로 인하여 대배심의 소환장 은 수사에 있어 강력한 수단이 되는 것이다.

(3) 대배심의 비밀유지(Grand Jury Secrecy)

대배심 절차는 수사절차의 특성상 비공개로 진행되고 절차에 이루어진 내용의 공개도 원칙적으로 금지된다.[53] 미국 연방소송규칙은 대배심에 참석할 수 있는 사 람을 대배심원, 검사, 신문을 받는 증인, 법원 기록원 등 일정한 범위의 사람으로 제한하고 이들에게 비밀준수의무를 부과한다.[54] 대배심 절차에 참석할 수 있는 사

---

50) FRCP §17 (c)
51) 연방법상 민사적 법정모독죄 규정에 의하면 증인이 소환에 응하지 않는 경우 최대 18개월까 지 구금될 수 있다(28 U.S.C. §1826). 이에 관한 자세한 설명은, 박세현, 앞의 논문, 58, 59쪽.
52) 18 U.S.C. §1621, 참조.
53) 대배심에서 비밀준수가 요구되는 이유들로, 수사대상의 도주를 방지하고 대배심의 자유로운 심리를 보장하고, 기소대상자나 그 친구들이 증인에게 청탁하는 것을 방지하며, 위증교사나 증인매수를 방지하고 범죄발생에 관한 정보를 가진 사람들이 자유롭고 충분한 정보를 제공할 수 있도록 하며, 무고한 것으로 밝혀진 사람이 수사를 받고 있다는 점이 공개되는 것을 방지 하고, 유죄 가능성이 없는 경우에 재판을 받는 일이 없도록 할 필요가 있다는 점 등이 제시된 다(United States v. Rose, 215 F.2d 617(3d Cir. 1954).

람의 범위는 관할권마다 많은 차이가 있다. 특히 연방의 경우는 변호인이 참석할 수 없기 때문에 증인의 변호인의 조력을 받을 권리와 관련하여 많은 비판이 제기된다. 각 주들의 경우 위 <표 1>에서 보듯이 연방대배심과 같이 변호인 참여를 불허하는 곳과 원칙적으로 참여를 허용하는 곳, 일정한 범위의 증인에게 변호인 동석을 허용하는 곳으로 나뉜다. 변호사가 참석하더라도 조언을 하는 역할에 그치고 공판절차와 같이 증거를 제시하고 반대신문을 하는 것이 허용되는 것은 아니다. 아래에서 보듯이 변호인의 참석 여부는 대배심 개선논의의 핵심 쟁점이기도 하다.

하지만 비밀유지원칙은 절대적인 것이 아니고 여러 예외들이 인정된다. 다른 형사사건이나 민, 형사 사건에 자료로 사용될 수 있는지 여부가 자주 다투어지는데 법원의 승인 없이 대배심 관련 자료를 공유하거나 제공받을 수 있는 경우도 있고 법원의 승인이 필요한 경우도 있다.[55] 이를테면 정부법률가(attorney for the government)는 직무수행상 법원의 승인 없이 자료를 공유하거나 제공받을 수 있다. 피고인의 경우 대배심 절차에서 발생한 사유를 들어 대배심의 기소결정에 대한 기각을 구하는 경우 법원의 승인을 얻어 대배심 자료를 받을 수 있다.[56] 대배심에서 증언한 증인이 자신의 진술 내용을 외부에 공개하는 하는 것은 표현의 자유를 보장하는 수정헌법 제1조의 취지에 따라 허용된다.[57]

(4) 절차적 권리와 투명성 보장

위에서 살핀바와 같이 연방대배심의 경우 비밀유지원칙의 엄격한 적용으로 대배심의 심리절차에 피의자, 잠재적 피고인,[58] 변호인이 출석할 권리가 보장되지 않고 또한 그들이 무죄 증거들을 대배심에 제출할 수 있는 권리도 없다.[59] 그로 인하여 실무상 증인의 변호인이 대배심 회의실 바깥에서 대기하다가 증인이 상의를 위하

---

54) FRCP §6 (e)(2)(B), 참조.

55) FRCP §6 (e)(3), 참조.

56) FRCP §6 (e)(3)(E)(ⅱ), 참조.

57) 수정헌법 제1조가 대배심의 밀행성에 대한 예외의 근거가 될 수 있다고 판단한 연방대법원 판결로, Butterworth v. Smith, 494 U.S. 624 (1990). 미국 연방소송규칙도 동 규칙에서 비밀을 유지할 것으로 규정된 사람 이외 다른 사람들은 비밀유지의무의 제약을 받지 않는다고 규정하고 있다{FRCP §6 (e)(2)(A), 참조}.

58) 사안에 따라 이미 피의자에 대하여 '최초 출석절차(first appearance)'가 이루어진 경우가 있고 이러한 경우 일단 넓은 의미에서 '재판절차 회부결정(charge)'이 있었다고 볼 수 있다.

59) United States v. Williams, 504 U.S. 36, 51−4 (1992)

여 나오는 경우 조언을 한다. 전문증거나 위법수집증거에 기초한 증인 신문도 허용된다.[60] 위와 같이 연방대배심의 심리절차는 다른 주들에 비하여 적법절차 보장 수준이 낮은 편이다. 절차적 권리를 재판절차와 비슷한 수준으로 보장하는 경우 효율적인 수사가 어렵고 인적, 물적 자원이 지나치게 많이 소요되기 때문으로 보인다.

하지만 대배심에도 절차적 권리를 제대로 보장할 필요가 있다는 주장이 강력하게 제기되고 여러 주들이 이를 수용함에 따라 절차적 권리의 보장 수준은 관할권에 따라 다양한 모습을 보인다.[61] 한편 미국 연방대법원은 잠재적 피의자(target)를 소환하는 경우에도 기소될 가능성이 있다는 사실을 고지할 필요는 없다고 판시한 바 있으나,[62] 피의자가 자기거부특권의 존재 여부를 모르고 증언할 우려가 있으므로 미 연방 법무부는 실무지침을 통하여 위와 같은 경우 그 사정을 고지하도록 한다.[63]

대배심 절차의 투명성을 보장하려면 절차에 관한 공식기록이 작성될 필요가 있다. 공식기록의 작성은 나아가 대배심 결정의 적정성을 법원이 실질적으로 심사할 수 있는 필요조건이 된다. 연방대배심은 절차의 투명성을 보장하기 위하여 평의와 표결을 제외한 대배심 심리 절차를 기록으로 남기도록 규정하고 있다.[64] 다만 위 <표 1>에서 보듯이 관할권에 따라 법률상 명시적으로 공식기록의 작성을 강제하는 곳과 요구하지 않는 곳으로 나뉜다.[65]

대배심의 기소 결정이 있으면 통상 범죄혐의가 상당한지 여부를 심사하는 예비청문절차는 생략된다. 대배심이 위 절차와 비슷한 기능을 갖기 때문이다. 다만 예비청문절차는 대심적(對審的) 절차로 진행되지만 대배심은 밀행적으로 진행되므로 증인 등에 대한 절차적 권리 보장이 약하다. 위 점을 고려하여 주에 따라서는 특정 범죄의 경우 대배심에 의한 기소의 경우에도 청문절차를 거치도록 규정하기도 한다.[66]

---

60) United States v. Calandra, 414 U.S. 338 (1974). 동 판결에서 연방대법원 대배심은 유, 무죄를 최종적인 유, 무죄를 결정하지 않으므로 형사공판절차에 적용되는 증거법이나 절차적인 제한에 의하지 않고 운용될 수 있다는 취지로 판시하였다.
61) 이에 관한 자세한 내용은, 위 <표 1>의 내용 및 아래 미국 내 대배심 개선 논의 부분 참조. 모든 증인에게 변호인이 동석할 수 있도록 허용하는 곳도 있고 형사면책을 받은 증인이나 형사면책을 포기한 증인 또는 잠재적 피의자에게 동석을 허용하는 곳들이 있다.
62) U.S. v. Washington, 431 U.S. 181, 186(1977).
63) 박세현, 앞의 논문, 98쪽.
64) FRCP §6 (e)(1).
65) 과거 공식기록 작성을 법률로 요구하지 않는 곳들도 상당하였으나 이제 이를 요구하는 관할권이 다수이다. 공식기록의 작성이 요구되더라도 대배심 평의나 표결에 관한 내용은 제외되는 데 이론이 없다.

(5) 대배심의 결정

대배심은 평의를 거쳐 최종적으로 기소 결정을 내릴 수도 있고 기소를 거부할 수도 있다. 연방 특별대배심의 경우는 그 목적에 따라 보고서를 제출할 수 있다. 일반적인 대배심의 경우에도 보고서를 제출할 수 있는지 논란이 있다. 명문 규정이 없더라도 커먼 로 전통에 따라 대배심이 필요하다면 보고서를 제출할 수 있다고 해석된다. 검사는 대배심에 법률적 조언을 하고 기소장 초안을 작성하여 제출한다. 대배심이 기소 결정을 내리면 대표배심원이 기소장에 서명하여 검사에게 건네고 검사도 서명을 한다. 대배심 기소장을 받은 치안판사는 검사가 요청하는 경우 피고인의 신병이 확보되거나 다른 재판에서 석방될 때까지 기소장을 봉인하여 비밀에 부칠 수 있다.[67] 이때 공소제기 시점은 기소장이 송부된 시점이다.

연방대배심의 경우 피의자 또는 피고인은 증거 부족이나 대배심 절차의 위법 등을 주장하면서 법원에 대배심의 기소결정에 대하여 공소기각을 구할 수 있다.[68] 법원은 이러한 신청의 당부를 판단함으로써 대배심의 활동을 감독하는 기능을 한다. 다만 법원은 공소기각을 하는데 매우 신중한 기준을 적용한다.[69] 검사도 대배심의 기소에 대하여 공소기각을 신청할 수 있다. 사실상 검사가 공소유지를 포기하는 셈인데 법원은 검사의 신청이 명백하게 공공의 이익에 반하는 경우가 아니라면 신청을 받아들인다. 법원은 언제든지 필요하다고 생각하는 경우 대배심을 해산할 수 있다.[70]

대배심이 기소를 거부하는 경우 검사는 다시 동일한 대배심이나 다른 대배심에 기소장을 신청할 수 있다. 대배심 제도의 취지를 살리기 위하여 이와 같은 검사의 재신청을 제한하여야 한다는 비판도 있다.[71]

---

66) 캘리포니아 주, 일리노이 주 등.

67) FRCP §6 (e)(4).

68) 주요 사유들을 보면, (1) 증거부족, (2) 대배심의 조언자로서 검사의 부당한 행위, (3) 대배심 구성에 있어 불공정한 선택, (4) 대배심 절차에서 제시된 증거와 다른 증거의 사용 등이다 (Warral, 앞의 책, 330쪽). 대배심의 기소가 유효하기 위하여 어느 정도 입증이 필요한 지 여부에 대하여는 상당한 이유를 요구하는 경우도 있고 재판에서 유죄를 보증할 수 있을 정도여야 한다는 기준을 요구하는 경우도 있는 등 각 주마다 기준이 다양하다(위 책, 331쪽).

69) 박세현, 앞의 논문, 106쪽.

70) FRCP §6 (g).

71) Ric Simmons, "Re−Examining the Grand Jury: Is There Room for Democracy in the

3. 소결론

앞서 보았듯이 미국 내 대배심들은 많은 공통점을 갖고 있지만,[72] 중죄 등에 대배심 기소를 요구하는 여부와 적법절차 보장 수준의 강약에 따라 다양한 양상을 보인다. 아래 <표 2>는 위 인자들을 조합하여 미국 대배심 유형을 분류해 본 것이다.[73] 적법절차 보장 수준을 판단하는 인자는 증인신문시 변호인 동석 여부, 공식 기록 작성 여부, 공판절차와 같은 증거법 원칙을 적용하는지 여부 등을 선택하였다. 2개 인자 이상을 갖추고 있다면 일단 적법절차 보장수준이 높다고 판단할 수 있을 것이다.

〈표 2〉 미국 내 대배심의 유형 분류

	적법절차 보장 강함	적법절차 보장 낮음
중죄 대부분에 대배심 기소 요구	①유형 (뉴욕 주, 매사추세츠 주 등)	②유형 (연방대배심 등)
대배심 기소 선택적	③유형 (오클라호마 주, 뉴멕시코 주 등)	④유형 (인디애나 주, 아이오와 주 등)

Criminal Justice System?," 82 B. U. L. Rev. 1, 17 (2002).

72) 공통점은 다음과 같이 정리할 수 있을 것이다. 첫째, 정도의 차이는 있지만 대배심이 단순히 검사의 기소 요청의 적정성을 심사하는 역할만을 하는 것이 아니라 직접 사안을 조사하는 기능을 수행한다는 점이다. 대배심은 주로 소환장을 통한 조사를 하며 조사 없이 기소 여부만을 결정하는 곳은 없다고 보인다. 반면 대배심에 의한 기소 결정은 하지 않지만 조사만을 위한 대배심이 운용되는 경우도 많다. 따라서 대배심의 조사 기능은 제도의 본질적인 것이라 할 수 있다. 둘째, 심리배심과 달리 대배심 의사결정은 만장일치를 요구하지 않고 일정한 수가 찬성하면 의결을 할 수 있다. 셋째, 대배심의 구성이나 운용에 법원이 법률상 많은 권한을 가지고 있고 실제로 밀접하게 관여하는 경우도 있으나 실제로 법원이 직접적으로 관여하는 경우는 많지 않다는 점이다.

73) Simmons 교수는 미국 대배심의 유형을 분류하는 요소로, (1) 대배심 기소장을 요구하는지 여부, (2) 기소장이 승인되지 않았을 때 다시 대배심 청구를 할 수 있는지 여부, (3) 전문증거가 허용되는지 여부, (4) 피고인이 증언할 수 있는 권리가 있는지 여부, (5) 대배심 절차에 대한 사법적 심사 등을 들고 있다(Simmons, 앞의 논문, 16 내지 25쪽). (3) 내지 (5)요소는 적법절차의 보장 수준과 밀접하게 관련된 요소라고 할 수 있으므로 여러 대배심의 모습을 중죄 등에 대배심 기소장을 요구하는지 여부와 적법절차 보장 수준을 가로, 세로축으로 사용하여 유형을 분류할 수 있을 것이다.

①유형은 중죄에 대한 중죄 대부분에 대하여 대배심 기소를 필수적인 것으로 요구하고 아울러 대배심 심리절차에서 적법절차 보장 수준이 강한 경우이다. ①유형에 해당하는 곳으로는 뉴욕 주와 매사추세츠 주 대배심 정도를 들 수 있겠다. 중죄 대부분에 대하여 대배심 기소 결정을 요구하는 곳에서는 업무부담으로 공판절차와 같은 수준으로 적법절차 원칙에 따른 절차적 권리를 보장하기 어렵다. 그런 이유로 ①유형에 해당하는 곳이 드물다. 뉴욕 주의 경우도 형사면책을 포기한 증인의 경우에만 변호사가 대배심 절차에 동석할 수 있으므로 절차 보장이 아주 강한 것은 아니다. 매사추세츠 주의 경우도 변호인의 조력을 받을 권리를 허용하고 공식기록의 작성을 요구하지만 공판절차 증거법 규정을 필수적으로 적용하지는 않는다. ②유형은 중죄 대부분에 대하여 대배심 기소가 필수적인 곳으로 심리절차에서 적법절차 보장 수준이 약한 경우이다. 연방대배심이나 알래스카 주 대배심 등을 들 수 있겠다. 대배심 기소가 필수적인 곳 대다수가 ②유형에 속한다. ③유형은 중죄에 대한 대배심 기소가 선택적인 곳으로 적법절차 보장 수준이 강한 경우이다. 대배심 기소 결정이 선택적인 곳에서는 대체로 적법절차 보장 수준이 ①유형이나 ②유형보다 높다. 10여개 관할권이 이에 속한다. 오클라호마 주나 뉴멕시코 주가 대표적인 곳이다. ④유형은 중죄에 대한 대배심 기소 결정이 선택적인 곳이면서도 절차적 권리의 보장 수준이 약한 경우이다. 인디애나 주, 델라웨어 주 등이 여기에 해당한다.

미국 내 대배심 운용방식이 상당한 차이를 보이는 이유는 대배심 제도 개혁에 관한 방안들에 관하여 지역마다 대응 방식이 다르기 때문이다. 따라서 미국 대배심 제도를 정밀하게 파악하려면 개선 논의를 깊게 들여다 볼 필요가 있다.

Ⅲ. 미국 내 대배심 개선 논의

1. 대배심 제도의 부침 - 19세기 폐지론의 대두와 조정

미국 대배심이 미국 건국 초기에 영국의 폭정에 대항하여 미국 시민의 보호자 역할을 해냄에 따라 칭송을 받고 미국 연방헌법에까지 규정되었음에도 불구하고 19세기 중반부터 폐지론이 등장하기 시작하고 1870년대부터 대배심의 역할이나 기능에 비판적인 분위기가 미국 전역에 번지게 된다.[74] 대배심 폐지 주장들도 활발해지

---

74) 이러한 흐름에 대한 설명으로, Nino C. Monia, "THE FALL OF GRAND JURIES," 12 Ne. U.

고 흐름에 따라 대배심에 의한 기소 결정을 선택 사항으로 정하는 주들이 많아졌다. 대배심 폐지론 또는 무용론의 논거는 대체로 다음과 같다.[75] 첫째, 대배심이 시민의 보호자로서 기능을 수행하지 못하고 검사의 수사나 기소를 위한 도구에 불과하게 되었고,[76] 대배심의 기능은 단지 소환장을 발부하는 것에 그치고 위 권한도 주로 검사가 행사한다.[77] 둘째, 대배심 절차가 시간이나 비용이 많이 소요되고 대배심이 복잡한 사건을 다룰 수 있는 능력이 결여되어 성공적인 결과를 도출하지 못한다.[78] 셋째, 대배심 절차가 투명하지 않을 뿐만 아니라 대배심의 권한 남용 사례가 많다. 넷째, 대배심 절차에서 증인이나 피고인 등의 절차적 권리가 제대로 보장되지 않는다는 것이다. 즉 대배심에서 원칙적으로 대심적(對審的) 심리가 이루어지지 않고 피고인이 증언할 수 있는 권리나 증인이 변호인의 조력을 받을 권리 등이 충분히 보장되지 않고 있으므로 이를 보다 보장하는 방향으로 개선이 필요하다는 주장이다.

비판론은 앞서 살핀 1884년의 Hurtado 판결 전후로 가속되었고 위 판결 전후 미국 연방에 편입된 여러 주들은 주 헌법에 연방 수정헌법 제5조의 내용을 담지 않기도 하였다.[79] 1940년대까지 비판론의 분위기는 강하게 유지된다.[80] 하지만 1930년대 대배심이 정치적 부패사건이나 노동조합 등에 관하여 성공적으로 조사를 함에 따라 대배심의 수사 기능의 순기능이 부각되게 된다.[81] 1970년대에 재차 비판론이

L. Rev. 411, 428-434 (2020). 폐지론은 대배심을 폐지하는 경우 대배심이 기소의 적정성을 심사하는 기능은 범죄혐의에 관한 상당성을 판단하는 청문절차 등으로 대체되면 충분하다고 주장한다.

75) 대표적인 폐지 주장으로, Campbell, William J., "Eliminating Grand Jury," 64 J. Crim. L. & Criminology 174, 182 (1973); Melvin P. Antell, "The Modern Grand Jury: Benighted Supergovernment," 51 A.B.A. J. 153 (1965). 폐지론의 논거에 관한 소개는, Campbell, 앞의 논문, 177쪽; Emerson, 앞의 보고서, 10쪽; Monia, 앞의 논문, 439 내지 450쪽 참조.

76) 미국에서 대배심이 검사의 기소 요구를 제대로 점검하지 않고 그대로 승인한다는 이유로 '고무도장(rubber stamp)'이라고 불리기도 하고, 어떤 사건도 검사가 마음먹기에 따라 기소할 수 있다는 이유로 '검사가 마음만 먹으면 햄 샌드위치(ham sandwich)도 기소될 수 있다'고 풍자되기도 한다{Suja A. Thomas, *Missing American Jury*, (Cambridge University Press, 2016), p.54, 참조}.

77) Rosenberg, 앞의 논문, 102쪽.

78) Campbell, 앞의 논문, 178쪽.

79) 이러한 배경으로 미국 중부나 서부 대부분 주들은 중죄에 대한 대배심에 의한 기소 여부를 결정을 선택사항으로 규정한다.

80) Monea, 앞의 논문, 431쪽.

강해졌지만 다시 그 분위기가 정돈되어 지금에 이른다. 미국변호사협회는 대배심 제도의 개선에 관하여 활발한 활동을 하였고 1982년 모범대배심법을 제정하여 개혁 논의를 담아내었다(동법의 주요 내용은 아래 3.항 참조).

대배심을 폐지하려면 헌법 개정이 필요한 주들도 상당하므로 대배심 폐지론은 현실적으로 큰 목소리를 내고 있지 못하는 것으로 보인다.[82] 대배심 제도 개혁과 관련하여 대배심의 고발(presentment) 기능을 복원하자는 주장[83]이나 지역주민의 의사를 더 명확히 반영하기 위하여 좁은 지역단위로 대배심을 구성하자는 주장 등도 있으나,[84] 전반적인 개혁 논의의 흐름은 아래에서 살피는 바와 같이 대배심의 독립성을 더 확보하고 절차에서 적법절차 원칙에 따른 절차적 보장을 강화하며 대배심의 권한행사에 대하여도 적절히 사법적 통제를 하는 방안을 모색하는데 맞추어 진다.

한편 흥미로운 것은 대배심 제도를 폐지한 것은 아니지만 2016년 캘리포니아 주가 경찰의 총기사용으로 인하여 피의자가 사망한 사례 등 경찰의 권한남용 관련 사건에서 대배심에 의한 기소를 폐지하였다는 점이다.[85] 대배심이 위와 같은 사례에서 불기소 결정한 사례가 발생하여 여론의 비판이 뜨거웠기 때문이다.

---

81) Emerson, 앞의 보고서, 10쪽.

82) John F. Decker, "Legislating New Federalism: The Call For Grand Jury Reform In The States," 58 Okla. L. Rev. 341, 367 (2005), 참조.

83) Rene E. Lettow, "Reviving Federal Grand Jury Presentment," 103 Yale L. J. 1333, 1334(1994). Lettow 교수는 대배심이 조사나 수사를 마친 후 고발장을 제출하는 기능이 원래 중요한 역할인데 현대 대배심에서 약화되었으므로 고발장 제출기능을 명확히 규정하는 입법을 하고 이를 통하여 대배심원들이 그들의 의견이 존중된다는 사실을 알게 될 때 제대로 목소리를 내게 될 것이라고 주장한다.

84) Kevin K. Washbum, "Restoring The Grand Jury," 76 Fordham L. Rev. 2333, 2238 (2008). 대배심이 지역을 사실상 대변하지 못하고 있으므로 좁은 지역 단위의 주민으로 대배심을 구성하여 대배심이 실제적인 지역사회를 대변하면서 중앙정부 권력에 맞서 지역을 보호하는 대배심이 역할이 복원되어야 한다고 주장한다.

85) National Center for State Courts(NASC), Center of Jury Studies, Reforming the Grand Jury Indicting Process: Recent Efforts to Improve Public Confidence in Cases Involving Police Use of Lethal Force, p.9 (2021).

2. 개혁 논의의 주요 쟁점

(1) 대배심의 독립성

대배심이 검사의 도구에 불과하다는 비판은 대배심이 사실상 독립적인 역할을 수행하지 못한다는 지적이라 할 수 있다. 이에 따라 대배심의 독립성을 높여 대배심이 원래 기능을 회복하여야 한다는 주장이 꾸준히 제기되어 왔다. 이에 관한 세부 쟁점 중 하나는 검사의 조언을 어느 정도 허용할 것인지 여부이다. 대배심 절차에 법원이 관여하는 경우는 드물기 때문에 대배심은 검사와 밀접하게 업무를 수행하고 그 과정에서 검사의 의견을 많이 듣게 된다.[86] 대배심이 검사의 조언에 지나치게 의존하면 독립성이 낮아지는 문제가 있다. 하지만 검사의 조언이 없다면 대배심 절차가 효율성이 떨어지고 자칫 권한 남용 우려도 있다. 이에 대한 대책으로 대배심이 전문적인 법률지식이 부족한 점을 감안하여 대배심 임기 동안 전담 변호사과 같은 법률조력자를 두자는 의견,[87] 대배심 자체의 조사인력을 충분히 두자는 의견[88] 및 대배심이 필요한 경우 판사로부터 조언을 들을 수 있도록 하자는 의견 등이 제기된다. 아예 대배심을 법률가로 구성하자는 주장도 있으나,[89] 이에 대하여는 대배심의 민주주의적 성격을 해친다는 비판이 제기된다.[90] 한편 기소할 범죄의 특정이나 설명에 검사가 어느 정도 관여하도록 하는지 여부도 논란이 된다. 실무상 검사가 범죄를 구체적으로 특정할 수도 있고 포괄적으로 제시하기도 한다. 생각해 보면 검사의 조언이 불가피한 면은 있지만 대배심의 독립성을 해칠 정도가 되어서는 곤란할 것이다. 종합하여 판단해보면 대배심의 독립성을 보장하기 위하여 검사

---

86) Emerson, 앞의 보고서, 21쪽.

87) Susan W. Brenner, "The Voice of the Community: A Case for Grand Jury Independence," 3 Va. J. Soc, Pol'y & L. 67, 124－128 (1995).

88) 위와 같은 주장이 지지를 받지 못하는 이유는 두 가지라고 한다. 첫째, 단지 그러한 법적 조력을 위한 목적으로 직책을 만들만큼 충분한 수요가 없다는 점, 둘째, 위와 같은 조언자도 결국 시간이 흐름에 따라 대배심과 가까워지게 되므로 조언의 객관성이 떨어지게 된다는 것이다 (Emorson, 앞의 보고서, 23쪽).

89) Andrew D. Leipold, "WHY GRAND JURIES DO NO(CANNOT) PROTECT THE ACCUSED," 80 Cornell L. Rev. 260, 294－300 (1995).

90) Washbum, 앞의 논문, 2387쪽. Washbum 교수는 대배심은 원래 중앙권력에 대항하는 지역 공동체의 기관의 성격을 띠므로 단지 전문성이 떨어진다는 이유로 대배심을 법률가로 구성하여야 한다는 주장은 마치 의회에 대하여 전문성이 떨어진다는 이유로 법률가로 채우자는 주장과 같이 타당하지 않다고 말한다.

의 두 가지 역할, 즉 정부의 대리인 역할과 대배심의 법률상 조언자 역할의 균형이
필요하다고 하겠다.

다른 쟁점은 대배심에게 검사가 제시한 증거 이외 다른 증거들을 직접 조사하는
기회를 실질적으로 어느 정도 보장할 것인지 여부이다. 실무상 대배심의 소환장 발
부와 관련하여 검사가 대배심의 사전 승인을 받지 않는다는 점은 앞서 살핀바 있
다. 대배심이 직접 소환장 발부를 요구할 수 있지만 잘 활용되지 않는다. 이에 관하
여 일정 사건에 대하여 검사가 대배심에게 소환장 발부 여부를 반드시 묻도록 하자
는 의견이 제시된다.[91]

또한 대배심이 제 기능을 잘 행사하려면 대배심의 권한 등에 대하여 잘 정리된
매뉴얼이 필요하다. 이 점에 착안하여 많은 주들이 매뉴얼을 만들어 공표하고 있
다. 이와 같이 대배심에 업무수행에 필요한 정보와 자료를 충실히 제공하는 것도
대배심의 독립성을 간접적으로 높이는 수단이 된다.

(2) 증인 등의 권리

증인 또는 잠재적 피의자의 권리보장과 관련하여 세 가지 쟁점이 주로 논의된
다.[92] 첫째, 이들이 대배심에 소환되기 전에 그들의 권리와 법적 지위에 대하여 충
실하게 통지를 받을 필요가 있다는 점이다. 특히 잠재적 피의자는 단순한 증인이
아니므로 위와 같은 통지가 반드시 이루어져야 한다는 주장이 많다. 둘째, 이들에
게 변호인의 조력을 받을 권리가 충실하게 보장되어야 한다는 주장이다. 연방대배
심의 경우 변호인이 대배심 법정에 출석할 수 없다는 점이나 주에 따라 증인이 변
호인의 조력을 받을 수 있는지 여부, 조력의 정도에 관하여 상당한 차이가 있다는
점은 앞서 살펴보았다. 모든 증인들이 일정한 조력을 받을 권리를 갖는 곳도 있고,
잠재적 피의자나 증인면책을 받은 증인 또는 증인면책을 받는 것을 포기한 증인만
이 일정한 조력을 받는 곳도 있다.[93] 셋째, 변호인 1명이 다수 증인을 변호할 수
있도록 허용하여야 하는 지 여부도 쟁점이다. 이를 허용한다면 수사 정보가 공범에
게 유출되는 등 변호권이 남용될 우려가 있다는 주장도 제기된다. 하지만 불허하는
경우 피의자나 피고인의 변호사 선임비용 등 재정 부담이 커질 수 있다는 반론이

---

91) Emerson, 앞의 보고서, 33쪽.
92) Emerson, 앞의 보고서, 100, 101쪽.
93) Emerson, 앞의 보고서, 91쪽 참조.

있다.

(3) 증거의 제출

증거의 제출과 관련된 첫째 쟁점은 무죄를 밝힐 수 있는 증거의 제출에 관한 부분이다. 검사가 이러한 증거를 제출하여야 하는지 여부에 관하여 명확히 법률로 규정한 곳은 많지 않으나 대체로 검사가 명백하게 위와 같은 증거의 존재를 알고 있다면 제출하여야 한다고 해석된다. 다음으로 잠정적 피의자나 피고인이 자신에게 유리한 증거를 증언이나 물적 증거를 제출하는 방식으로 현출할 수 있는지 여부이다. 대부분 관할권에서 이를 그들의 권리로 허용하지 않는다. 대배심 절차가 수사 단계라는 성격을 감안한 것이다. 대배심 절차에 공판절차에 비슷한 증거법 규정을 두고 있는 곳에서도 증인에게 검사가 제출한 증거 등에 대한 반론권을 제대로 보장하지 않는 경우가 있어 위 규정이 실질적으로 준수되는지 의문이라는 지적도 있다.[94]

다음으로 재판절차에 적용되는 증거법 규정이 대배심 절차에 적용되는지 여부도 뜨거운 쟁점이다. 많은 개혁론자들이 대배심 절차에도 공판절차나 예비청문절차에 적용되는 증거법 원칙을 대배심 절차에도 적용하자고 주장한다. 반면 대배심의 특성상 전문법칙이나 위법수집증거 배제 법칙 등 공판절차의 증거법 원칙이 대배심에는 적용되지 않거나 완화되어야 한다고 주장도 존재한다. 위 <표 1>에서 보는 바와 같이 뉴욕 주 등 약 10개 주가 대배심 절차에서도 공판절차에 적용되는 증거법에 관한 규정이 적용될 수 있다는 규정 등을 두고 있다. 증거법 원칙이 엄격하게 적용되면 대배심 절차가 공판절차와 가깝게 되고 시간이 많이 소요될 수 있다. 미국 연방대법원은 전문증거 등 증거능력이 없는 증거가 대배심에 제시되었다는 사정만으로 대배심의 기소 결정이 효력을 잃는 것은 아니라는 취지로 판시한바 있다.[95] 다만 연방법무부는 내부 지침을 통하여 위법하게 수집된 증거를 제출하지 않도록 규정한다.

(4) 대배심 절차의 공개

대배심 절차의 투명성을 높이고 대배심 절차나 결정의 위법성을 제대로 판단하

---

94) Emerson, 앞의 보고서, 33쪽, 44쪽.
95) Costello v. United States, 350 U.S. 359 (1956).

기 위한 전제로 절차에 대하여 공식기록을 작성할 필요가 있다는 주장이 제기되었다. 연방대배심을 비롯하여 상당수의 주들에서 공식기록을 작성할 것을 요구한다. 공식기록을 작성하도록 요구하는 관할권에서도 어느 범위까지 기록할 것인지는 다소 차이가 있다. 평의, 표결에 대하여는 기록이 요구되지 않는 곳이 대부분이다. 종래 녹취록 등을 작성하는데 드는 비용이 많이 든다는 사정이 공식기록 작성을 반대하는 이유 중 하나였지만 이제 기술이 발달하여 장비나 비용이 큰 문제가 되지 않을 것으로 판단된다. 일부 검사들이 전략적 측면에서 대배심 증언을 공식기록화 하는 것을 꺼리는 경우도 있다고 한다.[96] 즉 공식기록이 없다면 피고인이 이후 재판절차에서 증인의 진술을 대배심에서 증언한 종전 진술과 모순된다는 이유 등으로 탄핵하는 것이 쉽지 않기 때문이다.

공식기록의 작성과 공개는 상급심의 사법적 심사에도 도움을 주지만 다른 절차적 권리보장이 다소 미흡하더라도 그 자체로 대배심의 권한을 효과적으로 통제하는 기능을 한다.[97] 캘리포니아 주가 위와 같은 자료 공개에 적극적인 주로 알려져 있다.

(5) 기타

미국 내 경찰관이나 공권력이 남용된 사례에서 검사가 제대로 기소하지 않아 정의가 실현되지 않고 있다는 비판이 꾸준히 제기된다.[98] 여러 주들에서 위와 같은 사안에서 시민의 청원에 따라 대배심을 구성하여 조사와 기소가 이루어지도록 제도적 뒷받침을 하자는 여론이 형성되었다. 오히려 대배심이 위와 같은 사례에서 불기소 결정을 내린 경우도 발생하여 주에 따라서는 오히려 위와 같은 사안에서 대배심의 기소 결정을 배제하는 법률이 제정되기도 하였다. 시민이 직접 대배심에 권리 구제를 요청하는 방안도 개혁 과제로 거론된다. 미국 주들 중 약 3분의 1이 어떤 형태로든 시민이 직접 대배심에 증거 제출 등 권리구제를 요청할 수 있도록 허용한다.

대배심이 불기소 결정에 대하여 다시 검사가 대배심 심리를 요청할 수 있는지도 논란의 대상이다. 연방대배심의 경우 대배심이 기소를 불승인하는 경우 동일한 대

---

96) Emerson, 앞의 보고서, 57, 58쪽.
97) Emerson, 앞의 보고서, 62쪽.
98) 이에 관한 각 주의 다양한 노력에 관하여, NASC, 앞의 보고서, 6 내지 9쪽.

배심에 재차 승인 요청을 할 수 있고 다른 대배심에 승인을 구할 수 있다. 이에 대하여 검사의 재승인 요청을 제한하여 검사가 당해 사건에 대하여 더욱 상세하게 준비하게 되고 대배심도 더 결정에 집중하도록 하여야 한다는 비판이 있다.[99]

3. 모범대배심법 요지

미국 변호사협회는 1977년 '대배심 제도에 대한 위 협회의 정책적 입장(American Bar Association Policy on the Grand Jury)'을 30개 항목으로 공표하였고 1982년 이를 토대로 '모범대배심법(American Bar Association Model Grand Jury Act)'을 마련하였다.[100] 위 정책이나 법안은 그동안 미국 대배심 제도 개선에 관한 쟁점과 위 협회의 입장이 잘 나타나 있고 미국 각 주들의 대배심 제도 개혁에 많은 영향을 주었다. 아래에서 모범대배심법의 내용을 간략히 살펴본다.

모범대배심법은 11개 조문으로 구성되어 있다.[101] 참여주체를 중심으로 검사의 의무, 잠재적 피의자(target)의 권리와 증인의 권리와 의무, 대배심의 권리와 의무 등을 규정하고 이외 대배심 절차의 기록, 소환장에 관한 사항들을 규정한다. 먼저 검사의 의무를 살펴보면 검사는 잠재적 피의자의 헌법상 권리를 침해하여 취득한 증거를 제출하면 안 되고,[102] 피고인에게 유리한 증거는 그 유형에 따라 대배심에 제출하거나 그 존재 여부를 알려야 한다.[103] 잠재적 피의자의 권리와 관련하여, 검사는 잠재적 피의자에게 그가 대배심의 조사대상이라는 사실, 그가 면책을 포기한다면 대배심 앞에서 증언할 수 있는 합리적 기회를 받을 수 있다는 점, 자신에게 유리한 증거를 검사에게 제출할 수 있는 권리가 있다는 사실 등을 알려주어야 한

---

99) Simmons, 앞의 논문, 71쪽.
100) Emerson, 앞의 보고서, 14, 15쪽. 동 보고서의 부록으로 모범대배심법이 첨부되어 있다.
101) §100 내지 §103, §200 내지 §206로 구성되어 있다.
102) 모범대배심법 §100.
103) 모범대배심법 §101. 검사는 실질적인 범죄구성요건 요소를 조각할 수 있는 증거라고 생각되는 경우 대배심에 반드시 이를 개시하여야 하고(제1호), '피고인의 유죄 여부에 대하여 합리적 의심을 일으킬 수 있는 증거에 대하여는 대배심에 그 취지를 알리고 대배심이 그러한 증거를 요청할 수 있음을 알려야 한다(제2호). 기소인부절차에서 피고인이 무죄 주장을 하고 이후 피고인이 신청을 한 경우 법원은 검사가 고의적으로 제1호를 위반하였다고 판단되는 경우 대배심 기소를 기각하고, 제2호 위반의 경우에는 누락된 증거가 매우 중요하여 대배심의 기소가 정당하지 않다고 판단되는 경우에 기소를 기각할 수 있다.

다.104) 다만 검사는 위와 같은 고지로 인하여 다른 사람에게 부당한 위험이 야기되거나 용의자가 도주할 가능성이 있고 사법정의 실현에 방해가 된다는 점을 법원에 비공개로 소명한 경우에는 고지하지 않을 수도 있다.

증인의 권리를 간략히 살펴본다.105) 증인은 변호사와 동행할 수 있으며 다만 증인과 동석한 변호사는 공판절차와 달리 대배심 절차에서 진술을 하거나 변론 행위 등을 할 수 없다. 법원은 변호인이 위 사항을 위반하면 퇴정시킬 수 있다. 증언 전에 소환장에 기재되어 있는 증인의 권리에 대하여 다시 고지를 받으며 증인의 행동이 수사대상인지 여부와 현재 증인이 잠재적 피의자인지 여부 등을 고지 받는다. 증인은 당해 또는 다른 대배심에서 증언하게 되는 경우 종전 대배심 증언이 이와 관련이 있는 경우 원칙적으로 녹취록을 열람하거나 복사할 수 있다. 또한 증인은 증언면책특권이 부여되지 않으면 자기부죄거부 특권을 행사할 수 있는데 검사는 위 특권의 행사가 정당하지 않다고 다툴 수 있고 판사는 비공개 심리를 하게 된다.

정당한 이유 없이 증인이 법원의 명령에 따른 출석을 거부하거나 자료 등을 제출하지 않은 경우 검사는 법원에 증인이 정당한 사유를 소명하도록 신청을 할 수 있고 이에 따라 청문절차가 열린다.106) 청문절차에서 법원이 위와 같은 증인의 행동이 정당한 이유가 없다고 판단하면 증인을 법정모독으로 의율하여 구금할 수 있다. 증인은 위 명령에 따를 때까지 구금될 수 있는데 그 기간은 대배심의 임기를 넘기지 못하며, 또한 최장 1년으로 제한된다.

모범대배심법은 증인면책의 범위에 대하여도 규정하고 있는데 증인이 면책명령에 따라 어떠한 거래, 사실이나 물건에 관한 증거를 제출한 경우 허위 진술을 하거나 위 명령에 따르지 않아 위증죄로 처벌되는 경우를 제외하고 그로 인해 기소, 처벌이나 몰수를 당하지 않는다.107) 대배심 절차에 대한 공식기록 작성과 관련하여 대배심의 평의와 표결, 증인과 변호인과의 상의 내용을 제외하고는 대배심 절차에서 일어난 사항들은 전자적 방식 또는 속기로 기록되어야 한다.108)

대배심의 소환장과 관련하여 소환장은 원칙적으로 증언이나 증거제출기일 이전

---

104) 모범대배심법 §102.

105) 모범대배심법 §201.

106) 모범대배심법 §203.

107) 모범대배심법 §202. 증인에게 면책이 부여된 경우 증인은 자기부죄거부 특권을 근거로 진술을 거부할 수 없다(같은 조문).

108) 모범대배심법 §103.

72시간 이전까지 송달되어야 하고 소환장에는 대배심 조사내용에 대한 일반적인 주제, 주된 적용법률, 증언이나 제출된 증거가 그에게 불리한 증거로 사용될 수 있다는 점, 증인이 자기부죄거부 특권이 있다는 점, 증인이 변호사와 상의할 수 있고 법령이 허용하는 범위에서 변호인과 함께 있을 수 있다는 점 등이 고지되어야 한다.109) 법원은 소환장 파기 신청이 있는 경우 이를 심사하여 파기할 수도 있다.110)

이외에도 모범대배심법은 대배심의 기소장이나 보고서에 기재될 사항과 관련된 규정을 두고 있다. 대배심은 기소장에서 기소되지 않은 공범의 이름을 기재하면 안 되고,111) 보고서를 통하여 사람들의 동기에 의문을 제기하여 경멸이나 비난의 대상이 되게 하거나 어떤 직책을 맡는데 필요한 자질이나 도덕적 적합성에 관한 내용을 이야기하면 안 된다. 대배심의 보고서는 보고서에 이름이 기재된 모든 사람들이 이의를 제기하는 내용에 관하여 삭제 신청을 하고 이에 대한 비공개 사법적 심사가 마무리될 때까지 서류철에 정리되거나 출판되어서는 안 된다.112)

4. 소결론

대배심 제도에 대하여 폐지론도 활발히 전개된 적이 있고 개혁 논의도 다양하다. 기소대배심을 사실상 폐지한 주도 있고 위와 같은 개혁 논의를 대폭 반영하여 대배심을 운영하는 주들도 있다. 대배심의 기능상 밀행성을 인정하면서도 절차적 권리가 가능한 한 대배심 절차에도 보장되어야 한다는 흐름이 강하다.

미국 내에서 위와 같이 대배심 제도가 부침을 겪었지만 국민이 수사와 기소 과정에 참여하여 민주적 정당성을 부여하는 제도로 미국 내에서 굳건히 뿌리내리고 있다는 점을 부인하기 어렵다. 비판론에도 불구하고 전반적으로 대배심 제도의 폐지를 추구하기보다 제도를 보완하여 원래 미국 헌법 기초자들이 국민의 사법참여를 적절하게 실현하자는데 주안점을 두고 있는 것으로 보인다. 오히려 사실상 위축된

---

109) 모범대배심법 §200.

110) 모범대배심법 §200 (d). 파기할 수 있는 사유로 규정된 것 중 일부를 살펴보면 대배심 증인으로 소환하거나 증거를 제출하도록 한 목적이 다른 사건의 수사를 위한 경우, 또는 범죄수사를 위한 것이라기보다 다른 목적으로 정보를 얻기 위한 경우, 증인이 그의 권리를 제대로 고지받지 못한 경우, 증거들이 대배심 조사와 관련성이 없는 경우, 소환장의 주된 목적이 증인을 괴롭히려는 것인 경우, 소환장에 따르는 것이 비합리적이거나 강압적인 경우 등이다.

111) 모범대배심법 §205.

112) 모범대배심법 §206.

대배심의 기능을 강화하는 것이 미국 형사사법시스템에서 가장 강력한 권한을 행사하는 검사의 권한을 적절히 견제하는 것이라는 주장도 있다.113) 국내에서 미국의 대배심 제도가 검찰권에 대한 민주적 통제의 이상에 근접한다는 주장이 제기114)된 바 있는데 이와 같은 맥락이라고 생각된다. 이러한 점을 고려할 때 한국도 미국 대배심 제도의 장점을 최대한 살리고 부작용을 줄이는 방법으로 도입하여 수사와 기소 절차에 국민의 참여를 통한 민주적 통제를 높이는 방향으로 나아갈 필요가 있다고 보인다.

IV. 시사점 및 도입 시 고려사항

1. 시사점

미국 대배심의 운용 현황과 개선 논의들을 살핀 결과 우리에게 주는 시사점들을 아래와 같이 추출할 수 있다.

첫째, 미국 대배심 제도는 연방이나 주에 따라 운용 모습이 다양하므로 일부에서 운용되는 모습을 보고 전체를 평가하는 것은 섣부르다는 점이다. 주로 국내에 미국 연방대배심의 운용 모습이 소개되었는데 연방대배심은 여러 유형 중 하나이고 다른 지역의 운용방식은 사뭇 다르다. 대배심에 의한 기소 결정을 선택사항으로 하고 대배심 절차를 크게 개선한 곳들도 상당하다. 따라서 미국 대배심 제도의 장, 단점을 논하거나 국내 도입 가능성을 살필 때 위와 같은 사정을 고려해야 한다.

둘째, 미국에서 여전히 대배심이 활발하게 운용되고 있는 점에서 보듯이 수사와 기소의 분리가 세계적으로 보편적 현상이라 단정할 수 없다는 점이다. 오히려 미국 대배심이 운용되는 모습을 보면 수사와 기소가 분리되어 있지 않다는 점을 알 수 있다. 대배심이 기소 여부 결정을 위하여 자료를 수집하고 조사를 하고 이는 당연한 것으로 여겨진다. 대배심에 관한 비판론도 대배심에서 절차적 권리 보장이 미흡한 점이나 대배심이 권한을 남용할 우려 등 다양한 논거를 제시하고 있지만 대배심 절차에서 수사와 기소가 분리되어야 한다고 주장하지는 않는다. 소추권자가 단지 기록을 기반으로 기소 여부를 결정하여야 한다면 이는 전문증거나 2차 자료에 기

---

113) Rosenberg, 앞의 논문, 135쪽.
114) 김태명, 앞의 논문, 173쪽.

초한 결정이 내려지는 셈이고 타당하지 않은 결정이 내려질 가능성이 높아진다. 따라서 단순한 수사권과 기소권의 분리가 형사사법절차 개혁의 목표가 돼서는 안 되고 수사와 기소에 관한 합리적 적정성 통제 방법에 관한 논의가 필요하다.

셋째, 미국에서 대배심 제도에 대한 비판이 적지 않음에도 불구하고 위 제도가 오랜 기간 유지되어 온 이유는 결국 수사와 기소에 관한 적정성 심사에 이르는 통로에 국민을 판단자로 둠으로써 민주적 정당성을 확보하고 국민의 신뢰를 유지하였기 때문이다. 한국에서도 국민이 주체로서 수사와 기소에 대한 적정성을 점검하는 역할을 수행하여 수사와 기소 절차의 절차적 정당성을 높여야 할 것이다. 국민을 참여하면 수사권과 기소권이 적절히 '분산'되는 효과가 생긴다. 최근 형사소송법 일부 개정을 통하여 경찰에게 새로이 사건을 불송치하는 권한이 폭넓게 부여되었는데 이에 대한 적절한 사법적 통제방안이 부족하다. 특히 고발 사건의 경우 경찰의 불송치 결정에 대하여 고발인의 이의신청권이 인정되지 않아 권리보호에 미흡한 면이 있다.[115] 경찰이나 검사의 수사의지가 약하거나 주요 사실을 간과한 경우 대배심이 이러한 문제점을 해결할 수 있는 역할을 할 수 있으리라 생각한다.

넷째, 미국 내 대배심 개선 논의들을 보면 밀행적인 대배심 절차에도 적법절차 원칙에 따른 절차적 권리를 가능한 한 보장하여야 한다는 점이 강조되고 있다. 미국이 비교법으로 범죄에 대한 대응모델중 적법절차 모델을 취하기 때문이기도 하지만 수사, 기소 단계에서도 적법절차 원칙의 구현이 보편적 요청이라는 점을 확인할 수 있다. 한국에서 수사 단계의 개혁 논의가 단지 수사와 기소의 분리에만 국한된 논의가 아니라 수사과정에서 어떻게 적법절차 원칙을 더욱 구현되고 적정성이 보장될 것인지 여부에 관한 논의로 발전해야 할 것이다. 대배심을 국내 도입할 경우 대배심의 독립성을 더욱 보장하고 적법절차 원칙이 잘 구현되는 절차를 마련한다면 부작용에 관한 많은 우려를 덜 수 있을 것이다.

다섯 째, 대배심은 수사단계에서 진술 증거와 물적 증거를 소환장을 통하여 효과적으로 수집할 수 있는 장치이다. 한국의 형사소송 틀에서는 수사단계 진술의 증거능력이나 높은 증명력을 얻기 어렵다. 대배심 절차는 전형적인 수사기관의 조사 절차보다 신용성의 보장도 강하고 소환장이라는 간접 강제수단으로 자료를 수집하므로 위법수집의 우려가 낮다. 따라서 대배심 제도가 도입된다면 수사단계 진술의 증거능력이나 증명력을 높게 될 것이고 이는 실체적 진실발견에 더 가까이 다가갈

---

115) 형사소송법 제245조의7 참조.

수 있을 것이다.

2. 도입 시 고려사항

위에서 살핀 시사점을 토대로 대배심 제도를 국내 도입시 몇 가지 고려사항을 검토해본다. 외국의 제도는 그 나라에서 성공적으로 운영되더라도 도입하는데 신중을 기하여야 한다는 점은 너무 당연할 것이다. 대배심 제도도 마찬가지이고 더욱이 미국 내에서도 대배심 제도에 대하여 많은 비판이 있는 경우는 더욱 그러하다. 그럼에도 불구하고 국민이 수사와 기소의 적정성 판단에 참여하여 민주적 정당성을 부여하는 순기능은 위와 같은 우려를 넘어설 수 있다. 구체적 도입방안은 심도 깊은 후속 연구가 필요하겠다. 도입을 전제로 몇 가지 고려사항을 생각해보기로 한다.

첫째, 미국 대배심의 모습이 다양하므로 한국에 바람직한 대배심 유형을 잘 살펴야 한다. 단지 연방대배심의 모습만을 놓고 도입의 당부를 논하는 것은 적절하지 않다고 보인다. 대배심 제도 도입은 형사사법시스템에 큰 변화를 가져오는 것이라는 점을 고려하면 중죄 대부분에 대배심의 기소 결정을 요구하는 모델은 받아들이기 어려울 것이다. 또한 대배심 절차에 가능한 한 적법절차 원칙이 보장되는 모델을 고려하여야 할 것이다. 헌법재판소는 수사단계에서 피의자나 반대신문권이 제대로 보장되지 않은 절차에 의하여 이루어진 진술증거에 대하여 증거능력을 부여하는데 있어 매우 엄격한 입장을 취하고 있다. 헌법재판소는 구 형사소송법 제221조의 2에 관한 위헌결정에서 피의자의 반대신문권이 제대로 보장되지 않은 상태에서 제1회 공판기일 전 증인신문이 가능하도록 한 조항에 대하여 위헌 결정을 내린바 있고,[116] 성폭력범죄의 처벌 등에 관한 특례법(2012. 12. 18. 법률 제11556호로 전부

---

116) 1996. 12. 26 선고 94헌바1 결정. 심판대상이 되었던 조문은 구 형사소송법 제221조의2 제2항, 제5항이었다. 제2항은 " ――― 검사 또는 사법경찰관에게 임의의 진술을 한 자가 공판기일에 전의 진술과 다른 진술을 할 염려가 있고 그의 진술이 범죄의 증명에 없어서는 아니될 것으로 인정될 경우에는 검사는 제1회 공판기일전에 한하여 판사에게 그에 대한 증인신문을 청구할 수 있다."라고 규정하고 제5항은"판사는 수사에 지장이 없다고 인정할 때에는 피고인, 피의자 또는 변호인을 제1항 또는 제2항의 청구에 의한 증인신문에 참여하게 할 수 있다."라고 규정하여 피고인, 피의자 또는 변호인이 증인신문절차에 참여할 권리가 판사의 재량적 판단에 맡겨져 있었다. 헌법재판소는 피의자나 변호인의 반대신문권이 제대로 보장되지 않은 경우"헌법이 보장하는 적법한 절차 내지 공정한 재판을 받을 권리의 형사소송법적 표현인 공판중심주의 내지 자유심증주의의 기본적 내용을 현저히 훼손함으로써, 법관의

개정된 것)상 19세 미만 성폭력범죄 피해자에 관한 진술에 대하여 예외적으로 피해자가 법정에 출석하지 않더라도 예외적으로 증거능력을 가질 수 있도록 규정한 같은 법 제30조 제6항 중 일부에 대한 위헌 결정을 내렸다.117) 사실 대배심을 통한 증인신문은 한국 형사소송법상 제1회 공판기일 전 증인신문과 비슷한 측면이 있다.118) 위와 같은 헌법재판소 결정들의 취지를 보면 대배심 제도가 도입되더라도 동 절차에서 적법절차 원칙이 적절하게 이루어지지 않은 경우 위헌 논란이 제기될 여지가 있다.119) 이러한 측면에서 대배심을 도입할 때 적법절차 보장수준이 높은 모델이 우리 실정에 더 부합한다. 위 <표 2>에서 ③유형이 적합하다고 생각한다.

올바른 자유심증을 형성하는 데에 공정성과 합리성을 심각하게 제약하는 것이고, 결국 헌법상 보장된 법관의 독립성을 현저히 저해하는 효과를 가져오는 것"이라 판시하였다.

117) 2021. 12 .23. 선고 2018헌바524 결정. 위 성폭력범죄의 처벌 등에 관한 특례법(2012. 12. 18. 법률 제11556호로 전부개정된 것) 제30조 제6항 중 '제1항에 따라 촬영한 영상물에 수록된 피해자의 진술은 공판준비기일 또는 공판기일에 조사 과정에 동석하였던 신뢰관계에 있는 사람 또는 진술조력인의 진술에 의하여 그 성립의 진정함이 인정된 경우에 증거로 할 수 있다' 부분 가운데 19세 미만 성폭력범죄 피해자에 관한 부분은 헌법에 위반된다는 취지이다. 위 결정에서 다수 의견은 "미성년 피해자의 2차 피해를 방지하는 것은, 성폭력범죄에 관한 형사절차를 형성함에 있어 포기할 수 없는 중요한 가치이나 그 과정에서 피고인의 공정한 재판을 받을 권리도 보장되어야 한다. 성폭력범죄의 특성상 영상물에 수록된 미성년 피해자 진술이 사건의 핵심 증거인 경우가 적지 않음에도 심판대상조항은 진술증거의 오류를 탄핵할 수 있는 효과적인 방법인 피고인의 반대신문권을 보장하지 않고 있다. 심판대상조항은 영상물로 그 증거방법을 한정하고 신뢰관계인 등에 대한 신문 기회를 보장하고 있기는 하나 위 증거의 특성 및 형성과정을 고려할 때 이로써 원진술자에 대한 반대신문의 기능을 대체하기는 어렵다. 그 결과 피고인은 사건의 핵심 진술증거에 관하여 충분히 탄핵할 기회를 갖지 못한 채 유죄 판결을 받을 수 있는바, 그로 인한 방어권 제한의 정도는 매우 중대하다"라고 판시하고 있다.

118) 서창희, "Grand Jury 및 Immunity를 이용한 수사－미국법상 비협조적 참고인에 대하여 진술을 강제하는 방법," 『해외연수검사연구논문집』, 제11집(법무연수원, 1995), 209쪽. 위 논문에서는 위 유사점에 착안하여 한국의 제1회 공판기일 전 증인신문제도를 대배심과 비교하면서 활성화 방안을 제시하고 있다. 위 논문 발표시점은 위 94헌바1 위헌결정이 있기 이전이었으므로 피의자, 변호인 등이 신문절차에 출석할 권리가 보장되지 않는다는 점이 양 제도의 유사점으로 분석되고 있다.

119) 물론 대배심 제도는 전혀 새로운 제도이므로 대배심 절차에서 행해진 피의자나 피의자 이외의 자의 행한 진술의 증거능력에 관한 사항은 법률로 정해질 것이고 이러한 부분에 대하여 국회가 입법형성권을 갖고 있음은 당연하다고 볼 수도 있으나 위와 같은 헌법재판소 결정의 흐름에 의하면 그 법률이 적법절차의 원칙에 따른 절차적 권리가 적절히 보장되지 못한다면 위헌 소지가 있게 된다.

③유형을 택하는 경우에도 대배심의 기소 결정을 요구하는 범죄를 제한하여 범죄의 심각성이 매우 중한 죄를 대상으로 하는 방안도 있을 수 있고,[120] 중죄에 대하여 대배심에 의한 기소 승인을 선택사항으로 하는 방안도 있을 수 있을 것이다. 두 가지를 병행하는 것도 가능한데 이를테면 법정형이 사형인 사안은 필수적으로 대배심의 승인을 거치도록 하고 그 이외의 경우는 대배심을 임의적으로 하는 방안이다. 일단 제도를 도입한다면 대상사건이 어느 정도 예측 가능할 필요가 있고 중대사건이 아니라도 대배심이 운용될 필요가 있는 사건이 있을 수 있으므로 병행 방안이 적절하다고 보인다. 대배심 소집권자를 검사로만 하자는 국내 제안도 있으나,[121] 법원 직권이나 검사의 요청에 의하여 법원이 소집여부를 정하도록 하는 방안이 보다 적절한 것으로 보인다.

둘째, 대배심 제도를 도입하는 경우 대배심의 최종 결정이 기속적 효력을 갖도록 규정할 필요가 있다. 국민의 형사절차 참여에 관한 외국의 제도를 도입하는 경우 종래 부작용을 우려하여 참여국민의 결정에 관하여 참고적 효력만을 부여하는 경우가 많았다. 참고적 효력을 부여하는 경우 참여국민의 집중도가 떨어지고 제도의 활성화가 잘 되지 않는다. 국민참여재판에서 배심원 결정이나 양형위원회의 양형기준 모두 참고적 효력을 갖는데 그친다.[122] 새로운 제도 도입의 부작용에 관한 위와 같은 우려도 일리가 있으나 배심과 같은 경우 배심원의 결정이 참고적인 것에 그치면 국민이 주체로서 정부의 기능을 점검하고 견제하는 목소리를 내는 제도의 원래 취지가 약해진다. 참고적 효력을 부여하면 참여하는 국민의 집중도도 떨어질 수가 있어 도입의 성과를 거두기 쉽지 않을 것이다. 따라서 대배심 제도를 도입한다면 대배심의 결정에 기속력을 부여하고 다만 대배심의 결정이 위법하거나 명백한 권한남용일 경우 이를 사법적으로 구제하는 절차를 상세하게 둠으로써 부작용을 방지하는 방향으로 나아가야 할 것이다.

셋째, 대배심을 운용하는 경우 대배심에게 적절한 조사와 수사 권한을 부여할 필요가 있다. 국내 대배심 도입에 관한 논의를 보면, 대배심 제도를 도입하더라도 대배심의 역할을 수사기관의 1차적 수사결과를 토대로 주로 단지 기소의 적정성만

---

120) 박철웅, 앞의 논문, 245쪽. 박철웅 검사는 대상사건을 중요사건 및 국민의 관심이 집중된 사건으로 한정하여 도입함이 상당하고 운영성과를 살펴보아 그 대상의 확대 여부를 검토하자고 제안한다.

121) 박철웅, 앞의 논문, 254쪽.

122) 국민의 형사재판 참여에 관한 법률 제46조, 법원조직법 제81조의7 제1항 참조.

검토하게 하자는 의견도 있으나,123) 이는 사실상 대배심이라 보기 어렵고 종래 검찰시민위원회나 수사심의위원회의 기능을 다소 확대한 것에 불과하게 된다. 대배심 제도는 원래 검사의 기소 승인 요청에 대한 당부를 결정하는 역할뿐만 아니라 공공작용을 감독하고 이에 대하여 고발하는 기능을 갖는 것이었다. 기소 결정을 위하여 독자적으로 수사를 진행하는 것도 대배심 제도의 핵심적인 내용이다. 대배심의 소환에 불응하는 경우 강력한 제재수단이 뒷받침되어 있고 자기부죄거부 특권을 주장하는 증인에 대하여도 면책조건부로 소환하는 기능을 부여한 것도 대배심의 수사 기능이 제도의 본질적 부분이라는 것을 뒷받침한다. 따라서 대배심 제도를 도입할 때 대배심의 위와 같은 조사, 수사기능을 뒷받침하는 장치를 함께 도입하여야 할 것이다. 대배심 절차로 진행되는 경우 증인면책제도의 도입이라든가 대배심의 소환에 불응하는 증인에 대한 효과적인 제재수단을 마련할 필요가 있다. 이러한 장치 없이 도입하면 대배심의 수사기능은 제대로 발휘되지 못하게 되리라 예상되고 결국 제도의 성공적인 운용이 어렵게 된다.

넷째, 미국 내 대배심 제도에 관한 가장 강한 비판은 대배심이 검사의 권한을 보조하는 도구로 전락하였다는 것이다. 이는 미국의 대배심이 원래 설계된 모습에서 벗어나 독립성이 크게 약화된 데 다른 것이다. 특히 연방대배심의 운용에 대하여 위와 같은 비판이 끊임없이 제기된다. 이러한 점을 고려하여 제도를 도입할 경우 대배심의 독립성을 높이고 검사의 관여 정도를 완화시켜 대배심의 독립성을 높이는 방안을 모색하여야 한다. 앞서 살핀 개선논의들을 고려하여 한국에 적절한 방안을 추출하여야 하겠다. 대배심이 독자적인 전문가나 법률가를 자체 인력으로 확보하는 방안, 검사가 소환장 발부 절차를 좌지우지하는 것을 막기 위하여 소환장 발부 요건을 좀 더 엄격하게 규정한다거나 일정한 경우 법원이나 대배심의 승인이 필요하도록 규정하는 방안, 대배심의 불기소 결정이 있을 때 검사가 다시 기소 승인을 요청하는 권한을 엄격하게 제한하는 방안 등을 생각할 수 있을 것이다.

---

123) 박철웅, 앞의 논문, 256, 257쪽; 이성기, "검사의 부당한 공소제기를 방지하기 위한 미국 기소대배심제의 수정적 도입에 관한 연구,"『강원법학』, 제38권(강원대학교 비교법학연구소, 2013), 490쪽. 이성기 교수는 미국식 대배심제를 수정한 시민기소위원회를 설치하여 동 위원회가 검사가 기소하기로 결정한 사건에 대하여 기소여부를 결정하도록 하고 그 결정에 기속력을 부여하되 위 위원회에 적극적인 수사기능을 부여할 필요는 없다고 한다.

3. 소결론

검찰청법 제4조 제1항은 "검사는 자신이 수사개시한 범죄에 대하여는 공소를 제기할 수 없다. 다만, 사법경찰관이 송치한 범죄에 대하여는 그러하지 아니하다"라고 규정하고 있다. 비교법적으로 매우 이례적인 제한 규정이다. 수사를 담당한 검사가 아닌 다른 검사가 기소 여부를 결정한다면 수사과정에 형성한 혐의유무에 관한 심증이 배제된 채 '기록'만으로 기소 여부 결정이 이루어지는 셈으로 오히려 부적절한 결과에 이를 수 있다. 검사의 직접 수사사건에서 검사의 기소권 남용의 우려가 반영된 입법이라 하겠으나 합리적인 규제라 보기 어렵다.[124] 비교법적으로 수사나 기소의 적정성을 점검하는 제도가 다양하므로 이를 참고하여 보편적인 규제방법을 마련하여야 한다고 본다. 대배심 제도 이외에도 일본의 검찰심사회 제도, 영국의 치안판사 제도, 프랑스나 독일의 수사판사 제도 등 다양한 선택지들이 있다.[125] 국민에게 점검 역할을 맡길 것인지 법원이나 전문가에게 맡길 것인지는 정책적 결단이 필요한 영역이다. 법원에게 맡긴다면 미국과 같이 기소 이전 단계에서 기소에 충분한 상당한 증거가 수집되었는지 여부를 판단하는 청문절차를 둘 수 있을 것이다. 대배심의 경우는 위와 같은 청문절차가 생략될 수 있다는 점은 앞서 보았다. 사법에 대한 국민의 신뢰 자본이 부족한 한국의 상황에서 국민이 위 역할을 담당하는 것이 바람직하다. 따라서 대배심 제도가 보다 적절한 수단으로 떠오르는 것이고 이미 국민참여재판을 15년 이상 시행한 경험도 축적되어 있으므로 대배심 제도에 대한 이질감도 많이 완화될 수 있을 것이다.

V. 결론

나라마다 사회, 문화적 배경이 다르고 고유한 법체계와 전통을 가지고 있으므로 다른 곳의 형사사법제도를 무비판적으로 수용하는 것처럼 어리석은 일도 없을 것이다. 하지만 그와 같은 개별성의 존재에도 불구하고 절차적 정의와 인권보장과 아울러 실체적 진실을 밝혀내어 범죄에 대하여 상응한 처벌이 이루어지도록 하려는 형사사법의 목표는 보편적이다. 국민이 형사사법절차에 적극 참여하여 사법에 관한

---

124) 마치 '재판을 진행한 판사는 판결을 할 수 없다'라고 규정한 것과 비슷하다.
125) 박형관, 앞의 논문, 91 내지 96쪽 참조.

신뢰를 갖도록 하는 것도 별다른 이론이 없는 목표라고 할 수 있다. 국민의 사법참여는 단지 재판절차에만 참여하는 것이 아니라 수사와 기소, 재판에 이르는 형사사법의 전 단계에서 이루어져야 한다.

대배심 제도는 국민이 수사와 기소 결정에 주체로 참여하는 제도로 미국 형사절차의 근간을 이루고 있다. 미국 대배심이 운용되는 모습은 연방이나 주에 따라 다양하다. 대배심의 단지 기소 여부를 결정하는 것뿐만 아니라 범죄에 대한 수사를 담당하고 민사, 행정사건에 관한 조사를 담당하기도 하다. 일정한 중죄 사건에 대한 대배심의 기소 결정을 필수적인 것으로 하는 곳은 미국 전체에서 절반에 미치지 못하지만 여전히 미국 내에서 대배심은 고유 기능을 행사하고 있다.

대배심이 검사의 수사 도구에 불과하고 독자적인 수사능력이 없으며 비효율적이라는 이유로 폐지론이 제기되기도 하였지만 대배심은 여전히 미국 형사절차의 핵심적 부분으로 기능한다. 다만 대배심의 독립성이나 절차적 권리 보장 수준을 높여 대배심의 원래 기능을 회복하자는 개혁방안 등이 논의되고 있다. 대배심의 밀행성에도 불구하고 변호인의 참석할 권리를 실질적으로 보장하고 전문법칙 등 공판절차의 증거법을 적용하고 공식기록을 작성하여 투명성을 높이자는 방안 등이 제시되었다. 미국 변호사협회도 모범대배심법을 제안하는 등 지속적으로 개선의견을 제시하고 있고 뉴욕 주 등 일부 주들에는 개선안들이 수용되었다. 대배심이 기소 결정 이외 범죄를 수사하는 기능은 이견 없이 유지되고 있다.

미국 대배심 제도는 위와 같이 수사 및 기소과정에 국민이 참여하여 수사와 기소에 관한 권한이 검찰이나 경찰에 집중되지 않도록 견제하는 역할을 하고 아울러 수사기관이 수사에 미온적이거나 다루기 힘든 사안에 대한 조사를 직접 담당하는 역할도 한다. 미국 대배심은 주에 따라 다양한 형태로 운용되고 있으므로 한국이 쉽게 수용할 수 있는 모습도 있다. 대배심의 기소 결정을 선택사항으로 하면서 적법절차 원칙에 따른 절차적 권리를 가능한 한 보장하는 모델은 적극 수용할 수 있을 것이다. 물론 대배심의 수사가 제대로 이루어지도록 증인면책에 관한 규정이나 정당한 이유 없이 소환에 불응하는 증인에 대한 실질적 제재수단의 확보 등 제도적 정비가 필요한 측면이 있고 이에 관하여도 심도 깊은 후속 연구가 필요하리라 본다.

근래 빠른 속도로 진행되는 한국의 형사사법구조의 변화, 특히 수사와 기소와 관련된 일련의 입법은 많은 우려를 낳고 있다. 특히 수사와 기소의 분리에 관한 논의가 경찰이나 검찰 사이의 권한다툼의 양상을 띠고 국민의 참여를 더 보장하는 방안을 담아내지 못하고 있다.[126] 검사의 수사나 기소에 관한 권한이 비대하다고 하여 별다른 견제 장치 없이 수사에 관한 권한을 경찰에 이전하게 되면 국민의 입장에서는 권한이 커진 경찰을 맞이하게 되는 셈이다. 수사에 관한 권한을 경찰에 이전하였다고 하여 검사의 소추권에 대하여 국민이 적정성을 점검하여야 할 필요성이 낮아지는 것이 아니다. 수사 영역도 다양한 형태로 적정성을 점검하는 장치가 필요하고 국민이 어느 정도 직접 수사에 참여하는 것도 그러한 장치 중 하나라 하겠다.

한국의 형사사법 개혁은 앞으로도 뜨겁게 진행될 것이다. 미국의 대배심 제도는 비록 법제도 다르고 많은 비판을 받기도 하지만 수사와 기소 절차에 국민이 주체로서 적극 참여하여 사회구성원들로 하여금 형사사법체제에 대한 신뢰를 얻게 하는 매력적인 제도이다. 미국 대배심의 운용 모습과 개혁 논의를 살펴 한국에 맞는 모델을 찾아낼 필요가 있다고 본다. 이미 국민참여재판 제도를 도입하여 운용하고 있으므로 국민이 수사와 기소에도 어느 정도 주체로 나설 수 있을 것이다. 이러한 제도적 정비를 통하여 사법제도에 대한 국민의 신뢰도 올라가게 될 것이다.

논문투고일 : 2023.06.11. 논문심사일 : 2023.06.16. 게재확정일 : 2023.06.28.

---

126) 같은 취지의 문제 제기로, 유주성, "수사와 기소 분리를 위한 쟁점과 과제,"『입법과 정책』, 제10권 제2호(국회입법조사처, 2018), 169쪽.

【참고문헌】

[국내문헌]

김태명, "검찰시민위원회 및 기소심사회 제도에 대한 비판적 고찰,"『형사정책연구』, 제21권 제4호(한국형사정책연구원, 2010).

박세현, "미국의 기소배심 실무 연구,"『해외연수검사 연구논문집』, 제24집(법무연수원, 2009).

박철웅, "미국 기소배심 제도의 국내도입방안 - 미국 국민수사참여 모델 연구,"『국외훈련검사 연구논문집』, 제27집(법무연수원, 2012).

박형관, "영국과 미국의 수사와 기소에 관한 절차적 통제구조와 시사점,"『형사소송 이론과 실무』, 제12권 제1호(한국형사소송법학회, 2020).

백승민, "대배심 제도에 관한 연구,"『법학연구』, 제17권 제3호 (연세대학교 법학연구소, 2007).

서보학, "글로벌 스탠다드에 부합하는 수사기소분리모델설정 및 형사소송법 개정안,"경찰청 연구용역보고서, 2017.

서창희, "Grand Jury 및 Immunity를 이용한 수사-미국법상 비협조적 참고인에 대하여 진술을 강제하는 방법,"『해외연수검사 연구논문집』, 제11집(법무연수원, 1995).

오경식, "미국의 기소대배심 운영과 한국의 도입방안,"『형사법의 신동향』, 통권 제28호(대검찰청, 2010).

옥선기, "수사절차상 국민참여제도에 대한 비교법적 고찰,"『형사법의 신동향』, 통권 제4호(대검찰청, 2008).

이성기, "검사의 부당한 공소제기를 방지하기 위한 미국 기소대배심제의 수정적 도입에 관한 연구,"『강원법학』, 제38권(강원대학교 비교법학연구소, 2013).

유주성, "수사와 기소 분리를 위한 쟁점과 과제,"『입법과 정책』, 제10권 제2호(국회입법조사처, 2018).

조재현, "미국 대배심제의 기능적·조직적 모델 구상과 운용 성과에 관한 연구 - 우리 검찰시민위원회의 발전방안에 관한 시사점을 중심으로,"『한국부패학회보』, 제19권 제1호(한국부패학회, 2014).

표성수, 『영미 형사사법의 구조 - 그 가치에 대한 새로운 이해』, 비봉출판사, 2004.

[국외문헌]

Brenner, Susan W., "The Voice of the Community: A Case for Grand Jury Independence," 3 Va. J. Soc, Pol'y & L. 67 (1995).

Campbell, William J.,"Eliminating Grand Jury," 64 J. Crim. L. & Criminology 174 (1973).

Decker, John F., "Legislating New Federalism: The Call For Grand Jury Reform In The States," 58 Okla. L. Rev. 341 (2005).

Doyle, Charles, The Federal Grand Jury, Congressional Research Service Report (2015).

Emerson, Deborah Day, Grand Jury Reform: A Review of Key Issues, U.S. Department of Justice National institute of Justice (1983).

Kadish, Mark, "Behind the Locked Door of an American Grand Jury: Its History, Its Secrecy, and Its Process," 24 Fla. St. U. L. Rev. 1 (1996).

Leipold, Andrew D.,"WHY GRAND JURIES DO NO(CANNOT) PROTECT THE ACCUSED," 80 Cornell L. Rev. 260 (1995).

Lettow, Rene E., "Reviving Federal Grand Jury Presentment," 103 Yale L. J. 1333 (1994).

Levy, Leonard W., *Origins of Bill of Rights,* Yale University Press (1999).

McPeake, Robert, et. al, *Criminal Litigation and Sentencing*, 27th Edition, Oxford, (2015).

Monia, Nino C., "THE FALL OF GRAND JURIES," 12 Ne. U. L. Rev. 411 (2020).

National Association of Criminal Defense Lawyers, Federal Grand Jury Reform Reports & Bill of Rights, 2000.

National Center for State Courts(NASC), Center of Jury Studies, Reforming the Grand Jury Indicting Process: Recent Efforts to Improve Public Confidence in Cases Involving Police Use of Lethal Force (2021).

Platek, David F. and Howard D. Lieberman, "The Illinois Grand Jury Indictment: A Denial of Due Process," 12 J. Marshall J. Prac. & Proc. 319 (1979).

Rosenberg, Benjamin E.,"Indictments, Grand Juries, And Criminal Justice Reform," 48 Am. J. Crim. L. 81 (2020).

Simmons, Ric,"Re-Examining the Grand Jury: Is There Room for Democracy in the Criminal Justice System?," 82 B. U. L. Rev. 1 (2002).

Vorenberg, James, "Decent Restraint of Prosecutorial Power," 94 Harv. L. Rev. 1521 (1981).

Thomas, Suja A., *Missing American Jury*, Cambridge University Press (2016).

Washbum, Kevin K., "Restoring The Grand Jury," 76 Fordham L. Rev. 233 (2008).

Worrall, John L., *Criminal Procedure − From first Contact to Appeal*, 5th eds., Peason (2015).

【국문초록】

수사와 기소에 관한 결정이 적정해야 형사사법 정의가 실현될 수 있다. 나라마다 다양한 방식으로 이를 달성하고자 한다. 검사에게 독점적 소추권을 부여하는 곳도 있고 미국의 대배심처럼 국민이 참여하도록 하는 곳도 있다. 국민이 참여하면 절차의 효율성이 떨어질 수 있으나 국민의 사법에 대한 이해와 신뢰가 높아진다.

역사적으로 대배심은 수사와 기소 과정에 국민이 주체로 활동하는 제도이다. 미국 대배심은 미국 건국 초기부터 범죄에 대한 조사와 기소 절차에서 시민의 권리를 보호하는 역할을 수행하고 아울러 여러 공공작용을 감독하는 역할을 수행하였다. 대배심이 검사의 수사나 기소를 위한 도구에 불과하고 비효율적이라는 비판도 받지만 여전히 많은 순기능을 수행해 왔다. 대배심은 기소 결정에 관여하고 주요 사건에 대한 조사를 직접 담당하면서 경찰과 검사의 권한을 적절히 견제해왔다.

미국 내에서 대배심의 독립성을 높이고 증인 및 잠재적 피고인의 절차적 권리를 증진시키자는 개혁 논의가 오랜 기간 꾸준히 제기되어 왔다. 이러한 논의를 받아들인 주들도 상당수이다.

수사와 기소를 단순히 분리하여 각기 다른 기관에 맡기는 것은 형사사법의 목표 달성에 오히려 역행할 수 있다. 미국 대배심 제도를 참조하여 국민이 수사와 기소 과정에 적극 참여하도록 방안을 적극적으로 검토할 시점이다. 미국 내 대배심의 다양한 유형 중 한국의 실정에 맞는 모델을 찾아 수용할 필요가 있다. 대배심 제도를 도입한다면 중한 범죄에 대하여 대배심에 의한 기소 결정을 선택적인 것으로 하고 가능한 한 적법절차 원칙에 따른 절차적 권리를 보장하는 방향으로 대배심 제도를 운용하는 것이 합리적인 선택으로 보인다.

◆ 주제어: 대배심, 적법절차, 대배심 소환장, 기소의 적정성 심사, 모범대배심법

【Abstract】

The Current Picture of the American Grand Jury System and Proposals for Its Reform

Park, Hyungkwan[*]

Rendering the right decision in the investigation and indictment procedure is pivotal in achieving criminal justice. To that end, all nations by various means seek to accomplish this goal. Examples of this would include nations endowing exclusive charging authorities to the prosecutor while others allow lay citizens to participate in the actual procedure. Citizen participation always carries the risk of undermining the efficacy of the criminal justice system but it can also facilitate the average citizen's understanding of and increase trust in the system.

Historically, the grand jury has been the institution by which citizens can play an active role in the investigation and charging process. Beginning in the colonial period, the American grand jury protected the citizen's right in investigation and charging procedure and served as a check on the validity and efficacy of public functions. Despite much doubt regarding the objectivity of the grand jury as a mere organ of the prosecution as well as concern about its efficiency, its role has for the most part proved to be positive. The grand jury by taking part in the actual investigation and then deciding whether or not to indict has been a check on the power of the police and prosecution in major cases.

In the United States the grand jury operates in different forms. Some jurisdictions require grand jury indictments for felonies while others make them optional. In addition, there are many variations among jurisdictions in ensuring procedural rights in grand jury procedures. However, basic procedures such as beginning an investigation by way of subpoena and

---

[*] Professor, Gachon University, College of Law.

reaching indictment decisions through jury deliberations remain common.

In the United States, the necessity for grand jury reform such as enhancing jury independence and ensuring procedural rights of the witness and defendant have long been and continues to be proposed.

The mere separation of investigative power from charging power can hinder efforts in achieving criminal justice goals. Using the American model as a base for our nation, it would be expedient to allow for different organizations to exercise these powers independently. Furthermore, policies in which citizens can take on decisive roles in the investigation and charging process must be established and efforts to improve continue. By careful study of the various grand jury models in the United States, Korea has a good foundation in which to develop a grand jury model that would be most suitable to our nation. Specifically a model that would allow for optional grand jury indictments and where procedural rights are ensured.

◆ Key Words: Grand jury, Due process of law, Subpoena, legitimacy of charging decision, Model grand jury act.

한국형사소송법학회 『형사소송 이론과 실무』

제15권 제2호 (2023.6) 207~253면.

Theories and Practices of Criminal Procedure Vol. 15 No. 2 (June. 2023) pp. 207~253.

10.34222/kdps.2023.15.2.117

영업비밀 침해사건 피해자의 형사공판절차 참여권 확대 방안 검토

최 성 겸[*]

───────────── 목 차 ─────────────

Ⅰ. 논의의 배경 및 글의 전개

영업비밀의 보호는 기본적으로 해당 영업비밀을 보유한 기업의 이익을 위한 것이라 할 수 있지만, 그 영업비밀의 내용이 중요 기술과 관련되었을 경우에는 국가 공동체 전체의 이익과 직결되는 가치가 된다. 대한민국 특허청이 2021. 7. 영업비밀 침해사건 등을 집중적으로 수사하는 기술디자인특별사법경찰과[1])를 창설한 이유도 영업비밀의 적정한 보호는 곧 우리나라 국익의 보호임을 깊이 있게 인식하고 있었기 때문이라 할 것이다.[2])

검사가 영업비밀 침해사건의 공소를 유지함에 있어 많은 경우 기술 내용과 관련된 쟁점에 대해서는 피해자 측으로부터 도움을 받아야만 한다. 특히 수사검사가 직접 공소 유지를 하지 않고 공판검사가 공소 유지를 담당하게 되는 경우라면, 공판검사는 사건의 수사와 기소 과정에 전혀 관여한 바 없기 때문에 더더욱 기술 내용

───────────

* 춘천지방검찰청 검사(특허청 수사자문관 파견)

1) '기술경찰'로 약칭하기도 한다.

2) 참고로 특허청 기술경찰은 기술에 대한 특화된 전문성을 바탕으로 단기간 내에 수사 역량을 끌어 올려 2023. 1.경 반도체 기술을 국외로 유출한 중대 기술유출사범 3명을 구속하기도 하였다(KBS 뉴스, "연봉 3배, 중국에 반도체 핵심기술 넘기고 취업" 등 다수 주요 언론 보도 참조)

과 관련하여 피해자 측의 도움을 필요로 한다. 기술 분야 이외에도 의료 분야, 노동 분야, 공정거래 분야, 금융증권 분야 등 형사상 많은 전문 분야들이 존재하고 이와 같은 분야들에 대해서도 검사가 때때로 전문가의 자문 등을 구해야 하는 경우들이 있을 수 있다. 그러나 영업비밀 침해사건에 있어서는 많은 경우 제3자인 전문가로부터 도움을 받는데 어려움이 있고 사실상 피해자만이 검사에게 도움을 줄 수 있다. 그 이유로는, ① 영업비밀의 내용이 기술적으로 어렵거나 독창적이어서 그 내용을 가장 잘 설명할 수 있는 사람은 피해자라는 점, ② 영업비밀과 관련된 자료를 제3자인 민간 전문가에게 제공하는 것 자체가 또 다른 영업비밀 침해의 가능성을 불러일으킬 우려가 있다는 점 등을 들 수 있겠다.

한편, 영업비밀 침해사건 피해자의 공판절차 참여 문제를 논하기 위해서는 범죄 피해자 전체의 일반적인 공판절차 참여 문제를 같이 살펴볼 수밖에 없다. 범죄 피해자의 공판절차 참여 문제에 대해서는 이전부터 많은 논의가 있어 왔지만, 의미 있는 수준의 소송법령 개정을 포함한 실질적인 수확은 오랜 기간 동안 없었던 것으로 보인다. 수년 전부터 검경 수사권 조정을 중심으로 형사소송과 관련된 법령 및 규칙 등이 조변석개해 오고 있고, 개인적으로 피해자의 형사절차 참여권 강화 문제는 검경 간 수사권 분배 문제만큼이나 형사소송법 상 중요한 문제라 생각하고 있는데, 격랑과도 같은 법령 개정의 물결 속에서도 범죄 피해자의 절차 참여권 강화 문제는 상대적으로 소외되고 있는듯하여 다소 아쉽다.

이 글에서는 현재 피해자 또는 피해자 변호사[3]가 영업비밀 침해사건을 포함한 형사재판 전반에 참여하고 있는 구체적인 실태를 살펴본 후, 그 실태에 대한 현행 소송법 및 관련 규정의 해석론 상 근거들을 탐색해 보고, 피해자의 공판절차 참여 문제에 대한 이상적인 개선 방향을 고민해 보고자 한다.

Ⅱ. 공판기일 외 피해자의 절차 참여 실태 및 그 정당성

현재 실무상 영업비밀 침해사건의 기소 이후 형사절차에 피해자 측이 참여하는 주요한 방법으로는, ① 공판 기일 외에서 기술 및 사안 설명을 위해 공판검사를 직접 만나거나 전화 또는 이메일을 통해 공판검사를 면담하고 공판검사에게 각종 서

---

3) 이 글에서 피고인 또는 피의자를 변호하는 자는 '변호인', 피해자를 변호하는 변호사를 '피해자 변호사'라 부르기로 한다.

면 등 추가 자료를 제출하는 방법, ② 공판 기일 내에서 재판부가 허용하는 시점에 피해자가 법정 진술권을 행사하거나 재판부에 의견서, 참고자료 등을 제출하는 방법 등이 있다. 우선 공판기일 외에서 피해자가 절차에 참여하는 실태에 대해서 그 적법성 내지 정당성을 살펴본 후, 공판기일에서의 절차 참여 확대 문제 등을 계속 살펴보도록 하겠다.

1. 공판 기일 외 피해자 참여의 실태

일반 형사사건에 대해서도 사안에 따라 피해자 또는 피해자 변호사는 기소 이후 검사와 증언 준비를 위해 소통하거나, 기소 당시에는 예상되지 않았던 상황들이 재판 진행 도중 발생하였을 때 검사에게 추가 자료를 제출하거나 의견을 제시하는 등으로 형사재판에 참여할 수 있다. 영업비밀 침해사건에 대해서는 이에 더하여 피해자 측이 영업비밀의 기술적 내용을 이해시키기 위해 공판을 담당하는 검사에게 매우 상세한 설명을 하게 되는 경우도 있다.

공판 기일 외에서 검사가 피해자 등과 사건에 대해 협의하거나 피해자 등으로부터 자료를 제공받는 행위의 소송법상 성격이나 그 법적 근거에 대해서는 아직까지 우리나라 학계에서 많은 논의가 있었던 것으로는 보이지 않고 당연한 재판 준비 행위 내지 공소 유지를 위한 노력 정도로 여겨져 왔던 것 같다. 다만 '검사의 증언 전 증인 사전면담 문제'에 대해서는 최근 중요한 대법원 판례가 선고되어(후술할 대법원 2021. 6. 10. 선고 2020도15891 판결) 상당히 깊이 있는 논의가 이뤄지고 있다. 따라서 이 글에서는 ① 영업비밀 침해사건 등의 범죄 피해자를 그 증언 전 검사가 사전 면담하는 경우와 ② 나머지 방식으로 공판기일 외에서 피해자가 형사절차에 관여하는 경우를 나누어 그 정당성 등을 살펴보고자 한다.

2. 공판 기일 외 피해자 참여의 법적 근거 및 정당성

가. 논의에 앞서 – 공소제기 후 검사 수사의 적법성

이 항목에서 논의할 내용은 "공소제기 후 검사가 피해자로부터 진술을 듣거나 새로운 증거자료를 수집하는 일"에 대한 것이라 할 수 있고, 이와 같이 검사가 기소 이후 추가적인 진술을 듣거나 새로운 자료를 수집하는 행위의 본질은 넓은 의미에서 '수사'라고 볼 수 있다. 그런 관점에서 바라본다면, 이 논의와 관련하여 (특히 수사권 조정이 완료된 현 시점에서) 공소제기 후 검사의 수사가 가능·적법한지 여부부터 따져봐야 하는 것은 아닌지 의문이 생길 수도 있어 이 부분에 대한 필자의 의견부터 간략히 제시한 후 논의를 이어가고자 한다.

종래부터 수사의 개념에 대해서 우리 법원은, '**수사, 공판 절차를 가리지 아니하고** 범죄 혐의의 유무를 확인하고 혐의가 인정되는 경우 범인을 발견 확보하며, 증거를 수집·보전하는 수사기관의 활동'[4]이라거나, '범죄 혐의의 유무를 명백히 하여 **공소를 제기, 유지할 것인가의 여부를 결정**하기 위하여 범인을 발견 확보하고 증거를 수집 보전하는 수사기관의 활동'[5] 등으로 정의하여, **공소 유지 단계에서도 수사가 가능함을 명백히 하였다**. 학설 역시 수사란 '범죄의 혐의 유무를 명백히 하여 공소의 제기와 유지 여부를 결정하기 위하여 범인을 발견 확보하고 증거를 수집 보전하는 수사기관의 활동'이고, 이러한 수사는 통상 공소제기 전에 **공소제기 여부를 결정하기 위한 목적으로 이루어지지만 공소 제기 이후에 행하는 공소유지를 목적으로 하는 보강 수사**도 가능함은 물론 공소를 제기한 이후 진범을 발견하는 등의 사유로 기존 공소의 취소 여부를 결정하기 위한 목적으로도 행해질 수 있다[6]고 보았다. 실무상으로도 기소 이후 검사가 필요시 직접 혹은 사건을 송치한 경찰관에게 요구하여 추가 증거를 확보하는 것은 일상적인 모습 이었다[7].

다만 최근 검경 수사권 조정 이후 검사가 수사할 수 있는 범위를 전면적으로 다시 살펴보게 되기는 하였으나, 필자가 이해한 바에 따르면 **검경 수사권 조정에 대한 주된 관심은 '검사가 직접 수사를 개시할 수 있는 범위'에 있었을 뿐 '공소 제기 이후 공소유지를 위해 검사가 수사할 수 있는 범위'에 대해서는 큰 관심이 없거나 오히려 이를 종전대로 유지**하려는 의도였던 것으로 보인다[8].

---

4) 춘천지법 강릉지원 2007. 4. 30. 선고 2007고합6 판결
5) 대법원 1999. 12. 7. 선고 98도3329 판결
6) 정웅석, 최창호, 이경렬, 김한균, 『신형사소송법』(박영사, 2021. 2.). 59면, 유사한 취지 임동규, 『형사소송법』17판(법문사, 2023. 2.). 129면 등
7) 그러나 주지하는 바와 같이 법정 증언한 자를 참고인으로 불러 진술을 번복시킨다거나(대법원 2013. 8. 14. 2012도13665 판결) 공소제기 이후 강제수사인 압수수색을 실시하는 경우(대법원 2011. 4. 28. 2009도10412 판결)와 같이 공판중심주의, 적법절차 원칙 등 다른 헌법적·소송법적 가치를 침범하게 된다면, 그와 같은 한정된 범위 내에서 공소제기 후 수사가 부적법하다는 평가를 받게 될 여지가 있다.
8) '검경 수사권 조정 이후 공소유지를 위한 검사의 수사 범위에 변화가 있는지 여부'에 대해 아

흥미로운 것은 최근 개정되기 전 형사소송법 상에는 '공소 유지'라는 문구 자체가 아예 등장하지 않았으나[9], **개정 형사소송법에는 2차례나 '공소 유지'라는 표현이 사용**된 규정이 삽입되었다는 점이다.

'공소유지' 문구가 들어간 현행 형사소송법 조문

제195조(검사와 사법경찰관의 관계 등) ① 검사와 사법경찰관은 수사, 공소제기 및 **공소유지**에 관하여 서로 협력하여야 한다.

제197조의2(보완수사요구) ① 검사는 다음 각 호의 어느 하나에 해당하는 경우에 사법경찰관에게 보완수사를 요구할 수 있다.
1. 송치사건의 공소제기 여부 결정 또는 **공소의 유지**에 관하여 필요한 경우
2. 사법경찰관이 신청한 영장의 청구 여부 결정에 관하여 필요한 경우

결론적으로, 개정 형사소송법 하에서도 **종전과 같이 검사의 '공소유지를 위한 수사'는 계속 허용되고, 다만 개개 수사기법 별로 공판중심주의나 피고인의 방어권이라는 가치를 침해할 여지는 없는지 등 위법 사유를 따져볼 필요가 있는 경우가 있을 것이다.**[10]

나. 증인신문 전 피해자가 검사를 면담하는 방법으로 절차에 참여하는 방법

대법원은 뇌물 사건의 증뢰자가 제1심 증언 및 항소심 증언 전 검사와 사전 면담을 실시한 사안에 대해, 검사의 증인 사전 면담의 적법성에 대해 아래와 같이 판시하였다.

직까지 학계의 본격적인 논의는 없는 것으로 보인다.

9) 형사소송법에는 공소유지라는 문구가 등장하지 않았고 검찰청법 제4조 제1항 중 검사의 직무와 권한에 '공소의 제기 및 그 유지에 필요한 사항'이 포함되어 있었다(현행 검찰청법에도 여전히 '공소의 제기 및 그 유지에 필요한 사항'은 포함되어 있음).

10) 아울러 사견으로는, 피고인 측도 공소제기 후 필요시 증인과 면담하거나 재판 진행 상황에 따라 추가 자료를 수집할 수 있다는 점에서, 무기 대등의 원칙상 검사 역시 공소유지 활동의 일환으로 재판 진행 상황에 따라 피해자와 의견을 교환하거나 피해자로부터 추가 자료를 받을 수 있도록 인정할 필요가 있다고 생각한다. — 이승주, "형사재판에서 검사의 증인사전면담 허용여부와 한계", 『형사소송 이론과 실무』 제13권 제4호(한국형사소송법학회, 2021. 12.), 118면 참고.

대법원 2021. 6. 10. 선고 2020도15891 판결

"헌법은 제12조 제1항 후문에서 적법절차의 원칙을 천명하고, 제27조에서 재판받을 권리를 보장하고 있다. 형사소송법은 이를 실질적으로 구현하기 위하여, 피고사건에 대한 실체심리가 공개된 법정에서 검사와 피고인 양 당사자의 공격·방어활동에 의하여 행해져야 한다는 당사자주의와 공판중심주의, 공소사실의 인정은 법관의 면전에서 직접 조사한 증거만을 기초로 해야 한다는 직접심리주의와 증거재판주의를 기본원칙으로 채택하고 있다. 이에 따라 공소가 제기된 후에는 그 사건에 관한 형사절차의 모든 권한이 사건을 주재하는 수소법원에 속하게 되며, 수사의 대상이던 피의자는 검사와 대등한 당사자인 피고인의 지위에서 방어권을 행사하게 된다. 이러한 형사소송법의 기본원칙에 비추어 보면, 검사가 공판기일에 증인으로 신청하여 신문할 사람을 **특별한 사정없이 미리 수사기관에 소환하여 면담하는 절차를 거친 후 증인이 법정에서 피고인에게 불리한 내용의 진술을 한 경우, 검사가 증인신문 전 면담 과정에서 증인에 대한 회유나 압박, 답변 유도나 암시 등으로 증인의 법정진술에 영향을 미치지 않았다는 점이 담보되어야 증인의 법정진술을 신빙할 수 있다고 할 것이다. 검사가 증인신문 준비 등 필요에 따라 증인을 사전 면담할 수 있다고 하더라도 법원이나 피고인의 관여 없이 일방적으로 사전 면담하는 과정에서 증인이 훈련되거나 유도되어 법정에서 왜곡된 진술을 할 가능성도 배제할 수 없기 때문이다. 증인에 대한 회유나 압박 등이 없었다는 사정은 검사가 증인의 법정진술이나 면담 과정을 기록한 자료 등으로 사전면담 시점, 이유와 방법, 구체적 내용 등을 밝힘으로써 증명**하여야 한다."

위 판결은 대법원이 검사의 증인신문 전 증인 면담에 대한 적법성 요건을 명백히 판시한 최초의 판결이다. 대법원의 판시 취지를 간략히 요약하면, "검사의 증인 사전 면담은 가능하지만 증인을 회유, 압박하거나 증언 방향을 유도·암시해서는 안 되고, 그러한 회유 등이 없었다는 입증책임은 검사가 진다."는 것인데, 이는 사실 대법원 판례가 없을 때에도 검사와 면담한 이후 이루어진 증언의 신빙성을 판단함에 있어 법원이 실제 적용해 오던 기준으로 보인다.

이와 같은 대법원의 법리는 충분히 공감할 수 있는 내용들로, 위 판단의 배경이 되었던 뇌물사건에 대해서 뿐만 아니라, 영업비밀 침해사건을 포함한 일반 형사사건 전부에 대해서도 동일하게 적용되는 법리라 할 것이다. 그런데, **영업비밀 침해사건의 특성상, 검사가 영업비밀 침해사건의 피해자를 증인신문 전에 면담한 경우에 대해서는 위 판례에 따라 증언의 신빙성이 배제되는 경우는 현실적으로 드물 것**으로 예상된다.

여기서 말하는 영업비밀 침해사건의 특성이라는 것은, 수사검사가 직접 공판에 관여하는 것이 아닌 이상, **영업비밀 침해사건의 공판을 담당하는 검사가 신속하면서도 충실한 내용의 피해자 증인신문을 준비하기 위해서는 증인신문 전에 피해자를 반드시 사전 면담하여야 할 필요성**이 있음을 의미한다. 즉, 영업비밀 침해사건 담당 공판검사는, **복잡한 기술적 내용들을 담고 있는 피해자의 증언을 스스로 이해할 수 있어야 하는 것은 물론**이거니와, 피해자의 증언 시점에는 공소장 외 구체적인 증거자료들을 볼 수 없는[11] **재판부가 피해자의 증언 내용을 듣고 기본적인 심증을 형성할 수 있을 정도로 그 증언 취지를 이해할 수 있도록 증인신문을 진행하여야 할 의무가 있다.**

앞서 소개한 대법원 판례도 '특별한 사정 없이' 증인으로 신청하여 신문할 사람을 미리 수사기관에 소환하여 면담하는 절차를 거친 경우를 문제 삼고 있으므로, **이와 같은 영업비밀 침해사건의 특수성은 대법원 판례가 언급하고 있는 '특별한 사정'**에 해당한다고 봄에 무리가 없을 것이다.

다. 증인신문 전 사전 면담을 제외한 피해자의 공판 기일 외 절차 참여

1) 서설

증인신문 전 사전 면담 외에도, 피해자는 검사의 요구 또는 스스로의 요청에 의해 검사와 재판 진행 경과에 따라 수시로 대면 면담, 전화 통화, 이메일 송수신, 서면 제출 등으로 소통하는 경우가 있다. 이와 같은 검사와 피해자의 공판 기일 외 소통 행위들에 대해서 엄격하게 그 정당성의 근거를 따져보거나 적법성을 문제 삼는 판례나 논문 등을 찾아보기는 어려운 것 같다. 대부분의 논의는 헌법 제27조 제5항과 형사소송법 제294조의2 등에 명문 규정이 있는 피해자의 '법정 진술권'을 중심으로 이루어져 온 것으로 보인다.

2) 공판 검사와 피해자 간 소통 행위의 정당성

그렇다면, 공판검사와 피해자가 공개된 법정이 아닌 검사실 등에서 재판 계속 중인 사건에 대해 의견을 교환하거나 자료를 주고받는 행위가 왜 우리 소송법령 상 명시적인 근거가 없이도 적법한지 그 이유를 생각해 보고자 한다.[12]

---

11) 2006년경 증거분리제출제도가 전면 실시된 이후, 재판부는 증거능력이 아직 부여 되지 않은 상태의 증거를 미리 검토하지 않는다.

12) '공소제기 후 수사의 적법성' 관점에서는 앞서 이미 살펴보았다.

첫째, 피해자의 적극적 참여자로서의 지위는 헌법 자체에 그 근거를 두고 있다는 것이 지배적인 견해로 보인다.13) **피해자가 기소 이후 검사와 다양한 방법으로 소통하는 행위 역시 이와 같은 피해자의 절차 참여권 강화 경향의 한 모습으로 이해될 수 있을 것이다.** 형사절차에서 피해자의 적극적 참여자로서의 지위를 강조하는 것은 대세적 흐름14)이고, 학계에서도 세부적인 쟁점들에 대해서는 다양한 견해들이 있지만 큰 틀에서 이와 같은 추세에 반대하는 견해는 없어 보인다.

둘째, 검사는 객관의무를 지고 있기 때문에 기소 이후에도 단순하게 피해자의 이익만을 대변하거나 형사소송에서의 승리만을 추구하는 것이 아니라, 소송의 상대방이기도 한 피고인의 정당한 이익 또한 고려하고 실체 진실을 좇아야 한다는 부담을 지고 있는 존재이다. 따라서 **범죄 피해자로서는 검사가 항상 자신의 이익만을 대변해 줄 것이라 신뢰할 수는 없고 형사재판 절차에서 본인의 기본권을 제대로 보호받기 위해서 검사에게 의견 등을 전달하여 필요시 검사를 설득해야 할 경우도 발생**할 수 있다. 이와 같은 관점에서 검사의 피해자에 대한 설명 책임을 강조하고 **피해자의 소송절차에 대한 관여 정도를 확대해야 할 필요성**이 있다.15)

셋째, 주지하는 바와 같이 피해자는 법정에서 재판부에 진술할 수 있는 권리가 헌법상 보장되고 있다. 검사도 피해자의 이익이나 피고인의 이익에 치우치지 않아야 하는 중립성을 요구받는 국가기관이지만, 형사소송 절차의 주재자로서 더욱 엄격한 중립성을 요구받을 수밖에 없는 법원에 비하면 그 중립성의 강도는 상대적으로 약하다고 볼 수도 있다. 그런데, 검사보다 더 고도의 중립성을 요구받는 **재판부에 대해서도 피해자가 법정에서 하고 싶은 말을 할 수 있는 권리가 헌법상 보장된다는 점을 고려하면, 공소유지 기관이자 피고인의 상대 당사자인 검사에게도 피해자가 법정 외에서 의견 등을 제시할 수 있는 권리가 인정된다고 봄이** 타당하다고 생각한다.

넷째, 검찰에서 사건이 수사 중인 기간 동안 피해자는 검사에게 다양한 방법으로

---

13) 이정수, "범죄 피해자의 수사 청구권", 『형사법의 신동향』 통권 36호(대검찰청, 2012. 9.), 147면 이하 참조, 헌법 제10조(인간의 존엄과 가치 등), 제26조(청원권), 제27조 제5항(피해자 재판절차 진술권), 제11조(평등권), 제12조(적법절차 원칙) 등이 피해자 절차 참여권의 헌법상 근거로 거론되고 있는 것 같다.

14) 김혜경, "범죄피해자 중심적 사고와 피해자의 법적 지위", 『형사법의 신동향』 통권 제67호(대검찰청, 2020. 여름), 191면 이하 등 참조

15) 노명선, "검사의 객관의무와 검찰개혁의 바람직한 방향", 『성균관법학』 제26권 제4호(성균관대학교 법학연구원, 2014. 12.), 132면 참고

의견을 피력하고 자료를 제출할 수 있는데, **피의자 – 피해자 쌍방 분쟁 구도의 사건에서 검사가 사건을 기소했다는 것은 결국 피의자의 이익 보다는 피해자의 이익을 더 보호할 가치가 있다는 판단을 내린 것이어서, 피해자는 오히려 수사 단계에서 보다 기소 이후 단계에서 검사에게 더욱 편하게 연락을 취하거나 자료를 제출**할 수 있어야 할 것이다.

다섯째, 앞서 언급한 바와 같이 특히 영업비밀 침해사건의 경우 공판검사가 기술을 이해하지 않고서는 정상적인 공소 수행이 어렵다. 공판검사로서는, 피해자의 도움을 제외한다면, 대안으로서 수사검사의 도움을 받는 방법 등을 고려해 볼 수는 있지만, 현실적으로 수사검사가 공판에 직접 관여하지 않는 이미 처리한 사건들의 세부적인 사항까지 모두 기억하고 있을 수 없고, 재판 진행 상황을 계속 확인해 보기도 어렵다. 무엇보다 그 누구도 기술면에 있어서는 원작자인 피해자만큼 신속하고 효율적인 도움을 공판 검사에게 제공해 줄 수는 없다는 측면에서, 영업비밀 침해사건의 경우 피해자가 기소 이후 단계에서 공판검사와 소통할 필요성이 매우 높다고 하겠다.

3) 소결

이와 같은 이유로 명문화된 근거 규정이 없다 하더라도, 피해자가 공판을 담당하는 검사와 여러 가지 방법으로 의견을 교환하거나 자료를 주고받는 현재의 실무는 적법하고 적절한 것이라 생각한다. 다만 향후 예규 등의 방식으로 기소 이후 피해자가 공판검사와 면담 등을 할 수 있는 구체적인 방법, 요건, 절차, 한계 등을 규정하여 둔다면 '범죄 피해자가 공판 검사를 소통할 권리'를 보다 안정적으로 그리고 투명하게 보장하는데 도움이 될 수 있을 것이라고 생각한다.

Ⅲ. 공판 기일 내 피해자의 절차 참여 실태 및 참여 확대 방안

1. 공판 기일 내 피해자 참여의 실태 및 개선 필요성

현재 공판기일 내에서 영업비밀 침해사건 피해자가 절차에 참여하는 실태에 대해서는, 개별 재판부 성향에 따라 큰 차이를 보일 수 있는 문제이기 때문에 일반적으로 그 내용을 설명하기가 쉽지 않다.

그러나 실무 경향은 대체로, ① 피해자 본인의 경우에는 일반 형사사건과 큰 차이 없이 증인신문 과정 중이나 증인신문 직후 또는 결심 기일에 직접 법정에서 진술할 기회를 단발적으로 얻어 진술하는 경우가 대부분이고, 그 외의 방법으로 재판부에 의견을 피력하고 싶을 때에는 검사를 통해 또는 직접 법원에 서면을 제출하며, ② 피해자 변호사의 경우에는 성폭력 범죄 피해자 변호사[16)처럼 법정 의견 진술권이 부여된 별도의 근거 규정이 없기 때문에, 법정에서 의견을 진술할 수 있는 기회를 부여받는 경우는 거의 없는 것으로 보인다.

한편, 영업비밀 침해사건의 경우 파워포인트 등 영상 자료를 활용하여 다툼의 대상이 된 기술 등을 설명하는 별도의 공판기일이 지정되는 경우가 많은데, 이러한 절차에 피해자 또는 피해자 변호사가 직접 참여할 경우 신속하고 정확한 실체 진실의 발견에 큰 기여를 할 수 있음에도, 실제 피해자나 피해자 변호사가 직접 참여할 수 있는 경우는 거의 없고, 대부분 파워포인트 및 설명자료 초안을 공판검사에게 제공하는 등의 간접적이고 우회적인 방식으로 위 기일에 참여하고 있는 실정이다.[17)

영업비밀 침해사건의 형사재판에 있어서는 앞서 서술한 대로 많은 경우 **피해자만이 영업비밀의 내용을 제대로 설명할 수 있고, 영업비밀의 추가 유출 방지를 위해 제3자인 객관적 전문가에게 의견을 자유롭게 묻기도 껄끄러운 면이 있어 피해자 또는 피해자 변호사가 직접 형사재판 과정에 참여할 수 있는 보다 적극적인 방법들이 필요함에도**, 현재 실무례에 따를 때 피해자나 피해자 변호사는 주로 공판검사를 통해서만 형사재판에 참여할 수 있다. 이하에서는 **적극적인 해석론을 통해 영업비밀 침해사건을 포함한 일반 형사범죄의 피해자 변호사를 형사재판에 보다 왕성하게 참여시킬 여지는 없는지, 피해자의 형사재판 절차 참여 확대를 위한 바람직한 개선 입법 내용은 어떠해야 할지**에 대해 살펴보고자 한다.

2. 현행법 해석론상 확대 방안

가. 피해자 변호사의 법정 의견 진술 허용의 필요성

현행법상 **피해자 본인의 법정 진술권이 보장된다 하더라도, 피해자 변호사의 법**

---

16) 구체적인 근거 조문은 후술한다.
17) 일부 재판부는 이와 같은 기술 설명 기일에 다소 자유로운 진행 방식을 취하면서 피해자 또는 피해자 변호사에게 직접 질문을 하거나 간략한 진술 기회를 부여하는 경우도 있으나 일반적인 법원의 실무례는 아닌 것으로 보인다.

정 의견 진술권 보장은 이와는 별도로 중요한 의미를 가진다. 법정에서 주어지는 길지 않은 시간 동안 **법률전문가인 재판부가 이해할 수 있는 언어로 어려운 내용들을 재판부에게 효과적으로 전달할 수 있는 능력 면에서 보면 피해자 변호사가 피해자를 압도할 수밖에 없기 때문**[18]이다. 법정 경험이 없거나 드물고 법률전문가가 아닌 피해자가 법대에 앉은 재판부를 상대로 짧은 시간 내에 차분하고 조리 있게 자신의 피해 사실을 법적 요건에 맞게 설명한다는 것은 현실적으로 매우 어렵다. 결국 피해자 변호사의 법정 의견 진술권이 보장되지 않는다면 사실상 피해자 본인의 법정 진술권이 제대로 보호되고 있다고 볼 수 없다.[19]

나. 명문 규정으로 피해자 변호사의 법정 의견 진술권이 인정되는 경우

우선 현행 법률상으로 성폭력 범죄, 성폭력 범죄 관련 조문을 준용하는 아동학대 범죄, 장애인 학대 범죄, 인신매매 범죄 외에도 군사법원법(2020. 12.개정), 소년법 및 가정폭력범죄의 처벌 등에 관한 특례법[20]은 피해자 변호사의 법정 의견 진술권에 대한 명문 규정을 두고 있다. 그 조문들의 구체적인 내용을 살펴보면 아래 표와 같다.

피해자 변호사의 법정 의견진술권을 인정하는 현행법 규정
1. 성폭력 범죄의 처벌 등에 관한 특례법 제27조(성폭력범죄 피해자에 대한 변호사 선임의 특례) ① 성폭력범죄의 피해자 및 그 법정대리인(이하 "피해자등"이라 한다)은 형사절차상 입을 수

---

18) 이규호(중앙대학교 산학협력단), "디지털시대에 부합하는 부정경쟁방지 및 영업비밀보호에 관한 법률 개정 방안 연구"(특허청 정책 연구 용역 자료), 192면도 "법률적으로 정제되지 않은 기술자(피해자 직원)의 증언만으로는 법원을 이해시키기 곤란하다."고 주장한다.

19) 김재희, "범죄피해자변호인의 역할과 국선피해자 변호인 제도, 『피해자학연구』 제20권 제1호 (한국피해자학회, 2012. 4.), 293면도 "피해자 변호사로부터 피해자가 법률적인 도움을 받지 않게 된다면 피해자 자신의 권리를 포기해 버리는 결과가 될 수 있음"을 강조하고 있다.

20) 소년법 및 가정폭력범죄의 처벌 등에 관한 특례법은 엄격히 말하면 일반 형사 재판과 그 성격을 달리하는 소년보호사건, 가정보호사건에서 피해자 변호사가 진술할 수 있는 규정을 두고 있다. 아울러 아동학대범죄의 경우 검사가 기소하여 일반 형사재판으로 넘어가게 되면 성폭력 범죄에 관한 규정을 준용하여 피해자 변호사의 진술권이 인정되고, 검사가 아동보호사건으로 법원에 송치하여 아동보호사건으로 진행되게 되면 가정폭력에 관한 규정을 준하여 피해자 변호사의 진술권이 인정되게 된다.

있는 피해를 방어하고 법률적 조력을 보장하기 위하여 변호사를 선임할 수 있다.
② 제1항에 따른 변호사는 검사 또는 사법경찰관의 피해자등에 대한 조사에 참여하여 의견을 진술할 수 있다. 다만, 조사 도중에는 검사 또는 사법경찰관의 승인을 받아 의견을 진술할 수 있다.
③ 제1항에 따른 **변호사는 피의자에 대한 구속 전 피의자심문, 증거보전절차, 공판준비기일 및 공판절차에 출석하여 의견을 진술**할 수 있다. 이 경우 필요한 절차에 관한 구체적 사항은 대법원규칙으로 정한다.
④ 제1항에 따른 변호사는 증거보전 후 관계 서류나 증거물, 소송계속 중의 관계 서류나 증거물을 열람하거나 등사할 수 있다.
⑤ 제1항에 따른 변호사는 형사절차에서 피해자등의 대리가 허용될 수 있는 모든 소송행위에 대한 포괄적인 대리권을 가진다.
⑥ 검사는 피해자에게 변호사가 없는 경우 국선변호사를 선정하여 형사절차에서 피해자의 권익을 보호할 수 있다.

1-1. 성폭력 범죄 등 사건의 심리·재판 및 피해자 보호에 관한 규칙 제6조(의견의 진술)

① 법원은 공판절차에서 **피해자 변호사로부터 피해의 정도 및 결과, 피고인의 처벌에 관한 의견, 그 밖에 당해 사건에 관한 의견 진술의 신청이 있는 때에는 공판기일에서 그 의견을 진술**하게 한다.
② 제1항에 따른 의견진술의 신청은 제4조제1항에서 정한 서류가 법원에 제출된 이후 또는 제출과 함께 할 수 있다.
③ 재판장은 재판의 진행상황 등을 고려하여 상당한 범위 내에서 피해자 변호사의 의견진술의 순서와 시간을 정할 수 있다.
④ 재판장은 피해자 변호사의 의견진술에 대하여 그 취지를 명확하게 하기 위하여 피해자 변호사에게 질문할 수 있고, 설명을 촉구할 수 있다.
⑤ 합의부원은 재판장에게 알리고 제4항의 행위를 할 수 있다.
⑥ 검사, 피고인 또는 변호인은 피해자 변호사가 의견을 진술한 후 그 취지를 명확하게 하기 위하여 재판장의 허가를 받아 피해자 변호사에게 질문할 수 있다.
⑦ 재판장은 다음 각 호의 어느 하나에 해당하는 경우에는 피해자 변호사의 의견진술이나 검사, 피고인 또는 변호인의 피해자 변호사에 대한 질문을 제한할 수 있다.
1. 이미 해당 사건에 관하여 충분히 진술하여 다시 진술할 필요가 없다고 인정되는 경우
2. 의견진술 또는 질문으로 인하여 공판절차가 현저하게 지연될 우려가 있다고 인정되는 경우
3. 의견진술과 질문이 해당사건과 관계없는 사항에 해당된다고 인정되는 경우

4. 기타 피해자 변호사의 의견진술로서 상당하지 아니하다고 인정되는 경우

2. 아동학대범죄의 처벌 등에 관한 특례법 제16조(피해아동에 대한 변호사 선임의 특례)

① 아동학대범죄의 피해아동 및 그 법정대리인은 형사 및 아동보호 절차상 입을 수 있는 피해를 방지하고 법률적 조력을 보장하기 위하여 변호사를 선임할 수 있다.

② 제1항에 따른 변호사는 검사 또는 사법경찰관의 피해아동 및 그 법정대리인에 대한 조사에 참여하여 의견을 진술할 수 있다. 다만, 조사 도중에는 검사 또는 사법경찰관의 승인을 받아 의견을 진술할 수 있다.

③ 제1항에 따른 **변호사는 피의자에 대한 구속 전 피의자심문, 증거보전절차, 공판준비기일 및 공판절차에 출석하여 의견을 진술**할 수 있다. 이 경우 필요한 절차에 관한 구체적 사항은 대법원규칙으로 정한다.

④ 제1항에 따른 변호사는 증거보전 후 관계 서류나 증거물, 소송계속 중의 관계 서류나 증거물을 열람하거나 등사할 수 있다.

⑤ 제1항에 따른 변호사는 형사 및 아동보호 절차에서 피해아동 및 그 법정대리인의 대리가 허용될 수 있는 모든 소송행위에 대한 포괄적인 대리권을 가진다.

⑥ 검사는 피해아동에게 변호사가 없는 경우 형사 및 아동보호 절차에서 피해아동의 권익을 보호하기 위하여 국선변호사를 선정하여야 한다.

3. 장애인복지법 제59조의15(피해장애인에 대한 변호사 선임의 특례)

① 장애인학대사건의 피해장애인 및 그 법정대리인은 형사 절차상 입을 수 있는 피해를 방어하고 법률적 조력을 보장하기 위하여 변호사를 선임할 수 있다.

② 제1항에 따른 변호사에 관하여는 「성폭력범죄의 처벌 등에 관한 특례법」 **제27조제2항부터 제6항까지를 준용**한다.

4. 인신매매등방지 및 피해자보호 등에 관한 법률 제16조

① 범죄피해자 및 그 법정대리인은 형사절차상 입을 수 있는 피해를 방어하고 법률적 조력을 보장하기 위하여 변호사를 선임할 수 있다.

② 제1항에 따른 변호사에 관하여는 「성폭력범죄의 처벌 등에 관한 특례법」 **제27조제2항부터 제6항까지의 규정을 준용**한다. 이 경우 "피해자"는 "범죄피해자", "피해자등"은 "범죄피해자 및 그 법정대리인"으로 본다.

5. 군사법원법 제260조의2(군인 등 사이에 발생한 범죄의 피해군인 등에 대한 변호사 선임의 특례)

① 「군형법」 제1조제1항부터 제3항까지에 규정된 사람 사이에 발생한 범죄의 피해자 및 그 법정대리인(이하 이 조에서 "피해자등"이라 한다)은 형사절차상 입을 수 있는 피해를 방어하고 법률적 조력을 보장하기 위하여 변호사를 선임할 수 있다.

② 제1항에 따른 변호사는 군검사 또는 군사법경찰관의 피해자등에 대한 조사에 참여하여 의견을 진술할 수 있다. 다만, 조사 도중에는 군검사 또는 군사법경찰관의 승인을 받아 의견을 진술할 수 있다.

③ 제1항에 따른 **변호사는 피의자에 대한 구속 전 피의자심문, 증거보전절차, 공판준비기일 및 공판절차에 출석하여 의견을 진술**할 수 있다. 이 경우 필요한 절차에 관한 구체적 사항은 대법원규칙으로 정한다.

④ 제1항에 따른 변호사는 증거보전 후 관계 서류나 증거물, 소송계속 중의 관계 서류나 증거물을 열람하거나 등사할 수 있다.

⑤ 제1항에 따른 변호사는 형사절차에서 피해자등의 대리가 허용될 수 있는 모든 소송행위에 대한 포괄적인 대리권을 가진다.

⑥ 군검사는 피해자(「군형법」 제1조제1항부터 제3항까지에 규정된 사람으로 한정한다)에게 변호사가 없는 경우 국선변호사를 선정하여 형사절차에서 피해자의 권익을 보호할 수 있다.

5-1. 군사법원의 소송절차에 관한 규칙 제131조의7(피해자 변호사의 의견진술)
① 군사법원은 공판절차에서 **피해자 변호사로부터 피해의 정도 및 결과, 피고인의 처벌에 관한 의견, 그 밖에 당해 사건에 관한 의견진술의 신청이 있는 때에는 공판기일에서 그 의견을 진술**하게 한다.

② 제1항에 따른 의견진술의 신청은 제131조의5제1항에서 정한 서류가 법원에 제출된 이후 또는 제출과 함께 할 수 있다.

③ 재판장은 재판의 진행상황 등을 고려하여 상당한 범위 내에서 피해자 변호사의 의견진술의 순서와 시간을 정할 수 있다.

④ 재판장은 다음 각 호의 어느 하나에 해당하는 경우에는 피해자 변호사의 의견진술이나 군검사, 피고인 또는 변호인의 피해자 변호사에 대한 질문을 제한할 수 있다.

1. 이미 해당 사건에 관하여 충분히 진술하여 다시 진술할 필요가 없다고 인정되는 경우
2. 의견진술 또는 질문으로 인하여 공판절차가 현저하게 지연될 우려가 있다고 인정되는 경우
3. 의견진술과 질문이 해당사건과 관계없는 사항에 해당된다고 인정되는 경우
4. 기타 피해자 변호사의 의견진술로서 상당하지 아니하다고 인정되는 경우

⑤ 피해자 변호사의 의견진술 절차에 관하여는 제131조의2제3항부터 제5항까지의 규정을 준용한다.

6. 소년법 25조의2(피해자 등의 진술권) – 소년보호사건에 대해 적용

소년부 판사는 **피해자 또는 그 법정대리인·변호인**·배우자·직계친족·형제자매(이하 이 조에서 "대리인등"이라 한다)가 **의견진술을 신청할 때에는 피해자나 그 대리인등 에게 심리 기일에 의견을 진술할 기회**를 주어야 한다. 다만, 다음 각 호의 어느 하나에 해당하는 경우에는 그러하지 아니하다.

1. 신청인이 이미 심리절차에서 충분히 진술하여 다시 진술할 필요가 없다고 인정되는 경우
2. 신청인의 진술로 심리절차가 현저하게 지연될 우려가 있는 경우

7. 가정폭력범죄의 처벌 등에 관한 특례법 제33조 – 가정보호사건에 대해 적용

① 법원은 **피해자가 신청하는 경우에는 그 피해자를 증인으로 신문**하여야 한다. 다만, 다음 각 호의 어느 하나에 해당하는 경우에는 그러하지 아니하다.

1. 신청인이 이미 심리 절차에서 충분히 진술하여 다시 진술할 필요가 없다고 인정되는 경우
2. 신청인의 진술로 인하여 심리 절차가 현저하게 지연될 우려가 있는 경우

② 법원은 제1항에 따라 **피해자를 신문하는 경우에는 해당 가정보호사건에 관한 의 견을 진술할 기회**를 주어야 한다.

③ 법원은 심리를 할 때에 필요하다고 인정하는 경우에는 피해자 또는 가정보호사건조사관 에게 의견 진술 또는 자료 제출을 요구할 수 있다. 이 경우 판사는 공정한 의견 진술 등을 위하여 필요하다고 인정할 때에는 가정폭력행위자의 퇴장을 명할 수 있다.

④ 제1항부터 제3항까지의 경우 **피해자는 변호사, 법정대리인, 배우자, 직계친족, 형 제자매, 상담소등의 상담원 또는 그 기관장으로 하여금 대리하여 의견을 진술하 게 할 수 있다.**

⑤ 제1항에 따른 신청인이 소환을 받고도 정당한 이유 없이 출석하지 아니한 경우에는 그 신청을 철회한 것으로 본다.

8. 아동학대범죄의 처벌 등에 관한 특례법 제44조 – 아동보호사건에 대해 적용

아동보호사건의 조사·심리·보호처분 및 민사처리에 관한 특례 등에 대하여는 「가정폭력 범죄의 처벌 등에 관한 특례법」 제18조의2, 제19조부터 제28조까지, **제30조부터 제39 조까지**, 제42조, 제56조부터 제62조까지의 **규정을 준용**한다. 이 경우 "가정보호사건"은 "아동보호사건"으로, "가정폭력행위자"는 "아동학대행위자"로, "피해자"는 "피해아동"으로, "가정폭력범죄"는 "아동학대범죄"로 본다.

이를 종합해 보면, 현행 법령에 따를 때 ① 검사의 **기소에 따른 일반 형사절차에 대해서는 성폭력 범죄, 아동학대 범죄, 장애인 학대 범죄, 인신매매 범죄, 군인 등**

상호간 범죄[21])에 피해자 변호사의 법정 의견 진술권이 규정되어 있고, 각 규정 내용은 큰 틀에서 서로 동일하고, ② 검사가 사건을 기소하지 않고 보호사건으로 법원에 송치하였을 경우, 소년보호사건, 가정보호사건, 아동보호사건[22])에 대해서 피해자 변호사의 법정 의견 진술권이 규정되어 있는데, 소년보호사건에 대해서는 피해자 변호사에게 법정 의견 진술권을 직접 부여하고 있는 반면, 가정보호사건과 아동보호사건에 대해서는 피해자 변호사가 피해자 본인을 대리하여 법정 의견 진술권을 행사할 수 있도록 규정되어 있음이 확인된다.[23])

그렇다면 이와 같이 성폭력 범죄 등에 대해서 규정된 것과 같은 **명문 규정이 없는 경우인 영업비밀 침해사건이나 일반 형사사건에 대해서 재판부가 피해자 변호사에게 의견을 진술할 기회를 부여하는 것이 위법한 것은 아닌지**에 대해 심층적인 검토를 해 볼 필요성이 있다.

다. 사견 – 명문 규정 없이도 피해자 변호사가 법정 의견 진술 가능

필자가 주장하는 결론부터 말하자면, 위와 같은 **피해자 변호사의 법정 의견진술권에 관한 규정들은 '창설적 규정'이라기보다는 '선언적 규정'으로, 별도의 추가 입법 등이 없더라도 영업비밀 침해사건을 포함한 일반 형사사건의 피해자 변호사들은 재판부의 재량적 판단 하에 법정에서 의견을 진술할 수 있다**[24])고 생각한다.

그 근거로서, ① 피해자 법정 진술권의 적정한 보호를 위해서는 피해자 변호사의 조력이 반드시 필요하고 그 조력 과정에서 피해자 변호사의 의견 진술은 가장 효과적인 수단이며[25]), 영업비밀 침해사건에서 피해자의 법정 진술권을 보장하기 위해서는 피해자 변호사의 의견 진술이 특별히 더 필요하다고 볼 여지가 있는 점, ② 실체법과 달리 절차법에서는 유추해석 금지 원칙이 대폭 완화되어 적용되며, 대법원 판례 중 피고인에 대한 형사소송법 규정을 피고인에게 불리한 방향으로 변호인

---

21) 이 경우에는 상당 부분 민간 검찰이 아닌 군 검찰이 기소한 경우일 것이다.

22) 참고로 이 3가지 보호사건 외 성매매처벌법 상 성매매를 한 자에 대한 성매매보호사건 제도가 있는데, 성매매보호사건에 대해서는 피해자 변호사에 관한 조문을 준용하지 않고 있다(성매매알선 등 행위의 처벌에 관한 법률 제17조 참조)

23) 즉 아동학대 사건이 정식으로 기소된 경우 및 아동보호사건으로 송치된 경우 양자에 대해 모두 피해자 변호사에게 법정 의견 진술권이 보장되지만, 그 규정 형식은 다소 달라진다.

24) 피해자 변호사의 의견 제시 직후 피고인 또는 변호인의 반론권이 반드시 보장되어야 하는 등 명문 규정에도 기재되어 있는 여러 전제 조건이 필요함은 당연하다.

25) 김재희, 앞선 논문, 293면 이하 등 참고

에 대해 유추 적용한 사례도 발견되는 점, ③ 현행 형사소송규칙상 피해자 변호사의 법정 의견 진술이 가능함을 전제로 규정되었다고 볼 수 있는 명문 규정이 존재하기도 하는 점, ④ 의견 진술권 보장 필요성의 측면에서 보면 영업비밀 침해사건 등의 피해자 변호사와 성폭력 범죄 피해자의 변호사를 달리 취급할 이유가 없는 점, ⑤ 피해자 변호사가 진술한 의견의 신빙성을 탄핵하는 방법으로 피고인 측이 추가적인 방어 기회를 제공받는 경우도 있을 수 있는 점, ⑥ 기소 전 수사 단계에서 피해자 변호사의 변론권이 광범위하게 인정되는 것과의 균형을 고려해야 하는 점, ⑦ 피해자가 변호사의 조력을 받을 권리 역시 피고인 또는 피의자의 변호인 조력권과 마찬가지로 헌법상 보장되는 권리로서 적극적으로 존중되어야 하는 점 등을 제시하고자 한다.

1) 피해자 진술권의 충실한 보장을 위한 전제

헌법의 직접적인 위임에 근거하여 우리 형사소송법 및 형사소송규칙은 아래와 같은 내용으로 피해자 본인의 법정 의견진술권을 보장하고 있다.

피해자 본인의 법정 의견진술권을 인정하는 현행법 규정

형사소송법 제294조의2(피해자등의 진술권)
① 법원은 범죄로 인한 피해자 또는 그 법정대리인(피해자가 사망한 경우에는 배우자·직계친족·형제자매를 포함한다. 이하 이 조에서 "피해자등"이라 한다)의 신청이 있는 때에는 **그 피해자등을 증인으로 신문**하여야 한다. 다만, 다음 각 호의 어느 하나에 해당하는 경우에는 그러하지 아니하다.
1. 삭제 <2007. 6. 1.>
2. 피해자등 이미 당해 사건에 관하여 공판절차에서 충분히 진술하여 다시 진술할 필요가 없다고 인정되는 경우
3. 피해자등의 진술로 인하여 공판절차가 현저하게 지연될 우려가 있는 경우
② 법원은 제1항에 따라 피해자등을 신문하는 경우 피해의 정도 및 결과, 피고인의 처벌에 관한 의견, 그 밖에 당해 사건에 관한 의견을 진술할 기회를 주어야 한다.
③ 법원은 동일한 범죄사실에서 제1항의 규정에 의한 신청인이 여러 명인 경우에는 진술할 자의 수를 제한할 수 있다.
④ 제1항의 규정에 의한 신청인이 출석통지를 받고도 정당한 이유없이 출석하지 아니한 때에는 그 신청을 철회한 것으로 본다.

형사소송규칙 제134조의10(피해자등의 의견진술)
① 법원은 필요하다고 인정하는 경우에는 직권으로 또는 법 제294조의2제1항에 정한 피해자등(이하 이 조 및 제134조의11에서 '피해자등'이라 한다)의 신청에 따라 **피해자등을 공판기일에 출석하게 하여 법 제294조의2제2항에 정한 사항으로서 범죄사실의 인정에 해당하지 않는 사항에 관하여 증인신문에 의하지 아니하고 의견을 진술**하게 할 수 있다.
② 재판장은 재판의 진행상황 등을 고려하여 피해자등의 의견진술에 관한 사항과 그 시간을 미리 정할 수 있다.
③ 재판장은 피해자등의 의견진술에 대하여 그 취지를 명확하게 하기 위하여 피해자등에게 질문할 수 있고, 설명을 촉구할 수 있다.
④ 합의부원은 재판장에게 알리고 제3항의 행위를 할 수 있다.
⑤ 검사, 피고인 또는 변호인은 피해자등이 의견을 진술한 후 그 취지를 명확하게 하기 위하여 재판장의 허가를 받아 피해자등에게 질문할 수 있다.
⑥ 재판장은 다음 각 호의 어느 하나에 해당하는 경우에는 피해자등의 의견진술이나 검사, 피고인 또는 변호인의 피해자등에 대한 질문을 제한할 수 있다.
1. 피해자등이나 피해자 변호사가 이미 해당 사건에 관하여 충분히 진술하여 다시 진술할 필요가 없다고 인정되는 경우
2. 의견진술 또는 질문으로 인하여 공판절차가 현저하게 지연될 우려가 있다고 인정되는 경우
3. 의견진술과 질문이 해당 사건과 관계없는 사항에 해당된다고 인정되는 경우
4. 범죄사실의 인정에 관한 것이거나, 그 밖의 사유로 피해자등의 의견진술로서 상당하지 아니하다고 인정되는 경우

이와 같은 **피해자 본인의 법정 진술권 내용들을 구체적으로 분석해 보면** 아래와 같이 **피해자 변호사의 즉각적인 의견 진술 등 조력 없이는 제대로 행사될 수 없는 것들이 많다.**

가) 우선, 위 형사소송법 제298조의2 제1항 제2호, 제3호를 살펴보면, **피해자의 신청이 있더라도 이미 피해자가 충분히 진술하여 다시 진술할 필요가 없다고 인정되거나 공판절차가 현저하게 지연될 우려가 있는 경우에는 법원에서 그 신청을 기각할 수 있도록 규정**하고 있다. 법정에서 피해자가 의견 진술 기회를 달라고 신청하였으나 법원이 위와 같은 사유로 그 신청을 기각하려 할 때 법률 비전문가인 피해자가 이에 대해 제대로 대응하기는 매우 어렵다. 이와 같은 경우 필요에 따라서

피해자 변호사가 피해자를 위해 법원에 '피해자가 다시 진술할 필요가 있음' 또는 '피해자가 진술하더라도 공판절차가 지연될 우려가 없음'에 대한 의견을 피력할 수 있어야만 피해자의 법정 진술권이 온전히 보장될 수 있다 할 것이다.

이에 대해 '검사가 피해자를 대신하여 다투어주면 될 일 아닌지' 하는 반론이 있을 수 있겠으나, 객관적인 당사자이자 재판부와의 사이에 불필요한 갈등을 유발할 이유가 없는 검사로서는 법원의 위와 같은 세세한 결정에 대해서까지 적극적으로 대응하는데 현실적인 어려움이 있을 수밖에 없다.

나) 이어서 위 형사소송법 제298조의2 제2항은 피해자가 '피해의 정도 및 결과', 피고인의 처벌에 관한 의견, '그밖에 당해 사건에 관한 의견'에 대해 진술할 기회를 법원으로부터 부여받을 수 있다고 규정하는데, 법률 비전문가이자 법정의 분위기에 위축될 수밖에 없는 피해자로서는 법정에서 '피해의 정도 및 결과' '피고인의 처벌에 관한 의견', '그밖에 당해 사건에 관한 의견'을 조리 있게 충분히 진술하기가 매우 어렵다. 그렇다면 **피해자 변호사가 최소한 보충적으로라도 위 사항들에 대한 피해자의 진술을 보충하고 부연 설명할 수 있는 기회를 제공받을 수 있거나, 경우에 따라서는 독립적으로 피해자 변호사 자신이 피해자를 위해 의견을 진술할 수 있어야 비로소 피해자의 법정 진술권이 제대로 보장될 수 있다고 말할 수 있을 것이다.**

특히 영업비밀 침해사건의 경우, '피고인 측의 영업비밀 침해로 인한 피해의 정도 및 결과'나 '피고인이 영업비밀 침해 행위에 대해 엄벌을 받아야 하는 이유' 및 '해당 영업비밀 사건에 관한 기타 의견'을 제대로 진술하기 위해서는 **기술에 대한 설명과 법률적인 설명 등이 조화롭게 병행되어야 하므로, 피해자가 짧은 시간 안에 위와 같은 내용들을 재판부에게 제대로 전달하기 어려울 수밖에 없다.**

그리고 현실적으로 영업비밀 침해사건의 피해자들 중 대부분은 회사[26]로서 사건 초기 단계에서부터 변호사, 변리사 등 대리인을 선임하여 각종 법적 분쟁에 대응하는 경우가 대부분인데, **규모가 있는 회사의 경우 업무 분장이 세부적으로 이뤄지므로 개개인의 임직원으로서는 법정에서 전체적인 피해 상황 및 사건의 전체 개요 등에 대해 제대로 진술하기가 어려운 경우가 많고 피해자를 대리하는 변호사가 해당 사안에 대해 가장 종합적이고 완전한 지식을 가지고 있는 경우가 많다.** 현실이 이러함에도 형식적인 근거 규정 미비 등을 이유로 들어서 "'피해의 정도 및 결과', 피

---

26) 특히 영업비밀의 기술적 난이도가 높은 사건의 피해자일수록 규모가 큰 회사인 경우가 많을 수밖에 없을 것이다.

고인의 처벌에 관한 의견, '그밖에 당해 사건에 관한 의견'을 진술할 기회는 주겠으나 **법정에는 무조건 임직원이 나와서 직접 의견을 진술하여야 한다.**"고 요구하는 것은 사회통념 및 상식에 부합하지 않을뿐더러 형사소송법이 추구하는 기본 가치 중 하나인 '공정하고 신속한 재판'과도 어울리지 않는다.

다) 또한 형사소송규칙 제134조의10 제3항, 제4항은 **재판장 등이 피해자의 의견 진술에 대해 피해자에게 질문할 수 있고 설명을 촉구할 수 있다**는 취지로 규정하고 있으며, 제5항은 **피고인 또는 변호인이 피해자의 의견 진술에 대해 반대신문을 할 수 있다**는 취지로 규정하고 있다. 그나마 '피해의 정도 및 결과', 피고인의 처벌에 관한 의견, '그밖에 당해 사건에 관한 의견'에 대해서는 피해자가 공판기일 전에 피해자 변호사의 도움을 받아 미리 진술할 내용을 준비해 갈 수 있는 여지라도 존재한다. 그런데 **피해자의 의견 진술 직후 재판장이 질문을 하거나 추가 설명을 요구하는 경우 또는 피고인 또는 변호인의 반대신문이 시작되는 경우 피해자 혼자 이에 즉각적으로 적절히 대응하는 것은 지극히 어려운 일**이며, 현실적으로 대부분의 피해자들은 극도의 긴장감을 느껴 피해자 본인의 경험과 지식을 바탕으로 충분히 잘 대답할 수 있는 질문들에 대해서조차 의사 표현을 제대로 못하게 되는 경우가 많을 것이다. 특히 **피해자 변호사가 재정**(在廷) **중임에도 형식적 근거 규정 미비를 이유로 피해자가 이와 같은 경우에 대해 피해자 변호사로부터 그 어떤 도움도 받지 못하게 된다면 이는 불합리한 것을 넘어서서 피해자에게 불필요한 심리적 고통을 가하는 것으로 넓은 의미에서의 2차 피해에 해당할 소지도 있다고 생각한다.**[27]

2) 피해자에 대한 형사소송법 규정을 변호사에 대해 유추 적용할 가능성

형사소송법령에 대해 유추해석 금지의 원칙이 적용되는지 여부에 대해서는 현재까지 깊이 있는 검토가 이뤄지지는 못해온 것으로 보이나[28], **적어도 절차법인 형사소송법령에 대해서는 실체법보다 유추해석 금지의 원칙이 덜 엄격하게 적용된다는 점에서는 이론의 여지가 없어 보인다.**[29]

---

27) 이는 변호사 제도의 본질에서 유래하는 변호사의 인권보호자로서의 지위 내지 공익적 지위의 침해 문제로도 연결될 수 있는데 이글에서 이 부분에 대한 고찰은 생략하고자 한다.

28) 변종필, "형사소송법에서 유추금지원칙의 적용과 범위", 『비교법연구』 제21권 2호(동국대학교 비교법문화연구소, 2021. 8.), 148면에 따르면, "지금껏 제대로 된 논의가 거의 이루어지지 않은 이유는 대다수가 이 원칙이 실체 형법에서만 문제되는 것으로 전제하고 있거나, 인식하고 있기 때문이라고 짐작된다."고 한다.

29) 위 논문에서도, 저자는 "강제처분에 관한 규정을 포함하여 신체의 자유 등 기본권 침해를 수

특히 우리 대법원 판례 중에는 **피고인에 대한 형사소송법 규정을 변호인에게 유추적용하여 피고인에게 불리한 결론을 도출했던 사례**도 있어 주목할 필요가 있다. 우리 형사소송법 제330조는 "피고인이 진술하지 아니하거나 재판장의 허가 없이 퇴정하거나 재판장의 질서유지를 위한 퇴정명령을 받은 때에는 피고인의 진술 없이 판결할 수 있다."고 하여 '피고인의 퇴정' 시에 대해서만 규정하고 있는데, 우리 대법원은 필요적 변호사건에 있어 변호인이 임의로 퇴정한 사안에 위 제330조를 적용할 수 있는지 여부에 대해 아래와 같이 판시하였다.

> ### 피고인의 퇴정에 관한 형소법 조문을 변호인의 퇴정에 관해 유추적용한 판례
>
> 이른바 필요적 변호사건에 있어서 변호인이 피고인의 명시적 또는 묵시적인 동의아래 그 방어권행사의 한 방법으로, 재판장의 허가 없이 임의로 퇴정하여 버리거나 피고인과 합세하여 법정의 질서를 문란케 하여 재판의 진행을 방해하는 등의 행위를 하여 재판장으로부터 질서유지를 위한 퇴정을 명받는 경우와 같이, 변호인의 재정의무위반이 피고인 자신의 귀책사유에 기인할 뿐만 아니라 피고인 측의 방어권의 남용 내지 변호권의 포기로 보여지는 경우에는, **신속한 재판 및 사법권의 옹호라는 측면을 중시하여 형사소송법 제330조의 규정을 유추적용하여 예외적으로 변호인 없이 개정·심리할 수 있다**(대법원 1990. 6. 8. 선고 90도646 판결).

이는 **피고인에 대해서만 명문의 규정을 두었을 뿐 변호인에 대해서는 형사소송법이 침묵하고 있는 위 사안에서 대법원이 '신속한 재판 및 사법권의 옹호'라는 다른 가치를 위해 피고인에게 불리한 방향으로의 유추 해석·적용을 허용**한 사례이다.

이와 같이 피고인에 대한 형사소송법 규정을 피고인에게 불리한 방향으로 변호인에 대해 적용되는 것으로 새기는 방식의 유추 적용이 가능하다면 **피해자 본인의 의견 진술권에 관한 형사소송법, 형사소송규칙 등이 피해자 변호사에게도 유추 적**

용 된다고 새기거나 피해자 변호사가 피해자 본인의 진술권을 대리[30]하여 행사할 수 있다고 새기는 것 역시 충분히 가능한 해석으로 볼 수 있을 것이다. 더군다나 '범죄 피해자 보호'라는 무거운 헌법적·소송법적 가치를 위한 유추해석·적용이라면 더더욱 그 정당화의 가능성 역시 높아질 것이라 생각한다.

　3) 형사소송규칙상 피해자 변호사의 의견 진술권 보장을 전제로 한 규정 존재

　앞서도 소개하였던 형사소송규칙 제134조의10 제6항 제1호는 재판장이 소송관계인의 의견진술을 제한할 수 있는 사유를 다음과 같이 규정하고 있다.

형사소송규칙 제134조의10 제6항 제1호[31]

재판장은 다음 각 호의 어느 하나에 해당하는 경우에는 피해자등의 의견진술이나 검사, 피고인 또는 변호인의 피해자등에 대한 질문을 제한할 수 있다.
1. 피해자등이나 **피해자 변호사가 이미 해당 사건에 관하여 충분히 진술**하여 다시 진술할 필요가 없다고 인정되는 경우

　즉, 형사소송규칙에 일반적으로 **피해자 변호사가 법정에서 의견을 진술할 수 있다는 규정은 없지만** 위와 같이 '피해자 변호사가 충분히 해당 사건에 관해 진술한 경우' 추가 의견 진술을 제한할 수 있다는 규정은 두고 있는 것이다. 이는 논리적으로 **피해자 변호사가 법정에서 의견을 진술하는 경우가 있음을 전제**로 한다.

　이에 대해 위 규정을 성폭력 사건 등 피해자 변호사의 의견 진술권이 명문으로 보장된 경우에 한정하여 적용되는 것이라 주장할 여지가 있겠다. 그러나 성폭력 사건의 경우 성폭력 범죄 등 사건의 심리·재판 및 피해자 보호에 관한 규칙 제6조 제7항 제1호[32]에, 군인 등 상호간의 범죄에 대해서는 군사법원의 소송절차에 관한 규칙 제131조의2 제6항 제1호에, 소년보호사건의 경우 소년법 제25조의2 제1호,

---

30) 이 문제를 '소송행위의 대리' 문제로 접근하여 피해자 본인의 법정 진술권을 피해자 변호사가 대리할 수 있다고 논리를 구성하는 것도 검토해 볼 수 있다는 취지이다. 상세한 논의는 이 글에서 생략하고자 하나 피해자 본인의 진술이 증거방법으로 사용되는 경우가 아니라면 피해자 본인의 진술이라는 소송행위가 그 성질상 대리가 허용되지 않는 것으로 새길 필요는 없어 보이고, 앞서 살펴본바와 같이 가정보호사건에 대해 가정폭력범죄의 처벌 등에 관한 특례법에서 이미 피해자의 진술권을 일정한 경우 피해자 변호사에게 대리하게 할 수 있다는 취지의 규정을 두고 있기도 하다.
31) 이 규정은 2015. 6. 29. 신설되었다.
32) 앞서 서술한 것과 같이 이 규정은 아동학대 범죄와 장애인 학대 범죄에 준용될 것이다.

가정보호사건의 경우 가정폭력범죄의 처벌 등에 관한 특례법 제33조 제1항[33])에 같은 내용의 규정을 각각 별도로 두고 있기 때문에, 위 형사소송규칙은 일반 형사사건 모두에 적용 가능한 규정으로 봄이 타당하다.

4) 의견 진술권 보장 필요성의 측면에서 보면 영업비밀 침해사건 등의 피해자 변호사와 성폭력 범죄의 피해자 변호사를 달리 취급할 이유가 없음

우선, 현행법이 명시적으로 성폭력 피해자 등에 대해서만 피해자 변호사의 의견 진술권을 인정하고 있는 이유를 생각해보면, ① 범죄의 특성이나 피해자의 형편상 피해자 본인의 의견 진술권을 제대로 행사하기가 쉽지 않은 경우(성폭력 범죄, 아동학대 범죄, 가정폭력 범죄의 경우 피해자가 직접 의견을 진술하는 과정에서 2차 피해가 발생할 우려가 있고, 아동학대 범죄나 소년범의 경우에는 피해자가 연소하여 자신의 의견을 적절히 피력하기 쉽지 않은 면도 있으며, 장애인 학대 범죄의 경우 피해자가 신체적·정신적 어려움으로 인해 적절히 의견을 진술하기가 쉽지 않은 경우도 있을 수 있음), ② 가해자와 피해자가 같은 조직 등에 속해 있어 피해자에 대해 특별한 보호가 필요한 경우(상명하복이 지배하고 폐쇄적인 군대 조직의 특성을 고려하여 군대 내 범죄에 대해서는 피해자 변호사의 법정 의견 진술권을 인정하고 있고, 가정폭력 범죄나 아동학대 범죄의 경우 같은 가정 내에서 발생하는 경우가 많아 피해자에 대한 특별한 보호가 필요하므로 피해자 변호사의 법정 의견 진술권을 인정) 등이 있는 것 같다.

그러나, **다른 죄명·유형의 범죄들의 경우에도 이에 준하는 필요성이 인정되는 경우가 많아 특정 유형의 범죄에 대해서만 피해자 변호사의 법정 의견 진술권을 부여하는 특별한 취급을 해줄 이유가 없다**고 생각한다.

몇 가지 예를 들자면 ① 살인이나 상해 등 강력 범죄의 경우에도 피해자가(또는 그 유족 등이) 부상이나 정신적 트라우마 등으로 스스로 적절히 의견을 개진하기 어려운 경우가 많으며, ② 앞서 서술한대로 영업비밀 침해 사건을 포함하여 피해자가 일정 규모 이상의 회사인 사건에 있어서는 피해자 회사에 소속된 특정된 1인의 임직원이 전체적인 회사의 피해와 사건의 전체 개요를 조리 있게 정리하여 재판부에게 전달하기 어려운 경우가 많고, ③ 범죄 피해로 인한 트라우마나 형사절차 상 2차 피해는 정도의 차이는 있을 수 있겠으나 특정 유형의 범죄로 인해서만 발생하는 것이 아니어서 사건에 적용되었던 죄명 자체는 다소 중해 보이지 않더라도 개개인에 따라서는 심리적·정신적 후유증이나 2차 피해에 시달리는 경우가 있을 수 있

33) 앞서 서술한 것과 같이 이 규정은 아동보호사건에도 준용될 것이다.

고, 성폭력 범죄 피해자라 하더라도 법정에서 당당히 스스로 의견을 진술함에 주저함이 없는 사람이 있을 수 있는 반면, 외견상 중해 보이지 않는 죄명으로 기소된 사건의 형사 피해자라 하더라도 직접 본인은 나서고 싶지 않지만 변호사를 통해서는 꼭 재판부에 하고 싶은 말이 있는 사람이 있을 수 있다.

이와 같이, **현행법령과 같이 특정 죄명·유형의 사건에 대해서만 피해자 변호사의 의견 진술권을 보장해 주는 방식은 지나치게 거칠고 자의적으로 범죄 피해자들을 차별 취급하게 될 우려가** 있다. 결국 입법자가 죄명이나 범죄 유형을 특정하여 피해자 변호사에게 의견 진술권을 부여할지 말지를 개괄적으로 결정하는 방식보다는 재판부가 각 형사사건에 대해 피해자 변호사에게 의견진술권을 부여할지 여부를 재량에 따라 판단하는 방식이 훨씬 합리적이라고 생각한다.

5) 피해자 변호사의 의견을 탄핵하는 방법으로 피고인이 추가적인 방어 기회를 제공받을 가능성도 있음

표면적으로는 피해자 변호사에게 법정 의견 진술의 기회를 추가로 부여하는 것이 피고인의 방어권 행사에 마이너스 요소로 작용하는 것처럼 보일 수 있겠지만, 오히려 피고인 측에게 새로운 방어의 기회를 제공하는 측면도 있다고 생각한다.

현재 형사 법정에서 피고인 측이 무죄 선고를 받을 수 있는 가장 주된 방법 중 하나는 피해자 법정 증언의 허점과 모순점을 지적하여 그 신빙성을 깨뜨리는 것이다. 실무상 **피해자가 피해를 호소하고 있는 사건에서 피고인 측이 피해자 진술의 신빙성을 깨뜨리지 못하면 뚜렷한 제3의 물증이 없더라도 피해자 진술 자체를 주요 근거로 하여 유죄가 선고되는 경우도 다수 있다**[34].

그런데 **피해자 변호사가 법정 의견 진술을 하게 되면 피고인 입장에서는 모순점과 허점을 지적할 수 있는 또 하나의 '방어할 거리'가** 생기는 셈이다. 특히 **피고인과 변호인은 검사의 증거기록을 모두 검토한 상태에서 방어를 준비하게 되는 반면 피해자 변호사는 한정적인 자료를 바탕으로 법정 변론을 할 수 밖에 없다는 측면에서는** − 즉 보유하고 있는 사건 관련 정보량의 측면에서는 − 피고인 및 변호인이

---

34) 피해자 진술만을 기초로 법원이 합리적 의심의 여지 없이 공소사실이 증명되었다고 판단하더라도 이는 자유심증주의 원칙 상 적법하다. 다만 진술 증거의 기초인 인간 언어 자체 및 언어 사용 방법의 복잡성과 애매성, 주관성에 의해 진술 분석을 통한 사실 인정은 많은 한계를 가질 수밖에 없음을 인정해야 한다는 의견을 비롯하여 − 권오걸, "진술증거의 신빙성과 SCAN 기법", 『법학논고』 제40집(경북대학교 법학연구원, 2012. 10.), 653면 − 진술증거만으로 유죄 판결을 선고하는 것에 대해서는 신중한 태도를 취해야 한다는 목소리들도 있다.

피해자와 피해자 변호사보다 절대적인 우위에 서 있기 때문에, **피해자 변호사가 법정에서 진술한 의견과 기존 증거 또는 주장과의 모순점 등을 지적할 수 있는 기회는 특히 억울함을 강하게 호소하는 피고인의 입장으로서는 사안에 따라 유용한 방어 도구로 사용될 수도 있다.**

실무상 형사법정에서 변호인이 소송 전략적 측면에서 혹은 피고인의 억울함을 선명하게 부각시키고 싶은 열정에서 오히려 적극적으로 먼저 공판검사에게 설전을 걸어오는 경우도 종종 있다. 통상 공판검사보다는 피해자 변호사가 이와 같은 설전에 참가하고 싶은 욕구가 더 높다는 점에서도 **피해자 변호사의 법정 의견 진술이 허용된다면 재판부 앞에서 생동감 있는 논쟁을 벌이고 싶은 피고인 또는 변호인의 절차적 욕구도 해소되는 면이 있다고 생각한다.**

6) 기소 전 수사 단계에서 보장되는 피해자 변호사의 변론권과의 균형

실무상 피해자 변호사는 기소 전 수사단계에서 검사 등에게 피의자 측 변호인과 큰 차이 없이 의견 진술을 포함한 각종 변론 활동을 하고 있다. 의뢰인에 대한 소환 조사에 참여하여 의견을 개진하는 전통적인 형태 외에도 별도로 검사를 방문하여 면담하거나 서면 제출, 이메일, 전화 등 다양한 방법으로 변론 활동을 전개한다. 검찰은 2020. 1. 31. 법무부령인 검찰사건사무규칙에 "검사는 피의자·피혐의자·피내사자·피해자·참고인의 변호인이 변론을 요청하는 경우 특별한 사정이 없으면 일정, 시간, 방식 등을 협의하여 변론할 기회를 보장해야 한다.[35)]"는 등의 규정을 신설하여 **수사 과정에서 피해자 변호사를 포함한 사건관계인이 선임한 변호사의 변론권 보장을 더욱 공고히** 한 바 있고, 경찰 역시 행정안전부령인 경찰수사규칙 상 피해자 변호사에게 조사 참여시 의견 진술권 등을 보장하고 있다.[36)]

이와 같이 **수사 단계에서는 피해자 변호사의 변론권이 피의자 변호인의 변론권과 사실상 대등한 지위에 있다가 기소 이후에는 급격히 그 균형을 잃고 피해자 변호사의 변론권은 피고인 변호인의 변론권보다 제한적인 것으로 변모하는 것이 현실**이다. 그 주된 이유는 주지하는 바와 같이 국가소추주의에 따라 공소 제기 이후 형사소송의 당사자는 '검사 − 피고인'이고 피해자는 형사소송의 당사자가 아니기

---

35) 검찰사건사무규칙 제23조(변호인의 변론)에 규정되어 있다.

36) 경찰수사규칙 제14조, 제12조, 별지 제10호 서식 등, 이와 같은 검찰사건사무규칙이나 경찰수사규칙 상 명문 규정은 창설적 규정이 아니라 선언적인 규정으로, 이와 같은 규정이 없더라도 수사 과정에서 피해자 변호사의 참여권은 일정 범위 내에서 인정될 것이다.

때문에 제한적인 범위 내에서 절차에 참여할 권리를 부여받게 되기 때문이라는 것이다.

그러나, 아래와 같은 이유들을 고려할 때, 기소 이후 피해자 변호사의 변론권이 수사 단계에서의 그것보다 급격히 축소되는 것은 바람직하다고 보기 어렵다.

① 수사 단계만큼이나 **공소제기 이후 공판 단계가 피해자에게 중요한 절차임에도 피해자 변호사의 절차 참여권을 공소제기 이후 훨씬 제한적으로 인정한다는 것은 실질적인 관점에서 앞뒤가 맞지 않는다.** 더더욱 **공판중심주의 강화로 사건의 결론이 법원 단계에서 뒤바뀌는 경우가 많아진 현실을 고려하더라도 공판 단계에서 피해자 변호사의 변론권을 대폭 제한하는 현실에 대한 문제의식을 가져야 된다고** 생각한다.

② '소송의 당사자'만이 주체가 되어야 할 소송행위도 존재[37]하겠지만 **'의견 진술'이라는 소송행위는 그 성격상 '소송의 당사자' 외 소송관계인도 주체가 되는 경우가 있을 수 있다고 생각한다.** 법정 내 모든 행위들을 주관하는 **재판부가 객관적 양심에 따른 판단 하에 허락한다면 직접적인 당사자가 아닌 어떤 소송관계인이라도 법정 내에서 발언 기회를 얻을 수 있는 것이 옳다**고 본다.

③ 공판 단계에서 피해자의 권리에 대해서는 헌법 제27조에 직접 그 근거 규정까지 두고 있음에 반해 수사 단계에서 피해자의 권리에 대해서는 해석론에 따른 헌법적 근거는 있을지언정 직접적인 헌법 상 언급은 없다. 그런데도 공판 단계에서 피해자의 참여권을 수사 단계에서의 그것보다 훨씬 좁게 인정함은 어색해 보인다.

④ 피해자는 형사절차에서 국가가 은혜를 베푸는 것과 같은 방식으로 보호해야 할 대상이 아니라 실체적 진실을 규명하여 적정한 형사처벌을 실현하는데 참여하여 형사사법 정의를 구현하는 적극적 권리의 주체라는 취지의 인식이 확산[38]되고 있고, 이 문제에 대해서는 상당한 사회적 공감대 역시 형성된 단계라고 봄이 타당하다. 이러한 추세를 고려하더라도 피해자 변호사의 기소 이후 변론권을 수사 절차에서의 그것보다 소극적으로 해석할 필요성은 미약하다.

7) 피해자의 변호인 조력을 받을 권리를 헌법적 차원에서 보호할 필요성

피의자 또는 피고인이 변호인의 조력을 받을 권리가 있음은 헌법상 명시적으로

---

37) 예를 들어 공소장 변경은 검사가, 공소사실 인부는 피고인이 그 주체가 되어야 할 것이다.
38) 이효원, "범죄피해자의 헌법상 기본권 보호", 『서울대학교 법학』 제50권 제4호(서울대학교 법학연구소, 2009. 12.), 81면 등

보장되어 있는 반면(헌법 제12조 등) 피해자가 변호사의 도움을 받을 수 있는 권리는 헌법상 명시적인 근거를 두고 있지는 아니하다. 그러나 피해자가 변호사의 조력을 받을 수 있는 권리 역시 헌법상 근거를 두고 있다는 의견은 학계의 통설로 보인다.39) 이와 같이 헌법상 근거를 둔 피해자가 변호사의 조력을 받을 권리가 보다 두텁게 보장될 수 있도록 좀 더 적극적으로 관련 법령을 해석할 필요성이 있다 하겠다.

　8) 소결

　재판부가 형사소송의 당사자인 검사나 피고인 또는 변호인의 의견 진술도 경우에 따라 제한할 수 있고 재판 진행에 있어 참고가 되는 사항에 대해서는 방청 중인 제3자의 의견도 청취할 수 있는 점에서 알 수 있듯이, 법정에서 누군가가 의견을 진술할 기회를 얻을 수 있는지 여부는 본질적으로 '진술자가 소송당사자인지 여부'나 '진술자가 소송법령 상 법정에서 의견을 진술할 수 있는 주체로 규정되어 있는지 여부'에 달려 있는 것이 아니라 재판과 관련된 모든 사항을 지배하고 주도하는 '재판부가 허용하는 의견 진술인지 여부'에 달려 있다고 생각한다.

　지금까지 살펴본 점들을 종합할 때 **영업비밀 침해사건의 피해자를 포함하여 일반 형사사건의 범죄 피해자 전체에 대해, 피해자 변호사가 법정에서 의견을 진술할 권리는 현행법의 해석론으로도 충분히 인정**될 수 있다고 생각한다. 앞서 강조한 바와 같이 이 경우에도 현행법상 명문의 규정이 있는 경우와 마찬가지로 피고인 측의 반론권은 충분히 보장되어야 하고 피해자 변호사의 의견 진술이 절차를 지연시키거나 어지럽힐 우려가 있을 경우에는 재판부가 이를 제한할 수 있어야 할 것임은 당연하다.

　이렇게 피해자 변호사의 법정 의견 진술이 인정될 수 있다면 대한민국의 형사 법정이 보다 생동감 있게 변화할 수 있을 것으로 기대하고, 많은 우려들과는 달리 **피해자의 절차적 참여가 왕성해 짐에 따라 공판중심주의가 더욱 단단해지고 그 결과 피고인의 방어권도 활기를 띠게 되는 선순환 효과**를 불러일으킬 것이라 생각한다

---

39) 다만 그 근거를 헌법 제10조(인간으로서의 존엄과 가치의 보장)에서 구하는 견해, 헌법 제27조 제1항(법관에 의한 재판을 받을 권리)에서 구하는 견해, 헌법상 적법절차의 요청에서 구하는 견해, 헌법 제27조 제5항(피해자의 재판절차진술권)에서 구하는 견해 등이 있다. ― 강동욱, "피해자변호사제도와 그 개선방안", 『홍익법학』, 제15권 제1호(홍익대학교 법학연구소, 2014.), 257면 참조.

라. 피해자 변호사의 영업비밀 침해 사건에 대한 법정 프리젠테이션 도입 가
능성

앞서 현행법의 해석론으로도, 영업비밀 침해 사건을 포함하여 일반적인 형사사건
의 피해자 변호사가 법정 의견 진술권을 보장받을 수 있다고 보았다. 이와 같은 전
제에 서서, 한 걸음 더 나아갈 수 있다면 **영업비밀 침해사건의 공판 과정 등에서
자주 이루어지는 파워포인트 프로그램 등 시청각 자료를 이용하여 기술 내용 등을
설명하는 법정 프리젠테이션까지 피해자 변호사가 직접 실시할 수 있도록 허용하
는 것도 가능**해야 한다고 생각한다.

1) 현 실태

영업비밀 침해사건을 심리하는 재판부가 **다툼의 대상인 기술 등에 대한 검찰 측
· 피고인 측의 설명을 청취하고, 주요 쟁점을 정리하기 위해 양측에 파워포인트 자
료나 기타 영상 자료 등을 활용하여 주장 · 변론할 수 있는 기회를 부여**하는 경우가
있다. 주로 당사자들이 먼저 위와 같은 기회를 달라고 재판부에 신청하는 경우가
많지만 경우에 따라서는 재판부가 직권으로 이러한 방식의 주장 · 변론을 먼저 요구
하기도 한다. 이와 같은 방법은 비단 **영업비밀 침해사건에 대해서 뿐만 아니라 금
융 · 증권 사건, 기업형 비리 사건 등 그 사건 내용이 복잡다기하고 전문적이어서
단선적인 설명보다는 입체적인 설명을 들어야 사안을 신속히 파악할 수 있는 사건
들에 대해 자주 활용**되고, 사회적 이목을 끄는 사건의 구속영장 실질심사(구속 전
피의자 심문)에서도 활용되고 있다. 아울러 국민참여재판의 경우에도 법률전문가가
아닌 배심원들의 이해를 돕기 위해 활용되는 경우도 있으며[40], 검사들이 공소유지
를 철저히 하고 싶은 경우에 파워포인트 자료 등을 법정에서 활용하는 경우 역시
점점 늘어가는 추세로 보인다.

현재 이러한 법정 프리젠테이션은 실무상 형사소송의 당사자인 **검사가 직접 실**

---

40) 노명선, "형사법정에서 프리젠테이션의 유형에 따른 법적 근거와 한계", 『고시계』(고시계사,
2012. 9.), 146면 이하는 법정 프리젠테이션의 유형을 1. 사건의 개요와 증거의 요지 등을 간
단히 정리하면서 서면이나 그림 혹은 증거물을 있는 그대로 디지털화하여 보여주는 기초적인
형태, 2. 원래의 증거물에 설명을 부가하거나 그것들을 보기 쉽도록 줌 방식으로 상세화면을
제공하는 등의 형태로 약간의 변형을 가한 프리젠테이션 형태, 3. 당사자가 새로이 생성한 컴
퓨터 애니메이션이나 시뮬레이션 등을 활용하는 프리젠테이션을 하는 유형으로 분류하기도
하였다.

시하고 있고, 피해자 변호사가 직접 실시하는 경우는 드물어 보인다. 한편 **피고인 측의 법정 프리젠테이션의 경우에는 피고인 본인이 직접 실시하는 경우는 없어 보이고 변호인이 직접 실시하는 것이 통례**이다. 이는 법정에서 주어진 짧은 시간 내에 사실적인 측면과 법률적인 측면을 적절히 조화시켜 영상물 등을 통해 재판부에게 방어권을 행사하는 것은 사실상 법률 비전문가인 피고인의 역량 밖이기 때문일 것이다.

법정 **프리젠테이션은 재판부의 심증 형성에 직접적이고도 선명한 영향**을 줄 수 있기 때문에, **형사재판의 결과에 실질적·직접적 이해관계가 걸려 있는 피해자 측으로서는 지대한 관심**을 가질 수밖에 없다. 그럼에도 불구하고 현재 피해자 변호사가 직접 형사법정에서 프리젠테이션을 하는 경우는 사실상 없다고 보아야 하기 때문에 어쩔 수 없이 피해자 변호사 등은 공판검사를 위해서 공판검사가 법정에서 활용할 수 있는 파워포인트 초안 파일 및 시나리오 초안 파일을 만들어 제공하는 등 우회적인 방법으로만 절차에 참여할 수 있다. 특히 고난도 기술을 내용으로 하는 **영업비밀 침해사건의 법정 프리젠테이션에 활용될 파워포인트 자료를 검사가 품격 있게 제작하려면 현실적으로 피해자 또는 피해자 변호사의 도움이 필수적**일 수 밖에 없다고 생각한다.[41]

2) 개선책

앞서 살펴본 대로 **피해자 변호사의 법정 의견 진술이 현행법 하에서도 가능하다고 새길 수 있다면, 사안에 따라 피해자 변호사가 직접 재판부 앞에서 프리젠테이션 하는 방식의 의견 진술도 금지할 이유가 없다.**[42] 피해자 변호사의 법정 프리젠

---

41) 필자의 개인적 경험을 공유하자면, 필자가 모 검찰청 공판부로 전입하여 간 직후 전자장비 제조업체들의 이해관계가 걸려 있는 영업비밀 침해 사건의 항소심 공판을 담당하게 되었는데 전입한 직후에 예정된 기일이 바로 쌍방이 법정 프리젠테이션을 하기로 한 날이었다. 짧은 기간 내에 법률적인 부분들에 대해서는 그나마 공소수행이 가능한 정도까지 준비할 수 있었는데 주요 쟁점인 'B사의 제품에 적용된 기술이 왜 A사 제품에 사용된 기술과 사실상 같은 것인지'에 대해서는 단기간 내 재판부에게 영상 자료 및 파워포인트 자료와 함께 위 쟁점을 설명하고 피고인 측 변호인들과 즉각적인 논쟁을 벌일 정도의 준비를 제대로 하는 것은 물리적으로 불가능하였다. 이에 피해자 변호사의 도움을 받아 법정에서 현출할 파워포인트 자료 등을 준비하였던 기억이 있다.

42) 피해자 본인도 이론적으로는 법정 프리젠테이션의 형식으로 자신의 의견 진술을 할 수는 있을 것이나 앞서 피고인 본인의 법정 프리젠테이션에 대해 설명한 것과 같이, 사안의 사실관계 및 법률적인 쟁점 등을 모두 종합하여 주어진 짧은 시간 안에 재판부를 설득해야 하는 법정

테이션은 검사의 프리젠테이션을 보충하는 형식으로 이뤄질 수도 있고 검사의 프리젠테이션을 갈음하는 형식으로 이뤄질 수도 있을 것이다.[43]

다만 **피해자 변호사의 법정 프리젠테이션에 활용되는 시청각 자료에 들어갈 수 있는 자료의 범위에 대해서는 다양한 의견**들이 있을 수 있다. 검사가 법정 프리젠테이션을 실시할 때 아직 증거채택 여부가 결정되지 않은 상태의 증거의 캡처물이 파워포인트 자료에 삽입되어 있으면 변호인이 이의를 제기하는 경우가 많고 대부분의 재판부는 '종국적으로 증거능력이 부여되지 않을 수 있는 증거를 재판부가 미리 보게 되는 것은 부적절하다'는 취지로 변호인의 이의를 받아들인다. 그러므로 피해자 변호사의 법정 프리젠테이션을 허용할 경우에도 같은 문제가 발생할 수 있을 것이다.

사견으로는 피해자 또는 피해자 변호사가 자력으로 수집한 자료들은 검사가 신청한 증거들과는 개념상 구별되고 피해자 또는 피해자 변호사의 법정 의견 진술은 검사의 공소유지 활동과는 구별되는 독립적인 행위일뿐더러, 검사가 피해자와 증거자료들을 공유하는 것은 원칙적으로 불가능하므로[44] 피해자 또는 피해자 변호사가 기존에 가지고 있던 자료 일체를 자유롭게 피해자 변호사의 법정 프리젠테이션에 활용할 수 있어야 한다고 생각한다[45]. 다만 이와 같이 피해자 변호사가 자유롭게 프리젠테이션을 실시하는 도중 활용한 자료들에 대해서는 피고인 또는 변호인이 '검사가 증거로 신청하였으나 증거능력이 부여되지 않은 자료'라는 이유 등으로 법정에서의 현출을 금지해달라고 재판부에 이의를 제기할 수 있어야 할 것이다.[46]

프리젠테이션을 법률 전문가가 아닌 피해자가 직접 실시하기에는 현실적 어려움이 있어 피해자 변호사를 중심으로 논의를 이어가고자 한다.

43) 영업비밀 또는 지재권 관련 분쟁에서, 변호사들은 형사뿐만 아니라 민사·특허 분쟁에도 동시에 관여하는 경우가 많다. 형사 법정에서 피해자 변호사가 직접 활동할 수 있는 공간이 워낙 좁다 보니 민사 법정 등에서는 쌍방의 변호사들이 각자 준비한 파워포인트 자료 등을 활용하여 치열한 공방을 펼친바 있는데도, 형사 법정에서는 일방의 변호사는 방청석에서 말없이 타방 변호사의 변론을 구경하는 상황이 벌어지기도 한다.

44) 증거 중 피해자 본인의 진술 부분인 이유 등으로 열람·등사가 허용된 자료 등은 예외라 하겠다.

45) 우리 형사소송법 제294조의4는 피해자 또는 피해자 변호사 등의 공판기록 열람·등사권을 이미 인정하고 있으나 실무상 열람·등사의 범위가 그리 광범위한 것으로 보이지는 않는다. 피해자 변호사의 법정 프리젠테이션이 허용될 수 있다면 이와 연계하여 피해자 공판기록 열람·등사 제도의 활성화도 기대할 수 있을 것이다.

46) 피해자 변호사가 프리젠테이션에 활용할 자료가 검사가 신청한 증거와 동일하고, 그 신청된

이와 같이 피해자 변호사가 법정 프리젠테이션 형식으로 의견을 진술할 수 있게 허용한다면, ① 영업비밀 침해사건 등 **사안 파악에 많은 시간이 소요되거나 해당 영업 분야에 대한 전문지식이 필수적인 사건들에 대해 공판검사가 피해자 측에 도움을 요청한 경우** ② **피해자 측이 보기에는 공판검사의 법정 프리젠테이션 등 공소 수행이 다소 미흡해 보여 스스로 재판부에 대해 사건을 보충 설명할 필요성을 느끼는 경우** 등에 있어, 공판 과정에서 실체진실을 더욱 선명하게 드러내고 형사 재판 절차에서 피해자의 권익을 보다 충실하게 보호할 수 있는 유효적절한 수단이 될 것이다. 아울러 피고인 측으로서는 피해자 변호사의 프리젠테이션 내용을 탄핵하고 피해자 변호사보다 더 설득력 있는 프리젠테이션을 실시하는 방법으로 재판부에게 무죄 심증을 확실히 심을 수 있는 유용한 방어 기회를 부여받는 측면도 있을 것이다.

3. 입법론 상 확대 방안

가. 피해자 또는 피해자 변호사의 보충적 증인신문권 인정

1) 서설

증인신문절차는 형사재판에서 실체진실을 발견하는데 있어 가장 핵심적인 절차라 할 수 있다. 전통적으로 사실을 직접 경험한 증인에 대한 **증인신문이 증거조사의 중심 역할을 해왔고 증인신문 과정에서 증언 내용뿐만 아니라 증인의 표정과 반응, 태도 등까지 법관에게 선명하게 현출되어 법관의 심증 형성에 큰 영향을 미치므로, 증인신문은 증거방법으로서 매우 중요한 의미가 있다**[47]. 이전보다 과학적 증거들이 편만해 진 근래 형사소송에서도 증인신문은 사실 심리의 꽃이라 부를 수 있을 만큼 중요한 절차로서의 위상을 그대로 유지하고 있다. 그런데 아직까지 범죄피해자는 증인신문의 객체로서(증인으로서) 증인신문 절차에 참여하는 경우는 있어도, 증인신문의 주체로서(신문자로서) 참여하는 것은 불가능한 것이 현실이어서 관련 법률 개정의 필요성 등이 논의되어 왔다.

2) 현 실태

증거의 증거능력 유무에 다툼이 있는 상황이라면 대부분의 재판부는 위 자료의 법정 현출을 금지시킬 것으로 예상된다.

47) 정웅석, 최창호, 이경렬, 김한균, 『신형사소송법』(박영사, 2021. 2.), 447면

주지하는 바와 같이 현재 형사재판에서 증인에게 질문을 할 수 있는 권리는 검사, 피고인(변호인), 재판부만이 보유하고 있다. 실무에서 피해자 또는 피해자 변호사가 증인에게 꼭 묻고 싶은 질문이 있을 때 피해자 등이 재판 도중 공판검사에게 쪽지를 전달하거나, 재판부에게 증인에게 이러이러한 질문을 물어보고 싶다고 의견을 피력하는 경우도 가끔 있지만, 제도화된 정식 소송행위로 볼 수는 없고 비공식적인 의견 제시 행위 정도로 이해할 수 있겠다.

3) 피해자의 증인신문 참여를 시도한 2011년 형사소송법 개정안

법무부가 2011년 국회에 제출했다가 2012년 제18대 국회의 임기 만료로 폐기된 형사소송법 개정안에는 피해자 측의 증인신문 참여권을 포함하여 피해자의 절차적 참여권을 적극적으로 보장하는 내용들이 담겨 있었다. '살인, 상해 등 일부 죄명에 해당하는 사건의 피해자'는 '정상에 관한 증인의 증명력을 다투기 위한 경우' 증인을 신문할 수 있다는 것이 위 개정안에 담긴 증인신문 참여권의 주요 취지였다.

2011년 형사소송법 정부 개정안의 피해자 증인신문 참여 관련 조문

형사소송법 개정안 제294조의7(피해자측참가인 등의 증인신문)
① 법원은 피해자측참가인이 증인신문을 신청한 경우에는 피고인 또는 그 변호인의 의견을 듣고, 신문사항, 심리의 상황, 그 밖의 사정을 고려하여 상당하다고 인정되면 **피해자측참가인이 증인을 신문하도록 허가**할 수 있다. 이 경우 증인에 대한 신문은 **정상에 관한 증언의 증명력을 다투기 위한 것에 한정**한다.
② 제1항에 따른 증인신문의 신청은 신문사항을 명백히 하여 검사에게 하여야 하며, 신청을 받은 검사는 해당사항에 관하여 직접 신문하는 경우를 제외하고는 의견을 붙여 법원에 제출하여야 한다.
③ 제1항에 따른 증인신문은 검사의 신문이 끝난 후(검사의 신문이 없을 때에는 피고인 또는 그 변호인의 신문이 끝난 후)에 한다.
④ 법원은 피해자측참가인이 제1항 후단에서 규정한 사항 외의 사항에 관하여 신문할 때에는 이를 제지할 수 있다.

비록 정상에 관한 증언의 증명력을 다투기 위한 목적의 증인신문만 허용하는 등 여러 면에서 제한적이었지만 지금으로부터 약 12년 전에 피해자의 형사절차 참여권 강화를 위해 이와 같은 진보적인 시도가 있었다는 사실은 주목할 만하다.

4) 입법론

가) 영업비밀 침해사건에 대한 증인신문 참여권 인정의 필요성

일반적인 형사사건에 대해서도 피해자 또는 피해자 변호사가 증인 신문 절차에 참여할 권한을 인정받는 것이 의미가 있겠지만, 특히 **영업비밀 침해사건의 경우에는 피해자 등이 증인신문 절차에 참여할 통로를 열어주는 것이 더욱 시급하고도 절실하다고 생각한다.**

검사가 사전에 다툼의 대상이 된 영업비밀의 기술적 측면에 대해 충실히 공부한 상태라 하더라도 원작자인 피해자나 피해자와 일체가 되어 많은 시간을 함께 하면서 해당 영업비밀 및 사안을 검토하고 공부한 피해자 변호사만큼 해당 영업비밀의 기술적 측면을 완벽하게 이해하기란 쉽지 않다.

특히 증인신문 과정에서는 그때그때 증인의 반응에 대해 즉각적이고도 날카로운 반박이 필수적인데, **증인들이 꼭 기존 기록에 언급된 진술만 하는 것이 아니며 영업비밀의 기술적 측면에 대해 증인이 기록에서 언급되지 않았던 이야기를 처음 꺼내게 되면 검사로서는 피해자 측의 조력 없이는 적절한 내용의 추가 신문을 이어가기가 어려울 수 있다.**

그러므로, 향후 2011년 개정안과 같이 피해자 측의 증인신문 참여권에 대한 개정 입법이 또다시 시도된다면, 기본적으로는 2011년 개정안과 같이 한정된 죄명[48]들에 대해서만 증인신문 참여권을 인정할 필요도 없다고 생각하고, 굳이 죄명을 한

---

[48] 2011년 개정안이 피해자의 증인신문 참여를 인정해주려 했던 죄명들을 상세히 살펴보면, 1. 「형법」 제2편 제24장의 죄 중 제250조(살인, 존속살해), 제252조부터 제254조까지((촉탁, 승낙에 의한 살인 등, 위계 등에 의한 촉탁살인 등, 제251조의 미수죄를 제외한 각 미수죄), 제2편 제25장의 죄 중 제257조부터 제259조(상해, 존속상해, 중상해, 존속중상해, 특수상해)까지, 제262조(폭행치사상), 제2편 제26장의 죄 중 제268조(업무상과실·중과실치사상, 「교통사고처리 특례법」이 적용되는 경우에만 해당한다), 제2편 제31장의 죄 중 제287조부터 제289조까지(미성년자의 약취, 유인, 추행 등 목적 약취, 유인 등, 인신매매), 제294조(제291조부터 제293조까지의 미수죄는 제외한 각 미수죄), 제2편 제32장의 죄 중 제297조부터 제303조까지(강간, 유사강간, 강제추행, 준강간, 준강제추행, 각 미수범, 강간 등 상해·치상, 강간등 살인·치사, 미성년자 등에 대한 간음, 업무상 위력등에 의한 간음), 제305조(미성년자에 대한 간음, 추행), 제2편 제37장의 죄 중 제324조의3부터 제324조의5(인질상해·치상, 인질살해·치사, 제324조, 제324조의2의 미수죄를 제외한 각 미수죄)까지, 제2편 제38장의 죄 중 제337조부터 제339조(강도상해, 치상, 강도살인·치사, 강도강간)까지, 제340조제2항·제3항(해상강도) 및 제342조(제329조부터 제336조까지, 제340조 제1항, 제341조의 미수죄는 제외한 각 미수죄)까지 및 위 각 죄들을 가중 처벌하는 죄이다. 주로 살인, 상해, 강간, 강도 등 전통적인 유형의 범죄만을 그 대상으로 고려하였던 것으로 보이고 특별형법으로의 확대 문제를 포함하여 대상 죄명에 대한 심층적인 검토는 이뤄지지 못했던 것으로 추측된다.

정해야 한다면 그 대상 죄명에 영업비밀 침해사건이 반드시 포함될 필요가 있다고 생각한다.

나) 정상관계 외 사건의 실체에 대한 증인신문 참여권 인정의 필요성

앞서 살펴본 2011년 정부 개정안에는 '정상에 관한' 사항49)에 대해서만 피해자 측의 증인신문권을 인정하였다. 그 이유는, 피해자 측에게 범죄사실에 관해서도 증인신문권을 인정하는 경우에는 피해자 측이 검사의 주장이나 입증 계획과 상반되는 신문을 할 가능성이 있고 이 경우에는 실체진실 규명에 오히려 장애가 발생할 우려가 있다는 점, 공소사실의 범위를 벗어나거나 기타 상당성 없는 질문이 행해지는 경우에는 재판부가 소송지휘권을 행사하여 그러한 질문을 적절하게 제한할 수 없는 경우가 있다는 점 등이 고려되었기 때문50)일 것이라고 한다.

그러나, **본래 증인신문 절차의 본질은 공소사실이 참인지 그릇인지 사실관계를 분명히 하기 위함인데, 정상관계에 대해서만 신문권을 주게 되면 본래의 입법 취지에 걸맞는 실효성을 기대하기 어렵다.** 특히, 애당초 양형 때문에 소환된 증인이 아니라면, 증인신문은 공소사실을 부인하는 사건에서 이뤄지고 있고, 부인 사건에서는 증인신문의 초점이 사건의 실체진실일 수밖에 없다. 증인신문 과정에서 **실체진실에 대한 검사와 피고인 측의 공방이 뜨겁게 벌어졌는데 피해자는 별안간 정상에 대해 증인에게 질문을 하기 시작한다면, 이는 장래에 공소사실이 유죄로 인정되는 가정적인 경우에만 의미가 있는 사항들을 묻는 것으로 핵심 논점과 거리가 있을뿐더러, 같은 맥락에서 재판부의 관심도도 떨어질 수밖에 없다고** 생각한다.

또한, '범죄사실에 대해 피해자의 증인신문을 허용하게 되면 검사의 주장이나 입증과 다른 방향으로 질문을 할 우려가 있다.'는 취지의 주장은 아래와 같은 이유로 설득력이 없다고 생각한다.

① 우선 **검사가 신문한 내용과 피해자 측이 신문한 내용이 서로 불일치한다면 이는 피고인의 입장에서 오히려 방어권 행사에 도움이 되는 요소이다. '피해자의 절차 참여권' 도입을 반대하는 가장 주된 이유가 '피고인의 방어권 침해 우려'임을**

---

49) 정상에 관한 사항이란 "피의자의 전과, 지능과 환경, 피해자에 대한 관계, 범행의 동기, 수단과 결과, 범행 후의 정황 등 형을 정함에 있어 관계되는 모든 사항"을 의미하는데 - 김희옥, 박일환, 전승수, 『주석 형사소송법』 5판(한국사법행정학회, 2017. 11.), 426면 등 - 정상에 관한 사항의 범위 역시 다툼의 여지없이 명백하게 정해져 있는 것도 아니다.

50) 박미숙, 이진국, "형사절차 상 피해자 참여 운영 현황과 개선 방안", 『연구총서』 15-AA-12 (형사정책연구원, 2015. 12.), 160면 참고

고려하더라도, 검사와 다른 방향으로 신문할 우려를 논거로 피해자 측의 증인신문 참여를 반대하는 것은 그 논리적 근거가 단단하지 못하다.

② 피해자 측의 신문 방향이 검사의 그것과 달랐다면 검사가 추가 신문을 통해 혼선을 정리하면 충분하고, 경우와 필요에 따라서는 재판장이 직접 증인을 신문하거나 석명을 통해서도 이를 해결할 수 있다. 오히려 그와 같은 과정들을 통해 실체진실이 더욱 뚜렷하게 드러날 수 있는 것이다. 아울러 검사는 객관적인 당사자일 뿐 피해자의 대리인이 아니기 때문에 검사의 입장과 피해자의 입장이 다른 것에 대해 어색함이나 거부감을 가질 필요가 없다고 생각한다. 검사와 피해자 또는 피해자 변호사 사이에 의견 불일치가 있는 것은 자연스러운 현상이며, 공소유지를 위해 그와 같은 의견 불일치 상태를 해소할 필요가 있는지 여부는 검사가 판단하면 충분하다.

아울러, "공소사실의 범위를 벗어난 상당하지 않은 질문이 행해지는 경우에는 수소법원이 소송지휘권을 행사하여 그러한 질문을 적절하게 제한할 수 없는 경우가 있다는 점"은 다소 지엽적인 문제를 지적하는 것으로 보인다. 현재 실무상 대부분의 재판장들은 예리하고도 신속하게 부적절한 증인신문을 제지하고 있어 위와 같은 우려는 이론적으로만 존재할 것이라 생각한다.

특히 앞서 살펴본 바대로 영업비밀 침해사건의 경우에는 피해자가 기술적인 측면에 대해 증인의 진술을 즉각적으로 반박할 수 있는 능력을 보유하고 있는 경우가 많기 때문에 더더욱 정상 관계가 아닌 사건 실체에 대해 증인을 신문할 수 있는 기회를 보장해 줄 필요성이 높다.

다) 검사를 경유하는 방식의 증인신문 참여 필요성 유무

2011년 정부 개정안에서는, 피해자 측이 증인신문에 참여하고 싶을 때는 우선 검사에게 사전 신청을 하도록 규정하였다. 우선 어떤 식으로든 피해자 측이 증인신문에 참여할 수 있게 길부터 열어주는 것이 시급하므로 검사에게 사전 신청하게 하는 방식 등 여러 가지 다양한 방식에 동의할 수 없는 것은 아니나, 사견으로는 검사에 대한 사전 신청은 필요 없게 하는 대신 검사의 주신문과 피고인 측의 반대신문 등 쌍방의 모든 신문이 끝난 후 피해자 측에게 증인신문 기회를 허여하되, 재판부에게 직접 신문할 취지를 간략히 고지하여[51] 재판부의 사전 허락을 득한 후 피

---

51) 예를 들어 피해자 측이 "검사의 주신문 사항 중 증인의 이러이러한 취지의 증언에 대해 추가로 묻고자 한다."라거나, "증언 중 언급된 00 기술의 개발과정에 대한 주장에 대해 추가로 묻

해자 측이 직접 증인신문에 참여할 수 있게 한다면 심리 진행에 방해 없이 피해자의 증인신문 참여권을 충분히 보장할 수 있을 것으로 생각한다.

5) 소결

법 개정을 통해 이와 같은 정도의 **보충적인 증인신문 참여 기회만이라도 피해자 측에 허용된다면, 피해자의 형사재판 절차 참여에 대한 목마름이 대폭 해갈될 수 있다**고 생각한다. 모든 형사재판에 대해 피해자의 증인신문권이 도입되는 것이 가장 바람직하겠지만, 굳이 2011년 정부 개정안과 같이 특정 죄명들에 대해서부터 우선적으로 피해자의 증인신문권을 도입해 보고자 한다면 기술적 내용에 대해 가장 예리한 질문을 할 수 있는 사람이 피해자라는 점에서 반드시 영업비밀 침해 범죄는 대상 죄명에 포함되어야 하는 점은 다시 한 번 강조하고 싶다.

나. 피해자 변호사의 법정 의견 진술권 명문화

1) 서설

앞서 현행법의 해석론으로도 피해자 변호사의 법정 의견 진술권을 충분히 인정할 수 있을 것이라는 의견을 피력하였다. 그러나 현실적으로 명문의 규정이 없기 때문에 법원이 해석론을 통해 먼저 적극적인 움직임을 취하기에는 어려움이 있을 수밖에 없다. 따라서 **입법론으로 일반적으로 모든 형사 사건에 대해 피해자 변호사의 법정 의견 진술권을 보장한다는 취지의 명문 규정**을 두거나, 최소한 영업비밀 침해 사건에 대해서 부터라도 우선적으로 피해자 변호사의 법정 의견 진술권을 보장[52]하는 것이 바람직하겠다.

2) 입법론

피해자 변호사의 법정 의견 진술권에 대해, 그 내용면에서는 성폭력 범죄 등 **특정 유형의 범죄에 대한 현행 규정을 참고하여 유사한 내용으로 입법해도 충분**하다고 생각한다.

다만 현행 규정 중 성폭력 범죄, 아동학대 범죄, 장애인 학대 범죄, 군인 등 상호

고자 한다.”는 정도로 신문 취지를 간략히 소명하여 재판부의 허락을 우선 구하게 하자는 것이다.

52) 이와 관련하여 영업비밀 중에서도 기술상 정보에 한해 영업비밀의 성립요건에 대해서만 피해자 변호사가 의견을 진술하는 방안을 입법론으로 구상해 볼 수도 있다는 취지의 견해도 있다. 이규호(중앙대학교 산학협력단), 앞선 연구 보고서, 197면 이하

간의 범죄에 대해서 **피해자 변호사가 "피해의 정도 및 결과, 피고인의 처벌에 관한 의견, 그 밖에 당해 사건에 관한 의견"만** 진술할 수 있도록 정한 것과 관련하여, '그 밖에 당해 사건에 관한 의견'이라는 문구를 포괄적으로 해석할 여지는 있으나 **피해자 변호사의 의견 진술을 허용할 것이라면 진술할 의견의 내용을 한정함 없이 법률전문가인 피해자 변호사의 판단에 따라 사실관계, 정상관계 및 재판 진행에 관한 의견 등 모든 사항에 관해 자유롭게 진술할 수 있게 함이 타당**하다고 본다. 따라서 입법론으로는 현행 소년법 등과 같이 피해자 변호사가 피력할 수 있는 의견의 내용을 구체적으로 한정하지 않는 것이 바람직하겠다.

3) 입법 형식 – 법률이 아닌 대법원 규칙으로도 충분

만약 피해자 변호사의 법정 의견 진술권을 명문화 하게 된다면, 국회가 제정하는 법률 형식이 아니더라도 대법원 규칙으로도 충분히 규율 가능하다고 생각한다. 우리 헌법 제108조는 "대법원은 **법률에 저촉되지 아니하는 범위 안**에서 소송에 관한 절차, 법원의 내부 규율과 사무처리에 관한 규칙을 제정할 수 있다."라고 규정하고 있다. 실체법뿐만 아니라 절차법 역시 개인의 자유와 권리를 제한하는 경우가 있으므로 반드시 국회가 제정한 법률로써 규정하거나 법률에 근거를 둔 것이어야 하겠지만, 헌법 제108조에 소송절차에 관한 규율을 대법원 규칙으로 정할 수 있다는 취지의 명문규정을 둠으로써 절차법의 형성을 법률이 아닌 대법원 규칙에 의하더라도 그러한 규율의 형식만으로 곧바로 위헌 문제가 발생하지는 않게 되는 것이다.[53]

앞서 살펴본 바대로 **피해자 변호사의 일반적인 법정 의견 진술권은 현행 법령의 해석론 상으로도 인정된다고 볼 수도 있으므로**[54], **대법원이 이를 대법원 규칙으로 명문화한다 하더라도 규칙 내용이 '법률에 저촉'될 우려는 없다**고 생각한다. 피해자 본인의 진술권에 대해서도 현재 대법원 규칙인 형사소송규칙이 피해자 진술권의 범위를 형사소송법상 인정되는 진술권의 범위보다 사실상 확장시키고 있는 점[55]에

---

53) 전상현, "대법원의 규칙제정권", 『이화여대 법학논집』 통권 77호(이화여대 법학연구소, 2022. 3.), 118면

54) 순수하게 실무가적 관점에서의 의견을 덧붙이자면, 성폭력 범죄 등 명문의 근거 규정이 있는 경우가 아님에도 재판부가 피해자 변호사에게 의견 진술 기회를 주었고, 피고인 측이 이를 절차에 관한 법령 위반으로 상급심에서 다툰다 하더라도 상급심에서 '피해자 변호사에게 의견 진술 기회를 준 행위'가 '판결에 영향을 미친' 절차상 법령위반으로 인정될 가능성은 희박할 것으로 생각한다.

55) 형사소송법 제294조의2는 피해자에게 의견 진술의 기회를 줄 때에는 "피해자를 증인으로 신

비추어 보더라도 피해자 변호사의 일반적인 법정 의견 진술권 보장 규정을 법률로 반드시 규정해야 할 '법률 유보' 사항으로 새길 이유가 없다. 그러므로, 법원의 결단만으로도 피해자 변호사의 법정 의견 진술권을 일반적으로 확대하여 인정하는 규정을 신설하는 것은 충분히 가능하다고 생각한다.

Ⅳ. 결론[56]

지금까지 영업비밀 침해사건뿐만 아니라 사실상 전체적인 '피해자 있는 범죄' (crime with a victim[57])에 대해 피해자 또는 피해자 변호사의 공판 절차 참여 기회를 확대하여야 하고, 그에 따라 피해자 변호사의 법정 의견 진술권, 피해자 측의 증인신문 참여권 등을 해석론 또는 입법론을 통해 인정하여야 한다고 주장하였다.

'피해자의 권리 보호가 피고인의 방어권을 침해해서는 안된다.'라는 명제는 피해자 참여 제도가 전제로 삼아야 할 기초로 인식되어 왔고[58] 이 기본적인 인식에 대해서는 필자도 동의한다. 피고인의 방어권 침해 우려, 형사소송의 당사자는 검사이

문하여야 한다."고 규정하고 있는데 대법원 규칙인 형사소송규칙 제134조의10은 증인신문에 의하지 아니하고도 피해자가 의견을 진술할 수 있는 보다 넓은 길을 열어 두었다.

56) '이 글은 피해자가 검사에게 잘 협조하는 상황을 전제로 하고 있는데, 피해자의 협조가 잘 이루어지지 않는 상황, 즉 피해자의 활동이 공소를 제기하고 유지하기 위한 검사의 활동에 반하거나 지장을 주는 경우에 대해서도 이 글의 주장이 견지될 수 있는지 의문이 있다'는 취지의 고견이 있었다. 필자의 경험에 비추어 보건대 피해자가 검사의 공소유지 활동에 반하는 행동을 할 수 있는 경우로는 ① 피해자가 검사의 기소 내용이나 기소 범위에 대해 이견을 가지고 있는 경우, ② 피해자가 피고인 측과 합의한 후 사건 실체에 대한 종전 주장과 태도를 뒤집은 경우 등이 존재할 수 있을 것으로 보인다. 이러한 경우 오히려 피해자는 검사의 공소유지에 도움이 되지 않거나 지장이 되는 행동을 할 우려가 있을 것이다. 그런데 이러한 경우에도 피해자 변호사의 법정 의견 진술권, 피해자 측의 보충적 증인신문권 등 피해자 측이 공판 절차에 참여할 수 있는 권리가 부정될 이유는 없다고 생각한다. 궁극적으로 볼 때 형사소송 절차에서 모든 사건 관계인들의 절차적 권리를 충분히 보장하는 것과 실체적 진실 발견은 같이 가는 것이라 생각하기 때문이다. 공소유지에 도움이 되지 않고 지장만 줄 수 있는 피해자에 대해서도 그 절차적 권리를 존중함은 넓은 의미에서 검사의 객관의무에 포함되는 것이라고도 볼 수 있겠다.

57) 범죄를 피해자 있는 범죄(crime with a victim)와 피해자 없는 범죄(victimless crime)으로 구별하는 관점에 따른 표현이다.

58) 박미숙, 이진국, "형사절차 상 피해자 참여 운영 현황과 개선 방안", 『연구총서』 15−AA−12 (형사정책연구원, 2015. 12.), 6면 참고

지 피해자가 아닌 점59), 공판절차가 혼잡해질 우려 등을 근거로 피해자 참여 확대에 대해 우려를 표하는 견해도 경청할 필요성이 있다.

하지만, 형사재판에서 '피해자에게 목소리를 낼 기회를 주는 것'과 '피고인의 방어권을 더 두텁게 보호하는 것'은 동시에 추구할 수 있는 병존적인 2개의 가치이지, 일방이 손실을 봐야 타방이 이득을 볼 수 있는 제로섬의 관계는 아닐 것이다. 형사법정에서 피고인과 변호인이 검사와 공방을 벌이면서 충분히 방어권을 행사한 이후 피해자와 피해자 변호사 역시 법정에서 보고 들은 내용들까지 종합하여 재판부에 자신들의 입장을 자유롭게 표현하고, 이에 대해 피고인이 또다시 반론을 제기하는 과정에서 오히려 실체진실이 더 선명하게 드러날 수 있을 것이다. '실체진실이 더 선명하게 드러날 수 있는 형사절차'는 곧 '피고인의 방어권이 충실히 보호되는 형사절차'와 동의어라고 생각한다.

주지하는 바와 같이 성폭력 범죄는 절차적으로 많은 면에서 다른 범죄와 다른 특별한 취급을 받고 있는데 처음부터 그랬던 것은 아니었다. 성폭력범죄의처벌및피해자보호등에관한법률제22조의4제1항의증인신문에관한규칙60)은 2004년에 이르러서야 제정되었다. 이와 같이 다른 범죄와 다른 방식으로 성폭력 범죄를 다루게 된 가장 큰 이유는 성폭력 범죄가 피해자 개인의 삶을 황폐화시킬 뿐만 아니라 우리 사회 전체를 병들게 한다는 인식이 보편화되었기 때문이라 생각한다. 성폭력 범죄를 특별히 다루는 내용들의 법률들을 꾸준히 개정하였더니 아직 갈 길이 멀기는 하지만 성폭력·성희롱과 관련된 우리 사회의 인식과 문화가 긍정적인 방향으로 크게 바뀐 사실은 부인할 수 없다. 불과 10년 전인 2013년까지 부부 간에는 강간죄조차 성립하지 않았던 나라61)였음을 믿기 어려울 때가 있을 정도이다.

세상이 바뀌어서 법이 바뀌는 경우가 대부분이지만, 법이 먼저 바뀌어서 세상이 바뀔 수도 있다. 2023년의 대한민국에서 영업비밀 침해 범죄(특히 첨단 기술과 관련된 영업비밀 침해 범죄) 역시 '특별한 취급'을 받을만한 충분한 자격이 있다. '기름 한 방울 나지 않는 나라'에서 우리 기업들의 영업비밀이 제대로 보호되지 않는다면

---

59) 권순민, "형사사법에서 피해자 중심의 의미와 법정책", 『비교형사법연구』 제23권 제3호(한국비교형사법학회, 2021. 10.), 177면 등 참고

60) 현재 '성폭력범죄 등 사건의 심리 재판 및 피해자 보호에 관한 규칙'의 모태 격인 대법원 규칙이다.

61) 대법원 2013. 5. 16. 선고 2012도14788 전원합의체 판결을 통해 우리 법원은 혼인관계가 지속되고 있는 아내도 강간죄의 객체가 될 수 있음을 역사상 최초로 인정하였다.

해당 기업뿐만 아니라 우리 국민 전체의 먹거리에 위협이 될 수 있다. 여러 언론들이 '기술 안보'에 대한 세계의 동향을 주목하면서 우리 정부와 국회에 각성을 촉구하는 이유도 결이 다르지 않다고 생각한다.

헌법적 가치에 대한 국민 의식이 높아진 현 시점에서 공권력으로부터 국민을 어떻게 보호할 것인지 여부(국가로부터의 자유)만이 관심사가 아니라, 보다 적극적으로 국가가 범죄로부터 국민을 어떻게 보호할 것인지 여부(국가가 생산해 내는 자유)에 대해 보다 큰 강조점을 두는 것이 필요한 시점일 것이다.[62] 범죄 피해자(특히 영업비밀 침해 범죄의 피해자)의 절차적 권리 확대에 대한 사회적 논의가 뜨거워져, 보다 앞서 가는 내용을 담은 법률 개정과 실무의 개선이 조속히 이뤄질 수 있기를 소망한다.

논문투고일 : 2023.05.16. 논문심사일 : 203.06.16. 게재확정일 : 2022.06.28.

---

[62] 정웅석, 최창호, 이경렬, 김한균, 『신형사소송법』(박영사, 2021. 2.), 45면

【참고문헌】

정웅석, 최창호, 이경렬, 김한균, 『신형사소송법』(박영사, 2021. 2.)

강동욱, "피해자변호사제도와 그 개선방안", 『홍익법학』, 제15권 제1호(홍익대학교
　　　 법학연구소, 2014.)

권순민, "공판절차에서 피해자 직접 참여권의 범위와 한계", 『법학논총』 제42권 제
　　　 4호(단국대학교 법학연구소, 2018)

권순민, "형사사법에서 피해자 중심의 의미와 법정책", 『비교형사법연구』 제23권
　　　 제3호(한국비교형사법학회, 2021. 10.)

권오걸, "진술증거의 신빙성과 SCAN 기법", 『법학논고』 제40집(경북대학교 법학연
　　　 구원, 2012. 10.)

김지선, "피해자의견진술제도에 관한 연구", 『연구총서』 08－07(한국형사정책연구
　　　 원, 2008. 12.)

김재희, "범죄피해자변호인의 역할과 국선피해자 변호인 제도, 『피해자학연구』 제
　　　 20권 제1호(한국피해자학회, 2012. 4.)

김희옥, 박일환, 전승수, 『주석 형사소송법』 5판(한국사법행정학화, 2017. 11.)

김혜경, "범죄피해자 중심적 사고와 피해자의 법적 지위", 『형사법의 신동향』 통권
　　　 제67호 (대검찰청, 2020. 여름)

노명선, "검사의 객관의무와 검찰개혁의 바람직한 방향", 『성균관법학』 제26권 제4
　　　 호(성균관대학교 법학연구원, 2014. 12.)

노명선, "형사법정에서 프리젠테이션의 유형에 따른 법적 근거와 한계", 『고시계』
　　　 (고시계사, 2012. 9.)

도중진, 박광섭 "형사사법절차에서의 범죄피해자 지위강화를 통한 범죄피해자 참여
　　　 실질화방안"(국회입법조사처, 2013. 8.)

박미숙, 이진국, "형사절차 상 피해자 참여 운영 현황과 개선 방안", 『연구총서』
　　　 15－AA－12(형사정책연구원, 2015. 12.)

박상민 "형사절차상 범죄피해자 보호·지원제도의 실질적 보장을 위한 새로운 모
　　　 색", 『형사소송 이론과 실무』 제13권 제3호(한국형사소송법학회, 2021.)

박송희, 김민지, "'범죄피해자 권리 및 지원제도 안내서'의 이해도 평가", 『한국경찰
　　　 연구』 제18권 제3호(한국경찰연구학회, 2019.)

변종필, "형사소송법에서 유추금지원칙의 적용과 범위", 『비교법연구』 제21권 2호 (동국대학교 비교법문화연구소, 2021. 8.)

신주호, "범죄피해자권리의 헌법상 근거에 관한 소고", 『세계헌법연구』 제16권 제4호(세계헌법학회 한국학회, 2010.)

이승주, "형사재판에서 검사의 증인사전면담 허용여부와 한계", 『형사소송 이론과 실무』 제13권 제4호(한국형사소송법학회, 2021. 12.)

이정수, "범죄 피해자의 수사 청구권", 『형사법의 신동향』 통권 36호(대검찰청, 2012. 9.)

이지은, 박노섭, "수사에 관한 개념적 오류 비판", 『경찰법연구』 제16권 제1호(한국경찰법학회, 2018.)

이효원, "범죄피해자의 헌법상 기본권 보호", 『서울대학교 법학』 제50권 제4호(서울대학교 법학연구소, 2009. 12.)

임동규, 『형사소송법』17판(법문사, 2023. 2.)

전상현, "대법원의 규칙제정권", 『이화여대 법학논집』 통권 77호(이화여대 법학연구소, 2022. 3.)

정유나, "형사절차에서 피해자 진술권과 피해자 참가제도에 대한 검토", 『법학연구』 통권 제56집(전북대학교 법학연구소, 2018. 5.)

최석윤, "형사소송법과 유추금지", 『형사정책연구』 통권 제54호(한국형사법무정책연구원, 2003. 6.)

대한민국 통계청, e-나라지표, 1심, 2심 무죄 현황, 2023. 2. 1. (https://www.index.go.kr/unity/potal/main/EachDtlPageDetail.do?idx_cd=1728)

아시아경제, '[아시아초대석]이인실 특허청장, "반도체 등 첨단기술 분야 우선심사, 심사기간 1/5 단축"', 2022. 9. 19. (https://view.asiae.co.kr/article/2022 091911115685746)

이규호(중앙대 산학협력단), "디지털 시대에 부합하는 부정경쟁방지 및 영업비밀보호에 관한 법률 개정 방안 연구", 2022. 10. 17.(특허청 연구 용역 자료) (https://www.prism.go.kr/homepage/entire/researchDetail.do?research Id=1430000-202200012&menuNo=I0000002)

전자신문, '(기고)기술패권 경쟁, 영업비밀 보호가 좌우', 2021. 8. 2. (https://www.etnews.com/20210802000167)

【국문초록】

영업비밀의 보호는 개별 기업의 이익뿐만 아니라 국가 및 사회의 이익과도 직결된다. 따라서 영업비밀 침해사건의 공소유지를 담당하는 검사는 해당 영업비밀의 기술적 내용에 대한 깊은 이해를 바탕으로 유죄 판결 및 적정한 양형을 이끌어 내야 할 막중한 책무가 있다.

4차 산업혁명 시대의 도래로 영업비밀의 종류 및 기술적 난이도가 급격히 증가하고 있는 가운데, 해당 영업비밀의 기술적 내용에 대해 가장 이해가 깊은 사람은 피해자라는 점에서, 영업비밀 침해사건 피해자의 공판절차 참여를 보다 폭넓게 확대하는 것은 개별 사건의 공소유지를 넘어 공익 수호 차원에서 매우 긴요한 과제라고 하겠다.

이에 필자는 이번 발표문을 통해 영업비밀 침해사건 피해자의 형사공판절차 참여권 확대 방안에 대해 심도 있게 검토해 보고자 한다. 참고로, 이는 일반적인 형사사건 피해자의 공판절차 참여 확대 문제와도 여러 논점들을 공유하고 있어 함께 살펴 보고자 한다.

우선 공판 기일 외에서 피해자가 검사를 면담하거나 자료를 제출하는 등 다양한 방식으로 검사와 소통하는 행위들은 '공소제기 후 수사 허용 여부 및 범위','증언 전 검사의 증인 사전면담 허용 여부'를 포함한 여러 관점에서 살펴보더라도 적법하고 타당한 것으로 판단되고, 특히 기술면에 대한 검사와 피해자 간의 의견 및 자료 교환은 영업비밀 침해사건의 정상적인 공소유지를 위해 필수적이라는 것이 필자의 의견이다.

다음으로 공판 기일 내에서 피해자가 절차에 참여할 수 있는 방안에 대해서 살펴보면, 일반적으로는 헌법에 근거하고 형사소송법, 형사소송규칙에 구체화되어 있는 피해자 본인의 의견 진술권이 있고, 성폭력 범죄 등 일부 특정 범죄의 경우 법률에 별도의 규정을 통해 보장된 피해자 변호사의 의견 진술권 등을 생각해 볼 수 있겠다.

이와 관련하여 필자는, 영업비밀 침해사건에 있어서도 **현행 법령의 해석 상 피해자 변호사의 법정 의견 진술권을 인정함이 가능하고, 또한 타당하다고 생각한다.** 그 근거로는, ① 피해자 법정 의견 진술권의 적정한 보호를 위해서는 피해자 변호사의 의견 진술이 가장 효과적인 수단인 점, ② 절차법에서는 유추해석 금지 원칙이 대폭 완화되어 적용되며, 판례 중 피고인에 대한 형사소송법 규정을 변호인에 대해 유추 적용한 사례도 발견되는 점, ③ 형사소송규칙 상 피해자 변호사의 법정 의견 진술이 가능함을 전제로 하는 명문 규정이 있는 점, ④ 피해자 변호사의 의견 진술권 보장 필요성의 면에서 보면 영업비밀 침해사건의 피해자에게도 성폭력범죄 등의 피해자와 유사한 권리를 인정할 필요가 있는 점, ⑤ 피해자 변호사가 법정에서 진술한 의견의 신빙성을 탄핵하는 방법으로 피고인 측이 추가적인 방어 기회를 제공받게 될 여지도 있는 점, ⑥ 기소 전 수사 단계에서 피해자 변호사의 변론권이 광범위하게 인정되는 것과의 균형을 고려할 필요가 있는 점, ⑦ 피해자가 변호사의 조력을 받을 권리 역시 피고인 또는 피의자의 변호인 조력권과 같이 헌법 상 보장되는 권리로서 적극적으로 존중되어야 하는 점 등을 들 수 있다. 그리고, 이와 같이 피해자 변호사의 법정 의견 진술권이 해석상 인정될 수 있다면, 영업비밀 침해사건에서 실무상 자주 활용되고 있는 법정 프리젠테이션 또한 피해자 변호사가 직접 진행할 수 있어야 한다고 본다.

나아가, **입법론적으로 피해자 또는 피해자 변호사의 보충적 증인신문권 또한 인정할 필요**가 있다. 영업비밀 침해 사건의 증인신문에서는 사건의 기술적 측면에 대해 기존과 다른 새로운 증언이 나올 경우 피해자 또는 피해자 변호사의 관여 없이는 검사가 법정에서 즉시 추가 신문을 이어가기 쉽지 않은 특성이 있어 피해자 또는 피해자 변호사의 증인신문 참여권 보장이 시급하다고 생각된다. 이와 관련하여, 2011년경 발의되었다가 폐기된 바 있는 형사소송법 개정안과 같이 정상관계에 한정하여 피해자의 증인신문권을 인정해주어야 한다는 견해도 있지만, 실체에 대해 질문을 할 수 없다면 진정한 의미의 '증인신문 참여'라고 보기 어렵고, 실체에 대한 피해자의 신문권을 인정하는 것이 피고인의 방어권 증진에도 도움이 되는 면이 있다는 점에서, 정상관계에만 한정할 필요는 없다고 본다.

한편, 피해자 변호사의 법정 의견 진술권과 관련하여, 현행 법령의 해석상으로도 충분히 가능하다는 것이 필자의 의견이나, **실무상 안정적인 제도 정착을 위해서는 명문 규정을 신설함이 보다 바람직**할 것인데, 이는 기존 법률과 저촉될 우려가 없는 사항이기에 굳이 국회의 법률이 아닌 대법원 규칙으로도 충분히 규율 가능한 사항이라고 생각한다.

마지막으로 덧붙이면, 필자는 '범죄 피해자에게 의견진술의 기회를 부여하는 것'과 '피고인의 방어권을 보호하는 것'은 동일한 수준으로 보호되어야 할 본질적 가치이고, 충분히 양립가능한 가치라고 생각한다. 이 발표문이 영업비밀 침해사건의 피해자는 물론이고, 모든 범죄 피해자들의 형사절차 참여권 확대에 대한 뜨거운 사회적 논의를 불러 일으키는 계기가 되기를 소망한다.

◆ 주제어: 피해자 참여권, 영업비밀 침해, 피해자의 변호사 조력을 받을 권리, 기술 유출, 피해자 증인신문권

【Abstract】

Reviewing measures to expand the participation rights of victims of trade secret infringement cases in the criminal trial procedure

Choi, Sungkyum*

This article explores various measures to expand the participation rights of victims in criminal trial processes, particularly in trade secret infringement cases. It argues that victims should be allowed to engage with prosecutors through interviews and the submission of materials outside of court, which can aid in the proper prosecution of trade secret cases. In court, victims have the right to express their opinions and make statements, as granted by the Constitution and supported by the Criminal Procedure Act and Criminal Procedure Rules.

The author suggests that the legal right of victim's counsel to express opinions and make statements in court, including in trade secret cases, can be recognized based on the interpretation of current laws and regulations. This recognition is deemed necessary to adequately protect the victim's right to present their views and maintain a balanced legal process. The author supports the argument with several points, such as the effectiveness of victim's counsel in protecting victim rights, the relaxed attitude towards procedural law, provisions in the Criminal Procedure Rules that assume the possibility of all crime victim's counsel expressing their opinions in court, etc.

Furthermore, if the right of victim's counsel to express their opinions and make statements in court is recognized, it is important to allow victim's counsel to directly conduct courtroom presentations, which are frequently utilized during the trial of trade secret infringement cases.

Legislatively, it is suggested that the supplementary examination rights of the victim or victim's counsel be recognized. This is important when new

---

* Prosecutor, Investigation Advisor of KIPO

evidence regarding technical aspects emerges during the witness examination in a trade secret infringement case. While there is a debate about the extent of victim's examination rights, limiting it to matters related to the degree of penalty may not be considered true participation. Recognizing the victim's examination rights concerning the substance of the case can also enhance the defendant's right to defense in some instances.

◈ Key Words: victim participation right, trade secret infringement, victim's counsel right, technology theft, victim's witness examination right

한국형사소송법학회『형사소송 이론과 실무』
제15권 제2호 (2023.6) 255~306면.
Theories and Practices of Criminal Procedure Vol. 15 No. 2 (June. 2023) pp. 255~306.
10.34222/kdps.2023.15.2.165

피의자신문조서의 탄핵증거로의 사용 가능성
– 종전 모순 진술에 관한 미국 연방증거법 제613조 규정과의 비교를 중심으로 –[*][**]

홍 진 영[***]

─────────────── 목 차 ───────────────

───────────────────────────────

Ⅰ. 들어가며

2020. 2. 4. 법률 제16924호로 개정된 형사소송법(이하 '2020년 개정 형사소송법' 혹은 간단히 '개정법'이라 한다)[1] 제312조 제1항은 검사가 작성한 피의자신문조서 (이하 "검찰 피신조서"라 한다)와 사법경찰관이 작성한 피의자신문조서(이하 "경찰

---

* 이 논문은 2023. 5. 20. 한국형사소송법학회, 검찰제도·기획전문검사 커뮤니티, 한국형사판례 연구회, 4차산업혁명융합법학회, 한불법학회, 재한중국인법학회가 공동으로 주최한 제7회 학 계·실무 공동학술대회에서 발표한 원고를 수정, 보완한 것이다. 논문의 기본 아이디어에 관 하여 핵심적인 조언을 해 주신 서울대학교 법학전문대학원의 이상원 교수님, 논지를 가다듬 는 데에 유익한 토론을 해 주신 단국대 이정민 교수님과 특허청 김지언 사무관(변호사)님께 깊은 감사의 말씀을 드린다.
** 이 논문은 서울대학교 법학연구소의 2022학년도 신진교수 연구비 지원을 받았음(서울대학교 법학발전재단 출연).
*** 서울대학교 법학전문대학원 부교수
 1) 이하 법률명에 관한 특별한 언급이 없이 인용된 조문은 모두 형사소송법상의 조문임.

피신조서"라 한다)의 증거능력 인정 요건을 '내용인정'으로 일치시켰다. 이처럼 수사기관에서 작성한 피고인에 대한 피신조서를 피고인의 동의 없이 유죄의 증거로 사용할 수 없는 상황에서, 검찰은 실정법의 허용 범위 내에서 피고인의 수사기관에 대한 진술을 증거로 현출시킬 수 있는 방법을 다각도로 모색하고 있고, 그 중에는 피신조서를 제318조의2 제1항의 탄핵증거로 활용하는 방안이 포함되어 있다. 이러한 방안은 물론 피고인이 내용을 부인하여 증거능력이 없는 사경 피신조서라 하더라도 임의성에 의심할 만한 사정이 없는 한 탄핵증거로 사용할 수 있다는 기존의 선례[2]에 근거하고 있다.[3] 그러나 위와 같은 선례에 대하여는 이전에도 반대되는 취지의 하급심 판결례가 없었던 것은 아니다. 또한, 탄핵증거로의 사용 가능성을 인정하는 입장 하에서도 그 구체적인 허용 요건 및 증거조사 절차에 관한 논의는 다소 미비하였다. 한편, 검찰 피신조서의 증거능력이 비교적 쉽게 인정되었던 과거에는 경찰 피신조서의 탄핵증거 활용 가부가 대부분의 사안에서 유·무죄를 좌우할 수 있는 결정적인 요인이 되지 못했던 반면, 개정법 이후에는 피고인의 법정진술과 모순되는 진술(이하 '자기모순 진술'이라 한다)이 수록된 피신조서를 탄핵증거로 활용할 수 있는지가 사건의 향방에 영향을 미칠 수 있는 가능성이 더욱 높아진 점을 부인하기 어려운바, 개정법의 취지가 제대로 관철되기 위해서는 피신조서의 탄핵증거 제출을 원천적으로 차단하여야 한다는 주장도 제기되고 있다.[4] 이처럼 기존 선례에 대한 학계와 실무의 논란, 개정법 시행 이후 변화된 상황과 개정 제312조 배후의 이념 — 수사기관에 대한 강화된 적법성 통제 — 을 감안하여 기존 선례의 타당성을 다시 음미할 필요가 존재한다.

피고인의 자기모순 진술이 수록된 피신조서의 탄핵증거 사용이 논쟁 대상이 되

---

2) 대법원 2005. 8. 19. 선고 2005도2617 판결 등.

3) 최근 개정된 법원실무제요에서도 검찰 피신조서에 대하여 위 2005도2617 판결의 취지가 동일하게 적용될 것이라고 언급되고 있다. 법원행정처, 『법원실무제요: 형사 [I] — 총론·제1심 공판(1) — 』(사법연수원, 2023), 393면. 한편, 대법원 2022. 10. 14. 선고 2022도9284 판결에서는 원심에서 피고인에 대한 경찰 피신조서를 피고인의 진술을 탄핵하는 증거로 기재한 것에 대하여 검사가 형사소송규칙 제132조의2 제1항에 따라 탄핵증거로 신청을 하였거나 이를 전제로 방어권이 충분히 보장된 상태에서 탄핵증거에 대한 증거조사를 거쳤다고 볼 수도 없으므로 탄핵증거의 증거조사절차에 관한 법리를 오해한 잘못이 있음을 지적한 바 있다. 이와 같은 판시는 피신조서가 탄핵증거로 사용될 수 있는 가능성을 개정법 시행 이후에도 소극적으로나마 긍정하는 전제에 선 것으로 볼 수 있다.

4) 곽지현, "증거능력 없는 피의자신문조서의 탄핵증거로의 사용", 이화여자대학교 법학논집 제27권 제3호, 이화여자대학교 법학연구소(2023. 3.).

는 이유는 그러한 자기모순 진술에 자백 등 직·간접적으로 유죄를 뒷받침할 수 있는 내용이 포함된 경우가 있기 때문이다.[5] 이에 유죄를 뒷받침하는 정보를 담은 조서를 유형적으로 본증에서 배제하여 두는 동시에 이를 탄핵증거로는 사용할 수 있다고 한다면, 본증 사용이 불가능한 증거를 탄핵증거라는 경로를 통하여 우회적으로 법정에 현출시켜 사실인정 판단 주체의 심증에 사실상 본증과 다름없는 영향을 미치게 하는 것을 허용한다는 비판이 제기될 수 있다. 물론 대법원은 탄핵증거는 진술의 증명력을 감쇄하기 위한 용도로만 사용되어야 하고 범죄사실 또는 그 간접 사실의 인정 증거로는 사용할 수 없다고 일관되게 판시하고 있긴 하지만,[6] 이에 대해 판단자의 심증 형성 과정에서 동일한 정보를 법정 진술의 증명력 감쇄를 위해서만 이용하고 범죄사실을 직접적으로 뒷받침하는 근거로는 이용하지 않는 식으로 엄밀하게 분리하여 활용하기가 어렵다는 반론이 제기되는 것이다. 그러나 본증으로 사용 불가능한 모든 증거를 탄핵증거로도 완전히 차단한다는 입론만이 사실의 인식 과정에서 특정 증거의 용도를 제한하는 방식의 정보 처리가 원활하게 이루어지지 않는다는 점에 대처하기 위한 유일한 방책이 되는 것은 아니다. 해당 증거가 본증으로 사실상 활용되었을 때 치명적인 오류를 낳을 수 있는 유형의 증거에 해당한다면 원천적인 차단이 바람직할 것이지만, 그와 달리 그 위험성이 수인할 수 있는 범위 내에 해당하고, 탄핵증거로 사용할 수 있는 상황과 구체적인 사용 요건을 합리적인 범위 내로 제어함으로써 그러한 위험의 발생 가능성을 더욱 축소시킬 수 있다면, 본증으로 사용할 수 없는 증거라도 당사자주의에 입각한 실체진실의 발견을 위하여 탄핵증거로 사용할 수 있다는 입론도 가능하다. 피고인에 대한 피신조서를 탄핵증거로 사용할 수 있는가의 논제는 위 두 가지 중 어떠한 입론이 우리 법의 해석으로서 더욱 합리적인가를 탐구하는 과정이라고 할 수 있다.

이 논문에서는 위와 같은 문제의식을 염두에 두고, 우선 논의의 기초를 위하여 검찰 피신조서가 본증으로서 가질 수 있는 문제점과 개정 형사소송법 제312조의

---

5) 물론 자기모순 진술이라 하여 항상 유죄를 직접적으로 뒷받침하는 정보를 담고 있는 것은 아니다. 피고인이 수사기관에서든, 법정에서든 범행 사실을 부인하는 진술을 하고 있으나, 그 구체적인 진술 내용이 상이하거나 종전 진술에 생략되어 있던 내용이 갑자기 구체화되어 법정 진술에 등장한다면 종전의 모순된 진술로 피고인의 법정 진술을 탄핵할 수는 있지만 그로써 유죄를 직접 뒷받침하는 것은 불가능하다.

6) 대법원 1976. 2. 10. 선고 75도3433 판결; 대법원 1996. 9. 6. 선고 95도2945 판결; 대법원 2012. 10. 25. 선고 2011도5459 판결 등.

입법 취지에 대하여 간단히 언급한다(Ⅱ). 다음으로, 우리 형사소송법의 전문법칙 및 탄핵증거 조항의 이념적 배경인 영미식 당사자주의를 구현하고 있는 미국 증거법에서 피고인의 법정 진술과 모순되는 수사기관 진술의 탄핵증거 활용을 어떤 범위에서 허용하고 있는지 고찰한다. 특히 증인의 종전 자기모순 진술에 관한 연방증거법 제613조를 상세히 살펴 본다(Ⅲ).[7] 그와 같은 비교법적 논의와 함께 국내의 선행 연구와 판결례에 대한 종합적인 검토를 거쳐 피신조서의 탄핵증거 사용 가능성과 사용 요건, 절차에 대한 현행법의 적정한 해석론을 구체적으로 전개하여 보고자 한다(Ⅳ).[8]

---

7) 한편, 국내에서 탄핵증거의 의미와 그 허용 요건에 관한 법리가 논란의 여지 없이 정립되어 있다고 보기는 어렵다. 가령, 손정아 검사는 실무상 탄핵 및 탄핵증거의 개념은 불명확하게 사용되고 있는데, 이는 엄격한 증명을 거칠 자신이 없는 증거를 탄핵증거로 제출하기 위한 소송전략의 일환이기도 하다고 지적하고 있다[손정아, 형사소송절차에서의 탄핵에 대한 연구, 서울시립대학교 법학 박사학위 논문(2020), 28면]. 탄핵증거에 관한 형사소송법상 유일한 조문인 제318조의2는 탄핵증거와 전문법칙의 관계에 대하여만 논하고 있을 뿐 탄핵증거의 정의나 그 유형을 제시하여 주지 않고 있고, 탄핵증거의 구체적인 허용 요건이나 조사 절차에 대하여도 아무런 지침을 주고 있지 않다. 제318조의2는 연혁적으로 일본 형사소송법 제328조를 참조하여 도입된 것인데[미츠이 마코토・사카마키 타다시(신동운 역), 『입문 일본형사수속법』(법문사, 2003), 257, 281면(역자 코멘트)], 국내 교과서의 탄핵증거에 관한 설명은 대체로 일본 형사소송법 교과서의 내용을 참조하여 전개되고 있는 것으로 보인다. 그 결과 탄핵증거에 대한 종래의 논의는 전문법칙과의 관계에서만 탄핵증거를 논하는 일본법의 프레임에 갇힌 측면이 있다. 비교적 최근에 이르러서는 탄핵증거에 관한 미국의 논의를 참조하여 탄핵증거의 의미와 그 허용 요건에 관한 논의를 재구성하고자 하는 시도가 누적되고 있으나, 아직까지 주류적인 논의에까지는 반영되고 있지 못하다.
필자는 탄핵증거의 본연의 의미와 허용 요건, 특히 전문법칙과의 관계에 대하여 새로운 틀에서 재검토가 필요하다는 주장에 원칙적으로 동의한다. 다만, 이 글에서는 본증으로 사용할 수 없는 피고인의 종전 자기모순 진술이 기재된 서류가 탄핵증거로 사용될 수 있는지의 문제와 관련된 범위 내에서 탄핵증거에 관한 비교법적 논의, 특히 미국법의 논의를 참조하고 이를 토대로 하여 문제에 대한 답을 제시해 보고자 하며, 탄핵증거 전반에 대한 연구는 추후의 과제로 남겨두고자 한다.

8) 본격적인 논의에 앞서, 이 논문에서 다루는 피신조서는 피고인 본인의 수사기관 진술을 수록한 피신조서에 국한되고, 공범 피신조서까지 포괄하는 것은 아님을 밝힌다. 사실 뒤에서 상세하게 소개할 미국 연방증거법 제613조는 피고인 본인의 피신조서보다도 공범 피신조서에 관하여 좀더 직접적인 시사점을 제공해 줄 수 있는 조항에 해당한다. 그런데 위 쟁점의 논의를 위해서는 2020년 형사소송법 개정 이후에도 공범 피신조서에 대해 '내용인정'을 요건으로 하여서만 증거능력을 인정하는 대법원의 법리(대법원 2023. 6. 1. 선고 2023도3741 판결에서는 기존의 법리가 개정법 제312조 제1항의 해석에도 그대로 적용됨을 확인하고 있다)의 타당성에 관한 검토가 중요한 선결 문제가 되는데, 본 논문에서 그 내용까지 함께 다루기에는 지면

Ⅱ. 검찰 피신조서의 문제점 및 개정 형사소송법 제312조 제1항의 입법 취지

1. 검찰 피신조서의 문제점

과거 유죄의 증거로 활발하게 이용되어 왔던 검찰 피신조서에 수록된 피고인의 진술 및 그에 관한 형사소송법상의 규율에 대하여는 크게 두 가지 문제점이 지적되었다.[9]

첫째, 수사과정이 불투명하고 외부의 감시·감독이 가능하지 않으며, 특히 변호인의 참여도 이전에는 잘 인정되지 않은 상황에서 피고인이 피의자로서 한 진술이 과연 임의적인 것인지 구체적으로 판단할 수 있는 근거 자료가 없었다는 것이다. 그럼에도 불구하고 과거의 형사소송법은 검사가 수사과정에서 위법을 저지르지는 않을 것이라고 사실상 추정하는 전제에서 검찰 피신조서의 증거능력을 매우 쉽게 인정할 수 있는 여건을 마련하였고, 법원 또한 임의성이나 특신성에 대하여는 적극적으로 판단하지 않는 등으로 불투명한 수사과정에서 만들어진 검찰 피신조서의 증거능력을 보다 강화하는 데에 일조하였다.

둘째, 피의자신문 자체에 위법이 존재하지는 않는다 하더라도, 검사가 피의자와의 문답을 요약하여 기재하는 과정에서 피의자의 진술 취지를 왜곡, 변형할 수 있는 가능성을 외면하였다는 것이다. 검사가 피의자가 유죄라는 가설에 입각하여 피의자신문을 할 경우 확증편향에 따라 범죄 혐의에 부합하는 정보를 선별적으로 수용하는 오류에 빠질 위험이 있고, 피의자의 진술을 요약하여 조서에 기재하는 과정에서 피의자 진술의 뉘앙스를 유죄에 보다 가깝게 바꾸어 기재하는 등의 왜곡을 의도와 무관하게 개입시킬 수 있다. 그런데 과거 대법원은 형식적 진정성립만 인정되면 실질적 진정성립을 추정함으로써[10] 거의 자동으로 검찰 피신조서의 증거능력을 인정받을 수 있게 하였다.

등 여러 한계가 있어 추후의 과제로 남겨 두었다.

9) 보다 상세한 내용은 홍진영, "개정 형사소송법 제312조에 대한 검토 – 조사자증언은 과연 최우량증거인가? – ", 형사소송 이론과 실무 제12권 제1호, 한국형사소송법학회(2020. 6.), 217, 218면 참조.

10) 대법원 1984. 6. 26. 선고 84도748 판결. 이후 대법원 2004. 12. 16. 선고 2002도537 전원합의체 판결에서 위와 같은 입장을 변경하였다.

2. 개정 형사소송법 제312조 제1항의 입법 취지

경찰 피신조서에 종래부터 적용되어 왔던 내용인정 요건은 피고인이 원하지 않는 경우에는 피신조서를 본증으로 사용할 수 없도록 차단함으로써, 수사기관이 자백을 받아내기 위해 인권 침해적 수사로 나아가는 유인을 원천적으로 제거해 버린다는 데에 그 취지가 있다. 형사소송법 제정 당시에는 경찰, 검찰 피신조서 모두에 대하여 이러한 효과를 부여할 경우에는 소송지연 등 여러 문제가 있을 수 있으므로, 경찰 피신조서에 대해서는 내용인정을 요건으로 증거능력을 인정하되 "인적 요소가 조금 우월하다고 볼 수 있는"[11] 검찰 피신조서에 대하여는 증거능력을 위에서 설명한 바와 같이 쉽게 인정하여 주는 태도를 취하였던 것이다. 그러나 검찰 피신조서를 우대하는 입법에 대한 비판이 지속적으로 제기되어, 2007년 형사소송법 개정 당시 검찰 피신조서에 대하여도 내용인정을 요건으로 하여야 한다는 주장이 유력하게 제기되었으나, 치열한 토의 끝에 내용인정을 요건으로 삼지는 않되 기존보다는 요건을 보다 엄격화하는 방향으로 법개정이 이루어졌다.[12] 그러다가 2020년 검·경 수사권 조정 국면에서 검찰 수사, 특히 유죄 증거 획득을 위한 피의자신문 과정에 대한 적법성 통제를 강화한다는 기조 하에 결국 검찰 피신조서에 대하여도 내용인정을 요건으로 통일하기에 이른 것이다.

그러나 내용인정 요건은 증거법의 체계에 혼란을 초래하는 개념으로, 증거능력에 관한 결정을 형사재판의 일방 당사자인 피고인의 처분에 맡기는 결과를 낳게 될 뿐만 아니라,[13] 수사기관에 대하여 적법하고 투명하며 정확하게 피고인의 수사기관 진술을 청취하고 기록할 충분한 유인을 제공하지 못한다는 문제가 있다. 이러한 점에 비추어 볼 때 오히려 2007년 개정에 따른 검찰 피신조서의 증거능력 인정 요건이 피신조서의 문제점을 상쇄하면서도 적법절차를 준수하는 전제 하에서 실체진실 발견을 위한 정확한 진술 기록을 도모할 수 있고, 개념상의 혼란도 줄일 수 있는 더 합리적인 입법에 해당하였다고 생각한다.[14] 그러나 입법적 타당성에 관한 검토와 현행 형사소송법의 적정한 해석 방향에 관한 검토는 분명히 구분되어야 할 것이므로, 아래에서는 내용인정 요건을 확대한 입법 취지와 그 배경에 있는 조서의 위

---

11) 신동운 편, 『효당 엄상섭 형사소송논집』(서울대학교 출판부, 2005), 100면.
12) 상세한 설명은 홍진영, 위 논문(주 9), 220면 이하.
13) 홍진영, 위 논문(주 9), 212면.
14) 홍진영, 위 논문(주 9), 246, 247면.

험성에 대한 입법자의 인식, 그리고 내용인정 요건에 대한 종래부터 개정법 시행 이후까지 이어져 오고 있는 해석론[15])을 존중하는 전제에서 논의를 진행한다.

Ⅲ. 미국 연방증거법의 관련 논의

1. 탄핵증거 일반론

필자가 이해한 바에 따르면, 탄핵증거에 관한 미국 증거법의 규정 및 관련 법리는 당사자주의 소송구조 속에서 증언의 증명력에 관한 공격·방어 방법을 필요한 범위로 한정함으로써 실체진실의 발견 및 재판의 신속성과 효율성을 도모하여야 한다는 관점 하에 전개된다. 주지하듯 당사자주의는 소송절차를 사건의 실체를 가장 잘 아는 당사자의 주도에 맡겨야 실체진실의 발견 이념을 가장 잘 달성할 수 있다는 믿음을 기초로 하고 있고, 그와 같은 당사자가 주도하는 증거조사 절차에 있어서의 핵심은 증인에 대한 교호신문(cross-examination)이다. 그런데 진술증거의 증명력에 관한 당사자의 공방에는 실로 다종다기한 정보가 활용될 수 있고, 그와 같은 수많은 정보가 별다른 통제장치 없이 무분별하게 법정에 현출될 경우 시간과 비용이 낭비되고 — 특히 배심원에 의한 — 사실인정 과정에 오히려 혼란을 초래할 수 있으므로, 증명력의 공방에 사용될 수 있는 관련성(relevance) 있는 정보의 범위와 그 현출 방식, 시기를 미리 한정하여 두겠다는 것이 탄핵증거에 관한 법리의 요체라고 볼 수 있다.

구체적으로, 미국에서는 증인의 진술을 탄핵하기 위한 다섯 가지 방법, 즉 ① 증인의 편견(bias)·이해관계에 대한 공격, ② 증인의 인지·기억능력에 대한 공격, ③ 증인의 전과 등 진실성(truthfulness)에 의심을 불러일으키는 성격·평판에 관한 공격, ④ 증인의 종전의 자기모순 진술에 의거한 공격, ⑤ 타인의 증언 등 증인의 진술에 모순되는 외부 증거(extrinsic evidence)에 의거한 공격 방법이 통용되고 있

---

15) 대법원 2023. 4. 27. 선고 2023도2102 판결(개정 형사소송법 제312조 제1항의 '그 내용을 인정할 때'는 종전과 동일하게 "진술한 내용이 실제 사실과 부합한다"는 의미로 해석되어야 함을 전제로 하여, 피고인이 공소사실을 부인하는 경우 검찰 피신조서 중 공소사실을 인정하는 취지의 진술 부분은 그 내용을 인정하지 않았다고 보아야 하고, 증거목록에 증거 동의 취지가 기재되었다 하더라도 이는 착오 기재이거나 실질적 진정성립을 인정하는 취지를 잘못 정리한 것으로 이해할 수 있을 뿐이라는 취지로 판시함).

다.[16] 앞의 세 가지는 증인의 신용성을 공격함으로써 증언 내용 전반에 대하여 의심을 불러일으키는 방법이고, 뒤의 두 가지는 특정한 증언 내용의 진위 내지 오류 개입 여부에 주목함으로써 해당 증언 내용 및 증언 전반에 대하여 의심을 불러일으키는 방법이다.[17] 증인의 진술을 탄핵함에 있어서는, 신문을 하는 과정에서 증인의 진술 자체에 내재된 모순점이나 비합리성을 드러내는 예리한 질문을 던져 증인이 이를 스스로 시인하도록 하거나 충분한 해명을 하지 못하는 모습을 보여주는 방법도 가능할 것이나, 증인의 신용성이나 진술의 신빙성에 대한 공격을 뒷받침하는 외부의 정보를 제시하는 방법도 가능하고 그것이 더 효과적인 경우가 있을 수 있다. 이러한 외부의 정보에 관한 증거, 즉 탄핵을 위한 질문에 대한 증인 본인의 답변과 독립된 외부 증거를 탄핵증거라고 하는 것이다. 다만, 증명력에 관한 핵심적인 쟁점이 아닌 주변부적 사항에 관한 외부증거를 제한 없이 허용할 경우 소송이 지연되고 비효율이 초래될 수 있으므로 이를 막기 위해 진술자에 대한 증인신문을 통한 탄핵만을 허용하고 외부 증거를 통한 탄핵은 허용하지 않는 경우가 있는데, ③ 유형 중에서 전과에 이르지 않는 증인의 진실하지 못한 과거의 행동에 관한 공격에 해당한다.[18] 전문법칙을 통과하지 못한 전문증거는 외부 증거로 쓸 수 없으므로 외부 증거를 제출하는 원칙적인 방법은 증인을 부르는 것인데,[19] 탄핵의 목적을 위해 증인을 불러 또 그 증인에 대한 공방을 벌이게 된다면 그로 인하여 얻을 수 있는 증명의 이익이 그리 크지 않은 반면 소송이 무한정 지연되고, 배심원들이 사안의 핵심에 관한 집중을 방해하게 되는 등 부작용이 더 크다는 것이 그 이유이다.

---

16) Christopher Mueller · Laird Kirkpatrick · Liesa Richter, Aspen Treatise for Evidence, 6th Ed (Wolters Kluwer, 2018), pp. 516–517. 각 탄핵 사유에 관한 국내의 설명으로는, 권영법, "형사소송법상 탄핵 규정에 대한 비판적인 고찰 – 미국 연방증거규칙상 탄핵 관련 규정과의 비교·검토를 중심으로 – ", 형사법의 신동향 제38호, 대검찰청(2013), 63–71면; 최병천, "탄핵증거이론의 재구성 – 미국과의 비교법적 고찰 – ", 경찰법연구 제13권 제1호, 한국경찰법학회(2015), 197–212면.

17) Christopher Mueller et al., 위의 책(주 16), p. 500.

18) Christopher Mueller et al., 위의 책(주 16), pp. 524–525.

19) 이 점을 지적하는 국내 문헌으로, 이완규, "사법경찰관작성 피의자신문조서와 탄핵증거", 형사판례연구 제15권, 한국형사판례연구회(2007), 377면(전문법칙이 적용되는 전문증거가 증명하고자 하는 사실은 공소사실 자체에 한정되지 않고 탄핵의 방법으로 주장하는 사실도 포함되는 것이므로, 예컨대 증인이 피고인과 사업상 긴밀한 관계에 있다는 사실로 증인의 신빙성을 탄핵하고자 할 경우 이 사실을 공판정 외의 진술로 입증하고자 한다면 전문법칙의 적용을 받게 된다고 설명), 385면.

이러한 점에 비추어 알 수 있는 바는 − 뒤에서 살펴볼 우리 형사소송법상 탄핵증거에 관한 논의와는 사뭇 달리 − 탄핵증거라고 해서 전문증거여도 무방하다는 법칙은 미국 증거법에 존재하지 않고, 오히려 탄핵증거도 전문법칙을 원칙적으로 통과하여야 한다는 전제에서 논의가 이루어진다는 것이다. 물론 미국 증거법에서 탄핵증거의 제출이 전문법칙과의 관계 속에서 논의되는 부분이 없지는 않다. 이것은 아래에서 보는 바와 같이 종전의 자기모순 진술을 탄핵을 위해 이용하는 경우의 문제인데, 왜냐하면 종전의 자기모순 진술이 탄핵을 위하여 이용되는 경우에는 그것이 전문증거의 개념에 아예 해당하지 않지만, 실질적으로는 그 진술의 내용이 배심원의 유·무죄에 관한 심증 형성에 영향을 미칠 위험이 있어 전문증거를 사실상 들여오게 되는 결과를 초래할 수 있기 때문이다. 이 문제가 바로 서두에서 지적한 본증으로 허용 불가능한 피신조서의 탄핵증거 사용 가능성의 핵심 논제와 연결된다. 아래에서 보는 것처럼 여기에 대한 해결책은 그 위험에도 불구하고 증거를 허용하되 충분한 반박 기회를 부여하는 동시에 배심원 설명을 통하여 탄핵증거의 증명 범위를 가능한 한 명확히 하는 것이다.

2. 논의 상황의 차이에 대한 인식 필요성

피신조서의 탄핵증거 사용 가능성과 가장 가깝게 관련되어 있다고 볼 수 있는 미국 증거법의 법리는 증인의 종전 자기모순 진술의 탄핵증거로의 사용 가능성에 관한 법리로, 연방증거법 제613조에 관련 내용이 규정되어 있다.

그런데 위 조문의 내용에 관하여 본격적으로 살피기 전에, 피신조서의 탄핵증거 사용 가능성에 관하여 미국의 논의를 참조함에 있어서는 미국과 우리나라에서 피고인의 수사기관 진술 사용에 관하여 몇 가지 중대한 차이점을 인식할 필요가 있다는 점을 상기하고자 한다.

첫째, 미국에서는 반대편 당사자의 진술은 전문증거로 취급되지 않고, 따라서 피고인의 수사기관에서의 진술도 임의성과 적법성에 문제가 없는 한 전문증거의 예외 요건을 충족하지 않더라도 본증으로 제출하는 것이 가능하다.[20] 물론 미국에서는 피고인의 진술을 기록한 서류가 존재하기는 하되 그것이 우리의 조서와 같은 요

---

20) 이 점에 대해서는, 홍진영, "조사자증언에 있어서 특신상태 요건의 구체화 − 2020년 형사소송법 개정을 계기로 − ", 법조 제751호, 법조협회(2022. 2.), 226면 이하.

식성을 갖춘 것이 아닐뿐더러 주로 조사자인 경찰관이 법정에서 증언함에 있어서 조사 당시의 진술 내용에 관한 기억을 환기하기 위한 자료로 사용되는 경우가 대부분이기는 하다.[21] 그러나 피고인의 진술을 기재한 서류 자체가 본증으로 사용되는 경우도 드물기는 하되 아예 존재하지 않는다고 말할 수는 없다. 또한, 피고인의 진술이 영상녹화되는 경우가 점차 증가되고 있으며, 이러한 영상녹화물은 조사자증언과 더불어 피고인의 수사기관에서의 진술을 뒷받침하기 위한 본증으로 빈번하게 활용된다.[22] 조사자증언이나 영상녹화물의 사용에 있어서 특신성이 증거능력의 요건으로 요구되지도 않는다. 따라서 피고인의 수사기관에서의 진술을 탄핵증거로 활용할 필요 자체가 그다지 존재하지 않는다. 탄핵증거의 허용 범위와 관련한 국내의 논의, 특히 피고인의 종전 진술을 탄핵증거로 사용할 수 있는가의 쟁점에 관하여 미국법으로부터 완전히 직접적인 비교법적 시사를 얻기가 어려운 점은 이와 같은 근본적인 차이에 기인한다.

둘째, 그럼에도 불구하고 피고인의 수사기관 진술이 탄핵증거로 제출되는 경우가 아예 없는 것은 아니다. 피고인의 수사기관 진술이 헌법상 요청되는 절차적 보장 – 예컨대 미란다 원칙 – 을 위반하여 증거능력을 얻지 못하는 경우가 대표적인 예에 해당한다. 뒤에서 보는 것처럼, 연방대법원은 위와 같은 증거를 본증으로 사용하는 것이 불가능한 경우에도 탄핵증거로 사용할 수 있는 가능성을 비교적 폭넓게 열어주고 있는 편이다.

셋째, 주지하듯이 미국에서는 피고인이 증인으로 선서한 후에 위증죄의 처벌 부담을 진 상태에서 증언을 하게 되는데, 이러한 증언을 할 것인지 여부는 전적으로 피고인의 선택에 따른다. 결국 피고인이 증언대에 서는 선택을 하느냐에 따라 탄핵증거의 법정 현출 가능성이 좌우되는 것이다. 물론 피고인의 종전 진술은 이미 반대편 당사자의 진술로서 본증으로 현출된 경우가 대부분일 것이기 때문에 피고인 스스로가 탄핵증거 현출 가능성을 제어한다는 것의 의미가 현실적으로 그렇게 크지는 않을 수 있다. 그러나 위법하게 수집된 피고인의 진술과 같이 본증으로 사용할 수 없으나 탄핵증거로 사용될 수 있는 증거가 있는 경우에는 탄핵증거 현출에 대한 피고인 측의 선택에 따른 통제가 여전히 유의미할 수 있다.

넷째, 앞서 언급한 것처럼 미국에서 피고인의 수사기관 진술은 원칙적으로 전문

---

21) 홍진영, 위 논문(주 9), 231 – 233면.
22) 홍진영, 위 논문(주 9), 245면.

증거로 취급되지 아니하는 반면, 피고인 아닌 증인의 종전 자기모순 진술은 공소사
실과의 관계에서 전문증거에 해당하고 본증으로 허용될 수 있는 범위가 비교적 좁
게 형성되어 있다. 이에 종전의 자기모순 진술을 탄핵증거로 사용할 수 있는가에
관한 판례는 대체로 증인이 사건의 목격자 등 제3자에 해당하는 경우에 형성되어
있다. 반면 우리나라에서는 증인의 수사기관에 대한 종전 자기모순 진술은 공범에
대한 피신조서가 아닌 한 전문증거의 예외 요건을 통과하여 본증으로 사용할 수 있
는 범위가 상당히 넓은 편이다.

3. 증인의 자기모순 진술의 탄핵증거로서의 허용 범위

(1) 연방증거법 제613조의 규정 및 그 취지

연방증거법 제613조(증인의 종전 진술)의 내용은 다음과 같다.[23]

> (a) 신문 중의 종전 진술의 공개 또는 개시: 증인에게 증인의 종전 진술에 관하여
> 신문을 하는 경우, 신문을 하는 당사자는 그 내용을 증인에게 보여주거나 개시할 필
> 요는 없다. 그러나 신문 당사자는 요청이 있는 경우에는 반대편 당사자의 변호인에
> 게 그 내용을 보여주거나 개시하여야 한다.
> (b) 종전의 모순 진술에 대한 외부 증거: 증인의 종전의 모순된 진술은 증인이 그
> 진술에 대하여 설명하거나 부인할 수 있는 기회를 부여받고 반대편 당사자가 증인에
> 게 그에 관하여 신문할 수 있는 기회를 부여받은 경우, 혹은 정의의 요청이 있는 경
> 우에만 증거능력이 있다. (b)항은 제801조 (d)(2)항에 따른 반대편 당사자의 진술에
> 는 적용되지 아니한다.

---

23) 원문은 다음과 같다.
  FRE 613. Witness's Prior Statement
  (a) Showing or Disclosing the Statement During Examination. When examining a
  witness about the witness's prior statement, a party need not show it or disclose its
  contents to the witness. But the party must, on request, show it or disclose its contents
  to an adverse party's attorney.
  (b) Extrinsic Evidence of a Prior Inconsistent Statement. Extrinsic evidence of a witness's
  prior inconsistent statement is admissible only if the witness is given an opportunity to
  explain or deny the statement and an adverse party is given an opportunity to examine
  the witness about it, or if justice so requires. This subdivision (b) does not apply to an
  opposing party's statement under Rule 801(d)(2).

증인의 자기모순 진술에 의한 탄핵은 증인이 특정한 사실에 관하여 일관성을 유지하지 못한다는 점을 보임으로써 증인이 해당 사실에 관하여 거짓말을 하거나 오류를 범하고 있음을 뒷받침하고자 하는 취지에서 이루어지지만, 동시에 증인이 다른 사실에 관하여도 거짓말을 하거나 오류를 범하고 있다는 점을 시사하기 위한 것일 수도 있다.24) 그런데 자기모순 진술 중에는 제801조 (d)(1)(A)항에 따라 공소사실의 증명을 위한 본증으로 사용될 수 있는 경우가 있다. 위증죄로 처벌받을 수 있는 절차(예컨대 다른 재판이나 대배심 절차)에서 진술한 것으로서 종전 진술에 대하여 진술자에 대한 반대신문이 가능한 경우가 여기에 해당한다. 당초 제801조 (d)(1)(A)항의 입안 과정에서는 위증죄로 처벌받을 수 있는 절차 내에서의 진술에 국한하지 아니하고 모든 자기모순 진술을 본증으로 사용할 수 있도록 하는 초안이 제시되어 위 초안이 연방대법원의 승인까지 얻었으나, 의회의 반대로 인하여 현재와 같이 본증 사용 범위가 좁게 설정되었다고 한다.25) 제613조는 위 제801조, 혹은 전문법칙의 예외에 관한 다른 규정에 따라 본증 사용이 불가능한 자기모순 진술이라 하더라도 탄핵증거로는 사용될 수 있음을 규정하고 있는 것이다.

연방증거법 제607조는 "증인의 신빙성에 대하여는 증인을 신청한 측을 포함한 쌍방 당사자 모두 탄핵을 할 수 있다"고 규정하고 있으므로, 자기모순 진술에 대한 탄핵은 증인을 신청한 당사자도 할 수 있다. 보통법에서는 오랜 기간 자신이 신청한 증인에 대하여 탄핵을 할 수 없다는 이른바 보증 규칙(Voucher Rule)의 법리가 유지되어 왔다. 보증 규칙의 도입 근거는 증인을 신청하는 취지에는 증인이 하게 될 진술에 대하여 승인(endorse) 내지는 보증(vouch)한다는 의사가 포함되어 있으므로 당사자는 그와 같은 의사에 스스로 구속되어야 한다는 것이다. 또한, 자신이 신청한 증인에 대한 탄핵은 증인에 대하여 부당하게 강압적인 분위기를 형성할 수 있다는 점도 근거로 제시되었다.26) 그러나 자신이 신청한 증인이 우호적인 진술을 하기로 기대하는 것이 통상적이라 하더라도 그것이 증인이 하는 모든 진술을 받아

---

24) Christopher Mueller et al., 위의 책(주 16), pp. 560–561.

25) Michael Graham, "Employing Inconsistent Statements for Impeachment and as Substantive Evidence: A Critical Review and Proposed Amendments of Federal Rules of Evidence 801(d)(1)(A), 613, and 607", 75 Mich. L. Rev. 1565 (1977), p. 1566. 뒤에서 다시 설명하는 것처럼, 이와 같은 의견의 차이는 종전의 자기모순 진술의 본증으로서의 증거가치를 어떻게 파악하느냐의 차이였다.

26) Christopher Mueller et al., 위의 책(주 16), p. 492.

들이겠다는 취지라고 할 수는 없고, 위 규칙이 강압적인 분위기로부터 증인을 보호하는 효과도 미미하다는 점이 점차 설득력을 얻게 되었고,[27] 결국 연방증거법은 보증 규칙을 폐기함을 명문의 규정으로 명확히 하였다.

제613조 (a)항은 종전의 자기모순 진술을 외부증거로서의 탄핵증거로 제출하지 않은 상태에서 증인에게 종전의 자기모순 진술의 존재에 관하여 질문하는 방식의 탄핵 방법을 규정하고 있다. 가령, 증인이 피고인인 A가 피해자를 죽이는 것을 목격했다고 주신문에서 진술하였을 때, 반대신문에서 "종전에는 B가 피해자를 죽이는 것을 봤다고 말하지 않았나요?"라고 질문하는 것이다. 이때 종전의 자기모순 진술이 기재된 서류 등의 증거를 미리 증인이나 반대편 당사자에게 제시할 필요는 없다. 종래 보통법에서는 캐롤라인 규칙(Caroline's Rule)[28]에 따라 그와 같은 서류 등의 증거를 반대편 당사자에게 미리 제시할 것을 요구하였는데, 이러한 요건이 반대신문의 효과를 떨어뜨린다는 점[29]에서 연방증거법은 명시적으로 캐롤라인 규칙을 폐기하였던 것이다. 물론 이렇게만 규정한다면 증인이 종전에 모순된 진술을 하지 않았음에도 불구하고 당사자가 근거 없이 위와 같은 탄핵 취지의 질문을 하게 될 위험을 배제할 수 없다. 이러한 위험을 예방하기 위해서 (a)항 제2문에서는 반대편 당사자에게 종전 진술의 내용이 포함된 서류 등의 증거의 개시를 요청할 수 있는 권리를 부여하고 있다. 다만, 이러한 증거 개시는 신문이 모두 끝난 후에 이루어지면 족하고 캐롤라인 규칙에서 요구했던 것처럼 증인신문 전에 미리 이루어질 필요까지는 없다는 것이다.[30]

만일 종전의 자기모순 진술에 관한 증거를 독립된 외부 증거(탄핵증거)로 제출하

---

27) Christopher Mueller et al., 위의 책(주 16), p. 493.

28) 조지 4세가 부인 캐롤라인 왕비와의 애정 없는 결혼 생활을 종식시키기 위하여 의회에 왕비를 부정행위로 고발한 사건에서 왕비에 대하여 불리한 증언을 한 시녀에 대하여 왕비의 변호인이 반대신문을 하면서 시녀가 쓴 편지에 있는 모순된 진술 내용에 관하여 질문하려고 하자, 의회에서 그 편지 내용이 왕의 변호인에게 미리 개시되지 않으면 질문을 할 수 없다는 취지의 규칙을 만들어낸 것이 이후 보통법의 증거법 원칙으로 자리잡았다고 한다. 그러나 영국에서는 위 규칙이 30년만에 폐기되었다. 캐롤라인 규칙 및 그 역사적 배경에 관한 설명으로는, Ryan Martin(Yale Law School), "The Legal Legacy of the Queen's Trial: The Rise and Fall of Caroline's Rule" (인터넷 링크: https://walpole.library.yale.edu/sites/default/files/files/Martins.pdf, 2023. 6. 30. 최종 확인).

29) Christopher Mueller et al., 위의 책(주 16), p. 564.

30) Christopher B. Mueller, Laird C. Kirkpatrick & Liesa L. Richter, Evidence Under the Rules: Text, Cases, and Problems, 9th Ed(Wolters Kluwer, 2019), p. 581.

고자 하는 경우에는 (b)항에 따른 요건을 갖추어야 한다. 즉, 증인에게 종전 자기모
순 진술에 대하여 설명하거나 부인할 수 있는 기회가 부여되고, 반대편 당사자에게
도 증인에 대하여 종전 자기모순 진술에 관하여 신문할 수 있는 기회가 부여되어야
한다. 이하에서는 (b)항에 따라 탄핵증거를 제출하기 위한 요건에 대하여 보다 상
세히 살핀다.

(2) 종전의 모순 진술의 탄핵증거로서의 제출 요건

1) 실체적 요건: 종전의 모순 진술(prior inconsistent statement)에 해당할 것

종전 진술을 탄핵증거로 제출하기 위해서는 법정 진술과 모순된 진술에 해당하
여야 하는바, 여기서 '모순된'의 의미가 문제 된다. 법정 진술과 종전 진술이 직접적
으로 배치되는 내용을 담고 있다면 '모순된'의 요건을 어렵지 않게 충족시킬 수 있
겠으나, 반드시 그렇지 않다 하더라도 진술의 전체적 취지로 보아 상당한 차이가
존재하거나, 증인이 스스로의 견해를 변경하거나 중요한 부분에 관하여 오류를 범
한 것으로 볼 수 있는 경우에는 모순을 인정한다.[31] 만일 종전의 진술이 진실이라
면 포함하고 있을 법한 구체적인 내용을 생략하고 있는 반면 법정 진술이 그러한
구체적 내용을 포함하고 있는 경우라면 모순이 인정된다.[32]

종전 진술에서는 특정 사건에 관하여 구체적인 진술을 하였으나, 법정에서는 기
억하지 못한다거나 알지 못한다는 진술로 일관하는 경우 종전 진술과 법정 진술
사이에 모순을 인정할 것인지 문제 된다. 이러한 문제는 주로 검찰 측 증인이 법
정에서 피고인의 대면권 및 반대신문권이 보장된 상태에서 증언을 하는 경우에 발
생한다. 즉, 증인을 신청한 당사자에 의하여 이른바 "옷 바꿔입은 증인(turncoat
witness)"에 대한 탄핵이 필요할 수 있는 경우이다. 증인이 법정에 이르러 소극적
태도를 보이는 것은 진정으로 시간의 경과에 따라 기억이 소실되었기 때문인 경우
가 있을 수 있고, 이러한 경우까지 양 진술이 반드시 모순된 것이라 할 수는 없다.
그러나 증인이 피고인을 두려워하거나 그 밖의 이유로 심경의 변화를 일으켜 진술
을 회피하는 경우도 배제할 수 없는데, 이러한 때에는 양 진술의 모순을 인정할 수
있다. 그런데 구체적인 사안에서 기억이 나지 않는다는 진술의 배후에 있는 증인의
내심을 탐지한다는 것은 매우 어려운 일이므로, 실무상으로는 기억이 나지 않는다

---

31) Christopher Mueller et al., 위의 책(주 16), p. 561.
32) Moylan v. Meadow Club, Inc., 979 F.2d 1246 (7th Cir. 1992).

는 진술이 종전 진술과 모순된 것인지(따라서 종전 진술을 탄핵증거로 허용할 수 있
는지)에 대하여 상당한 정도의 재량을 법원에 부여하고 있는 것으로 보이고, 법정
에서의 기억하지 못한다는 진술이 허위라는 의심을 불러일으킬 것까지 엄격하게
요구되는 것은 아니라고 한다.[33] 다만 이러한 경우에 모순을 쉽게 인정하여 종전
진술의 법정 현출을 쉽게 허용한다면, 검사가 애초부터 증인이 기억하지 못한다는
등으로 소극적인 진술을 할 것을 충분히 예측하였고 따라서 해당 증인의 법정진술
을 통하여 유죄의 입증을 하는 것이 어려울 것임을 알면서도 종전의 자기모순 진술
을 탄핵증거로 법정에 현출시키기 위하여 증인을 신청하는, 즉 자기측 증인에 대한
탄핵 권한을 남용하는 경우가 생길 수 있다는 우려가 존재하였다. 이에 일부 주 법
원과 연방 항소법원에서는 본증으로 사용할 수 없는 종전의 자기모순 진술을 법정
에 현출시키는 것을 주된 목적(primary purpose)으로 삼는 경우, 다시 말해 탄핵증
거 현출을 명목(subterfuge)으로만 삼고 그 실질에 있어서는 종전 자기모순 진술로
배심원들의 유죄 심증에 영향을 미치고자 하는 부정한 목적(bad faith)으로 증인을
신청한 경우에는 종전 자기모순 진술의 탄핵증거 사용이 금지된다는 법리를 펼치
고 있다.[34] 즉, 검사가 본증으로 사용할 수 없는 종전 자기모순 진술을 탄핵증거로
사용할 수 있기 위해서는 증인의 법정진술로부터 유죄 증명에 유의미한 정보를 직
접적으로 끌어낼 수 있다는 합리적인 기대를 가지고 증인 신청을 한 경우여야 한다
는 것이다.[35]

2) 절차적 요건: 설명의 기회가 부여될 것

증인의 종전의 자기모순 진술이 탄핵증거로 사용될 수 있으려면, 앞서 언급하였
듯이 증인이 그 진술에 대하여 설명하거나 이를 부인할 수 있는 기회가 부여되어야
하고, 아울러 법정진술의 신빙성을 지지하는 반대편 당사자 측에서 모순 진술에 관
하여 신문할 수 있는 기회가 부여되어야 한다. 증인에 대하여 교호신문이 이루어지
는 과정에서 탄핵증거를 제출하면 자연스럽게 위와 같은 절차가 충족될 수 있다.

---

33) Christopher Mueller et al., 위의 책(주 16), p. 562. 다만 기억하지 못한다는 진술이 진정한
    것(in a good faith)이라고 판단될 때 법원이 모순을 인정하지 않고 종전 진술의 탄핵증거 사
    용을 허용하지 않는 것도 충분히 가능하다. United States v. Rogers, 549 F.2d 490 (8th Cir.
    1976).
34) 대표적으로, 연방 제7 순회항소법원의 United States v. Webster, 734 F.2d 1191 (7th Cir.
    1984).
35) Christopher B. Mueller et al., 위의 책(주 30), pp. 582-583.

다만, 여기에 대해서는 두 가지 예외가 있다. 첫째, 당사자 – 즉 형사재판에서는 피고인의 진술 – 에 대한 종전의 자기모순 진술이 제시되는 경우에는 따로 피고인에게 설명의 기회를 부여하지 않아도 된다. 피고인이 수시로 자신의 입장을 설명할 수 있는 기회를 자연스럽게 가지기 때문이다. 다시 말해, 피고인의 설명이 필요하지 않다기보다는 피고인의 설명은 당사자주의 절차에서 당연하게 따라오게 되어 있는 것이므로 굳이 위 조문에 의하여 별도로 요구할 필요는 없다는 취지에 가깝다. 둘째, "정의의 요청이 있는 경우(if justice so requires)"에도 증인과 반대편 당사자에게 설명 및 신문의 기회를 부여하지 않을 수 있다. 가령 탄핵증거로 사용될 수 있는 외부증거의 존재에 대하여 증인신문이 종료된 후에 알게 되었는데 증인이 이미 귀가하고 더 이상 소환도 불가능한 상태에 있게 된 경우가 그에 해당할 수 있다고 한다.[36]

(3) 피고인에 의한 종전의 진술거부를 탄핵증거로 삼을 수 있는지 여부

연방대법원의 Doyle v. Ohio 판결[37]에서는 검사가 피고인이 경찰에 체포되어 미란다 고지를 받은 후 침묵하였다는 사정을 탄핵증거로 내세울 수 있는지가 쟁점이 되었다. 피고인은 대마판매죄로 기소되었는데 피고인은 법정에서 그가 판매자가 아니라 구매자라는 취지로 증언하였다. 검사는 피고인에 대하여 일련의 반대신문 과정에서 피고인이 결백하다면 왜 경찰에게 체포되었을 당시 그러한 취지의 진술을 하지 않았는지를 집중적으로 추궁하였다. 연방대법원은 미란다 고지 이후에 피고인이 침묵을 지킨 것은 수정헌법 제5조에 의하여 보장되는 자기부죄금지 특권의 적법한 행사에 해당하고, 설령 미란다 고지 자체에 진술거부가 유·무죄 판단에 있어서 불리하게 작용하지 않을 것이라는 보장이 명시적으로 포함되어 있지 않다 하더라도 그와 같은 보장은 미란다 고지를 받는 어느 누구에게나 묵시적으로 주어지게 되어 있는 것이라 하였다. 따라서 체포된 피고인의 침묵을 법정진술을 탄핵하는 증거로 사용하는 것은 공정한 재판과 적법한 절차를 보장받을 권리를 근본적으로 침해한다는 것이 연방대법원의 결론이었다. 그러나 경찰관이 체포 후에 어떠한 질문도 하지 않았으므로 미란다 고지를 하지 않았던 경우라면 그 상황에서 피고인이 침묵을 지켰던 사정을 탄핵증거로 삼는 것은 금지되지 않는다고 한다.[38]

---

36) Christopher B. Mueller et al., 위의 책(주 30), p. 582.
37) 426 U.S. 610 (1976).

(4) 위법하게 수집한 종전 진술을 탄핵증거로 삼을 수 있는지 여부

피고인의 종전 진술의 탄핵증거 사용 가능성과 관련하여 미국 증거법 문헌에서 중요하게 다루어지는 쟁점은 헌법에 위반하여 수집된 피고인의 진술을 피고인의 법정 진술을 탄핵하기 위한 증거로 사용될 수 있는지의 문제이다.

이 점에 관한 리딩 케이스는 Harris v. New York 판결[39]인데, 위 사건에서 연방 대법원은 미란다 원칙에 위반하여 얻어져 본증으로 사용할 수 없는 피고인의 수사기관 진술이라 하더라도 법에서 요구하는 신뢰성을 충족하고 있다면 피고인이 한 법정진술의 증명력을 다투기 위한 탄핵증거로 사용할 수 있다고 하였다. 위 사건에서 피고인은 함정수사 중인 사복 경찰관에게 마약을 판매한 혐의로 기소되었다. 피고인은 법정에서 증언을 하면서 물건이 든 종이 가방을 사복 경찰관에게 판매한 사실은 인정하였으나, 그것은 사실 구매자를 기망하기 위해 베이킹 파우더를 집어 넣은 가방이었다고 진술하였다. 검사는 반대신문에서 체포 직후에 있었던 경찰 피의자신문에서 위와 같은 법정진술에 배치되는 진술을 하지 않았는지 질문하면서 피의자신문의 녹취록에 기재되어 있는 질문과 답변을 낭독하였다. 피고인은 그와 같은 질문과 답변 내용을 기억하지 못한다고 답변하였다. 그런데 위 녹취록상의 피의자신문 당시 경찰관은 미란다 고지 중 변호인의 선임에 관한 권리의 고지를 누락하였다. 연방대법원은 Miranda v. Arizona 판결[40]의 판시 내용 문면만을 본다면 변호인의 조력을 받지 못한 상태에서의 진술을 어떤 목적으로도 사용할 수 없다는 의미로 읽을 여지가 없는 것은 아님을 인정하면서도, 위 판례의 진정한 취지가 위와 같은 진술을 탄핵증거로도 사용하지 못하도록 하는 것은 아니라고 하였다. 그러면서 연방대법원은 본증으로 사용할 수 없는 비진술 증거라 하더라도 탄핵 목적으로는 사용할 수 있다고 한 Walder v. United States 판결[41]에서 연방대법원이 "정부가 위법하게 수집한 증거를 적극적으로 사용할 수 없다는 것과 피고인이 스스로의 거짓말에 대한 반박에 방패막을 가질 수 있다는 것은 다른 차원의 이야기"라고 판시하였던 내용을 인용하였다. 연방대법원은 실제 이 사건에서의 검사의 탄핵 과정이 배심원단으로 하여금 피고인 진술의 신뢰성을 판단하는 데에 상당한 정도의 도

---

38) Fletcher v. Weir, 455 U.S. 603 (1982).
39) 401 U.S. 222 (1971).
40) 384. U.S. 436 (1966).
41) 347 U.S. 62 (1954).

움을 주었음에 의심할 여지가 없다고 보았으며, 다른 한편으로 위법수집증거배제법칙에 따른 위법수사의 억지 효과는 본증으로서의 사용을 금지하는 것만으로도 충분하다고 하였다. 또한, 연방대법원은 모든 형사 피고인이 스스로를 방어하기 위한 진술을 하거나 또는 진술을 거부할 수 있는 특권을 가지지만, 그러한 특권이 위증을 할 권리까지 포함하는 것은 아니라고 덧붙였다. 스스로 자발적인 선택에 따라 증언대에 선 이상, 피고인은 진실을 정확하게 말할 의무가 있는 것이고, 검사는 여기서 단지 "당사자주의 절차에서 전통적으로 진실을 검증하기 위하여 사용되는 장치"를 사용한 것에 불과하다는 것이다. 연방대법원은 "미란다 원칙이 피고인에게 부여한 방패가 종전 진술에 의거한 반대신문으로부터 자유로운 상태에서 위증을 활용하여 스스로의 방어권을 행사해도 된다는 면허가 될 수는 없다"는 문구로 판결을 끝맺었다.

위 판결 이후, 미란다 원칙을 다른 방식으로 위반한 경우에 대해서도 마찬가지의 판시가 이어졌다. 가령 Oregon v. Hass 판결[42]에서 경찰관은 피고인을 체포한 후에 미란다 고지를 하기는 했지만, 피고인이 자신에게 불리한 진술을 이어나가던 중 변호인의 조력을 받고 싶다고 한 이후에도 계속하여 피고인에게 질문을 하여 추가로 불리한 진술을 얻어낸 경우, 피고인이 변호인의 조력을 받고 싶다고 한 이후에 있었던 진술은 본증으로 사용할 수 없지만 탄핵증거로는 사용이 가능하다고 하였다.

연방대법원은 Kansas v. Ventris 판결[43]에서 경찰관이 수정헌법 제6조에 따라 보장되는 변호인의 조력을 받을 권리[44]가 침해된 상태에서 얻어진 피고인의 종전의 자기모순 진술을 탄핵증거로 사용하는 것도 가능하다고 판시하였는바, 이 판시 또한 위 Harris 판결의 연장선상에 있는 것으로 볼 수 있다. 연방대법원은 기존의 선례들을 살펴볼 때 오염된 증거(tainted evidence)를 탄핵 목적으로도 배제하는 것은 "그렇게 할만큼의 가치가 없는(not worth the candle)" 일이라고 밝혔다. Harris 판결에서 판시한 바와 유사하게, 연방대법원은 증거의 배제를 통하여 보호되는 이

---

42) 420 U.S. 714 (1975).

43) 556 U.S. 586 (2009).

44) 위와 같은 권리의 존재는 1964년에 있었던 Massiah v. United States 판결(377 U.S. 201)에서 확립되었다. 위 판결에서 연방대법원은 수정헌법 제6조에서 보장하는 변호인의 조력을 받을 권리는 단지 공판 과정에서의 변호인 조력만을 의미하는 것이 아니고, 공판 이전 단계에서 수사기관과 피고인 사이에서 이루어지는 중요한(critical) 의사소통의 다양한 국면도 포함하는바, 이러한 의사소통에는 수사기관이 의도적으로 정보원을 이용하여 비밀리에 피고인으로부터 자기부죄의 발언을 이끌어내는 경우도 포함된다고 판시하였다.

익보다 "위증을 방지하고 재판 절차의 염결성(the integrity of the trial process)"을
보호할 필요가 더 우위에 있다고 하면서, 변호인의 조력권을 침해한 상태에서 수집
된 진술의 탄핵증거 사용을 금지한다고 해서 수사기관의 위법행위 억지에 그리 큰
도움을 주지 못한다고 지적하였다. 피고인이 법정에서 선서한 후 증언하기를 선택
하고, 또 종전 진술과 모순된 내용으로 진술할 가능성은 확률적으로 그리 높지 않
은데, 수사기관이 그러한 가능성을 가늠하여 탄핵증거 사용을 위하여 적법절차를
위반한다는 것은 생각하기 어렵다는 것이다. 오히려 수사기관은 해당 증거를 본증
으로 완전하게 사용하기를 원할 것이기 때문에 본증 사용을 금지하는 위법수집증
거배제법칙만으로도 수사기관의 유인체계에 충분히 영향을 미칠 수 있다는 것이
연방대법원의 판단이었다.

그러나 연방대법원은 임의성이 결여된 종전 진술만큼은 탄핵증거로 사용할 수
없음을 명확히 하고 있다.[45] 이러한 종류의 진술은 "누구도 형사 사건에서 자기 자
신에게 불리한 증인이 되기를 강요받아서는 안 된다"는 수정헌법 제5조의 요청에
정면으로 위반되기 때문이다.[46]

(5) 탄핵증거의 증명 범위에 관한 배심원설명

위와 같은 종전의 자기모순 진술이 탄핵증거로 제출될 경우에는 오로지 모순이
존재한다는 점을 증명하기 위한 용도로만 사용이 제한되고 그 진술 내용대로의 사
실이 존재한다는 점을 증명하기 위한 용도로 사용되는 것이 아니므로, 애시당초 전
문증거의 개념에 해당하지 않아 전문법칙과 관련이 없다. 따라서 위와 같은 제한된
범위 내에서 종전의 자기모순 진술을 사용하는 한 전문법칙을 위반하는 것이 아니
지만, 종전의 자기모순 진술을 본증으로 사용하게 된다면 전문법칙의 위반이 된다.
이처럼 탄핵증거의 증명 범위가 제한된다는 점을 배심원에게 설명하기 위하여 배
심재판에서는 다음과 같은 이른바 '제한적 설명(limiting instruction)'이 이용된다.

여러분은 A의 증언을 들었습니다. 여러분은 이 재판 이전에 A가 이 법정에서 한 진
술과 다른 취지일 수도 있는 진술을 했다는 점에 대해서도 들었습니다. 그러한 진술

---

45) Mincey v. Arizona, 437 U.S. 385 (1978).
46) 이에 Harris 판결에서 연방대법원은 사안의 내용을 요약하면서 피고인의 종전 진술에 대하여
임의성에 대한 다툼이 있는 것은 아님을 강조한 바 있다.

이 있었는지, 그리고 그 진술이 이 법정에서의 A의 진술과 다른 것인지에 대한 판단
은 여러분의 몫입니다. 종전의 진술에 대해서는 지금 법정에서 이루어진 진술을 신
뢰할 것인가에 관한 여러분의 판단을 돕기 위해서만 여러분의 주목이 요청되었습니
다. 여러분은 종전 진술에서 증인이 말한 것이 진실하다는 점에 대한 증거로 그 진술
을 이용할 수는 없습니다. 여러분은 이 법정에서의 A의 진술을 평가하기 위한 하나
의 방법으로서 이를 사용할 수 있을 뿐입니다.[47]

그런데 배심원들은 탄핵증거를 본증으로 이용할 수 없다는 점을 쉽사리 이해하
지는 못할 가능성이 높다고 한다.[48] 따라서 탄핵증거의 법정 현출이 사실상 종전
진술이 진실하고, 따라서 유죄를 뒷받침한다는 판단으로 이어지게 될 위험을 배제
하기는 어렵다. 연방대법원은 이처럼 하나의 증거가 어느 한 가지 용도에 관하여
는 증거능력이 없고 중대한 편견을 형성할 우려가 있는 반면 다른 용도에 관해서
는 문제가 없는 경우, ① 어느 한편으로는 해당 증거를 무시하는 동시에 다른 한편
으로는 해당 증거를 고려한다는 과업이 보통 사람의 마음 속에서 이루어지기에는
지나치게 미묘하고, ② 그러한 혼동의 위험이 실용적인 이득과 균형을 맞추지 못할
정도로 심대한 수준에 이른다면 해당 증거의 사용을 아예 배제하는 것이 타당하다
는 판시를 한 바 있다.[49] 이러한 판시의 취지는 증거가 "불공정한 편견(unfair
prejudice)"을 초래할 위험이 그 증거의 증거가치를 압도하는 경우에는 증거 배제가
가능하다는 연방증거법 제403조에도 반영되어 있다. 그러나 종전의 자기모순 진술

---

47) 우선 여기서는 연방 제3순회 항소법원의 Model Criminal Jury Table of Contents and
   Instructions(https://www.ca3.uscourts.gov/model-criminal-jury-table-contents-and
   -instructions, 2023. 6. 30. 최종 확인) 에 수록된 배심원 설명(2.16번)을 예시로 들었는데,
   다른 관할의 배심원 설명도 대동소이하다. 위 배심원 설명의 원문은 다음과 같다.
   You have heard the testimony of (name). You have also heard that before this trial
   (he)(she) made a statement that may be different from (his)(her) testimony in this trial.
   It is up to you to determine whether this statement was made and whether it was
   different from (his)(her) testimony in this trial. This earlier statement was brought to
   your attention only to help you decide whether to believe (his)(her) testimony here at
   trial. You cannot use it as proof of the truth of what the witness said in the earlier
   statement. You can only use it as one way of evaluating (name)'s testimony in this trial.
48) Deborah Jones Merritt & Ric Simmons, Learning Evidence: From the Federal Rules to
   the Courtroom, 3rd Ed(West Publishing Co., 2015), p. 234.
49) Shepard v. United States, 290 U.S. 96 (1933).

의 증거로서의 용도 구별이 무척이나 어렵다는 점에 대하여 어느 정도 공감대가 형성되어 있음에도 불구하고 제403조 등을 활용하는 방법으로 이를 배제하지 않는 실무례가 지배적이라고 하는데,[50] 여기에는 종전 진술이 심증 형성에 어느 정도 영향을 미친다 한들 그것이 종전 진술의 탄핵증거로서의 증거가치를 압도할 만큼의 치명적인 위험을 초래하지 않는다는 판단이 전제되어 있다고 보인다. 오히려 양자의 용도 구별의 어려움은 종전 모순 진술을 탄핵증거로 아예 사용하여서는 안 된다는 주장의 논거가 되기보다는, 종전 모순 진술의 본증 사용 범위를 더 확대해야 한다는 주장을 뒷받침하는 논거가 되는 모습까지 볼 수 있기도 하다.[51]

Ⅳ. 피신조서의 탄핵증거 사용 가능성

1. 우리 형사소송법에서 탄핵증거의 개념

제318조의2는 그 표제에서 탄핵증거라는 용어를 직접적으로 사용하지 아니하고 "증명력을 다투기 위한 증거"라는 표현을 사용하고 있으나, 그것이 탄핵증거를 의미한다는 데에 이론이 없다. 즉, 탄핵증거는 사실인정의 주체가 진술의 증명력을 판단하는 데에 합리성을 제고하도록 하기 위한 증거이다.[52] 한편, "증언의 증명력을 다투기 위하여 필요한 사항의 신문", 즉 증인신문을 통한 탄핵에 관한 형사소송규칙 제77조 제2항에서는 "증인의 경험, 기억 또는 표현의 정확성 등 증언의 신빙성에 관한 사항 및 증인의 이해관계, 편견 또는 예단 등 증인의 신용성에 관한 사항"이 증명력을 다투기 위하여 필요한 사항이라고 보고 있다. 달리 말하면 메시지를 공격하는 것이 증언의 신빙성에 관한 사항의 탄핵이고, 메신저를 공격하는 것이 증인의 신용성에 관한 사항의 탄핵이다.[53] 증인신문을 통한 탄핵과 외부증거 제출

50) Christopher B. Mueller et al., 위의 책(주 30), p. 582.
51) Michael Graham, 위 논문(주 25), p. 1573.
52) 이상훈·정성민·백광균, 『수사기관 작성 조서의 증거사용에 관한 연구』(사법정책연구원, 2021), 398면.
53) 위 규칙은 증언의 증명력이라는 상위 개념 속에 증인의 신빙성과 증인의 신용성을 포함시키고 있는 것으로 이해된다. 증명력과 신빙성은 동일한 개념이라는 전제에서 제318조의2 조문 자체, 그리고 통설과 판례에서 탄핵증거를 진술의 증명력을 다투기 위한 증거로만 제한해서 보는 것은 문제이고 진술자의 신용성을 다투기 위한 증거도 탄핵증거의 개념에 포함시켜야 한다는 견해[손정아, 위 논문(주 7), 41면 이하]도 제시되고 있으나, 증명력을 상위 개념으로

을 통한 탄핵은 탄핵의 방법이 다를 뿐 진술의 증명력을 다툰다는 동일한 목표를 공유한다. 따라서 위 제77조 제2항에 따라 증인에게 질문할 수 있는 내용이라면, 그에 관한 증거를 독립된 외부증거, 즉 탄핵증거로 사용할 수 있다는 판단이 일응 가능할 것이다. 그러나 미국의 예에서 보듯이 소송절차의 신속과 효율을 고려할 때 질문을 통한 탄핵과 외부증거인 탄핵증거를 통한 탄핵의 범위가 반드시 일치하는 것만은 아닌데, 이 점에 관하여는 국내에 명문의 규정이 존재하지 않을 뿐만 아니라 구체적인 해석론 또한 충분히 전개되고 있지 않은 상황이다.

2. 탄핵증거의 허용 범위 – 탄핵증거와 전문법칙의 관계

앞서 본 것처럼, 미국에서는 탄핵증거의 유형을 분류하고 각각의 유형별로 그 특성에 맞는 증거 사용의 요건을 구체화하고 있다. 이와 대조적으로, 제318조의2 제1항[54]에서는 탄핵증거의 유형을 구체적으로 나누지 아니하고, 단지 전문법칙의 예외를 충족하지 못한 서류나 진술이라 하더라도 탄핵증거로 사용할 수 있다는 규정을 두고 있을 뿐이다. 그리고 위 조항에 대하여 대법원은 "탄핵증거는 범죄사실을 인정하는 증거가 아니므로 엄격한 증거조사를 거쳐야 할 필요가 없음은 제318조의2 [제1항]의 규정에 따라 명백"[55]하다고 언급하고 있다. 여기서 엄격한 증명조사를 거쳐야 할 필요가 없다는 것은 주지하듯 엄격한 증명과 자유로운 증명 중 자유로운 증명의 방식에 따라 탄핵증거를 조사할 수 있다는 의미이다. 이러한 규정과 판례의 결합은 일단 탄핵증거의 개념에 해당하기만 하면 전문법칙의 예외를 충족시킬 필요가 없다는 공식으로 이해되어 오고 있는 듯하다.

이해하는 이상 제318조의2에 진술자의 신용성을 다투기 위한 증거도 포함된다고 보는 데에 문언해석상 별 문제는 없다. 다만, 이러한 증거가 모두 전문증거여도 괜찮은지는 그와 별개의 문제이다.

54) 제318조의2 제1항은 1961년 형사소송법 개정 당시 전문법칙에 관한 제310조의2와 동시에 신설 조항으로 들어오게 되었다(위 신설 당시에는 단일 조문으로 존재하였다가, 2007. 6. 1. 형사소송법 개정 시에 제2항이 추가되면서 위 조문 내용이 제1항으로 위치함). 위 개정은 국가재건최고회의 상임위원회 의결에 따라 공포되었고, 국가재건최고회의 법제사법위원장의 제안 이유는 제310조의2에 대하여 "영·미법 하에서의 교호신문제도라는 새로운 방식을 규정하여 전문증거의 증거능력을 제한"한다는 매우 간략한 설명만을 덧붙이고 있을 뿐이다. 신양균 편저, 『형사소송법 제·개정자료집 (상)』(한국형사정책연구원, 2009), 255, 258면.

55) 위 2005도2617 판결.

학설도 마찬가지의 이해를 공유하고 있다. 국내에서는 제318조의2 제1항에 따른 탄핵증거의 허용 범위에 관하여 한정설,56) 비한정설,57) 절충설,58) 이원설59)이 대립하고 있다. 간단히 요약하면 ① 한정설은 탄핵증거로 사용할 수 있는 증거는 동일인의 법정에서의 진술과 다른 법정 외의 진술인 종전의 자기모순 진술에 한정한다는 견해, ② 비한정설은 증명력을 다투기 위한 증거인 한 모든 전문증거를 탄핵증거로 사용할 수 있다는 견해, ③ 절충설은 탄핵증거로 사용할 수 있는 증거는 종전의 자기모순 진술 외에 진술자의 신빙성에 대한 순수한 보조사실(증인의 이해관계, 편견, 예단, 성격, 평판, 전과사실 등)을 입증하기 위한 증거도 포함된다는 견해, ④ 이원설은 피고인은 모든 전문증거를 탄핵증거로 사용할 수 있지만, 검사는 종전의 자기모순 진술만을 탄핵증거로 사용할 수 있다는 견해이다. 위와 같은 학설 대립 또한 전문증거의 무분별한 법정 현출이 엄격한 증명의 법리와 충돌할 수 있다는 문제의식 하에 전개되고 있다.60)

이처럼 탄핵증거는 "단순히 증명력을 다투기 위한 것에 불과하므로 이를 인정하여도 전문증거를 배제하는 취지에 반하지 않아"61) 엄격한 증명이 필요 없다는 것이 국내의 탄핵증거에 관한 모든 논의의 기본적인 전제가 되고 있고 여기에 대하여 별다른 의문이 제기되고 있지 않다.62) 그런데 진술의 증명력을 다투는 데에 사용되

56) 이재상·조균석·이창온, 『형사소송법』, 제13판(박영사, 2021), 710면; 이은모, 『기본강의 형사소송법』, 제2판(박영사, 2017), 385면.
57) 최병각, "탄핵증거로서의 증거능력과 증거조사", 형사법연구 통권 제42호, 한국형사법학회(2010), 397면; 민수영, "개정 형사소송법상 검사 작성 피의자신문조서의 탄핵증거로의 사용", 법학논총 제42권 제4호, 전남대학교 법학연구소(2022), 120면.
58) 이주원, 『형사소송법』, 제5판(박영사, 2022), 591면; 신동운, 『간추린 신형사소송법』, 제14판(법문사, 2022), 709면; 이창현, 『형사소송법』 제8판(정독, 2022), 1051면; 임동규, 『형사소송법』, 제15판(법문사, 2021), 605면; 최영승, 『형사소송법』 제3판(피앤씨미디어, 2015), 583면; 김인회, 『형사소송법』 (피앤씨미디어, 2015), 562면; 박찬걸, 『형사소송법』(박영사, 2020), 752면; 정웅석·최창호·이경렬·김한균, 『신형사소송법』 (박영사, 2021), 657면.
59) 신양균·조기영, 『형사소송법』(박영사, 2020), 914면; 정승환, 『형사소송법』(박영사, 2018), 642면.
60) "(증명책임을 부담하는 검사측의) 탄핵증거를 광범위하게 허용한다면, 증거능력 없는 온갖 전문증거가 탄핵을 명분으로 공판정에 난입하게 될 위험마저 있다[탄핵증거의 공판정 난입]. 따라서 탄핵증거는 피고인을 보호하는 엄격한 증명의 법리와 갈등관계에 있음을 유념할 필요가 있다." 이주원, 위의 책(주 58), 586-587면.
61) 이재상·조균석·이창온, 위의 책(주 56), 706-707면.
62) 더 나아가, 탄핵증거는 "그 수단이 전문증거에 국한"된다는 언급도 있다. 이주원, 위의 책(주

는 증거라고 하여 그것이 전문증거여도 괜찮다는 결론이 필연적으로 내려지는 것
은 아니다. 오히려 사건의 핵심에 관한 진술이 증명력을 갖추고 있느냐의 문제는
주변부적인 간접사실이 참이냐의 문제보다 유·무죄의 향방을 좌우하는 데에 결정
적인 영향을 미칠 수 있고, 따라서 진술의 증명력을 감쇄시키거나 이를 다시 증강
시키는 증거에 대하여도 그 정확성과 객관성을 확보하기 위한 장치가 필요할 수 있
다. 가령, 진술자의 신용성과 관련한 정보에는 진술자 개인에 대한 과장된 사실이
나 주관적인 의견[63]이 다분히 포함될 수 있어, 원진술자에게 반대신문을 하여 그
판단의 정확성을 검증해야 할 필요가 강력히 요청되는 경우도 충분히 존재할 수 있
다. 이러한 경우에 탄핵증거라는 이유만으로 원진술자가 법정에 나오지 않아도 된
다고 한다면 자신에게 유리한 핵심적인 증인의 진술에 대한 전문증거에 입각한 공
격에 대하여 충분히 반박할 수 있는 기회를 가지지 못하게 되고, 이러한 상황은 특
히 자신에게 유리한 증인의 진술에 사활을 걸고 있는 피고인에게 있어서는 방어권
침해의 문제로까지 연결된다. 다시 말해, 탄핵증거의 개념에 전적으로 부합하면서
도 그 증거가 진실을 호도하도록 하지 않기 위해 전문법칙이 적용되어야 하는 경우
가 있을 수 있다는 것이다. 그런데 이와 달리 "탄핵증거 = 전문증거여도 무방하
다"는 공식을 반박 불가능한 전제로 삼게 된다면, 위 공식의 결론에 끼워맞추기 위
해 거꾸로 전문법칙의 적용을 받아야 하는 증거는 탄핵증거가 아니라는 결론으로
나아가게 될 수가 있다. 이른바 '한정설'의 입장을 위와 같은 생각의 흐름 속에서
이해할 수 있다. '한정설'을 취하는 대표적인 교과서에서는 "범죄사실을 인정하기
위한 보조사실도 엄격한 증명의 대상이 되며, 따라서 전문증거는 허용되지 않는다
고 해야 한다"는 점을 절충설이 아닌 한정설을 채택해야 하는 이유로 들고 있다.
그런데 한정설에서는 종전의 자기모순 진술이 아닌 다른 증거들은 그러면 아예 탄
핵증거로 쓸 수 없다는 것인지, 아니면 전문법칙을 통과하면 탄핵증거로 쓰는 것이
얼마든지 가능하다는 것인지에 대하여 정확한 답을 주지 않고 있다. 이에 한정설을
전자와 같이 이해하면서 탄핵증거의 범위를 지나치게 좁혀 충분한 공방을 불가능
하게 하고 특히 피고인의 방어권을 침해한다는 비판[64]이 존재하는 한편으로, 후자

---

58), 591면.

63) 가령 우리 대법원은 금품 수수가 쟁점이 된 사건에서 금품을 제공하였다는 사람의 진술만으
로 유죄를 인정하기 위해서는 그 진술의 신빙성 판단에 있어서 다른 사정과 더불어 "그의 인
간됨"에 대하여도 아울러 살펴보아야 한다고 한다. 대법원 2011. 4. 28. 선고 2010도14487 판
결 등.

와 같은 방식으로 선해하는 입장도 존재하게 되는 것이다.[65]

한편으로, 최근의 다수설이라고 할 수 있는 절충설은 탄핵증거는 종전의 자기모순 진술에 한정되지 않고 진술자의 편견, 성격, 이해관계, 평판, 전과사실 등 진술자의 신빙성에 관한 순수한 보조사실의 입증을 위한 증거를 포함하는 것으로 보고 있어 탄핵증거의 본래적 의미에 충실한 견해라는 평가를 받는다. 그러나 위 학설에 따르게 되면, 타인의 모순 진술과 같이 탄핵증거의 개념에 전적으로 부합하는 증거를 탄핵증거의 범위에서 제외하게 된다. 가령, 피고인이 현장부재증명에 관한 증거로 범행 일시에 자신이 A와 같이 범행장소와 다른 장소에 있었다는 점을 증명하기 위하여 A를 증인으로 신청하였을 때, 검사가 A는 피고인과 함께 있지 않았고 B와 함께 있었다는 점을 증명하기 위하여 B를 증인으로 신청하였다면, B의 진술은 범죄사실을 직·간접적으로 증명하는 증거가 아니고 단지 A의 증언의 증명력을 감쇄시키는 증거일 뿐이어서 탄핵증거의 본래적 개념에 부합하지만 그렇다고 이것이 보조사실의 입증을 위한 증거라고는 할 수 없다. 여기서, 절충설 또한 이러한 유형의 탄핵증거는 아예 탄핵증거가 아니라는 것인지, 아니면 전문법칙의 적용을 받는 탄핵증거라는 것인지 명확히 답하지 않고 있다. 한편, 절충설은 엄격한 증명 법리와의 충돌을 의식하면서도 순수한 보조사실의 입증에 관한 증거라면 무조건 전문법칙의 적용을 받지 않는다고 하고 있어 전문증거가 탄핵증거로 사용되는 범위를 제한하는 기능도 충분히 수행하지 못한다.

위와 같은 탄핵증거 개념 정립에 관한 난맥상을 해결하기 위한 첫 단추로, 제318조의2 제1항은 탄핵증거에 관한 일반규정으로 이해하여서는 안 되고 그 중에서도 오로지 전문법칙의 적용을 받지 않는 탄핵증거의 범위에 관하여만 규정하고 있는 것이라는 이해가 보다 분명히 공유될 필요가 있다고 생각한다.[66] 제318조의2 제1

---

64) 김희균, "형사소송법 제318조의2의 해석론 – 탄핵증거와 전문법칙의 관계", 성신법학 제6호, 성신여자대학교 법학연구소(2007. 2.), 97면.

65) 한정설을 이와 같이 선해하는 문헌으로, 박일환·김희옥 편, 『주석 형사소송법 (Ⅲ)』 제5판(한국사법행정학회, 2017), 586면(이완규 집필부분)("본조의 규정은 탄핵의 용도로 사용되는 증거 일반에 관한 것이 아니라 공판정외 진술 중에서 전문법칙의 예외로서의 증거능력을 갖추지 못한 증거의 허용문제"임을 지적).

66) 위 조항은 탄핵증거에서 다루어야 할 본질적인 사항, 즉 증인의 신빙성을 다루는 사유와 방법에 관하여 아무런 언급을 하지 않고 있어 탄핵에 관한 온전한 규정이라 할 수 없고, 본래 탄핵 제도와 무관한 전문법칙에 관한 언급을 통해 전문증거가 모두 탄핵이란 명목으로 법정에 현출할 수 있게 허용하고 있어 전면적인 재검토가 필요하다는 지적으로, 권영법, 위 논문(주

항의 성격을 이와 같이 이해할 경우, "탄핵증거는 범죄사실을 인정하는 증거가 아니므로 엄격한 증거조사를 거쳐야 할 필요가 없"다는 대법원 판례의 표현은 수정되어야 한다. 그러한 이해를 전제로 할 때 전문법칙의 적용을 받지 않는 탄핵증거를 한정설의 입장과 마찬가지로 종전의 자기모순 진술로만 제한할 것인지, 아니면 그보다는 좀 더 넓은 범위로 인정할 것인지는 추가적인 고민을 요하는 문제로, 본고에서 섣불리 결론을 내리지는 않고 차후의 과제로 남겨 두고자 한다. 한편, 어떤 학설에 근거하든 종전의 자기모순 진술을 전문법칙의 적용 없이 탄핵증거로 사용할 수 있다는 데에는 이견이 없다. 우선, 종전의 자기모순 진술은 법정 진술의 정확성에 대하여 그 자체로 의심을 불러일으킬 뿐만 아니라, 진술자의 기억력이나 진실성을 신뢰할 수 있는가에 대한 의문을 불러일으킬 수 있는 가장 효과적인 증거임에는 의문의 여지가 없으므로 탄핵증거의 개념에 정확히 부합한다. 또한, 종전의 자기모순 진술은 전문법칙의 적용을 받지 않는다. 종전의 자기모순 진술을 통해서 증명하려는 요증사실은 자기모순 진술의 내용이 되는 사실이 아니라 법정 진술과 종전 진술이 모순된다는 것이므로, 결국 원진술의 존재 자체가 요증사실인 경우에 해당하여 종전의 자기모순 진술은 본래증거[67]이지 전문증거가 아니기 때문이다. 다시 말해 종전의 자기모순 진술은 "전문증거임에도 불구하고 탄핵증거로는 쓸 수 있는 증거"가 아니라, "전문증거에 해당하지 않으므로 전문법칙에 구애받지 않고 탄핵증거로 쓸 수 있는 증거"라고 함이 정확하다.[68]

---

16), 60, 90면.

67) "어떤 진술이 기재된 서류가 그 내용의 진실성이 범죄사실에 대한 직접증거로 사용될 때는 전문증거가 된다고 하더라도 그와 같은 진술을 하였다는 것 자체 또는 진술의 진실성과 관계없는 간접사실에 대한 정황증거로 사용될 때는 반드시 전문증거가 되는 것이 아니다." 대법원 2019. 8. 29. 선고 2018도14343 판결.

68) 이러한 이해를 토대로 하여, 한정설의 해석은 굳이 제318조의2 제1항이 존재하지 않더라도 전문증거의 정의에 따를 때 당연한 것을 재확인하는 것에 지나지 않아, 제318조의2 제1항이 갖는 독자적인 의의를 상실하게 만든다는 점에서 받아들일 수 없다는 비판도 있다. 그러나 위와 같은 비판은 타당하지 않다고 생각한다. 종전의 자기모순 진술이 실질적으로 본증으로 사용될 수 있다는 위험을 중요하게 고려한다면 전문법칙을 통과하지 못한 이상 탄핵증거로도 사용할 수 없다는 입법적 결단도 가능할 수 있는 것이어서, 반대로 그러한 위험에도 불구하고 탄핵증거로의 사용을 허용한다는 입법적 결단이 단순한 확인적 의미만을 가진다고 말할 수는 없기 때문이다(물론 우리 형사소송법의 입법자가 이 조항이 갖는 의미에 대하여 충분한 이해 하에 이 조항을 도입하였는가는 별론으로 한다). 같은 취지로, 서태경, "탄핵증거로 사용할 수 있는 증거의 범위에 대한 소고", 법학논총 제26권 제1호, 한양대학교 법학연구소(2009), 373면.

다만, 피고인의 진술도 탄핵의 대상이 될 수 있는지, 만일 그렇다면 내용부인된 피신조서에 기재된 종전의 자기모순 진술이 피고인의 진술에 대한 탄핵증거가 될 수 있는지에 대하여는 위 학설 대립과 별도의 차원에서 논의가 이루어지고 있어, 이를 상세히 살펴볼 필요가 있다.

3. 피고인 진술에 대한 탄핵[69] 및 피신조서의 탄핵증거로의 사용 가능성

(1) 학설의 대립

제318조의2 제1항에서는 명문으로 피고인의 진술을 탄핵의 대상으로 규정하고 있으나, 그럼에도 불구하고 국내에서는 피고인의 진술을 탄핵 대상으로 삼을 수 있는지에 관하여 긍정설과 부정설의 대립이 존재한다. 특히 이 쟁점은 내용부인으로 증거능력이 없는 피신조서가 탄핵의 수단이 될 때 두드러진다.

부정설에서는 명문의 규정에도 불구하고 피고인 보호의 관점에서 위 규정을 목적론적으로 축소해석하여 피고인의 진술은 탄핵의 대상이 되지 않는다고 하며, 그러한 해석이 제312조의 취지에도 합치되는 것이라고 한다.[70] 이러한 탄핵증거를 허용하게 될 경우에는 자백 편중의 수사관행을 부추길 우려가 있고, 사실상 탄핵증거를 범죄사실을 인정하는 데에 사용하게 될 위험이 있기 때문이라고 한다. 반면, 긍정설에서는 명문의 규정에 따라 피고인의 진술도 탄핵의 대상이 된다고 보지 않을 수 없다고 하지만, 긍정설을 취하는 경우에도 입법론적으로는 재검토를 요하는 것이 타당하다고 보는 견해가 다수이다.[71]

---

69) 논리적으로는 피고인의 진술이 탄핵의 대상인가의 문제가 탄핵증거의 허용범위에 관한 논의보다 선행되어야 한다. 그러나 탄핵증거의 허용범위에 관한 논의가 탄핵증거에 관한 기본적인 이해 방식과 밀접하게 맞물려 있고, 피고인의 진술이 탄핵의 대상으로 삼을 수 없다는 입장은 피신조서를 탄핵증거로 사용할 수 없다는 주장과 중첩적으로 전개되고 있어 불가피하게 본문과 같은 전개 방식을 택하였다.

70) 정승환, 위의 책(주 59), 644면; 임동규, 위의 책(주 58), 607면; 최영승, 위의 책(주 58), 586면; 김인회, 위의 책(주 58), 564면; 권영법, 위 논문(주 16), 82면. 보다 정확하게는 피고인의 부인진술에 대한 검사의 탄핵이 금지된다는 취지로 이해된다. 피고인의 자백 진술을 피고인이 탄핵하지 못하도록 하는 것은 피고인의 방어권을 부당하게 침해하는 결과를 낳기 때문이다. 소극설의 이러한 취지를 분명히 하고 있는 문헌으로, 이주원, 위의 책(주 58), 589면(피고인의 자백 진술을 피고인이 탄핵하는 경우가 존재할 수 없다는 시각도 있을 수 있으나, 재판 초기의 자백 진술을 변호인 교체나 항소 등의 기회로 부인 진술로 변경하는 것은 실무상 아주 드문 일은 아니다).

(2) 판례의 입장

1) 탄핵증거 사용 가능성을 긍정한 판결례

내용부인으로 증거능력이 없는 피신조서의 탄핵증거로서의 사용이 본격적인 쟁점으로 제기된 첫 번째 사건은 대법원 1998. 2. 27. 선고 97도1770 판결이다.[72] 이 사건에서 피고인은 자신이 경영하는 회사 사무실에서 북한에서 남파된 대남공작원을 만나 그가 자신을 간첩으로 포섭하려 한다는 정을 알면서도 이를 수사기관 또는 정보기관에 고지하지 아니하였다는 이유로 국가보안법 제10조의 불고지죄 혐의로 기소되었다. 피고인은 수사기관에서부터 법정에 이르기까지 북한 공작원을 만난 사실 자체를 완강히 부인하였다. 1심에서는 해당 북한 공작원의 진술 및 이를 뒷받침하는 다른 증거를 믿을 수 없다고 보아 무죄를 선고하였으나, 항소심에서는 공작원의 진술이 신빙성이 있는 반면 그에 반하는 피고인의 법정 진술이 신빙성이 없다고 보아 유죄를 선고하였는데, 피고인의 법정 진술 중 일부(피고인 사무실 직원의 수, 피고인의 운전면허 취소 여부, 호출기의 호출번호 등)가 경찰에서 임의로 진술된 내용과 모순된다고 하면서 경찰 진술 내용이 기재된 피신조서 및 피고인이 작성한 자술서를 피고인의 법정 진술에 대한 탄핵증거로 사용하였다. 대법원은 "사법경찰리 작성의 피고인에 대한 피의자신문조서와 피고인이 작성한 자술서들은 모두 검사가 유죄의 자료로 제출한 증거들로서 피고인이 각 그 내용을 부인하는 이상 증거능력이 없으나 그러한 증거라 하더라도 그것이 임의로 작성된 것이 아니라고 의심할 만한 사정이 없는 한 피고인의 법정에서의 진술을 탄핵하기 위한 반대증거로 사용할 수 있다."고 판시하며 위와 같은 탄핵증거로 인해 피고인 법정 진술의 증명력이 감쇄하였다고 본 원심 판단을 수긍하고 상고를 기각하였다.

위 쟁점은 대법원 2005. 8. 19. 선고 2005도2617 판결에서 다시 문제되었다.[73]

---

71) 신동운, 위의 책(주 58), 711면; 이재상·조균석·이창온, 위의 책(주 56), 712면; 이승준, "형사소송법 제318조의2(탄핵증거)의 해석에 대한 소고", 한양법학 제23권 제3집(2012. 8.), 97, 98면(피고인을 포함시킨 입법자의 결단을 존중하기는 하여야 하나, 입법상의 과오에 해당하므로 피고인의 진술은 삭제되어야 한다고 함).

72) 사안의 구체적인 내용은 대법원 판결 자체에는 등장하지 아니하여, 해당 판례에 대한 대법원 판례해설을 참조하였다. 김동윤, "1. 피고인이 내용을 부인하여 증거능력이 없는 사법경찰리 작성의 피의자신문조서 등을 탄핵증거로 사용하기 위한 요건 2. 법정에서 증거조사를 한 바 없는 증거를 탄핵증거로 사용할 수 있는지 여부", 대법원판례해설 제30호(법원도서관, 1998), 622－623면.

이 사건에서 피고인은 자동차를 운전하던 중 안전운전에 관한 주의의무를 태만히 한 과실로 피해자를 차량으로 충격하여 요치 2주의 상해를 입게 하고 도주하였다는 특정범죄 가중처벌 등에 관한 법률 위반(도주차량) 혐의로 약식명령을 받고 정식재판청구를 하였다. 1심에서는 공소사실의 업무상과실치상 부분에 부합하는 피해자의 진술에 신빙성이 없다고 보아 무죄를 선고하였다. 검사는 1심 판결에 대하여 항소하면서 피고인이 경찰에서 범행을 일체 자백하다가 부인하였는데 자백을 기재한 피신조서의 기재는 그와 모순되는 법정진술에 대한 탄핵증거로 사용될 수 있다고 주장하였다. 이에 대하여 2심 법원은 원심 판단이 정당하다고 수긍하면서 검사의 주장에 대하여는 피신조서가 탄핵증거로서의 증거조사 절차를 거친 바 없으므로 탄핵증거가 될 수 없다는 취지로 답하였다. 대법원은 앞의 97도1770 판결의 판시 내용을 거의 그대로 원용하며 피신조서를 탄핵증거로 제출하는 것이 가능하다고 보았고, 비록 피신조서에 대해 탄핵증거로서의 증거조사가 이루어진 바는 없지만, 탄핵증거에 요구되는 증거조사절차, 즉 검사가 입증취지 등을 진술하고 피고인 측에 열람의 기회를 준 후 그 의견을 듣는 절차가 대부분 이루어졌다고 볼 수는 있으므로 피신조서를 피고인의 법정 진술에 대한 탄핵증거로 사용할 수 있다고 보았다. 다만 그렇다 하더라도 위 피신조서로써 공소사실을 부인하는 피고인의 법정 진술의 증명력이 감쇄되었다고 볼 수 없고 공소사실을 인정할 증거가 없으므로 2심 법원의 탄핵증거의 증거능력 내지 그 조사방법에 관한 법리오해의 위법이 판결의 결과에 영향을 미치지 않았다고 하며 상고를 기각하였다.

2) 탄핵증거 사용 가능성을 부정한 판결례

대법원 2012. 10. 25. 선고 2011도5459 판결은 피신조서의 탄핵증거 사용 가능성에 관한 판결례는 아니지만, 주목을 요한다.[74] 이 사건에서 피고인은 13세 미만인 피해자를 강간하였다는 성폭력범죄의 처벌 및 피해자보호 등에 관한 법률위반(13세미만 미성년자 강간 등)의 혐의로 기소되었다. 1심 법원은 공소사실을 뒷받침하는 피해자의 진술에 신빙성이 없다고 보아 무죄를 선고하였다. 검사는 항소하면서 피고인이 구치소에 면회 온 사람과 이야기를 나누던 중 자신의 범행을 시인하였

---

73) 위 판결 사안의 구체적인 내용과 1심 및 항소심 판결의 판시에 대해서는, 안성수, "탄핵증거의 요건, 조사방법과 입증", 형사판례연구 제18권, 한국형사판례연구회(2010), 328-332면 참조.

74) 사안의 경과에 대하여는 이흔재, "탄핵증거의 자격과 피고인 진술의 탄핵대상여부 - 범행을 자백하는 피고인의 자기모순 진술이 기재된 체포·구속인 접견부를 중심으로", 형사법연구 제28권 제3호, 한국형사법학회(2016. 9.), 43-44면.

다는 취지가 기재되어 있는 체포·구속인접견부 사본을 피고인의 부인 진술에 대한 탄핵증거로 제출하였으나, 항소심에서는 위 증거는 피고인의 부인진술을 탄핵한다는 것이므로 결국 검사에게 입증책임이 있는 공소사실 자체를 입증하기 위한 것에 불과하므로 제318조의2 제1항 소정의 피고인 진술의 증명력을 다투기 위한 탄핵증거로 볼 수 없다고 하며 증거신청을 기각하였다.

위 판결은 이후의 피신조서의 탄핵증거 사용이 문제된 일부 하급심 판결에 영향을 미친 것으로 보인다. 예컨대, 서울고등법원(춘천) 2012. 4. 25. 선고 2012노28 판결75)에서는 다음과 같이 판시하고 있다.

> 「증거분리제출주의가 정착된 현행 형사사법 체계 아래에서는 피고인의 공판정에서의 진술을 증거능력 없는 공판정 외의 자백으로 탄핵하는 것은 증거능력 없는 증거가 법정에 아무런 제한 없이 현출되게 하여 결과적으로 공판중심주의를 형해화시킴으로써 자백 편중의 수사 관행을 부추길 우려가 있고, 피고인의 진술을 탄핵하더라도 공소사실이 유죄로 되는 것은 아닌 만큼 별 실익도 없으므로 원칙적으로 허용되지 아니한다. 또한, 형사소송법 제318조의2 [제1항]의 문언상 "증명력"이라 함은 어떤 사실을 입증할 수 있는 증거의 실질적 가치를 말하는 것이므로, 피고인의 단순한 부인 진술이나 묵비의 경우에는 가사 피고인의 수사기관에서의 자백 진술이 있었다고 하더라도 그 진술로 탄핵할 대상이 없어서 이를 탄핵증거로 제출할 수도 없다. 만약 피고인이 내용을 부인하여 증거능력이 없는 경찰 피의자신문조서에 대해서도 아무런 제한 없이 탄핵증거로 사용할 수 있다고 할 경우, 자칫 증거능력이 없는 증거에 의하여 공소사실을 유죄로 인정하는 것과 다름 아닌 결과가 될 수 있을 뿐만 아니라, 특별한 연혁적 이유가 있는 형사소송법 제312조 제3항의 규정 취지에도 반하게 될 것이다. 따라서 원심이 피고인이 내용 부인한 사법경찰리 작성의 피고인에 대한 제2회 피의자신문조서를 탄핵증거로 삼아 피고인 법정 진술의 신빙성을 탄핵하는 이유 중의 하나로 거시하고 있는 것은 잘못이라 할 것이다.」

대전지방법원 2019. 2. 21. 선고 2018고합247 판결에서도 "검사는 피고인이 내용을 부인한 경찰 진술조서 및 피의자신문조서를 피고인의 현장부재주장 등에 대한 탄핵증거로 제출하였는바, 위 각 증거는 증거능력이 없는 것으로 확정된 증거이고, 이를 탄핵증거로 허용한다면 형사소송법 제312조부터 제316조의 규정을 회피하여 증거능력 없는 증거를 법관에게 노출시키는 결과를 초래하는 것이어서 이는

---

75) 아래 판결 원문은 이상훈·정성민·백광균, 위 보고서(주 52), 409면에서 재인용하였다.

탄핵증거로도 허용될 수 없다"고 판시하였다.

3) 평가

2011도5459 판결은 피고인의 부인 진술은 탄핵의 대상이 아니라는 취지로 읽힐 수 있어, 2005도2617 판결 등에서 판시하고 있는 바와 모순된다는 지적이 있다.[76] 그러나 대법원은 위 판결이 선고된 이후에도 2005도2617 판결의 판시를 그대로 원용하며 기존의 긍정설을 다시 확인하였을 뿐,[77] 양 판결례의 조화로운 해석 가능성에 대하여는 별다른 언급을 한 바 없다.

2011도5459 판결과 2005도2617 판결이 일견 상반되는 내용을 담고 있는 점은 부인하기 어려우나, 위 지적처럼 반드시 서로 모순되는 취지인지에 대해서는 약간 의문이 있다. 왜냐하면 위 판결에서 검사가 체포·구속인접견부 사본을 탄핵증거로 제출하겠다고 한 취지가 실제로 피고인이 피고인신문 과정에서 한 구체적인 진술을 탄핵하겠다는 것인지, 아니면 피고인이 공소사실의 인부와 관련하여 무죄라는 입장을 간단히 밝힌 것을 탄핵 가능한 피고인의 진술이라고 보아 탄핵하겠다는 것인지 판결문상으로 분명하게 드러나지 않기 때문이다. 만일 전자에 해당한다면 이러한 판시는 2005도2617 판결의 취지와 모순된다고 볼 수 있다. 그러나 후자에 해당한다면 탄핵증거의 제출은 탄핵의 대상이 존재하지 않는 경우임에도 탄핵증거라는 명목으로 우회적으로 증거능력 없는 본증을 제출하려고 한 것이라고 볼 여지가 있고, 그러한 탄핵증거의 제출이 허용되지 않는다는 결론이 2005도2617 판결과 반드시 모순되는 것이라고 할 수 없다.

다만, 2012노28 판결이나 2018고합247 판결의 경우에는 피신조서를 탄핵증거로 사용하는 것이 제312조의 취지에 반할 수 있다는 점을 좀 더 분명하게 드러내고 있어, 2005도2617 판결과 정면으로 모순되는 판시임을 인정할 수 있다.

(3) 검토

필자는 피고인의 진술도 탄핵의 대상이 될 수 있고, 이를 위해 피신조서도 탄핵증거로 사용하는 것이 원칙적으로 가능한 것으로 보되 그 사용 요건을 엄격하게 정하여야 한다는 입장을 취하고자 한다. 아래에서는 위 주장의 타당성에 대하여 구체

---

76) 이흔재, 위 논문(주 74), 56면.
77) 대법원 2014. 3. 13. 선고 2013도12507 판결.

적으로 논증하여 보도록 하겠다.

1) 피고인 진술에 대한 증명력 검증의 필요

위 쟁점을 해결하기 위해서는 먼저 법정에서 피고인의 공소사실을 부인하는 취지의 진술이 허위일 가능성이 있는 경우, 그 신빙성의 검증이 필요한가의 문제부터 출발하여야 할 것이다. 피고인 진술이 탄핵 대상이 아니라는 주장의 주된 근거는 우리 형사소송법에서 피고인은 미국 형사법에서와는 달리 증인의 지위를 가지지 않으므로 위증죄의 처벌 대상도 아닐뿐더러 애초에 진실의무 자체가 없다는 것이다.[78] 더 나아가 피고인의 부인 진술은 당사자로서의 주장일 뿐 어떤 사실을 입증할 수 있는 '증거'의 실질적 가치를 의미하는 증명력이 존재한다고 볼 수 없다는 주장도 있다.[79] 물론 대륙법으로부터 유래한 우리 형사소송법의 피고인신문 제도 하에서 피고인은 스스로 진술하기를 선택한 경우라 하더라도 진실의무를 부담하지 않는다. 그런데 피고인이 진실의무를 부담하지 않아 허위 진술을 한 경우에 처벌받지 않는다는 것이 피고인의 부인 진술이 증거로서 무가치하며, 그 증명력에 대한 검증의 필요가 없다는 결론으로 필연적으로 이어지지는 않는다.[80]

피고인이 공소사실에 대하여 증거를 통하여 방어를 하는 방법으로는 공소사실과 양립할 수 없는 반대사실에 대한 증거, 즉 반대증거를 제출하는 방법과 검사가 제출한 유죄의 증거의 신빙성을 탄핵하기 위한 증거, 즉 탄핵증거를 제출하는 방법이 있다. 피고인의 진술은 이러한 반대증거와 탄핵증거 둘 다에 해당할 수 있다. 가령 현장부재증명이 문제되는 경우, 피고인이 다른 시간, 다른 장소에서 다른 일을 하고 있었다는 피고인 스스로의 경험적 진술은 공소사실에 대한 유력한 반대증거이다. 알리바이에 관한 생생한 이야기를 담고 있는 피고인의 진술은 애초에 증거도 아니니 그것 말고 물증이나 제3자의 진술을 제시하는 방식으로만 현장부재증명을 하라는 요구는 상황에 따라서는 현장부재증명의 설득력을 취약한 것으로 만들어 피고인의 방어권을 약화시키는 결과를 낳을 수 있다.[81] 또한, 진술증거 외에 다른

---

78) 김희균, 위 논문(주 64), 81면("피고인은 유죄 혹은 무죄 판단에 있어서 정보를 제공할 의무가 없다"), 82면(미국법에서의 탄핵은 "피고인에 대한 탄핵"이 아니라, "증인이 된 피고인에 대한 탄핵"임을 지적).

79) 곽지현, 위 논문(주 4), 109면.

80) 현행법은 피고인의 증거방법으로서의 지위를 명확히 인정하고 있다는 언급으로, 이상훈·정성민·백광균, 위 보고서(주 52), 351면.

유의미한 증거가 있기 어려운 상황에서 피해자 등 유죄를 뒷받침하는 증인의 진술과 피고인의 진술이 엇갈리는 경우, 피고인의 진술은 공소사실과 양립 불가능한 반대사실에 대한 증거이자 동시에 피해자의 진술에 대한 탄핵증거가 될 수 있다.[82] 이처럼 피고인의 부인 진술이 증거로서의 지위를 가질 수 있다면, 그것이 충분한 증거가치를 가져 검사의 공소사실에 대한 입증에 합리적 의심을 불러일으키는 역할을 하는지, 혹은 반대로 신빙성을 인정하기 어렵고 오히려 그로 인해 유죄 증거의 증명력을 증강시켜주는 것인지에 대한 판단은 당연히 필요하고, 가능한 한 충분한 정보에 입각하여 이루어져야 할 것이다. 요컨대, 피고인이 허위 진술을 하였다고 하여 그에 대한 법적 제재를 할 수 있는 것은 아니지만, 피고인이 허위 진술을 하였는가에 대한 판단은 재판 본연의 목적 중 하나인 실체진실의 발견을 위하여 필요하다. 오히려 피고인의 허위 진술에 대하여 위증죄 등에 의한 제재가 불가능하여 증인의 진술에 비하여 진실성 검증을 위한 장치가 부족해진 만큼, 탄핵증거의 필요성은 더 강력하다고 볼 수도 있다.[83]

2) 내용부인 피신조서는 탄핵증거로도 사용해서는 안 된다는 주장에 관한 검토

(가) 자백 편중의 수사 관행에 대한 통제가 필요하고, 이를 위해 제312조의 취지를 탄핵증거의 경우에도 관철하여야 한다는 논거

내용부인 피신조서를 탄핵증거로 사용해서는 안 된다는 주장의 주요 논거는 자백 편중의 수사 관행에 대한 통제가 필요하고, 이를 위해서는 제312조의 입법 취지를 제318조의2 제1항의 문언보다 우선시한 해석론을 펼쳐야 한다는 것이다.

우선 여기에 대해서는, 먼저 피고인의 부인 진술에 대한 종전 모순 진술에는 자백 진술만 있는 것은 아니고 부인 진술도 존재한다는 점을 지적할 필요가 있겠다.[84]

---

81) 물론 이것이 피고인에게 현장부재증명과 관련하여 증명책임이 있다는 의미는 아니다. 그러나 현실적으로 피고인의 현장부재증명에 관한 주장과 이를 뒷받침하는 증거가 강력할수록, 공소사실에 대하여 검사가 제출한 유죄의 증거에 대한 합리적 의심은 더욱 커질 것임을 부인할 수는 없다.

82) 이 점에 관련하여, 대법원은 "강간죄에서 공소사실을 인정할 증거로 사실상 피해자의 진술이 유일한 경우에 피고인의 진술이 경험칙상 합리성이 없고 그 자체로 모순되어 믿을 수 없다고 하여 그것이 공소사실을 인정하는 직접증거가 되는 것은 아니지만, 이러한 사정은 법관의 자유판단에 따라 피해자 진술의 신빙성을 뒷받침하거나 직접증거인 피해자 진술과 결합하여 공소사실을 뒷받침하는 간접정황이 될 수 있다."고 설명하고 있다. 대법원 2018. 10. 25. 선고 2018도7709 판결.

83) 이 점을 지적하는 문헌으로, 안성수, 위 논문(주 73), 351면.

피고인이 수사 초기부터 법정에 이르기까지 범행을 부인하여 유·무죄에 대한 치열한 다툼이 있는 사건의 사실인정에서 수사기관에서부터 법정에 이르기까지의 부인 진술을 상호 비교하여 일관성이 있는가를 살피는 것은 매우 전형적인 사실인정의 판단 방식인데,[85] 이것을 달리 말하면 피고인의 부인 진술을 그와 세부적 사항에 관하여 모순된 내용을 담고 있는 부인 진술로 탄핵하는 경우라고 말할 수 있다. 이러한 경우에 피고인 진술에 대한 탄핵을 허용하는 것은 자백 편중 수사 관행과는 별다른 연관이 없다.

물론 수사기관이 자백 진술을 무리하게라도 얻어내고자 하는 유인을 통제할 필요가 있다는 점을 탄핵증거의 허용 범위의 판단에 있어서 고려할 필요가 있음을 부인할 수는 없다. 미국 연방대법원이 탄핵증거 사용까지 금지한다고 하여 위법수사에 대한 억지력이 강화되는 측면은 미미한 반면 진실 발견을 위하여 탄핵증거를 증거로 사용할 필요는 크다고 판단하였던 것을 앞서 살펴본 바 있으나, 필자는 이러한 연방대법원의 판단에 동의하지는 않는다. 증거수집의 위법성을 사후적인 증거 사용의 필요로 정당화하는 것은 가능한 한 자제하는 것이 법치주의 이념에 부합하고, 특히 피고인으로부터 수사기관이 진술을 이끌어 내는 과정에서 이루어질 수 있는 인권 침해는 위법수사 중에서도 가장 강력하게 근절되어야 할 유형에 해당하므로, 우리나라에서의 통설적 입장과 마찬가지로 탄핵증거로의 사용도 원칙적으로 불가능하다고 보는 것이 타당하다고 생각한다.[86] 그러나 수사의 적법성과 진술의 임의성에 아무런 논란이 없는 경우에까지 피고인의 종전의 자기모순 진술이 담긴 피신조서를 탄핵증거로도 전혀 쓸 수 없도록 하는 것은 자백 편중의 수사 관행에 대한 통제에 필요한 정도를 넘어서서 증거의 사용을 지나치게 제한하는 것이어서 합리적이지 않다.

제312조의 이념은 피고인이 조서에 기재된 내용을 부인한다고 그것이 진정으로

---

84) 이완규, 위 논문(주 19), 387면에서는 소극설이 피고인의 진술을 자백과 부인으로 지나치게 단순하게 이분화하고 있다고 비판한다. 부인 진술을 자백 진술로 탄핵하는 경우만을 상정하여 이론 구성을 하고 있다는 취지로 이해된다.

85) 가령, 대법원 2005. 6. 10. 선고 2005도1849 판결(피고인의 사건 당일의 행적에 관한 진술이 경찰, 검찰, 법정에서 계속하여 변경되어 전혀 일관성이 없으므로 선뜻 믿기 어려움에도 불구하고 원심에서 그와 같은 진술 등을 토대로 공소사실에 부합하는 증거를 배척한 것에는 심리미진, 채증법칙 위반이라고 지적하며 원심을 파기함).

86) 이재상·조균석·이창온, 위의 책(주 56), 714면; 이완규, 위 논문(주 19), 389면. 물론, 위법수사에 의하여 얻어진 진술이라 하더라도 위법수집증거의 증거능력 배제에 대한 예외에 해당할 수 있는 경우에는 탄핵증거로 사용하는 것이 가능하다.

허위의 증거로 취급된다는 것이라기보다는, 피신조서에 포함된 진술은 그 취득 경위에 비추어 신빙성에 대한 의심이 항상 있을 수밖에 없으므로 본증 사용의 통제 권한을 피고인에게 준다는 것으로 이해하여야 한다. 즉, 조서의 손쉬운 본증 사용에 의하여 피고인이 스스로의 입장을 제대로 항변하고 관련된 증거를 제출하여 판단자를 설득할 기회를 갖기 전에 피고인에 대한 유죄 프레임이 형성되는 것을 방지하는 기능을 갖는 것이다. 2007년 및 2020년 형사소송법 개정 이후에도 조사자증언을 통하여 피고인의 수사기관 진술을 본증으로 현출시키는 것이 여전히 가능한데, 이 경우에는 피고인 측의 조사자에 대한 반대신문을 통하여 수사기관 진술이 가질 수 있는 강력한 유죄 프레임이 다소 희석될 수 있다는 것이 조사자증언을 본증으로 두는 입법자의 의도라고 생각된다. 그러나 피고인이 충분히 공소사실에 대한 입장을 밝히고, 스스로를 방어할 수 있는 수단을 모두 활용한 이후에는 조서가 가질 수 있는 유죄 프레임 형성의 힘이 그렇게 크다고 볼 수는 없고, 판단자가 증.거조사 과정을 통하여 형성한 심증을 토대로 하여 조서에 기재된 진술과 법정진술 사이에 모순이 존재한다는 점이 가지는 의미를 충분히 음미할 수 있는 상태에 이르렀다고 할 수 있으므로, 이 시점에 조서를 현출시키는 것이 제312조의 이념에 반하는 것이라고 단정적으로 판단하기는 어렵다.[87]

한편, 조서가 피의자의 진술을 편집, 왜곡하여 수록하였을 가능성에 대하여는 충분한 주의를 기울일 필요가 있고, 이러한 점을 고려하여 피신조서의 탄핵증거 사용 요건을 구체화할 필요가 있다.

(나) 탄핵증거를 본증으로 사용하는 것을 우회적으로 허용하게 된다는 논거

사실상 탄핵증거를 범죄사실을 인정하는 본증으로 우회적으로 허용하게 될 위험성에 관한 우려는 앞의 논거보다 더 큰 설득력을 지닌다. 어느 하나의 증거가 본증으로도, 탄핵증거로도 사용될 수 있는 내용을 포함하고 있을 때 이를 본증으로 사용할 수 없다고 하여 항상 탄핵증거로 사용할 수 없는 것[88]은 아니라 하더라도, 앞서 미국의 논의에서도 보았듯이 공소사실에 부합하는 정보를 포함하고 있는 어떤 증거를 놓고 피고인의 진술에 대한 탄핵의 목적으로만 이용하고 유죄의 본증으로는 이용하지 않는다는 것은 결코 쉬운 일이 아니기 때문이다. 입증취지의 분별이

---

87) 다만, 이러한 결론을 내리기 위해서는 뒤에서 주장하는 바와 같이, 피고인신문에서의 구체적인 진술에 대하여만 탄핵증거 제출이 가능하다는 점이 관철되어야 한다.

88) 2011도5459 판결이 2005도2617 판결과 모순되는 취지를 담고 있는 것으로 파악할 경우, 너무나 손쉽게 이러한 결론에 이른다고 비판할 수 있다.

어렵다는 위험은 배심원이 아닌 직업법관이 사실인정의 권한을 가지고 있는 우리 나라에서는 특별히 문제를 일으키지 않는다는 시각도 있지만,[89] 직업법관이라고 하여 반드시 증거능력 없는 증거에 의한 심증 형성으로부터 자유롭다고만 할 수는 없다. 그러나 미국의 논의에서 이러한 입증취지 분별의 어려움이 있다고 해서 곧바 로 해당 증거를 탄핵증거로도 사용하는 것을 금지하는 결론으로 이어지는 것이 아 니라, 입증취지 분별의 어려움과 동시에 그로 인한 위험성이 해당 증거의 사용으로 얻을 수 있는 이익보다 우월하다는 점이 인정되어야 비로소 증거 사용이 금지되는 것도 함께 상기할 필요가 있다. 미국 연방증거법은 결론적으로 본증으로 사용할 수 없는 종전의 모순된 진술을 탄핵증거로도 사용하지 못하도록 할 정도로 분별의 어 려움으로 인한 위험이 크지는 않다고 보고 있는데, 그 근거에는 여러 가지가 있겠 으나 필자가 이해하기에는 특히 다음의 두 가지 점이 중요하게 고려되고 있다고 보 인다.

첫째, 피고인은 법정에 항상 출석하여 있으므로 변론 종결 전까지 스스로의 종전 의 자기모순 진술이라고 제시된 증거에 대하여 충분히 설명 내지는 부인할 수 있는 기회가 주어져 있다는 점이다. 이러한 논거는 미국에서 피고인의 법정 외 진술을 애초에 전문증거가 아니어서 유죄의 본증으로 보게 되는 근거와도 일치한다.

둘째, 헌법이 보장하는 피고인의 자기부죄금지특권에 의거하여, 피고인이 스스로 증언대에 설 것인지 여부를 선택하여 자발적으로 진술을 한 경우에만 그에 대한 탄 핵증거의 제출이 가능하고, 검사가 피고인을 증인으로 신청할 수는 없다는 점이다. 즉, 종전의 자기모순 진술을 검사가 탄핵증거로 사용할 수 있는가에 대한 결정의 이니셔티브가 검사가 아니라 피고인 측에 주어져 있는 것이다. 만일 검사가 피고인 을 증인으로 신청하여 피고인의 부인 진술에 대하여 탄핵증거를 사용할 수 있게 된 다면, 검사가 피고인이 부인하는 취지의 진술을 할 것임을 명백히 예견하면서도 본 증으로 사용할 수 없는 종전 진술을 탄핵증거로 현출시키고자 피고인에 대한 증인 신청을 하는 경우, 즉 본증으로의 현출을 의욕하여 탄핵증거 신청 권한을 남용하는 경우를 예방하기가 어렵게 된다.

우리 형사소송법에서도 첫 번째 논거는 피고인의 종전의 자기모순 진술을 피고 인 진술에 대한 탄핵증거로 허용하는 데에 원용될 수 있다. 특히 수사기관의 조서 에 기록되어 있는 종전의 자기모순 진술의 경우, 그와 같은 증거가 수사기관의 수

---

89) 김동윤, 위 논문(주 72), 634-635면.

중에 놓여 있음을 피고인 스스로가 가장 잘 알고 있음은 물론, 그 내용에 대해서도 공소제기 후에 검사가 보관한 서류의 열람·등사를 통하여 충분히 다시 숙지할 수 있는 기회가 주어져 있다. 검사는 피고인에게 불리한 진술이 기재된 조서라면 우선은 이를 유죄의 본증으로 제출할 것인데, 그렇다면 위 조서는 검사가 증거로 신청할 서류로서 제266조의3 제1항 제1호에 따라 피고인 측에 대한 열람·등사 대상이 되는 서류 또는 물건의 목록에 포함될 것이기 때문이다. 따라서 피고인은 재판 절차의 초기에서부터 피신조서의 내용을 숙지하고 그에 관하여 어떠한 방식으로 입장을 표명할 것인지에 대한 나름대로의 입장을 정한 상태에서 피고인신문에 임하게 된다. 설령 피신조서가 부인 진술을 담고 있는 등의 이유로 본증으로 신청되지 않은 증거라 하더라도, 뒤에서 다시 살필 것처럼 검사가 피신조서를 피고인 측에 제시하지 않고 있다가 이를 이용하여 피고인신문을 하면서 피고인 진술의 신빙성을 탄핵하는 등으로 '깜짝 변론'을 하는 것은 미국에서와 달리 우리 판례상으로는 허용되지 않으므로, 피고인이 종전 자기모순 진술에 대하여 충분히 설명을 제공할 기회는 여전히 부여되어 있다고 할 것이다.

반면, 두 번째 논거와 관련하여, 미국과 대조적으로 우리 형사소송법상 피고인에게 자신에 대한 탄핵증거 제출을 제어할 수 있는 이니셔티브가 주어져 있다고 할 수 있는지는 의문이다. 이 점은 기본적으로는 피고인신문에 관한 규정에 근거한다. 제296조의2 제1항 본문에서는 "검사 또는 변호인은 증거조사 종료 후에 순차로 피고인에게 공소사실 및 정상에 관하여 필요한 사항을 신문할 수 있다"고 규정하고 있다. 위 조항에 관하여 대법원은 "변호인의 피고인신문권은 변호인의 소송법상 권리"[90]라고 언급한 바 있으나, 검사의 피고인신문권도 검사의 소송법상 권리(혹은 권한)인지에 대하여는 분명하게 언급한 바 없다. 이에 검사가 피고인신문을 요청하였으나 피고인이 이를 원하지 않는 경우 피고인신문을 하지 않을 수 있는지가 쟁점이 될 수 있다.[91] 물론 피고인에게는 진술거부권이 있으므로, 피고인신문을 하는 경우

---

90) 대법원 2020. 12. 24. 선고 2020도10778 판결.

91) 부정하는 문헌으로, 백강진, "피고인의 진술거부권", 법조 제653호, 법조협회(2011. 2.), 83, 121 – 126면(2007년 개정 형사소송법 제283조의2 제1항에서 "피고인은 진술하지 아니하거나 개개의 질문에 대하여 진술을 거부할 수 있다."는 조문을 두고 있는 것은 개정 전 형사소송법에서 피고인이 개개의 질문에 대하여 진술을 거부할 수 있도록 한 데에서 한 발 더 나아가 일체의 진술거부권, 즉 피고인이 증거방법으로서의 지위를 거부할 수 있는 권리를 부여한 것이고, 피고인은 검사를 신문할 수 없는데 검사가 피고인을 신문할 수 있는 권리를 갖는 것은 무기대등의 원칙에 부합하지 않는다는 점을 근거로 함). 반면, 긍정하는 문헌으로, 이완규, "피

라 하더라도 피고인이 진술거부권을 행사한다면 검사가 탄핵증거를 제출할 수 없으므로 피고인에게 이니셔티브가 주어지는 것으로 볼 수 있다는 주장도 있을 수 있다. 그러나 피고인이 피고인신문을 위하여 증인석에 앉아 진술거부권을 행사하는 모습은 ― 그러한 추론이 금지됨에도 불구하고 ― 피고인에게 불리한 심증을 형성할 수 있기 때문에, 피고인신문이 일단 이루어지는 이상은 피고인이 진술거부권을 행사하는 것에 부담을 느끼고 질문에 대한 답변을 하게 되는 심리적 압박 상황으로 이어지고, 그에 따라 탄핵증거가 법정에 현출되는 경우를 배제하기가 어려울 수 있다. 피고인이 원하지 않는 경우에 피고인신문을 하지 않는 것이 실무의 확립된 관행이라 하더라도 여전히 문제는 남는다.[92] "피고인 진술의 주장적 기능과 증거적 기능을 혼합된 형태로 유지하면서 피고인의 진술을 취득"[93]하려는 대륙법계의 피고인신문 제도로부터 연혁적으로 유래한 우리의 형사재판 실무에서는 아직까지도 피고인의 변론으로서의 '주장'과 증거로서의 '진술'이 반드시 뚜렷하게 구별되지 아니하여,[94] 피고인의 모두진술이나 최후 변론에서의 진술, 재판장의 석명권 행사에 대하여 답변한 사항 등이 모두 증거로서의 피고인의 진술에 포함된다고 볼 여지가 있기 때문이다. 만일 피고인이 피고인신문이라는 절차를 통하지 아니하고 법정에서 공소

고인신문과 진술거부권 그리고 재판심리", 법조 제647호, 법조협회(2010. 8.), 116 ― 132면 (2007년 형사소송법 개정 논의 당시 피고인 측의 신청이 있는 경우에만 피고인신문을 하도록 하는 법원 측의 피고인신문에 관한 개정안이 받아들여지지 않고 현재와 같은 형태로 조문화된 취지 등을 고려하면 검사가 고유한 신문권을 가지는 개정 전의 피고인신문 제도의 틀이 그대로 유지되고 있는 것으로 보아야 한다고 함).

92) 최근의 실무는 피고인신문을 생략하는 경우가 다수인 것으로 보이고(최근 추세에 관한 변호사로서의 경험에 관해서는 심제원, "재판장님, 저는 피고인 신문을 하겠습니다", 서울지방변호사회보 제590호, 인터넷 링크: http://news.seoulbar.or.kr/news/articleView.html?idxno = 1810, 2023. 6. 30. 최종 확인), 검사가 피고인신문을 원하더라도 피고인 측에서 원하지 않을 경우에는 재판장이 소송지휘권을 행사하여 검사가 피고인신문을 하지 않는 방향으로 입장을 정리하도록 하는 실무례도 있는 것으로 보인다(유설희, "정경심 피고인신문 거부, 조국 증언 거부처럼 드문 일?", 경향신문 2020. 9. 21.자, 인터넷링크: https://www.khan.co.kr/national/ court ― law/article/202009212107005, 2023. 6. 30. 최종 확인). 이러한 실무가 반드시 피고인 측에 피고인신문 진행 여부에 대한 이니셔티브를 주는 것이라고 말하기도 어렵기는 하지만, 적어도 피고인이 원하지 않는데도 불구하고 증인석에서 피고인신문을 견뎌내도록 하는 것은 부당하다는 관점을 반영하고 있는 것으로는 보인다. 그러나 실무의 관례에 의존하기보다는 피고인신문에 관한 규정에 대한 근본적인 재검토가 필요하다고 생각된다.

93) 이완규, 위 논문(주 91), 115면.

94) 이완규, 위 논문(주 91), 107면.

사실의 인부 취지를 명확히 하기 위하여 스스로 하는 발언도 탄핵 가능한 피고인의 법정 진술로 보게 된다면, 피고인의 탄핵증거 제어에 대한 이니셔티브에 상당한 장해가 초래된다. 특히 이러한 장해는 피고인이 변호인의 적절한 조력을 받지 못하여 스스로를 변론하는 취지의 발언을 해야 하는 경우에 더욱 커진다고 할 것이다.[95]

3) 소결

결국, 소극설의 비판을 딛고 피신조서에 포함된 종전의 모순된 진술을 피고인의 법정 진술에 대한 탄핵증거로 사용할 수 있으려면, 위 종전 진술이 실질적으로는 본증으로서 피고인의 유·무죄에 대한 심증 형성에 영향을 미치는 것을 최소화하고, 종전 진술이 설령 심증 형성에 어느 정도 영향을 미친다 하더라도 그것이 실체 진실의 발견에 위험을 초래하지 않을 수 있는 방식으로 현출될 수 있어야 한다. 이를 위해서는 피고인 측에 탄핵증거 사용 가능성에 대한 이니셔티브가 충분히 주어질 필요가 있다. 즉, 피고인 측에서 피고인신문을 스스로 요청함으로써 피고인의 법정 진술을 공소사실에 대한 반대증거나 본증에 대한 탄핵증거로 제출하는 취지임을 명백히 하였거나, 적어도 검사나 재판장의 직권 신문에 대하여 자발적으로 응하는 기회에 스스로의 진술을 위와 같은 증거로 제출하는 것으로 볼 수 있는 경우에만 검사가 본증으로서의 증거능력을 부여받지 못한 피고인의 종전의 자기모순 진술을 탄핵증거로 제출하는 것을 허용하여야 한다. 또한, 피신조서가 탄핵증거로 사용되는 경우에는 종전의 자기모순 진술을 정확하게 전달하고 있다고 보장할 수 있어야 한다. 아래에서는 이와 같은 전제 하에 내용부인 피신조서의 탄핵증거 사용 요건과 절차의 구체화를 시도한다.

4. 내용부인 피신조서의 탄핵증거 사용 요건

(1) 탄핵의 대상이 피고인신문 과정에서 피고인이 한 구체적인 진술로 한정될 것

피신조서가 실질적으로 본증을 대체하는 역할을 하지 않기 위해서는, 분명한 탄핵의 대상이 존재하여야만 한다. 우선, 공판준비 및 공판기일에서 이루어진 피고인

---

95) 영미에서 피고인의 변론으로서의 주장과 증거로서의 진술이 분리될 수 있었던 것은 형사 재판에서의 변호인 조력이 보편화되었기 때문임을 상기할 필요가 있다. 관련하여, John H. Langbein, "The Historical Origins of the Privilege against Self-Incrimination at Common Law", 92 Mich. L. Rev. 1047 (1994)의 설명 참조.

의 모든 진술을 탄핵 대상으로 보아서는 안 되고, 피고인신문이라는 형식 하에 피고인이 한 진술만을 탄핵 대상으로 보아야 한다. 또한, 피고인신문은 피고인이 먼저 요청하거나 피고인이 명백히 자발적으로 동의하는 경우에만 진행되어야 하고, 피고인이 동의하지 않는데도 검사의 요청이 있거나 재판부가 필요로 하여 직권으로 피고인신문을 진행하고 그에 대한 탄핵증거 제출을 허용하여서는 안 된다. 다만 여기서 피고인신문에서 한 피고인의 진술에 대해서만 탄핵증거 제출을 허용한다고 해서, 피고인의 공판준비 또는 공판기일에서의 다른 진술이 증거가 아니라는 의미는 아니다. 그러한 진술이 모두 증거의 지위를 갖지 않는 '주장'이라고 보게 된다면, 공소사실을 인정하는 취지의 간단한 진술을 피고인의 법정자백으로 보아 유죄의 증거로 거시하는 실무를 설명하기 어렵고,[96] 피고인이 공판 단계에서 한 여러 국면의 진술을 피고인에게 유리한 증거로 사용하는 것도 불가능하게 되는 문제를 초래한다. 이에 피고인의 공판준비 또는 공판기일에서의 모든 진술이 증거로서의 지위를 가질 수 있다고 보되, 탄핵증거의 위험성을 최소화하기 위한 목적에서 탄핵의 대상이 되는 피고인 진술의 범위를 한정짓자는 것이다.

피고인신문 절차에서 이루어진 피고인의 진술 중에서도 사건에 관한 구체적인 경위를 담고 있는 진술만이 탄핵 대상이 된다고 보아야 하고, 검사나 변호인이 범행 사실을 인정하냐는 추상적인 질문에 대하여 간단히 '아니오'로 부인하는 정도의 진술에 대하여는 탄핵이 불가능하다고 보아야 한다. 이러한 진술은 공소사실의 인부를 넘어선 충분한 증거가치를 가진다고 볼 수 없기 때문이다.[97]

피고인이 진술거부권을 행사한 경우에는 진술 자체가 존재하지 않으므로 당연히도 탄핵증거를 제출할 수 없다고 보아야 한다.

(2) 피신조서 작성의 적법성, 진술의 임의성이 인정될 것

피신조서를 탄핵증거로 사용하기 위하여는 피신조서가 제312조 제1항 및 제3항에서 규정한 바와 같이 적법한 절차와 방식에 따라 작성되어야 한다. 대법원은 탄핵증거로서의 피신조서 작성의 적법성이 요구되는가에 대하여 입장을 밝힌 바 없

---

96) 이 점에 대하여는 이상원 교수님께서 지적하여 주셨다.

97) 다만, 탄핵증거의 제출을 회피하기 위한 의도로 변호인이 장문의 질문을 준비하고 피고인은 그에 대하여 소극적으로 답변만을 하도록 하는 경우에까지 본문의 입장을 유지하기는 어려울 수 있다고 생각된다(실무상 이러한 방식의 장문단답 피고인신문을 아예 허용하지 않는 재판부도 있다고 전하여진다).

다. 피신조서 작성의 적법성을 요구하지 않는 것이 제318조의2 제1항 문언에 따라 정당화된다는 견해도 있을 수 있지만, 제312조에 따라 증거로 할 수 없는 서류도 탄핵증거로 사용할 수 있다는 취지를 반드시 제312조의 요건을 하나도 못 갖춘 경우에도 무제한적으로 탄핵증거로 사용할 수 있다는 의미로 해석할 필요는 없다. 적법절차의 원칙과 상충되지 않는 방향으로의 제318조의2 제1항에 대한 제한해석은 충분히 가능하고 또 타당하다.

또한, 진술의 임의성에 관한 의심이 존재하지 않아야 한다. 이 점에 대한 실정법상의 근거는 제317조에서 찾을 수 있고, 피신조서의 탄핵증거 사용 가능성을 인정한 종래의 판례에서도 진술의 임의성만큼은 탄핵증거 사용을 위한 자명한 요건으로 삼고 있었음은 이미 언급한 바와 같다.

(3) 피신조서 작성에 있어서의 정확성이 담보될 것

종래 대법원은 탄핵증거로서의 피신조서에 대한 진정성립이나 다른 방식의 정확성 담보 방법을 특별히 요구하지 않아 왔다. 그러나 조서 기록의 정확성은 법정 진술과 종전 진술이 모순되는지를 파악하기 위한 가장 기본적인 전제가 되는 것이어서, 명문의 규정이 없다 하더라도 이는 당연히 요구되는 것으로 충분히 해석할 수 있다. 특히나 수사기관이 피고인의 진술을 수사기관의 관점에 맞추어 왜곡하거나, 장문단답을 단문장답으로 바꾸어 기재하였을 가능성 등이 항상 문제로 제기되는 상황에서 단순한 진정성이나 형식적 진정성립의 인정[98]만으로 조서 기재의 정확성이 담보되었다고 할 수는 없고, 실질적 진정성립에 이르는 수준의 정확성에 대한 증명이 있어야 한다고 본다. 즉, 개정 전 제312조 제2항에서 규정하고 있었던 것처럼 피고인 스스로가 실질적 진정성립을 인정하거나 영상녹화물 등 객관적인 방법에 의하여 실질적 진정성립이 증명되는 경우에 조서의 정확성이 증명되었다고 할 수 있을 것이다.

---

98) 최소한 형식적 진정성립은 인정되어야 한다는 견해로는, 신동운, 위의 책(주 58), 710면; 이주원, 위의 책(주 58), 546면; 정승환, 위의 책(주 59), 643면; 최영승, 위의 책(주 58), 584면; 김인회, 위의 책(주 58), 563면("원진술자의 진술이 정확하게 기재되어 있는지 확인하지 않은 증거가 법정에 제출"되어 "오류의 위험이 너무 크다"는 점에서 "최소한 진술기재서면은 성립의 진정이 인정되는 경우에 한하여 탄핵증거가 될 수 있다"고 하여, 실질적 진정성립을 요구하는 견해라고 해석할 여지도 있어 보인다). 형식적 진정성립도 필요하지 않다는 견해로는, 임동규, 위의 책(주 58), 605면; 박찬걸, 위의 책(주 58), 753면; 정웅석 외 3인, 위의 책(주 58), 660면; 이창현, 위의 책(주 58), 1052면.

(4) 본증 제출을 우회한 탄핵증거 신청권의 남용에 해당하지 않을 것

검사는 피고인의 수사기관 진술을 본증으로 제출하기 위하여 합리적인 노력을 기울여야 한다. 즉, 피신조서를 유죄의 증거로 제출하였는데 피고인이 내용부인하였다면, 조사자증언을 본증으로 제출하고자 하는 시도를 먼저 하여야 한다. 즉, 조사자인 경찰관 등에 대한 증인 신청이 기각되거나 조사자를 증인으로 소환할 수 없는 사정 등이 있어 수사기관 진술의 본증 사용이 불가능하게 된 경우에 탄핵증거 사용을 허용할 수 있다. 위와 같은 절차를 거치지 않고 곧바로 검사가 피고인의 부인 진술이 있다고 하여 피신조서를 탄핵증거로 제출한다면, 본증 사용을 위한 절차상의 번거로움을 피하고자 탄핵증거 제출의 형식으로 이를 사실상 본증으로 우회적으로 활용하려는 의도를 추단할 수 있어, 탄핵증거 신청권한의 남용으로 보아 증거신청을 불허하는 것이 타당할 것이다. 다만 피고인 측에서 검사가 위와 같은 절차를 거치지 않았음에도 피신조서를 탄핵증거 용도로 사용하는 데에 동의한다면 이러한 경우까지 탄핵증거 사용을 불허할 필요는 없다고 생각된다.

(5) 기타

피신조서에 담긴 종전 자기모순 진술을 탄핵증거로 이용하기 위하여 특신성이 요구되지는 않는다. 종전 자기모순 진술에 담긴 내용의 진실성이 증명 대상이 되는 것은 아니기 때문이다.

5. 내용부인 피신조서의 탄핵증거로의 조사 절차

가. 검사의 탄핵증거 제출

대법원은 탄핵증거의 조사 절차에 관하여, "탄핵증거는 범죄사실을 인정하는 증거가 아니므로 엄격한 증거조사를 거쳐야 할 필요가 없음은 형사소송법 제318조의2 [제1항]의 규정에 따라 명백하나 법정에서 이에 대한 탄핵증거로서의 증거조사는 필요한 것이고, 한편 증거신청의 방식에 관하여 규정한 형사소송규칙 제132조 제1항의 취지에 비추어 보면 탄핵증거의 제출에 있어서도 상대방에게 이에 대한 공격방어의 수단을 강구할 기회를 사전에 부여하여야 한다는 점에서 그 증거와 증명하고자 하는 사실과의 관계 및 입증취지 등을 미리 구체적으로 명시하여야 할 것이므로, 증명력을 다투고자 하는 증거의 어느 부분에 의하여 진술의 어느 부분을 다투려고 한다는 것을 사전에 상대방에게 알려야 한다."⁹⁹⁾고 판시한 바 있다. 그런데 위 판결에서는 이러한 원칙을 제시하면서도, 검사가 탄핵증거라는 입증취지를 명시하지 않았고 법정에서 탄핵증거로 증거조사가 이루어지지는 않았지만 어쨌든 피고인 측에 입증취지를 진술하고 피고인 측에 열람의 기회를 준 후 그 의견을 듣는 방법에 의한 절차가 이루어졌다고 볼 수 있는 점에서 탄핵증거로 사용할 수 있다고 보았다.

그런데 이러한 태도에는 동의하기 어렵다. 검사가 탄핵증거라는 입증취지를 명시하고, 탄핵증거로서의 증거조사 절차를 거치는 것이 이것을 유죄의 실질증거로 사용하여서는 안 된다는 점에 대하여 절차 관여자, 특히 사실인정의 주체인 법관과 배심원에게 확고한 인식을 심어주는 계기로 작용할 수 있기 때문이다. 다시 말해 탄핵증거로의 조사 절차라는 형식을 거치는 것은 이 증거를 본증으로 남용하지 않겠다는 자각을 심어주는 일종의 리추얼이라고 할 수 있다. 따라서 탄핵증거임을 명시한 증거제출과 이를 전제로 한 증거조사 절차가 반드시 필요하다고 생각된다. 대법원은 최근 본증으로 제출한 피신조서에 대하여 피고인들이 내용을 부인하여 증거신청이 기각된 경우에는 형사소송규칙 제134조 제4항에 따라 그 증거를 검사에게 반환하여야 한다고 판시한 바 있는데,¹⁰⁰⁾ 이러한 절차가 엄정하게 지켜진다면 검사가 피신조서를 탄핵증거로 다시 제출하는 절차 또한 보다 분명한 방식으로 진행될 수 있으리라 생각된다.

탄핵증거는 검사가 피고인신문을 하는 과정에서 제출되어 신문에 활용되거나, 혹은 피고인신문이 종료된 후에 제출되는 것이 모두 가능하다. 피고인은 어차피 변론이 종결될 때까지는 계속하여 법정에 출석하여 있으므로 증인과 달리 피신조서에 대한 의견을 밝히는 데에 별다른 제약이 없어 제출 시기에 대한 제한을 둘 필요는 없다.¹⁰¹⁾ 다만, 탄핵증거는 어디까지나 변론종결 전에 제출되어 법정에서 그에 대

---

99) 위 2005도2617 판결.
100) 대법원 2021. 7. 21. 선고 2018도3226 판결.
101) 이와 같은 주장에 대하여는, 탄핵증거 조사 절차도 증거조사 절차에 포함되는 것이라면, 증거조사 종료 후에 진행되는 피고인신문에서 탄핵증거를 제출하는 것이 절차상 다소 어색할 수 있다는 지적이 제기될 수 있다. 그러나 탄핵증거 제출을 피고인신문 절차 내에서의 구체적인 진술에 대하여만 가능하도록 해야 한다는 본고의 취지상 이러한 절차적 진행은 불가피하다. 또한, 제296조의2 제1항 단서에서는 "재판장은 필요하다고 인정하는 때에는 증거조사가 완료되기 전이라도" 피고인신문을 허가할 수 있다고 규정하고 있는바, 위 조항을 근거로

한 조사가 이루어져야 함102)이 당연하다. 실무상 재판부 혹은 절차 관여자의 편의를 위하여 변론종결 후에 재판부에 의견서가 제출되고 의견서에 피신조서에 수록된 내용이 발췌·인용되는 방식이 탄핵증거 제출에 갈음하는 모습을 볼 수 있다고 전해지나, 이러한 방식은 허용될 수 없으며, 위와 같은 의견서에 현출된 피신조서를 탄핵증거로 삼아 법관이 심증을 형성하였다면 판결에 위법이 있다고 할 것이어서 판결 결과에 영향을 미친 경우에는 파기가 가능할 수 있다.

나. 피고인 측의 열람의 기회 부여 및 의견 진술

위 2005도2617 판결에 따르면, 검사가 탄핵증거를 사용하기 위해서는 피고인 측에 미리 열람의 기회를 부여하여야 한다. 대개의 경우 통상적인 증거개시 절차에 따라 피신조서 열람이 가능할 것이므로 특별히 탄핵증거 제출의 단계에서 이 점이 추가로 문제되지는 않는다. 피고인 측은 탄핵증거에 대하여 의견 진술의 기회를 부여 받아야 하는데, 이것은 우선 이 단계에서는 탄핵증거의 사용 요건에 관한 의견 진술을 의미한다. 즉 피고인 측은 피신조서를 탄핵증거로 사용하는데 동의하는지 여부 및 동의하지 않는다면 그 근거를 밝힐 수 있어야 한다. 특히 피신조서의 적법성, 임의성, 정확성 등에 대하여 피고인 측의 이의가 있는 경우에는 검사가 그에 관한 증명을 하여야 탄핵증거의 증거 채택이 가능할 수 있다.

다. 탄핵증거의 조사

탄핵증거의 증거조사는 통상적으로는 피고인신문 과정에서 피신조서 중 법정 진술과 모순이 있는 부분을 낭독하는 방식으로 이루어질 것이다. 물론 내용의 고지(제292조 제3항)나 피신조서의 제시·열람(제292조 제5항) 등의 방식으로 하는 것도 적법하지만 종전 자기모순 진술을 탄핵증거로 사용하는 취지는 모순되는 지점에 대한 구체적인 지적을 통하여 법정 진술의 신뢰성을 약화시키는 데에 있으므로, 그러한 취지를 구현하기에 낭독이 가장 적합한 방식이라고 생각된다. 피고인신문이 종료된 후에 피신조서가 제출되는 경우에도, 모순 진술이 존재하는 부분에 한정하

하여 피고인신문 진행 후에 탄핵증거 조사까지 마무리함으로써 증거조사가 비로소 완료된 것으로 보는 입장도 불가능하지는 않다고 생각된다.
102) 대법원 1998. 2. 27. 선고 97도1770 판결(법정에서 증거로 제출된 바가 없어 전혀 증거조사가 이루어지지 아니한 채 수사기록에만 편철되어 있는 서류를 탄핵증거로 사용한 원심의 조치에는 탄핵증거의 조사방법에 관한 법리오해의 위법이 있다고 본 사안).

여 낭독하는 방식으로 증거조사를 하는 것이 탄핵증거의 남용을 막기 위하여 바람직하다.

탄핵증거의 증명력에 관한 피고인 측의 의견 제시는 피고인신문 자체에서 이루어지는 것도 가능하고, 이후의 변론을 통하여 이루어지는 것도 가능할 것이다.

라. 증명의 범위에 관한 배심원설명

국민참여재판에서 피신조서가 탄핵증거로 제출되어 조사되는 경우, 재판장은 배심원에게 위 피신조서를 탄핵증거로만 활용하여야 하고 본증으로는 활용할 수 없다는 취지를 분명하게 설명해 줄 필요가 있다.[103]

V. 결론

필자는 앞서도 밝힌 바와 같이 개정된 제312조가 피고인의 수사기관 진술의 기록 및 법정 현출에 관한 가장 타당하고 합리적인 입법이라고 생각하지는 않는다. 그러나 개정 제312조의 모습에 불합리함이 있다고 하여 피신조서를 사실상 본증으로 우회적으로 활용할 수 있도록 하는 길을 열어주는 것은 해석론을 뛰어넘는 일일 뿐 아니라, 탄핵증거에 관한 법리의 불확정성을 더욱 강화할 우려가 있다. 다른 한편으로, 개정 제312조의 취지에 과도한 의미를 부여하여 피신조서의 증거로서의 가치를 완전히 사장시키는 것에도 쉽사리 동의하기 어렵다. 이에 본 논문에서는 피신조서에 수록된 피고인의 종전 자기모순 진술을 피고인의 법정 진술을 탄핵하기 위한 증거로 사용할 수 있음을 기본적으로는 긍정하되, 피신조서가 사실상 본증으로 심증 형성에 영향을 미칠 수 있는 가능성을 전적으로 배제할 수 없다는 우려에도 일정 부분 타당성이 있음을 인정하여, 피신조서의 탄핵증거 사용 요건을 엄격하게 제한하는 동시에 증거조사 절차도 현재의 대법원에서 허용하는 것보다는 요식성을 갖출 필요가 있음을 주장하였다.

본 쟁점을 검토하는 과정에서 탄핵증거에 관한 제318조의2 제1항은 탄핵증거에 관한 절차를 적절히 운용하기에는 턱없이 부족한 면이 있다는 점을 깨닫게 되었다. 향후 일본법을 참고한 해석론의 한계를 뛰어넘어 탄핵증거에 관한 법리가 정확하

---

103) 이주원, 위의 책(주 58), 592면.

게 음미되고 당사자주의 이념을 효율적으로 실현할 수 있는 구체적인 내용을 담은
새로운 조문이 체계적으로 구성될 수 있기를 희망하며, 이를 차후의 연구과제로 남
기고자 한다.

논문투고일 : 2023.06.11. 논문심사일 : 2023.06.16. 게재확정일 : 2023.06.28.

【참고문헌】

국내 문헌

[단행본]

김인회, 『형사소송법』(피앤씨미디어, 2015)

미츠이 마코토·사카마키 타다시(신동운 역), 『입문 일본형사수속법』(법문사, 2003)

박일환·김희옥 편, 『주석 형사소송법 (Ⅲ)』 제5판(한국사법행정학회, 2017)

박찬걸, 『형사소송법』(박영사, 2020)

법원행정처, 『법원실무제요: 형사 [Ⅰ] － 총론·제1심공판(1) － 』(사법연수원, 2023)

신동운, 『간추린 신형사소송법』, 제14판(법문사, 2022)

신양균 편저, 『형사소송법 제·개정자료집 (상)』(한국형사정책연구원, 2009)

신양균·조기영, 『형사소송법』(박영사, 2020)

이상훈·정성민·백광균, 『수사기관 작성 조서의 증거사용에 관한 연구』(사법정책연구원, 2021)

이은모, 『기본강의 형사소송법』, 제2판(박영사, 2017)

이재상·조균석·이창온, 『형사소송법』, 제13판(박영사, 2021)

이주원, 『형사소송법』, 제5판(박영사, 2022)

이창현, 『형사소송법』 제8판(정독, 2022)

임동규, 『형사소송법』, 제15판(법문사, 2021)

정승환, 『형사소송법』(박영사, 2018)

정웅석·최창호·이경렬·김한균, 『신형사소송법』(박영사, 2021)

최영승, 『형사소송법』 제3판(피앤씨미디어, 2015)

[논문]

곽지현, "증거능력 없는 피의자신문조서의 탄핵증거로의 사용", 이화여자대학교 법학논집 제27권 제3호, 이화여자대학교 법학연구소(2023. 3.)

권영법, "형사소송법상 탄핵 규정에 대한 비판적인 고찰 － 미국 연방증거규칙상

탄핵 관련 규정과의 비교·검토를 중심으로 − ”, 형사법의 신동향 제38호, 대검찰청(2013)

김동윤, “1. 피고인이 내용을 부인하여 증거능력이 없는 사법경찰리 작성의 피의자 신문조서 등을 탄핵증거로 사용하기 위한 요건 2. 법정에서 증거조사를 한 바 없는 증거를 탄핵증거로 사용할 수 있는지 여부”, 대법원판례해설 제30호(법원도서관, 1998)

김희균, “형사소송법 제318조의2의 해석론 − 탄핵증거와 전문법칙의 관계”, 성신 법학 제6호, 성신여자대학교 법학연구소(2007. 2.)

민수영, “개정 형사소송법상 검사 작성 피의자신문조서의 탄핵증거로의 사용”, 법 학논총 제42권 제4호, 전남대학교 법학연구소(2022)

백강진, “피고인의 진술거부권”, 법조 제653호, 법조협회(2011. 2.)

서태경, “탄핵증거로 사용할 수 있는 증거의 범위에 대한 소고”, 법학논총 제26권 제1호, 한양대학교 법학연구소(2009)

손정아, “형사소송절차에서의 탄핵에 대한 연구”, 서울시립대학교 법학 박사학위 논문(2020)

안성수, “탄핵증거의 요건, 조사방법과 입증”, 형사판례연구 제18권, 한국형사판례 연구회(2010)

이승준, “형사소송법 제318조의2(탄핵증거)의 해석에 대한 소고”, 한양법학 제23권 제3집(2012. 8.)

이완규, “사법경찰관작성 피의자신문조서와 탄핵증거”, 형사판례연구 제15권, 한국 형사판례연구회(2007)

이완규, “피고인신문과 진술거부권 그리고 재판심리”, 법조 제647호, 법조협회 (2010. 8.)

이흔재, “탄핵증거의 자격과 피고인 진술의 탄핵대상여부 − 범행을 자백하는 피고 인의 자기모순 진술이 기재된 체포·구속인 접견부를 중심으로”, 형사법연 구 제28권 제3호, 한국형사법학회(2016. 9.)

최병각, “탄핵증거로서의 증거능력과 증거조사”, 형사법연구 통권 제42호, 한국형 사법학회(2010)

최병천, “탄핵증거이론의 재구성 − 미국과의 비교법적 고찰 − ”, 경찰법연구 제 13권 제1호, 한국경찰법학회(2015)

홍진영, "개정 형사소송법 제312조에 대한 검토 – 조사자증언은 과연 최우량증거
　　　인가? – ", 형사소송 이론과 실무 제12권 제1호, 한국형사소송법학회
　　　(2020. 6.)
홍진영, "조사자증언에 있어서 특신상태 요건의 구체화 – 2020년 형사소송법 개
　　　정을 계기로 – ", 법조 제751호, 법조협회(2022. 2.)

외국 문헌

[단행본]

Christopher Mueller · Laird Kirkpatrick · Liesa Richter, Aspen Treatise for
　　　Evidence, 6th Ed(Wolters Kluwer, 2018)
Christopher B. Mueller, Laird C. Kirkpatrick & Liesa L. Richter, Evidence
　　　Under the Rules: Text, Cases, and Problems, 9th Ed(Wolters Kluwer,
　　　2019)
Deborah Jones Merritt & Ric Simmons, Learning Evidence: From the Federal
　　　Rules to the Courtroom, 3rd Ed(West Publishing Co., 2015)

[논문]

Michael Graham, "Employing Inconsistent Statements for Impeachment and as
　　　Substantive Evidence: A Critical Review and Proposed Amendments of
　　　Federal Rules of Evidence 801(d)(1)(A), 613, and 607", 75 Mich. L.
　　　Rev. 1565 (1977)
John H. Langbein, "The Historical Origins of the Privilege against Self–
　　　Incrimination at Common Law", 92 Mich. L. Rev. 1047 (1994)

【국문초록】

　본 논문에서는 피고인이 법정에서 내용을 부인하여 유죄 입증을 위한 본증으로 사용할 수 없는 피의자신문조서를 피고인의 법정진술에 대한 탄핵증거로 제출하는 것이 가능한지의 문제를 다루었다. 이 점에 대하여 종전의 대법원 판례는 긍정하는 입장에 서 있으나, 그에 대한 반대 취지의 학설과 하급심 판결례도 없지 않았으며, 2020년 형사소송법 개정 이후 위 쟁점이 실무상 더욱 중요하게 다루어지는 상황의 변화를 맞이하였으므로, 이 문제에 대하여 충분한 재조명이 필요한 시점이다.

　종전의 대법원 판례는 기본적으로는 타당하나, 본증으로 사용 불가능한 증거를 탄핵증거로 사용하게 될 경우에 사실인정 주체가 위 증거를 탄핵증거로만 제한적으로 활용하지 못할 위험이 있다는 점을 충분히 고려하지 못하였다는 한계가 있다. 이에 본 논문에서는 피의자신문조서의 탄핵증거 사용 요건을 종전보다 제한하는 해석론을 제시하였다. 첫째, 탄핵의 대상이 피고인신문 과정에서 피고인이 한 구체적인 진술로 한정되어야 한다. 둘째, 피의자신문조서 작성 절차의 적법성과 진술의 임의성이 인정되어야 한다. 셋째, 조서 작성 과정에 있어서의 정확성이 담보되어야 한다. 넷째, 피신조서의 탄핵증거 제출이 본증 제출을 우회한 탄핵증거 신청권의 남용에 해당하지 않아야 한다.

◆ 주제어: 탄핵증거, 피의자신문조서, 형사소송법 제312조, 내용부인, 미국 연방증거법 제613조

【Abstract】

Admissibility of Written record of Interrogation as Impeachment Evidence

Hong, Jinyoung*

This paper examines the issue of whether a written record of a suspect's interrogation, which cannot be used as substantive evidence in court due to the defendant's denial of its contents, can be presented as impeachment evidence against the defendant's testimony during trial. While previous Supreme Court precedents have taken an affirmative stance on this matter, dissenting academic opinions and lower court decisions have challenged this viewpoint. Given the increased practical importance of this issue following the amendment of the Criminal Procedure Act in 2020, it is necessary to reevaluate the validity of these precedents in light of the new circumstances.

While the previous Supreme Court precedents generally hold merit, they fail to adequately consider the risk that the fact−finding entity may have limited ability to utilize such evidence solely as impeachment evidence when there is a potential risk of it being used as substantive evidence. Therefore, this paper proposes an interpretative approach that imposes restrictions on the conditions for using a written record of a suspect's interrogation as impeachment evidence, as compared to the previous approach.

Firstly, impeachable statements should be confined to specific statements made by the defendant during the defendant testimony process. Secondly, the lawfulness of the suspect's statement and the voluntariness of the confession should be duly recognized. Thirdly, the accuracy of the statement during the writing process should be ensured. Lastly, it is imperative that the prosecutor refrains from abusing their power by presenting impeachment evidence with the intention of submitting the defendant's priorstatement as substantive evidence.

* Seoul National University School of Law, Associate Professor

◆ Key Words: impeachment evidence, written record of suspect's interrogation, Criminal Procedure Act Article 312, denial of contents, U.S. Federal Evidence Rule Article 613

한국형사소송법학회 『형사소송 이론과 실무』
제15권 제2호 (2023.6) 307~370면.
Theories and Practices of Criminal Procedure Vol. 15 No. 2 (June. 2023) pp. 307~370.
10.34222/kdps.2023.15.2.217

영상녹화조사물의 지위 회복을 위한 소고[*]

김 승 언[**]

─────────── 목 차 ───────────

Ⅰ. 서론

영상녹화조사가 형사소송법에 도입된 지 햇수로 17년이 되었다. 처음 검찰에서 영상녹화조사의 법제화를 추진할 때 기대한 것과 달리 영상녹화조사로 얻어진 녹화물은 증거로서 기능이 인위적으로 박탈된 채 단지 조서의 진정 성립을 인정받거나[1] 기억 환기용으로만[2] 법정에 들어올 수 있게 설계되었다. 심지어 예외적으로

─────────────────────

[*] 본 글은 2023. 5. 20. 한국형사소송법학회와 검찰제도 · 기획 커뮤니티 등이 공동 개최한 제7회 학계 · 실무 공동학술대회에 발표한 것을 일부 수정, 보완한 것이다.

[**] 울산지방검찰청 형사1부장검사

1) 구 형사소송법 제312조(검사 또는 사법경찰관의 조서 등) ① 검사가 피고인이 된 피의자의 진술을 기재한 조서는 적법한 절차와 방식에 따라 작성된 것으로서 피고인이 진술한 내용과 동일하게 기재되어 있음이 공판준비 또는 공판기일에서의 피고인의 진술에 의하여 인정되고, 그 조서에 기재된 진술이 특히 신빙할 수 있는 상태하에서 행하여졌음이 증명된 때에 한하여 증거로 할 수 있다.

법정에서 재생되더라도 영상녹화조사물은 탄핵증거로조차 사용할 수 없게 만들었
다. 이러한 증거능력 박탈 정책은 지금도 그대로다. 달라진 게 있다면 2020. 2. 4.
수사권조정 논의에 따른 형사소송법 개정으로 검사 작성 피의자신문조서가 종전과
달리 내용 부인하면 증거로 사용할 수 없게 되면서 진정 성립의 인정기능은 피고인
이 아닌 자의 진술을 기재한 조서나 진술서의 진정 성립을 위해서만 살아남게 되었
다는 점이다.[3]

　전국 검찰청에 영상녹화조사실을 설치, 운영하면서 해마다 유지보수 및 고도화에
적지 않은 예산이 들어가고 있으나 활용실적은 기대에 미치지 못한다. 대검찰청에
서는 주무 부서[4]를 중심으로 영상녹화조사 활성화를 위해 다양한 방안을 강구해오

---

　② 제1항에도 불구하고 피고인이 그 조서의 성립의 진정을 부인하는 경우에는 그 조서에 기
　재된 진술이 피고인이 진술한 내용과 동일하게 기재되어 있음이 영상녹화물이나 그 밖의 객
　관적인 방법에 의하여 증명되고, 그 조서에 기재된 진술이 특히 신빙할 수 있는 상태 하에서
　행하여졌음이 증명된 때에 한하여 증거로 할 수 있다.
2)　형사소송법 제318조의2(증명력을 다투기 위한 증거) ①제312조부터 제316조까지의 규정에
　따라 증거로 할 수 없는 서류나 진술이라도 공판준비 또는 공판기일에서의 피고인 또는 피고
　인이 아닌 자(공소제기 전에 피고인을 피의자로 조사하였거나 그 조사에 참여하였던 자를 포
　함한다. 이하 이 조에서 같다)의 진술의 증명력을 다투기 위하여 증거로 할 수 있다.
　② 제1항에도 불구하고 피고인 또는 피고인이 아닌 자의 진술을 내용으로 하는 영상녹화물은
　공판준비 또는 공판기일에 피고인 또는 피고인이 아닌 자가 진술함에 있어서 기억이 명백하
　지 아니한 사항에 관하여 기억을 환기시켜야 할 필요가 있다고 인정되는 때에 한하여 피고인
　또는 피고인이 아닌 자에게 재생하여 시청하게 할 수 있다.
3)　형사소송법 제312조(검사 또는 사법경찰관의 조서 등) ① 검사가 작성한 피의자신문조서는
　적법한 절차와 방식에 따라 작성된 것으로서 공판준비, 공판기일에 그 피의자였던 피고인 또
　는 변호인이 그 내용을 인정할 때에 한정하여 증거로 할 수 있다. <개정 2020. 2. 4.>
　② 삭제 <2020. 2. 4.>
　③ 검사 이외의 수사기관이 작성한 피의자신문조서는 적법한 절차와 방식에 따라 작성된 것
　으로서 공판준비 또는 공판기일에 그 피의자였던 피고인 또는 변호인이 그 내용을 인정할 때
　에 한하여 증거로 할 수 있다.
　④ 검사 또는 사법경찰관이 피고인이 아닌 자의 진술을 기재한 조서는 적법한 절차와 방식에
　따라 작성된 것으로서 그 조서가 검사 또는 사법경찰관 앞에서 진술한 내용과 동일하게 기재
　되어 있음이 원진술자의 공판준비 또는 공판기일에서의 진술이나 영상녹화물 또는 그 밖의
　객관적인 방법에 의하여 증명되고, 피고인 또는 변호인이 공판준비 또는 공판기일에 그 기재
　내용에 관하여 원진술자를 신문할 수 있었던 때에는 증거로 할 수 있다. 다만, 그 조서에 기재
　된 진술이 특히 신빙할 수 있는 상태하에서 행하여졌음이 증명된 때에 한한다.
4)　2004년 영상녹화조사 업무가 검찰에 들어온 이후 주무 부서에 변동이 있었고, 주무 부서 명칭
　에도 변화가 있었다. 현재는 과학수사부 내 법과학분석과가 주무 부서다.

고 있지만5) 많은 노력에도 불구하고 실적은 여전히 답보상태다.

가장 큰 원인으로 지목되는 것은 단연 영상녹화조사의 무용성이다. 많은 시간과 노력을 들여 영상녹화조사를 하더라도 법정에서 사용할 수 없는데 이렇게 무용한 짓을 해야 할 이유가 무어냐는 것이다. 증거능력이 없어도 기억환기용으로 법정에 현출할 수 있어 진술 번복을 차단할 수 있는 효과적인 수단이라는 것을 장점으로 들이밀어 보지만 "그럼 진술 번복의 우려가 없는 사건은 안 해도 되는 거냐?"는 질문에 가로막힌다. 실무상 사건 건수만을 놓고 봤을 때 법정에서 진술 번복이 우려되는 사건은 그렇게 큰 비중을 차지하지 않기 때문이다. 진술 번복이 우려되는 사건은 하지 말라고 해도 이전부터 하고 있다는 볼멘소리도 잊지 않는다. 진술 번복의 우려가 있는 사건의 비중이라는 측면에서 보자면 지금 영상녹화조사 건수가 적은 편이라고 보기는 어렵다. 영상녹화조사의 적재적소 활용이라고 해야 할 판이다.

그렇다면, 영상녹화조사 활성화를 위해 영상녹화조사물을 독립증거로 사용할 수 있게 본증화해야 하는가? 필요하긴 하지만 뭔가 본말이 전도된 느낌이다. 영상녹화조사에 부여된 증거로서 기능에 맞춰 이를 활용하면 되는 것이지 활성화가 안 된다고 법을 개정해 본증으로서 증거능력을 부여해야 한다는 건 아무래도 부자연스럽다. 오히려 되지도 않을 활성화에 골머리 썩지 말고 지금처럼 진술 번복 우려 등 꼭 필요한 사건에 한정하여 영상녹화조사를 하는 걸로 정책 방향을 수정하는 게 나을지 모른다. 정녕 활성화가 필요하다면 영상녹화조사를 의무화하면 될 일 아닌가?

목적이 불분명한 활성화는 이처럼 영상녹화조사 논의를 엉뚱한 방향으로 끌고 갈 수 있다. 영상녹화조사 의무화는 영상녹화조사의 증거로서 가치와 연관된 논의가 아니라 감시기능으로서 가치와 연관된 논의이기 때문이다. 영상녹화조사의 감시기능을 강화하는 것은 필연적으로 수사력의 약화를 초래하기 때문에 의무화는 약화되는 수사력의 보강과 함께 논의되어야 한다. 일본이 2016년 의무적 영상녹화조사를 도입하면서6) 증거 수집 등 협력 및 기소에 관한 합의제도와 형사면책제도 등

---

5) 대검찰청은 영상녹화 활성화를 위해 관련 지시, 교육, 세미나, 우수활용사례 전파, 실적공개, 청별·검사별 포상, T/F 운영, 영상물관리시스템 도입 등으로 활성화를 독려하고, 선진조사·신문기법 매뉴얼 배포, 실무맞춤형 영상녹화조사방안 시달, 관련 지침 상 필요사건·권장사건 구체화, 속기사 도입 등으로 내실화 유도해왔다.

6) 전면적 도입으로 오해하면 안 된다. 대상자와 대상 사건을 한정하고, 대상 사건에 해당하더라도 기기고장, 피의자 거절로 충분한 진술이 곤란한 경우, 폭력 단원의 범죄의 경우, 피의자 등 위해로 충분한 진술이 곤란한 경우 등에는 예외를 인정하고 있기 때문이다.

을 함께 도입한 것은 바로 이러한 고민 때문이었다. 영상녹화조사의 활성화는 과학
기술을 활용한 새로운 증거방법인 영상녹화조사가 갖는 증거로서 가치를 어떻게
적극적으로 활용할지 고민하는 논의로서 의무화 논의와는 그 결을 달리한다. 따라
서 이번 발제에서는 의무화 논의를 배제하기로 한다. 오해하지 마시라. 의무화 논
의를 하지 말자는 게 아니다. 따로 하자는 이야기다.

활성화 논의에서 본증화 논의를 끌어낼 생각이 아니라면 뭘 어쩌겠다는 거지?
의문이 들 수 있다. 그런데 이상하지 않은가? 활성화 논의가 끊임없이 나오는 이유
가 말이다. 왜 검찰은 활성화를 포기하지 않는가? 사실인정 권한의 헤게모니 다툼
으로서 그 핵심에 영상녹화조사물의 본증화가 있다고 치부한다면 유치한 발상이다.
고작 그것 때문이겠는가? 필자는 그 이유를 영상녹화조사와 이를 통해 얻는 녹화
물이 갖는 증거로서의 우월성에서 찾는다.

과학기술의 발전으로 새롭게 등장한 수사기법인 영상녹화조사는 조사 당시의 피
조사자의 생생한 진술과 조서로는 담을 수 없는 진술 당시 상황, 태도 등 진술 외적
인 부분까지 그대로 법정에 현출시킬 수 있는 획기적인 증거방법이다. 증거는 사실
인정의 자료로서 우량한 증거의 수집과 사용은 올바른 국가형벌권 행사를 위한 기
본 중의 기본인데 국가형벌권의 행사를 책임지는 국가기관에서 어떻게 이를 포기할
수 있단 말인가? 포기는 무지의 소산이거나 직무 유기일 뿐이다. 그럼 뭘 어쩌자는
건가? 오늘 발제는 이 질문에서 시작하고자 한다. "영상녹화조사물의 증거 사용 가
능성을 박탈하고 기억 환기용으로만 사용하도록 한 형소법 규정은 합헌인가?"

결론부터 말하자면 위헌이다. 과문(寡聞)해서 일수는 있으나 위 질문과 관련된
논의를 접해본 적이 없다. "합헌이 당연해서 위헌 논의가 없는 거다. 입법정책의 문
제를 가지고 이 귀한 시간에 위헌타령이나 할 작정이냐?"고 따지실지 모르겠다. 그
래도 인내심을 가지고 한 번 경청해주시길 바란다. 일고의 가치는 있다고 여기길
기대하며 그 이유를 말씀드리고자 한다. 다소 긴 여정이 될지도 모르겠다.

Ⅱ. 기록문화의 시작과 혁신

1. 기록문화의 시작

불의 사용 못지않게 인류의 눈부신 진보를 이끈 가장 결정적 수단은 단연코 기록

일 것이다. 기록문화가 없었다면 인류는 지금도 야생에서 수렵과 채집으로 생명을 유지하고 있을지 모른다. 인간의 기억과 구전만으로는 문명을 창조하고 이를 계승하는 데 한계가 있을 수밖에 없기 때문이다.

기록은 사람 간 소통의 범위를 공간과 시간의 제한을 넘어 무한히 확장한다. 대학 수능에서 플라톤과 아리스토텔레스의 미메시스와 시인을 바라보는 관점 차이에 대한 지문이 출제될 수 있는 이유는 이들이 기록을 남겼기 때문이다. 테스형으로 우리에게 친숙한 소크라테스도 플라톤의 기록이 아니었다면 약 2,500년이 지나 당시에는 그 존재조차 알려지지 않았을 먼 이국땅에서 노랫말로 소환되는 일이 없었을 게다.

세계사에 관심이 있는 분이라면 Greek Dark Ages라는 말을 들어보셨을 것이다. 그리스 암흑시대는 기원전 1,200년경 미케네 문명의 붕괴부터 새로운 도시 국가들이 형성되는 기원전 800년경까지의 기간을 말하는데, 이 기간이 암흑시대로 명명된 이유도 기원전 1200년경 미케네 문자 체계인 선형 B 문자가 소실되면서 후대에 그 시대를 추적할 수 있는 기록을 전하지 못했기 때문이다. 기록을 남기지 않으면 기억될 수 없다. 과거에도 그랬고 지금도 그렇다.

그러면 기록은 어떻게 이루어지는가? 기록은 기록하고자 하는 의미와 그 의미를 표현하는 기호 즉 문자, 문자를 담아 보존하고 전달할 수 있는 매체, 그리고 매체에 문자를 새길 수 있는 도구와 그 도구를 움직이는 동력 이렇게 5가지 요소가 결합하여 시각적으로 드러난다. 의미가 없다면 기록이라고 할 수 없고, 문자나 매체가 없다면 기록할 수 없으며, 기록하고자 하는 의미와 문자, 매체가 모두 갖추어지더라도 매체에 새길 수 있는 도구와 동력이 없다면 기록될 수 없다. 따라서 의미, 문자, 매체, 도구, 동력을 기록의 5요소라고 부를 수 있겠다.

몽골 북부에 가면 호이트 쳉헤르 동굴이 있다. 그 동굴 벽에는 영양과 쌍봉낙타로 보이는 그림이 붉은 광물물감으로 그려져 있는데 학자들은 후기 구석기시대 동굴벽화라고 추정한다. 그곳에서 그 시대를 살아간 누군가가 붉은 안료를 만든 뒤 날카로운 도구를 사용하여 동물 모양을 추상화해서 새겨 놓은 것이다. 수렵과 채집, 유목이 주된 생계였던 생활상을 생각해보면 사냥이 잘 되게 해 달라고 기원하는 풍요의 의미를 담았을지 모른다. 아마도 기록은 이렇게 시작되지 않았을까?

고고학이 발전을 거듭한다고 해도 문자의 정확한 기원을 알기 어렵겠지만 초기 국가가 형성되면서 통치 기술의 한 요소로 문자사용의 필요성이 늘어난 것은 분명하다. 기원전 3,000년경 만들어진 현존하는 점토판의 주제를 빈도수에 따라 나열하면 배급과 징세, 전쟁포로, 남녀 노예 순이라고 하는 것만 봐도[7] 국가와 기록의 관계가 얼마나 밀접한지 미루어 짐작할 수 있다.

한편, 교역이나 전쟁 등을 통한 각 지역 간 인적 교류와 세대를 거듭해온 시간은 문자의 전파와 변형을 가져왔고, 그 과정에서 기록의 모습도 차츰 변화한다. 빈번한 문자의 사용으로 좀 더 편하게 기록하고 전달하는 방법을 찾으면서 고대 이집트에서는 양피지와 파피루스[8], 고대 중국에서는 비단과 죽간[9], 목간[10] 등이 사용된다. 그러다가 2세기에 한나라의 환관이었던 채륜이 종이를 발명하였고,[11] 경제성과 실용성, 운반과 보관의 편리성을 모두 갖춘 종이는 시간적 간격을 두고 동서로 뻗어나가 약 2,000년이 지난 지금까지도 전 세계적으로 중요한 기록 매체로서 지위를 굳건히 유지하고 있다.[12]

2. 기록문화의 혁신

15세기 요하네스 구텐베르크의 혁신적인 인쇄술은 서양사를 인쇄술 보급 이전과 이후로 또렷하게 나눈다. 인쇄술 보급 이전 시대의 키워드가 절대 왕정 사회, 중세 암흑시대, 권위주의라면 보급 이후 키워드는 근대 시민사회, 종교개혁, 자유주의라 할 수 있다. 기섹(M. Giesecke)은 『근대 초기의 인쇄술』에서 한 사회에서 정보를

---

7) 제임스 C 스콧(역 전경훈), "농경의 배신", 책과 함께, 2019.
8) 종이가 발명되기 이전의 종이와 비슷한 기록 매체로, 같은 이름의 갈대과의 식물 줄기를 얇게 갈라 표면은 옆으로 뒷면은 세로로 늘어놓고 전체를 강하게 두들겨 건조시킨 뒤 용도에 따라 옆으로 적당한 길이로 이어서 사용하였다.
9) 종이가 발견되기 이전에 비단과 함께 널리 실용적으로 공급된 기록 매체로 대나무의 마디를 끊어버리고 적당한 길이로 골라서 세로로 끊어 표찰로 만든 다음 불로 푸른 색깔을 없애고 사용하였다.
10) 문자를 기록하기 위해 일정한 모양으로 깎아 만든 나무로 종이가 발명되어 널리 쓰이기 이전에 대나무로 만든 죽간과 함께 사용되었다.
11) 중국 남북조시대 남조의 송나라 범엽이 후한의 역사를 저술한 「후한지」에는 "한나라 환관인 채륜이 105년에 나무껍질, 삼, 천 조각, 고기 그물을 가지고 종이를 만들어 황제에게 바쳤다" 고 기록되어 있다.
12) 종이의 발명과 몇 세기에 걸쳐 이루어진 종이의 보급도 기록문화에 혁신을 가져왔다고 해도 과언이 아니다. 다만, 여기서는 인쇄술의 발명이 가져온 눈부신 역사의 진보를 보다 더 강조하기 위해 '기록문화의 시작' 항목의 끝부분에 종이의 발명과 전파를 배치하였다.

생산하는 방식과 종류는 경제적, 사회적, 정치적 구조에 중요한 결과를 가져온다고
평가하며, 인쇄술을 인류 역사에서 하나의 "매체혁명"으로 서술한다13). 종교개혁을
이끈 마르틴 루터도 "인쇄업의 커다란 호의에 대하여는 말로 다 표현할 수 없다.
이를 통해 거룩한 성경이 모든 언어와 방언으로 알려졌으며 보급되었다. 이를 통해
모두가 예술과 학문을 보유하고 증가시키며 우리의 후손들에게 전달할 수 있게 되
었다. …(중략)… 그것은 세상의 멸망에 앞선 마지막 불꽃이다."라고 언급했다.14)

유럽 전역에 뿌리내린 인쇄술에 힘입어 18세기에는 주요 국가마다 구독자가 수
천 명이 넘는 일간지들이 등장했다. 이는 문해율의 상승을 의미한다. 신문에 실린
소식과 화제가 되는 책에 관한 대화는 서유럽 사회 중상류층에서 사교의 일부로 자
리 잡았다. 전적으로 수작업으로 이루어지던 제본도 19세기 말이 되면 여러 단계로
나뉘어 기계화되고, 인쇄기 또한 더욱 강력해졌다.15) 우리에게 익숙했던 가판 신문
과 잡지의 풍경은 이런 발전과정을 거쳐온 것이다. 지식의 저장과 전달이 급격하게
수월·정확·저렴해지는데 원동력이 된 인쇄술에서 지금 우리가 누리는 인류문명의
진보가 시작되었다고 하면 과장일까? 그렇지 않다.16) 이처럼 과학기술의 혁신은
인간의 삶에 깊숙하게 영향을 미친다.

인쇄술이 보급된 지 약 600년이 지난 오늘날 인쇄술이 인류문명에 가져온 혁신
에 버금가는 급격한 사회변동이 지금 진행 중이다. 바로 디지털 혁명이다. 우리의
일거수일투족은 디지털로 변환되어 저장되고 유통된다. 불과 몇십 년 전만 해도 상
상하기 어려운 일이다. 일상을 보자. 우리는 아침에 일어나서(간혹 스마트폰 알람을
듣고 일어나기도 한다) 스마트폰으로 날씨와 뉴스를 검색하거나 일정 관리 앱에 기
록된 약속을 확인하고, 사적이건 공적이건 많은 사람과 문자나 SNS, 이메일로 연락

---

13) 정원래, "인쇄술과 종교개혁", 『개혁논총』 40권(개혁신학회, 2016), 제309쪽.
14) 정원래, 앞의 논문에서 재인용, 제306쪽
15) 김민철, "구텐베르크 이후 유럽의 인쇄술과 '계몽의 시대'의 출판 전략", 『지식의 저평』 제25
    호(대우재단, 2018. 11.). 제122-127쪽
16) 황정하도 "유럽의 금속활자 인쇄술 - 구텐베르크의 발명 -", 『인문과학』 제97권(연세대학
    교 인문학연구원, 2013)에서 "인류는 의사전달을 위해 네 번에 걸친 정보혁명을 거쳐 발전하
    였다. 첫 번째로는 소리나 몸짓에 약속된 의미를 부여하여 의사를 전달한 것이고, 두 번째는
    각종 부호나 문자를 필사하여 기록하기 시작한 것이다. 세 번째로는 인쇄(목판, 활자)로 책을
    간행한 일이며, 네 번째는 전자미디어(컴퓨터, IT)의 발명을 들 수 있다. 이 가운데 금속활자
    인쇄술의 발명을 으뜸으로 꼽고 있다. 그 이유는 금속활자로 책을 간행하여 보급함으로써 지
    식정보의 대량 전달이 가능하게 됨에 따라 우리 인류문명이 발전하는데 가장 큰 공헌을 하였
    기 때문일 것이다."라고 설명한다.

을 주고받으며, 금융 앱을 이용해 각종 공과금과 경조사비를 송금하거나 주식과 코
인을 사고팔고, 친구들과 사진을 찍고 SNS를 이용해 이를 공유하며, 지도를 검색하
여 위치를 확인한 뒤 내비게이션을 보면서 운전하고, 쇼핑 앱으로 인터넷 쇼핑을
즐기다가 배달 앱으로 저녁에 먹을 음식을 배달시키고, 넷플릭스나 디즈니 같은
OTT(Over The Top) 앱으로 영화나 드라마 등 각종 미디어 콘텐츠 영상을 본다.
그리고 이러한 스마트폰 사용기록은 고스란히 디지털 형태로 저장된다. 디지털이기
때문에 가능한 변화다.

왜 그런가? 이 질문에 답하려면 '디지털이란 무엇인가?'에서 문과 답을 시작해야
한다. 전자기술을 이야기할 때 디지털 digital은 이산적(하나하나 다른 존재로 구분
된다는 뜻의 한자어, 영어로는 discrete[17])인 것을 뜻한다. 연속적 continuous인 것
을 뜻하는 아날로그 analog와 대비된다. 뭔가 잘 와닿지 않을 수 있다. 좀 더 직관
적으로 이해하기 위해 눈금이 그려진 15㎝짜리 계산자와 손가락을 머리에 떠올려
보자. 계산자와 손가락 모두 1부터 10까지 셀 수 있다. 하지만 1.1은 어떤가? 계산
자를 이용해서는 쉽게 표현할 수 있지만 손가락으로는 표현할 수 없다[18]. 계산자는
1.1, 2.2, 3.4, …와 같이 자릿수 제한 없이 다양한 실수를 표현할 수 있다. 따라서
그 성질이 연속적이다. 반면 손가락은 한 값에서 다음 값으로 값이 건너뛸 뿐 그사
이에 다른 값이 없다. 뚝뚝 끊어진다. 그래서 이산적이다. 라틴어로 손가락이
digitus인데 digital은 여기에서 유래한 것이다. 앞으로 디지털이라고 하면 손가락을
떠올리면 되겠다.

혹자는 컴퓨터 혁명이지 왜 디지털 혁명이냐 따질지 모르겠다. 먼저 컴퓨터 정의
부터 살펴보자. 미국 18 U.S.C §1030 (e)에서 사용하는 정의를 보면, 위 조항은 컴
퓨터 개념에 대하여 "논리연산, 수치계산 또는 저장 기능을 수행하는 전기적, 자기
적, 광학적, 전기화학적 또는 기타 고속의 데이터 처리장치와 이러한 장치에 직접
연결되어 있거나 또는 연동하여 작동하는 모든 데이터 저장장치와 통신설비를 포
함한다. 다만, 자동 타자기, 자동 삭자기, 휴대폰 계산기 또는 기타 비슷한 장치는
포함하지 아니한다[19]"라고 규정한다. 이러한 컴퓨터는 원래 아날로그 방식으로 만

---

17) individually separate and distinct.
18) 손가락의 모양을 바꿔가면서 억지로 소수점을 표현할 수도 있겠지만 실수가 무한대라는 것을
    생각할 때 그렇게 하는 데는 한계가 있을 수밖에 없다.
19) 18 U.S. Code § 1030 – Fraud and related activity in connection with computers
    (e) As used in this section–

들 수도 있고, 디지털 방식으로 만들 수도 있다. 하지만 아날로그 컴퓨터는 보급되기 어렵다. 첫째, 비용 때문이다. 컴퓨터가 보급되려면 작고 빠르면서 전력 소모가 적어야 한다. 연속적인 물리량을 그대로 입력받아 처리하는 컴퓨터(아날로그 컴퓨터)를 만들려면, 그리고 정확도를 높이려면 컴퓨터가 거대해질 수밖에 없다. 아날로그는 상업성이 없다. 둘째, 디지털을 사용하면 더 안정적인 장치를 만들 수 있기 때문이다. 아주 작은 계량컵이 있다고 치자. 정말 아주 작다. 계량컵은 수학적으로 연속적이므로 아날로그 장치이다. 계량컵을 정확하게 읽으려면 흔들림이 없어야 한다. 하지만 이는 대단히 어렵다. 우주선 방사 cosmic ray 정도로도 아주 작은 계량컵에 파문을 일으킬 수 있기 때문이다. 반면 우주선 방사가 이산적인 장치에는 영향을 끼치기 어렵다. 이산장치에는 판정 기준이 있기 때문이다. 판정 기준이란 수학적으로 숫자를 가장 가까운 정수로 반올림하는 것과 비슷한데, 판정 기준을 사용하면 판정 기준이라는 장애물을 뛰어넘기 위해 추가로 에너지가 필요하므로 연속적인 장치를 사용할 때는 얻을 수 없는 일정 수준의 잡음 내성[20]도 얻을 수 있다. 판정 기준을 도입해 생기는 안정성이 디지털 컴퓨터를 만드는 주된 이유이다.[21] 따라서 우리가 일상에서 접하는 컴퓨터는 모두 디지털 방식으로 작동하고 디지털 형태로 정보를 저장·유통한다.

디지털 방식으로 사고 전환이 이루어지면서 각 분야에서 디지털을 이용한 다양한 기술이 발전한다. 그 중 하나가 디지털 카메라다. 디지털 카메라는 필름 없이 전자 센서를 이용하여 영상을 감지하고 정보를 JPEG 등의 디지털 이미지 파일 형식이나 MPEG 등의 디지털 동영상 파일 형식으로 저장하는 사진기를 말한다.[22] 1991

---

(1) the term "computer" means an electronic, magnetic, optical, electrochemical, or other high speed data processing device performing logical, arithmetic, or storage functions, and includes any data storage facility or communications facility directly related to or operating in conjunction with such device, but such term does not include an automated typewriter or typesetter, a portable hand held calculator, or other similar device;

20) 하드웨어를 작게 만들면 속도와 효율이 좋아지지만, 물체가 너무 작아지면 서로 간섭하기 쉬워진다. 현대 컴퓨터 칩 안의 선은 서로 몇 나노미터 떨어져 있어서 신호 간섭이 일어날 수밖에 없는데 판정 기준을 높여 신호 간섭을 받지 않도록 할 때 그것을 잡음 내성 noise immunity를 갖는다고 표현한다.

21) 조너선 스타인하트(오현석 옮김), 『한 권으로 읽는 컴퓨터 구조와 프로그래밍』, 책만, 2021. 제94 - 98쪽

22) https://ko.wikipedia.org/wiki/%EB%94%94%EC%A7%80%ED%84%B8_%EC%B9%B4%EB%

년 미국 코닥사에서 최초의 본격적인 디지털 SLR 카메라인 「DSC 100」을 출시하면서 디지털 카메라 시대를 열었다. 그러나 이 시대도 이제 저물어간다. 스마트폰에 탑재된 카메라 성능이 그에 버금가기 때문이다. 굳이 무겁게 두 개를 들고 다닐 이유가 없다. 필름 카메라가 갔던 길을 이제 디지털 카메라가 간다. 과학기술의 매정함이라고 해야 할까? 감정선이 어떻건 혁신에 대처하지 못하면 결과는 도태뿐이다.

디지털 카메라 기술의 발전이 수사영역에 도입되면서 시작된 것이 바로 영상녹화조사라 할 수 있다. 비용과 편의성 면에서 그만큼 접근성이 좋아진 것이다. 그럼 다음에서는 영상녹화조사가 우리 법률에 들어오게 된 과정을 살펴보자.

Ⅲ. 영상녹화조사의 등장과 수용

1. 영상녹화조사의 등장

다른 나라와 달리 우리나라는 검찰에서 먼저 영상녹화조사 도입을 주장하였는데 이에 대한 외부의 시각[23][24]은 곧이어 보는 검찰의 추진 목적과 상당한 차이가 있다. 2002년 4월 김종률 검사는 대검찰청에 '21세기 검찰 수사역량강화방안'을 제안하고, 그 방식의 하나로 디지털 방식의 전자 조사실의 설치 필요성을 제기하였다.[25]

A9%94%EB%9D%BC (검색어 : 디지털 카메라)

23) 정웅석, "영상녹화의 법적 쟁점", 『서울중앙지검 연구회 자료집』(서울중앙지검, 2009), 제5쪽. "다른 나라에서는 수사기관이 영상녹화의 도입에 소극적인 반면 우리나라에서는 시민단체 등에서 영상녹화의 도입을 반대하고, 오히려 수사기관에서 영상녹화의 도입에 적극적인 입장을 취하고 있는데, 이는 매우 아이러니한 모습이다."

24) 이영한, "새로운 형사소송법에서의 조서와 영상녹화", 『법조』 제57권 제2호(법조협회, 2008.), 제108−109쪽, "가까운 일본이나 독일에서 발견되는 현상처럼 변호사단체가 그 도입을 주장하고 수사과정을 감시받게 되는 수사기관이 그 도입을 꺼리는 것이 어쩌면 당연하다고 할 것이나, 우리나라에서는 오히려 검찰이 수사과학화 프로젝트의 일환으로 연구해오던 영상녹화물의 도입을 2004년 4월경 대검지침을 마련하여 전국 10개 검찰청에서 시범실시를 하면서부터 적극적으로 그 도입을 주장하고 나섰다. 이는 검사 작성의 피의자신문조서에 관하여 그 형식적 진정성립이 인정되면 실질적 진정성립이 추정된다는 종전의 대법원판례를 폐기하는 대법원 2004. 12. 16. 선고 2002도537호 전원합의체 판결이 나옴에 따라 검사 작성의 피의자신문조서가 증거로서 사용될 가능성이 크게 좁아지게 되자 이에 자극받은 검찰이 마침 개정 작업 중에 있던 형사소송법에 영상녹화물의 도입을 추진하기 시작한 결과로 보인다."

25) 김종률, "영상녹화제도와 검찰수사실무 변화에 관한 연구』, 『형사법의 신동향』 통권 제8호(대

2003년 4월에는 김종률 검사가 영국으로 국외출장을 다녀온 후[26] 법무연수원에서 대검찰청에 수사과정의 녹음녹화제 도입을 비롯한 수사과학화 과제를 체계적으로 연구할 수사과학화 연구기획단 발족을 건의하였고, 그 건의가 부분적으로 받아들여져 법무연수원에 「수사과학연구회」가 만들어진다.

이후 법무연수원은 2004년 1월 검찰총장에게, 그리고 2004년 2월에는 법무부장관에게 수사과정의 녹음녹화제 도입에 대한 정책적 결단을 촉구하였고,[27] 2004년 3월 대검찰청에 녹음·녹화추진을 위한 수사과학화 추진단이 설치되면서 2004년 5월 전국 10개 청 20개 검사실을 지정하고 2004년 6월부터 녹음·녹화제의 시범 실시에 들어가게 된다.

한편, 2004년 12월에는 서울남부지검에 3가지 유형의 영상녹화전용 전자조사실 4실을 설치하고 영상녹화 전용 장비를 도입하여 본격적으로 영상녹화조사를 실시하게 되었다.[28]

2. 형사소송법에의 수용

2005년 1월에 설치된 대통령 자문기구인 사법제도개혁추진위원회(이른바 「사개추위」)에서 2005년 3월 영상녹화물의 증거능력을 처음 공론화하는데, 법원은 영상녹화물의 경우 그 신뢰성이 너무 높아 공판을 극장화되게 만들어 공판중심주의에

검찰청, 2007. 6.). 제79쪽
26) 김종률, 앞의 논문, 제79쪽 "2003. 2. 필자가 영국을 방문하여 영국의 선진적이고 체계적인 조사기법 교육제도 및 수사과정의 녹음제도 운영실태를 둘러보고 나서 비로소 제도적인 차원으로서의 수사과정의 녹음녹화제로 점차 구체화되었다. 2003. 4. 과학적 신문기법 연구추진 상황보고를 통해, 수사과정의 녹음녹화제는 수사정보화·과학화의 교차점이자 수사시스템개혁의 출발점으로서 엄청난 폭발력을 지닌 개혁과제로 인식하여야 한다고 강조하면서 …(이하 생략)"
27) 김종률, 앞의 논문, 제80쪽 "당시 수사과정의 녹음녹화제의 도입배경으로 사회환경변화, 사법환경변화, 형사사법의 혁신요청, 형사소송법 제정 50주년이라는 네 가지 상황을 전제로 하였다. …(중략)… 결국, 기존 조서의 문제점을 극복하기 위한 실무상 대안이자 수사 과정의 투명성 확보를 위한 인권보장이라는 필요성에서 피의자나 참고인에 대한 조사과정을 녹음·녹화하고, 그 녹음·녹화자료에 대한 증거능력을 부여하는 것이 수사과정의 녹음·녹화제라는 제도 도입이 필요하다고 보았다."
28) 필자가 대검 과학수사부 검찰연구관으로 근무할 당시(2017. 6.) 전국 검찰청에서 실제 운용 중인 영상녹화조사실은 818개였다.

반한다며 영상녹화제도의 도입에 반대한다.[29]

사개추위에서는 영상녹화제도가 수사 과정의 투명성을 높여서 수사 과정에서 일어날 수 있는 피의자나 참고인에 대한 부당한 인권침해나 불법행위의 발생 여지를 현저히 줄이고 그로 인해 국민의 권익 보호와 피의자의 방어권 보장에 긍정적인 기능을 한다는 점을 고려하여 피의자신문이나 참고인조사에 대해 이 제도를 도입하기로 하였다. 그러나 이것을 법정에서 증거로 사용할 것인지에 대해서는 ① 피의자신문조서와 동일하게 취급하는 안, ② 영상녹화의 절차와 요건을 엄격히 규정하여 증거능력을 부여하는 안, ③ 피의자신문 시 영상녹화 또는 조서 작성을 선택할 수 있도록 하는 안 등 다양한 의견이 제시되었다. 어떤 입장이건 영상녹화물의 증거능력 자체를 부정하는 입장은 아니었다.[30]

따라서 2007년 4월 형사소송법 개정이 이루어지기 전 당초 개정안도 제312조의2[31]를 통해 영상녹화물의 증거능력을 인정하려고 했으나, 국회 논의 과정에서 최종 삭제되었다.[32] 삭제 경위와 관련하여 "사법개혁추진위원회에 참여하였던 판사들의 주장과 이에 동조하는 참여자들이 공판중심주의로의 편향된 시각에서 출발하여 영상녹화물의 본질에 대한 잘못된 이해를 근거로 영상녹화물에 대한 증거능력을 강력히 부정하여 결국 국회에서 영상녹화물에 대한 증거능력에 관한 새로운 규정이 도입되지 아니하였다"는 설명이 있다.[33]

이에 따라 2007년 4월 개정 형사소송법은 영사녹화조사를 정식 수사방법으로 형

---

29) 정웅석, 앞의 논문, 제27쪽.
30) 신양균, "영상녹화물의 증거능력", 『동북아법연구』 제14권 제3호(전북대학교 동북아법연구소, 2021. 1.), 제396쪽.
31) 사개추위 형사소송법 개정안 제312조의2(피의자 진술에 관한 영상녹화물) ① 검사 또는 사법경찰관 앞에서의 피고인의 진술을 내용으로 하는 영상녹화물은 공판준비 또는 공판기일에 피고인이 검사 또는 사법경찰관 앞에서 일정한 진술을 한 사실을 인정하지 아니하고, 검사, 사법경찰관 또는 그 조사에 참여한 자의 공판준비 또는 공판기일에서의 진술 기타 다른 방법으로 이를 증명하기 어려운 때에 한하여 증거로 할 수 있다.
② 제1항의 영상녹화물은 적법한 절차와 방식에 따라 영상녹화된 것으로서 공판준비 또는 공판기일에 피고인이나 검사, 사법경찰관 또는 그 조사에 참여한 자의 진술에 의하여 조사된 전 과정이 객관적으로 영상녹화된 것임이 증명되고, 영상녹화된 진술이 변호인의 참여하에 이루어지는 등 특히 신빙할 수 있는 상태하에서 행하여졌음이 증명된 것이어야 한다.
32) 박성재, "영상녹화조사의 실무상 쟁점 - 비교법적 검토 -", 『법조』 제59권 제3호(법조협회, 2010. 3.), 제198-199쪽.
33) 이완규, 『형사소송법 연구 Ⅰ』, 탐구사, 2008. 제243-244쪽.

사소송절차에 도입하되, 영상녹화물을 독립증거가 아닌 조서의 진정 성립을 인정받거나 기억의 환기를 위해 사용되는 것으로 사용범위를 제한하였다.[34] 제한 사유 소개는 아래 각주로 처리하였는데 반대 논거를 찬찬히 읽어보면 마치 새로 등장한 지동설에 이치에 어긋나는 천동설로 맞서는 느낌이다. 갈릴레오 시절에도 천동설이 이겼다. 오죽했으면 갈릴레오가 자신이 했던 과거의 주장을 "맹세코 포기하며 저주하고 혐오한다"고 했겠는가? 그만큼 혁신은 어렵다. 다행스러운 건 지금은 천동설을 지지하는 사람이 단 한 명도 없다는 것이다. 영상녹화조사의 증거능력 또한 그럴 것이다.

　2011년 법무부는 조서의 전 과정이 녹화된 영상녹화물의 증거능력을 인정하는 형사소송법 개정안을 제출[35]하였으나 2012년 제18대 국회의 회기 종료와 함께 자동으로 폐기되었다.[36]

---

34) 이영한, 앞의 논문, 제115-116쪽 "국회 법제사법위원회 법안심사 제1소위원회 의원들은 ① 형식상 영상녹화물이 보충적인 것으로 규정되어 있기는 하나, 원칙적이고 정상적인 방법으로 입증을 시도하였음에도 입증이 어려운 최후의 경우에 오히려 유죄의 심증에 가장 큰 영향을 미칠 위험성이 큰 영상녹화물을 중요한 증거로 사용할 수 있게끔 길을 열어주는 것은 위험하고(즉, '우량증거'로도 입증이 안 되는 것에 대해 '불량 증거'인 영상녹화물을 독립증거로 쓰도록 해서는 안 된다), ② 영상녹화제도가 도입된 취지는 피의자 진술의 임의성 여부를 확인하고 또 피해자를 보호하기 위한 것이지 수사기관의 증거수집방법을 좀 더 용이하게 하여 수사기관의 편의를 위한 것은 아니며, ③ 영상녹화가 널리 보급된 영미법의 배심제도에서는 법관이 배심원에게 보여지는 영상녹화물을 차단할 수 있으나, 우리나라와 같은 대륙법계에서는 사실심 법관에게 영상녹화가 바로 직접적으로 보여진다는 것은 피의자나 국민의 인권을 상당히 침해할 소지가 있고, ④ 수사과정에서 발생한 고문, 협박 등의 사실을 입증하기 위한 용도는 별론으로 하고, 조사자의 증언까지 새로 도입한 마당에 피의자가 수사기관 앞에서 진술한 사실을 인정하기 위한 증거로 굳이 영상녹화물까지 사용해야 하는가 하는 의문이 제기될 수 있다는 등의 이유로 영상녹화물을 독립증거 또는 본증으로 사용할 수 없도록 하고 영상녹화물이 쓰일 수 있는 것은 조서에 증거능력을 부여하는 경우뿐이라고 명백히 못 박고 있다."

35) 수사기관이 피의자 등의 진술을 듣고 그 진술을 받아 적는 방식의 조서보다 객관적이고 우수한 증거인 동시에 피의자에 대한 강압수사, 가혹행위 등의 논란을 미연에 방지할 수 있다는 장점이 있으므로 검사 또는 사법경찰관이 작성한 피고인 또는 피고인 아닌 자의 진술을 내용으로 하는 영상녹화물도 조서에 준하여 증거능력을 인정함으로써 조사절차의 투명성이 높아지고 강압수사 방지 등 피의자의 인권보호에 이바지할 것으로 기재된다는 것을 이유로 한다.

36) 신양균, 앞의 논문, 제398쪽.

Ⅳ. 영상녹화물의 유형과 쟁점

1. 영상녹화물의 개념 및 유형

영상녹화물이란? 형사소송법은 그 개념을 명시적으로 설명하고 있지는 않지만 동법 제56조의2(공판정에서의 속기·녹음 및 영상녹화)의 3개 조문[37]을 모아서 해석하면, "영상녹화장치를 사용하여 영상녹화 한 파일" 정도 되겠다. 형사소송법에 규정된 영상녹화는 ① 공판정 심리의 영상녹화(법 §56의2), ② 제3자 진술의 영상녹화(법 §221①[38]), ③ 피의자 진술의 영상녹화(법 §244의2[39])이므로 그 결과물인 영상녹화물의 종류도 3가지다. ①항과 ②, ③항은 녹화 주체가 누구냐에 따라 나뉘고, 다시 ②항과 ③항은 녹화 대상 진술인의 신분이 참고인이냐 피의자냐에 따라 구분된다. 셋 모두 영상녹화장치를 사용하여 녹화한다는 건 똑같다.

여기서 잠깐! '영상녹화물이 영상녹화장치를 사용하여 영상녹화 한 파일이라면 형사소송절차에 들어오는 영상녹화물은 형사소송법에 규정된 것보다 훨씬 더 많지 않나?'라는 의문이 들지 않는가?

---

37) 형사소송법 제56조의2(공판정에서의 속기·녹음 및 영상녹화) ① 법원은 검사, 피고인 또는 변호인의 신청이 있는 때에는 특별한 사정이 없는 한 공판정에서의 심리의 전부 또는 일부를 속기사로 하여금 속기하게 하거나 녹음장치 또는 영상녹화장치를 사용하여 녹음 또는 영상녹화(녹음이 포함된 것을 말한다. 이하 같다)하여야 하며, 필요하다고 인정하는 때에는 직권으로 이를 명할 수 있다.
② 법원은 속기록·녹음물 또는 영상녹화물을 공판조서와 별도로 보관하여야 한다.
③ 검사, 피고인 또는 변호인은 비용을 부담하고 제2항에 따른 속기록·녹음물 또는 영상녹화물의 사본을 청구할 수 있다.
38) 형사소송법 제221조(제3자의 출석요구 등) ①검사 또는 사법경찰관은 수사에 필요한 때에는 피의자가 아닌 자의 출석을 요구하여 진술을 들을 수 있다. 이 경우 그의 동의를 받아 영상녹화할 수 있다.
39) 형사소송법 제244조의2(피의자진술의 영상녹화) ①피의자의 진술은 영상녹화할 수 있다. 이 경우 미리 영상녹화사실을 알려주어야 하며, 조사의 개시부터 종료까지의 전 과정 및 객관적 정황을 영상녹화하여야 한다.
② 제1항에 따른 영상녹화가 완료된 때에는 피의자 또는 변호인 앞에서 지체 없이 그 원본을 봉인하고 피의자로 하여금 기명날인 또는 서명하게 하여야 한다.
③ 제2항의 경우에 피의자 또는 변호인의 요구가 있는 때에는 영상녹화물을 재생하여 시청하게 하여야 한다. 이 경우 그 내용에 대하여 이의를 진술하는 때에는 그 취지를 기재한 서면을 첨부하여야 한다.

많은 거리와 점포에 CCTV가 설치되어 있고, 웬만한 아파트 엘리베이터에도 있다. 그걸로 차량절도, 무전취식 등 많은 범죄자를 찾아낸다. 증거로 사용된다는 말이다. CCTV 영상은 영상녹화물인가 아닌가? 교통사고가 일어났거나 음주운전을 누가 했는지 불분명한 경우 가장 중요한 증거는 단연 차량 블랙박스다. 블랙박스에 찍힌 사고 영상이나 운전자 영상은 영상녹화물인가 아닌가? 미국 드라마에서나 봤던 바디캠이 일선 경찰에도 많이 보급되다 보니 바디캠 영상도 종종 증거로 사용될 때가 있다. 경찰공무원 몸에 부착되어 현장 영상이 촬영된 바디캠 양상은 영상녹화물인가 아닌가? 유튜브 시대에 발맞춰 유튜브를 이용한 모욕과 명예훼손 사건도 심심치 않게 보게 된다. 고소장에 증거자료로 첨부된 유튜브 영상은 영상녹화물인가 아닌가?

영상녹화물이냐 아니냐를 반복적으로 묻는 이유는 형사소송법에서 피고인 또는 피고인 아닌 자의 진술을 내용으로 하는 영상녹화물에 대해 명시적으로 일반 증거와는 다른 이상한 잣대를 사용하기 때문이다.[40) 반복된 위 질문에 이렇게 답변하고 싶지 않은가? 형사소송법 제318조의2에서 말하는 영상녹화물은 피고인 또는 피고인 아닌 자의 진술을 내용으로 하는 영상녹화물인데 반하여, 앞에 예시로 든 CCTV, 블랙박스, 보디캠, 유튜브 영상은 그런 게 아니므로 같은 잣대를 들이댈 수 없다고 말이다. 그런데 이 답변은 피고인 또는 피고인이 아닌 자의 진술을 내용으로 하는 영상녹화물의 증거능력이 제한되는 이유가 그것이 영상녹화물이어서가 아니라 그 내용이 피고인 또는 피고인 아닌 자의 진술이기 때문이라는 것을 전제한다. 다른 각도에서 보면, 이 답변은 영상녹화물 자체의 증거능력은 인정되지만 영상녹화물의 내용에 따라 형사소송법 제318조의2의 적용 여부가 결정된다는 입장에서 있다.

그러면 이건 어떤가? 차량 블랙박스에 살인을 모의하는 대화가 담겼고 그로 인해 해당 사고가 사실은 사고인 척 위장을 해 사람을 죽이려고 고의로 일으킨 것임이 밝혀져 살인미수로 공소가 제기되었다고 치자. 살인을 모의하는 대화가 담긴 차량 블랙박스는 피고인의 진술을 내용으로 하는 영상녹화물인가 아닌가? 사례를 조

---

40) 형사소송법 제318조의2(증명력을 다투기 위한 증거) ② 제1항에도 불구하고 피고인 또는 피고인이 아닌 자의 진술을 내용으로 하는 영상녹화물은 공판준비 또는 공판기일에 피고인 또는 피고인이 아닌 자가 진술함에 있어서 기억이 명백하지 아니한 사항에 관하여 기억을 환기시켜야 할 필요가 있다고 인정되는 때에 한하여 피고인 또는 피고인이 아닌 자에게 재생하여 시청하게 할 수 있다.

금 바꿔서 사고를 위장하여 사람을 죽이려다 실패한 뒤 공범들이 모여 차를 타고 이동하던 중 나눴던 범행 후일담이 차량 블랙박스에 담겼고 그로 인해 범행이 발각되어 공소가 제기된 것이라고 하면, 이때 차량 블랙박스 파일은 어떻게 되는가?

다른 예를 들어보자. 현장에 출동한 경찰관에게 주먹을 휘두르며 온갖 욕설을 한 것이 바디캠에 찍혔고 이를 근거로 공무집행방해와 모욕으로 공소가 제기되었다고 치자. 바디캠에 담긴 범인의 폭행 영상과 모욕 음성은 매우 높은 증거가치를 갖는다. 어떤가? 영상에 피고인의 진술이 녹음되어 있는 이상 피고인의 진술을 내용으로 하는 영상녹화물이므로 증거로 사용할 수 없는가? 아니면 공무집행방해의 점을 입증하는데 사용되는 부분은 피고인의 행동이 담긴 것이므로 피고인의 진술을 내용으로 한다고 볼 수 없으니까 독립증거로 사용할 수 있고, 모욕은 피고인의 진술을 내용으로 하므로 사용할 수 없는 건가? 이때 피고인의 진술은 형사소송법 제318조의2에서 말하는 피고인의 진술이 아니라고 말하고 싶지 않은가? 법리를 어떻게 구성하건 일반적인 법 감정을 가진 평균인의 시각에서 볼 때 앞의 두 사례 모두 차량 블랙박스와 바디캠 영상을 증거로 사용해야 될 것 같다.

쟁점을 바꿔보겠다. 어떤 폭력 사건에서 피고인 甲과 목격자 A가 경찰에서 영상녹화조사를 받았고 공판정에서도 어떤 일인지 영상녹화가 이루어졌다. 그런데 나중에 알고 보니 목격자 A는 피고인 甲의 부탁으로 허위로 증언한 것이었고 이들이 위증(목격자 A)과 위증교사(피고인 甲)로 기소된 뒤 경찰에서 작성한 영상녹화물과 법정에서 작성한 영상녹화물이 증거로 제출되었다고 치자. 이들 영상녹화물은 독립증거로 사용될 수 있는가?

이 예는 앞 사례들과 달라 같은 선상에서 논의할 수 없을 것 같은가? 그러면 이건 어떤가? 주가조작 사건에서 피고인 甲이 경찰에서 영상녹화조사를 받았고 공판정에서도 영상녹화가 이루어졌다. 그런데 공판정에서 갑자기 피고인 甲이 A와 공동으로 범행한 것이라고 진술하였고 이 진술로 A도 주가조작의 공범으로 기소되어 그 재판에 피고인 甲의 경찰 작성 영상녹화물과 법원 작성 영상녹화물이 제출되었다고 치자. 이들 영상녹화물은 독립증거로 사용될 수 있는가?

먼저, 부정설 입장에서 검토해보자. 이 입장은 독립증거로 사용할 수 없다는 건데 그 의미가 형사소송법 제56조의2에 근거하여 생성된 법관 작성 영상녹화물이라도 동법 제318조의2 제2항에 따라 독립증거로 사용할 수 없다는 게 맞는가? 형사소송법 제311조는 법관 작성 조서에 대하여 절대적인 증거능력을 인정하고 있음에도 조서가 아닌 영상녹화물은 절대적 증거능력을 인정할 수 없다는 뜻인가? 만약, 그런 주장이라면 진술 요지만 기재되는 조서가 생생한 진술에다가 진술 상황, 진술 태도 등이 고스란히 담긴 영상녹화물보다 우월적 증거능력을 갖는 이유는 무엇인가? 법관 면전에서 이루어진 진술을 그 내용으로 한다는 공통점에도 불구하고 말이다.

다음은 긍정설 입장에서 살펴보자. 경찰의 영상녹화물까지 증거능력이 있다고 하면 다툼이 많을 것 같으니 쟁점을 줄이기 위해 여기의 긍정설은 법관 작성 영상녹화물에 대해서만 증거능력을 인정하는 입장인 것으로 정리하고 들어가자. 긍정설의 의문은 이렇다. 법관 작성 영상녹화물에 절대적인 증거능력이 인정된다고 본다면 형사소송법 제318조의2 제2항의 규정에서 말하는 영상녹화물에서 동법 제56조의2에 따른 영상녹화는 배제한다는 것인데 그렇게 해석하는 근거는 무엇인가? 더욱이 이 입장은 수사기관의 영상녹화물은 조서와 달리 취급하여 독립증거가 될 수 없다고 해놓고, 법관 작성 영상녹화물은 조서와 같게 취급하여 증거능력을 인정하는 셈인데, 조서와 영상녹화물의 취급이 주체에 따라 달라져도 되는가? 된다면 그 근거는 무엇인가?

지금까지 다양한 영상녹화물의 유형을 살펴보면서 질문을 던져보았다. 위에서 살펴본 여러 사례를 유형별로 분류해보자. 증거능력을 비교하기 좋은 분류기준을 생각해보면 ① 영상녹화물의 녹화 주체, ② 영상녹화물의 녹화 시기, ③ 영상녹화물의 내용 정도가 될 수 있겠다. 각 기준에 따라 영상녹화물을 나눠보면 아래 표와 같다.

【기준별 영상녹화물 유형】

분류기준	유형화
녹화 주체	① 사인이 녹화한 영상녹화물 ② 수사기관이 녹화한 영상녹화물 ③ 법원이 녹화한 영상녹화물
녹화 시기	① 형사절차가 개시되기 전 범죄 과정에서 녹화된 영상녹화물 ② 범행 후 형사절차 개시 전 녹화된 영상녹화물 ③ 형사절차 개시 후 수사나 공판에서 녹화된 영상녹화물
녹화된 내용	① 진술이 담긴 영상녹화물(일상 대화 vs. 피조사자로서 진술) ② 진술 이외에 사건 관련 상황이 담긴 영상녹화물 ③ 양자가 혼합된 영상녹화물

이제 앞서 잠깐씩 언급한 의문 사항들을 항을 바꾸어 정리한 뒤 다음 논의를 진행하고자 한다.

2. 영상녹화물의 쟁점

2007년 4월 형사소송법 개정 시 영상녹화물의 증거능력을 인정받으려는 시도는 무산되었고 조서의 진정 성립과 기억의 환기를 위해 영상녹화물의 사용이 가능하다는 쪽으로 개정이 이루어졌다. 이를 근거로 대법원은 2014년 참고인을 조사하는 과정에서 작성한 영상녹화물은 공소사실을 직접 증명할 수 있는 독립적인 증거로 사용될 수 없다는 판결을 내놓는다[41]. 이전부터 검사가 신청한 영상녹화물을 증거로 인정하지 않던 법원 실무를 판결로 확인해준 것이다.

그런데 영상녹화물의 독립적인 증거능력을 부정한 대법원판결을 뜯어보면 왜 부정되어야 하는지 그 이유를 설명하지는 않는다. 현행 형사소송법이 독립적인 증거로 사용하지 못하게 했기 때문이라고 설명할 뿐이다. 사실인정의 자료인 증거의 사용을 제한하려면 합리적인 이유와 근거가 있어야 한다. 그러한 이유나 근거도 없이 증거의 사용을 제한하는 것은 국가형벌권의 올바르고 불편부당한 행사에 지장을 초래한다. 당연히 그렇지 않겠는가?

이 지점에서 우리가 영상녹화물과 관련해서 던져야 할 질문은 명확해진다. 첫째, 입법으로 특정한 유형의 증거를 공소사실의 증명에 사용하지 못하도록 증거능력을 배제하는 것이 법적으로 가능한가? 둘째, 왜 수사기관에서 영상녹화장치를 사용하여 피의자나 참고인을 조사하는 과정을 녹화한 영상녹화물은 증거능력을 인정받을 수 없어야 하는가? 그 이유가 무엇인가? 제시된 이유는 합리적인가?

---

41) "2007. 6. 1. 법률 제8496호로 개정되기 전의 형사소송법에는 없던 수사기관에 의한 피의자 아닌 자(이하 '참고인'이라 한다) 진술의 영상녹화를 새로 정하면서 그 용도를 참고인에 대한 진술조서의 실질적 진정성립을 증명하거나 참고인의 기억을 환기시키기 위한 것으로 한정하고 있는 현행 형사소송법의 규정 내용을 영상물에 수록된 성범죄 피해자의 진술에 대하여 독립적인 증거능력을 인정하고 있는 성폭력범죄의 처벌 등에 관한 특례법 제30조 제6항 또는 아동·청소년의 성보호에 관한 법률 제26조 제6항의 규정과 대비하여 보면, 수사기관이 참고인을 조사하는 과정에서 형사소송법 제221조 제1항에 따라 작성한 영상녹화물은, 다른 법률에서 달리 규정하고 있는 등의 특별한 사정이 없는 한, 공소사실을 직접 증명할 수 있는 독립적인 증거로 사용될 수는 없다고 해석함이 타당하다"(대법원 2014. 7. 10. 선고 2012도5041 판결).

먼저, 첫째 질문에 답하기 위해서는 형사소송절차에서 증거가 갖는 의미를 헌법의 관점에서 살펴볼 필요가 있다. 이를 위해 법치와 국가형벌권, 소추와 재판의 분리 등에 대한 검토가 필요하다. 다음으로, 두 번째 질문에 답하기 위해서는 증거법의 일반이론을 살펴볼 필요가 있다. 그중에서도 특히 전문법칙과 공판중심주의에 대한 검토가 필요하다.

증거능력의 배제 이유는 영상녹화물의 유형별로 증거능력이 인정되는 이유이자 부정되는 이유여야 한다. 그리고 일관되어야 한다. 유형별로 이유가 달라진다면 합리적이라 할 수 없다. 만약 합당한 이유를 제시하지 못하거나 영상녹화물의 유형에 따라 이유가 달라진다면 이는 합리적인 이유 없이 입법을 통해 증거의 증거능력을 배제한 것으로, 그러한 입법은 국가형벌권의 정상적인 행사를 저해하므로 위헌이다.

구체적으로 증거능력 배제 이유는 녹화 주체에 따라 영상녹화물의 증거능력이 달라지는 이유를 설명할 수 있어야 한다. 녹화 시기, 녹화 내용과 관련해서도 마찬가지다. 법문에서 추론되는 증거능력 배제 이유는 둘 중 하나거나 둘 다이지 않을까 한다. 즉, 수사기관에서 피의자나 참고인의 진술을 녹화한 영상녹화물은 ① 그것이 진술을 담고 있기 때문이거나 ② 영상녹화물이기 때문이지 싶다. 이것 말고는 다른 이유를 찾기 어렵다. 자 이제 이러한 이유로 수사기관이 녹화한 영상녹화물의 증거능력을 박탈한 형사소송법이 합헌이라고 볼 수 있을지 차근차근 검토해나가겠다.

다만 그 전에 지금까지 영상녹화물에 관한 논의를 살펴보면 조서와 영상녹화물의 관계와 관련하여 수사기관이 피의자나 참고인의 진술을 녹화한 영상녹화물은 조서의 대용물이라는 시각이 자리잡고 있다. 이런 시각은 법정에 제출된 녹음테이프를 진술을 기재한 서류와 같이 취급해온 판례[42]의 태도에서 기인한 측면도 있을 것이다.[43]

---

42) "법원이 녹음테이프에 대하여 실시한 검증의 내용이 녹음테이프에 녹음된 전화대화 내용이 녹취서에 기재된 것과 같다는 것에 불과한 경우 증거자료가 되는 것은 여전히 녹음테이프에 녹음된 대화 내용임에는 변함이 없으므로, 그와 같은 녹음테이프의 녹음 내용이나 검증조서의 기재는 실질적으로는 공판준비 또는 공판기일에서의 진술에 대신하여 진술을 기재한 서류와 다를 바 없어서 형사소송법 제311조 내지 제315조에 규정한 것이 아니면 이를 유죄의 증거로 할 수 없다."(대법원 1996. 10. 15. 선고 96도1669 판결)

43) 녹음테이프의 증거능력과 관련하여, 김정한 교수는 "녹음테이프에 진술이 녹음된 경우 전문서류에 준해서 취급하는 것이 통설적 견해이고, 판례 역시 진술서 또는 진술기재서류에 준하여

따라서 영상녹화물을 조서의 대용물로 봐도 무방한지 살펴보기 위해 조서와 영상녹화물의 관계부터 살펴보기로 한다. 아울러 이후부터는 수사기관이 피의자나 참고인을 녹화한 영상녹화물을 그 이외의 영상녹화물과 구별하기 위해 앞으로 전자를 영상녹화조사물이라고 부르기로 한다.

V. 조서와 영상녹화조사물 비교

1. 공통점

김종률 전 검사의 수사 과정의 녹음녹화제 추진 설명에서도 확인되듯이 영상녹화조사는 기존 조서의 문제점을 극복하기 위한 실무상 대안으로 제안된 것으로, 수사기관이 피의자나 참고인을 조사한 결과가 담긴다는 점에서 조서와 영상녹화물은 공통점이 있다. 앞서 의미, 문자, 매체, 도구, 동력을 기록의 5요소로 명명했는데, 조서와 영상녹화물 모두 기록하는 매체에 해당한다.

이때 피의자나 참고인을 조사한 결과란 무엇일까? 피의자나 참고인이 수사기관의 질문에 대하여 자신이 경험하였거나 생각한 바를 있는 그대로 또는 사실을 과장하거나 왜곡하여, 아니면 없는 사실을 꾸며내어 답변한 진술을 청취한 것이라는 점이다. 한 마디로 피조사자의 진술이 기록된다는 것으로, 「진술을 담는 수단」 이것이 주된 공통점이겠다.

수사기관은 수사 활동을 기록하여 그것을 토대로 범죄혐의 유무를 판단하고 나아가 공소를 제기한 경우 공판정에서 피고인의 유죄를 증명하기 위한 증거로 사용한다. 조서와 영상녹화조사물 모두 수사기관의 활동을 기록한 것으로 범죄혐의 유무 판단의 자료이자 유죄 입증의 자료라는 점에서도 공통점을 찾을 수 있다. 물론 지금 우리 실무는 영상녹화조사물의 유죄 증명 자료로서 역할을 부인하고 있지만, 원래는 그렇다는 것이다.

이것 말고는 공통점이라고 할 만한 것이 별로 없다.

제313조를 유추적용 하였으나, 2016년 제313조를 개정하여 녹음테이프 등 정보저장매체를 서증에 포함시켰으므로 이제는 제313조 직접 적용하면 된다."라고 설명한다. "녹음테이프와 녹취록, 녹취진술의 증거능력에 대한 실무적 고찰", 『인권과 정의』 통권 제498호(대한변호사협회, 2021). 제24쪽.

2. 차이점

첫째, 존재 양식의 차이다. 조서는 유체물인 서면으로 존재한다. 따라서 서증 제시의 방법으로 증거조사가 이루어진다. 반면, 영상녹화조사물은 디지털 형태의 파일로 존재한다. 가시성과 가독성이 없다는 뜻이다. 따라서 증거조사는 파일을 재생하여 검증하는 방식으로 하게 된다.

둘째, 작성 방식의 차이다. 이는 기록의 5요소 중 도구와 동력 상의 차이라고도 볼 수 있다. 조서는 조사자가 피조사자와 문답하면서 문답한 내용의 요지를 정리하여 (주로 컴퓨터를 이용하여) 조서를 작성한 뒤 이를 출력해서 피조사자 열람 후 서명, 날인을 받는 방식으로 작성된다. 반면 영상녹화조사물은 영상녹화조사실에서 그곳에 설치된 영상녹화장치를 이용해 조사의 전 과정을 녹화하는 방식으로 작성된다. 따라서 조사자와 피조사자의 진술이 그대로 영상녹화장치에 기록된다.

셋째, 기록의 5요소 중 기록되는 의미의 차이다. 조서는 피조사자의 진술을 청취하였고 청취한 피조사자의 진술 요지가 이렇다는 것을 전달하기 위해 기록된다. 반면 영상녹화물은 피조사자의 진술 그 자체가 기록된다. 해당 매체를 통해 전달하고자 하는 것이 조사자가 청취한 진술 요지인지 피조사자의 진술인지는 그 매체를 증거법에서 어떻게 취급할지 결정하는데 중요한 의미가 있다. 이 부분은 후술한다.

끝으로, 장·단점이다. 조서는 종전부터 사용하던 것으로 작성부터 현출, 검토, 증거조사에 이르기까지 모두에게 익숙하고 편리하다는 장점을 갖는다. 반면, 조서 기재의 정확성에 다툼이 있을 때 입증이 곤란하다는 것은 단점이다. 반대로 영상녹화물은 진술을 생생하게 전달할 수 있을 뿐만 아니라 진술 태도, 조사 당시 상황 등 진술 외적인 부분까지 모두 전달할 수 있다는 장점이 있는 대신 조사 방식이 불편하고 조서와 달리 신속하게 검토하는 게 쉽지 않다는 단점이 있다.

3. 증거로서 조서와 영상녹화조사물

증거로서 조서와 영상녹화조사물은 어떤 차이가 있을까? 종래 학설과 판례는 녹음테이프에 대해 그 기능이 조서와 마찬가지로 진술을 담는 수단이라는 점에 착안하여 진술 기재 서류에 준하여 전문법칙에 관한 규정을 준용한 것으로 보인다. 영상녹화조사물의 경우 과연 이래도 될까?

조서는 수사기관이 피의자나 참고인의 진술을 듣고 이를 정리해서 문서로 만든 것이다. 기재 내용의 정확성을 피조사자가 열람의 방식으로 확인한 뒤 조서 말미에 서명, 날인을 하고 조서 낱장마다 간인을 한다. 그다음 피조사자와 참여자가 작성자로서 서명, 날인 및 간인을 한다. 따라서 조서는 기본적으로 조사자 명의 서면이다. 이 서면에는 피조사자의 진술이 담기는 것처럼 보인다. 하지만 엄밀하게 말하면 조사자가 청취한 피조사자의 진술이다. 그게 그것 같은가? 그러면 신호로 이해해보자. 피조사자가 입을 통해 음성신호를 발신한다. 그러면 그 신호는 공기를 타고 조사자의 귀 고막을 진동시킨다. 고막을 통해 수신된 음성신호는 신경을 타고 조사자의 뇌에 전달되고 조사자는 뇌의 기능을 사용해 수신된 음성신호의 주된 요지를 정리하여 이를 문자로 바꾸어 워드 프로그램을 이용해 조서 양식 파일에 기록한다. 피조사자가 발신한 음성신호와 조사자가 수신한 음성신호는 의미상 같겠지만 (잘못 들었다면 틀릴 수 있다. 이런 경우도 종종 있음을 우리는 경험상 안다) 조사자가 수신한 음성신호의 주된 요지만 정리해서 문자로 기록하기 위한 뇌의 처리 과정에서 아무래도 정확도가 떨어질 수밖에 없다. 어떤가? 좀 더 선명하지 않은가? 조서에 기재되는 것을 피조사자의 음성신호라고 말할 수 없다. 조사자가 수신한 음성신호의 요지만 문자로 변환한 것이 조서에 기록되기 때문이다. 즉, 조서에는 피조사자의 진술이 아니라 그 진술을 청취한 결과물이 담긴다. 따라서 조서의 본질은 "진술 청취 기재 서면"이다.

그렇다면, 영상녹화물은 어떨까? 영상녹화조사에도 조사자와 피조사자가 있다(피조사자가 피의자라면 참여도 있다). 그런데 조사자와 피조사자는 영상녹화장치 앞에서는 모두 피사체라는 동일한 위치에 놓인다. 영상녹화장치를 통해 녹화되는 것 또한 조사자의 음성과 모습, 피조사자의 음성과 모습이다. 조사자는 영상녹화장치의 카메라의 방향이나 줌을 조정할 수 있을지언정 녹화되는 과정에 어떠한 개입도 하지 못한다. 굳이 한다면 시작과 종료 정도 되겠다. 영상녹화장치가 프로그래밍 된 대로 자동으로 녹화하여 파일로 생성할 뿐이다. 따라서 영상녹화조사물에는 조사자와 피조사자의 진술이 고스란히 담긴다. 어떤가? 다르지 않나? 앞서 예로 든 음성신호로 바라보면 더욱 선명하다. 피조사자의 입을 통해 나오는 음성신호가 영상녹화장치의 음성신호 센서를 통해 디지털로 변환되어 기록된다. 영상녹화장치를 통한 기록 과정에서 조사자의 역할은 없다. 영상녹화조사물에 기록되는 것은 피조사자의 진술 그 자체다. 조서처럼 진술을 청취한 것이 기록되는 게 아니라는 말이다.

　지금까지 기록문화에서 기록은 기록하는 자의 의지에 따라 기록되는 사실이 달라질 수 있다는 것이 문제로 지적되곤 했다. 흔히들 "모든 역사는 승자의 역사"라고 하는데 역사가 승자의 관점에서 기록되게 마련이고 따라서 승자의 관점에서 왜곡되기 마련이라는 의미다. 이 말은 기록에 있어 기록하는 자의 주관이 개입될 수밖에 없음을 강조한다. 기록이 갖던 한계다. 조서가 갖는 한계라고도 할 수 있다. 영상녹화장치를 누구나 쉽게 구해서 사용할 수 있는 시대가 오기 전까지 수사 과정에서 있었던 피조사자의 진술을 있는 그대로 보전해서 전달할 수 있는 방법은 없었다. 그러다가 디지털 혁명과 함께 디지털 카메라가 등장하였다. 지금까지 구현하지 못했던 피조사자의 진술을 있는 그대로 보전해서 법정에 전달할 수 있는 방법이 생긴 것이다. 가히 혁명적이라고 하지 않을 수 없다. "진술 청취 기재 서면"인 조서와 "진술 그 자체"인 영상녹화조사물이 결코 같을 수 없다. 양자 사이에는 어마어마한 차이가 존재한다. 따라서 영상녹화조사물을 조서에 준하여 취급하는 것은 타당하지 않다.

　예를 들어보겠다. 법정에 조서와 영상녹화조사물이 들어왔다고 치자. 조서에는 피조사자의 진술이라고 주장되는 글이 기재되어 있다. 그 자체로는 실제로 피조사자가 그렇게 진술했는지 어땠는지 알 수 없다. 왜? 전문서류이기 때문이다. 따라서 진술자가 실제로 그렇게 진술했는지 확인하는 작업이 필요하다.

　그렇다면, 영상녹화조사물은? 영상녹화조사물에는 피조사자가 등장한다. 만약 피조사자가 피의자이고 지금 법정에서 영상녹화조사물을 재생하여 시청하는 순간이라면 법정에 피고인이 재정하고 있을 터이다. 피의자였던 피고인이 과거에 진술한 모습이 법정 내 스크린에 생생하게 그려진다. 뭔가? 피고인의 과거 진술이다. 이 순간 피고인이 과거에 그렇게 진술한게 맞는지 알 수 없나? 아니다. 당연히 안다. 왜? 피고인의 진술이니까! 이제 차이가 보이는가? 지금 법정에 재정하고 있는 피고인이 말한다면 그것은 지금 이 순간의 피고인의 진술이고, 법정 스크린에 비친 피고인이 말한다면 그것은 과거 조사받던 그 시점의 피고인의 진술이다. 영상녹화조사물 그 자체는 전문진술이 아니라는 말이다.

　좀 더 사고실험을 해보자. 본 발제에 앞서 발표되는 주제가 전자 형사소송이다. 전자 형사소송이 도입되어 피고인이 법정에 나오지 않고 집 등지에서 형사재판시스템에 접속하여 화상으로 진술하고 있다고 치자. 피고인의 진술 모습이 법정 내 스크린에 비춰진다. 그건 피고인의 진술인가 아닌가? 당연히 피고인의 진술이다.

그런데 엄밀하게 보면 피고인의 진술은 사실 지금 이 순간의 진술은 아니다. 피고인이 접속한 단말기 카메라에서 피고인의 모습을 영상신호로 만들어 이를 형사재판시스템에 보내고 다시 시스템에서 법정 내 단말기로 영상신호를 보내 법정 내 스크린에 재생되도록 하는 데는 시간이 걸리기 때문이다. 그렇게 생기는 지연시간이 5초라고 치자. 5초 전에 이루어진 법정 내 스크린 화면에 비친 피고인의 진술을 우리는 위에서 피고인의 진술이라고 했다. 그러면 지연시간이 60초면 어떻게 되는가? 지연시간이 1시간이면? 지연시간이 1일이면? 우주 시대가 열려 피고인이 다른 은하계에 살고 있어 신호를 주고받는데 시간이 걸려 지연시간이 한 달이라면? 차이가 있는가? 없다. 따라서 영상녹화조사물에 담긴 피의자일 때 피고인이 했던 진술이 법정에서 재생되어 나온다면 그것은 피고인의 진술이다. 단지 그 시점이 과거였다는데 차이가 있을 뿐이다. 영상녹화조사물이 피고인의 진술이 되는 데는 "영상 속 진술자가 내가 맞다."는 피고인의 진술로도 충분하다. 피고인이 처음 법정에 출석했을 때 피고인임을 확인하기 위해 하는 인정신문 정도되겠다. 따라서 영상녹화조사물은 조서 유사 증거가 아니다. 증거법적으로 조서와 영상녹화조사물은 마땅히 다르게 취급되어야 한다.

VI. 형사절차에서 증거의 의미

1. 법치와 국가형벌권

그동안 실무는 물론이고 학계도 형법과 형사소송법을 따로 다루어 왔다. 형법은 범죄와 형벌에 관한 법규범으로, 형사소송법은 수사와 재판의 절차에 관한 법규범으로 서로 별개인 것처럼 말이다. 물론 형법은 실체법이고 형사소송법은 절차법이라 다르긴 다르다. 하지만 둘은 뭔가 긴밀히 연결되어 있을 것 같지 않은가? 어떻게 연결되어 있을까? 이 의문을 해소하려면 그 뿌리를 찾아 들어가야 한다. 그렇다면, 형법과 형사소송법의 뿌리는 무얼까? 필자는 그 뿌리가 국가형벌권에 있다고 본다.

국가가 형벌권을 독점하고 있다는데 이의를 제기할 사람은 없을 것이다. 그렇다면 국가형벌권은 어떻게 형성되고 작동하는가? 국가형벌권은 의회에서 형사처벌 법률을 만들어야 비로소 생성된다. 헌법 제12조 제1항 후문은 "누구든지 법률에 의하지 아니하고는 체포·구속·압수·수색 또는 심문을 받지 아니하며 법률과 적법한 절차에 의하지 아니하고는 처벌·보안처분 또는 강제노역을 받지 아니한다"라고 규정하고 있다. 한편, 헌법 제13조 제1항도 "모든 국민은 행위시의 법률에 의하여 범죄를 구성하지 아니하는 행위로 소추되지 아니하며, 동일한 범죄에 대하여 거듭 처벌받지 아니한다"라고 규정하고 있다. 이들 규정을 종합하면, 누구든지 행위시의 법률에 의하여 범죄를 구성하는 행위가 있으면 체포 등 강제수사가 가능하고 적법한 절차에 따라 처벌도 가능하다는 의미가 도출된다. 그 밖에 헌법 제12조는 고문금지, 진술거부권, 영장주의, 변호인조력권, 미란다원칙, 체포·구속적부심사, 자백배제법칙과 자백보강법칙 등을 규정하고 있다.[44] 이들 규정은 형법과 형사소송법에 대한 수권 규정으로서 국가형벌권에 대한 헌법적 근거이다.[45]

하지만 형사처벌 규정을 만들었다고 국가형벌권이 현실에서 작동하지는 않는다.

---

44) 대한민국 헌법 제12조 ① 모든 국민은 신체의 자유를 가진다. 누구든지 법률에 의하지 아니하고는 체포·구속·압수·수색 또는 심문을 받지 아니하며, 법률과 적법한 절차에 의하지 아니하고는 처벌·보안처분 또는 강제노역을 받지 아니한다.

② 모든 국민은 고문을 받지 아니하며, 형사상 자기에게 불리한 진술을 강요당하지 아니한다.

③ 체포·구속·압수 또는 수색을 할 때에는 적법한 절차에 따라 검사의 신청에 의하여 법관이 발부한 영장을 제시하여야 한다. 다만, 현행범인인 경우와 장기 3년 이상의 형에 해당하는 죄를 범하고 도피 또는 증거인멸의 염려가 있을 때에는 사후에 영장을 청구할 수 있다.

④ 누구든지 체포 또는 구속을 당한 때에는 즉시 변호인의 조력을 받을 권리를 가진다. 다만, 형사피고인이 스스로 변호인을 구할 수 없을 때에는 법률이 정하는 바에 의하여 국가가 변호인을 붙인다.

⑤ 누구든지 체포 또는 구속의 이유와 변호인의 조력을 받을 권리가 있음을 고지받지 아니하고는 체포 또는 구속을 당하지 아니한다. 체포 또는 구속을 당한 자의 가족등 법률이 정하는 자에게는 그 이유와 일시·장소가 지체없이 통지되어야 한다.

⑥ 누구든지 체포 또는 구속을 당한 때에는 적부의 심사를 법원에 청구할 권리를 가진다.

⑦ 피고인의 자백이 고문·폭행·협박·구속의 부당한 장기화 또는 기망 기타의 방법에 의하여 자의로 진술된 것이 아니라고 인정될 때 또는 정식재판에 있어서 피고인의 자백이 그에게 불리한 유일한 증거일 때에는 이를 유죄의 증거로 삼거나 이를 이유로 처벌할 수 없다.

45) 굳이 따지자면 그렇다는 것이다. 사실 헌법 제12조와 제13조에서 국가형벌권의 근거를 도출하는 것은 어색하다. 왜냐하면 이들 규정은 국가에 형벌권이 독점되어 있다는 것을 전제로 국가형벌권의 행사 과정에서 발생할 수 있는 기본권침해 상황을 최소화하기 위한 여러 제도적 장치를 규정하는 것이기 때문이다. 따라서 국가형벌권은 헌법에서 명시적으로 규정하지 않아도 될 정도로 국가에 필수적인, 국가를 국가답게 하는 핵심 권력이라고 보는 것이 자연스럽다. 불문 헌법의 영역이다. 형벌권을 갖지 않은 국가를 국가라고 부를 수 있을까? 없다고 본다. 부디 국가형벌권이 헌법에 명문의 규정이 없다는 이유로 입법사항이라고 주장하거나 해석하는 일이 없기를 기대한다.

누군가 국가형벌권이 존재한다고 선언해야 비로소 형법전 속에 추상적으로 존재하던 국가형벌권이 구체적으로 발생한다. 이러한 작용은 사법의 영역이다. 물론 이것만으로는 부족하다. 발생한 국가형벌권을 집행해야 비로소 국가형벌권이 우리의 눈앞에 드러나게 된다. 이는 행정의 영역이다. 이처럼 국가형벌권은 입법·사법·행정의 모든 영역에 걸쳐 있다. 어느 하나의 권력만으로는 국가형벌권을 행사할 수 없게 기능적으로 분리해둔 것이다. 그만큼 국가형벌권이 국민에 대해 갖는 힘이 막강하다는 것을 의미한다.

그러면 형사소송법은 어느 영역과 연관되어 있을까? 바로 사법이다. 사법이란 삼단논법[46]에 따라 사실을 인정하고 인정된 사실에 법을 적용하여 구체적인 사안에서 법이 무엇인지 선언하는 국가 작용이다. 형사사법은 그 중 특정 사안에서 국가형벌권이 존재하는지 선언하는 국가 작용을 의미한다. 사실을 인정하고 법을 적용하여 법이 무엇인지 선언하려면 일정한 프로세스가 필요하다. 절차법이다. 형사사법을 구체화하는 법률 그것이 형사소송법이다. 따라서 형법이 국가형벌권을 추상적으로 생성하는 규범이라면 형사소송법은 국가형벌권을 구체화하는 규범이라고 볼 수 있다. 따라서 형법과 형사소송법은 모두 국가형벌권의 실현 수단이다.

그래도 뭔가 부족하다. 국가형벌권이 헌법에 근거한 국가가 독점하는 형벌권으로서 형법으로 형성되고 형사소송법으로 구체화한다는 설명으로는 갈증이 해소되지 않는다. 왜일까? 국가형벌권의 외양만 설명할 뿐 그 본질에 대한 설명이 아니기 때문이다. 그렇다면 국가형벌권이란 무엇인가?[47]

모두에 언급한 바와 같이 국가형벌권이란 국가가 독점하는 형벌권이다. 근대 형사법에서 국가 이외에 다른 기관이나 사람에게 형벌권을 인정하는 문명국가는 없다. 형벌권은 무얼까? 말 그대로 형벌을 부과할 수 있는 권한이다. 그렇다면 형벌이란 뭘까? 고통이다. 형벌의 역사가 보여주듯 역사적으로 다양한 유형의 고통이 존재했다. 원래 타인에게 고통을 가하는 것은 폭력이다. 따라서 어떤 미사여구를 동원해도 형벌의 본질은 폭력이다. 문명국가는 폭력을 금지한다. 사실 문명국가 이

---

46) 세 가지의 논리적 단계, 즉 대전제, 소전제 및 결론으로 구성되는 추론 방법을 말한다. 세 가지의 논리적 단계로 구성된다고 해서 '삼단' 논법으로 불린다. 철학적 삼단논법이 법학에 수용되어 발전한 법적 삼단논법은 사실인정, 법규범 탐색 및 해석, 사안 적용 및 결론으로 구성된다.

47) 이하의 설명은 필자가 2023. 4. 6. 검사게시판에 게시한 "국가형벌권에 대한 이해 부족을 드러낸 헌법재판소"라는 글에 있는 것을 옮긴 것이다.

전에도 폭력은 금지되었을 거다. 만인에 대한 만인의 투쟁과 폭력만 존재했다면 지금의 찬란한 인류 문명이 형성될 수 없었을 테니까. 그런데 왜 형벌은 오랜 세월 허용되어왔던 것일까? 폭력의 정당성에 대한 다중의 공감내지 승인이 있었기 때문에 지금까지 그 위력을 발휘하고 있다고 봐야 한다. 폭력이지만 그것은 합법적이라는 말이다.

형벌을 폭력과 다르게 취급하는 정당화의 근거는 법이다. 형벌권은 법치의 투영체로 질서유지가 필요한 조직이면 어디건 질서유지에 필요한 법을 만들고 그 이행을 강제하는 수단으로 위반자에게 합당한 고통을 가한다. 법을 위반한 자에게 가해지는 고통, 형벌이다. 법 위반자에게 예정된 고통을 가할 수 있는 권한, 형벌권이다. 따라서 형벌의 시작은 법치와 궤를 같이한다. 법치 없인 형벌도 없다. 그저 폭력일 뿐이다.

국가형벌권은 국가를 국가로 존재할 수 있게 하는 강력한 수단이자 법치주의 실현의 보루로서, 국가형벌권이 제 기능을 하지 못한다면 법치주의가 무너져 국가의 존립마저 위태로워지고, 국가형벌권이 과도하게 행사된다면 폭력 국가로 전락하여 국가공동체를 구성하는 국민의 삶을 피폐하게 만든다. 불편부당한 국가형벌권의 행사는 국가의 무궁한 번영과 국민의 자유로운 삶을 보장하는 실질적 법치주의의 실현을 위한 핵심적인 구성요소이다.[48]

2. 소추와 재판의 분리[49]

우리 헌법은 "모든 국민은 행위시의 법률에 의하여 범죄를 구성하지 아니하는 행위로 소추되지 아니하며(제13조 제1항)"라고 규정하고, "대통령은 내란 또는 외환의 죄를 범한 경우를 제외하고는 재직 중 형사상의 소추를 받지 아니한다(제84조)"고 규정하여 재판과 다른 '소추'라는 용어를 사용한다. 헌법 제27조는 재판청구권에 관하여 5개 조항을 두고 있는데 여기서 말하는 '재판'은 문맥상 '소추'와 구별된다.

---

48) 장영수 교수도 "사법의 본질은 공정한 재판이다. 공정하지 않은 재판은 사법의 본질에 반할 뿐만 아니라 법치국가의 근간을 뒤흔드는 매우 위험하고 유해한 것이기도 하다."고 하면서 "재판의 공정성의 핵심은 불편부당이다"라고 설명한다. 장영수, "사법혼란, 사법불신과 법치주의의 위기", 『고려법학』 제99호(고려대학교 법학연구원, 2020. 12.). 제4─6쪽.

49) 이 부분도 필자가 2023. 4. 6. 검사게시판에 게시한 "국가형벌권에 대한 이해 부족을 드러낸 헌법재판소"라는 글에 있는 것을 일부 옮긴 것이다.

소추란 형사재판 절차의 개시행위이다. 우리 헌법이 형사절차에 있어 '소추'와 '재판'을 구별함에 따라 국가형벌권은 '소추'와 '재판'이라는 2단계 절차를 거쳐 행사하도록 설계되었다고 말할 수 있다. 우리 헌법이 규문주의가 아닌 탄핵주의를 채택하고 있음을 단언할 수 있는 대목이다. 따라서 법원은 형사절차에서 소추가 없는 한 재판하지 못한다.

소추의 법적 성질은 무엇일까? 소추는 형법에 위반되는지 여부를 확인하기 위해 증거를 수집하고 그렇게 수집된 증거를 토대로 사실을 인정한 다음 인정된 사실에 법을 적용하여 구체적인 사안에서 국가형벌권이 존재하는지(공소제기로서 유죄에 상응), 존재하지 않는지(무혐의로서 무죄 상응)를 선언하는 작용이다. 어디서 본 것 같지 않은가? 그렇다. 앞에서 설명한 사법의 정의와 똑같다. 따라서 소추도 사법 작용이다. 그런데 우리 헌법은 소추와 재판을 나누면서 법관에 의한 재판을 받을 권리만 규정할 뿐 법관에 의한 소추에 대해서는 침묵하고 있다. 한편, 헌법상 검사를 소추권자로 규정한 조항은 없지만 영장주의를 천명한 규정[50]에서 '검사의 신청'을 언급하고 있다. 이를 논리적으로 해석하면 우리 헌법은 검사의 존재를 예정하고 있다고 볼 수 있다. 따라서 '검사의 신청'을 규정한 우리 헌법의 영장주의 조항은 검사에게 영장신청권을 독점하게 하는 규정이자, 우리 헌법이 소추권자로서 「검사제도」를 상정하고 있음을 의미하는 규정이다. 일본도 소추권자를 검사라고 부른다. 소추권이 없으면 헌법에서 말하는 검사일 수 없다[51].

소추와 재판은 둘 다 사법 작용이므로 작동방식 즉, 판단구조가 같다. 그런데 소추와 재판이 분리되다 보니 국가형벌권 행사의 지연 문제가 생긴다. 누구도 범죄행위를 저질렀다고 해서 그 즉시 처벌받지는 않는다. 소추와 재판이라는 두 절차를 모두 거친 이후에 비로소 국가형벌권이 구체적으로 발생하기 때문이다.

---

50) 대한민국헌법 제12조 ③ 체포·구속·압수 또는 수색을 할 때에는 적법한 절차에 따라 검사의 신청에 의하여 법관이 발부한 영장을 제시하여야 한다. 다만, 현행범인인 경우와 장기 3년 이상의 형에 해당하는 죄를 범하고 도피 또는 증거인멸의 염려가 있을 때에는 사후에 영장을 청구할 수 있다.

51) 논리적 귀결로서 검사의 본질은 소추권에 있지 영장신청권에 있지 않다. 헌법 제12조와 제16조에 규정된 영장신청권에서 검사의 지위와 역할을 끌어내는 것은 잘못이다. 수사상 인권보호 절차를 후퇴하겠다는 국민적 공감대가 있다면 영장신청은 검사가 해도 그만, 안 해도 그만이지만(즉 검사로서 신분에 변함이 없지만), 소추권이야 말로 검사를 검사이게 하는 핵심 표지이기 때문에 소추권이 없다면 비록 법률상 신분이 검사라고 하더라도 더 이상 헌법에서 말하는 검사는 아니다.

　소추 여부를 결정하기 위해서는 증거를 수집하고 피의자를 조사하고 이를 종합해서 최종 판단을 내려야 하므로 그에 상응한 시간이 필요하다. 이런 과정을 거친 뒤 공판정에서 다시 같은 판단구조로 이루어진 재판이 진행된다. 이 과정에서도 시간이 추가로 소요된다. 규문주의의 대안으로 등장한 소추와 재판의 분리로 인한 부작용으로 실체적 진실 발견이 어려워질 수 있다는 의미다.

　재판에는 수사 과정에서 수집된 자료들이 증거로 신청된다. 신청되는 증거에는 물증과 인증이 있다. 시간의 흐름이 물증에는 큰 영향을 주지 않지만[52], 인증에는 제법 영향을 준다. 사람이 갖는 기억의 한계 때문이다. 기억은 뇌에 새겨진 자극의 흔적이다. 기억되는 사실에 따라 다를 수 있지만 대부분의 기억은 시간의 경과와 새로운 정보의 입력으로 서서히 망각의 저편으로 사라져 간다. 한편, 기억은 시간이 지남에 따라 종종 왜곡되기도 한다. 사람은 경험한 그대로를 기억하기보다 자신이 기억하고 싶은 모습으로 그 내용을 재구성하기 때문이다.

　따라서 사람의 기억을 재판에 적정하게 사용하려면 최대한 빠른 시일 내에 범죄행위와 관련한 기억을 그에 관한 진술을 듣는 방식으로 확인해야 하고, 이를 재판을 맡은 법관에게 전달할 수 있게 기록해야 한다. 그 전달 도구로 사용되던 것이 바로 조서다. 그런데 앞서 설명한 것처럼 조서는 '진술 청취 기재 서면'으로 피조사자의 진술 그 자체보다는 증거로서 가치가 떨어진다. 하지만 그동안은 어쩔 수 없었다. 조사자가 청취했던 피조사자의 진술 그 자체를 법정으로 가져올 방법이 없었기 때문이다.

　그러나 이제는 달라졌다. 과학기술의 발전에 따라 개발된 디지털 카메라의 보급으로 피조사자의 진술 그 자체를 재판에 제출할 수 있는 방법이 생긴 것이다. 피조사자의 진술을 있는 그대로 재판으로 가져가는 것을 가능하게 한 영상녹화조사는 '진술 청취 기재 서면'인 조서가 갖던 한계를 극복함으로써 소추와 재판의 분리로 인해 초래된 국가형벌권 행사의 지연, 그로 인한 인증의 가치 감소 우려 문제를 해소한다.

　냉장고가 없던 시절 음식 상하는 걸 막기 위해 소금에 절이거나 말리거나 했다. 지금은 각 가정에 있는 냉장고가 음식의 신선도를 유지한다. 영상녹화장치도 마찬

---

52) 물론 범죄가 발생한 후 시간이 오래 지나면 증거가 산일되는 문제는 있다. 여기서는 시간의 경과가 물적 증거의 존재나 형상에 어떠한 변화를 가져오기가 쉽지 않다는 것을 강조하는 의미이다.

가지다. 시간의 흐름으로 인해 흩어지거나 왜곡될 수 있는 피의자나 참고인의 기억을 공판정까지 신선하게 유지해준다. 염장이 조서라면 냉장이 영상녹화조사물인 셈이다. 프랜시스 베이컨은 "사법은 신선할수록 향기롭다"고 했다. 국가의 형벌권 행사가 소추와 재판으로 나뉨에 따라 불가피했던 시간 지연에 따른 실체적 진실 발견의 어려움 가중 문제가 영상녹화장치로 해소됨에 따라 이제 국가의 형벌권 행사도 향기로울 수 있게 되었다고 한다면 거짓말일까? 재판에서 진술의 신선도 유지 장치인 영상녹화조사물을 적극 활용하는 것은 실체적 진실 발견에 한 발 더 다가가 국가형벌권을 올바르게 행사되도록 하는 옳은 길이다. 그렇다면 그 반대는? 나쁜 길이다.

3. 법치주의 실현의 토대로서 증거

대한민국을 지탱하는 두 개의 기둥이 있다고 하면 무엇이 떠오르는가? 법률가들의 시각에서는 아마도 민주주의와 법치주의가 아닐까 한다. 민주주의가 그때그때의 다수의 결정에 따라 국가질서를 역동적으로 형성하는 시스템인 반면, 법치주의는 그러한 국가질서의 합리성과 안정성을 담보하는 시스템이다.[53] 이러한 민주주의와 법치주의는 복지국가 원리와 함께 우리 헌법의 기본 원리로 이해되고 있다.[54]

그중 법치주의는 국가가 국민의 자유와 권리를 제한하거나 새로운 의무를 부과하기 위해서는 국민의 의사를 대표하는 국회가 제정한 정당한 법률에 의하거나 법률의 근거를 필요로 하며, 이 법률은 국민뿐만 아니라 국가권력의 담당자도 규율한다는 것을 의미한다. 우리 헌법상 명문으로 법치주의가 규정되어 있지는 않지만 성문헌법주의, 권력분립주의, 기본적 인권보장과 적법절차, 포괄적 위임입법금지, 사법적 권리구제 수단의 보장 등을 통해서 법치주의의 이념이 구현되고 있다고 설명된다.[55][56]

---

53) 장영수, 앞의 논문, 제13쪽.
54) 은지용·정필운, "민주주의와 법치주의의 관계, 어떻게 가르칠 것인가?", 『시민교육연구』 제49권 3호(한국사회과교육학회, 2017.), 제47쪽.
55) 최희경, "국민이 공감하는 법치주의 실현방안", 『법학논집』 제20권 제1호(이화여자대학교 법학연구소, 2015), 제208쪽.
56) 헌법재판소도 여러 차례 이루어진 양벌규정에 대한 위헌결정에서 "이 사건 법률조항은 법인이 고용한 종업원 등이 업무에 관하여 같은 법 제30조 제2항 제1호를 위반한 범죄행위를 저지른 사실이 인정되면, 법인이 그와 같은 종업원 등의 범죄에 대해 어떠한 잘못이 있는지를

그렇다면, 법치주의는 어떻게 실현되는가? 입법, 사법, 행정의 모든 분야에서 국민이 공감하고 신뢰할 수 있도록 법의 절차적 정당성과 내용상의 정당성이 제고되도록 끊임없이 노력하는 것이 요구된다. 하지만 국가권력을 담당하는 사람들의 노력만으로는 부족하다. 국민 모두에게 법치주의가 자신의 권리를 지켜주는 중요한 헌법 원리로 이해되고 법을 준수하고자 하는 의지를 갖출 때 비로소 진정한 법치주의가 실현된다고 볼 수 있다.

만약 누군가 법을 위반한다면? 그 법이 범죄와 형벌을 규정한 형법(광의의 형법을 의미한다)이라면? 당연히 국가형벌권이 발동되어야 한다. 국가형벌권이 정상적으로 작동하지 않아 범인 필벌의 기대가 좌절된다면 사람들은 스스로 방어하는 것을 정당화하면서 폭력적으로 변하게 되고, 법망을 피하는 것이 가능하다는 것을 학습함으로써 마침내 다수가 질서를 붕괴시키는 행동에 나서게 될 위험에 처하게 된다. 법치주의의 붕괴라 할 수 있다. 따라서 국가형벌권의 올바른 행사는 법치주의가 붕괴되는 것을 막고 법 준수에 대한 의지가 국민의 삶 속에 뿌리내릴 수 있게 하는 핵심적인 국가 기능이다.

국가형벌권이 '소추'와 '재판'이라는 2단계 절차를 거쳐 행사하도록 설계되었다는 것은 앞서 살펴본 바 있다. 사법 작용인 소추와 재판의 첫 출발은 사실인정이다. 사실인정을 하기 위해 증거를 수집하고 이를 음미하는 것을 소추에서는 수사라 부르고, 재판에서는 증거조사라 부른다. 소추와 재판에 참여하는 사람들은 판단자, 판단받는 자, 사건관계자로 나뉜다. 참여자 중 판단자는 실체적 진실을 알지 못하지만 판단받는 자와 사건관계자는 실체적 진실을 안다. 그런데 사안의 진상을 알지 못하는 판단자가 그 사건의 실체적 진실을 밝혀 국가의 형벌권을 행사할지, 말지를 결정해야 한다. 판단자는 어떻게 실체적 진실에 접근할 수 있는가? 판단자로 하여금 실체적 진실에 접근할 수 있도록 해주는 것이 바로 사실인정의 자료, 즉 증거다.

전혀 묻지 않고 곧바로 그 종업원 등을 고용한 법인에게도 종업원 등에 대한 처벌조항에 규정된 벌금형을 과하도록 규정하고 있는바, 오늘날 법인의 반사회적 법익침해 활동에 대하여 법인 자체에 직접적인 제재를 가할 필요성이 강하다 하더라도, 입법자가 일단 "형벌"을 선택한 이상, 형벌에 관한 헌법상 원칙, 즉 법치주의와 죄형법정주의로부터 도출되는 책임주의 원칙이 준수되어야 한다. 그런데 이 사건 법률조항에 의할 경우 법인이 종업원 등의 위반행위와 관련하여 선임·감독상의 주의의무를 다하여 아무런 잘못이 없는 경우까지도 법인에게 형벌을 부과될 수밖에 없게 되어 법치국가의 원리 및 죄형법정주의로부터 도출되는 책임주의 원칙에 반하므로 헌법에 위반된다.(헌법재판소 2009. 7. 30. 결정 2008헌가14 전원재판부 등)"라고 판시하면서 법치주의를 위헌법률심사의 판단기준으로 명시하고 있다.

실체적 진실에 부합하는 소추와 재판이 이루어지는 것을 다른 말로 정의 실현이라 부른다. 판단자는 증거를 통해 실체적 진실에 최대한 접근하려 하지만 직접 경험한 사람이 아니라는 한계로 인해 최종 판단이 맞았는지 틀렸는지 정확히 알기 어렵다. 하지만 판단받는 자와 사건관계자는 직접 경험한 사람이기 때문에 진실을 안다. 따라서 그들은 최종 판단이 맞았는지 틀렸는지도 안다. 틀렸다면 정의 실현의 실패다. 실패가 반복되면 범인 필벌의 기대가 좌절되거나 억울한 피고인을 양산하게 되고 이래서는 법치주의를 온전히 지키기 어렵다.

따라서 국가의 형벌권 행사는 실체적 진실에 부합되도록 최대한 노력해야 한다. 소추 과정에서, 그리고 재판 과정에서 실체적 진실에 접근하기 위해 가장 좋은 방법은 무엇일까? 그렇다. 사실인정의 자료인 증거를 최대한 많이 수집하여 각 증거의 상호 간 연관관계를 종합적으로 고찰하는 것이다.[57] 실체적 진실 발견을 위해 최대한 많은 증거를 수집하여 종합적으로 고찰하는 것은 해도 그만 안 해도 그만인 것이 아니라 국가형벌권의 올바른 행사를 위해 꼭 필요한 것으로, 이는 소추기관과 재판기관의 당연한 책무이다. 국가형벌권을 구체화하는 형사소송법도 소추와 재판 과정에서 최대한 많은 증거를 수집하여 고찰하는 것을 제도적으로 보장하도록 입법되어야 한다. 이것은 단순한 희망 사항이 아니라 법치국가원리에 기초한 대한민국 헌법이 입법부와 사법부에 따를 것을 강제하는 법적 구속력을 갖는 합헌성 판단 기준이다.

지금까지 법치주의 실현에서 국가형벌권의 올바른 행사가 얼마나 중요한지 살펴봤다. 국가의 형벌권을 올바르게 행사하기 위한 첫 출발은 실체적 진실에 부합하는 사실인정이다. 사실인정의 자료인 증거는 법치주의 실현의 토대라고 할 만하다. 형사절차에서 증거를 최대한 수집하고 이를 종합적으로 고찰할 수 있도록 형사사법

---

57) 형사재판에 있어서 유죄의 인정은 법관으로 하여금 합리적인 의심을 할 여지가 없을 정도로 공소사실이 진실한 것이라는 확신을 가지게 할 수 있는 증명력을 가진 증거에 의하여야 하고 이러한 정도의 심증을 형성하는 증거가 없다면 설령 피고인에게 유죄의 의심이 간다 하더라도 피고인의 이익으로 판단할 수밖에 없으나, 그와 같은 심증이 반드시 직접증거에 의하여 형성되어야만 하는 것은 아니고 경험칙과 논리법칙에 위반되지 아니하는 한 간접증거에 의하여 형성되어도 되는 것이며, 간접증거가 개별적으로는 범죄사실에 대한 완전한 증명력을 가지지 못하더라도 전체 증거를 상호 관련하에 종합적으로 고찰할 경우 그 단독으로는 가지지 못하는 종합적 증명력이 있는 것으로 판단되면 그에 의하여도 범죄사실을 인정할 수가 있다 할 것이다(대법원 1993. 3. 23. 선고 92도3327 판결, 1997. 7. 25. 선고 97도974 판결, 1998. 11. 13. 선고 96도1783 판결 등 참조).

시스템을 설계하는 것은 국가형벌권의 올바른 행사를 위한 헌법적 요청이라 하겠다.

Ⅶ. 영상녹화조사물의 증거능력

1. 증거능력의 일반요건

증거의 증거능력 요건 등을 규정한 법령을 따로 갖춘 미국[58]과 달리 우리 형사소송법에는 증거의 증거능력에 관한 일반규정이 없다. 규정이 없다고 해서 해당 사건에서 증거로 사용되기 위해 갖춰야 할 자격 요건이 없다고 할 수는 없다. 미국 판례 중 디지털 증거의 증거능력이 인정되려면 어떤 요건을 갖춰야 하는지 판시한 사건이 있는데 그 내용은 일반 증거가 갖춰야 할 증거능력 일반요건을 이해하는 데 도움이 되므로 간단히 소개한다.

미국 법원은 Lorraine v. Markel American Insurance Company 사건에서 디지털 증거의 증거능력이 인정되려면 ① 디지털 증거가 연방증거규칙 제401조[59]에서 정한 관련성(relevant)이 있어야 하고, ② 디지털 증거를 신청하는 당사자가 해당 증거가 자신이 주장하는 증거라는 점을 보여야 한다는 연방증거규칙 제901조 (a)항[60]의 진정성(authentic)이 인정되어야 하며, ③ 디지털 증거가 그 내용의 진실성

---

58) Federal Rules of Evidence. 미연방증거규칙은 다음과 같은 목차로 구성되어 있다.

    1. General Provisions

    2. Judicial Notice

    3. Presumptions in Civil Actions and Proceedings

    4. Relevancy and Its Limits

    5. Privileges

    6. Witnesses

    7. Opinions and Expert Testimony

    8. Hearsay

    9. Authentication and Identification

    10. Contents of Writings, Recordings, and Photographs

    11. Miscellaneous Rules

59) Rule 401. Test for Relevant Evidence

    Evidence is relevant if:

    (a) it has any tendency to make a fact more or less probable than it would be without the evidence; and (b) the fact is of consequence in determining the action.

을 위하여 제출된 경우, 연방증거규칙 제801조의 전문증거(hearsay)에 해당한다면 전문법칙의 예외(연방증거규칙 제803조, 제804조, 제807조)에 해당하여야 하고, ④ 디지털 증거의 형태가 원본이거나 원본 문서의 원칙(the original writing rule)에 따른 사본인지, 그렇지 않다면 그 내용을 증명할 증거능력 있는 2차적인 증거가 있어야 하며(연방증거규칙 제1001조 내지 제1008조), ⑤ 연방증거규칙 제403조[61])에서 정한 부당한 편견 등의 위험이 증거가치를 상당히 넘지 않아야 한다는 것이다.[62]

위 판결을 뜯어보면, 관련성(relevant)과 진정성(authentic)은 증거라면 어떤 증거라도 일반적으로 갖춰야 할 공통의 요건이라고 할 수 있고, 전문법칙은 그에 해당되는 증거에 적용되는 것이며, 2차적인 증거 요구는 디지털 증거에 한해 요구되는 고유한 요건으로 해석되고, 부당한 편견 등의 위험은 위법수집증거 또는 증명력의 문제로 접근할 수 있어, 이를 우리 형사소송법에 대입해 볼 때 디지털 증거가 아닌 통상의 증거가 증거능력을 얻기 필요한 일반요건은 ① 관련성이 인정될 것, ② 진정성이 인정될 것, ③ 위법수집증거가 아닐 것, ④ 전문증거라면 전문법칙의 예외에 해당할 것으로 정리할 수 있겠다.

그런데 미국 판결에서 도출되는 4가지 요건은 우리 형사소송법의 해석으로도 당연히 인정되는 것이라고 봐야 한다.

먼저, 재판에서 증거조사는 당사자의 증거신청[63])과 법원[64])의 결정으로 시작된

---

60) Rule 901. Authenticating or Identifying Evidence

(a) In General. To satisfy the requirement of authenticating or identifying an item of evidence, the proponent must produce evidence sufficient to support a finding that the item is what the proponent claims it is.

61) Rule 403. Excluding Relevant Evidence for Prejudice, Confusion, Waste of Time, or Other Reasons

The court may exclude relevant evidence if its probative value is substantially outweighed by a danger of one or more of the following: unfair prejudice, confusing the issues, misleading the jury, undue delay, wasting time, or needlessly presenting cumulative evidence.

62) 전재현, "개정 형사소송법 제313조의 해석론과 공판 심리상 쟁점 – 하급심 판결과 미국법에 대한 비교법적 검토를 바탕으로 –", 『법조』 제69권 제5호(법조협회, 2020). 제151쪽.

63) 형사소송법 제294조(당사자의 증거신청) ①검사, 피고인 또는 변호인은 서류나 물건을 증거로 제출할 수 있고, 증인·감정인·통역인 또는 번역인의 신문을 신청할 수 있다.

② 법원은 검사, 피고인 또는 변호인이 고의로 증거를 뒤늦게 신청함으로써 공판의 완결을 지연하는 것으로 인정할 때에는 직권 또는 상대방의 신청에 따라 결정으로 이를 각하할 수 있다.

다. 당사자는 어떤 증거를 신청하고 법원은 무엇을 기준으로 결정할 것인가? 바로
관련성이다. 관련성이 없는 증거를 법정에 들여놓을 필요는 없다.

　다음, 진정성(authentic)의 용어와 개념을 둘러싼 다툼이 있긴 하나, 진정성은 간
단히 말해 '그 증거 진짜냐?'라는 물음에 혹은 '그 증거는 가짜다!'라는 주장에 '진
짜다'라고 말할 수 있어야 한다는 것으로 이해하면 족하다. 가짜 증거로 사실인정
을 해서는 안 된다는 원칙이 굳이 명문의 규정이 있어야만 인정되는 것은 아니다.
따라서 위와 같은 의미의 진정성도 증거능력을 인정받기 위해 갖춰야 하는 것이 마
땅하다.

　위법수집증거 배제법칙은 형사소송법 제308조의2에 규정되어 있으며, 전문증거
와 증거능력의 제한 및 그 예외도 형사소송법 제310조의2 내지 제316조에서 규정
하고 있으므로, 법정에 들어온 증거가 증거능력을 갖추려면 해당 요건까지 통과해
야 하는 것 또한 당연하다.

　어떤 증거이건 관련성과 진정성이 인정되고 그 증거의 수집 과정에 적법절차 위
반 등의 사정이 없다면 그 증거는 법정에서 공소사실의 유죄 여부를 판단하는 데
사용될 수 있으며, 또한 마땅히 사용되어야 한다. 물론, 전문증거라면 전문법칙의
예외 관문도 통과해야 할 것이다. 실체적 진실 발견에 도움이 되는 증거(이때 증거
는 유죄의 증거가 될 수도 있고 무죄의 증거가 될 수도 있다)가 존재함에도 이를 법정
에 들여놓지 않거나 들여놓더라도 증거로 사용하는 데 주저한다면 국가형벌권의
공정한 행사 및 형사사법에 대한 국민의 신뢰 확보는 불가능하다.

　여기서 중요한 것은 증거의 증거능력 판단기준은 제출되는 모든 증거에 일반적
으로 적용되는 것이지 특정한 증거 유형만을 대상으로 별도의 규정을 만들어 증거
능력 인정 유무를 결정하지는 않는다는 것이다. 이 점에서 영상녹화조사물에 대한
우리 법 태도는 대단히 잘못되었다고 하지 않을 수 없는데, 이에 대해서는 후술한
다.

2. 영상녹화조사물과 전문법칙

　전문증거(hearsay evidence)란 요증사실을 직접 체험한 자의 진술을 내용으로 하

───────────────

64) 형사소송법 제295조(증거신청에 대한 결정) 법원은 제294조 및 제294조의2의 증거신청에 대
　　하여 결정을 하여야 하며 직권으로 증거조사를 할 수 있다.

는 타인의 진술이나 진술을 기재한 서면을 말한다. 전자를 전문진술 또는 전문증인
이라고 하고, 후자를 전문서류라고 한다. 전문증거는 요증사실을 직접 지각한 자의
진술을 내용으로 하는 진술증거이므로 증거물과 같은 비진술증거는 전문증거가 아
니다. 전문증거는 원진술 내용에 의하여 요증사실을 증명하는 경우, 즉 타인의 진
술 또는 서류에 포함된 원진술자의 진술 내용의 진실성이 요증사실로 된 경우이어
야 한다.[65]

　전문법칙은 전문증거는 증거가 아니므로 증거능력이 인정되지 않는다는 원칙을
말한다.[66] 우리 형사소송법은 제310조의2[67]에서 전문법칙을 선언하고 있으며, 동
법 제311조부터 제316조까지 법관 작성 조서냐 수사기관 작성 조서냐, 진술서냐는
등의 유형에 따라 요건을 달리하여 예외를 인정하고 있다.

　영상녹화조사물은 전문증거인가? 법 제244조의2를 근거로 수사기관에 의하여
녹화된 영상녹화물은 공판정 외에서 행해진 피고인 혹은 피고인 아닌 자의 공소사
실에 관련된 진술을 내용으로 하고 있다는 점에서 형사소송법상 전문법칙이 적용
될 수 있는 전문증거의 한 종류라는 입장이 있다.[68] 그러나 동의하기 어렵다. 앞에

---

65) 강동욱, 『형사증거법』, 박영사, 2022. 제260－261쪽.

66) 헌법재판소는 전문법칙의 인정 이유에 관하여 "법정 외에서 행하여진 진술인 증언이나 법정
　외에서 한 진술을 기재해서 제출한 증거를 전문증거라고 하는바, 공정한 재판을 위하여 이러
　한 "전문증거는 증거로 되지 않는다."는 법칙인 이른바 전문법칙은 일찍이 형사소송절차에서
　당사자주의가 지배하는 영미법계에서 자백이 유일한 증거인 때는 증거능력을 배제한다는 자
　백배제법칙과 함께 증거능력을 규율하는 법칙으로 발달되어 각국에서 채택한 형사소송절차상
　의 원칙이다. 전문증거는 대개 요증사실을 직접 체험한 자의 진술이기는 하나, 원진술자가 공
　판정에 출석하지 아니하여서 선서도, 피고인의 면전에서의 진술도, 반대신문도 거치지 않은
　증거이다. 그러므로 선서가 결여됨으로써 선서가 갖는 의식의 엄숙함과 위증죄의 경고를 통하
　여 진실을 말하려는 심적 동기의 결여로 신빙도가 약하고, 또 진술자가 피고인의 면전에서 진
　술하지 아니함으로써 진술자는 피고인의 면전이라는 심리적 요인에서 허위진술이 견제되는
　점이 없고 증인과 피고인의 태도증거에 의한 법관의 생생한 심증형성이 불가능하며, 반대신문
　을 거치지 않음으로써 피고인이 증언에 대한 탄핵을 통하여 그 진술의 오류를 지적·시정하여
　무죄를 입증할 기회가 박탈되고, 들은 말의 전달 진술은 원진술과 차이가 있기 쉽다는 등의
　이유로 전문법칙이 인정되어 왔다."와 같이 설명하고 있다(헌법재판소 1994. 4. 28. 93헌바26
　결정)

67) 형사소송법 제310조의2(전문증거와 증거능력의 제한) 제311조 내지 제316조에 규정한 것 이
　외에는 공판준비 또는 공판기일에서의 진술에 대신하여 진술을 기재한 서류나 공판준비 또는
　공판기일 외에서의 타인의 진술을 내용으로 하는 진술은 이를 증거로 할 수 없다.

68) 류부곤, "디지털증거와 영상녹화물에 대한 전문법칙 적용상의 문제점", 『법학논총』 제39권 제
　4호(단국대학교 법학연구소, 2015). 제46쪽. 이 입장에서는 전문증거를 사실인정의 기초가 되

서 Ⅴ. 조서와 영상녹화조사물의 비교 중 3. 증거로서 조서와 영상녹화조사물 항에서 상세하게 검토했듯이 법정에 제출되는 영상녹화조사물에 담긴 피조사자의 진술은 조서의 존재 형태인 hearsay와 달리 say 그 자체이기 때문이다. 조서는 조사자가 피조사자의 say를 hear해서 그것을 기재하여 전달하는 것이므로 조서는 hearsay가 맞지만, 영상녹화장치는 피조사자의 say를 hear하는 게 아니라 과학기술을 활용하여 freezing해서 법정까지 전달하는 것이기 때문에 hearsay가 될 수 없다.

왜 이런 오해가 생겼을까? 앞서 지적한 바와 같이 디지털 혁명으로 새롭게 등장한 영상녹화장치의 작동원리에 대한 이해가 부족한 상태에서 기존 증거법의 테두리 내에서 새로운 증거방법을 다루려다 보니 양자의 차이점을 간과하고 진술을 담는 수단이라는 외관상 공통점에만 주목하여 생긴 잘못이다. 이제라도 이를 바로 잡아야 한다.

물론, 영상녹화조사물에 녹화된 피조사자의 진술 중 타인의 진술을 내용으로 하는 것이 있다면 그 부분은 hearsay이므로 전문법칙이 적용될 수 있다. 하지만 그건 다른 문제다. 조서는 그 존재 자체가 hearsay이므로 원래 증거능력을 가질 수 없고 다만 전문법칙의 예외 요건을 갖춰야 증거로 사용될 수 있지만 영상녹화조사물은 freezing say로 존재하므로 처음부터 전문법칙이 적용될 수 없다. 전문증거가 아닌 영상녹화조사물에 전문법칙의 예외 요건을 운운하는 것 자체가 잘못이다. 증거법상 법정에서의 say와 같이 취급되어야 한다.

영상녹화조사물에 증거능력을 바로 부여하면 반대신문권조차 보장할 수 없는데 말 같지도 않은 주장을 하지 말라고 훈계하고 싶을 수 있다. 필자는 지금 영상녹화조사물이 전문법칙의 적용 대상인 전문증거인지를 말하고 있을 뿐이다. 영상녹화조사물에 있어 반대신문권 보장 여부는 다른 쟁점[69]이므로 여기서는 따로 논의하지

는 경험적 사실을 경험자 자신이 직접 구두로 보고하지 않고 다른 제3의 매체를 통하여 간접 보고하는 경우 그 제3의 매체를 말한다고 정의한다. 이러한 개념 정의는 전문법칙이 나오게 된 이유와 무관하게 전문증거의 범위를 부당히 확대하는 것으로 생각된다. 전문이냐 아니냐를 판단할 때 '직접 구두로 보고하는지'를 따지는 것은 전문법칙의 적용 범위 심사를 벗어나는 것이기 때문이다. 직접주의나 구두주의는 반대신문권 보장 등과 연관된 다른 쟁점이다.

69) 미국 수정헌법 제6조는 "형사피고인에게 자기에게 불리한 증인을 대면할 권리를 가져야 한다"라고 규정하고 있으며 대면권은 피고인이 자신에 대하여 불리한 진술을 하는 증인을 직접 대면하여 그의 진술 태도를 관찰하고 그의 증언을 듣고 그에 대해 반대신문을 하는 교호신문권을 포함하고 있으며, 연방 형사 재판 뿐만 아니라 주 형사재판에도 적용된다고 하며, 연방 대법원은 Crawford 판결에서 '일정한 전문 진술이 증거로 사용되기 위해서는 전문법칙의 예

않는다.[70)]

이 단락을 마무리하기 전에 2011년 법무부 개정안을 간단히 집고 가자. 당시 개정안을 보면, 영상녹화조사물을 조서와 같이 취급하여 전문증거로서 조서와 동일한 요건 하에 증거능력을 인정받을 수 있게 조문을 성안하였다.[71)] 이 부분은 재검토가 필요하다. 피의자였던 피고인의 진술이 기록된 영상녹화조사물은 피고인의 법정 진

외에 속할 뿐만 아니라 대면권을 침해하지 않아야 한다'고 판시하면서 전문증거의 증거능력을 헌법상의 대면권 조항을 통해 제한하되 그 범위는 오직 증언적인(testimonial) 법정 외 진술에 한한다는 한계를 제시하였다고 한다{권오걸, "한국 형사소송법과 미국 연방증거법상 전문법칙 비교연구", 『법학연구』 제24권 제1호(경상대학교 법학연구소, 2016. 1.)제144쪽}.

70) 논의는 하지 않더라도 이해의 편의를 위해 구체적인 사례를 살펴보자. 예컨대, 甲이 수사기관에서 "A가 그러는데 공무원 X가 건설업자로부터 청탁과 함께 현금 1억 원을 받는 것을 목격했다고 한다. A가 당시 그 자리에 있었고 녹취까지 모두 했다고 들었다"라고 진술했다고 치자. 甲의 진술로 공무원 X를 처벌할 수 있는가? 그럴 수 없음은 당연하다. 甲 또는 A가 공무원 X를 음해하려고 거짓말한 것이 아니라고 누가 장담할 수 있겠는가? 이는 甲이 A가 말하는 것을 녹음하여 A의 녹음파일이 있다고 하더라도 마찬가지다. 따라서 공무원 X를 처벌하려면 요증사실을 직접 체험한 A의 진술이 있어야 한다. 甲의 진술로는 공무원 X를 처벌할 수 없다. 처벌해서도 안 된다. 아니 더 나아가 처벌할 수 없도록 명문으로 규정해야 한다. 甲의 진술을 증거의 세계에서 배제하는 원칙, 이것이 전문법칙이다.
그렇다면, A의 진술만 있으면 공무원 X를 처벌할 수 있을까? 그래도 될까? A의 진술이 있다고 해도 공무원 X를 곧바로 처벌할 수는 없다. 그래서도 안 된다. A의 진술로 공무원 X를 처벌하려면 공무원 X에게 A를 상대로 반대신문을 할 수 있는 기회를 주어야 한다. 그 기회가 보장되지 않는다면 A의 진술만으로 공무원 X를 처벌할 수 없다. 아니 없도록 해야 한다. 여기서 작동하는 것이 바로 반대신문권의 보장과 위반 시 효과이다. 따라서 A의 진술을 증거로 사용할 수 있게 하는 원칙 그것이 바로 반대신문권의 보장이다. 법정에 A가 나와 조서의 진정성립을 인정하고 A에 대해 반대신문이 이루어져야 A의 조서에 증거능력을 인정하다 보니 전문법칙과 반대신문권 보장이 논리 필연적인 관계인 것처럼 보일 수 있지만 위에서 살펴본 것처럼 전문법칙과 반대신문권 보장이 작동하는 영역은 다르다. 전문법칙이 원래 믿을 수 없는 전문증거에 증거능력이 없음을 확인하는 원칙이라면, 반대신문권 보장은 믿을 수 있는 증거에 대해 증거능력을 부여하기 위한 원칙이기 때문이다. 이념적으로 보더라도 뒤에서 보겠지만 전문법칙은 국가형벌권의 올바른 행사, 즉 실체 진실 발견과 관련된 원칙인 반면, 반대신문권의 보장은 국가형벌권의 불편부당한 행사, 즉 공정성 및 투명성과 관련된 원칙이라는 점에서 이념적 지향 또한 다르다.

71) 법무부개정안 제312조(검사 또는 사법경찰관의 조서 등) ① 검사가 피고인이 된 피의자의 진술을 기재하거나 기록한 조서나 영상녹화물은 적법한 절차와 방식에 따라 작성된 것으로서 피고인이 진술한 내용과 동일하게 기재되어 있거나 기록되어 있음이 공판준비 또는 공판기일에서의 피고인의 진술에 의하여 인정되고 그 조서나 영상녹화물에 기재되거나 기록된 진술이 특히 신빙할 수 있는 상태하에서 행하여졌음이 증명된 때에 한하여 증거로 할 수 있다.

술로 취급하고, 피고인 아닌 자의 진술이 기록된 영상녹화조사물은 반대신문권 보
장을 조건으로 법정 증언과 같게 취급하면 충분하다.

3. 공판중심주의와 영상녹화조사물

대법원은 공판중심주의를 형사소송절차의 주요 원칙으로 선언해오고 있으며[72],
헌법재판소도 공판중심주의에 의한 직접주의와 반대신문의 기회가 부여되지 않은
전문 증거에 대한 증거능력을 부인하는 전문법칙을 채택하고 있다고 판시하면서
공판중심주의를 언급하고 있다.[73] 차이가 있다면 대법원은 당사자주의와 공판중심
주의를 나란히 나열한 반면, 헌법재판소는 공판중심주의를 직접주의와 연결하고 있
다는 점이다.

사실 공판중심주의는 2007년 형사소송법 개정 당시 가장 뜨거웠던 주제로 사법
제도 개혁의 구심적 역할을 했던 사개추위는 '공판중심주의 확립'을 형사절차 개혁
의 기치로 내걸고 형사소송법의 개정을 추진하였는데,[74] 공판중심주의와 관련한
쟁점은 법원과 검찰이 가장 대립이 심한 부분이었으며 이는 기본적으로 공판중심
주의가 무엇인가라는 기본적 관점부터 차이가 있었기 때문이었다고 한다.[75]

---

72) 대법원 2019. 11. 28. 선고 2013도6825 판결 등 "헌법은 제12조 제1항 후문에서 적법절차의
원칙을 천명하고, 제27조에서 재판받을 권리를 보장하고 있다. 형사소송법은 이를 실질적으로
구현하기 위하여, 피고사건에 대한 실체 심리가 공개된 법정에서 검사와 피고인 양 당사자의
공격·방어활동에 의하여 행해져야 한다는 당사자주의와 공판중심주의 원칙, 공소사실의 인정
은 법관의 면전에서 직접 조사한 증거만을 기초로 해야 한다는 직접심리주의와 증거재판주의
원칙을 기본원칙으로 채택하고 있다."
73) 헌법재판소 1994. 4. 28. 93헌바26 결정(동 결정에서 헌법재판소는 "직접주의는 요증사실에
대한 직접적인 증거가 아니거나, 공개된 법정에서의 법관의 면전에서 진술되지 아니한 진술에
의하여 유죄로 인정할 수 없다는 원리로 형사소송절차에서 직권주의 구조인 대륙법계에서 발
달되어 왔다. 공개법정에서 법관이 직접 증거를 조사하고 진술을 듣는 경우는 진술자에 있어
공판정의 엄숙함과 방청석의 비판적 시선을 의식하는 심리적 요인에서 허위진술을 하기 어렵
고, 또 공개법정에서 법관에 의하여 직접 심리되지 않은 증거는 그 진술태도에 의한 법관의
정확한 심증형성이 어렵게 된다는 점에서, 진실한 진술과 법관의 정확한 심증형성에 의한 공
정한 재판을 위하여 요증사실에 대한 증거는 공개법정에서의 법관의 면전에서 직접 심리된
것이어야 한다는 공판중심주의 요청에 근거를 둔 것이다."라고 설명하고 있다.)
74) 김태명, "공판중심주의 관점에서 본 증거법의 바람직한 운용방안", 『형사법연구』 제58권(한국
형사법학회, 2014), 제179쪽.
75) 이완규, 『개정 형사소송법 논의과정의 쟁점과 방향』, 이화여자대학교 법학연구소 법학논집 제

일반적으로 공판중심주의는 공개주의, 구두변론주의, 직접주의를 내용으로 하고 있다고 설명되며 견해에 따라 집중심리주의를 포함시키기도 한다. 2007년 형사소송법 개정에서는 공판중심주의 강화 차원에서 구두변론주의(§275의3)[76], 집중심리(§267의2)[77]와 변론종결 당일선고 원칙(§318의4)[78]이 새로 규정되었다.

공판중심주의와 관련하여, 수사절차에서의 진술내용과 법정에서의 진술내용이 상반될 경우 법정 진술에 무게를 더 실을 것을 요구하고, 불가피하게 수사절차에서의 진술을 증거로 하더라도 엄격한 요건에서 그 신빙성을 철저히 검증하여 증거로 채택할 것을 요구한다는 주장[79]이 있으며, 이는 2007년 형사소송법 개정논의 과정

12권 제1호(2007), 제48-49쪽. 이 논문에서는 공판중심주의에 관한 법원과 법무부·검찰의 입장 차에 대하여 "법원은 공판중심주의를 '공판정에서 행한 진술만으로 재판하여야 하는 주의'로 주장하였는데 이는 극도의 법원 중심주의적 사고나 수사절차를 비하하는 편견의 산물이라고 할 수 있다. 이렇게 오해된 공판중심주의가 "피의자·피고인의 인권보장"을 위한 제도로 덧칠해지면서 피의자·피고인의 인권보장을 위해서는 수사절차에서 행한 진술이 공판정에서 번복되면 수사 절차상 진술은 증거로 할 수 없고 오로지 공판정에서의 진술만 증거로 한다는 식의 발상이 나오게 된다. 그러나 공판중심주의란 공판정에서 법원의 심증형성과정을 감시하는 일반 시민에게 심리 과정과 증거의 내용을 알려 감시가 가능하게 하고 이를 통해 법관의 심증형성과정, 즉 재판의 투명화를 이루어 적정한 재판을 이루고자 하는 원리로서 이를 구현하기 위해서는 구두주의, 집중심리, 변론종결 당일선고 등을 강조하여 공판심리를 충실화하는 것이 필요한 것이지 수사절차상 진술의 증거능력을 배제하는 것은 공판중심주의의 내용도 아니고 오히려 공판중심주의를 충실히 시행하고 있는 선진국들의 증거법의 일반이론에도 거리가 먼 이상하고도 위험한 발상이라고 하지 않을 수 없다."라고 설명한다.

76) 형사소송법 제275조의3(구두변론주의) 공판정에서의 변론은 구두로 하여야 한다. [본조신설 2007. 6. 1.]

77) 형사소송법 제267조의2(집중심리) ①공판기일의 심리는 집중되어야 한다.
② 심리에 2일 이상이 필요한 경우에는 부득이한 사정이 없는 한 매일 계속 개정하여야 한다.
③ 재판장은 여러 공판기일을 일괄하여 지정할 수 있다.
④ 재판장은 부득이한 사정으로 매일 계속 개정하지 못하는 경우에도 특별한 사정이 없는 한 전회의 공판기일부터 14일 이내로 다음 공판기일을 지정하여야 한다.
⑤ 소송관계인은 기일을 준수하고 심리에 지장을 초래하지 아니하도록 하여야 하며, 재판장은 이에 필요한 조치를 할 수 있다. [본조신설 2007. 6. 1.]

78) 형사소송법 제318조의4(판결선고기일) ①판결의 선고는 변론을 종결한 기일에 하여야 한다. 다만, 특별한 사정이 있는 때에는 따로 선고기일을 지정할 수 있다.
② 변론을 종결한 기일에 판결을 선고하는 경우에는 판결의 선고 후에 판결서를 작성할 수 있다.
③ 제1항 단서의 선고기일은 변론종결 후 14일 이내로 지정되어야 한다. [본조신설 2007. 6. 1.]

79) 김태명, 앞의 논문, 제194쪽.

에서 나온 법원의 주장과 궤를 같이한다. 하지만 이는 본말이 전도된 주장이다.

누차 이야기하듯 재판은 국가의 형벌권 행사 과정 중 일부다. 국가형벌권은 죄지은 사람에게는 처벌을, 죄가 없는 사람에겐 신속하게 절차에서 벗어날 수 있도록 행사되어야 하며, 이를 위해 가장 중요한 것은 신속하게 실체적 진실을 발견하는 것이다. 따라서 형사재판에서 사실인정의 기준은 실체적 진실과의 부합 여부이지 그 진술이 수사단계에서 나왔는지 공판정에서 나왔는지에 따라 좌우될 문제가 아니다. 그렇게 해서도 안 된다. 공판정 진술이 실체적 진실이라거나 실체적 진실에 부합할 가능성이 더 클 것이라는 어떠한 논증도, 어떠한 통계자료도 접해본 적이 없다. 헌법 차원인 국가형벌권의 관점에서 볼 때 형사소송 절차상 하나의 원칙에 불과한 공판중심주의가 그 근거일 수는 더더욱 없다.

형사사법에서 실체적 진실을 발견할 확률을 높이려면 적법절차를 위반하여 수집한 증거가 아닌 한 최대한 공판정에 제출되어 법관의 면전에서 검사와 피고인의 공방 속에서 각각의 증거가 가지는 증거가치를 종합적으로 고찰하도록 하는 것이 바람직하며, 이것이 바로 공판중심주의의 요체이다. 따라서 공판중심주의는 증거 사용범위를 확장하는 원리로 이해해야지 이를 제한하는 원리로 이해되어선 안 된다. 필자와 같은 취지의 주장이 있어 각주80)로 소개한다.

공판중심주의를 '공판정에서 행한 진술만으로 재판하여야 하는 주의'로 이해한다

---

80) 이재학, "영상녹화제도의 지위와 영상녹화물의 증거능력 및 사용에 관한 고찰", 『서울대학교 법학』 제58권 제3호(서울대학교 법학연구소, 2017. 9.), 제63쪽 각주 52)에서 재인용 """사법개혁의 논의과정과 형소법의 개정논의에서 공판중심주의의 강화는 수사기관이 작성한 피의자신문조서 등 전문서류의 증거능력을 전면 부정하는 주장을 확신시켰다. 이른바 조서재판, 즉 수사기관이 작성한 조서에 의존하여 조서가 사실인정의 절대적 자료가 되는 재판의 폐해를 극복하기 위한 것이 공판중심주의를 위한 소송법 개정의 핵심이라고 보았기 때문이다. 그러나 공판중심주의가 법관의 합리적 심증형성을 보장하기 위한 것이라면, 그것은 법정에 등장하는 정보, 즉 증거의 최대화와 다양화를 요구하는 것이지 법정에서 직접 조사된 증거만 심증형성에 사용되어야 함을 요구하는 것은 아니다. 법관 앞에서의 진술만이 진실을 말해주고, 수사기관 앞에서의 진술은 그렇지 않다는 생각은 '인식론적 맹목'이라고 할 수 있다. 바꿔 말해 만일 피의자신문조서가 법관이 심증형성에 사용하는 다양한 증거 가운데 단지 하나로서만 기능한다면, 조서는 오히려 법관의 합리적 심증형성과 공정한 재판의 보장에 기여한다. 조서재판의 문제점은 피의자신문조서의 증거능력 인정 자체에 있는 것이 아니라 그것이 실질적으로 법관의 심증을 사실상 지배하는 재판현실에 있으므로 이러한 문제를 지양해 나가면서 조서의 증거사용을 논의하여야 할 것이다"(배종대·이상돈·정승환·이주원, 신형사소송법, 제5판(홍문사, 2013), 58/40)"

면 이는 더 이상 공판중심주의가 아니다. 사실인정을 공판정에서 나온 진술과 증거로만 하고 수사단계 진술 등은 사실인정의 자료로 들어오지 못하게 하겠다는 주장은 사실인정을 공판정에서 독점하겠다는 것이므로 '공판독점주의'라고 부르는 게 그 본질에 부합한다.

노파심에서 하나 더 덧붙인다. 만약, 공판독점주의가 실무에 정착한다면 아무래도 어려울 수밖에 없는 실체적 진실 발견을 위한 노력을 등한히 한 채 공판정에서 나온 진술과 증거만으로 재판하려고 하는 풍조를 조장하여 형사재판 실무가 재판편의주의로 흐를 위험이 있다. 이는 국가의 형벌권 행사에 대한 국민 신뢰를 좀 먹게 하는 것으로서 자칫 어렵게 쌓아 올린 대한민국의 법치주의 근간을 흔들 수 있다.

4. 현행 규정의 문제점

형사소송법은 2007년 개정 시 영상녹화조사물에 대하여 영상녹화물이라는 용어를 사용하면서 기억 환기의 용도나 조서 진정 성립의 증명을 위한 용도로 사용하도록 규정하였고, 법원 실무 및 대법원판결은 법률 해석으로 영상녹화조사물의 독립 증거 사용 가능성을 차단했다. 우리는 앞서 이 문제와 관련하여 2가지 질문을 던졌고 그 답을 찾기 위해 관련 쟁점들을 두루 살펴보았다. 이제 그 답을 해보자.

가. 입법의 합헌성 여부

먼저, 입법으로 특정한 유형의 증거를 공소사실의 증명에 사용하지 못하도록 증거능력을 배제하는 것이 헌법상 허용되는가?

국가의 형벌권은 헌법에 명시적인 수권 규정은 없으나, 헌법 제12조, 제13조를 비롯하여 헌법에 산재해 있는 국가형벌권을 전제로 한 규정들을 종합할 때 국가형벌권의 올바르고 적정한 그리고 불편부당한 행사는 헌법 차원의 요구다. 법치주의의 실현 수단인 국가형벌권의 정상적인 행사에 불합리한 장애를 가져오는 법률은 우리 헌법의 양대 축인 법치주의를 훼손하므로 당연히 위헌이다.

법치주의라는 헌법 가치를 온전히 지켜내기 위해 국가의 형벌권 행사에는 3가지가 요구된다.

첫째, 올바르게 행사되어야 한다. 죄지은 사람은 처벌을, 죄 없는 사람에겐 신속한 절차 배제를! 이것이 올바른 행사이다. 이를 위해서는 실체적 진실 발견이 필수다. 직접주의, 탄핵주의, 전문법칙 등은 실체적 진실 발견을 위한 실천 원리다.

둘째, 적정하게 행사되어야 한다. 형벌의 본질은 폭력이다. 따라서 국가형벌권은 최대한 자제되어야 한다. 남용을 막는 가장 효과적인 방법은 프로세스를 만들고 이를 지키도록 하는 것이다. 여기서 영장주의 등 적정절차의 원리가 등장한다.

셋째, 불편부당하게 행사되어야 한다. 국가형벌권의 존부 선언은 사법 작용으로 공정성이 핵심이다. 공정이란 실제로 공정할 뿐만 아니라 공정하게 보여야 한다. 여기서 실천 가치로서 투명성이 나온다. 공개주의, 공판중심주의, 반대신문권 보장, 증거재판주의 등은 모두 국가형벌권의 불편부당한 행사를 위해 도입된 실천 원리로 이해할 수 있다.

형사소송의 이념으로 실체진실발견과 적정절차원칙이 주로 언급되고 있다.[81] 발제 범위를 넘어서는 것 같긴 하지만 이 기회를 빌려 질문을 던져보고 싶다. 실체진실발견이나 적정절차원칙이 형사소송의 이념인가? 형사소송은 국가형벌권의 구체화 프로세스다. 목적과 수단의 관계라는 것이다. 그렇다면 수단이 갖는 이념으로 볼 것이 아니라 이 프로세스를 통해 달성하고자 하는 목적, 즉 국가형벌권의 올바른, 그리고 적정한 행사를 위한 이념으로 보는 것이 타당하지 않을까?

국가형벌권의 관점에서 보자면 「불편부당한(공정한)」 또한 「올바른」, 「적정한」과 어깨를 나란히 할 수 있는 이념적 지향으로 평가된다. 형사소송의 이념으로 볼 때보다 시야가 넓어짐을 알 수 있다. 실체진실주의가 적정절차의 범위 내에서 추구되어야 한다는 견해[82]도 많은 것 같다. 하지만 이 또한 국가형벌권의 이념이라는 새로운 관점에서 바라보면 달리 보인다. 새로운 시야에서는 충돌할 때 판단기준이 양자택일이 아닌 법치주의가 될 것이다.

국가형벌권의 올바른 행사의 첫 출발은 사실인정이다. 국가형벌권의 행사가 실체적 진실에 부합하느냐, 않느냐는 형사사법에 대한 국민 신뢰와 직결된다. 왜냐하면, 판단자인 법관은 실체적 진실이 무엇인지 알 수 없어도 판단받는 자와 사건관계자는 진실이 무엇인지 알고 있기 때문이다. 실체적 진실에 부합하지 않은 형사재판이 반복되면 법치주의가 무너진다. 따라서 올바른 사실인정은 법치주의 실현의 토대라

---

81) 이종갑, "형사소송의 이념에 대한 소고", 『법학연구』 제19권 제3호(경상대학교 법학연구소, 2011. 12.), 제119쪽.
82) 이종갑, 앞의 논문, 제128쪽.

할 수 있다.

앞서도 지적했듯이 형사사법의 사실인정이 실체적 진실에 부합될 확률을 높이는 가장 좋은 방법은 증거를 최대한 많이 수집하여 각 증거의 상호 간 연관관계를 종합적으로 고찰하는 것이다. 따라서 공판중심주의는 증거의 사용범위를 확장하는 원리로 이해되어야 한다. 공판중심주의를 공판독점주의로 이해하면 자칫 형사재판 실무가 재판편의주의로 흘러 어렵게 쌓아 올린 대한민국 법치주의의 근간을 흔들 수 있다.

어떤 증거이건 관련성과 진정성이 인정되고 그 증거의 수집 과정에 적법절차 위반 등의 사정이 없다면 그 증거는 증거능력이 인정되므로 법정에 들어와 공소사실의 유죄 여부를 판단하는 데 사용될 수 있어야 한다. 증거능력의 일반요건을 충족했다면 어떤 증거건 법정에 들어올 수 있어야 한다는 뜻이다. 법치주의 실현의 토대가 사실인정이고 사실인정의 자료가 증거인 만큼, 증거의 형태를 문제 삼아 특정한 형태의 자료를 증거의 세계에서 추방하는 것은 국가형벌권의 공정하고 올바른 행사를 저해하는 것으로 허용될 수 없다.

자유심증주의에 따라 증명력에서 차이가 나는 것은 몰라도, 증거능력의 일반적인 인정요건을 모두 갖춘 증거 간에 합리적 이유 없이 증거능력에 차별을 두어선 안 된다. 이름하여 증거 평등 원칙이다. 증거능력을 갖춘 증거는 어떤 증거건 법정에 들어올 수 있어야 하며 합리적 이유 없이 증거를 차별해서는 안 된다는 원칙이다. 증거 평등 원칙이 지켜지지 않으면 그 재판은 공정하다고 할 수 없고, 그 결과 또한 사실인정에 왜곡이 발생할 가능성이 커져 올바른 형벌권 행사의 요구도 충족하지 못할 위험이 생긴다. 「증거 평등 원칙」도 불편부당한, 그리고 올바른 형벌권 행사의 실천 원리 중 하나다.[83]

영상녹화조사물이라는 이유로 독립증거로 사용되는 것을 금지하는 것이 이상하지 않다면, 이건 어떤가? 막강한 권력을 가진 절대자가 어떤 범죄를 저질렀고 그 장면이 고스란히 CCTV에 찍혀 내사가 시작됐다. 절대자의 범죄를 입증할 증거는 CCTV가 유일하다. 절대자는 증거를 없애는 방법으로 위기를 모면하고자 국회를

---

83) 프랑스는 형사소송법 제427조 제1항 전단에서 "법률이 달리 규정하는 경우를 제외하고 범죄 사실은 모든 증거방법에 의하여 증명할 수 있다."고 규정하여 '증거자유의 원칙'을 천명하고 있다고 하는데(전윤경, "영상녹화조사물의 지위 회복을 위한 소고 토론", 『형사소송법학회 등 제7회 학계-실무 공동학술대회 자료집』(2023. 5.) 제132쪽), 프랑스의 '증거자유의 원칙'은 증거 평등의 원칙과 같은 맥락으로 이해할 수 있다.

움직였다. 그래서 CCTV는 소설 「1984」 속 빅브라더의 상징으로 국가의 감시로부터 시민들의 인권을 보호한다는 명분으로 "CCTV는 독립증거로 사용할 수 없고 기억 환기용으로만 법정에 제출할 수 있다"는 내용으로 형사소송법 개정이 이루어졌다. CCTV의 증거능력이 없어짐에 따라 절대자는 기소조차 되지 않았다.

위 사례에서 CCTV의 증거 사용을 금지하는 이 법률은 허용될 수 있는가? 만약 이런 법률이 대한민국에서 실제로 통과된다면 합헌인가? 위헌이라면 그 이유는 무엇인가? 증거 평등 원칙을 위반하여 국가형벌권의 공정하고 올바른 행사를 저해했기 때문이라고 보는 것이 타당하지 않겠는가? 우리 논의로 돌아와서 CCTV를 독립증거로 사용하는 것을 금지하는 가상의 법률과 영상녹화조사물이라는 이유로 독립증거 사용을 금지하는 현행 법률 간에 어떤 차이가 있는가? CCTV도 영상녹화물이다. 같지 않은가?

증거의 형태를 문제 삼아 증거로서 일반적 증거능력의 요건을 모두 갖추었음에도 특정한 형태의 자료를 증거의 세계에서 추방하는 입법은 위헌이다. 영상녹화조사물의 취급에 관한 한 우리 현행 형사소송법의 입법 태도가 위헌이라는 뜻이다. 그렇다면 해석을 통해 위헌 소지를 없앨 수 있음에도 그렇게 하지 않고 입법자의 의도에 경도되어 증거능력을 인정하지 않는 실무 또한 위헌이지 않을까?

나. 입법의 합리성 여부

다음, 왜 수사기관에서 영상녹화장치를 사용하여 조사과정을 녹화한 영상녹화물은 증거능력을 배제한 이유는 무엇이고, 그 이유는 합리적인가?

국회 논의에서 나온 독립증거 사용을 반대하는 논거부터 살펴보자.

① 우량증거로도 입증이 안 되는 것에 대해 불량 증거인 영상녹화물을 독립증거로 쓰도록 해서는 안 된다는 주장이다. 영상녹화물이 왜 불량 증거인지 설명하지 않고 유죄의 심증 형성에 가장 큰 영향을 미치기 때문에 안 된다고 할 뿐이다. 증거는 실체적 진실에 가까울수록, 신선할수록 우량증거다. 조서와 영상녹화조사물 둘 중 어느 것이 피조사자의 진술을 더 그대로 반영하는가? 당연히 영상녹화조사물이다. 위 논거를 두고 전문증거로서의 영상녹화물이 가지는 위험성을 염두에 두고 한 말이라고 생각된다는 의견도 있다.[84] 영상녹화조사물이 전문증거가 아니라는 것을 오해한 주장으로 그 자체로 설득력이 없다. 가사 전문증거라고 보더라도

---

84) 김태명, 앞의 논문, 제197쪽.

조서보다 영상녹화조사물에 담긴 피조사자의 진술이 더 신선하다는 점에서 보더라도 그렇다.

② 영상녹화제도가 도입된 취지는 피의자 진술의 임의성 여부를 확인하고 또 피해자를 보호하기 위한 것이지 수사기관의 증거 수집 방법을 좀 더 용이하게 하여 수사기관의 편의를 위한 것은 아니라는 주장이다. 도입 취지도 다르지만 가사 그렇다고 쳐도 그래서 독립증거로 사용할 수 없다는 건가? 독립증거로의 사용 여부는 증거법의 법리에 따라 판단할 문제이다. 통제해야 한다면 프로세스로 접근해야 하지 증거능력의 문제로 접근해선 안 된다. 그 이유는 위에서 설명했다.

③ 영상녹화가 널리 보급된 영미법의 배심제도에서는 법관이 배심원에게 보여지는 영상녹화물을 차단할 수 있으나, 우리나라와 같은 대륙법계에서는 사실심 법관에게 영상녹화가 바로 직접적으로 보여진다는 것은 피의자나 국민의 인권을 상당히 침해할 소지가 있다는 주장이다. 솔직히 무슨 말인지 모르겠다. 수사 과정에서 피조사자를 조사했던 상황과 문답 내용이 공판정에 현출되는 것과 인권침해가 어떻게 연결될 수 있을까? 피조사자의 법정 진술과 수사 과정 진술을 다 함께 고려하면 안 되는 이유가 무언가? 수사 과정 진술은 모두 허위거나 그러할 개연성이 객관적으로 크다는 전제에서나 있을 법한 주장으로 어불성설이다.

④ 수사 과정에서 발생한 고문, 협박 등의 사실을 입증하기 위한 용도는 별론으로 하고, 조사자의 증언까지 새로 도입한 마당에 피의자가 수사기관 앞에서 진술한 사실을 인정하기 위한 증거로 굳이 영상녹화물까지 사용해야 하는가 하는 의문이 제기될 수 있다는 주장이다. 누군가의 필요성에 따라 증거의 증거능력 여부를 결정할 수 있다는 매우 위험한 주장이다. 이 주장대로 라면 독재자가 증거의 증거능력에 관한 입법을 통해 사법의 사실인정을 통제할 수 있게 된다. 국가형벌권이 독재자의 호주머니 속 칼로 변할 수 있다.

⑤ 그 밖에 영상물 시청에 따른 과도한 공판 지연, 영상물 재판으로 공판중심주의 구축 위험, 국민참여재판에서 올바른 심증 형성 방해 위험 등을 들기도 한다.[85] 모두 기우다. 영상녹화조사물이 법정에 들어오는 건 법정 진술이 그와 배치될 때다. 실무상 그리 많지 않다. 들어와도 쟁점 부분을 중심으로 전후만 본 뒤 법정 진술로 진술 변경의 이유에 대해 공방이 이루어진다. 오히려 공판중심주의가 강화된다. 국민참여재판이라도 적정한 심증 형성에 도움이 되었으면 되었지 저해하기 어

---

85) 안성조·지영환, 『영상녹화물의 증거능력』,

렵다.

전문증거나 위법수집증거 모두 증거능력이 없다. '… 카더라'를 이유로 누군가를 처벌해서는 아니 되고, 적법절차를 위반하여 수집한 불법 증거를 법정에 들일 수는 없다는 건 누구나 수긍할 만하다. 증거능력이 부정되는 이유가 명확하고 합리적이다. 신청된 증거가 관련성이나 진정성이 없어도 증거능력이 인정되지 않는다. 명문의 규정이 없지만 이 법리 또한 당연하다. 이처럼 증거의 증거능력을 배척하려면 법리적으로 그만한 합당한 사유가 있어야 한다. 그리고 모든 증거에 대해 일률적으로 적용되어야 한다. 선별 적용해서는 안 된다. 이는 해석때만 그래야 하는 것이 아니라 입법때도 마찬가지다.

하지만 영상녹화조사물의 경우 증거능력 배척 사유로 제시된 것들은 모두 설득력이 없고 보편적이지도 않다. 정책적으로 수사기관의 영상녹화물에 대해서는 그렇게 해야 한다는 주장일 뿐이다. 배척 사유로 제시된 내용에 합리성을 인정하기도 어렵거니와 위에서 본 것처럼 오직 수사기관의 영상녹화물에만 증거능력을 제한하는 이런 접근이 헌법상 허용된다고 보기도 어렵다. 그럼에도 불구하고 위 주장이 받아들여져 2007년 형사소송법 개정안에 있던 제312조의2가 삭제되었다. 숙고 끝에 나온 법리가 아닌 힘의 논리다.

그렇다면, 영상녹화조사물을 독립증거로 사용하지 못하게 한 입법과 법원 실무는 현재 영상녹화물의 증거능력 인정에 대한 명쾌한 법리적 판단기준을 제공하고 있는가? 기준이 있다면 Ⅳ. 영상녹화물의 유형과 쟁점 중 1. 영상녹화물의 개념 및 유형에서 던진 여러 질문에 대해 막힘없이 답하고 그 이유를 설명할 수 있어야 한다. 하지만 과연 형사소송법과 법원 실무는 명쾌한 기준을 제시하고 있는가?

먼저, 녹화 주체를 기준으로 살펴보자. 사인, 수사기관, 법원 이들 중 증거능력이 있는 것과 없는 것을 구분할 수 있는가? 있다면 그 이유, 없다면 그 이유를 말할 수 있는가? CCTV, 블랙박스, 개인 영상은 사인이 촬영한 것으로 실무상 법원의 태도를 볼 때 증거능력이 있을 것 같다. 그러면 경찰관의 바디캠 영상은 어떤가? 범죄 과정 녹화이므로 수사기관이 했어도 증거능력이 있다고 할 것인가? 이건 어떤가? 경찰관이 현행범인으로 체포하여 호송 중 범인이 다른 범죄를 스스로 진술했고 그 진술이 바디캠에 녹화되었다. 수사결과 범인의 진술이 사실로 확인되어 그 범죄로 기소되었다고 할 때 먼저 자백하는 장면이 녹화된 바디캠은 증거로 사용할 수 있는가? 사용할 수 있다면, 수사기관에서의 피조사자의 진술과 어떤 차이가 있어서 증거로 사용할 수 있는 건가? 사용할 수 없다면 이런 진술까지 사용해선 안되는 이유가 무엇인가?

다음, 범죄 과정 녹화, 범행 후 수사 전 녹화, 수사 개시 후 녹화 이들 중 증거능력이 있는 것과 없는 것을 구분할 수 있는가? 일단, 범죄 과정 녹화는 녹화된 내용 중 대화가 있어도 그 성격은 진술 녹음이 아니라 범죄행위 녹음이므로 증거능력을 인정할 수 있겠다고 치자. 그럼 범행 후 수사 전 녹화, 예컨대 고의사고 실패 후 후일담이 녹음된 블랙박스는 그 성격이 진술이 분명한데 이건 어떻게 되는 건가? 수사 개시 후 녹화는 어떤가? 녹화 주체에 따라 달라지는 건가? 특히, 법관 앞에서 이루어진 피조사자 진술이 담긴 영상녹화조사물의 증거능력은 어떻게 되는가? 인정된다면 그 근거는? 수사기관은 조서와 영상녹화물을 구분하면서 법원은 구분하지 않는 것인데 그 이유가 무엇인가?

끝으로, 피고인 또는 피고인 아닌 자의 진술이 녹화된 경우, 하나는 일상 대화이고 다른 하나는 수사나 공판에서의 진술이라고 하자. 지금 실무대로라면 수사기관이 녹화한 피조사자의 진술은 증거능력이 없다. 그렇다면 수사기관이 녹화한 일상 대화는? 호송 중 먼저 자백한 경우가 여기에 해당될 수 있다. 어떻게 되는가? 사인이 범인을 추궁해서 진술을 받아내면 그 녹화물은 증거능력이 인정되는 건가? 법원은 어떤가? 만약, 수사기관이 조사하는 경우에만 영상녹화물의 증거능력이 없다고 한다면 그 이유는 무엇인가? 법률 해석상 그렇다는 답을 듣고자 하는 것이 아닌 법률에서 그렇게 규정한 이유가 무엇인지 묻는 것이다. 그리고 그 이유가 보편적인지 묻는 것이다.

이상에서 살펴본 바와 같이 수사기관의 영상녹화조사물의 독립증거 사용을 금지하고 기억환기나 조서의 성립의 진정을 위해 사용하도록 한 형사소송법 규정과 법원 실무는 현실에서 다양하게 활용되는 영상녹화물의 증거능력을 어떻게 취급할지에 관한 명확한 기준을 제시하지 못한다. 영상녹화조사물의 증거 사용을 막는 데 급급했고 어떻게든 성공했지만 증거법의 세계에 새로 등장한 영상녹화물을 어떻게 다뤄야 하는지에 깊은 고민은 충분하지 않았다. 하지만 세상은 기다려주지 않는다. 세상이 급변하면서 법정에는 지금도 새로운 영상녹화물이 속속 증거로 들어오고 있다. 그때그때 땜질하는 식으로 대응하여 문제가 없는 것처럼 보이지만 과연 우리 실무는 영상녹화물(영상녹화조사물을 포함하는 넓은 개념으로 사용)의 증거능력을 제대로 이해하고 촘촘한 법리를 형성하고 있는가? 자신 있게 그렇다고 말할 수 있는가?

영상녹화조사가 형사소송법에 들어온 지 17년 되도록 영상녹화조사물을 독립증거로 사용하지 못하게만 했지 정작 영상녹화물의 증거능력을 어떻게 취급할지에 대해 법리를 정립하지 못한 이유는 무엇일까?

첫째, 영상녹화조사물을 포함하여 영상녹화물의 본질을 정확히 이해하지 못했기 때문이다. 영상녹화물 자체는 전문증거가 아니다. 따라서 전문법칙이 적용된다는 전제로 법리를 전개하는 것은 타당하지 않다. 둘째, 현실에 등장하는 각종 다양한 형태의 영상녹화물과 수사기관이 피조사자의 진술을 녹화한 영상녹화조사물을 증거능력 차원에서 달리 취급할 합리적 이유가 없다. 합리적 이유 없이 증거능력 차원에서 차등을 두다 보니 일관된 법리를 형성할 수 없게 된 것이다.

수사기관의 영상녹화조사물을 통제할 필요가 있다면 증거능력 문제로 접근할 것이 아니라 부작용을 제거하고 필요한 부분만 증거로 제출하도록 하는 프로세스를 설계했어야 했다. 하지만 2007년 우리나라는 쉬운 길을 택했다.

늦었지만 지금이라도 고쳐야 한다. 영상녹화물이 증거능력을 인정받을 수 있는 일반적인 규정을 마련하고, 영상녹화조사물의 독립증거로서의 지위를 회복시킴과 아울러 이를 증거로 사용하기 위한 사전, 사후 프로세스를 설계하면 될 일이다. 앞서 관련성, 진정성이 인정되고 적법절차를 위반하여 수집한 증거만 아니면 된다고 언급하긴 하였으나 실제로는 더 증거능력 인정요건이 엄격할 수밖에 없다. 영상녹화물은 기본적으로 디지털 증거이기 때문이다. 따라서 영상녹화조사물의 독립증거로서 지위를 회복시킨다고 해서 법정이 영상녹화물로 넘쳐나는 일은 좀처럼 생각하기 어렵다. 영상녹화조사물을 증거로 사용할 수 있는 사전, 사후 프로세스를 합리적으로 설계한다면 법정이 극장처럼 변하는 등 공판중심주의가 무너지는 것 아니냐는 불필요한 걱정을 하지 않아도 될 것이다.

Ⅷ. 외국 입법례

이번 발표는 영상녹화조사를 어떻게 하느냐의 문제를 다루는 것이 아니라 영상녹화조사에 따른 결과물을 독립증거로 사용하지 못하도록 한 현행 법률과 법원 실무가 정당한가의 문제에 초점이 맞춰져 있다.

따라서 여기에서 검토하는 외국 입법례도 영상녹화조사물을 독립증거로 사용하는 것에 대한 각국의 태도를 살펴보는 것으로 한정하여 살펴본다.

1. 영국

영국은 1984년 경찰 및 형사증거법(Police and Criminal Evidence Act 1984)을 통해서 피의자조사에 대한 녹음기록시스템을 도입하고, 2001년 제정된 형사사법 및 경찰법(Criminal Justice and Police Act 2001)에 근거하여 2002년경부터 비디오녹화에 대하여 규정한 실무규범 F(Code F : Code of Practice on Visual Recording with Sound of Interviews with Suspects)에 따라 영상녹화가 정식 수사절차의 하나로 규정되었다.[86]

영국은 피의자조사의 녹음·녹화기록을 증거로 허용함에 있어 법관에 의한 재량적 위법수집증거 배제방식을 취하고 있다고 한다.[87] 이에 의할 때 영국은 영상녹화조사물의 독립증거 사용 가능성을 인정하되, 증거배제와 관련하여 법관의 재량을 인정하고 있다고 볼 수 있다.

2. 미국

2019년 1월을 기준으로 미국에서 총 27개의 주가 전체 범죄 또는 특정 범죄에 관하여 피의자신문의 영상녹화를 의무화하고 있다.[88]

미국의 증거법은 기본적으로 전문진술 외에는 원칙적으로 증거 사용이 가능하며 특히 피고인이 과거에 피의자로서 행한 진술은 그것이 어떤 형태로 법정에 현출되든 피고인에게 유리한가 여부를 불문하고 전문증거가 아니라고 본다는 것으로[89], 독립증거 사용 가능성을 인정하고 있다.

2005년 7월 18일부터 시행된 일리노이주 형사소송법의 경우, 피의자진술의 녹화에 관하여 규정하면서 강제적 신문의 전자적 기록을 의무화하고 이를 위반한 경우

---

86) 이순옥, "영상녹화의 적극적 활용 및 증거능력 인정 필요성에 대한 검토", 『형사법의 신동향』 제70권(대검찰청, 2021. 봄), 제58쪽.
87) 탁희성, "피의자신문의 영상녹화제도에 관한 소고", 『영남법학』 제24권(영남대학교 법학연구소, 2007), 제152-153쪽.
88) 이순옥, 앞의 논문, 제57쪽.
89) 신양균, 앞의 논문, 제386쪽.

전자적으로 기록되지 않은 강제적 신문에 의한 어떠한 진술도 형사소송절차상 탄핵의 목적을 제외하고는 피고인에 대한 증거로 허용되지 않는다고 규정하고 있다고 한다.[90] 이러한 규정에 비추어 보더라도 미국에서 영상녹화조사물의 독립증거 사용 가능성은 다툼의 여지가 없어 보인다.

3. 일본

일본은 2016년 5월 24일 형사소송법 개정을 통해 대상자와 대상 사건을 한정하여 의무적 영상녹화를 도입하였다.

영상녹화조사물의 증거 사용과 관련하여, 일본 형사소송법 제301조의2 후단은 "피고인이 불이익한 사실을 인정하는 내용의 서면을 검사가 증거로 신청하는 경우, 피고인 또는 변호인이 불이익한 사실을 인정하는 진술의 임의성이 의심된다는 이의를 제기하면, 검사는 진술의 임의성을 입증하기 위해 해당 서면이 작성된 조사 또는 변론의 진술이 개시된 때부터 종료에 이르기까지 사이의 피고인의 진술과 그 상황을 제4항에 규정에 의해 기록한 기록 매체를 증거로 신청하여야 한다.[91]"고 규정하여 증거사용 가능성을 열어두었다. 이에 대해서는 임의성을 입증하기 위한 증거로서 사용될 수 있는 길은 열렸으나 우리나라의 경우와 마찬가지로 영상녹화물을 독립증거로 사용할 수 있는지에 대해서는 여전히 학설과 판례에 맡겨져 있다고 해석하는 견해가 있다.[92]

위 규정에 따라 영상녹화물이 증거로 신청된 사건에서 도쿄고등법원은 영상녹화

---

90) 탁희성, 앞의 논문, 제157－158쪽.
91) 日本 刑事訴訟法 第三百一条の二　次に掲げる事件については′ 検察官は′ 第三百二十二条第一項の規定により証拠とすることができる書面であつて′ 当該事件についての第百九十八条第一項の規定による取調べ（逮捕又は勾留されている被疑者の取調べに限る゜第三項において同じ゜) 又は第二百三条第一項′ 第二百四条第一項若しくは第二百五条第一項（第二百十一条及び第二百十六条においてこれらの規定を準用する場合を含む゜第三項において同じ゜) の弁解の機会に際して作成され′ かつ′ 被告人に不利益な事実の承認を内容とするものの取調べを請求した場合において′ 被告人又は弁護人が′ その取調べの請求に関し′ その承認が任意にされたものでない疑いがあることを理由として異議を述べたときは′ その承認が任意にされたものであることを証明するため′ 当該書面が作成された取調べ又は弁解の機会の開始から終了に至るまでの間における被告人の供述及びその状況を第四項の規定により記録した記録媒体の取調べを請求しなければならない゜
92) 신양균, 앞의 논문, 제392쪽.

물을 실질 증거로 사용하는 것에 대한 여러 문제를 지적하며 소극적인 태도를 보이고 있으나 영상녹화물을 실질증거로 사용하는 것이 일반적으로 허용되지 않는다고 단정하지는 않았다.[93]

한편, 일본의 형사소송법 개정 시 개최된 법제심의회 특별부회 제10회 회의에서도 독립증거 문제가 논의되었는데, 영상녹화물을 독립증거로 사용하는 데 의문을 제시한 입장도 있었지만 현행법상 피의자진술을 기재한 조서가 전문증거로서 일정한 요건 하에 독립증거로 될 수 있는 이상 이론적으로 피의자의 진술을 녹음·녹화한 기록매체를 일반적으로 독립증거라고 보는 것이 자연스럽다는 견해가 일반적이었다고 한다.[94]

따라서 일본의 경우 명문의 규정은 없지만 적어도 영상녹화조사물의 독립증거 사용 가능성이 부정되고 있지는 않다고 말할 수 있다.

4. 독일

독일도 2020년 1월 1일부터 시행된 개정 형사소송법에서 일정한 경우 피의자신문에 대한 의무적 영상녹화를 규정하고 있다. 입법 이유에 따르면 그 규정은 우선 진실 발견을 더욱 향상시킨다는 목적이 강조되고 있다. 비디오녹화는 증거방법으로서 신문의 서면 조사보다 더 우월하다는 것이다. 왜냐하면 질문, 답변, 진술들을 보다 상세히 재현할 뿐만 아니라 비언어적인 의사소통도 확인할 수 있기 때문이라는 것이다. 특히 입법이유에서는 이 규정이 적절치 않고 위법한 신문 방법으로부터 피의자의 보호에 기여한다고 한다.[95]

독일 형사소송법 제136조의 의무적 영상녹화 대상이 되는 경우에는 그 영상녹화물이 공판정에서 상영의 방법으로 검증대상이 되고, 영상녹화물의 녹취록도 법정에 허용되는 증거로 현출된다[96]는 것으로, 독일도 영상녹화조사물의 독립증거 사용 가능성을 인정하고 있다.

---

93) 신양균, 앞의 논문, 제393 – 395쪽.
94) 신양균, 앞의 논문, 제392쪽 각주 24)에서 재인용.
95) 김정연·김성룡·김희균, "법정 외 피의자 등의 증언 활용 방안", 『2020년도 법무부 연구용역 보고서』(형사정책연구원, 2020). 제53 – 61쪽.
96) 김정연·김성룡·김희균, 앞의 논문, 제62쪽.

Ⅸ. 결론 – 영상녹화조사물의 지위 회복

본 글의 주제는 영상녹화물의 본증화이다. 이를 검토하기 위해 필자는 그동안 영상녹화물의 본증화 논거로 제시되어 왔던 영상녹화물의 장점에서부터 논의를 출발하지 않고 영상녹화물의 독립증거 사용을 막은 입법 및 해석의 헌법 합치 여부를 묻는 데서 논의를 시작했다.

헌법 합치 여부를 검토하기 위해서는 먼저 영상녹화물부터 살펴볼 필요가 있었다. 영상녹화물이 기록 수단이라는 점에 착안하여 기록문화의 시작과 혁신의 흐름을 조망하였다. 이를 통해 영상녹화물이 디지털 혁명과 함께 등장한 새로운 기록 방식으로 종이에 기록하던 것과는 완전히 다른 인류 기록문화의 혁신적 진보임을 확인할 수 있었다.

한편, 세상의 급격한 변화 속에 다양한 유형의 영상녹화물이 등장하고 법정에 속속 들어오는 상황에서 형사소송법상 영상녹화물의 개념이 이들을 다 포섭할 수 없다는 생각에 영상녹화물의 개념 및 유형을 정리하였다. 이를 통해 영상녹화물의 독립증거 사용에 제한을 가하는 것으로 해석되는 형사소송법의 조항들은 모든 영상녹화물에 적용되는 것이 아니라 여러 유형의 영상녹화물 중 수사기관이 영상녹화장치를 사용하여 피의자나 참고인의 진술을 녹화한 것에만 적용되고, 나머지 영상녹화물의 독립증거 사용 가능성에 대하여는 침묵하고 있음을 확인하였다. 특히, 형사소송법 제56조의2에 따라 법원이 법정의 재판과정을 녹화한 경우 ① 형사소송법의 법관 작성 조서의 절대적 증거능력, ② 수사기관 작성 조서와 영상녹화물 간 증거능력 차별 취급과의 관계에서 그 영상녹화물의 증거능력이 어떻게 되는지 해석상 혼란과 모순이 있을 수밖에 없음을 발견하였다. 이러한 검토를 거쳐 영상녹화물의 본증화라고 할 때 영상녹화물(수사기관에서 피조사자를 조사하는 과정을 녹화한 영상녹화물)을 다른 유형의 영상녹화물과 구분 짓기 위해서 영상녹화조사물이라고 이름 붙인 뒤 위헌성 검토를 위한 쟁점을 2가지로 좁혀 논의를 전개하였다. 2가지 쟁점이란 ① 입법의 합헌성, ② 입법의 합리성을 말한다.

쟁점을 본격적으로 검토하기에 앞서 추가로 정리가 필요한 부분이 있었다. 그것은 바로 영상녹화조사물과 조서의 관계이다. 우리나라의 기존 논의는 대부분 영상녹화조사물이 전문증거라는 전제에서 증거능력 인정 시 조서에 준하여 전문법칙의 예외로 증거능력을 부여해야 한다는 입장을 취하고 있었다. 2011년 법무부에서 영상녹화물의 증거능력을 인정하는 내용의 개정안을 냈을 때도 그러했다. 하지만 그에 대한 논거나 분석은 부족해 보였다. 그래서 양자의 관계를 명확히 하기 위해 기록의 5요소라는 분석 틀을 이용해 공통점과 차이점을 자세히 살펴보고 증거로서 조서와 영상녹화조사물의 증거법상 취급 문제를 심도 깊게 고찰하였다. 그 결과 영상녹화조사는 과거 기록문화에서는 구현하는 것이 불가능했던 전달자의 가감이 없는 '진술 그 자체의 보존 및 현출'을 디지털 혁명으로 촉발된 과학기술을 활용하여 가능하게 만든 혁신적인 방법으로, 조서는 피조사자의 say를 조사자가 hear해서 조서(매체)에 조사가 이해한 hearsay를 기재하는 것인 반면, 영상녹화조사물은 피조사자의 say를 영상녹화장치를 이용해 say 그대로 freezing한 것으로 조서는 전문증거지만 영상녹화조사물은 전문증거가 아니라 점에서 양자의 법적 취급도 달리해야 함을 새롭게 규명하였다.

입법의 합헌성 판단을 위해서는 헌법 차원의 판단기준 도출이 중요했다. 형사소송법의 헌법적 근거는 무엇인가? 우선 이 질문에 답해야 했다. 답을 찾아가는 과정에서 국가형벌권이 형법과 형사소송법을 모두 아우르는 이들의 뿌리임을 발견했다. 비록 헌법에 명문의 수권 규정은 없으나 헌법 제12조와 제13조 등 여러 헌법 규정이 국가형벌권을 전제하고 있다는 점에서 국가형벌권은 국가에 있어 성문 헌법 이전의 불문 헌법상 권한임이 명백했다. 국가형벌권은 국가가 독점하는 형벌권으로, 국회 입법을 통해 형법의 모습으로 추상적으로 형성되고 개별 사건을 다루는 사법 절차에서 형사소송법을 통해 구체화되고 있었다. 소추와 재판이라는 2단계 구조로 작동하는 국가형벌권의 확인 선언 프로세스는 법치주의의 실현을 위한 핵심적인 절차로서 국가형벌권이 제 기능을 하지 못하면 법치주의가 무너져 국가의 존립마저 위협받고, 과도하게 행사되면 폭력 국가로 전락하여 국가공동체를 구성하는 국민의 삶을 피폐하게 만든다. 따라서 국가형벌권은 법치주의의 정상 작동에 있어 핵심적인 역할을 수행한다고 할 수 있다.

그렇다면, 법치주의를 수호하고 실현하기 위해 국가형벌권은 어떻게 행사되어야 하는가? 이것은 국가형벌권의 이념과 맞닿아 있다. 행사 방향은 「① 올바르게, ② 적정하게, ③ 불편부당하게」라는 3가지로 접근하여 「올바르게」에서 실체적 진실발견이, 「적정하게」에서 적정절차의 원리가, 「불편부당하게」에서 형사사법의 공정성·투명성이 실천 원리로 나오게 된다는 것을 논증했다. 이를 통해 지금까지 형사소송의 이념으로 제시된 것들이 실은 국가형벌권의 행사 이념이었다는 것을 확인했다. 아울러 사법 작용으로서 국가형벌권의 핵심 덕목인 공정성·투명성이 그동안 형사소송법 분야에서 그다지 주목받지 못하고 있음을 자각할 수 있었다. 국가형벌권의 세 이념은 입법에서는 입법 형성의 제한원리로, 사법에서는 실천원리로, 집행에서는 자제원리로 작동한다.

위 논증 과정에서 국가형벌권 행사의 첫 출발점으로서 사실인정의 자료인 증거는 국가형벌권의 이념 중 「올바른」 행사 및 「불편부당한」 행사와 연관되어 있음을 깨달았는데, 증거를 다룸에 있어 특히 「불편부당한」 행사와 관련하여 그동안 주목받지 못했던 원칙이 하나 더 있음을 발견했다. 바로 증거 평등의 원칙이다. 이는 국가의 형벌권이 공정하게 행사되기 위한 기본 전제로서, 증거의 증거능력은 일반적이고 보편적인 기준으로 판단해야지 증거의 형태를 문제 삼아 특정한 유형의 자료만 증거의 세계에서 추방하는 것은 국가형벌권의 불편부당한 행사를 저해하는 것으로 용인될 수 없다는 원칙이다. 굳이 이 원칙을 들먹이지 않더라도 증거능력의 일반요건을 갖춘 증거를 다른 불합리한 이유로 법정에 들어올 기회조차 부여하지 않은 채 형벌권의 존재 여부를 판단한다면 그 결론에 대해 국민의 신뢰를 얻기는 어렵다는 점에서 그러한 증거능력 제한이 헌법상 허용되지 않음은 당연한 이치이다.

따라서 영상녹화물 가운데 수사기관에서 피조사자를 조사하는 과정을 녹화하여 작성했다는 이유로 독립증거 사용 가능성을 원천 차단한 입법과 그 해석은 위와 같은 논리에 따라 위헌이라는 지적을 피하기 어렵다.[97]

입법의 합리성 판단을 위해서는 영상녹화물의 독립증거 사용 가능성을 배제하게 된 이유를 먼저 살펴볼 필요가 있었다. 국회 논의과정에서 나온 반대의견을 살펴본 결과 독립증거 사용 가능성을 박탈해야 할 정도로 영상녹화조사물에 증거로서 중대한 결함이 있다고 볼만한 논거는 없었다. 반대의견 모두 이러저러한 부작용이 우려된다는 것으로 일부 주장은 고민의 가치조차 없어 보이고 일부는 나름 고민할 필요는 있어 보였다. 중요한 것은 그 어떤 논거도 독립증거 사용 가능성을 부정하는 것을 정당화시킬 수 없다는 것이다.

반대 논거 중 가장 강한 호소력을 갖는 주장은 '조서 재판'에서 '영상물 재판'으로

---

97) 증거능력 인정요건에 관한 사항이 입법정책의 영역이라는 것을 부정하는 것이 아님에 유의하자. 증거능력이 입법정책의 문제라고 하더라도 독립적인 증거 사용을 하지 못하게 증거능력을 아예 박탈하는 것은 입법정책의 한계를 넘어선 것으로 위헌이라는 것이다.

바뀔 뿐 조서 재판의 폐해는 여전할 것이며, 공판정이 극장으로 바뀌어 공판중심주의의 실현을 저해할 것이라는 주장이다. 아마도 이 주장에 많은 사람이 동조하여 2007년 법 개정 시 영상녹화조사물의 독립증거 사용을 인정하는 개정법 제312조의 2 조항이 국회의 문턱을 넘지 못했을 것으로 보인다. 그런데 이는 가정에 가정을 더해 마치 영상녹화조사물의 독립증거 사용이 공판중심주의에 심각한 위기를 초래하는 것처럼 진상을 왜곡한 것이다. 영상녹화조사물이 법정에 나오는 건 수사 당시 진술과 법정 진술이 충돌할 때로 실무상 많지 않다. 영상물을 시청해야 하는 경우가 극히 적다는 뜻이다. 영상물을 시청해도 쟁점 부분만 시청하는 것이지 영상녹화 전 과정을 시청하지 않는다. 극장식으로 변할래야 변할 수 없다. 오히려 과거 진술과 현재 진술이 법정에 모두 나와 이를 두고 양측이 공방을 벌이며 실체적 진실이 드러나게 된다. 진정한 공판중심주의의 실현인 것이다.

더욱이 이러한 우려를 모두 인정하더라도 이 우려가 독립증거 사용 가능성 자체를 부정할 정도로 중대한 것은 아니다. 그로 인해 초래되는 국가형벌권의 올바르고 불편부당한 행사에 대한 국민 불신의 우려가 더 크기 때문이다. 공판에서 나온 진술을 우선해야 한다는 주장도 제기되고 있는데 이는 공판독점주의 관점으로 형사재판실무가 재판편의주의로 흘러 법치주의의 근간을 흔들 수 있는 매우 위험한 시각이다.

입법의 불합리성은 입법 논거의 타당성 부족에서뿐만 아니라 영상녹화물의 증거능력 판단기준 불투명 측면에서 보더라도 도드라지게 드러난다. 영상녹화물을 녹화주체·시기·내용에 따라 유형화하여 다양한 사례를 만들어 질문해보면 쉽게 답하기 어렵다. 그 이유는 우리 법과 실무가 영상녹화조사물을 포함하여 영상녹화물에 대한 일관된 판단기준을 제시하지 못하고 있기 때문이다.

우리는 미국과 달리 형사소송법에 증거의 일반적 증거능력에 관한 규정이 없으나 디지털 증거의 증거능력에 관한 미국의 한 판결에서 제시한 인정기준은 우리나라의 일반적 증거능력 인정요건 도출에 많은 시사점을 준다. ① 관련성(relevant)이 인정될 것, ② 진정성(authentic)이 인정될 것, ③ 적법절차에 위반하여 수집된 증거가 아닐 것, ④ 전문증거라면 전문법칙의 예외에 해당할 것이 그것이다. 이 기준에 의할 때 영상녹화조사물은 사건 관련 피조사자의 진술이므로 관련성이 인정되고, 영상녹화물 자체에 피조사자의 진술뿐만 아니라 진술 정황, 태도 등이 모두 녹화된다는 점에서 진정성 또한 인정되며, 전 과정을 녹화하는 등 관련 절차를 모두

거쳤다면 적법절차 준수 여부는 문제 되지 않을 것이다. 종래 영상녹화물을 전문증거로 보는 시각에서는 전문법칙의 예외에 해당해야 한다고 볼 것이나 이것이 독립증거 사용 가능성을 원천 부정하는 근거가 되지는 못한다. 이상에서 살펴본 것처럼 영상녹화증거물은 일반적 증거능력 인정요건의 기준을 모두 충족하고 있음을 알 수 있다.

따라서 영상녹화조사물도 다른 영상녹화물이나 그 밖에 증거능력의 일반요건을 갖춘 증거들처럼 그들과 똑같이 독립증거 사용 가능성을 인정해야 한다. 증거능력의 인정요건을 보통의 다른 증거와 똑같게 해야 한다는 의미가 아니다. 독립증거로 사용될 수 있는 가능성을 인정해야 한다는 뜻이다. 영국도, 미국도, 일본도, 독일도 모두 영상녹화조사물의 독립증거 사용 가능성을 인정한 상태에서 합리적인 사유가 있을 때 그 사용을 제한하는 방식으로 형사사법 시스템을 운영하고 있다. 이것이 글로벌 스탠더드이다.

2007년 형사소송법 개정 시 영상녹화조사물의 남용으로 법정이 극장화 될 우려가 있었다면 그러한 우려를 불식시키고 남용되지 않도록 통제할 수 있는 프로세스를 설계했어야 한다. 하지만 우리나라는 쉬운 길을 택했다. 독립증거 사용 가능성을 부정한 것이다. 이제라도 영상녹화조사물이 독립증거로 사용될 수 있도록 길을 열어주어야 한다. 해석으로 이를 바꾸기엔 너무 먼 길을 왔다. 입법만이 대안이다. 이러한 입법 조치는 자격이 없는 증거에게 법으로 자격을 새로 부여하는 것이 아니라 원래 자격을 갖춘 증거에게 증거로서의 지위를 회복시켜주는 것이다. 그래서 발제문의 제목이 『영상녹화조사물의 지위 회복을 위한 소고』이다. 부작용이 우려된다면 부작용을 통제할 수 있는 프로세스를 설계하면 될 일이다.

다른 한편으로 이는 위헌 상태인 증거법을 헌법에 합치되도록 개정하는 것으로 더 이상 사실인정의 법률인 증거법과 형사재판 실무를 헌법에 위반된 상태로 내버려 두어선 안 될 것이다.

세상이 급변하고 있다. 듣도 보도 못한 chat GPT가 갑자기 이슈의 한복판에 등장하는 시대에 살고 있다. 내일은 무엇이 세상의 중심에 설지 예측하기 어렵다. 그 정도로 세상의 변화는 우리의 사고보다 빠르다. 세상의 변화에 수반하여 신종 범죄가 늘어나고 있으며 각종 범죄는 갈수록 지능화, 조직화, 국제화하는 경향을 띠고 있다. 예컨대, 마약 범죄는 더 이상 국내 범죄가 아니다. 제조, 유통, 투약이 조직적으로 국가 간 경계를 허물며 급속도로 번져가고 있다. 다른 예로 테나·루나 사태를 보자. 주범으로 꼽히는 K는 국내에서 수배 중이고, 미국에서는 증권거래법위반으로 기소되었으며, 그 외에 싱가포르에서도 수사 중인 것으로 알려졌다. 지금은 몬테네그로에서 범죄인 인도 청구와 관련한 소송절차가 진행 중이다. 이것은 극단적인 예가 아니다. 앞으로 국내 수사자원만으로는 범죄에 대응하는 게 어려운 시대가 올 것이다. 갈수록 국가 간 형사사법공조가 매우 중요해질 수밖에 없는 이유다.

외국과의 형사사법공조가 늘어나면, 앞으로 해외 수사기관에서 수집한 증거를 국내 법원에서, 국내 수사기관이 수집한 증거를 해외 법원에서 사용해야 하는 일도 생겨날 것이다. 특히 외국 입법례에서 보듯이 조사과정의 영상녹화 의무화가 많은 나라에서 도입되고 있으며, 따라서 앞으로 해외 수사기관의 증거자료는 영상녹화조사물의 형태로 보전되어 있는 경우가 많을 것으로 전망된다. 예컨대, 미국의 마약상이 영상녹화조사를 받으며 국내에서 활동하는 판매책 X의 신원을 공개했고 그 정보가 국내 수사기관으로 넘어와 X를 체포해 마약범죄로 기소했다고 치자. 미국 마약상의 영상녹화조사물을 국내 법정에서 증거로 사용할 수 있어야 하나, 없어야 하나? 당연히 있어야 한다. 그러면 지금 우리의 증거법으로 볼 때 그 영상녹화조사물은 독립증거로 사용이 가능한가? 답이 바로 나오지 않는다. 이게 문제라는 거다. 지금 형사소송법에서 규정하고 있는 증거법으로는 대처하기 어렵다. 거시적 안목으로 증거법을 다시 검토해야 한다. 미래 변화에 대비할 수 있도록 좀 더 유연해져야 한다. 지금 변하지 않으면 속도를 가늠하기 어려울 정도로 빠르게 변해가는 형사사법 환경에 적응하지 못한다. 우리 증거법이 급변하는 세상에 걸림돌이 되지 않으려면 모두 각자의 자리에서 효율적인 미래 형사사법 시스템의 재정립을 위해 창의력을 발휘해야 한다. 그 출발이 영상녹화조사물의 본증화가 되기를 소망해본다.

논문투고일 : 2023.06.08. 논문심사일 : 203.06.16. 게재확정일 : 2022.06.28.

【참고문헌】

1. 단행본 및 논문

강동욱, 『형사증거법』, 박영사, 2022.

권오걸, "한국 형사소송법과 미국 연방증거법상 전문법칙 비교연구", 『법학연구』 제24권 제1호(경상대학교 법학연구소, 2016. 1.)

김민철, "구텐베르크 이후 유럽의 인쇄술과 '계몽의 시대'의 출판 전략", 『지식의 저평』 제25호(대우재단, 2018. 11.)

김정연·김성룡·김희균, "법정 외 피의자 등의 증언 활용 방안", 『2020년도 법무부 연구용역보고서』(형사정책연구원, 2020)

김정한, "녹음테이프와 녹취록, 녹취진술의 증거능력에 대한 실무적 고찰", 『인권과 정의』 통권 제498호(대한변호사협회, 2021)

김종률, "영상녹화제도와 검찰수사실무 변화에 관한 연구』, 『형사법의 신동향』 통권 제8호(대검찰청, 2007. 6.)

김태명, "공판중심주의 관점에서 본 증거법의 바람직한 운용방안", 『형사법연구』 제58권(한국형사법학회, 2014)

류부곤, "디지털증거와 영상녹화물에 대한 전문법칙 적용상의 문제점", 『법학논총』 제39권 제4호(단국대학교 법학연구소, 2015)

박성재, "영상녹화조사의 실무상 쟁점 – 비교법적 검토 –", 『법조』 제59권 제3호 (법조협회, 2010. 3.)

신양균, "영상녹화물의 증거능력", 『동북아법연구』 제14권 제3호(전북대학교 동북 아법연구소, 2021. 1.)

은지용·정필운, "민주주의와 법치주의의 관계, 어떻게 가르칠 것인가?", 『시민교육 연구』 제49권 3호(한국사회과교육학회, 2017.)

이순옥, "영상녹화의 적극적 활용 및 증거능력 인정 필요성에 대한 검토", 『형사법 의 신동향』 제70권(대검찰청, 2021. 봄)

이영한, "새로운 형사소송법에서의 조서와 영상녹화", 『법조』 제57권 제2호(법조협 회, 2008.)

이완규, 『형사소송법 연구 Ⅰ』, 탐구사, 2008.

이재학, "영상녹화제도의 지위와 영상녹화물의 증거능력 및 사용에 관한 고찰", 『서울대학교 법학』 제58권 제3호(서울대학교 법학연구소, 2017. 9.)

이종갑, "형사소송의 이념에 대한 소고", 『법학연구』 제19권 제3호(경상대학교 법학연구소, 2011. 12.)

장영수, "사법혼란, 사법불신과 법치주의의 위기", 『고려법학』 제99호(고려대학교 법학연구원, 2020. 12.)

전윤경, "영상녹화조사물의 지위 회복을 위한 소고 토론", 『형사소송법학회 등 제7회 학계－실무 공동학술대회 자료집』(2023. 5.)

전재현, "개정 형사소송법 제313조의 해석론과 공판 심리상 쟁점 － 하급심 판결과 미국법에 대한 비교법적 검토를 바탕으로 －", 『법조』 제69권 제5호(법조협회, 2020)

제임스 C. 스콧(전경훈 옮김), 『농경의 배신』, 책과 함께, 2019.

정웅석, "영상녹화의 법적 쟁점", 『서울중앙지검 연구회 자료집』(서울중앙지검, 2009)

정원래, "인쇄술과 종교개혁", 『개혁논총』 40권(개혁신학회, 2016)

조너선 스타인하트(오현석 옮김), 『한 권으로 읽는 컴퓨터 구조와 프로그래밍』, 책만, 2021.

최희경, "국민이 공감하는 법치주의 실현방안", 『법학논집』 제20권 제1호(이화여자대학교 법학연구소, 2015),

탁희성, "피의자신문의 영상녹화제도에 관한 소고", 『영남법학』 제24권(영남대학교 법학연구소, 2007)

황정하, "유럽의 금속활자 인쇄술 － 구텐베르크의 발명 －", 『인문과학』 제97권(연세대학교 인문학연구원, 2013)

2. 대법원 판례 및 헌법재판소 결정

대법원 1993. 3. 23. 선고 92도3327 판결

대법원 1996. 10. 15. 선고 96도1669 판결

대법원 1997. 7. 25. 선고 97도974 판결

대법원 1998. 11. 13. 선고 96도1783 판결

대법원 2014. 7. 10. 선고 2012도5041 판결

대법원 2019. 11. 28. 선고 2013도6825 판결

헌법재판소 1994. 4. 28. 93헌바26 결정

헌법재판소 2009. 7. 30. 결정 2008헌가14 전원재판부

3. Website

ttps://ko.wikipedia.org/wiki/%EB%94%94%EC%A7%80%ED%84%B8_%EC%B9%
B4%EB%A9%94%EB%9D%BC (검색어 : 디지털 카메라)

【국문초록】

기록문화의 혁신으로 디지털 혁명과 함께 시작된 영상녹화조사는 오늘의 피고인과 과거의 피고인을 한자리에 모아 이들의 진술을 음미할 수 있게 만들었다.

근대 형사법이 채택한 소추·재판의 분리는 그 시차로 인해 실체적 진실 발견의 어려움을 가중하는 부작용이 있었으나 냉장고처럼 진술의 신선도를 유지하는 영상녹화조사물은 이를 극복하게 해준다. 과학기술의 발전이 가져다준 선물이다.

그러나 우리 법 현실은 과거에 안주한 재판의 도그마에 빠져 영상녹화조사물의 증거능력을 입법과 해석으로 박탈하고 말았다. 입법으로 특정 형태의 증거의 증거능력을 박탈하는 게 가능한지, 사유는 합리적인지 고민이 부족했던 게 아쉽다.

법치주의 실현 수단인 국가형벌권은 올바르고, 적정하고, 불편부당하게 행사되어야 하며 이는 헌법상 요구이다. 특히, 사법으로서 형벌권은 공정해야 하고 공정하게 보여야 한다. 이를 위해선 사실인정의 자료인 증거도 한쪽으로 치우침 없이 증거능력의 일반요건을 갖추면 모두 법정에 들어올 수 있게 해야 한다.

영국, 미국, 독일, 일본 등 형사사법 선진국 모두 증거 사용 가능성을 열어둔 상태에서 형사사법 시스템을 운영하고 있으며 이것이 글로벌 스탠더드이다.

실무상 CCTV, 블랙박스와 같은 영상녹화물도 증거능력을 인정받고 있으며, 전문증거인 조서도 전문법칙의 예외에 해당하면 증거능력을 인정받는다. 영상녹화조사물이라고 달리 취급할 이유가 없다. 영상녹화조사물이라는 이유로 본증 사용을 금지하는 것은 국가형벌권의 올바르고 공정한 행사를 저해한 것으로 위헌이다.

세상의 변화 속도가 눈부시다. 형사사법이 급변하는 사회에 걸림돌이 되지 않도록 영상녹화조사물의 증거로서 지위를 회복시켜야 한다. 더 이상 소모적 논쟁에 매몰되지 말고 급격한 환경변화 속에서 등장하는 신종 범죄와 갈수록 지능화·조직화·국제화되어 가는 범죄에 늦지 않게 대응해야 한다. 지금은 효과적인 미래 형사사법 시스템을 위해 각자 창의력을 발휘할 때다.

◆ 주제어: 영상녹화조사, 영상녹화물, 증거능력, 국가형벌권, 증거 평등의 원칙

【Abstract】

Thoughts on Restoring the Status of Video Recording Investigations

Kim, Sueng eon[*]

The video recording investigation, which began with the digital revolution as an innovation in documentary culture, brought present and former Defendant together in one court and made it possible to savor their statements.

The separation of prosecution and trial adopted by the modern criminal law had the side effect of increasing the difficulty of discovering the substantive truth due to the time lag, but video recording investigations that maintain the freshness of statements like a refrigerator help overcome this. It is a gift brought by the development of science and technology.

However, the reality of our law has fallen into the dogma of trials that have settled for the past, and has deprived the admissibility of evidence of video recording investigations through legislation and interpretation. It is regrettable that there has been a lack of consideration about whether it is possible to deprive certain types of evidence of the admissibility of evidence through legislation and whether the reasons are reasonable.

The national punishment power, which is a means of realizing the rule of law, must be exercised correctly, appropriately, and impartially, which is a constitutional requirement. In particular, the power to punish as a judiciary must be fair and appear fair. To this end, all evidence, which is the data for finding the facts, must be allowed to enter the courtroom if it meets the general requirements for admissibility of evidence without being biased.

Advanced criminal justice systems such as the UK, the US, Germany, and Japan all operate criminal justice systems with the possibility of using evidence open, and this is a global standard.

---

* Director of Criminal Department I, Ulsan District Prosecution Service.

In practice, video recordings such as CCTV and black boxes are recognized as evidence, and transcripts, which are hearsay evidence, are also recognized as evidence if they fall under the exception of the hearsay rule. There is no reason to treat it differently as a video recording investigation. Prohibiting the use of this certificate on the grounds that it is a video recording investigation is unconstitutional as it hinders the correct and fair exercise of The national punishment power.

The speed of change in the world is dazzling. In order to prevent criminal justice from becoming an obstacle in a rapidly changing society, the status of video recording investigations must be restored as evidence. We should not be buried in exhausting debates anymore, but respond in time to new crimes emerging in a rapidly changing environment and crimes that are increasingly becoming more intelligent, organized, and internationalized. Now is the time for each of us to use our creativity for an effective future criminal justice system.

◆ Key Words: video recording investigation, video recordings, admissibility of evidence, The national punishment power, principle of equality of evidence

한국형사소송법학회 『형사소송 이론과 실무』
제15권 제2호 (2023.6) 371~402면.
Theories and Practices of Criminal Procedure Vol. 15 No. 2 (June. 2023) pp. 371~402.
10.34222/kdps.2023.15.2.281

리걸테크의 도입과 형사전자소송의 가능성 및 한계*

박 성 민**

목 차

Ⅰ. 들어가며

최근 법과 기술을 융합한 리걸테크[1])의 도입논의가 활발해지면서 형사전자소송의 가능성을 모색하는 다양한 시도가 이루어지고 있다. 그 노력의 일단을 2024년 시행 예정인 「형사사법절차에서의 전자문서 이용 등에 관한 법률」(이하 형사절차전자문서법)에서 엿볼 수 있다. 형사절차전자문서법은 법원, 법무부, 검찰청, 경찰청, 공수처 등 형사사법업무를 처리하는 기관의 형사사법업무절차를 전자화하는데 의의가 있다.[2]) 동법 제5조는 사용자 등록을 한 피의자, 피고인, 변호인, 고소인 등이 전산

---

* 본 논문은 2022년 11월 한국형사법무정책연구원에서 발간한 "리걸테크 도입 및 대응을 위한 법무정책 연구"보고서 중 필자의 작성부분을 수정·보완하여, 2023년 5월 한국형사소송법학회 주관으로 개최된 제7회 학계·실무공동학술대회에서 발표한 것임.
** 경상국립대학교 법과대학 교수, 법학박사, 경상국립대학교 법학연구소 선임연구원
1) '리걸테크'는 법률과 기술의 결합으로 새롭게 탄생하는 서비스다. 초기에는 법률서비스를 제공하는 기술이나 소프트웨어를 말했으며, 최근에는 새로운 법률 서비스를 제공하는 스타트업과 산업으로 의미가 확장됐다. 리걸테크의 장점은 자동화, 양질의 법률 서비스 제공, 고객 경험 변화에 있다. 해외에서 시작해 국내에서도 리걸테크 움직임이 보이나, 관련 법·규제로 인해 발전 속도가 느린 편이다.(네이버 지식백과 : https://terms.naver.com/entry.naver?docId=4337160&cid=59088&categoryId=59096, 최종검색일 2023. 05.02.)

정보시스템을 이용하여 전자문서의 형태로 소송행위를 할 수 있도록 규정하고 있는데, 이를 위해 형사사법업무를 처리하는 기관은 원칙적으로 관련 문서를 전자문서로 작성해야 하며(제10조), 전자화 대상문서를 전자적인 형태로 변환하여 전자화문서로 시스템에 등재할 것도 주문하고 있다(제11조). 또한 제12조 이하에는 전자화대상문서 및 전자문서의 보관 및 유통, 전자송달에 관한 규정을 두고 있으며, 제16조에는 전자문서의 열람 복사에 관한 규정을 마련하였다. 특히 제17조에는 그 동안 논란이 되었던 영장집행방법에 있어 전자적 방법으로도 영장집행이 가능하도록 입법화하였다. 그 외에도 전자문서의 증거조사방법으로 스크린 열람 및 영상재생을 규정하고(제18조), 재판의 집행지휘 방식도 전자문서 및 전산정보처리시스템을 통해 가능하도록 정비하였다.(제19조)

한편 2018년 대법원도 전자소송시스템 구축사업의 일환으로 소송기록을 자동으로 분석하여 쟁점 문장을 추출하는 지능형 쟁점추출 및 판결문 초고를 제공해주는 지능형 판결문 작성지원시스템을 2024년까지 구축하겠다는 계획을 발표한 바 있다. 이에 따라 법무부는 2022년 3월「민사소송 등에서의 전자문서 이용 등에 관한 법률」(이하 민소전자문서법) 개정안을 통해 민사소송절차에 필요한 서류를 전자소송시스템으로 제출할 수 있는 기반을 마련하였고, 2024년 시스템구축이 마무리 되면 형사소송에서도 획기적인 전기가 마련될 것이다. 향후 형사사건 전산정보를 기관 간에 신속·정확하게 전달하고 그 결과를 상대 기관 및 국민에게 투명하게 제공하는 형사사법정보시스템(KICS)이 개선되고 2024년 형사절차전자문서법이 본격적으로 시행·안착되면 형사절차에서도 본격적인 전자소송이 가능할 것으로 기대된다.

다만 법령이나 시스템이 구축되더라도 운용과정에서 예상되는 다양한 문제점들이 있을 수 있다. 형사절차전자문서법이 시행시기에 유예를 둔 것은 시스템구축에 요구되는 절대시간을 마련하기 위함도 있지만, 시행과정에서 예상되는 문제점을 확인하여 이를 보정할 시간을 확보하기 위함도 있을 것이다. 본 논문에서는 형사전자소송의 문제점을 확인하고 형사전자소송의 성공 가능성을 모색하는데 의의가 있다.

형사절차전자문서법의 적용범위는 수사, 공소, 공판, 재판의 집행 등 형사사법업

---

2) 동법은 2021년 10월 19일 제정되어 4년의 유예기간을 거쳐 2024년 10월 20일 시행될 예정이다. 동법의 제정이유는 "전자문서를 이용한 형사사법절차의 전자화를 통하여 사법절차의 신속성과 투명성을 높이고, 피의자·피고인·피해자·고소인 등의 형사사법절차상 권리 보장을 강화하여 형사사법업무 전반에 걸쳐 국민의 신뢰성을 높이려는 것"이다.(법률 제18485호, 제정이유 중 발췌)

무로 제한되지만,[3] 장기적으로는 형사사법서비스 전반의 전자화 및 지능정보화라는 거시적 관점으로 확장될 것이다.[4] 이를 위해 우선 형사전자소송의 환경적 기반이 되는 리걸테크에 있어 그 활성화의 걸림돌이 무엇인지를 점검해 볼 필요가 있다.(2) 다음으로 형사전자소송의 도입논의와 관련하여 도입과정에서의 주의점과 함께 소송단계별 전자소송의 구체적 모습을 예상해 본 후(3), 마지막으로 공판절차에서 전자소송이 기능할 수 있는 지점들을 개별 형사절차에서 살펴본다.(4)

Ⅱ. 형사소송에 있어 리걸테크 활성화의 걸림돌

1. 보수적이고 경직된 법문화

(1) 리걸테크에 대한 보수적인 인식과 관련 법률의 미비

최근 빅데이터, 인공지능 등 하이테크놀로지의 활용이 민간분야를 넘어 공공분야로까지 확대되는 과정에서 법률서비스분야도 이와 같은 요구에 직면하고 있다. 그 과정은 필연적이며 법률시장 및 서비스 부분의 변혁을 이끌 모멘텀으로 충분한 파괴력을 가지고 있지만, 곳곳에서 적지 않은 갈등도 발생하고 있다. 대표적인 사례가 법률서비스 플랫폼으로서 변호사법위반여부가 문제된 로톡사태이다. 「변호사법」 제34조는 법률사건이나 법률사무의 수임에 관하여 대가를 받고 소송관계인을 변호사에게 소개하거나 알선하는 행위 등을 금지하고 있는데, 대한변호사협회는 변호사가 아닌 로톡이 변호사와 소비자를 연결해주고 수수료를 받는 것은 동법을 위반한 것이라고 주장하였다. 반면에 로톡이 서비스를 제공하고 변호사로부터 받는 대가는

---

3) 형사절차전자문서법 제2조 제3호에 따라 동법의 형사사법업무는 「형사사법절차 전자화 촉진법」 제2조 제1호의 형사사법업무로 제한하고 있다.

4) 소위 초지능 및 초연결 사회로의 전환기에 즈음하여 향후 형사절차전자문서법이 시행되고 형사절차의 각종 소송기록이 전자화되면 이를 로우데이터(raw data)로 하는 인공지능형 형사사법서비스도 출현할 수 있다. 형사절차전자문서법 제16조 제4항에서 피고인 또는 변호인에 의한 전자문서의 소송목적 외 교부행위를 금지하고 있고 동법 제22조에 위반시 벌칙규정을 두고 있지만, 동규정은 피고인등의 열람등사권을 제한하는 의미를 가질 뿐이다. 동법의 적용을 받는 등록사용자에는 피고인이나 변호인이외에도 피해자, 고소인, 고발인 등이 포함되어 있고, 이들도 전자문서의 작성주체이므로 동 규정이 근본적으로 이들에 의한 데이터 제공 등을 막을 수 있는 근거가 될 수는 없다. 또한 법률시장 변화에 따라 변호인들이 자신들의 공판전략에 활용한 다양한 data들을 제공함에 따라 이와 같은 변화를 촉진할 것으로 생각된다.

사건수임의 대가가 아니라 광고비라고 주장하고 있다. 이처럼 법률서비스 스타트업 기업과 기존의 변호사업계간의 갈등은 로톡만의 문제는 아니고 최근에는 피해자들 의 공동소송을 대행하는 화난사람들[5]로 확대되고 있다. 로톡 사태를 단순히 변협 과 법률서비스 스타트업기업의 사업영역확장에 따른 갈등으로 치부할 수는 없으며, 본질적으로는 법률서비스시장의 왜곡된 구조와 사회변화에 대응하지 못하고 있는 변호사법 등 실정법의 미비가 문제라고 할 것이다. 변호사의 증가 및 사건감소 등 으로 영업능력 있는 사무장이 변호사를 고용하는 일명 사무장로펌의 문제는 비단 어제 오늘의 일은 아니다. 이런 왜곡된 법률시장의 구조는 애써 외면한 채 법률서 비스 수요와 공급을 효과적으로 매칭할 수 있는 플랫폼 도입을 거부하는 것이 상식 에 부합하는지 다시 고민해 볼 일이다. 법률서비스에 신기술을 도입하는 과정에서 관련법제의 정비는 필수적이라 할 것이므로, 우리도 독일의 연방변호사법처럼 변호 사 아닌 자들이 법률서비스를 제공할 수 있는 근거를 마련할 필요가 있다.

(2) 경직된 법해석 및 관행

다음으로 형사소송과정의 법해석 및 판단에 있어 경직되고 근대적인 사고구조도 형사소송에 있어 리걸테크 활성화를 저해하는 원인으로 생각된다. 우리 법원은 공 소장에 기재된 이외에 전자문서형태로 제출한 범죄일람표에 대해서는 공소제기라 는 소송행위의 성립을 부정하였다.[6] 이처럼 공소제기방식에 있어 엄격한 서면주의 의 적용은 형사소송에 있어 전자소송으로의 전환을 저해하는 하나의 걸림돌이 될 수 있다. 형사절차전자문서법 제10조에 의하면 공소장을 전자문서로 할 것을 규정 하고 있다는 점에서 동법이 예정대로 시행되는 경우에는 이와 같은 문제가 해결될 것으로 기대된다. 다만 서면주의의 극복은 법제의 정비만이 아닌 오랜 관행의 극복 에 있음을 부인할 수 없다. 형사소송법 제266조의3 제6항의 규정이 특수매체에 대 한 증거개시를 허용하고 있지만 활성화되지 못하고, 여전히 실무상으로는 출력물을 통한 증거개시가 이루어지고 있다.[7]

---

5) 화난사람들은 증권관련 소송외에는 다수의 소액 피해자들이 소송을 통해 구제받을 수 없는 한계—우리나라는 증권관련집단소송법에 따라 증권의 매매 등으로 발생하는 피해의 경우에만 집단소송을 예외적으로 허용하고 있다—를 극복하기 위해 변호사와 피해자들을 매칭(중개)해 주는 공동소송플랫폼이다.

6) 대법원 2016. 12. 15. 선고 2015도3682 판결.

7) 권양섭, "형사절차의 디지털 증거개시 제도에 관한 고찰", 법학연구 제16권 제2호, 한국법학

2. 데이터 활용과정에서의 저작권침해 문제

(1) 형사절차 관련 기록의 데이터화

인공지능과 빅데이터로 대변되는 지능정보기술은 데이터를 동력원으로 기능하는데, 공판절차에서는 무수히 많은 기록과 서류들이 종이문서 형태로 제출되고 보관됨으로써 이를 데이터화해야 하는 문제가 있었다. 최근 형사절차전자문서법이 제정되어 2024년 시행을 앞두게 되면서, 동법 시행으로 이러한 서류들이 전자문서 또는 전자화문서로 전환되어 소송절차에 활용될 것으로 기대된다. 형사전자소송의 실현을 위해 우선적으로 고려되어야 하는 것이 수사 및 공판과정에서의 영장, 기록, 서면, 서증 등 각종 소송서류 및 도면·사진·음성·영상자료들을 전산화하여 저장 보관하는 것인데, 형사절차전자문서법은 서류의 전자문서 등재 및 활용(제10조 및 제11조)원칙하에 열람이나 복사과정에서 예상되는 원본과의 동일성 문제(제9조), 영장의 집행 및 증거조사방법에 있어 전자문서에 적합한 방법(제17조 내지 제19조)을 고려하고 있다는 점 등은 고무적이라 할만하다.

(2) 저작권침해의 가능성

그런데 종이문서를 전자문서로 전환하여 데이터화하더라도 이를 활용하는 과정에서 저작권 침해 가능성이 있다. 지능정보기술을 활용한 법률서비스는 데이터 마이닝 또는 머신러닝이나 딥러닝단계에서의 학습데이터의 양과 질이 성패를 좌우하게 될 것이다. 그런데 이러한 데이터들은 사람의 창작물로서 저작권의 대상이 될 수 있다. 즉 형사절차문서법의 대상이 되는 각종서류 및 도면·사진·음성·영상자료 등은 인간의 감정과 사상을 표현한 창작물로서 저작권의 대상이 될 수 있는 것이다. 물론 공판과정에서 공공기관이 생성한 서류 또는 기록은 형사절차전자문서법의 시행 이후 「공공데이터의 제공 및 이용 활성화에 관한 법률」(이하 공공데이터법이라 함) 등을 통해 활용할 길이 열려 있지만,[8] 문제는 피고인 또는 변호인 등 사

회, 2016, 422면.

8) 공공데이터법 이전에 저작권법에도 수사나 공판절차에 타인의 저작물을 자유롭게 활용하거나 판결문이나 공판기록 등의 공공저작물을 자유롭게 이용할 수 있는 근거규정이 있다. 저작권법 제23조 제1호에 의하면 수사나 재판을 위해 타인의 저작물을 복제하는 것을 허용하고 있으며, 법원의 판결문은 제24조의2의 공공저작물로서 국가안전보장이나 개인의 사생활의 비밀을 침해하지 않는 선에서 자유롭게 이용할 수 있다.

인이 생성한 서류를 동법을 통해 활용할 수 있는가 하는 점이다. 예를 들면 변호인의 준비서면이나 항소이유서 등은 변호인의 재판수행노하우가 집약된 창작물인데, 이것이 전산처리되어 공판기록과 일체화되어 있다는 사정만으로 이를 당해사건의 공판절차와 무관한 형사사건 및 빅데이터 및 인공지능 기반의 법률서비스 플랫폼 등에 활용하는 것을 변호인이 허락할 것인가 하는 점이다.

(3) 법제도적 정비를 위한 노력과 한계

타인의 저작물을 저작권자의 이용허락을 받지 않고 복제·전송하거나 이를 가공하여 2차적저작물로 작성하는 경우에는 저작권침해가 될 수 있으며, 학습데이터로 활용가능한 변호인이나 피고인 등이 작성한 서류 및 학자들의 논문, 사건관련 사진 및 이미지, 뉴스기사 등은 저작권법의 보호대상이 된다. 그런데 최근 발의된 저작권법개정안 제43조에 의하면[9] 저작물을 향유[10]하기 위해 저작물을 이용하는 것이 아니라 정보분석을 위해 저작물을 이용하는 경우-예컨대 머신러닝이나 딥러닝을 위한 학습데이터로 타인의 저작물을 사용하는 경우-에는 저작권침해를 부정하는데, 특히 동개정안은 상업적 목적과 비상업적 목적의 구별 없이 정보분석을 위한 복제전송을 허용하고 있다.[11] 이에 대해서는 저작권학계에서도 상업적 용도에까지 이를 허용하는 것은 저작권자의 이익을 부당하게 침해할 가능성이 높다는 점에서 부정적인 입장도 있다.[12] 어쨌든 머신러닝 등 인공지능활성화를 위해 저작물을 사

---

9) 21대 국회 저작권법 전부개정법률안(도종환의원 대표발의, 의안번호 2107440) 제43조(정보분석을 위한 복제·전송) ① 컴퓨터를 이용한 자동화 분석기술을 통해 다수의 저작물을 포함한 대량의 정보를 분석(규칙, 구조, 경향, 상관관계 등의 정보를 추출하는 것)하여 추가적인 정보 또는 가치를 생성하기 위한 것으로 저작물에 표현된 사상이나 감정을 향유하지 아니하는 경우에는 필요한 한도 안에서 저작물을 복제·전송할 수 있다. 다만, 해당 저작물에 적법하게 접근할 수 있는 경우에 한정한다. ② 제1항에 따라 만들어진 복제물은 정보분석을 위하여 필요한 한도에서 보관할 수 있다.

10) 향유는 사전적으로는 '누리어 가짐'의 의미인데, 저작물 본래의 이용방법으로 그 내용을 즐기고 음미한다는 의미를 가진다. 다만 향유의 범위에 있어서는 논란이 있다. 가령 프로그램도 저작권법의 보호대상이 되는데, 프로그램의 경우에는 분석과정에서 프로그램을 구동하는 순간, 또는 프로그램을 분석하는 자체가 향유일 수도 있기 때문이다. 그래서 개정안을 새로 만들기보다는 저작권법의 공정이용법리로 해결하고자 하는 저작권학계의 이론(異論)도 있다.

11) 정보분석을 위한 복제전송을 명시적으로 허용하고 있는 국가 중 일본을 제외한 영국과 독일은 비상업적 연구목적에 한해 인정하고 있다.(차상육, "저작권법상 인공지능 학습용 데이터셋의 보호와 쟁점", 경영법학 제32편 제1호, 한국경영법률학회, 2021, 33면)

용하는 경우 저작권침해를 부정하는 방안에 대한 고민이 시작되고 있다는 점은 고
무적이다. 그렇지만 이러한 논의도 인공지능의 학습과정에서 필요한 데이터 분석으
로 제한된 논의이며, 해당 인공지능프로그램으로 법률서비스를 제공하는 과정에서
해당 저작물의 시장가치가 침해될 경우에는 저작권 침해 및 이에 따른 보상문제는
여전히 존재하게 된다. 특히 최근에는 자연어 처리기반의 대화형 인공지능서비스인
챗－GPT가 상용화되면서 이러한 문제들이 현실화될 것으로 판단된다. 법률시장에
서도 대화형 인공지능서비스의 도입과 발전이 필연적이라고 보면, 형사사법서비스
에 있어 저작권문제는 현재진행형이라고 할 수 있다.

3. 정보접근성 제고 및 정보공유 문제

(1) 개인정보의 접근성 제고 문제

개인의 지식재산권과 관련된 문제이전에 리걸테크를 활용하여 법률서비스를 시
작하기 위한 필수적인 전제 중의 하나가 개인정보침해 문제를 해결하는 것이다. 「
개인정보보호법」에 의하면 익명처리된 개인정보의 경우에는 동법의 적용을 받지
않지만, 가명정보인 경우에는 동법의 대상이 되며,[13] 이와 같은 개인정보는 공공데
이터법 제17조 및 「공공기관의 정보공개에 관한 법률」(이하 정보공개법이라 함) 제9
조 제6호에 의해 원칙적으로 이용이 제한된다.[14] 따라서 데이터화 과정에서 블러
(blur)처리를 하더라도 소송기록에 나타난 다양한 정보를 통해 사건관련자를 특정
할 수 있다면 이는 개인정보보호법위반이 될 수 있으므로 판결문을 비롯한 소송기
록상의 피고인 등의 신상정보를 익명처리하는 데에 상당한 주의가 요구된다. 그런
데 익명처리를 하였더라도 여러 소송기록이나 서류 및 뉴스기사 등을 통해 판결문
에서 피고인이나 피해자 등 개인을 특정할 여지도 있다.[15] 이러한 개인정보는 더

---

12) 차상욱, 앞의 논문, 47면.

13) 가명정보는 다른 추가적인 정보의 활용으로 특정개인을 알아볼 수 있는 정보를 의미하며 「개
    인정보보호법」 제2조 제1호 다목에 따라 보호대상이 되지만 , 익명정보는 더 이상 개인을 알
    아볼 수 없게 한 정보로 동법의 보호대상이 아니다.(https://labs.brandi.co.kr/2021/01/13/
    kimje.html 참조, 최종 검색일, 2022. 10. 07.)

14) 물론 제6호 가목 이외에 공익목적 등의 예외사유를 두어 해당 정보의 열람이 가능할 수 있는
    길을 열어두고 있지만, 원칙적으로 공판기록에 나타난 개인의 정보는 다른 정보와 달리 공개
    시 사생활의 비밀이나 자유 등 기본권의 본질적인 침해가 될 수 있는 만큼 동호의 예외에 해
    당할지 여부는 신중한 접근이 요구된다.

이상 익명정보가 될 수 없고, 가명정보로서 개인의 동의, 법률의 특별한 규정 등 개
인정보활용을 위한 별도의 절차가 요구된다. 최근에는 국민의 개인정보에 대한 인
식이 개선되고 소위 마이데이터 개념이 데이터3법에 도입되면서 개인정보의 활용
방법에도 변화가 요구되는 시점이다. 정보이동권 및 유통권을 본질로 하는 마이데
이터 개념의 선결조건은 해당정보의 주체를 확정하는 것이다. 사법기관이 생성한
자료에는 재판과정에서 개인의 다양한 정보가 포함되는 만큼 해당 자료에 대한 정
보자기결정권을 온전히 사법기관이 가지고 있다고 볼 수 있는지가 문제될 수 있다.
앞서 살핀 준비서면이나 항소이유서뿐만 아니라 피고인 또는 피해자에 대한 수사
기관 및 사법기관의 처분문서에 대해서도 피고인·피해자가 아닌 기관에 정보의 자
기결정권을 인정하는 것에 대해서는 향후 논의가 필요할 것으로 판단된다. 지금도
대법원이나 헌재가 사건검색 및 판례정보제공서비스를 운용하고 있지만, 기술적으
로 모든 사건을 데이터베이스화할 수 없는 데에는 인력이나 비용문제도 있지만 근
본적으로는 사건관련자의 개인정보보호문제와도 밀접한 관련이 있는 것으로 판단
된다.

(2) 공공데이터의 정보접근성 문제

공공데이터에 대한 정보접근성 및 그 활용과정에서의 부처간 정보공유의 어려움
도 예상되는 문제점 중의 하나이다. 공공데이터법 제17조는 국가 및 공공기관이 보
유하는 데이터를 국민에게 제공하도록 하면서도 정보공개법 제9조 제4호에 의하면
재판중인 사건 및 수사기관이나 사법당국의 업무수행과 관련하여 직무수행에 장애
가 될 만한 정보[16]는 비공개할 수 있음을 규정함으로써 형사사법절차에 활용 가능
한 공공데이터는 상대적으로 축소되어 있다고 평가할 수 있다. 진행중인 재판의 경
우는 피고인의 인권보장 및 피해자 보호차원에서 정보공개제한에 공감하지만 범죄

---

15) 이런 이유로 피해자 등 사건관계인은 판결과정 및 판결문 공개를 꺼리는 경향이 있다. 세간의
    관심을 끌었던 신당역살인사건의 경우 피해자측 변호사가 사망한 피해자 및 유족에 대한 모
    욕 등 2차 피해 등을 우려하여 피고인인 전씨에 대한 판결과정 및 추후 판결문에 대한 비공개
    를 신청하였다.(https://www.yna.co.kr/view/AKR20220920162900004?input=1195m, 최종
    검색일 2022. 10. 16.)
16) "진행중인 재판에 관련된 정보와 범죄의 예방, 수사, 공소의 제기 및 유지, 형의 집행, 교정(矯
    正), 보안처분에 관한 사항으로서 공개될 경우 그 직무수행을 현저히 곤란하게 하거나 형사피
    고인의 공정한 재판을 받을 권리를 침해한다고 인정할 만한 상당한 이유가 있는 정보"를 말한
    다.

예방, 수사, 공소유지, 형집행 및 교정 등 광범위한 부분에까지 직무집행을 이유로 데이터제공을 제한하는 것은 향후 형사소송에 있어 리걸테크 활성화의 걸림돌이 될 수 있을 것이다. 피의자등의 권리를 보장하면서도 해당 데이터를 제공받을 수 있는 합리적인 절차가 마련될 필요가 있다.

한편 우리 대법원은 지능형 판결문 작성지원시스템을 2024년까지 구축하겠다는 계획을 발표한 바 있다. 이를 위해서는 판결문을 비롯해 공소장, 준비서면, 답변서 등의 각종 소송기록까지 학습데이터로 활용할 필요가 있다. 그런데 가장 기본이 되는 판결문조차 대부분 기계판독이 불가능한 이미지 PDF로 되어 있으므로 이를 기계학습이 가능하도록 OCR형태로 제공해야 할 것을 주문하기도 한다.[17] 이에 2020년 국회에서 발의된 형사소송법개정안 제59조의3에 의하면 판결문에 대한 정보접근성을 높이기 위해 판결서에 기재된 문자열 또는 숫자열이 검색어로 기능할 수 있도록 공공데이터법 제2조에 따른 기계판독이 가능한 형태로 제공할 것을 의무화하는 방안을 제안하기도 하였다.[18] 기존에 법원이나 검찰이 가지고 있는 데이터도 정보접근성이 문제가 되어 그 개선방안이 논의되고 있는 상황은 대법원이 발표한 시스템 구축이 가능할지에 대한 우려를 가지기에 충분하다.

(3) 기관간 또는 민관간 정보공유 문제

최근 정부가 디지털플랫폼정부를 표방하고 있지만, 소위 부처간 칸막이로 인한 행정부처간 데이터 공유 및 활용가능성이 쉽지 않은 상황에서는 그와 같은 정책과제의 실현에 어려움이 예상된다고 한다. 그런데 부처간 데이터 공유에 대한 문제는 최근 형사소송의 전자소송화를 추진하는 과정에서는 반드시 넘어야 할 과제이다. 2010년부터 시작된 민사전자소송과 달리 형사전자소송의 경우에는 국가와 피고인이 당사자로, 특히 국가기관인 검찰과 경찰의 데이터공유가 성패의 중요한 관건이 될 것이다. 형사소송법 제245조의5에 의하면 경찰이 검찰에 사건을 송치 또는 불송치하는 경우 검찰과 경찰간에 수사기록 등 서류 송부와 관련된 규정을 두고 있지만, 문제는 검경수사권조정이후 검찰과 경찰간의 사건관할[19]이 논란이 되는 상황

---

17) 박성미/이유나/최아리/안정민, "사법분야 인공지능 발전을 위한 판결문 데이터 개선방안", 경찰법연구 제19권 제3호, 한국경찰법학회, 2021, 25면.
18) 21대 국회 이탄희 의원 대표발의 형사소송법 개정안(의안번호2103299)
19) 20대 대선에서 대선후보의 비위관련 혐의가 각각 경찰과 검찰 및 공수처에 고발된 사건에 대해 검찰, 경찰 및 공수처가 제각각 수사하는 문제가 있었으며, 재산죄에 있어 재산상의 이득

에서 검찰과 경찰간에 사건관련정보의 공유가 원활하게 이루어질지 의문이다. 이런 우려를 반영하여 형사절차전자문서법 제6조는 제1항에서 형사사법정보의 공동 활용 및 신속한 유통에 노력할 것을 규정하고 있으며, 제2항에서 필요한 경우 형사사법정보를 시스템을 통하여 다른 형사사법업무 처리기관에 제공할 수 있도록 별도의 규정을 두고 있다. 다만 동규정은 기관간 협력의무를 규정하는 선언적 규정으로써 실제 시행과정에서 각 기관간 정보공유에 대한 각고의 노력이 필요할 것으로 판단된다.

이와 같은 정보공유의 문제는 민간법률분야도 마찬가지여서 변협을 중심으로 한 변호사업계와 법무부 및 법원간의 정보공유 및 활용도를 제고할 현실적인 대안을 마련하지 않고서는 형사사법에 있어 전자소송을 필두로 한 리걸테크의 실현은 한계에 부딪힐 수 밖에 없다.

(4) 범죄피해자에 대한 2차 피해방지정책에 기인한 데이터 제공 제한

21대 국회 국정감사에서는 법원의 판결문 공개과정에서 성폭력범죄의 사실관계가 적나라하게 묘사됨으로써 피해자에 대한 2차 피해를 고려하지 못한 법원의 미숙한 대응을 질타하는 장면이 방송에 공개된 바 있다. 하급심의 경우 사실관계가 상세하게 묘사되는 경향이 있어 법원이 2차 피해방지를 위해 그 공개를 자체적으로 제한하거나 해당 판결문이 빅데이터로 활용되거나 인공지능의 머신러닝을 위한 학습데이터로 제공되는 것에 부담을 느낀 피해자 및 피고인에 의해 판결문에 대한 비공개요청 및 학습데이터 활용에 동의하지 않는 등의 저항이 있을 것으로 판단된다. 이는 특별히 성범죄에만 국한된 것은 아니고 범죄로 인한 기억을 누군가와 공유하고 싶지 않은 인간본성에 기인한 것이므로, 향후 하급심판결문의 데이터 확보에 걸림돌이 될 수 있을 것으로 판단된다. 판결문을 학습데이터로 활용하기 위해서는 데이터 마이닝 단계에서부터 피해자 등의 우려를 불식시킬 수 있는 보호조치가 필수적으로 전제되어야 할 것이다.

액을 기준으로 적용되는 「특정 경제범죄 가중처벌 등에 관한 법률」사건에서는 특정 사건에 대해 검찰과 경찰계간의 관할관련으로 사건관계자에게 혼란을 야기하는 사례가 있었다. 이와 같은 수사범위 및 관할의 문제는 최근까지 형사소송법 및 검찰청법의 시행령 개정논란으로 이어지고 있다.

Ⅲ. 형사전자소송의 가능성

1. 형사전자소송의 도입 논의

(1) 형사전자소송의 현황

2010년 1월 형사사법절차의 전자화를 촉진하여 신속하고 공정하며 투명한 형사사법절차를 실현하고 형사사법 분야의 대국민 서비스를 개선하여 국민의 권익 신장에 이바지함을 목적으로 하는 「형사사법전자화 촉진법」이 제정된 후, 우리나라는 동법에 따라 사건진행정보, 온라인 민원처리 및 안내, 벌과금 납부 조회 등 각종 형사사법정보를 신속·정확하게 제공하고자 대국민서비스 포털인 KICS를 운용하고 있다. KICS는 애초에 형사사법기관간의 원활한 정보공유를 위해 동일한 규격과 양식의 문서를 유통하고자 표준화되고 통일화된 시스템 운영의 필요성이 대두되어 통합형시스템으로 구상되고 추진되었지만, 공유되는 전자시스템과는 별도로 여전히 사건기록은 문서로 작성되어 유통되고, 결정문 등도 당사자에게 문서로 송부되는 등 형사사건처리시스템의 전면전자화라는 당초의 목표와 달리 업무처리의 효율성을 제고하는 정도에 그치고 있다.[20] 그 원인으로는 KICS가 개발단계부터 전자문서화에 집중을 하고 디지털증거의 전송은 충분히 고려되지 못한 점을 지적하고 있지만[21] 시스템의 한계 이전에 검경간의 수사구조개혁과정에서의 갈등으로 검경간 문서공유에 대한 의지와 동력 부족도 그 원인이 아닌가 생각된다.

이처럼 시스템의 내재적 한계 및 기관간 정보공유에 대한 동력 부족 등으로 인해 민사소송과 달리 형사소송의 전자소송화가 지지부진한 상황에서, 일부 약식절차의 경우에만 전자소송이 이루어지고 있는 실정이다. 우리나라는 2010년부터 「약식절차 등에서의 전자문서 이용 등에 관한 법률」(이하 약식절차전자문서법)의 시행을 통해 「도로교통법」이나 「교통사고처리특례법」의 일부 범죄의 약식절차에 한해 전자소송형태로 사건을 처리하고 있다.[22] 그러나 동절차도 활성화되지 못하고 있다는

---

20) 김태율/정혜련, "형사사법절차에서의 인공지능 기술의 활용과 기술경영에 관한 연구", 경영법률 제31편 제1호, 한국경영법률학회, 2020, 601면.

21) 이원상, "형사절차의 디지털트랜스포메이션", 저스티스 통권 제182-2호, 한국법학원, 2021, 311면.

22) 약식절차전자문서법은 그 취지를 소송의 신속성과 투명성 제고에 있다고 하는데, 공소장일본주의, 직접주의, 구두주의 등 공판절차원칙의 적용으로부터 비교적 자유로운 약식명령의 특성

지적이 있는데, 그 원인으로는 일선 직원들이 전자서류의 작성 및 시스템 운용에
익숙하지 않은 점 및 사건처리절차에서 대상자의 동의를 받는 과정 등을 제기하는
입장이 있는가 하면,23) 보다 근본적으로 형사사건을 전자적으로 처리하는데 대한
거부감과 약식명령의 전자적 송달과정에서 피고인에게 불리한 송달간주제도를 지
적하는 입장24)도 있다.

민사소송의 경우 2010년 민소전자문서법의 제정 이후 전자소송제도를 시행하면
서 현재는 1심 사물관할의 80%이상이 전자소송으로 진행되고 있는 상황이며, 최근
에는 동법과 민사소송법의 충돌을 이유로 법제간 통합논의를 통해 법제도적 안정
화를 모색하는 단계에 있다.25) 하지만 형사소송은 이제 전자소송에 대한 논의가 시
작되고 있는데, 2024년 대법원의 스마트법원 4.0이 계획대로 마무리되고 형사절차
전자문서법이 시행되면, 형사공판절차에서도 전자소송이 본격적으로 시작될 것으
로 기대된다. 형사소송에서 전자소송이 본격화되면 형사사법절차의 투명성을 확대
하고 소송관계인의 기본권을 강화하며 종이기록의 한계를 극복한 충실한 심리 및
신속하고 효율적인 절차 진행이 가능할 것으로 기대하고 있다.26)

(2) 형사전자소송 도입과정에서의 주의점

㈎ 수범자의 거부감 해소 및 보완관련 대비책 마련

형사절차전자문서법의 대상이 되는 전자문서 및 전자화문서는 소위 네트워크관
련성으로 인해 유통성 및 공유성이 확장될 것이며, 이로 인해 사건정보가 사건과
무관한 타인에게 유통되고 공유될 수 있다는 피고인이나 피해자의 우려로 인해 전
자소송자체에 대한 거부감이 확산될 수 있다. 그리고 데이터 분석속도의 비약적 향

때문에 전자소송이 가능한 것이다. 동법에 따라 검사나 사법경찰관리는 피의자의 동의하에 피
신조서 등을 전자문서로 작성하고, 약식명령도 형사사법시스템(KICS)를 통해 전자문서로 처
리하며, 법원의 통지 및 송달, 검사의 형집행까지 모두 전자화하여 진행할 수 있다. 다만 동법
은 약식명령 사건 중 도로교통법위반이나 교통사고처리특례법사건의 특정범죄에 한해서만 제
한적으로 적용된다는 점에서 분명한 한계가 있다.

23) 한윤경, "전자약식의 평가와 향후 방향", 법조 제60권 제7호, 법조협회, 2011, 34면.

24) 류부곤, "형사전자소송의 현황과 미래", 비교형사법연구 제19권 제1호, 한국비교형사법학회,
2017, 300면.

25) 법제간 통합에 대한 자세한 논의는 전휴재, "민사전자소송의 성과와 전망", 민사소송 제23권
제3호, 한국민사소송법학회, 2021, 15면 이하 참조.

26) 대한민국법원 전자민원센터 참조(https://help.scourt.go.kr/nm/min_9/min_9_9/index.html
(최종검색일 2022. 10. 23.)

상으로 인해 사건종결이후에도 사건에 대한 재수사 또는 재심이 용이해진다는 점에서 피고인 등이 전자소송을 전략적으로 거부할 수 있다는 점도 우려가 된다. 특히 등록사용자의 동의가 필수적인 전자소송의 경우에는 이러한 거부감은 소송의 성패를 좌우할 수 있으므로 이를 해소할 만한 보안관련 대책 및 동의관련규정의 보완이 요구된다.

아울러 2022년 화재로 인한 카톡중단 사태에서 드러난 것처럼 시스템관리과정에서 사고로 인해 전자소송이 중단되는 상황이 오면 피고인의 재판권 및 방어권에 심각한 장애를 초래할 수 있는 만큼, 백업서버의 설치와 같은 기술적 조치 및 대면소송으로의 신속한 전환을 위한 절차 마련 등이 필요할 것으로 판단된다.

⑷ 사후관리제도의 확충

과거 수사기관이나 정보기관이 사무실 캐비넷에 묵혀둔 사건관련정보를 정치적으로 이용한다는 음모론이 있었다. 형사절차전자문서법에 의하면 형사사법 업무처리기관이 사건관련 정보를 모두 전자문서 또는 전자화문서로 등재해야 하므로, 등록의무에 대한 감시감독 및 정보의 보존·활용·폐기 등 사후관리만 확실하다면 앞으로 그와 같은 음모론이 대두될 가능성은 현저히 줄어들 것이라는 낙관론이 있을수 있다. 그러나 한편으로 형사소송의 경우에는 피고인이나 피해자에게 약점이 될만한 민감한 정보가 취급되므로, 시스템과 데이터를 통합 공유하는 과정에서 소위 빅브라더가 출현할 수 있다는 우려도 있다. 이를 해결하기 위해 일각에서는 법원이 전자기록을 관리하고 처리하며 최종적으로 정보를 법원에 귀속시키는 상향식정보처리시스템을 제안하기도 한다.[27]

생각건대 법원이 형사소송에서 객관적이고 독립적인 위치를 갖고 있지만 과거 사법농단을 경험하면서 통제받지 않는 권력에 대한 부작용을 상기하자면, 원칙적으로는 법원이 통제를 하지만 사후관리차원에서 정보처리현황을 정기적으로 국회에 보고하거나 독립적인 심의위원회로 하여금 그 적정성[28]을 심의하게 하는 절차가 필요하다. 다만 이 경우 개별사건에 대한 절차적 정당성 등을 심의하는 것은 그 자체로 법원의 재판권을 침해할 여지가 있으므로 그 접근에 있어서는 신중을 기할 필요가 있다.

---

27) 류부곤, 앞의 논문, 303-5면.
28) 전자정보관리의 적정성을 감독할 권한을 부여하는 것을 의미한다. 그 외에도 형사전자소송의 절차 및 표준의 제개정을 위해 현행 절차 및 표준에 대한 심의권한도 부여할 수 있을 것이다.

(3) 소송단계별 도입의 구체화

(가) 소송서류제출의 전자화

형사절차전자문서법 제5조 제1항에 의하면 피의자, 피고인, 피해자, 고소인, 고발인, 변호인 등은 형사사법 업무처리기관에 제출할 서류 등을 전산정보처리시스템을 통하여 전자문서로 제출할 수 있다. 그러나 디지털 문해력[29]이 부족한 계층에는 이와 같은 작업이 공정한 재판을 받을 권리를 저해하는 장애요소가 될 수 있다. 일반적으로 노년층으로 갈수록 디지털 문해력이 저하되는 것으로 보고되는데, 사법절차의 공평한 혜택을 저해할 수 있다는 점에서 국민들이 시스템에 접근하는데 있어 그 문턱을 낮추는 추가적인 조치가 필수적이다. 민사전자소송의 경우 빈칸채우기 e-Form 방식이나 파일첨부 기능 등의 접근성 향상을 도모하고 있는데, 형사전자소송에서도 이와 같은 방식의 접근이 가능할 것이다.

(나) 사건관리의 전자화

형사절차전자문서법에 의하면 형사사법 업무처리기관의 소속공무원은 재판서, 공판조서 등 관련 문서를 전자문서 및 전자화문서[30]로 작성하거나 등재해야한다. (제11조 제1항) 또한 형사사법업무처리기관 상호간에는 시스템을 통하여 전자 송부해야 하며, 전자적송달통지에 동의한 등록사용자에게도 시스템을 통하여 전자송달이 가능하다.(동법 제13조 및 제14조) 시스템에 등록된 전자문서는 전자적으로 열람·복사·전송할 수 있으며(동법 제16조 제1항), 영장이 전자문서로 발부된 경우 집행도 전자적 방법으로 가능하다.(동법 제17조 제1항)

민소전자문서법 제2조 제1호는 전자문서와 전자화문서의 구분없이 전자문서로

---

29) 디지털 리터러시(digital literacy) 또는 디지털 문해력은 디지털 플랫폼의 다양한 미디어를 접하면서 명확한 정보를 찾고, 평가하고, 조합하는 개인의 능력을 뜻한다.(위키피디아 https://ko.wikipedia.org/wiki/%EB%94%94%EC%A7%80%ED%84%B8_%EB%A6%AC%ED%84%B0%EB%9F%AC%EC%8B%9C, 최종검색일 2023. 05. 09.)

30) 전자문서의 경우 전자문서자체가 원본이지만, 전자화문서는 전자적으로 작성되지 않은 문서가 원본이므로 사본의 성격을 가진다. 원본인 전자문서의 경우에도 왜곡 및 조작가능성이 문제될 수 있지만 전자화문서의 경우에는 원본과의 동일성이 특히 중요한 문제가 될 것이며, 이를 담보할 기술적이고 절차적인 보완책이 마련되지 않으면 전자화문서의 신뢰성으로 인해 전자소송자체의 성패가 좌우될 수 있을 것이다. 특히 증거는 그 특성상 현상을 유지 존속하는 과정에서 전자화문서 비중이 높을 것으로 예상되는데, 이는 후술하는 전자증거개시에 있어 성패를 좌우할 변수가 될 것이다.

표현하고 있지만, 동법 제10조 제1항과 제2항에는 전자문서 이외에 소위 전자화문서의 등재를 인정하면서 제3항에는 전자화문서는 원래의 서류와 동일한 것으로 본다는 규정을 두고 있다. 이에 반해 형사절차전자문서법은 애초에 전자문서와 전자화문서를 구분하면서도 민소전자문서법과 마찬가지로 전자화문서는 그 대상문서와 동일한 것으로 본다는 간주규정을 두어 양법간의 조화를 도모하고 있다. 그러나 민사소송과 전자소송은 그 절차에 있어 엄격히 구분되므로, 특히 증거능력 판단에 있어 엄격한 심사를 요구하는 형사증거법의 특성상 전자화된 증거의 경우—증거가 애초에 전자문서였던, 아니면 전자화문서로 변환되었던 상관없이— 동일성 요건의 검증에 필요한 별도의 절차나 기술적 조치가 마련되지 않는다면 동 규정의 의미가 퇴색될 가능성이 있다. 이에 동법은 전자화문서의 작성(제11조제2항), 전자문서의 유통 및 출력에 의한 송달(제13조 제3항 및 제15조 제3항), 전자문서의 열람복사(제16조 제3항)과정에서 동일성을 유지할 수 있는 기술적 조치를 취하도록 규정하고 있다.

그리고 사건관리가 전자송달방식으로 전환되면서 앞서 약식명령의 전자소송절차에서 제기된 송달간주규정도 문제될 수 있다. 형사절차전자문서법 제14조 제1항은 전자송달의 대상을 형사사법 업무처리기관 및 그 소속공무원 이외에 등록사용자로 규정하면서 제3항에는 등록사용자가 전자통지를 미확인한 경우에는 등재 사실을 전자적으로 통지한 날부터 14일이 지난 날에 송달 또는 통지된 것으로 본다는 규정을 두고 있다. 다만 제14조 제3항 단서에 피의자 피고인 등의 권리보호를 위해 필요한 경우 대통령령이나 규칙으로 정하는 바에 따라 통지간주의 예외로 할 수 있음을 규정하고 있으므로 통지간주의 예외가 될 수 있는 구체적 사유를 정비할 필요가 있다. 생각건대 통지미확인에 대해 등록사용자의 귀책사유가 없는 경우 및 피의자·피고인에게 중요한 절차의 통지가 사유가 될 수 있는데, 특히 후자의 경우에는 피고인의 출석이나 판결, 정식재판청구 및 항소여부확인 과정에서 피고인 또는 피의자의 방어권보장에 심각한 문제가 발생할 수 있는 만큼 그 사유를 구체화하는 노력이 필요할 것으로 판단된다.

Ⅳ. 형사절차에 있어 형사전자소송의 확장

1. 전자증거개시제도의 활성화

(1) 증거개시제도의 의의

증거개시제도란 특정한 형사사건에 대하여 검사가 보관하고 있는 증거를 피고인측이 변호에 이용하기 위하여 열람복사할 수 있는 제도를 말한다. 일반적으로 법원이 보관하고 있는 기록과 달리 수사기관이 보관하고 있는 기록은 공소제기전과 후에 따라 그 취급이 다르고,[31] 공소제기 이후에도 원칙적으로 증거개시제도를 두어 열람할 수 있도록 하고 있지만 법원의 기록처럼 자유로운 접근이 허용되지는 않는다.

우리 형사소송법이 증거개시제도를 둔 주요 취지는 강제수사권한을 가지고 있는 수사기관이 피고인에게 유리한 증거를 수집하고도 법정에 현출하지 않은 채 은비(隱庇)하는 경우 피고인이 법정에서 자신의 방어권을 효율적으로 행사하지 못할 것을 우려한 때문이다. 이와 같은 취지에도 불구하고 과거 소위 용산참사사건[32]에서는 수사기관이 관련사건의 수사장애 등을 이유로 증거개시를 거부함으로써 증거개시제도의 효용성이 도마에 올랐다. 형사절차전자문서법의 시행 이후 전자증거개시제도의 본격적 도입이 그 효용성을 제고할 대안이 될 수 있는지 확인한다.

(2) 전자증거개시제도의 장점 및 한계

형사소송법 제266조의 3 제6항은 교부 및 열람의 대상에 문서가 아닌 특수매체를 포함함으로써 전자증거개시의 가능성을 열어두고 있지만, 활성화되고 있지는 않은 실정이다. 이에 형사절차전자문서법 제16조는 이 법에 따라 작성된 전자문서를

---

31) 증거개시의 대상이 되는 것은 공소제기 후 수사기관이 보관하고 있는 증거이다. 공소제기 전 검사 등 수사기관이 보관하고 있는 기록은 피의자나 변호인의 열람복사가 제한된다. 다만 구속적부심절차에서 변호인은 구속된 피의자를 위해 고소장과 피의자 신문조서를 열람할 수 있다.(헌법재판소 2003. 3. 27. 2000헌마474 결정)

32) 2009년 1월 20일 서울특별시 용산구 한강로 2가 남일당 건물에서 발생한 화재 사건, 당시 철거민들과 전국철거민연합 회원들이 재개발 보상 문제와 관련하여 해당 건물에서 농성 중이었고 경찰의 진압에 철거민들이 화염병과 새총형 투석기 등 각종 무기로 저항하는 과정에서 화재가 발생해 6명이 사망하고 23명이 부상당하는 참사가 벌어졌다. (https://namu.wiki/w/용산4구역철거현장화재사건, 최종검색일2022. 10. 23.)

인터넷이나 전산정보터리시스템을 통하여 전자적으로 열람 또는 복사하거나 전송할 수 있음을 규정하고 있으며(제1항), 특히 피고인이나 변호인은 공소제기 후 검사가 보관하고 있는 서류에 해당하는 전자문서를 소송목적 이외에 사용할 수 없음을 규정하고 있다.(제4항) 동법이 정착되면 전자증거개시제도도 활성화될 수 있다는 점에서 전자증거개시제도의 장점과 한계를 살펴본다.

요즘은 증거의 대부분이 전자증거 또는 전자증거로 변환 가능한 증거라는 점에서 전자증거개시제도가 시행되면 증거를 피고인이나 변호인이 열람하고 등사하는 데 제약이 없다. 종이문서의 경우 열람 등사과정에서 먼저 열람하거나 등사하는 사람이 있는 경우에는 열람등사가 지체되는 경우가 있어, 형사소송법 제266조의3 제1항은 피고인과 변호인 모두에게 증거의 열람 및 등사권을 인정하면서도 피고인에게 변호인이 있는 경우에는 피고인에게 열람만을 인정함으로써 소송수행의 효율을 기하고 있다. 하지만 전자증거개시제도가 시행되면 이와 같은 불편이 없어지므로 피고인에게 변호인이 있는 경우에도 등사권이 인정될 수 있다.

한편 현재 경찰과 검찰은 디지털증거를 관리하는 별도의 예규나 지침을 마련하여 독자적으로 운용하고 있으며, 이에 따라 각 기관은 별도의 디지털증거관리시스템을 운용하고 있다. 이처럼 별도의 법제와 시스템으로 운영되는 디지털증거관리시스템의 통합은 전자소송의 진행과정에서 반드시 풀어야할 숙제중의 하나라고 할 수 있다. 그리고 형사절차전자문서법 제11조 제1항 단서에 의하면 형사사법 업무처리기관이 전자화문서로 작성하는 것이 현저히 곤란한 경우 작성하지 않을 수 있다고 규정하고 있는데 이에 따라 살인에 사용된 흉기처럼 현상이 중요한 증거의 경우 전자문서 또는 전자화문서로 등재하기 어렵다는 점에서 모든 증거를 전자증거개시 형태로 확인할 수는 없다는 분명한 한계도 있다.

(3) 증거개시제도의 문제점과 전자증거개시제도의 역할

종래 증거개시제도가 가지고 있는 문제는 크게 2가지로 축약된다. 우선 현행 형사소송법은 수사기관이 증거개시를 거부하는 경우의 사유를 규정하고 있지만 피고인이나 법원이 수사기관이 적시한 사유의 적정성을 확인하는 것이 쉽지 않다는 점이다. 다음으로 수사기관이 국가안전보장 및 수사상의 비밀을 이유로 증거개시를 거부하는 상황에서 법원의 증거개시명령을 거부하더라도 마땅히 제재할 방법이 없다는 점이다.

전자증거개시제도는 이러한 문제점을 해결할 단초가 될 수 있는데, 전자증거개시제도가 정착되면 수사기관이 서류를 전자문서로 개시하되 열람 거부사유가 있는 경우에는 이를 적시하고, 시스템에서 피고인 등이 이를 확인한 후 반드시 열람등사가 필요한 경우에는 법원에 대해 시스템상에서 열람개시명령을 청구할 수 있는 체계구축이 가능하다. 이 경우 수소법원이 해당 서류와 열람거부사유를 검토한 후 그 적정성을 판단하여 열람개시명령을 발하게 되면 적정성 심사가 간소화됨은 물론 위 제기된 적정성 심사에 대한 문제점도 해결할 수 있다. 특히 우리 헌법재판소는 증거가 될 수 있는 수사서류에 대한 법원의 열람 복사허용 결정이 있음에도 검사가 열람 복사를 거부하는 경우 수사서류 각각에 검사가 증거개시를 거부할 정당한 사유가 있는지를 심사할 필요 없이 그 거부행위 자체로 피고인의 기본권을 침해하는 것으로 보았는데,[33] 전자증거개시제도를 시행하게 되면 법원의 증거개시명령에 대한 구속력을 확보함은 물론 이를 토대로 수사기관이 증거개시명령을 거부할 수 없도록 별도의 규정을 마련할 수 있는 근거[34]가 될 수 있다.

아울러 과거 수사기관은 법률의 규정에도 불구하고 증거목록에 대한 열람도 거부한 바 있는데, 형사절차전자문서법의 시행과 전자증거개시제도가 결합되면 목록이 자동으로 검색됨으로써 이와 같은 논란도 불식시킬 수 있을 것으로 판단된다. 특히 범행에 사용된 흉기처럼 증거의 현상이 중요해 전자문서로 등재할 수 없는 증거의 경우에도 그 목록은 전자문서로 등재하고, 이를 전자증거로 등재할 수 없다는 점을 명시하는 방식으로 전자증거개시과정에서 전자증거 및 전자화된 증거와 등록 불가능한 증거를 구별하는 형태로 시스템을 구성할 수도 있을 것이다.

---

33) 헌법재판소 2010. 6. 24. 선고 2009헌마257결정. 실제 사건에서는 법원과 헌재의 결정에도 불구하고 결국 증거공개는 이루어지지 않았다.

34) 증거개시제도의 개선방안으로 학계 일각에서는 검사가 법원의 증거개시명령을 거부한 경우 공소기각 또는 공판기일의 연기 등이 가능하도록 하거나 입법을 통해 증거개시를 강제하도록 해야 한다는 주장도 제기된 바 있다.(법률신문, 2022년 3월 21일 자. https://www.lawtimes.co.kr/Legal-News/Legal-News-View?serial=177337&kind=AE02&key=, 최종검색일 2023. 05. 09.)

2. 전자적 원격진술의 가능성

(1) 영상녹화진술의 증거능력에 대한 헌법재판소 결정

구 「성폭력범죄의 처벌등에 관한 특례법」(2012. 12. 18. 법률 제11556호로 전부개정된 것) 제30조제1항에 의하면 성폭력범죄의 피해자가 19세 미만의 미성년자이거나 장애인인 경우 그 진술내용과 조사과정을 영상녹화하여야 한다고 규정하고 있으며, 동조 제6항에서는 영상녹화물은 본증으로 사용할 수 없다는 원칙에도 불구하고 영상녹화물에 수록된 피해자의 진술에 대해 조사과정에 동석한 신뢰관계인 또는 진술조력인의 진술에 의하여 성립의 진정이 인정되면 본증으로 사용할 수 있다고 규정하고 있다. 그런데 헌법재판소는 해당규정의 19세 미만의 성폭력피해자 부분에 대해 과잉금지원칙위반을 이유로 위헌판결하였다.[35] 이에 따라 해당 영상녹화물을 본증으로 사용하기 위해서는 피해자의 진술에 의한 성립의 진정을 인정하도록 요구받게 되었고, 19세 미만의 성폭행 피해자가 법정에서 피고인측의 반대신문을 받아야 하는 부담이 추가되었다.

(2) 반대신문권 보장과 2차피해 방지의 절충안

헌법재판소는 피해자 보호를 위한 대안으로 공판전 증거보전절차의 적극적 실시, 심리비공개, 비디오 등 중계장치에 의한 증인신문, 소송지휘권행사를 통해 피해자를 위협하거나 인격적 모욕 등의 반대신문을 금지하는 방안을 제시하였다.[36] 그 밖에 실무에서는 피고인의 공격적 진술을 양형에 고려하고 신문 전 사전에 이를 공지하는 방안, 피고인 등이 사전에 서면으로 제출한 질문지를 신뢰관계 있는 자가 전

---

35) 헌법재판소 2021. 12. 23. 2018헌바524 결정

36) 이에 따라 법무부는 북유럽의 바르나후스 모델을 도입하여 재판 전 수사단계에서 훈련된 전문가에 의한 증인신문을 영상녹화하고, 변호인이 전문가를 통해 간접적으로 질문할 기회를 부여하여 반대신문권을 보장하는 노르딕모델을 도입하여 증거보전절차를 새롭게 설계하는 형사소송법 개정안을 제출하였다. 동개정안에 의하면 수사단계에서의 증거보전절차에서 미성년 피해자는 아동친화적인 별도의 장소에서 조사관에게 진술하고 판사와 소송관계인들은 영상중계장치를 통해 진술과정을 참관하는 편면적 영상신문절차를 모색하였으며, 실제 진술은 사전에 신문사항을 정한 후 변호인이 훈련된 전문조사관을 통해 간접적으로 진술하는 방식을 채택할 것을 제안하였다.(법무부 보도자료(2022. 4. 14일자), "성폭력 피해아동을 위한 아동친화적인 증거보전제도 도입추진"에서 참조) 앞서 살핀 바와 같이 법무부의 대안 중 편면적 영상신문절차의 경우에는 여전히 피고인의 반대신문권의 기회를 충실히 보장하는지에 대한 논란이 있을 수 있다.

달하거나 전문조사관이 개입하는 방법 등이 대안으로 제시된다. 학계에서도 독일 형사소송법 제241조의a처럼 미성년자인 피해자의 증인신문을 재판장만이 행하도록 하는 방안의 도입을 주장하기도 한다.[37] 그러나 이와 같은 방안들은 피고인과의 접촉면을 제한하는 것으로 중재역할을 하는 전문조사관이나 재판장의 역량에 따라 신문과정에 차이가 있을 수 밖에 없고, 결국 피해자가 자신의 피해사실을 진술하는 과정에서 발생하는 2차 피해를 근본적으로 방지하기 위한 방안이 될 수 없다.

생각건대 형사소송법의 개정규정이 피해자에 의한 성립의 진정을 요구한다는 점에서 전자소송의 활용을 통해 과학적이고 객관적인 증명으로 이를 대체할 수 있는 방안이 필요하다. 특히 헌법재판소의 위헌결정취지가 피고인의 반대신문권의 기회보장에 그 본질이 있는 만큼 반대신문권의 기회를 보장하면서도 피해자의 2차 피해방지에 있어 사람의 개입에 의한 부작용을 줄이면서 균일한 효과를 도모할 법기술적인 절충점을 찾는 것이 무엇보다 중요할 것이다.

(3) 전자적 원격진술방안

기본적으로 공판전 증거보전절차에서 피해자의 진술을 채록하기 위해서는 피해자에게 친숙한 장소에서의 영상녹화진술방식으로 공판단계에서의 진술을 배제해야 할 필요가 있다. 그 과정에서 피고인 등의 신문내용이 피해자에게 전달되기까지 약간의 시간차를 둠으로써 질문내용을 검토할 시간적 여유를 마련하는 방안도 생각해볼 수 있다. 한편으로는 해당 절차에서 피고인에게 반대신문의 기회를 보장하기 위해 사람의 중재나 개입이 없이 음성변조기술을 통해 피해자에게 친숙한 어조로 피고인이나 재판장 등의 음성을 변조하여 질문하거나 인공지능의 딥러닝기술을 통해 욕설 및 공격적인 표현을 구분하여 사전에 차단하는 등[38] 양자를 더욱 조화롭

---

37) 조기영, "성폭력범죄 사건 피해자에 대한 증인신문 방식의 개선방안", 형사소송 이론과 실무 제13권 제3호, 한국형사소송법학회, 2021, 137면.

38) 최근 종래의 금칙어 기반 욕설 탐지 확률이 56%라면, 딥 러닝을 사용한 욕설 탐지 정확도는 88%까지 올라갔다. 이후로도 데이터를 빠르게 수집하도록 돕는 '액티브 러닝', CNN 모델에서 정확도를 개선한 'VDCNN' 도입, 여러 문장을 동시에 탐지 및 해석할 수 있는 '어텐션' 등을 도입하며 욕설 탐지기를 더욱 고도화했다. 이를 통해 욕설 탐지기의 탐지율은 90%이상 상승했다.(https://www.gamemeca.com/view.php?gid=1452335, 최종 검색일 2022. 10. 18.) 이는 AI 탐지기술이 정교해지면서 20여년 동안 인터넷 공간에 쌓인 비속어들이 빅데이터화 됐기 때문에 가능해진 것이다. 여기에 머신러닝을 통한 자연어 처리 기술을 활용해 비속어 변형 형태까지 90% 이상 정확하게 탐지할 수 있게 되었다. 네이버는 실제 'AI 클린봇'이라고 하여

게 실현하는 방안들이 고려될 수 있다.

전문증거의 증거능력판단의 핵심은 성립의 진정과 피고인에 대한 반대신문권의 기회보장이다. 작성자나 원진술자가 성립의 진정을 부인하는 경우에 과학적 분석결과에 기초한 객관적인 진정성립의 증명을 위한 리걸테크는 이전부터 활용되어 왔다. 하지만 현행 증거법이 작성자나 원진술자의 법정진술을 통한 성립의 진정을 요구하는 것에 대해서는 절차의 효율성을 감안하더라도 원진술자의 법정출석과 전문증거의 본질 사이에 괴리가 있는 것이 사실이다. 그럼에도 원진술자의 법정출석이 필요한 것은 피고인에 대한 반대신문권의 기회보장의 의미도 있는 만큼 전문증거의 증거능력 판단에 있어 원진술자의 성립의 진정인정 및 피고인에 대한 반대신문권의 기회보장과정에서 전자적 원격영상진술이 의미를 가질 수 있을 것이다.

3. 증명력 판단에의 활용 가능성

(1) 형사소송에서의 인공지능 의사결정 시스템 구축의 가능성

법관은 공판과정에서 전문가의 의견이나 감정서 등 판단을 위한 보조자료를 활용하는데, 전문가나 감정인의 경험 및 지식에 따라 의견이나 감정결과는 다소간의 편차를 가지게 된다. 법원이 전문감정인의 감정결과가 중요한 참고자료이기는 하지만, 그 결과에 기속되지 않는다는 입장을 일관되게 유지하고 있는 데[39])에는 이러한 이유도 일부 작용한 것으로 판단된다. 최근 이와 관련하여 법적 의사결정과정에 인공지능 시스템의 도입이 활발하게 진행되고 있지만, 대부분 민사나 행정영역에서의 논의[40])이며 형사소송의 경우에는 논의가 지지부진한 편이다. 그 이면에는 머신러닝의 학습과정에서 과거 판결이나 자료에 남아있는 차별과 편견이 강화될 우려가 있거나(인공지능의 편향성), 소위 설명가능한 인공지능을 통해 책임성과 투명성을 담보하는데 어려움이 있다는 점(인공지능의 투명성)이외에 법관이 자동보조도구나

욕설이나 비속어를 자동으로 걸러내는 시스템을 활용하고 있다.

39) 대법원 1995. 2. 24. 선고 94도3163 판결; 대법원 1996. 5. 10. 선고 96도638 판결 등.

40) 인공지능을 활용한 과학기술행정의 영역은 크게 관리의 지능화 및 자동화, 정책의 지능화 및 자동화로 구분된다. 현재 복지행정분야에서 인공지능의 자동화기능은 복지멤버십에서 기능하고 있고, 정책지능화기능은 복지사각지대의 위기가구발굴에 활용되고 있다.(이우식, "사회보장분야 인공지능활용 현황 및 전망", 이로운 인공지능활용 모색을 위한 정책자문회의 자료, 2022. 7. 18면 참조)

의사결정지원시스템에 지나치게 의존하는 자동화 편향(Automation Bias)에 대한 문제(법관의 자동화 편향)[41]도 있다.[42] 문제점을 인식하고 대안을 찾기 위한 노력이 꾸준히 제기되는 상황에서 형사소송에서의 인공지능 의사결정시스템 구축 가능성이 다양한 방면에서 모색되고 있다.[43]

(2) 진술의 신빙성 판단을 위한 인공지능 활용방안

그런데 최근 우리나라에서 아동의 장애인 진술의 신빙성 판단에 인공지능 알고리즘을 활용하는 방안을 도입하자는 입장[44]이 있어 증거의 증명력 판단에 있어 인공지능시스템이 판단의 보조도구로 활용가능한지를 확인해 본다. 지적장애 또는 아동 성범죄의 경우 피해자 진술은 그 증거의 가치에도 불구하고 진술의 신빙성 판단에 적지 않은 어려움이 있다. 임상심리적인 관점에서는 진술자의 연령, 언어적·인지적·사회정서적 요인, 진술자의 정서상태 등이 진술의 신빙성에 영향을 주는데, 특히 어린 아동의 경우 피암시성에 취약하거나 과거 학대받은 경험 등이 이후의 유사한 사건에서 감정적 과활성화로 작용해 객관적으로 진술하기 어렵다는 점 등이 진술의 신빙성 판단에 적지 않은 어려움으로 작동한다고 한다.[45] 이러한 이유로 과거 아동 등의 성범죄에는 진술의 신빙성 판단에 있어 전문가 감정서에 의존하는 경향

---

41) 미국 대 위스콘신 사건에서 재범위험 평가 알고리즘인 COMPAS에 의한 판단결과를 부정적으로 평가하면서 첨단도구가 추천을 제공하는 경우 인간이 이를 반박하는 것에 부담을 가질 수밖에 없는 실증적 연구결과를 바탕으로 자동화편향의 문제를 지적하는 입장으로는 정소영, "형사사법에서의 인공지능 사용에 대한 유럽의회 결의안－인공지능에 의한 결정 금지에 관하여－", 형사정책 제34권 제2호, 한국형사정책학회, 2022, 159면.

42) 이러한 문제는 유럽의회의 결의안 도출에도 영향을 주었는데, 유럽의회의 형사사법 인공지능 결의안에 의하면 AI 시스템을 사용하는 당국은 특히 그와 같은 시스템에서 파생된 데이터를 분석할 때 매우 높은 법적 기준을 준수하고 인간의 개입을 보장해야 하며, 종국적으로는 판사의 주권적 재량과 케이스 바이 케이스 기반의 의사 결정을 유지하기 위해 형사절차에서의 관련기술 및 AI사용을 중지할 것을 권고하였다. (European Parliament resolution of 6 October 2021 on artificial intelligence in criminal law and its use by the police and judicial authorities in criminal matters (2020/2016(INI)), 6P, (16) 참조)

43) X로드(X－Road)'라는 전 국민 빅데이터 플랫폼을 구축한 에스토니아가 7,000유로(910만원) 이하의 소액재판에 대해 AI 판사를 도입하였다.(https://www.sedaily.com/NewsView/1VS4GLKXRI 참조, 최종검색일 2022. 10. 21.)

44) 손지영, "AI와 형사사법 리걸테크 시스템", 제도와 경제 제15권 제4호, 한국제도경제학회, 2021, 156면 이하

45) 손지영, 앞의 논문, 158면.

이 있었고, 과거 사례에서 축적된 방대한 감정데이터에도 불구하고 이를 체계적으로 분석하지 않아 법원의 판단과정에 모호성이 증가하면서 신뢰도에 영향을 미친다는 분석이다. 이에 따라 이 입장에서는 지적장애 및 아동 성범죄 피해자의 진술의 신빙성을 확인하고 증명력을 제고하는데 인공지능기술을 활용하는 방안을 제안하고 있다.[46]

(3) 예상되는 문제점

신빙성 제고의 구체화 방안이 방대한 사례와 그에 대한 다양한 전문가의 의견을 학습데이터로 하여 인공지능 알고리즘을 개발하는 것이라면, 우선적으로 고려되어야 할 지점이 성폭력범죄 판단에 있어 과거와 현재의 판단기제의 차이라고 할 수 있다. 심리학이나 인지과학의 발달에 따른 데이터간의 질적 차이는 학습과정에서 충분히 고려한다고 하더라도, 인공지능이 과거 사례의 성폭력 사건을 학습하는 과정에서 피해자유발주의 또는 피해자 저항가능성이라는 판단기제를 학습함으로써 성인지감수성이 결여된 학습결과를 도출할 여지가 있다. 유럽의회가 차별과 혐오조장이라는 인공지능의 편향성을 해결하기 위한 방안으로 데이터의 최소화를 주문하는 것[47]은 방대한 분량의 사례데이터를 기반으로 하는 위 입장에 분명한 시사점을 준다.

다음으로 인공지능기술의 신뢰도와 관련한 문제가 있다. 이는 과학적 증거에 대한 증명력의 문제로 귀결되는데, 인공지능기술을 통해 분석한 진술증거분석자료가 거짓말탐지기 수준인지 아니면 dna분석의 정도인지에 따라 증거법상의 취급이 달라질 수 있다. 만약 기술신뢰도가 거짓말탐지기 정도라면 증명력 이전에 해당 증거는 본증으로도 사용할 수 없지만, 후자의 경우에는 본증으로 사용할 수 있을 뿐 아니라 그 증명력을 법관이 함부로 배척하는 것이 어렵다. 특히 후자의 경우라면 성인지감수성의 관점에서 법관이 피해자 진술의 신빙성을 주어진 증거자료를 통해 양심에 따라 판단한다는 증명력판단의 원칙은 의미를 상실하게 될 것이며, 진술자체의 증명력판단이 아니라 진술증거의 과학적 분석자료에 절대적 증명력을 인정하게 될 여지가 있다. 특히 성범죄 사건에 있어 피해자 진술의 신빙성에 대한 증거가치를 고려하면 실직적인 AI판사의 출현으로 보아도 무방할 것이다. 한편 전자도 후

---

46) 손지영, 앞의 논문, 156면.
47) 정소영, 앞의 논문, 155면에서 참조.

자도 아닌 전문가의 의견을 대체하기 위한 수단으로써 판단의 모호성을 극복하고 객관성을 담보하는 정도라면, 전문가의 의견에 기속되지 않는다는 우리 대법원의 입장을 해당 분석자료에도 적용할 수 밖에 없고, 이 경우 인공지능시스템의 활용도는 떨어질 수 밖에 없을 것이다. 다만 이 경우는 앞서 언급한 법원 판단의 자동화 편향에 따른 우려가 있을 수 있다.

(4) 진술의 신빙성 판단의 증거법상의 활용

그럼에도 불구하고 피해자 진술의 신빙성 판단에 있어 인공지능 알고리즘의 활용은 분명한 장점이 있다. 앞서 제기한 바와 같인 전문가의 들쑥날쑥한 판단으로 인해 실추된 법원 판결의 신뢰도를 회복할 수 있다는 점은 충분히 매력적인 장점이다. 특히 진술의 신빙성은 특신상태의 판단을 위한 자료로 활용되는 만큼, 우선적으로는 전문증거의 증거능력 판단을 위한 자료로 활용하되, 그 기술수준의 발전에 따라 앞서 제기한 문제점들이 극복되어 가는 과정에서 법관의 증명력 판단에의 도입여부를 검토할 수 있을 것이다. 아마도 기술수준이 더 발전한다면 인간 판사가 아닌 AI판사에 의한 판결시대가 열릴지도 모를 일이다.

최근 유럽의회는 '형사사법 인공지능 결의안'[48]을 채택하면서 기본권과 양립할 수 없다고 판단되는 경우에는 형사사법에서 인공지능 사용을 금지해야 한다고 단언하면서 형사사법에서 내려지는 결정의 중요성으로 인해 항상 인간이 해당 결정의 책임을 질 수 있어야 하므로 인공지능의 불투명성과 불분명한 책임소재로 인해 유해한 영향이 초래되지 않는다는 확인이 없는 지금으로서는 형사사법의 결정에서 인공지능의 사용을 금지해야 한다고 결론내렸다.[49] 최근 우리나라도 이루다 사태를 겪으면서 머신러닝의 불투명성이 재조명되고 있는데, 특히 과거의 법집행과정의 데이터가 학습데이터로 활용되는 경우에는 법집행과정에서 내재된 편향성이 알고리즘에 그대로 반영되거나 인공지능의 피드백루프과정에서 과거의 학습데이터에 내재된 차별이 새롭게 강화될 여지가 있음을 주의해야 할 것이다.[50]

---

48) https://eur−lex.europa.eu/legal−content/EN/TXT/PDF/?uri=CELEX:52021IP0405(최종 검색일, 2022. 10. 21.)
49) 정소영, 앞의 논문, 141면.
50) 정소영, 앞의 논문, 154면.

5. 나오며

본 논문에서는 형사전자소송의 시행을 앞두고 그 가능성과 한계를 살펴보았다. 우선 형사전자소송의 환경적 기반이 될 수 있는 법과 기술의 접목지점에서 그 진척이 지지부진했던 근본적인 원인을 점검해 보았다. 이에 지능정보기술 등 리걸테크를 받아들이는데 여전히 보수적인 우리 법제도 및 관행상의 문제점을 지적하고, 개인정보의 정보접근성 및 기관간 정보공유의 한계도 살펴보았다. 아울러 지능정보기술과 형사소송의 접목과정에서 발생할 수 있는 지식재산권 문제도 확인하였다. 이와 같은 문제점에도 불구하고 2024년 선제적으로 형사전자소송이 시작된다는 점에서 그 도입과정에서 예상되는 주의점도 점검하였다. 우선 형사전자소송에 있어 사건관련자의 거부감을 해소할 수 있는 방안이 마련될 필요가 있으며, 축적된 데이터가 남용되지 않도록 정보처리현황을 정기적으로 국회에 보고하거나 독립적인 심의위원회로 하여금 그 적정성여부를 심의할 것을 제안하였다. 소송단계별 도입과정에서는 우선 소송서류의 제출과정에서 디지털 문해력에 따른 차이가 차별이 되지 않도록 세심한 배려가 요구된다는 점, 그리고 전자문서 및 전자화문서의 유통과정에서의 동일성문제에 대한 기술적 조치 및 송달간주규정의 예외사유에 대한 입법 정비 등을 주문하였다.

한편 형사절차전자문서법의 시행이후 예상되는 형사전자소송의 확장은 특히 전자증거개시에 유의미한 시사점을 제공할 것으로 기대된다. 현행 증거개시제도는 형사소송법의 규정에도 불구하고 서면에 의한 출력관행이 이어져 오고 있는데, 이 점은 동법의 시행으로 개선될 것으로 기대된다. 특히 수사기관의 증거개시 거부에 대한 광범위한 재량 및 법원의 공개명령에 대한 현실적 제재방안의 불비 등 학계에서 제기된 문제점을 해결할 수 있는 단초가 제공될 것으로 기대된다. 수사기관의 거부사유에 대한 적정성 심사가 가능해지고, 특히 법원의 증거개시명령에 대한 구속력을 확보함은 물론 이를 토대로 수사기관이 증거개시명령을 거부할 수 없도록 별도의 규정을 마련할 수 있는 근거가 될 수 있음을 확인하였다. 그 외에 본 논문에서는 공판정에서 활용가능한 원격진술의 모습 및 진술의 증명력 또는 신빙성 판단에의 지능정보기술의 활용가능성도 모색해 보았다.

형사전자소송의 시행이 우리 형사사법에 야기할 문제점 및 그 확장가능성은 감히 그 시작과 끝을 가늠하기 어려운 형편이다. 이에 본 논문은 법제도적 정비과정에서 예상되는 문제점 및 전자소송의 확장 가능성을 사변적(思辨的)으로 기술할 수 밖에 없는 한계를 노정하였다. 고백하자면 본 논문에 제시된 문제점과 가능성이 현실화되지 않을 수도 있고, 또 미처 예상하지 못한 문제점이나 효과가 나타날 수도 있다. 다만 제도시행에 앞서 관련논의가 활성화된다면 논의의 당부에도 불구하고 형사전자소송이 안착할 수 있는 밑거름이 될 수 있을 것으로 확신한다. 이 논문이 그와 같은 논의의 작은 불씨가 될 수 있으면 하는 기대를 가져본다.

논문투고일 : 2023.05.25. 논문심사일 : 203.06.16. 게재확정일 : 2022.06.28.

【참고문헌】

권양섭, "형사절차의 디지털 증거개시 제도에 관한 고찰", 『법학연구』 제16권 제2호, 한국법학회, 2016, 422면.

김태율/정혜련, "형사사법절차에서의 인공지능 기술의 활용과 기술경영에 관한 연구", 『경영법률』 제31편 제1호, 한국경영법률학회, 2020

류부곤, "형사전자소송의 현황과 미래", 비교형사법연구 제19권 제1호, 『한국비교형사법학회』, 2017

박성미/이유나/최아리/안정민, "사법분야 인공지능 발전을 위한 판결문 데이터 개선방안", 『경찰법연구』 제19권 제3호, 한국경찰법학회, 2021

손지영, "AI와 형사사법 리걸테크 시스템", 『제도와 경제』 제15권 제4호, 한국제도경제학회, 2021

이우식, "사회보장분야 인공지능활용 현황 및 전망", 이로운 인공지능활용 모색을 위한 정책자문회의 자료, 2022. 7

이원상, "형사절차의 디지털트랜스포메이션", 『저스티스』 통권 제182－2호, 한국법학원, 2021

전휴재, "민사전자소송의 성과와 전망", 『민사소송』 제23권 제3호, 한국민사소송법학회, 2021

정소영, "형사사법에서의 인공지능 사용에 대한 유럽의회 결의안－인공지능에 의한 결정 금지에 관하여－", 『형사정책』 제34권 제2호, 한국형사정책학회, 2022

조기영, "성폭력범죄 사건 피해자에 대한 증인신문 방식의 개선방안", 『형사소송 이론과 실무』 제13권 제3호, 한국형사소송법학회, 2021

차상육, "저작권법상 인공지능 학습용 데이터셋의 보호와 쟁점", 『경영법학』 제32편 제1호, 한국경영법률학회, 2021

한윤경, "전자약식의 평가와 향후 방향", 『법조』 제60권 제7호, 법조협회, 2011

21대 국회 저작권법 전부개정법률안(도종환의원 대표발의, 의안번호 2107440)

21대 국회 이탄희 의원 대표발의 형사소송법 개정안(의안번호2103299)

법무부 보도자료(2022. 4. 14일자), "성폭력 피해아동을 위한 아동친화적인 증거보전제도 도입추진

European Parliament resolution of 6 October 2021 on artificial intelligence in criminal law and its use by the police and judicial authorities in criminal matters (2020/2016(INI))

https://terms.naver.com/entry.naver?docId=4337160&cid=59088&categoryId=59096, (최종검색일 2023. 05.02.)

https://labs.brandi.co.kr/2021/01/13/kimje.html, (최종 검색일, 2022. 10. 07.)

https://www.yna.co.kr/view/AKR20220920162900004?input=1195m, (최종검색일 2022. 10. 16.)

https://help.scourt.go.kr/nm/min_9/min_9_9/index.html, (최종검색일 2022. 10. 23.)

https://ko.wikipedia.org/wiki/%EB%94%94%EC%A7%80%ED%84%B8_%EB%A6%AC%ED%84%B0%EB%9F%AC%EC%8B%9C, (최종검색일 2023. 05. 09.)

https://namu.wiki/w/용산4구역철거현장화재사건, (최종검색일2022. 10. 23.)

https://www.lawtimes.co.kr/Legal−News/Legal−News−View?serial=177337&kind=AE02&key=, (최종검색일 2023. 05. 09.)

https://www.gamemeca.com/view.php?gid=1452335, (최종검색일 2022. 10. 18.)

https://www.sedaily.com/NewsView/1VS4GLKXRI, (최종검색일 2022. 10. 21.)

https://eur−lex.europa.eu/legal−content/EN/TXT/PDF/?uri=CELEX:52021IP0405, (최종검색일, 2022. 10. 21.)

【국문초록】

2024년 형사절차전자문서법이 본격적으로 시행되면 형사절차에서도 본격적인 전자소송이 가능할 것으로 기대된다. 형사절차전자문서법의 적용범위는 형사사법업무로 제한되지만, 장기적으로는 형사사법서비스 전반의 전자화 및 지능정보화라는 거시적 관점으로 확장될 것이다. 다만 법령이나 시스템이 구축되더라도 운용과정에서 예상되는 다양한 문제점들이 있을 수 있다. 이를 위해 본 논문에서는 우선 형사전자소송의 환경적 기반이 되는 리걸테크에 있어 그 활성화의 걸림돌이 무엇인지를 점검하였으며, 다음으로 형사전자소송의 도입논의와 관련하여 도입과정에서의 주의점 및 소송단계별 전자소송의 구체적 모습을 확인한 후, 공판절차에서 전자소송이 기능하거나 확대될 수 있는 지점들을 살펴보았다.

본 논문에서는 우선 형사전자소송의 환경적 기반이 될 수 있는 리걸테크에 대한 논의가 부족했던 근본적인 원인을 점검해 보았다. 이에 필자는 지능정보기술 등 리걸테크를 받아들이는데 여전히 보수적인 우리 법제도 및 관행상의 문제점, 개인정보의 정보접근성 및 기관간 정보공유의 한계, 그리고 지식재산권침해문제 등을 제기하였다. 다음으로 형사전자소송이 안착되기 위한 보완점으로 형사전자소송에 있어 사건관련자의 거부감을 해소할 수 있는 방안, 축적된 데이터의 남용을 방지할 수 있는 방안을 제시하고, 소송단계별 도입과정에서는 소송서류의 제출과정에서 디지털 문해력에 따른 차이를 고려한 시스템의 정비, 전자문서 등의 유통과정에서의 동일성문제에 대한 기술적 조치, 그리고 송달간주규정의 예외사유에 대한 입법적 정비 등을 주문하였다.

한편 형사절차전자문서법의 시행이후 예상되는 형사전자소송의 확장은 특히 전자증거개시에 유의미한 시사점을 제공해 줄 것이다. 증거개시에 있어 서면주의의 관행이 극복되고, 수사기관의 증거개시 거부와 관련하여 학계에서 제기된 여러 문제점을 해결할 수 있는 단초가 제공될 것으로 기대된다. 즉 수사기관의 거부사유에 대한 적정성 심사가 가능해지고, 특히 법원의 증거개시명령에 대한 구속력을 확보함은 물론 이를 토대로 수사기관이 증거개시명령을 거부할 수 없도록 별도의 규정을 마련할 수 있는 근거가 될 수도 있다. 그 외에 본 논문에서는 공판정에서 활용가능한 원격진술의 모습 및 진술의 증명력 또는 신빙성 판단에의 지능정보기술의 활용가능성도 모색해 보았다.

◆ 주제어: 형사전자소송, 리걸테크, 디지털증거개시, 형사절차전자문서법, 전자적 원격진술

【Abstract】

Possibilities and Limitations of electronic criminal proceedings in the Introduction of Legal Tech

Park, Sung-min*

When The Act on the Use of Electronic Document in Criminal Justice Procedures is fully implemented in 2024, it is expected that full-fledged electronic litigation will be possible in criminal procedures. The scope of application of The Act on the Use of Electronic Document in Criminal Justice Procedures is limited to criminal justice affairs, but in the long run, it will expand to the macroscopic perspective of digitalization and intelligent informatization of overall criminal justice services. However, even if the law or system is established, there may be various expected problems in the process of operation. To this end, in this paper, first of all, the obstacles to the activation of Legal Tech, which is the environmental basis of electronic criminal proceedings, were examined. After confirming the specific aspects of the litigation, we examined the points where the electronic criminal proceedings can function or expand in the trial process

In this paper, first of all, the fundamental cause of the lack of discussion on Legal Tech, which can be the environmental basis of electronic criminal proceedings, was identified. While accepting legal tech, such as intelligent information technology, the author raised issues such as our still conservative legal system and practices, information accessibility of personal information, and intellectual property rights infringement. Next, as a supplementary point for the success of electronic criminal proceedings, a plan to resolve the reluctance of those involved in the case in electronic criminal proceedings and a plan to prevent abuse of accumulated data were presented. Next, in the introduction process by stage of litigation, it was ordered to improve the

---

* professor, college of law, Gyeongsang National University.

system considering the difference in digital literacy in the process of submitting litigation documents, the issue of equality in the process of distributing electronic documents, and legislative overhaul for exceptions to the provision of service.

On the other hand, the implementation of the Criminal Procedure Electronic Documents Act provides significant implications for e−discovery. In the disclosure of evidence, the practice of written caution will be overcome, and various problems raised in the academic world in relation to the refusal of the investigation agency to disclose evidence will be resolved. It will be possible to examine the adequacy of the reason for refusal by the investigative agency, and in particular, it will be possible to secure the binding force of the court's order to disclose evidence and prepare a separate regulation so that the investigative agency cannot refuse the order to disclose evidence. In addition, in this paper, we also looked at the possibility of using intelligent information technology in determining the verifiable power or reliability of electronic remote statements and statements that can be used in courts.

◈ Key Words: electronic criminal proceedings, legal tech, e-discovery, The Act on the Use of Electronic Document in Criminal Justice Procedures, electronic remote statements

제15권 제3호

한국형사소송법학회 『형사소송 이론과 실무』
제15권 제3호 (2023.9) 405~433면.
Theories and Practices of Criminal Procedure Vol. 15 No. 3 (September. 2023) pp. 405~433.
10.34222/kdps.2023.15.3.1

소위 『수사준칙』 개정의 의미와 향후 과제[*]

정 웅 석[**]

목 차

Ⅰ. 서 설

1. 문재인 정부 시절

문재인정부 내내 휘몰아친 사법개혁을 한 단어로 정리하면, '검찰개혁'일 것이다. 검찰개혁의 미비로 형사사법의 모든 문제가 발생한다는 입장으로 보이지만, 이러한 검찰개혁 문제는 이미 오래 전부터 사법개혁의 일환으로 또는 검경 수사권조정 문제와 맞물려서 끊임없이 제기되었고, 이제는 적폐청산의 이름으로 더 이상 미룰 수 없는 국정개혁을 위한 제1과제로 인식되기에 이르렀다. 이에 2018년 1월 14일 박종철 열사 서거 30주년을 맞이하여 조국 청와대 민정수석이 현 정부의 '권력기관 개편방안'을 발표하면서 검찰은 특수사건(경제, 금융 등)을 제외하고는 2차적·보충적 수사만을 하도록 검찰개혁을 발표한 바 있으며, 2018년 6월 21일 이낙연 국무총리, 박상기 법무부 장관, 김부겸 행정안전부 장관이 모여서 '검/경 수사권조정 합의문'(이하 '정부합의문'이라고 약칭함)을 발표하였다.

그 핵심은 첫째, 사법경찰관은 모든 사건에 대하여 '1차적 수사권'을 가지고, 둘

---

* 본 연구는 2023학년도 서경대학교 교내연구비 지원에 의하여 이루어졌음
** 서경대학교 공공인적자원부(법학 전공) 교수

째, 사법경찰관이 수사하는 사건에 관하여 검사의 송치 전 수사지휘는 폐지하며, 셋째, 검사는 송치 후 공소제기 여부 결정과 공소유지 또는 경찰이 신청한 영장의 청구에 필요한 경우 사법경찰관에게 보완수사를 요구할 수 있고, 사법경찰관은 정당한 이유가 없는 한 검사의 보완수사요구에 따라야 하며, 넷째, 사법경찰관이 정당한 이유 없이 검사의 보완수사요구에 따르지 않은 경우 검찰총장 또는 각급 검찰청검사장은 경찰청장을 비롯한 징계권자에게 직무배제 또는 징계를 요구할 수 있고, 징계에 관한 구체적 처리는 '공무원 징계령'(대통령령) 등에서 정한 절차에 따른다는 것이다. 반면에 검사는 ① 경찰, 공수처 검사 및 그 직원의 비리사건, 부패범죄, 경제·금융범죄, 공직자범죄, 선거범죄 등 특수사건[2] 및 이들 사건과 관련된 인지사건(위증·무고 등)에 대하여는 경찰과 마찬가지로 직접적 수사권을 가지며, ② ①항 기재 사건 이외의 사건에 관하여 검찰에 접수된 고소·고발·진정 사건은 사건번호를 부여하여 경찰에 이송한다는 내용이다.

2019. 4. 29. 여야의 극렬한 대치 끝에 자유한국당을 뺀 여야 4당이 추진해 온 고위공직자범죄수사처 설치, 검/경 수사권 조정 관련 법안과 선거제 개편안이 각각 사법개혁특위와 정치개혁특위에서 패스트 트랙(신속처리 안건)으로 지정됐다. 그 후, 2020년 1월 13일 국회는 발의된 법률안의 내용 등을 수렴한 「형사소송법」과 「검찰청법」의 개정법률을 통과시켰는데, 수사구조와 관련된 가장 실질적인 제도적 변화로는 검사의 수사지휘가 폐지되고 직접수사 범위가 특정범죄로 제한되었다는 점과 사법경찰 단독으로 불송치 결정을 내리고 사건을 잠정적으로 종결할 수 있는 권한이 인정된 부분을 꼽을 수 있다. 이에 법무부는 개정 형사소송법 제195조 제2항의 일반적 수사준칙에 관한 사항을 규정한 대통령령인 「검사와 사법경찰관의 상호협력과 일반적 수사준칙에 관한 규정」(이하에서는 구'수사준칙'이라고 약칭함)[3] 및 개정 검찰청법 제4조 제1항 단서에 따라 검사가 수사를 개시할 수 있는 범죄의 범위를 규정한 대통령령인 「검사의 수사개시 범죄범위에 관한 규정」을 공포하였다.

결국 (구)수사준칙은 개정 형사소송법에 맞추어 검사의 직접수사를 제한하는 대

---

2) 부패범죄(뇌물, 알선수재, 배임수증재, 정치자금, 국고등손실, 수뢰 관련 부정처사, 직권남용, 범죄수익 은닉 등), 경제범죄(사기, 횡령, 배임, 조세 등(기업·경제비리 등)), 금융·증권범죄 (사기적 부정거래, 시세조정, 미공개정보이용 등/ 인수합병비리, 파산·회생비리 등), 선거범죄(공직선거, 공공단체등위탁선거, 각종 조합 선거 등), 기타(군사기밀보호법(방산 비리 관련), 위증, 증거인멸, 무고 등(사법방해 관련)) 등이다.
3) [대통령령 제31090호, 2020. 10. 7. 제정].

신, 경찰의 수사종결권을 철저하게 보장하는 방향으로 개정된 것이다. 즉, 일반수사는 경찰, 일반수사에 대한 기소 및 공소유지는 검찰, 특수수사 및 권력형 비리는 특별기구(고위공직자수사처)에 맡기는 '수사 3륜' 체제를 갖춰, 수사기관 간 견제와 균형을 확보하고자 하였다.

2. 형사사법시스템의 혼란과 윤석열 정부의 등장

집권층(문재인정부)의 의도대로 형사소송법 및 검찰청법이 개정되었건만, 형사사법시스템(소위 '검수완박')에 대해 찬/반을 넘어서 현장의 목소리는 "첫째 고소 접수가 제대로 안 된다. 둘째, 불송치 사유를 제대로 알 수가 없다. 셋째, 사건종결까지 시간이 너무 오래 걸린다"는 불만이 지속적으로 제기되었다. 이는 대한변협의 설문조사 보고[4]를 분석해 보면 잘 알 수 있다.

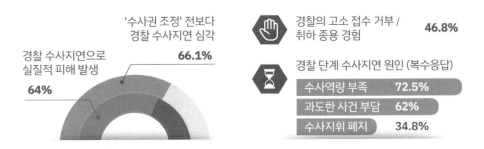

대한변협 설문조사 (2022. 4.)

이에 '윤석열 정부의 등장 이후 이러한 부작용을 해소하기 위해 기존 입법을 보강하는 방향으로 시행령이 개정되었다. 즉, 법무부는 형사법 전문가로 구성된 '검·경 책임수사시스템 정비 협의회'[5]를 구성하여(2022. 6.~8.) 각 의제에 대한 쟁점을

---

4) 대한변협, 「형사사법제도 개선을 위한 설문조사 보고」.
   가. 조사 기간 : 2022. 4. 6.(수) ~ 4. 17.(일) 12일간
   나. 조사 대상 : 전국 회원 26,424 명 / 응답자 수 1,155명(응답률 4.37%)
   다. 조사 방식 : 온라인 설문조사(이메일)
5) 위원장인 신자용 법무부 검찰국장을 포함하여 위원으로 최주원 경찰청 국가수사본부 수사기획조정관, 송강 대검찰청 기획조정실장, 김성종 해양경찰청 수사국장, 정웅석 서경대 법학과

정리한 다음, 실무기관(검·경)의 의견조회(2022. 9.~12.)를 거쳐, 주무관서6)인 법무부 - 행정안전부 협의(2022. 12.~2023. 7.)로 수사준칙 개정안을 마련한 것이다. 이에 일부 언론에서는 '검수원복'이니 '검수완박법 뒤집기'니 하면서 '수사준칙' 개정안의 내용을 곡해하고 있는데, 검찰청법 개정과 관련된 시행령을 통한 검찰수사권 확대문제는 0.6%에 해당하는 검찰의 인지수사(직접수사, 1차수사) 개시 범위에 대한 것이고, 이번 「검사와 사법경찰관의 상호협력과 일반적 수사준칙에 관한 규정」(이하 '수사준칙'이라고 약칭함) 개정은 민생사건이 대부분인(99.4%) 경찰 송치사건 수사(보완수사, 2차수사, 재수사)에 대한 것이므로 서로 다른 차원의 문제라는 점을 상기시키고자 한다.

Ⅱ. 소위 수사준칙 개정의 의미

1. 고소/고발장 접수 의무 명시

(1) 문제점

형사소송법 제238조는 "사법경찰관이 고소 또는 고발을 받은 때에는 신속히 조사하여 관계서류와 증거물을 검사에게 송부하여야 한다"고 규정하고 있다. 이는 고소 또는 고발사건을 접수한 수사기관은 고소나 고발을 당한 사람을 반드시 조사를 해야 한다는 것을 의미한다. 그런데 피고소·고발인에 대한 조사를 위해서는 실무상 피고소·고발인을 공식적인 조사절차의 대상으로 세울 수밖에 없다. 이를 흔히 입건(立件)이라고 한다. 현행 형사소송법은 모든 고소·고발사건에 대해서 수사기관의 입건의무를 부여하고 있다고 볼 수 있다. 고소·고발사건 '전건입건제'라고 할 수 있다. 물론 이러한 고소·고발사건 전건입건제는 흔히 남(濫)고소로도 불리는 고소·고발의 남발 내지 남용을 가져왔고, 이로 인해 수사기관의 업무에 부담이 되어 왔으며, 피고소·고발인은 무조건 입건되어 피의자의 지위에서 조사를 받아야 하고, 기소 여부에 관한 검사의 처분이 나오기 전까지는 형사절차에 연루되는 고통을

교수, 강동범 이화여대 법학전문대학원 교수, 서보학 경희대 법학전문대학원 교수, 오해균 대한변협 부회장, 이재헌 서울변회 부회장, 김종민 변호사, 승재현 한국형사·법무정책연구원 연구위원 등 10명이 참석했다.
6) 「수사준칙」 제70조(영의 해석 및 개정) ① 이 영을 해석하거나 개정하는 경우에는 법무부장관은 행정안전부장관과 협의하여 결정해야 한다.

벗어날 수 없는 문제점이 제기된 것은 사실이다.

우리나라의 경우 사회·경제적 여건이 서구 선진국과 달라 개인간 금융거래 등이 성행하는 반면, 거래의 요식행위화·투명화가 이루어지지 아니하여 사인간 분쟁이 다발하는데, 이는 계약체결 등 각종 법률행위시 당사자 간의 신뢰관계를 중시하거나 현대적인 거래관행이 정착되지 못한 관계로 계약서 등 근거서류를 정확하고 세밀하게 작성하지 않음으로써 분쟁 발생의 소지가 많은데 기인한다고 볼 수 있다. 특히 법치주의 사법제도가 도입되었음에도 민사분쟁의 해결수단이 효과적이지 못하고, 고소를 특별취급하는 형사절차로 인해 '고소·고발부터 하고 보자'는 법문화를 만들었고, 그 결과로 고소·고발의 남발을 가져온 것이다. 이는 일본과 비교한 통계를 보더라도 잘 알 수 있다. 예컨대 2016년 한해 고소·고발된 인원은 약 74만 명으로, 인구 10만 명 당 고소·고발 인원은 일본의 150배인 반면 기소율은 20%에 불과하고,[7] 이에 따라 인구비율 대비 무고·위증사범은 일본의 20배에 달하고 있다.[8]

한편 개정형사소송법 제245조의5는 사법경찰의 불송치결정권을 아래와 같이 규정하고 있다.

제245조의5(사법경찰관의 사건송치 등) 사법경찰관은 고소·고발사건을 포함하여 범죄를 수사한 때에는 다음 각 호의 구분에 따른다.
1. 범죄의 혐의가 있다고 인정되는 경우에는 지체 없이 검사에게 사건을 송치하고, 관계 서류와 증거물을 송부하여야 한다.
2. 그 밖의 경우에는 그 이유를 명시한 서면과 함께 관계 서류와 증거물을 지체 없이 검사에게 송부하여야 한다. 이 경우 검사는 송부받은 날로부터 90일 이내에 사법경찰관에게 반환하여야 한다.

개정형사소송법이 사법경찰의 불송치결정권('범죄혐의가 있다고 인정되지 않는 경우(즉, '범죄혐의가 부정되는 경우')을 인정하고 있다고 하더라도 이유를 명시한 서면과 함께 관계서류와 증거물의 송부의무를 사법경찰에게 부여하고 있는 것이다. 이

7) "무고에 멍든 사회: 허위 신고에 졸지에 강간범 신세…정작 무고사범엔 관대", 헤럴드경제, 2017. 5. 15., http://news.heraldcorp.com/view.php?ud=20170515000175.
8) "뒤틀린 세 치 혀에…거짓말 공화국", 한국일보, 2015. 11. 28., http://www.hankookilbo.com/v/8a913a4efcb542228b97d56ee5a46d62.

는 위의 형사소송법 제238조가 규정한 '고소·고발사건을 받은 사법경찰은 신속히 조사하여 관계서류와 증거물을 검사에게 송부해야 한다'는 조문과 차이가 없다.

그런데 ① '고소·고발부터 하고 보자'는 법문화(민사사건의 형사화), ② 피고소·고발인이 불합리한 절차적 고통을 피할 수 없다는 점, ③ 재량권 없는 경찰의 수사역량 약화 등을 이유로 전건입건제가 아닌 '선별입건제'를 주장하는 견해[9]도 있다. 실무에서도 고소·고발사건 전건입건제의 불합리를 해결하기 위해서 경찰은 범죄수사규칙(경찰청훈령 제952호, 2019. 9. 26) 제42조[10]를 근거로 고소·고발사건일지라도 임시사건번호를 부여하여 접수한 후 상담을 거쳐서 반려하고 있다. 또한 경찰은 과거 정식으로 수리하여 입건한 사건 중에서도 고소·고발장만으로도 '혐의없음'이나 '죄가안됨' 또는 '공소권없음'에 해당함이 명백한 사건은 경찰 내사 처리규칙(경찰청훈령 제936호, 2019. 7. 18) 제11조의2 제1호[11]를 근거로 '각하'로 판단하여 피의자신문조서를 작성하지 않고 검찰에 송치하고 있었다.

그런데 형사소송법 제257조[12]와 달리 경찰에서 고소·고발 반려제도를 통해 일부 고소·고발장을 접수하지 않는 경우에는 사건 자체가 형사절차에 진입하지 못할

---

9) 윤동호, "고소·고발사건 전건입건법제에서 선별입건법제로", 한국비교형사법학회 비교형사법연구 제22권 제1호(2020.4), 172면 이하 참조.

10) 제42조(고소·고발의 접수) ① 경찰관은 고소·고발이 있는 때에는 이를 접수하되, 다음 각호의 하나에 해당되는 경우에는 수리하지 않고 반려할 수 있다.
 1. 고소·고발사실이 범죄를 구성하지 않을 경우
 2. 공소시효가 완성된 사건
 3. 동일한 사안에 대하여 이미 법원의 판결이나 수사기관의 처분이 존재하여 다시 수사할 가치가 없다고 인정되는 사건. 다만, 고소·고발인이 새로운 증거가 발견된 사실을 소명한 때에는 예외로 함
 4. 피의자가 사망하였거나 피의자인 법인이 존속하지 않게 되었음에도 고소·고발된 사건
 5. 반의사불벌죄의 경우, 처벌을 희망하지 않는 의사표시가 있거나 처벌을 희망하는 의사가 철회되었음에도 고소·고발된 사건
 6. 형사소송법 제223조의 규정에 의해 고소 권한이 없는 자가 고소한 사건
 7. 형사소송법 제224조, 제232조, 제235조에 의한 고소 제한규정에 위반하여 고소·고발된 사건

11) 제11조의2(내사의 종결 등) ① 수사절차로 전환하지 않은 내사는 다음 각 호의 기준에 따라 처리한다.
 1. 내사종결 : 혐의없음, 죄가안됨, 공소권없음 등에 해당하여 수사개시의 필요가 없는 경우

12) 제257조(고소 등에 의한 사건의 처리) 검사가 고소 또는 고발에 의하여 범죄를 수사할 때에는 고소 또는 고발을 수리한 날로부터 3월 이내에 수사를 완료하여 공소제기 여부를 결정하여야 한다.

뿐더러 불복절차도 없다는 점에서 국민은 물론 현장의 실무가들이 매우 불편을 호소하였다. 더욱이 구 형사소송법 제196조 제1항[13] 및 구'수사준칙'제57조[14]와 달리 개정형사소송법은 검사의 사법경찰에 대한 수사지휘권을 폐지하였다.

(2) 고소의 법적 성질

우리나라 형사소송법은 고소인에게 고소인 통지·항고권·재정신청권·헌법소원 등 고소에 따른 소송법적 권리를 인정하고 있다. 따라서 이러한 절차적인 권리를 고소인에 대한 생래적인 소송법적 권리로 볼 것인지 아니면 형사고소사건에 대한 형사사법작용의 적정을 담보하기 위한 부수적 담보장치로 볼 것인지 논란이 있지만,[15] 미국의 범죄피해신고와는 다른 개념으로 보아야 할 것이다. 왜냐하면 미국에서는 피해신고(complaint, report)와 다른 개념으로서의 고소를 인정하지 않고 있으므로, 처벌을 원하는 의사표시는 모두 동일하게 피해신고로 다루어지고 있으며, 별도로 재정신청이나 항고 등의 제도는 물론 피해자에 대한 통지제도도 없기 때문이다.

(3) 개정 내용

수사준칙 개정안(제16조의2 제1항)은 검찰·경찰의 고소·고발장 접수 의무를 명시하여 접수 거부에 따른 국민 불편을 해소하였다. 국민이 억울하다고 수사를 해달라는데, 수사기관의 문턱마저 넘지 못하게 하는 것은 '국민보호 포기'이고 수사기관의 존재 의의를 스스로 부정하는 자기모순이기 때문이다. 왜냐하면 수사절차에서 사실인정절차가 형해화될 경우 원칙적으로 고소·고발사건의 처리를 개인에게 맡기는 영미법계 사법 구조(사인소추, 징벌적 배상 등)로 변경되어야 하며, 이는 사설탐정업[16]이 도입될 수밖에 없는 구조이므로 사법의 대표적 병폐인 '유전무죄·무전유

---

13) 제196조(사법경찰관리) ① 수사관, 경무관, 총경, 경정, 경감, 경위는 사법경찰관으로서 모든 수사에 관하여 검사의 지휘를 받는다.

14) 검사의 사법경찰관리에 대한 수사지휘 및 사법경찰관리의 수사준칙에 관한 규정(대통령령 제 28211호, 2017. 7. 26.) 제57조(고소사건의 수사기간) ① 사법경찰관이 고소나 고발에 의하여 범죄를 수사할 때에는 고소나 고발이 있는 날부터 2개월 이내에 수사를 마쳐야 한다.
② 제1항의 기간 내에 수사를 마치지 못하였을 때에는 검사에게 별지 제1호 서식에 따라 수사기일 연장지휘를 건의하여야 한다.

15) 자세한 내용은 정웅석, 「수사지휘에 관한 연구」, 대명출판사, 2011, 401면 이하 참조.

16) 사인소추제도 하의 영국에서는 누구든지 탐정 간판만 걸면 탐정업을 할 수 있으며, 미국 대부

죄'의 현상이 심화될 수 있기 때문이다. 다만, 남고소는 사법비용의 증대 및 한정된 수사자원 활용에 막대한 지장을 초래하므로 스페인[17]처럼 고소요건을 법정화하여 무익한 고소가 남발되는 것을 사전예방하고, 허위고소에 대하여는 일본 형사소송 법[18]처럼 절차이용비용을 부담하도록 하는 등 합리적인 남고소의 억제방안도 강구 되어야 할 것이다.

2. 보완수사 내지 보완수사요구 문제

(1) 문제점

형사소송법 제197조의2(보완수사요구) ① 검사는 다음 각 호의 어느 하나에 해당하는 경우에 사법경찰관에게 보완수사를 요구할 수 있다.
1. 송치사건의 공소제기 여부 결정 또는 공소의 유지에 관하여 필요한 경우
2. 사법경찰관이 신청한 영장의 청구 여부 결정에 관하여 필요한 경우
② 사법경찰관은 제1항의 요구가 있는 때에는 정당한 이유가 없는한 지체없이 이를 이행하고, 그 결과를 검사에게 통보하여야 한다.
③ 검찰총장 또는 각급 검찰청 검사장은 사법경찰관이 정당한 이유 없이 제1항의

분의 주(州)도 이를 허용하고 있다. 그러나 한국에서는 신용정보업, 본인신용정보관리업 및 채권추심업을 하려는 자는 금융위원회로부터 허가를 받아야 하며, 허가와 관련된 허가신청서의 작성 방법 등 허가신청에 관한 사항, 허가심사의 절차 및 기준에 관한 사항, 그 밖에 필요한 사항은 총리령으로 정하도록 규정하여 엄격한 제한을 가하고 있다(신용정보의 이용 및 보호에 관한 법률 제4조).

17) 스페인은 고소를 제기하려는 자에게 변호사를 통하여 고소를 하도록 하는 변호사강제주의를 채택하고 있으므로(형사소송법 제277조) 피해자가 아닌 자가 고소를 하기 위해서는 일정 금액의 보증금을 납입해야 한다(동법 제280조). 고소요건에 대해서도 법정주의를 취하고 있으므로 고소인과 피고소인의 인적 사항, 장소 및 범죄일시를 포함한 사건관련 정황, 사실증명을 위한 조사내용(증거), 서명 등을 법정요건화하고 있으며, 아울러 친고죄의 고소에 대하여는 고소인과 피고소인간의 합의시도증명서를 첨부해야 한다(동법 제278조). 또는 고소는 반드시 서면으로 해야 하며, 구술이나 전화에 의한 고소장의 제출을 불허하고 있다.

18) 일본 형사소송법 제183조 ① 고소·고발 또는 청구에 의하여 공소제기가 된 사건에 대하여 피고인이 무죄 또는 면소의 재판을 받은 경우에 고소인·고발인 또는 청구인에게 고의 또는 중대한 과실이 있는 때에는 그 자에게 소송비용을 부담시킬 수 있다.
② 고소·고발 또는 청구가 있었던 사건에 대하여 공소가 제기되지 않은 경우에 고소인·고발인 또는 청구인에게 고의 또는 중대한 과실이 있는 때에도 전항과 같다.

요구에 따르지 아니하는 때에는 권한 있는 사람에게 해당 사법경찰관의 직무배제 또는 징계를 요구할 수 있고, 그 징계절차는 「공무원 징계령」 또는 「경찰공무원 징계령」에 따른다.

개정형사소송법은 검·경 관계를 협력관계로 전환하면서도 영장 및 송치사건에 대한 검사의 사법적 통제장치로 보완수사요구권을 신설하였다. 즉, 사법경찰에 대한 수사지휘를 폐지하는 대신, 사법경찰관에게 보완수사를 요구할 수 있도록 규정한 것이다. 따라서 보완수사요구는 사법경찰의 수사에 대한 검사의 실효적 통제·견제가 가능하도록 해석·운용하는 것이 타당하지만, 실무적으로 많은 문제점이 거론되고 있다.[19]

그런데 검사의 수사지휘에는 ① 검사가 경찰이 행하는 수사과정에 관여하여 지휘를 하는 것과 ② 검사 스스로 행하는 수사를 경찰에 지휘하여 하도록 하는 수사지휘가 있는데, 개정형사소송법은 경찰의 수사과정에 대한 지휘뿐만 아니라 검사 스스로 행하는 수사에 대한 지휘권도 폐지한 결과, 검사는 자기 스스로 하는 수사(6대 범죄에 대한 직접수사)에서도 경찰을 지휘하지 못하고 스스로 해결해야 한다. 사법경찰관에 대한 송치전 수사지휘를 폐지한 일본 형사소송법에서 검사 스스로 하는 수사에 대한 지휘는 할 수 있도록 한 구조와도 다르다. 즉, "검사는 스스로 범죄를 수사하는 경우에 필요가 있을 때는 사법경찰직원을 지휘하여 수사를 보조하게 할 수 있다"고 규정하고 있는데(일본 형사소송법 제193조 제3항), '지휘'라는 포괄적 용어를 사용하여 검사가 상황에 따른 탄력적 대응을 할 수 있도록 하고 있다.

그런데 개정형사소송법 시행 이후, 보완수사가 요구된 사건 4건 중 1건 가량이 최소 6개월 이상 미이행되었으며, 실제 현장에서는 검사의 보완수사요구가 소위 '핑퐁게임'이 된다는 점에서 수사지연이 매우 심하다는 비판이 있었다. 반면에 경찰 입장에서는 신건(新件)처리도 많은데, 검찰로 송치된 사건에 대한 보완수사요구로 사건이 늘어나는 것에 대한 일선의 불만이 매우 높았다고 한다. 아래 도표를 살펴보면, 수사권 조정 전과 달리 경찰의 1차적 수사종결(송치·송부) 시점까지만 기간에 산입(보완수사·재수사 기간 제외)됨에도, 오히려 수사지연율은 증가하고 있다.

---

19) 자세한 내용은 정웅석, 「국가형사사법 체계 및 수사구조 연구 – 개정 형사소송법 및 군사법원법 등 해설」, 박영사, 2022, 762면 이하 참조.

[연도별 경찰 단계 처리 인원 및 수사지연율(2017.~2021.)]

연 도	처리 인원 (명)	3개월 초과 처리		6개월 초과 처리	
		인 원(명)	비 율	인 원(명)	비 율
'17.	1,846,301	347,514	18.8%	143,812	7.8%
'18.	1,740,904	333,540	19.2%	97,169	5.6%
'19.	1,761,643	346,513	19.7%	89,933	5.1%
'20.	1,696,350	392,780	23.2%	106,316	6.3%
'21.	1,370,722	368,644	26.9%	130,212	9.5%

(2) 개정 내용

(구)수사준칙이 보완수사를 경찰이 전담하도록 하여 업무과중과 수사지연을 야기한 잘못된 원칙을 폐기하고, 사건의 특성에 따라 검·경이 보완수사를 분담하도록 합리적인 기준을 마련하였다. 즉, 필요한 보완수사의 정도, 수사진행기간, 수사주체의 적합성, 검·경 상호 존중과 협력의 취지 등을 고려하여, ① 1개월 초과, ② 검사의 직접 보완수사가 상당히 진행된 경우, ③ 검사가 송치요구·명령한 경우, ④ 검·경 사전 협의 후 송치된 경우에는 검사가 직접 수사하도록 규정한 것이다.

기 존	신 설
제59조(보완수사요구의 대상과 범위) ① 검사는 법 제245조의5제1호에 따라 사법경찰관으로부터 송치받은 사건에 대해 보완수사가 필요하다고 인정하는 경우에는 특별히 직접 보완수사를 할 필요가 있다고 인정되는 경우를 제외하고는 사법경찰관에게 보완수사를 요구하는 것을 원칙으로 한다. 1.~4. <신 설>	제59조(보완수사요구의 대상과 범위) ① 검사는 사법경찰관으로부터 송치받은 사건에 대해 보완수사가 필요하다고 인정하는 경우 직접 보완수사하거나 법 제197조의2제1항제1호에 따라 사법경찰관에게 보완수사를 요구할 수 있다. 다만, 법 제197조의2제1항제1호 전단의 경우로서 다음 각 호의 어느 하나에 해당하는 때에는 특별히 사법경찰관에게 보완수사를 요구할 필요가 있다고 인정되는 경우를 제외하고는 검사가 직접 보완수사를 하는 것을 원칙으로 한다. 1. 사건을 수리한 날(이미 보완수사요구가 있었던 사건의 경우 보완수사 이행 결과를 통보받은 날)로부터 1개월이 경과한 경우 2. 사건이 송치된 이후 검사에 의하여 해당

② <신 설>	피의자 및 피의사실에 대해 상당한 정도의 보완수사가 이루어진 경우 　3. 법 제197조의3제5항, 제197조의4제1항, 제198조의2제2항에 따라 사법경찰관으로부터 송치받은 경우 　4. 제7조 또는 제8조에 따라 검사와 사법경찰관이 사건 송치 전에 수사할 사항, 증거수집의 대상, 법령의 적용 등에 관하여 협의를 마치고 송치한 경우 ② 검사는 법 제197조의2제1항에 따른 보완수사 요구 여부를 판단함에 있어, 필요한 보완수사의 정도, 수사 진행 기간, 구체적 사건의 성격에 따른 수사 주체의 적합성, 검사와 사법경찰관의 상호 존중과 협력의 취지 등을 종합적으로 고려한다.

　무엇보다도 송치사건에 대한 검사의 보완수사(2차수사) 확대는 경찰 측의 적극적인 요구였다는 점이다. 즉, 검·경 전문가협의회에서 경찰 측은 (구)수사준칙의 '보완수사를 요구하여야 한다'는 원칙조항과 달리 검사가 보완수사 요구를 하지 말고, 송치된 사건에 대해서는 검사가 보완수사를 하도록 요청하였다. 물론 개정형사소송법도 송치사건에 대한 검사의 보완수사는 제한없이 허용하고 있었지만, 그 하위법령인 기존 수사준칙이 '보완수사 요구'를 원칙으로 하여 검사의 보완수사를 제한하고 있었기에 경찰로 보완수사 부담이 집중되었고, 결국 수사지연 등 부작용이 발생하였던 것이다.

　이에 수사준칙 개정안(제59조)은 검사가 경찰에 보완수사요구를 할 경우 원칙적으로 1개월 이내에 하도록 제한을 부과하고(기존에는 재수사요청 시한만 규정), 경찰은 보완수사요구를 3개월 이내에 이행하도록 하여 수사지연이 만연해진 상황을 개선할 수 있도록 하였다.[20] 결국 현행 법률의 틀 안에서 수사지연을 방지하기 위한 '기간'을 명확히 한 것이다.

---

20) 검사의 경우도 고소 등에 의한 사건의 처리기간을 3월로 규정하고 있다(형사소송법 제257조: 검사가 고소 또는 고발에 의하여 범죄를 수사할 때에는 고소 또는 고발을 수리한 날로부터 3월 이내에 수사를 완료하여 공소제기 여부를 결정하여야 한다).

(3) 검 토

개정형사소송법은 검찰총장이나 검사장의 징계 요구에 대해 '공무원 징계령(경무관 이상)' 또는 '경찰공무원 징계령(총경 이하)'에 규정된 징계절차를 따르도록 규정하고 있다(법 제197조의2 제3항, 제197조의3 제7항). 그런데 위 징계령은 징계위원회에의 징계의결 요구를 기관장의 재량으로 규정하고 있으므로, 검찰총장·검사장의 징계요구에 대해 경찰관서장(총경 이상)이 재량으로 징계의결 요구 없이 종결하는 것이 가능하다.[21] (구)수사준칙 제8조(검사와 사법경찰관의 협의) 제1항 역시 '정당한 이유'에 대하여 이견이 있는 경우 검사-사법경찰관 및 검사가 소속된 검찰청의 장과 해당 사법경찰관이 소속된 관서의 장의 협의에 따르도록 규정하고 있을 뿐, 제61조(직무배제 또는 징계요구의 방법과 절차)도 의무적 징계의결요구와 관련된 규정을 두고 있지 않다.

생각건대 징계의 실효성 확보를 위해서는 「공무원 징계령」 및 「경찰공무원 징계령」을 개정하여 사법경찰에 대해 징계요구의 기속력을 인정하는 규정을 신설할 필요가 있을 것이다. 왜냐하면 '일반적 행정작용'과 '준사법작용인 수사'는 구별되고, 검사의 사법경찰에 대한 사법적 통제 관점에서 본 규정이 신설된 점, 사전에 이견을 해소할 수 있는 절차를 거친 점 등을 고려할 때, 위 징계령상의 일반 징계요구의 경우와는 구별하는 것이 타당하기 때문이다. 따라서 감사원법상 징계요구와 동일하게, 검찰총장 등으로부터 징계요구를 받은 경찰관서의 장은 의무적으로 징계위원회에 회부하도록 하여 징계절차를 개시하도록 하는 것이 필요하다고 본다.

3. 재수사 요청권

(1) 개정형사소송법의 내용

형사소송법 제245조의8(재수사요청 등) ① 검사는 제245조의5 제2호(그 밖의 경우

---

21) 경찰공무원징계령 제9조(징계 등 의결의 요구) ① 경찰기관의 장은 소속 경찰공무원이 다음 각 호의 어느 하나에 해당할 때에는 지체 없이 관할 징계위원회를 구성하여 징계등 의결을 요구하여야 한다.(중략)

  1. 「국가공무원법」 제78조 제1항 제1호부터 제3호까지의 어느 하나에 해당하는 사유(이하 "징계 사유"라 한다)가 있다고 인정할 때

에는 그 이유를 명시한 서면과 함께 관계 서류와 증거물을 지체 없이 검사에게 송부
하여야 한다. 이 경우 검사는 송부받은 날로부터 90일 이내에 사법경찰관에게 반환
하여야 한다; 필자 주: 이른바 '불송치'결정권 인정)의 경우에 사법경찰관이 사건을
송치하지 아니한 것이 위법 또는 부당한 때에는 그 이유를 문서로 명시하여 사법경
찰관에게 재수사를 요청할 수 있다.
② 사법경찰관은 제1항의 요청이 있는 때에는 사건을 재수사하여야 한다.

개정형사소송법은 사법경찰의 불송치 사건에 대한 검사의 사법통제를 위해 재수
사요청 제도를 신설하고, 사법경찰에게 재수사의무를 부여하였다. 다만, '보완수사
요구' 및 '시정조치요구'와 달리 '정당한 이유가 없는 한' 규정이 없다. 문제는 재수
사요청의 사유가 '사건을 송치하지 않은 것이 위법 또는 부당한 경우'임에도 검사의
'송치요구권'이 인정되지 않아 사법경찰이 재수사하여 재차 불송치 후 검사가 다시
재수사요청하는 형태의 재수사요청 – 불송치가 무한 반복될 가능성이 상존한다는
점이다.

한편, (구)수사준칙에 따르면'수사권 조정'으로 경찰은 ① 혐의없음, ② 죄가 안
됨, ③ 공소권없음, ④ 각하 사유로 판단하는 사건을 검찰에 송치하지 않고 자체
종결하게 되었다('불송치 종결권'). 이는 종래 검찰은 공소제기만 담당하고, 수사기
능을 폐지해야 한다는 이른바 '수사·기소 분리론'에 입각해 제도화한 것이다.

이에 경찰 불송치처분의 법적 성질이 무엇인지 문제되는데, 개정법상 경찰의 불
송치는 그 법적 성질이 사건에 대한 처분이며, 검사의 불기소처분과 마찬가지로 피
의자에 대한 형사절차를 종결하는 처분이다. 그런데 개정 형사소송법 제245조의5
(사법경찰관의 사건송치 등) 제2호는 "검사에게 송부하고"와 "반환하여야 한다"는
사실행위만을 문구로 하고 있을 뿐 검사가 기록을 송부받아 반환하는 절차의 법적
성질이 무엇이며, 검사가 이 절차에서 어떤 권한을 행사하는지 규정하고 있지 않
다.[22]

그런데 '검토와 반환의 법적 성질'을 단순히 검토해 준다는 의미의 사실행위로
본다면, 왜 검사가 업무 부담을 감수하고 법률적으로 아무 의미가 없는 이러한 사
실행위를 그것도 90일이라는 기한까지 정해서 강제당해야 하는지 의문이다. 경찰은
검사에게 기록을 보내서 검토받았다는 점을 내세워서 불송치처분의 정당성을 주장

---

22) 정웅석/최창호/김한균, '新형사소송법'(박영사), 2023, p.96~97.

할 수 있겠지만, 검사는 경찰의 이러한 정당성 보강을 위해 아무런 법적 의미가 없는 검토행위로 경찰을 도와주는 기관이 되기 때문이다. 그러나 어떤 기관에 일정한 행위에 대한 의무를 부담하게 하면서 법적인 의미가 없는 사실행위로만 규정하는 것은 타당하지 않다.

한편, 검사가 경찰의 불송치처분을 검토하고 반환하는 행위의 법적 성질을 불송치처분의 승인으로 구성할 수도 있을 것이다. 법적 성질을 이렇게 보면, 경찰의 불송치처분은 검사의 승인을 받는 경우에 할 수 있는 것이므로 결과적으로 사건의 최종적인 결정권자는 검사가 된다. 또 이와 같이 보면 개정법의 재수사요청은 경찰 불송치결정의 불승인에 해당한다. 그런데 이와 같이 검사가 경찰의 불송치처분에 대한 승인권자라고 한다며, 무엇 때문에 이런 제도를 만들었고, 그 효용성이 무엇인지 의문이다. 어차피 검사가 최종적 결정권을 행사하는 것이라면, 현재와 같이 그 기록을 송부받은 검사가 스스로 불기소처분을 하면 되고, 개정법처럼 승인하고 기록을 다시 경찰에 반환할 필요가 없기 때문이다.

문제는 검사가 경찰의 처분을 승인하는 것이라면, 이는 검사와 경찰의 관계를 지휘관계로 하는 것을 전제로 한다는 점이다. 그런데 개정법은 검사의 검토와 반환의 과정을 법률적 의미를 가지는 '승인'이라는 용어를 사용하지 않고 일부러 사실행위로서 '송부'와 '반환'이라는 용어를 사용하고 있다는 점에서, 개정법의 취지대로 검사와 경찰이 대등관계라면 경찰의 처분을 검사가 검토한다는 것 자체가 대등한 관계 설정과 모순되는 것이다.

(2) 문제점[23]

가. 위법·부당 여부를 판단하기 위한 규정 부존재

검사가 위법·부당 여부를 판단하기 위해 추가수사나 조사를 할 수 있는지에 관한 규정이 없다. 따라서 불기소에 부합하는 증거 및 진술만 모아둔 불기소기록을 '서류'로만 검토해서 위법·부당 여부를 발견하는 것은 상당히 어려운 문제이다. 즉, 불송치결정문과 수사기록등본만으로 경찰의 불송치결정의 위법·부당 여부를 파악하는 것이 가능한지 의문이 든다. 반면에 위법·부당 여부를 확인하기 위하여 검사가 추가수사를 하게 되면 현행 제도와 다를 것이 없을 것이다.

무엇보다도 경찰이 불송치한 사건에 대하여, 위법·부당한 경우 그대로 경찰단계

---

23) 정웅석, 앞의 책, 805-807면.

에 두는 것이 타당한 것인지 아니면 재수사를 할 수 있는 처리장치를 마련하는 것이 타당한 것인지 국민의 입장에서 검토해 보면 답은 명확하다. 검사의 불기소처분에 대해서는 시민단체는 물론 일부 학자들이 너무나 많은 논문을 통해 통제장치를 마련하자고 하면서(현행법상 인정되는 검찰항고, 재정신청, 헌법소원은 물론 입법적으로 대배심제도 등 다양한 제도의 도입 주장), 경찰의 불송치사건에 대한 사법적 보완장치를 마련하는 것에는 왜 그토록 비난하는 것인지 의문이다. 왜냐하면 경찰의 불송치사건에 대하여 헌법소원도 불가하고(헌법소원의 요건인 '보충성' 미충족), 현행 형사소송법상 재정신청도 인정될 수 없기 때문이다(형사소송법 제260조 제1항은 '검사의 불기소처분'을 받은 고소인 등에게만 인정).

결국 추가수사나 조사를 하지 못하고 오로지 '서류'검토를 통해서만 위법·부당 여부를 가려내라고 하는 것은 매우 비현실적이다.

나. 재수사요청의 실효성 담보규정 부재

검사의 재수사요청을 경찰이 따르지 않는 경우 재수사요청에 따를 의무가 없다고 보아 경찰이 종전 결론과 같이 불송치결정을 하게 되면, 재수사요청의 실효성이 제한적일 수 있다(재수사요청에 따른 처리결과 통지의무도 없다). 한편, 재수사요청의 범위와 달리 경찰이 재수사하는 경우, 재수사요청에 대해 무기한 재수사 사건진행 중이라고 지연하는 경우 등에 관한 견제장치 역시 필요할 것이다.

다. 재수사요청의 요청 횟수 제한문제

(구)수사준칙 제64조는 검사의 재수사요청 횟수를 1회로 제한하고 있어, 사법경찰이 검사의 재수사요청에 따른 재수사 후 기존의 불송치결정을 유지하는 경우 검사는 다시 재수사요청을 하는 것이 불가능하다. 그러나 형사소송법상 검사가 재수사요청을 할 수 있는 횟수에 제한이 없음에도 불구하고 대통령령에서 이를 1회로 제한하는 것은 위임입법의 한계를 벗어나 법률위반이다.

라. 사건송치 요구기간의 단기

개정법은 재수사요청 기간을 별도로 규정하고 있지 않음에도 불구하고, (구)수사준칙 제63조에서 '검사의 불송치 기록 반환기한'인 90일을 '검사가 재수사요청을 할 수 있는 기간'으로 제한하는 것은 위임입법의 한계를 벗어나 법률위반이다. 만약 사건관계인의 법적 안정성을 고려하여 수사준칙과 같이 재수사요청 기한을 원칙적으로 90일로 하더라도 90일 후에도 재수사요청이 필요한 예외적 상황을 충분히 인정할 필요가 있을 것으로 보인다.

그런데 (구)수사준칙은 재수사요청 기간을 90일로 정하고, 이에 대한 예외사유를 2가지(불송치 결정에 영향을 줄 수 있는 명백히 새로운 증거 또는 사실이 발견된 경우 및 증거 등에 대해 허위, 위조 또는 변조를 인정할 만한 상당한 정황이 있는 경우)로 한정하고 있어서 위법성이 해소되지 않고 있었다.

한편, (구)수사준칙 제64조(재수사 결과의 처리)는 재수사결과에 대한 사건송치를 요구할 수 있는 기간을 30일에 불과하도록 규정하고 있었다. 그러나 재수사요청 기간이 원칙적으로 90일인 점에 비추어, 30일이라는 기간은 실무상 지나치게 단기간이므로 최소 90일 이상으로 규정되어야 하며, ㉠ 새로운 증거 또는 사실이 발견된 경우, ㉡ 사법경찰관이 사건을 송치하지 아니한 것에 영향을 미칠 만한 사항이 발생하거나 발견된 경우, ㉢ 증거 등에 대해 허위, 위조 또는 변조를 의심할 만한 정황이 있는 경우, ㉣ 사건에 관여한 사법경찰관리에 대해 해당 사건과 관련하여 수사 또는 징계절차가 진행되었거나 진행 중인 경우, ㉤ 기타 재수사요청을 하는 정당한 사유가 있는 경우와 같은 예외적 상황을 고려한 보완규정을 마련하는 것이 타당하다는 견해[24]도 있었다.

(3) 검사 '송치요구'의 법적 근거

가. 검사의 '공익의 대표자'(검찰청법 제4조 제1항) 및 '공소제기권자'(형사소송법 제246조) 지위와 '송치요구'

공익의 대표자이자 공소제기권자인 검사는 실체적 진실에 입각한 국가형벌권 실현을 위하여 수사·공소제기 및 유지의무를 부담한다(검찰청법 제4조 제1항, 형사소송법 제196조). 따라서 혐의가 인정됨이 명백함에도 사법경찰이 동의하지 않는 한 검사가 수사·기소가 불가능한 경우가 존재할 수 있도록 법령을 설계하는 것은 검사의 수사·공소제기 및 유지의무와 불합치한다. 사법경찰에게 '1차적 수사권' 및 '1차적 수사종결권'을 부여한 반면, 검사에게 재수사요청권을 부여하고 사법경찰에게 조건 없는 재수사의무를 부과한 개정법의 취지를 고려하면, 검사의 의견이 최종적

---

24) 정웅석, 「국가형사사법 체계 및 수사구조 연구 – 개정 형사소송법 및 군사법원법 등 해설」, 박영사, 2022, 807면.

으로 관철되도록 하는 것이 합리적이다. 왜냐하면 송치요구가 인정되지 않을 경우 사법경찰은 '1차적 수사종결'을 넘어서 '최종적 수사종결' 내지 '최종적 불소추' 권한까지 보유하게 되는 모순이 발생하기 때문이다.

나. 고발인의 이의신청권 폐지에 따른 구제책

개정형사소송법에 따르면 고발인의 이의신청권이 폐지되어 고발인의 이의신청을 통한 사건송치가 불가능해졌고, 결국 고발사건에서는 검사의 재수사요청과 송치요구가 사실상 유일한 구제 절차가 되었다. 그런데 만약 검사의 '송치요구'를 인정하지 않는다면, 고소인이 사법경찰의 불송치에 대해 이의신청을 하면 검사에게 모두 송치되지만, 수사권·소추권이 있는 '공익의 대표자'인 검사의 이의가 있더라도 사법경찰의 불송치에 이의제기할 수 없다는 불합리한 결과가 초래된다. 즉, 개정법은 고발인을 이의신청의 대상에서 제외함으로써, 공익단체의 고발이나 기관고발의 경우 피해가 예상된다. 그동안 고발이 남용된 점이 있었다면, 양자를 적절히 조정하는 입법을 하는 것이 타당함에도 불구하고, 공직자범죄(직권남용) 및 선거범죄에 대한 수사 등을 의식한 입법으로 보인다.

어쨌든 개정법상 고발인은 사경의 불송치결정에 대한 이의신청이 불가하므로, 고발사건은 ① 사법경찰의 불송치결정이 부당할 경우 검사가 재수사요청을 하고, ② 재수사결과에도 법리 위반, 채증법칙 위반, 공소시효 및 형사소추 요건 판단 오류가 있다면 송치요구하여, ③ 동일성을 해하지 않는 범위 내에서 수사하는 절차를 밟아야 하므로 그 구제가 매우 어렵게 되었다. 더욱이 '형사보상 청구권자의 범위에 관하여 「형사보상 및 명예회복에 관한 법률」은 '검사로부터 불기소처분을 받거나 사법경찰관으로부터 불송치결정을 받은 자' 및 '무죄재판을 받아 확정된 피고인'으로 규정하고 있으나(위 법률 제2조, 제27조), 「헌법」은 '법률이 정하는 불기소처분을 받거나 무죄판결을 받은 때'라고 규정하고 있어[25] 사법경찰관의 불송치결정을 받은 자에 대해서는 형사보상의 헌법적 근거가 부족하다고 볼 여지도 있으며, 고발

---

25) 헌법 제28조. 형사피의자 또는 형사피고인으로서 구금되었던 자가 <u>법률이 정하는 불기소처분을 받거나</u> 무죄판결을 받은 때에는 법률이 정하는 바에 의하여 국가에 정당한 보상을 청구할 수 있다.

* 형사보상 및 명예회복에 관한 법률 제27조(피의자에 대한 보상) ① 피의자로서 구금되었던 자 중 <u>검사로부터 불기소처분을 받거나 사법경찰관으로부터 불송치결정을 받은 자</u>는 국가에 대하여 그 구금에 대한 보상(이하 "피의자보상"이라 한다)을 청구할 수 있다. (중략)

권자(법 제245조의7 제1항)가 이의제기를 할 수 없다면 불송치된 고발자의 항고권
은 어떻게 되는 것인지 불명확하다.

(4) 개정 내용

수사준칙 개정안은 재수사요청 미이행을 송치사유로 명시(안 제64조)하여, 기존
의 재수사요청 횟수 제한은 유지하되, 요청한 사항을 경찰이 이행하지 않으면 일정
한 경우 검사가 사건을 송치받아 책임지고 마무리하도록 일부 보완한 것이다. 즉,
경찰의 불송치 결정이 위법/부당하면 검사가 재수사를 요청하여 경찰이 재수사를
하도록 의무를 부여한 다음(3개월), 검사의 재수사요청 미이행시 국민이 잘못된 경
찰 수사로 피해를 보지 않도록 하는 최소한의 사법통제 장치를 마련한 것이다.

재수사 결과 통보 사건에 대한 송치요구 사유		
기 존	개 정 안	비 고
① 법리 위반	① 법령 또는 법리 위반	자구 보완
② 추가 수사 없이 바로 공소제기 할 수 있는 정도의 명백한 채증법칙 위반	② 재수사요청 미이행	요건 보완
	③ 추가 수사 없이 바로 공소제기 가능한 정도로 혐의 명백	
③ 시효·소추조건 판단 오류	④ 시효·소추조건 판단 오류	현행 유지

4. 선거사범 등 단기 공소시효사건 검/경 협의 의무화

(구)수사준칙은 검·경 어느 한쪽이 협의를 요청하더라도 상대방이 그에 응해야
하는 경우를 7개 유형으로 한정하여, 검/경 협의가 실질적으로 이루어지지 못한 한
계가 있었다. 즉, (구)수사준칙에는 ① 중요사건 ② 보완수사요구 불이행 ③ 시정
조치요구 불이행 ④ 수사경합 ⑤ 변사사건 ⑥ 재수사 결과 ⑦ 조사자 법정 증언으
로 한정되어 있을 뿐이다.

이에 수사준칙 개정안은, ① 검·경 일방이 요청한 사건이나, ② 공소시효가 임
박한(3개월) 선거사건은 상호 협의를 의무화하여 국민 보호를 위한 검·경 협력을
강화한 것이다. 특히 선거사건은 단기 공소시효의 특례가 적용되고(선거일 후 6개월
원칙), 법리가 복잡하며, 시효가 임박한 시점에 사건처리가 집중될 수밖에 없는 구
조이다. 따라서 사건 검토와 처리에 필요한 절대적 시간이 부족하다는 현실적 어려

움 때문에 부득이 개정하는 것일 뿐, 수사지휘가 폐지된 현행 법률상 협의의 수준을 넘는 부당한 수사개입은 구조적으로 불가능하다.

5. 기타 개정사항

① 영장 사본 교부 절차규정 정비(「형사소송법」 개정 후속 조치), ② 피의자 석방 통지 규정 보완(기존 수사준칙의 누락 부분 보완), ③ 영해 밖에서 긴급체포한 경우의 승인요청 시한 연장(해경 요청), ④ 검·경간 이송 대상 보완(기존 수사준칙의 누락 부분 보완), ⑤ 사법방해 우려 피의자에 대한 이송 통지 절차 보완, ⑥ 「검찰청법」의 수사개시 범위 조항과 모순된 이송 강제 규정 삭제 등을 들 수 있다.

개정사항	주요내용
영장 사본 교부 절차규정 정비	「형사소송법」 개정으로 영장 사본 교부가 의무화됨에 따라 관련 절차규정 정비
법원에 대한 피의자 석방 통지 관련 절차 보완	영장 체포자나 긴급체포자에 대한 경찰의 구속영장 신청을 검사가 기각하는 경우, 검사가 법원에 석방내역을 통보해야 하므로, 그 전제인 경찰의 검사에 대한 통보의무도 명시
바다에서 긴급체포한 경우의 승인요청 시한 보완	영해 밖 경비수역에서 긴급체포한 경우의 승인요청 시한을 영해와 같이 24시간으로 연장
검 / 경간 이송 대상 보완	재판 중 사건과 상상적 경합이면 불송치 대신 검사에게 이송하도록 하여 처벌누락 방지
사법방해 우려 피의자에 대한 이송 통지 절차 보완	수사 착수를 알지 못하는 피의자까지 이송 통지를 강제하면, 보복범죄나 증거인멸 등 사법방해의 우려가 있으므로, 주요한 인적·물적 수사 전 단계에서는 이송 통지 생략 (다만, 법률에 따라 통지가 강제되는 검찰청 간 이송은 제외)
「검찰청법」과 모순된 이송 강제 규정 삭제	검사가 적법하게 수사개시한 사건은 이후 수사개시 범위 밖으로 확인되더라도 검사가 책임지고 수사를 마무리하도록 함 (기존 규정은 수사개시 단계의 범위만 제한한 「검찰청법」과 모순)

Ⅲ. 검찰 및 경찰의 올바른 관계 정립

1. 검찰을 바라보는 두 시각의 존재

흔히들 한국 검찰은 무소불위의 권력을 가진 집단이라고 한다. 한국의 검찰은 기소권을 독점할 뿐만 아니라 수사권(과거 수사지휘권), 영장청구권, 공소유지권, 형집행권 등 형사사법의 핵심권한을 배타적 독점적으로 행사하고 있는 막강한 권한의 집단으로서 세계적으로 유래를 찾아보기 힘들다[26]는 것이다.

그런데 검찰의 문제점을 바라보는 시각을 단순화하면, 내재론(內在論)과 외인론(外因論)으로 구분할 수 있을 것으로 보인다. 전자는 검찰의 현재상황을 정치검찰, 부패검찰이라고 진단하고 그 궁극적 해결책을 검찰권의 견제·축소에서 찾는다. 즉, 검찰의 문제는 권력의 집중, 그리고 검사의 위계화, 관료화라는 현재의 검찰제도 그 자체에 내재한 것이므로,[27] 검찰개혁 방안도 검찰권의 축소, 검찰에 대한 통제·견제를 중심으로 한다. 이에 과거 검찰권을 견제하고 통제하기 위하여 공수처 도입, 수사와 기소의 분리, 수사권분점, 검사장 직선제, 검찰인사위원회 개혁, 법무부 탈검찰화, 검찰심급제 폐지 등 진보진영 측에서 다양한 개혁안을 제시하였으며,[28] (구)형사소송법 및 (구)수사준칙 역시 이러한 입장을 반영하고 있다.

반면에 외인론은 검찰의 본질적 문제는 권력형 부패사건이나 정치적 사건에서 정치권력에 순종한 검찰의 행태(정치검찰)라고 진단하고, 그 궁극적 해결책을 인사권자인 대통령으로부터 정치적 독립성 및 중립성을 확보하는 방안에서 찾는다.[29]

---

26) 김희수/서보학/오창익/하태훈, 「검찰공화국, 대한민국」, 삼인, 2011, 142면; 이윤제, 「고위공직자비리수사처 설립방안에 관한 연구」, 중소기업과 법 제5권 제2호, 아주대학교 법학연구소, 2014, 4−8면.

27) 김인회, "검찰개혁 원리와 형사소송법 개혁과제", 검찰권에 대한 통찰 및 정책적 과제, 「국회 입법조사처 세미나 자료집」(2017. 2. 23.), 26−35면.

28) 검찰의 문제점과 개혁 방안에 관한 내재론과 외인론에 관한 보다 자세한 내용은 이윤제, "검찰개혁과 고위공직자비리수사처", 형사법연구 제29권 제1호(2017 봄), 120−125면 참조.

29) 2002. 3. 25.~3. 30. 검찰미래기획단이 무작위로 이메일·팩스·전화를 통해 설문조사를 실시하였는데, 총 132명(변호사 66명, 법학자 66명)이 응답한 내용을 보면, 검찰위기의 가장 근본적 원인으로 '대통령을 비롯한 집권층의 부당한 간섭과 개입'(41.3%), '일선 검사들의 권력지향적 의식'(18.1%), '일부 권력형 비리사건에 대한 공정치 않은 법집행태도'(17.4%) 등 순위로 응답이 이루어졌고, 검찰이 바로 서기 위한 우선 개혁과제로 '정치적 중립성 확보'(27.2%), '검찰 인사의 공정한 기준과 독립성 확보'(26.4%), '검사들의 자발적인 의식개혁'(10.5%), '기속독

즉, 우리나라 검찰의 문제는 인사권자인 대통령이 검사의 인사를 좌우할 수 있는 인사제도 때문에 정치검찰화가 발생하였으므로 정치권력으로부터 검찰의 독립과 중립을 확보하는 인사시스템을 확보하면 검찰의 문제가 해소된다[30]는 입장이다. 따라서 굳이 영미법계 국가처럼 수사권·기소권 분리, 특별수사기구(공수처) 설치, 검사장 직선제 등 형사사법구조를 개편시키기 위해서는 그 전제조건이 필요하다는 입장이다.

그런데 검찰인사위원회 개혁은 외인론에서 주장하는 것이므로 별론으로 하고, 검찰개혁의 수단으로 내재론이 드는 근거 중 ① 공수처 역시 수사권과 제한된 기소권을 가지고 있을 뿐만 아니라, 통제장치가 전무(全無)하며, ② 수사와 기소를 분리하는 경우 사법경찰에 대한 통제는 누가 할 것인지 문제되고, ③ 수사권 분점은 국가 수사기관을 이원화하는 것으로 양 기관의 의견이 불일치할 때 심각한 문제를 발생시키며, ④ 검사장 직선제는 정치적 중립성 및 독립성을 보장하는 방안으로 거론되지만, 원조인 미국에서도 수사기관의 정치화를 초래한다는 점에서 많은 비판을 받고 있고, ⑤ 법무부 탈검찰화의 개념은 이론상으로는 타당하지만, 법률관련 주요 부서에 검찰 최고의 에이스를 저렴한 비용(?)으로 활용할 수 있는데도 불구하고, 굳이 민간법률가(공모 변호사)를 사용할 필요성이 있는지 여부 및 그 봉급을 받고 최선을 다할 것인지도 의문이며, ⑥ 검찰심급제 폐지는 영미식으로 형사사법구조를 개편하는 문제와 직결되는 것으로, 반드시 타당하다고 볼 수는 없다.

문제는 양 입장 중 어느 분석이 더 설득력이 있는지는 별론으로 하고, 국민의 입장에서는 검찰이 엄정한 법집행을 통해 범죄를 처벌하는 사회적 정의의 수호자로서, 또한 범죄에 취약한 일반 서민을 안전하게 보호하는 법적 울타리로서, **"범죄에 대한 국가적 대응"**이라는 본연의 임무를 충실히 수행할 것을 요구하고 있다는 점이다. 이는 고소·고발사건을 경찰이 아닌 검찰에 접수하기를 더 원하는 것만 보아도 알 수 있다. 특히, 과학기술의 급속한 발전으로 인하여 각종 첨단·신종 범죄(해킹,

---

점권 견제장치 도입'(7.2%) 등으로 응답한 것을 보면 잘 알 수 있다(검찰개혁 관련 논의사항 검토보고서, 56면).

30) 정웅석, "검찰개혁의 바람직한 방향", 2017 한국형사정책연구원/한국형사소송법학회 공동학술세미나 자료집, 35-42면; 윤웅걸, "올바른 검찰개혁 방향에 대한 논의", 「고위공직자비리수사처 설치 및 운영에 관한 법률안 등 검찰개혁 방안에 대한 공청회」, 국회법제사법위원회 자료집(2017. 2. 17.), 75면 이하; 김영기, "검찰개혁의 바람직한 방향 – 검찰의 경찰 수사지휘를 중심으로", 2017 한국형사정책연구원/한국형사소송법학회 공동학술세미나 자료집, 61면 이하.

바이러스 유포, 사이버폭력, 보이스 피싱 등)들이 발생하는 상황에서, 검찰이 사건의 실체를 규명하고 국가형벌권을 행사하여 국민의 재산과 안전을 지켜주기를 바라는 것이다. 즉, '행복의 최대화'를 요구하는 것이 아니라 **불행의 최소화**'에 중점을 두고, 그 역할의 중심에 검찰이 있기를 바라는 것이다. 특히 우리나라의 특이한 현상으로 1970년 유신정권하의 개발독재시대때 형성된 "경제력이 집중된 기업 등(소위 '재벌' 등 거대집단)의 부도덕한 행위(거악)에 대한 척결"에도 큰 의미를 부여하는 것 같다. 따라서 국민들이 분노하는 이유는 일부 부도덕한 검사가 거악척결을 하라고 준 권한을 '재벌' 등 거대집단과 결탁하여 개인적 이익을 챙겼다는 점에도 그 원인이 있을 것이다.

물론 검찰을 바라보는 국민의 시각은 복합적인 것으로 보인다. 검찰에 대한 개혁을 요구하면서도, 다른 한편으로 '검찰권에 대한 과도한 제약이나 통제'로 인하여 힘 있는 자에 대한 검찰권의 또 다른 형태인 '권력의 시녀화'도 원하지 않는 것이다. 즉, 국민은 무소불위의 권력을 휘두르는 검찰을 원하지도 않지만, 우리나라처럼 학연·혈연·지연 및 이념적 갈등이 첨예하게 대립된 나라에서 갈등조정의 능력을 상실한 검찰은 더욱 원하지 않는 것이다.

그렇다면 외국에서 검찰제도의 탄생배경으로 꼽는 "검사에게 '법률의 감시자'로서 경찰에 대한 법적 통제에 의하여 피의자의 소송법적 권리를 보호하는 보호기능을 수행하도록 한 것"이라는 태생적 기능과 함께 우리나라에 필요한 '거악에 대한 척결'이라는 두 가지 기능을 잘 할 수 있도록 제도를 개선하는 것이 개혁이지, 분노를 표출하는 방식으로 검찰제도를 없애는(사실상 1985년 이전의 영국제도) 것이 타당한 것인지는 의문이다.

결론적으로 검찰의 사법기관성을 전제로, '사법경찰에 대한 법치국가적 통제'와 '거악척결'을 더 잘 할 수 있는 방향으로의 개편, 즉 사법경찰의 수사에 대한 일상적인(잠재적인) 개입가능성 및 거악에 대한 예외적인(잠재적인) 직접수사 가능성을 열어두는 것이 검찰개혁의 나아가야 할 방안이라고 본다. 왜냐하면 과거 정부에서 검찰의 수사기능을 없애고 공수처의 신설 및 경찰이 수사종결권을 가지는 입법을 했지만, 한국의 형사사법시스템이 완전히 망가졌다고 보는 실무가가 갈수록 늘고 있으며, 국민들은 강력범죄 및 마약범죄의 증가에 따른 불안감을 호소하고 있기 때문이다.

2. 검찰관련 입법의 문제점

검찰관련 입법의 본질적인 문제는 검찰 스스로 정치적으로 행동하는 것도 있지만, 정치권이 스스로 합의나 토론에 의해 해결책을 모색하는 것이 아니라 극단적으로 대립하다가, 모든 중요한 사안을 고소·고발에 의해 해결하고자 한다는 점이다.[31] 따라서 정치적으로 검찰의 영향력이 커질 수밖에 없는 구조일 뿐만 아니라 어떤 결론을 내리더라도 반대편으로부터 비난을 받는 양면성을 무시할 수 없는 문제가 발생한다. 왜냐하면 '정치적인 것'의 특성은 '네편이냐, 내편이냐' 라는 동지와 적의 관계를 속성으로 하므로, **'결정의 합리성과 논리적 설득력'**을 그 내용으로 하는 사법의 속성인 **'정치적 중립성'**과는 처음부터 양립할 수 없기 때문이다. 따라서 검찰은 결코 한 정권의 권력의지를 대변하는 기관이어서는 안 되며, 그럴 때에야 국민의 눈에서 검찰이 정치권력의 시녀라는 나쁜 인상을 지울 수 있을 것이다.

결국 검찰개혁의 본질은 수사·기소 분리론(수사권독립문제)이나 공수처의 설치 등 검찰조직의 개편에 관한 문제가 아니라 검찰의 본래적 모습, 즉 **'법률의 감시자'**로서 1차 수사기관인 경찰에 대한 법치국가적 통제에 의하여 국민(피의자 포함)의 소송법적 권리를 보호하는 보호기능에서 찾아야 할 것이다. 왜냐하면 대부분 범죄의 경우 한쪽에 범죄자가 있고, 다른 한쪽에는 법익을 침해당한 주체가 있으므로 양자 간에 범죄의 존부, 즉 유·무죄와 처벌의 양, 즉 형량에 대하여 첨예한 이해관계가 대립되는데, 재판 결과의 대부분은 수사단계에서 수집되는 증거들에 의하여 결정되기 때문이다. 따라서 재판뿐만 아니라 수사나 기소의 전 영역에 불편부당의 공정성과 진실발견으로 정의를 세우고자 하는 **'사법적 이념'**이 필요한 것이다. 그래서 대륙법계에서는 재판뿐만 아니라 수사와 기소도 광의의 의미에서 사법(Justiz)에 포함시켜 제도를 만들어 온 것이다. 즉, 규문시대에 판사가 모두 관장하던 재판과 수사 및 기소에 대하여 프랑스 혁명 후에 검찰제도가 도입되면서 판사와 마찬가지의 **'사법관'**인 검사에게 수사와 기소를 맡긴 것이다. 이는 검사에게도 판사와 동일한 '사법관'으로서의 지위를 보장할 경우에만 객관적 관청으로 기능할 것이라는 법률적 이념이 있었기에 가능한 것이다. 기본법인 형사소송법은 물론 시행령인 수사

---

31) 최근 대장동 사건을 두고, 여·야 간에 끊임없는 고소·고발전도 동일한 맥락에서 이해할 수 있다(세계일보 2021. 9. 27.자, 「꼬리 무는 의혹들… 여야 '대장동' 고소·고발전」).

준칙 역시 이러한 관점에서 개정되어야 하며, 향후 과제로 보인다.

Ⅳ. 결 론

수사준칙의 개정내용을 살펴보면, 절차적인 부분(각종 수사기한 정비)을 정비했을 뿐 별다른 내용이 없다. 즉, 사건을 체계적으로 관리하여 신속한 수사가 이루어지도록 단계별로 검·경이 지켜야 할 수사기한의 기준을 마련한 것에 불과하다.

	기 존	개 정 안
고소 / 고발 사건	검사는 법률 / 경찰은 부령 (각 3개월)	경찰도 대통령령으로 상향
보완수사요구	기간 제한 ×	검사 요청시한 - 1개월 경찰 이행기한 - 3개월
재수사요청	검사만 제한 (요청시한 90일)	경찰도 추가 (이행기한 3개월)
검 / 경간 이송	기간 제한 ×	검사는 1개월로 제한 (검사 수사개시 범위 내 사건)

그럼에도 일부 정치권이나 언론에서 '검수원복'이니 '경찰의 수사종결권 박탈'이니 하면서 비난을 쏟아내는 이유를 알 수 없다. 왜냐하면 수사준칙의 일부 조항 개정은 '경찰의 수사종결권'을 형해화하자는 것이 아니라, 사건처리를 보다 공정하면서도 신속하게 도모하자는 것이다. 경찰의 판단이 항상 옳다면, 재수사요청이나 송치요구를 할 필요가 없다. 그러나 경찰의 판단이 언제나 옳을 수만은 없고, 이는 검찰이나 법원도 마찬가지이다. 따라서 경찰의 송치사건이건 불송치사건이건 사법적 보완장치(검사의 보완수사, 재수사 등)를 마련해 두는 것이 타당한 것이지, 경찰캐비넷에 국민의 소중한 고소·고발장과 보완수사요구된 서류를 첩첩이 장기간 쌓아두는 것이 국민의 권리보호에 무슨 의미가 있을지 의문이다. 무엇보다도 수사권논쟁은 검찰과 경찰의 기관 간 권한다툼의 문제가 아니라 구체적 범죄사건이 발생했을 때 수사의 효율성이나 검찰의 보완수사 내지 재수사로 인한 국민의 불편을 고려해서 경찰이 자체적으로 사건을 처리하는 것이 타당한 것인가, 아니면 다소 불편하더라도 이에 대한 사법적 통제를 가하여 국민의 인권을 보호하는 것이 더 타당한 것인가라는 선택의 문제이다.

　결론적으로 이번 수사준칙 개정 '이전'과 '이후' 중 어느 쪽이 국민에게 더 좋은 것인지, 현장에 있는 변호사님들이 찬성하는 것인지 아니면 반대하는 것인지 등 심도있는 토론이 되기를 바란다. 현 정부나 검찰을 미워하는 심정은 이해가 되지만, 피해자는 현 정부나 검찰이 아니라 국민이기 때문이다.

논문투고일 : 2023.08.31.　논문심사일 : 2022.09.19.　게재확정일 : 2022.09.30.

【참고문헌】

김희수/서보학/오창익/하태훈, 『검찰공화국, 대한민국』, 삼인, 2011.
이완규, 『형사소송법특강 — 이념과 현실의 균형을 위한 모색 —』, 법문사, 2006.
이재상/조균석, 『형사소송법(제11판)』, 박영사, 2017.
이창현, 『형사소송법(제8판)』, 정독, 2022.
정웅석, 『국가 형사사법 체계 및 수사구조 연구』, 박영사, 2022.
_____, 『검사의 수사지휘에 관한 연구』, 대명출판사, 2011.
정웅석/최창호/김한균, 『新형사송법』, 박영사, 2023.

김인회, "검찰개혁 원리와 형사소송법 개혁과제", 검찰권에 대한 통찰 및 정책적 과
　　　제, 「국회입법조사처 세미나 자료집」, 2017.
윤동호, "고소·고발사건 전건입건법제에서 선별입건법제로", 한국비교형사법학회
　　　『비교형사법연구』 제22권 제1호, 한국비교형사법학회, 2020.
이윤제, "고위공직자비리수사처 설립방안에 관한 연구", 『중소기업과 법』 제5권 제
　　　2호, 아주대학교 법학연구소, 2014.
_____, "검찰개혁과 고위공직자비리수사처", 『형사법연구』 제29권 제1호, 한국형
　　　사법학회, 2017.
정웅석, "대륙법계 및 영미법계 형사사법체계에 따른 검사의 역할 비교", 『형사소
　　　송 이론과 실무』 제13권 제4호, 한국형사소송법학회, 2021.
_____, "검경 수사권조정 개정안의 주요 내용에 대한 비교 분석 및 대안", 『형사
　　　소송 이론과 실무』 제12권 제1호, 한국형사소송법학회, 2020.
_____, "우리나라 수사절차 구조 개편에 관한 연구", 『형사소송 이론과 실무』 제
　　　10권 제1호, 한국형사소송법학회, 2018.

【국문초록】

수사준칙의 개정내용을 살펴보면, 절차적인 부분(각종 수사기한 정비)을 정비했을 뿐 별다른 내용이 없다. 즉, 사건을 체계적으로 관리하여 신속한 수사가 이루어지도록 단계별로 검·경이 지켜야 할 수사기한의 기준을 마련한 것에 불과하다.

그럼에도 일부 정치권이나 언론에서 '검수원복'이니 '경찰의 수사종결권 박탈'이니 하면서 비난을 쏟아내는 이유를 알 수 없다. 왜냐하면 수사준칙의 일부 조항 개정은 '경찰의 수사종결권'을 형해화하자는 것이 아니라, 사건처리를 보다 공정하면서도 신속하게 도모하자는 것이다. 경찰의 판단이 항상 옳다면, 재수사요청이나 송치요구를 할 필요가 없다. 그러나 경찰의 판단이 언제나 옳을 수만은 없고, 이는 검찰이나 법원도 마찬가지이다. 따라서 경찰의 송치사건이건 불송치사건이건 사법적 보완장치(검사의 보완수사, 재수사 등)를 마련해 두는 것이 타당한 것이지, 경찰캐비넷에 국민의 소중한 고소·고발장과 보완수사요구된 서류를 첩첩이 장기간 쌓아두는 것이 국민의 권리보호에 무슨 의미가 있을지 의문이다. 무엇보다도 수사권논쟁은 검찰과 경찰의 기관 간 권한다툼의 문제가 아니라 구체적 범죄사건이 발생했을 때 수사의 효율성이나 검찰의 보완수사 내지 재수사로 인한 국민의 불편을 고려해서 경찰이 자체적으로 사건을 처리하는 것이 타당한 것인가, 아니면 다소 불편하더라도 이에 대한 사법적 통제를 가하여 국민의 인권을 보호하는 것이 더 타당한 것인가라는 선택의 문제이다.

결론적으로 이번 수사준칙 개정 '이전'과 '이후' 중 어느 쪽이 국민에게 더 좋은 것인지, 현장에 있는 변호사님들이 찬성하는 것인지 아니면 반대하는 것인지 등 심도있는 토론이 되기를 바란다. 현 정부나 검찰을 미워하는 심정은 이해가 되지만, 피해자는 현 정부나 검찰이 아니라 국민이기 때문이다.

◆ 주제어: 수사준칙, 보완수사, 재수사요청권, 대통령령

【Abstract】

A Meaning of the revision of the so-called 『Investigation Rules』 and future tasks

Jeong, Oung – Seok*

Looking at the revision of the investigation rules, the procedural part (maintenance of various investigation deadlines) has been reorganized, but there is no particular content. In other words, it is only a standard for the investigation period that the prosecution and police should follow step by step so that the case can be systematically managed and investigated quickly.

Nevertheless, there is no reason why some politicians or the media are criticizing it, saying it is "the restoration of the prosecution" or "the deprivation of the police's right to terminate the investigation." This is because the revision of some provisions of the investigation rules is not to criminalize the "right to terminate the investigation of the police", but to promote the handling of the case more fairly and quickly. If the police's judgment is always correct, there is no need to request a reinvestigation or request a transfer. However, the police's judgment cannot always be right, neither the prosecution nor the court. Therefore, it is reasonable to have a judicial supplementary device (complementary investigation by prosecutors, reinvestigation, etc.) whether it is a police case or a non – repatriation case, and it is questionable what it will mean to protect the rights of the people. Above all, the debate on investigative rights is not a matter of power struggle between the prosecution and the police, but a matter of whether it is reasonable for the police to handle the case on its own in consideration of the efficiency of the investigation or the inconvenience of the prosecution or reinvestigation.

In conclusion, I hope that it will be an in – depth discussion, such as

---

* Professor, College of Social Sciences, Department of Law, Seokyeong University

whether the revision of the investigation rules "before" or "after" is better for the people, and whether the lawyers in the field agree or disagree. It is understandable that he hates the current government or the prosecution, but the victim is not the current government or the prosecution, but the people.

◆ Key Words: Investigation Rules, complementary investigation, Right to request a reinvestigation, a presidential decree.

한국형사소송법학회『형사소송 이론과 실무』
제15권 제3호 (2023.9) 435~471면.
Theories and Practices of Criminal Procedure Vol. 15 No. 3 (September. 2023) pp. 435~471.
10.34222/kdps.2023.15.3.31

무죄추정원칙에 비추어 본 현행 구속자석방제도의 문제점 및 개선방안

안 성 훈[*]

목 차

Ⅰ. 들어가며

우리 헌법은 모든 기본권 보장의 전제조건인 신체의 자유를 최대한 보장하기 위해 적법절차의 원칙(헌법 제12조 제1항)과 무죄추정의 원칙(헌법 제27조 제4항)을 규정하고 있다.[1] 특히, 무죄추정의 원칙은 형사재판에 있어서 유죄의 판결이 확정될 때까지 피의자나 피고인은 원칙적으로 죄가 없는 자로 다루어져야 하고, 그 불이익은 필요 최소한에 그쳐야 한다는 원칙, 즉 인신의 구속 자체를 제한하는 원리이므로 형사절차상의 수사와 재판은 원칙적으로 불구속 상태에서 이루어질 것을 요구하고 있다.[2] 이에 따라 형사절차상 인신의 구속은 예외적으로 구속 이외의 방법에 의하여서는 범죄에 대한 효과적인 대응이 불가능하여 형사소송의 목적을 달

---

* 이 글은 2023.5.19. 개최된 한국형사법학회 창립 66주년 기념 공동학술대회에서 발제하였던 원고를 수정, 보완하여 작성하였음을 밝힌다.
** 한국형사·법무정책연구원 선임연구위원

1) 이들 원칙의 취지는 "법관이 인신의 구속에 관한 헌법과 법률의 규정들을 해석·적용함에 있어 국가형벌권보다 개인의 인권 옹호에 우위를 두고 헌법과 법률을 해석·적용함으로써 개인의 인신구속에 신중을 기하여야 한다."라는 의미로 해석된다. 대법원 2003.11.11, 자 2003모402
2) 헌법재판소 2010. 11. 25. 2009헌바8

성할 수 없다고 인정되는 경우에 한하여만 사용되어야 하며,[3] 형사소송의 진행을 구속 이외의 다른 대체 수단으로도 가능한 경우에는 비례성 원칙에 따라 대체수단을 선택할 수 있는 제도를 마련해야 한다.

이러한 헌법적 가치에 근거하여 형사소송법은 인신구속제도의 운용에 있어서 불구속수사(형소법 제198조) 및 불구속재판 원칙을 확립해 왔고,[4] 이러한 원칙을 실현하기 위하여 우리 형사소송법은 그동안 수차례에 걸쳐 인신구속제도와 구속자석방제도에 관한 규정을 개정해 왔다. 예컨대 1997년에는 구속전 피의자심문제도(구속영장실질심사제도)와 기소전 보석제도를 도입하였고, 2007년 개정형사소송법에서는 불구속수사 원칙의 천명, 필요적 구속전 피의자심문제도의 도입, 구속적부심제도의 개선(청구대상의 확대, 청구고지절차의 신설, 심사기간의 제한 및 조서작성의 의무화), 보석제도의 개선(보석청구권자의 확대 및 보석조건의 다양화), 구속사유 심사시 필요적 고려사항의 신설 및 구속기간의 갱신 등이 이루어졌다.[5]

그러나 구속과 구속자석방제도의 운용 현실을 살펴보면 이러한 제도적 장치들이 헌법적 가치와 형사소송법의 원칙을 실현하는데 제대로 기여하고 있는지 의문이다.[6] 이러한 의문은 대표적인 구속자석방제도인 구속적부심사와 보석제도 관련 통계상에서 확인할 수 있다. 예컨대 구속적부심에 의한 석방률은 영장실질심사제도 도입 이전과 비교하여 그다지 차이가 없으며, 보석제도의 운용 또한 2007년도 형사소송법 개정 이후 다양한 보석조건을 도입하여 불구속재판 원칙의 실현 가능성이 높아졌음에도 불구하고 법정구속률은 증가하고 있는 반면 보석허가율은 다양한 보석조건 도입 이전보다 오히려 감소하고 있는 것으로 나타나고 있는데, 이러한 통계의 추이는 구석적부심사와 보석제도가 구속률을 낮추려는 개정 노력의 취지와 다르게 불필요한 구속을 억제하고 구속의 장기화를 막기 위한 실질적 통제수단으로

---

3) 인신구속은 범죄의 실체를 규명함에 있어서 필요조건이지 필요충분조건은 아니기 때문에 사법기관이 법과 재량권을 일탈한 과도한 국가권력의 행사를 자제해야 하는 것은 '정당성'과 '합리성' 제고를 위하여 큰 의미를 가진다.

4) 형사소송법 제275조의2 및 제70조에서는 무죄추정의 원칙을 재차 선언하는 동시에 구속사유를 엄격하게 제한하여 규정하고 있으며, 또한 제198조 제1항은 "피의자에 대한 수사는 불구속 상태에서 함을 원칙으로 한다."라고 규정하고 있고, 제199조 제1항 단서도 "강제처분은 이 법률에 특별한 규정이 있는 경우에 한하며, 필요한 최소한도의 범위 안에서만 하여야 한다."라고 규정하고 있다.

5) 형사소송법 개정의 역사에 대해서는 배종대 외 3인, 형사소송법 제2판, 홍문사, 11쪽 이하 참조.

6) 안성훈/김혜경/고명수(2021), 보석제도의 개선방안 연구, 한국형사정책연구원, 10쪽.

기능하지 못하고 있다는 점을 추론케 한다.

이에 본고에서는 현행 구속과 구속자석방제도가 신체의 자유를 최대한 보장하기 위한 헌법적 가치와 형사소송법의 취지에 부합하는 방향으로 운용되어야 한다는 전제하에 구속과 구속자석방제도의 문제상황을 관련 통계를 통해 살펴보고 이를 바탕으로 현행 구속자석방제도가 헌법적 가치를 실현하는 사후적 구제수단으로 실질적으로 작용할 수 있는 방안을 모색하고자 한다.

II. 구속 및 구속자석방제도의 운용현황 및 평가

1. 구속제도의 현황

가. 수사단계에서의 인신구속

<표 1>은 영장실질심사제도를 도입한 1997년부터 2020년까지의 구속영장 청구 및 발부와 기각 현황을 나타낸 것이다.[7] 수사기관에서 구속영장을 청구한 인원과 구속영장 발부건수는 영장실질심사제도 도입 이전과 비교할 때 극적인 감소 추세를 보이고 있다. 영장실질심사 도입 당시인 1997년 약 14만 명에 달하던 청구 건수는 2005년 10만 건 이하로 감소한 후 지속적으로 감소하여 2020년 약 2만 6천 건을 기록하였고, 구속영장 발부 건수 또한 1997년 약 12만 명에 달하던 발부 건수가 점차 감소하여 2020년 약 2만 1천 건까지 감소하였다. 이와 같이 구속영장 청구 건수와 구속영장 발부 건수는 영장실질심사제도 시행 이후 지속적인 감소 추세를 보이고 있다.

---

7) 2021년과 2022년의 사법연감 통계는 코로나바이러스감염증−19 팬데믹 재난상황에 따라 형사실무의 인신구속이 인위적으로 통제된 측면이 있기 때문에 이 시기의 관련 통계는 본고에서는 다루지 않았다. 이하의 통계에서도 2021년과 2022년의 사법연감 통계는 다루지 않았다.

〈표 1〉 구속영장 청구, 발부, 기각 현황

(단위: 건, %)

구분 \ 연도	1997	1998	1999	2000	2001	2002	2003	2004	2005	2006
전체사건 접수	2,118,347	2,341,913	2,400,773	2,329,415	2,426,050	2,416,711	2,441,267	2,606,718	2,384,613	2,401,537
청구	143,591	161,572	128,151	121,629	120,616	114,581	108,941	101,064	73,729	61,811
전체사건 접수 대비 구속영장 청구율	6.8	6.9	5.3	5.2	5.0	4.7	4.5	3.9	3.1	2.6
발부	117,907	138,657	110,763	105,470	105,296	99,717	93,594	85,583	64,006	51,481
발부율(%)	82.1	85.8	86.4	86.7	87.3	87.0	85.9	84.7	86.8	83.3
기각	25,684	22,915	17,388	16,159	15,320	14,864	14,869	14,983	9,724	10,330
기각률	17.9	14.2	13.6	13.3	12.7	13.0	13.7	14.8	13.2	16.7
구속점유율(%)	5.4	5.8	4.5	4.4	4.2	4.0	3.7	3.2	2.6	2.1

구분 \ 연도	2007	2008	2009	2010	2011	2012	2013	2014	2015	2016
전체사건 접수	2,548,010	2,733,185	2,829,557	2,393,713	2,268,148	2,326,560	2,389,837	2,379,580	2,492,324	2,589,311
청구	58,866	56,843	57,259	43,574	38,770	35,060	33,105	36,176	38,370	40,083
전체사건 접수 대비 구속영장 청구율	2.3	2.1	2.0	1.8	1.7	1.5	1.4	1.5	1.5	1.6
발부	45,875	42,972	42,727	32,516	28,814	27,327	26,716	28,466	31,153	32,369
발부율(%)	77.9	75.6	74.6	74.6	74.3	77.9	80.7	78.7	81.2	80.8
기각	12,991	13,868	14,159	10,332	8,970	7,195	5,914	7,286	6,837	7,187
기각률	22.1	24.4	24.7	23.7	23.1	20.5	17.9	20.1	17.8	17.9
구속점유율(%)	1.8	1.5	1.5	1.3	1.3	1.2	1.2	1.3	1.3	1.3

구분 \ 연도	2017	2018	2019	2020	2021	2022	2023	2024	2025	2026
전체사건 접수	2,415,869	2,302,601	2,391,529	2,255,553						
청구	35,102	30,060	29,647	25,770						
전체사건 접수 대비 구속영장 청구율	1.5	1.3	1.2	1.1						
발부	28,340	24,438	24,018	21,098						
발부율(%)	80.7	81.3	81.0	81.9						
기각	6,682	5,585	5,587	4,656						
기각률	19.0	18.6	18.9	18.1						
구속점유율(%)	1.3	1.2	1.1	1.0						

* 출처: e-나라지표, 구속영장 청구 발부 현황

한편 구속영장 발부율은 영장실질심사 도입 이전 평균 약 93%에 달하였으나 지속적으로 감소하여 2011년 74.3%까지 감소하였다가 이후 증가 추세로 돌아서 2020년 81.9%까지 상승한 것으로 나타나고 있다. 최근 5년간 구속영장 발부율은 평균 81%대를 나타내고 있는데, 10명에게 구속영장이 청구된다고 가정하면 그중 8명 정도에게 구속영장이 발부되고 있는 것으로 나타나고 있다. 주목할 점은 구속영장 발부율의 경우 영장실질심사 도입 이전 평균 약 93%와 비교할 때 낮은 수준이기는 하지만 2010년 75.8%에서 증가 추세로 돌아섰다는 점이다.

생각건대, 현재와 같이 구속영장 청구 및 발부 건수가 현저히 감소한 것은 전적으로 법원의 통제 때문이라기보다는 검찰 스스로가 수사단계에서부터 구속영장 청구 자체를 자제하고 있는 것으로 보인다.[8] 따라서 이러한 상황 하에서의 법원의 구속영장 발부율의 증가와 구속영장 기각률의 감소 추세가 의미하는 바는 수사단계에서의 인신구속이 이를 제한하는 제도적 장치의 영향을 받아 이루어지고 있다기보다는 영장실질심사 도입 전후에 상관없이 구속될 만한 사람은 구속된다고 하는 형사실무의 관례에 따라 이루어지고 있는 것으로 생각된다.

나. 공판단계에서의 인신구속

수사단계에서의 인신구속이 현저히 감소하고 있는 것과 달리, 공판단계의 인신구속은 반대의 모습을 보이고 있다. <표 2>는 최근 10년간 법원의 구속영장 직권발부(전심급) 건수 및 공판단계에서의 구속비율을 나타낸 것이다.

---

8) 김성돈/김혜경(2015), "현행 형사소송법상 인신구속제도의 합리적 입법개선 방안", 국회입법조사처 정책연구용역보고서, 국회입법조사처, 8쪽.

<표 2> 구속영장 직권발부 건수 및 공판단계에서의 구속비율

(단위: 건, %)

구 분 연 도	불구속기소 인원	법원의 직권에 따른 구속영장 발부 건수	공판단계에서의 구속 비율
2011	249,418	24,901	10.0%
2012	265,538	25,736	9.7%
2013	243,236	27,334	11.2%
2014	240,280	30,766	12.8%
2015	226,220	31,391	13.9%
2016	242,802	34,635	14.3%
2017	233,884	35,420	15.1%
2018	215,368	36,054	16.7%
2019	222,455	37,211	16.7%
2020	238,401	36,658	15.4%

* 출처: 사법연감 각 연도

  최근 10년간 법원(전심급)이 직권으로 발부한 구속영장은 2011년 24,901건을 기록한 이후 지속적인 증가 추세를 보이고 있으며, 2014년 3만 건을 초과하여 2019년 37,211건까지 증가하였고, 2020년에는 약간 감소하여 36,658건을 기록하였다. 이는 10년 전인 2011년의 직권발부 건수와 비교할 때 약 47% 정도 증가한 수치이다. 관련하여 공판단계에서의 구속비율 또한 2011년 10.0%대였던 구속비율이 2018년 16.9%까지 증가하였고, 2020년에는 약간 감소하여 15.4%를 기록하였다.

  공판단계에서의 구속영장 직권발부 건수와 구속비율이 증가하고 있다는 것은 피고인이 불구속 상태에서 심리 도중에 혹은 선고 시에 법정구속이 되는 경우가 늘고 있음을 보여주는 것으로, 앞서 살펴본 수사단계에서 구속영장 청구와 발부 건수가 급격한 감소 추세를 보이는 것과 매우 대조적인 추세를 보여주고 있다는 점에서 주목된다. 물론 사법연감에서 나타난 구속영장 직권발부에는 재판 중 도주, 잠적 등의 이유로 구속영장을 발부한 경우, 법정구속의 경우 및 피고인뿐 아니라 증인의 구인을 위한 영장 발부 건수까지 모두 포함되어 있기 때문에 수사단계의 구속영장 발부 건수와 비교하기에는 정확한 수치라고 할 수 없지만, 인신구속과 관련한 수사단계와 공판단계에서의 인신구속 현황을 파악하기 위한 하나의 지표가 될 수 있을 것이다.

〈표 3〉 제1심 형사공판사건 법정구속 현황(2014년~2020년)

(단위: 명, %)

구분 / 연도	불구속기소사건 중 실형선고 인원(a)	법정구속 인원(b)	법정구속 비율
2014	33,321	9,643	28.9
2015	35,012	9,962	28.5
2016	39,111	11,383	29.1
2017	39,527	11,156	28.2
2018	41,171	12,314	29.9
2019	44,923	12,482	27.8
2020	48,225	12,441	25.8

* 출처: 사법연감 각 연도
* 법정구속 비율은 불구속으로 기소되었으나 실형(생명형, 자유형)을 선고받은 인원 대비 법정구속 인원의 비율을 의미한다.

<표 3>은 제1심 형사공판사건에서의 법정구속 현황을 나타낸 것이다. 법원행정처가 발행하는 사법연감에는 법정구속 피고인수에 관한 통계자료가 2015년부터 나타나고 있어 법정구속 인원과 비율의 정확한 추이를 알 수 없지만, 법률신문 기사9)에 의하면 "불구속 상태에서 재판을 받다가 실형이 선고돼 법정구속되는 사례는 크게 늘어, … 통계 산출이 가능한 2002년 5,168명이던 1심 법정구속자 수는 지난해 1만6,762명으로 3배 이상이 늘었다"라고 보도한 바 있다.10) 이러한 보도기사와 통계를 바탕으로 추정컨대 공판단계에서 행해지는 법정구속 인원의 추이는 영장실질심사제도가 도입된 이후 급격히 증가한 점이 인정되고, 구체적으로는 통계 산출이 가능한 2002년 5,168명과 비교할 때, 1심 법정구속자 수는 점차 증가하여 2020년에는 2배 이상인 약 1만 2천 명대를 기록하고 있으며, 비율에서도 25%~29%대의 수준을 보이고 있다.

대법원은 최근 「인신구속사무의 처리에 관한 예규」 중 법정구속에 관한 내용의 일부를 개정한 바 있다. 기존의 예규 제57조는 "불구속 피고인이 정당한 이유 없이

---

9) "구속영장 발부 대폭 감소… 14만여건서 3만여건으로", 법률신문, 2016.9.12. 인터넷 기사, https://m.lawtimes.co.kr/Legal-News/Legal-News-View?Serial=103085&kind=AA01 (방문일 2023.5.7.).
10) 상기 법률신문 기사의 법정구속 인원수는 전심급의 법정구속 인원으로 2020년 전심급의 법정구속 인원은 13,400명이다.

출석하지 아니하는 경우에는 구속영장을 발부하는 등 적극적으로 피고인의 신병확
보를 위한 조치를 강구하고, 피고인에 대하여 실형을 선고할 때에는 특별한 사정이
없는 한 법정에서 피고인을 구속한다."라고 하여 법원에서의 피고인구속을 적극적
으로 인정하는 한편 법정구속을 원칙으로 하였으나, 2020. 12. 31. 개정을 통하여
동조를 1, 2항으로 나누어 2항에서 "피고인에 대하여 실형을 선고할 때 구속의 사
유와 필요성이 있다고 인정하는 경우에는 법정에서 피고인을 구속한다"라고 입장
을 선회하였다. 앞으로 이와 같은 개정의 분위기가 법원 내에 반영될지는 지켜보아
야 하겠지만, 변화에 보수적인 법원의 특성상 법정구속의 추이는 당분간 계속 유지
될 것으로 생각된다.[11]

2. 구속자석방제도 현황

현행 구속자석방제도에는 체포·구속적부심, 보석, 구속집행정지, 구속취소가 있
다. 그러나 구속취소와 구속집행정지는 예외적인 경우에만 활용되는 제도라는 점을
고려하면 대표적인 구속자석방제도는 구속적부심과 보석이라고 할 수 있다.[12]

가. 체포·구속적부심 청구사건 처리상황

<표 4>는 연도별 체포·구속적부심 청구사건의 접수 건수의 추이를 나타낸 것
이다. 수사단계에서 구속된 피의자에 대한 대표적 석방제도인 체포·구속적부심사
의 최근 10년간 접수 건수의 추이를 살펴보면 2011년 2,459건에서 2013년 1,843건
으로 급격히 감소하였으나, 2014년 2,229건으로 다시 증가한 후 증감을 반복하였
고, 2020년에는 2천 건 아래로 떨어져 1,921건을 기록하여, 전체적으로 감소 추세
를 보이고 있다. 체포·구속적부심사는 수사단계에서 구속된 피의자가 구속으로부
터 실질적으로 유일하게 석방될 수 있는 사유[13]임에도 불구하고 체포·구속적부심

---

11) 한편 법정구속 인원의 증가는 하급심의 재판에 대한 상소 인원의 증가와 맞물려 미결수용자
   의 급격한 증가로 이어져 교정시설 과밀수용의 주요 원인으로 작용하고 있다. 안성훈(2016),
   교정시설에서의 과밀수용 현상과 그 대책에 관한 연구, 한국형사정책연구원, 77-81쪽 참조.
12) 안성훈(2016), 위의 보고서, 81쪽; 정진수(2006), 인신구속제도의 일원화에 관한 연구, 한국형
   사정책연구원, 93쪽.
13) 수사단계에서 구속피의자가 석방될 수 있는 제도에는 구속집행정지와 구속취소도 있으나, 이
   제도들은 수사기관의 일방적인 결정에 의해 이루어지기 때문에 수사단계에서 구속된 피의자
   가 실질적으로 구속으로부터의 석방을 기대할 수 있는 제도는 체포·구속적부심사제도라고 할

사 접수 건수는 구속인원 대비 10% 정도로 제도의 활용도가 매우 낮게 나타나고 있는데, 이는 이미 구속된 피의자가 체포·구속적부심 제도의 활용에 대한 무지 또는 제도를 활용하더라도 인용을 받아내기가 사실상 어렵다는 인식이 강하게 자리 잡고 있기 때문으로 생각된다.[14]

〈표 4〉 연도별 체포·구속적부심 청구사건 접수 현황

(단위: 건, %)

구분 \ 연도	2011	2012	2013	2014	2015	2016	2017	2018	2019	2020	평균
구속적부심사	2,459	2,095	1,843	2,229	2,195	2,422	2,307	2,094	2,019	1,921	2,158
체포적부심사	3	46	22	12	12	15	18	15	19	17	19.9
합　계	2,462	2,146	1,865	2,241	2,207	2,437	2,325	2,109	2,038	1,938	2,177

* 출처: 사법연감 각 연도

<표 5>는 최근 10년간 체포·구속된 피의자 체포·구속적부심 청구사건의 석방률을 나타낸 것이다. 체포·구속적부심이 청구된 사건의 석방률은 매우 급격한 감소 추세를 보이고 있다. 2011년 25.7%이었던 석방률은 2015년 20%대 아래로 떨어져 15.1%를 기록하였고, 2020년에는 10%대 아래로 떨어져 6.7%를 기록하였다. 2020년도 체포·구속적부심 청구사건의 처리상황을 구체적으로 살펴보면, 구속적부심사청구 등을 통해 실제 구속피의자가 석방된 경우는 130건(6.7%)에 불과하였고, 석방조건별로는 무조건부로 석방된 경우는 80건, 보증금납입조건부로 석방된 경우는 50건으로 보증금납입조건부 피의자석방제도(214조의2 제5항, 이하 기소전 보석이라고 한다.)의 활용도는 낮은 것으로 나타났다(<표 6> 참조).

수 있다.
14) 김성돈/김혜경(2015), 위의 보고서, 28쪽.

〈표 5〉 연도별 체포·구속적부심 청구사건 석방률

(단위: 건, %)

구분 / 연도	합계			변호인			청구인		
	청구	석방	석방률	청구	석방	석방률	청구	석방	석방률
2011	2,462	633	25.7	1,397	430	30.8	1,065	203	19.1
2012	2,141	447	20.9	1,196	325	27.2	945	122	12.9
2013	1,865	325	17.4	995	209	21.0	870	116	13.3
2014	2,241	459	20.5	1,137	313	27.5	1,104	146	13.2
2015	2,207	363	16.4	1,069	253	23.7	1,138	110	9.7
2016	2,437	367	15.1	1,075	225	20.9	1,362	142	10.4
2017	2,325	333	14.3	1,257	243	19.3	1,068	90	8.4
2018	2,109	258	12.2	1,016	172	16.9	1,093	86	7.9
2019	2,038	206	10.1	946	147	15.5	1,092	59	5.4
2020	1,938	130	6.7	757	84	11.1	1,181	46	3.9

* 출처: 사법연감 각 연도

석방률이 감소한 배경에는 앞서 살펴본 바와 같이 수사단계에서의 구속영장 발부 건수가 급격히 감소함에 따라 체포·구속적부심사 청구 가능 사건 또한 이에 비례하여 감소한 결과가 반영된 것으로 보이지만, 한편으로는 구속 후 피해자와의 합의 등 큰 변화가 없는 한 구속적부심사청구를 잘 인용하지 않는 법원 실무의 소극적 태도도 적지 않은 영향을 미치고 있는 것으로 보인다.[15] 또한, 구속적부심으로 석방된 자 중 기소전 보석으로 석방된 비율은 무조건부로 석방된 비율보다 약 38% 정도 낮게 나타나고 있어 직권으로 이루어지는 기소전 보석제도는 실무에서 적극적으로 활용되고 있지 않은 것으로 보인다. 이러한 상황을 종합해볼 때 체포·구속적부심제도는 구속된 피의자를 석방하기 위한 제도로서의 기능은 매우 제한적으로 이루어지고 있는 것으로 평가된다.

한편 체포·구속적부심 청구사건의 인용률이 매우 낮기는 하지만, 인용된 청구사건을 살펴보면 변호인이 청구한 경우의 석방률은 피의자의 가족 등 비변호인이 청

---

15) 법원 실무의 관례상 피해자와의 합의는 구속적부심사나 보석 신청시 법원의 석방 결정에 있어 가장 중요한 요건으로 작용하고 있다. 피해자와의 합의가 법원의 석방 결정에 주요 변수로 작용하는 이유는 주요 구속사유인 도망의 염려와 관련이 있는데, 즉 피해자와의 합의가 이루어지지 않으면 실형 선고의 가능성이 높아지고, 실형 선고의 가능성은 도망의 염려를 판단하는 주요 요소이기 때문이라고 한다.

구한 경우의 석방률보다 약 2~3배 정도 높은 것으로 나타나고 있어 변호인의 선임 여부가 체포·구속적부심 심사에서의 석방 결정에 유의미한 영향을 미치는 것으로 보인다(<표 6> 참조).

〈표 6〉 2020년도 체포·구속적부심 청구사건 처리현황

(단위: 건, (%))

청구인별 구분	합계	변호인	비변호인
접 수	1938	757	1181
처 리 계	1931 (100.0)	760 (100.0)	1,171 (100.0)
석 방 명 령	130 (6.7)	84 (11.1)	46 (3.9)
무조건부	80	56	24
조건부(보증금납입)	50	28	22
청구기각	1,740 (90.1)	645 (84.8)	1095 (93.5)
기 타	61 (3.2)	31 (4.1)	30 (2.6)

* 출처: 2021 사법연감, 658쪽 표 인용.

나. 보석청구사건 처리상황

<표 7>은 최근 10년간 구속기소된 피고인 보석청구사건의 처리상황을 나타낸 것이다. 2011년부터 2020년까지 최근 10년간 구속기소인원 대비 보석청구인원 비율인 보석청구율을 살펴보면, 2011년 15.3%를 기록한 후 매년 감소하여 2019년 10.2%까지 감소하였고, 2020년에는 약간 증가하여 12.7%를 기록하였다. 최근 10년 간 평균 보석청구율은 12.7%로 나타났다. 또한, 보석청구인원 대비 보석허가인원 비율인 보석허가율은 2011년 43.2%를 기록한 후 매년 감소하여 2020년 30.8%까지 급격히 감소하였다.

<표 7> 최근 10년간 보석청구사건 처리상황

(단위: 명, %)

구분 연도	구속기소인원 (A)	보석청구인원 (B)	보석허가인원 (C)	보석청구율 (B/A)%	보석허가율 (C/B)%
2011	47,117	7,224	3,124	15.3	43.2
2012	44,377	6,247	2,414	14.1	38.6
2013	45,409	6,465	2,625	14.2	40.6
2014	48,939	7,040	2,780	14.4	39.5
2015	55,317	7,196	2,732	13.0	38.0
2016	58,639	6,996	2,352	11.9	33.6
2017	53,555	6,079	2,204	11.4	36.3
2018	48,605	5,191	1,769	10.7	34.1
2019	48,492	4,946	1,764	10.2	35.7
2020	44,656	5,692	1,755	12.7	30.8

* 출처: 2021 사법연감 755쪽 표 인용
* 지방법원 신청(제1심, 항소심)에 의한 보석 관련 표임

이와 같이 최근 10년간 보석청구율과 보석허가율은 지속적인 감소 추세를 보이고 있는데, 이러한 추이는 보석의 조건을 다양화하여 구속피고인의 석방 기회를 확대하고자 한 2007년 개정 형사소송법의 취지를 무색케 하고 있다.[16]

3. 구속과 구속자석방제도 운용현황의 평가

수사기관의 구속영장 청구인원이 극적으로 감소함에 따라 제1심 형사공판사건 중 구속사건의 비율 또한 지속적인 감소 추세를 보이고 있다. 이러한 추이를 볼 때 수사단계에서의 불구속수사 원칙은 어느 정도 정착하였다고 평가된다.[17] 다만 구속영장 발부율의 경우 2011년부터 증가 추세로 전환되어 2020년에는 최근 10년간 최고 수치인 81.9%를 나타내고 있어 주목된다. 이는 앞서 언급한 바와 같이 영장실질심사제도가 그동안 어느 정도 정착됨에 따라 검찰이 불필요한 영장청구를 자제하고, 실질적인 영장 발부 가능성을 고려하여 보다 신중하게 구속영장을 청구하고 있기 때문으로 해석할 수 있다.[18]

---

16) 이창현(2010), 구속과 보석, 입추, 180－181쪽.
17) 안성훈/김혜경/고명수(2021), 앞의 책, 156쪽.

그러나 구속기준과 구속사유와 관련한 특별한 사정 변화가 없는 상황 속에서 최근 10년간 구속영장 발부율이 증가하고 있다는 점에 주목하면, 1997년 영장실질심사 도입 이후 종래의 구속을 위주로 한 수사와 재판의 관행에서 탈피하여 불구속재판의 원칙을 실현하고자 한 대법원의 노력과 달리 최근 일선 법원에서는 구속에 대한 일반 국민들의 법감정을 반영하여 구속제도를 운용하는 것은 아닌지 라고 하는 합리적인 의심을 가지게 한다.[19] 더욱이 공판단계에서의 피고인구속과 법정구속이 증가 추세를 보이고 있는 상황 속에서 피고인의 법정구속이 구체적인 기준에 따른 것이라기보다는 형사사법제도의 엄벌화 경향에 따른 형사재판부의 중형 선고 추세와 무관하지 않다고 하는 주장이 제기되고 있는 점을 고려하면 이러한 의심은 더욱 커진다.[20]

주지하다시피 법정구속은 피고인의 방어권 행사에 많은 제약을 가져올 뿐 아니라, 피고인이 생활상·직업상 큰 불이익을 받게 되고, 또한 구속 기간에 수용시설에서 범죄풍토에 오염될 수 있다는 점 등의 돌이킬 수 없는 부작용[21]을 초래한다는 점에서 구속의 요건이 엄격하게 심사되어야 하지만, 피의자 구속에서의 영장실질심사나 구속적부심사와 같은 제도가 없고 오로지 피고인의 구속 여부를 수소법원인 본안재판부 판사의 재량에만 의존하고 있는 상황이다. 엄격한 영장실질심사를 통해 피의자 구속이 급감하고 있는 상황과는 반대로 법정구속 사례가 급증하는 상황이 피고인의 구속 여부를 수소법원인 본안재판부 판사가 담당하는 제도상의 문제 때문에 발생하는 것은 아닌지 의심이 가는 부분이다.

한편, 체포·구속적부심사와 보석의 인용은 인원수와 비율에서 모두 급격한 감소 추세를 보이고 있어, 현행 구속자석방제도의 구속된 피의자를 석방하기 위한 제도로서의 기능은 매우 제한적으로 이루어지고 있는 것으로 보인다. <표 8>에서 나타나는 바와 같이 구속자석방제도 운용의 지표라고 할 수 있는 체포·구속적부심 석방률은 2011년 25.7%에서 2020년 6.7%로 약 20% 가까이 급격하게 감소하였고,

---

18) 위의 책, 156쪽.

19) 김성돈(2009), "개정형사소송법에 있어서 인신구속제도", 성신법학 제8호, 53쪽; 안성훈/김혜경/고명수(2021), 앞의 책, 156쪽.

20) "법정구속 구체적 기준이 없다", 파이낸셜뉴스, 2014.10.10. 인터넷 기사, http://www.fnnews.com/news/201410091748319216 (방문일 2023.5.7.). (안성훈/김혜경/고명수(2021), 앞의 책, 156쪽 주337 재인용)

21) 법정구속은 국가에 대하여는 미결구금의 유지에 필요한 막대한 경비를 지출하게 하고, 형사정책상으로는 교정시설의 과밀수용 상황을 초래한다. 안성훈(2016), 앞의 책, 77−81쪽 참조

보석허가율은 10년 전인 2011년 43.2%에서 2020년 30.7%로 10% 이상 감소한 것으로 나타나고 있어 구속된 피의자와 피고인에게 있어서 불구속수사 및 불구속재판원칙은 아직도 종이 위의 선언과 이상에 불과한 것처럼 보인다.[22]

<표 8> 보석허가율 / 체포 · 구속적부심 석방률 추이

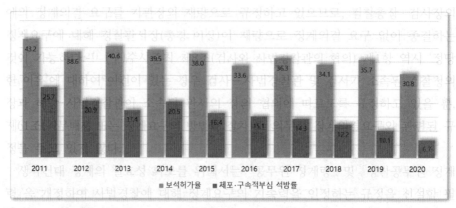

* 출처: 2021 사법연감 각 연도

2007년 개정형사소송법에서 불구속수사 · 재판의 원칙을 천명하고 있고, 사법부도 이를 적극 실무에서 실현하겠다고 하는 의지를 분명히 한 점을 고려할 때 재판단계에서의 구속인원이 점차 감소하는 추세를 보여야 함에도 불구하고 증가 추세를 보이고 있다는 점은 우려가 되는 부분이다. 특히 현행법은 체포 · 구속적부심사에 보증금납입조건부 석방제도를 도입하고 있고, 또한 2007년도 형사소송법 개정이후 보석조건이 다양화되어 불구속수사 · 재판의 실현가능성을 높이는 규범 환경이조성되었음에도 불구하고 체포 · 구속적부심과 보석의 인용률이 오히려 급격히 낮아지고 있다는 점에서 현행 구속자석방제도는 불필요한 구속을 중단함으로써 구속의장기화를 막기 위한 실질적 통제수단으로 기능하지 못하고 있는 것으로 보인다.[23]이와 같이 통계에서 나타난 현행 구속자석방제도의 운용 상황은 무죄추정원칙을구현하고, 구속의 비례성원칙을 실현하며, 피고인의 방어권 보장에 기여하고자 하는 제도의 취지가 제대로 실현되지 않고 있음을 보여주고 있다.

---

22) 김성돈/김혜경(2015), 앞의 보고서, 2쪽.

23) 안성훈/김혜경/고명수(2021), 앞의 책, 157쪽.

Ⅲ. 현행 구속자석방제도의 문제상황과 개선방안

형사소송법상 구속은 기소 전의 피의자에 대한 구속과 기소 후의 피고인에 대한 구속으로 나누어지는데, 구속자석방제도에 의하여 기소전 구속된 피의자는 구속적부심(기소전 보석 포함)과 구속취소, 구속집행정지에 의해 석방될 수 있고, 기소 후 구속된 피고인은 보석과 구속취소, 구속집행정지에 의해 석방될 수 있다. 이처럼 우리나라의 구속자석방제도는 형식적인 측면에서 볼 때 첫 단계라고 할 수 있는 영장실질심사 단계부터 다양한 제도가 마련되어 있어 불구속수사ㆍ재판의 원칙을 실현할 수 있는 제도적 장치가 잘 마련되어 있는 것처럼 보인다. 그러나 내용적인 측면을 구체적으로 들여다보면 각 제도마다 신청권자, 판단의 주체, 요건, 절차, 효과 등이 각기 다르고 복잡하여 법률전문가가 아니면 적절한 절차를 선택하여 신청하는 것이 사실상 곤란하고,[24] 또한, 구속의 첫 단계인 영장실질심사 단계에서 엄격하게 구속사유를 심사하였다는 전제하에 이후의 석방심사제도인 구속적부심사나 기소 후의 보석심사에 있어서는 특별한 사정 변경이 없는 한 심사청구를 잘 인용해주지 않는 구조적인 문제점을 보여주고 있다.[25]

이하에서는 현행 구속자석방제도의 문제점을 구체적으로 살펴보고, 이러한 문제점 분석을 바탕으로 현행 제도의 개선방안을 모색해보고자 한다.

1. 비례성 원칙에 입각한 구속과 석방제도의 확립

가. 문제상황

형사소송법 제201조의2는 필요적 구속영장실질심사를 규정하고 있다.[26] 구속영장실질심사는 판사가 피의자를 직접 대면하여 필요적으로 심사를 한다는 점에서 인신구속의 첫 단계에서의 통제장치라고 할 수 있다. 문제는 구속영장실질심사의 결정이 구속이 아니면 석방이라고 하는 일도양단의 결정구조로 이루어지고 있어 비례성 원칙에 입각한 구속ㆍ석방제도의 실현이 어려운 구조라는 점이다.

---

24) 법원행정처(2013), 외국사법제도연구(14) 각국의 구속 및 보석 기준과 실무운영현황, 368쪽; 안성훈/김혜경/고명수(2021), 앞의 책, 160쪽.
25) 정영훈(2019), "불구속수사 재판의 원칙의 발전과 정체, 인신구속제도의 재편 방안", 인권과정의 제485호, 67쪽; 안성훈/김혜경/고명수(2021), 앞의 책, 160쪽.
26) 체포된 피의자에 대하여 구속영장을 청구받은 판사는 지체 없이 피의자를 심문하여야 한다.

나. 개선방안

피고인 또는 피의자의 자유를 제한하는 구속은 "범죄에 대한 효과적인 투쟁이 다른 방법에 의하여는 달성될 수 없는 정당한 공익의 요구가 인정되는 경우에 최후의 수단으로 사용"되어야 하고, 이러한 목적 이외의 다른 목적을 추구하는 것은 허용되지 않는다.[27] 따라서 구속 이외의 다른 대체수단으로 형사소송의 진행을 확보할 수 있는 경우에는 비례성 원칙에 따라 구속의 대체처분을 선택할 수 있는 제도를 마련하는 것이 당연한 귀결이다.[28]

형사소송법 제199조 제1항 단서는 "강제처분은 이 법률에 특별한 규정이 있는 경우에 한하며, 필요한 최소한도의 범위 안에서만 하여야 한다"라고 규정하고 있어 구속과 관련하여 비례성 원칙의 준수의무를 포괄적으로 명시하고 있다. 이에 따라 비례성 원칙은 인신구속에 대한 실질적 제한원리로 작동하여야 하지만, 구속제도의 실제 운용에서는 비례성 원칙을 충족하지 못하는 경우가 많다. 인신구속에 대한 실질적 제한원리로 비례성 원칙이 구현되기 위해서는 구속의 첫 단계인 영장실질심사에서부터 구속 또는 석방이라는 양자택일 구조에서 탈피하여 독일과 같이 제3의 구속 대체처분, 예컨대 조건부 구속영장 집행정지제도를 도입하는 형태로 구속영장 실질심사제도를 개선할 필요가 있다.[29]

앞서 지적한 바와 같이 우리나라의 경우 구속과 석방의 첫 단계라고 할 수 있는 영장실질심사에서는 구속이 아니면 석방이라고 하는 일도양단식 결정만 할 수 있게 규정되어 있어 영장재판의 경직을 초래하는 원인으로 지목되고 있다.[30] '구속이

---

27) 법원행정처(2014), 법원실무제요 형사(Ⅰ), 275쪽.
28) 법원행정처(2013), 앞의 책, 367쪽.
29) 비교법적으로 볼 때 독일의 경우 비례성 원칙이 구속 관련 절차 전 과정에서 적용되면서 구속을 명령하고 유지하는 과정 내내 개인의 자유권과 효과적인 형사소송 보장 간의 긴장관계를 항상 고려할 것을 요구하고 있다. 독일 형사소송법 제112조 제1항 제2문은, "사안의 중대성과 예상되는 형벌 또는 보안처분에 비하여 비례성이 없는 경우에는 구속을 명할 수 없다."라고 하여, 구속에 대한 소극적 요건으로 비례성의 원칙을 명시하고 있다. 따라서 사안의 중대성 또는 재범위험성에 근거한 구속영장 발부를 포함하여 모든 구속사유에 대해, 그리고 구속영장의 집행, 구속기간에 대해서도 비례성의 원칙이 적용된다. 즉, 구속영장 집행정지(제116조), 구속취소(제120조), 6개월 이상의 구속기간 이후의 절차(제121조), 피고인이 불출석에 대한 충분한 해명이 없는 경우 발부되는 구속영장(제230조 제2항 및 제329조 제4항)에 대해서도 비례성 원칙에 위배되어서는 안 된다.
30) 법원행정처(2013), 앞의 책, 367쪽.

냐? 불구속이냐?'라고 하는 결정은 수사와 재판을 받는 당사자에게 있어 매우 중요한 신분의 차이를 만들고, 이러한 신분의 차이는 이후 재판의 당사자로서 방어권을 행사해야 하는 장면에서 결정적인 차이를 만들어 낸다. 뿐만 아니라 영장심사를 담당하는 양자택일의 결정을 강요받는 판사의 입장에서도 업무적 부담이 매우 클 수밖에 없고, 또한 영장실질심사의 결정 이후의 석방심사단계에서 조건부 석방(기소전 보석, 보석)사유가 있다고 하더라도 영장재판의 결과를 번복하는 일에 부담을 가질 수밖에 없는 구조적 한계를 만들어 낸다.[31] 형사절차에서 불구속 수사·재판의 원칙을 관철시키기 위해서는 이러한 구조적 한계를 반드시 개선할 필요가 있으므로 구속의 첫 단계에서부터 구속의 당부를 실질적으로 심사할 수 있는 법적 수단을 마련하는 것뿐만 아니라 조건부로 석방의 기회가 보장되는 제도적 장치가 마련될 필요가 있다.[32] 최근 대법원은 "구속영장단계에서 일정한 조건으로 구속을 대체할 수 있도록 하는 것이 헌법상 무죄추정의 원칙에 부합하고, 또한 적절한 조건을 부과하여 석방할 경우 구속영장 발부 또는 기각 결정에서 벗어나 비례성 심사에 따른 결정을 할 수 있다"라는 취지에서 구속영장단계에서 일정한 조건을 부과하여 석방할 수 있도록 하는 '조건부 석방제도'의 도입의 검토를 발표하였는데 같은 취지라고 할 수 있다.

2. 구속과 구속자석방제도의 일원화

가. 문제상황

구속영장이 발부되어 구속된 후, 피의자나 피고인이 석방될 수 있는 방법은 기소전 구속적부심사와 기소후 보석, 그리고 구속의 집행정지와 구속취소가 있다. 형식적으로만 보면 우리나라의 석방제도는 다양한 제도가 마련되어 있어 구속자의 석방 가능성이 높아 보이지만, 실제 주로 활용되는 구속자석방제도는 기소후 보석 정도라고 볼 수 있고, 이마저도 허가율이 낮아 활용률이 떨어지고 있다. 이는 앞서 지적한 바와 같이 현행 구속자석방제도가 엄격한 영장실질심사 결정을 거친 이후에 진행되기 때문에 이후의 석방심사단계에서 영장재판(영장실질심사 결정)의 결과를

---

31) 김성돈/김혜경(2015), 앞의 보고서, 73쪽.; 정영훈(2019), 앞의 논문, 65쪽.
32) "대법원, '구속영장단계 조건부 석방 제도' 검토 착수", 2021.9.9. 인터넷신문기사, https://m. lawtimes.co.kr/Content/Article?serial=172790, (방문일: 2023.5.7.)

번복하는 일에 부담을 가질 수밖에 없는 구조적인 문제를 가지고 있고,[33] 절차상으로도 기소 전후의 석방제도를 달리할 뿐만 아니라 각 제도의 요건과 절차가 달리 규정되어 있는 등 피의자와 피고인의 인권 보장적 측면에서 매우 복잡하고 비합리적인 형사체계로 운영되고 있기 때문으로 보인다. 따라서 현행 구속자석방제도를 피의자와 피고인의 인권과 방어권 충분히 보장할 수 있는 체계로 개선할 필요가 있고, 이를 위해서는 현행의 복잡한 구속자석방제도를 통합하고 단순화할 필요가 있다.

나. 개선방안

헌법상 무죄추정의 원칙과 비례성 원칙은 인신구속제도의 실질적 제한원리로 작용하여야 하고, 따라서 인신구속의 개시 여부에서부터 인신구속이 종료하는 시점까지 인신구속의 필요성 유무와 수단의 적합성, 그리고 대체수단에 의한 구속 목적의 달성 가능성 등이 지속적으로 심사되어야 한다.[34] 피의자가 구속된 이후 공소제기가 이루어지고 공판절차가 진행되는 과정에 이르기까지 구속 당시의 구속사유와 필요성, 구속의 요건 등은 변화될 수 있기 때문에 이러한 가변성에 대한 판단을 할 수 있는 제도적 장치가 필요적으로 마련될 필요가 있고, 이러한 제도적 장치, 즉 구속에 대한 사후 심사제도는 구속기간 동안 상시적으로 작동하여야 한다. 그러나 앞서 언급한 바와 같이 현행 형사소송법상의 구속심사제도는 형사절차의 각 단계에서 인신구속에 대한 비례성 심사를 지속적으로 하기 어려운 구조적인 한계를 가지고 있는데 이는 기소 전후를 달리하여 구속심사가 각각 다른 요건과 절차로 진행되는 체계를 가지고 있기 때문이다.[35]

---

33) 선행연구에 의하면, "영장전담판사는 경력 15년 이상의 부장 판사로 그 직속 상급자가 형사수석부장판사이고, 형사수석부장판사가 구속적부심재판부의 재판장이 되며 영장전담재판부의 사무실과 구속 적부심재판부의 사무실은 바로 인접해 있다. 실무상 구속적부심사는 5~10년 경력의 배석판사 한 명이 수명법관으로 구속 피의자에 대한 실질 심리를 하고, 심리 종결 후에 구속적부심사 합의부 판사들 간에 서면 심리 및 결정을 하는 방식"으로 운영되고 있기 때문에 구속적부심사의 인용률이 감소할 수밖에 구조라고 지적하고 있다. 정영훈(2019), 앞의 논문, 67쪽.

34) 김성돈/김혜경(2015), 앞의 보고서, 79쪽.

35) 선행연구에서는 구조적인 한계를 구체적으로 다음과 같이 지적하고 있다. "영장실질심사에서는 구속의 사유만 검토되고, 체포구속적부심사에서는 체포구속을 계속할 필요성이 아니라 체포구속시점 당시의 절차위반이나 체포구속요건 불충족이라는 위법성 여부만 심사되며, 기소 전 보석은 체포구속적부심이 청구된 경우에만 가능하다. 뿐만 아니라 공판개시 후에도 피고인

따라서 구속자석방제도의 정비를 모색함에 있어서는 인신구속의 개시 여부에서부터 인신구속이 종료하는 시점까지 인신구속에 대한 비례성 심사를 지속적으로 할 수 있는 방안을 검토할 필요가 있다. 인신구속의 개시 여부에서부터 인신구속이 종료하는 시점까지 인신구속에 대한 비례성 심사를 지속적으로 할 수 있는 가장 효과적이고 합리적인 구조는 구속과 석방에 대한 심사가 하나로 통합된 절차 하에서 이를 전담하는 전담재판부에 의해 구속심사를 받는 구조라는 점을 고려하면, 영장실질심사부터 구속적부심사, 구속집행정지, 구속취소, 기소전 보석제도, 보석제도를 모두 통합하여, 간결하고 일관성 있는 구조로 정비할 필요가 있다.

이와 관련하여 선행연구에서는 구속과 석방의 심사를 일원화하여 구속심사제도를 개선하는 방안과 관련하여 대부분 기소전의 구속적부심과 기소후의 보석의 관계를 재정립하는 방안을 제시하고 있는데, 정리하면 "① 보석을 그대로 존치 시키고 구속적부심을 피고인에게도 확대하자는 견해, ② 구속적부심을 그대로 존치하면서 보석을 수사단계의 피의자에게 확대하자는 견해, ③ 구속적부심을 폐지하고 보석을 기소전 단계까지 확대하자는 견해"로 나눌 수 있다.[36] 또한, 2004년 사법개혁 논의에서는 "여러 가지로 나뉘어 있는 석방제도를 통합하여 피의자·피고인을 불문하고 법원에 단일한 절차에 의한 석방심사 청구를 할 수 있도록 하는 방안, 영장단계에서의 조건부 석방제도 도입(구속 대체처분 부과 포함)" 등이 제안된 바 있다.[37] 이러한 방안들은 구속적부심과 보석제도를 병용하면서 그 중 어느 하나의 제도를 확대하는 방안 또는 양 제도를 하나의 제도로 통합하는 방안, 영장실질심사 단계에서 조건부 석방제도를 도입하는 방안이라고 볼 수 있다. 그러나 불구속수사·재판 원칙과 비례성 원칙이 실질적 제한원리로 작동하는 인신구속제도가 되기 위해서는 구속 후 석방제도의 통합이나 영장실질심사 단계에서의 조건부 석방제도만으로는 충분하지 못하고, 영장실질심사 단계에서부터 수사기관에 의한 구속기간 및 법원의 구속기간의 모든 단계에서 구속심사가 지속적으로 이루어질 수 있도록 하는 구조를 취해야 할 것인데, 이들 방안은 구속 이전에 이루어지는 사전적 심사의 개선방안이거나, 구속 이후에 이루어지는 사후 심사의 개선방안이라는 점에서 인신구속의 모든 단계를 아우르는 통합 방안으로서의 기능을 발휘할 수 없는 구조적인 한계를 여전히 가지고 있다.[38)]

비교법적으로 볼 때 영국과 미국뿐만 아니라 독일의 경우 기소 전후 구분 없이 구속피의자뿐만 아니라 구속피고인도 구속심사를 청구할 수 있고, 피의자·피고인 석방제도를 단일하게 운용하여 구속피의자도 보석을 청구할 수 있도록 하는 등 구속과 구속자석방 체계가 일원화되어 있음을 알 수 있는데, 구속 개시부터 구속 유지 여부를 형사절차 전 과정에서 지속적으로 심사할 수 있는 구조라는 점에서 시사하는 바가 크다. 특히 독일의 경우 구속자 석방을 위한 제도가 구속영장 청구심사 단계에서부터 기소 전후를 불문하고 구속심사제도(Haftprüfung)로 일원화되어 있고, 구속된 피의자 또는 피고인은 언제든지 법원에 구속심사를 청구할 수 있으며, 또한 피의자에 대한 구속기간이 3개월을 경과하였음에도 피의자가 구속심사 또는 구속명령에 대한 항고를 하지 않으면 법원이 직권으로 구속심사를 하도록 하고 있어 비례성 원칙이 인신구속의 전 과정에서 철저히 관철되도록 하는 절차적 구조를 가지고 있다는 점에서 우리나라에 시사하는 바가 크다.[39)]

이상의 논의를 바탕으로 현행 구속과 구속자석방제도의 개선방안을 고려해 볼 때 개선방안으로 기소 전후를 불문하고 구속과 구속자 석방심사는 구속영장실질심사나 구속적부심사와 같이 전담재판부에서 진행하는 것으로 일원화하고, 구속된 피의자 등은 상시 법원에 구속심사를 청구할 수 있도록 하며, 심사 후 결정은 구속(유지), 청구기각, 조건부 구속영장 집행정지, 구속취소로 통일하는 방안을 생각해볼 수 있다. 조건부 구속영장 집행정지는 구속영장 청구인용을 전제로 조건부로 집행을 정지하는 것으로 종래의 기소전 보석과 보석,[40)] 구속집행정지를 통합한 제도이

---

38) 안성훈/김혜경/고명수(2021), 앞의 책, 180쪽.

39) 안성훈/김혜경/고명수(2021), 앞의 책, 180-181쪽.

40) 역사적으로 볼 때 보석은 보증금 또는 보증인을 조건으로 구속의 집행을 정지하는 제도로 고안된 제도이다. 지금과 같이 구속을 대체하는 다양한 조건을 고려되고 있는 상황에서는 구속집행정지의 하나의 조건으로 이해하는 것이 타당하다. 실제 독일의 경우 보석은 단지 도주 위험만을 근거로 구속영장이 발부된 경우 더 가벼운 처분으로도 구속의 목적을 달성할 수 있다고 예상할 수 있는 충분한 근거가 있을 때 고려되는 구속영장 집행정지를 위한 하나의 조건이다(독일 형사소송법 제116조 제1항 제4호). 이러한 의미에서 현행 보석제도의 실질은 독일의

다. 이 방안은 구속 대상자 또는 구속자의 석방을 확대하고, 또한 석방 시기를 앞당길 수 있다는 점에서 불구속 수사·재판 원칙을 관철시키는 효과적인 방안으로 작동할 뿐만 아니라 영장실질심사 이후의 구속심사에 있어서 앞서 내려진 영장재판의 결정에 대한 부담을 덜어 줄 수 있고, 또한 이러한 방안은 "구속을 처벌 내지 미리 예상된 선고형의 일부를 집행하는 실무관행을 없앨 수 있는 측면도 가지고 있다."[41]

형사단계별 구체적 적용에 있어서는, 먼저 수사단계의 피의자에 대해서는 영장실질심사 재판부가, 공소제기 이후의 피고인의 경우에는 본안재판부가 아닌 수소법원 내의 구속·석방 전담재판부가 구속, 청구기각, 조건부 구속영장 집행정지, 구속취소 결정을 할 수 있고, 구속영장이 발부된 후에는 기소 전후에 상관없이 소위 구속심사절차를 통해 각각의 구속·석방 전담재판부에서 구속유지의 필요성 여부 또는 구속사유의 소멸 여부를 심사하여 구속, 청구기각, 조건부 구속영장 집행정지, 구속취소 결정을 하는 방안을 생각해 볼 수 있다. 이와 같이 통합된 구속심사제도는 구속, 청구기각, 구속유지, 구속취소 결정을 내리면서도 구속보다 완화된 처분을 조건으로 하여 구속영장의 집행을 정지할 수 있는 결정을 내릴 수 있는 장점이 있다는 점에서 구속의 최후 수단성 내지 비례성 원칙과 조화를 이룰 수 있고, 불구속수사·재판의 원칙을 현실화할 수 있을 것으로 생각된다.[42]

3. 전담재판부의 설치

가. 문제상황

형사절차 단계별로 구속과 석방을 심사하는 재판의 주체가 다르다는 점은 비례성 심사를 지속적으로 하기 어려운 구조적 한계로 작용하고 있다.[43] 주지하다시피 영장실질심사는 관할지방법원 판사인 수임판사(동법 제201조)가 구속 여부를 결정하고, 구속적부심사는 관할법원(동법 제214조의2)이 심사를 하며, 피의자가 기소된 후에는 수소법원인 1심 재판부가 피고인의 보석 여부를 결정한다(동법 제94조). 문

구속의 집행유예/정지제도와 같으나 명칭은 영미법계의 보석(bail)이라는 용어를 사용하고 있는 것으로 해석된다. 이완규(2008), 개정형사소송법의 쟁점, 한영문화사, 380쪽.

41) 김성돈/김혜경(2015), 앞의 보고서, 98쪽.; 안성훈/김혜경/고명수(2021), 앞의 책, 181쪽.
42) 위의 보고서, 99–100쪽.; 안성훈/김혜경/고명수(2021), 앞의 책, 182쪽.
43) 안성훈/김혜경/고명수(2021), 앞의 책, 182쪽.

제는 인신구속과 석방의 실무운용에 있어서 영장재판 단계에서는 구속심사를 판결절차에 가까울 정도로 엄격하고 신중하게 처리하는 반면 구속자의 석방은 가급적 제한적으로만 허용하는 방식으로 이루어지고 있다는 점이다. 그 배경에는 형사절차 단계별로 구속과 석방을 심사하는 재판의 주체가 달라 비례성 심사를 지속적으로 하기 어려운 구조적인 문제가 있는 것으로 생각된다. 예컨대 경력 15년 이상의 부장판사가 주재한 영장실질심사에서 내려진 결정을 구속적부심사를 담당하는 법원[44]에서 3~5일 만에 번복하는 일은 구조적으로 많은 부담을 느낄 수밖에 없다. 또한, 공소제기 후 본안재판부에서도 보석 신청사건을 처리하게 되면, 본안재판이 우선되어 보석심사가 미루어져 결정이 늦어지거나,[45] 보석을 허가하면 나중에 실형을 선고하고 법정구속을 하는 데에 구조적으로 상당한 심리적 부담을 갖게 된다. 더욱이 본안재판부에서 법정구속을 결정하였다면 해당 재판부가 이에 대한 보석신청을 받아줄 것을 기대하는 것은 불가능에 가깝다.[46] 결국, 형사절차 단계별로 구속과 석방을 심사하는 재판 주체를 달리하는 현재의 구조 하에서는 이러한 실무운용 방식이 바뀌지 않는 한, 아무리 불구속수사·재판의 원칙과 비례성 원칙을 강조하더라도 실무운용에 있어서 법원은 구속자 석방에 소극적일 수밖에 없는 구조적 한계를 가지고 있다.[47]

---

44) 실무상 구속적부심사는 5~10년 경력의 배석판사 한 명이 수명법관으로 구속 피의자에 대한 실질 심리를 하고, 심리 종결 후에 구속적부심사 합의부 판사들 간에 서면 심리 및 결정을 하는 방식"으로 운영되고 있다고 한다. 정영훈(2019), 앞의 논문, 67쪽.

45) 형사소송규칙 제55조는 "법원은 특별한 사정이 없는 한 보석의 청구를 받은 날부터 7일 이내에 그에 관한 결정을 하여야 한다."라고 규정하고 있지만, 7일이라는 기간은 신속한 보석 결정을 위한 훈시규정이라는 견해가 일반적이며, 법원도 훈시규정으로 해석해 운영하고 있다. 이주원(2021), 형사소송법 제3판, 박영사, 159쪽; 이창현(2009), 개정형사소송법상 보석제도에 관한 연구-운용실태분석과 그 개선방안을 중심으로-, 연세대학교 박사학위논문, 40-41, 140쪽 참조. 실제로 더불어민주당 권칠승 의원이 대법원으로부터 제출받은 자료(보석 청구 처리 현황)에 따르면 "최근 5년간(2017~2021년) 7일 이내에 처리된 보석은 36%에 불과하며 처리 기간이 7일 이상에서 많게는 3개월을 초과하는 것으로 나타났다."[대한변협 법률안 의견서] 대한변협 "보석결정기한 14일...지나치게 제약"", 아주로앤피 2022.11.18. 인터넷신문기사, https://www.lawandp.com/view/20221115152730178, (검색일: 2023.6.11.)

46) 이창현(2009), 앞의 논문, 139쪽.

47) 안성훈/김혜경/고명수(2021), 앞의 책, 183쪽.

나. 개선방안

이러한 실무운용상의 구조적 한계를 개선하기 위해서는 전담재판부를 마련하는 방안을 고려해 볼 수 있다. 즉, 구속·석방심사를 전담하는 전담재판부[48]가 마련된다면, 담당 법관은 영장재판의 결정에 구애받지 않고 소신껏, 신속하게 그리고 기준을 통일하여 구속·석방심사를 처리할 수 있을 것으로 기대되며, 또한 법관이 편견과 예단 없이 제3자의 입장에서 공정한 판단을 내리도록 하는 취지의 공소장일본주의의 취지도 관철할 수 있을 것으로 기대된다.[49] 이에 대해서 전담재판부를 따로 둔다고 해도 담당 법관이 같은 법원에 속해 있고, 사무실도 바로 옆에 있어서 영장재판의 결정에 대한 부담은 지금과 별반 차이가 없을 것이라는 실무의 견해도 있으나, 이는 법원의 실무운용상에서 나타나는 일부의 문제점일 뿐 구조적인 문제에서 나타나는 일반적인 문제점이라고 할 수 없다. 따라서 이러한 문제점은 구조적인 문제를 바로 잡음에 따라 해소될 수 있을 것으로 본다.

4. 구속사유과 석방사유의 연계 필요성

가. 문제상황

보석제도는 비록 헌법에 그 직접적 근거규정은 없지만 인간의 존엄과 가치 및 신체의 자유의 최대한 보장을 담보하기 위한 헌법상의 기속원리인 무죄추청의 원칙(헌법 제27조 제4항)과 이 원칙의 형사소송절차에서의 구현인 불구속재판의 원칙에 근거하고 있는 제도로써 그 취지는 구속사유가 있음에도 불구하고 보증금 등 일정한 보증 조건을 붙여서 피의자·피고인을 석방하면서도 구속한 것과 같은 효과를 거두면서 불구속 상태에서 수사와 재판을 받도록 하는 것이다.[50] 이러한 제도의 취지상, 보석 허가심사는 구속영장실질심사시 판단한 구속사유가 그대로 유지되고 있거나 새로운 구속사유가 발생하였다면 보석이 허가되지 않지만, 구속사유가 법원이 부과하는 조건에 의해 상쇄시킬 수 있는 경우에는 비례성 원칙에 따라 보석이 허가

---

48) 구체적으로 수사단계의 피의자에 대해서는 종래와 같이 영장실질심사 재판부가, 공소제기 이후의 피고인의 경우에는 본안재판부가 아닌 수소법원 내에 구속·석방심사를 전담하는 전담재판부를 두는 방안을 고려할 수 있다.
49) 조성용(2010), "현행 인신구속제도 운용의 문제점과 개선방안", 법조 제644호, 155쪽.
50) 조균석/이재상(2021), 형사소송법 제13판, 322쪽.

되는 구조로 이루어지는 것이 당연한 논리적 귀결이다. 논리적으로 보석제도가 이러한 구조를 취해야 한다면 보석이 허가되지 않는 제외사유를 별도로 마련할 필요가 없지만, 현행 형사소송법은 필요적 보석을 원칙으로 하면서, 피고인 등이 보석을 청구하면 법이 정하는 제외사유가 없는 한 보석을 허가하는 형식으로 규정하고 있어 제외사유를 별도로 규정하고 있다(제94조 내지 제95조). 현행 규정이 이러한 형식을 취하고 있는 것은 피고인의 권리로서의 보석을 강조하기 위하여 필요적 보석을 원칙으로 하는 형식으로 규정을 마련하였기에 이러한 예외사유를 따로 규정한 것으로 보인다.[51]

<표 9> 형사소송법상 구속사유와 보석 제외사유 비교

구속사유(제70조)	보석 제외사유(제94조)
1. 피고인이 일정한 주거가 없는 때 2. 피고인이 증거를 인멸할 염려가 있는 때 3. 피고인이 도망하거나 도망할 염려가 있는 때 ※ 필요적 고려사항 ① 범죄의 중대성 ② 재범의 위험성 ③ 피해자 및 중요 참고인 등에 대한 위해우려	1. 피고인이 사형, 무기 또는 장기 10년이 넘는 징역이나 금고에 해당하는 죄를 범한 때 2. 피고인이 누범에 해당하거나 상습범인 죄를 범한 때 3. 피고인이 죄증을 인멸하거나 인멸할 염려가 있다고 믿을 만한 충분한 이유가 있는 때 4. 피고인이 도망하거나 도망할 염려가 있다고 믿을 만한 충분한 이유가 있는 때 5. 피고인의 주거가 분명하지 아니한 때 6. 피고인이 피해자, 당해 사건의 재판에 필요한 사실을 알고 있다고 인정되는 자 또는 그 친족의 생명·신체나 재산에 해를 가하거나 가할 염려가 있다고 믿을만한 충분한 이유가 있는 때

권리로서의 보석을 명문으로 규정하고자 한 현행 규정의 취지는 높이 평가되지만, 문제는 보석의 제외사유를 구속사유와 연계시키지 않고 제외범위를 확대시킴으로써 권리보석의 취지와 달리 한번 구속이 되면 석방은 쉽지 않게 되어 보석제도의 취지를 형해화시키고 있다는 점이다. 즉 별도로 규정된 보석의 제외사유가 구속사유와 다르고, 나아가 제외사유의 범위가 지나치게 광범위하여 보석제도의 취지를 형해화시키고 있다(<표 9> 참조).[52] 이러한 상황은 이미 구속사유가 인정되어 구

---

51) 안성훈/김혜경/고명수(2021), 앞의 책, 184쪽.

52) 조균석/이재상(2021), 앞의 책, 323쪽.

속된 자에게 구속사유(＝보석제외 사유)가 있어 보석을 허가할 수 없다는 제2의 구속심사로 유도되는 논리적 모순을 야기한다.53) 이러한 이유 때문인지 현행 보석재판에 대해서는 필요적 보석이 원칙임에도 불구하고 제외사유가 원칙으로 운영되고 있다는 비판이 제기되고 있다.54)

나. 개선방안

비교법적으로 볼 때 독일의 경우 대체처분으로 구속의 목적을 달성할 수 있는 충분한 근거가 있는 경우에는 각 구속사유별로 구속영장의 집행을 정지하거나 정지할 수 있도록 하고 있을 뿐 별도의 보석 제외사유 규정을 두고 있지 않다(<표 10> 참조).55)

〈표 10〉 독일 형사소송법 구속영장의 집행정지 규정

제116조(구속영장의 집행정지) ① 단지 도주 위험만을 근거로 구속영장이 발부된 경우 더 가벼운 처분으로도 구속의 목적을 달성할 수 있다고 예상할 수 있는 충분한 근거가 있다면 법관은 구속영장의 집행을 정지시킨다. 고려대상이 되는 더 경한 처분은 다음과 같다.
1. 정해진 시간에 판사, 형사소추기관 또는 이들이 지정한 사무소에 출두하여야 한다는 지시
2. 판사의 승인 없이는 주소, 거소 또는 일정 지역을 이탈할 수 없다는 지시 3. 지정된 자의 감독하에서만 주거를 이탈할 수 있다는 지시 4. 피의자 또는 제3자가 적절한 담보를 제공
② 증거인멸을 근거로 구속영장이 발부된 경우 더 경한 처분으로도 증거인멸위험을 현저히 감소시킬 것이라고 예상할 수 있는 충분한 근거가 있다면 법관은 구속영장의 집행을 정지시킬 수 있다. 고려대상이 되는 더 경한 처분은 예컨대 공동피의자, 증인 또는 감정인과 연락하지 않아야 한다는 지시이다.
③ 피의자가 특정한 지시를 준수할 것이고 이를 통해 구금의 목적이 달성되리라고 예상

---

53) 정영훈(2019), 위의 논문, 77쪽.; 안성훈/김혜경/고명수(2021), 앞의 책, 184쪽.
54) 이러한 의미에서 보석권은 그 실질에 있어서는 피고인의 권리가 아니라 법원의 보석허가권으로서의 의미를 가진다고 볼 수 있다. 이창현(2009), 앞의 논문, 139쪽; 조균석/이재상(2021), 앞의 책, 323쪽.
55) 독일의 구속과 구속자석방제도에 대한 상세한 내용은 안성훈/김혜경/고명수, 앞의 책, 76쪽 이하 참조.

할 수 있는 충분한 근거가 존재하는 경우 법관은 제112조a에 의하여 발부된 구속영장의 집행을 정지시킬 수 있다.

④ 다음 각 호의 1에 해당하는 때에는 판사는 제1항 내지 제3항의 경우 구속영장의 집행을 명한다.

1. 피의자가 그에게 부과된 의무나 제한을 현저히 위반한 경우

2. 피의자가 도주를 준비하거나, 적법한 소환에 대하여 충분한 해명 없이 불응하거나, 기타의 방법으로 그에 대한 신뢰가 정당한 것이 아니었음을 보여주는 경우 또는

3. 새로이 발생한 상황에 의하여 체포가 필요한 경우

* 법무부(2012), 독일형사소송법 인용.

현행 규정과 같이 구속사유와 실질적으로 동일한 보석 제외사유를 별도로 규정하여 이를 보석 불허의 사유로 하는 것은 보석제도의 취지를 몰각한 것으로 보석제도를 형해화시키는 결과로 이어질 수밖에 없다는 점에서,[56] 구속자 석방심사는 구속심사단계에서 인정된 구속사유가 존재하더라도 독일의 사례와 같이 대체처분으로도 구속의 목적을 달성할 수 있는 충분한 근거가 있는 경우에는 대체처분을 부과하여 구속영장의 집행을 정지할 수 있다는 비례성 원칙하에 구속사유와 석방사유를 연계하는 방식으로 규정을 정비할 필요가 있다.[57] 이와 같이 규정이 정비되면 구속과 석방절차의 효율성을 도모하면서도 신체 자유의 제한을 최소화하고 피의자 등의 방어권을 실질적으로 보장하는데 기여할 수 있을 것으로 생각된다.[58]

개정의 방향은, 기본적으로 보석 제외사유는 구속사유의 유지가 될 것이기 때문에 현행 구속사유를 보다 명확히 하는 방향으로 개정할 필요가 있다. 현행법상 구속사유는 ① 피고인이 일정한 주거가 없는 때, ② 피고인이 증거를 인멸할 염려가 있는 때, ③ 피고인이 도망하거나 도망할 염려가 있는 때로 규정하고 있고, 또한 구속사유를 심사함에 있어 고려해야 할 사항으로써 범죄의 중대성, 재범의 위험성, 피해자 및 중요 참고인 등에 대한 위해 우려 등을 규정하고 있다. 이러한 구속사유와 고려사항은 형사절차의 원활한 진행을 확보하기 위하여 마련된 것으로 기본적으로 비례성 심사를 통과하기 위한 기준이 된다.[59] 구체적인 개정안으로는 주거부

56) 정영훈(2019), 앞의 논문, 77쪽.
57) 안성훈/김혜경/고명수, 앞의 책, 186쪽
58) 위의 책, 186쪽.
59) 위의 책, 186-187쪽.

정 사유의 경우 피고인의 도망 또는 도망의 염려를 판단할 때에 고려되는 사항에 불과하므로 삭제하는 것이 바람직하고, 현재 고려사유로 인정되고 있는 피해자 및 중요 참고인 등에 대한 위해 우려는 형사절차의 원활한 진행을 확보하기 위해 반드시 필요한 사항이므로 구속사유로 규정할 필요가 있다.[60] 피해자 및 중요 참고인 등에 대한 위해 우려를 구속사유로 보는 것은 예방적 구금을 인정하는 것이라는 지적이 있지만, 피해자는 재판의 실질적 당사자이고, 증인 등의 출석이나 증언도 원활한 재판절차의 확보에 있어 매우 중요하다는 점에서 이들에 대한 위해 우려 방지는 형사절차 진행의 확보라고 하는 구속의 목적에 부합하는 것으로 생각된다.[61]

한편 범죄의 중대성, 재범의 위험성의 고려사유는 예방구금으로 남용될 소지가 매우 강하기 때문에 기본적으로 구속사유에서 배제하는 것이 바람직하지만,[62] 재범의 위험성은 일부 범죄유형에 있어서 판단의 기준이 마련되어 있고 판단의 정확성도 인정되고 있는 만큼 예방구금의 목적이 아닌 도망할 염려를 판단할 수 있는 적극적 요소로서 판단될 수 있다는 점에서 형사절차의 원활한 진행의 확보라고 하는 목적에서 구속사유로 고려될 수 있을 것으로 생각된다.[63] 따라서 독일의 사례와 같이 예컨대 성폭력범죄자나 아동학대범죄자, 마약범죄자, 주취폭력범죄자 등 특정 범죄유형으로 제한하여 특별히 재범위험성이 인정되는 경우에 한하여 구속사유로 인정하는 방안을 모색해 볼 수 있다.[64]

1. 구체적인 구속사유와 근거의 명확한 제시

가. 문제상황

구속영장재판에 대해서는 구속기준이 불명확하고, 구속영장의 발부나 기각 시 그 사유를 구체적으로 기재하지 않고 있어 구속기준의 불명확성과 자의성에 대한 비판이 계속해서 제기되고 있다.[65] 구속영장을 발부함에 있어서는 구속사유와 구속사유의 근거를 명확히 기재할 필요가 있음에도 불구하고 현행 형사소송법에는 구

---

60) 위의 책, 187쪽.
61) 위의 책, 187쪽.
62) 심희기/양동철(2009), 형사소송법, 삼영사, 454쪽; 김성돈(2009), 위의 논문, 48쪽.
63) 안성훈/김혜경/고명수, 앞의 책, 187쪽
64) 위의 책, 187쪽.
65) 정영훈(2019), 앞의 논문, 63쪽.

속영장에 구속의 이유와 근거의 기재를 의무화하는 관련 규정이 없다.[66] 이러한 상황 때문인지 실무에서는 구속영장을 발부하는 경우 "구속영장 청구서에 인쇄체 형식으로 부동문자로 기재되어 있는 도망과 증거인멸의 우려 등의 구속사유 칸에 체크를 하는 방식으로 결정"한다고 한다.[67] 비교법적으로 볼 때 독일은 구속의 요건으로 "피의자에 대한 범죄혐의가 유력하고 구속사유가 존재하는 경우 피의자에 대해 구속을 명할 수 있다. 사안의 중대성과 예상되는 형벌 또는 보안처분에 비추어 비례성이 없을 때에는 구속 명령은 허용되지 않는다"라고 하여 구속에 대한 비례성 심사를 필요적으로 할 것을 명문으로 규정하고 있고(형소법 제112조 제1항), 비례성 심사를 거쳐 구속영장을 발부함에 있어서는 구속사유와 구속사유의 근거를 명확히 기재할 것을 규정하고 있어(동법 제114조 제2항) 시사하는 바가 크다.

한편 구속영장을 기각하는 경우에는 그 취지와 이유를 기재하도록 하고 있는데, 이러한 상황은 피의자 등의 입장에서 볼 때 매우 불합리한 상황을 초래한다. 대법원 인신구속사무의 처리에 관한 예규 제55조 제2항은 "구속영장의 청구를 기각하는 경우에는 구속영장청구서 하단의 해당란 또는 별지에 그 취지와 이유 및 연월일을 기재한 다음 서명·날인하여 검사에게 교부한다"라고 규정하고 있고, 이에 따라 영장담당판사는 구속영장을 기각하는 경우에만 그 취지와 이유를 결정문에 기재하고 있다. 문제는 이러한 방식이 검찰측의 재구속 청구에 있어서는 매우 도움이 되는 반면 피의자·피고인의 입장에서는 구속의 취지와 이유를 알 수 없어 이후의 석방심사재판에서 제대로 대응할 수 없다는 점이다. 예컨대 도망의 염려로 구속영장이 발부된 경우 이 사유를 탄핵하거나 조건부로 이러한 사유를 상쇄시킬 수 있다는 것을 항변하기 위해서는 구체적인 사유와 근거를 알아야만 하는데 법원의 구속영장 청구 인용에 대한 구체적인 사유가 기재되어 있지 않기 때문에 판사가 어떠한 근거로 구속영장 청구를 인용하는 결론에 도달하게 되었는지 알 수가 없고, 결국 검사가 유죄를 전제로 작성한 청구서의 내용만을 보고 대응할 수밖에 없는 실정이다. 이러한 불합리한 상황은 결과적으로 불구속수사·재판의 원칙을 실현하기에 어려운 구조를 만들고, 또한 필요적 보석을 권리로서의 보석이 아니라 시혜적인 보석

---

66) 형사소송규칙 제46조(구속영장의 기재사항)에서는 "구속영장에는 법 제75조에 규정한 사항 외에 피고인의 주민등록번호(외국인인 경우에는 외국인등록번호, 위 번호들이 없거나 이를 알 수 없는 경우에는 생년월일 및 성별, 다음부터 '주민등록번호 등'이라 한다.), 직업 및 법 제70조 제1항 각호에 규정한 구속의 사유를 기재하여야 한다." 라고만 규정하고 있다.

67) 정영훈(2019), 앞의 논문, 75쪽.; 안성훈/김혜경/고명수, 앞의 책, 188쪽.

으로 만드는 주요 원인으로 작용하게 된다.[68]

나. 개선방안

구속된 피의자·피고인의 입장에서 볼 때 현행법이 불구속수사·재판을 원칙으로 하고 있고, 또한 필요적 보석을 원칙으로 하고 있는 이상 이러한 권리를 충분히 보장받기 위해서는 자신이 왜 구속되었는지 그 취지와 이유를 구체적이고 명확하게 알 수 있어야 하고, 이러한 전제가 갖추어졌을 때 자신의 구속에 대해 변호사 등을 통해서 충분히 항변할 수 있다는 것은 자명하다.[69] 또한, 구속사유는 형사절차가 진행됨에 따라 소멸·완화 또는 추가적으로 발생할 수도 있는 것이기 때문에 명확한 구속사유와 그 근거를 알아야만 구속사유에 따른 적절한 대응을 할 수 있을 것이다. 따라서 구속의 사유와 근거를 구체적인 사실에 근거하여 충분히 상세하게 기재할 것을 의무화하는 방식으로 규정을 마련할 필요가 있는데, 독일의 경우 구속영장의 필수 기재사항을 구체적으로 규정하고 있어 시사하는 바가 크다(<표 11> 참조).[70]

<표 11> 독일형사소송법 구속영장 규정

제114조(구속영장) ① 법관은 서면 구속영장을 통해 구속을 명할 수 있다.
② 구속영장에는 다음의 사항이 기재되어야 한다.
1. 피의자
2. 피의자가 유력한 혐의를 받고 있는 행위, 그 수행 시간 및 장소, 범행에 해당하는 법률구성요건과 적용될 형법규정
3. 구속사유 및
4. 국가안보를 저해하지 않는 한, 유력한 범죄혐의와 구속사유의 근거가 되는 사실
③ 제112조 제1항 제2문을 적용해야 할 여지가 있거나 피의자가 이 규정을 원용할 때에는 당해 규정을 적용하지 않는 근거를 제시하여야 한다.

* 법무부(2012), 독일형사소송법 인용.

---

68) 안성훈/김혜경/고명수, 앞의 책, 188－189쪽.
69) 위의 책, 189쪽.
70) 조성용(2010), 앞의 논문, 151쪽.; 안성훈/김혜경/고명수, 앞의 책, 188－189쪽.

종래 학계와 실무로부터 가장 많은 비판을 받아 오고 있는 구속기준의 불명확성
과 예측 불가능성 문제의 근원은 바로 구속영장의 발부나 기각사유에 대해 구체적
으로 기재하지 않는다는 점에 있다.[71] 구속영장 결정시 구체적인 이유와 근거의 명
시는 영장담당판사가 구속＝처벌의 구속관에 입각한 구속을 하지 못하도록 통제하
는 기제로 작용할 수 있을 뿐만 아니라 검사 및 피의자나 변호인이 법원의 결정에
대해 불복 또는 승복할 것인지를 결정함에 있어서 판단의 기준이 될 수 있고, 상급
심에서 영장담당판사가 어떠한 이유와 근거로 결론에 이르렀는지를 구체적으로 파
악하여 그 결정에 위법·부당함이 있을 경우 이를 시정하는데 기여할 수 있을 것으
로 생각된다.[72] 따라서 구체적인 개정안으로는 형소법 제72조(구속과 이유의 고지)
와 제72조의2(고지의 방법)의 규정을 개정하여 구속사유와 구속사유의 근거가 되는
사실을 반드시 기재하도록 하고, 고지는 서면으로 전달하는 방식으로 개정하는 방
안을 생각해볼 수 있다.[73]

Ⅳ. 나가며

근대적 형사절차의 확립은 인류가 투쟁을 통해 쟁취한 역사적 경험의 산물이다.
즉 수사기관과 사법기관의 활동은 언제나 인권과 헌법상 보장된 기본권 침해의 가
능성을 내포하고 있기 때문에 이를 방지할 수 있는 적법절차의 보장을 통해 견제와
균형을 확보하면서 최후의 수단으로만 활용할 수 있게 한 것이고, 무죄추정의 원칙

---

71) 특히 구속영장의 발부 결정에 대해서 항고나 준항고를 허용하지 않고 구속적부심사를 받는
것으로 이를 대신하고 있는 체계상에서 구속사유와 근거가 명확히 설시되지 않는다는 점은
구속적부심사를 형식적 심사로 만드는 요인으로 작용하게 된다.

72) 조성용(2010), 앞의 논문, 152－153쪽; 정영훈(2019), 앞의 논문, 75쪽; 안성훈/김혜경/고명
수, 앞의 책, 190쪽.

73) 예컨대 실무에서는 "도망할 염려를 판단함에 있어서는 일반적으로 '생활의 불안정 때문에 소
재불명이 될 가능성(가족관계, 연령, 주거, 직업, 신병인수인 등의 요인)', '처벌을 모면할 목적
으로 소재불명이 될 가능성(사건의 경중, 전과전력, 집행유예보석중, 여죄, 범행직후의 도망,
범행후 소재불명, 체포시의 태도 등의 요인)', '기타 사유에 의하여 소재불명이 될 가능성(신상
관계 미확인, 피의사실 등에 대한 묵비부인 등의 진술태도, 공안사건에서의 피의자의 지위, 자
살의 염려, 피해자와의 합의, 해외여행경력 등의 요인)'의 세 가지 요소를 판단의 기준으로 하
는 것이 일반적"이라고 하는데(정진수(1997), 구속영장심사와 피의자심문, 한국형사정책연구
원, 70쪽), 이러한 판단기준으로 결정한 이유를 구속영장 발부 또는 기각시 구체적으로 설시
하지 않는 것은 이해하기 어려운 부분이다.

또한 역사적 경험을 통해 확인된 수사기관과 사법기관에 의한 인신구속의 남용을 통제하고자 확립된 원칙인 것이다.[74] 따라서 우리의 형사절차법 또한 이러한 원칙을 지향해야 하는 것은 당위적인 요청으로 이 헌법적 가치와 구속·구속자석방제도의 운용 현실 간의 괴리를 메우는 작업은 우리 형사사법의 당면 과제이다.

본 논문은 형사소송절차의 진행을 확보하고 실체적 진실을 발견하여 국가형벌권을 실현함에 있어서 중요한 역할을 담당하고 있는 구속제도의 필요성을 간과하고 있는 것은 아니다. 구속제도의 필요성을 인정하면서도, 본 논문의 전체에 걸쳐 무죄추정의 원칙에 입각한 불구속 수사·재판의 실현을 강조한 것은 이상적인 제도의 실현을 위해서가 아니라 현행 구속과 구속자석방제도의 구조하에서는 어쩌면 구속될 필요성이 없는 자 또는 조건부로 구속사유가 상쇄될 수 있는 자가 구속되는 상황이 발생할 수 있겠다는 합리적인 의심을 가지게 되었기 때문이다. 구속 이후 석방되는 비율이 구속적부심, 검사의 구속취소, 법원의 보석 순으로 형사절차가 진행될수록 증가하고, 또한 미결구금자 중 약 40－50% 정도는 실형이 아닌 구속취소나 벌금형, 집행유예의 선고를 받았음에도 불구하고 형이 선고될 때까지 구금되고 있는 것으로 나타나고 있다.[75] 이와 같이 구속자가 구속 초기 단계에서 석방되지 못하고, 미결구금일수가 증가하면서 구속자가 점차 더 많이 석방되고 있는 이러한 상황이 의미하는 것은 무엇인가? 현행 구속과 구속자석방제도하에서 담당판사의 입장에서 보면, 미결구금일수가 생기면 처벌의 효과가 발생한 것으로 보아 단기 자유형의 처벌 효과를 기대할 수도 있을 것이고, 한편으로는 구속과 석방이라는 선택의 기로에서 도망의 우려와 증거인멸의 우려, 재범의 위험성, 피해자 등 증인에 대한 위해의 우려 등에 대한 판단 실패의 부담을 회피하고자 하는 것일 수도 있을 것이다. 이러한 입장은 어쩌면 당연한 것일지도 모른다. 이것이 현실이라면 그 판단의 결과는 피의자와 피고인의 구속, 구속유지, 보석 불허가 등으로 나타날 수밖에 없

---

74) 1990년 우리나라가 가입한 시민적 및 정치적 권리에 관한 국제규약 제9조 제3항은 "형사상의 죄의 혐의로 체포되거나 또는 억류된 사람은 법관 또는 법률에 의하여 사법권을 행사할 권한을 부여받은 기타 관헌에게 신속히 회부되어야 하며, 또한 그는 합리적인 기간 내에 재판을 받거나 또는 석방될 권리를 가진다. 재판에 회부되는 사람을 억류하는 것이 일반적인 원칙이 되어서는 아니되며, 석방은 재판 기타 사법적 절차의 모든 단계에서 출두 및 필요한 경우 판결의 집행을 위하여 출두할 것이라는 보증을 조건으로 이루어질 수 있다."고 규정하고 있고, 또한 제14조 제2항은 "모든 형사피의자는 법률에 따라 유죄가 입증될 때까지 무죄로 추정받을 권리를 가진다"고 규정하고 있다.

75) 법무연수원(2021), 범죄백서, '미결구금자 출소사유' 409쪽 참조.

을 것이다.76) 하지만 현실이 그러할지라도 그러한 처벌 효과와 판사의 부담이 피의자 또는 피고인에게 전가되어서도 안 될 것임은 분명하다.

논문투고일 : 2023.09.11.   논문심사일 : 2022.09.19.   게재확정일 : 2022.09.30.

---

76) 실제 법원 관계자의 말을 빌리면 "판사들은 과거 피의자나 피고인들을 접하였던 경험을 일반화하여 구속사유를 판단을 하는 경향이 있고, 또한 실수로 피의자를 풀어주었을 때 그들에게 돌아오는 비난 때문에 구속자 석방심사시 소극적으로 임하는 경향이 있다."라고 한다.

【참고문헌】

김성돈, "개정형사소송법에 있어서 인신구속제도", 성신법학 제8호, 2009

김성돈/김혜경, "현행 형사소송법상 인신구속제도의 합리적 입법개선 방안", 국회 입법조사처 정책연구용역보고서, 국회입법조사처, 2015

배종대/이상돈/ 정승환/이주원, 형사소송법 제2판, 홍문사, 2016

법원행정처, 외국사법제도연구(14) 각국의 구속 및 보석 기준과 실무운영현황, 2013

법원행정처, 법원실무제요 형사(Ⅰ), 2014

사법개혁위원회, 국민과 함께하는 사법개혁 – 사법개혁위원회 백서 – , 사법개혁위원회 자료집(Ⅶ), 2005

심희기/양동철, 형사소송법, 삼영사, 2009

안성훈, 교정시설에서의 과밀수용 현상과 그 대책에 관한 연구, 한국형사정책연구원, 2016

안성훈/김혜경/고명수, 보석제도의 개선방안 연구, 한국형사정책연구원, 2021

이완규, 개정형사소송법의 쟁점, 한영문화사, 2008

조균석/이재상, 형사소송법 제13판, 2021

이주원, 형사소송법 제3판, 박영사, 2021

이창현, 개정형사소송법상 보석제도에 관한 연구 – 운용실태분석과 그 개선방안을 중심으로 – , 연세대학교 박사학위논문, 2009

이창현, 구속과 보석, 입추, 2010

정진수, 구속영장심사와 피의자심문, 한국형사정책연구원, 1997

정진수, 인신구속제도의 일원화에 관한 연구, 한국형사정책연구원, 2006

정영훈, "불구속수사 재판의 원칙의 발전과 정체, 인신구속제도의 재편 방안", 인권과정의 제485호, 2019

조성용, "현행 인신구속제도 운용의 문제점과 개선방안", 법조 제644호, 2010

대법원 2003.11.11, 자 2003모402

헌법재판소 2010. 11. 25. 2009헌바8

"구속영장 발부 대폭 감소… 14만여건서 3만여건으로", 법률신문, 2016.9.12. 인터넷 기사, https://m.lawtimes.co.kr/Legal−News/Legal−News−View?Serial =103085&kind=AA01 (방문일 2023.5.7.).

"법정구속 구체적 기준이 없다", 파이낸셜뉴스, 2014.10.10. 인터넷 기사, http://www.fnnews.com/news/201410091748319216 (방문일 2023.5.7.)

"대법원, '구속영장단계 조건부 석방 제도' 검토 착수", 2021.9.9. 인터넷신문기사, https://m.lawtimes.co.kr/Content/Article?serial=172790, (방문일: 2023. 5.7.)

"[대한변협 법률안 의견서] 대한변협 "보석결정기한 14일...지나치게 제약"", 아주로앤피 2022.11.18. 인터넷신문기사, https://www.lawandp.com/view/20221115152730178, (검색일: 2023.6.11.)

【국문초록】

 우리 헌법은 모든 기본권 보장의 전제조건인 신체의 자유를 최대한 보장하기 위해 적법절차의 원칙(헌법 제12조 제1항)과 무죄추정의 원칙(헌법 제27조 제4항)을 규정하고 있다. 특히, 무죄추정의 원칙은 형사재판에 있어서 유죄의 판결이 확정될 때까지 피의자나 피고인은 원칙적으로 죄가 없는 자로 다루어져야 하고, 그 불이익은 필요 최소한에 그쳐야 한다는 원칙이다. 따라서 무죄추정의 원칙은 인신의 구속 자체를 제한하는 원리이므로 형사절차상의 수사와 재판은 원칙적으로 불구속 상태에서 이루어질 것을 요구하고 있다. 이에 따라 형사절차상 인신의 구속은 예외적으로 구속 이외의 방법에 의하여서는 범죄에 대한 효과적인 대응이 불가능하여 형사소송의 목적을 달성할 수 없다고 인정되는 경우에 한하여만 사용되어야 하며, 형사소송의 진행을 구속 이외의 다른 대체 수단으로도 가능한 경우에는 비례성 원칙에 따라 대체수단을 선택할 수 있는 제도를 마련해야 한다.

 이러한 헌법적 가치에 근거하여 우리 형사소송법은 인신구속제도의 운용에 있어서 불구속수사(형소법 제198조) 및 불구속재판 원칙을 확립해 왔고, 이러한 원칙을 실현하기 위하여 우리 형사소송법은 그동안 수차례에 걸쳐 인신구속제도와 구속자석방제도에 관한 규정을 개정해 왔다. 그러나 구속과 구속자석방제도의 운용 현실을 살펴보면 이러한 제도적 장치들이 헌법적 가치와 형사소송법의 원칙을 실현하는데 제대로 기여하고 있는지 의문이다. 예컨대 구속적부심에 의한 석방률은 영장실질심사제도 도입 이전과 비교하여 그다지 차이가 없으며, 보석제도의 운용 또한 2007년도 형사소송법 개정 이후 다양한 보석조건을 도입하여 불구속재판 원칙의 실현 가능성이 높아졌음에도 불구하고 법정구속률은 증가하였고, 보석허가율은 다양한 보석조건 도입 이전보다 오히려 감소하고 있는 것으로 나타나고 있다. 이러한 통계의 추이는 구속적부심사와 보석제도가 구속률을 낮추려는 개정 노력의 취지와 다르게 불필요한 구속을 억제하고 구속의 장기화를 막기 위한 실질적 통제수단으로 기능하지 못하고 있다는 점을 추론케 한다. 이에 현행 구속자석방제도가 헌법적 가치를 실현하는 사후적 구제수단으로 실질적으로 작용할 수 있는 방안을 모색할 필요가 있다.

◈ 주제어: 무죄추정의 원칙, 불구속수사·재판 원칙, 구속자석방제도, 영장실질심사, 구속적부심, 법정구속, 보석, 구속영장 집행정지제도

【Abstract】

Improvement plan of the current detainee release system based on the principle of presumption of innocence

Ahn Seong－hun

Our Constitution stipulates the principles of due process (Article 12 (1)) and the presumption of innocence (Article 27 (4)) as in order to maximize the freedom of the person, which is a prerequisite for guaranteeing all basic rights. In particular, the principle of presumption of innocence is the principle that in a criminal trial, a suspect or defendant should be treated as innocent until a guilty verdict is finalized, and the disadvantages should be limited to the minimum necessary. Therefore, since the principle of presumption of innocence is a principle that limits the restraint of the person itself, investigation and trial in criminal procedures are, in principle, required to be conducted in a state of detention. Accordingly, personal restraint in criminal procedures should be exceptionally used only in cases where it is deemed impossible to achieve the purpose of criminal proceedings because it is impossible to effectively respond to crimes by means other than restraint. If alternative means other than restraint are possible, a system should be prepared to select alternative means according to the principle of proportionality.

Based on these constitutional values, our Criminal Procedure Law has established the principle of investigation without detention (Article 198 of the Criminal Procedure Act) and trial without detention in the operation of the person restraint system. Regulations on the system of personal detention and release of persons under arrest have been revised. However, looking at the reality of the operation of the arrest and release system, it is questionable whether these institutional devices are properly contributing to the realization

---

* Korea Institute of Criminology and Justice

of constitutional values and principles of criminal procedure law. For example, there is not much difference in the rate of release by adjudication against detention compared to before the introduction of the arrest warrant review system, and the operation of the bail system has also increased the possibility of realizing the principle of trial without detention by introducing various conditions for bail after the 2007 revision of the Criminal Procedure Act. Despite this, the court arrest rate has increased, and the rate of permission for bail has decreased rather than before the introduction of various bail conditions. This trend in statistics leads us to infer that the detention review and bail system, contrary to the purpose of the revision efforts to lower the arrest rate, do not function as practical control means to curb unnecessary detention and prevent the prolongation of detention. Therefore, it is necessary to find a plan that can actually work as an ex post means to realize the constitutional value of the current detainee release system.

◈ Key Words: Principle of presumption of innocence, principle of investigation and trial without detention, release of detainee system, review of Arrest warrant, adequacy of detention, court detention, bail, system for suspension of execution of arrest warrant

한국형사소송법학회 『형사소송 이론과 실무』

제15권 제3호 (2023.9) 473~503면.

Theories and Practices of Criminal Procedure Vol. 15 No. 3 (September. 2023) pp. 473~503.

10.34222/kdps.2023.15.3.69

독일의 형사 공판 기록의 디지털화 추진의 의미와 시사

김 성 룡*

───────── 목 차 ─────────

Ⅰ. 시작하며

독일은 2026년 초부터 모든 사법 영역에서 완전한 디지털 문서화와 디지털 의사소통을 시작한다는 계획을 하나씩 집행해 가고 있다. 인간의 일상 삶의 영역에서 일어나고 있는 급속한 기술적 발전이 앞으로 어떤 방향과 속도로 나아갈 것인지를 가늠하기 어려울 뿐만 아니라, 기술적으로 뒤처진 국가의 형사사법에 대해 국민들은 향후 어떤 신뢰도 더 이상 주지 않을 것이므로 지금까지 아날로그적 일 처리 방법을 하나씩 차례대로 전자적으로 모사하는 식의 느린 대책은 해법이 될 수 없다는 인식이 독일 연방과 주의 당국으로 하여금 사법 자체의 디지털화라는 방향을 설정하고 추진하게 하는 근거가 되고 있다.

한때 독일 법무부 장관직을 수행한 바 있는 정치인이자 법정책(ZRP) 학술지의 공동 편집자이기도 한 찌프리스(Brigitte Zypries)는 관련 연구결과[1]를 제시하면서,

───────────

* 경북대학교 법학전문대학원 교수, 법학박사; 경북대학교 법학연구원 연구위원

1) Boston Consulting Group, The Future of Digital Justice(2022), p. 9에서는 독일의 사법체계의 디지털화는 선도 국가에 비해 10 - 15년 뒤쳐진 것으로 진단하면서 그 원인으로 사건의 과부담, 비용압력 그리고 판사 정원의 25%가 2030년까지 퇴직함으로써 닥치게 될 인적 문제 등을 지적하고 있다. 결국 이런 부정적 요소들은 독일로 하여금 법원을 현대화하고 디지털화하도록 압력을 가중하는 역할을 하고 있다고 진단하고 있다.

이른바 디지털 사법의 개척 국가라고 언급되기도 하는 캐나다, 오스트리아, 영국, 싱가포르와 같은 나라에 비하자면 독일은 10년에서 15년 이상 뒤쳐져 있다고 진단한다. 따라서, 상대적으로 늦은 감은 있어도 코로나 기간 동안 얻은 인식과 Legal-Tech 분야에서의 발전을 계기로 갑작스럽게 모든 곳에서 '사법의 디지털화'(Digitalisierung der Rechtspflege)를 바로 행동으로 옮기자고 호들갑을 떠는 사람들이 급증하고 있는 현상은 그나마 불행 중 다행이라고 말한다.[2]

2022년 연방사법(법무)부[3](Bundesministerium der Justiz)는 '디지털 법치국가' (digitaler Rechtstaat) 추진이라는 연정(聯政)의 협정 이행을 위하여 200억 유로, 약 2,900억의 예산을 배정했다고 한다. 연방 각 주들의 관련 부서에서는 당연히 이보다 더 많은 예산을 요구하고 있다. 이미 2022년 이전에, 예를 들면 독일 바덴-뷔르템베르크(Baden-Württemberg)주는 모두 주에 통일된 AI 포털과 공통의 AI 전략 개발을 담당하고 스마트 보조프로그램인 'Codefy'[4]를 시범운영하는 등 주도적인 역할을 수행하고 있다고 한다. 또한 프랑크푸르트(Frankfurt a.M.) 구법원(지방법원지원[5])(Amtsgericht)은 IBM사의 Frauke라고 불리는 인공지능 판결도우미를[6] 활용하는 시범사업을 수행하고 있다. 사법(법무)부의 실무그룹들은 구법원·지방법원지원의 온라인 소송 개념을 도출해내고 인공지능을 사법영역에 투입하는 기초들을 연구하고 있다고 한다.[7]

무엇보다 찌프리스는 이미 인력난에 빠져 있는 독일 법원과 검찰에서는 날마다

---

2) Zypries, Digitalisierung für die Justiz, ZRP 2022, S. 201

3) 이미 다른 곳에서 설명한 것처럼 독일의 Justizministerium은 우리나라의 사법부의 법원행정처와 법무부의 기능을 모두 통합하여 수행하는 부서라고 할 수 있고, 이를 분명히 하기 위해 사법·법무부로 옮겼다. 아래에서는 혼용하기로 한다.

4) https://codefy.de (2023.7.3. 최종 검색) 참조. Codefy는 인공지능에 기반한 문서분석을 위한 기반시설(Infrastruktur)이다.

5) 이미 다른 곳에서 설명한 것처럼 독일의 Amtsgericht는 사건의 관할의 관점에서 우리의 지원이라고 하기도 어렵고 단독 관할 사건 담당이라도 하기 어려운 특징이 있어서, 구법원으로 옮기기도 하는데 조직상으로 보면 지방법원지원과 같은 성격을 보이기도 한다는 점에서 개념을 병용해서 표현했다.

6) Frankfurt a.,M.의 Amtsgericht는 인공지능을 활용하여 다수의 항공기승객이 문제되는 지연 또는 결항 사례를 해결하는 파일럿 테스트를 담당하고 있다. 이에 대해서는 https://www.hessenschau.de/panorama/amtsgericht-frankfurt-kuenstliche-intelligenz-hilft-bei-massen-urteilen-v1,amtsgericht-roboter-100.html (2023.7.3. 최종 검색)

7) 이상의 내용은 Zypries, Digitalisierungsschub für die Justiz, ZRP 2022, 201.

퇴직자가 증대하고 있고, 장기적으로 볼 때 시의적절하게 의사소통하지 못하는 사법체계는 결국 기능부전에 빠질 것이 분명하다는 점에서, 사법의 디지털화가 전위로 나서고 있는 현재의 상황은 늦었지만 환영할 만한 일이라고 진단하고 있다. 이러한 배경에서 찌프리스는 사법의 디지털화라는 이러한 움직임이 가지는 의미를 직시하고 모든 관계자들은 함께 행동하고 정치와 사법 관련 직업군들에 있는 사람들은 개인의 이해관계를 좀 뒤로 미루어 두자고 호소한다.[8] 지난 2022년 11월 7일부터 8일까지 베를린에서는 '독일 사법을 함께 현대적으로 만들자'는 구호 아래 제1회 '디지털 사법 정상회의'(Digital Justice Summit)가 개최되었고, 오는 2023년 11월에 제2차, 2024년 11월에 제3차 디지털 사법 정상회의가 예정되어 있다.[9]

이러한 사법의 디지털화라는 흐름 속에서 지난 5월 10일 독일 연방정부는 '형사법원 공판절차의 디지털 기록을 위한 법률안'(Entwurf eines Gesetzes zur digitalen Dokumentation der strafgerichtlichen Hauptverhandlung)을 연방의회에 제출했다.[10] 아래에서는 이러한 공판절차의 디지털 기록화가 무엇이며, 형사절차에서 어떤 의미를 가지는 것인지에 대한 쟁점을 간략히 정리하고(Ⅱ), 동 법률안에 대한 독일 내의 관련 전문가들의 의견은 어떠한지 살펴본 후(Ⅲ), 동 법률안이 우리에게 주는 시사는 무엇인지(Ⅳ) 정리해보기로 한다.

Ⅱ. 형사 공판의 디지털 기록을 위한 법률

1. 문제상황·법률안의 배경

정부가 제출한 법률안에서는 형사법원의 공판절차를 디지털 방식으로 기록하는 법률을 도입하려는 이유를 다음과 같이 요약하고 있다.

무엇보다 독일 형사소송법(StPO[11])은 지금까지는 공판절차를 기록하기 위하여

---

8) Zypries, Digitalisierungsschub für die Justiz, ZRP 2022, 201.

9) 관련 내용은 www.digital-justice.de

10) 최초 정부 제출 법률안에 대한 수정내용을 반영한 정부안(DB Druchsache 20/8096)이 2023년 8월 23일 연방상원에 제출되었고, 9월21일 제1회독(erste Beratung)에서 법안에 대한 논쟁을 거친 후 우리의 법사위와 같은 위원회로 이송되어 10월 11일 법사위(Rechtsausschuss)의 검토(2. Beratung)가 예정되어 있다.

11) Strafprozessordnung은 형사소송법으로 번역되고 있지만, 절차법이라는 의미에서 Recht나 Gesetz가 아니라 (Prozess)Ordnung이라고 부른다는 점에서 정확한 의미 전달이 어렵다고 볼

공판조서를 활용하여 공판과정의 서면조서 작성을 예정하고 있다(형소법 제271조
이하). 따라서 주법원(LG)과 주고등·최고법원(OLG) 관할의 제1심 공판에서는 단
지 절차적 관점에서 중요한 절차형식들이 지켜졌는지를 상소법원이 심리할 수 있
도록 한다는 기능에 상응하는 조서가 요구되고 있다. 이런 조서를 이른바 '형식조
서'(Formalprotokoll)라고 부른다. 내용조서(Inhaltsprotokoll)에 대비되는 개념이다.
단, 예외적인 경우에는 개별 절차들 또는 공판정에서의 전체 진술이 자구대로 조서
에 기록되기도 한다(형소법 제273조 제3항).[12] 환언하면 통상 공판정에서의 신문이
나 진술 등의 내용은 조서에 기재되지 않는다.[13] 하지만 구법원의 공판에서는 최소
한 신문의 중요한 결과들은 조서에 기록된다(형소법 제273조제2항제1문). 이러한 독
일의 현재 공판조서를 기록하는 방식에 따르면 판사들, 검사들 그리고 변호인들,
즉 절차 참여자들은 객관적이고 믿을 만한 공판내용의 기록을 활용할 수 없다. 이
들 형사절차참여자들은 자신들의 기억을 돕는 수단으로 공판의 내용에 대해 저마
다 자신만의 메모(Mitschriften)를 만들어야만 한다. 증인의 진술을 메모하거나 공판
정에서 진술한 자의 진술을 요약해서 정리하는 등의 방법을 이용해야만 하는 것이
다. 이렇게 되면 결국 공판참여자들은 오롯이 공판 진행에 집중할 수가 없다는 문
제가 발생한다. 또한 각자의 메모는 각자의 필요에 따라 취사선택되거나 각자의 관
점에 따른 주관적 내용으로 채워질 수 있고, 그런 이유로 완전할 수가 없기 때문에
결국 공판정에서 일어난 일의 내용에 대해서 다양한 의견 차이가 발생하는 이유가
되기도 한다는 것이다. 공판정에서 일어난 일의 내용을 해석함에 있어서 기억의 오
류를 피하는 것 그 자체가 이미 판사나 검사, 변호인, 피고인은 물론이고 피해자나
다른 증인들의 이해관계에도 부합한다는 것이다.[14]

결국 공판의 내용기록의 부재는 형사 법정의 공판절차가 오늘날 평균적으로 과
거보다는 상당히 길어지고 있다는 것과 지방법원과 주고등법원에서 이른바 '대형사

수 있다. 미국법에서의 Law와 Rule 또는 Procedure라는 개념을 어떻게 국어로 정확하게 옮
길 것인가 하는 문제도 이와 다를 바 없다.

12) 독일 형사소송에서 공판조서 관련 내용은 김성룡, 공판 심리의 영상녹화 의무규정 도입을 위
한 시론, 형사소송 이론과 실무 제12권 제2호(2020), 248쪽 이하 참조.

13) Gesetzentwurf der Bundesregierung, Entwurf eines Gesetzes zur digitalen Dokumentation
der strafgerichtlichen Hauptverhandlung (Hauptverhandlungsdokumentationsgesetz –
DokHVG), S. 1(https://www.bmj.de/SharedDocs/Gesetzgebungsverfahren/DE/DokHVG_
Hauptverhandlungs dokumentationsgesetz.html : 2023.7.6. 최종검색)

14) DB–Drucksache 20/8096 (23.08.2023), S. 1

건'(Umfangsverfahren)을 다루어야 하는 것은 더이상 예외가 아니라 일상화되어 간다는 점에서 중요한 문제가 되고 있다는 것이다. 공판절차에서 일어난 개별적인 일들에 대한 절차참여자들의 기억은 시간이 지나면서 희미해지는 것이 자연스럽기 때문이다.[15]

따라서 이 법률안은 법치국가성의 증진, 효율적이며 책임 있고 투명한 제도들의 확립, 그리고 UN의 지속가능한 개발목표 16(16 der Agenda 2030[16])의 달성을 위한 하나의 기여라는 것이 독일 정부의 입장이다.

2. 문제 해결 방법

1) 음성녹음과 자동 전자적 텍스트 기록 생성

이러한 내용조서의 부재가 만들어내는 문제의 해법으로 독일 정부가 선택한 것은 주 지방법원(LG)과 주고등법원(Oberlandesgericht; OLG[17]) 제1심 형사공판절차의 내용을 디지털 방식으로 기록하는 법적 근거를 마련한다는 것이었다. 그 기록은 자동으로 전자적 텍스트기록(Transkript)으로 변형되는 음성녹음(Tonaufzeichnung)을 통하여 이루어지도록 한다는 것이다.[18] 추가적으로 연방 각 주의 규정을 통해서 부분적·전면적인 영상녹화(Bildaufzeichnung)도 가능하게 한다는 것이다. 시범운영단계(Pilotierungsphase)에서는 연방 관할에 속하지만 기관대여 형식으로 국가보호절차가 이루어지는 하나 또는 다수의 주고등법원이 제1심 관할인 사건에서부터 디

---

15) Gesetzentwurf der Bundesregierung, Entwurf eines Gesetzes zur digitalen Dokumentation der strafgerichtlichen Hauptverhandlung (Hauptverhandlungsdokumentationsgesetz — DokHVG), S. 1.

16) Sustainable Development Goal 16. 이에 대한 상세한 내용은 https://www.un.org/ruleoflaw/sdg-16/ (2023.9.1. 최종검색) 참조

17) 연방 각주에서 가장 높은 심급은 Oberlandesgericht이고 주최고법원 또는 주고등법원등으로 옮기기도 한다. 사건에 따라서 주고등법원에서 심급이 종결되는 경우도 있고, 연방대법원(Bundesgerichtshof)이 최종심급인 경우도 있다는 점에서 우리의 제도와 1:1 비교하기는 어렵다.

18) 이미 이러한 제언은 연방대법원 형사부 Mosbacher 판사가 주장해왔다. Mosbacher, Aufzeichnung der Hauptverhandlung und Revision—ein Vorschlag, StV 2018, S. 182ff.; Mosbacher, Dokumentation der Beweisaufnahme, ZRP 2019, S. 158f.. 이에 대해서는 김성룡, 공판 심리의 영상녹화 의무규정 도입을 위한 시론, 형사소송 이론과 실무, 제12권 제2호(2020), 263쪽 참조.

지털 기록을 시작하기로 했다. 연방과 주가 협업하여 초기작업을 해보자는 것이다.

정부의 법률안은 전문가 그룹을 통해 획득된 인식과 그들 전문가그룹이 제출한 2021년 6월 최종보고서에[19] 근거하고 있고, 이 보고서에 따라 제안된 2022년 11월 22일 정부최초법안에서는 LG와 OLG가 1심 관할인 형사법정의 공판절차를 디지털 영상녹화(Ton−Bild Aufnahme)하는 방법을 추천하였다. 즉. 최초 법률안에서는 디지털 영상녹화가 기본 형태였으나 여러 가지 반론으로 인해 디지털 녹음을 기본 방법으로 변경하고, 추가적으로 영상기록도 가능한 것으로 후퇴시킨 것이다.[20] 물론 연방 각주는 처음부터 영상녹화를 공판내용을 기록하는 기본형태로 규정할 수 있도록 하고 있다. 달리 표현하면 최소한 디지털 음성녹음을 의무화하는 것이다.

향후 형사법정의 공판절차가 디지털로 기록되게 되면, 언급한 바와 같이 절차의 모든 참여자들에게 도움이 되며, 특히 판결이 인식이나 기억의 오류에 근거할 위험도 대폭 감소한다는 것이다. 나아가 법원 절차는 물론이고 수사절차의 진술 기록도 인간의 기억보다는 당연히 우월하다는 것이 경험과학에 의해 제시되어 있고,[21] 방대한 규모의 사건을 다루는 재판절차에서는 판결에 대한 합의 및 판결문 작성 시점에는 이미 해당 진술들은 수개월 전에 일어난 일이 된다는 점에서 디지털 녹화·녹음은 이제 더 이상 미룰 수 없는 일이라는 것이다.

나아가 독일과 달리 EU의 여러 국가들에서는 이미 오래 전부터 공판 내용을 기록하는 것이 기본 형태(Standard)였다는 것도 강조하고 있다. 이들 국가에서 공판 내용을 기록하는 방법은 주로 녹음을 통해 이루어지는 것이 일반적인데, 예를 들어 영국, 에스토이나, 리투아니아, 체친, 아일랜드, 덴마크, 스웨덴 등이 이러한 방법을 사용한다. 물론 이외에도 스페인의 경우는 전체를 비디오 영상녹화방식으로 하고 있고, 다른 나라에서도 부분적으로 이미 비디오녹화를 기록방법으로 하고 있다.[22]

법률안의 기본 복안은 이러한 기록화를 통해 절차참여자들의 공판기록 사용의

---

19) Bundesministerium der Justiz und für Verbraucherschutz, Bericht der Expertinnen− und Expertengruppe zur Dokumentation der strafgerichtlichen Hauptverhandlung, Berlin, Juni 2021, 특히 S. 15f. 참조

20) 이에 대해서는 예를 들어 Kulhanek, Die (fehlende) Inhaltsdokumentation des Strafprozesses, GA 2023, S. 301f. 참조.

21) 예를 들어 Bender/Häcker, Tatsachenfeststellung vor Gericht, 5. Auflage 2021, S. 381, 386 f.; 법안에 대한 안내서에 따르면 이미 베카리아도 인간은 선천적으로 빨리 잊어버리는 것이 본성을 가지고 있음을 경고했다고 한다(Beleiterpapier, S. 1).

22) Hauptverhandlungsdokumentationsgesetz Begleitpapier, S. 1

유용·효용성을 더욱 높인다는 것이고, 향후에는 이러한 기록에 가능한 빨리 접근할 수 있는 보장책도 마련해야 한다고 강조한다.

2) 사실심과 법률심의 종래 권한 유지

디지털 녹음·녹화를 통해 사실심의 절차가 상소심의 판단 대상이 되면 결국 상소심이 사실심의 기능과 역할·권한을 가져가는 것은 아닌가 하는 의문·반론이 제기될 수 있다. 이와 관련하여 법률안에서는 기존의 심급 구조에 대해서는 변경을 의도하지 않음을 밝히고 있다. 디지털 기록이 도입되어도 사실심법원(Tatgericht)과 상소심법원(Revisionsgericht) 사이의 과제분배에 변화가 생기는 것은 아니고, 당해 사건에서 형법적으로 중요한 사실 확정 의무는 여전히 사실심법원에 주어지는 것이고 상소심법원의 권한은 단지 법적 평가(rechtliche Prüfung)에 제한될 뿐임을 강조한다. 사실의 평가(tatsächliche Wertungen)와 증거의 평가에서 사실실 법원이 가지는 재량영역(Beweiswürdigungsspielräume)에 대한 침해는 변함없이 허용되지 않음을 명확히 하고 있다.

한편, 이러한 디지털 내용기록이 도입되어도 기존의 공판조서도 역시 병렬적으로 활용된다. 따라서 디지털 기록으로 절차 참여자들에게는 사실심의 공판절차 동안에 절차 진행 준비를 위해 신뢰할 만하고, 객관적이며, 단일한 보조수단(내용조서)이 이용 가능해진다는 것이 기존과의 차이점임을 강조한다.[23]

3) 도입 절차·방법·시기 등

형사소송법이 절차법이라는 특징을 감안할 때 세부적으로 공판을 디지털 기록하는 기술적 방법이나 조직적 관점의 구상을 법률에 규정하는 것은 그 과제가 아니라는 점에서 의식적으로 그와 관련된 내용을 법안에 넣지 않았다고 한다. 2030년 1월 1일 연방 전체에 디지털 기록이 시행되기 전까지 연방의 각 주들은 법안에서 규정한 내용조서의 구체적 도입시기, 시행 법원과 재판부 등을 다소 자유롭게 결정하도록 하고 있다. 단지 앞서 간략히 언급했던 국가보호사건을 다루는 주고등법원의 재판부(Staatsschutzsenate der Oberlandesgerichte)는 시험단계가 이미 2027년 말에

---

23) Gesetzentwurf der Bundesregierung, Entwurf eines Gesetzes zur digitalen Dokumentation der strafgerichtlichen Hauptverhandlung (Hauptverhandlungsdokumentationsgesetz – DokHVG), S. 2.

종료되기 때문에 약 3년 일찍 모든 준비가 마무리되어야 하는 것으로 하고 있다.[24]

4) 기록 대상의 인격권 보장책 도입

디지털 기록으로 인해 녹화·녹음·기록의 대상이 되는 사람들의 인격권 (Persönlichkeitsrechte)에 대한 침해 가능성, 특히 녹음·녹화물과 녹취서 (Aufzeichnungen und Transkripte)의 출판이나 유포로부터 이들을 보호하기 위하여 절차법적 규정은 물론이고 실체 형법의 규정들도 보완하여 그 대응책을 마련하고 있다고 강조한다. 위험에 처한 사람들을 보호하기 위해서 또는 국가안보 (Staatssicherheit)를 위하여 전적으로 우월한 비밀유지 이익이 존재하는 사례들에서는 비공개재판이 허용되는 것과 같이 그런 유형의 법적 기준에 따라 공판 내용을 기록하지 않을 수 있도록 하는 규정도 예정하고 있다는 것이다. '굳이 디지털 녹음·녹화를 도입하여야 하는가'하는 반론에 대해서는 절차의 참여자들에게 객관적인 내용조서·기록을 보조수단으로 제공한다는 목적을 달성하기 위해서는 그에 부합하는 개정을 통해 형사소송법에 그 법적 기초를 마련하는 것 외에 다른 대안은 없다고 답하고 있다. 이로 인해 침해될 수 있는 개인의 인격권 보호를 위해 최대한 가용한 수단을 투입하면 되는 것이지, 디지털 녹음·녹화 자체를 막는 것은 해법이 아니라는 것이다. 또한 '속기사의 확대 투입으로 해결할 수 있지 않느냐'는 주장에 대해서도 가용 인적 자원의 문제는 물론이고 현대의 디지털 기록 기술을 사용하지 않고 속기사를 사용한다는 것 그 자체가 난센스라고 반박하고 있다.[25]

3. 법률안[26]의 주요 쟁점

쉽게 예상할 수 있듯이, 공판절차의 디지털 기록(녹음 또는 녹화)을 명문화하려는 움직임에 대해서는 독일 학계, 법관, 변호사 등의 입장은 여러 지점에서 충돌한다.

---

24) Gesetzentwurf der Bundesregierung, Entwurf eines Gesetzes zur digitalen Dokumentation der strafgerichtlichen Hauptverhandlung (Hauptverhandlungsdokumentationsgesetz – DokHVG), S. 2.

25) Gesetzentwurf der Bundesregierung, Entwurf eines Gesetzes zur digitalen Dokumentation der strafgerichtlichen Hauptverhandlung (Hauptverhandlungsdokumentationsgesetz – DokHVG), S. 2

26) 주요 개정 조항은 형사소송법 제271조 이하 제274조까지, 제68조 제118조의a, 제255조의a와 형법 제353조의d 등이다.

그 주요 쟁점들을 간추려 본다.

1) 녹음필수, 녹화재량

법률안은 녹음을 의무로 하고, 영상녹화는 단지 재량·임의적인 것으로 하고 있는데, 그 이유는, 공판의 내용이 신뢰할 수 있도록 기록되고, 절차 참여자들에게 사용가능한 객관적인 작업도구가 되어야 한다는 것이 중요하고, 이러한 목적은 녹음으로도 이미 충분히 달성될 수 있다는 것이다. 특히 비디오 녹화에 대해 반감을 가지는 사람들의 생각을 고려했다는 점도 강조한다. 동시에 법률안은 각 주들에 대해서는 영상녹화하는 것도 시험해 볼 수 있도록 재량을 주었고, 어떤 장·단점이 있는지를 구체적으로 확인할 수 있도록 가능성을 열어 주었다. 물론 독일 현행 형사소송절차에도 이미 비디오기술, 즉 영상녹화를 투입하는 것이 새로운 것은 아니다. 특정 범죄유형에서는 증인신문을 비디오로 녹화하는 것은 독일 법원의 일상의 모습이다.[27] 이런 방법으로 피해자와 다른 증인들의 부담을 덜어 준다고 평가되고 있다. 나아가 녹음은 대상자의 행동, 표정, 움직임 등 행동·태도증거(behavioral evidence)를 기록·재현할 수 없다는 한계를 지적하는 입장들은 당연히 영상녹화가 해법이 되어야 한다고[28] 보고 있는 것이다.

2) 절차 참여자들의 인격권 보호 방법

당사자의 인격권 보호는 전체 형사절차 동안 지켜져야 하는 중요한 것이다. 녹음과 녹화로 만들어진 기록이 절차 참여자 개인의 인격권 보호에 대한 위험을 키운다는 주장도 논쟁거리이다. 법안의 설명에 따르면 이러한 당사자의 인격권 보호 필요성은 여러 규정에서 반영되고 있는데, 기본적으로 공개가 원칙인 공판절차에서도 인격권 보호는 예외일 수 없고, 비공개 절차에서도 다를 바 없다. 예를 들어 소송서류에 포함되어 있는 민감 정보들은 독일 형법 제353조의d 법원절차에 관한 금지된 고지죄(Verbotene Mitteilungen über Gerichtsverhandlungen)를 통해서도 보호되고 있는데, 이러한 기존의 보호장치가 앞으로는 형사절차에서 만들어지는 기록·녹음

---

27) 이에 대해서는 예를 들어 김성룡, 공판 심리의 영상녹화 의무규정 도입을 위한 시론, 형사소송 이론과 실무, 제12권 제2호(2020), 239쪽 이하; 김성룡, 독일 형사상소제도 개혁논의의 시사, 형사정책연구 제31권 제4호(2020), 41쪽 이하 참조.

28) Nickolaus, Dokumentation der Hauptverhandlung aus Strafverteidigerperspektive, ZRP 2023, S. 51

·영상에도 확장되는 것이다. 형법 제353조의d를 개정하여, 예를 들어 형사공판이나 수사절차에서의 신문 녹음이나 영상녹화를 유포하거나 공중이 접근 가능하도록 하는 경우를 포함시키는 내용을 포함하고 있다. 녹음이나 영상녹화물에 대해 음성 왜곡·변조 또는 화면 모자이크 처리 등의 기술적 조치를 취함으로써 증인을 보호하는 조치도 당연히 이루어지도록 한다는 계획이다. 녹음·영상·녹취 등 기록물에 접근하는 것도 명확하게 법적으로 규제한다는 것이다.[29]

3) 영상녹화와 증인의 행동 변화와 실체진실 발견의 상관성

비디오 녹화, 즉 영상을 녹화하게 되면 예를 들어 증인과 같은 인적 증거방법들이 행동의 변화를 일으키게 될 것이라는 우려도 있다.[30] 이렇게 되면 오히려 실체진실발견에 도움이 되자는 디지털기록이 왜곡된 진술과 행동을 부추길 수 있다는 주장인 것이다. 하지만 독일 입법자는 지금까지 이러한 주장을 지지하는 어떤 착안점도 발견되지 않았다고 진단한다. 법안 제출의 배경이 된 위에서 언급한 법무부 전문가집단이 청취한 법 심리학자들의 분석에 따르면 비디오로 녹화한다는 사정은 예를 들면 공판정이 공개되었다는 것과 같은 공판정에서의 다른 압력요소들과는 달리 오히려 진술자의 진술행태(Aussagenverhalten)에 어떤 중요한 영향도 미치지 못한다는 것이다. 2013년부터 2018년까지 뮌헨 주고등법원에서는 독일 극우테러집단인 국가사회주의지하조직(Nationalsozialistischer Untergrund; NSU)에 대한 재판절차가 진행되었는데, 이 절차에서 이미 공판정의 상황을 비디오로 녹화하여 다른 공판정으로 전송했던 경험에 비추어 특별히 문제될 것이 없다는 것이다.[31]

4) 구술내용을 글로 옮긴 서류·녹취서(Transkript)의 오류가능성

공판정에서 일어난 일을 기록한 내용조서는 녹음 또는 녹화물 자체 보다 사용하기 쉽고 유용하다는 점에서 절차 참여자들에게 보다 많은 도움이 된다. 즉 자동녹취서를 대상으로 전체 텍스트 검색이 가능하다는 것은 모든 참여자들에게 보다 큰 도움이 된다는 것이다.

기술적 측면에서도 이미 오늘날 인공지능의 도움을 받는 녹취프로그램은 고도의

---

29) Deutscher Bundestag, Drucksache 20/8096, S. 16, 34
30) 예를 들어 Erhard, Digitale Dokumentation der Hauptverhandlung, Drohende Begleichtschäden eines „Kulturwandels", ZRP 2023, S. 12.
31) Hauptverhandlungsdokumentationsgesetz Begleitpapier, S. 3

정확성을 보여주고 있고, 향후 예상되는 인공지능의 발달로 관련 소프트웨어는 현재 보다 더 오류가능성이 적은 수준에 이르게 될 것으로 기대된다는 것이다. 텍스트와 오디오 녹음이 서로 연결될 수 있으므로 텍스트 문서에 부정확한 부분이 있으면 오디오 녹음의 해당 지점으로 바로 이동할 수 있고, 따라서 불일치를 빠르고 효율적으로 해결할 수 있다는 점도 강조하고 있다.[32]

5) 녹음·녹화를 통한 공판절차의 방해 가능성

'공판절차를 녹음 또는 녹화하는 것은 법원의 절차에 해가 될 수 있지 않는가' 하는 의문도 제기되지만, 오히려 독일의 입법자는 앞으로 기록하고 문서화하는 것은 사법부의 일상적인 도구가 되어야 한다고 강조한다. 길게는 2030년까지 장기의 파일럿 단계를 예상한 것도 이 기간을 통해서 먼저 경험을 얻고 이를 구현 프로세스에 충분히 반영할 수 있다는 것이다. 공판내용의 문서화는 또한 공판과정에서의 불명확성과 모호성을 빠르게 해결할 수 있기 때문에 오히려 법원과 판사에게 점점 더 부담을 경감하는 효과와 절차 진행을 신속하게 하는 효과를 가져올 것이라고 기대하고 있다.[33]

6) 형식 조서와 녹음·녹화 및 녹취서의 관계

이른바 형식조서(Formalprotokoll)는 종래와 같이 유지된다. 형식조서는 특히 상소이유의 판단에 중요한 자료가 되어 왔고 앞으로도 그렇다는 것이다.[34] 현재의 형식조서도 공판절차의 외적 진행을 개관할 수 있게 하고 상소절차를 위해 중요한 정보를 걸러낼 수 있게 해준다는 것이다.[35] 이에 반해 새로운 법적 의무가 될 기록·녹음·녹화의 내용조서는 판사의 심증형성을 의무 지우는 것은 아니지만, 모든 절차 참여자들의 소송행위의 중요한 보조수단이 된다는 점에서 당연히 병존해야 할 가치가 있다는 것이다.

7) 상소심에 미칠 영향

상소심은 법률심사이고 새로이 증거조사나 평가를 하는 것이 아니라는 점에서

---

32) Hauptverhandlungsdokumentationsgesetz Begleitpapier, S. 3
33) Hauptverhandlungsdokumentationsgesetz Begleitpapier, S. 3
34) Gesetzentwurf der Regierung, S. 27
35) Gesetzentwurf der Regierung, S. 33

상소심에 대해서는 아무런 영향이 없다고 본다. 물론 상소심에서 기록물을 사용하는 것은 허용된다는 것을 명백하게 하고는 있지만 그것은 사실심의 절차를 상급법원이 들여다 보아야할 명백한 사례들(Evidenzfälle)에 제한되는 것이고, 지금까지 사실심법원과 상소심법원 사이의 과제분배는 그대로 유지된다는 것을 전제한다는 것이다.

판결에 의해 이미 제시되어 있는 심급의 권한분배에 관한 규칙들은 기본적으로 상소심에서 디지털 기록을 다루는 경우에도 그대로 사용되는 것을 인정함으로써 상소심의 절차가 새롭게 도입되는 기록형태를 통해 남용되지 않도록 할 수 있다는 것이다.36)

8) 향후 계획

공판절차의 디지털 기록을 위한 법률안은 새로운 기록방식을 단계적으로 도입하는 것을 예정하고 있다. 충분한 시범기간을 거쳐 공판내용의 녹음은 2030년 1월부터 전면 시행하고, 국가안보사건의 경우에는 2028년 1월부터 의무적으로 시행할 계획이다.

장기의 파일럿 단계를 둠으로써 주사법·법무 당국은 법률안의 내용을 구현하기 위해 충분한 시간 여유를 가지게 되었다는 것이다. 주들은 이러한 시간 여유를 하드웨어와 소프트웨어를 준비하고 익히기 위해 사용할 수 있고, 이를 통해 녹음·녹화·녹취기법 등을 사용하는데 충분한 사전 준비가 가능하다는 것이다. 그 외에도 시범단계에서는 관련 기술에 대한 경험을 쌓고 소송에 미치는 영향에 관한 자료를 수집할 수 있다는 것도 중요한 의미라고 밝히고 있다.37)

Ⅲ. 독일내의 법률안에 대한 평가

공판정에서 무슨 일이 일어났는지를 영상녹화하겠다는 복안에 대해서는 독일에서도 당연히 법관측에서 반론과 우려를 표시하고 나섰다. 이와 달리 형사변호인으로 활동하는 변호사들은 법안에 대해 전적인 지지의사를 밝히는 경우가 대부분이고, 학계에서도 대체로 그 방향에 공감하면서 세부적인 문제점을 해소하는 방법들

---

36) Hauptverhandlungsdokumentationsgesetz Begleitpapier, S. 4
37) Hauptverhandlungsdokumentationsgesetz Begleitpapier, S. 4

을 내놓고 있는 경우가 주류이다. 아래에서는 우선 판사들의 우려와 반대 논거를
간략히 정리하고, 이에 대한 독일내의 평가들을 살펴보기로 한다.

1. 판사의 시각

연방법무부가 2022년 11월 22일에 공판절차의 기록을 위한 법률을 정부안으로
제출하자 2018년까지 프랑크푸르트 주법원의 경제형법전담재판부에서 재판장으로
근무한 경력의 에어하르트(Christopher Erhard)[38] 판사와 뉘른베르크－퓌르트
(Nürnberg－Fürth) 주법원의 판사 쿨하네크(Kulhanek)[39] 등은 사실심 판사의 입장
에서 법률안에 대한 비판적인 입장을 개진했다. 그 주요 내용을 정리하면 다음과
같다.

1) 자의방지를 위한 감시의 대상으로 판사의 지위에 대한 근본적 비판

이미 십수 년 이상 다루어진 공판과정의 기술적 기록이라는 주제는 실무의 형사
변호인들과 학계의 교수들에 의해[40] 줄기차게 주장되어온 것으로, 이미 2021년 전
문가검토보고서가[41] 제출된 시점부터 예정되었던 법률안이고, 앞으로 형사절차에
서 문화의 변화를 가져올 것이라는 긍정적 평가와 달리, 다수의 판사들은 이미 이
러한 개혁의 의도부터 시종일관 비판되었다고 지적한다.[42] 무엇보다 다수의 판사
들은 독일 형사법관은 이제 그들의 자의를 방지하기 위해서 지속적으로 카메라들
과 마이크에 의해 통제되어야만 한다는 그 생각이 법률에 들어 있다는 점에서 상처

---

38) Erhard, Digitale Dokumentation der Hauptverhandlung. Drohende Begleitschäden eines
   „Kulturwandels", ZRP 2023, S. 12f.
39) Kulhanek, Die (fehlende) Inhaltsdokumentation des Strafprozesses, GA 2003, S. 301f.
40) 독일, 오스트리아, 스위스 등 독일어권의 형법학자들에 의한 공판절차의 영상녹화를 위한 개정안
   에 대해서는 Arbeitskreis deutscher, österreichischer und schweizerischer Strafrechtslehrer,
   Alternativ－Entwurf Audiovisuelle Dokumentation der Hauptverhandlung (AE－ADH),
   Nomos, 2022, S. 12f. 이미 2014－2015년 전문가그룹에서는 영상녹화기록을 도입하는 것을
   구체적으로 검토할 것을 추천했고 2019년 연방법무부에서 전문가그룹을 설치했고, 연정협의
   에서 2021년에서 2025년 사이에 근거조항을 법률로 도입하기로 합의한 것이다.
41) BMJV, Bericht der Expertinnen－ und Expertengruppe zur Dokumentation der
   strafgerichtlichen Hauptverhandlung, Berlin, Juni 2021 참조.
42) Erhard, Digitale Dokumentation der Hauptverhandlung. Drohende Begleitschäden eines
   „Kulturwandels", ZRP 2023, S. 12

받고 있으며, 그러한 요청의 경험적 근거가 무엇인지를 알 수 없다고 반박한다는 것이다.[43] 판사를 못 믿는 이유가 무엇인지 묻는 것이다.

2) 법치국가성 개선의 목적 달성에 지나친 재원 투입의 문제점

물론 판사의 입장에서도 전체 형사소송법의 중요한 과제의 하나는 형사판사의 자의(恣意)를 방지하는 것임은 부인할 수 없지만, 현재에도 형사절차의 세분화라는 관점에서 지속적으로 부담이 되고 있는 재원부족의 문제는 오히려 이러한 형사소송 개혁으로 표현되는 개정을 통해서 더욱 심각해질 것이라는 부정적 진단도 내놓고 있다.[44] 달리 말해 의도는 좋지만 그에 소용되는 지나친 비용과 부담은 오히려 법치국가성의 개선을 정당화할 수 없다는 평가를 받을 수 있다는 것이다.

3) 형사판사 통제의 옥상옥의 문제점과 남상소의 강화

스페인과 다른 많은 유럽국가들에서도 이미 녹화와 녹음이 행해지고 있는데 무슨 말이냐는 비판에 대해서도 판사들은 현재도 형사법관의 자의를 막을 수 있는 다른 많은 방법들이 있음에도 불구하고, 여러 조치들을 추가하는 것은 오히려 절차 진행의 장애를 불러 일으킨다고 반박한다. 판사의 입장에서 보면 독일 형사소송절차에서 증거신청권(Beweisantragsrecht)의 운영을 보면 자부심을 가질 수 있을 정도로 형사법원의 공정성이 확보되어 있고, 절차참여자들의 강화된 참여권(Mitwirkungsrechte)도 자랑스럽게 생각할 수 있다는 것이다. 나아가 지속적으로 상소의 요구가 증대되어가는 마당에 기술적인 기록을 조합하게 되면 남상소를 야기하는 여러 문제들을 만들어 낼 수 있다는 것이다.[45] 사건을 줄여야 할 마당에 상소의 홍수를 만들 것이냐고 반박하는 것이다.

4) 증인의 두려움·수치감의 증대와 피고인의 허위진술 가능성 증대

공판정이 공개되는 것만으로도 증인은 두려움과 부끄러움 등에 노출되게 되고 그럼에도 불구하고 진실을 말해야 하는데, 이러한 두려움을 카메라와 마이크를 통

---

43) Erhard, Digitale Dokumentation der Hauptverhandlung. Drohende Begleitschäden eines „Kulturwandels", ZRP 2023, S. 12

44) Erhard, Digitale Dokumentation der Hauptverhandlung. Drohende Begleitschäden eines „Kulturwandels", ZRP 2023, S. 12

45) Erhard, aaO., S. 12

해 더 강화시켜야 하는 것인지 묻는다.[46] 카메라녹화나 마이크녹음이 진실발견에 도움이 되는 것인지, 언제 그런 것인지에 대한 경험적 자료도 결여된 마당에, 많은 증인들이 공판정에서의 진술에 부끄러움과 두려움을 느끼고 있는 상태에서, 카메라와 마이크로 그런 감정을 더욱 강화해야만 하는가라고 묻는 것이다.[47] 오히려 카메라와 마이크 앞에 노출된 증인이나 피고인은 진실을 말하지 않을 가능성이 높아진다고 주장하는 판사도 있다.[48]

나아가 피고인의 경우에도 자신의 자백진술이나 인정 진술이 녹음, 녹화되고 그 기록이 사후(事後)에 절차내·외에서 다른 목적으로 사용될 수 있다고 생각한다면 범죄혐의에 대해 자신의 생각이나 입장을 표명하고 관련 신청을 하거나 진술을 하는데 거리낌이 생길 수밖에 없다는 것이다. 인터넷에 퍼지는 순간을 염려하는 것을 기우라고 할 수 없다는 주장이다.[49]

5) 자동 문서화 과정에서 오류발생의 기술적 문제 및 예상되는 변호인의 반격

법률안 제271조 제2항은 영상과 음성을 기록하고, 이 기록이 디지털 방식으로 녹취소프트웨어를 통해 컴퓨터에 의해 서면으로 만들어지는 방법을 예상하고 있는데, 디지털 발전속도에 비추어 곧 현실화될 것이라고는 하지만, 그럼에도 불구하고 오류율이 10~20%인 것을 수용할 수 있는가 라고도 반박한다.[50] 달리 말해 자동으로 녹취된 기록의 7번째 단어마다 오류가 등장한다면 그 글을 읽을 수 있을 것이냐고 묻는 것이다. 또한 공판정에서의 어떤 협조적인 진술자도 기술적으로 녹음·녹화하고 문서로 변환하는데 용이하도록 마이크에 대고 정확하게 말하지 않고, 보통은 말을 더듬거리고 중얼거린다는 것이다. 방언사용자[51], 독일어에 능통하지 못한 자, 이민자 등이 진술자인 경우에 오류율은 어떻게 될 것인가라고 묻기도 한다. 지금까지 통역인이 필요없었던 악센트가 강한 이민자 출신의 증인들의 말을 기계가 정확하게 번역할 수 있을 것인지 의문을 제기하며, 매 5분 마다 교대하는 의회의

46) Erhard, aaO., S. 12-13
47) Erhard, aaO., S. 12
48) Kulhanek, aaO., S. 305
49) Kulhanek, aaO., S. 305
50) Erhard, aaO., S. 13
51) 방언을 사용하는 자들의 경우 약 20-30%의 기계번역의 오류가 발생한다고 한다(Bericht der Expertinnen- und Expertengruppe 2021, S. 156; Erhard, aaO., S. 13)

속기사 수준으로 또는 국제형사재판소의 8대의 카메라와 4인의 속기사 정도를 갖출 여력이 있는지도 묻는다. 제대로 하려면 지금보다 더 많은 인력이 필요하게 될 것이라는 주장이다. 이런 완전하지 못한 기술적 사정을 변호인은 각종의 이의와 신청으로 자신들에게 유리하게 이용할 것이라는 예상 가능하다는 것이다. 디지털기록으로 생성된 조서 내용의 불확실성을 들어 기록을 무용하게 만들고자 할 것이라는 것이다. 피고인 측의 이의제기와 불복의 근거만 더 많이 제공하게 된다는 것이다.52)

6) 당해 공판절차와 다른 절차에서 디지털 기록의 제시·재생요구의 문제점

독일 법정에서 어려운 형사절차들은 거의 제시들(Vorhalte53))로 이루어진다고 할 정도라고 강조한다. 예를 들어 변호인과 공판검사는 공판의 말미로 가면 피고인에게 불리한 증인이 증인신문 시작 시점에 어떤 내용의 진술을 했는지에 대해 다투는 것이 일상적인데, 녹화·녹음을 도입하면 이러한 분쟁은 조기에 종결된다는 장점이 있다는 주장을 수용하지 못하겠다고 한다.54) 판사 입장에서 볼 때 그것은 현실성이 없는 진단이라는 것이다. 지금까지 그런 분쟁은 재판장에 의해 적절하고 신속하게 해소되어 왔다는 것이다. 주장하는 자들은 자신의 기억만을 제시하면 되도록 하고 있으며, 증거조사를 다시 하는 것은 요구되지 않았는데, 법률안에 따르면 이제 그런 논쟁이 생기면 판사는 "그 증인에게 그 점에 대해 자신이 신문 시작 시점에 어떤 진술을 했는지 녹음·녹화를 재생해 보여주세요"라고 해야 한다는 것이다. 결국 변호인과 검사가 여러 단계에서의 진술을 재생해 줄 것을 요청하게 되면 결국 그 당해 공판절차에서 그 절차의 선행 증거조사 전체를 다시 재생하는 일도 예상해야 한다고 우려하는 것이다. 녹화나 녹음이 당일 바로 활용할 수 없거나 녹취서의 활용에 시간이 걸린다면 절차는 다음 기일로 미루어질 수밖에 없고, 기다리

---

52) Erhard, aaO., S. 13

53) 변호인이 "증인은 지금 당신이 신문 초기에 했던 말과 다른 말을 하고 있습니다. 지난 번에는 …라고 했으면서 지금은 ***라고 하고 있잖아요!"라고 증인의 진술을 문제 삼으면 검사가 벌떡 일어나 "무슨 말입니까? 증인은 이전에 그렇게 말한 바가 없습니다!"라고 다툰다. 판사는 만약 그 진술이 기재된 조서가 있다면 그 조서의 해당 부분을 확인하기 위해 이를 보여주고 (제시) 확인하게 한다. 그 후에 다시 증인의 진술을 듣는다. 이른바 기억환기를 위한 서면 낭독이나 영상물의 해당 부분 재생하여 활용하는 것과 같은 소송행위를 Vorhalte라고 한다. 종래 필자가 번역해 온 개념인 '제시'라고 옮긴다.

54) Erhard, aaO., S. 13-14

던 증인신문들은 순차적으로 미루어질 수밖에 없다는 것이다.[55]

다른 공판절차에도 영향을 미친다고 우려한다. 주법원의 1심 절차가 여러 재판부에 분배되곤 하는 다수의 어렵고 복잡한 소송절차들에서는 증인이나 공동피고인의 일부는 이미 다른 절차에서 진술한 상태일 수 있고, 지금까지는 이들에게는 그 공판절차에서 자신의 진술에 관해 기재된 것을 제시함으로써 문제가 쉽고 간단하게 해결되었지만, 이제는 상영·재생해야만 한다는 것이다. 만약 그렇게 되면 부인과 번복으로 논쟁이 심한 사건에서는 이러한 상영과 재생이 엄청난 양이 될 것이고, 사실을 확정한 판결들이 기각되는 경우가 다반사로 발생할 것이라는 우려도 한다. 국내에서도 영상녹화물을 법정에 들이는 순간 동영상재판이 될 것이라고 우려가 있었던 것처럼, 복잡한 사건에서는 일주일가량 진행된 다른 선행 공판의 모든 녹화·녹음물을 거의 모두 재생해서 보고 들어야 할 것이라고 염려한다.[56]

7) 상소심의 팽창

개혁을 추진한 사람들은 판사가 판결이유에 증인이 사실 'B라고 말했는데 A라고 기재하는 경우'를 출발점으로 삼고 있는데 그런 일은 없다고 반박한다. 피고인이 중요한 세부적 내용에 대해서는 자백하지 않았음에도 공판조서에 피고인이 그에 대해 자백하였다고 기재한다는 우려가 있으나 그것은 판사와 변호인 또는 검사의 관심사가 다를 수 있고, 피고인의 진술의 주요 내용을 기재할 때 어느 정도 축약과 생략이 불가피한 사정을 표현하는 것일 뿐이라고 항변한다. 공판정의 행위를 증거조사·평가의 관점에서 재현하는 것은 불가피하게 복잡한 내용을 축약하는 형식이 될 수밖에 없고, 사실상 판사에 따라 그 서술의 양이나 방식에서 차이가 날 수밖에 없다는 것이다. 어떤 판사는 아주 상세하게, 다른 판사는 아주 간략하게 기재하기도 하기 때문이라는 것이다.[57] 따라서 판사의 입장에서는 영상녹화나 녹음이 도입되게 되면 상소율이 급증할 것이라고 우려한다. 사실인정의 오류, 증거평가의 오류, 불완전한 증거조사, 피고인 또는 증인의 진술에 대한 평가가 결여되어 있다는 등등을 이유로 한 상소제기에 가용한 증거인 녹음·녹화가 이미 만들어져 있기 때문이라는 것이다. 이렇게 되면 상소심절차가 지금 보다 더 팽창하는 문제가 발생하는

---

55) Erhard, aaO:, S. 13
56) Erhard, aaO., S. 13
57) Erhard, aaO., S. 14.

것은 명약관화(明若觀火)하다는 주장이다.58)

상소권자의 상소이유에서는 증거판단의 세부 내용의 흠결이 지적될 것이고, 이에 대해 검사가 상소권자들의 모든 상소이유를 반박(Gegenerklärung)할 수는 없는 것이 현실이라는 점에서 아예 사실심 판사에게 그런 반대이유를 제시할 수 있도록 하자는 대안(Alternativentwurf Audiovisuelle Dokumenntation der Hauptverhandlung)이 보다 일관성이 있다고59) 항변하기도 한다. 사실심법관과 검사가 상소제기된 사건의 판결문이 이미 만들어진 이후에 공판절차의 녹음·녹화를 모두 재생해보며 모든 상소이유에 대한 반박을 해야 하는 상황을 한번 상상해 보라는 것이다. 따라서 설령 법률안에서처럼 명백한 사건의 경우만으로 제한한다고 하더라도 한편으로는 법적 불확정성의 상태가 다년간 지속되는 현상을 받아들이기 어렵다는 것이다. 영상녹화가 시작되는 순간 이제 그 활용 확대는 막을 수 없게 될 것이고 결국 상소심은 근본적으로 변할 수밖에 없다고 우려하는 것이다.60)

한편, 이와 다른 관점에서 만약 상소심에서는 원칙적으로 그 기록을 사용할 수 없도록 하겠다면 고비용의 이런 제도를 도입할 필요가 있는가에 의문을 표시하기도 한다.61)

8) 판결이유의 팽창

사실심 법원의 판결이유의 기재가 급격히 확대될 것에 대해서도 걱정하고 있다. 판결이유를 상당히 세부적이고 구체적으로 기재해야 할 업무부담의 증대를 방치할 것인지를 묻는 것이다. 물론 법률이 개정되어도 여전히 지금과 같은 방식으로 재판하고, '나는 내가 옳다고 생각한 대로 판결했다'는 판사도 있을 수 있을 것이나, 대부분의 판사들은 공판절차부터 지금까지와는 달리 아주 세부적인 쟁점까지 철저하게 다루고, 나중에는 공판기록물을 다시 한번 보면서 자신의 판결이유를 세부적으로 기재하는 모습을 보이게 될 것이라고 진단한다.62) 결국 사건의 해결수는 비례적

---

58) 유사한 주장은 Kulhanek, aaO., S. 309f.

59) Arbeitskreis deutscher, österreichischer und schweizerischer Strafrechtslehrer, Alternativentwurf Audiovisuelle Dokumentation der Hauptverhandlung (AE–ADH), S. 19, 66 ff.; 이에 대해서는 이미 Mosbacher StV 2018, 182 (184, 186), Wohlers JZ 2021, 116 (124) 참고; Erhard, aaO., S. 14

60) Erhard, aaO., S. 14. 유형을 나누어 접근하고 있는 경우로는 Schmitt, Die Dokumentation der Hauptverhandlung, Ein Diskussionsbeitrag, NStZ 2019, 7 참조.

61) 예를 들어 Kulhanek, aaO., S. 303–304.

으로 줄어들 것이고, 소송의 지연과 사건의 적체를 감내할 수밖에 없다는 주장과 연결되는 것이다. 달리 말하면 지금의 판사 수와 개별 판사에게 주어진 시간을 생각하면 디지털녹화·녹음을 도입하겠다는 법안에 동의하기 어렵다는 것이다.[63]

9) 타협점의 제안

이미 대세는 도입'여부'가 아니고 '어떻게'라는 문제로 넘어갔다면[64], 판사들은 최초법률안의 생각을 조금 바꾸어 달라고 주장했고, 현 정부안은 그것에 대한 대답이라고 할 수 있다. 우선 증인이 영상녹화를 한다면 오히려 진실을 말하지 않은 염려가 있을 때에는 영상녹화를 중단할 수 있는 가능성을 주고, 당해 절차의 영상녹화물이나 다른 공판의 영상녹화물은 단지 그것을 상영하는 것이 신속한 절차에 도움이 되거나 진실발견을 위해 시급하게 요구되는 경우만 사용할 수 있는 것으로 제한하고, 증거조사의 오류나 양형오류에 대한 항소와 관련해서는 그 판결이 명백하게 잘못된 사실확정을 포함하고 있는 경우에만 공판녹음·녹화물이 사용될 수 있도록 제한해 달라는[65] 것이었다.

10) 빈익빈 부익부의 심화 염려

경제범죄, 마약범죄, 고비용의 변호인을 부담할 수 있는 피고인을 고용할 수 있는 피고인은 새로운 도구를 유용하게 사용할 것인지만, 시간에 쫓기는 국선변호인이나 심지어 스스로 자신의 절차적 권리를 지켜야 하는 피고인들에게는 크게 바뀔 것이 없을 것이라고 진단한다. 소송절차에서 빈익빈 부익부의 현상이 강화되지 않겠는가라는 염려도 한다. 전자와 같은 증거상태가 복잡하고 어려운 범죄들은 이른바 협상을 통해 경한 형벌로 종결될 가능성과 경향이 더욱 높아지고, 후자의 경우 상대적 불평등을 감내해야 하는 것은 아닐까 걱정스럽다는 것이다.[66]

---

62) Erhard, aaO., S 14
63) Erhard, aaO., S. 14-15
64) 예를 들어 이미 연방대법원 판사 Mosbacher, ZRP 2021, 180에서 지적하고 있다.
65) Erhard, aaO., S. 15.
66) Erhard, aaO., S. 15.

2. 다양한 반론들

이러한 판사들의 생각과 달리, 학계에서는 공판정의 증거조사뿐만 아니라 공판절차 전체를 영상녹화하는 방법으로 가야 한다는 주장도 강하다.[67] 물론 독일 판사도 모두가 공판절차의 디지털 녹음·녹화에 대해 부정적 시각을 가지고 있지는 않다.[68] 대학교수들이나 학계에서도 전적으로 찬성하는 입장과[69] 기본적으로 지지하는 입장[70]이 주를 이루고 있고, 변호사들의 경우 대체적으로 찬성하는 입장[71]이 주를 이루고 있다. 결국 슈미트(Schmitt) 교수의 말처럼, 모든 낯설고 새로운 것들이 의심과 저항에 직면하지만, 모든 문제는 해결할 수 있는 것이고, 지금 이렇게 긴장하고 날을 세울 가치가 분명히 있는 일이라는 점에 대해서는 모두가 동의해야 할 것이다.

아래에서는 앞서 언급한 반대론·회의론자들의 주장과 관련하여, 이미 법안 제출 이유에서 언급된 내용들과 중복되지 않는 범위에서, 다른 생각을 가진 사람들의 주장들을 간략히 정리해 보기로 한다.

1) 객관적·신뢰할 만한 문서창출 및 진실발견에 기여

최초 원안의 영상녹화 및 자동문서전환이건 수정된 안의 녹음과 자동전환된 문서기록이건간에 둘 중 어느 방법이라고 하더라도 현재 상황보다는 공판과정의 절

---

67) 예를 들어 Valerius, Die audiovisulle Aufzeichnnung der strafgerichtlichen Hauptverhandlung, GA 2023, 321f, 336 참조

68) 예를 들어 연방대법원 판사이자 라이프찌히 대학 명예교수인 모스바흐(A. Mosbacher)는 녹화와 녹음의 도입에 대해 기본적으로 지지하는 입장(Mosbacher, Dokumentation der strafrechtlichen Hauptverhandlung, ZRP 2021, S. 180f.)이나 뉘른베르크 퓌르트(Nürnberg－Fürth) 주법원의 판사인 쿨하넥크(T. Kulhanek) 판사는 근본적으로 반대하는 입장(Kulhanek, Die (fehlende) Inhaltsdokumentation des Strafprozesses, GA 2023, S. 301f.)이다.

69) 예를 들어 Valerius, Die audiovisuelle Aufzeichnung der strafgerichtlichen Hauptverhandlung, GA 2023, S. 321f. 참조

70) Kehler, Prozessbeobachtung als Werkzeug effektiver Strafverteidigung, NStZ 2023, S. 139f.; Paschke, Digitale Gerichtsöffentlichkeit und Determinierungsgesamtrechnung, Macht automatisierte Rechtsdurchsetzung die Dritte Gewalt entbehrlich?, MMR 2019, S. 563f.; Schmitt, Die Dokumentation der Hauptverhandlung, NStZ 2019, 1f. 참조

71) Nockolaus, Dokumentation der Hauptverhandlung aus Strafverteidigerperspektive, ZRP 2023, S. 49f. 참조

차와 내용을 객관적이고 신뢰할 만하게 기록할 수 있고, 필요한 경우 이를 활용함으로써 불필요한 분쟁을 피할 수 있고, 판사의 독단이라는 비판을 피할 수 있고, 궁극적으로는 인간의 법정에서 진실발견에 기여할 수 있다는 것을 부정할 수는 없다는 주장에[72] 대해서는, 필자가 보기에도, 원론적으로 반박하기는 어려워 보인다. 메모장과 좋은 기억력만으로 복잡한 공판의 내용을 정확하게 파악하고 그에 기초하여 판단하였다고 하는 것은 '판사도 인간'이라는 기본전제를 도외시하는 잘못된 인식일 수 있는 것이다.[73]

2) 절차진행의 적정성 심사 가능성

나아가 어떤 반론이나 가능한 부작용 우려에도 불구하고 디지털기록이, 특히 복잡한 사건이나 대형사건의 경우에, 발생할 수 있는 판사의 판단오류와 공판조서의 오류와 흠결, 모순을 사후에라도 발견하고, 수정하고, 제거할 수 있는 가능성을 열어 주는 도구가 된다는 점을 부인할 수는 없다는 주장도 있다.

3) 진술행동에 미치는 영향의 침소봉대 비판

녹음이나 녹화가 증인의 증언 등 공판정에서의 행동에 부정적 영향을 미친다는 주장에 대해서는, 예를 들어 소년범 피의자가 수사절차에서 한 진술의 영상녹화물를 분석한 경험적 연구 결과에 따르면 그러한 우려는 증명된 바 없다는 것이 강조된다.[74] 설령 피고인이나 증인에 따라서는 그런 경향을 보이는 사례가 있다고 하더라도 개별 사례를 일반화하여 도입 반론의 근거로 해서는 안된다는 것이다.[75]

녹음 또는 녹화를 한다는 사실은 추후 위증으로 인한 처벌을 생각할 때 오히려 진실을 말할 가능성을 높여줄 수 있고, 마이크와 카메라를 어떻게 설치하는지, 판사가 공판진행을 어떻게 하는가에 따라 부작용을 배제 또는 최소화할 수 있을 것이고,[76] 그렇다면 실보다는 득이 많은 제도일 수 있다는 것이다.

---

72) 예를 들어 Valerius, Die audiovisuelle Aufzeichnung der strafgerichtlichen Hauptverhandlung, GA 2023, S. 322-323

73) 유사한 취지로 Schmitt, aaO., S. 5.

74) 이에 대해서는 Valerius, aaO., S. 323-334; 관련 연구로는 Altenhain, Dokumentationspflicht im Ermittlungsverfahren, Warum eigentlich nicht?, ZIS 2015, S. 269f., 276; Neubacher/Bachmann, Audiovisuelle Aufzeichnung von Vernehmungen junger Beschuldigter, ZRP 2017, S. 140f, 141 등 참조

75) Valerius, aaO., S. 324

이외에도 필요한 경우 녹음·녹화배제를 결정할 수 있는 다양한 사유를 만들 수 있고, 열람은 허용하되 복제나 교부를 제한한다거나, 음성변조·해상도 조정 등을 통해 신원의 비공개를 유지할 수 있는 기술적 방법들이 있다는 점도 반론의 설득력을 공격하는 논거가 되고 있다.

4) 공판정의 심리에 집중가능

판사, 검사, 피고인, 변호인 등 모든 절차참여자들이 지금 보다는 공판심리에 집중할 수 있다는 점에서 공판진행의 실질적 의미가 강화된다는 것도 부정할 수 없다고 반박한다. 이른바 공판에서의 직접주의(공판중심주의)가 실질화된다는 것이다. 메모를 할 시간에 판사는 진술인의 태도와 표정, 몸짓에 더 집중할 수 있고, 이로써 보다 역사적 진실에 가까운 사실확정과 증거판단에 이를 수 있다는 것이다.[77] 질문을 하고 답을 들으면서 진술자를 주목하는 것이 아니라 메모지에 주목하는 현상을 줄이는 것은 결국 판사의 심증형성의 자료들이 더욱 풍부해질 수 있다는 의미인 것이다.

5) 의견차이 제기와 투명성 고양

판사와 검사, 변호인과 피고인 사이의 공판정에서의 진술에 대한 의견차이 뿐만 아니라 합의부 구성 판사들이 공판정에서의 증인이나 피고인의 진술 내용을 서로 다르게 이해하고, 그 신빙성 판단에 대해서도 다른 의견을 가지는 경우, 공판정의 진술을 기록한 영상이나 녹음을 재생하여 확인하는 것은 판결의 도출 과정의 의견차이를 객관적 자료를 기초로 해소하는 것이고, 판결 도출의 투명성이 고양되는 결과가 된다는 것이다.[78] 국민들과 당사자들은 이런 재판과정과 그런 과정을 통해 도출된 결과에 공감할 수 있을 것이다.

6) 공판정에서 녹음·녹화에 의존성 강화

공판절차, 특히 증거조사절차가 디지털 방식으로 기록된다고 해서 모든 형사절차가 공판정에서의 녹음이나 녹화에 의존하게 될 것이라고 단정하는 것은 지나친 우

---

76) Valerius, aaO., S. 324
77) Valerius, aaO., S. 325
78) Valerius, aaO., S. 325－326

려라는 반론도 있다. 과연 입법자가 당해 절차의 앞선 증거조사의 기록물을 통해
그 증거조사를 다시 증거조사하는 것을 허용할 것인지, 당해 절차의 녹음·녹화물
과 그 녹취서는 단지 상급법원에서 항소·상고의 이유판단에 필요한 경우에만 볼
수 있도록 할 것인지, 어떤 조건을 갖춘 경우에 영상녹화·녹음의 재생을 허용할
것인지, 그로 인해 절차가 지연되는 경우에는 이를 어떻게 해소할 것인지 등은 이
러한 쟁점들을 결정하는 과정에서 다양한 이익을 형량하여 판단하면 될 것이고, 그
렇게 할 수밖에 없다는 것이다.[79] 단순한 사건과 복잡한 사건, 장기간에 걸쳐 증거
조사가 이루어지거나 다양한 재판부에서 관련 사건이 심리되는 경우를 동일하게
취급할 필요는 없다는데 동의하지 않을 사람은 없을 듯하다.

7) 항소심 절차의 형식준수의무 원칙

항소심이 사실심과 법률심을 혼합한 유형인지, 단지 법률심으로 제한되어 있는지
에 따라서 달리 판단될 수 있을 것이지만, 제1심은 사실판단, 상급심(항소 또는 상
고심)은 법률판단의 권한을 가진 형사재판제도를 가정한다면, 항소심에서의 영상기
록 확인은 단지 제1심이 재판절차의 형식적 요구를 준수하였는가를 확인하는 목적
에만 허용될 수 있다고 할 수 있다.[80] 이와 관련한 의견충돌을 해소하는데는 종래
의 조서나 필요한 경우 영상녹화·녹음의 재생이 가능할 것인데, 만약 진술이 그대
로 기재되지 않았다거나 달리 해석되었다는 등의 주장이 있는 경우에 항소·상고심
이 이를 확인하고 판단하게 할 것인가는 결국 나라마다의 심급 구조에 따라 판단되
어야 할 문제로 볼 수 있는 것이다.

8) 예외적인 경우 증거평가(증명력)의 심사

영상녹화나 녹음이 모든 사례에서 활용하기 위한 목적으로 행해지는 것도 아니
고, 그렇게 되어서도 안된다는 것은 필자가 보기에도 상식적인 이해이다. 제1심 공
판절차에서의 증거조사의 내용을 확인해야만 하는 법적 근거나 사유가 있는 경우
라면 예외적으로 당해 재판부의 증거판단의 당부심사를 위해서도 영상기록이 활용
될 수 있어야 한다는 것이다. 그런 목적을 전적으로 배제하는 것은 형사소송의 본
질과도 모순될 수 있는 것이다. 달리 말해 현재까지 독일의 상급심이 하급심의 증

---

79) Valerius, aaO., S. 326f.
80) Valerius, aaO., S. 327f.

거판단을 심사하지 못한 것은 공판조서등의 기록으로 증거조사의 당부를 판단할 수 없는 사실적 이유도 있었지만, 이제 쉽게 활용할 수 있는 영상녹화·녹음이라는 객관적 수단이 주어진 이상, 법률에서 허용하는 경우 하급심의 사실확정의 당부확인도 가능해야 한다는 것이다.[81] 물론 이러한 과제 또는 권한을 어떤 식으로 구성할 지는 심급의 구조를 그대로 가져갈 것인지, 변경할 것인지에 대한 입법자의 판단에 따를 수밖에 없을 것이다.

9) 참여자의 인격권과 기능하는 형사사법의 조화

일회성·휘발성의 진술이나 행동이 아니라 영상과 언어로 기록된 자료들이 생성된다는 것은 결국 그 기록의 대상이 되는 절차 참여자들의 인격권에 중요한 위험이 될 수 있다는 것이고 그러한 우려를 백안시할 수는 없다. 그렇다고 해서 디지털 기록의 도입을 전면 거부해야만 한다는 것도 수용되기 어려운 주장임은 재론이 필요하지 않을 것이다. 개인의 인격침해가 최소화될 수 있는 녹화·녹음절차, 활용조건, 통제방법, 법에서 허용되는 방법을 위반한 자에 대한 형사처벌[82]과 민사적 배상 등 다양한 보호책을 마련한 상태에서 형사사법이 기능할 수 있도록 그 길을 열어 주는 것이 이성적인 선택지라는 것이다.

Ⅳ. 시사

독일에서도 공판과정의 녹화·녹음을 둘러싼 법적 문제는 학계뿐만 아니라 법원도 판례를 통해 수십 년 전부터 관심을 가져온 주제이다.[83] 이미 수사단계에서 진술의 영상녹화를 부분적으로 도입한 독일은 이제 공판절차의 증거조사부분부터 디지털 영상녹화를 시작하려고 하였으나 여러 반론을 수용하여 녹음 원칙, 영상녹화 선택으로 방향을 잡고 2030년 전면 시행을 준비하고 있다. 향후에는 모든 사법절차의 모든 단계(공판의 전 단계)를 영상녹화하고 자동화된 문서변환 프로그램을 이용하여 공판조서를 만들어낸다는 것이 기본 방향이라고 할 수 있을 듯하다. 현재는 이른바 도입을 위한 시험과 타협의 시간이다.

---

81) Valerius. aaO., S. 330f.

82) 예를 들어 앞서 언급한 독일 형법 제353조의d를 보완하는 방법의 개정을 제안하고 있다.

83) Kehrer, Prozessbeobachtung als Werkzeug effektiver Strafverteidigung, NStZ 2023, 139.

우리도 이미 수사단계의 진술의 영상녹화, 공판절차의 녹음 또는 영상녹화에 대한 다양한 관점에서의 분석과 평가들이 선행 연구로 적지 않게 존재한다. 하지만 필자가 보기에는, 수사단계의 피의자나 참고인의 진술에 대한 영상녹화의 활용이나, 공판절차에서의 영상녹화 또는 녹음의 활용 모습은 대부분 법원의 전단적 재량에 귀속되는 결과 거의 형식적인 수준에 그치고 있고, 진정한 의미의 디지털화되어 가는 사회의 형사재판제도의 모습으로 나아가고자 하는 진심은 여전히 결여된 형태로 보인다.

앞선 서술은 가능한 독일의 관련 논의의 내용을 빠트리지 않고 소개하고, 다양한 찬반론의 관점을 충실하게 소개함으로써, 국내 독자들이 그 방향의 타당성·합리성과 찬반 논거의 설득력에 대해 평가해보고 우리의 형사소송제도가 나아가야 할 방향에 대한 논의에 참가하여 자신의 의견을 제시할 수 있는 동인을 제공하기 위한 것이었다. 우리도 이제 이 논의를 피해 갈 수는 없기 때문이다.

필자는 형사절차에서 영상녹화와 디지털 기술의 활용은 피하거나 거부할 수 없는 인간 사회의 흐름으로 보는 입장이지만 이 글에서 필자의 생각을 세부적으로 서술하지 않은 것은 우선 이 글을 통해 국내의 관련 논의를 위한 기초를 제공하고 나서 무언가를 함께 고민해 보자는 취지였기 때문이다.

판사도 인간이다.

오류 앞에 겸손하다는 것이 무능과 졸속을 의미하는 것은 아니다.

물론 인간의 법원에서 행해지는 재판에서 절대적 진리나 모든 역사적 사실과 부합하는 판결을 기대하면서 가용한 모든 수단을 동원한다는 것도 지극히 비현실적이다.

하지만 국가주도의 형사재판제도를 유지하려고 하는 한, 가장 실체적 진실에 가까이 다가서려는 노력은 포기될 수 없는 것이기에, 인간사회에서 발전된 기술의 활용을 도외시하거나 고전적 방법을 고집하며 사회의 요구를 등한시 할 수는 없다. 그것은 결국 형사재판의 신뢰와 권위를 추락시키는 가장 중요한 이유가 될 수 있기 때문이다.

상충하는 이익을 어느 정도까지 희생할 수 있는지를 결정하는 일은 법관의 일이 아니라 민주사회의 열린 대화에서 국민들의 다수가 결정하는 방향으로 가야 하는 것임을 모르는 사람을 없을 것이다. 유럽의 다른 국가에 비해 10~15년이나 뒤처진 상태라는 독일의 논의가 우리에게는 아직도 낯선 일이라면, 우리는 얼마나 늦은 것인가?

　이제 이 문제에 관계된 사람들은 더 이상 늦지 않게 진심으로 논의에 나서야 할 때이다.

논문투고일 : 2023.09.12.　논문심사일 : 2022.09.19.　게재확정일 : 2022.09.30.

【참고문헌】

김성룡, 공판 심리의 영상녹화 의무규정 도입을 위한 시론,『형사소송 이론과 실무』
　　제12권 제2호, 2020.
김성룡, 독일 형사상소제도 개혁논의의 시사,『형사정책연구』제31권 제4호, 2020

Altenhain, Karsten, Dokumentationspflicht im Ermittlungsverfahren, Warum
　　eigentlich nicht?, ZIS 2015, S. 269ff.
Arbeitskreis deutscher, österreichischer und schweizerischer Strafrechtslehrer,
　　Alternativ−Entwurf:　　Audiovisuelle　　Dokumentation　　der
　　Hauptverhandlung (AE−ADH), Nomos,　2022
Bender, Rolf/Häcker, Robert, Tatsachenfeststellung vor Gericht, 5. Aufl., 2021
BMJV, Bericht der Expertinnen− und Expertengruppe zur Dokumentation der
　　strafgerichtlichen Hauptverhandlung, Berlin, Juni 2021
Boston Consulting Group, The Future of Digital Justice, 2022
Erhard, Christopher, Digitale Dokumentation der Hauptverhanldung, Drohende
　　Begleitschädenn eines „Kulturwandels", ZRP 2023, 12
Kehler, C., Prozessbeobachung als Werkzeug effektiver Strafverteidigung, NStZ
　　2023, 139ff.
Kulhanek, Tobias, Die (fehlende) Inhaltsdokumentation des Strafprozesses.
　　Zugleich eine kritische Anmerkung zum Referentenentwurf eines
　　Gesetzes　zur　digitalen　Dokumentation　der　strafgerichtlichen
　　Hauptverhandlung　(Hauptverhandlungsdokumentionsgesetz　−
　　DokHVG) vom　22.11.　2022　sowie　zum　nachfolgenden
　　Regierungsentwurf vom 10.5.2023, GA 6, 2023, S. 301f.
Mosbacher, Andreas, Aufzeichnung der Hauptverhandlung und Revision −ein
　　Vorschlag, StV 2018, S. 182ff.
Mosbacher, Andreas, Dokumentation der Beweisaufnahme, ZRP 2019, S. 158ff.
Mosbacher, Andreas, Dokumentation der strafrechtlichen Hauptverhandlung,
　　ZRP 2021, S. 180f.

Neubacher, Frank/Bachmannn, Mario, Audiovisuelle Aufzeichnung von Vernehmungen junger Beschuldigter, ZRP 2017, S. 140f.

Nickolaus, Christoph, Dokumentation der Hauptverhandlung aus Strafverteidigerperspektive, ZRP 2023, 49ff.

Paschke, Anne, Digitale Gerichtsöffentlichkeit und Determinierungsgesamtrechnung, Macht automatisierte Rechtsdurchsetzung die Dritte Gewalt entbehrlich?, MMR 2019, 563.

Schmitt, Bertram, Die Dokumentation der Hauptverhandlung, Ein Diskussionsbeitrag, NStZ 2019, 1f.

Valerius, Brian, Die audiovisuelle Aufzeichnung der strafgerichtlichen Hauptverhandlung. Überfällige Dokumentation oder überflüssiger Videobeweis?, GA 6, 2023, 321f.

Zypries, Brigitte, Digitalisierungsschub für die Justiz, ZRP 2022, 201.

Gesetzentwurf der Bundesregierung, Entwurf eines Gesetzes zur digitalen Dokumentation der strafgerichtlichen Hauptverhandlung (Hauptverhandlungsdokumentationsgesetz − DokHVG), v. 10.5.2023

Referentenentwurf des Bundesministeriums der Justiz zum Entwurf eines Gesetzes zur digitalen Dokumentation der strafgerichtlichen Hauptverhandlung (Hauptverhandlungsdokumentationsgesetz − DokHVG) v. 22.11.2022

Deutscher Bundestag, Druchsache 20/8096: Gesetzentwurf der Bundesregierung, Entwurf eines Gesetzes zur digitalen Dokumentation der strafgerichtlichen Hauptverhandlung(Hauptverhandlungsdokumentationsgesetz − DokHVG), v. 23.08.2023

【국문초록】

독일의 형사 공판 디지털 문서화 추진의 의미와 시사

독일은 형사소송절차의 공판정에서 일어나는 일을 디지털 영상녹화 또는 음성 녹음하고 이를 기계적으로 문서화하는 계획을 집행해가고 있다. 다수의 독일 판사들도 공판과정을 영상 녹화하는 것에 반감 또는 우려를 가지고 있다. 하지만 2030년 모든 법원에 디지털 영상녹화 또는 녹음 및 그 기록의 자동적인 녹취서 기록의 생성을 의무화한다는 목표로 일단 녹음의무화와 영상녹화재량이라는 법안이 제출되었다. 독일내에서도 이 법률안에 대한 다양한 찬반논거들이 제시되었다. 독일 연방대법원 형사부 판사인 Mosbacher의 말처럼 이제는 더 이상 ob/whether 이 아니라 wie/how의 문제이고, 세부 내용은 타협의 대상이 되기도 했다.

이 글에서는 이와 관련한 독일 법안의 내용, 이에 대한 찬반론, 특히 판사들의 입장과 반론들을 중심으로 살펴보면서, 이것이 우리의 현실에 주는 시사점이 무엇인지를 찾아 보았다.

형사재판의 존재 정당성의 기초와 발전하는 현대 기술을 무시하는 것은 종국적으로 형사사법의 붕괴를 자초하는 일이 될 수 있다. 국민에게 신뢰받는 법원, 당사자에게 수긍되는 형사판결, 넘쳐나는 상소사건을 대폭 줄일 수 있는 방법은 무엇보다 사실을 다루는 제1심의 절차와 판결이 얼마나 충실하고 투명하게 이루어지는가에 달려 있다는 것을 부인할 수 없다.

영상재판은 허용될 수 없다는 고식적 구호에 집착할 것이 아니라, 제한된 국가예산을 효율적으로 사용하면서도 형사재판의 고유한 과제를 최대한 충족시킬 수 있는 기능하는 형사사법이 되기 위해서 어디서부터 무엇을 어떻게 고쳐나가야 할지는 고민해야할 것이다.

◆ 주제어: 형사소송, 영상녹화, 녹음, 사실심, 항소심, 디지털기록

【Zusammenfassung】

Meaning and implications of digital documentation of criminal trials in Germany

Kim, Sung-Ryong

Germany is implementing a plan to digitally video or audio record what happens in the trial court of criminal proceedings. Many German judges also have animosity or concerns about video recording of trial proceedings. However, a bill aimed mandatory recording and discretionary video recording was submitted with the goal of mandating digital video recording or recording and automatic creation of transcript records in all courts by 2030. Even in Germany, various arguments for and against this bill were presented. As Mosbacher, a judge in the criminal division of the German Federal Supreme Court, said, it is no longer a matter of wether but how, and the details have become subject to compromise.

In this article, we looked at the contents of the related German bill, the pros and cons, especially the judges' positions and counterarguments of scholars and criminal lawyers, and looked for the implications this can have on our situation.

Ignoring the basis of the legitimacy of the existence of criminal trials and advancing modern technology may ultimately lead to the collapse of criminal justice per se.

The way to become a court trusted by the public, to be evaluated as a criminal judgment acceptable to the parties, and to drastically reduce the overflow of appeal cases depends, above all, on how faithfully and transparently the first trial procedures and rulings that deal with the facts are made.

Rather than clinging to the old-fashioned slogan that video trials cannot

---

* Prof. Dr. iur., Kyungpook National University Law School

be permitted, it is important to know where, what, and how to change in our criminal trial in order to become a functioning criminal justice system that can meet the unique challenges of criminal trials as much as possible while efficiently using the limited national budget. We have to think about it.

◈ Key Words: Criminal Trial, Video Recording, Voice Recording, Trial Court, Appellate Trial, Digital Recording

한국형사소송법학회 『형사소송 이론과 실무』
제15권 제3호 (2023.9) 505~540면.
Theories and Practices of Criminal Procedure Vol. 15 No. 3 (September. 2023) pp. 505~540.
10.34222/kdps.2023.15.3.101

형사절차에서 성폭력 범죄 미성년 피해자 보호와 피고인의 반대신문권 보호

이 원 상*

I. 서론

성폭력 범죄는 대개 은밀하게 발생하므로 피해자의 진술이 유죄 여부에 중요한 역할을 한다. 따라서 피해자 진술은 증거능력과 함께 법관이 유죄를 인정할 수 있을 정도로 고도의 신빙성을 요구받게 된다.[1] 그런데 19세 미만의 미성년 대상 성폭력 범죄의 경우 성인 범죄에 비해 피해자들이 범죄라는 인식을 하지 못하는 때도 있고, 인식하더라도 주변에 알리거나 신고하는 경우가 낮아서 암수 범죄가 되는 경우가 많다. 또한 범죄가 발각되더라도 수사 및 재판과정에서 외부적 요인에 의해 심리적 영향을 받는 미성년 피해자의 진술이 신빙성을 인정받지 못하는 경우도 나타난다. 무엇보다 성폭력 피해와 별도로 경찰조사(수사관들의 신체적심리적 배려 부족 등), 검찰조사(가해자 대면, 반복 출두 등), 법정진술(답변 강요 등) 과정 등 형사절차에서 2차 피해가 발생하기도 한다.[2] 그런 맥락에서 2012년 12월 18일 「성폭력

---

* 본 논문은 2023년 제12회 형사학대회에서 발제한 논문을 수정 및 보완한 것임.
** 조선대학교 법학과 교수. 법학박사.
1) 홍진영/범선윤, "성범죄사건의 실무적 쟁점 - 영상녹화물 증거 제도와 전문심리위원 제도를 중심으로", 사법 통권 31호, 2015, 77면.

범죄의 처벌 등에 관한 특례법(이하 "성폭력처벌법"이라고 함)」이 전면 개정되면서 동법 제30조 제6항에는 19세 미만 또는 신체적정신적 장애가 있는 성폭력범죄 피해자의 진술을 영상물 녹화 장치로 촬영한 경우 공판준비기일 또는 공판기일에 피해자 및 조사 과정에 동석하였던 신뢰관계인 또는 진술조력인의 진술에 의해서 그 성립의 진정함이 인정되면 증거능력이 인정되도록 하는 특례규정이 도입되었다.

　그런데 해당 규정은 피고인의 반대신문권을 심각하게 제한하고 있고, 형사소송법상 전문법칙의 예외에 의해 인정되고 있는 사안과도 부합하지 않는다는 등의 비판이 제기되었다. 그래서 2013년에 헌법재판소의 판단을 받게 되었는데, 헌법재판소는 증거능력 특례조항이 비례성원칙에 위배 되거나 피고인의 방어권의 본질을 침해하지 않는다는 결정을 하였다(이하 "2013년 헌재 결정"이라고 함).[3] 그런데 13세 미만을 성폭행한 사건에서[4] 2021년의 헌법재판소는 성폭력처벌법 제30조 제6항 중 제1항 가운데 19세 미만 성폭력 범죄 피해자에 관한 부분이 헌법에 위반된다고 결정하였다(이하 "2021년 헌재 결정"이라고 함).[5] 따라서 여러 입법안과 법무부 대체 입법안 등이 제시되었고, 2023년 7월 11일 성폭력처벌법의 관련 조문들이 개정되었다.

　하지만 2021년 헌재 결정에 대한 비판과 개정 법률안의 한계에 대한 비판이 제기되고 있으며, 미성년 피해자에 대한 형사절차에서의 2차 피해 문제가 다시금 조명되고 있다.[6] 그러므로 본 논문에서는 2021년 헌재 결정에 대한 비판을 분석해

---

2) 신은식/신애리, "성폭력 피해아동의 보호 현황과 개선방안", 한국경찰연구 제14권 제4호, 2015, 197면.

3) 헌재 2013.12.26. 선고 2011헌바108 결정.

4) 위력으로 13세 미만 미성년자를 수차례 추행한 범죄사실로 청구인은 1심(2016고합520)에서 유죄 판결을 받았다. 1심 재판에서 청구인은 미성년자 피해자의 진술이 담긴 각 영상녹화CD에 관하여 증거부동의 하였다. 그러나 1심 법원은 조사 과정에 동석하였던 신뢰관계인의 법정 진술에 의해 성립의 진정을 인정하여 원진술자의 증인신문 없이 각 영상녹화CD의 증거능력을 인정하였다. 청구인이 항소하였지만 2심(2018노59)에서도 동일하게 유죄판결을 받았다. 이에 청구인은 불복하여 상고를 제기하였으며, 상고심 계속 중 구 '성폭력범죄의 처벌 및 피해자보호 등에 관한 법률' 제21조의3 제4항, '성폭력범죄의 처벌 등에 관한 특례법' 제30조 제6항에 대한 위헌법률심판제청신청을 하였다. 그에 대해 대법원은 상고 및 신청을 모두 기각하자(2018도15169, 2018초기1107), 청구인은 2018년 12월 27일 헌법소원심판을 청구하였다.

5) 헌법재판소 2021. 12. 23. 선고 2018헌바524 전원재판부 결정; 2013년 헌법재판소 결정과 2021년 헌법재판소 결정 사이에 바뀐 것은 헌법재판관의 구성원과 16세 미만으로 되어 있던 규정이 19세 미만으로 상향된 것뿐이었다.

6) 우리는 이미 현행 형사절차가 미성년 성폭력 피해자에게 2차 피해가 발생시킬 수 있다는 것

보고(Ⅱ), 그동안 제출되었던 입법안들과 법무부 대체 입법안 내용, 개정 법률에 대해 검토해 본 후(Ⅲ), 개정 법률에서 반영하지 못하였지만 고려할 필요성이 있는 개선안에 대해 짧은 소견을 밝히고자 한다(Ⅳ). 기본적으로 헌법재판소의 결정은 존중하지만, 형사절차에서 성폭력 범죄를 당한 미성년 피해자가 2차 피해를 볼 수 있는 위험성이 다시금 높아진 상황에서 개정 법률에서 적절하게 고려하지 않는 사항을 피해자 측면에서 살펴보고자 한다.

Ⅱ. 헌법재판소의 위헌결정 검토

1. 헌법재판소의 합헌 및 위헌결정

미성년 피해자 진술 영상의 증거능력과 반대신문권을 비교형량 한 헌법재판소의 결정은 2013년도와 2021년도에 있었다. 미성년 피해자의 2차 피해 관점을 기준으로 비교형량을 하는지, 피고인의 방어권 차원에서 비교형량을 하는지에 따라 결정결과가 정반대로 나타났다. 2013년 헌재 결정은 미성년 피해자의 2차 피해로 인한 기본권 침해와 피고인의 반대진술권 침해를 비교형량 할 때, 피해자의 관점에서 비교형량을 한 것으로 판단된다.[7] 다수견해는 성폭력처벌법상 증거능력 특례조항의 입법목적은 반복적으로 피해 경험을 진술하여 얻게 되는 심리적·정서적 외상과 충격에서 미성년 피해자를 보호하여야 하고, 그를 위해 피해자 진술영상녹화물에 대해 법정에서 신뢰관계인이 성립인정 진술을 하여 법정 조사와 신문을 최소화한 입법목적이 정당한 것으로 판단하였다. 특히 사건 초기 기억이 생생할 때, 아동진술

을 경험적으로도 알고 있다; 「성범죄 피해 6살 아이에게 "다시 법정에서 진술하라"고 했다」, <https://www.hani.co.kr/arti/society/society_general/1042909.html(2023.10.9 최종방문)>.

7) 2021년 헌재 결정 중 반대신문권을 헌법저 권리로 전제하고 있는 것에 대한 비판적인 견해로 이창온, "반대신문권 보장의 헌법 및 인권법적 의의와 비교법적 검토 – 헌법재판소 2021. 12. 23. 2018헌바524 결정에 대한 평석", 형사소송 이론과 실무 제14권 제2호, 2022, 239면 이하; 김혁, "19세 미만 성폭력 피해자 진술의 영상녹화물과 피고인의 반대신문권 – 헌법재판소 2021. 12. 23. 선고 2018헌바524 결정을 중심으로", 형사법연구 제34권 제1호, 2022, 119면; 김종구, "헌법상 반대신문권과 미성년 성폭력 피해자 영상진술의 증거능력 – 헌재 2021.12.23., 2018헌바524결정", 국가법연구 제18집 제3호, 2022, 176면. 이에 반해 피고인의 반대신문권을 헌법상 기본권으로 보는 것이 타당하다는 견해로 김병수, "영상재판을 통한 성폭력 피해 아동의 보호와 피고인의 반대신문권 보장 – 헌법재판소 2021.12.23., 2018헌바524 결정을 중심으로", 형사소송 이론과 실무 제14권 제2호, 2022, 268면.

전문가 및 심리학자 등이 전문적이고 과학적인 방법으로 피해자의 진술을 분석하
고 그 신빙성을 검증하는 것이 실체적 진실발견에 더 효과적이고, 경우에 따라서는
피고인 및 변호인의 신청 또는 직권으로 피해 아동을 증인으로 소환하여 신문할 수
있어 피고인 및 변호인의 참여권과 신문권도 보장된다고 보았다. 또한 법정에서 피
고인은 피해자 진술 당시 동석한 신뢰관계인을 신문하거나 전문적이고 과학적인
방법으로 진술영상녹화 증거를 탄핵할 수 있고, 경우에 따라서는 법원의 판단에 따
라 피해자에 대한 반대신문권을 행사할 수도 있으므로 증거능력 특례조항이 침해
최소성이나 법익균형성에 위배되거나 피고인의 방어권을 본질적으로 침해하는 것
도 아니라고 결정하였다. 이에 반해 소수견해는 증거능력 특례조항이 피고인의 반
대신문권을 박탈하여 공정한 재판을 받을 권리를 침해하기 때문에 헌법에 위반된
다고 보았다.

하지만 2021년 헌재 결정은 피고인의 반대신문권의 관점에서 증거능력 특례조항
을 비교형량 한 것으로 보인다. 그래서 2013년 헌재 결정의 다수의견이 소수의견으
로 되었고, 소수의견이 다수의견으로 변경되어 결정을 내렸다. 2021년 헌재 다수의
견은 피고인의 반대신문권이 헌법에 명시되어 있지 않지만, 공정한 재판을 받을 권
리의 차원에서 헌법상 권리로 판단하고 있으며, 영상물에 수록된 미성년 피해자의
진술에 대해 법정에서 원진술자가 진술하지 않고 증거능력을 부여한 것은 피고인
의 반대신문권 행사를 제한하는 것으로 보았다. 그 이유로 비례성원칙을 근거로 하
고 있는데, 성폭력처벌법 제30조 제6항이 2차 피해 방지를 위한 목적의 정당성 및
피해자 조사와 신문을 최소화할 수 있는 수단의 적합성은 인정할 수 있지만, 피고
인의 반대신문권과 관계에서 피해의 최소성과 법익의 균형성 요건을 충족시키지
못하여 피고인의 권리를 침해한다고 보았다. 그러면서 피고인의 반대신문권을 보장
하면서 피해자의 2차 피해를 방지할 방안들을 제시하고 있다.[8]

---

8) 2021년 헌재 결정에서는 "① 공개된 법정에서 증언하게 됨으로써 피해자의 신상정보나 사생
   활에 관한 사항이 노출될 위험, ② 공식적이고 권위적으로 설계된 법정 환경이 주는 스트레스
   와 법정에서 피고인을 대면하게 됨으로 인한 충격, ③ 방어력이 취약한미성년 피해자가 재판
   과정의 낯선 공방에 노출되고 반대신문 등에서 진술의 신빙성을 공격받게 됨으로써 입을 수
   있는 심리적, 정서적 고통 등"을 2차 피해의 예시로 들고, 신상정보나 사생활 노출 위험 방지
   수단, 법정 환경 및 피고인 대면 등으로 인한 충격을 방지하기 위한 수단, 피해자가 반대신문
   과정 등에서 받을 수 있는 고통을 줄이기 위한 수단, 그리고 증거보전절차 활용을 대안으로
   제시하고 있다.

2. 헌법상 비례성원칙 내용 변경의 문제점

규칙과 규칙이 충돌하면 하나의 규칙만이 적용된다. 따라서 신법과 구법이 충돌하면 신법이 우선 적용되고, 특별법과 일반법이 충돌하면 특별법이 우선 적용된다. 그에 반해 원칙과 원칙이 충돌하면 하나의 원칙이 '0'으로 수렴하고 다른 원칙이 '100'으로 적용되지는 않는다. 예를 들어, 자유권과 평등권이 충돌하는 경우, 극단적일 경우 자유권이 10, 평등권이 90으로 적용되지만, 반대로 자유권이 90, 평등권이 10 정도로 적용될 수도 있다. 하지만 하나의 원칙이 완전히 배제되지는 않는다. 그러므로 원칙과 원칙이 충돌하는 경우 그것을 해결할 수 있는 원칙들의 원칙인 '메타원칙'이 필요한데, 그 임무를 수행하는 것이 비례성원칙이다. 헌법상 기본권들은 대부분 원칙이라고 할 수 있으므로, 헌법상 기본권들이 충돌하는 경우 비례성원칙이 중재자의 임무를 수행한다.

비례성원칙은 목적과 수단의 관계에 대한 원칙이므로 국가의 수단의 기본권을 침해하는지를 판단할 때 사용된다.[9] 이때의 비례성원칙은 "국가는 시민의 기본권을 제한하여 (정당한) 목적을 실현하고자 할 때는 '비례적인' 수단을 사용하라"는 언명을 수행하므로 목적보다는 수단에 주안점을 둔다.[10] 그러나 (넓은 의미의) 비례성원칙 그 자체는 무엇이 '비례적인' 수단인지에 관해 판단 근거를 제시하고 있지 않다. 그래서 비례성원칙은 적합성원칙(Grundsatz der Geeignetheit), 필요성 원칙(Grundsatz der Erforderlichkeit), (좁은 의미의) 비례성원칙(Verhältnismäßigkeit im engeren Sinne)의 부분원칙들로 구성되고, 그에 따라 비례성원칙에 대한 언명은 "국가는 시민의 기본권을 제한하여 (정당한) 목적을 실현할 때는 '적합하고, 필요하며, (좁은 의미의) 비례적인 수단을 사용하라"라고 조금 더 구체적으로 바뀌게 된다.[11] 그런데 각각의 부분원칙은 가치충전을 통해 확정되므로 판단자가 가치충전 과정에서 어떤 기본권의 가치를 중요하게 생각하고 있는지에 따라 결과적으로 구성되는 비례성원칙이 달라진다. 그러므로 앞서 살펴본 2013년 헌재 결정과 2021년 헌재 결정이 똑같은 비례성원칙을 통해 결정을 내리고 있지만, 각각 비례성원칙에 가치충전 된 내용이 다르므로 상이한 결론에 이르고 있다.

---

9) 배종대, 형사정책(제2판), 홍문사, 2022, 174면~175면.

10) 이원상, "저작권법상의 형사처벌과 비례성 원칙", 비교형사법연구 제12권 제1호, 2010, 180면.

11) 세 가지 원칙에 우리나라 헌법재판소는 목적의 정당성도 비례성원칙의 부분원칙으로 요구하고 있다(헌재 1989.12.22.88헌가13 결정; 1990.9.3. 89헌가95 결정 등); 이원상, 앞의 글, 181면.

형식적으로는 비례성원칙이라는 똑같은 기준을 사용하고 있지만 사실상 비례성
원칙의 가치충전 기준은 다르다. 어떤 비례성원칙이 좀 더 타당한지는 비례성원칙
을 구성하고 있는 부분원칙에 대한 가치충전 과정에서 이루어지는 논증과정이 시
민들을 충분히 납득시킬 수 있고, 공감시킬 수 있는지에 달려있으므로 "일반적이고
실천적인 논증"이어야 한다.[12] 논증과정의 타당성을 인정받은 비례성원칙은 계속
해서 원칙의 지위를 유지할 수 있지만, 시대와 가치의 변화에 따라 더는 타당한 논
증이 되지 못하는 비례성원칙은 변화된 가치충전을 통해 시민들의 지지를 받은 새
로운 비례성원칙으로 대체된다.[13] 따라서 비례성원칙은 고정불변의 원칙이 아니라
그 내용이 타당하고, 시민들의 지지를 받는 동안에만 원칙으로 지위를 유지하게 되
는 '잠정적 원칙'의 성격을 갖게 된다.[14] 이처럼 비례성원칙이 구성되고 교체되는
과정은 단순히 타협과 협상에 의해 이루어지는 것이 아니라 토론과 논증을 통해 이
루어져야 하고, 마치 타협이 토론처럼, 협상이 논증처럼, 조작된 여론이 공론처럼
옷을 입고 결정에 영향을 미치는 것을 경계하기 위해서는 학문적인 영역에서 전문
적인 논증이 필요하다.[15] 그런 관점에서 보면 13년 헌재 결정 이후 새로운 가치충
전에 대한 사회적 변화가 일어나지 않았음에도 21년 헌재 결정에서 변화된 가치충
전을 통해 비례성원칙의 내용을 변경한 것이 과연 적절하였는지에 대해 의구심이
든다. 사회적으로 성폭력 범죄는 더욱 창궐하였고, 미성년 피해자의 성폭력 범죄
피해와 형사절차에서의 2차 피해가 이전과 비교해 개선되었다는 경험적 결과도 나
타나지 않은 상황에서 오히려 2013년 헌재 결정의 비례성원칙이 더욱 공고하게 되
었다고 판단되기 때문이다. 그러므로 변화된 가치충전을 한 비례성원칙을 적용해서

---

12) 이상돈, 헌법재판과 형법정책, 고려대학교출판부, 2005, 108면.

13) 이준일 교수의 견해에 따르면 이런 논증과정은 "도덕에 관한 공론"에 따라 가치결정되어야 한
다. 그러므로 이 과정은 단순히 서로의 주장이 가져다 주게될 유용성을 더하고 빼는 타협과
협상의 절차가 아니라 서로가 타당한 논거를 주고받으며 더 설득력 있는 논거를 찾아가는 토
론과 논증의 절차가 된다; 이준일, "법학에서 대화이론, 법철학연구 제3권 제2호, 2000, 101면
이하.

14) 이는 원칙의 기본적인 속성에 위배된다고 볼 수 있을 것이다. 원칙는 그 내용이 바뀌게 되면
더 이상 원칙으로 존재할 수 없다. 예를 들어, 무죄추정원칙의 내용이 1심 판결에서 유죄를
선고받을 때에는 최종 유죄판결을 받지 않은 경우에도 유죄로 추정한다라고 바뀌게 된다면
더는 무죄추정원칙이 원칙의 지위를 유지할 수 없을 것이다. 원칙의 이름이 유무죄추정원칙으
로 변경되어야 할 것이다. 이는 무죄추정원칙이 있고 원칙에 대한 예외를 인정하는 것과는 구
분이 된다.

15) 이상돈, 앞의 책, 110면.

2013년 헌재 결정의 결과와 상반되는 결과를 끌어낸 2021년 헌재 결정에 대해 쉽게 찬동할 수 없는 것이다.

3. 형사절차에서 성폭력 범죄 피해자의 2차 피해 현황

경험적 연구에 따르면 성폭력 피해자는 다양한 형태의 2차 피해를 보는 것으로 나타나고 있다. 대표적인 2차 피해로 가해자 측이 가해 사실을 부정하고 합의를 종용하거나 피해자의 행실에 대한 악의적 소문을 퍼뜨리는 것 등이 있을 것이다.[16] 또한 언론이 과도하게 피해자 또는 그 가족들이나 주변인들에 대한 신상 등의 정보를 상세하게 보도하여 피해자 측 사생활을 침해하기도 한다.[17] 또한 과거 미투운동에서 나타났던 현상과 같이 사회가 피해자를 "순결한 피해자"로 보는 것이 아니라 "악의적인 꽃뱀"으로 평가하고 피해자가 성폭력 당한 사실들을 부정하며 피해자에 대한 과거 행적이나 평판 등을 공유하며 사회적 가십거리로 삼기도 한다.[18] 이처럼 성폭력 피해자는 성폭력 피해를 감당하기에도 어려운 상황에서 2차 피해까지도 감당해야 하는 상황에 놓이게 된다.

하지만 그에 더하여 피해자를 더욱 힘들게 만드는 것은 형사절차에서 피해자를 대신해서 성폭력 범죄에 대응해야 하는 수사기관이나 법원에 의해 2차 피해가 발생하는 것이다. 이미 과거 경험적 연구에서도 수사기관의 중복된 조사와 피해자에 대한 편향된 태도 및 질문방식이 지적되었고, 재판과정에서도 피고인 측과 접촉하게 되거나 공판 참석 과정의 불편함, 피고인에게 대한 선처로 인해 당혹감이나 절망감을 느낀 것으로 나타났다.[19] 한국성폭력상담소의 상담결과를 분석한 연구에서도 성폭력 피해자의 특성을 고려하지 않고, 수사 및 재판 담당자들이 편견과 통념에 따라 피해자를 비난하거나 화간을 의심하는 듯한 태도를 보이거나 피해자를 무

---

16) 「집단 성폭행 고통스러운데 2차 가해까지… "2년째 악몽"」, < (https://www.munhwa.com/news/view.html?no=2022102701071221272001)(2023.10.9. 최종방문) >.

17) 강동욱, "언론보도에 따른 피해자의 2차 피해 구제제도와 그 개선방안", 피해자학연구 제23권 제1호, 2015, 5면.

18) 윤지영, "성폭력 피해자의 2차 피해 방지를 위한 형사절차법적 개선 방안 모색: 피해자의 성적 이력 사용 제한 및 역고소 남용 대응을 중심으로", 이화젠더법학 제10권 제1호, 2018, 179면~180면.

19) 허선주/조은경, "성폭력 범죄 피해자의 2차 피해에 대한 국내외 연구동향", 피해자학 연구 제20권 제1호, 2012, 390면.

시하거나 성의 없는 언어사용, 피해자에게 부정적인 의견 표명이나 비전문적 태도, 가해자와의 합의 종용,[20) 반복되는 조사 및 신뢰관계인 동석 거부 등이 문제로 제기되었다.[21)] 이후 성폭력 관련 법률들이 개정되면서 피해자에 대한 보호조치 강화, 피해자 신원과 사생활에 대한 보호, 성폭력 범죄 피해자 전담조사, 수사 및 재판절차에서 피해자 배려, 피해자 조사과정 영상녹화물로 보관, 신뢰관계인 및 진술조력인의 보조 등과 같은 제도들이 도입되었다.[22)] 수사기관들과 법원은 개선되었다고 판단하고 있지만, 여전히 기존의 문제점들은 현재 진행형이며, 성폭력 피해자들은 수사과정에서 2차 피해를 받고 있다고 느끼고 있다.[23)] 일반적인 성폭력 피해자도 이와 같은데 미성년 성폭력 피해자는 그보다도 더한 2차 피해를 경험하고 있다. 미성년자가 법정 증언을 경험하면서 심신의 이상을 겪거나 자해를 하는 경우까지도 나타나고 있기 때문이다.[24)] 그러므로 헌재가 비례성원칙의 부분원칙인 적합성원칙과 필요성원칙을 심사하는 과정에서는 이와 같은 경험적 연구 결과들이 제대로 반영되었어야 한다.

4. 소결

형사법 영역에서 비례성원칙을 적용할 때 헌재는 첫째로, 헌재의 비례성 판단은 적합성과 필요성 논증보다는 균형성 논증에 편향되어 있고,[25)] 둘째로, 입법자의 형

---

20) 이는 과거 성폭력 범죄가 친고죄였기 때문에 문제시되었다.

21) 이미경, "형사사법절차상 성폭력 2차 피해의 심층구조", 여성학연구 제23권 제2호, 2013, 50면~51면.

22) 이귀형/박종철,"성폭력 범죄 피해자의 2차 피해 유발요인 분석을 통한 예방책 모색: 성폭력 범죄 피해자와 수사 담당자에 대한 질적 면담을 중심으로", 한국치안행정논집 제15권 제2호, 2018, 239면~241면.

23) 이귀형/박종철, 앞의 글, 246면~248면; 심지어 언론에서는 "판사는 성인지감수성 없고, 검사는 제 역할 못 해…법정은 가해자에 온정"이라고 비판하기도 한다; 「"판사는 성인지감수성 없고, 검사는 제 역할 못 해…법정은 가해자에 온정"」, <https://www.khan.co.kr/national/incident/article/202305130900011(2023.10.9. 최종방문)>.

24) 「과호흡에 자해까지… 증언대 선 미성년 성범죄 피해자들 눈물」, <https://m.hankookilbo.com/News/Read/A2023013008490001455(2023.10.9. 최종방문)>.

25) 이상돈 교수는 헌재가 경험적 판단이 지배하고 있는 적합성과 필요성 논증에서 두루뭉술하거나 성급하게 정해진 결론으로 달려가는 식의 논증에서 벗어났다면 비례성원칙을 적용한 많은 사례의 결정이 달라졌을 것이라고 주장하고 있다; 이상돈 앞의 책, 101면~102면.

성권을 지나치게 존중하여 비례성원칙에 의한 헌법 규범의 실현을 위축시킴으로
왜곡된 비례성을 논증하고 있다는 비판이 있다.[26] 그런 관점에서 보면 2021년 헌
재 결정은 그런 비판을 극복한 결정처럼 볼 수 있다. 특히 피고인의 반대신문권을
보장하면서도 형사소송에서 발생할 수 있는 미성년 성폭력 피해자의 2차 피해를
방지하는 방법들을 조목조목 세밀하게 서술함으로써 앞선 비판의 영역에 속해있는
2013년 헌재 결정 보다 진일보한 결정처럼 보이기도 한다. 그러나 2021년 헌재 결
정은 다음과 같은 부분에서 문제점이 있다. 첫째로, 2021년 헌재 결정에서는 "...미
성년 피해자가 받을 수 있는 2차 피해를 방지하는 것은 성폭력범죄에 관한 형사절
차를 형성함에 있어 결코 포기할 수 없는 중요한 가치라 할 것이다..."라고 서술하
고 있지만, 실질적으로는 그 가치가 포기된 것으로 보인다. 둘째로, 2021년 헌재 결
정은 피해의 최소성 논증에서 경험적 연구의 현황을 제대로 반영하고 있지 못하고
있다. 경험적 연구는 형사사법기관에 의한 2차 피해의 문제성을 계속해서 지적하고
있지만, 그런 문제점에 대한 논증이 이루어지고 있지 않다. 셋째로, 2013년 헌재 결
정에서 구성되어 있던 비례성원칙의 내용이 문제가 있고, 변화된 비례성원칙을 적
용해야 할 정도로 사회 가치가 변화되지 않았지만, 그 내용을 변경한 것은 비례성
원칙의 변화 원리에도 부합하지 않는다.

   우리 형사절차에서 피해자는 소송의 주체에서 배제되어 있다. 소송에 대한 적극
적 형성력에 제한을 받으며 소송에 관여하는 '소송관여자'일 뿐이다.[27] 피해자가 가
해자에 대해 복수를 하는 대신 국가에게 형벌권을 양도한 결과가 오히려 국가로부
터 피해를 받는 것이었다면 과연 피해자는 자신의 권한을 양도하였을까? 2021년 헌
재 결정에서 주장하고 있는 공정한 재판을 받을 권리는 피고인에게만 적용되고 피
해자에게는 적용되지 않을까? 이런 의문에 대해서는 아래에서 조금 더 자세히 고
찰해 보고자 한다.

---

26) 이상돈 교수는 적합성이나 필요성 논증을 무력화 하는 주된 이유는 경험적 판단이 중요한 적
   합성과 최소침해성 판단을 입법자의 입법형성권 문제에 속하는 영역이라고 판단하여 결정하
   는 것을 비판하고 있다. 따라서 경험과학적인 범죄학적 연구성과들보다는 입법자의 재량적인
   가치결단을 중시하여 입법흠결이 명백한 경우에 한해서만 입법형성권을 부정하고 있다고 한
   다. 그 결과 입법형성권 개념은 "공공의 이익"처럼 빈 공식(Leer-formel)처럼 사용되어 경험
   적 논증을 통하여 헌법규범을 구체화해야 하는 의무를 회피하고 있다고 비판하였다; 이상돈,
   앞의 책, 104면~105면.
27) 이주원, 형사소송법(제5판), 박영사, 2023, 3면.

Ⅲ. 법무부 입법안 및 개정안 검토

1. 위헌결정 이후 입법안들

증거능력 특별규정이 위헌결정을 받은 이후 여러 가지 입법안들이 제출되었다. 첫째로, 백혜련 의원안은 영상물의 증거능력 규정을 삭제하고, 19세 미만 피해자에 대한 증인신문을 의무적으로 비디오 등 중계를 통하도록 의무화하는 법률안을 제출하였다.[28] 법률안에서는 제30조 제6항을 삭제하고, 제40조 제2항을 제3항으로 변경하고, 동조 제2항에 "법원은 증인신문의 대상인 19세 미만의 피해자가 피고인 등과 대면하여 진술하는 경우 심리적인 부담으로 정신의 평온을 현저하게 잃을 우려가 있다고 인정하는 때에는 비디오 등 중계장치에 의한 중계를 통하여 신문하여야 한다"라고 규정하고 있다.

둘째로, 윤후덕 의원안도 백혜련 의원안과 유사하게 19세 미만 성범죄 피해자에 대한 영상증인신문 제도의 법적근거를 제30조의2에 새롭게 규정할 것을 제시하고 있다.[29] 그에 따라 제30조의2 제1항에는 "법원은 19세 미만의 성폭력범죄 피해자를 증인으로 신문하는 경우 피해자의 의사나 이익에 반하는 등의 특별한 사정이 있는 경우를 제외하고는 「형사소송법」 제165조의2 제1항에 따라 비디오 등 중계장치에 의한 중계시설을 통하여 신문할 수 있다"라고 규정하고 있다. 제2항에서는 제1항에 따른 증인신문을 할 때, 준수해야 할 사항으로 "1. 피해자에게 변호사가 없는 경우 검사는 반드시 국선변호사를 선정할 것, 2. 피의자와 분리된 장소에서 피의자를 신문할 것, 3. 친족 간 성범죄인 경우 피의자의 직접 질문은 허용되지 아니할 것, 4. 반대신문의 내용은 사전에 법원에 제출되어야 하며, 제출된 내용과 무관한 질문은 허용되지 아니할 것, 5. 진술조력인 및 신뢰관계자의 동석은 허용될 것. 다만, 친족간의 성폭력 범죄인 경우 가해자의 친족은 신뢰관계자로 동석할 수 없다" 등을 규정하고 있다. 그리고 제3항에서는 "국가는 제1항에 따른 영상증인신문을 지원하기 위하여 대통령령으로 정하는 바에 따라 지원센터를 지정·운영할 수 있다"라고 규정하고 있다.

---

28) <http://likms.assembly.go.kr/bill/billDetail.do?billId=PRC_N2N2C0Y4W1R1M1I0N4R9W3
   H8V6Y5D6(2023.10.9. 최종방문)>.

29) <http://likms.assembly.go.kr/bill/billDetail.do?billId=PRC_V2B3Y0X3X0W7V1D0B0A6B0
   Z2I2G9F3(2023.10.9. 최종방문)>.

또한 윤후덕 의원은 후속 입법안에서 전문조사관 제도 및 영상녹화물의 증거보전 청구를 도입할 것을 제안하였다.[30] 그를 위해 제26조의2를 신설하고 제36조를 개선하여 수사재판절차에서 19세 미만 성범죄 피해자 및 장애인을 조사신문(또는 중개)할 때에는 아동심리 및 아동·장애인 조사면담기법에 전문성 있는 전문조사관이 전담하도록 하고 있다. 그리고 제30조 제8항을 신설하여 전문조사관은 19세 미만 성범죄 피해자 등을 조사하기 전 영상녹화가 된다는 사실을 설명하도록 하고 있다. 또한 제30조 제9항을 신설하여 19세 미만 성범죄 피해자 등이 공판기일에 출석 및 증언하는 것이 곤란부적당한 경우 피해자의 영상진술 녹화물을 증거로 사용할 수 있도록 증거보전 청구를 요청할 수 있도록 하고 있다.

셋째로, 양정숙 의원안은 다른 법률안들에 비해 상당히 많은 내용을 상세히 담고 있다. 법률안에서는 19세 미만 성범죄 피해자 등의 조사 전담 및 신문 중개를 하는 전문조사관 제도를 도입하고, 반대신문권이 보장된 영상녹화물의 증거능력을 인정하며, 2차 피해를 최소화하면서 반대신문권을 보장하는 증인신문절차 특례 규정을 도입할 것을 제안하고 있다.[31] 그를 위해 제26조의2를 신설하여 전문성을 갖춘 전문조사관이 19세 미만의 피해자를 조사하거나 신문을 중개하도록 하고 있다.[32] 또

---

30) <http://likms.assembly.go.kr/bill/billDetail.do?billId=PRC_K2J3R0S3Q1P0N0O9W4Y8X3Y2W1V7D5(2023.10.9. 최종방문)>.

31) <http://likms.assembly.go.kr/bill/billDetail.do?billId=PRC_P2G2Q0A9W2B8C1J4J3J6D4J4K7Z4N7(2023.10.9. 최종방문)>.

32) 양정숙 의원안 제26조의2(19세미만피해자등에 대한 전문조사관) ① 법원행정처장·검찰총장 및 경찰청장은 다음 각 호의 소속 직원 중 아동·장애인의 심리 및 조사면담기법 등에 대하여 대통령령으로 정하는 바에 따른 전문적인 교육·훈련(이하 이 조에서 "전문교육·훈련"이라 한다)을 받은 사람을 대법원규칙 또는 대통령령으로 정하는 바에 따라 전문조사관(이하 "전문조사관"이라 한다)으로 지정하여야 한다.
1. 「법원조직법」 제54조의3에 따른 조사관
2. 사법경찰관의 직무를 행하는 검찰청 직원
3. 사법경찰관리
② 법원 및 수사기관이 다음 각 호의 어느 하나에 해당하는 성폭력범죄의 피해자(이하 "19세미만피해자등"이라 한다)를 조사하거나 신문할 때에는 전문조사관이 전담하여 피해자를 조사하거나 신문을 중개(仲介)하게 하여야 한다.
1. 19세 미만인 피해자
2. 신체적인 장애나 정신적인 장애로 사물을 변별하거나 의사를 결정할 능력이 미약한 피해자
③ 전문조사관은 19세미만피해자등을 조사하거나 신문을 중개할 때에는 피해자의 나이, 인지적 발달 단계, 심리 상태, 장애 정도 등을 종합적으로 고려하여야 한다.

한 제29조의2를 신설하여 수사기관 및 법원이 조사심리재판 과정에서 특별한 보호조치를 하도록 규정하고 있다. 그리고 제30조에서 전문조사관은 19세 미만 피해자 등을 조사하기 전 적절한 방식으로 영상녹화절차를 설명하도록 하였다. 제30조의2를 신설하여 영상녹화물을 증거로 사용할 필요가 있는 경우 피의자/피고인 또는 그 변호인에게 그 사실 등을 서면으로 통지하는 절차를 신설하고 있다. 그리고 제30조의3에서는 해당 영상녹화물을 청취 및 열람 하는 규정을 두었고, 제30조의4에서는 영상녹화물의 증거능력 특례를 규정하였다.[33] 제40조의2에서 제40조의4를 신설하여 법원이 19세 미만 성범죄 피해자를 증인으로 신문할 경우 반드시 공판준비절차를 열고, 특별한 사정이 없으면 비디오 등 중계장치에 의한 중계시설에서 전문조사관이 중개하는 방식으로 하도록 규정하고 있다. 제41조의2에서는 증거보전 청구 절차를 신설하였으며, 제41조의4를 신설하여 피의자/피고인 또는 변호인이 열람등사한 조서나 영상녹화물녹취서의 사본을 수사나 재판 이외의 목적으로 사용하지 못하도록 규정하고 있다.

넷째로, 박주민 의원안도 양정숙 의원안과 상당히 유사하다.[34] 제26조의2를 신설하여 전문성을 갖춘 전문조사관이 전담하여 피해자 조사 및 신문 중개를 하도록

---

④ 법원행정처장, 검찰총장 및 경찰청장은 전문조사관에게 대통령령으로 정하는 바에 따라 전문교육·훈련을 지속적으로 실시하여야 한다.

33) 양정숙 의원안 제30조의4(영상녹화물의 증거능력 특례) ① 제30조제1항에 따라 19세미만피해자등의 진술이 영상녹화된 영상녹화물은 다음 각 호의 어느 하나의 경우에 증거로 할 수 있다.

1. 증거보전기일, 공판준비기일 또는 공판기일에 그 내용에 대해 피의자, 피고인 또는 변호인이 피해자를 신문할 수 있었던 경우

2. 19세미만피해자등이 사망·질병·트라우마·공포·기억소실(記憶消失)·외국거주·소재불명, 그 밖에 이에 준하는 사유로 공판준비기일 또는 공판기일에 진술할 수 없는 경우. 다만, 영상녹화된 진술 및 영상녹화가 특별히 신빙(信憑)할 수 있는 상태에서 이루어졌음이 증명된 경우로 한정한다.

3. 피의자, 피고인 또는 변호인이 제30조의2제5항에 따라 19세미만피해자등을 증인으로 신문하기를 원하지 아니한다는 의사를 밝힌 경우. 다만, 영상녹화된 진술 및 영상녹화가 임의로 된 것으로 인정할 수 있는 경우로 한정한다.

② 법원은 제1항제2호에 따라 증거능력이 있는 영상녹화물을 유죄의 증거로 할지를 결정할 때에는 19세미만피해자등의 나이, 심리 상태, 영상녹화물에 영상녹화된 19세미만피해자등의 진술 내용 및 진술 태도 등을 고려하여야 한다.

34) <http://likms.assembly.go.kr/bill/billDetail.do?billId=PRC_D2N2Z0I9Z2F7Z1P4J0S1F2X9O2T4L4(2023.10.9. 최종방문)>.

하고 있다. 제29조의2를 신설하여 수사기관 및 법원이 조사심리재판 과정에서 19세 미만 성범죄 피해자를 위해 특별한 보호조치를 하도록 하고 있다.[35] 제30조에서는 전문조사관이 조사 전에 영상녹화사실과 그 과정 등을 19세 미만 성범죄 피해자 등에게 고지하는 절차를 보완하고 있다. 제40조의2에서는 법원이 19세 미만 피해자를 증인신문 하기 전에는 공판준비절차에 부치도록 하고 있으며, 제40조의3에서 법원은 피해자를 증인신문 할 때 전문조사관으로 하여금 신문을 중개하도록 하고 있으며, 제40조의4에서는 비디오 등 중계장치에 의한 중계시설을 통하여 신문을 하도록 특례를 규정하고 있다.

다섯째로, 김회재 의원안은 영상물 증거능력 규정을 삭제하고, 19세 미만 또는 신체적·정신적 장애가 있는 피해자를 증인신문하는 경우 수사기관 및 법원이 표현을 주의하고, 비디오 등 중계장치에 의한 중계시설을 통하여 신문하거나 가림 시설 등을 설치하고 신문하도록 규정하고 있다.[36]

여섯째로, 전주혜 의원안에서는 제30조 제6항을 개정하여 피해자가 19세 미만으로 정신적 트라우마가 있거나 증인신문 과정에서 증언을 계속할 수 없는 경우에 한하여 증거능력을 인정하도록 하고 있다.[37]

일곱째로, 권인숙 의원안은 19세 미만 성폭력 피해자 및 신체적·정신적 장애가 있

---

35) 박주민 의원안 제29조의2(수사 및 재판절차에서의 아동 보호) ① 성폭력범죄의 피해자가 19세 미만의 아동인 경우 수사기관과 법원 및 소송관계인은 아동의 이익을 최우선으로 고려하여야 한다.

② 성폭력범죄의 피해자가 19세 미만의 아동인 경우 수사기관과 법원은 다음 각 호의 조치를 취하기 위해 노력하여야 한다.

1. 조사 및 심리·재판 절차에 대한 충분한 설명
2. 제26조의2에 따른 교육과 훈련을 받고 지정된 전문조사관에 의한 진술 청취
3. 동일한 전문조사관에 의한 수사 및 재판의 진행
4. 진술 청취 절차의 지연 등 수사 및 재판 절차의 지연 방지
5. 아동친화적인 장소에서 조사 및 신문
6. 동일한 장소에서 조사 및 신문
7. 아동의 나이와 발달 정도에 적합한 조사와 신문 일정 및 휴식의 보장
8. 피의자 또는 피고인과 접촉 또는 대면 방지
9. 아동에게 위해를 가하거나 아동의 복리에 반하는 질문 방지

36) <http://likms.assembly.go.kr/bill/billDetail.do?billId=PRC_N2D2C0I5W1A1E1X3V5V4I1M2C2F8Y3(2023.10.9. 최종방문)>.

37) <http://likms.assembly.go.kr/bill/billDetail.do?billId=PRC_V2F2C0W4S2C2L1L6K5F4B1G6X2Z4O3(2023.10.9. 최종방문)>.

는 피해자 신문을 비디오 등 중계장치를 통해서만 하도록 하였고, 피해자의 초기
진술에 피의자/피고인 또는 변호인이 반대신문에 참여했을 경우, 녹화물에 대한 증
거능력을 인정할 수 있도록 하고 있으며, 검사로 하여금 국선변호사를 선임하도록
하고, 재판 과정에서 진술조력인의 참여를 의무화하도록 하고 있다.[38]

일곱째로, 김영배 의원안에서는 헌재의 결정취지에 따라 제30조 제6항에서 "피
해자의"를 신체적정신적 장애가 있는 피해자로 한정하고, 비디오 등 중계장치에 의
한 중계시설이나 가림시설 등을 설치하여 피해자 증인신문을 하도록 규정하고 있
다.[39]

여덟째로, 임호선 의원안은 제37조 제3항을 신설하여 법원으로 하여금 공판준비
기일 또는 공판기일에 검사, 변호인, 진술조력인과 증인의 인격이나 명예가 손상되
거나 사적인 비밀을 침해하지 않는 신문의 방식, 증인이 이해할 수 있는 증인신문
의 방식, 증인이 이해하지 못하거나 휴식이 필요할 때 법원에 알리는 방식, 그 밖에
진술조력인에 의한 증인의 의사소통이나 의사표현의 중개·보조에 필요한 사항 등을
협의하도록 하고 있다.[40]

2. 법무부의 대체입법안

정부는 2022년 4월 14일 「성폭력범죄의 처벌 등에 관한 특례법 일부개정법률
(안)」에 대해 입법예고를 하였다.[41] 그리고 2022년 6월 29일 정부안(이하 '법무부
대체안'이라고 함)을 국회에 제출하였다.[42] 법무부 대체안의 취지는 성폭력범죄 발
생 이후의 절차를 수사기관에 의한 피해자 참고인 조사절차와 법원에 의한 증거보
전절차로 구분하고, 전자의 경우에는 아동전문조사관을 신설하여 2차 피해를 방지
하고, 후자의 경우에는 판사가 증거보전절차를 주재하며 피의자측의 반대신문권을

---

38) <http://likms.assembly.go.kr/bill/billDetail.do?billId=PRC_G2H2X0O4T1N1Y1A6J3X8F2N
4K4C9B4(2023.10.9. 최종방문)>.
39) <http://likms.assembly.go.kr/bill/billDetail.do?billId=PRC_A2B2X0G1E2V7O1O4V0X2V3
X8D0H4Y1(2023.10.9. 최종방문)>.
40) <http://likms.assembly.go.kr/bill/billDetail.do?billId=PRC_D2W2V0T1L1W8M1E5I2J5S4F5
X5M8B0(2023.10.9. 최종방문)>.
41) <https://opinion.lawmaking.go.kr/gcom/ogLmPp/68097(2023.10.9. 최종방문)>.
42) <http://likms.assembly.go.kr/bill/billDetail.do?billId=ARC_S2G2R0G6W2J9N1V7T5N4H3Y
8F7B7A5(2023.10.9. 최종방문)>.

보장하되, 중간에 아동전문조사관 등을 경유하도록 하여 간접적인 방식으로 진행하도록 하여 2차 피해를 방지하면서 반대신문권을 보장하는 것이다.[43] 그 결과 증거보전절차를 거친 미성년 피해자 진술은 증거능력을 인정받게 된다. 법무부 대체안을 좀 더 구체적으로 살펴보면 첫째로, 19세 미만인 성폭력범죄의 피해자 등 전문조사관을 지정하도록 하였다. 성폭력 피해자에 대한 2차 피해 유형 가운데 형사사법기관의 비전문성으로 인한 피해들이 있었다. 그에 따라 법원, 검찰청, 경찰청에 전문교육과 훈련을 받은 전문조사관을 양성하여 성폭력 피해자 조사에 전문성을 높이려는 방안으로 보인다. 현행 성폭력처벌법 제26조에서도 전담조사제 규정을 두고 있으므로,[44] 그것을 조금 더 실제화하기 위한 규정이라고 할 수 있다. 다만, 각종 전문 또는 전담 제도는 이미 형사절차 여러 곳에서 활용되고 있지만, 근거 법률의 한계와 홍보부족, 인력 확보 등의 문제들로 그 효과가 제한적이라는 문제점이 있다.[45] 특히 형사사법자원이 제한되어 있고, 그로 인해 추가 인적자원을 보충할 경우 비정규 계약직 등으로 대체하는 경우도 많으므로, 해당 조직 내에서 전문성을 유지하면서 효과적으로 지속되기가 쉽지 않은 측면이 있다. 이에 대해 법원행정처는 성폭력범죄 전담재판부를 지정하고 있으므로 증거보전절차는 전담재판부 소속 판사가 담당하므로 중복되는 규정이라는 견해를 피력하고 있다.[46]

둘째로, 2021년 위헌결정을 받은 부분을 반영하고 있다. 따라서 법무부 대체안 제30조에서는 관련 규정들을 조금 더 세밀하게 규정하는 것과 함께 제6항에 규정되어 있던 증거능력 인정과 관련된 규정을 삭제하였고, 헌재 결정 취지를 고려해서 제30조의2부터 제30조의4까지를 신설하였다. 제30조의2에서는 피해자의 영상진술 녹화 이후 피의자, 피고인 또는 그 변호인에게 그 사실을 서면으로 통지하는 절차를 규정하고 있다. 해당 규정에서 가장 눈에 띄는 규정은 제5항으로 피의자 등으로부터 피해자를 증인으로 신문할지를 검사 및 사법경찰관에게 서면으로 밝히도록

43) 김봉수, "미성년 성폭력 피해자 영상진술의 증거능력에 관한 「성폭력처벌법」 특례규정의 위헌성에 대한 비판적 고찰", 형사법연구 제35권 제2호, 2023, 22면.

44) 이에 대해 검토의견서에서는 피해자를 적극적으로 보호할 수 있는 긍정적인 측면이 있다고 보고 있다; 유인규, 성폭력범죄의 처벌 등에 관한 특례법 일부개정법률안 검토보고, 10면; <(http://likms.assembly.go.kr/bill/billDetail.do?billId=ARC_S2G2R0G6W2J9N1V7T5N4H3Y8F7B7A5(2023.10.9. 최종방문)>.

45) 일례로 성폭력범죄 전담재판부에 근무한 법관들을 대상으로 조사한 결과에서도 그와 같은 문제점들이 나타나고 있다; 홍진영/범선윤, 앞의 글, 116면.

46) 유인규, 앞의 글, 15면.

한 것이다. 해당 규정은 제41조의2 증거보전절차의 특례와 연결된다. 다만, 해당 규정에서 피의자 등이 검사에게 증거보전절차를 청구하여 증거보전절차가 개시될 수 있도록 하는 것은 증거보전절차의 취지에는 부합하지만, 피해자의 진술 횟수를 줄이는 것과는 상반되는 규정이다. 더욱이 증거조사 이후에도 여전히 본안재판에서 피고인측의 신청과 필요성에 따라 피해자 증인신문이 재차 이루어질 수 있는 비판이 제기된다.[47] 제30조의3에서는 피의자 등이 피해자 영상진술녹화물에 대한 음향 청취 또는 조서 및 녹취서를 열람 및 등사할 수 있도록 규정하고 있다. 이는 피의자 등이 증거보전절차 여부를 결정하기 위한 절차규정이라고 할 수 있다. 또한 제41조의3에서는 피의자 등이 증거보전절차에서 피해자 영상진술녹화물과 조서 및 녹취서에 대한 청취, 열람, 등사를 허용하고 있다. 가장 핵심적인 부분이 제30조의4이다.[48] 그에 따르면 19세미만의 피해자등의 영상진술녹화물에 대해 "①증거보전기일, 공판준비기일 또는 공판기일에 그 내용에 대해 피의자, 피고인 또는 변호인이 피해자를 신문할 수 있었던 경우, ②19세미만피해자등이 사망·질병·트라우마·공포·기억소실(記憶消失)·외국거주·소재불명, 그 밖에 이에 준하는 사유로 공판준비기일 또는 공판기일에 진술할 수 없는 경우(다만, 영상녹화된 진술 및 영상녹화가 특별히 신빙(信憑)할 수 있는 상태에서 이루어졌음이 증명된 경우로 한정한다),[49] ③피의자, 피고인 또는 변호인이 제30조의2제5항에 따라 19세미만피해자등을 증인으로 신문하기를 원하지 아니한다는 의사를 밝힌 경우(다만, 영상녹화된 진술 및 영상녹화가 임의로 된 것으로 인정할 수 있는 경우로 한정한다)"라고 규정하고 있고, 다만, 증거능력을 인정할 때 법원이 "19세미만피해자등의 나이, 심리 상태, 영상녹화물에 영상녹화된 19세미만피해자등의 진술 내용 및 진술 태도 등을 고려"하도록 하고 있다. 해당 규정은 전문증거의 예외를 규정하고 있는 형사소송법 제314조를

---

47) 따라서 증거보전절차에 대한 정부안에 대해 부정적인 견해도 주장된다; 소라미, "아동인권의 관점에서 미성년 성폭력 피해자의 영상녹화진술의 증거능력에 대한 「성폭력범죄의 처벌 등에 관한 특례법」의 개정방안 검토", 사회보장법연구 제11권 제2호, 2022, 123면~125면.
48) 법률안과 별개로 현행 상태에서도 성폭행 아동 피해자의 영상녹화물에 대해 형사소송법 제314조를 적용해야 한다는 주장도 있다; 윤소현, "성폭력 피해자 진술 영상녹화물의 증거사용에 대한 고찰 – 헌법재판소 2021. 12. 23. 선고 2018헌바524 결정을 중심으로", 형사법의 신동향 제74호, 2022, 195면.
49) 여기서 트라우마, 공포, 기억소실 등으로 인해 법정에 출석할 수 없는 경우 의사의 증언에 의해 확인된 경우 영상물로 증거능력을 인정하는 것은 비교법적으로 프랑스의 제도를 참조하고 있는 것으로 보인다; 이창온, 앞의 글, 225면.

참조한 것으로 보인다. 그런데 해당 규정을 적용할 때 논쟁이 될 수 있는 규정이 제1항 제2호 규정일 것이다. 특히 트라우마, 공포, 기억소실, 그 밖에 이에 준하는 사유의 해석범위를 어떻게 할지에 따라 현행 법률 제30조 제6항에서 신뢰관계인 또는 진술조력인의 성립진정을 요건으로 하는 현행 규정보다 쉽게 증거능력을 인정하게 된다면 비판이 제기될 수 있을 것이다.[50]

셋째로, 기존 법률 제40조에 비디오 등 중계장치에 의한 증인신문을 규정하고 있는 것을 보다 세밀하게 규정하고 있다. 제40조의2에서는 공판준비절차를 필요적으로 열도록 규정하고 있고,[51] 제40조의3에서는 신문방식의 특례를 규정하고 있는데 제26조의2에서 규정하고 있는 전문조사관이 중개하도록 하고 있다. 제1항에서는 이미 진술조력인 제도가 있는데도 전문조사관이 중개를 하도록 규정하고 있다. 피해자 입장에서는 한 명의 진술조력인이 의사소통 중개를 계속하는 것이 적절할 수 있다. 그러므로 수사단계에서 재판단계까지 피해자와 형사소송주체들 사이에서 의사소통을 중개하는 사람은 진술조력인으로 통일하는 것이 보다 적절할 것이다. 또한 제40조의4에서는 장소에 대한 특례를 규정하고 있는데,[52] 다만, 해당 규정에서는 비디오중계장치 설치 장소가 법원 영내인지 영외인지에 대해 명확하게 밝히고 있지 않다. 피해자는 법원 영내에서 피고인측과 같은 공간에 있다는 사실만으로도 부담감과 공포감을 느낀다고 알려져 있다. 그러므로 비디오중계장치 설치 장소는 법원 영외로 하여 피해자측과 피고인측이 혹시라도 마주칠 수 있는 기회를 차단할 필요가 있다. 제40조의5에서는 피해자의 증인신문을 영상녹화하여 보존하도록 규정하고 있다.[53]

종합적으로 볼 때, 우선, 19세 미만 등으로 해서 위헌결정을 받지 않은 장애인까

---

50) 검토보고서에서도 '트라우마, 공포, 기억소실'에 대해서는 객관적으로 분명한 경우에 해당하지 않기 때문에 문제의 소지가 있다고 판단하고 있다; 유인규, 앞의 글, 제35면~제36면.

51) 법원행정처는 의무적으로 공판준비절차를 진행하도록 하는 것은 재판장의 재량권을 축소시키는 문제와 절차지연을 초래할 수 있을 뿐 아니라 증거보전절차를 위한 준비절차의 경우 보다 큰 문제가 될 수 있다는 우려를 제기하였다: 유인규, 앞의 글, 39면.

52) 해당 규정에 대해 법원행정처는 공판중심주의, 직접주의, 자유심증주의 등을 과도하게 제한하는 측면이 있고, 비디오중계장치를 이용한 예외적인 사유를 인정하지 않는 것은 문제라는 견해를 밝혔다; 유인규, 앞의 글, 44면~45면.

53) 이에 대해 법원행정처는 1차 조사 영상물도 피고인에게 반대신문기회가 부여되면 증거로 사용할 수 있는데도 증거보전절차 영상물을 본증으로 사용하도록 하는 것은 재판을 비디오 재판화 하여 공판중심주의, 직접주의에 반하는 문제가 있다고 말하고 있다; 유인규, 앞의 글, 48면.

지 하나로 묶어서 규정할 필요성이 있는지 여부이다. 아래에서 언급하겠지만 13세 미만과 장애인은 기존의 규정을 그대로 두고 14세 이상 19세 미만에 대한 규정을 새롭게 하는 것을 고려해 볼 필요가 있다. 다음으로 전문조사관이 조사를 전담하는 것은 의미있지만, 각 단계마다 전문조사관이 바뀌는 것은 오히려 형식적으로 보인다.[54] 따라서 수사과정부터 진술조력인이 피해자 신문과정까지 지속적으로 의사소통을 중개하는 것이 피해자에게 도움이 될 것이다. 그러므로 진술조력인 제도를 조금 더 강화하는 방안도 모색해 볼 필요성이 있다. 또한 피해자 영상진술녹화 후 증거보전절차를 진행하는 것은 피해자의 진술횟수를 줄이는 것에 반한다. 따라서 영상진술녹화물을 증거로 사용하거나 영상녹화 없이 증거보전절차가 진행될 수 있도록 하여 진술횟수를 줄이는 방법을 고려해 보아야 할 것이다. 무엇보다 제30조의4 제1항 규정을 통해 증거능력을 인정하려는 취지는 이해가 되지만 제2호의 규정은 새로운 쟁점이 될 수 있을 것으로 보인다.

3. 개정 법률 검토[55]

여러 개정안과 법무부 입법안에도 불구하고 개정되지 않던 성폭력처벌법상 관련 규정들이 2023년 7월 11일에 개정되었다(이하 '개정 법률'이라고 함). 개정 법률에서 주의 깊게 볼 조문은 동법 제30조의2와 제41조이다. 먼저 영상녹화물의 증거능력 특례를 규정하고 있는 제30조의2 제1항에서는 "증거보전기일, 공판준비기일 또는 공판기일에 그 내용에 대하여 피의자, 피고인 또는 변호인이 피해자를 신문할 수 있었던 경우"와[56] "19세 미만 피해자 등이 (가)사망, (나)외국 거주, (다)신체적, 정신적 질병·장애, (라)소재불명, (마)그 밖에 이에 준하는 경우 공판준비기일 또는 공판기일에 출석하여 진술할 수 없는 경우"에는[57] 동법 제30조 제4항에서 제6항의

---

54) 법원행정처는 전문조사관 제도 도입에 대해 신중한 검토가 필요하다는 의견을 제시하였다; 유인규, 앞의 글, 12면 이하.

55) 본 발제문이 작성된 이후 성폭력처벌법 일부개정안이 국회를 통화하였다. 따라서 본 논문에서는 법무부 대체안에 대한 검토가 상세하게 이루어졌다.

56) 단서 조문에서는 증거보전기일에서의 신문의 경우 법원이 피의자나 피고인의 방어권이 보장된 상태에서 피해자에 대한 반대신문이 충분히 이루어졌다고 인정하는 경우에 한정해 증거능력을 인정하고 있다.

57) 단서 조문에서는 영상녹화된 진술 및 영상녹화가 특별히 신빙(信憑)할 수 있는 상태에서 이루어졌음이 증명된 경우로 한정하고 있다.

절차에 따라 영상녹화 된 경우 그 증거능력을 인정하고 있다. 다만, 증거능력을 인정할 때에는 법원에게 "피고인과의 관계, 범행의 내용, 피해자의 나이, 심신의 상태, 피해자가 증언으로 인하여 겪을 수 있는 심리적 외상, 영상녹화물에 수록된 19세미만피해자등의 진술 내용 및 진술 태도 등"을 고려하도록 하였고, 전문심리위원 또는 동법 제33조에 따른 전문가의 의견을 듣도록 하였다(제2항).

동법 제41조에서는 증거보전의 특례를 규정하고 있는데, 동조 제1항에서는 피해자나 그 법정대리인 또는 사법경찰관은 피해자가 공판기일에 출석하여 증언하는 것에 현저히 곤란한 사정이 있을 때에는 그 사유를 소명하여 제30조에 따라 영상녹화된 영상녹화물 또는 그 밖의 다른 증거에 대하여 해당 성폭력범죄를 수사하는 검사에게 「형사소송법」 제184조 제1항에 따른 증거보전의 청구를 할 것을 요청할 수 있도록 하면서, 제2문에서는 피해자가 19세 미만 피해자 등인 경우에는 공판기일에 출석하여 증언하는 것에 현저히 곤란한 사정이 있는 것으로 보고 있다. 동조 제2항에서는 증거보전 요청을 받은 검사가 그 요청이 타당하다고 인정하는 경우 증거보전을 청구를 할 수 있으며, 19세 미만 피해자 등이나 그 법정대리인이 제1항의 요청을 하는 경우에는 특별한 사정이 없는 한 「형사소송법」 제184조 제1항에 따라 관할 지방법원판사에게 증거보전을 청구하도록 규정하고 있다.

앞선 법무부 대체안과 비교해 볼 때, 첫째로, 법무부 대체안에서는 제26조의2에서 전담조사제를 강화하였다. 그러나 개정안에서는 검사와 사법경찰관에 대한 교육강화와 교사과정에서 미성년 피해자를 조사할 때 여러 요소들을 종합적으로 고려해야 한다는 원론적 규정만을 추가하고 있다. 법무부 대체안이 미성년 피해자를 조금 더 두텁게 보호한다고 할 수 있지만, 사법자원 및 다른 제도와의 중복성을 고려해 볼 때, 적절한 개정이라고 생각된다. 다만, 교육강화 방법 및 종합적인 고려 사항의 실천적 내용에 대해서는 조금 더 고민해 봐야 할 것이다. 또한 법무부 대체안이 아동전문조사관을 두어 활용하는 방안을 모색하였다면, 개정 법률은 제36조와 제37조에서 진술조력인의 활용범위를 13세 미만에서 19세 미만으로 상향함으로서 진술조력인의 활용을 확대하는 것에 방점을 두고 있다.

둘째로, 법무부 대체안에서는 제28조의2에 증거보전절차 전담판사를 지정하여 미성년 피해자 대상 성폭력범죄에서 증거보전 절차를 보다 적극 활용하고 강화하고자 하였지만, 개정 법률에서는 제외되었다. 이에 대해 법원행정처에서는 이미 동법 제28조에서 성폭력범죄 전담제판부를 지정하고 있고, 전담재판부 소속 판사가 성폭력범죄 피해자 증거보전절차를 담당하는 것으로 규정하는 것을 고려할 때 중복적인 규정이라는 견해를 피력하였다.[58] 또한 법무부 대체안 제41조의2에서는 제41조와는 별개로 19세 미만 등 성폭력범죄의 피해자 증인신문을 위한 증거보전 청구 절차 등 특례를 신설했었다. 그러나 개정 법률에서는 제41조 제1항 2문에서 16세를 19세로 상향하고, 동조 제2항에서 검사에게 미성년 피해자의 증거보전 요청이 있는 경우 청구하도록 의무화하고 있다. 법무부 대체안이 증거보전 내부 절차까지도 강화하려는 의도가 있었다면, 개정 법률은 형식적으로 증거보전 청구 부분만을 강화하고 있는 것으로 보인다.

셋째로, 법무부 대체안에서는 제29조의2에 수사 및 재판절차에서 미성년 피해자를 보호하기 위한 규정을 별도로 두었지만, 개정 법률에서는 그와 유사한 내용을 제29조 제3항에 규정하고 있다.[59] 법무부 대체안은 미성년 피해자 영상녹화 및 증거능력 특례에 대해 제30조의2에서 제30조의4를 신설하고, 제30조의2에서는 피의자, 피고인 또는 변호인에게 미성년 피해자 반대신문 의사를 확인하는 과정을 따로 규정하고 있었다. 그러나 개정 법률은 제30조에 영상녹화에 대한 규정을 두었고, 제30조의2를 신설하여 증거능력 특례규정을 두었다. 두 특례규정 모두 증거보전기일, 공판준비기일, 공판기일에서 피의자 등의 반대신문권이 보장된 경우와 형사소송법 제314조 규정과 같은 상황에서 증거능력을 인정하고 있다. 다만, 두 특례규정

---

58) 우인규, 앞의 보고서, 15면.
59) 개정 법률의 해당 규정은 법무부 대체안 제29조 제3항 별표에 따른 규정을 기반으로 하고 있는 것으로 보인다.

> [별표]
> 조사 및 심리 · 재판 과정에서 19세미만피해자등에 대한 특별한 보호조치(제29조제3항 관련)
> 1. 특별한 사정이 없는 한 같은 전문조사관이 19세미만피해자등에 대한 조사와 증인신문의 중개를 담당하도록 할 것
> 2. 19세미만피해자등의 진술을 듣는 절차가 타당한 이유 없이 지연되지 아니하도록 할 것
> 3. 특별한 사정이 없으면 19세미만피해자등의 진술을 위하여 아동 등에게 친화적으로 설계된 장소에서 조사 및 증인신문을 할 것
> 4. 19세미만피해자등이 피의자 또는 피고인과 접촉하거나 마주치지 아니하도록 할 것. 다만, 19세미만피해자등이 원하는 경우는 그러하지 아니하다.
> 5. 해당 성폭력범죄와 관련되지 않은 19세미만피해자등의 성적(性的) 이력이나 사생활에 관한 불필요한 질문을 하지 아니하도록 할 것
> 6. 19세미만피해자등에게 조사 및 심리 · 재판 과정에 대하여 명확하고 충분히 설명할 것
> 7. 그 밖에 조사 및 심리 · 재판 과정에서 19세미만피해자등의 보호 및 지원 등을 위하여 필요한 조치를 할 것

은 거의 비슷하지만 약간의 차이가 있다. 법무부 대체안 제4항에서는 피의자 등이 명시적으로 미성년 피해자에 대한 반대신문권을 포기한 경우에는 진술영상녹화물의 증거능력을 인정하고 있다. 반면에 개정 법률에서는 그와 같은 방법으로 증거능력을 인정하고 있지는 않으며, 동조 제2항에서 유죄 증거 여부를 결정할 때, 전문심리위원 또는 전문가 의견을 청취하도록 하고 있다.

넷째로, 법원이 피해자를 증인신문 할 경우에는 비디오 중계장치를 통해 할 수 있도록 하고 있는데, 법무부 대체안 제40조의3에서는 "피해자의 의사에 반하거나 피해자의 최선의 이익에 반하는 등"의 특별한 사정이 없는 한 영상녹화가 이루어진 장소에서 중계장치를 통해 이루어지도록 하고, 아동전문조사관이 신문을 중개하고, 신뢰관계자나 진술조력인이 동석할 수 있도록 하였고, 반대신문을 할 때, 필요한 경우 피고인을 퇴정하게 하거나 앞가림막을 설치하도록 하였다. 비디오 중계장치에 의한 반대신문을 기본으로 하고 있다. 반면에 개정 법률 제40조의3에서 법원은 미성년 피해자에게 비디오 중계장치에 의한 신문을 고지하고, 미성년 피해자가 그에 대한 의견을 진술할 수 있도록 하고 있다. 이는 공판정에 출석하는 것을 기본으로 하고, 비디오 중계장치를 통한 신문을 예외로 인정하고 있는 것이다. 상대적으로 법무부 대체안이 피해자를 여러 층위로 보호하고 있다고 판단된다.

요약해보면, 개정 법률은 상대적으로 법무부 대체안보다도 미성년 피해자 보호가 후퇴한 것으로 보인다. 2021년 헌재 결정을 반영하려고 노력한 것은 인정하지만, 미성년 피해자의 진술에 증거능력을 인정하는 절차가 복잡하며, 형사절차에서 미성년 피해자의 진술 횟수를 줄이고, 피의자 등의 반대신문 과정에서 미성년 피해자의 2차 피해를 방지할 수 있는 것도 결국 법원의 재량에 의지할 수밖에 없다. 또한 미성년 피해자의 진술에 증거능력을 부여하는 절차에 아동전문조사관을 신설하려던 법무부 대체안에 비해서는 덜 복잡하지만, 미성년 피해자 진술영상의 증거능력을 인정하는 절차가 여전히 복잡하다.

IV. 법률 개선을 위한 제언

1. 공정한 재판을 받을 권리에 대한 다른 관점

성폭력처벌법이 개정되었지만, 개정 법률이 형사절차에서 미성년 피해자의 2차 피해를 충분히 방지하고 있는지 여전히 의문이다. 2021년 헌재 결정은 '공정한 재판을 받을 권리'와 '비례성원칙'을 본 사안의 기준으로 삼고 있다. 피고인이 재판에서 피해자에게 반대신문권을 행사할 수 없는 것은 헌법상 공정한 재판을 받을 권리를 침해하는 것이며, 비례성원칙에도 어긋난다는 논리이다. 그러나 헌재 다수견해가 기준으로 삼고 있는 공정한 재판을 받을 권리는 이미 '기울어진 운동장'이며, 그 프레임 안에서 비례성 여부가 판단되고 있다.[60] 2021년 헌재 다수견해의 논리에 따르면 제27조 제1항의 공정한 재판은 형식적인 현행 체계 내에서의 공정한 재판을 의미한다. 우리 형사소송절차는 국가가 범죄에 대한 형벌의 독점권을 행사하면서 형사소송법은 국가에 대해 피의자 등의 권리를 최대한 보장해주는 방향으로 발전해 왔다. 따라서 피의자 등이 강력한 국가의 권력에 대항할 수 있는 장치들이 공정한 재판의 요건이 되고, 그를 위해 형사소송법은 피의자 등 쪽으로 기울어진 운동장으로 설계되어 균형을 맞추고 있다.[61] 검사는 국가의 형벌권을 구현하는 기관이지 피해자를 대리하는 기관이 아니다. 더욱이 검사에게는 검찰청법 제4조에서 공익의 대표자일 것을 표명하며 준사법기관으로서 피의자의 기본권과 소송법적 권리를 보호하도록 하고 있다.[62] 따라서 피해자는 이미 기울어진 운동장에서 등판하게 된다. 2021년 헌재 다수견해가 논증한 공정한 재판을 받을 권리는 피의자등을 위한 권리로서 작용하게 된다.

하지만 공정한 재판을 받을 권리의 출발점을 헌재의 프레임에 벗어나 다른 관점에서 시작하게 된다면 다른 결론에 이를 수도 있다. 새로운 기준의 출발점으로 존 롤즈의 '무지의 베일'을 소환하고자 한다. 존 롤즈의 정의론에 따르면 원초적 입장(original position)에서 무지의 베일(veil of ignorance)을 쓴 공평한 관망자들이 상호 무관심한(mutually disinterested) 상황에서 합의한 어떤 원칙도 정의로운 것이 되어 공정한 절차를 설정하게 된다.[63] 공평한 관망자의 입장에서 본 사안을 살펴보면 반대신문권을 위해 미성년 성범죄 피해자를 법정에 세우거나 피고인과 대면 및

---

60) 같은 견해로서 김봉수, 앞의 글, 18면.

61) 피해자는 민사소송과 달리 형사소송에서 수동적인 지위만 인정된다; 정웅석/최창호/김한균, 신형사소송법(제2판), 박영사, 2023, 361면; 공판절차에서 피해자에게는 공판정진술권을 인정하고 있지만 피고인에 대한 반대신문권은 없다. 피고인은 피해자의 진술에 대해 반대신문권을 통해 탄핵할 수 있지만, 피해자에게는 허용해 주지 않고 있다.

62) 이주원, 앞의 책, 24면~25면.

63) 존 롤즈(황경식 옮김), 정의론, 이학사, 2003, 195면.

신문하도록 하는 것이 공정한 절차라고 할 수 있을지 의문이다. 피고인과 피해자 사이에서는 피고인이 우월한 지위에 있게 되고, 충분히 2차 피해를 볼 수 있으므로 절차를 만드는 공평한 관망자는 비록 피고인에게 불리할 수 있지만 피해자를 위한 제도를 만드는 것이 공정하다고 할 수 있기 때문이다. 그러므로 공정한 재판을 받을 권리의 원칙에서 보더라도 영상진술의 증거능력을 인정하는 것이 타당할 수 있다.

물론 피의자등의 반대신문권도 보장될 필요성이 있다. 그러나 피의자 등의 반대신문권은 전문증거의 신용성을 보장하기 위한 여러 법률적 수단 가운데 하나이며,[64] 우리 헌법체계에서 헌법차원의 기본권이라고 보기는 어렵다. 피고인의 반대신문권은 공정한 재판을 받을 수 있도록 입법자의 형성권을 통해 보호되는 법률적 권리이므로 예외에 의해 그 권리가 다소 수축하는 대신 그에 상응하는 방법을 통해 종합적으로 구현될 수 있기 때문이다. 그러므로 2021년 반대의견이 서술하고 있는 방법으로 증거능력과 증명력, 다른 규정들과 종합적으로 판단해 보면 피고인의 반대신문 없이 미성년 피해자의 영상진술녹화물의 증거능력을 인정하는 것이 피고인의 반대신문권을 반드시 0으로 수렴시킨다고 할 수 없다. 피해자의 영상진술이 증거능력을 얻는다고 하더라도 다른 방식으로 피고인의 반대신문권의 가치에 부응하는 탄핵이 가능하기 때문이다. 이에 대해 전문가인 판사는 여러 사항을 종합하여 어떤 증거가 더 신뢰할 수 있을지를 판단할 수 있을 것이다. 또한 정말로 미심적은 경우에는 법원이 재량에 의해 피해자를 법정에 소환하여 진술을 들을 수 있는 장치도 이미 마련해 놓고 있다. 그럼에도 불구하고 의심스러운 경우에는 피고인의 이익을 고려하여 무죄를 선고할 수도 있다. 즉, 피해자의 영상진술에 대한 반대신문권의 가치에 상응하는 여러 장치가 마련되어 있음에도 2차 피해를 방지하기 위한 장치인 피해자 영상진술의 증거능력에만 천착하여 피고인의 반대신문권이 침해된다고 판단한 헌재 다수견해의 논리에 대해서는 쉽게 찬동할 수 없다.[65] 그러나 2021년 헌재결정은 존중되어야 할 필요성이 있으므로 개선안을 강구할 필요성은 있다.

---

64) 김봉수, 앞의 글, 13면.
65) 2021년 헌재결정에서는 성폭력 피해 아동의 영상진술에 대한 증명력 부분을 별개의 영역이라고 판단하며 상세하고 종합적인 논증을 배제하고 있다.

2. 이원화된 개선방안

성폭력처벌법 등 현행 여러 규정에 따르면 아동청소년의 형식적 연령범위는 19세 미만이다.[66] 19세 미만까지의 나이 스펙트럼에서 형사소송법상 실질적 진술능력을 고려해 보면, 나이가 너무 어린 피해자는 진술능력이 없는 경우가 대부분이고, 일정한 연령까지는 진술능력이 있더라도 수사기관, 법원, 피고인 측의 사건관련 질문을 제대로 이해하고 대응할 수 없기도 하다. 물론 그 나이를 생물학적으로 특정할 수는 없지만, 적어도 법적으로 소년법상 10세 이상부터는 소년법의 적용을 받는 것을 고려해 보면 10세 미만의 아동의 경우에는 일상적인 의사소통은 가능할 수 있지만 적어도 규범적인 이해와 행동이 어려운 것으로 볼 수 있다.[67] 그에 더하여 성범죄 상담실무가들의 실무경험에 따르면 성범죄는 일상적인 의사소통이나 아동학대와 관련된 의사소통보다도 아동 피해자가 이해할 수 있는 난이도가 높다고 한다. 따라서 적어도 13세 미만의 경우 일상적인 의사소통이나 아동학대 관련 피해사실을 진술하는 것에는 큰 문제가 없었지만, 성범죄와 관련된 진술에 대해서는 이해도가 상대적으로 부족하다고 한다. 즉, 13세 미만의 아동의 경우에는 피고인측이 반대신문을 하더라도 적절하게 응답하는 것이 쉽지 않을 수 있다. 이와 같은 고려는 법률에서도 반영되고 있다.[68] 그러므로 형사소송법 제163조의2 제2항에서도 13세 미만의 경우 신뢰관계인을 동석하도록 하고 있고, 더 나아가 성폭력처벌법 제36조 제1항 및 제37조 제1항에서는 진술조력인을 참여시켜서 의사소통을 중개하거나 보조할 수 있도록 하고 있다.[69] 또한 해당 법률에서는 13세 미만의 아동과 장애인

---

66) 다만, 아동복지법 제3조 제1호에서는 아동의 개념을 18세 미만으로 규정하고 있다.

67) 아동진술의 특성에 대한 설명으로 김정연, "미성년 성폭력피해자 진술의 영상녹화물 증거사용에 관한 고찰 -헌법재판소 2021. 12. 23. 선고 2018헌바524 결정을 중심으로", 형사정책 제34권 제4호, 2023, 307면 참조.

68) 피해자가 13세 미만인지 여부는 형사절차에서 중요한 의미를 갖게 되는데, 성적 행위의 자발적 동의 능력여부나 수사와 재판에서 전문가 의견조회 여부가 이와 관련되어 있기 때문이다; 황은영, "수사실무에서 아동 피해자 조사의 문제점과 개선 방향", 피해자학연구 제18권 제2호, 2010, 64면.

69) 진술조력인 제도는 형사절차에서 진술능력이나 방어능력이 취약한 아동을 위하여 모든 형사절차 참가자들과 피해 아동 사이에서 의사소통을 중개 및 보조하는 역할을 수행하고, 피해 아동이 수사절차나 공판절차에서 2차 피해 나 과도한 스트레스를 받는 것을 최소화 하는 역할을 수행하는 전문가를 운영하는 제도이다. 그러므로 진술조력인은 의사소통만을 보조해 주었던 피해자 보조인제도나 심리적 안정을 위해 동석하는 신뢰관계인 보다 넓은 역할을 수행한

과 동등선상에서 규정하고 있다. 2021년 헌재결정이 19세 미만에 대해서는 위헌을 결정하였지만, 장애인에 대한 규정은 그대로 두고 있는 것도 의사소통 가능성을 염두에 둔 결정이라고 할 수 있다. 이런 점을 고려하면 13세 미만 아동에 대한 반대신문권은 장애인과 동등하게 볼 수 있고, 그로 인해 13세 미만의 아동에 대한 반대신문권은 상대적으로 조금 더 수축될 수 있다. 따라서 13세 미만의 성범죄 아동 피해자의 경우에는 수사과정에서 진술조력자가 참여한 피해자의 진술내용과 진술과정을 비디오 녹화기 등 영상물 녹화장치로 촬영 및 보존하고, 법정에서는 진술조력자가 진정성립을 인정하면 증거능력을 부여할 수 있도록 할 필요성이 있다. 헌재가 제30조에서 19세 미만 부분만 위헌결정을 하였기 때문에 제30조 제1항 규정을 "성폭력범죄의 피해자가 13세 미만이거나 신체적인 또는 정신적인 장애로 사물을 변별하거나 의사를 결정할 능력이 미약한 경우에는 피해자의 진술 내용과 조사 과정을 비디오녹화기 등 영상물 녹화장치로 촬영·보존하여야 한다"라고 개정하는 것이다.

그에 반하여 헌재 결정을 존중하여 14세 이상 19세 미만의 청소년의 경우에는 반대신문권을 고려해 줄 수 있는 장치를 마련할 필요가 있다. 다만, 이때에도 경험적 연구 결과에서 나타나고 있는 성폭력 피해자에 대한 2차 피해 요인들을 충분히 고려해야 한다. 첫째로, 아동 피해자는 피고인 측과 법정이나 법원 영내라는 한 공간에 있다는 사실만으로도 상당한 두려움과 스트레스를 받는 것으로 나타난다. 그러므로 성폭력 피해 아동을 법정에 출두시키고, 차폐장치를 통하거나 피고인을 퇴정시키는 것으로는 피해자의 심신적인 2차 피해를 차단하면서 공정한 재판을 진행하는 것이라고 할 수 없다. 그러므로 아동청소년 피해자는 법원 외부의 공간(해바라기 센터 등)에 위치하여 비디오장치를 통해 진술하는 것이 기본이 되어야 한다.[70] 둘째로, 공판과정에서 검사, 피고인, 변호인, 판사의 언행으로 인해 아동 피해자가 받게 되는 2차 피해도 상당하다. 그러므로 피해 아동과 그들의 의사소통 과정에는

다; 김창군/김유정, "진술조력인의 역할 제고방안", 법과 정책 제24권 제2호, 2018, 89면~91면.

70) 비디오중계장치를 사용하더라도 직접주의에 반하는 것은 아니라는 견해로 김병수, 앞의 글, 271면~273면; 또한 해바라기 센터 외에 주거지 등과 법정을 중계장치로 연결해야 한다는 주장도 있다; 박미영, "성폭력범죄 미성년 피해자의 보호와 피고인의 반대신문권 보장 - 대상결정 : 헌법재판소 2021. 12. 23.자 2018헌바524 결정", 동아법학 제95호, 2022, 134면~135면.

반드시 완충장치가 필요하다. 그런 차원에서 도입된 것이 진술조력인 제도이다. 개정 법률에서는 범위만 확대하고 있는데, 진술조력인 제도를 조금 더 적극적으로 보완할 필요가 있다. 피해자가 진술하는 동안 진술조력인이 보다 적극적으로 참여하여 심적 안정을 도모함과 함께 형사절차에서의 의사소통 과정을 중개하도록 하는 것이다. 다만, 피해자의 진술 태도 등도 중요한 실체 판단요소가 될 수 있으므로 비디오 등 중계장치를 통한 진술을 하는 경우 중계장치는 피고인과 피고인이 진술하는 장소를 비추도록 하되, 피고인측이 반대신문을 하는 경우에는 피해 아동에 대한 음성을 통제하여 진술조력인을 통해서만 전달하도록 해야 한다. 다만, 법정에서 재판장과 검사의 의사소통은 피해자와 직접 할 수 있도록 한다. 문제는 경험적 연구에 따르면 공판과정에서 변호인 및 재판부의 언행에 의해서도 피해 아동이 2차 피해를 입게 되는 경우가 발생한다는 것이다. 이는 전담제를 강화하고, 피해 아동에 대한 진술 이전에 진술거부고지와 같이 진술과정에서의 유의사항을 낭독하는 등의 절차를 마련하는 방안을 모색할 필요가 있다. 셋째로, 피해자를 보호하기 위한 장치로 성폭력처벌법 제27조 제1항에서는 피해자 및 법정대리인이 변호사를 선임할 수 있도록 규정하고 있다. 포괄적 대리권을 가진 피해자의 변호사는(제5호)[71] 피해자 등에 대한 조사에 참여하여 의견을 진술할 수 있고(제2항), 피의자에 대한 구속전 피의자심문, 증거보전절차, 공판준비기일 및 공판절차에 출석하여 의견을 진술할 수 있으며(제3항), 증거보전 후 관계 서류나 증거물, 소송계속 중의 관계 서류나 증거물을 열람하거나 등사할 수 있다(제4항). 다만, 피고인측의 반대신문권 등에 대해 피해자의 변호사가 실효적인 보호를 하기 위해서는 피해자 증인신문 때 부적절한 질문을 하는 경우 이의제기를 할 수 있도록 하는 방안을 모색하여야 한다는 주장도 제기된다.[72] 공판검사에 비해 피해자의 변호사가 사건에 대한 전모를 잘 파악하고 있지만, 정작 공판절차에서 피해자의 변호사는 즉시 이의신청을 할 수 없는 상황이다. 그러므로 피해자의 변호사가 즉시 이의제기를 할 수 있도록 하거나 공판검사를 통해서 이의제기 할 수 있는 권한을 부여할 필요성이 있다.[73] 앞선 정부 법률안에서는 피의자의 변호사에 대한 역할을 일부 강화하기는 하였지만, 피의자 진술과정에서 피의자의 변호사에게 이의신청권을 인정하는 내용은 없었다.

---

71) 동조 제6항에 따르면 피해자에게 변호사가 없는 경우에는 검사가 국선변호사를 선정하도록 하고 있다.

72) 김정연, 앞의 글, 313면~314면.

73) 윤소현, 앞의 글, 193면~194면.

결론적으로 말하자면, 13세 미만의 성폭력 피해 아동의 경우에는 장애인의 경우와 동등하게 취급하여 기존의 영상녹화에 따른 증거능력 규정을 그대로 적용하도록 할 필요성이 있다.[74] 다만, 14세 이상에서 19세 미만의 경우에는 피고인의 반대신문권을 고려하되 피해자가 법정 및 법원 영내에서 진술하도록 하는 것이 아니라 해바라기 센터와 같은 제3의 장소에서 진술하도록 하고,[75] 피고인측의 반대신문에 대해서는 진술조력자를 통해 의사소통이 이루어지도록 하며, 피해자의 변호사가 부적절한 질의에 대해 즉시 이의신청을 할 수 있는 절차를 마련해야 할 것이다. 그에 더하여 피해자의 진술 이전에는 진술시 유의사항에 대해 낭독하는 장치도 고려해 볼 수 있을 것이다.

3. 미성년 피해자의 진술 횟수 감소방안 및 간접적 신문 필요성

경험적 연구에 따르면 성폭력 아동 피해자는 자신들이 원하지 않은 성범죄를 당하여 1차 피해를 받은 것에 더하여 수사과정, 재판과정에서 피해 사실을 재차 진술하여 범죄의 기억을 소환하는 것에 상당한 부담과 피해를 호소하고 있다. 따라서 그로 인한 피해 아동의 2차 피해를 최소화하기 위해서는 피해자의 진술 횟수를 최대한 줄이는 것이 요구된다. 사건이 발생하게 되면 수사기관에 대해 사건에 대한 초기 진술을 하는 것은 불가피하게 된다. 그러므로 수사기관은 최초 진술에서 최대한 피해자의 관련 진술을 모두 확보하기 위해 노력해야 할 것이다.[76] 그러기 위해서 성범죄 아동 피해자 수사에 대한 수사기관의 전문성과 관련 전문 매뉴얼, 진술조력인 제도 등이 요구되는 것이다. 그러나 그 이후로도 수사과정 및 공판과정에서 여러 차례 진술을 해야 하는 것은 이미 경험적으로도 나타나고 있다. 그래서 2021년 헌재 결정에서도 언급하고 있는 것과 같이 증거보전절차를 통해 수사과정과 공판과정에서의 진술 횟수를 줄이고자 노력하고 있다. 특히 앞서 언급한 것처럼 13세 미만에 대해서는 진술영상녹화의 증거능력을 인정하도록 해결할 수 있지만, 14세

---

74) 다만, 학술회의에서는 13세 미만의 연령을 16세로 상향하는 견해가 있었다.

75) 2022년부터 법원행정처와 여성가족부는 전국 8개소의 해바라기 센터와 영상증인신문 시범사업을 추진해왔다; 「"아동·청소년 성폭력 피해자 2차 피해 방지와 함께 반대신문권도 보장"」, <https://www.lawtimes.co.kr/news/177702(2023.10.9. 최종방문)>.

76) 일례로 수사기관이 조사한 자료가 모두 날아가서 피해자에게 다시 진술하라고 한 사례도 제시되고 있다; 이미경, 앞의 글, 64면.

이상에서 19세 미만의 진술증거에 대한 증거능력은 부득이 증거보전절차를 활용할
필요성이 있을 수 있다.[77]

　　그러나 증거보전절차는 성폭력 아동 피해자의 2차 피해를 방지하는데 한계가 있
으며, 오히려 피의자에게 유리하거나 소송절차를 지연시키는 부작용을 만들어 낼
수 있다.[78] 우선 근본적인 문제점으로 증거보전절차는 본래 검사처럼 강제처분권
을 갖고 있지 못한 피의자 및 피고인을 보호하는 제도로서 그들의 방어권을 보장하
고, 무기대등원칙 차원에서 만들어진 제도이기 때문에 검사에게 인정하고 있는 것
은 문제가 있다는 지적을 받는 제도라는 것이다.[79] 따라서 사실 피의자 등에 의미
있는 절차라고 할 수 있다. 또한 경우에 따라서는 성폭력 피해자의 진술 횟수를 줄
일 수도 있겠지만 여전히 본안재판에서 피고인측이 새로운 증거 등을 제시하며 형
사소송법 제294조 및 제295조에 따라서 피해자를 증인으로 요청할 경우 피해자가
다시금 법정에서 진술을 해야 하는 문제도 발생할 수 있다. 그러므로 이를 해결하
기 위한 방법은 결국 피해자의 수사과정에서의 영상진술녹화물에 대해 증거능력을
인정하여야 하는 것이다. 다만, 13세 미만은 현행과 같이 신뢰관계인 또는 진술조
력인의 진정성립과 그들에 대한 반대신문권을 통해 증거능력을 인정하고, 14세 이
상 19세 미만의 경우에는 법원소속의 전담조사관이 피해 아동의 영상진술녹화 과
정에 입회하고, 법정에서 진술에 의하여 그 성립의 진정함이 인정된 경우 증거능력
을 인정하는 방법도 모색할 필요가 있다.[80] 그러므로 실체적 진실발견과 피해자 보
호에 방점을 두고 법원은 피해자 영상진술녹화의 증거능력을 탄핵하는 것이 아니
라 피해자 영상진술녹화의 증거능력을 인정하되, 피고인의 피해자에 대한 반대신문
권은 영상진술녹화물에 대한 과학적 방법이나 신뢰관계인, 진술조력인, 전담조사관

---

77) 이에 반해 수사초기 단계에서 증거보전절차를 활용하는 것이 오히려 가해자 방어권에 도움이
　　되지만 실체진실 발견과 피해자 인권보호에 문제점이 있을 수 있고, 오히려 이른 증거보전절
　　차로 인해 피해자를 반대신문에 노출시켜 범죄 입증에 실패할 수 있는 우려도 제기되고 있다;
　　주현빈, "미성년 피해자 진술에 대한 증거능력 특례조항 위헌결정 사건에 관한 고찰", 젠더법
　　학 제14권 제1호, 2022, 72면.
78) 김봉수, 앞의 글, 23면.
79) 이주원, 앞의 책, 238면.
80) 여기서의 전담조사관은 법무부 대체안에서의 아동을 조사하는 아동전담조사관과는 차이가 있
　　다. 수사과정에서 미성년 피해자의 진술녹화 촬영 과정의 신뢰성을 높이기 위해 법원 소속으
　　로 전담조사관이 수사기관의 진술과정에 입회하는 제도이다. 그러므로 전담조사관은 미성년
　　피해자의 진술녹화 과정에서 법률에 위반되는 여부를 살펴보는 역할을 수행하며, 미성년 피해
　　자에 대해 직접적인 조사를 수행하는 것은 아니다.

등에 대한 신문을 통해 해결하고, 증명력을 다투는 방법으로 해결할 필요성이 있다.[81] 이와 같은 방법을 취하더라도 종합적인 판단에서 피고인의 반대신문권이 0으로 수렴하는 것은 아니라고 생각된다.

그럼에도 불구하고 2021년 헌재 반대의견에서 밝히고 있듯이 "법원은 미성년 피해자 진술의 신빙성이나 구체성, 사건의 내용 등을 통한 심증의 형성 가부, 피고인 주장의 합리성이나 구체성을 비롯한 반대신문의 필요성, 그 밖에 피해자의 연령과 출석의지 등 실체적 진실발견과 미성년 피해자의 보호를 포함한 제반 사정을 고려하고 관련된 이익을 비교하여 그 필요성이 인정되는 경우"에는 형사소송법 제294조 및 제295조에 따라 피고인 및 변호인의 신청 또는 직권으로 원진술자인 미성년 피해자를 증인으로 소환하여 신문할 수밖에 없는 경우도 있을 것이다. 그처럼 불가피하게 미성년 피해자를 법정에서 신문하고, 피고인 및 변호인의 반대신문이 필요한 경우 개정 법률에서 규정하고 있는 비디오중계 장치를 통한 간접적인 신문을 하도록 해야 한다.[82] 다만, 미성년 피해자를 증인으로 소환하여 신문하는 것은 지극히 예외적인 사유로 제한할 필요성이 있다. 그러므로 그에 관한 절차를 미성년 피해자 관점에서 법률에 보다 상세하게 규정할 필요가 있다. 그런 맥락에서 비디오중계 장치를 통한 신문 절차는 개정 법률의 내용은 다소 부족하고, 법무부 대체안이 완전하지는 않지만, 상대적으로 좀 더 구체적이고 타당한 규정이라고 생각된다.

V. 결론

최근 메타버스나 SNS를 통해 미성년자를 대상으로 하는 성폭력범죄는 꾸준히 증가하고 있다. 성폭력범죄는 소위 '인격살인' 혹은 '영혼살인'이라고 일컬어진다. 그만큼 피해자의 고통이 크다는 의미다. 성인도 감당하기 힘든 고통인데, 미성년자에게는 더욱 큰 고통일 것이다. 그런데 성폭력범죄 피해를 입은 미성년 피해자가 형사절차에서 2차 피해까지도 감당해야 한다. 그것을 극복하기 위해 도입된 규정이 성폭력처벌법 제30조 제6항이라고 할 수 있다. 2013년 해당 조문에 대한 위헌성

---

81) 이창온, 앞의 글, 245면~246면.
82) 피고인의 반대신문이 반드시 직접적이고 즉각적일 필요는 없으며, 유럽인권재판소(ECHR, European Court of Human Rights)도 간접적 절차가 피고인의 공정한 재판을 받을 권리를 침해하는 것이 아니라고 결정하였다; 박혜림, "미성년 성폭력피해자 영상진술의 증거능력 인정과 반대신문권의 재구성에 대한 고찰", 법학논총 제47권 제1호, 2023, 84면.

여부는 문제가 되었지만, 헌법재판소는 그 취지를 충분히 고려해서 합헌 결정을 내렸다. 2013년 합헌결정 이후 비례성원칙의 내용을 변경할 정도로 사회적인 인식과 가치의 변화가 없었고, 미성년 성폭력범죄 피해자 숫자는 오히려 늘어났으며, 2차 피해 문제도 상존하고 있다. 그러나 2021년 헌재 결정은 피의자 및 피고인의 반대신문권 보장이 절차적 보장이 아닌 헌법적 보장으로 보고, 변경된 비례성원칙을 적용하여 성폭력처벌법 제30조 제6항을 위헌이라고 하였다.

본 논문은 미성년 피해자의 관점에서 2021년 헌재 결정을 비판하였고, 법률이 개정되기까지의 입법적 논의들을 고찰해 보았다. 법률전문가인 재판관이 미성년 피해자의 영상진술녹화의 증거능력을 인정하고, 피고인의 법정 진술과 비교하여, 증명력을 통해 조화롭게 판단할 수는 없는지 궁금하다. 2021년 헌재 결정을 존중하여 성폭력처벌법이 개정되었지만, 형사절차에서 미성년 피해자에 대한 2차 피해가 감소할 수 있을지 여전히 의문이다. 형식적으로는 미성년 피해자의 2차 피해를 방지할 수 있는 절차처럼 보이지만, 실질적으로는 법원의 의지에 기대할 수밖에 없다. 비록 위헌결정을 받았지만, 성폭력처벌법 제30조 제6항처럼 법률로서 확실한 보호장치를 규정하는 것이 필요하다. 그래서 본 논문은 13세 미만과 장애인에 대해서는 현행 규정을 그대로 적용하고, 14세 이상 19세 미만에 대해서는 수사과정에서 법원 소속의 전문조사관을 입회시켜 증거능력을 인정하는 방법을 고려해 보았다.

논문투고일 : 2023.08.30. 논문심사일 : 2022.09.19. 게재확정일 : 2022.09.30.

【참고문헌】

강동욱, "언론보도에 따른 피해자의 2차 피해 구제제도와 그 개선방안", 피해자학
　　　연구 제23권 제1호, 2015

김병수, "영상재판을 통한 성폭력 피해 아동의 보호와 피고인의 반대신문권 보장
　　　 － 헌법재판소 2021.12.23., 2018헌바524 결정을 중심으로", 「형사소송 이
　　　론과 실무」 제14권 제2호, 2022

김봉수, "미성년 성폭력 피해자 영상진술의 증거능력에 관한 「성폭력처벌법」 특례
　　　규정의 위헌성에 대한 비판적 고찰", 형사법연구 제35권 제2호, 2023

김정연, "미성년 성폭력피해자 진술의 영상녹화물 증거사용에 관한 고찰 － 헌법재
　　　판소 2021. 12. 23. 선고 2018헌바524 결정을 중심으로", 「형사정책」 제34
　　　권 제4호, 2023

김종구, "헌법상 반대신문권과 미성년 성폭력 피해자 영상진술의 증거능력 － 헌재
　　　2021.12.23., 2018헌바524결정", 「국가법연구」 제18권 제3호, 2022

김창군/김유정, "진술조력인의 역할 제고방안", 법과 정책 제24권 제2호, 2018

김　혁, "19세 미만 성폭력 피해자 진술의 영상녹화물과 피고인의 반대신문권 －
　　　헌법재판소 2021. 12. 23. 선고 2018헌바524 결정을 중심으로", 「형사법연
　　　구」 제34권 제1호, 2022

박미영, "성폭력범죄 미성년 피해자의 보호와 피고인의 반대신문권 보장 － 대상결
　　　정 : 헌법재판소 2021. 12. 23.자 2018헌바524 결정", 동아법학 제95호,
　　　2022

박혜림, "미성년 성폭력피해자 영상진술의 증거능력 인정과 반대신문권의 재구성에
　　　대한 고찰", 법학논총 제47권 제1호, 2023

배종대, 형사정책(제2판), 홍문사, 2022

소라미, "아동인권의 관점에서 미성년 성폭력 피해자의 영상녹화진술의 증거능력에
　　　대한 「성폭력범죄의 처벌 등에 관한 특례법」의 개정방안 검토", 「사회보장
　　　법연구」 제11권 제2호, 2022

신은식/신애리, "성폭력 피해아동의 보호 현황과 개선방안", 한국경찰연구 제14권
　　　제4호, 2015

유인규, 성폭력범죄의 처벌 등에 관한 특례법 일부개정법률안 검토보고(http://

likms.assembly.go.kr/bill/billDetail.do?billId=ARC_S2G2R0G6W2J9N1V7
T5N4H3Y8F7B7A5)

윤소현, "성폭력 피해자 진술 영상녹화물의 증거사용에 대한 고찰 – 헌법재판소
2021. 12. 23. 선고 2018헌바524 결정을 중심으로", 형사법의 신동향 제74
호, 2022

윤지영, "성폭력 피해자의 2차 피해 방지를 위한 형사절차법적 개선 방안 모색: 피
해자의 성적 이력 사용 제한 및 역고소 남용 대응을 중심으로", 이화젠더
법학 제10권 제1호, 2018

이귀형/박종철, "성폭력 범죄 피해자의 2차 피해 유발요인 분석을 통한 예방책 모
색: 성폭력 범죄 피해자와 수사 담당자에 대한 질적 면담을 중심으로", 한
국치안행정논집 제15권 제2호, 2018

이미경, "형사사법절차상 성폭력 2차 피해의 심층구조", 여성학연구 제23권 제2호,
2013

이상돈, 헌법재판과 형법정책, 고려대학교출판부, 2005

이원상, "저작권법상의 형사처벌과 비례성 원칙", 비교형사법연구 제12권 제1호,
2010

이주원, 형사소송법(제5판), 박영사, 2023

이준일, "법학에서 대화이론, 법철학연구 제3권 제2호, 2000

이창온, "반대신문권 보장의 헌법 및 인권법적 의의와 비교법적 검토 – 헌법재판
소 2021. 12. 23. 2018헌바524 결정에 대한 평석", 「형사소송 이론과 실무
」 제14권 제2호, 2022

박미영, "성폭력범죄 미성년 피해자의 보호와 피고인의 반대신문권 보장 – 대상결
정 : 헌법재판소 2021. 12. 23.자 2018헌바524 결정", 「동아법학」 제95호,
2022

정웅석/최창호/김한균, 신형사소송법(제2판), 박영사, 2023

존 롤즈(황경식 옮김), 정의론, 이학사, 2003

주현빈, "미성년 피해자 진술에 대한 증거능력 특례조항 위헌결정 사건에 관한 고
찰", 「젠더법학」 제14권 제1호, 2022

허선주/조은경, "성폭력 범죄 피해자의 2차 피해에 대한 국내외 연구동향", 피해자
학 연구 제20권 제1호, 2012

홍진영/범선윤, "성범죄사건의 실무적 쟁점 – 영상녹화물 증거 제도와 전문심리위
　　원 제도를 중심으로", 사법 통권 제31호, 2015
황은영, "수사실무에서 아동 피해자 조사의 문제점과 개선 방향", 피해자학연구 제
　　18권 제2호, 2010

【국문초록】

형사절차에서 성폭력 범죄 미성년 피해자 보호와 피고인의 반대신문권 보호

　　최근 메타버스나 SNS를 통해 미성년자를 대상으로 하는 성폭력범죄는 꾸준히 증가하고 있다. 성폭력범죄는 소위 '인격살인' 혹은 '영혼살인'이라고 일컬어진다. 그만큼 피해자의 고통이 크다는 의미다. 성인도 감당하기 힘든 고통인데, 미성년자에게는 더욱 큰 고통일 것이다. 그런데 성폭력범죄 피해를 입은 미성년 피해자가 형사절차에서 2차 피해까지도 감당해야 한다. 그것을 극복하기 위해 도입된 규정이 성폭력처벌법 제30조 제6항이라고 할 수 있다. 2013년 해당 조문에 대한 위헌성 여부는 문제가 되었지만, 헌법재판소는 그 취지를 충분히 고려해서 합헌 결정을 내렸다. 2013년 합헌결정 이후 비례성원칙의 내용을 변경할 정도로 사회적인 인식과 가치의 변화가 없었고, 미성년 성폭력범죄 피해자 숫자는 오히려 늘어났으며, 2차 피해 문제도 상존하고 있다. 그러나 2021년 헌재 결정은 피의자 및 피고인의 반대신문권 보장이 절차적 보장이 아닌 헌법적 보장으로 보고, 변경된 비례성원칙을 적용하여 성폭력처벌법 제30조 제6항을 위헌이라고 하였다.

　　본 논문은 미성년 피해자의 관점에서 2021년 헌재 결정을 비판하였고, 법률이 개정되기까지의 입법적 논의들을 고찰해 보았다. 법률전문가인 재판관이 미성년 피해자의 영상진술녹화의 증거능력을 인정하고, 피고인의 법정 진술과 비교하여, 증명력을 통해 조화롭게 판단할 수는 없는지 궁금하다. 2021년 헌재 결정을 존중하여 성폭력처벌법이 개정되었지만, 형사절차에서 미성년 피해자에 대한 2차 피해가 감소할 수 있을지 여전히 의문이다. 형식적으로는 미성년 피해자의 2차 피해를 방지할 수 있는 절차처럼 보이지만, 실질적으로는 법원의 의지에 기대할 수밖에 없다. 비록 위헌결정을 받았지만, 성폭력처벌법 제30조 제6항처럼 법률로서 확실한 보호장치를 규정하는 것이 필요하다. 그래서 본 논문은 13세 미만과 장애인에 대해서는 현행 규정을 그대로 적용하고, 14세 이상 19세 미만에 대해서는 수사과정에서 법원 소속의 전문조사관을 입회시켜 증거능력을 인정하는 방법을 고려해 보았다.

◆ 주제어: 성폭력 범죄, 피고인의 반대신문권, 진술영상녹화의 증거능력, 진술조력인, 미성년 성폭력 범죄 피해자, 비례성원칙

【Abstract】

Protection of Minor Victims of Sexual Violence Crimes in Criminal Proceedings and the Defendant's Right to Cross-Examine*

Lee, Won Sang**

Sexual violence crimes are referred to as so−called 'personality murder' or 'soul murder'. Minor victims of sexual violence crimes have to deal with secondary damage in criminal proceedings. The regulation introduced to overcome it is Article 30 (6) of the Sexual Violence Punishment Act. Since the Constitutional Court made a constitutional decision on the regulations in 2013, there has been no change in social perception and value to the extent that the content of the proportionality principle has been changed, the number of victims of underage sexual violence has increased, and secondary damage has continued. However, in 2021, the Constitutional Court considered Article 30 (6) of the Sexual Violence Punishment Act unconstitutional by applying the changed principle of proportionality, seeing the guarantee of the accused and the defendant's right to cross−examine as a constitutional guarantee, not a procedural guarantee.

This paper criticized the Constitutional Court's decision in 2021 from the perspective of underage victims and considered legislative discussions until the law was revised. Although the Sexual Violence Punishment Act has recently been revised, it is still questionable whether secondary damage to underage victims can be reduced in criminal proceedings. Therefore, this paper considered how to apply the current regulations to those under the age of 13 and those with disabilities, and to recognize the admissibility of evidence by joining a specialized investigator belonging to the court during the investigation process.

---

* This paper is a revision and supplementation of the paper presented at the 12th Criminal Conference in 2023.

** Professor of Chosun University. Doctor.

◈ Key Words: Sexual Violence Crime, the Defendant's Right to Cross-Examine, the Admissibility of Evidence of Recording a Statement Video, the Assistant of the Statement, the Minor Victim of the Sexual Violence Crime, Principle of proportionality

한국형사소송법학회 『형사소송 이론과 실무』
제15권 제3호 (2023.9) 541~573면.
Theories and Practices of Criminal Procedure Vol. 15 No. 3 (September. 2023) pp. 541~573.
10.34222/kdps.2023.15.3.137

사법협조자 소추면제제도 도입론 및 입법론[*]

김 홍 균[**]

--------------------- 목 차 ---------------------

Ⅰ. 들어가며

　법무부는 2010. 12. 20. 선진 형사사법제도 도입방안으로 사법협조자 소추면제제도의 입법을 예고하였으나, 국가인권위원회 등의 반대에 부딪혀 논의가 진척되지 못하고 제18대 국회의 임기만료로 자동 폐기되었다. 이러한 사법협조자 소추면제제도의 도입을 현시점에서 다시 논의할 필요성이 있다. 최근 관련 제도들에 대한 기존의 찬반 논거들을 재검토하게 만들 유의미한 변화들이 발생하였기 때문이다.

　2020. 2. 4. 형사소송법 개정에 따른 검사[1] 작성 피의자신문조서의 증거능력에 변화가 있었다. 이후, 검찰의 수사권과 공소권을 분리하고 통제하기 위하여 고위공직자범죄수사처 설치 및 운영에 관한 법률(이하 '공수처법'이라 한다)이 제정되고, 형사소송법 및 검찰청법 개정도 이루어졌다. 또한, 과학기술의 발전으로 인하여 범

---

[*] 본 논문은 2023년 한국형사소송법학회가 주최한 '제1회 법전원생 논문 경진대회'에서 수상(대상, 법무부장관상)한 논문으로 비심사논문으로 게재함.
[**] 영남대학교 법학전문대학원 재학생
1) 본고는 검찰청 검사와 고위공직자범죄수사처 검사를 통칭하는 때에는 '검사'라는 표현을 사용하되, 위 검사들의 권한이나 내용에 비추어 구분하여 지시함이 상당한 경우에는 각 '검찰청 검사', '수사처 검사'라는 표현을 사용한다.

죄의 고도화·지능화가 빠르게 진행되어 증거확보의 난도 및 전체 발생 범죄의 수가 증가함으로써 국가에게 요구되는 범죄 대응능력은 어느 때보다 높은 상황이다.

헌법재판소가 입법절차상의 위헌을 확인하면서도, 국회의장의 법률안 가결선포행위의 권한침해 확인청구에 대하여는 기각결정을 하였고,[2] 기술의 발전을 멈출 수는 없다. 따라서 새로운 법제의 정당성을 논하는 것보다는, 이로 인한 실무상 문제들에 신속하고 효율적으로 대응하여 국민 피해의 최소화 방안을 모색하여야 한다.

이상의 문제의식에서 본고는 형사소송의 선진화를 위하여 형사소송법 개정을 통한 사법협조자 소추면제제도의 도입 필요성을 논증하고 구체적인 입법안을 제시하는 것을 목표로 한다. 이를 위해 사법협조자 소추면제제도를 개관하고, 국내외의 유사제도 운영 현황을 살필 것이다(Ⅱ). 다음으로, 사법협조자 소추면제제도의 도입이 요구되는 국내의 현재 상황을 분석하고, 위 제도가 그러한 문제들을 해결하는데 기여할 수 있음을 논증하며, 본 제도에 대한 비판 및 그에 대한 재반박도 제시한다(Ⅲ). 마지막으로, 제도 도입시의 예상 쟁점들을 살펴보고, 위의 비판 등을 반영한 제도에 대한 구체적 입법안을 제시한다(Ⅳ).

Ⅱ. 사법협조자 소추면제제도 개관

1. 사법협조자 소추면제제도의 의미

사법협조자 소추면제제도란 주로 중대범죄의 공범에 해당하는 증인으로부터 범죄에 대한 기여도가 높은 수괴나 주도자, 최고의사결정자(이하 '수괴 등'이라 한다) 등의 유죄 입증에 결정적인 증거물의 제출이나 증언을 약속받고 검사가 위 공범의 범죄 일부 또는 전부에 대하여 공소를 제기하지 아니하는 제도를 뜻한다. 이를 통해 범죄를 예비·음모의 단계에서 적발함으로써 실행에 이르는 것을 방지하는 한편, 기수에 이른 범죄의 전모를 규명함으로써 수괴 등을 형사처벌하고 거악을 척결하는 것을 목표로 한다. 이는 기소편의주의(형사소송법 제247조, 이하에서 달리 법명의 언급 없이 괄호 안에 인용하는 조문은 형사소송법 조문이다)에 따른 검사의 불기소 재량권에 근거하고, 검사가 기소유예 처분을 이익으로 제공한다는 점에서 형사소송법의 개정과 맞닿아 있다.

---

2) 헌법재판소 2023. 3. 23. 선고 2022헌라2 결정.

이와 유사한 제도로는 사법협조자 형벌감면제도가 있다. 이는 법관의 양형권에 근거하여 임의적·필요적으로 형을 면제하거나 감경하는 방식으로 사법협조자에게 이익을 제공하며, 이를 위한 형법의 개정을 전제로 한다는 점에서 사법협조자 소추면제제도와 차이가 있다.

2. 외국의 유사 제도 운용 사례 검토

영미법계 중 미합중국은 증언강제명령을 신청하여 얻은 증언을 특별한 경우를 제외하고는 증인의 유죄 입증에 사용하지 못하도록 규정하는 사용 및 파생면책 조건부 증인면책제도를 운영하고 있다(미합중국 형사소송법 제18편 제6002조 제2문).[3] 미합중국은 종래 사법협조자 소추면제제도와 마찬가지로 증언을 한 증인에 대한 기소를 면제하는 행위면책제도를 운영하였으나, 과도한 면책 범위 등을 이유로 문제가 제기되었고, 이후 일련의 변화를 거쳐 현재의 증인면책제도에 이르게 되었다.[4] 종래의 행위면책에 기한 증인면책과 달리, 사용 및 파생면책에 기한 현행 제도는 사법협조자 소추면제제도와 형벌감면제도 중 어느 것에 해당한다고 명확히 분류하기는 어려워 보인다.

대륙법계에서 독일은 2009년 형법개정을 통해 공범의 조력을 조건으로 일부범죄들에 대하여 법관이 형벌을 임의적으로 감면할 수 있도록 규정함으로써(독일 형법 제46b조) 사법협조자 형벌감면제도를 운영하고 있고,[5] 프랑스 역시 2004년 형법개

---

3) 미합중국 형사소송법 제18편 제6002조(면책에 관한 일반) 단서
　본 편의 명령에 따라 강제된 증언이나 기타 정보(혹은 이로부터 직접 또는 간접적으로 파생한 어떠한 정보)는 위증이나 허위진술에 대하여 기소하거나 위 명령에 따르지 아니한 경우를 제외하고는 당해 증인의 어떤 형사사건에 대하여도 불리하게 사용될 수 없다.

4) 박달현, "미국의 공범증인 면책조건부 증언취득제도에 관한 연구 － 2010년 형사소송법 개정 법률안 제247조의2의 '사법협조자에 대한 공소불제기'에 대한 검토를 포함하여 －",『비교형사법연구』, 제19권 제2호 (한국비교형사법학회, 2017), 161－163면.

5) 독일 형법 제46b조(중범죄의 해결 및 예방에의 기여)
　(1) 종신형 또는 자유형의 하한을 가중하여 정한 경우에 해당하는 죄를 범한 자가
　1. 자발적으로 자신이 알고 있는 바를 자발적으로 공개함으로써 자신의 죄책과 관련된형사소송법 제100a조 제2항 소정의 중범죄의 탐지에 실질적으로 기여하거나
　2. 자발적으로 자신이 알고 있는 바를 당국에 자발적으로 공개함으로써 자신의 죄책과 관련된 형사소송법 제100a조 제2항에 따른 범죄의 완성 또는 자신이 인지하고 있는 음모를 방지한 경우, 법원은 제49조 제1항에 따른 처벌을 **감면할 수 있다**. (이하 생략)

정을 통해 유사한 상황에서 형벌을 필요적으로 감면하도록 함으로써 자수범 감경
의 형태로 사법협조자 형벌감면제도를 운영하고 있다(프랑스 형법 제132－78조).[6]

  그러나, 대륙법계라 하여 반드시 사법협조자 형벌감면제도만 운영하는 것은 아니
다. 일본은 2016년 형사소송법 개정을 통해 미합중국의 증인면책제도와 유사한 형
사면책제도(일본 형사소송법 제157조의2 제1항)[7]와 증인의 협조를 조건으로 검사가
소추를 면제할 수 있도록 하는 수사・공판협력형 협의・합의제도를 모두 도입하였
다(일본 형사소송법 제350조의2 제1항)[8]. 이처럼 일본은 독일이나 프랑스와 같은 대

---

6) 프랑스 형법 제132－78조(자수) ① 중죄 또는 경죄의 실행에 착수한 자가 법률에 규정된 경
   우 만일 행정 또는 사법기관에 통보를 하여 범죄의 실현을 방지하게 하고 필요한 경우 다른
   정범 또는 공범자들의 신원을 확인케 한 때에는 **형을 면제한다**(법무부 형사법제과, 프랑스 형
   법, 82면).
7) 일본 형사소송법 제157조의2 ① 검사는 증인이 형사기소 또는 유죄판결을 받을 우려가 있는
   사항에 대하여 심문을 예정하고 있는 경우 해당 사항과 관련된 증언의 중요성, 관련 범죄의
   경중 및 정상 등 기타 사정을 고려하여 필요하다고 인정하는 때에는 증인심문을 다음 각 호의
   조건에 따라 실시할 것을 법원에 청구할 수 있다.
   1. 증언 및 그에 따라 취득한 증거는 증인이 그 증인심문에서 한 행위가 제161조 또는 형법
      제169조에 해당하는 경우를 제외하고는 이를 증인의 형사사건에서 증인에게 불리한 증거
      로 사용할 수 없음
   2. 제146조의 규정에도 불구하고 자기가 형사기소 또는 유죄판결을 받을 우려가 있는 증언을
      거부할 수 없음
8) 일본 형사소송법 제350조의2 ① 검사는 특정범죄의 피의자 또는 피고인이 그 특정범죄와 관
   련된 타인의 형사사건(이하 '타인의 형사사건'이라 한다)에서 하나 또는 그 이상의 제1호에 열
   거된 행위를 함으로써 얻을 수 있는 증거의 중요성, 관련범죄의 경중 및 정상, 관련범죄와의
   관련성 정도 등 기타 사정을 고려하여 필요하다고 인정될 경우, 피의자 또는 피고인이 타인의
   형사사건에 대해 하나 또는 그 이상의 제1호의 행위를 하고 검사는 피의자 또는 피고인의 사
   건에 대해 하나 또는 그 이상의 제2호에 열거된 행위를 하는 것으로 피의자 또는 피고인과 합
   의할 수 있다.
   1. 피의자 또는 피고인의 행위
   가. 제198조 제1항 또는 제223조 제1항의 규정에 따라 검사, 검찰사무관 또는 사법경찰관의
      조사에서 사실대로 진술할 것
   나. 증인심문에서 사실대로 증언할 것
   다. 검사, 검찰사무관 또는 사법경찰관의 증거수집에 관하여 증거제출 등 기타 필요한 협력을
      할 것
   2. 검사의 행위
   가. 공소의 불제기
   나. 공소의 취소
   (후략) [본 각주 7), 8)의 번역은 김범식, 이경렬, "일본의 사법협조자에 대한 형벌감면제도",

류법계 국가임에도 이들과 달리 사법협조자 형벌감면제도는 도입하지 않는 반면 사법협조자 공소불제기제도와 미합중국의 증인면책 유사 제도를 운용하고 있다.

이상을 종합하면 역사적으로 우리 형사법제의 발전에 시사점을 제공해온 국가들은 각국의 법제 및 현실에 비추어 나름의 내용으로 사법협조자 소추면제제도 혹은 이와 유사한 제도들을 도입하여 운용 중에 있음을 알 수 있다. 그렇다면 기존 법제 및 피의자 인권보호 등과의 조화를 고려하여 척결이 시급한 일부 범죄에 대해서라도 사법협조자 소추면제제도를 도입하는 것이 국제 기준이라 할 수 있다

3. 국내의 유사제도 운영 현황 검토

국내에도 이미 사법협조자 소추면제제도와 유사한 기능을 하는 제도들이 소수의 범죄를 대상으로 도입되었다. 1997년에 도입된 이른바 리니언시(Leniency)제도가 그 예이다. 즉, 독점규제 및 공정거래에 관한 법률(이하 '공정거래법'이라 한다)에 따라 공정거래위원회는 부당한 공동행위의 사실을 자진신고한 자 또는 증거제공 등의 방법으로 조사에 협조한 자(이하 '자진신고자'라 한다)에 대하여 동법상의 시정조치 또는 과징금을 감경 또는 면제할 수 있고, 고발을 면제할 수 있다(공정거래법 제44조 제1항 제1호, 제2호). 이중 자진신고자에 대한 고발의 면제를 허용하는 부분은 사법협조자 소추면제제도와 실질적으로 유사하다. 공정거래법 위반에 대하여는 공정거래위원회가 전속고발권을 갖고 있고(같은 법 제129조 제1항), 전속고발범죄에서 고발은 검사의 소추요건과 다르지 않은 바,[9] 자진신고자에게 위 고발이 면제된다는 것은 곧 자진신고자에 대한 소추면제를 뜻하기 때문이다.

나아가, 2020년 카르텔범죄[10]에 대한 형사 리니언시제도가 도입되었다. 대검찰청 예규 제1275호에 따르면 검사는 카르텔범죄에 대하여 형벌감면을 신청한 자 중 1순위에 대하여는 기소를 할 수 없다(카르텔 사건 형벌감면 및 수사절차에 관한 지침 제10조 제1항, 제2항). 이에 따라 2021년 형벌감면 신청자에 대한 첫 번째 기소 면

『형사법의 신동향』 제53권(대검찰청, 2016), 309면 참조}.

9) 대법원 2010. 9. 30. 선고 2008도4762 판결.

10) 카르텔 사건 형벌감면 및 수사절차에 관한 지침 제2조(정의) 이 규정에서 사용하는 용어의 뜻은 다음과 같다"카르텔"이란 「형법」 제315조, 「건설산업기본법」 제95조 및 「독점규제 및 공정거래에 관한 법률」 제40조 제1항을 위반한 카르텔 사건 중 연성 공동행위가 아닌 것을 말한다.

제가 이루어졌고,[11] 2023년 최초로 위 제도를 통해 직접수사에 착수한 사건의 수 괴 등에 대한 기소가 이루어졌다.[12] 이는 대상범죄 및 근거 규정의 형식에 차이만 있을 뿐, 주체와 처분의 내용에 비추어 보면 사법협조자 소추면제제도를 도입한 예 라 할 수 있다.

그 외에도 미공개중요정보 이용행위, 시세조종행위, 부정거래행위 등 자본시장과 금융투자업에 관한 법률의 일부 범죄들에 대한 사법협조자 형벌감면제도가 2023년 같은 법 제448조의2 제1항에 신설되었고, 2024년부터 시행될 예정이다.

국내의 위와 같은 선례들에 착안하건대, 사법협조자 제도와 우리 법제의 조화가 불가능한 것만은 아니므로, 현재의 수사역량, 대상범죄의 특성 및 그에 따른 규명 의 난이 등을 분석함으로써 다른 범죄들에 대한 위 제도의 확장 필요성이 논증될 수 있을 것이다.

Ⅲ. 사법협조자 소추면제제도 도입론

1. 현재의 형사사법제도 및 범죄 양태

(1) 형사소송 법제의 제·개정으로 인한 증거확보의 어려움 증가

1) 검사 작성 피의자신문조서의 증거능력 개정

2020년 개정 형사소송법(2020. 2. 4. 법률 제16924호로 개정되어 2022. 1. 1. 시행 된 것, 이하 '2020년 개정 형사소송법'이라 한다) 제312조 제1항은 검사 작성 피의자 신문조서는 피의자였던 피고인 또는 그 변호인이 내용을 인정한 경우에 한하여 증 거로 사용할 수 있도록 하였다. 이러한 변화는 개정 이전 피고인의 진정성립이 있 거나, 비록 피고인에 의한 진정성립이 없더라도 영상녹화물 기타 객관적 방법으로 진정성립을 대체증명할 수 있던 것과 비교하여 검사 작성 피의자신문조서의 증거 활용 가능성을 현저히 낮추었다.

이로 인하여 검사가 공범에 대하여 작성한 피의자신문조서의 활용 방안에도 큰 변화가 발생하였다. 개정 이전에는 검사가 공범에 대하여 작성한 피의자신문조서의

11) 법률신문, 2021. 10. 1. "담합 자진신고한 업체 불기소... 첫 '형사 리니언시' 나왔다", https:// www.lawtimes.co.kr/news/173290 (2023. 7. 28. 접속).
12) 서울중앙지방검찰청, 『2조3천억원 규모 아파트 빌트인가구 입찰담합 수사결과』,(2023), 1면.

증거능력 인정에 형사소송법 제312조 제4항이 적용되었다. 하지만, 위 개정으로 인하여 최근 판례는 "피고인이 자신과 공범관계에 있는 다른 피고인이나 피의자에 대하여 검사가 작성한 피의자신문조서의 내용을 부인하는 경우에는 형사소송법 제312조 제1항에 따라 유죄의 증거로 쓸 수 없다.[13]"고 판시하였다. 공범에 대해 경찰이 작성한 것은 물론, 검사 작성 피의자신문조서까지도 피고인의 내용인정이 있는 경우에 한해 증거로 사용될 수 있는 것이다.

기존에 조서 작성 중심으로 이루어진 증거확보 방안에 대한 개혁이 불가피하다. 비록 형사소송법 제318조의2에 따른 탄핵증거 혹은 불기소처분에 대한 항고나 재정신청이 있는 경우,[14] 또는 (당해) 피고인이 내용을 인정하는 경우에는 여전히 기능할 수 있다고 하더라도 형사소송법 개정 전에 비하여 증거능력을 인정받기 어려워졌음이 분명하여 조서에 의존하여 수사와 소추를 진행할 수 없기 때문이다.

판례는 적법절차의 준수와 신속한 실체적 진실의 발견은 모두 형사소송법의 목적이므로,[15] 적법절차 위반을 이유로 획일적으로 증거능력을 부정하는 것은 형사소송법의 목적에 맞지 않다고 하였다.[16] 이처럼 양자는 균형을 이루어야 하고, 이는 입법에서도 마찬가지이다. 따라서 적법절차를 강조하는 일련의 입법이 이루어졌다면, 실체적 진실 발견의 관점에서 변화된 제도를 검토하고, 양자를 균형 지우도록 법체계를 재정비할 필요가 있다. 주요 범죄에 대해 인증(人證)을 확보할 수 있는 새로운 대안의 도입이 진지하게 고려되어야 하는 이유이다.

2) 검찰청 검사의 수사개시권 없는 범죄에 대한 대응능력 약화
(가) 경찰의 경우

형사소송법 개정으로 검찰의 수사권에 많은 제한이 가해졌다. 이러한 변화들은 기존 검찰청 검사에게 귀속되었던 수사권을 경찰과 수사처 검사에게 분배함으로써 수사·소추기관 간의 견제와 균형을 도모하는 것을 목표로 하였으나, 그로 인하여 후술하는 바와 같이 국가 전반의 범죄 대응능력 약화가 우려되는 것이 사실이다.

2022. 5. 9. 검찰청법 개정으로 인하여 부패범죄, 경제범죄 등 대통령령으로 정하는 중요한 범죄(가목), 경찰공무원 및 수사처 소속 공무원이 범한 범죄(나목), 이

---

13) 대법원 2023. 6. 1. 선고 2023도3741 판결.
14) 이승주, "개정 형사소송법상 공범의 진술증거 확보 문제 ─ 검사 작성 피의자신문조서의 증거능력 제한에 따른 대안 ─"『법조』제69권 (법조협회, 2020), 286면.
15) 대법원 1993. 12. 28. 선고 93도3058 판결.
16) 대법원 2019. 7. 11. 선고 2018도20504 판결.

상의 범죄 및 사법경찰관이 송치한 범죄와 관련하여 인지한 각 해당범죄와 직접 관련성이 있는 범죄(다목)로 검찰청 검사의 수사개시권이 축소되었다(검찰청법 제4조 제1항 제1호, 이상의 범죄는 이하 '부패범죄 등'이라고 한다). 그에 따라 수사실무상 대부분의 송치사건에 대해서는 검사가 보완수사요구결정을 한 뒤 경찰이 이를 다시 송부받아 보완수사를 하고 있다.[17] 이처럼 검찰청 검사의 수사권은 예외적인 경우에 사법경찰관리가 수사하여 송치한 사건에 대한 기소 여부 결정을 위한 2차적인 것에 그치게 되었다.[18]

그러나, 경찰의 사건 처리 지연 현상이 지적되고 있다. 대검찰청이 발표한 자료에 따르면 2022년 1분기에 경찰에 보완수사를 요구한 사건 중 30.5%에 달하는 22,010건이 3개월을 넘겨서야 보완수사가 이행되었고, 전혀 보완수사가 이루어지지 않은 사건도 13%(9,429건)에 달했다.[19] 2023년 1분기 범죄 건수가 377,482건을 기록하여 지난 2년에 비하여 동분기 대비 최대치를 기록하는 등 범죄 발생 건수가 증가하는 추세에 있음에 비추어 염려스러운 상황이 아닐 수 없다.[20]

(나) 수사처의 경우

검찰의 수사권 및 기소권을 견제하기 위한 목적으로 고위공직자범죄수사처 (이하 '수사처'라 한다)가 설치됨에 따라 실무상 중요한 변화들이 발생하였다. 고위공직자의 부패범죄 대부분을 포함하는 공수처법 상의 고위공직자범죄 등(공수처법 제2조 제5호, 제3호 및 제4호)에 관한 수사를 수사처가 담당하고, 공소제기는 기존의 검찰이 담당함으로써 고위공직자범죄 등에 대한 수사권과 기소권이 분리되었다. 나아가, 고위공직자 중 대법원장, 대법관, 판사, 검찰총장, 검사, 경무관 이상 경찰공무원 등(이하 '대법원장 등'이라 한다)에 대하여는 수사권에 더해 기소권까지 검찰로부터 이전되어 수사처에 귀속되었다(같은 법 제3조 제1항 제2호).

그러나, 수사처의 조직 및 수사역량에 대한 의문이 해소되지 아니함으로써 수사처 폐지론까지 부상하게 되었다. 고위공직자들의 범죄는 일반 형사 사건에 비하여

---

17) 이창현, "송치사건의 보완수사",『고시계』제68권 제6호(고시계사, 2023), 102면.

18) 이재상 외,『형사소송법』, 제14판(박영사, 2022), 62면.

19) 조선비즈, 2022. 4. 30. "'검찰 수사지휘권' 폐지 이후 경찰 미처리 사건 6만건 넘게 늘어", https://biz.chosun.com/policy/politics/2022/04/30/DVJWUSZFIBDJBJ2ZGXRQM5ZODE/ (접속일자: 2022. 7. 22.).

20) 한국형사·법무정책연구원,『분기별 범죄동향리포트』, 제26호(한국형사·법무정책연구원, 2023), 8면.

지능화된 행위태양을 띠는 경우가 많기에 실체적 진실의 규명 난도가 상대적으로 높다.[21] 그러므로 이러한 수사를 진행할 수 있을 정도의 전문적인 인력의 확충이 시급함에도 수사처는 현재 공수처법 제8조 제2항이 규정한 검사 정원 25명을 충족시키지 못하고 있으며, 출범 이후 한 번도 검사, 수사관, 행정직원의 총정원인 85명이 충족된 바 없다.[22] 그 외에도, 수사처는 출범 이후 피의자에 대해 체포영장과 구속영장을 법원에 각 4건과 2건씩 청구하였으나 모두 발부받지 못한 바 있다.[23] 2017년부터 2021년까지 최근 5년간 검찰이 청구한 구속영장 발부율이 81.4%[24]인 점에 비할 수 없는 수치이다.

(다) 소결

이처럼 경찰과 수사처의 수사역량에는 실질적인 의문이 제기되고 있고, 검찰은 부패범죄 등을 제외한 기타 범죄들에 대하여는 2차 수사자의 지위에 그친다. 이에 따른 가장 결정적인 문제는 조직범죄, 테러범죄, 성적자기결정권을 침해하는 범죄들에 대하여 신속·정확하게 유죄 입증의 증거를 확보할 수 없다는 것에 있다. 검찰의 보완수사가 가능하더라도 직접수사와 달리 보완수사 만으로는 사건을 입체적으로 이해하고 실체를 완성시키는 성과에 차이가 있을 수밖에 없다. 그럼에도 불구하고, 종래처럼 수사권을 검찰에게로 원상 복구시킴으로써 검찰 권한을 재확대하거나, 다수의 전문성 있는 인력 충원을 통해 경찰이나 수사처의 수사역량 문제를 해결할 수 있는 방안이 단기간에 마련되기는 쉽지 않을 것이다. 따라서 그간 수사역량을 축적해온 검찰이 수사개시권을 지니지 아니하는 범죄들에 대하여 송치 후의 한정된 수사권을 활용하여 증거를 확보할 수 있는 대안의 도입이 고려되어야 한다.

(2) 범죄의 고도화·지능화

우리의 범죄 대응 역량이 약화되고 있음에 비하여 이에 대응하는 범죄자들의 수단은 과학기술의 발전에 힘입어 빠르게 진화하고 있다. 이는 정보통신기술(이하 'ICT 기술'이라 한다)의 발전으로 인하여 암호화·익명화 기술 및 이에 기반한 인공

---

21) 한국정책능력진흥원, 『공수처 조직역량 강화방안 최종보고서』, (2022), P92.

22) 시사IN, 2023. 3. 21. "공수처가 무기력한 이유, 전현직 공수처 직원에게 들었다", https://www.sisain.co.kr/news/articleView.html?idxno=49905 (접속일자: 2023. 7. 22).

23) 뉴스핌, 2023. 1. 19. "공수처 2주년, 수사력 논란 여전…법조계 '인력 타령 그만해야'" https://www.newspim.com/news/view/20230119000903 (접속일자: 2023. 7. 23).

24) 법원행정처, 『사법연감』, (2022), 833면.

지능 기술이 사회 일반으로 확산되며 범죄의 수단이 지능화된 결과이다.

ICT 기술은 기존 범죄들과 행위자를 매개시킴으로써 범죄 수단을 한층 진화시켰다. 마약범죄의 경우 애초부터 판매자와 매수자만 있을 뿐 피해자가 없기에 당사자들의 이해관계가 일치하여 증거확보가 용이하지 않았는데, 텔레그램이나 가상화폐라는 새로운 수단으로 인해 진실 규명의 난도가 더욱 높아졌다.[25] 부패범죄의 경우도 마찬가지이다.[26] 수뢰나 횡령·배임 행위로 암호화폐 형태의 재산상 이익을 취득한 후 장외거래(Over The Counter) 브로커를 통해 암호화폐를 현금화하는 방법으로 비교적 손쉽게 돈세탁을 할 수 있다.

피해자가 있는 범죄라 하더라도 상황은 크게 다르지 않다. 예컨대, 인터넷 등 가상공간을 이용한 성폭력 범죄의 경우 실질적 피해자가 있음에도 불구하고, 피해자와 가해자 간의 공간이 단절됨으로써 피해자로부터 확보할 수 있는 수사 단서가 기존에 비하여 현저히 부족할 수밖에 없기 때문이다. 텔레그램 N번방을 통해 성착취물이 유포됨으로써 수사에 많은 어려움이 있었음은 주지하는 바와 같다. 그 외에도 다크넷(Darknet)을 통한 아동 성착취물이나 불법 프로그램 등의 공유,[27] 살인 청부나 테러 모의 등이 이루어질 가능성도 배제할 수 없다.[28]

이미 국내에서 ICT 기술을 이용한 범죄의 증가는 가시적이다. 예컨대 대검찰청의 마약류 월간 동향에 따르면 2022년 마약류 사범 18,395명의 59.8%가 10~30대인데, 이는 2013년에 비하여 약 3배 이상 증가한 수치이며, 젊은 층이 마약판매 경로인 다크넷이나 SNS 등에 접근하기 쉽기 때문이라 분석할 수 있을 것이다.[29] 같은 맥락에서 2022년 사이버 성폭력·사기·금융, 해킹 등의 범죄로 구성된 사이버범죄의 발생 건수도 2021년에 비하여 약 6% 증가한 230,355건을 기록하였다.[30]

---

25) 이재인, "가상화폐를 통해 범죄수익을 세탁하는 신종 텔레그램 범죄집단에 대한 규제 검토 – 인천 텔레그램 마약그룹방 수사 사례를 중심으로 –",『형사법의 신동향』, 제74권, (대검찰청, 2022), 212면.

26) 강성용, "가상화폐, 돈세탁 그리고 부정부패: 법집행의 관점에서",『디지털 포렌식 연구』제12권 제1호 (한국디지털포렌식학회, 2018), 2면.

27) 윤지영, "디지털 성범죄 대응을 위한 수사법제 개선 방안 – 온라인 수색과 잠입수사 법제화를 중심으로 –",『형사정책』, 제32권 제2호(한국형사정책학회, 2020), 49면.

28) 윤지영, "ICT 관련 첨단기술을 이용한 범죄에 대한 각국의 규제 현황",『형사정책』, 제34권 제2호(한국형사정책학회, 2022), 80면.

29) 김보람, "마약범죄 수사·기소·처벌에서의 쟁점과 과제",『이슈와 논점』, 제2070호(국회입법조사처, 2023), 2–3면; 이재인, 앞의 각주 25)의 논문, 212면.

30) 국가수사본부 사이버 수사국,『사이버범죄트렌드』, 2023, 6–7면.

이러한 문제를 해결하기 위하여 범죄의 익명성, 폐쇄성, 은밀성, 확산성을 극복하고 실체적 진실을 규명할 수 있는 증거확보 방법의 도입이 요구된다. 이들 범죄의 본질은 수사기관이나 피해자와 같은 외부자가 유죄 입증의 증거를 얻는 것이 쉽지 않다는 것이다. 이에 대하여 사법협조자 소추면제제도는 다음과 같은 이유로 최적의 대안이 될 수 있을 것이다.

(3) 사법협조자 소추면제제도 도입의 유용성

1) 이익 약속을 통한 유력한 증거의 확보

(가) 내부자로부터의 증거 확보

사법협조자 소추면제제도의 도입으로 실체 진실 규명에 없어서는 아니 될 증거를 확보함으로써 전술한 문제들을 해결할 수 있다.

특히 조직적 범죄나 ICT 기술을 활용한 범죄의 경우, 가담자의 도움 없이는 범죄의 본체에 다가서기 어렵다. 수괴 등이 범죄 수사 자체를 회피하기 위하여 뒤에 숨어 직접적인 범죄의 실행 및 완성은 하위 가담자를 이용해 실현하는 것이 일반적인 모습이고,[31] 익명화 기술 역시 극복해야 하기 때문이다. 이러한 하위 가담자들로 하여금 자신의 범행에 더해 수괴급 범죄자들의 범행 사실에 대해서 일방적인 추궁의 결과로 결정적인 증거를 제공하는 것을 기대하기란 사실상 불가능하다.[32] 그 결과, 수괴 등과 같이 범죄의 중추를 구성하는 행위자를 검거 및 처벌하지 못한 채, 일부 '범인'만 벌하는 경우 '범죄'의 계속은 막을 수 없어 국민들의 피해는 누적·확대될 수밖에 없다.

이처럼 범죄가 고도화·지능화됨으로써 조직적이고 은밀하게 이루어지는 경우가 많아 외부자와 내부자 간에 수집·제공할 수 있는 증거의 가치 차이가 현저한 상황에서, 내부자를 출처로 하는 높은 가치의 증거를 확보하기 위하여는 내부자에게 그러한 증거를 제공하게끔 하는 동기, 나아가 혜택을 부여할 필요가 있다. 그리고 이러한 혜택은 내부자가 결정적인 증거를 제공할 수 있을 정도로 확실하여야 한다.

요컨대, 과거에 공범을 피의자·내사자의 지위에 고정시키고 '추궁'하던 방식으로부터 탈피하여, 동인에게 협상 대상자이자 합의의 당사자로서의 지위를 부여하고

---

31) 김범식, "사법협조자에 대한 형벌감면제도의 도입 가능성", 『비교형사법연구』 제18권 제4호(한국비교형사법학회, 2016), 345면.

32) 김영기, "새로운 진술증거 확보방안에 대한 연구 – 수사패러다임의 변화를 모색하며", 『형사소송 이론과 실무』, 제2권 제1호(한국형사소송법학회, 2010), 96면.

확실한'혜택'을 제공함으로써,[33] 수괴 등의 인적 사항, 범행 수법, 암호, 증거의 출처 등에 대한 증언은 물론 구체적인 물증을 확보할 수 있는 수사기법이 요구된다. 사법협조자에 대한 소추면제의 약속은 적어도 검사로부터 사법협조자가 기대할 수 있는 가장 높은 수준의 혜택이기에, 본 제도는 사법협조자로 하여금 알고 있는 증거를 제출하도록 하는 충분한 동기이자 혜택으로 기능할 수 있다.

(나) 시간 진행에 따른 증거가치 감소 방지

사법협조자 소추면제제도는 조서가 지닌 진술 기억의 안정적 확보라는 유용성을 지닌다. 조서는 비교적 기억이 생생한 때의 진술을 서면에 기재하도록 하여 조사 당시까지 유지된 사건에 대한 기억을 공판기일까지 기다리지 않고 비교적 이른 시간에 확보할 수 있다는 장점이 있다.[34] 전술하였듯 이러한 조서를 적극적으로 공판정에 현출할 수 없게 된 지금, 사법협조자 소추면제제도는 검찰의 수사·공소제기 결정 단계에서 사법협조자로부터 진술을 얻고, 그 시점의 진술을 공판정에서 현출할 것을 약속받는다. 이를 통해 공판기일까지의 시간 경과에 따른 증거가치의 감소를 막을 수 있고, 유죄 입증에 필요한 우량증거를 확보할 수 있다.

2) 형사사법 운용의 효율성 제고

사법협조자 소추면제제도의 운용을 통하여 비교적 적은 인력의 투입만으로 빠르고 정확하게 높은 가치의 증거를 확보할 수 있다. 나아가, 신문의 기약 없는 장기화, 외부인 접견 등을 통한 공범 간의 '입 맞추기' 및 외부 세력의 이익 약속을 통한 허위진술 회유, 조서에 대한 공판정에서의 (당해) 피고인의 내용부인에 따른 기존 수사의 무용화와 같은 비효율적인 문제들을 해결함으로써 수사와 소추에 동원되는 시간적·인적·경제적 효율성을 높일 수 있다.

그 결과, 사법협조자의 피의사실에 관하여 잠재적으로 투입되어야 하는 수사·소추·공판 자원을 다른 범죄들에 활용할 수 있게 됨으로써 형사사법 운용의 효율성이 향상될 수 있다. 전술한 바와 같이 수사권 조정으로 인하여 경찰과 수사처의 인적자원 및 수사역량에 의문이 제기되고 있는 상황이라면, 이와 같은 효율적인 인적자원의 활용이 더욱 유의미할 것이다.

과거 사법협조자 소추면제제도와 형벌감면제도의 도입 타당성에 관한 비용편익

---

33) 김영기, 앞의 글, 87면
34) 한연규, "검사 작성 피의자신문조서의 증거활용에 대한 고찰", 『법조』 제68권 제3호(법조협회, 2019), 249 - 250면.

분석 연구 결과에 따르면 동 제도의 도입에 따른 사회적 편익이 사회적 비용에 비하여 약 1.4－3배를 앞서는 것으로 분석된 바 있다.[35] 위 연구가 이루어진 2013년에 비해 피의자를 비롯한 범죄와 관련된 자들에 대한 인권 보호 방안은 확충된 반면, 범죄의 수단이 고도로 진화하고 수사역량의 감소 등으로 실체적 진실의 규명이 어려워진 현 상황에서는 본 제도의 도입을 통한 편익과 비용의 차이는 더욱 클 것으로 예상된다.

3) 범죄 발생 및 진행에 대한 예방적 효과

사법협조자 소추면제제도는 사후적인 실체적 진실의 규명에 기여할 뿐만 아니라, 범죄의 발생이나 진행을 단념시킬 수 있는 예방적 효과도 발생시킬 것으로 예상된다. 공범과 대향범을 막론하고 특별한 사정이 없는 한 범인 간에는 범행에 관한 비밀을 유지하여야 할 공동의 이해관계를 공유하기 마련인데, 본 제도는 이러한 이해관계에 균열의 씨앗을 심는다. 범죄 실행 이전 단계부터 죄수의 딜레마를 염려하지 않을 수 없는 것이다. 따라서 범죄의 확장력에 제동이 걸릴 수밖에 없을 것이다. 수괴 등으로서는 언제 동료들이 수사기관에 자신의 정보를 제공할지 모른다는 점에서 행동 범위에 제약이 생기기 때문이다.

2. 예상되는 반론 및 그에 대한 재반론

(1) 제왕적 권한을 지니는 검찰에게 허용될 수 없다는 견해

수사권 조정 이전에 사법협조자 소추면제제도를 반대하는 주요한 논거 중 하나는 검찰에 대한 권한 집중에 기인하였다. 직접수사권, 수사지휘권, 기소재량권 및 독점권을 가지고 있기에 유사 제도를 운용 중인 대륙법계의 국가들과 비교하였을 때 근본적인 권한 차이가 있거나,[36] "독점적이고 제왕적인 수사 및 기소권한"을 갖게 된다는 비판이 그 예이다.[37]

---

35) 본 설문에서 비용의 항목으로는 제도도입 반대층의 지불의사액, 추가로 투입된 범죄대응비용이 이용되었고, 편익으로는 제도도입 지지층의 지불의사액, 범죄예방비용과 범죄결과비용의 합의 감소분이 이용되었다. 박경래, "사법협조자 형벌감면제도 도입에 대한 비용편익분석 연구", 『한국경찰연구』, 제12권 제2호(한국경찰연구학회, 2013), 93면, 95면, 105면 참조.
36) 이기수, "부패범죄 관련 '사법협조자 형벌감면제도' 도입 검토", 『비교형사법연구』 제20권 제4호 (한국비교형사법학회, 2019), 178면.
37) 윤동호, "수사협조범죄자 기소면제 및 형벌감면 법제화 비판", 『비교형사법연구』, 제13권 제2

그러나, 형사소송법 제196조 제4항이 삭제됨으로써 이른바 전건송치주의가 폐지되고, 사법경찰관에게 1차 수사종결권을 부여되었다. 다음으로, 검사의 사법경찰관에 대한 수사지휘권이 폐지되고 양자가 상호협력관계로 규정되었으며(제195조 제1항), 검찰청 검사는 제한된 조건 하에서만 보완수사를 요구·요청할 수 있다(제197조의2). 본 개정을 통해 사법경찰관 및 수사 전반에 대한 검찰청 검사의 통제력을 약화시켰고 동시에 사법경찰관과 검찰청 검사 간의 균형이 이루어졌다. 형사소송법 제312조 제1항 개정으로 사법경찰관과 검사 작성 문서의 증거능력은 차이도 사라졌다. 또한, 수사처의 설치를 통하여 수사처 검사는 검찰총장 및 검사에 대한 수사·기소권을 갖게 되었고, 검찰청 검사는 수사처장 및 수사처 검사에 대한 수사·기소권을 갖게 됨으로써 상호 균형과 감시가 이루어질 수 있는 환경이 마련되었고, 검찰청 검사의 기소독점주의가 깨졌다. 그 외에도, 부패범죄 등을 제외하고는 검찰의 수사권이 경찰과 수사처에 이전되어 한정적인 수사만 가능함은 앞서 살핀 바와 같고, 마지막으로 형사소송법 제198조 제4항의 신설로 검사에 의한 별건 수사에 대한 염려도 사라졌다.[38]

이처럼 "수사와 기소절차 전반을 장악한 검찰의 권한에 대한 견제 및 통제 수단이 거의 없다"는 비판[39]이 더 이상 설득력을 갖기 어려워졌다. 법무부가 최초로 본 제도의 입법을 예고하였던 시기와 비교하여, 검찰의 권한을 통제하기 위한 제도적 장치들이 적절하고도 충분하게 도입되었기 때문이다.

(2) 거증책임에 반하고, 수사 편의만을 위한 것이라는 견해

형사소송에서 거증책임을 지는 검사가 수사 및 소추의 잠재적 대상인 사법협조자로부터 다른 피의자에 대한 결정적 증거를 얻는 것이 거증책임원칙에 위배된다거나,[40] 수사 편의상 최우선 순위의 수단이 됨으로써 심지어는 사법협조자의 증언만을 근거로 검사가 공소를 제기할 개연성이 높다는 비판이 있다.[41]

호(한국비교형사법학회, 2011), 329면.

38) 형사소송법 제198조(준수사항) ④수사기관은 수사 중인 사건의 범죄 혐의를 밝히기 위한 목적으로 합리적인 근거 없이 별개의 사건을 부당하게 수사하여서는 아니 되고, 다른 사건의 수사를 통하여 확보된 증거 또는 자료를 내세워 관련 없는 사건에 대한 자백이나 진술을 강요하여서도 아니 된다.

39) 이기수, 앞의 각주 36)의 논문, 179면.

40) 박달현, "사법협조자 형벌감면제도의 도입가능성과 그 필요성 검토", 『가천법학』, 제9권 제1호(가천대학교 법학연구소, 2016), 452면.

그러나, 본 제도와 검사의 거증책임은 별다른 관련이 없어 보인다. "거증책임이란 요증사실의 존부에 대하여 증명이 불충분한 경우에 불이익을 받을 당사자의 지위"를 말하는데,[42] 본 제도는 불기소처분을 조건으로 사법협조자로부터 증거를 제출받는 것에 불과하기 때문이다. 단순히 증거의 출처가 피의자이기 때문이라면, 피의자로부터의 임의제출물에 대한 무영장 압수를 허용하고 있는 형사소송법 제218조는 거증책임전환규정이 되어야 하지만 사실은 그렇지 않다. 본 제도 역시 오히려 거증책임이 여전히 검사에게 있음을 전제하기에 검사로서는 반대급부로서 이익을 약속하면서라도 증거를 얻을 수 있는 차선책을 마련하는 것일 뿐이다.

수사편의만을 추구하여 본 제도가 최우선 순위가 될 것이라는 비판은 검사가 기존의 수사방법들을 활용하지 않은 채 불기소처분을 남용하는 상황을 전제하고 있다. 하지만, 검사는 본 제도를 보충적으로 활용할 가능성이 높다. 즉, 기존의 임의·강제수사 방법을 모두 동원하였음에도 수괴 등에 대한 유죄입증의 증거를 확보하지 못하거나, 심증에 그쳐 유죄판결을 확신하지 못할 때에 부득이 사법협조자에 대한 불기소처분을 약속함으로써 동원하는 보충적 수단일 뿐이다.

나아가, 검사의 불기소처분을 견제하기 위한 장치로서 기존의 검찰시민위원회 및 형사소송법상의 재정신청제도를 적극 활용하는 방안을 모색하여 위와 같은 우려를 해소할 수 있을 것이다. 특히, 재정신청제도는 검사로 하여금 공소권의 적정한 행사를 유도하고, 자의적인 불기소처분을 막을 수 있는 장치이다.[43] 다만, 현행법상 고발인이 재정신청을 청구할 수 있는 범죄에 대하여 제한이 있으므로 고소인이 없는 사회적 법익이나 국가적 법익에 관한 죄를 주로 대상으로 하는 본 제도의 운용에 유의미한 통제장치가 되기에는 한계가 있다. 따라서 군사법원법의 경우와 마찬가지로 고발인의 재정신청 대상범죄에 대한 제한을 없애거나,[44] 본고가 아래에서 제안하는 바와 같이, 사법협조자 소추면제제도의 대상범죄에 대해서도 소추면제의 합의가 이루어진 경우에는 고발인의 재정신청을 허용하는 내용으로 형사소송법 제

---

41) 최석림, 이재일, "사법협조자 형벌감면제도 도입방안과 주요 논점", 『이슈와 논점』, 제198호 (국회입법조사처, 2011), 3면.

42) 이재상 외, 앞의 각주 18)의 책, 606면.

43) 하태훈, 재정신청제도 활성화 방안과 재개정 논의, 『사법』, 제1권 제13호 (사법발전재단, 2010), 60면.

44) 군사법원법 제301조(재정신청) ① 고소나 고발을 한 사람은 군검사의 불기소처분에 불복할 때에는 고등법원에 그 당부(當否)에 관한 재정을 신청할 수 있다.

260조 제5항을 신설함으로써 재정신청 대상범죄를 확장할 필요가 있다. 이를 통해 검사 소속의 지방검찰청 소재지의 관할 고등법원이 검사의 불기소처분을 통제하여 공정성에 대한 우려를 해소할 수 있다.

이러한 우려와는 반대로 사법협조자 소추면제제도의 도입을 통하여 기소편의주의에 기한 불기소처분을 제도화, 객관화, 투명화할 수 있는 장점이 고려되어야 한다. 기존에 암막 뒤에서 진행되는 것으로 치부되어온 불기소 협상을 양지로 끌어올림으로써 오히려 검사의 수사편의적 불기소처분을 제한할 수 있을 것이기 때문이다.[45]

(3) 임의성과 진실성 확보가 어렵다는 견해

1) 임의성 유무

우리 헌법과 형사소송법은 피의자의 진술거부권을 규정하고 있다(대한민국헌법 제12조 제7항, 형사소송법 제244조의3 제1항). 판례는 "불기소나 경한 죄의 소추 등 이익과 교환조건으로 된 것으로 인정되지 않는다면, 위와 같은 자백이 약속 하에 이루어진 것이라 하여 곧 임의성 없는 자백이라고 단정할 수는 없다"고 판시하였다.[46] 그 반대해석상 불기소나 경한 죄의 소추와 결부된 자백의 임의성을 일응 부인하는 듯한 태도를 취한 바 있는 것이다.

위와 같은 판례의 태도와 자백배제법칙에 관한 명문 규정에 기반하여 임의성 부재를 이유로 본 제도의 도입에 반대하는 목소리가 있다. 사법협조자의 증언은 논리적·심리적 압박에 따른 것이거나 진술강요에 따른 것으로서 자백배제법칙이나 판례의 태도에 상치된다는 견해가 대표적이다.[47] 하지만, 이에 대한 판례의 입장은 불분명해 보인다.

우선, 위 대법원 1983. 9. 13. 선고 83도712 판결의 판시 중 이익과의 교환조건 부분은 당해 사건의 공소사실이나 판단과는 직접 관련이 없는 방론이었다. 이후 피고인이 처음 검찰조사시에 범행을 부인하다가 뒤에 자백을 하는 과정에서 특정범죄가중처벌등에관한법률을 적용하지 않고 형법 상의 뇌물수수죄로 처벌하게 해 주겠다고 약속한 사안에서 피고인의 자백의 임의성에 의심이 간다고 판시한 사안이 있으나, 해당 사안은 자백 이후 피고인이 다시 범행을 부인하였음에도 해당 사실을

45) 유죄협상제도에 관한 동지로는 조국, "유죄답변협상 도입의 필요성과 실현 방안 : '자백감면절차' 신설을 위한 제언", 『저스티스』 제90호, (한국법학원, 2006), 228면.
46) 대법원 1983. 9. 13. 선고 83도712 판결; 대법원 2002. 6. 11. 선고 2000도5701 판결 (同旨)
47) 윤동호, 앞의 각주 37)의 논문, 326면.

검사가 피의자신문조서에 작성하지 아니한 위법이 존재하였다.[48] 즉, 이익을 반대급부로 하는 자백이라는 이유만으로 임의성이 부인된 것인지 불분명한 사안이었다. 오히려, 피고인이 검사가 공소장을 변경하여 벌금형이 선고될 수 있게 해주겠다는 제안을 받고 무거운 처벌에 대한 두려움 때문에 공판기일에서 허위자백한 경우, 그 자백을 임의성이 아닌 신빙성의 문제로만 다룬 판례가 있다.[49] 이러한 판례의 태도에 비추어, 이익을 반대급부로 하여 획득한 자백이라는 이유만으로 그 자백의 임의성이 부인되어야 하는 것은 아니라고 생각된다.[50]

또한, 검사에 의한 임의적 이익 제공의 약속이 아니라 법률의 규정에 따라 정형화된 절차 속에서 법률에 규정된 이익을 약속하는 것이라면, 규정된 절차를 따르지 아니한 위법이 있다는 등의 특별한 사정이 없는 한 상대방의 임의성을 함부로 의심할 수 없으므로 이러한 경우 자백배제법칙은 적용되지 아니한다.[51]

그 외에도 사법협조자 소추면제제도를 구체적으로 어떻게 운용하느냐에 따라 임의성 문제는 충분히 해소 가능하다. 예컨대, 사법협조자 합의를 위한 협의의 첫 단계부터 사법협조자의 변호인이 협의에 필요적으로 참여할 것을 규정할 필요가 있다. 나아가, 최종 합의 성립에도 변호인의 동의를 요건으로 규정하고, 그 내용을 담은 사법협조확인서에 변호인으로 하여금 서명 또는 기명날인하도록 하여야 할 것이다. 만약 사법협조자에게 변호인이 없는 경우에는 검사로 하여금 소속 검찰청에 대응한 법원에 변호인 선정을 청구할 것을 의무로 명시함으로써 경제적 여력과 무관히 누구라도 사법협조를 희망하는 피의자라면 변호인의 조력을 받을 수 있게 하여야 한다. 이를 통해 협의 과정 및 합의 결과에 대한 임의성 문제는 해소될 수 있다.

만약 검사가 위와 같은 의무에도 불구하고 변호인 없는 사법협조자에 대하여 변호인 선임을 청구하지 않고 협의를 진행한 경우, 이는 위법하게 수집된 증거로서 사법협조자를 피고인으로 하는 경우는 물론, 수괴 등을 피고인으로 하는 경우에도 원칙적으로 유죄 입증의 증거로 사용할 수 없을 것이다(제308조의2).

---

48) 1984. 5. 9. 선고 83도2782 판결.
49) 1987. 4. 14. 선고 87도317 판결.
50) 조국, "'약속'에 의한 자백획득은 불법인가?", 『연구논단』, 제3280호 (법률신문, 2004), 15면.
51) 이재상 외, 앞의 각주 18)의 책, 636면; 이주원, 『형사소송법』, 제5판(박영사, 2022), 463면.

2) 진실성 유무

사법협조자가 자신에 대한 불기소처분을 보장받기 위하여 검사를 기망하여 공범의 수괴 등의 범행을 과장 또는 왜곡하거나, 무고한 사람을 범인으로 지목하는 등 허위진술을 함으로써 오히려 수사에 혼선을 가져오고 실체 진실을 왜곡시킬 가능성을 배제할 수 없다는 비판이 가능하다.[52]

하지만, 사법협조자 소추면제의 합의에 진실성을 요건으로 추가함으로써 이를 확보할 수 있다. 즉, 본 제도에 따르면 검사로 하여금 추후 사법협조자가 제출한 증거가 위조되었다든지, 진술에 허위사실이 있음이 밝혀진 경우에는 합의에서 이탈하여 사법협조자에 대한 공소를 제기할 수 있도록 함으로써 처음부터 사법협조자의 허위진술의 동기를 통제할 수 있다.

또한, 사법협조자가 공판정에서 불기소처분을 얻기 위해 처음 약속한 허위진술을 한 경우라면 기존 범죄에 더해 위증죄·모해위증죄에 대한 공소가 제기될 수 있을 것이다. 만약 공판정에서 진술하기 전에 이러한 허위사실이 밝혀진 경우라면 위증죄 대신 위계공무집행방해죄의 적용이 가능하다. 무고한 사람을 범인으로 지목한 경우라면 무고죄의 적용도 가능하며, 그러한 행위로 인해 오히려 진정한 수괴를 도피시키는 결과가 발생한다면 범인도피죄의 적용도 가능할 것이다.

(4) 자기부죄거부에 반한다는 견해

모든 국민은 형사상 자기에게 불리한 진술을 강요당하지 아니한다 (대한민국헌법 제12조 제2항). 이른바 자기부죄거부의 원칙이며, 이는 포기될 수 없다고 한다.[53] 사법협조자 소추면제제도가 이러한 자기부죄거부의 포기를 전제함으로써 위 원칙에 위배된다는 비판이 있다.[54]

하지만, 사법협조자 소추면제제도는 검사의 사법협조자에 대한 추궁에 기반하는 것이 아니라, 사법협조자의 자발적 참여 및 '합의'를 요한다는 점에서 검사가 사법협조자에게 불리한 진술을 '강요'하는 것이라 할 수 없다. 사법협조자는 전술한 바와 같이 변호인의 필요적 참여 하에 무엇이 자신에게 유리한지 선택할 수 있고, 이에 검사가 개입하여 특정 진술을 강요할 수 있는 여지는 현실적으로 없다. 오히려

---

52) 신태훈, "사법협조자 형벌감면제도에 관한 고찰 — 그 도입의 필요성과 관련하여", 『법과정책』, 제10권 제1호 (제주대학교 법과정책연구원, 2010). 115면.
53) 이재상, 앞의 각주 18)의 책, 99면.
54) 박달현, 앞의 각주 40)의 논문, 459-460면.

자신의 협조를 조건으로 불기소처분이라는 이익을 기대할 수 있다는 점에서 자기부죄거부와 마찬가지로 무기평등의 원칙을 실현할 수 있는 수단에 더 가깝다.

또한, 본 제도가 자기부죄거부의 포기를 전제로 한다는 것은 비약이다. 자기부죄거부는 포기할 수 없는 것이더라도 행사하지 아니할 수는 있는 것이다. 또한, 협의의 시작과 동시에 일단 일부 진술에 나아갔더라도 사법협조자로서는 협의 과정에서 언제든 추가적인 진술을 거부할 수 있다는 점에서 이를 자기부죄거부의 포기라 칭하는 것은 부당하다.[55] 사법협조자의 지위에서 수괴 등에 관한 증거를 제공하는 것이 자기부죄거부의 포기로서 허용되지 아니하는 것이라면, 피고인의 어떠한 진술이나 자백 역시 자기부죄거부의 포기에 해당하게 되어 허용되지 아니하여야 한다.

(5) 피해자의 재판절차진술권 침해라는 견해

검사가 사법협조자와의 합의 결과 소추면제를 결정하여 불기소처분을 하는 경우, 헌법 제27조 제5항에 따라 형사소송법 제294조의2가 보장하는 피해자 등의 재판절차진술권의 행사가 불가능해진다는 비판이 제기된다.[56][57]

우선 대상 범죄의 설정을 통해 피해자의 재판절차진술권 침해를 예방할 수 있다. 도입 취지상 사법협조자 소추면제제도는 주로 사회적 법익이나 국가적 법익에 관한 중대범죄들을 대상으로 적용될 여지가 높기에, 피해자가 부재하는 범죄들이 대다수를 이룰 것이다. 이 경우, 피해자의 재판절차진술권이 침해될 여지는 없다.

다만, 개인적 법익을 침해하는 행위라고 하더라도 그로 인한 피해의 규모가 막대한 경우나, 사회적 법익이나 국가적 법익에 관한 죄와 일체의 행위 태양을 구성하거나 불가분의 관계에 있는 경우라면 본 제도의 적용 대상이 될 수 있을 것이다. 예컨대, 2인의 공범이 수백 건 이상의 아동·청소년 성 착취물을 제작 및 유포한 경우가 전자의 경우에 해당할 것이고, 보이스피싱 조직이 형법 제114조가 규정하는 범죄단체인 경우, 이에 가입하여 활동하고 피해자들을 상대로 보이스피싱 사기범행을 저지른 경우가 후자의 경우일 것이다. 이처럼 개인적 법익에 관한 죄에 대하여 본 제도를 적용하여야 하는 경우에는 불가피하게 피해자의 재판절차진술권이 일응 제한될 수밖에 없음을 인정해야 할 것이다.

---

55) 이재상, 앞의 각주 18)의 책, 99면.
56) 대한민국 헌법 제27조 ⑤형사피해자는 법률이 정하는 바에 의하여 당해 사건의 재판절차에서 진술할 수 있다.
57) 이기수, 앞의 각주 36)의 논문, 179면.

　그러나, 개인적 법익에 관한 죄라 하더라도 본 제도가 일반적인 형사 사건에 적용될 여지는 없을 것이고, 주로 조직적인 보이스피싱 범죄나 성범죄, 테러범죄 등이 그 대상이 될 것으로 예상된다. 이러한 경우, 피해자의 재판절차진술권은 수괴 등에 대한 공판절차에서 행사될 수 있음으로써 보장될 수 있다. 즉, 범죄 피해자에게 재판절차진술권을 보장하는 우리 헌법의 결단이 피해자로 하여금 재판에 참가하여 진술하는 기회 그 자체를 보장하기 위함이 아니라, 국가소추주의에 대한 적절한 통제를 가하기 위한 것이라면, 범죄 피해자의 재판절차진술권을 중대범죄에 가담한 구성원들 개개인에 대한 재판 모두에 대하여 보장할 필요성은 적다. 국가소추주의에 대한 피해자의 견제는 수괴 등에 대한 재판절차에 참여하여 범죄의 전체 모습에 대한 검사의 소추 결과를 확인함으로써 달성될 수도 있는 것이기 때문이다.

　우리 헌법 제27조 제5항이 피해자의 재판절차진술권을 '법률'에 따라 규정하라고 명하고 있으며, 이에 따라 우리 형사소송법 제294조의2 제3항은 이미 동일 범죄사실에 대한 피해자가 여러 명인 경우 진술할 자의 수를 제한할 수 있도록 함으로써 피해자의 재판절차진술권을 법률상 제한하고 있음도 특기함직 하다.

(6) 피고인의 반대신문권 침해라는 견해

　본 제도의 시행으로 인하여 수괴 등 당해 피고인의 사법협조자에 대한 반대신문권이 제한된다는 비판이 제기될 수 있다. 즉, 밀실에서 검사와 사법협조자 간의 증언에 대한 합의가 이루어지고, 사법협조자로서는 증언 및 그 진실성을 조건으로 불기소처분의 이익을 얻을 수 있기에, 결론을 정해놓고 사법협조자가 반대신문에 임하는 이상 당해 피고인의 반대신문에 대하여 사법협조자가 묵비하거나 불성실하게 답변함으로써 피고인의 반대신문권이 무용화될 수 있다는 것이다.

　그러나, 최근 판례는 반대신문의 기회가 실질적으로 보장되지 않은 경우에는 전문증거는 물론 원본증거인 증언도 위법한 증거로서 증거능력이 없다고 판시하였다.[58] 즉, 전문증거뿐만 아니라 원본증거인 증언에 대하여도 반대신문권의 실질적 보장을 증거능력 인정의 요건으로 천명한 것이다.[59] 이는 증언 자체에 대한 반대신문권 결여의 문제를 신빙성의 문제로만 취급하였던 종래 판례와 대비된다.[60]

---

58) 대법원 2022. 3. 17. 선고 2016도17054 판결.
59) 조지은, "반대신문권이 보장되지 않은 진술증거의 증거능력 - 위법성의 근거와 효과- 대법원 2022. 3. 17. 선고 2016도17054 판결", 『영남법학』(제56호, 2023), 129면.
60) 이주원, 앞의 각주 51)의 책, 513-514면.

따라서 비판과 같이 사법협조자가 편향되어 검사의 주신문에만 답하거나, 불성실하게 반대신문에 임한다면 실질적으로 반대신문권의 기회가 보장되었다고 할 수 없기에 당해 증언은 증거능력을 인정받지 못할 가능성이 높다. 그렇다면 실질적으로 피고인의 방어권 행사에 문제가 발생한다고 할 수 없다.

나아가, 만약 사법협조자의 증언이 허위인 경우라면 위증죄·모해위증죄의 처벌이 가해지기에 사법협조자 증언의 진실성과 성실성이 담보될 수 있을 것이다.

(7) 조사자증언의 활용으로 족하다는 견해

공범에 대하여 검사가 작성한 피의자신문조서의 증거능력이 당해 피고인의 내용부인만으로 증거능력이 부정된 상황에서, 공판정에 공범의 진술을 현출하는 방법으로는 형사소송법 제316조의 조사자증언이 유일하다. 하지만 우리 형사사법 체계가 필요한 때마다 조사자를 공판정에 출석시켜 증언을 요구할 수 있을 정도의 인적 여력을 갖추고 있는지 확신할 수 없다.

이러한 문제가 해결되더라도 조사자증언이 조서들의 증거능력이 부정되는 상황에서 과연 조서를 대체하고 유죄 입증을 담보할 수 있을 정도의 최우량증거인지에 관하여도 의문이 있다.[61] 2020년 개정 형사소송법 이전, 사법경찰관 작성 피의자신문조서의 증거능력만 내용인정을 요건으로 하던 법제 하에서 법원이 조사자증언에 대해 특히 소극적이었고, 증거신청도 잘 받아주지 않았던 실무상 관행이 있었다.[62] 종래 형사소송법 제316조 제1항의 피고인의 진술을 원진술로 하는 조사자증언의 신빙성에 관하여 직접적으로 판단한 대법원 판례가 축적되지도 않은 것도 이러한 관행의 귀결로 판단된다.[63]

이처럼 조사자증언에 대하여 높은 활용도나 신빙성을 부여하지 않았던 종래 법원의 실무가 이번 형사소송법 개정으로 유의미하게 전향될 것을 기대하기는 어려워 보인다.[64] 범행일로부터 비교적 근접한 시기에 적법하게 작성된 피의자신문조서조

---

61) 이에 대한 상세는 홍진영, "개정 형사소송법 제312조에 대한 검토 – 조사자증언은 과연 최우량증거인가?", 『형사소송 이론과 실무』, 제12권 제1호(한국형사소송법학회, 2020), 207–261면 참조.

62) 한연규, "사법경찰관의 조사자증언과 수사상 진술의 증거활용", 『형사법의 신동향』, 제60권(대검찰청, 2018), 247면.

63) 한연규, 앞의 글, 247면.

64) 조지은, "개정형사소송법 제312조 제1항 시행에 대한 경과규정 부재와 그로 인한 실무상 혼란", 『형사소송 이론과 실무』, 제13권 제3호(한국형사소송법학회, 2021), 176면.

차 당해 피고인의 내용부인만으로 증거능력이 부정되는 현 상황에서, 조사자의 주관성의 개입 여지가 훨씬 넓은 조사자증언에 대하여 단지 공판정에서의 진술이라는 이유만으로 높은 신빙성을 부여하는 데에는 한계가 따를 수밖에 없다. 또한, 공판중심주의의 강화라는 흐름 속에서도 조사자증언에 대한 의존이 적절한 것인지도 의문이다. 법원이나 검찰이 조사자증언을 적극 활용하겠다는 의사를 표시하였음에도 이에 만족하지 않고 추가적인 우량증거의 확보 방안을 고민해야 하는 이유이다.

Ⅳ. 사법협조자 소추면제제도 입법론

1. 입법시의 쟁점

(1) 합의의 당사자

필자가 제안하는 사법협조자 소추면제제도는 사법협조자와 검사를 당사자로 하는 협의에 의한 합의를 전제로 한다. 이때 협의의 제안은 양자 모두 할 수 있다. 여기서 검사에는 검찰청 검사 외에도 수사처 검사가 포함되는 것으로 해석해야 한다. 형사법제 개편으로 인한 수사역량 부족 및 범죄의 고도화·지능화로 인한 증거확보의 어려움은 수사처 검사에게도 문제되기 때문이다. 다만, 본 제도는 검사의 불기소권에 근거한다는 점에서 기소권이 없는 경찰은 물론 수사처 검사 역시 원칙적으로는 본 제도의 합의 당사자에 해당하지 아니한다. 따라서, 대법원장 등의 고위공직자범죄 등에 한하여 수사처 검사는 본 제도의 합의 당사자이다.

(2) 대상범죄

1) 범죄 항목

미합중국은 증인면책의 대상범죄를 제한하지 않고 있다(미합중국 형사소송법 제18편 제6002조 제2문, 제6003조)[65]. 독일은 사법협조자 형벌감면제도의 대상범죄를

---

[65] 미합중국 형사소송법 제18편 제6003조(법원과 대배심에서의 절차)
   (a) 미합중국의 연방법원 또는 대배심에서 진행 중이거나 이에 부수하는 절차에서 증언 또는 기타 정보의 제공을 요청받았거나 요청받을 수 있는 자가 자기부죄의 특권에 근거하여 진술 또는 기타 정보의 제공을 거부하는 경우, 심리가 진행 중이거나 진행될 수 있는 관할 미합중국연방지방법원은 이 조의 (b)항에 따라 해당 지역의 연방검사의 요청으로 위 증언이나 기타 정보를 제공하도록 본장의 6002조에 따라 효력이 발생하는 명령을 발령하여야 한다.

마약범죄[66]로부터 시작하여 현재 종신형 또는 자유형의 하한을 가중하여 정한 경우에 해당하는 죄로 대상범죄를 확장하였고(독일 형법 제46b조 제1항), 제22개 호로 유죄 입증의 대상이 되는 수괴 등의 관련범죄 역시 규정하고 있다(독일 형사소송법 제100a조 제2항).[67] 프랑스 역시 형벌감면제도의 도입 당시에는 계엄 등 비상시의 범죄, 테러, 도주, 통화위조, 범죄단체조직 가담 등 5개 범죄만을 대상으로 설정하였었다. 하지만, 전술한 바와 같이 2004년 형법 및 형사소송법 개정으로 본죄 적용에 관한 일반규정을 마련하였고(프랑스 형법 제132-78조), 이러한 일반규정의 적용 대상을 법정 범죄로 한정하는 형식의 입법을 채택하였다. 현재는 모살 등 범죄, 마약 관련 범죄, 매춘 관련 범죄, 테러범죄 등과 같이 거의 대부분의 중요범죄를 대상으로 일반규정의 적용 범위가 확장되어 있다.[68] 일본의 경우, 형사면책제도에 대하여는 미국과 마찬가지로 대상범죄를 설정하지 않고 있으나, 수사공판협력형 협의·합의제도에 대하여는 문서위조, 조세, 공정거래, 금융, 마약, 조직범죄 등을 대상범죄로서 열거하고 있다.

이처럼 해외의 유사제도 운용 사례를 살펴보면, 본 제도의 적용 대상범죄는 가변

(b) 미합중국연방검사는 연방법무부장관, 연방법무부차관, 연방법무부차관보 또는 지정된 연방법무부차관보 또는 법무차관보의 승인을 받아 다음의 경우에 본 절의 (a)항에 따른 명령을 요청할 수 있다.

(1) 해당 개인의 증언 또는 기타 정보가 공익을 위해 필요한 경우이고,

(2) 그러한 개인이 자기부죄의 특권을 이유로 증언이나 기타 정보의 제공을 거절하거나 거절할 가능성이 있는 경우

66) 신태훈, 앞의 각주 52)의 논문, 111면.

67) 독일 형사소송법 제100a조 제2항(통신감청): 제1항 제1호의 목적이 되는 중범죄란 다음과 같다.

1. 형법

a) 형법 제80조 내지 제82조, 제84조 내지 제86조, 제87조 내지 제89조a, 제94조 내지 제100조a에 따른 평화위반의 죄, 반란죄, 민주적 법치국가를 위협하는 죄 및 내란죄, 외환죄

b) 제108조a에 따른 의원증뢰죄

c) 제109조d 내지 제109조에 따른 국가방위에 반하는 죄

d) 제129조 내지 제130조에 따른 공공질서에 반하는 죄

e) 제152조와 결부된 제146조, 제151조 및 제152조a 제3항과 제152조b 제1항 내지 제4항에 따른 화폐 및 유가증권 위조의 죄

f) 제176조a, 제176조b, 제177조 제2항 2호 및 제179조 제5항 2호에 해당하는, 성적 자기결정권을 침해한 죄

(후략, 번역은 법무부 형사법제과, 독일 형사소송법, 64면).

68) 신태훈, 앞의 각주 52)의 논문, 112면-113면.

적일 수밖에 없고, 구체적인 범위와 규정 방식도 국가마다 다른 것을 확인할 수 있다. 아직 제도 운용의 경험이 없는 우리나라로서는 검찰의 수사개시권 제한으로 제도 도입의 필요성 및 유용성이 명백한 조직범죄, 테러범죄, 성적자기결정권을 침해하는 범죄와 검찰이 비록 일부 수사개시권을 가지고 있으나 범죄 규명의 난도가 높고 인증의 확보가 특히 중요한 마약범죄, 부패범죄, 기업범죄로 한정하여 제도를 도입하되, 점차 대상범죄를 확장·축소해 나갈 필요가 있다.

2) 규정 방법

다만, 위 범죄들의 구체적인 의미와 범위에 관하여는 범죄에 대한 신속한 대응을 위하여 대통령령에 위임하여 규정하는 것이 타당하다. 이러한 위임이 법률유보의 원칙과 포괄위임금지원칙에 위배된다는 비판이 있을 수 있다. 그러나, 본 제도가 범죄의 진화에 빠르게 대응하여야 할 필요성과 국회의 전문적·기술적 능력 및 시간적 적응능력의 한계를 고려하면 행정입법 형태의 입법이 허용될 것이다.[69] 또한, 위임입법의 구체성은 법률에 대통령령에 규정될 내용 및 범위의 기본사항이 가능한 한 구체적이고 명확히 규정되어 있어 누구라도 법률 그 자체로부터 대통령령에 규정될 내용의 대강을 예측할 수 있으면 족하다. 따라서 현행 형사법제의 혼란, 범죄의 고도화·지능화 및 이에 대한 능동적 대응의 필요성 등을 고려하면 아래에서 본고가 제시하는 입법안이 포괄위임금지원칙에 위반된다고 보기는 어려워 보인다.

한편, 기존 법무부안과 비교할 때 법무부령에 관련 사항을 위임하였던 것과 비교할 때 대통령령에 위임함으로써 좀 더 신중하고 책임 있는 입법이 가능할 것이다.

유사한 입법례가 검찰청 검사의 수사개시권의 범위를 대통령령에 위임하고 있는 검찰청법 제4조 제1항 제1호 가목에서 확인된다. 일본 역시 상당히 많은 대상 범죄들을 형식적 법률에 규정하고 있으면서도, 일부 범죄의 세부내용을 우리의 시행령 지위에 있는 정령(政令)에 위임하고 있다(일본 형사소송법 제350조의2 ② 제3호)[70].

(3) 합의의 시적 범위

사법협조자 소추면제에 대한 합의가 검사의 공소제기 후에는 이루어질 수 없는

---

69) 헌법재판소 1997. 10. 30. 선고 96헌바92, 97헌바25·32 결정.

70) 일본 형사소송법 제350조의2 제2항 제3호
　　전(前) 2호에서 규정한 것 외에 조세에 관한 법률, 사적독점의 금지 및 공정거래의 확보에 관한 법률(1947년 법률 제54호) 및 금융상품거래법(1948년 법률 제25호)의 죄, 기타 재정경제 관계범죄로서 정령으로 정하는 것

것인지 문제된다. 공소제기 후 임의수사가 허용되기 때문이다[71].

그러나, 검사와 사법협조자가 공소제기 후 합의에 이르렀음에도 불구하고 검사가 공소를 취소하지 아니하는 경우, 이를 형사소송법 제327조 제2호의 공소'제기'의 절차가 법률의 규정에 위반하여 무효인 것이라고 하여 남용을 방지할 수 있는지 불분명하다. 또한, "공소가 제기된 후에는 그 사건에 관한 형사절차의 모든 권한이 사건을 주재하는 수소법원에 속하게" 되는 점 등을 종합하여 공소제기 후의 합의는 사법협조자 형벌감면제도의 도입을 통하여 해결함이 바람직하다.[72] 따라서 본조의 합의는 공소제기 전에 한하여 가능하다고 해석하여야 할 것이다.

(4) 피의자의 악용 가능성

사법협조자 소추면제제도가 도입되는 경우, 사법협조자가 반복적으로 조직범죄 등에 가담하였음에도 불구하고 거듭 검사와 합의함으로써 자신은 기소유예 처분을 받는 경우 사법협조자에 대한 처벌이 사실상 불가능하다는 문제가 제기될 수 있다. 이러한 경우, 여전히 사법협조자가 기여할 수 있는 증거의 가치가 높다면 단지 사법협조 전력이 있다는 이유만으로 반드시 이러한 사법협조자와 합의에 이르러서는 아니 될 의무가 검사에게 부여된다고 할 수는 없겠다. 하지만, 사법협조자가 제공할 수 있는 증거의 가치는 높지 않은 반면, 단지 본 제도를 남용하여 자신의 범죄 면책을 위한 수단으로 사용하는 경우라면 검사는 사법협조자에게 공소를 제기하도록 제도를 설계하는 것이 타당하다.

따라서 검사가 소추면제의 합의에 이를 때의 고려 사항으로 사법협조자에 대한 수사기록, 전과, 협조의 취지를 규정하여 위의 문제를 해결할 수 있어야 할 것이다.

(5) 검사의 기소권 남용 가능성

검사의 고의적인 불기소권 남용에 대하여는 전술한 바와 같이 고발인의 재정신청 가능 범죄를 확장함으로써 통제할 수 있다. 이와 달리, 합의에도 불구하고 검사가 공소를 제기한 경우의 처리가 문제된다. 이는 사법협조자와 검사 간의 합의가 성립된 경우, 검사가 공소를 제기하지 못하도록 입법함으로써 해결할 수 있다. 즉, 검사가 합의에도 불구하고 공소를 제기하는 경우, 이는 공소제기의 절차가 법률의

---

71) 대법원 1984. 9. 25. 선고 84도1646 판결.
72) 대법원 2021. 6. 10. 선고. 2020도15891 판결.

규정을 위반하여 무효인 때에 해당하게 되므로 법원이 형사소송법 제327조 제2호
의 공소기각 판결을 함으로써 통제할 수 있는 것이다.

(6) 합의 당사자의 이탈

1) 검사의 협의 중 이탈

사법협조자가 합의에 이르기 위해 자신이 약속한 증언의 내용 일부를 협상테이
블에 올려놓자 이를 들은 검사가 돌연 합의 의사를 철회함으로써 사법협조자가 협
조에도 불구하고 소추면제의 이익을 얻지 못하는 경우가 문제된다. 만약 검사에게
합의 의사가 없었다면 이는 기망에 의한 자백획득에 해당하여 형사소송법 제309조
에 따라 증거능력이 부정된다. 합의 의사가 있었다면 검사 작성 피의자신문조서에
기재된 내용은 사법협조자의 내용부인으로 증거능력이 부정될 수 있다. 이 경우 유
일한 대안인 조사자증언에 대하여도 전술한 바와 같은 그 자체의 한계 및 상황의
특수성으로 인하여 높은 신빙성이 부여되지는 않을 것이므로 사법협조자가 입을
불이익은 크지 않을 것이다.

2) 사법협조자의 합의 후 이탈

사법협조자가 소추면제의 합의에 이른 후, 약속한 증거의 제출을 거부하거나 증
언의사를 철회하는 경우의 처리가 문제된다. 이러한 경우 사법협조자의 자유로운
이탈을 허용하되, 다만 소추면제의 합의가 해제되는 결과 검사로서도 이러한 사법
협조자에 대해 공소를 제기할 수 있다고 규정하여 문제를 해결할 수 있다. 소추면
제의 합의는 처음부터 사법협조자의 합의 위반을 해제조건으로 하는 것이기에 합
의 후 이탈에 따른 공소제기가 달리 사법협조자에게 불이익하다고 볼 이유도 없다.

2. 입법안 제시

이하의 개정안은 2011. 7. 14. 정부에 의하여 제출된 형사소송법 일부개정법률안
을 토대로 하였고, 다만 필자가 독자적으로 추가·변경하여 강조할 필요가 있는 부
분에 한하여 밑줄을 표기하였다.

제247조의2(사법협조자에 대한 소추면제) ① 검사는 조직범죄, 마약범죄, 부패범
죄, 테러범죄, 기업범죄, 성범죄 등 대통령령으로 정하는 중요 범죄(이하 "관련범

죄"라 한다)의 정범 또는 공범으로서 관련범죄의 규명에 없어서는 아니 될 것으로 인정되는 증거물의 제출 또는 증언을 약속한 자(이하 "사법협조자"라 한다)와 증거물의 제출 또는 증언을 조건으로 사법협조자의 범죄사실에 관하여 소추하지 아니하는 것으로 합의할 수 있다.

② 제1항의 합의 여부를 결정함에 있어 검사는 다음 각 호의 사항을 종합적으로 고려하여야 한다.

1. 관련범죄의 경중 및 정상, 피해의 규모

2. 사법협조자에 대한 수사기록, 전과, 협조의 취지

3. 사법협조자가 약속한 증거의 중요성

4. 합의시점까지의 수사진행정도 및 실체진실규명의 가능성

5. 소추하지 아니하는 범죄사실과 관련범죄 사실의 관계

③ 제1항의 합의를 위한 협의에는 변호인의 참여가 있어야 하고, 합의에는 변호인의 동의가 있어야 한다. 검사는 사법협조자에게 변호인이 없는 경우 검사의 소속검찰청에 대응한 법원에 변호인을 선정하여 줄 것을 청구하여야 한다.

④제3항의 청구를 받은 법원은 지체없이 변호인을 선정하여야 한다.

⑤ 제1항의 합의에 이른 검사는 다음 각 호의 사항을 기재한 사법협조확인서를 작성하여 검사, 사법협조자, 변호인의 각 서명 또는 기명날인한 후 그 부본을 사법협조자에게 교부하여야 한다.

1. 사법협조자의 성명 기타 이를 특정할 수 있는 사항

2. 죄명

3. 혐의가 있는 범죄사실

4. 적용법조

5. 제출할 증거물 또는 증언할 내용

6. 제3호의 범죄사실에 대해 소추하지 아니한다는 취지

⑥ 사법협조확인서를 교부받은 사법협조자가 약속된 증거물을 제출하거나 증언을 한 때에는 소추할 수 없다. 단, 다음 각호의 어느 하나에 해당하는 경우에는 그러하지 아니하다.

1. 사법협조자가 제출한 증거물이 위조 · 위작된 것으로 밝혀진 경우

2. 사법협조자가 약속한 증언이 허위인 것으로 밝혀진 경우

3. 사법협조자가 약속한 증거물의 제출 또는 증언을 하지 않거나 그러한 취지를

밝힌 경우

제260조(재정신청) ① ~ ④ (현행과 같음)
⑤ 제247조의2 제1항의 합의에 따라 검사로부터 공소를 제기하지 아니한다는 통지를 받은 때에는 제1항 본문에도 불구하고 고발인은 관할 고등법원에 그 당부에 관한 재정을 신청할 수 있다.

V. 나가며

이상으로 사법협조자 소추면제제도의 도입 필요성을 논증하고 구체적인 입법안을 제시하였다. 법무부의 최초 예고안이 입법에 실패한 후 우리 형사소송 법제에는 많은 변화가 발생하였고, 수사기관의 수사역량 부족으로 인한 국가의 범죄 대응능력에는 의문이 제기되고 있다. 또한, 범죄는 고도화·지능화되고 있으며, 발생 사건 수는 증가하는 추세에 있다.

이러한 문제를 해결하는 방안으로서 사법협조자 소추면제제도는 적절한 대안이 될 수 있다. 조서 위주의 증거확보 방식에서 탈피하여 사법협조자에게 혜택을 약속함으로써 가치가 높은 증거물과 증언을 신속하고 안정적으로 확보할 수 있다. 이를 통해 관련사건에 대한 실체 진실의 규명은 물론 형사사법제도의 효율성을 제고함으로써 다른 범죄들에 대한 실체 진실의 규명도 용이해질 것이다. 나아가, 범죄 발생 및 진행에 대한 예방적 효과도 기대된다. 이미 세계 각국은 범죄 대응역량 강화를 위하여 사법협조자 소추면제제도 혹은 유사제도를 운영하고 있다는 점에서 본 제도의 도입이 국제 기준에도 부합하며, 국내에도 공정거래법 위반에 대한 리니언시제도를 시작으로, 입찰방해죄 등에 대한 형사 리니언시제도까지 시행되기에 이르렀다는 점에서 국내법과의 조화 역시 확인되고 있다.

이상을 종합하여 형사소송법 제247조의2를 신설하는 입법안을 제시하였다. 2011년 정부 제출안을 토대로 기존에 제기되었던 비판이나, 도입시에 예상되는 쟁점들을 해결할 수 있도록 설계하였다. 검사의 일방적인 처분이 아닌, 사법협조자와 검사라는 양 당사자의 합의를 전제로 하였다. 이에 대한 임의성 확보를 위하여 변호인의 참여권을 보장하도록 설계하였고, 피의자나 검사의 제도 남용 가능성을 통제할 수 있는 내용도 반영하였다. 특히, 검사의 불기소권 남용에 대한 통제수단으로 법원의 재정신청 범위를 확대하는 내용의 형사소송법 제260조 제5항의 신설을 제안하였다. 그 외에도 제도의 운영 중 발생할 수 있는 실무상 문제점, 예컨대 당사자의 합의 이탈이나 대상범죄의 내용 및 규정 방식과 같은 쟁점들을 선별하여 해결하였고, 합의의 시적 범위에 대하여 해석상 문제가 될 수 있는 부분들에 대하여도 해석론을 제시하였다. 본고를 바탕으로 사법협조자 소추면제제도가 도입되고 안정적으로 운영됨으로써 형사소송의 선진화가 이루어지길 기대한다.

【참고문헌】

국가수사본부 사이버 수사국, 『사이버범죄트렌드』, (2023)
법원행정처, 『사법연감』, (2022)
법무부 형사법제과, 『프랑스 형법』
법무부 형사법제과, 『독일 형사소송법』
서울중앙지방검찰청, 『2조3천억원 규모 아파트 빌트인가구 입찰담합 수사결과』, (2023)

이주원, 『형사소송법』, 제5판(박영사, 2022)
이재상 외, 『형사소송법』, 제14판(박영사, 2022)
한국형사·법무정책연구원, 『분기별 범죄동향리포트』, 제26호(2023)
강성용, "가상화폐, 돈세탁 그리고 부정부패: 법집행의 관점에서"『디지털 포렌식 연구』제12권 제1호 (한국디지털포렌식학회, 2018)
김범식, "사법협조자에 대한 형벌감면제도의 도입 가능성"『비교형사법연구』제18권 제4호 (한국비교형사법학회, 2016)
김범식,, 이경렬, "일본의 사법협조자에 대한 형벌감면제도", 『형사법의 신동향』제53권(대검찰청, 2016)
김보람, "마약범죄 수사·기소·처벌에서의 쟁점과 과제", 『이슈와 논점』, 제2070호(국회입법조사처, 2023)
김영기, "새로운 진술증거 확보방안에 대한 연구 – 수사패러다임의 변화를 모색하며", 『형사소송 이론과 실무』, 제2권 제1호(한국형사소송법학회, 2010)
박경래, "사법협조자 형벌감면제도 도입에 대한 비용편익분석 연구", 『한국경찰연구』, 제12권 제2호(한국경찰연구학회, 2013)
박달현, "미국의 공범증인 면책조건부 증언취득제도에 관한 연구 – 2010년 형사소송법 개정법률안 제247조의2의 '사법협조자에 대한 공소불제기'에 대한 검토를 포함하여 –", 『비교형사법연구』, 제19권 제2호 (한국비교형사법학회, 2017)
박달현, "사법협조자 형벌감면제도의 도입가능성과 그 필요성 검토"『가천법학』, 제9권 제1호(가천대학교 법학연구소, 2016)

신태훈, "사법협조자 형벌감면제도에 관한 고찰 — 그 도입의 필요성과 관련하여", 『법과정책』, 제10권 제1호 (제주대학교 법과정책연구원, 2010)

윤동호, "수사협조범죄자 기소면제 및 형벌감면 법제화 비판", 『비교형사법연구』, 제13권 제2호(한국비교형사법학회, 2011)

윤지영, "디지털 성범죄 대응을 위한 수사법제 개선 방안 — 온라인 수색과 잠입수사 법제화를 중심으로 —", 『형사정책』, 제32권 제2호(한국형사정책학회, 2020)

_____, "ICT 관련 첨단기술을 이용한 범죄에 대한 각국의 규제 현황", 『형사정책』, 제34권 제2호(한국형사정책학회, 2022)

이기수, "부패범죄 관련 '사법협조자 형벌감면제도' 도입 검토", 『비교형사법연구』 제20권 제4호 (한국비교형사법학회, 2019)

이승주, "개정 형사소송법상 공범의 진술증거 확보 문제 — 검사 작성 피의자신문조서의 증거능력 제한에 따른 대안 —"『법조』제69권 (법조협회, 2020)

이재인, "가상화폐를 통해 범죄수익을 세탁하는 신종 텔레그램 범죄집단에 대한 규제 검토 — 인천 텔레그램 마약그룹방 수사 사례를 중심으로 —", 『형사법의 신동향』, 제74권, (대검찰청, 2022)

이창현, "송치사건의 보완수사", 『고시계』제68권 제6호(고시계사, 2023)

조 국, "유죄답변협상 도입의 필요성과 실현 방안 : '자백감면절차' 신설을 위한 제언", 『저스티스』제90호, (한국법학원, 2006)

_____, "'약속'에 의한 자백획득은 불법인가?", 『연구논단』, 제3280호 (법률신문, 2004),

조지은, "개정형사소송법 제312조 제1항 시행에 대한 경과규정 부재와 그로 인한 실무상 혼란", 『형사소송 이론과 실무』, 제13권 제3호(한국형사소송법학회, 2021)

조지은, "반대신문권이 보장되지 않은 진술증거의 증거능력 — 위법성의 근거와 효과— 대법원 2022. 3. 17. 선고 2016도17054 판결, 『영남법학』(제56호, 2023)

최석림, 이재일, "사법협조자 형벌감면제도 도입방안과 주요 논점", 『이슈와 논점』, 제198호(국회입법조사처, 2011)

하태훈, "재정신청제도 활성화 방안과 재개정 논의", 『사법』, 제1권 제13호 (사법발

전재단, 2010)

한연규, "사법경찰관의 조사자증언과 수사상 진술의 증거활용"『형사법의 신동향』,
　　제60권 (대검찰청, 2018)

한연규, "검사 작성 피의자신문조서의 증거활용에 대한 고찰", 『법조』 제68권 제3
　　호 (법조협회, 2019)

홍진영, "개정 형사소송법 제312조에 대한 검토 – 조사자증언은 과연 최우량증거
　　인가?", 『형사소송 이론과 실무』, 제12권 제1호(한국형사소송법학회, 2020)

뉴스핌, 2023. 1. 19. "공수처 2주년, 수사력 논란 여전…법조계 '인력 타령 그만해
　　야", https://www.newspim.com/news/view/20230119000903

법률신문, 2021. 10. 1. "담합 자진신고한 업체 불기소... 첫 '형사 리니언시' 나왔
　　다", https://www.lawtimes.co.kr/news/173290 (2023. 7. 28. 접속)

시사IN, 2023. 3. 21. "공수처가 무기력한 이유, 전현직 공수처 직원에게 들었다",
　　https://www.sisain.co.kr/news/articleView.html?idxno=49905

조선비즈, 2022. 4. 30. "'검찰 수사지휘권' 폐지 이후 경찰 미처리 사건 6만건 넘게
　　늘어", https://biz.chosun.com/policy/politics/2022/04/30/DVJWUSZFIB
　　DJBJ2ZGXRQM5ZODE/

【국문초록】

형사소송법과 검찰청법에 대한 일련의 개정으로 검사 작성 피의자신문조서가 피고인의 내용인정을 요건으로 하게 되었고, 검찰의 수사권과 기소권이 조정되었다. 이러한 법제의 급변으로 인하여 관련 기관들의 수사역량이 부족함을 나타내는 현상이 관찰됨으로써 국가 전반의 범죄 대응능력의 약화가 염려되고 있다. 한편, 암호화폐, 텔레그램 등의 등장으로 범죄의 수법은 날로 고도화·지능화되고 있다. 전체 범죄의 발생 건수도 증가하는 추세이고 피해의 규모도 확대될 것으로 예상된다. 현행 법제와 상충되지 아니하는 범위에서 효율적인 증거확보 대안의 도입이 논의되어야 하는 시점이다.

사법협조자 소추면제제도의 도입을 통해 외부에서 수집하기 어려운 가치 높은 증거들을 신속하고 안정적으로 확보할 수 있게 됨으로써 거악을 척결하고, 형사사법제도의 효율성을 증대시킬 수 있다. 또한, 범죄의 사전 예방 효과도 기대할 수 있다. 비록 본 제도에 대하여는 많은 비판이 제기되어 왔으나 제도의 구체적 설계에 따라 본 제도 도입에 큰 장애가 되지는 않을 것이다. 미합중국, 독일, 프랑스, 일본의 사례를 보더라도 사법협조자 소추면제제도와 같은 새로운 증거확보 방안을 도입하는 것이 국제 기준에 부합하고, 이미 우리 법제 역시 형사 리니언시제도를 카르텔 범죄에 활용 중에 있다.

이에 본고는 사법협조자 소추면제제도의 도입을 위한 형사소송법 제247조의2 의 구체적인 입법안을 제시하였고, 제도에 대한 간략한 소개와 시행 과정에서 발생할 수 있는 잠재적 쟁점들을 선별하여 소개 및 해명하였다. 특히, 합의 개념의 도입, 변호인의 필요적 참여 규정, 고발인의 재정신청 범죄 확대 등을 통해 제도의 성공적인 정착을 도모하였다. 사법협조자 소추면제제도가 적시에 도입됨으로써, 현재의 수사·소추 상의 문제들이 해결되고 선진 형사소송제도가 안착되길 기대한다.

◆ 주제어: 사법협조자, 합의, 소추면제, 형벌감면, 선진 형사사법제도

한국형사소송법학회 『형사소송 이론과 실무』
제15권 제3호 (2023.9) 575~594면.
Theories and Practices of Criminal Procedure Vol. 15 No. 3 (September. 2023) pp. 575~594.
10.34222/kdps.2023.15.3.171

압수수색영장의 전자적 집행 시 참여권의 보장방안
-제3자 보관 전자정보의 압수를 중심으로-[*]

김 형 규[**]

목 차

특히 전자소송과 종이문서에 기초한 소송의 차이는 압수·수색·검증 영장의 전자적 청구와 집행에서 잘 드러난다. 영장 발부 단계에서는 신청·청구·발부의 과정에서 종이로 된 기록이 물리적으로 이동하던 것을 전자적으로 구현할 방법이 문제된다. 집행 단계에서 물건의 점유를 강제로 이전하는 전통적인 압수에서는 큰 차이가 없을 것이나, 제3자 보관 전자정보의 압수 시 영장을 이메일이나 (KICS와 같은) 별도의 포털을 이용하여 전송하는 등 전자적 방식으로만 집행하는 경우 ①영장의 원본제시 ②참여권 보장 ③정보의 선별방법 ④압수목록 교부 등에서 문제가 발생할 수 있다.

이 중 ①전자영장의 발부부터 집행까지 원본성을 유지하는 것은 기술적으로 해결할 수 있을 것이고, ④압수목록은 전자적으로 교부하여도 문제가 없을 것이다. 그런데 제3자가 보관하는 전자정보에 대하여 영장을 전자적으로 집행하는 경우 ②물리적으로 피의자가 압수·수색 과정에 참여할 여지가 없고, ③(제3자는 사건 관련 정보를 구별하지 못하므로) 압수할 정보를 선별할 방법이 마땅치 않다. 본고에서는 기존 실무를 참고하여 제3자 보관 전자정보에 대한 압수수색영장의 전자적 집행 방법을 예상하고, 이에 따른 쟁점을 참여권 보장을 중심으로 소개한 후 판례와 조화되는 실무적 해결방안을 제시해보고자 한다.

---

[*] 본 논문은 2023년 한국형사소송법학회가 주최한 '제1회 법전원생 논문 경진대회'에서 수상(최우수상, 학회장상)한 논문으로 비심사논문으로 게재함.

[**] 성균관대학교 법학전문대학원 재학생

I. 들어가며

2024. 10. 20.부터 형사절차전자문서법이 시행됨에 따라 형사사법절차에도 전자소송이 도입될 예정이다. 기존에도 법원과 수사기관은 KICS를 이용하여 전자적 방법으로 문서를 작성·관리하고 있었으나, 수사와 공판에 사용되는 문서의 원본은 여전히 종이문서이고 KICS와 같은 전자적 시스템은 보조적·도구적 역할에 머물러 있는 한계가 있었다. 형사소송법 역시 종이문서의 사용을 전제하고 있으므로, 형사사법절차에 전자소송을 도입하기 위해서는 몇 가지 쟁점을 먼저 해결할 필요가 있다.

첫째로, 종이문서의 물리적 이동을 전제하고 있는 형사소송법 규정을 전자소송에 어떻게 적용할 것인지가 문제된다. 종이기록의 경우 일단 송부하면 송부한 기관은 기록을 가지고 있지 않게 되고, 송부받은 기관만 기록을 열람할 수 있다. 반면 전자문서는 데이터를 전송할 뿐 기록이 물리적으로 이동하는 것이 아니므로, 전자기록을 전송한 기관이 여전히 기록을 보관·사용할 수 있는 여지가 남게 된다. 예를 들면, 형사소송법 245조의5 제1호는 사법경찰관의 사건 송치와 서류의 송부를 구별하고, 제2호는 사법경찰관이 사건을 송치하지 않을 경우 검사에게 서류를 송부하고 검사는 다시 90일 내에 서류를 반환하도록 하여 사법경찰관과 검사 등 수사기관이 종이문서를 주고받을 것을 전제하고 있다. 전자소송에서는 사법경찰관이 검사에게 불송치결정한 사건의 기록을 전송한 후 데이터베이스에서 기록을 삭제하고, 검사는 90일 간 검토하여 사법경찰관에게 기록을 재전송하면서 검찰청 데이터베이스에서 전자기록을 삭제하는 방안을 채택할 수 있을 것이다.

둘째로, 전자문서의 원본성을 확인할 방안이 문제된다. 유체물인 종이문서는 단 하나의 원본만이 존재하지만, 전자문서는 유체물이 아닌 '전자정보'이므로 복제·수정·전파가 용이하다. 이는 특히 영장의 신청−청구−발부−집행 과정에서 두드러지는 문제점이다. 전자문서인 영장의 경우 영장을 집행당하는 자의 입장에서는 수사기관이 제시하는 영장이 법관이 발부한 원본인지 아니면 사본인지 쉽게 알 수 없다. 예를 들면 형사소송규칙은 여러 통의 영장을 청구할 경우 그 사유를 청구서에 기재하도록 규정하고 있는데(제95조 제5호, 제95조의2 제1호, 제107조 제1항 제1호), 만일 전자문서 형태로 발부된 영장을 무분별하게 복제하거나 종이에 여러 번 인쇄하는 것을 허용한다면 여러 통의 영장을 청구할 때 그 사유를 밝히도록 한 형사소송규칙의 취지가 몰각될 우려가 있다. 영장의 집행 과정에서도 종이로 된 영장은 집행 시 영장에 집행일시와 장소 등을 기재하도록 하여 동일한 영장으로 2회 이상 재집행하는 것을 방지하고 있으나, 전자문서는 내용의 수정이 용이하여 영장이 중복 집행될 우려가 있다. 심지어 극단적인 경우 집행 대상과 기간 등이 수정될 우려도 있다.

셋째로, 전자문서의 유통은 전산망을 통해 이루어지므로 송·수신자 외의 제3자가 유통과정에 참여하는 것이 곤란한 문제가 있다.

형사사법절차에 전자소송을 도입할 시 발생하는 위와 같은 문제점은 수사기관이 네이버, 카카오톡 등과 같은 제3자가 보관하는 피의자의 전자정보(이하 '제3자 보관 전자정보')를 압수하는 과정에서 두드러지게 나타난다. 제3자 보관 전자정보를 압수할 경우 ①영장의 청구부터 집행까지 각종 전자문서가 법원·수사기관·피압수자 간에 이동하게 되며 ②집행 시 수사기관은 피압수자에게 전자영장이 법관이 발부한 원본임을 확인시키는 동시에 ③실질적 피압수자인 피의자의 참여권을 보장할 필요가 있기 때문이다. 특히, 제3자 보관 전자정보에 대해 전산망을 사용하여 전자영장을 집행할 경우 집행과정에서 물리적으로 제3자의 참여가 곤란하게 되므로, 정보주체의 참여권을 보장할 방안이 주된 문제점이 된다.

본고에서는 제3자 보관 전자정보의 압수에 관한 판례의 동향과 집행실무를 우선 정리하고, 형사절차전자문서법 시행 후 법령과 판례이론에 맞추어 전자영장을 집행하면서 실질적 피압수자의 참여권을 보장할 수 있는 방안을 검토하고자 한다.

Ⅱ. 형사절차전자문서법에 따른 영장 집행 방식

1. 입법취지

형사절차전자문서법 제1조는 "형사사법절차의 신속성과 투명성을 높이고 국민의 권익 보호에 이바지함을 목적으로 한다."고 규정한다. 다시 말해, "형사사법절차에서 전자문서의 이용 및 관리에 대한 기본 원칙과 절차를 규정함으로써, 전자문서를 이용한 형사사법절차의 전자화를 통하여 사법절차의 신속성과 투명성을 높이고, 피의자·피고인·피해자·고소인 등의 형사사법절차상 권리 보장을 강화하여 형사사법업무 전반에 걸쳐 국민의 신뢰성을 높이려는 것"이다.[1] 즉, 형사사법절차에서 전

---

1) 형사절차전자문서법 제정이유(법제처 국가법령정보 https://www.law.go.kr/lsInfoP.do?lsiSeq

자소송을 도입하는 주된 이유는 ①신속성 ②투명성 ③피의자 등의 권리를 강화하고자 함에 있다.

2. 전자문서인 영장과 관련한 법령의 체계

(1) 형사소송법

형사소송법에 따라 체포·구속·압수영장을 집행할 때는 피의자 혹은 피고인에게 영장을 제시하고 그 사본을 교부해야 한다.[2] 압수한 경우에는 소유자, 소지자, 보관자 등에게 압수목록을 교부해야 한다.[3] 이에 따르면 기본적으로 영장의 집행은 제시, 사본 교부, 집행의 단계를 거치고, 이에 더해 압수의 경우 압수목록을 교부해야 한다.

(2) 형사절차전자문서법

1) 전자문서의 작성

형사절차전자문서법 제10조 제1항은 "형사사법업무 처리기관[4] 소속 공무원은 재판서, 공판조서, 공소장, 불기소결정서, 송치결정서, 피의자신문조서 등 형사사법업무와 관련된 문서를 작성하는 경우에는 전자문서로 작성하여야 한다."고 규정하여 법원, 검찰, 경찰 등이 형사사법업무를 처리할 때는 원칙적으로 전자문서를 작성하도록 규정하고 있다. 제10조 제1항이 열거적 규정인지에 관하여 의문이 있을 수 있겠으나[5], 동법 제17조가 영장 등이 전자문서로 발부될 수 있음을 전제하고 있으므로 예시적 규정이라고 해석하는 것이 타당하다. 따라서 전자문서로 작성하는

= 236225&lsId = &efYd = 20241020&chrClsCd = 010202&urlMode = lsEfInfoR&viewCls = lsR vsDocInfoR&ancYnChk = 0#)

2) 형사소송법 제85조 제1항, 제200조의6, 제201조의2 제10항, 제209조, 제118조, 제219조.

3) 형사소송법 제129조.

4) 형사사법절차전자문서법 제2조 제4호는 "형사사법업무 처리기관"에 관하여 형사사법절차전자화법 제2조 제1항 제2호에 따른 기관이라고 규정한다. 이에 따르면 형사사법업무 처리기관은 법원, 법무부, 검찰청, 경찰청, 해양경찰청, 고위공직자범죄수사처 및 그 소속기관 등을 의미한다.

5) 관련 법인 형사절차전자화법 제5조 제1항은 KICS를 이용하여 저장·보관해야 할 문서의 예시로 판결문, 공소장, 영장, 조서 등을 들고 있다. 한편, 형사절차전자문서법 제10조 제1항에는 영장에 관한 언급이 없다.

것이 현저히 곤란하거나 적합하지 않은 때6)에 해당하지 않는다면 원칙적으로 영장은 전자문서의 형태로 발부된다.

2) 전자문서인 영장의 제시

형사절차전자문서법 제17조 제1항은 검사 또는 사법경찰관리는 영장 등이 전자문서로 발부된 경우 대법원규칙으로 정하는 바에 따라 전자문서를 제시하거나 전송하는 방법으로 집행할 수 있다고 규정한다. 이때 전자문서로 집행할 수 있는 영장(이하 '전자영장')에는 형사소송법상 구속, 체포, 압수·수색·검증영장 뿐만 아니라, 금융실명거래 및 비밀보장에 관한 법률에 따른 금융계좌추적용 압수영장, 통신비밀보호법에 따른 통신제한조치허가서, 통신사실 확인자료제공 요청 허가서, 통신사실확인자료제공 요청서 등이 포함된다.

동조 제2항은 영장 등을 전자문서의 형태로 집행하는 것이 현저히 곤란하거나 적합하지 않은 경우7) 전자문서를 출력한 서면으로 집행할 수 있다고 규정한다.

3) 영장 사본 및 압수목록의 교부방법

전술한 것과 같이 형사소송법은 체포·구속·압수 영장 집행 시 집행의 상대방에게 영장 사본을 교부하도록 규정하고, 압수영장 집행 시에는 압수목록을 교부할 것을 정하였다. 그런데 형사절차전자문서법은 제14조에서 일정한 조건 하에 전자문서 등을 이용하여 전자적 송달 또는 통지를 할 수 있음을 규정하였을 뿐, 문서의 교부에 관하여는 정한 바가 없다. 동법 제5조 제5항에 '교부'가 등장하기는 하나 제5조에서 교부의 대상이 되는 '서류등'에는 영장 사본이나 압수목록이 포함된다고 보기는 어렵다. 문언의 해석상 제5조의 '서류등'은 피의자 등이 형사사법업무 처리기관에 제출할 서류 또는 도면·사진·음성·영상자료 등을 의미하기 때문이다.8)

한편 경찰수사규칙 제64조 제2항은 전자정보에 대한 압수목록은 전자파일의 형태로 복사해 주거나 전자우편으로 전송하는 등의 방식으로 교부할 수 있다고 정한

---

6) '현저히 곤란하거나 적합하지 않은 때'의 의미에 관하여 형사절차전자문서법에는 다른 규정이 없다. 관련 법령인 형사절차전자화법 시행령 제2조 제2호, 제3호에서는 KICS를 이용하지 않고 문서를 작성할 수 있는 예외적인 상황에 관하여 시스템에 문서의 작성 기능이 구현되어 있지 않거나, 시스템을 이용할 수 없는 시간 또는 장소에서 불가피하게 문서를 작성해야 하는 때라고 규정하고 있다.
7) 마찬가지로, 형사절차전자화법 시행령 제2호가 정한 것과 같은 의미로 받아들일 수 있을 것이다.
8) 형사절차전자문서법 제5조 제1항.

다. 대법원 역시 전자정보 압수의 위법성이 쟁점이 된 사안에서, 압수목록을 교부하는 취지에 관하여 "압수물 목록은 피압수자 등이 압수처분에 대한 준항고를 하는 등 권리행사절차를 밟는 가장 기초적인 자료가 되므로, 수사기관은 이러한 권리행사에 지장이 없도록 압수 직후 현장에서 압수물 목록을 바로 작성하여 교부해야 하는 것이 원칙"이라고 하면서, "압수된 정보의 상세목록에는 정보의 파일 명세가 특정되어 있어야 하고, 수사기관은 이를 출력한 서면을 교부하거나 전자파일 형태로 복사해 주거나 이메일을 전송하는 등의 방식으로도 할 수 있다."는 입장을 밝힌 바 있다.9)

생각건대 형사절차전자문서법이 영장의 전자적 집행을 허용하고 있는 것에 비추어 영장 집행 절차의 일부인 사본 및 압수목록 교부 또한 전자적 방식으로 할 수 있음이 상당하다. 특히 압수목록 교부의 경우 전자정보의 압수와 일반적인 유체물의 압수와 전자정보의 압수에서 압수목록 교부의 취지를 달리 파악할 이유가 없고10), 전자정보 압수 시 전자적 방식으로 압수목록을 교부하는 것이 허용되는 이상 일반적인 압수에서도 마찬가지라고 보는 것이 자연스럽다. 다만, 형사소송법이나 형사절차전자문서법은 압수목록 교부의 방법에 관해 명시적으로 정하지 않으므로 대법원규칙11)으로 전자영장의 집행 방법을 정하면서 근거를 마련하는 것이 바람직할 것이다.

3. 예상되는 전자영장의 집행 방법

전자영장의 집행은 ①전자문서를 제시하거나(이하 '제시형') ②전자문서를 전송하거나(이하 '전송형') ③불가피한 경우 전자문서를 출력한 서면으로(이하 '출력형')할 수 있다. 출력형 집행은 기존 집행방식과 다를 바 없다. 제시형이나 전송형 집행의 경우 구체적인 집행방식은 대법원규칙으로 정하도록 위임하였다12).

---

9) 대법원 2018. 2. 8., 선고, 2017도13263, 판결.
10) 전자정보 압수에 관한 위 [대법원 2018. 2. 8., 선고, 2017도13263, 판결]은 압수목록 교부의 취지를 밝히면서 [대법원 2009. 3. 12. 선고 2008도763 판결]을 인용하였다. 2008도763 판결은 이른바 '제주지사 선거법 위반 사건'이고, 여기에서는 현장에서 유체물을 압수할 때 절차적 위반이 문제되었던 사안이다.
11) 형사절차전자문서법 제17조 제1항은 영장이 전자문서로 발부된 경우 대법원규칙이 정하는 바에 따라 영장을 집행할 수 있다고 규정한다.
12) 형사절차전자문서법 제17조 제1항.

(1) 제시형 및 출력형

제시형의 경우 태블릿 PC나 스마트폰 등 단말기를 이용하여 화면에 전자문서를 현출하여 집행 대상자에게 보여주는 방식을 취할 것으로 예상된다. 제시형은 영장의 형태가 종이에서 태블릿 PC등 단말기에 저장된 전자문서로 바뀌었을 뿐, 기존의 집행방식(출력형)과 크게 다르지 않다. 체포·구속 영장을 집행하거나 현장에서 물리적으로 압수·수색해야 하는 경우 제시형 혹은 출력형이 주로 사용될 것이다. 이 경우 전송형을 사용한다면 영장 집행의 상대방이 검사나 경찰을 대면한 상황임에도 자신이 소지한 별도의 PC나 단말기를 이용하여 전송된 영장을 확인해야 하는 불편함이 있기 때문이다.

(2) 전송형

전송형은 기존에는 사용되지 않던 새로운 방식이다.[13] 형사절차전자문서법 시행 이전에는 영장의 원본이 종이문서이므로 어떤 방법을 사용하여 전송하더라도 사본을 제시한 것에 불과하였기 때문이다. 전송형 집행의 구체적인 방식을 예상하기 위해서는 기존 영장집행 실무 및 유사한 제도를 살펴볼 필요가 있다.

1) 기존 실무 및 유사한 제도
(가) 영장의 모사전송

전송형 집행과 가장 유사한 예시로는 피의자 아닌 제3자가 보관하는 전자정보나 금융정보를 압수하면서 집행의 상대방[14]에게 영장을 모사전송하는 것을 들 수 있다. 수사기관은 금융기관이나 인터넷서비스업체가 보관하는 전자정보를 압수할 경우 압수수색영장과 신분증을 이들 업체에 모사전송하고, 수사관의 기관 이메일을 통해 회신을 받는 방법으로 영장을 집행해 왔다[15]. 그러나 대법원은 수사기관이 압수수색영장을 집행하면서 팩스로 영장 사본을 송신하기만 하고 영장 원본을 제시하지 않은 채 피고인의 이메일을 압수한 후 이를 증거로 제출한 사안에서, 위와 같은 방법으로 압수된 이메일은 증거능력이 없다고 하였다.[16] 또한 대법원은 금융계

---

13) 다만, 후술하는 것과 같이 실무상 모사전송 등의 방법으로 영장을 집행하는 경우가 있었다.
14) 주로 카카오톡·네이버 등 인터넷서비스업체, 은행 등이 대상이 된다.
15) 이정희, 김지현. "제3자 보관 디지털 증거의 압수 관련 문제점 및 개선방안 연구". 『디지털포렌식연구』, 제8권 제1호(2014.06), 85-101면.
16) 대법원 2017. 9. 7. 선고 2015도10648 판결.

좌추적용 압수·수색영장의 집행에 있어서 검찰이 형사사법정보통신망을 통해 여러 금융기관에 금융거래정보 제공요구서, 영장 사본 및 수사관 신분증 사본을 전자팩스 방식으로 송신하고 금융기관으로부터 이메일이나 팩스로 금융거래자료를 수신한 사안에서 수사기관이 금융기관으로부터 금융거래자료를 수신하기에 앞서 금융기관에 영장 원본을 사전에 제시하지 않았다면 원칙적으로 적법한 집행 방법이라고 볼 수는 없다고 보았다.[17]

다만, 기존에도 통신비밀보호법에 근거하여 수사기관이 전기통신사업자에게 통신사실 확인자료제공 요청허가서와 신분을 표시하는 증표를 제시할 때는 모사전송의 방법으로 할 수 있었다.[18] 실무상으로는 수사기관이 사용하는 KICS와 통신사가 연동되어 있어 전자팩스로 영장과 회신정보를 송·수신하고 있다.

(나) 민사소송에서의 전자송달

민사소송 등에서의 전자문서 이용 등에 관한 법률(이하 '민소전자문서법')과 대법원규칙인 민사소송 등에서의 전자문서 이용 등에 관한 규칙은 민사소송에서 전자송달에 관한 절차를 규정하고 있다. 민소전자문서법 제11조는 전자적 송달 및 통지를 받을 자(제1항)와 그 방법(제3항)을 규정하면서 상세한 사항은 대법원규칙에 위임하고 있다. 대법원규칙 제24조는 전자적 송달을 받을 자를 동의 등 일정한 요건을 갖춘 등록사용자로 정하였다. 또한 법원사무관 등은 민소전자문서법 제11조 제3항에 따라 송달할 전자문서를 전산정보처리시스템에 등재하고 그 사실을 송달받을 자에게 전자적으로 통지하는데, 이때 전자적 통지는 등록사용자가 사전에 전자소송시스템에 입력한 전자우편주소로 전자우편을 보내거나 휴대전화로 문자메세지를 보내는 방식으로 할 수 있다(대법원규칙 제26조 제1항).

이처럼 민사소송에서 전자송달을 받으려면 우선 전자소송시스템에 사용자등록을 해야 한다. 대법원규칙 제4조에 따라 전자소송홈페이지에서 일정한 정보를 입력하고 전자서명을 위한 인증서를 사용하여 사용자등록을 할 수 있다.

2) 예상되는 전송형 집행의 구체적 방식

팩시밀리·이메일 등으로 영장을 전송하거나, 별도의 웹사이트를 통해 영장을 전송하는 방식을 검토할 수 있다. 전송형 집행에서는 전자영장이 법관이 발부한 영장이고 집행자가 진정한 수사기관임을 담보할 기술적 조치가 더욱 중요해진다.[19] 제

---

17) 대법원 2022. 1. 27. 선고 2021도11170 판결.
18) 통신비밀보호법 시행령 제37조 제5항.

시형이나 출력형 집행의 경우 피집행자가 영장을 집행하는 검사나 경찰의 신분을 직접 확인하는 등의 방법으로 집행자가 제시하는 영장이 법관이 발부한 것임을 쉽게 확인할 수 있는 데 반해, 전송형은 비대면 집행이 가능하기 때문이다. 수사기관의 입장에서도 피집행자가 아닌 무관한 제3자에게 전자영장이 전송되지 않도록 하는 것이 중요하다.

우선 이메일 등을 사용하여 영장을 전송하는 방식은 영장을 모사전송하던 기존 실무와 유사한 측면이 있다. 다만 모사전송은 영장의 원본을 제시한 것이라 볼 수 없어 적절하지 않고, 전자영장 파일을 암호화하여 이메일로 전송하는 것은 가능할 것이다. 이메일로 집행하는 것을 허용하려면 이메일로 전송된 전자영장이 법관이 발부한 영장임을 담보할 기술적 조치가 필요할 뿐만 아니라, 수사기관이 이미 집행한 영장을 다시 집행하지 않도록 할 방법도 마련되어야 할 것이다.[20]

민사소송의 전자소송시스템과 유사한 영장 집행용 웹사이트[21]를 이용하여 피집행자에게 영장을 전송하는 방식도 생각해 볼 수 있다. 영장 집행용 웹사이트를 이용하므로 피집행자는 영장의 집행자가 진정한 수사기관이고, 전자영장이 법관이 발부한 원본임을 쉽게 납득할 수 있을 것이다. 한편, 영장 집행용 웹사이트를 이용하여 전자영장을 수신하고자 하는 피집행자는 형사절차전자문서법 제7조에 따라 사용자등록을 할 필요가 있다. 사용자등록 시 본인임을 인증하게 한다면 전자영장이 사건과 무관한 제3자에게 전송되는 것을 막을 수 있을 것이다.

Ⅲ. 전자영장의 집행과 실질적 피압수자의 참여권

1. 전송형 집행의 특성

전송형 집행은 검사 또는 경찰이 피집행자를 대면하지 않고 영장을 집행할 수 있다는 특징이 있다. 전송형 집행은 압수영장 등의 집행, 그 중에서도 검사나 경찰이 압수현장에서 유체물을 직접 압수해야 하는 경우보다는 금융기관·인터넷서비스업

---

19) 이러한 기술적 조치 없이 전송·유통된 전자영장 파일이 보이스피싱과 같은 범죄에 악용될 수 있음을 고려하면 더욱 그러하다.
20) 그렇지 않다면 여러 통의 영장을 청구할 경우 사유를 밝히도록 한 형사소송법의 취지가 몰각될 우려가 있다.
21) 기존 KICS에 기능을 추가하는 방식으로도 활용할 수 있을 것이다.

체[22] 등 제3자가 보관하는 전자정보를 압수할 때 유용하게 사용될 것으로 예상된다.[23] 제3자 보관 전자정보의 압수는 통상 수사기관이 직접 피압수자의 시스템을 조작하여 압수 대상 정보를 추출하는 것이 아니라 피압수자가 자발적으로 협력하여 영장에 기재된 정보를 수사기관에 제공하는 방식으로 진행되고, 압수할 장소에 구애받지 않아[24] 대면 집행보다 비대면 집행이 효율적이기 때문이다.

즉, 제3자 보관 전자정보에 대한 압수영장의 전송형 집행은 ⅰ) 전산망을 통해 집행되고 ⅱ) 피압수자의 자발적 협력에 의해 이루어진다는 특성이 있다.

2. 관련 판례

(1) 논의의 대상

제3자 보관 전자정보의 압수는 크게 ⅰ) 압수·수색영장에 기재된 수색장소에 있는 컴퓨터 등을 이용하여 그 컴퓨터와 정보통신망으로 연결되어 제3자가 관리하는 원격지 서버에 저장된 정보를 내려받거나 출력하는 경우[25] (이른바 '원격지 압수수색')와 ⅱ) 각종 인터넷서비스업체를 대상으로 하여 이들이 보관하는 피의자·참고인·피고인(이하 '피의자 등') 등의 정보를 수사기관이 취득하는 경우로 나뉜다. 후자는 다시 인터넷서비스업체로부터 ⅱ-1) 피의자 등의 개인식별정보(성명, 주민등록

---

22) 포털사이트 'NAVER'와 메신저 'LINE'을 서비스하는 네이버 주식회사, 포털사이트 '다음'과 메신저 '카카오톡'을 서비스하는 ㈜카카오 등이 대표적이다. 이외에도 최근에는 위치정보를 기반으로 개인 간 중고거래 보조 서비스를 제공하는 ㈜당근마켓, 구인구직 사이트인 '알바몬'을 운영하는 잡코리아(유), 전문가 매칭 서비스 플랫폼인 '숨은고수'를 운영하는 ㈜브레이브모바일 등 스마트폰 애플리케이션을 통한 서비스를 제공하는 중소업체가 속속 등장하고 있다.

23) 사람의 신체를 구속하는 체포·구속영장의 집행에 있어서는 성질상 제시형이나 교부형보다 전송형 집행이 편의성이 떨어지는 측면이 있다.

24) 김기범, "압수·수색영장의 전자적 제시에 관한 입법적 연구", 『경찰학연구』, 제18권 제2호 (2018.06), 153–154면.

25) 이 경우 판례는 "수사기관이 피의자의 이메일 계정에 대한 접근권한에 갈음하여 발부받은 영장에 따라 영장 기재 수색장소에 있는 컴퓨터 등 정보처리장치를 이용하여 적법하게 취득한 피의자의 이메일 계정 아이디와 비밀번호를 입력하는 등 피의자가 접근하는 통상적인 방법에 따라 원격지의 저장매체에 접속하고 그곳에 저장되어 있는 피의자의 이메일 관련 전자정보를 수색장소의 정보처리장치로 내려받거나 그 화면에 현출시키는 것 역시 피의자의 소유에 속하거나 소지하는 전자정보를 대상으로 이루어지는 것"으로서 허용된다는 입장이다. [대법원 2017. 11. 29. 선고 2017도9747 판결]

번호, 연락처 등)를 압수하는 경우와 ⅱ‑2) 피의자 등이 생산한 정보(카카오톡의 경우 대화내용, 당근마켓의 경우 대화내용과 거래품목 등)를 압수하는 경우로 나눌 수 있다. ⅱ‑1)의 경우 피압수자가 아닌 피의자 등의 참여권을 별도로 보장해야 할 필요성이 크지 않으므로[26] 본고에서는 ⅱ‑2)의 경우를 중심으로 논의하고자 한다.

(2) 실질적 피압수자인 피의자의 참여권

1) 정보저장매체의 임의제출 시 참여권을 보장받아야 할 실질적 피압수자

전자정보의 압수 시 형사소송법 제219조, 제121조에서 규정하는 피압수자나 그 변호인에게 참여의 기회를 보장하고 압수된 전자정보의 파일 명세가 특정된 압수목록을 작성·교부하여야 함은 주지의 사실이다. 정보저장매체를 소지하고 있어 직접 압수·수색의 상대방이 되는 자에게 참여권을 보장해야 함은 당연하나, 대법원은 여기에서 나아가 "제3자가 피의자의 소유·관리에 속하는 정보저장매체를 영장에 의하지 않고 임의제출한 경우에는 실질적 피압수자인 피의자가 수사기관으로 하여금 그 전자정보 전부를 무제한 탐색하는 데 동의한 것으로 보기 어려울 뿐만

---

[26] 전자정보 압수 시 피압수자 측에게 참여권을 보장하는 목적에 관하여 대법원은 "압수·수색 대상인 정보저장매체 내 전자정보의 왜곡이나 혐의사실과 무관한 전자정보의 임의적인 복제 등을 막기 위한 적절한 조치의 일환으로 피압수자 측에 절차 참여를 보장한 취지"라고 밝힌 바 있다[대법원 2022. 1. 27. 선고 2021도11170 판결]. 통상 인터넷서비스업체로부터 피의자 등의 개인식별정보를 압수하는 경우 수사기관이 직접 피압수자의 서버 등을 조작하여 정보를 압수하는 것이 아니라, 피압수자인 인터넷서비스업체에 영장을 제시하면 피압수자가 직접 서버에서 영장에 기재된 압수대상 정보를 추출하여 수사기관에 제공하는 방식으로 압수가 이루어진다. 즉 압수수색 과정이 이미 피압수자인 인터넷서비스업체의 참여를 전제하고 있어 전자정보의 왜곡이나 혐의사실과 무관한 정보가 압수될 가능성이 낮다.
아울러 후술할 내용과 같이 대법원은 "제3자가 보관하고 있는 전자정보에 대하여 압수·수색을 실시하면서 그 전자정보의 내용에 관하여 사생활의 비밀과 자유 등의 법익 귀속주체로서 해당 전자정보에 관한 전속적인 생성·이용 등의 권한을 보유·행사하는" 자를 '실질적 피압수자'라고 파악하면서, 실질적 피압수자에게도 참여권을 보장해야 한다는 입장이다[대법원 2022. 5. 31.자 2016모587 결정, 대법원 2023. 1. 12.자 2022모1566 결정]. 그러나 피의자 등이 개인식별정보에 관하여 전속적인 생성·이용 등의 권한을 가진다고 할 수 없으므로 피의자 등이 실질적 피압수자로서 참여권을 향유한다고 보기도 어렵다. 대법원 또한 "정보저장매체의 외형적·객관적 지배·관리 등 상태와 별도로 단지 피의자나 그 밖의 제3자가 과거 그 정보저장매체의 이용 내지 개별 전자정보의 생성·이용 등에 관여한 사실이 있다거나 그 과정에서 생성된 전자정보에 의해 식별되는 정보주체에 해당한다는 사정만으로 그들을 실질적으로 압수·수색을 받는 당사자로 취급하여야 하는 것은 아니다."라고 하여 같은 입장이다[대법원 2022. 1. 27. 선고 2021도11170 판결].

아니라 피의자 스스로 임의제출한 경우 피의자의 참여권 등이 보장되어야 하는 것과 견주어 보더라도 특별한 사정이 없는 한 형사소송법 제219조, 제121조, 제129조에 따라 피의자에게 참여권을 보장하고 압수한 전자정보 목록을 교부하는 등 피의자의 절차적 권리를 보장하기 위한 적절한 조치가 이루어져야 한다.”는 입장을 밝히고 있다.[27]

이때 실질적 피압수자에게 참여권을 보장해야 할 ‘피의자의 소유·관리에 속하는 정보저장매체’의 의미에 관하여 대법원은 “피의자가 압수·수색 당시 또는 이와 시간적으로 근접한 시기까지 해당 정보저장매체를 현실적으로 지배·관리하면서 그 정보저장매채 내 전자정보 전반에 관한 전속적인 관리처분권을 보유·행사하고, 달리 이를 자신의 의사에 따라 제3자에게 양도하거나 포기하지 아니한 경우로써, 피의자를 그 정보저장매체에 저장된 전자정보에 대하여 실질적인 압수·수색 당사자로 평가할 수 있는 경우”라고 정의한다.[28]

2) 인터넷서비스업체의 서버에 저장된 피의자의 전자정보를 압수하는 경우

대법원은 수사기관이 ㈜카카오의 서버에 저장된 피의자의 카카오톡 대화내용을 ㈜카카오로부터 제출받은 사안에서, 수사기관이 영장을 팩스로 송부하였을 뿐 영장 원본을 제시하지 않은 점[29], 범죄사실과 관련된 정보만을 선별하여 압수하지 않은 점, 전자정보를 탐색·출력하는 과정에서 피의자에게 참여할 기회를 주지 않은 점, 인터넷서비스업체와 피의자에게 압수한 전자정보 목록을 교부하지 않은 점을 들어 압수가 위법하다고 보았다[30].

압수 대상 정보를 저장하고 있는 ㈜카카오톡의 서버는 ‘피의자가 현실적으로 지배하면서 서버 내 전자정보에 관한 전속적인 관리처분권을 보유·행사하는 정보저장매체’가 아니므로, 위 1)에서 살펴본 것과 같은 ‘제3자가 임의제출한 피의자의 소유·관리에 속하는 정보저장매체’에 해당하지 않는다.[31] 그럼에도 피의자를 실질적

---

27) 스마트폰을 이용한 불법촬영의 피해자가 범행도구이자 촬영된 파일이 저장되어 있는 정보저장메체인 피의자 소유 스마트폰을 수사기관에 임의제출한 사안이다. [대법원 2021. 11. 18. 선고 2016도348 전원합의체 판결]

28) 대법원 2022. 1. 27. 선고 2021도11170 판결.

29) 이때 영장을 모사전송하였을 뿐 원본을 제시하지 않았으므로 수사기관이 ㈜카카오로부터 대화내용을 제공받은 것은 압수영장의 적법한 집행이라 볼 수 없다. 다만, 형사절차전자문서법 시행 이후에는 영장의 전자적 집행이 가능해지므로 자연스럽게 해결될 쟁점으로 보인다.

30) 대법원 2022. 5. 31.자 2016모587 결정.

31) 관련하여 수사기관이 피의자가 사용한 적 있는 공용 PC에 저장된 전자정보를 압수하면서 ‘정

피압수자로 보아 참여권을 보장해야 한다고 한 취지는 카카오톡과 같은 메신저를 사용한 대화내용은 인터넷서비스업체의 서버에도 저장되지만 사용자인 피의자의 단말기에도 저장되기 때문인 것으로 보인다. 즉, 피의자의 스마트폰이나 PC에 저장된 대화내용을 압수하는 것이나 ㈜카카오톡의 서버에 저장된 대화내용을 압수하는 것은 본질적으로 동일하다고 볼 수 있고, 전자의 경우 피의자에게 참여권을 보장하는 것과 균형상 후자의 경우에도 피의자에게 참여권을 보장해야 한다는 것이다.[32]

3. 전송형 집행 시 예상되는 문제점

제3자 보관 전자정보[33]에 대한 수사상 압수수색 시 수사기관은 ①영장 원본을 제시하고[34] ②원칙적으로 압수할 정보의 범위를 정하여 압수하고 ③피압수자 등의 참여권을 보장하며 ④압수목록을 작성·교부하여야 한다. 압수영장의 전자적 집행과 관련하여 영장의 원본 제시 여부와 압수목록의 교부가 문제되어 왔으나, 상술한 것과 같이 형사절차전자문서법의 시행으로 해결될 것으로 보인다.

다만 참여권 보장 및 압수할 정보의 선별과 관련한 새로운 문제점이 등장한다. 제3자 보관 전자정보 압수 시 전송형 집행은 피압수자인 인터넷서비스업체 등의 자발적 참여를 전제하고 있으므로 일견 참여권의 문제가 발생하지 않는 것으로 보이나, 영장의 집행과정이 모두 전산망 내에서 이루어지는 특성상 압수 대상 정보의 주체이자 실질적 피압수자인 피의자의 참여가 곤란한 문제가 있다[35][36]. 또한 직접

보주체'인 피의자에게 참여권을 보장하지 않은 사안에서, 대법원은 "피의자의 관여 없이 임의제출된 정보저장매체 내의 전자정보 탐색 등 과정에서 피의자가 참여권을 주장하기 위해서는 정보저장매체에 대한 현실적인 지배·관리 상태와 그 내부 전자정보 전반에 관한 전속적인 관리처분권의 보유가 전제되어야 한다. 따라서 이러한 지배·관리 등의 상태와 무관하게 개별 전자정보의 생성·이용 등에 관여한 자들 혹은 그 과정에서 생성된 전자정보에 의해 식별되는 사람으로서 그 정보의 주체가 되는 사람들에게까지 모두 참여권을 인정하는 취지가 아니므로, 위 주장은 받아들이기 어렵다."고 판시한 바 있다. [대법원 2022. 1. 27. 선고 2021도11170 판결]
32) 박웅철, "디지털 증거 중 카카오톡 대화의 압수·수색영장 집행에 대한 참여권".『비교형사법연구』(2019), 제20권 제4호, 37면.
33) 정확히는 제3자가 소지한 정보저장매체에 대한 압수.
34) 형사소송법상 영장의 원본 제시에 관하여는 규정이 없으나, 상술한 것과 같이 판례는 영장의 원본 제시를 요구하고 있다.
35) 금융거래정보와 같이 피의자의 단말기에는 정보가 남지 않고 피압수자의 서버에만 압수 대상 정보가 남는 경우에는 참여권의 문제가 대두될 가능성이 비교적 낮으나, 카카오톡과 같은 모

적인 피압수자인 인터넷서비스업체 등은 자신이 가지고 있는 정보 중 어떤 것이 영장에 기재된 범죄사실과 관련 있는 정보인지 판단하지 못하므로 범죄사실과 관련 없는 정보까지 모두 수사기관에 제공한다는 문제도 있다.

예를 들어 수사기관이 ㈜카카오 서버에 저장된 피의자 갑의 카카오톡 대화내역을 압수한다고 하자. 종이문서인 영장을 집행할 때는 수사기관이 ㈜카카오톡 서버 소재지에 직접 가서 ㈜카카오톡의 직원에게 영장을 제시한 후 혐의사실과 관련된 정보만 선별하여 압수하는 등 영장을 집행하고, 실질적 피압수자인 피의자 갑 측도 집행 현장에서 압수 과정에 참여할 수 있을 것이다. 그런데 전자영장을 전송형으로 집행할 경우 전자영장과 압수할 정보의 송·수신[37]은 집행자인 수사기관과 피압수자인 ㈜카카오톡 간에 전산망을 통해 이루어지므로, 제3자인 피의자 갑이 송·수신 과정에 참여하는 것이 물리적으로 불가능해진다. ㈜카카오톡도 서버에 저장된 정보 중 무엇이 혐의사실과 관련된 정보인지 알지 못하므로 영장에 기재된 기간 내 모든 대화내역을 수사기관에 제공할 가능성이 높다.

4. 실무적 해결방안

기존에도 수사기관 일각에서는 영장 집행의 효율성을 위하여 우선 피압수자인 정보 보관자에게 팩시밀리로 압수영장을 전송하여 선별되지 않은 전체 정보를 이메일 등으로 수신한 후, 그 중 압수 대상 정보를 선별하여 목록화하고, 수사기관이 다시 영장 원본과 압수할 정보의 목록을 들고 피압수자를 직접 찾아가 영장을 제시하는 방법을 사용해 온 것으로 보인다[38]. 전자영장의 전송형 집행에 있어서도 기존

바일메신저의 경우 서비스 사용자의 단말기와 업체의 서버 양측에 동일한 정보가 저장되므로 실질적 피압수자의 참여권이 문제된다.

36) 물론, 전송형 방식을 사용하지 않고 제시형 혹은 출력형으로 영장을 집행하면 이와 같은 문제점은 발생하지 않는다. 그러나 전송형 집행의 효율성을 포기한다면 형사절차전자문서법의 입법취지가 상당 부분 퇴색될 것이다.

37) 전자영장의 송신과 압수대상 정보의 수신은 종이문서인 영장의 제시와 정보의 제출(혹은 압수)에 대응된다.

38) 금융정보의 압수에 관한 사안이기는 하나, 대법원 2022. 1. 27. 선고 2021도11170 판결의 판결이유 중 다음과 같은 설시에서 수사실무의 형태가 잘 드러난다. "금융계좌추적용 압수·수색영장의 집행에 있어서 검찰이 형사사법정보통신망을 통해 여러 금융기관에 금융거래정보 제공요구서, 영장 사본 및 수사관 신분증 사본을 전자팩스 방식으로 송신하고 금융기관으로부터 이메일이나 팩스로 금융거래자료를 수신하여, 수신한 금융거래자료를 분석한 후 최종적으

의 실무 관행을 변형하여 인터넷서비스업체를 상대로 일단 전자영장을 전송하는
등 집행하여 전체 정보를 입수한 후, 수사기관이 사무실에서 정보를 선별하는 과정
에 실질적 피압수인 피의자를 참여시키는 방법을 고려해 볼 수 있겠다. 그러나
이러한 방법은 적절하지 않다. 기존 실무에서 팩시밀리로 압수영장을 전송하여 수
사기관이 정보를 미리 받아보는 방법은 영장의 집행이 아니지만[39], 형사절차전자
문서법 시행 이후 전자영장의 전송형 집행이 허용되는 이상 수사기관이 전자영장
을 전송하여 전체 정보를 입수하였다면 이미 영장이 집행된 것으로 보아야 하기 때
문이다[40]. 즉, 이미 영장이 부적법하게 집행되어 전체 전자정보를 압수한 이상, 뒤
늦게 피의자 등을 참여시켜 정보를 선별하더라도 압수가 적법해지는 것은 아니다.
　다른 방안으로는, ⅰ)수사기관이 KICS 등을 이용하여 인터넷서비스업체에 전자
영장을 전송하면서 전송 일시와 장소를 피의자에게 통지하면 ⅱ)인터넷서비스업체
가 별도의 프로그램을 통해 전체 정보를 스트리밍(streaming[41]) 방식으로 제시하여
ⅲ)수사기관이 압수 대상 정보를 선별하고 ⅳ)인터넷서비스업체는 선별된 정보만
추출하여 해쉬(hash) 값과 함께 수사기관에 전송하고, 해쉬 값은 실질적 피압수자
인 피의자에게도 별도로 전송하며, ⅴ)수사기관은 압수목록을 인터넷서비스업체와
피의자에게 전송하는 방식을 제시할 수 있겠다. 정보의 선별 과정에서 인터넷서비

로 사건과 관련된 선별자료 목록을 작성한 다음 금융기관에 직접 방문하여 영장 원본을 제시
하고 선별자료를 저장매체에 저장하는 한편 압수목록을 교부하고 압수조서를 작성하는 일련
의 집행 방법". [대법원 2022. 1. 27. 선고 2021도11170 판결]
39) 이때, 수사기관이 정보를 미리 받는 행위의 성격을 부적법한 영장집행으로 볼 수도 있고, 영
장 집행에 필요한 사전행위로 선해할 수도 있을 것이다.
40) 부연 설명하자면, 형사소송법 제106조 제3항은 정보저장매체에 저장된 정보의 압수 방법으로
ⅰ)정보의 범위를 정하여 출력·복제하거나 ⅱ)일정한 경우 정보저장매체를 압수할 수 있다고
정한다. 이 중 ⅱ)의 방법에 관하여 대법원은 다시 ⅱ-1)저장매체 자체를 직접 반출하거나
ⅱ-2)하드카피 혹은 이미징의 형태로 반출할 것을 제시하고 있다(대법원 2011. 5. 26.자
2009모1190 결정 등 다수).
이때 하드카피 혹은 이미징은 저장매체의 전자기록 전체를 그대로 복제하는 기법이고, 단순한
파일의 '복사'와는 다르다. 본문에서와 같이 피압수자인 인터넷서비스업체가 압수 대상 정보가
포함된 전체 파일을 이메일로 전송하는 것은 (정보저장매체의 압수와 동일한) 하드카피 혹은
이미징이 아니라, 단순한 파일의 복사와 유사한 것이고, 압수할 정보의 범위를 정함이 없이
전체를 복사하는 행위는 영장의 위법한 집행에 해당하게 된다.
41) 오디오·동영상 등을 수신자의 하드디스크 등에 저장하지 않고 실시간으로 재생하는 기법이
므로, 전자정보가 수사기관의 저장매체에 저장되지 않아 영장이 완전히 집행되었다고 볼 수
없다.

스업체가 수사기관에 정보를 일방향 전송(스트리밍) 방식으로 제시하였으므로 수사기관이 압수 대상 정보를 조작할 염려가 없고, 피압수자인 인터넷서비스업체가 추출한 해쉬 값을 피의자에게 전송하므로 추후 공판과정에서 피의자 측이 정보의 조작 여부를 쉽게 확인할 수 있다는 장점이 있다. 다만, 여전히 피의자가 정보의 선별과정에 직접 참여할 수 없고, 스트리밍 프로그램의 신뢰성을 확보하는 것이 우선되어야 하며, 인터넷서비스업체의 협조가 필수적이며[42], 압수 대상 정보가 대량일 경우 사용하기 곤란하다는 한계가 있다.

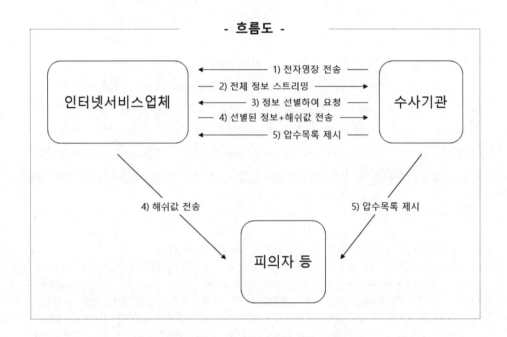

- 흐름도 -

---

42) 인터넷서비스업체로서는 자사 서버의 정보를 스트리밍 형태로 공개해야 하는 부담이 있을 뿐 아니라, 정보를 공개한 후 선별된 정보를 다시 추출하여 제공해야 하는 불편함이 있다. 현재에도 압수·수색에 대응하는 각 업체의 인력과 자원이 한정적임을 고려하면 아무런 유인 없이 수월한 협조를 구하기는 어려워 보인다.

Ⅳ. 마치며

그간 제3자 보관 전자정보의 압수에 있어서 영장의 집행실무와 형사소송법의 규정에는 어느 정도의 간극이 있었던 것이 사실이다. 현실적으로 수사기관이 각 금융기관이나 인터넷서비스업체 등을 직접 방문하여 영장의 원본을 제시하고 집행하기에는 어려움이 있었고, 이러한 환경에서 실질적 피압수자의 참여권은 더욱 보장되지 못했다. 형사절차전자문서법의 시행으로 이러한 간극이 어느 정도 메꿔지고, 형사소송법의 원칙이 현실적으로 구현 가능하게 된 것은 환영할 일이다. 다만 전자소송에서는 전자소송만의 고유한 특성으로 인해 새로이 발생하는 문제점이 있고, 중요한 쟁점들을 선제적으로 반영하여 하위법령을 제정해야 할 것이다. 본고에서는 법령의 구조를 최대한 살리는 실무적인 해결방안을 제시하고자 노력하였으나, 명확한 한계도 있다. 상술하였다시피 피의자 등의 직접 참여는 어떤 방식으로든 물리적으로 불가능하므로 직접 참여한 것과 같은 효과를 내는 방식을 택할 수밖에 없는데, 이러한 대체수단을 형사소송법이 예정한 '참여'로 해석할 수 있을지에 관하여 논란이 있을 수밖에 없다. 장기적으로는 하위법령 등에서 전송형 집행에서의 실질적 피압수자의 참여 방법에 관하여 입법적으로 해결하는 것이 바람직할 것이다.

【참고문헌】

□ 논문

김기범, "압수·수색영장의 전자적 제시에 관한 입법적 연구", 『경찰학연구』, 제18
　　　권 제2호(경찰대학, 2018), 149－174.
김혁, "제3자 보관 정보에 대한 압수·수색 영장의 집행과 적정절차 : 서울고법
　　　2015. 6. 25. 2014노2389 판결(대법원 2017. 9. 7. 2015도10648 판결)을 중
　　　심으로", 『형사정책연구』, 제29권 제1호(한국형사법무정책연구원, 2018),
　　　75－108.
박용철, "디지털 증거 중 카카오톡 대화의 압수·수색영장 집행에 대한 참여권"『비
　　　교형사법연구』, 제20권 제4호(한국비교형사법학회, 2019), 23－42.
박정난, "임의제출된 휴대폰 내 전자정보의 압수범위 및 피압수자의 참여권 보장
　　　－ 대법원 2021. 11. 18. 선고 2016도348 판결 －", 『법조』, 제71권 제2호
　　　(법조협회, 2022), 371－398.
서원익, "압수수색할 장소와 물건의 다양성에 따른 영장집행 방식에 관한 소고 －
　　　영장원본 제시, 참여권 보장, 압수목록 교부의 현실과 한계 －", 『저스티스
　　　』, 제182권 제1호(한국법학원, 2021), 255－295.
이순옥, "인터넷서비스제공자가 보관한 정보에 대한 압수·수색절차", 『法學論文集』,
　　　제43권 제3호(중앙대학교 법학연구원, 2019), 153－190.
이정희, 김지현. "제3자 보관 디지털 증거의 압수 관련 문제점 및 개선방안 연구",
　　　『디지털포렌식연구』, 제8권 제1호(한국디지털포렌식학회, 2014), 85－101.
이흔재, "제3자 보관 전자정보에 대한 압수·수색영장의 집행과 피의자의 절차적
　　　권리", 『형사법의 신동향』, 통권 76호(대검찰청, 2022), 155－184.
최병각, "디지털 증거의 압수수색에서 관련성과 참여권", 『형사법연구』 제35권 제1
　　　호(한국형사법학회, 2023), 307－342.

□ 참고판례

대법원 2023. 1. 12.자 2022모1566 결정
대법원 2022. 5. 31.자 2016모587 결정

대법원 2022. 1. 27. 선고 2021도11170 판결
대법원 2021. 11. 18. 선고 2016도348 전원합의체 판결
대법원 2018. 2. 8. 선고 2017도13263 판결
대법원 2017. 11. 29. 선고 2017도9747 판결
대법원 2017. 9. 7. 선고 2015도10648 판결
대법원 2011. 5. 26.자 2009모1190 결정
대법원 2009. 3. 12. 선고 2008도763 판결

【국문초록】

2021. 10. 19에 제정된 형사사법절차에서의 전자문서 이용 등에 관한 법률(이하 '형사절차전자문서법')이 2024. 10. 20. 시행을 앞두고 있다. 기존에도 법원과 수사기관인 검찰, 경찰은 형사사법절차 전자화 촉진법(이하 '형사절차전자화법')에 따라 형사사법정보시스템(이하 'KICS')을 사용하여 문서를 전자적으로 작성·관리하는 한편 형사사법포털을 통해 피의자·피고인에게 수사와 재판 관련 정보를 제공하여 왔다. 다만 전자문서에 의해 수행되는 민사소송과 달리 형사사법절차는 여전히 종이문서에 기초하여 신속성·투명성이 부족한 한계도 있었다. 형사절차전자문서법이 시행되면 법원과 수사기관의 업무처리의 편의성이 증대되고, 피의자·피고인이 사건 관련 정보에 쉽게 접근할 수 있어 방어권 보장에도 유리하므로 종이문서에 기초한 소송의 한계를 상당 부분 해소할 수 있을 것으로 기대된다.

한편 i) 종이문서의 사용을 전제한 형사소송법 규정과 ii) 민사소송과 구별되는 형사사법절차의 특성으로 인해 흥미로운 쟁점이 발생하기도 한다. 형사절차전자문서법은 전자문서 등의 제출, 접수, 작성, 보관, 유통, 송달, 열람·복사, 폐기에 관한 사항을 대통령령 혹은 대법원규칙에서 정하도록 위임하는데, 아직 하위법령이 제정되지 않은 만큼 예상되는 주요 쟁점을 선제적으로 발굴하고 해결방안을 제시하는 작업이 의미가 있을 것이다.

민사소송에서는 시작부터 대립하는 당사자들이 소송절차에 참여하는데 반하여, 형사사법절차는 일단 수사기관이 주도적으로 피의자에 대한 수사를 진행하다가 공소제기가 있으면 비로소 피의자가 일방 당사자인 피고인으로 전환된다. 수사기관의 입장에서도 － 승계 등의 사유가 없는 한 소송의 개시부터 종료 시까지 동일한 주체가 당사자로서 절차를 수행하는 민사소송과 달리 － 2020년의 형사소송법 개정 이후 경찰이 1차적으로 수사를 종결하여 송치하면 검사가 보완수사 등을 거쳐 기소하게 되었으므로 기소 전 단계에서 사무처리의 주체가 변경되는 특징이 있다. 이와 같은 지위·주체의 변경으로 인해 종이문서를 전제로 한 규정(형사소송법 201조의2 제7항 및 214조의2 제13항, 245조의5 등)과 판례이론을 전자소송에 그대로 적용하기에는 실무상 난점이 있을 것으로 보인다.

◆ 주제어: 형사전자소송, 압수수색검증영장, 제3자 보관 전지정보, 참여권

한국형사소송법학회 『형사소송 이론과 실무』
제15권 제3호 (2023.9) 595~626면.
Theories and Practices of Criminal Procedure Vol. 15 No. 3 (September. 2023) pp. 595~626.
10.34222/kdps.2023.15.3.191

반인권적 국가범죄와 공소시효 문제의 대안적 관점에 대한 고찰[*]

정 승 현[**]

Ⅰ. 서론

반인권적 국가범죄는 특히 과거사 청산과 관련되어 문제되어 왔다. 그런데 그러한 역사적 과오들의 공소시효가 완성되어 더는 '청산'할 수 없다는 한계가 있다. 이런 맥락에서 제기되는 것이 소위 '반인권적 국가범죄의 공소시효 소급효' 문제다. 즉 공소시효가 완성된 반인권적 국가범죄에 대해서, 그것의 공소시효를 정지 또는 배제하는 법을 소급 적용하여 처벌할 수 있는가? 이러한 시도는 법적 정당성이 있는 것인가? 즉 도덕적 요청을 넘어서는 이론적 정당성을 논증할 수 있는가?

최근 전두환의 손자 전우원이 한국으로 돌아와 일가 최초로 5·18 추모식에 참석함으로써 5·18민주화운동과 관련된 사건들이 환기되며, 아직 끝나지 않은 진상규명과 사법처리가 재조명받기도 하였다. 1980년에 저질러진 광주 시민에 대한 인권유린, 폭력, 학살 등의 '반인권적 국가범죄'는 여전히 '청산'되지 않았으며, 그를 위하여 「5·18민주화운동 진상규명을 위한 특별법」[1) 제정과 같은 노력이 계속해서

──────────
* 본 논문은 2023년 한국형사소송법학회가 주최한 '제1회 법전원생 논문 경진대회'에서 수상(우수상, 학회장상)한 논문으로 비심사논문으로 게재함.
** 건국대학교 법학전문대학원 재학생

이어지고 있다. 특히 공소시효가 완료된 특정 범죄행위에 대하여 공소시효의 정지 또는 연장을 소급적용 하거나, '반인권적 국가범죄' 일반에 대하여 공소시효를 배제, 정지 또는 연장하는 입법 시도들은 상기한 '공소시효 소급효' 쟁점과 관련된다.

가령 과거 정춘숙 의원이 대표발의한 「반인권적 국가범죄의 공소시효 배제 등에 관한 특례법(안)」[2] 을 보면 법안의 내용과 부칙을 살펴보아도 소급효에 관련된 언급은 없기 때문에, 이 법에서 규정하는 공소시효의 배제와 정지가 부진정소급 또는 진정소급 될 수 있는 것인지 모호하다. 한편 「헌정질서 파괴범죄의 공소시효 등에 관한 특례법」[3] 제3조에서 헌정질서 파괴범죄 및 집단살해범죄의 공소시효를 배제하고 있으나, 마찬가지로 소급효에 관한 경과규정은 없다.

물론 이때 소급효 문제뿐만 아니라, 가령 공소시효 배제·정지·연장 자체의 정당성, '장애가 되는 사유'의 불명확성, 형사소송법 개정이 아닌 특별법 제정의 적절성 등도 충분히 검토되어야 하는 문제이다.[4] 하지만 그중 특히 공소시효 확장(배제, 정지, 연장)[5]의 소급효 인정 여부와 관련된 쟁점과 이론적 타당성을 검토하는

---

1) 법률 제17886호.
2) 정춘숙 외 9인, 「반인권적 국가범죄의 공소시효 배제 등에 관한 특례법(안)」(2018), 의안번호 2101583호. 주요 내용은 다음과 같다.
   제2조(공소시효의 배제) ① 국가의 소추권 행사에 영향을 미칠 수 있는 지위에 있는 공무원이 그 지위를 연장 또는 강화하거나 법률상 허용될 수 없는 정책·방침 또는 기관의 이익을 실현할 목적으로 공권력을 이용하여 조직적으로 「형법」 제250조제1항(살인), 제259조제1항(상해치사), 제262조(폭행치사), 제275조제1항(유기치사), 제301조의2(강간등 살인·치사), 제123조(직권남용), 제124조(불법체포·불법감금), 제125조(폭행·가혹행위) 또는 「특정범죄가중처벌 등에 관한 법률」 제4조의2제2항(체포·감금·가혹행위치사)의 죄를 범한 경우에는 공소시효의 적용을 배제한다. ② 제1항에 따라 공소시효의 적용을 배제하는 경우에는 그 공범자에게도 효력을 미친다.
   제3조(공소시효의 정지) ① 공무원이 제2조 제1항에 따른 범죄를 조작 또는 은폐할 목적으로 공권력을 이용하여 조직적으로 「형법」 제122조(직무유기), 제123조(직권남용), 제124조(불법체포·감금), 제151조(범인은닉), 제152조(위증·모해위증), 제155조(증거인멸) 또는 「특정범죄가중처벌 등에 관한 법률」 제15조(특수직무유기)의 죄를 범한 경우에는 그 소추권 행사에 장애가 존재하는 기간 동안 공소시효의 진행이 정지된다. ② 제1항에 따른 소추권 행사에 장애가 존재하는 기간이라 함은 제1항의 범죄행위가 종료한 때부터 제2조 제1항의 공무원이 공직에서 퇴임한 때까지를 말한다.
3) 법률 제18465호.
4) 이러한 문제의식에 관한 분석으로는 박경규 외 2인, "반인권적 국가범죄의 법적 쟁점과 입법론적 대안", 『형사정책연구원 연구총서』(2020), 128-135면 참조.
5) 공소시효 배제, 정지, 연장의 사유를 구분해야 한다는 지적이 있으나, 이는 입법 과정에서 범

데 집중해 보고자 한다.

공소시효 확장을 소급적용하는 것은 이론적으로 두 가지 쟁점에 걸쳐 있다. 하나는 공소시효의 법적 성격에 관한 것이고, 다른 하나는 형벌불소급 원칙(또는 소급효금지 원칙)의 적용 범위에 관한 것이다. 따라서 본고에서는 우선 공소시효에 관한 학설들과 공소시효의 소급효에 관한 기존의 학설 대립을 살펴보고, 기존 입장들의 한계를 지적함으로써 죄형법정주의의 본질을 검토하고자 한다(Ⅱ). 이러한 이론적 배경을 바탕으로 반인권적 국가범죄의 공소시효와 관련된 쟁점들을 정리하고, 소급효와 관련되는 공소시효의 본질론을 정립한 다음, 실제로 이것이 문제되었던 「5·18민주화운동 등에 관한 특별법」[6](이하에서는 '5·18특별법'이라 약칭함)에 대한 헌법재판소의 판단을 검토하겠다(Ⅲ). 마지막으로 새롭게 제안하는 '본질주의적 관점'을 바탕으로 공소시효 확장 소급효의 이론적 정당성을 검토해 본 다음(Ⅳ), 실천적 측면에서 발전 방향을 제시(Ⅴ)하고자 한다.

Ⅱ. 공소시효 소급효 문제의 이론적 배경

공소시효란 범죄행위가 종료된 후 일정 기간 동안 공소제기가 없으면 형사소추권을 소멸시켜 면소판결사유가 되도록 하는 제도이다(「형사소송법」 제326조 제3호). 이때 공소시효의 소급효 문제는 공소시효의 법적 본질이 무엇인지에 따라 결정되는 것으로 여기는 학설들이 있다.[7] 가령 공소시효는 본질적으로 소송법적 사항이므로 원칙적으로 소급효금지 원칙이 적용되지 않는다는 식의 논증이 그러하다. 이처럼 공소시효의 법적 본질을 소송법적 제도로 보는지 실체법적 제도로 보는지에 따라 소급효가 금지될 수도 허용될 수도 있다고 보는 입장에 따른다면, 공소시효의

죄의 중대성을 고려할 때 단계적인 검토가 필요하다는 의미였는바, 소급적용의 가능성을 따지는 논의 맥락에서는 그 구별이 중요하지 않으므로 이하에서 '확장'으로 포괄하여 논의하겠다. 서효원, "공소시효 관련 법률 개정의 현황과 문제점", 『형사소송 이론과 실무』, 제8권 제2호(한국형사소송법학회, 2016), 21면 이하 참조.

6) 법률 제18465호.

7) 이러한 입장에 따라 공소시효 소급효 문제를 해결하려는 시도로는 조국, "'반인권적 국가범죄'의 공소시효의 정지·배제와 소급효금지의 원칙", 『형사법연구』, 제17권(한국형사법학회, 2002), 8-11면; 하태영, "공소시효제도의 문제점과 개정방향", 『비교형사법연구』, 제4권 제1호(비교형사법학회, 2002), 528면; 헌재 1996. 2. 16. 선고 96헌가2, 96헌바7, 96헌바13 병합 결정 참조. 헌재의 구체적인 판단에 관해서는 후술할 예정임.

법적 성격을 명확히 따져 보는 것만이 문제될 뿐이다.

그러나 그조차도 명확한 결론을 내리기가 어려운 상황이다. 공소시효의 법적 성격에 관한 학설 대립이 팽배하기 때문이다. 더욱이 이 대립을 살펴보는 과정에서 단순히 법적 성격을 이분하여 취사선택하는 것만으로는 공소시효에 관한 문제가 해결되지 않음이 드러날 것이다. 이런 맥락에서 공소시효에 관한 기존의 학설 세 가지를 검토해 보면 다음과 같다.[8]

1. 공소시효의 법적 성격에 관한 학설

(1) 실체법설

실체법설은 공소시효가 단지 소송법적 개념이 아니라고 본다. 즉 공소시효는 소송법상의 소추권뿐만 아니라 실체법상의 형벌권 소멸과 관련되어 있다는 것이다. 왜냐하면 범인에 대한 응보 감정이 사라지고, 그간에 범인을 처벌할 필요성이 적어지며, 형벌을 가할 필요성 자체가 줄어들고, 그에 따라 사회와 범인 간에 일종의 화해가능성이 생기기 때문이다. 이런 맥락에서 공소시효의 완성은 가벌성의 소멸을 의미하게 된다. 이와 같이 공소시효는 가벌성과 관련되는 것이기 때문에 여타 형벌 규정과 마찬가지로 소급효 및 유추적용이 엄격히 금지되어야 한다. 더불어 법률로 규정된 사유가 아닌 소위 '사실상'의 장애 때문에 공소시효가 정지될 수 없다.[9]

헌법재판소는 (구)「형사소송법」제262조의2를 불기소처분에 대한 헌법소원이 있는 경우에 유추적용이 가능한지의 문제에 관하여, 공소시효란 "비록 절차법인 형사소송법에 규정되어 있으나 그 실질은 국가형벌권의 소멸이라는 점에서 형의 시효와 마찬가지로 실체법적 성격을 갖고 있는 것"[10]이기 때문에 유추적용이 금지되어야 한다고 판시하였는바, 이는 실체법설의 입장과 유사한 것으로 보인다.

(2) 소송법설

---

8) 이하에서 공소시효에 관한 학설 대립은 박경규 외 2인, 앞의 각주 4)의 논문, 101-103면; 변종필, "반인도적·국가적 범죄와 공소시효", 『비교형사법연구』, 제8권 제1호(한국비교형사법학회, 2006), 657-659면; 이호중, "반인권적 국가범죄의 공소시효배제와 소급효", 『민주법학』, 제30권(민주주의법학연구회, 2006), 107-109면 참조.

9) 박경규 외 2인, 앞의 각주 4)의 논문, 102면.

10) 헌법재판소 1993. 9. 27. 선고 92헌마284 결정.

반대로 소송법설(절차법설)에 따르면 공소시효는 순전히 형사소송법상의 제도이다. 따라서 공소시효가 완성되면 형벌권이 아니라 공소권, 즉 형사소추권만 소멸될 뿐이다. 이는 소송과 관련된 경제적인 이유, 즉 시간이 지남에 따라 증거가 멸실될 우려가 있고, 실체적 진실을 발견하기 어렵다는 이유에 근거한다. 그렇게 된다면 공소시효에 관한 유추적용 및 소급적용은 가능하며, 사실상의 장애가 인정된다면 공소시효는 정지될 수 있다. 왜냐하면 공소시효는 절차에 관한 법이고, 절차에 관한 법은 절차를 진행할 때의 신법을 따라야 하기 때문이다.

헌법재판소는 5·18특별법에 관련하여서는 앞에서 실체법설을 주장한 바와 달리 소송법설의 입장을 취한다. 즉 헌법 제12조 제1항과 제13조 제1항의 규정은 "행위의 가벌성에 관한 것이기 때문에 소추가능성에만 연관될 뿐, 가벌성에는 영향을 미치지 않는 공소시효에 관한 규정은 원칙적으로 그 효력범위에 포함되지 않는다."[11]는 판시에서 공소시효를 소송법으로 이해하고 있다는 점이 확인된다. 이런 맥락에서 공소시효의 소급효는 죄형법정주의로 판단할 문제가 아니라, 보다 넓은 의미의 법치주의 원칙에 따라 법적 안정성과 신뢰보호원칙을 비교함으로써 해결해야 한다는 것이 헌법재판소의 주장이다.

(3) 결합설

마지막으로 결합설(병합설)은 공소시효의 실체법적 성격과 소송법적 성격을 둘 다 인정한다. 이때 공소시효의 완성은 실체법상 처벌조각사유인 동시에 소송법상 소송장애사유에 해당한다. 이러한 결합설의 입장을 바탕으로 진정소급효는 피의자의 법적 안정성을 해치므로 국가형벌권 남용에 해당되지만, 부진정소급효의 경우 완성되지 않은 공소시효는 소송조건이기 때문에 형벌권 남용이 아니라고 보는 견해도 있다.[12]

(4) 검토

상기한 공소시효의 법적 성격에 관한 학설들 각각에 대하여 비판이 있다. 실체법설의 경우, 공소시효가 완성되면 무죄판결이 아니라 면소판결이 된다는 점, 시간이

---

11) 헌법재판소 1996. 2. 16. 선고 96헌가2, 96헌바7, 96헌바13 병합결정.
12) 이창섭, "공소시효 정지·연장·배제조항과 부진정소급효 －대법원 2105. 5. 28. 선고 2015도1326판결", 『법조』, 제65권 제9호(법조협회, 2016), 618면; 하태영, 앞의 각주 7)의 논문, 530면 참조.

경과한다고 해서 형벌권 자체가 사라진다고 볼 수 없다는 점[13], 그리고 공소시효가 형법전이 아닌 형사소송법전에 명시되어 있다는 점에 의해 비판받는다. 또한 시간의 흐름에 따라 사회구성원들의 응보감정이나 행위자의 재범가능성 등이 사라진다 하더라도, 이로부터 행위 당시의 범죄행위에 대한 법적 평가가 필요하지 않다는 규범적인 제한이 귀결되지는 않는다는 점도 지적된다.[14]

소송법설의 경우 공소시효의 기간이 법정형에 따라 다르게 규정되어 있다는 사실을 설명할 수 없다는 비판을 받는다. 더욱이 국가가 형벌권을 독점하는 상황에서 형벌권은 곧 형벌의무로 볼 수 있는데, 시간이 흘러서 증거력이 부족하다는 이유로 형벌의무를 저버리는 것이 정당화될 수는 없다는 비판도 있다.[15] 무엇보다 공소시효의 완성 여부가 실질적으로 처벌 여부를 좌우한다면 이는 가벌성과 관련된 것이라는 지적은 결정적이다.

이와 같이 실체법설 및 소송법설 각각에 대한 비판이 있다고 하여 양자를 절충하는 결합설을 택하는 것은 진정한 의미의 해결이라 하기 어렵다. 그럼에도 불구하고 적어도 공소시효가 그 본질상 가벌성과 관련되어 있다는 점에서 실체법적 성격은 인정되어야 할 것이다. 공소시효제도의 목적이 무엇이고 그 법적 성격이 무엇이건, 공소시효 완성 여부에 따라 행위자에 대한 처벌 여부가 달라지는 것은 분명하기 때문이다. 따라서 공소시효를 순수하게 소송법적 개념이라고 보는 입장은 공소시효의 형식적 의미를 강조하는 나머지 그 실질을 부당하게 포섭하고 있다고 할 것이다.

2. 공소시효 확장의 소급효 인정 여부에 관한 학설

공소시효의 법적 성격을 무엇으로 보는지에 따라 공소시효 확장 효력이 소급될 수 있는 것인지가 판단될 수 있다는 맥락에서, 소급효 인정 여부에 관해 다음과 같이 학설이 대립하고 있다.[16]

---

13) 박경규 외 2인, 앞의 각주 4)의 논문, 102면.

14) 홍영기, "과거사에 대한 법적 처리의 정당성과 가능한 대안", 『법철학연구』, 제10권 제2호(한국법철학회, 2007), 36면.

15) 홍영기, 위 논문, 같은 곳.

16) 이하에서 공소시효 확장의 소급효 인정 여부에 관한 학설 대립은 박경규 외 2인, 앞의 각주 4)의 논문, 106-107면; 강동범, "공소시효의 정지·연장·배제와 소급효", 『형사법의 신동향』, 통권 제58호(대검찰청, 2018), 316-318면 참조.

전면적 긍정설은 소송법설에 따라 진정소급효와 부진정소급효 모두가 인정된다고 본다. 즉 공소시효는 순전히 소송법적인 개념이고, 범죄와 형벌에 관한 소급효 금지 원칙은 소송법에 적용되지 않기 때문에, 공소시효에 대하여는 부진정소급효든 진정소급효든 모두 인정된다는 것이다.

원칙적 소급효인정설은 전면적 긍정설의 경우와 같이 원칙적으로 소송법에는 소급효금지가 적용되지는 않지만, 소송법 규정이 가벌성과 관련되어 실질적으로 피고인에게 불리할 경우에는 예외적으로 소급효금지 원칙이 적용된다는 입장이다. 즉 친고죄를 비친고죄로 개정하는 경우, 그리고 공소시효를 확장하는 경우는 그 실체법적 성격을 고려하여 부진정이든 진정이든 소급효를 금지해야 한다고 본다.

학계의 다수설은 소송법설에 따라 부진정소급효를 긍정하되 진정소급효는 부정한다. 소송법설에 따라 공소시효에는 원칙적으로 소급효금지 원칙이 적용되지 않지만, 진정소급효가 문제되는 경우에만 예외적으로 소급적용을 금지한다는 것이다. 그 근거로 시민의 신뢰보호 이익을 들어 처벌받지 않을 것이라는 기대가 형성된 진정소급효의 경우에 없어졌던 형벌권을 새롭게 만드는 것은 부당하다는 것이 제시된다.

공소시효의 실체법적 성격을 인정하는 입장은 공소시효의 정당화 논거로서 주로 범죄행위와 형벌이 시간적으로 멀어질수록 형벌의 예방효과가 줄어든다는 점을 강조한다. 그에 따라 불법성과 처벌의 공익적 필요성이 매우 큰 반인권적 국가범죄의 경우에 공소시효 확장의 소급입법은 정당화될 수 있다고 한다. 이는 오늘날 학계에서 주로 결합설의 논거로서 원용된다.[17]

한편 결합설을 지지하면서, 공소시효가 아직 완성되지 않은 경우에는 행위에 대한 실체법적 가벌성에 영향이 없으므로 부진정소급효는 인정되나, 공소시효가 완성되면 면소판결의 대상이 되므로 일사부재리 효력이 발생하여 더는 법원의 재판권이 인정되지 않으므로 진정소급효를 부정하는 입장도 있다.[18]

3. 기존 학설 대립의 한계

앞서 열거했던 공소시효의 법적 성격에 관한 학설대립에 따라 그것이 이분법적

---

17) 이호중, 앞의 각주 8)의 논문, 113면.
18) 김성천, "헌정질서 파괴범죄의 공소시효", 『중앙법학』, 제19집 제2호(중앙법학회, 2017), 24면.

으로 명확하게 구분될 수는 없다는 점이 드러났다. 그렇다고 해서 결합설이 옳다는 식으로 해결할 수도 없다. 이 지점에서 오히려 공소시효의 법적 성격에 따라 소급효금지 원칙의 적용 여부가 결정될 수 있다는 도식적인 사고가 부적절하다고 볼 수 있다.[19] 왜냐하면 공소시효의 법적 성격이 논리적으로 소급효금지 원칙의 적용 여부를 함축하지 않으며, 상기한 바와 같이 실제로 공소시효에 관하여 동일한 입장이더라도 소급효금지 원칙 위반 여부에 있어서는 다양한 견해와 논거가 제시되고 있기 때문이다.[20] 따라서 소급효 인정 여부에 관한 학설 대립 중 어느 하나를 택하는 것은 다시금 진정한 의미의 해결이 될 수 없다.

또한 기존의 학설들은 시간이 흐름에 따라 존재하던 형벌권이 '무엇 때문에 사라지게 되는지'에 주목하지만, 오히려 검토되어야 하는 것은 형벌권이 '어떤 경우에 존재하는지',[21] 그에 따라 공소시효가 형벌권과 어떤 관계를 갖는지, 그 관계가 소급효를 허용하는 종류인지 아닌지이다. 공소시효의 본질은 양자택일론이 아니라 바로 이 맥락에서 논구되어야 하며, 그럼으로써 공소시효가 소급효금지 원칙의 적용 대상이 되는지가 드러날 것이다.

따라서 기존의 문제설정을 버리고, 보다 근본적으로 소급효금지 원칙의 적용 범위를 소급효금지 원칙을 함축하는 죄형법정주의의 본질에 비추어 파악해야 한다. 즉 죄형법정주의의 본질적 의미에 따를 때 공소시효의 소급효가 인정될 수 있는지를 따져 보아야 한다. 이런 맥락에서 중요한 것은 현재 사안에서 공소시효를 소급하여 확대하는 것이 죄형법정주의에 비추어 정당화될 수 있는지 여부이지, 그것이 실체법의 변경에 근거하든 절차법의 변경에 근거하든 이는 형식적 문제에 지나지 않는다.

Ⅲ. '반인권적 국가범죄'와 공소시효 문제

---

19) 이와 같은 문제의식으로 김재윤, "헌정질서 파괴범죄 공소시효 배제를 통한 정의 회복",『인권법평론』, 통권 제21호(전남대학교 공익인권법센터, 2018), 14면; 변종필, 앞의 각주 8)의 논문, 663면; 이호중, 앞의 각주 8)의 논문, 117면 참조.
20) 가령 소송법설을 취하면서도 진정소급효는 금지된다는 견해가 있고, 경합설을 취하면서도 모든 소급효가 금지된다는 입장, 부진정소급효는 허용되나 진정소급효는 허용되지 않는다는 입장, 진정소급효까지도 예외적으로 허용된다는 입장 등이 제시된다. 이호중, 앞의 글, 117면 참조.
21) 홍영기, 앞의 각주 14)의 논문, 36－37면.

이하에서는 구체적인 사안인 '반인권적 국가범죄'에 있어서 변경된 문제의식이 어떤 가능한 쟁점들을 함의하는지 확인하고, 이 사안이 실제로 문제된 바 있던 5·18특별법에 관한 헌법재판소의 판단을 살펴봄으로써 각 쟁점에 대한 가능한 답변과 그 한계를 검토하고자 한다.

이때 반인권적 국가범죄란 주로 권위주의 정권 아래에서 정권유지의 수단으로서 국가기관 또는 그 구성원이 저지를 불법행위를 말하는 것으로서,[22] 국가기관이 그 직무를 행함에 있어서 정당한 사유 없이 시민의 인권을 중대하고 명백하게 침해하거나 그것을 조직적으로 은폐·조작한 행위로 정의된다.[23] 이러한 반인권적 국가범죄의 개념은 국제법상 통용되는 '반인도적 범죄'와 구분하여 사용되는 것이 일반적이다.[24] 그러나 반인권적 범죄의 구체적인 범위에 관하여는 명백한 학계의 합의가 아직 없는바, 본고에서 이론적 정당성을 검토하는 대상으로서 반인도적 국가범죄는 5·18특별법 제1조의2 제2항의 규정[25])을 따르는 것으로 하겠으며, 검토를 마친 후에 그 구체적인 범위에 관련된 쟁점을 다시 논의하겠다.

이러한 반인권적 국가범죄의 공소시효 소급효 문제와 관하여 다음과 같은 쟁점들이 제기될 수 있다: ① 소급효와 관련하여 핵심적으로 고려되어야 할 공소시효의 본질은 무엇인가? ② 그러한 공소시효의 본질에 따를 때, 형벌불소급 원칙과 공소시효의 관계는 어떻게 되는가? ③ 형벌불소급 원칙을 함축하는 죄형법정주의의 본질은 무엇인가? ④ 그러한 죄형법정주의의 본질에 따를 때 반인권적 국가범죄에 있어서 죄형법정주의 및 형벌불소급 원칙은 공소시효에 적용되는가? ⑤ 이때 반인권적 국가범죄의 특성 내지 특수성이 고려될 여지는 없는가?

1. 공소시효의 본질론

(1) 제도의 목적과 본질의 구분

---

22) 문봉규, "반인권적 범죄의 법적 성질에 관한 연구", 『외법논집』, 제38권 제1호(한국외국어대학교 법학연구소, 2014), 285면.

23) 조국, 앞의 각주 7)의 논문, 5면.

24) 문봉규, 앞의 각주 22)의 논문, 285면; 조국, 앞의 글, 같은 곳. 이때 반인도적 범죄란 "전쟁 전 또는 전쟁 중에 민간인에 대하여 범해진 살인, 절멸, 노예화, 강제추방 및 비인도적 행위, 그리고 정치적·인종적 또는 종교적 이유로 인한 박해"로 정의된다. 조국, 앞의 글, 3면 참조.

25) "이 법에서 '반인도적 범죄'란 제1항에 따른 기간 동안 국가 또는 단체·기관(이에 속한 사람을 포함한다)의 민간인에 대한 살해, 상해, 감금, 고문, 강간, 강제추행, 폭행을 말한다."

　공소시효는 국가의 형벌권이 일정 시간을 경과하면 사라지게 만드는 제도이다. 그렇다면 도대체 왜 일정 시간이 지난 사안에 대하여는 국가가 더는 처벌할 수 없게끔 만드는 것인가? 그렇게 해야 하는 이유가 무엇인가? 이 질문은 우리가 끔찍한 범죄를 목도할 때마다, 고통에 짓눌린 피해자의 얼굴을 마주할 때마다 되묻게 되는 것으로서, 반인권적 국가범죄에 대하여 공소시효 논의를 추동시키는 주요한 동력이기도 하다.

　이때 공소시효제도의 취지 내지 목적과 그 본질을 구분하여 따질 필요가 있다.[26] 본질이란 그것이 없다면 그것이 설명하는 대상이 더는 그 대상이 아니게 되는 성질이지만, 취지 내지 목적은 그러한 종류의 성질이 아니다. 즉 제도의 취지 내지 목적은 그 존재이유를 설명하지만, 그것이 바로 그 존재를 구성하는 것은 아닌 것이다. 이러한 구분이 중요한 이유는 제도의 취지 내지 목적은 제도의 효과성을 평가하는 기준이 될 수 있을지언정, 법적 성질에 따라 포섭 여부가 달라져야만 하는 논리 전개에 있어서는 핵심적인 고려사항이 아니기 때문이다. 요컨대 공소시효가 그 목적에 비추어 효과적이지 못한 제도이든 그 목적 달성이 확실하게 보장되는 제도이든, 이와 무관하게 공소시효는 본질상 소급효가 허용될 수도 아닐 수도 있다고 논증하는 것이 적확한 접근이겠다.

　그러나 기존의 이분법적인 공소시효의 법적 성질에 관한 학설 대립은 그 목적과 본질을 혼동함으로써 공소시효의 본질에 대한 '본질적인' 접근을 하지 못하는 것으로 보인다. 이는 구체적인 사안을 생각해 보면 분명해진다. 가령 증거가 멸실되어 실체적 진실 발견이 어렵다는 소송법설의 논거 및 범인에 대한 응보감정이 적어진다는 실체법설의 논거는 반인권적 국가범죄 사안에서 여전히 유효한가? 통상적인 범죄의 경우와는 다르게, 특별히 공소시효 확장의 소급효가 문제되는 반인권적 국가범죄와 같은 경우에는 그 불법이 명확하고 증거도 확보되어 있으며 사회적인 관심도 상당한 경우가 대부분이다. 이러한 점에서 공소시효제도가 심지어는 범죄자를 처벌하는 데 있어서 유일한 장애물로 여겨지기도 하며,[27] 더 나아가 공소시효제도 자체의 존폐 논란이 야기되기도 한다. 그러나 기존의 실체법설 또는 소송법설을 공소시효의 본질로 파악하는 견해에 따른다면, 위와 같은 반인권적 국가범죄의 경우에 공소시효제도가 본질상 성립되지 않으므로 그것이 적용되어서는 안 된다는 문

---

26) 이러한 구분보다는 그 관련성에 주목하는 견해로는 변종필, 각주 8)의 논문, 661면 참조.
27) 하태영, 앞의 각주 7)의 논문, 524-526면 참조.

제에 부딪히기 때문에 공소시효 확장의 소급효가 왜 인정되어서는 안 되는지에 대하여 명쾌한 답변을 제공하기 어려우며, 그에 따라 '예외적으로' 소급효를 인정할 수 있다는 방식의 논리 구성으로 나아갈 수밖에 없는 것이다.

오히려 기존 학설들의 논거들은 대체로 공소시효제도의 본질 내지 법적 성질이라기보다는 그 제도의 취지 내지 목적이라고 보는 것이 타당하다. 소송법상의 제도가 사회적인 관심 여부에 따라 달리 적용된다고 한다면 그것은 절차적 타당성을 완전히 상실한 것이기 때문이다. 따라서 사회의 응보감정이 격화되었든 아니든, 명확한 증거가 확보되었든 아니든, 공소시효제도는 일관되게 시간적 경과에만 주목하여야 하고, 그러한 이유를 설명하는 것이 공소시효제도의 본질을 구성하겠으며, 이것이 구체적인 사안에 따라 임의적으로 적용되어서는 안 되는 절차법의 본지에 따른 것이겠다.

(2) 국가형벌권의 시간적 한계로서의 공소시효

다시 본래의 물음으로 돌아와서, 그렇다면 시간적 경과에 따라 국가의 형벌권이 소멸되는 이유는 무엇인가? 앞서 살펴보았듯 공소시효제도는 다른 어떠한 목적을 위하여 봉사하는 제도라기보다 국가형벌권 그 자체의 특성에 기인한 것이다. 즉 그러한 시간적인 한계가 있다는 것, 시간적인 한계가 있을 수밖에 없는 것이 국가형벌권이며, 공소시효제도는 '형벌권이 어떠한 경우에 존재하는가'에 대한 시간적인 한계를 설정함으로써 비로소 형벌권의 존재를 확정한다는 데 그 본질이 있다. 즉 홍영기 교수가 적절하게 지적하였듯이 "시간적 한계지움" 자체가 곧 공소시효의 본질이라는 것이다.[28]

국가권력이란 신(神)적인 능력과는 대비되는 의미에서 태생적으로 유한하다. 즉 인간이 국가를 구성하고 국가에 일정 권한을 위임함으로써 형성된 국가권력이란 본래적으로 제한되어 있을 수밖에 없다. 이러한 점에서 국가권력의 한계가 없으면 국가의 권한은 강화되지 않고 오히려 약화되며, 확장되지 않고 오히려 축소된다.[29] 태생적으로 유한한 힘은 명확한 한계 내에서만 유효할 수 있는 것이기 때문이다. 일정량의 물질은 그것이 분포하는 공간이 넓을수록 농도가 묽어지듯이, 국가권력은

---

28) 홍영기, 앞의 각주 14)의 논문, 36-37면 참조.
29) 홍영기, "국가권력의 한계, 어디에서 비롯되는가", 『법철학연구』, 제8권 제1호(한국법철학회, 2005), 213면.

무한한 시공간에서 한없이 희석되고, 일정한 시공간의 한계 내에 있을 때 비로소 실질적인 인간에 의한 힘으로써 기능할 수 있는 것이다. 이는 소송법설이 말하는 소송경제상의 효율성이라는 정책적 목적과는 다른, 공소시효의 존재의 장(場)을 마련한다.

이런 점에서 공소시효는 형벌권의 시간적 한계를 확정함으로써 국가권력을 구체적으로 확인할 수 있는 실체적인 권력으로 만든다. 따라서 공소시효를 폐지하는 것은 국가권력을 무한히 강화시키지 않고 오히려 형벌권을 추상화시키고 모호하게 만든다. 이는 마치 형법의 적용범위에 관한 세계주의의 '이 법은 전 세계에 미친다'는 선언이 공허한 외침으로 들리는 것과 마찬가지이다. 신(神)의 심판에 공소시효가 있다는 말에 어폐가 있듯이, 국가권력에 공소시효가 없다는 말도 어폐가 있는 것이다.

상기한 본질론에 따라 공소시효제도에 관한 세 가지 함축을 이끌어낼 수 있다. 첫째, 공소시효는 국가형벌권의 시간적 한계를 부여하는 제도로서 형벌권 행사와 직접적으로 관련되어 있다. 다시 말해, 이미 기존의 학설 대립을 검토하며 지적하였듯이, 공소시효는 가벌성과 관련되어 있는 것이다. 단순히 소송조건과 관련된다는 형식적인 의미를 강조하는 것은 부당하며, 공소시효의 본질상 형벌권의 시간적 존속 범위가 결정된다는 점에 주목하여야 한다. 따라서 공소시효를 확장하는 것은 기본적으로 형벌권이 확장되는 효과를 동반하는바, 이는 형벌불소급 원칙의 적용 대상이 됨이 분명하다.[30]

둘째, 공소시효가 범죄자의 이익을 위해 존재한다고 볼 수 없다. 공소시효는 국가형벌권 자체의 특성에 기인한 것으로서 형사절차적 필요로 인하여 존재하는 제도이기 때문이다.[31] 이때의 '필요'란 제도의 취지 내지 목적상의 필요를 의미하는 것이 아니라, 형사사법체계가 제대로 작동하기 위한 존재론적 필요조건임을 의미한다고 새겨야 한다. 따라서 공소시효제도가 비록 그 효과상 범죄자에게 일정 기간이 도과하면 처벌받지 않도록 하는 혜택을 부여하는 것처럼 보이더라도, 공소시효는 "법치국가의 시혜제도"[32]가 아닌 것이다. 만약 공소시효가 특정한 요건을 만족한 피의자에게 혜택을 주는 제도라면, 사회적 관심 및 증거 확보 여부에 따라 공소시

---

30) 이호중, 앞의 각주 8)의 논문, 121면.

31) 유사한 지적으로 양천수, "공소시효에 대한 법철학적 시론 – 연구노트의 측면에서 –", 『영남법학』, 제35권(영남대학교 법학연구소, 2012), 27면 참조.

32) 하태영, 앞의 각주 7)의 논문, 527면.

효의 혜택이 제공되면 안 되는 개별 사안—특히 '반인권적' 국가범죄 등—에 대하여 공소시효가 배제되지 않을 이유가 없으며, 이는 공소시효의 본질에 위배되는 동시에 절차적 정당성을 잃은 절차법상 제도가 된다는 점은 앞서 지적한 바와 같다.

셋째, 공소시효가 사안의 구체적 타당성 내지 실질적 '정의'에 좌우된다고 볼 수 없다. 이러한 관점은 정의와 법적 안정성의 대립 구도를 설정하고 공소시효와 관련하여 후자를 강조하는 제도로 파악하는 입장에서 주로 발견된다.[33] 그러나 이렇게 된다면 다시금 구체적인 사안에 따라 공소시효가 달리 적용될 수 있다는 동일한 우려가 제기된다. 실질적인 정의는 절차상의 제도의 차별 적용을 통해 확보되는 것이 아니라, 실체적 진실에 부합하는 본안 판단 및 효과적인 형사정책에 의하여 확보되는 것으로 보아야 한다.

다만 공소시효의 본질 내지 법적 성질이 이와 같다 하더라도, '특정 범죄유형'의 공소시효를 '장래에 대하여' 배제하는 것이 절대 불가능하다는 것은 아니며, 이는 별도의 형사정책적 쟁점으로 다루어져야 하는 문제이다. 그럼에도 불구하고 특정 범죄유형이 아닌 개별적인 사안에 대한 차별적용은 법치주의 이념에 정면으로 위배되므로 불가능하며, 국가형벌권의 확장을 야기하는 정책적 시도는 정책적인 측면에서 합리적인 목적을 가지고 엄격한 정당화가 요구된다는 점[34], 그 소급효 문제는 별개의 이론적 쟁점이라는 점을 염두에 두어야 한다.

2. 5·18특별법에 대한 헌법재판소의 판단

이어서 5·18특별법에 관한 헌법재판소의 판단[35]을 분석함으로써 반인권적 국가범죄의 공소시효 소급효 문제가 실제로 어떻게 다루어졌는지를 살펴보겠다. 헌법재판소는 5·18특별법에서 헌정질서 파괴범죄행위에 대하여 공소시효의 정지를 통해 그 기간을 연장하는 것의 위헌 여부를 판단할 때 다음의 논증을 사용했다. 「헌법」제12조 제1항과 제13조 제1항이 규정하는 형벌불소급 원칙은 "행위의 가벌성에 관한 것이기 때문에" 소추가능성에만 관련되는 공소시효는 형벌불소급 원칙의 적용

---

33) 조국, 앞의 각주 7)의 논문, 6면 참조.
34) 같은 맥락에서 공소시효의 폐지를 통한 적극적 일반예방의 효과 등이 입증되어야 한다는 견해로는 홍영기, 앞의 각주 14)의 논문, 38면 참조.
35) 이하에서 다루는 판례는 헌재 1996. 2. 16. 선고 96헌가2, 96헌바7, 96헌바13 병합결정이며, 큰따옴표 처리한 내용은 판시사항을 옮긴 것이다.

대상이 아니다. 따라서 공소시효의 소급입법은 형벌 소급이 아닌 일반 소급입법 내지 법치주의의 문제로 다루어야 하며, 즉 '법적 안정성'과 '신뢰보호 원칙'[36]을 포함하는 이익형량을 통해 판단되어야 한다.

이러한 전제 아래, 다수의견은 부진정소급효와 진정소급효 모두를 합헌으로 판단한다. 부진정소급효의 경우, 공소시효가 완성될 것이라는 범죄자의 주관적인 기대는 불확실하며 이에 대한 신뢰보호 이익은 상대적으로 미약한 반면, 정의 회복이라는 중대한 공익이 우선하므로 헌법적으로 허용된다. 진정소급효의 경우에는 신뢰보호 이익이 더 커서 소급적용이 원칙적으로 허용되지 않지만, "특단의 사정이 있는 경우", 즉 "공익적 필요는 심히 중대한" 반면에 개인의 신뢰보호 가치는 매우 적은 경우에 예외적으로 허용된다.

이때 부진정소급효는 합헌이지만 진정소급효는 위헌으로 보는 일부위헌 의견도 제시된 바 있었다. 즉 공소시효가 완성된 이후에 새롭게 처벌할 수 있도록 소급입법하는 경우는 "절차법적 지위가 경우에 따라서 그 의미와 중요성 때문에 실체법적 지위와 동일한 보호를 요청"하는 것에 해당하므로 진정소급효를 허용해서는 안 된다는 입장이다.

위 논증에 따르면, 헌법재판소는 결국 소송법설에 따라 공소시효를 소송법으로만 파악하고, 형벌불소급 원칙은 실체법적 형벌규정에만 적용하는 것으로 본다. 이에 따라 소급효 문제에 형벌불소급 원칙이 적용되지 않는다고 판단하고, 이 문제를 일반적인 소급입법의 허용 가부로 파악하여 범죄자 개인의 주관적 신뢰보호이익을 공익과 이익형량함으로써 해결하려는 것이다. 일부위헌 의견의 경우도 역시 범죄자의 주관적 신뢰보호이익을 진정소급효의 경우에 더 중요하게 평가한 것을 제외한다면 전체적인 논증 구도는 동일함을 알 수 있다. 이와 같은 논증 방식을 이익형량식 논증 즉 "이익형량테제"[37]라 요약할 수 있겠다.

3. 헌법재판소의 논증 비판

---

36) 여기서 "법적 안정성은 객관적 요소로서 법질서의 신뢰성, 항구성, 법적 투명성과 같은 법적 평화를 의미하고, 이와 내적인 상호연관관계에 있는 법적 안정성의 주관적 측면은 한 번 제정된 법규범은 원칙적으로 존속력을 갖고 자신의 행위기준으로 작용하리라는 개인의 신뢰보호 원칙이다."
37) 이호중, 앞의 각주 8)의 논문, 117면.

위 헌법재판소의 논증은 여러 측면에서 타당성이 의심된다. 먼저, 공소시효를 오직 소송법적 개념으로 보아 형벌불소급 원칙이 애초에 적용될 여지를 배제하는 근거가 풍부하지 않다. 왜냐하면 공소시효는 앞서 살펴본 것처럼 실체법적 성격도 다분히 가지고 있기 때문이다. 더욱이 진정소급효에서 개인의 신뢰보호 이익이 더 커지는 이유가 이제는 처벌받지 않을 상황에서 다시 처벌받을 수 있게 되기 때문이라면, 결국 공소시효에 따라 범죄자 입장에서는 처벌의 여지가 좌우될 수 있다는 그 실체법적·가벌성적 성격을 인정하는 것이 되어 버린다.

더욱이 헌법재판소는「헌법」제13조 제1항의 형벌불소급 원칙의 적용 범위 및 그 목적을 부당하게 설정하고 있다.[38] 즉 형벌불소급 원칙을 오직 문언해석에만 집중하여 순전히 범죄구성요건과 형벌의 정도에만 적용되는 것으로 국한시키며, 그 목적이 법적 안정성 내지 신뢰보호에 있다고 보는 것이다. 그러나 앞선 논의에 따라 공소시효의 본질은 국가형벌권의 시간적 한계를 설정한다는 점을 상기한다면, 공소시효가 실질적으로 처벌 여지를 좌우함으로써 가벌성과 관련됨을 인정할 수밖에 없고, 그에 따라 형벌불소급 원칙의 적용 범위에 공소시효가 포함된다고 보는 것이 더 타당한 해석이겠다.

그러나 헌법재판소는 형벌불소급 원칙을 배제하고 일반적인 소급입법의 상황으로 문제를 파악함으로써 범죄자의 주관적·개인적인 기대와 그에 대한 신뢰보호를 지나치게 강조해 버리게 된다.[39] 그런데 과연 일부위헌 의견의 입장에서, 공소시효가 아직 끝나지 않은 범죄자의 체포되지 않으리라는 기대와, 공소시효가 끝난 범죄자의 소추되지 않으리라는 기대가, 공익을 사이에 두고 어째서 결정적인 차이를 보이는가? 그렇다면 같은 관점에서 합헌 의견은 왜 결정적인 차이가 없는 것으로 보는가? 이는 작위적인 판단이 아닌가? 더 나아가, 그러한 종류의 기대가 형법 내지 헌법이 보호하는 종류의 이익인가? 다시 말해 형벌불소급 원칙 또는 법치주의는 본질상 범죄자의 주관적인 기대이익을 보호하는가? 이러한 문제 제기에 대해 헌법재판소의 입장은 명쾌한 답변이 되지 못한다.

위와 같은 비판을 바탕으로 상술했던 쟁점들과 관련된 내용을 정리하면 다음과 같다. 공소시효의 본질에 비추어, 공소시효가 소송조건이라는 이유만으로 형벌불소급 원칙의 적용범위에서 배제된다고 할 수 없다. 오히려 형벌불소급 원칙이 금지하

---

38) 이호중, 앞의 글, 118면.
39) 이호중, 앞의 글, 120면.

는 '가별성'의 소급이란 실질적인 가별성을 포괄하는 것으로, 가별성의 시간적 지속을 결정하는 공소시효를 포함하는 것으로 해석하는 것이 합리적이다. 또한 형벌불소급 원칙 내지 법치주의 원칙을 범죄자의 주관적인 신뢰보호와 법적 안정성의 대립 구도로 파악하는 '이익형량테제'는 부당하다. 이익형량테제에 따르면 범죄자 개인의 기대와 공익을 형량함에 있어서 일관된 기준을 제시하기 어렵고, 이러한 불명확한 기준은 '형벌을 소급적용하여서는 안 된다'는 원칙에 적용할 수 없기 때문이다.

따라서 범죄자의 기대와 공익을 비교하기보다는, 오히려 죄형법정주의의 본질적 의미는 무엇인지, 그 의미에 따를 때 죄형법정주의와 형벌불소급 원칙은 어떤 관계를 갖는지가 숙고되어야 한다. 이런 맥락에서 헌법재판소는 죄형법정주의의 의미와 형벌불소급 원칙의 의미를 충분한 논증 과정 없이 부당하게 제한했다고 평가할 수 있겠다.

Ⅳ. '본질주의적 관점'에 따른 공소시효 확장의 소급효의 정당성

1. 형벌불소급 원칙 및 죄형법정주의의 본질적 의미

그렇다면 형벌불소급 원칙의 본질적인 의미는 무엇인가? 다시 말해, 행위시의 법률에 의해서만 처벌하여야 하는 이유, 형벌권의 확장을 소급적으로 적용하여서는 안 되는 이유가 무엇인가? 그렇게 하는 목적은 무엇인가? 이는 형벌불소급 원칙을 함축하는 죄형법정주의의 내용을 구체화함으로써 파악될 수 있을 것이다.[40]

죄형법정주의는 무엇보다 형벌을 자의적으로 행사해서는 안 된다는 이념을 의미하고, 그 본질적 의미에서 "객관성 보장 원칙이자, 형법적으로 강화된 실정성 원칙"[41]으로 이해되어야 한다. 즉 죄형법정주의가 '법률이 없으면 범죄도 없고 형벌도 없음(nullum crimen, nulla poena sine lege)'을 선언할 때, 이는 법률을 따르는 것이 정의고 자의적인 판단은 언제나 부정의하다는 가치평가를 내포하는 것이 아니다. 그보다는 객관적·실정적으로 명문화된 법률을 통해서만 형벌권이 행사되어야 한다는 선언인 것이다. 따라서 개별적인 사안에 따라 법률의 적용을 달리 하거

---

40) 형벌불소급 원칙이 죄형법정주의의 파생원칙이라기보다 오히려 그 구체화라는 지적으로 홍영기, "소급효금지원칙의 확립 근거와 구체적 적용", 『안암법학』, 제22권(안암법학회, 2006), 83면 참조. 그러나 본고에서 함축과 구체화의 의미를 구분하여 사용하지는 않겠다.

41) 홍영기, 앞의 각주 14)의 논문, 41면.

나 법률을 임의적으로 변경하여 그 사안을 처리하는 행위는 죄형법정주의에 정면으로 위배된다.[42]

이와 같이 형벌권 행사, 더 나아가 법률 그 자체가 명문화·실정화 되어야 하는 이유는 국가권력의 근본적인 한계에 근거한다.[43] 국가권력은 신(神)의 전능(全能)함과 대비되는 의미에서 태생적으로 제한되어 있다. 만약 국가가 모든 개별적이고 구체적인 사안마다 실체적 진실을 정확히 밝혀내고 이해관계자 및 모든 사회구성원의 입장을 고려하여 매번 정의에 합치하는 판단을 할 능력이 있다면, 법률에 따른 판단은 오히려 부정의할 것이다.[44] 그러나 현실에서 국가권력은 유한한 능력을 바탕으로 최선이 아닌 차선의 판단을 할 수밖에 없으며, 이때 그 판단의 근거를 명문화된 실정법에서 찾는 것이 여타의 자의적·도덕적·사회적인 해결, 즉 인치(人治)와는 차별화되는 법치(法治)의 특유성이다.

이러한 관점에서 시민의 자유보장 내지 권리보호는 부차적으로 여겨지는바,[45] 개별 범죄자의 법적 안정성에 대한 주관적 기대 보장은 죄형법정주의의 본질이라기보다 그 효과 중 하나가 된다. 반대로, 행위자의 주관적 기대 내지 권리를 보장하는 경우라도 임의적이거나 자의적인 조치로 인한 것이라면 이는 당연히 죄형법정주의에 위반하는 것이다.[46] 즉 죄형법정주의는 수범자(受範者)의 이익을 목적으로 하는 원칙이라기보다 국가권력의 태생적 한계에 기인하는 원칙으로서, 어떤 당위에 의해 도입된 것이 아니라 법치를 함에 있어서 사실적으로 전제될 수밖에 없는 원칙이다. 이런 맥락에서 죄형법정주의의 효과로서의 법적 안정성이란 사회적인 안정이나 평화를 의미하기보다 자의가 아닌 오직 법이 지배하는 상황이라는 의미의 안정성으로 새기는 것이 타당하다.[47] 이것이 상기한 국가권력의 한계와 관련된 공소시효의 본질론과 일관성이 있는 이해라 하겠다.

---

42) 따라서 실체법과 절차법의 구별, 진정소급효와 부진정소급효의 구별은 죄형법정주의의 적용에 있어서 중요한 기준이 아니라는 주장에 관하여는 홍영기, 앞의 글, 41-42면 참조.

43) 홍영기, 앞의 각주 40)의 논문, 81면.

44) 이런 맥락에서 플라톤은 그의 저서 『정체(政體; Politeia)』에서 철인(哲人)통치를 주장하며 법률에 의한 통치를 불완전하며 열등한 것으로 보았다.

45) 전통적으로 베까리아(Beccaria) 및 리스트(v.Liszt) 등의 학자들은 형법의 목적을 시민의 자유를 보장하기 위한 도구로서 파악하였다. 이에 대한 설명 및 그 한계에 대한 분석으로는 홍영기, 각주 40)의 논문, 75-80면 참조.

46) 홍영기, "죄형법정주의의 근본적 의미", 『형사법연구』, 제24권(한국형사법학회, 2005), 11면.

47) 홍영기, 앞의 각주 14)의 논문, 49면.

요컨대 죄형법정주의는 본래 국가권력의 행사를 반드시 법률에 근거하도록 함으로써 형벌권을 객관적으로 제한하려는 이념이며, 이때 소급효와 관계되는 죄형법정주의의 본질적 내용은 형벌권 행사는 오직 법률에 근거한다는 의미에서의 일관성으로 보는 것이 타당하다. 이에 따라 국가권력이 일관되게 행위시의 법률에만 근거하여 행사될 것을 요청하는 것이 형벌불소급 원칙의 본질적 의미이며, 그를 통해 '형벌권의 객관적인 제한'을 달성하는 것이 그 본질적 목적이지, 정의를 실현하는 것은 주된 목적이 아니다.[48] 이런 맥락에서 시민 내지 범죄자의 주관적 기대는 보호법익이라기보다 하나의 효과로서 이해되어야 한다. 즉 범죄자 주관적으로 처벌받지 않을 것이라는 기대와 그에 대한 신뢰보호는 결정적인 것이 아니며, 오히려 국가형벌권의 자의적인 행사를 금지한다는 것이 더 중요하다. 이러한 해석은 보다 높은 층위에서 법률에 의한 국가권력의 행사와 제한이라는 법치주의 정신과도 부합한다. 이런 맥락에서 주관성을 강조한 헌법재판소의 판단에 대하여, 범죄자가 주관적으로 스스로의 행위가 위법하지 않다고 믿는 소위 위법성 착오의 경우에 형사처벌이 금지되는 것은 아니라는 비판은 결정적이다.[49]

한편 범죄자에게 유리한 신법의 소급효는 인정된다는 점에서 형벌불소급 원칙을 행위자의 '이익'을 위한 것으로 볼 수 있다. 그러나 행위자의 이익은 형벌불소급 원칙의 '적용범위'를 분석할 때 고려되는 것이 아니라, 그 적용범위에 해당함에도 불구하고 '예외'가 되는 경우를 판단하는 질적인 평가 수준에서 고려되는 것이다. 더 나아가 이때의 이익은 '객관적'인 형벌의 수준이 더 낮다는 의미에서 이익이지, '주관적'인 수준에서 범죄자의 기대가 얼마만큼 견고하고 보호받을 만한지를 따지는 식의 이익을 의미하지는 않는다. 따라서 형벌불소급 원칙 자체의 본질적인 의미를 '주관적 이익'을 고려하는 것으로 보는 관점에 기반하여 그 적용범위를 판단하는 것은 부당하다.

이상의 논의에 따라 죄형법정주의와 형벌불소급 원칙이 국가형벌권 행사의 객관적인 제한을 강조하고, 공소시효가 실질적으로 형벌권 및 가벌성과 관련되어 있다고 본다면, 공소시효의 진정소급효와 부진정소급효 모두 형벌불소급 원칙의 적용범

---

48) 따라서 "소급효금지원칙을 엄격히 적용하면 정의와 합목적성의 손실"이 야기되지만 "이러한 손실은 보상될 것"이며 "국가는 붕괴된 불법질서의 판결에 있어서도 소급효금지원칙을 절대적으로 존중하여야 한다." Welke/한상훈 역, "소급효금지원칙의 의의와 한계", 『민주법학』, 제10권(민주주의법학연구회, 1996), 130면.
49) 이호중, 앞의 각주 8)의 논문, 120면.

위에 포섭된다고 보아야 할 것이다. 이와 같은 입장을 죄형법정주의 및 공소시효의 본질에 주목한다는 의미에서 공소시효 소급효 문제에 대한 '본질주의적 관점'이라 명명할 수 있겠다.

2. '본질주의적 관점'의 구체화: 국가범죄의 특수성과 관련하여

국가형벌권의 객관적 제한이 곧 국가형벌권 확장의 무조건적 제한을 의미한다고 보기는 어렵다. 이 지점에서 '반인권적 국가범죄'의 특수성에 대한 고려가 필요하다. 즉 공소시효가 형벌불소급 원칙의 적용 범위 안에 있음은 분명하지만, 그렇다고 해서 곧바로 반인권적 국가범죄에 있어서 공소시효의 확대를 소급하는 것이 전부 금지되는 것은 아니다. 공소시효의 법적 성질의 특수성에 따라 소송법 개념에 대하여도 형벌불소급 원칙이 고려되는 것과 마찬가지로, 반인권적 국가범죄의 특수성에 따라 그 소급효 인정 여부가 달라질 수 있기 때문이다.

기존의 논의, 예컨대 헌법재판소의 논증과 다수설에 따르면, 반인권적 국가범죄의 특수성은 죄질과 사회적 정의 측면에서 고려된다. 즉 헌정질서 파괴를 자행한 자는 그 죄질이 특별히—예외적으로— 나쁘기 때문에 처벌 대상으로 상정된다. 이러한 '특단의 사정'이 인정되는 경우에는 대체로 실질적인 정의와 법적 안정성을 비교형량하여 정의의 손을 들어준다는 이유로 소급효를 허용하는바,[50] 상기하였던 '이익형량테제'와 유사한 논리가 전개된다. 이 지점에서 "국가권력과 시민의 대립이라는 정치적 구도"[51] 아래에 형벌권을 손에 쥔 자에 의한 임의적인 처벌 확장이 우려되기도 한다.[52]

그러나 진정하게 고려되어야 할 것은 반인권적 국가범죄의 '죄질'이 아니다. 오히려 '범죄주체'의 특수성, 즉 국가권력이 자행한 범죄임을 주목해야 한다. 그리고 형벌불소급 원칙이 표상하는 죄형법정주의의 본질이 국가권력 행사의 객관적 제한이라는 맥락에서, 국가가 주도한 범죄에 대하여는 그러한 형벌권의 제한이 적용되어

---

50) 이와 유사한 견해로는 김재윤, 앞의 각주 18)의 논문, 19면; 문봉규, 앞의 각주 22)의 논문, 290면; 변종필, 앞의 각주 8)의 논문, 664면 참조.
51) 홍영기, 앞의 각주 46)의 논문, 12면.
52) 같은 맥락에서 "정의를 이유로 죄형법정주의를 회피하는 것은 법을 권력자의 수중에 있는 밀랍(Wachs)으로 만들 우려가 있으므로 바람직하지 않다"는 지적도 있다. Welke/한상훈 역, 앞의 각주 48)의 논문, 130면 참조.

야 할 선제 조건이 불충족된다. 다시 말해 형벌권의 제한, 즉 공소시효 확장의 소급
효로 인한 형벌권 확대가 제한되어야 하는 경우는 국가권력의 임의적인 행사를 피
하고 법률에 근거하여 처벌해야 한다는 죄형법정주의의 요청을 받는 한에서 고려
되어야 한다. 따라서 국가권력의 '자의적'이고 '위법한' 행사가 문제되는 반인권적
국가범죄에 대하여 형벌불소급 원칙을 우선적으로 고려하는 것은 수단과 목적, 파
생원칙과 근본원칙의 관계를 전도시키는 것이다. 이를 일종의 '모순행위 금지
(venire contra factum proprium)' 원칙으로서 불법을 자행한 권력자에 대하여는 형
벌불소급 원칙의 보호가 허용되지 않는 것으로 이해할 수도 있다.[53] 이와 같이 국
가권력이 범죄주체라는 점을 강조한 Welke 등 학자들의 논의가 반인권적 국가범죄
와 죄형법정주의의 관계를 적확하게 파악한 것으로 보인다.

따라서 본질주의적 관점에 따르면 반인권적 국가범죄의 경우에는 형벌불소급 원
칙이 적용될 수 없다는 결론이 나온다. 구체적으로 그 논거들을 정리해 보자면 다
음과 같다: ① 사인(私人) 간의 범죄가 아니라, 범죄주체가 국가권력인 점, ② 국가
권력이 자행했던 불법행위가 곧 국가권력의 자의적인—더 나아가 위법하여 법체계
가 허용하지 않는 종류의— 행사였다는 점, ③ 형벌불소급 원칙이 목표하는 국가권
력 행사의 일관성이 곧 그러한 불법행위의 일관성을 의미하지는 않는다는 점, ④
죄형법정주의가 목표하는 국가권력의 객관적 제한이 곧 그러한 자의적인 불법행위
를 방지하고자 하는 점. 따라서 '반인권적 국가범죄'의 경우 본질주의적 관점에서
형벌불소급 원칙이 처음부터 적용대상이 되지 아니한다. 즉 이 경우에 죄형법정주
의는 형벌불소급 원칙이 아니라 법률에 근거한 국가권력의 정당한 행사라는 이념
을 앞세워 반인권적 국가범죄가 애초에 자의적이고 부적절한 권력행사였음을 지적
할 것이고, 그에 따라 위의 네 가지 사유로 인하여 부진정소급효는 물론이고 진정
소급효까지 인정할 가능성이 확보된다.

3. 본질주의적 관점의 함축 및 기존 입장과의 비교

(1) 이익형량식 구도의 극복과 '실질적' 정의에 대한 무관심

---

53) Welke/한상훈 역, 앞의 글, 131면. 이와 유사한 입장 즉 "권력자로부터 피지배자를 보호하기
위하여 창출된 모든 제도를 권력자 자신이 이용하는 것은 불가능하다"는 입장을 "헌법내재적
한계 이론"이라 정리한 견해도 있다. 이호중, 앞의 각주 8)의 논문, 125면 참조.

무엇보다 중요한 본질주의적 관점의 함축은 죄질의 경중이 문제되지 않는다는 것이다. 즉 제아무리 악질적인 범죄가 문제된다 하더라도, 범죄주체가 사인(私人)일 경우에는 국가권력의 객관적 제한 및 일관성 유지에 비추어 보아 소급효금지 원칙의 적용 대상이 된다. 상기했던 논의 맥락에 따라 본질주의적 관점에서 보자면, 가벌성의 확대 및 재형성과 관련되는 공소시효의 소급효는 원칙적으로 형벌불소급 원칙의 적용 대상이 되기 때문이다. 반대로, 반인권적 국가범죄에서 소급효를 인정하게 되는 경우에도 그 논거가 헌정질서의 파괴범이라는 죄질의 무거움에 의존하지 않게 된다.

이로 인하여 정의와 법적 안정성의 대립 구도가 애초에 설정되지 않는다. 기존의 관점에 따르면, 반인권적 국가범죄의 경우 헌정질서를 파괴했다는 죄의 성격에 의해서 공소시효가 목표로 하는 법적 안정성이나 신뢰보호 원칙이 적용될 수 없다고 보기도 한다.[54] 그런데 바로 이 지점에서 모든 악질적인 범죄에 대하여 헌법정신을 파괴하였으므로 소급효를 인정할 수 있다는 논거가 무한히 확장되어 버릴 가능성이 열리게 된다.[55] 그러나 본질주의적 관점에 따르면 이러한 정의와 법적 안정성의 비교가 애초에 문제되지 않는다. 즉 범죄주체의 특수성에 의해 형벌불소급 원칙이 처음부터 적용될 수 없는 사안이기 때문에 처벌 가능성이 열리는 것이지, 실질적 정의보호의 필요성 때문에 예외적으로 처벌 가능성이 열리는 것은 아니다.

그러나 기존의 이익형량식 논의들을 살펴보면, 대체로 실질적 정의보호를 위하여 형벌불소급 원칙 및 죄형법정주의를 해석하고자 하거나, 죄형법정주의가 그 본질상 실질적 정의보호를 위하여 존재하는 것으로 여기는 것처럼 보인다.[56] 그러나 죄형법정주의가 어떠한 종류의 이념적 정의를 지향하는 것은 분명하나, '실질적'인 즉 구체적이고 개별적인 사안마다 비례에 합치하는 정의를 지향한다고 보기는 어렵다. 물론 이때 죄형법정주의가 지향하는 이념적 정의란 '국가형벌권 행사의 객관적 제한'임은 반복하여 강조한 바와 같다.

---

54) 김상겸, "공소시효 배제와 연장에 관한 헌법적 고찰", 『헌법학연구』, 제12권 제3호(한국헌법학회, 2006), 347면.

55) 같은 맥락에서 "이러한 비교형량에서는 범죄인의 처벌필요성이라는 정의의 요청이 합리적으로 근거지워질 수만 있다면 부진정소급효는 물론 진정소급효의 경우에도 형량저울은 손쉽게 '정의'의 편으로 기울 수 있다"는 지적이 있다. 이호중, 앞의 각주 8)의 논문, 123면.

56) 이런 맥락에서 나우케(Naucke)는 소급효 문제가 "'죄형법정주의에 속하는가'의 문제가 아니라 '죄형법정주의에 속하는 것으로 결단해야 하는가'의 법가치관적 문제"라고 지적한 바 있다. 홍영기, 앞의 각주 14)의 논문, 90면.

특히 이익형량식 논증에서 자주 원용되는 '특단의 경우'에 대한 예외적 고려는 라드브루흐(Radbruch) 공식을 염두에 둔 것으로 보인다.[57] 라드브루흐 공식이란 실정법과 자연법의 대립구도와 관련된 원칙으로, 일반적인 경우에는 실정법이 내용상 부당하다 하더라도 우선권을 갖지만, 특별한 경우 즉 실정법과 정의의 모순이 '참을 수 없는 정도'에 이르렀다면 정의가 법에 우선한다는 내용이다.[58] 그러나 '참을 수 없는' 경우마다 형벌불소급 원칙 적용에 예외를 두는 것은 구체적인 사안에 따라 죄형법정주의의 적용 여부를 달리하겠다는 것으로, 이는 객관적으로 실정화된 법률에 근거한 형벌권 행사라는 죄형법정주의의 본질을 완전히 몰각하는 것이다. 이익형량식 논증은 형벌권 행사와 관련 없는 국가작용의 경우에 한하여 유효할 수 있는 것이지, 형벌불소급 원칙의 경우에 그 대립 구도 및 논거가 적용되어서는 안 되며, 이는 앞서 비판적으로 검토한 헌법재판소의 논증에서도 견지되고 있는 구분이다. 죄형법정주의는 더욱 엄격하게, 즉 형법적으로 격상된 법치국가원칙으로서 이해되어야 하기 때문이다.[59]

따라서 이익형량테제 내지 라드브루흐 공식이 형벌의 소급효를 정당화하는 논거로서 활용되어서는 아니 된다. 이에 반해 본질주의적 관점은 실질적인 정의에 무관심하면서도 소급효를 인정하는 논거를 제시하므로, 객관적이고 일관된 형벌권 행사를 목표하는 죄형법정주의와 보다 합치한다. 다시금, 실질적인 정의는 죄형법정주의의 임의적 적용 내지 수정을 통해서가 아니라, 실체적 진실에 부합하는 본안 판단 및 효과적인 형사정책에 의하여 확보되어야 함을 강조하는 바이다. 따라서 라드브루흐 공식을 통해 죄형법정주의가—마치 정의처럼—'회복'된다고 볼 수 없다.

(2) 소급효 인정 대상의 제한

다음으로, 위의 네 가지 사유를 만족하는 반인권적 국가범죄에 대해서는 원칙적으로 공소시효 확장의 부진정소급효는 물론 진정소급효까지 인정될 가능성이 열린다. 이때 진정소급효를 인정하는 것은 자의적인 국가형벌권의 창출이 아니다. 오히려 네 가지 사유로 인하여 죄형법정주의와 형벌불소급 원칙의 제도적 공백에 위치하게 되는 사안에 대하여 국가형벌권이 소멸된 바가 없었다는 일종의 확인적인 성

---

57) 변종필, 앞의 각주 8)의 논문, 666면; 양천수, 앞의 각주 31)의 논문, 33면; 홍영기, 앞의 각주 40)의 논문, 91면.
58) Radbruch, SJZ 1946, 107면(홍영기, 앞의 각주 14)의 논문, 45면에서 재인용).
59) 홍영기, 앞의 각주 46)의 논문, 3면.

격을 띠는 것이다.[60]

이에 따라 공소시효 확대의 소급효가 허용되는 사안이 특수한 경우로 한정되는 효과가 있다. 즉 국가권력이 범죄주체인 경우에 대하여만 공소시효를 확대하는 것의 정당성이 확보된 것이기 때문에, "강성 형사정책의 정치적 필요에 의해"[61] 모든 경우에 소급효가 인정될 것이라는 우려는 피해갈 수 있다.

이때 도대체 무엇이 국가권력과 관계된 '국가범죄'인지 불분명하기 때문에 이와 같은 입장은 해결책이 될 수 없다는 지적이 가능하다. 예컨대 장래에 「국가보안법」이 폐지될 경우 그 법에 근거한 처벌을 국가권력에 의한 범죄로 볼 것인지, 아니면 일반적인 법규범의 변화 과정으로 볼 것인지, 만약 국가범죄로 본다면 누구까지 직·간접적인 권력자로서 가해자로 볼 것인지를 판단하기 어렵다는 것이다.[62] 그러나 이는 명확한 기준을 세우기 어렵다는 측면의 현실적인 어려움에 대한 지적일 뿐이지, 그로 인해 본 입장의 법적·이론적 정당성이 결여되었다는 결론이 나오는 것은 아니다. 현실적으로 어렵기 때문에 논리적으로 틀렸다는 식의 논증은 부당하기 때문이다. 특히 누구까지 처벌 대상자로 상정해야 하는가를 판단하기 어렵다는 식의 명확성과 관련된 문제는 사법의 모든 영역에 공통되는 어려움이다. 그럼에도 불구하고 사법체계는 정당성을 잃지 않으며, 그러한 실존적 한계에 부딪히면서 최선의 해결책을 결단해가는 과정에서 인간에 의한 법치는 생명력을 얻는다고 생각한다.

V. 본질주의적 관점의 발전 방향

이상의 논의에 따르면 반인권적 국가범죄에 대한 공소시효 확대의 부진정소급효와 진정소급효가 모두 인정될 가능성이 있다는 결론이 나온다. 즉 이론적 정당성을 확보한 것이다. 그러나 본질주의적 관점은 하나의 새로운 해석 틀을 열어 보이는 것이기 때문에, 이에 따라서 공소시효 확장을 전부 소급적용해야 한다는 당위적인 결론이 곧바로 도출되는 것은 아니다. 따라서 관련된 여러 쟁점들을 더불어 검토함으로써 이론을 실제로 적용하는 측면의 실천적인 발전 방향이 구체적으로 제시될 수 있을 것이다.

---

60) 즉 "소급효금지원칙은 국가권력자의 처벌을 무효화하지 않는다. 오히려 적용대상이 아니므로 처음부터 적용되지 않는다." Welke/한상훈 역, 앞의 각주 48)의 논문, 132면.
61) 이호중, 앞의 각주 8)의 논문, 124면.
62) 이와 유사한 지적으로는 홍영기, 앞의 각주 14)의 논문, 48면 이하 참조.

1. 반인권적 국가범죄의 대상 설정 문제

우선 반인권적 국가범죄에 대하여 진정소급효까지 인정할 수 있다고 보았지만, 여전히 앞에서 언급하였던 '무엇이 반인권적 국가범죄인가'에 대한 물음이 남아 있다. 더욱이 본질주의적 관점에 따르면 소급효의 정당성 인정 여부는 범죄주체의 특수성에 의존하기 때문에, 무엇보다 소급효가 인정되는 네 가지 사유에 해당하는 구체적인 범죄의 종류를 설정하는 것이 중요한 과제가 되겠다. 이 과정이 설득력을 잃는다면 상기하였던 비판과 같은 맥락에서 본질주의적 관점 또한 유효한 이론적 대안이 되지 못할 여지가 있으므로,[63] 구체적이면서 타당한 기준을 제시하여야 할 것이다.

이와 관련하여 본고에서 우선적으로 차용하였던 5·18특별법상의 적용 대상 설정이 보다 구체화되어야 한다는 지적이 있다. 즉 5·18특별법 제1조의2 제2항의 규정은 「국제형사재판소 관할 범죄의 처벌 등에 관한 법률」[64] 제9조(인도에 반한 죄)의 규정을 원용한 것이므로, "민간인 주민을 공격하려는 국가 또는 단체·기관(이에 속한 사람을 포함한다)의 정책과 관련하여 민간인 주민에 대한 광범위하거나 체계적인 공격으로 형법 제250조 제1항(살인), 제259조 제1항(상해치사), 제262조(폭행치사), 제275조 제1항(유기치사), 제301조의2(강간 등 살인·치사), 제257조 제1항(상해), 제124조(불법체포·감금), 제125조(폭행·가혹행위), 제297조(강간), 제298조(강제추행), 제260조 제1항(폭행)"[65]으로 적용 조문을 구체적으로 명시하여야 한다는 것인데, 이러한 시도를 참조하여 대상이 되는 행위를 조문을 적시함으로써 명문화하는 것이 더욱 타당하다고 본다.

또한 본질주의적 관점이 국가범죄의 주체성에 주목한다면, '반인권적' 국가범죄만이 아니라 국가범죄 일반에 대하여도 공소시효 확장의 소급효가 허용되는 것인지 문제된다. 즉 범죄주체가 국가권력인 경우에는 형벌불소급 원칙이 그 본질상 적용되지 않으므로 모든 종류의 국가범죄에 대하여 공소시효 확장의 소급효 내지 가

---

63) 물론 상기하였던 비판의 지적과는 다르게 이론적 정당성 자체가 상실되지는 않겠으나, 실질적인 효력이 없는 공허한 이론적인 논의가 될 수 있다는 의미이다.

64) 법률 제10577호.

65) 김남진, "5·18 민간인학살과 '반인도적 범죄': 공소시효와 소급효금지원칙을 중심으로", 『민주주의와 인권』, 제21권 제3호(전남대학교 5·18연구소, 2021), 244면.

벌성 확대의 소급효가 허용되는가? 기존의 국가범죄의 특수성에 주목하는 입장인 '헌법내재적 한계 이론'에 따르면, 소급효가 가능한 대상을 선별하는 기준으로서 국가권력의 제한보다 중요한 "인권보호 및 헌정질서 보호라는 정의의 요청"[66]이 제시되며, 국가권력의 단순한 부정부패는 그 기준에 따라 배제된다고 한다. 그러나 그러한 기준으로 제한되는 이유를 명시하고 있지 않으며, 더욱이 어느 수준까지의 '반인권적인' 범죄만이 대상이 되고 다른 범죄는 대상이 되지 않는지를 이론적으로 해명하기 어려울 것이다.

본질주의적 관점에 따르면 모든 국가범죄에 대하여 공소시효 확장의 소급효가 이론적으로 가능해진다. 그러나 가능성이 곧 필연성을 함축하지 않듯이, 공소시효 확장이 곧 국가형벌권의 확장과 관련되는 한, 그 소급효는 정책적 '필요성'이 입증되는 한에서 인정될 수 있는 것이다. 시민에 의하는 동시에 시민을 위하는 국가권력은 오직 뚜렷한 이익을 위하여 필요한 한도에서만 확장될 수 있기 때문이다. 즉 공소시효를 장래에 대하여 폐지할 때도 일반예방적 또는 특별예방적 효과 등이 검토되어야 하는 것과 마찬가지로,[67] 공소시효 확장의 소급효를 실질적으로 적용할 때는 그것을 도입함으로써 얻는 정책적인 목표, 그 목표 달성과 관련하여 예상되는 효과성 등이 입증되어야 한다.

이를 통해 결국 사회적인 경중 내지 '실질적 정의'에 다시금 개입하는 것이 되지만, 그 수준을 이론적 층위에서 실천적 층위로 내려오게 한다는 점에서 중요한 차이가 있다. 즉 기존의 이익형량식 논의들은 이론적인 수준에서 소급효를 정당화할 때 '실질적 정의'를 고려하기 때문에 형벌불소급 원칙 및 죄형법정주의의 본질과 상충되는 논거에 의존하게 되지만, 본질주의적 관점은 이론적 수준의 정당화에 있어서는 실질적 정의에 무관심함으로써 논리적 정합성을 유지하는 동시에 실천적인 적용의 단계에서 실질적 정의를 고려함으로써 구체적인 타당성을 기하는 해결 방안이 될 수 있는 것이다. 이렇게 함으로써 이론적 층위에서 '반인권적'인 범죄로 판단되는 죄질의 기준을 제시해야 되는 부담이 해소되는바, 이것이 기존의 '헌법내재적 한계 이론'과 구별되는 차이점이자 개선점이다. 요컨대 이론이 직접 실질적이고 구체적인 정의를 판단하지 않고 그 역할을 현실의 입법작용에 넘겨줌으로써, 정의에 관한 쟁론을 그것이 본래 속하는 자리인 공론장에 남겨둘 수 있는 것이다.

---

66) 이호중, 앞의 각주 8)의 논문, 125-126면.
67) 홍영기, 앞의 각주 14)의 논문, 38-39면.

2. 소급적용 대상 설정 문제 및 국가권력의 한계로서 법이념

다른 한편으로, 공소시효 확장의 소급효가 아닌 새로운 범죄구성요건의 소급효가
문제될 수 있다. 즉 위의 네 가지 사유로 인해 애초에 형벌불소급 원칙이 고려되지
않는 국가권력의 자의적 행사의 경우에, 기존의 형벌에 없던 새로운 조항을 창설하
여 그것을 소급적용하는 것까지 허용되는지가 문제될 수 있다. 가령 기존의 형법전
에 포함되어 있는 살인, 상해치사, 폭행치사 등이 아니라 전혀 새로운 유형의 범죄,
특히 '반인권적 국가범죄'로 보이는 과거의 사안을 처리하기 위해서 새로운 유형의
구성요건을 창설하여 이것을 소급하는 것까지도 본질주의적 관점에 따라 정당화되
는가? 그렇다면 모든 국가권력의 행사는 사후적으로 처벌받을 수 있게 되는 것인
가?

그러나 이는 과도한 해석으로 보인다. 본질주의적 관점은 큰 틀에서 죄형법정주
의의 본질인 국가권력의 객관적 제한에 방점을 둔다. 따라서 정당한 법률에 근거했
던 모든 국가권력 행사는 우선 죄형법정주의의 보호범위 안에 있다. 만약 이때 근
거로 작용했던 법률 자체가 부정의했다고 본다면, 결국 모든 국가권력의 행사는 사
후에 처벌받게 될 가능성이 열리게 된다. 그러나 이는 논점을 흐리는 것이다. 왜냐
하면 본질주의적 맥락에서 법률 자체의 정당성과 정의는 일차적인 평가 대상이 아
니기 때문이다. 다만 임의적인 법률, 가령 전체 법체계에 비추어 부정합한 법률에
근거한 국가권력 행사는 비록 그것이 법률에 근거한 것이라 하더라도 죄형법정주
의가 상정하는 이념적 정의에 부합하지 않다고 볼 수 있다.

이런 맥락에서 죄형법정주의의 내용적 한계, 즉 국가권력의 내재적 한계로서 법
이념이 존재함을 지적할 수 있다. 일반적인 자연법 논의상 세 가지 법이념으로서
정의(正義), 법적 안정성, 합목적성이 제시되는바,[68] 그것을 구성하는 하위 법개념
요소로서 실정성, 유효성, 정당성의 세 가지 개념이 제시될 수 있다.[69] 이때 법개념
요소는 법을 법답게 만들어주는 정의(定義)적 요소로서, 그것이 결여된 법은 더는
법이 아니라고 할 수 있다. 따라서 법이념으로서 정의 내지 법개념요소로서 정당성

---

68) 홍영기, "법개념요소의 법비판 작용 -법이념 간 우위관계 적용에 대한 비판-",『법철학연구』,
　　제8권 제2호(한국법철학회, 2005), 113면.
69) 홍영기, 앞의 각주 40)의 논문, 93면.

을 결여한 법률에 근거한 형벌권의 행사는 죄형법정주의의 본질적 의미에 부합하지 않는 것이다.

이때 법개념요소로서 정당성이 곧 구체적 정의를 의미한다면[70] 라드브루흐 공식이 바로 이 지점에서 원용될 수 있겠다. 즉 구체적 정의가 '참을 수 없는' 정도로 훼손되었는지 여부를 판단하는 기준으로서 라드브루흐 공식이 활용될 수 있다. 예컨대 법률의 형식을 띠지만 비도덕적인 내용을 가지거나 헌법 등 상위법의 내용에 위배되는 경우[71]에 정당성을 상실하므로 법이 아니라는 의미에서 비법(非法)으로 평가할 수 있다. 이와 같이 라드브루흐 공식은 이익형량식 논의 맥락에서 소급효를 정당화하는 이론적 논거로서 활용되기보다, 국가권력이 정당한 법률에 근거하여 행사되었는지를 판단하는 맥락에서 자연법적 개념으로서 참조될 수 있다. 요컨대 국가가 마음대로 법률을 만들 수 없는 "양심상의 외적 경계"[72]가 곧 국가권력의 내재적 한계가 된다.

VI. 결론

과거사 문제는 다음과 같은 구조로 요약할 수 있다. 과거사는 청산되어야 한다. 왜? 고통에 짓눌린 피해자의 얼굴을 보아라. 이러한 사안을 처리할 수 없다면 도대체 법이 무슨 소용이겠는가. 반인권적 국가범죄는 처벌되어야 한다. 왜? 그를 통해 과거사를 청산할 수 있기 때문이다. 반인권적 국가범죄를 처벌할 수 있는가? 어려움이 있다. 공소시효가 완성된 범죄행위가 있기 때문이다. 그런데 본질주의적 관점에 따르면 반인권적 국가범죄의 공소시효 확장을 소급할 수 있으므로, 그것은 문제되지 않는다.

본질주의적 관점은 일관되게 국가권력의 본질적 특성, 그에 따른 공소시효·죄형법정주의·형벌불소급 원칙의 본질적 내용, 그에 따른 공소시효와 형벌불소급 원

---

70) "법이념으로서 정의가 평등한 취급"이라면, "법개념으로서 정당성은 구체적 정의로 일컬어질 수 있는 것으로서 합목성이 추구하는 목적의 '내용'에 해당한다"고 구분할 수 있다. 홍영기, 앞의 글, 95면 참조.

71) 실제로 이와 같은 기준을 통해 뉘른베르크 인종법(Rassengesetz) 등 나치정권의 법률이 폐지되었으며, "옳지 않은 법인 것이 아니라 처음부터 법일 수 없다"는 점에서 법이념으로서 정의가 훼손되었음이 지적된 바 있다. 홍영기, 앞의 글, 97면 참조.

72) Welke/한상훈 역, 앞의 각주 48)의 논문, 136면.

칙의 포섭 관계를 논함으로써 반인권적 국가범죄에 있어서 공소시효 확장의 소급효를 인정할 이론적 논거를 제시한다. 그 핵심적인 내용은 국가권력의 태생적 유한성, 공소시효의 실질적 가벌성, 형벌불소급 원칙의 국가범죄에 대한 적용 배제로 구성된다. 그 과정에서 기존의 판례 및 학설의 논증, 특히 이익형량식 논증 구도를 사용하여 반인권적 국가범죄의 경우에 '예외적으로' 소급효를 인정하려는 이론적 시도의 한계를 지적하였는바, 본질주의적 논증은 죄형법정주의의 근본적인 의미에 충실함으로써 이론적 정합성을 유지하는 대안적 관점이라 하겠다.

그럼에도 불구하고 논의 말미에서 언급하였다시피 실천적인 문제가 여전히 남아 있으며, 이는 이론적 해명 이후에 '지상에서' 해결되어야 할 문제이다. 즉 본질주의적 관점은 이론적인 문제를 해결하였지만, 여전히 "어떻게 반인권적 국가범죄를 처벌할 것인가", "어디까지 처벌할 것인가"의 문제가 남아 있는 것이다.

이때 주의해야 할 것은 당위에 압도되어서는 안 된다는 것이다. "과거사는 청산되어야 한다"는 말에 압도되어 버리면 논리적 판단 과정에서 문제가 생길 수 있을 뿐만 아니라 무엇이 실질적 정의에 합치하는 결정인지조차 판단하기 어려울 수 있기 때문이다. 더 나아가 "반인권적 국가범죄에 대한 처벌로써 과거사는 청산되는가?"의 물음은 "청산이란 무엇인가?"를 함의하는 가치판단의 영역인바, 이 물음에 대한 숙고 또한 간과되어서는 안 될 것이다. 이와 같은 실천적인 문제에 대한 고민이 함께 이어지는 한에서 과거사 문제는 비로소 확실하게 '청산'될 수 있을 것이다.

【참고문헌】

배종대 · 홍영기, 『형사소송법』, 제3판(홍문사, 2022)

강동범, "공소시효의 정지 · 연장 · 배제와 소급효", 『형사법의 신동향』, 통권 제58호
　　　(대검찰청, 2018).
김남진, "5 · 18 민간인학살과 '반인도적 범죄': 공소시효와 소급효금지원칙을 중심
　　　으로", 『민주주의와 인권』, 제21권 제3호(전남대학교 5 · 18연구소, 2021).
김상겸, "공소시효의 배제와 연장에 관한 헌법적 고찰", 『헌법학연구』, 제12권 제3
　　　호(한국헌법학회, 2006).
김성천, "헌정질서 파괴범죄의 공소시효", 『중앙법학』, 제19집 제2호(중앙법학회,
　　　2017).
김재윤, "헌정질서 파괴범죄 공소시효 배제를 통한 정의 회복", 『인권법평론』, 통권
　　　제21호(전남대학교 공익인권법센터, 2018).
문봉규, "반인권적 범죄의 법적 성질에 관한 연구", 『외법논집』, 제38권 제1호(한국
　　　외국어대학교 법학연구소, 2014).
_____, "공무원의 반인권적 범죄에 대한 공소시효 연장 · 배제에 관한 연구", 『법
　　　학연구』, 통권 제32집(전북대학교 법학연구소, 2011).
박경규 외 2인, "반인권적 국가범죄의 법적 쟁점과 입법론적 대안", 『형사정책연구
　　　원 연구총서』(2020).
박찬걸, "공소시효의 정지 · 연장 · 배제에 관한 최근의 논의", 『형사법의 신동향』,
　　　통권 제34호(대검찰청, 2012).
변종필, "반인도적 · 국가적 범죄와 공소시효", 『비교형사법연구』, 제8권 제1호(한국
　　　비교형사법학회, 2006).
서효원, "공소시효 관련 법률 개정의 현황과 문제점", 『형사소송 이론과 실무』, 제8
　　　권 제2호(한국형사소송법학회, 2016).
양천수, "공소시효에 대한 법철학적 시론 － 연구노트의 측면에서 －", 『영남법학』,
　　　제35권(영남대학교 법학연구소, 2012).
이창섭, "공소시효 정지 · 연장 · 배제조항과 부진정소급효 － 대법원 2015. 5. 28. 선
　　　고 2015도1326판결", 『법조』, 제65권 제9호(법조협회, 2016).

이호중, "반인권적 국가범죄의 공소시효배제와 소급효", 『민주법학』, 제30권(민주
　　　주의법학연구회, 2006).

조　국, "'반인권적 국가범죄'의 공소시효의 정지·배제와 소급효금지의 원칙", 『형
　　　사법연구』, 제17권(한국형사법학회, 2002).

하태영, "공소시효제도의 문제점과 개정방향", 『비교형사법연구』, 제4권 제1호(한
　　　국비교형사법학회, 2002).

편집부, "'반인권적 국가범죄의 공소시효 배제 등에 관한 특례법안(의안번호 제
　　　7478호)'에 대한 의견서", 『형사법연구』 제19권(한국형사법학회, 2007).

홍영기, "과거사에 대한 법적 처리의 정당성과 가능한 대안", 『법철학연구』, 제10권
　　　제2호(한국법철학회, 2007).

＿＿＿, "국가권력의 한계, 어디에서 비롯되는가", 『법철학연구』, 제8권 제1호(한
　　　국법철학회, 2005).

＿＿＿, "죄형법정주의의 근본적 의미", 『형사법연구』, 제24권(한국형사법학회,
　　　2005).

＿＿＿, "소급효금지원칙의 확립 근거와 구체적 적용", 『안암법학』, 제22권(안암법
　　　학회, 2006).

＿＿＿, "시효이론의 역사적 전개와 그 평가", 『법사학연구』, 제37호(한국법사학
　　　회, 2008).

＿＿＿, "법개념요소의 법비판 작용 －법이념 간 우위관계 적용에 대한 비판－",
　　　『법철학연구』, 제8권 제2호(한국법철학회, 2005).

Welke/한상훈 역, "소급효금지원칙의 의의와 한계", 『민주법학』, 제10권(민주주의
　　　법학연구회, 1996).

헌법재판소 1993. 9. 27. 선고 92헌마284 결정
헌법재판소 1996. 2. 16. 선고 96헌가2, 96헌바7, 96헌바13 병합결정

【국문초록】

본고는 '반인권적 국가범죄의 공소시효 소급효' 문제에 관한 기존 논의들의 한계점을 보완하는 '본질주의적 관점'을 제시한다. 구체적인 사안마다 달라질 수 있는 사회의 응보감정 또는 증거확보 여부 등과 무관하게 국가형벌권이 일정 시간을 경과하면 사라지는 이유가 곧 공소시효의 본질을 구성한다. 이런 맥락에서 공소시효는 국가형벌권의 시간적 한계를 설정함으로써 형벌권의 존재를 확정한다는 데 그 본질이 있으며, 이는 신(神)적인 능력과 대비되는 의미에서 유한한 국가권력의 특성에 기인한다. 따라서 공소시효가 본질상 국가형벌권의 시간적 존속 범위를 결정하는 한 공소시효는 가벌성과 관련된다.

죄형법정주의는 무엇보다 자의적으로 형벌권이 행사되어서는 안 된다는 의미에서 국가권력의 실정적·객관적인 제한을 본질적 내용으로 하며, 이는 개별 사안마다 완벽한 해답을 제시할 수 없는 국가권력의 근본적인 유한성에 기인한다. 이에 따라 형벌불소급 원칙은 오직 법률에 근거하여 형벌권이 행사될 것을 요청함으로써 형벌권의 자의적 행사를 방지하고자 한다. 결국 형벌불소급 원칙이 국가형벌권 행사의 객관적 제한을 강조하고 공소시효가 실질적으로 가벌성과 관련된다면, 공소시효의 진정·부진정소급효는 모두 형벌불소급 원칙의 적용을 받는다. 이와 같은 입장을 죄형법정주의 및 공소시효의 본질에 주목한다는 의미에서 '본질주의적 관점'이라 명명한다.

그러나 반인권적 국가범죄는 국가권력의 자의적이고 위법한 행사가 문제되는 사안인바, 본질주의적 관점에 따르면 범죄주체가 국가인 경우에는 법률에 근거한 국가권력의 정당한 행사라는 이념이 앞세워지므로 그 파생원칙인 형벌불소급 원칙이 애초에 적용되지 않는다. 한편 기존의 이익형량식 논의에 따라 '참을 수 없는' 경우마다 형벌불소급 원칙의 적용을 달리하는 것은 상기한 죄형법정주의의 본질에 반하는 것이다. 이에 반해 본질주의적 관점은 반인권적 국가범죄의 죄질을 문제삼지 않음으로써 일관되게 죄형법정주의를 관철할 수 있는 동시에 소급효 적용 대상을 국가범죄로 제한하는 장점이 있다.

이에 따르면 모든 국가범죄에 대하여 형벌불소급 원칙이 이론적으로 배제되지만, 실천적인 입법작용의 측면에서 공소시효 확장이 곧 국가형벌권의 확장인 한 그 소급효는 정책적 필요성이 입증되는 한에서 인정된다. 즉 실질적 정의에 대한 고려를 이론에서 실천의 층위로 내려오게 함으로써 이론적으로 반인권적 범죄의 명확한 기준을 제시할 부담을 해소함과 동시에 구체적 타당성을 기하는바, 이것이 기존의 국가범죄의 특수성에 주목한 입장과의 차이점이자 개선점이다.

◈ 주제어: 반인권적 국가범죄, 공소시효, 공소시효 배제. 공소시효 연장, 공소시효 정지, 소급효금지 원칙, 형벌불소급 원칙, 죄형법정주의

제15권 제4호

한국형사소송법학회 『형사소송 이론과 실무』

제15권 제4호 (2023.12) 629~665면.

Theories and Practices of Criminal Procedure Vol. 15 No. 4 (December. 2023) pp. 629~665.

10.34222/kdps.2023.15.4.1

개정형사소송법 · 검찰청법의 평가 및 향후 개정방안

허 인 석[*]

목 차

Ⅰ. 서 설

형사소송법, 검찰청법에 규정된 내용은 절차적으로는 수사, 공판 및 불기소 등 불복절차에 관한 것으로 분류할 수 있고, 관여 주체에 따라 법원, 검찰, 경찰, 피의자, 피해자(또는 고소인, 고발인), 변호인 등 대리인에 관한 것으로 분류할 수 있다.

관여 주체는 각자의 관점과 이해관계에 따라 수사절차, 공판절차, 불기소 등 불복절차를 이해할 수밖에 없겠지만, 실체적 진실의 발견과 피의자의 인권보호라는 형사사법의 대이념에서 벗어날 수 없다. 한편 사법개혁이라는 시대적 화두에 따라 어떤 시기에는 공판중심주의, 불구속 수사의 원칙 등 법정 내 변화를 강조하기도 하고, 다른 시기에는 법원, 검찰 등 내부의 권한 변화를 강조하기도 하며, 또 다른 시기에는 수사권을 둘러싼 검경 간 권한 분배 또는 역할변화를 강조하였다. 그리고 2021년을 기점으로 형사소송법, 검찰청법에 대한 대대적 개정안이 마련되고, 제도

---

[*] 법무법인(유한) 동인 파트너 변호사

적 틀에도 큰 변화가 있었다.

다만 최근 개정 형사소송법에 따른 형사절차는 법률전문가조차 진행 및 불복방법에 대하여 이해하기 어렵거나 혼동을 일으킬 정도로 매우 복잡한 것 같다. 관여 주체별로 권한을 배분하며 상호 견제한다는 점에서는 시민 민주주의의 이상적 가치 또는 흐름에 부합할 수 있겠지만, 사법절차의 진정한 이해당사자인 피의자, 피고인, 피해자에게 더욱 불편함을 느끼게 한다거나 사법오류 시정장치에 사각지대가 발생하게 해서는 아니될 것이다.

본 발표문은, 사법절차의 진정한 이해당사자에 해당하는 피의자 또는 고소인 등의 관점에서, 그리고 수사, 공판 및 불기소 등 불복절차 등을 중심으로 개정 형사소송법 및 검찰청법을 바라보는 한편, 진정한 이해당사자들을 위한 정비 방안을 중심으로 한 의견을 말씀드리고자 한다.

Ⅱ. 개정 형사소송법·검찰청법 시행 이후 사건 처리과정 예시

검사 시절 경험 덕분에 고소장 작성에는 자신감이 있어(?), 주로 주말을 활용해 사실관계 및 법리가 복잡한 고소장을 직접 작성하기도 한다. 우선 1년 조금 넘게 변호사 생활을 해왔던 발표자의 사건처리 경험을 토대로 몇 가지 사례를 예시로 들어본다. 아래 사례는 각색한 것으로 발표자가 취급한 사건 그대로가 아니다.

[사례1]

고소인은 2020. 6.경 피의자에게 토지 4필지에 대한 소유권을 먼저 이전해 주었다. 그 무렵 피의자는 개발업자에게 토지를 매각하여 대금 20억 원을 지급하겠다고 약속하였지만, 이행하지 못하였다.

고소인은 2020. 9.경 경찰에 고소장을 제출하였다. 경찰은 2020. 11.경 고소인을 조사한 후, 주소지 관할로 사건을 이첩하였다가 2022. 4.경 지방경찰청 반부패경제수사과로 사건을 이첩하였다. 2022. 10.경 경찰은 두 번째로 고소인을 조사한 후, 기소의견으로 사건을 송치하였다. 2023. 1. 초순경 검찰은 보완수사를 요구하였고, 경찰은 2023. 2. 하순경 피의자와 고소인에 대한 대질조사를 실시한 후, 2023. 7. 하순경 사건을 다시 검찰로 송치하였다.

위 사건에서 최초 고소장을 제출한 시점부터 최초 송치까지 2년이 경과하였고,

중간에 검찰에서 2개월 간 사건을 검토한 기간을 제외하면 사건이 다시 송치되기 전까지 3년이 걸렸다. 그동안 해당 토지 소유자는 2회 변경되었고, 현재 토지상에 아파트 건립 및 분양까지 완료되었다.

[사례 2]

고발인은 징계해임을 당한 공무원이다. 고발인은 감찰담당 직원으로부터 '소속기관장으로부터 갑 지역 용도변경 허가신청을 반려했던 고발인을 감찰하라는 지시를 받았다'라는 사실을 들었다.

고발인은 소속기관장을 상대로 하여, '소속기관장이 직권을 남용하여 감찰담당 직원에게 감찰을 지시하였다'라는 내용의 직권남용권리행사방해죄 고발장을 경찰에 제출하였다.

경찰은 불송치결정하였다(형사소송법 제245조의 7 제1항). 고발인은 다시 검찰에 고발장을 제출하는 것 이외에 다른 방법이 없음을 알았다.

[사례 3]

고발인은 지방선거 후보자이다. 고발인은 상대후보를 허위사실공표죄로 검찰에 고발하였는데, 검찰은 경찰로 사건을 이첩하였다.

경찰은 불송치결정을 하였다. 고발인은 공소시효가 며칠 내로 임박한 관계로 재정신청을 하여 공소시효를 정지시키려고 하였지만(공직선거법 제273조 제2항, 형사소송법 제262조의 4 제1항), 고발인 신분은 검찰에 이의신청을 할 수 없고(형사소송법 제245조의 7 제1항), 현행법상 재정신청도 불가능하다는 사실을 깨달았다. 고발인은 검찰에 고발장을 제출하고 바로 각하처분을 받아 재정신청을 하는 방안까지 고민하였지만, 그렇게 하면 수사가 진행된 것이 없어 재정신청이 인용될 가능성이 없다는 사실을 깨달았다.

[사례 4]

고소인은, 피용인 3명을 상대로 하여 업무상횡령죄 고소장을 제출하였다. 담당경찰관은 피의자 3명 중 1명만 간단히 조사한 후 전부 불송치결정을 하였다. 고소인은 이의신청을 하였는데, 검찰에서는 아무런 보완없이 불송치결정을 그대로 원용하여 불기소 처분을 하였다. 이후 고소인은 조사받지 않은 피의자2명 중 1명이 진범임을 밝혀냈지만, 계좌추적이나 피의자 조사가 필요해 보였다. 고등검찰청이 항고를 기각하자, 고소인은 억울한 심정에 재정신청을 하였다. 대검찰청에 재항고 절차가 있었으면 수사미진을 강조하여 재수사가 가능하였을텐데 그러하지 못한 점이 매우 아쉬웠다.

다만 나머지 피의자들에 대해 수사가 진행된 것이 거의 없어 재정결정을 바라기 어려웠다.

고소인은 다시 나머지 피의자 2명에 대해 고소장을 제출하였다.

[사례 5]

변호인은 증거목록, 증거기록을 검토하던 중 수사기록에 포함되어야 할 서면이 증거기록에 잘못 편철되어 등사된 사실을 확인하였다. 그런데 해당 수사기록에는 참고인이 수사기관에서 한 진술내용과 다소 모순되는 녹취록이 포함되어 있었다. 변호인이 기록목록을 확인해 보니 해당 목록에는 위 '서면'의 서류명을 따로 표기하지는 않았다.

수사기관에서 기록목록을 자세하게 기재하지 않거나 제대로 제목을 기재하지 않았다면 위 녹취록과 같은 피고인에게 유리한 증거는 발견하기 어려웠을 것 같다.

Ⅲ. 검경 수사권 조정 이후 더욱 난해해진 형사사건의 흐름

1. 개 요 : 수사권 조정에 동의하지만[1] 사법오류 시정 기회에 공백이 발생하거나 시민에게 불편이 발생한 것은 사실

해방이후 70여 년 간 유지되어 온 검사의 역할은 권력의 분립과 견제라는 시민민주주의로서의 가치와 어울리지 않는다거나, 전체 수사총량 대부분을 담당하는 경찰에게 실질적인 권한을 주어야 한다는 등 논의에 따라 변화하였다. 그 결과 개정 형사소송법은 사법경찰관에게 '불송치결정'이라는 1차적 수사종결권을 부여하였다 (형사소송법 제245조의 5 제2호, 수사준칙 제51조 제1항 제3호).

---

1) 구 형사소송법 체계에서 사실상 수사의 주체임에도 주체성을 인정받지 못하였던 사법경찰관에 대해 권한과 책임을 일치시킨다는 점에서 수사권 조정의 취지에 동의한다. 다만 수사권을 국민에 대한 사법서비스 차원에서 접근하는 경우 현행 수사실무는 당초 예상하지 못한 부작용이 발생하는 등 문제가 있다.

　이에 따라 검사는 사법경찰관이 송치한 사건 또는 불송치로 결정한 사건에 대해 고소인이 이의신청한 사건에 한정하여 기소, 불기소 결정을 하거나 사법경찰관에게 보완수사를 요구할 수 있는 등 전건 송치주의에서 제한된 송치주의로 변화하였다.

　물론 불송치결정한 사건에 대해 검사는 송부받은 날로부터 90일 이내에 사건을 송치하지 않은 것이 위법 또는 부당한 여부를 검토한 후 사법경찰관에게 반환할 수는 있다(형사소송법 제245조의 5 제2호 단서).

　사법경찰관이 사건의 혐의유무를 판단하여 송치여부를 결정할 수 있으나, 불송치로 결정한 사건에 대하여도 90일 이내에 검사의 승인, 불승인 여부 판단을 받게 함으로써 송치, 불송치를 불문하고 종래처럼 검찰에서 사건을 확인할 수는 있다.

　그러나 실무상으로는 종래보다 사법절차의 지연현상이 뚜렷할 뿐 아니라, 범죄피해자의 권리구제 범위가 다소 좁아졌다는 비판적 지적이 있다.

　2021년 수사권 조정이 실시된 그해 말 대한변협이 변호사 511명을 대상으로 실시한 설문조사에 따르면 경찰의 수사지연, 수사 장기화로 적정 기한 내에 수사가 이루어지지 못하고 있다는 답변이 응답자의 85%에 달하였다. 또한 고소장 접수 이후 경찰의 업무가 가중됨에 따라 충분한 수사를 전개하지 못한다거나 시간적 한계로 고소인의 증거수집 능력에 의존하는 바람에 만연하게 불송치결정을 한다거나 송치 후에도 보완수사요구가 반복된다는 지적이 있다.

　범죄혐의의 입증은 수사기관이 얼마나 충분하게 증거를 수집하느냐에 달려있기 때문에 수사기관 종사자가 불성실하게 업무에 임하게 되면 불송치결정에 편향될 가능성이 있다. 또한 개정 형사소송법은 구조적으로 보면 증거를 수집하여 송치결정을 하는 것보다 불송치결정을 하는 경우 업무가 감경되는 측면이 있고, 검사 입장에서는 직접 보완수사를 진행하거나 새로운 증거를 수집하기보다는 '보완수사요구'자체 만으로 '자신의 손에서 사건을 떼어낼 수 있기 때문에' 보완수사요구를 할 가능성이 있다. 이러한 경향은 특히 인력과 예산부족이 발생하는 경우 '사건처리의 신속성'이라는 목표 하에 더욱 뚜렷해질 가능성이 있다. 수사권 조정의 취지나 큰 흐름에 전적으로 동의한다. 다만 사회적으로 이목을 집중시키는 '중요한 사건'은 수사권 조정과 관련없이 검경 모두 성실하게 수사에 임하는 데 반하여, 일반시민 내지 민생과 관련한 대부분의 사건에 있어서는 수사기관의 인력, 예산, 경력, 훈련 부족 현상이 부작용으로 표출할 가능성이 더 높을 것이다.

2. 사법오류를 시정할 장치에 공백이 발생할 가능성

수사권 조정 이전, 형사소송법은 전건 송치주의(全件 送致主義)를 취하고 있었다. 개정 형사소송법 시행 이후에는 사법경찰관이 송치하기로 하는 사건, 사법경찰관이 불송치로 결정한 사건 중 고소인이 이의신청한 사건에 한정하여 검찰에 송치된다. 다만 고발인의 이의신청권을 배제함에 따라 '재수사요청 1회'만으로는 사법오류를 시정하기에 부족하다는 지적이 있다.

사건 분류	사법경찰관 결정	검찰의 처분	
고소 사건	송치결정	보완수사요구 / 기소	
	불송치결정	이의신청	보완수사요구 / 기소
		이의신청 포기	**재수사요청**, 90일 제한, 1회 한정
고발 사건 (기관고발 사건 포함)	송치결정	보완수사요구 / 기소	
	불송치결정	**재수사요청**(90일 제한, 1회 한정)	
사법경찰관 인지 사건 (진정, 수사의뢰)	송치결정	보완수사요구 / 기소	
	불송치결정	**재수사요청**(90일 제한, 1회 한정)	

※ **예외적 송치요구** : 검사의 재수사요청에 대해 사법경찰관이 불송치결정 유지 시, 법령위반, 범죄혐의가 명백한 경우, 공소시효 또는 소추요건 판단에 오류가 있는 경우, 범죄혐의 유무를 명확하게 하기 위하여 재수사를 요청한 사항을 이행하지 않는 경우(불송치결정의 유지에 영향을 미치지 않음이 명백한 경우는 제외)

형사소송법 개정 이전에는 사법경찰관이 고소, 고발, 인지사건을 구별하지 않고 전건을 송치하였으므로 검찰에서 직접 보완수사를 하거나 재지휘를 통해 사법절차 상 오류를 시정할 수 있었음에 반하여, 형사소송법 개정 이후에는 고소사건 중 이의신청하지 않은 사건, 고발사건, 사법경찰관 인지사건은 '재수사요청'만 가능하다.

'재수사요청'은 이미 1차적으로 수사가 종결된 사안에 대한 것이므로, 검찰에서 피의자나 참고인을 소환하여 조사를 진행하는 등 수사를 진행할 근거가 없고, 관련자들도 수사에 수인할 의무가 없다. 따라서 검찰 입장에서는 오로지 사건기록과 사법경찰관의 의견만을 토대로 하여, 불송치결정을 송치결정으로 변경할 만한 사항이 있는지, 결론이 바뀌는데 필요한 추가수사 사항이 있는지 여부를 살펴보아야 한다. 따라서 원칙적으로 관련자들을 소환한다거나 진술을 청취하는 등 수사를 진행할 수 없는 관계로 새로운 관점에서 불송치사건을 검토하는 데 한계가 있을 수밖에 없다. 이는 불송치사건에 대해 검찰에서 '승인'을 할 경향이 더 높은 결과로 나타날 것이다. 실제로 검찰실무상 불송치결정된 사안에 대하여 사건기록만 검토하여 재수사를 요청하는 사안은 극히 예외적일 것이다[2].

따라서 이의신청권이 없는 고발인 또는 인지사건의 실제적인 피해자인데 고소를 하지 않은 사람들의 입장을 알기도 어렵다. 심지어 재수사요청은 단 1회로 한정되며, 사법경찰관이 불송치결정을 그대로 유지하는 경우 제도적으로 검찰이 송치를 요구할 수도 없다. 그리고 불송치결정된 사건은 어차피 검찰이 처리한 사건이 아닌 '사법경찰관이 종결처리한 사건'이므로, 검찰 입장에서는 사법오류 발생에 대한 책임감을 덜 느낄 수밖에 없는 현실적 문제도 있다.

2023. 10. 17. 개정한 법무부령인 검사와 사법경찰관의 상호협력과 일반적 수사준칙에 관한 규정(이하 '수사준칙'이라 한다)과 달리, 구 수사준칙 제64조 제2항은 법리에 위반되거나 송부받은 관계서류 및 증거물과 재수사결과만으로도 공소제기를 할 수 있을 정도로 명백한 채증법칙에 위반되지 않는 한 송치요구를 할 수 없었다. 오로지 사법경찰관이 수집한 증거와 서류만 살펴보고 그 결과가 '명백하게' 틀리지 않는 한 그 결과를 뒤집거나 시정을 요청할 수 없었다. 따라서 보완수사를 충분하게 한다면 기소가 가능한 사안까지도 그대로 불송치되는 사례가 발생할 수 있을 것이다.

2023. 10. 17. 개정한 수사준칙 제64조 제2항 제2호는 예외적인 송치요구의 사유로 '혐의 유무를 명확히 하기 위하여 재수사요청한 사항에 관하여 그 이행이 이루어지지 않은 경우(다만, 불송치결정의 유지에 영향을 미치지 않음이 명백한 경우는 제외한다)'라는 내용을 추가함으로써 종래보다 송치요구 요건을 완화하였다.

---

2) 김대근 외, 수사권 조정 이후 수사종결의 현황 및 개선방안, 형사정책연구원, 2021, 제94면 내용에 따르면 '대부분의 (경찰)수사관들은 종래보다 수사종결의견을 검사가 마음대로 결정할 수 있는 재량이 상당부분 제한되었음을 동의하였다. 직접수사 내지 보완수사 자체를 경찰에서 진행할 수밖에 없다는 점, 예전보다 검사가 수사종결의견을 변경할 것을 요구하는 내용은 많이 줄었다는 점, 체험적으로 불송치결정에 따른 검찰송부 이후 그 의견이 변경되는 경우는 드물다고 느끼기 때문이다'라고 분석하고 있다.

그러나 이미 불송치결정을 통해 1차적으로 수사를 종결한 사법경찰관 본인에게 재수사요청을 하더라도 그 결론을 바꾸려는 사례가 거의 없을 것으로 보이며, 송치요구의 요건 완화에도 불구하고 실제 송치요구까지 이어지는 사례는 거의 없을 것으로 보인다. 규정상으로는 범죄혐의 유무 확인을 위한 수사가 진행되지 않았음을 사유로 송치요구가 가능하겠지만, 오로지 사건기록과 사법경찰관이 불송치결정에 이르는 과정에서 수집한 증거만으로 혐의유무를 검토하여야 하므로 '법리적 사유' 이외에 사실관계 특정과 관련한 재수사요청 사유를 발견하기 매우 어려울 것이기 때문이다. 그리고 송치요구는 수사준칙에 규정된 바와 같이 '예외적'인 경우에 해당한다.3)

또한 재수사요청이 가능한 기간이 90일로 제한됨에 따라 다수 공범이 관련된 사건 수사에 애로사항이 발생하기도 할 것이다.

예를 들어 조직폭력배, 보이스피싱사범, 사이버도박사범, 기업범죄사범, 다수인 관여 독직사범 등이 피의자로 입건된 사건에서, 일부 피의자는 송치결정, 나머지 피의자는 불송치결정을 하게 된 경우, 재수사요청의 기한인 90일 이내에 사건의 진상을 모두 파악하기 어렵다. 다시 말해 아직 사건의 진상이 제대로 파악되지 않은 상태에서 이미 불송치결정을 받은 피의자들에 대하여는 90일 이내에 그 결정을 승인하게 되므로, 그들에 대한 결론이 바뀔 가능성이 더욱 낮아진다. 이론상으로는 송치결정된 피의자에 대한 수사가 진행 중이므로 90일 이내에 불송치된 피의자를 상대로 한 재수사요청을 할 수는 있겠지만, 단지 사건의 진상이 확인되지 않았다는 사유만으로 재수사를 요청할 수도 없는 일이다. 형사소송법에 90일 이내로 규정되어 있으므로4) 훈시규정으로 볼 여지도 있지만, 기관 간 시한이므로 준수하는 것이 원칙이다. 개정 수사준칙 제63조 제1항 제1호는 훈시규정임을 전제로 하여 '불송치결정에 영향을 줄 수 있는 명백한 새로운 증거 또는 사실이 발견된 경우'에는 90일이 경과하여도 재수사를 요청할 수 있지만, '명백한', '새로운'이라는 요건이 있어야 하므로 매우 제한적으로 운용될 수밖에 없다.

이와 같이 개정 형사소송법 및 수사준칙에 규정한 재수사요청은 사법경찰관이 조사한 내용만을 자료로 삼아 '서면으로만' 사건 내용을 파악하고, 새롭게 피의자를

---

3) 실제로 발표자가 송치요구로 불송치사건을 송치받아 기소한 사례는 2021년부터 2022년까지 단 1건에 불과하였다.

4) 검찰실무상으로, 90일을 초과하는 경우 부장검사 전결이 아닌, '차장검사 전결'에 해당하기 때문에 일반검사 입장에서는 90일을 넘기는 데 부담을 느낄 것이다.

소환하는 등 수사를 진행할 수 없다는 점에서 실체적 진실발견 내지 피해자 보호라는 입장에서 매우 제한적일 수밖에 없다. 심지어 재수사요청은 수사준칙에 따르면 단 1회 실시할 수밖에 없고 원칙적으로 송치를 요구할 수도 없다.

형사소송법 제245조의 8 제1항은, '검사는 제245조의 5 제2호의 경우에 사법경찰관이 사건을 송치하지 아니한 것이 위법 또는 부당한 때에는 그 이유를 문서로 명시하여 사법경찰관에게 재수사를 요청할 수 있다'라고만 규정할 뿐, 재수사요청의 횟수를 따로 규정하고 있지 아니하나 검경 간 합의로 성안된 수사준칙은 그 횟수를 단 1회로 제한하였다.

뒤에서 살펴보겠지만, 이러한 수사준칙의 태도는 합리적 이유 없이 형사소송법에 존재하지 않는 사항을 규정함으로써, 헌법에서 보장된 범죄피해자의 보호받을 권리를 부당하게 제한하는 등 위임입법의 한계를 벗어난 것으로 볼 여지가 있다.

3. 검사는 보완수사요구 원칙에 따른 '종국처분 지연', 사법경찰관은 송치결정보다 '불송치결정' 경향성 존재

개정 형사소송법 시행을 통해 사법경찰관이 송치한 사건은 검사의 보완수사요구, 예외적인 직접 보완수사(형사소송법 제197조의 2 제1항 제1호)가 가능하며, 사법경찰관이 불송치로 결정하여 종결한 사건은 검사가 90일 이내에 송부받았던 사건기록을 사법경찰관에게 반환하거나 재수사를 요청할 수 있다(형사소송법 제245조의 5 제2호).

수사기관 종사자라면 누구나 느꼈을 법한 내용이기는 하지만 증거의 수집, 관련자 조사를 하려면 일정한 수준이상의 시간과 노력이 필요하다. 고소인에게 증거수집을 맡겨둔 채 필요한 증거를 확보하지 않거나 중요한 참고인 진술을 청취하지 않으면 해당 사안은 범죄혐의를 확인할 수 없게 된다. 구 형사소송법 하에서 검찰은, 사법경찰관이 불기소의견으로 송치한 사건을 보완수사하여 피의자를 직구속하는 경우 대검찰청이 선정하는 '형사부 우수사례'로 소정의 포상을 받거나 소속 간부로부터 유능한 검사로 평가를 받기도 하였다.

대부분 사법경찰관은 직무적 성실함을 바탕으로 철저하게 자신의 수사업무에 매진하고 있다. 다만 불송치결정을 하면 사건이 조기에 종결되고 재수사요구도 1회에 그침에 반하여, 송치결정을 하는 경우 검사의 거듭된 보완수사요구에 직면할 수 있다. 따라서 소위 증거관계상 기소, 불기소 여부가 애매한 사안에 대하여는 시간, 인원상 제약으로 인해 불송치결정으로 귀결될 가능성이 있다.

여기에 더해 검찰이 직접 보완수사를 진행하지 않는 것이 원칙이므로, 검사도 보완수사를 위해 피의자나 참고인을 소환하여 조사하고 압수수색을 하는 등 노력을 기울이기보다는 '보완수사요구서'를 작성하여 사건을 처리하는 것이 업무경감에 도움이 된다고 생각할 것이다. 보완수사요구가 없던 구 형사소송법 하에서는 검사에게 송치된 사건은 사법경찰관에게 재지휘를 하더라도 여전히 주임검사의 사건이었음에 반하여, 개정 형사소송법 시행에 따른 검찰실무는 기소, 불기소 등 종국처분과 마찬가지로 보완수사요구 자체를 사건처분으로 인정하므로 해당 사건은 다시 경찰로 복귀한다. 그리고 보완수사요구 후 재송치된 사건은 별개의 검찰번호를 부여받는다.

사법경찰관 입장에서 보면 여러 노력 끝에 송치결정을 하였는데 검사의 보완수사요구를 받아 3개월 내에 보완수사를 완료하여야 하므로 시간과 노력이 2배가 된다는 현실을 직면하게 된다.

수사기간이 고소인이 제출한 증거에만 의존하여 혐의유무를 판단하고 추가 증거를 탐색하는 창의적 노력을 기울이지 않는다면 해당 사건은 불송치로 결정될 가능성이 높다. 불송치로 결정된 사건은 앞서 살펴본 바와 같이 검찰에서 제한된 수준의 검토를 받을 뿐이며, 원칙적으로 사법경찰관이 다시 불송치를 하더라도 검찰이 송치요구를 할 수 없다.

송치사건의 경우에도 시간, 예산 인원 제약 등으로 검사가 직접 보완하여 종국처분을 하기보다는 보완수사요구를 할 가능성이 더 높고, 사법경찰관 입장에서는 혐의유무가 애매하지만 추가로 증거를 확보하려면 많은 노력이 필요한 사건에 대하여, 고소인이 제출한 증거만으로 불송치로 결정하려는 사례가 많아질 수밖에 없다. 이러한 부작용은 사법경찰관 개인의 문제가 아닌 제도운영 과정에서 예상하지 못한 결과로 보인다.

결국 수사기관 입장에서 '중요도가 떨어져 보이는' 일반 형사사건 처리 시, 송치사건에 대한 사법경찰관의 수사 총량이 종래보다 증가하고 불송치 사건에 대한 불복수단이 제한됨에 따른 풍선효과에 따라 혐의유무가 회색지대인 사건은 불송치로 종결될 가능성이 높다.

검찰의 보완수사요구 경향, 사법경찰관의 불송치결정 경향은 담당히는 사건에 비해 시간과 예산이 태부족한 상황에 따라 불가피하게 발생한 부작용으로도 볼 수 있다. 이러한 불편한 진실의 결과는 고스란히 억울하게 구제받지 못하는 범죄피해자 발생이라는 현실로 나타날 것이다.

검찰실무상 각 지검의 인권보호부 등에서 불송치결정된 사건을 담당하지만, 인권보호부에 보직을 받지 못한 고검검사 등을 부부장검사 신분으로 배치하는 사례가 종종 있고, 담당검사가 불송치의 적절성 여부를 확인하기 위한 수사를 진행할 수 없는 관계로, 명백하게 법리에 위반되었거나 물증이 명백한 사안 등 극히 예외적인 경우를 제외하고는 그대로 사법경찰관의 결론을 수용해 버린다.

따라서 불송치로 결정된 사건 또한 재수사요청보다는 불송치결정으로 승인하는 경향성이 존재한다고 볼 수 있을 것이다.

이와 같이 송치사건에 대한 보완수사요구 내지 반복 경향, 사법경찰관의 불송치결정 경향, 불송치결정에 대한 검사의 승인 경향이 존재하는 이상, 송치사건은 기존에 비하여 사건처리가 매우 지연될 수밖에 없고, 사법경찰관이 불송치로 결정한 사안은 그 결론을 바꾸기 어렵게 된다. 그나마 경제적 문제 등으로 고소대리인을 선임하기 어려워 이의신청조차 하지 못하는 고소인 또는 이의신청권조차 없는 고발인은 형사사법의 사각지대에 놓이게 될 것이다.

물론 개정 수사준칙에 따르면 3개월 이내 보완수사, 재수사 완료의무(개정 수사준칙 제60조 제3항, 제63조 제3항) 등 신속한 사건처리를 위한 규정이 신설되기는 하였지만, 위와 같은 기간은 훈시규정에 불과하므로 이를 준수하지 않았다고 하여 해당 수사절차가 위법하게 되거나 담당자들이 신분상 크게 불이익을 받는 것도 아니다. 결국 위와 같은 규정에도 불구하고 사법절차의 지연이라는 현실적인 어려움은 여전히 해소되지 않으며, 신속한 사건처리를 강조할수록 부실한 사건처리라는 부수적 효과를 무시하기 어렵다.

4. 형사사법절차 참여와 관련한 사실상의 진입장벽 발생

구 형사소송법 하에서는 고소장, 고발장, 진정서 등 수단과 방법에 관계없이 범죄를 신고하면 모든 사건이 접수된 후 검찰에 송치되므로, 검찰에서 기소, 불기소 여부에 관한 판단을 받았다. 물론 '검경 수사의 중복에 따른 국민 불편, 사법처리 지연'이라는 비판이 일부 존재하기도 하였지만 정작 불송치결정 등 사법경찰관의 수사종결권이 인정된 현재 상황과 비교해보더라도 비사법절차 기간이 단축되었다고 보이지는 않는다. 오히려 고소장 접수 이후 수사절차가 더욱 지연되었고, 송치→보완수사요구→송치→보완수사요구 등이 반복됨에 따라 검경 간 사건이 왕복하는 기간만큼 사건처리 시간만 더 지연되었다.

한편 구 형사소송법 하에서도 검찰단계에서 직접 보완수사를 진행하는 사례가 많지는 않았기 때문에[5] '검경 수사의 중복에 따른 국민불편, 사법처리 지연'을 수사권 조정의 사유로 보기는 어려울 것 같다.

다만 고소인 입장에서는, 사법경찰관이 불송치결정한 고소사건에 대하여 그 결론을 뒤집기 위하여 이의신청을 하고 증거 및 법리를 재구성한 이의신청 사유를 구성해야하는 현실적인 문제가 있다. 이에 따라 경제적 여유가 없어 소송대리인을 선임하기 어려운 시민 입장에서는 사법경찰관의 불송치결정에 대해 이의신청이 만만한 문제가 아닐 수 있다.

법 개정과 관련한 시간, 예산, 인원의 부족으로, 고소인이 제대로 증거를 수집하여 법리적으로 문제가 없는 고소장을 작성하려면 고소대리인 선임이 필수적인 시대가 도래한 셈이다. 그나마 대리인의 도움을 받지 못하는 범죄피해자는 재산범죄 등을 둘러싼 어려운 법리 구성, 증거 수집에 실패하여 고소한 사건이 불송치될 가능성이 높고, 이의신청 제도 자체를 모르거나 이유를 부실하게 구성하는 경우 불송치결정을 뒤집고 사건을 기소로 돌리는 데 더욱 어려움을 겪는다.

단순하였던 제도가 송치결정, 불송치결정, 보완수사요구, 재수사요청, 송치요구 등 복잡한 중간 처분으로 인해 복잡하게 변화하였고, 고소인 입장에서는 고소사건의 진행에 있어 소송대리인을 선임할 필요가 있는 등 경제적 진입장벽이 높아졌다고 볼 수도 있다.

5. 소 결

수사권 조정 이후, 사법경찰관이 송치 또는 불송치로 판단함에 따라 해당 사건의 오류시정 방안은 보완수사요구, 재수사요청으로 크게 달라진다. 송치결정된 사건은

---

5) 매월 검사실에서 피의자, 참고인을 조사하는 횟수에 대한 공식통계는 없다. 다만 구 형사소송법 하에서는 검찰수사관들이 총무과 등 비수사부서, 수사과, 조사과 등을 선호하였지만, 수사권 조정 이후에는 오히려 검사실을 더 선호한다고 한다.

검찰이 직접 사건을 보완하여 기소하기보다는 보완요구하는 경향이 강하고, 보완수사요구가 반복됨에 따라 사건처리가 지연될 가능성도 있다.

불송치로 결정된 사건은 재수사요청 횟수가 1회로 제한되며 검찰도 사법경찰관이 작성한 의견 및 서면으로만 검토하다보니 재수사요청 사유를 발견하는데 한계가 있다. 불송치결정된 사건은 90일이라는 시간적 제약까지 있으므로 검찰이 불송치결정을 그대로 승인하는 경향이 높다. 검찰과 경찰 모두 시간, 예산, 인원에 비해 많은 수의 사건을 처리하여야 하므로 창의적으로 증거를 수집하거나 고소인이나 고발인이 제출한 자료 이외 다른 증거를 탐색하는 노력을 기울이기보다는 고소인의 증거수집에 의존하여 불송치결정을 하거나 재수사요청에 불구하고 결론을 바꾸기 더욱 어렵다.

실제 사건처리보다는 송치, 보완수사요구, 불송치, 재수사요청 등 기관 간 서류를 주고받는 절차가 반복되거나 누구도 결론을 확신하지 못하여 기관 간 사건기록이 오가며 시간만 지연되는 사건도 있을 것이다.

실무가조차 헷갈리는 제도의 복잡함에 따라 소송대리인 선임 등 경제적 여력이 충분하지 않은 시민들은 현실적인 진입장벽까지 존재할 수 있다.

Ⅳ. 불송치결정, 불기소처분에 대한 불복수단 제한

1. 고발사건 불송치결정에 대한 불복수단 제한

형사소송법 개정 이후, 불송치결정된 사건 중 검사의 불기소 처분을 전제로 하는 항고, 재항고 또는 재정신청을 할 수 없는 사건이 발생하였다.

사건 분류	사법경찰관 결정	검찰의 처분		항고	재항고	재정신청
고소 사건	송치결정	불기소		○	x	○
	불송치결정	이의신청	불기소	○	x	○
		이의신청 포기	x	x	x	x
고발 사건 (기관고발 사건 포함)	송치결정	불기소		○	○	△ 형법 123조~126조)

	불송치결정	x (이의신청 불가능)	x	x	x
사법경찰관 인지 사건 (진정, 수사의뢰)	송치결정	불기소	x	x	x
	불송치결정	x	x	x	x

종래 구 형사소송법 하에서는 고발인도 고소인과 마찬가지로 검사의 불기소 처분을 받을 수 있었기 때문에 항고, 재항고 또는 형법 제123조 내지 제126조의 죄에 한정하여서는 재항고 대신 고등법원에 재정신청이 가능하였다.

그러나 개정 형사소송법 제 제245조의7 제1항에 따르면 고발인은 이의신청을 할 수 없으므로 검사의 불기소 처분이 제도적으로 막혔다. 그에 따라 검사의 불기소 처분을 전제로 하는 항고, 재항고 또는 일부 형법 범죄에 대한 재정신청을 하는 길도 막혀버렸다.

고소한 사건에 대해 사법경찰관이 불송치로 결정을 하였음에도 이의신청 제도를 알지 못하거나 충분한 법률지식 내지 증거판단 능력이 부족하여 이의신청을 포기하는 경우에는 불송치결정으로 사건이 종결되므로, 종래와 달리 항고 등 불기소 처분에 대한 구제수단을 활용하지 못하게 된다.

고발사건에 대한 불송치결정 시, 고발인이 이의신청을 할 수 없는 사례 중 의외로 심각한 사례가 있다.

예를 들어 공직선거법, 직권남용권리행사방해, 직무유기를 비롯하여 환경오염을 일으킨 공장주로 피해를 입은 주민이 제기한 수질환경보전법, 대기환경보전법위반 등 고발사건 등은 '고소사건'이 아닌, '고발사건'에 해당하므로 만약 사법경찰관이 수사를 개시하는 경우에는 이의신청이 불가능하다.

검찰의 직접수사개시 범위에 해당하는 죄라도 검찰에서 직접 수사를 진행하는 것이 보장되지도 않으며, 만약 검찰이 고발사건을 경찰에 이첩하는 경우에는 위와 같이 불복수단의 제한을 받는다.

검찰의 직접수사가 가능한 제한된 범죄에 대하여 검찰이 고발사건을 직접 수사하는 경우와 비교할 때 검찰의 직접수사 대상범죄가 아니거나 경찰이 고발사건을 수사하는 경우에는 불송치결정 단 한번으로 수사가 종결되고, 항고, 재항고 또는 재정신청 등 불복수단을 활용할 수 없어 사법오류의 시정기회에 공백이 발생하게 된다.

문제는 실무상 고소와 고발의 구별이 모호한 데에도 있다. 편의상 범죄피해자의 신고는 '고소'로, 제3자의 신고는 고발로 구별하기도 하지만 예를 들어 회사의 대표이사가 업무상배임을 저지른 경우 피해회사의 임직원이나 주주는 피해자가 아니므로 고소로 볼지, 고발로 볼지 모호하다(실무상 주주를 피해자로 넓게 해석하여 고소장을 제출하기도 한다). 예를 들어 위계에 의한 공무집행방해의 경우 피해자는 국가이므로 위계를 당한 공무원은 아무리 억울하고 공무집행을 방해받더라도 고발인에 해당하므로 불송치결정을 받으면 더 이상 다툴 수 없다. 국세청에서 고발한 조세범처벌법위반 사건의 경우 경찰이 불송치결정을 하게 되면 기관고발인은 더 이상 다툴 수 없고 사건은 그대로 종결된다.

공직선거법상 매수죄로 상대 후보가 고발하는 경우, 만약 검찰에서 해당 고발사건을 수사하지 않은 채 경찰에 고발사건을 이첩하거나 처음부터 경찰에 고발장을 제출한 경우에는 불송치결정이 있더라도 항고, 재정신청의 길이 막혀버린다.

물론 피해자의 뜻과 다르거나 아무런 이해관계가 없는 제3자가 고발하는 경우에는 이의신청을 부여해도 되는지 고민이 될 수 있겠지만, 고발사건 중 실질적인 피해자로 볼 수 있거나 공공의 이익을 위한 고발사건 등에서는 위와 같이 수사의 주체가 사법경찰관인가, 검찰인가에 따라 불복수단이 제한된다는 것은 형평성에 문제가 있다. 종래보다 권익구제의 사각지대가 존재한다는 점에서 입법적으로 큰 문제라 아니할 수 없다.

2. 항고제도 운용의 현실적 문제

어렵게 고소장을 작성하였다가 사법경찰관의 불성실한 조사로 불송치결정을 받고, 이의신청을 하였지만 검사 또한 불기소 처분을 하는 경우, 고소인 입장에서는 항고가 마지막으로 남은 거의 유일한 구제수단이 된다. 재정신청제도가 도입되기 이전의 검찰청법에서는 고소인의 재항고가 인정되었기 때문에 고등검찰청의 항고기각을 받더라도 대검찰청에 재항고를 할 수 있었다. 재항고 사건을 검토하는 대검찰청 검찰연구관은 일선에서 가장 우수한 일반검사들로 구성되었던 관계로, 법리나 사실인정 측면에서 불기소 처분의 구제수단으로 매우 유용하였다고 한다. 현재 재항고는 검찰에서 직접 수사하여 불기소처분한 고발사건이 항고가 기각되는 경우에만 허용되고 있다. 고소사건은 항고기각 후 재정신청만 가능하고, 경찰에서 수사한 고발사건은 이의신청이 허용되지 않으므로 항고, 재항고의 길이 원천적으로 막혀있기 때문이다.

물론 현행 형사소송법상 항고 전치주의에 따라 고등법원에 심판에 부하는 결정을 요청하는 재정신청이 존재하고, 고등법원은 형사소송법 제262조 제2항에 따라 항고의 절차에 준하여 심리하고 사실조사도 할 수 있다. 그러나 수사단계에서 충분한 조사가 진행되지 않은 이상, 현실적으로 수사기관도 아닌 고등법원이 새로운 증거를 밝혀내거나 피의자신문, 참고인조사, 증인신문, 검증, 감정 등을 하기는 어렵다. 고등법원에 조사를 요청하는 취지의 고소인의 신청은 직권발동을 촉구하는 의미 이상으로 보기 어렵다.

재정신청의 전제가 되는 항고기각 결정에 이르기까지 제대로 된 수사가 진행되지 않았다면 재정신청이 인용될 가능성은 극히 희박할 수밖에 없다.[6]

결국 고등검찰청의 항고는 고소사건 수사절차에 있어 피해자 보호를 위한 최후의 보루에 해당한다. 그런데 변호사들 사이에서는, 고등검찰청 인력 운영이나 구성에 비추어 볼때 항고사건을 제대로 심리하거나 조사할 것을 기대하기에는 '복권'에 가깝다는 대화를 종종 나누기도 한다.

물론 발표자가 개인적으로 알고 지내는 고검검사님들은 사건기록을 정독하고 필요한 경우 고소인 면담을 실시하거나 직접경정을 통해 고소인의 권익을 구제하는 경우가 많았다. 그러나 일부 고검검사의 경우에는 소속 사무관의 기록검토 의견을 그대로 원용하거나 아무 것도 하지 않은 채 수개월이 지나서야 단 두 줄의 항고기각 결정문에 도장을 날인하는 경우가 있었다(심지어 기명까지 고무인으로 찍는 경우가 있다고 한다).

향후에는 고등검찰청에도 일반검사 중 희망자를 근무하게 하거나, 근무성적이 좋지 않은 고검검사의 경우에는 적절한 조치가 필요할 것으로 보인다.

뒤에서 논의하겠지만, 재기수사명령을 내릴 수 없고 사실상 항고기각된 기록 그

---

6) 예를 들어 당선자에 대한 공직선거법위반 고발사건은 수사단계에서 관련자 전원을 조사하는 등 충실하게 수사가 진행된 후, 증거 또는 법리적 문제로 혐의없음 처분을 하는 경우가 있다. 고등법원 입장에서는 충분하게 수사가 진행된 기록을 토대로 검토를 하므로 재정신청을 인용하는 사례가 종종 있다. 반면 일반 형사사건의 경우 업무과다 등 사유로 고소인에게 증거수집 역할을 맡긴 채 불송치결정을 하고 검사도 그대로 불기소 처분을 하는 경우 증거수집 등 수사자체가 제대로 진행되지 않기 때문에 고등법원에서 그 사건기록을 그대로 재정결정하기는 극히 어려울 것이다.

자체만으로 재정신청 인용, 기각 결정을 하는 재정신청과 대검찰청 재항고 중 고소인이 선택할 수 있도록 개정함이 바람직할 것으로 보인다. 어차피 수사가 부실하여 불기소 처분이 되었고 추가로 수사된 사항이 없는 사건기록을 고등법원에서 심사하더라도 재정신청이 인용될 가능성이 극히 희박하기 때문이다. 차라리 재수사명령 주문이 가능한 재항고가 보다 효율적인 구제수단으로 작용할 것이다.

Ⅴ. 증거기록 열람·등사의 범위와 제한, 디지털증거에 관한 증거개시권 보장

1. 개 요

소위 '수사구조론'과 관련한 국내 학설을 살펴보면 강제처분을 수사기관의 고유한 권능으로 보며 법원이 사법적 통제를 행한다는 규문적 수사관, 수사를 공판의 준비단계로 보아 피의자도 독립하여 공판준비활동을 할 수 있으며 강제처분은 법원이 장래의 재판을 위해 행하는 것으로 보는 탄핵적 수사관, 수사를 검사, 사법경찰관, 피의자의 삼각관계로 보며 검사를 종국적 판단자로 하고 사법경찰관과 피의자를 대립당사자로 보는 소송적 수사관 등으로 분류하는 것 같다.

그러나 어느 수사구조론이 현실에 부합하는지 별론으로 하고, 현행 형사소송법상 수사는 밀행주의에 따라 진행상황에 대한 정보를 제공받지 못하며 피의자는 조사 내지 강제처분의 객체와 다름 없는 지위에 있고, 피고인으로 신분이 변경되는 경우에는 수사기관이 수집한 사건기록 내지 증거 중 선별된 '증거기록'만 원칙적인 열람·등사가 가능하다.

피의자 입장에서는 수사 또는 공판에서 진술을 거부하거나 자신에게 혐의가 없음을 적극적으로 설명하는 방법, 피의사실과 배치되는 물증 내지 증인을 직접 탐색하는 방법, 증거기록 중 모순되는 증언이나 물증을 찾아내거나 예외적이기는 하나 법리상 공소사실을 다투는 방법 등을 통해 자신의 무고함을 다투기 마련이다. 형사소송법상 인권보호를 위한 다양한 장치가 신설되고 있지만 현실적인 운용형태는 규문주의에서 크게 벗어났다고 보기 어렵다. 특히 사회적 이목이 집중되는 사건일수록 이러한 규문주의가 강하게 작용하고, 오히려 일반적인 사건의 경우에는 피고소인이 고소장을 열람·등사하고 고소인과 피고소인 쌍방이 적극적으로 반대증거를 제출하는 등 마치 민사소송처럼 수사가 진행되므로 탄핵적 수사관 내지 소송적 수사관에 가깝다.

이와 같이 증거기록은 피고인 입장에서 볼 때 자신의 무죄를 다툴 기본자료에 해당하므로 열람·등사의 범위와 제한을 둘러싸고 피고인과 검찰 간 의견의 불일치가 발생할 수밖에 없을 것이다.

2. 검사의 객관의무와 증거기록의 분류

검사의 객관의무에 관한 근거는 검찰청법 제4조 제1항애 규정한 '공익의 대표자'라는 문구에 있다. 따라서 검사는 단순히 피고인과 대립되는 당사자의 입장이 아닌 객관적 제3자의 입장에서 직무를 수행하여 피고인의 정당한 이익을 보호해야할 의무가 있으므로, 이를 객관의무라고 한다. 한편 판례(대법원 2022. 9. 16. 선고 2022다236781 판결)는 '검사는 공익의 대표자로서 실체적 진실에 입각한 국가 형벌권의 실현을 위해 공소제기와 유지를 해야 할 의무뿐만 아니라 그 과정에서 피고인의 정당한 이익을 옹호할 의무가 있다'라는 입장을 밝혀 검사의 객관의무를 법률적 의무로 인정하고 있다.

이러한 검사의 객관의무와 수사실무가 가장 충돌되는 부분이 증거기록 열람·등사의 범위, 그리고 그 제한에 있을 것이다.

3. 검사의 증거개시 관련 '수사기록'의 열람 필요성

피고인 또는 변호인은 검사에게 공소제기된 사건에 관한 서류 또는 물건의 목록과 공소사실의 인정 또는 양형에 영향을 미칠 수 있는 서류 등의 열람 또는 등사를 신청할 수 있다(형사소송법 제266조의 3 제1항). 또한 검사·사법경찰관리와 그 밖에 직무상 수사와 관계있는 자는 수사 과정에서 수사와 관련하여 작성하거나 취득한 서류 또는 물건에 대한 목록을 빠짐없이 작성하여야 한다(형사소송법 제198조 제3항). 기록목록은 수사기관이 피고인에게 유리한 서류나 물건을 배제하지 못하도록 함과 동시에 피고인에게 불리한 서류나 물건을 확인할 수 있는 기초적인 근거가 된다.

형사소송법 제198조 제3항에서 '빠짐없이' 작성할 의무를 부과한 대상은 기록목록이 분명해 보이는데, 형사소송법 제266조의 3 제1항의 '공소제기된 사건에 관한 서류 또는 물건의 목록'이 증거목록[7]에 한정하는지, 문구해석상 제198조 제3항에 따라 빠짐없이 작성한 서류 또는 목록에 해당하는지 불분명하지만 실무적으로는 기록목록으로 해석하여 열람·등사를 허용해주는 것으로 보인다.

따라서 피고인 또는 변호인은 기록목록을 열람·등사하여 점검한 결과, 증거로 제출된 서류 또는 물건이 아닐지라도 기록목록에 포함된 내용 중 자신에게 유리한 자료로 보이는 사항에 관해서는 형사소송법 제266조의 3 제3호에 따라 제1호(검사가 증거로 신청할 서류 등), 제2호(검사가 증인으로 신청할 사람의 성명, 사건과의 관계 등을 기재한 서면 등)의 서면 또는 서류 등의 증명력과 관련된 서류 등에 근거하여 열람·등사를 신청할 수 있을 것이다.

문제는 기록목록의 제목만 보아서는 해당 서류가 피고인의 무죄 또는 유리한 정상관계에 관한 사항인지 알기 어려우므로 기록목록에 기재된 서류의 제목만으로는 열람·등사를 신청할 만한 사유를 발견하기 쉽지 않다는 것이다.

결국 수사기관이 수집한 서류 또는 물건의 형상과 입증취지에 맞게 제목을 붙여 기록목록에 빠짐없이 기재하지 않는 한, 검사가 증거로 제출하지 않은 서류 또는 물건 중 피고인에게 유리한 것이 포함되어 있는지 알기 어렵게 된다. 또한 형사소송법 제198조 제3항에 위반하여 빠짐없이 기록목록을 작성하지 않았다고 하더라도 아무런 제재수단이 없을 뿐 아니라, '빠짐없이' 포함하였더라도 그 제목을 포괄적으로 작성하여 기록목록에 기재하는 경우에는 기록하지 않는 것과 별반 다를 바가 없다.

실제로 변호인으로 활동하던 중, 기록목록에는 포괄적으로 기재되어 있어 그 내용을 알 수 없었지만 증거기록에 포함된 수사보고에는 기록목록의 내용이 자세하게 기재되어 있어서 증거기록에 포함되지 않은 다른 수사기록을 발견한 사례도 있었다.

증거목록조차 가지번호를 촘촘하게 붙이지 않거나 입증취지에 단순하게 '공소사실'이라고 기재하는 일부 관행에 비추어 볼 때 기록목록에 수집한 증거의 형상과 특성을 그대로 반영하여 제목을 기재하는 것을 기대하기는 어렵다. 하지만 기록목

---

[7] 일부 형사소송법 교재에서는 아예 '증거기록'이라고 명시한 사례도 있었다. 사건기록을 추려내 증거기록을 조제하고, 나머지 기록을 수사기록을 분류하여 철끈으로 연결하는 검찰실무에 비추어 볼 때 '증거기록'으로 단정하는 입장이 타당한지는 의문이다. 검사가 증거기록을 추출하는 과정에서 공소유지에 도움이 되지 않는다고 판단하여 수사기록으로 분류하는 경우 객관의무와 검찰실무가 충돌하는 지점이 생기기 때문이다.

록 중 피고인에게 유리한 자료가 포함될 가능성은 언제나 열려있으므로, 단순히 기록목록의 열람·등사를 허용할 뿐 아니라, 적어도 변호인에게는 사건기록 중 증거기록에 포함하지 않아 별도로 분류한 '수사기록'의 열람 정도는 허용하는 것이 바람직할 것 같다. 특히 참고인이 제출한 문자메시지, 디지털 분석보고서 자료 중 피고인에게 유리해 보이는 내용이 증거기록에서 누락된 채 수사기록으로 분류되는 경우가 종종 있다. 자료가 방대하여 공소사실과 관련성이 있는 자료만 증거기록에 포함한다는 명목으로 피고인에게 유리한 자료까지 증거기록에 포함되지 않을 가능성이 종종 있다는 것이다.

따라서 적어도 수사기록의 열람 정도는 변호인에게 한정하여 허용하되, 이를 남용하는 경우에는 별도의 제재수단을 마련하여 수사기록과 관련한 피고인의 방어권을 실질적으로 보장할 필요가 있다.

4. 실질적인 디지털 증거개시권 보장 필요

형사소송법 제266조의 3 제6항은 '제1항의 서류 등은 도면·사진·녹음테이프·비디오테이프·컴퓨터용 디스크, 그 밖에 정보를 담기 위하여 만들어진 물건으로서 문서가 아닌 특수매체를 포함한다. 이 경우 특수매체에 대한 등사는 필요 최소한의 범위에 한한다'라고 규정하고 있다.

위 규정은 전자적 증거의 개시와 관련한 근거 규정으로 2007년 형사소송법 개정시 최초로 도입되었다.

그런데 형사소송법상 위와 같이 디지털 증거 등 특수매체에 대한 열람·등사를 허용하였지만, 실무적으로는 매우 간단한 CCTV 등 동영상, 음성녹취 파일 등의 복제가 허용될 뿐, 피해자 또는 참고인으로부터 압수하거나 피고인으로부터 압수하였지만 반환하지 않은[8] 원본 특수매체 등에 관한 복제를 허용하는 자세한 방식과 절차는 실무적으로 완비되지 않은 것으로 보인다.

예를 들어 수사기관에서 고소인이 임의로 제출한 하드디스크 중 미할당영역의 데이터를 복구·분석하여 유죄의 증거를 출력물 형태로 인쇄하여 수사기록에 편철한 경우, 피고인 입장에서는 디스크의 미할당 영역에 잠재적 증거가 다수 존재할

---

8) 피고인이 압수당하였다가 반환받았다면 해당 특수매체를 사설포렌식을 통해 메타데이터 또는 잠재적 데이터 중 피고인의 무죄 주장에 유리한 증거를 포함할 수 있을 것이다.

가능성이 있어 자신에게 유리한 증거를 직접 수집할 필요도 있다. 실무적으로는 출력물을 증거기록에 편철하고 증거목록에 디스크가 증거자료로 기재되어 있지 않거나, 기재되어 있더라도 거의 복제를 허용하지는 않는다.

　피고인의 방어권 보장 내지 검사의 객관의무에 비추어 볼 때 디지털 증거에 관해서도 메타데이터 또는 포렌식 이미지 복제를 허용할 필요가 있다. 다시말해 증거목록상 디지털 증거 중 추출한 자료 출력물만 제출된 경우라도, 해당 디지털 증거의 원본 또는 이미징파일 중 피고인에게 유리한 잠재적 증거가 다수 포함되어 있거나 메타데이터 확인을 통해 해당 자료의 생성일자 등 확인을 통해 위변조 여부를 확인할 필요가 여전히 있다.

　형사소송법 제266조의 3 제6항에 따라 '필요 최소한의 범위로 제한'하기 때문에 디지털 증거의 무분별한 복제 및 분석에 따른 시간과 비용의 낭비 사례를 적적절하게 제한하는 기준 및 관련 절차도 필요할 것으로 보인다.

　문제는 이미 법률상으로 허용하는 근거가 마련되어 있더라도 원론적인 사항만 규정하였을 뿐 이를 뒷받침하는 실무절차나 관련 지침이 제대로 마련되거나 실질적으로 시행되지 않는다면 사문화되는 것과 마찬가지라는 것이다.

　현재 대검찰청 예규인 디지털 증거의 수집·분석 및 관리 규정, 경찰청 훈령인 디지털 증거의 처리 등에 관한 규칙은 수사기관 입장에서 압수수색 시 유의사항, 디지털 증거의 분석, 관리 및 폐기에 관한 내용을 담고 있을 뿐, 구체적으로 피고인이 증거기록의 일부인 디지털 증거의 열람·등사를 신청할 경우 관련 절차나 방법에 대해서는 규정한 것이 없다.

　따라서 출력물의 원전인 디지털 증거 자체의 열람복제를 합리적 범위에서 허용하고, 허용하는 절차를 구체화한 입법 또는 최소한 수사준칙에 기본적 사항이라도 마련할 필요가 있을 것 같다.

Ⅵ. 형사소송법·검찰청법의 합리적 개선 방안에 관한 의견

1. 현행 형사사건 처리 관련 제안

(1) 개요

위 '제3항 검경 수사권 조정 이후 더욱 난해해진 형사사건의 흐름'을 통해 보완수사요구 원칙에 따른 기소/불기소 등 종국처분의 지연, 송치결정보다 불송치결정 경향성이 나타날 수밖에 없는 현실적인 문제에 관하여 언급하였다.

형사소송법에서 규정한 내용으로 보면 송치결정, 불송치결정을 불문하고 수사권 조정 이전처럼 검사가 사법경찰관이 수사한 사건기록을 검토할 수 있다는 점에서 차이가 없다. 그러나 개정 형사소송법 시행 이후 실무는 이전과 다른 양상으로 전개된 현상은 앞서 설명한 바와 같다.

법리적으로 복잡하거나 증거나 쟁점이 복잡한 사건의 경우, 고소인이 자발적 또는 적극적으로 증거를 제출하거나 담당 수사관이 시간과 노력을 집중하여 성실하게 기록을 검토하고 창의적인 증거수집에 집중하지 않는 한, 사실관계 파악이 안되거나 법리가 애매한 경우에는 송치결정보다는 불송치결정이 될 가능성이 높다. 나아가 송치결정을 하더라도 아직 검사가 기소에 대한 확신이 없어 보완수사를 요구하면 송치, 보완수사요구의 반복에 따라 사건처리가 지연되는 것이다.

불송치결정을 하게되면 재수사요청은 단 1회로 제한되고, 송치요구 또한 극히 예외적인 제도로 운영되는 관계로 사법경찰관 입장에서는 자신의 판단 하에, '명백한 물증 내지 확신'이 없는 한 불송치결정을 하게 될 경향이 뚜렷해질 것이다.

특히 법률상 송치요구는 '수사과정에서 법령위반, 인권침해 또는 현저한 수사권 남용이 의심되어 시정조치요구에 불응한 경우(형사소송법 제197조의 3 제6항)'에 한정할 뿐, 범죄혐의 유무 확인을 위한 재수사요청 사항을 제대로 이행하지 않는 경우 등은 사유에 포함되어 있지 아니하다.

개정 수사준칙 제64조 제2항 제2호에서 그러한 사항을 반영하였으나, 이는 형사소송법 제197조의 3의 적용범위를 법무부령인 수사준칙으로 확장하였다는 점에서 법제화가 시급해 보인다. 결국 법제화를 통해 사법오류를 시정하는 데 공백이 발생하거나 시민의 권익을 부당하게 침해하는 사태를 방지하고 위임입법의 한계 등을 둘러싼 논쟁을 차단해야 할 것이다.

(2) 고소/고발 사건 이의신청 일원화 방안

고소란 범죄의 피해자나 피해자와 일정한 관계에 있는 고소권자가 수사기관에 대해 범죄사실을 신고하여 범인의 처벌을 구하는 의사표시를 말한다(대법원 2008. 11. 27. 선고 2007도4977 판결).

고발이란 고소권자와 범인 이외의 제3자가 수사기관에 대해 범죄사실을 신고하여 범인의 처벌을 구하는 의사표시를 말한다. 또한 형사소송법 제234조 제1항은 누구든지 범죄가 있다고 사료하는 때에는 고발할 수 있다 라고 규정하고 있다. 실무상으로는 범죄피해자가 고소권자, 범죄피해자 이외의 자가 고발권자로 구분하고 있다.

구 형사소송법(2007. 6. 1. 법률 제8496호로 개정되기 전의 것) 제260조 제1항은 재정신청권자를 형법 제123조 내지 제126조로 고소 또는 고발한 자로 제한하고 있었고, 검찰청법은 고발인을 고소인과 마찬가지로 검사의 불기소 처분에 대하여 항고, 재항고를 모두 인정하였다.

2007. 6. 1. 형사소송법 개정으로 고소인에게도 재정신청권이 확대되고 항고전치주의가 도입되었지만, 여전히 형법 제123조 내지 제126조에 따른 고발인은 고소인과 함께 항고 및 재정신청이 가능하였고, 나머지 죄명의 고발인은 대검찰청에 재항고가 가능하였다.

따라서 고발인은 범죄피해자인 고소인과 거의 동등한 지위에서 검사의 불기소 처분에 불복하여 사법오류를 시정할 기회를 제공받았다.

수사권 조정을 반영하여 2021. 1. 1.경부터 시행한 형사소송법(2020. 2. 4. 개정 법률 제16924호)은 법 제245조의 7 제1항은 고소·고발 사건을 구별하지 않고 이의신청권을 인정하였다. 그러나 2022. 9. 10.경부터 시행하는 형사소송법(2022. 5. 9. 개정 법률 제18862호)은 법 제245조의 7 제1항에서 명시적으로 고발인을 제외하여 고발인의 이의신청권을 배제하였다.

검경 수사권 조정에도 불구하고, 종래 고발인은 이의신청을 통해 검사의 불기소 처분을 받은 경우 항고, 재항고 절차를 통해 사법오류를 시정받을 기회를 제공받았지만, 2022. 9. 10.경부터는 사법경찰관이 불송치결정을 하는 경우 검사의 불기소 처분을 받을 기회 자체가 배제됨에 따라 더 이상 사법오류를 시정받을 기회를 상실하게 되었다.

따라서 각종 행정법규에 기관고발이 가능한 사건, 관세법위반 사건, 조세범처벌법위반 사건, 출입국관리법위반 사건 등 필요적 고발사건의 경우 사법경찰관이 불송치결정을 하게 되면 더 이상 혐의유무를 다툴 수 없게 된다. 또한 형법상 직권남용권리행사방해 사건, 공직선거법위반 사건 등 검사의 불기소 처분에 대해 재정신청이 보장된 죄명의 경우에도, 만약 사법경찰관이 수사를 개시하게 되면 불송치결정에 대해 더 이상 다툴 수 없게 된다.

또한 현행법 내지 실무상 범죄피해자 유무로 고소인, 고발인을 일률적으로 분류하게 되면, 예를 들어 무고사건의 경우에는 국가적 법익에 해당하는 범죄이므로 범죄피해자로 보기 어렵다거나, 회사 대표가 회사공금을 횡령하는 경우 대주주는 범죄피해자가 아니므로 고발인의 지위에 해당하므로 이의신청을 인정해 주지 않을 수도 있다(실무적으로는 실질적인 범죄피해자로 보기 때문에 이의신청을 인정해 주고 있다). 환경오염 사범에 대해 인근 주민이 제기하는 대기환경보전법위반, 수질환경보전법위반 사건은 실질적으로는 피해자인데도 고발인의 지위로 인정받을 수밖에 없다.

따라서 실무에서는, 국가적, 사회적 법익에 관한 죄, 범죄피해자 지위가 명확하지 않는 경우에는 처음부터 '고발장'이 아니라 '고소장'이라고 기재하여 가급적 고소인의 지위를 인정받으려는 노력을 하고 있다.

물론 범죄피해와 아무런 이해관계가 없는 제3자가 고발장을 제출하는 경우, 그러한 사람에게까지 불송치결정, 불기소 처분에 대한 불복수단을 법적으로 보장해준다는 것이 사법역량의 낭비로 보일 수도 있다.

그러나 이미 70여년 사법역사 동안 고발인이더라도 고소인과 마찬가지로 검사의 불기소 처분에 대한 항고, 재항고 등 중층적 권익구제수단을 마련해주었던 이상, 한순간에 그러한 불복수단을 배제하는 것은 권리구제의 사각지대 내지 사법오류 시정의 공백을 발생시킬 수 있다. 범죄피해자도 아니고 아무런 이해관계가 없는 제3자가 사익적 의도로 고발을 남발하는 경우에는 남고소, 남고발의 폐해에 따른 각하처분 제도를 적극 활용하면 될 것이다.

따라서 고발인에게도 종전처럼 이의신청권을 보장하는 등 고소인과 고발인의 지위를 일원화하는 법개정이 필요해 보인다.

(3) 송치결정/불송치결정 관련 보완수사요구/재수사요청 관련 정비 방안

1) 보완수사요구

사법경찰관이 송치를 결정한 경우, 검사는 사법경찰관에게 보완수사를 요구할 수 있고 사법경찰관은 보완수사요구가 있는 때에는 정당한 이유가 없는 한 지체없이 이를 이행하고 그 결과를 검사에게 통보하여야 한다. 개정 수사준칙은 보완수사요구를 받은 때로부터 3개월 이내에 수사를 마치도록 규정하고 있다(수사준칙 제60조 제3항). 그리고 개정 수사준칙은 검사가 직접 보완수사 또는 보완수사요구를 선택하도록 규정하고 있다(수사준칙 제59조 제1항). 보완수사요구의 횟수에는 제한이 없다. 다만 수사준칙 제59조 제1항 제2호는 사건이 송치된 후 검사에 의하여 해당 피의자 및 피의사실에 대해 상당한 정도의 보완수사가 이루어지거나, 제1호는 송치받은 날로부터 1개월이 경과한 경우에는 검사의 직접 보완수사를 원칙으로 규정하였다.

개정 형사소송법 시행 이후, 수사가 미진한 상태에서 송치결정이 있거나 직접 보완수사만으로 기소가 가능함에도 사법경찰관에게 보완수사요구를 하는 바람에 보완수사요구, 송치가 반복되는 등 사건처리가 지연되는 등 사례가 발생하자 위와 같이 수사준칙을 개정한 것으로 보인다.

현재 검경 공히 인력, 역량에 비하여 사건 수가 과다하고, 사법오류 시정을 위한 각종 보완책이 신설되는 등 사법체계가 선진화됨에 따라 적정한 수사절차를 진행하기 위한 행정사항이 폭증하였다.

형사소송법은 인력과 예산의 제약이 없는 상태에서 가장 숙련된 담당자를 전제할 경우 이상적으로 시행되겠지만, 앞서 언급한 불송치결정 또는 보완수사요구 경향 등 실무에 비추어 볼 때 이와 같은 부작용은 충분히 예상되었을 것으로 보인다. 수사준칙에 수사기한을 3개월로 제한하거나 일부 사항에 대해 검사의 직접 보완수사를 원칙으로 규정하더라도 당분간 실무가 크게 개선될 것으로 보이지는 않는다. 어느 나라나 마찬가지겠지만 예산상 제약으로 사법경찰관 또는 검찰 인력이 현실에 맞게 증원되기는 어렵기 때문이다.

그래도 보완수사요구 제도는 사법경찰관과 검사가 상호 협의하는 과정에서 사법오류를 시정할 충분한 기회가 보장되며, 항고, 재정신청 등 불복수단도 마련되어 있다.

2) 재수사요청

그러나 불송치결정에 대한 재수사요청은 '위법 또는 부당'으로 그 사유가 제한되며(예컨대 고발된 사람이 아닌 진범 발견을 위한 추가수사의 경우, 위법하지도 부당하지도 않을 수 있다), 수사준칙에 따라 재수사요청 횟수도 1회로 제한되고, 송치요구도 할 수 없음이 원칙이고, 1차로 수사가 종결된 사안이기 때문에 검찰에서 직접 보완수사를 진행하지도 않는 등 사법오류의 시정절차로서는 제도적 한계가 있다.

개정 수사준칙 제64조 제2항은 제1호 관련 법령 또는 법리에 위반된 경우, 제2호 범죄 혐의의 유무를 명확히 하기 위해 재수사요청한 사항에 관하여 그 이행이 이루어지지 않은 경우(다만 불송치결정의 유지에 영향을 미치지 않음이 명백한 경우는 제외한다), 3호 송부받은 관계 서류 및 증거물과 재수사 결과만으로도 범죄 혐의가 명백히 인정되는 경우, 제4호 공소시효 또는 형사소추의 요건을 판단하는 데 오류가 있는 경우에는 송치요구를 할 수 있도록 규정하고 있다.

그러나 재수사요청은 근본적으로 사법오류를 시정하는 데 한계가 있다.

첫째, 수사기관 종사자는 완벽하지 않다. 검사 또한 완벽하지 않으므로 불송치결정에 대해 최초 재수사요청을 한 후, 새로운 사실관계가 발견되거나 추가 참고인이나 증거를 확인할 필요가 있을 수 있다. 다시 말해 모든 사항을 고려하여 단 1회만에 재수사요청에 반영한다는 것은 불가능에 가깝다는 의미이다. 재수사요청에 따른 수사결과 다시 한번 더 확인할 사항이 발견되었지만 사법경찰관이 최초 재수사요청 사항을 모두 이행하였고, 현재까지 증거만으로는 혐의유무가 분명하지 않지만 추가수사를 하면 기소가 가능할 사안은 어떻게 되는가. 수사실무적으로는 오히려 이러한 사례가 더욱 많이 발생할테지만 현행 제도에서는 추가적인 수사나 송치요구도 불가능하다.

둘째, 수사준칙에서 재수사요청을 1회로 제한하는 법률적 근거가 부족하다. 형사소송법은 위법 또는 부당한 사유가 있는 경우 재수사요청을 할 수 있도록 규정하고 있을 뿐, 재수사요청을 다시 할 수 없다는 내용이 없다.

개정 형사소송법은 90일 이내에 반환하여야 한다고 규정하였는데, 그 횟수를 1회로 제한한다는 내용은 수사준칙에서 새롭게 규정하고 있을 뿐이다. 이는 결국 사법오류의 시정기회를 제공받을 고소인의 권리, 다시 말해 헌법상 범죄피해자의 보호받을 권리를 부당하게 제한하는 규정으로 보이며, 위임입법의 한계도 일탈한 것으로 보인다.

셋째, 재수사요청을 위해 검찰 단계에서 '사실조사'를 할 수 없는 것도 한계이다. 강제수사는 허용되지 않으며, 피의자신문조서 작성 등이 제외되겠지만, 적어도 사법경찰관이 송부한 증거 또는 서류의 내용 확인을 위한 사실조사, 관련자 진술청취 등 임의적 조사는 허용하거나 이를 허용할 근거규정 마련이 필요해 보인다.

검사의 불기소 처분에 대해 고등검찰청은 항고가 이유가 있다고 판단되면 직접 경정을 할 수 있고, 이 경우 고등검찰청 검사는 지방검찰청 또는 지청 검사로서의 직무를 수행하는 것으로 본다(검찰청법 제10조 제3항). 재정신청의 경우 법원은 항고의 절차에 준하되, 필요한 때는 증거를 조사할 수 있다(형사소송법 제262조 제2

항). 여기서 증거의 조사에는 피의자 신문, 참고인에 대한 증인신문, 감정, 검증 등을 포함하며 공판절차가 아니므로 법정에서 심리하지 않거나 서면으로 심리할 수 있다[9].

검사의 불기소 처분은 물론 사법경찰관의 불송치결정은 법원의 판결과 달리 기판력이나 확정력이 없다. 따라서 수사실무상 새로운 증거가 발견되는 경우는 물론이며, 이미 불기소 처분이 있더라도 다른 수사기관에서 혐의 유무 확인을 위한 재수사도 가능하며 그리고 기소에 지장이 없다. 우리 형사소송법에도 중복기소가 공소기각의 사유로 규정할 뿐, 중복된 고소 내지 중복수사가 위법하다는 내용은 없고, 다른 수사기관의 불송치결정 내지 불기소 처분이 있더라도 수사가 위법하지는 않다.

불송치결정은 사법경찰관의 1차적 수사종결일 뿐이며, 검사의 불기소 처분에 대한 항고, 재정신청과 마찬가지로 그 결정의 위법부당성 확인을 위한 사실조사 정도는 허용해야 할 것으로 보인다. 그러한 사실조사마저 허용되지 않은 상태에서 오로지 사법경찰관이 송부한 증거와 서류만으로 재수사가 필요한지 여부를 판단하기는 어렵기 때문이다.

3) 재수사요청의 사유나 절차 등 정비 방안

보완수사요구는 횟수의 제한이 없고 검사의 직접 보완수사가 가능한 반면, 재수사요청은 수사준칙상 1회로 횟수가 제한되며 극히 예외적인 경우에만 송치요구가 가능하다.

고발사건에 대하여도 이의신청을 보장하게 되면, 고소사건, 고발사건 모두 송치되므로, 이의신청을 포기하지 않는 한 재수사요청 대상사건은 현재보다 더욱 축소될 것으로 보인다. 그에 따라 수사준칙에서 규정한 송치요구도 그 사례가 거의 없어질 것으로 보인다.

재수사요청의 사유 또한 '위법, 부당하다고 판단되는 경우'라고 규정하고 있으나 수사가 '부당한 경우'라는 개념 자체가 모호하다. '부당한 경우'는 해석에 따라 다른 증거가 존재할 가능성이 있음에도 확인하지 않거나, 진범을 밝혀내기 위한 수사를 진행하지 않거나 수사가 미진한 경우를 포함하는지 다툼의 여지가 충분하다.

재수사요청의 사유인 '위법 또는 부당한 불송치결정'과 관련하여 현재는 불송치결정의 위법 또는 부당 여부가 확정적이지는 않지만 추가로 수사를 해보아야 확인

---

9) 이창현, 형사소송법(제9판), 제547면, 정독

할 수 있는 경우가 있다. 엄밀하게 말해 아직 '부당한 불송치결정의 가능성'일 뿐 불송치결정 자체가 아직 부당하거나 위법에 이르지는 않을 수 있다. 대부분 수사실무는 서류 또는 증거만으로 불송치결정의 부당성이 바로 현출되기 보다는 내용을 좀 더 파악해 보아야 확인이 가능한 경우가 대부분일 것이다.

결국 재수사요청의 사유를 '불송치결정이 위법 또는 부당성이 **의심되는 경우 그 확인을 위한 재수사**'로 개정하는 방안이 타당할 것으로 보인다.

현행 수사준칙은 불송치결정의 부당성과 관련하여 '혐의 유무 판단을 위한 재수사요청에 관하여 그 이행이 이루어지지 않은 경우'를 송치요구 사유로 규정하여 부당성의 범위를 '부당성 여부 확인을 위한 경우'까지 확장하는 듯 하다.

이러한 사항은 수사준칙 차원이 아닌, 입법적으로 개선할 사항으로 보인다.

2. 수사준칙 중 일부사항의 법제화 필요

구 법과 달리 개정 형사소송법 체계 하에서는 검사의 직접 수사대상과 관련하여서는 대통령령으로, 검경 간 세부적 사건처리 절차에 관해서는 법무부령이 존재한다. 검경이 서로를 신뢰하고 협조하며 수사를 진행하고 국민의 기대수준에 맞도록 권익을 보장한다면 굳이 지침으로 절차를 규정할 필요도 없었을 것이다. 현행 수사준칙은 개별 절차와 요건을 너무 자세하게 규정한 것 같으면서도 세부적으로 살펴보면 요건을 둘러싸고 해석상의 모호성이 등장하는 등 문제점도 엿보인다. 반대로 형사소송법에 반영하였어야 할 사항을 수사준칙에 규정한 것도 있다.

2023. 11. 1. 개정된 '검사와 사법경찰관의 상호협력과 일반적 수사준칙에 관한 규정'은 법무부령이다.

수사준칙은 적용대상으로 검사와 사법경찰관을 포함하며, 수사권 조정을 둘러싼 협력 및 역할분장 사항을 규정하고 있다. 대부분은 이미 기존 형사소송법 시행 과정에서 확립된 수사실무를 반영하고 있지만, 제4장 사건송치와 수사종결 항목은 형사소송법에 근거한 세부적 사항을 새롭게 규정한 것으로 보인다.

다만 그 중 제3절 '사건불송치와 재수사요청' 부분 중 재수사요청을 1회로 제한한 부분은 형사소송법에 규정되지 아니한 부분으로, 고소인 또는 고발인의 범죄피해자로서 보호받을 헌법상 권리를 침해할 소지가 엿보인다. 사법절차의 오류를 시정할 기회는 중층적으로 보장하는 것이 현대 입법의 형태이다. 검사의 불기소 처분을 받은 사건은 항고, 재항고, 재정신청 등 다층적으로 권익을 보장받음에 반하여, 고발사건 불송치결정을 받은 고발인은 항고, 재항고, 재정신청 자체가 불가능하기 때문에 재수사요청 회수에 제한을 두지 않거나 법 개정으로 이의신청권을 보장받아 보완수사요구가 가능해지는 방안 이외에는 그들의 권리를 보호하기 어렵다.

덧붙여, 수사준칙 제64조 제2항은 일정한 경우 법 제197조의 3에 따라 사건송치를 요구할 수 있는 근거규정을 추가로 마련하였다.

그런데 수사준칙 제64조 제2항에서 규정하고 있는 송치요구는 사법경찰관이 재수사요청을 제대로 이행하지 않아 위법 또는 부당한 불송치결정이 유지되는 사항에 관한 것일 뿐, 법 제197조의 3에서 규정한 시정조치 요구에 따른 송치요구와 그 성격이 다소 다르다. 법 제197조의 3은 '사법경찰관리의 수사과정에서 법령위반, 인권침해 또는 현저한 수사권 남용이 의심되는 사실의 신고가 있거나 그러한 사실을 인식하게 된 경우에는 사법경찰관에게 사건기록 등본의 송부를 요구할 수 있다'라고 규정하고 있는데, 불송치결정을 그대로 유지하는 것이 법령위반, 인권침해 또는 현저한 수사권 남용이 의심되는 상황이 아닐 수 있기 때문이다.

수사준칙 제64조 제2항에서 규정한 내용은 고발인, 이의신청하지 않은 고소인 또는 사법경찰관 인지사건 중 사법오류가 시정될 기회를 제공한다는 점에서 위헌적 요소가 있다고 보기 어렵다.

다만 상위법인 형사소송법에 송치를 요구할 수 있는 요건과 절차를 규정하였는데 법무부령에서 송치를 요구할 다른 경우를 추가한 것은 법규명령의 체계상 문제의 소지가 있다.

형사소송법에 그 내용을 두고 있지 않지만 수사준칙으로 송치요구 사유를 추가한 부분은 시급하게 법제화하여 형사소송법에 반영할 필요가 있다.

3. 불기소 처분 불복방안 개선

(1) 재항고 또는 재정신청 선택방안 마련

현행 개정법 체계에서는, 검사가 고발사건(직접 수사대상 사건에 한정)을 직접 수사하지 않는 이상 항고, 재항고, 재정신청은 제도적으로 불가능하다.

고소인의 경우 불송치결정에 대한 이의신청, 검사의 불기소 처분을 거쳐 고등검찰청에 항고하는 방법으로 불복절차를 진행하게 된다.

다만 사법경찰관의 불송치결정 사건은 처음부터 수사가 미진하였거나 사법경찰관이 증거수집 업무를 게을리한 경우 검사가 그 결론을 변경하기란 쉽지 않다. 사법경찰관과 마찬가지로 검찰 또한 인원에 비하여 많은 수의 사건을 처리하는 관계로 시민들의 억울한 사정을 일일이 확인하는 데 한계가 있기 때문이다.

물론 재정신청을 통해 법원에 억울한 사정을 직접 호소하는 방안이 존재하고, 제도적으로는 고등법원이 증거조사도 실시할 수 있다. 이는 영미법상의 일종의 사인소추를 한국법에 제도화한 것이기는 하나, 실무적으로 고등법원이 수많은 재정신청 사건을 조사하는 데는 한계가 있고, 그나마 비공개 서면심리이며, 주문 또한 심판에 부하는 결정 또는 기각 결정 단 2개 밖에 없는 관계로 '수사가 다소 미진하지만 보완하면 공소유지 가능성이 있는 상태'라는 영역은 기각 주문의 카테고리에 포함되어 버릴 것이다. 결국 고등법원의 재정신청을 제외하게 되면 '재수사'를 통한 새로운 사실관계 확인이 가능한 마지막 단계는 고등검찰청 항고 밖에 없다.

다시 말해 고등검찰청 항고가 고소인에게는 사실상 권익구제의 종착역이며 고소인이 변호인의 도움을 충분히 받지 못한 경우 또는 수사기관이 오염된 증거로 잘못된 판단을 하는 경우 등 실제로 억울한 사정이 존재하더라도 고등검찰청에서 재기수사명령을 해주지 않으면 그는 더 이상 법에 호소할 길이 없다.

구 형사소송법 하에서는 고소인, 고발인 모두 검사의 불기소 처분에 대해 고등검찰청에 항고를, 대검찰청에 재항고를 신청할 수 있었다.

대검찰청 재항고의 경우, 전국의 항고기각 사건이 모두 집중되는 관계로 사건처리가 지연되기는 하였지만 검사 중 최우수자원인 검찰연구관들이 기록을 검토하는 관계로 사법오류를 시정할 기회가 추가된 측면이 있었다.

어차피 수사가 미진한 상태이면 그 사건기록은 아직 공소유지가 어려운 상태이다. 수사미진 상태에서 재정신청을 하더라도 고등법원이 재정결정을 해주기는 매우 어려우며 이는 실제 재정신청 인용률 0.63%라는 통계수치로도 확인되고 있다.

따라서 고소인의 경우 항고 → 재정신청, 고발인의 경우 항고 → 재항고 라는 이원화된 체계에서, 고소인이 대검찰청에 재항고를 하거나 고등법원에 재정신청 중 하나를 선택할 수 있도록 개정하는 의견을 제시해 본다.

이 경우 고등법원 입장에서도 불필요한 재정신청 접수로 인한 업무과다 등을 해소할 수 있으며, 고소인 입장에서도 사법오류의 시정기회를 다양하게 제공받는다는 점에서 헌법상 범죄피해자의 보호받을 권리를 두텁게 보장받을 수 있다.

(2) 항고사건의 충실한 심사 관련 고검 인력 운용방안 개선

고소인에게 재정신청 또는 재항고 중 선택할 수 있도록 검찰청법 등이 개정되지 않더라도 현행 고등검찰청 인력운용을 개선한다면 고소인의 권익을 실질적으로 보장할 수 있을 것으로 생각한다.

현재 검찰은 대검검사급, 고검검사급, 일반검사로 3분하여 내부 인사를 실시하고 있는데, 고등검찰청에는 원칙적으로 고검검사급만 배치한다. 고검검사급은 보직상 부부장검사, 부장검사, 차장검사, 지청장 등을 이르는데 실제로 고등검찰청에서 항고업무를 담당하는 고검검사들은 예전에 보직을 받은 경험, 그리고 다양하게 수사를 경험하여 충분한 사건처리 역량을 보유한다.

한편 일반검사들은 한창 의욕적으로 업무를 수행하며 적극적으로 조사에 임하므로, 일반검사 중 희망자에 한해서는 항고업무에 배치하는 방안을 조심스럽게 건의해 본다.

4. 증거기록 열람·등사제도 개선

(1) 수사기록 열람제도 신설

검사·사법경찰관리와 그 밖에 직무상 수사에 관계있는 자는 수사과정에서 수사와 관련하여 작성하거나 취득한 서류 또는 물건에 대한 목록을 빠짐 없이 작성하여야 한다(형사소송법 제198조 제3항).

이를 '기록목록'이라고 하며, 검사가 피의자를 기소할 때에는 수사기록 중 증거로 제출할 '증거기록'을 사건기록에서 분리하고, 남은 사건기록은 '수사기록'이라는 명칭으로 별도로 합철하여 보관한다. 증거기록은 법에 따라 열람하여 등사할 수 있으나 수사기록은 기록목록을 열람등사하는 것 이외에 그 내용을 알 수 없다. 기록목록에 기재된 서류 또는 증거의 제목을 통해 그 내용을 대략적으로 유출할 수 있지만, 예를 들어 피고인에게 유리한 정상관계 내지 무죄를 다툴만한 자료가 수사기록에 포함된 경우 기록목록만으로 추가로 열람등사 대상으로 파악하기 매우 어렵다.

물론 검찰청법 제4조 및 판례에 따라 검사의 객관의무가 인정되기는 하나, 간혹 피고인에게 유리한 사실 내지 정상관계가 증거기록에서 제외되는 사태를 배제하기는 어렵다.

수사기관이 기록목록을 빠짐없이 작성하지 않거나, 수집한 서류 또는 증거의 형상이나 특징을 반영하여 제목을 정하지 않은 채 포괄하여 기록목록에 기재하는 경우 피고인 또는 변호인 입장에서는 자신에게 유리한 증거가 수집되었을 가능성 조차 확인할 수 없다.

이에 따라 적어도 피고인의 변호인은, 기록목록 이외에도 수사기록을 열람할 수 있고, 필요에 따라 등사신청을 허용할 필요가 있다. 변호인에게 정보 외부유출 방지 서약을 받고 위반 시 적절한 제재수단 등을 마련하는 방안으로 제도를 보완하면 될 것이다.

(2) 디지털 증거 열람복제 실질화

기업사건을 비롯해 개인사건에 이르기까지 디지털 기기의 보급으로 디지털 증거가 포함되지 않은 사건이 거의 없을 정도이다.

다만 현행 형사소송법은 특수매체기록의 열람 또는 복제를 허용하는 원론적 규정만 두고 있을 뿐, 구체적으로 피고인 측이 이미징한 파일을 복제하거나 이를 분석하여 자신에게 유리한 증거를 제출하는 절차 등에 대한 구체적 사항을 정해두지 않았다.

증거기록 거의 대부분은, 디지털 증거를 분석하여 그 중 공소사실과 관련된 자료를 출력물 형태로 편철하여 그 출력물을 피고인 측에서 열람하게 하고 있지만, 디지털 자료의 특성상 해당 파일의 생성자, 생성일지, 장소 등 메타데이터를 분석하면 자료의 위변작을 파악할 수도 있고 디스크 미할당영역에서 삭제된 파일을 복구하면 피고인에게 유리한 자료가 발견될 수도 있다. 피고인의 방어권 보장을 위해서라도 디지털 증거에 대한 구체적인 열람복제 절차를 규정하는 한편, 실질적인 디지털 증거개시가 되도록 개선할 필요가 있다.

(3) 법원의 열람·등사에 관한 결정에 불복한 경우 실효화 방안(형사소송법 제266조의 4 제5항)

마지막으로 검사가 법원의 열람·등사에 관한 결정을 따르지 않는 경우 해당 증거를 확보할 방안을 마련할 필요가 있다.

특정 증거에 대해 검사가 열람·등사를 거절하는 경우, 피고인 또는 변호인은 그 서류 등의 열람·등사 또는 서면의 교부를 허용하도록 힐 것을 신청할 수 있다(형사소송법 제266조의 4 제1항). 그리고 검사가 열람·등사 또는 서면의 교부에 관한 법원의 결정을 지체 없이 이행하지 아니하는 때에는 해당 증인 및 서류등에 대한 증거신청을 할 수 없다(형사소송법 제266조의 4 제5항).

예를 들어 검사가 증거기록에 포함시키지는 않은 채 수사기록에 편철하여 보관한 특정 증거가 존재하고, 법원으로부터 열람·등사에 관한 결정을 받았지만 검사가 여전히 변호인에게 이를 제출하지 않는 경우가 있을 수 있다. 그런데 해당 증거는 어차피 증거기록에 포함시키지 않았기 때문에 법 제266조의 4 제5항에 따라 검사가 증거로 신청할 수 없게 하는 것은 큰 의미가 없다.

첨예하게 유무죄를 다투는 검사와 변호인의 대립당사자적 지위에 비추어 볼 때 피고인에게 유리한 자료를 수사기록에 포함시킨 채 법원의 제출결정에도 불응하는 경우 법상으로는 아무런 제재수단이 존재하지 아니한다. 해당 증거를 육안으로 확인해야 피고인의 방어권 보장에 도움이 될지 되지 않을지 확인되는데 아예 법원의 결정에도 불구하고 거부하는 경우 피고인의 방어권이 큰 지장이 있을 수 있다.

제출하지 않는 경우 해당 증거를 신청할 수 없다는 불이익을 규정한 것에 더하여, 제출의무를 신설하면 입법적으로 해결될 것으로 보인다.

Ⅶ. 결 론

개정 형사소송법, 검찰청법은 수사권 조정을 통해 실제로 대부분의 수사를 담당하는 사법경찰관에게 1차적 수사종결권을 부여하는 등 권한과 책임의 일치화라는 점에서 전적으로 공감하는 입장이다.

다만 그 과정에서 사법오류를 시정할 기회에 일부 공백이 발생한다거나 고발사건에 대한 불송치결정에 대해서는 고발인에게 아무런 불복수단이 존재하지 않는다거나, 보완수사요구, 재수사요청 등 절차적 복잡성에 따라 사법절차가 크게 지연된다거나, 수사준칙으로 재수사요청을 1회로 제한한다거나 재수사요청 불이행에 따른 송치요구 사유를 추가하는 등 법 내용 및 법체계상 정비할 부분이 있다.

과거 전건 송치주의(全件 送致主義), 검사의 기소, 불기소결정이 검경 수사중복에 따른 사법절차 지연 초래, 수사권한과 책임 일치화 필요성이라는 고려하에 형사소송법 개정에 이르렀다. 그러나 수사권 조정이후 이전보다 절차가 더욱 지연되고 보완수사요구, 재수사요청 등 절차적 복잡화로 인하여 권익구제의 사각지대가 발생하게 된 것은 예상하지 못한 결과로 보인다.

　실무상 인원과 예산에 비해 사건 수가 과다함에 따라 검찰의 경우에는 종국적 판단보다는 보완수사요구 경향, 사법경찰관의 경우에는 불송치결정 경향 등 예측하지 못하였던 현실을 직면하기도 하였다. 하루빨리 새로운 제도가 정착되기를 바란다.

논문투고일 : 2023.12.21.　논문심사일 : 2023.12.21.　게재확정일 : 2023.12.30.

【참고문헌】

김대근 외, 수사권 조정 이후 수사조결의 현황 및 개선방안, 형사정책연구원, 2021.
이재상, 조균석, 이창온, 형사소송법(15판), 박영사, 2023.
이창현, 형사소송법(9판), 정독, 2023.

【국문초록】

　형사소송법, 검찰청법에 규정된 내용은 절차적으로는 수사, 공판 및 불기소 등 불복절차에 관한 것으로 분류할 수 있고, 관여 주체에 따라 법원, 검찰, 경찰, 피의자, 피해자(또는 고소인, 고발인), 변호인 등 대리인에 관한 것으로 분류할 수 있다.

　2021년을 기점으로 형사소송법, 검찰청법에 대한 대대적 개정안이 마련되고, 제도적 틀에도 큰 변화가 있었다.

　다만 최근 개정 형사소송법에 따른 형사절차는 법률전문가조차 진행 및 불복방법에 대하여 이해하기 어렵거나 혼동을 일으킬 정도로 매우 복잡하고, 검경 간 상호 견제와 권한 배분에 중점을 두다보니 수사절차가 지나치게 지연되거나 책임 있는 사건처리로 보기 어려운 사례까지 등장하였다.

　특히 사법경찰관이 판단 착오로 불송치로 결정하는 경우 재수사요청 내지 이의신청 만으로는 그 오류를 시정하기 대단히 어렵게 되었다. 보완수사요구, 재수사요청으로 절차를 나누기보다는 이를 일원화할 필요가 있다. 또한 형사소송법 규정에도 불구하고 수사준칙으로 송치요구의 요건을 완화한 것은 법체계상 문제가 있으므로 이를 법제화할 필요도 있다.

　수사권 조정의 취지에는 동의하지만 현행 제도는 고발인에게 이의신청권을 인정하지 않는 등 피해구제에 불충분하거나, 수사준칙에 너무 많은 내용을 담으려다보니 실무가조차도 수사절차를 이해하기 어려운 수준에 이르렀다.

　실무상 인원과 예산에 비해 사건 수가 과다함에 따라 검찰의 경우에는 종국적 판단보다는 보완수사요구 경향, 사법경찰관의 경우에는 불송치결정 경향 등 예측하지 못하였던 현실을 직면하기도 하였다. 하루빨리 새로운 제도가 정착되기를 바란다.

◆ 주제어: 수사권조정, 개정 형사소송법, 수사준칙, 보완수사요구, 재수사요청

【Abstract】

Evaluation of the Criminal Procedure Law and the Prosecution Service Act and Further Revision Point

Inseok Heo[*]

In 2021, There were major changes of the Criminal Procedure law and the Prosecution Service Act

However, the revised criminal procedure is so complex that it is difficult or confusing even for legal experts to understand, and the emphasis on distribution of investigative authority among the prosecutors and the Police has led to excessive delays and fatal errors.

The current system is insufficient to remedy damages, such as not granting the complainant the right to appeal, and includes too much procedures. which has made it difficult for even practitioners to understand the investigative procedure.

I hope that the new system will be established as soon as possible.

◈ Key Words: revised Criminal Procedure law, revised Prosecution Service Act, distribution of investigative authority, investigative procedure

---

[*] Dongin law group, Partner Attorney.

한국형사소송법학회 『형사소송 이론과 실무』
제15권 제4호 (2023.12) 667~698면.
Theories and Practices of Criminal Procedure Vol. 15 No. 4 (December. 2023) pp. 667~698.
10.34222/kdps.2023.15.4.39

고위공직자 범죄수사처 법의 바람직한 개선 방안[*]

이 근 우[**]

목 차

Ⅰ. 들어가며

'고위공직자 범죄수사처의 바람직한 개선 방안'이라는 주제로 발제의뢰를 받고 많은 생각이 들었다. 공수처 설치에 대한 법안들이 다수 제출되던 무렵에 형사법 5개학회의 공동 특별세미나(2017.11.10.)가 있어서 공수처 설립 무용론의 입장에서 법안들을 비판적으로 검토한 바 있다.[1] 그 내용을 요약하자면 당시까지 제출된 법안들은 공수처에 대한 과도한 기대에 비하여 실효성 있게 작동하기 힘든 문제를 안고 있고, 필요한 개혁은 정공법으로 해야 하는 것인데, 공수처 설립이라는 목표에 너무 집착하면 시급한 검찰개혁조차 멀어진다는 것이었다. 그리고 이들 법안들이 공수처에 과도한 기대를 걸면서도 정작 필요한 경우에도 적절히 행사할 수 있는 강화된 수사 방법에 대한 고려가 없다는 점도 지적했다. 암행어사 이몽룡이 몽둥이를

---

* 이 글은 대한변호사협회와 한국형사소송법학회가 2023.12.15.에 "국가 형사사법제도의 평가 및 개편 방향"이라는 대주제로 주최한 공동학술대회에서 발제하였던 글을 정리하여 발표하는 것이다.

** 가천대학교 법학과 교수, 법학박사

1) 이근우, "屋上屋, 펜트하우스가 될 것인가 옥탑방이 될 것인가?", 형사정책 제31권 제1호(통권 57호), 2019, pp. 43-69가 이를 정리하여 한참 후에 게재한 글이다.

든 나졸들을 데리고 변학도 정도야 잡겠지만, 王은 고사하고 정승, 판서를 잡을 수는 없다. 龍을 잡으려는 勇士에게는 무기든 방패든 뭔가 특별한 아이템이 있어야 하는데, 공수처가 또 다른 괴물이 되는 것을 우려한 까닭인지 그런 고려가 없다는 것이다. 개인의 武勇이 아무리 뛰어나도 맨손으로 龍을 잡을 수는 없다.

그런데 처음에 당시 정부조직 내 반부패전담기구인 부패방지위원회에 수사권을 부여하겠다는 '소박한' 아이디어에서 시작한 것이 심지어 우리나라의 최고권력자라고 할 수 있는 대통령까지도 수사하는 것으로 그 역할이 엄청나게 확장되면서도 정작 그 과업을 어떻게 수행할 것인지에 대한 고려가 너무도 부족했던 것이다. 어쩌면 최고위공직자에 대한 기존의 검찰, 경찰의 수사가 미흡했던 것이 단지 그들의 '수사 의지 부족' 때문이라고 보고, 그러한 의지가 있는 사람이 공수처장에 앉기만 하면 수사는 저절로 잘 될 것이라고 생각했던 것인지도 모른다. 그러나 공수처법이 예정한 수사대상자, 수사대상 범죄에는 개인 비리에 속하는 뇌물죄뿐만 아니라, 국가기관이 조직적으로 동원된 직권남용, 직무유기까지도 포함되어 있는데, 그러한 범죄의 경우 非常한 수단이 없다면, 짧은 시간 내에 한정된 수사 인력으로 이를 밝혀내는 것이 어렵다는 것은 쉽게 예측할 수 있었고, 이미 수년 전에 나는 이를 지적했었다. 그렇다면 지금 공수처와 그 구성원들이 받는 비난의 상당 부분은 공수처보다 애초부터 법률을 이렇게 구상한 분들이 받아야 할 것이다.

> 힘을 실어주는 것은 법률언어가 아니라 살아있는 권력의 의지이다. 이를 누구보다 빠르게 감지하는 것은 공무원들이다. 대통령이 묵인하는 고위공직자 수사라면 굳이 공수처가 아니라도 언제나처럼 아무런 문제 없이 진행될 것이다. 이런 경우 기존의 검경도 누구보다 열심히 수사할 것이다. 이 법안이 늘 염두에 두어야 하는 것은 그 반대의 경우이다. 현재의 살아있는 권력이 원하지 않고, 가끔 소리 없이 방해하기도 하는 수사, 피의자는 물론이고, 참고인들도 공교롭게도 여러 가지 사정으로 출석하지 않고, 정부 부처도 협조하지 않는 수사 환경에서조차 제대로 동작해야 할 것을 상정해야 하는 것이다. 지금의 법안들이 과연 법무부로부터 피의자나 주요 참고인의 출국금지조차 적시에, 제대로 협조받을 수 없는 환경, 피의자 아닌 참고인들에게는 공수처 조사에 출석하시기를 읍소해야 하는 그런 수사 환경에서 제대로 동작할 것인가? 그렇다면 보다 효과적인 수사권을 부여하는 것은 어떤가? 너무 악용될 소지가 많아서 위험한가?[2]

---

2) 위의 글, 50-51면.

　이 발표는 그때 제가 했던 말을 수습하려는 시도이다. 주된 내용은 공수처에 어떤 무기가 필요할 것이고, 이를 활용하는 절차를 공수처 수사에 어떻게 적용할 수 있을 것인지를 검토하는 것이다. 저 글에서는 참고인 구인제와 형사소송법 제110조, 제111조 적용배제나 불복절차에 대해서만 간략하게 언급만 한 것이었기에 이번 발표에서는 대배심 유사의 수사심의조직 구성 등을 통한 수사력 강화, 다양한 형태의 수사방해행위의 처벌3) 문제를 포함하여 보다 더 넓게 보완적 제도를 살펴보고자 한다.

---

3) 특가법 제5조의9 제4항

　④ 자기 또는 타인의 형사사건의 수사 또는 재판과 관련하여 필요한 사실을 알고 있는 사람 또는 그 친족에게 정당한 사유 없이 면담을 강요하거나 위력(威力)을 행사한 사람은 3년 이하의 징역 또는 300만원 이하의 벌금에 처한다.
　공군 20전투비행단 이예람 중사 사망 사건 관련 군 내 성폭력 및 2차 피해 등의 진상규명을 위한 특별검사 임명 등에 관한 법률
　제20조(벌칙) 위계 또는 위력으로써 특별검사등의 직무수행을 방해한 자는 5년 이하의 징역에 처한다.
　특별검사의 임명 등에 관한 법률
　제22조(벌칙) ① 위계 또는 위력으로써 특별검사등의 직무수행을 방해한 자는 5년 이하의 징역 또는 5천만원 이하의 벌금에 처한다.
　제7조(특별검사의 직무범위와 권한 등) ① 특별검사의 직무 범위는 다음 각 호와 같다.
　1. 제3조에 따라 특별검사 임명 추천서에 기재된 사건(이하 "담당사건"이라 한다)에 관한 수사와 공소제기 여부의 결정 및 공소유지
　2. 제8조의 특별검사보 및 특별수사관과 관계 기관으로부터 파견받은 공무원에 대한 지휘·감독
　제8조(특별검사보 및 특별수사관의 임명과 권한) ① 특별검사는 7년 이상 「법원조직법」 제42조제1항제1호의 직에 있던 변호사 중에서 4명의 특별검사보 후보자를 선정하여 대통령에게 특별검사보로 임명할 것을 요청할 수 있다. 이 경우 대통령은 그 요청을 받은 날부터 3일 이내에 그 후보자 중에서 2명의 특별검사보를 임명하여야 한다.
　② 특별검사보는 특별검사의 지휘·감독에 따라 담당사건의 수사 및 공소제기된 사건의 공소유지를 담당하고, 특별수사관 및 관계 기관으로부터 파견받은 공무원을 지휘·감독한다.
　③ 특별검사는 그 직무수행에 필요한 때에는 30명 이내의 특별수사관을 임명할 수 있다. 이 경우 유관기관 근무 경력, 업무수행 능력과 자질 등을 고려하여야 한다.
　④ 특별수사관은 담당사건의 수사 범위에서 사법경찰관의 직무를 수행한다.

Ⅱ. 공수처의 지위와 공수처 수사의 특성

1. 공수처의 지위 혹은 위상

(1) 공수처의 지위

일부 시민들의 오해처럼 공수처는 최고권력자까지도 마음대로 수사할 수 있는 무소불위의 기관인가? 하지만 이 질문을 반대로 해보아야 한다. 기존의 경찰, 검찰은 대통령을 수사할 수 없는 기관이었는가? 적어도 이론적으로는 대다수의 범죄를 재직 중에 기소할 수 없을 뿐, 수사까지 금지하고 있는 규정은 없다. 실제로도 현직 대통령의 범죄에 대해 수사를 진행한 바도 있다. 탄핵으로 대통령직에서 파면된 뒤에 수사한 것이 아니지 않는가? 그래서 수사기관의 의지 혹은 수사의 동력이 중요한 요소가 될 수밖에 없을 것이다.

처음에 부패방지위원회와 연계된 '고비처'가 기획되던 시기에는 고위공직자 등의 부패범죄는 명백히 사실관계가 드러나는 경우조차 제대로 수사, 기소되지 않는다는 문제의식에서 정치, 행정 권력의 영향으로부터 조금은 독립적인 수사기관을 구성해야 한다는 절박감에서 기획되었던 것이고, 물론 부패방지위원회 역시 국가기관의 하나이지만, 좁은 의미의 행정부 즉 행정 각부의 일부인 수사기관과는 다르게 동작할 것을 기대했을 것으로 보인다. 그러면 지금 그 후신이라고 할 수 있는 국민권익위원회를 상정하고도 같은 논의를 전개할 수 있을까?

다시 처음의 질문에 대해 사견을 말하자면, 공수처는 수사권한을 부여받은 많은 기관 혹은 개인[4] 중의 하나일 뿐이고, 공수처법에서도 특별한 규정을 두고 있지 않으므로 형사소송법을 기본으로 하는 일반적 수사권한만 행사할 수 있는 기관일 뿐이고, 오히려 그 직접 수사대상을 한정적으로 열거한 공수처법 때문에 대상자, 대상사건에서 엄격한 제한을 받는 보충적 수사기관으로 이해되어야 한다. 그래서 다른 수사기관이 그 전 조직을 동원해서 뇌물죄 수사 등에서 활용하는 비공식적 수사기법을 활용할 가능성이 원천적으로 차단되어 있는 것이다. 과거의 대검 중수부 등

---

4) 우리 법제는 수사권한의 부여에 대해 매우 불분명한 태도를 취하고 있다. 형사소송법은 검사, 검찰 수사관, 경감, 경위 등 특정한 공무원 등의 직위, 계급에 수사권한이 있는 것으로 전제하고 있고, 사법경찰직무법도 일정한 직위에 있는 자(개인)에게 법률이 직접, 혹은 지명 등의 절차를 통해서 수사 권한을 부여 한다. 이를 특사경이라고 통칭하는데, 특사경 지명이 있다고 해도 그 개인이 수사권한을 부여받은 것이지, 그 소속기관이 수사기관이 되는 것은 아니다.

의 특수수사 역시 개인, 조직의 수사역량 뿐만 아니라, 그 위세 등을 활용한 비공식적, 半합법적 수사기법의 도움을 받았던 것은 아닐까?

(2) 수사권한에 대한 이해 혹은 오해

대상자의 의사를 제압하고 강제적으로 인신의 구속, 압수, 수색을 진행할 수 있다는 점에서 형사소송법상의 수사 권한은 국가가 개인에게 행할 수 있는 가장 강력한 강제력 행사라는 점을 부정할 수는 없다. 또한 역사적 경험을 통해 수사권한의 남용을 목격해 왔기 때문에 근래에 이루어진 형사소송법의 개정과 대법원 판례의 변화는 수사권한의 강화보다는 절차적 요건의 엄격화, 수사대상자의 방어권을 강화하는 방향으로 전개되었다. 중요한 수사방법인 압수, 수색도 법원이 문제의식을 가지고 지속적으로 그 발부 여부와 대상을 엄격하게 통제하여 왔다. 아청법상의 신분위장수사와 같은 극히 드문 경우를 제외하면5), 수사기관의 수사권한을 강화할 수 있는 제도를 도입해야 한다는 주장은 마치 반인권적이거나, 소위 '親檢'의 주장으로 치부되어 온 것도 부인할 수 없을 것이다. 그러나 비록 시민의 자유 이익 보호를 위한 절차적 보장의 강화가 중요하지만, 진실 확인을 위한 적절한 제도 모색도 중요하다는 점 또한 간과할 수 없는 문제라고 할 수 있다. 각종 의혹이 난무하지만, 사실확인을 위한 공식적 제도는 너무도 빈약하고, 일반인들의 경우 사실확인을 위해서 수사기관에 대한 고소, 고발하는 경우도 빈번하기 때문에 우리 수사기관에 과부하가 걸린 것은 잘 알려져 있다.

더구나 공수처는 처음부터 대통령은 물론 우리 사회에서 상당한 지위에 있는 최고위공직자, 판사, 검사 등을 수사 대상으로 하고 있다. 당연히 이들도 형사소송법상 참고인, 피의자, 피고인의 권리를 일반 시민과 동일하게 보장받아야 한다. 그래서 공수처 수사의 난이도는 일반적 수사에 비하여 대단히 높을 수밖에 없음에도, 공수처는 일반 경찰과 다를 바 없는 무기를 들고 더 강력한 괴물(?)과 맞서도록 내몰린 상태이다.

---

5) 소위 N번방 사건에서 수사 권한이 없는 일반인이 적극적으로 증거 수집에 투입되고, 경찰과의 협력 하에 '켈리'와 같은 주요 범죄자의 적극적 수사협력이 이루어졌음에도 위법수사 논의는 별로 없다. 최근 마약수사에서도 유사한 문제가 드러난 바 있다.

(3) 공수처 수사대상 범죄의 특성

공수처의 수사대상 범죄를 크게 나누어 보면 뇌물죄 유형과 직권남용 유형을 나눌 수 있다. 뇌물죄의 수사도 어려운 것이라고는 하지만, 수뢰자, 증뢰자 혹은 전달자 사이에 분쟁이 있거나 하여 이들이 여하한 이유로 일정한 사실을 자백한다면, 만남 장소, 시기, 동석자 등의 확인, 계좌추적 등 다른 주변적 사실을 통한 일응의 입증이 가능하다. 그래서 뇌물죄 유형에서는 자백의 확보가 가장 관건이 될 것이고, 이러한 자백을 유도하기 위한 (비공식적) 수사기법이 문제가 된다. 이를 공식화하는 수단으로 논의되는 것이 플리바게닝, 수사협조자에 대한 양형의견 제시나 미국 대배심의 증언조건부 면책 제도와 같은 특별한 방법이 제안되고, 이미 많은 선진국이 유사한 제도를 도입한 바 있다.

반면 고위공직자의 직권남용 유형의 범죄는 피의자, 피고인의 단독행위일 가능성은 극히 드물고 대상자 본인이 직접 수행하기보다 그 직위를 이용하려 순차적 지시를 거쳐 하급자를 직접 실행자로 하여 적법한 행정행위의 외형을 가지고, 수행하는 것이 대부분이다. 하지만 각종 의혹이 제기된다고 해서 수사대상자인 최고위공직자 본인에 대해 곧바로 혐의점을 찾아 수사에 착수할 수 있는 경우보다 직접 실행자이지만 스스로는 공수처의 직접 수사대상자가 아닌 자들을 조사하는 과정에서 수사대상자의 혐의가 구체화되게 된다. 이때 하위자를 수사대상자의 공범으로 곧바로 인지할 수 있는 경우라면 몰라도 그렇지 않은 많은 경우에는 그를 단순참고인으로 조사할 수밖에 없다. 이때 하급자에게 별도의 개인 범죄의 혐의가 있어도 공수처가 곧바로 이를 인지 수사할 수 없고 다른 수사기관에 수사의뢰하여 그 수사 결과를 바탕으로 수사할 수밖에 없게 되고 결국 이는 수사의 지연을 초래하게 되며, 종래 특수수사에서 활용하던 수단 중의 하나를 상실하게 된다. 물론 대상 고위공직자가 그 지위에 기한 사실상의 권력을 상실한 경우에는 그 하급자 등이 수사에 협조하지 않을 이유는 드물 것이다. 그래서 많은 前職 市長들이 재직 중의 범죄에 대해 유죄 판결받는 것이 아닐까? 반대로 대상 고위공무원이 재직 중이거나 연임이 예상되는 경우 특별한 이유가 없다면 해당 기관, 지자체에 근무하고 있는, 앞으로도 근무해야 할 하급직 공무원들이 참고인으로서 수사에 적극적으로 협조할 이유가 있을까? 이러한 점을 고려하면 적어도 공수처에 대해서는 공무원인 참고인의 출석, 진술을 법원(혹은 미국의 대배심 유사 조직)의 판단을 경유하여 (간접적으로라도) 강제할 수 있는 제도를 전향적으로 검토할 필요가 있다.

(4) 우리 調査, 監査 제도와의 비교

우리나라에서 수사가 아닌 공권력에 의한 사실확인 즉, 조사 제도에 대한 본격적 연구는 매우 드물다. 통상 이를 '행정조사'라고 부르지만, 국회가 직접 수행하거나 특별한 위원회가 수행하는 경우 행정법 교과서가 말하는 통상적 '행정'이라는 개념에 부합하지 않는 요소도 있다. 일반적 행정조사에 대해서는 기본적으로 '행정조사기본법'이 규율하는데, 기본적으로는 비강제적 조사로 구성되어 있다. 그 적용제외를 제3조 단서에서 규정하는데, '수사'에 해당하는 경우나 특별한 영역을 배제한 것이다. 물론 조세범처벌절차법이나 공정거래법과 같이 개별법에서 불응시 형사처벌 규정을 두거나, (행정적) 압수, 수색과 같은 실력적 강제규정을 둔 예도 있다. 이러한 제도를 전면적으로 위헌적인 것으로 보아야 할지, 아니면 지금처럼 행정청 자체 판단에 의한 출석요구 등에 대한 불응 자체를 직접 형사처벌해서는 안되고, 법원 등 제3의 중립기관의 명령에 의하여 대상자에게 구체적 조사 협조의무를 부과하고 그 위반시에 제재규정을 두는 것으로 개선하는 방안을 모색해 볼 필요도 있다.

물론 우리 법제의 기본적 태도가 형사소송법상 수사 제도를 가장 강한 것으로 보고 그 밖의 경우는 비강제적 수단만을 사용하는 것을 원칙으로 하고 있어서 조사대상자의 협조가 없는 경우 제대로 된 조사가 이루어지기는 어렵다. 그런데 수사가 아니더라도 특별한 조사의 경우에는 조사 대상자의 출석, 진술, 증언을 (간접)강제하는 규정을 둔 경우도 존재한다. 또한 특별한 조사 유형으로서 '監査'의 경우를 생각해 볼 필요도 있다. 모든 감사를 법률적으로는 일의적으로 정의하기 힘들지만, 여기에서는 사조직의 경우를 제외하고 국가공무원법 등에 의하여 복종의무를 지는 자들에 대한 반강제적 사실조사를 대상으로 하고자 한다.[6]

이러한 권력적 조사에 대해서도 과거와 달리 사실적인 강제조치가 곧바로 수행

---

6) 국가공무원의 경우에도 대통령실 소속의 민정비서관실, 국무총리실의 암행감찰과 같은 것은 여전히 많은 부분이 드러나 있지 않고, 감사원이나, 상급기관의 직무감찰도 명확하게 공개되어 있지는 않다. 다만 이러한 감사, 감찰에 불응하기 힘든 것은 그 거부시에 직무상 명령에 대한 불복종으로서 공무원법상 의무위반이 되어 징계대상이 되기 때문에 불응하기 어려운 것으로 보인다. '감사원 감사사무 처리규칙'[시행 2023.2.24.] [감사원규칙 제367호, 2023.2.24., 일부개정] 제5조, 제16조, 제18조, 제19조 등 참조. 이들 규정은 수사절차와 거의 유사한 형태로 규정되어 있다.

되기는 힘들지만, 반대로 꼭 필요한 조사의 경우에도 대상자가 불응하면 어쩔 수 없는 것으로 여기고 사실확인을 포기해야 할지, 아니면 일정한 절차적 요건을 두어 대상자의 출석과 진술을 강제할 수 있을지에 대해서도 고민해 볼 필요가 있다. '감사'의 경우에도 공무원이 아니라 공무원의 대향범이나 단순 참고인에 해당하는 일반 시민에까지 감사권이 미치게 되는 것은 공무원법적 관점만으로는 설명하기 힘든 것이다. 특히 대상자가 일반 시민인 경우와 공무원인 경우를 나누어 볼 필요가 있다. 일반 시민과 달리 공무원은 그 신분상 의무로서 법령준수의무가 있기 때문이다.

우리 법제를 살펴본 바에 따르면 형사소송법 아닌 법령에서 일반인 전반에 대한 가장 대표적인 출석, 진술 의무에 관한 규정은 '국회에서의 증언·감정 등에 관한 법률(약칭: 국회증언감정법)[법률 제15621호, 2018.4.17., 일부개정]'이라고 할 수 있다. 동법 제2조(증인출석 등의 의무), 제3조(증언 등의 거부), 제4조(공무상 비밀에 관한 증언·서류등의 제출), 제4조의2(서류등의 제출 거부 등에 대한 조치요구), 제5조(증인 등의 출석요구 등), 제6조(증인에 대한 동행명령), 제12조(불출석 등의 죄), 제13조(국회모욕의 죄), 제14조(위증 등의 죄) 등을 두고 있다. 이 법은 대상자를 제한하지 않으므로 일반 시민에게도 마찬가지로 적용된다.

또한 '진실·화해를 위한 과거사정리 기본법(약칭: 과거사정리법)[법률 제19271호, 2023.3.21., 일부개정]'을 들 수 있다. 항일독립운동, 반민주적 또는 반인권적 행위에 의한 인권유린과 폭력·학살·의문사 사건 등을 조사하여 왜곡되거나 은폐된 진실을 밝혀냄으로써 민족의 정통성을 확립하고 과거와의 화해를 통해 미래로 나아가기 위한 국민통합에 기여함을 목적으로 하는 이 법은 제23조(진실규명 조사방법)에서 조사대상자 및 참고인에 대한 진술서 제출 요구, 출석요구 및 진술청취를 규정하면서 '제1항제3호 또는 제6항의 규정에 의하여 필요한 자료나 물건의 제출요구에 대하여는 「형사소송법」제110조 내지 제112조, 제129조 내지 제131조 및 제133조의 규정을 준용하되, 자료나 물건의 제출을 거부하는 기관등은 그 사유를 구체적으로 소명하여야 한다.(제7항) 위원회는 제7항의 규정에 따른 소명을 검토한 결과 이유가 없다고 인정되는 경우 위원회의 의결로 자료나 물건의 제출을 명령할 수 있다.(제8항) 위원회로부터 실지조사 또는 진실규명과 관련하여 자료 및 물건의 제출명령을 받은 기관등은 정당한 사유 없이 자료 및 물건의 제출을 거부해서는 아니된다. 다만, 군사·외교·대북관계의 국가 기밀에 관한 사항으로서 그 발표로 말미암

아 국가안위에 중대한 영향을 미친다는 주무부장관(대통령 및 국무총리의 소속 기관에서는 해당 관서의 장)의 소명이 자료 및 물건의 제출 명령을 받은 날부터 5일 이내에 있는 경우에는 그러하지 아니하다.(제9항)'고 규정하여 어떤 측면에서는 형사소송법보다 상세하게 자료 제출 등을 규정하고 제24조(동행명령 등)에서는 '출석요구를 받은 자 중 반민주적·반인권적 공권력의 행사 등으로 왜곡되거나 은폐된 진실에 관한 결정적 증거자료를 보유하거나 정보를 가진 자가 정당한 사유 없이 3회 이상 출석요구에 응하지 아니하는 때에는 위원회의 의결로 동행할 것을 명령하는 동행명령장을 발부할 수 있다.'고 하면서 '교도소 또는 구치소(군교도소 또는 군구치소를 포함한다)에 수감 중인 대상자에 대한 동행명령장의 집행은 위원회 직원의 위임에 의하여 교도관리가 행한다.(제5항) 현역 군인인 대상자가 영내에 있을 때에는 소속 부대장은 위원회 직원의 동행명령장 집행에 협력할 의무가 있다.(제6항)'고 상세하게 규정한다. 또한 제24조의4(증인 출석 등의 의무)에서는 증인 또는 감정인으로 출석을 요구받은 사람에 대해서는 「국회에서의 증언·감정 등에 관한 법률」 제3조를 준용한다.(제2항) 이러한 조사 규정은 어떤 측면에서는 수사기관의 권한보다 더 강한 것이라고 할 수 있다. 물론 특별검사 제도와 동행명령제를 결합시킨 법률에 대해서는 위헌으로 인정된 바 있다.[7] 하지만 그 구체적 위헌결정 취지를 개략적으로만 분석해 보아도 특별한 목적이 있는 경우에는 섬세한 고려를 거쳐 특별한 절차를 두어 출석과 진술을 강제하는 합헌적 방법이 구상될 수 있을 것이다.

그런데 공무원인 자에 대한 국가기관, 수사기관의 사실확인 조사에 대해서는 지금까지 와는 다른 관점에서 접근할 필요가 있다. 공무원은 모두 국가공무원법[법률 제19341호, 2023.4.11., 일부개정] 제55조(선서)에 따라 "나는 대한민국 공무원으로서, 헌법과 법령을 준수하고 국민에 대한 봉사자로서의 직무를 공정하고 성실하게 수행할 것을 엄숙히 선서합니다."라고 선서하여야 하고, 제56조(성실 의무)에서는 '모든 공무원은 법령을 준수하며 성실히 직무를 수행하여야 한다.'는 의무를 두고 있다. 또한 제78조(징계 사유)[8] 제1항에 따른 직무상 의무를 두고 있으므로, 공수

---

[7] '한나라당 대통령후보 이명박의 주가조작 등 범죄혐의의 진상규명을 위한 특별검사의 임명 등에 관한 법률'에 규정된 '동행 명령'과 그 불이행에 대한 형사처벌 규정에 대해서는 헌법재판소(2008.1.10. 2007헌마1468 전원재판부)가 위헌으로 확인한 바 있다. 그런데 그 위헌 취지를 분석해 보면 일정한 개선이 있으면 위헌으로 평가되지 않을 요소도 있다.

[8] 제78조(징계 사유) ① 공무원이 다음 각 호의 어느 하나에 해당하면 징계 의결을 요구하여야 하고 그 징계 의결의 결과에 따라 징계처분을 하여야 한다.

처법 등에서 공무원인 참고인의 출석의무를 제78조 제1항 제2호 소정의 직무상의 의무의 하나로 규정하거나 소속 기관장으로 하여금 그에게 명령하도록 할 수 있다면, 공무원인 참고인이 정당한 이유 없이 출석요구에 불응한 때에는 징계 대상이 되는 것으로 규정할 수 있다. 조금 다른 경우이지만 공직자윤리법[법률 제19064호, 2022.11.15., 일부개정]는 일반인과 달리 제26조(출석거부의 죄)[9]를 두고 있다.

'감사원법'[법률 제17560호, 2020.10.20., 일부개정] 제24조[10]는 감사대상을 규정하고 제26조(서면감사 · 실지감사)와 제27조[11]는 감사방법을 규정하고 있다. 그러면서 제51조(벌칙)[12]는 이 법에 따른 감사를 받는 자로서 감사를 거부하거나 자료제

---

1. 이 법 및 이 법에 따른 명령을 위반한 경우
2. 직무상의 의무(다른 법령에서 공무원의 신분으로 인하여 부과된 의무를 포함한다)를 위반하거나 직무를 태만히 한 때
3. 직무의 내외를 불문하고 그 체면 또는 위신을 손상하는 행위를 한 때

9) 제26조(출석거부의 죄) 공직자윤리위원회로부터 제8조제6항(제6조의2제4항, 제11조제2항 및 제14조의4제6항에서 준용하는 경우를 포함한다)에 따른 출석요구를 받은 사람이 정당한 사유 없이 출석요구에 응하지 아니하면 6개월 이하의 징역 또는 500만원 이하의 벌금에 처한다.

10) 제24조(감찰 사항) ① 감사원은 다음 각 호의 사항을 감찰한다.
  1. 「정부조직법」 및 그 밖의 법률에 따라 설치된 행정기관의 사무와 그에 소속한 공무원의 직무
  2. 지방자치단체의 사무와 그에 소속한 지방공무원의 직무
  3. 제22조제1항제3호 및 제23조제7호에 규정된 자의 사무와 그에 소속한 임원 및 감사원의 검사대상이 되는 회계사무와 직접 또는 간접으로 관련이 있는 직원의 직무
  4. 법령에 따라 국가 또는 지방자치단체가 위탁하거나 대행하게 한 사무와 그 밖의 법령에 따라 공무원의 신분을 가지거나 공무원에 준하는 자의 직무
  ② 제1항제1호의 행정기관에는 군기관과 교육기관을 포함한다. 다만, 군기관에는 소장급 이하의 장교가 지휘하는 전투를 주된 임무로 하는 부대 및 중령급 이하의 장교가 지휘하는 부대는 제외한다.
  ③ 제1항의 공무원에는 국회 · 법원 및 헌법재판소에 소속한 공무원은 제외한다.
  ④ 제1항에 따라 감찰을 하려는 경우 다음 각 호의 어느 하나에 해당하는 사항은 감찰할 수 없다.
  1. 국무총리로부터 국가기밀에 속한다는 소명이 있는 사항
  2. 국방부장관으로부터 군기밀이거나 작전상 지장이 있다는 소명이 있는 사항

11) 제27조(출석답변 · 자료제출 · 봉인 등) ① 감사원은 감사에 필요하면 다음 각 호의 조치를 할 수 있다.
  1. 관계자 또는 감사사항과 관련이 있다고 인정된 자의 출석 · 답변의 요구(「정보통신망 이용촉진 및 정보보호 등에 관한 법률」에 따른 정보통신망을 이용한 요구를 포함한다. 이하 같다)
  2. 증명서, 변명서, 그 밖의 관계 문서 및 장부, 물품 등의 제출 요구
  3. 창고, 금고, 문서 및 장부, 물품 등의 봉인

12) 제51조(벌칙) ① 다음 각 호의 어느 하나에 해당하는 자는 1년 이하의 징역 또는 1천만원 이

출 요구에 따르지 아니한 자, 이 법에 따른 감사를 방해한 자, 제27조제2항 및 제50조에 따른 정보 또는 자료의 제출이나 출석하여 답변할 것을 요구받고도 정당한 사유 없이 이에 따르지 아니한 자는 1년 이하의 징역 또는 1천만원 이하의 벌금에 처하는 것으로 규정하고 있다.

'부패방지 및 국민권익위원회의 설치와 운영에 관한 법률'(약칭: 부패방지권익위법)[법률 제19268호, 2023.3.21., 일부개정] 제7조(공직자의 청렴의무)도 '공직자는 법령을 준수하고 친절하고 공정하게 집무하여야 하며 일체의 부패행위와 품위를 손상하는 행위를 하여서는 아니 된다.'고 규정하고 있으며, 제59조(신고내용의 확인 및 이첩 등) 제1항은 위원회는 접수된 신고사항에 대하여 감사·수사 또는 조사가 필요한 경우 이를 감사원, 수사기관 또는 해당 공공기관의 감독기관(감독기관이 없는 경우에는 해당 공공기관을 말한다. 이하 "조사기관"이라 한다)에 이첩하여야 한다고 규정한다. 즉 <u>국민권익위원회에는 직접 조사권이 인정되지 않는다</u>. 그러나 제6항은 '위원회에 신고가 접수된 당해 부패행위의 혐의대상자가 다음 각 호에 해당하는 고위공직자로서 부패혐의의 내용이 형사처벌을 위한 수사 및 공소제기의 필요성이 있는 경우에는 위원회의 명의로 검찰, 수사처, 경찰 등 관할 수사기관에 <u>고발을 하여야 한다</u>.'고 규정하면서 '1. 차관급 이상의 공직자, 2. 특별시장, 광역시장, 특별자치시장, 도지사 및 특별자치도지사, 3. 경무관급 이상의 경찰공무원, 4. 법관 및 검사, 5. 장성급(將星級) 장교, 6. 국회의원'을 열거하고 있다. 사실 공수처는 그 이전의 구상대로 '고비처'의 형태로 국민권익위원회와 연계하여 설치되었다면 지금처럼 종이호랑이가 되지 않았을지도 모른다.

이처럼 이미 공무원은 그 신분 자체 때문에 일반 시민과는 다른 직무상의 의무를 지고 있는 것이므로 공수처법 등에서 참고인 개인에게나 그 소속기관을 통한 출석요구를 규정하고 그 위반시 형사처벌을 규정하는 것은 정당화되기 힘들겠지만, 소속기관장에 대한 징계요구권 정도까지는 허용되는 것으로 구상할 수 있을 것으로

하의 벌금에 처한다.

1. 이 법에 따른 감사를 받는 자로서 감사를 거부하거나 자료제출 요구에 따르지 아니한 자
2. 이 법에 따른 감사를 방해한 자
3. 제27조제2항 및 제50조에 따른 정보 또는 자료의 제출이나 출석하여 답변할 것을 요구받고도 정당한 사유 없이 이에 따르지 아니한 자

② 제27조제4항을 위반한 자는 3년 이하의 징역 또는 2천만원 이하의 벌금에 처한다.
③ 제2항의 징역과 벌금은 병과(併科)할 수 있다.

보인다.

(5) 조직적, 적극적 범행은폐에 대한 제재 방안

다른 한편 피의자, 피고인의 적극적 범행은폐에 대한 벌칙 규정도 고민해볼 필요가 있다. 개인적 비리에 해당하는 경우 그 은폐시도가 한정적이고 범인 자신의 자기도피에 유사한 경우는 형사처벌하기 힘들다고 볼 수 있지만, 계엄문건, 국정농단 사건 등에서 볼 수 있는 바와 같이 직권남용 유형의 사건의 경우 수사대상자가 관여자인 하위직 등을 동원하여 발언, 회의 사실 자체를 은폐하거나, 알리바이의 조작, 말 맞추기를 시도하는 등 적극적, 조직적 범행은폐를 시도할 가능성이 높다. 물론 각주3)에서 예시한 법률들이 전적으로 타당하거나 실효성이 높아 보이지는 않지만, 그 취지를 살려 공수처에 적합한 형태로 적극적 범행은폐를 지시하거나 이에 가담한 자를 처벌하는 규정을 두되, 수사 과정에서 이러한 사실을 자백하는 등 수사에 협조한 자에 대해서는 불입건, 낮은 구형 등을 할 수 있는 제도를 구상할 수 있을 것이다. 즉 지위를 이용한 조직적 은폐 요구를 핵심표지로 하여 적극적인 수사방해 행위를 유형화하고 공수처법에 구성요건화할 수 있다면, 범인은닉, 증거인멸의 교사 및 공범의 처벌을 강화할뿐더러, 장래에 이러한 행위에 가담하려는 자들에 대한 경고 효과가 있을 것으로 판단된다.

물론 이러한 조직적 증거인멸 행위가 형법 제141조(공용서류 등의 무효, 공용물의 파괴)나 제225조(공문서등의 위조·변조), 227조(허위공문서작성등), 제227조의2(공전자기록위작·변작), 제229조(위조등 공문서의 행사)에 해당하는 경우 해당 공무원을 형사처벌할 수는 있지만, 이들의 범죄는 단독으로는 공수처 수사대상 범죄에 해당하지 아니하므로13) 직접 수사할 수 없다는 점에서 공수처의 수사 중 이러한 정황을 발견한 때에 효과적 수사가 되기 위해서도 이러한 규정이 도입될 필요가 있다.

---

13) 공수처법 제2조 제4호 "관련범죄"에 '가. 고위공직자와 「형법」 제30조부터 제32조까지의 관계에 있는 자가 범한 제3호 각 목의 어느 하나에 해당하는 죄'가 있고, 제3호 '나'목에 '나. 직무와 관련되는 「형법」 제141조, 제225조, 제227조, 제227조의2, 제229조(제225조, 제227조 및 제227조의2의 행사죄에 한정한다), 제355조부터 제357조까지 및 제359조의 죄(다른 법률에 따라 가중처벌되는 경우를 포함한다)'가 규정되어 있지만, 이러한 공범 관계는 수사를 통하여 밝혀져야 할 사항이지 하위직 공무원에 의한 공문서 범죄가 있다는 사실만으로 공범관계를 전제로 하여 수사할 수는 없다는 의미이다.

(6) 문제 사례 분석

또한 매우 조심스럽지만 최근 발생한 감사원의 감사권한 남용 의혹 사건이나 해병대 수사단장에 대한 국방부장관의 수사결과 이첩 보류 지시 사건과 관련한 여러 정황은 공수처 수사력 강화 방안에도 매우 다양한 시사점을 준다. 특히 국방부장관의 해병대 수사단에 대한 이첩중단 지시 및 그 불이행을 이유로 한 수사단장에 대한 수사착수 지시 그리고 그 지시에 따른 국방부 검찰단의 항명수괴 혐의의 수사착수는 모두 직권남용 유형에 해당하는 범죄로 볼 여지가 있어서 보도된 바를 바탕으로 개략적으로 검토해 본다.

먼저 국방부장관은 중앙행정기관의 장이고, 차관은 정무직 공무원으로서, 국방부 검찰단장은 육군 준장으로서 각각 공수처의 직접 수사대상자이지만, 법무관리관은 통상적으로는 고위공직자로 볼 수 있지만, 공수처의 직접 수사대상자가 아니다. 만약 이들이 관련된 직권남용 범죄를 공수처가 수사한다고 할 때, 장관의 부당한 지시 연락을 직접 받은 해병대 사령관은 장성급 군인으로서 수사대상자의 지위이지만 그의 역할이 이첩보류 지시라는 부당한 명령의 단순전달자였는지, 그 스스로 명령의 발령권자였는지에 따라 단순참고인에 불과할 수도 있고 피의자가 될 수도 있다. 피해자라고 할 수 있는 해병대 수사단장은 대령의 지위에 있어서 수사대상자가 아니고, 법적으로는 단순참고인에 불과하다. 그런데 만약 피해자라고 할 수 있는 수사단장이나 그 부하 수사관이 공수처의 출석 요청, 자료 제출 요청에 불응하는 경우 수사가 제대로 진행될 수 있을까? (물론 실제로는 그러지 않았지만) 이들은 피해자이지만, 동시에 상급 직업군인이므로 군 내부 문제로 수습하고 계속 근무하기를 원하는 경우, 일종의 타협에 따라 수사에 협조하지 않을 개연성이 충분하기 때문이다. 또한 지시가 전달되는 과정에 관여된 최고위급 수사대상자들의 비서진, 부관들 역시 통화가 이루어진 시점이나, 내용을 알고 있을 개연성이 높은 주요 참고인이지만, 이들이 자발적으로 협조하지 않는 한 공수처가 곧바로 이들을 직접 조사할 방법은 없다.

이렇게 뉴스에 오른 대상자들의 면면만 보면 공수처의 수사가 곧바로 쉽게 개시될 수 있는 것으로 오인할 수 있지만, 일국의 장관 등 최고위급 공직자를 그런 식으로 수사하기는 쉽지 않다. 일부 언론보도만 보고 이를 근거로 장관부터 불러다 수사할 수는 없지 않은가. 장관, 차관, 법무관리관, 국방부 검찰단장이 아니라, 직접 이를 위한 통화를 연결하거나 회의를 준비하거나 경북경찰청에서 수사서류를 회수 받아온 자, 회수당한 자부터 참고인 조사해서 그 명령이 누구로부터 내려온 것인지 사실관계부터 확인해야 하지 않을까? 국방부장차관실, 법무관리관실, 국방부 검찰 단장실에 관련 자료가 있을 수 있지만, 이를 덜컥 압수하러 갈 수 있을까? 신문 기 사만 첨부한 영장청구서가 발부될까? 그러면 이러한 부서의 직원들은 참고인 조사 에 응할까? 나아가 극단적인 예라고 할 수 있겠지만, 만약 해당 사건의 피해자라고 할 수 있는 해병대 수사단장에게 구속영장이 발부되어 구속되었다면, 군 수사기관 의 협조 없이 군 구치소에 수감된 참고인을 공수처가 직접 조사할 수단은 무엇일 까?

앞서 검토한 바처럼 범죄 수사도 아닌 특정한 행정조사에서는 허용되는 출석요 구(강제), 협조 요구와 같은 조사 방법이 유독 수사에서는 부정되어야 할 필요가 있 을까? 수사할 방법이 없으니 그냥 손 놓아야 하는 것인지 보다 강화된 수사방법을 모색해야 하는 것인지에 대한 재검토가 필요하다. 더구나 일반 수사와 그 대상자와 대상 사건의 성격이 전혀 다른 특별한 수사기관으로서 공수처를 설계하면서 이를 전혀 고려하지 않은 것은 심각한 입법적 결함이라고 할 수밖에 없다.

(7) 수사인력의 강화?

공수처의 인적, 물적 역량을 강화하는 방안도 주장되지만, 직관적 판단에는 일부 행정직 인원의 충원을 넘는 수사 인력의 실질적 강화는 난망해 보인다. 왜냐하면 법안이 통과될 때는 민주당 등의 전폭적 지원을 받았지만, 공수처 자체가 주로 시 민단체의 주도로 성안된 제도일 뿐, 언제나 그 당시의 집권층 혹은 넓은 의미의 기 득권자들에게 늘 마땅찮은 제도이고, 권력의 향배에 따라 언제든 자신들을 겨눌 칼 이 될 수 있음을 잘 알고 있기 때문이다. 그래서 사실 수사력 강화를 위한 연구조 차 실현가능성이 낮을 수밖에 없다는 점도 잘 알고 있다. 시기적으로는 지금 오히 려 더 시급한 것은 공수처장 임명 절차에서 민주적 정당성 제고를 위한 시민적 참 여의 강화 방안 혹은 여야가 강성 지지자만을 공수처장 후보로 추천하는 것을 방지 하기 위한 제도로서 배심원 선정 절차에서 활용되는 무이유부 기피 제도를 도입하 는 방안이 아닐까 싶다.

(8) 역발상 – 수사범위의 축소

앞의 논의를 정리하자면 공수처가 맞이한 비판의 상당수는 역량에 비해 과도한 부담을 지게 만들어진 제도 설계상의 원천적 하자 때문이라고 할 수 있다. 그래서 향후 공수처법의 개정시에는 공수처의 수사, 기소 대상자 범위를 판사, 검사, 고위직 경찰, 군과 교정시설의 고위 간부 등으로 대폭 축소하는 방안도 한번 제안하고 싶다. 이들은 우리 사회의 고질적인 사법불신의 대상이 되거나 폐쇄적 조직 구조로 인하여 자체 정화도, 외부 감시도 매우 미약하기 때문에 독립적 수사, 기소의 필요성이 매우 높기 때문이다. 반면에 이들을 제외한 고위공직자의 범죄에 대한 수사는 정치적 성격을 다분히 내포하고 있고, 이들에 대해서는 '고위공직자 재직 중의 공소시효의 정지' 등과 같은 법기술적 장치가 있다면, 이들이 정치적 권력을 잃은 다음에 충분히 일반 경찰, 검찰이 수사할 수 있으므로 이러한 예외적 수사를 위해 공수처의 역량을 소모시킬 필요는 없을 것으로 보인다.

반면에 법원, 검찰 등 형사사법기관에 대한 내부, 외부 통제 제도를 섬세하게 가다듬는 노력을 기울일 필요가 있다. 공수처는 기본적으로 우리 사회의 고위공직자 등에 대한 수사가 제대로 이루어지지 않는다는 점에만 주목한 제도라고 할 수 있다. 그러나 형사사법 제도의 불신은 수사가 제대로 이루어지지 않는다는 점뿐만 아니라, 지나치게 과도한 수사나 청부수사와 같은 것에서도 비롯되지만, 이러한 문제에 대한 대안으로서 공수처가 기능할 여지가 매우 미약하다. 공수처와 같은 예외적 제도에 너무 큰 기대를 걸기보다는 통상적 조직 내부에 대한 외부적 평가, 감시 제도가 상설화될 필요가 있다. 물론 지금도 다양한 성격의 위원회가 다수 설치되어 있지만, '기관의 장이 위촉하는 학식과 덕망 있는 자' 정도로 채워져서는 외부 감시가 제대로 이루어질 수 없다. 새로운 제도를 설계할 수도 있지만, 각 기관 내부의 감찰 조직에 국회가 직접 지명하는 방식으로 독립된 외부자를 포함시키는 방법이라면 각종 법률에서 조사 대상에서 배제되는 수사, 재판 관련 자료에 접근할 수 있고 문제가 있는 경우 징계를 요구할 수 있지 않을까? 물론 군 인권보호관[14]이나 고충상담 제도가 너무도 쉽게 무력화되는 것을 보면, 이러한 제도의 설계가 쉬운 것은 아니지만, 제도적으로 법률적 근거를 두어 대한변협이나 지방변호사회가 특정한 수사, 재판, 구금시설, 軍에 대한 독립적 외부 위원을 지명하는 등의 방안도 모

---

14) 국가인권위원회법[법률 제18846호, 2022.4.26., 타법개정] 제4장의2 제50조의2 참조

색할 수 있을 것이다.

Ⅲ. 공수처의 수사대상

1. 공수처 성립과정의 교훈

처음에 공수처는 부패방지위원회와 같은 반부패기관에 강제조사권 내지 수사권을 부여하는 형식으로 반부패 전담수사기구인 '고비처'의 형태로 시도되었던 것이다. 종전에 이들 기관은 공직자의 복무윤리에 대한 감찰권을 근거로 활동한 것이지만, 여전히 행정적 조사권한에 지나지 않기 때문에 수사 권한 부여까지 요구했던 것이다. 이전의 관련 연구에서도 홍콩, 싱가폴의 유사 수사기구를 참조한 것이 많이 관찰된다. 그러나 이들의 인구 규모나 도시국가적 성격을 고려하면 대한민국에서의 상황과는 다를 수밖에 없다. 홍콩과 싱가폴의 반부패기구도 우리에게 알려진 것과 달리 그 수장들이 비리혐의로 처벌된 바도 있다. 또한 이 기구들의 위상은 그 사회에 만연한 부패에 대응하기 위하여 중하위직 공직자 등을 대상으로 한 것이었다는 점은 크게 부각되지 않는다. 중하위직의 부패를 적발하는 것은 당시 집권자의 의사에도 부합하기 때문에 일반 수사기구와는 다른 특별한 지위를 부여하기도 쉽다. 권력의 또 다른 칼이 될 수 있기 때문이다. 우리나라의 경우도 잠깐 위세가 좋았던 부방위가 마패를 자신들의 상징으로 삼으려 했던 바도 있다. 최근에도 중국의 경우 워낙 특수한 국가여서이기는 하지만, 공산당의 기율위원회가 헌법적 지위를 가진 반부패기구로 전면에 나선 바 있다. 그러나 다원화된 민주주의 국가인 대한민국에서의 반부패기구가 일률적으로 이 모델을 수용할 수도 없다.

한편 우리나라에서는 검찰이 독자적 정치권력처럼 그 수사, 기소 권한을 남용하고 있다는 판단 아래 '검찰개혁'이 중요한 정치의제가 되었고, 고비처가 아니라 공수처 논의로 바뀌던 무렵에는 반부패수사기구로서의 성격만큼이나 검찰권 견제 제도로서의 성격이 부각되었다. 또한 당시의 정치 현실과 맞물려서 대통령을 포함하는 최상위공직자의 직무상 범죄의 상당 부분을 수사하는 것으로 되면서 일부 시민들 사이에서는 무소불위의 최상위 수사기관처럼 오인되는 움직임마저 생겨났다. 그러면서도 실제 법률에서는 타협적으로 법안 통과시키기 위해서 최고위공무원 등의 수사를 위한 인적, 물적 조직의 보강, 강화된 수사권한 부분에 대한 고려는 최소화시켜서 성안된 셈이다. 그리고 신설 수사조직의 특성상 내부 교육이나 조직 안정화를 위해서는 경험 있는 검찰 구성원들을 '차출'할 필요가 있었을 것인데, '검찰개혁'이 주요한 명분이었으므로 이를 차단하여 검찰의 '특수수사'의 경험과 절연되게 되었다. 시민단체 측의 주장도 충분히 이해 가지만, 검찰 내부에도 검찰개혁의 열망을 가진 역량 있는 검사, 수사관이 '의인 10명' 쯤은 있었을 것이라는 아쉬움이 있다. 그래서 결국 공수처는 높은 국민적 기대를 등에 업기는 하였지만, 수사역량을 포함하여 조직정비가 불충분한 채로 가혹한 수사상황에 내몰리게 되어 처음부터 너무 무거운 짐을 지고 출발한 것은 아닌가 한다.

2. 인적 대상

먼저 공수처의 수사대상자는 고위공직자(재직자 또는 퇴직·퇴역자)와 가족인데, 고위공직자범죄를 범하였다면 퇴직(퇴역) 후라도 공소시효가 남아있는 한 공수처의 수사대상자가 된다. 가족의 범위는 대통령의 경우에는 배우자와 4촌 이내의 친족이고, 대통령 외의 경우에는 배우자와 직계존비속만 해당하여 형제자매가 제외되어 있다.15) 그리고 판사(대법원장, 대법관 포함), 검사(검찰총장 포함), 경찰공무원(경무관 이상)의 고위공직자 범죄에 대해서는 기소권까지 인정된다.

특기할 것은 '개인정보 보호위원회'와 '새만금개발청'의 경우 정부조직법 제2조는 중앙행정기관으로 열거하나 공공감사법 및 동 시행령에는 열거되지 않고 있는데, 후자가 입법 오류로 개정되지 않은 것으로 보인다. 그런데 공수처법은 정부조직법이 아니라 공공감사법 제2조를 참조하고 있어서 정부조직법상 중앙행정기관의 정무직 공무원인 개인정보 보호위원회 위원장과 새만금개발청장은 공수처법상 수사대상인지 여부가 문제될 수 있다. (정부조직법 제2조 제2항은 '이 법에 따라 설치된 부·처·청'과 '다음 각 호의 행정기관'을 구별하고 있음. 공공감사법을 참조 지시한 것 역시 공수처의 원안이 부패방지위원회 등의 조사, 감사 권한 확대방안에만 기초했던 문제가 아닌가 추측해볼 수는 있다.)

향후 법 개정시에 그 밖에도 아래 표의 분석을 참조하여 일반적 수사기관의 수사가 방해될 정도로 폐쇄적으로 운영되거나, 외압 행사가 우려되는 기관, 대상자인지

---

15) 우리의 역사적 경험에서 최고위 공무원의 형제 등 관련된 범죄가 다수 있었다는 점이 고려될 필요가 있다.

여부를 고려하여 대상자 범위를 합리적으로 조정할 필요할 필요가 있다.

　문제는 이러한 범죄 가운데 직권남용 유형의 범죄는 수사대상자 1인이 단독으로 저지를 성격의 범죄가 아니기 때문에 그 상대방(주로 대향범으로서) 혹은 관련자(주로 하위직 공무원)이 있는 범죄가 대부분임에도 수사의 초기 단계에서 이들에 대한 수사 진행이 쉽지 않다는 점이다. 공수처는 이들의 단순한 공범에 대한 수사권은 없고, 제2조 제4호 관련범죄의 '가'목에 의하여 <u>고위공직자와 「형법」 제30조부터 제32조까지의 관계에 있는 자가 범한 제3호 각 목의 어느 하나에 해당하는 죄</u>'에 대하여 수사권이 있을 뿐이다. '가'목의 문언을 엄격히 해석하면 고위공직자와 어떠한 범죄에 대해서든 형법 제30조부터 제32조의 관계가 있으면 되지만, 그 자가 범한 죄 자체도 제3호 각 목의 '고위공직자범죄'에 해당해야 하는 것으로 읽힌다. 다시 말해서 고위공직자와 공범관계에 있는 자가 범한 죄 역시 고위공직자 범죄인 때에만 '가'목에 해당할 뿐이다.

　이들은 단독으로는 공수처의 인적 수사대상이 아닌 자들이기 때문에 참고인 신분에서 조사를 통하여 어떤 범죄에 대해서든 고위공직자와 공범관계가 확인되어야 수사대상이 될 수 있을 뿐인데, 이를 확인하는 조사는 임의수사의 형식일 수밖에 없다. 이들이 참고인 조사에 불응하는 경우에 어떻게 할 것인가? 실제로는 고위공직자와 고위공직자범죄가 아닌 범죄의 공범에 해당하는 경우 공수처의 수사대상은 아니지만 일반 수사기관의 수사대상이 되는 '범인'에 해당하는 자들이라는 점도 감안할 필요가 있다. 물론 고위공직자와 공범관계가 아닌 자라도 '다'목에 해당하는 경우에는 역시 관련범죄로서 공수처 수사대상이 되지만, 이를 공수처가 곧바로 직접 수사하는 것이 용이한 것은 아닌 것으로 보인다. 대상자를 출석시키기조차 어렵기 때문이다. 또한 이들의 직무상 범죄의 증거인 회의 자료, 직무상 지시, 명령 자료는 이들이 근무하는 관공서에 공문서 형태로 보존되어 있을 것이겠지만, 수사 초기 단계에서 이를 획득할 방법이 마땅치 않다는 문제가 있다. 형사소송법 제110조와 제111조가 수사의 장애물이 될 것이다.

　특히 앞의 글에서 한 문단 정도 '軍'에 대해 언급한 바 있다.(앞의 글, 51면) 군이라는 특수한 집단에서의 직권남용 범죄를 어떻게 수사할 것인가? 최근에도 군 사법개혁이라는 구호로 일부사건에 대한 군사법원법 관련 법률의 개정이 있었는데, 이 개혁 역시 좋은 평가를 할 수는 없다.[16) 여하튼 참고인의 비협조와 압수, 수색

────────────

16) 군 수사기관에 대한 불신 때문에 특정한 사건을 일반법원 관할로 하면서 일반 경찰의 '단독'

의 어려움을 가장 상징적으로 보여 줄 수 있는 곳이어서 지적한 것이다. 물론 군 이외에도 국세청, 검찰, 법원 등 권력기관의 상층부가 연루된 사건의 경우 해당 기관의 폐쇄성을 돌파하여 원하는 수사 결과를 얻기는 쉽지 않을 것이다. 즉 지금의 공수처법은 고위공직자 개인의 뇌물죄와 같은 부패, 비리 정도에 초점이 맞추어진 초기 案에서 조금도 더 나아가지 못하고 그대로 통과된 법으로 보인다.

3. 물적 대상

앞서도 짧게 언급한 바와 같이 본래 좁은 의미의 부패범죄를 염두에 두고 제도가 설계되었다는 점은 공수처의 사건 관할 규정에서 분명하게 드러난다. 그런데 최근에도 문제가 되는 것처럼 독직범죄라고는 하지만, 좁은 의미의 부패범죄라고 할 수 없는 '직권남용 권리행사 방해'죄의 경우, 사실적 행위로서 수행되는 경우도 있겠지만, 적법한 행정행위의 외형을 가지고 수행되기 때문에 해당 직권남용행위에 관련된 자로서 공수처의 직접 수사대상이 아닌 자들에 대한 참고인 조사가 필수적이라는 점이다.

공수처법 제2조 4. "관련범죄"란 다음 각 목의 어느 하나에 해당하는 죄를 말한다.

가. 고위공직자와 「형법」 제30조부터 제32조까지의 관계에 있는 자가 범한 제3호 각 목의 어느 하나에 해당하는 죄

나. 고위공직자를 상대로 한 자의 「형법」 제133조, 제357조제2항의 죄

다. 고위공직자범죄와 관련된 「형법」 제151조제1항, 제152조, 제154조부터 제156조까지의 죄 및 「국회에서의 증언·감정 등에 관한 법률」 제14조제1항의 죄

라. 고위공직자범죄 수사 과정에서 인지한 그 고위공직자범죄와 직접 관련성이 있는 죄로서 해당 고위공직자가 범한 죄

다. 목이 직접 범행은폐와 관련되지만, 위증은 공판절차에서나 적용되고 증거인멸에 해당하는 경우인지를 별도로 밝혀내는 과정이 필요하다는 문제점이 있다. 차라리 라. 목에서 '~로서 해당 고위공직자가 범한 죄'를 삭제하는 방안을 통해서 하

수사대상이 되는 것으로 하였는데, 예를 들어 회식 자리에서 상관에 의한 여군 성추행이 있었다는 사건이 일반 경찰에 고소되었을 때, 경찰이 그 술자리에 동석하였던 다른 군인들을 강제로 조사할 방법이 있는가? 부대장이 거부하면 해당 부대에 '방문'이라도 할 수 있는가?

위직 수사에 활용하는 것이 효과적이지 않을까 한다. 다만 이는 수사범위가 지나치게 확장될 우려가 있으므로 이 점은 더 세밀한 검토가 필요하다.

Ⅳ. 수사력 제고를 위한 모색

1. 개관

먼저 국민들도 공수처가 일반 수사기관이 다루기 힘든 사건을 모두 맡아, 쾌도난마로 해결할 것이라는 과도한 기대를 접을 필요가 있다. 우리나라 수사 제도는 인권보호를 진실발견보다 우선하여 매우 제한적인 수사 방법을 활용하고 있다. 최근의 대법원 판결이나 형사소송법 개정은 수사기관에게 불리한(?) 방향으로 전개되고 있다. 이는 과거 수사기관들이 행하였던 과도한 수사권 행사를 억제하기 위한 당연한 반작용이겠지만, 필요한 경우의 수사에서도 수사기관에게 너무 과도한 부담을 지우기도 한다. 수사 실무계에서 나오는 다양한 강화된 수사 방법들에 대해 학계의 태도는 매우 유보적이다. 그러면서도 수사 결과가 기대에 부합하지 않은 경우, 시민사회나 언론은 지나친 비난을 가하고 있다. 특히 이는 활용가능한 인적, 물적 역량이 부족한 공수처에 과도한 부담으로 작용할 수 있다. 하지만 이를 알리 없는 시민들은 수사 진척이 없으면 공수처에 모든 비난을 돌리고 공수처는 고스란히 이를 감수해야 한다.

하지만 조금은 다른 이야기이지만, 우리 형사소송법의 기본 틀은 너무 오래된 골격을 가지고 있는 것은 아닌가 하는 의문이 있다. 공판절차에 시간적으로 선행하는 수사절차가 조문상 뒤에 규정되어 법원의 권한을 준용하는 것 자체가 이를 잘 보여준다. 제정 70주년을 맞아 형사절차법으로 전면개정하거나, 수사절차법, 형사소송법으로 개편하거나 하는 정도의 개정 시도라도 필요할 것으로 보인다. 이 과정에서 보다 강화된 수사방법을 허용하되 그 수사절차에 대한 기관 내외부 통제에 관한 다양한 논의가 전개될 수 있으면 좋겠다.

2. 대배심 유사의 기구

알만한 사람은 아는 기구이지만, 대배심은 우리가 쉽게 이해하기 힘든 제도라고 할 수 있다. 흔히 '기소배심'이라고 부르지만 기소 혹은 수사 관련 기능만 있는 것은 아니고 다양한 많은 기능을 수행한다.[17] 물론 이를 우리나라에 그대로 적용할 수는 없고, 공수처의 수사감독위원회 형식으로 차용해서 '위원회'의 이름으로 참고인 등의 소환, 진술 청취 등에 활용할 가능성을 검토해 보고자 한다.

주요한 선행연구로는 각주 17)의 논문이 있다. 가장 최근의 연구일뿐더러, 그간 단편적으로 소개되었던 것과 달리 미국 대배심의 다양한 측면을 다루고 있다. 다만 부장검사 출신의 학자이심에도 'Ⅳ. 시사점 및 도입 시 고려사항'에서는 매우 조심스럽게 논의 전개하고 있다. 그도 그럴 것이 아무리 최근에 미국식 제도가 형사법에 많이 도입되었다고 하더라도 두 나라는 기본적인 사법체계가 상이하고, 일반시민뿐만 아니라 법률전문가들에게 더 대배심의 민주(중)주의적 특성에 대한 이해를 구하기 힘든 면이 있기 때문일 것이다. 그러면서도 102면에서 '대배심은 수사단계에서 진술 증거와 물적 증거를 소환장을 통하여 효과적으로 수집할 수 있는 장치이다. 한국의 형사소송 틀에서는 수사단계 진술이 증거능력이나 높은 증명력을 얻기 어렵다. 대배심 절차는 전형적인 수사기관의 조사 절차보다 신용성의 보장도 강하고 소환장이라는 간접 강제수단으로 자료를 수집하므로 위법수집의 우려가 낮다. 따라서 대배심 제도가 도입된다면 수사단계 진술의 증거능력이나 증명력을 높이게 될 것이고 이는 실체적 진실발견에 더 가까이 다가갈 수 있을 것'이라고 강조하고 있다. 그러면서도 104면에서 다시 "사실 대배심을 통한 증인신문은 한국 형사소송법상 제1회 공판기일 전 증인신문과 비슷한 측면이 있다. 위와 같은 헌법재판소 결정들의 취지를 보면 대배심 제도가 도입되더라도 동 절차에서 적법절차 원칙이 적절하게 이루어지지 않은 경우 위헌 논란이 제기될 여지가 있다.'고 분명하게 지적하고 있다.[18] 그러면서도 106면에서는 '대배심을 운용하는 경우 대배심에게 적절한 조사와 수사 권한을 부여할 필요가 있다. 국내 대배심 도입에 관한 논의를 보면, 대배심 제도를 도입하더라도 대배심의 역할을 수사기관의 1차적 수사결과를 토대로 주로 단지 기소의 적정성만, 검토하게 하자는 의견도 있으나,(원문에는 여기에 각주

---

17) 박형관, "미국 대배심 제도의 현황 및 개선 논의", 형사소송 이론과 실무, 한국형사소송법학회 제5권 제2호(2023.6.) 참조

18) 박형관, 앞의 글, 104면 각주 118)에서 인용한 서창희, "Grand Jury 및 Immunity를 이용한 수사―미국법상 비협조적 참고인에 대하여 진술을 강제하는 방법," 해외연수검사연구논문집, 제11집(법무연수원, 1995), 209쪽에서는 위 유사점에 착안하여 한국의 제1회 공판기일 전 증인신문제도를 대배심과 비교하면서 활성화 방안을 제시하고 있다고 한다.

123)이 있다. 그 내용은 "박철웅, 앞의 논문, 256, 257쪽; 이성기, "검사의 부당한 공소 제기를 방지하기 위한 미국 기소대배심제의 수정적 도입에 관한 연구," 강원법학, 제38 권(강원대학교 비교법학연구소, 2013), 490쪽. 이성기 교수는 미국식 대배심제를 수정 한 시민기소위원회를 설치하여 동 위원회가 검사가 기소하기로 결정한 사건에 대하여 기소여부를 결정하도록 하고 그 결정에 기속력을 부여하되 위 위원회에 적극적인 수사 기능을 부여할 필요는 없다고 한다.") 이는 사실상 대배심이라 보기 어렵고 종래 검 찰시민위원회나 수사심의위원회의 기능을 다소 확대한 것에 불과하게 된다. 대배심 제도는 원래 검사의 기소 승인 요청에 대한 당부를 결정하는 역할뿐만 아니라 공공 작용을 감독하고 이에 대하여 고발하는 기능을 갖는 것이었다. 기소 결정을 위하여 독자적으로 수사를 진행하는 것도 대배심 제도의 핵심적인 내용이다. 대배심의 소 환에 불응하는 경우 강력한 제재수단이 뒷받침되어 있고 자기부죄거부 특권을 주 장하는 증인에 대하여도 면책조건부로 소환하는 기능을 부여한 것도 대배심의 수 사 기능이 제도의 본질적 부분이라는 것을 뒷받침한다. 따라서 대배심 제도를 도입 할 때 대배심의 위와 같은 조사, 수사기능을 뒷받침하는 장치를 함께 도입하여야 할 것이다. 대배심 절차로 진행되는 경우 증인면책제도의 도입이라든가 대배심의 소환에 불응하는 증인에 대한 효과적인 제재수단을 마련할 필요가 있다. 이러한 장 치 없이 도입하면 대배심의 수사기능은 제대로 발휘되지 못하게 되리라 예상되고 결국 제도의 성공적인 운용이 어렵게 된다."

개인적으로는 미국 대배심 제도의 핵심요소가 조속한 시일 내에 현실적으로 도 입될 가능성은 낮게 보면서도 이상의 박형관 교수의 주장에 거의 전부 찬성하는 의 견이다. 다만 박교수는 명시적으로 서술하지는 않지만 실제 운용을 고려하여 이를 국민참여재판의 경우처럼 단순히 형량기준의 '중죄'나 죄명을 기준으로 도입하려는 복안이신 것 같은데, 지금까지 이러한 범죄 유형에서 이러한 권한이 부족해서 수사 에 실패한 사례가 얼마였는지 의문이다. 오히려 이 제도는 공수처에 필요한 제도가 아닐까? 시범적으로 도입한다고 해도 설치구역, 관할법원 등이 간명한 공수처 수사 대상 사건으로 실시하는 것이 효과적이고, 더 국민적 공감대를 얻지 않을까 한다. 물론 구체적으로 어떠한 형태로 구상하여야 할 것인지에 대해 추가적 연구가 필요 하다.

3. 참고인소환(명령)제

　대배심제도 보다 제한된 방식이고, 많은 논란이 있지만. 법원에 참고인의 공수처 출석을 청구하고, 법원 명령이 있음에도 불출석시 일정한 벌칙을 두어 출석을 간접 강제하는 방안이 고려될 수 있다. 주로 검사들의 연구논문에서 참고인구인(소환), 사법방해죄 등의 주제로 다루어져 왔다. 소환을 강제하여도 진술까지 강제할 수는 없어서 실효성에 한계가 있고, 미국식 사법방해죄[19]가 없는 상황에서 공수처법에

---

19) 박달현,"사법방해죄 도입가능성과 그 필요성 검토", 형사정책연구 제23권 제3호, 2012, 9면; 이성대, "사법방해죄의 보완적 도입방향－미국 연방법상 사법방해죄와의 비교를 중심으로", 미국헌법연구 제32권 제1호(2021.4.), 미국헌법학회, 33면 이하; 각국의 입법례에 대하여는 김석우, "사법방해죄에 대한 고찰", 형사법의 신동향 통권 제19호(2009), 4면 이하 참조. 이성대의 글에 따르면 사법방해라는 표현은 미국 연방법 제73장의 표제인 'Obstruction of Justice' 의 역어로서 단일 구성요건이 아니라, 일련의 범죄군을 지칭하는 용어로 사용된다. 미국 연방법 제73장의 사법방해죄를 구성하는 주요한 조문의 표제는 집행관에 대한 폭행(§1501), 범죄인 인도요원에 대한 저항행위(§1502), 사법담당 공무원 등에 대한 방해행위(§1503), 서면으로 배심원에 대하여 영향을 미치는 행위(§1504), 연방기관, 위원회 등의 절차방해(§1505), 기록 등의 절취.변조, 허위보석(§1506), 시위 혹은 농성(§1507), 배심평결과정에 대한 녹음 및 청취 등(§1508), 법원명령방해(§1509), 수사방해(§1510), 주 또는 지방정부의 법집행 방해(§1511), 증인, 피해자, 정보제공자 등에 대한 회유(§1512), 증인, 피해자, 정보제공자 등에 대한 보복(§1513), 연방회계감사 방해(§1516), 금융기관에 대한 조사방해(§1517), 보건범죄에 대한 수사방해(§1518), 연방조사 및 파산관련 증거자료의 파괴, 변조, 위조(§1519), 회사회계감사 자료 파괴(§1520), 허위청구나 권리비방에 의한 연방판사, 연방공무원에 대한 보복(§1521) 등이다. 이러한 표제에서 알 수 있듯, 우리나라에서는 법원조직법, 특정범죄가중처벌법을 비롯한 개별법에 산재되어 일부가 규정되어 있는 것이다. 그 중 연방법 제1510조를 '수사방해죄'로 지칭하지만 이성대, 40면에 따르면 이는 '즉, 뇌물을 이용하여 범죄정보를 수사기관에 제공하는 것을 방해하는 등의 시도를 하는 경우(§1510 (a)), 금융기관의 임직원으로서 대배심에 의한 문서제출명령, 문서제출명령의 내용 또는 문서제출 명령에 의해 제공된 정보를 직.간접적으로 누설하는 경우(동조 (b)를 처벌하는 것을 주요한 내용으로 한다.'고 한다. 반면에 연방법 제1001조 등에 해당하는 '허위진술죄'유형은 단지 수사절차에서만 적용되는 것이 아니다. 동조는 피의자를 포함하여 누구든지 입법, 사법, 행정부등 정부기관에 대하여 의도적으로 ① 기망, 위계 등으로 중요한 사실을 위조, 은닉, 은폐하거나((a)(1)), ② 중요한 부분에 관하여 허위, 기망 또는 가공의 진술하거나 이를 통하여 그릇된 사실을 표시하거나((a)(2)), ③ 사실이 아님을 알면서도 허위문서나 허위서류를 작성하거나 사용하는((a)(3)) 경우를 처벌하는 내용을 담고 있다.26) 주요한 허위진술죄의 일종으로는 이외에도 대출과 신용거래 신청 등에 영향을 미치는 허위진술(§1014), 종업원 퇴직소득보장법(1974)에서 요구하는 서류와 관련된 허위진술 등(§1027) 등을 언급할 수 있다. 이 규정을 우리나라 식으로 하면 각종 행정법상의 방대규정에 대응되는 정도이지만, 피의자가 수사기관의 조사과정에서 범행이 사실인지를 묻는 것에 대하여 단순하게 아

별도 규정을 두어야 한다는 부담이 있다. 무엇보다 고위직 판사가 수사대상일 때에도 이 제도(법원 경유 모델)가 실효성이 있을 것인가가 의문이 있다.

물론 현행법상의 증인신문청구제도와 증거보전제도도 수사상 참고인이 출석 또는 진술을 거부하는 경우에 이를 강제하는 제도라고 할 수 있는데, 증인신문청구와 증거보전은 제1회 공판기일 전에 한하여 허용된다. 형사소송법상의 증거보전제도(제184조)와 증인신문청구제도(제221조의2)는 공판정에서의 정상적인 증거조사가 있을 때까지 기다려서는 증거방법의 사용이 불가능하거나 곤란한 경우 또는 참고인이 출석이나 진술을 거부하는 경우에 수사절차에서도 법원의 힘을 빌려 증거조사나 증인신문을 하게 함으로써 증거를 보전할 수 있게 하는 제도이다. 다만 증거보전절차는 본래는 강제처분 권한이 없는 피의자, 피고인에게도 유리한 증거를 수집, 보전하기 위한 강제처분으로서의 성격[20]을 갖고 있어서 원칙적으로 당사자의 참여권이 인정된다.(대법원 1965.12.10. 선고 65도826 판결.) 즉 증거보전절차에서는 원칙적으로 피의자.피고인의 참여권이 제한되지 않는다. 또한 당사자인 검사, 피의자, 피고인, 변호인 모두 서류와 증거물에 대한 열람 또는 등사권을 갖는다. 이 절차에서 작성된 서류는 제311조에 의한 법관 면전 조서로서 무조건 증거능력이 인정되지만, 피의자, 변호인의 참여권 및 심문권이 실질적으로 침해된 때에는 증거능력이 부인된다는 판결(대판 1992.2.28. 91도2337)도 있다.

수사상 증인신문 제도는 수사기관에 대한 출석의무도, 출석했더라도 진술할 의무가 없다는 점을 고려하여 1973년에 도입된 것으로서 중요참고인이 수사기관의 출석 요구 또는 진술을 거부하는 경우에 제1회 공판기일 전에 검사의 청구에 의하여 판사가 증인신문을 하여 그 진술증거를 수집, 보전하는 제도를 말한다.(제221조의2)

니라는 취지로 대답한 것에 불과한 경우에도 허위진술죄에 해당한다는 Brogan v. United states, 522 U.S. 398 (1998) 이후 이는 선서 없이 행한 연방 수사기관 및 소추기관에 대한 허위진술을 처벌할 수 있는 근거가 되어 수사과정에서의 진술확보에 유용한 수단이 된다(이성대, 42면에서는 박광섭, "사법방해죄에 관한 연구", 187면; 도중진, "사법방해죄의 입법화방안", 형사정책 제20권 제2호, 2008, 180면을 인용함)고 한다. 그 밖에도 "증인침해(Witness Tampering)"로도 표현되는 증언 및 증거제출 방해는 사법절차에서 증인의 증언과 증거제출에 부적절하게 영향을 미치거나 변경 또는 방지하는 등의 방법으로 사법을 방해하는 것을 의미한다. 이들 미국법상 규정과 우리 법제의 유사한 규정의 비교 분석은 이성대, 앞의 글, 45면 -53 이하 참조. 대체로 학계의 경우 극히 제한적인 범위에서 보완적 도입을 주장하는 것으로 보인다.

20) 이주원, 형사소송법 제2판 193면은 그래서 이를 검사에게도 인정한 제184조를 당사자주의를 형식적, 평면적으로 이해한 결과라고 비판적으로 보고 있다.

이를 '법원의 힘을 빌린 수사기관의 강제처분'의 성격을 갖는다.[21] 이 점은 증인심문을 한 때 관련 서류를 지체없이 검사에게 송부하는 것으로 규정하고, 수사 중에는 피의자, 피고인, 변호인의 열람등사권을 인정하지 않는 데에서 잘 드러난다. 다만 증인신문시에는 당사자의 참여권이 인정된다는 점은 동일하다.[22]

물론 두 제도 모두 '증거', '범죄수사에 있어서 없어서는 아니될 사실을 안다고 명백히 인정되는 자'에 대해 청구할 수 있는 것이어서 그 요건판단에 상당한 정도로 법원의 재량이 인정되는 영역에 해당하고, 수사 초기 관여자의 가담, 관여 정도가 확인되지 않은 경우에는 적용되기 힘든 것으로 보인다. 다만 앞에서 언급한 바와 같이 공무원인 참고인에 대해서만 국정감사법, 감사원법 등을 참조해서 특별한 출석, 진술 의무를 부과하는 우회적 방안도 섬세하게 설계한다면 합헌성을 인정받을 수 있을 것으로 본다.

4. 형사소송법 규정의 보완

> 제110조(군사상 비밀과 압수) ①군사상 비밀을 요하는 장소는 그 책임자의 승낙 없이는 압수 또는 수색할 수 없다.
> ②전항의 책임자는 국가의 중대한 이익을 해하는 경우를 제외하고는 승낙을 거부하지 못한다.

---

21) 이주원, 앞의 책, 195면

22) 박정난, "수사상 증거보전으로서 증인신문 제도에 대한 비판적 검토", 법학연구제31권 제4호 (2021년 12월), 연세대학교 법학연구원, 201~231면은 저자가 글 첫머리에서 명시한 바와 같이 대검찰청 용역의 일부를 발전시킨 연구이기는 하지만, '(두 제도 모두) 검찰의 비이용으로 사문화되어 있는 상황이다. 따라서 중요 참고인의 출석거부 상황 및 향후 진술번복 가능성이 농후한 상황 등에 대한 대책으로 위 두 제도를 적극적으로 활성화시키는 것을 검토해 볼 필요가 있다.(202면)'는 관점에 있다. 이 관점에서 이 글 216면 'Ⅳ. 현행법제의 문제점 및 입법론적 검토'에서는 첫 번째로 수사단계에서 증거보전으로서의 증인신문에 대한 현행법제와 판례의 문제점은 이 절차를 기본적으로 공판절차로 바라보는데 있다고 하면서 당사자의 반대신문권 보장의 적절성에 의문을 제기하고 있다. 또한 개정 형사소송법 관계법령의 시행으로 인하여 수사 및 공판환경에 큰 변화가 예상되는 점 또한 개정의 필요성으로 들고 있다. 특히 종전에 있다가 삭제된 '진술 번복의 위험'을 복구해야 한다는 주장도 개진하고 있다. 반면에 223면에서는 '우리나라도 일본법제와 같이 제184조의 증거보전절차를 피의자, 피고인에게만 인정되는 것으로 운영하는 것이 타당하지 않은가 생각된다. 독일의경우도 피의자의 증거보전절차와 검사의 증거보전절차를 완전히 구분하여 규정하고 있음은 전술한 바와 같다.'고 한다.

제111조(공무상 비밀과 압수) ①공무원 또는 공무원이었던 자가 소지 또는 보관하는 물건에 관하여는 본인 또는 그 당해 공무소가 직무상의 비밀에 관한 것임을 신고한 때에는 그 소속공무소 또는 당해 감독관공서의 승낙 없이는 압수하지 못한다.
②소속공무소 또는 당해 감독관공서는 국가의 중대한 이익을 해하는 경우를 제외하고는 승낙을 거부하지 못한다.
제112조(업무상비밀과 압수) 변호사, 변리사, 공증인, 공인회계사, 세무사, 대서업자, 의사, 한의사, 치과의사, 약사, 약종상, 조산사, 간호사, 종교의 직에 있는 자 또는 이러한 직에 있던 자가 그 업무상 위탁을 받아 소지 또는 보관하는 물건으로 타인의 비밀에 관한 것은 압수를 거부할 수 있다. 단, 그 타인의 승낙이 있거나 중대한 공익상 필요가 있는 때에는 예외로 한다.

이 조항에 대해서는 증인거부권, 증언거부권과 보완관계에 있는 것, 즉 압수에 의해 공무원의 증언거부권(제147조)과 업무상 비밀에 관한 증언거부권(제149조)이 형해화되는 것을 방지하기 위한 것[23]이라고 한다. 일반적으로는 타당한 설명이지만, 이들 조항은 법원의 영장에 의한 압수, 수색에도 모두 일률적으로 적용되는 것으로서 제112조의 경우를 제외하고, 제110조, 제111조의 장소에 대하여 법원이 범죄수사를 위한 압수, 수색이 필요하다고 판단하여 영장을 발부하여 이를 집행하는 경우, 범죄수사는 당연히 중대한 공익을 이유로 하는 것일뿐더러, 법원이 압수수색의 장소와 범위, 대상도 확인하고 발부한 것이다. 특히 공수처 수사의 경우 수사대상자라고 할 수 있는 '책임자', '그 소속공무소 또는 당해 감독관공서'의 장까지도 이를 일률적으로 거부할 수 있도록 하고, 별도의 불복, 재검토 절차도 두지 않는 제도를 여전히 유지하는 것이 과연 타당한 것일까? 그러함에도 여전히 상징적인 규정만 두고 '국가의 중대한 이익을 해하는 경우'인지 여부를 판단하는 주체나 그 위반 시의 제재 규정이 없다. 압수, 수색 거부가 권력자의 의지에 부응하는 경우 행정적 징계조치가 내려질 리도 없고, 결국 탄핵 대상자인 경우에 탄핵이라는 정치행위로서만 제재할 수 있을 뿐이다. 이미 제111조와 제112조는 당시 청와대 정문 앞에서 위력을 발휘한 바 있다. 극단적으로 말해서 공수처가 해병대 수사단의 조사서류 원본을 압수하러 법관이 발부한 영장을 들고 국방부 정문에 갔는데, 장관이 거부하면 그냥 되돌아와야 하는 것인가 하는 점이다.

그래서 이 조항의 타당성 혹은 개정 방향을 고민해 보아야 한다. '국가의 중대한

---

23) 이주원, 앞의 책, 149면

이익을 해하는 경우', '중대한 공익상 필요'의 판단 주체는 누구이고 그 절차는 무엇인가? '전항의 책임자', '소속공무소 또는 당해 감독관공서'가 주장하면 그뿐인가? 과거 검찰의 청와대 압수, 수색의 예에서는 청와대에서 주는 대로 받아오는 식으로 흐지부지되고 말았다. 지금은 '선별압수'가 원칙이므로 압수영장의 발부과정에서나 실제 집행 과정에서 관련성 없는 것은 당연히 압수할 수 없다. 그럼에도 불구하고 대상자에 의한 전면적 거부가 가능한 현행 형소법의 규정을 그대로 존치해야 하는지, 더구나 수사대상자가 책임자인 경우에는 어떻게 할 것인지 심각하게 재검토할 필요가 있다.

따라서 이 규정은 전면 개정이 필요함은 당연하고 공수처의 수사에서는 더더욱 배제되어야 한다. 아니라면 적어도 거부의 적정성에 대한 법원의 판단을 받아야 하는 것 아닌가 한다. 물론 해당 영장을 발부한 법관이 이를 심사하거나, 상급 법원의 판단을 거치는 것도 고려해 볼 수는 있다. 이처럼 형사소송법 제110조, 제111조는 공수처가 법원이 발부한 영장에 의한 압수, 수색에는 적용하지 아니하거나, 그 거부의 당부를 별도로 판단하는 절차를 두는 것으로 규정할 필요가 있다.

다만 법관에 대한 수사에 있어서 해당 공무소가 법원인 경우는 그 인부 절차를 해당 법원이 수행하는 것은 문제가 될 수는 있을 것이다. 그렇다면 국회에라도 출석하여 소명하여야 하는 것일까?

V. 맺으며

개인적으로는 공수처 설립에 너무 과도한 기대를 거는 것에 회의적이었지만, 일단 공수처가 발족한 뒤라면 초기의 무기력을 비난하며 곧바로 폐지를 주장하는 것도 온당한 태도라고 생각하지는 않는다. 우리 형사사법, 특히 수사기관에 대한 불신이 여전한 시점에서 공수처가 기능할 수 있는 부분이 분명히 존재하기 때문이다. 그래서 검찰개혁과 같은 다른 명분을 높이기보다 공수처를 수사, 재판 기관이나 軍, 교정시설과 같이 폐쇄적 조직체 내의 범죄를 보충적으로 수사함으로써 형사사법에 대한 신뢰를 유지하는 보충적 수사기관으로서 기능을 재설정할 필요가 있다. 그리고 본래 이 제도의 초기 문제의식은 고위공직자 범죄에 대한 수사가 부실, 미진, 소극적이었다는데에서 출발하였다는 점을 다시 상기할 필요가 있다. 또한 일반인에 비하여 이들의 자기방어권은 결코 약하지 않다는 점도 고려해야 한다. 이러한 측면에서 공수처 수사가 제대로 수행될 수 있는 법제도 개선에 대해 전향적으로 접근해야 하고 필요한 경우 강화된 수사 방법을 도입할 필요가 있다.

물론 우리의 역사적 경험을 통해 수사기관이 적절한 통제 없이 그 권한을 남용할 때 어떤 참혹한 결과가 발생하는지 무수한 사례를 알고 있다. 그렇다면 이 문제는 영장 단계에서만 법원이 그 발부 여부, 범위만을 통제할 수 있는 지금의 형사소송법 체계를 벗어나서 별도의 수사절차법 제정을 통하여 허용되는 수사방법과 그 통제절차를 법률적으로 규정하고, 수사개시, 진행, 종결의 각 단계가 합리적 의사결정을 통해 이루어진 것인지, 혹시 먼지가 나올 때까지 털어대는 과도한 수사로 흐르지 않는지 통제하는 수사감독기구를 설립할 필요성은 없는지 재검토해 보아야 할 것이다.

논문투고일 : 2023.12.21.   논문심사일 : 2023.12.21.   게재확정일 : 2023.12.30.

【참고문헌】

이근우, "屋上屋, 펜트하우스가 될 것인가 옥탑방이 될 것인가?",『형사정책』제31
　　　권 제1호(통권 57호), 2019.
박형관, "미국 대배심 제도의 현황 및 개선 논의",『형사소송 이론과 실무』제5권
　　　제2호, 한국형사소송법학회, 2023.
서창희, "Grand Jury 및 Immunity를 이용한 수사－미국법상 비협조적 참고인에
　　　대하여 진술을 강제하는 방법,"『해외연수검사연구논문집』제11집, 법무연
　　　수원, 1995.
박달현, "사법방해죄 도입가능성과 그 필요성 검토",『형사정책연구』제23권 제3
　　　호, 2012.
이성대, "사법방해죄의 보완적 도입방향－미국 연방법상 사법방해죄와의 비교를
　　　중심으로",『미국헌법연구』제32권 제1호, 미국헌법학회, 2021.4.
김석우, "사법방해죄에 대한 고찰",『형사법의 신동향』통권 제19호, 2009.
박정난, "수사상 증거보전으로서 증인신문 제도에 대한 비판적 검토",『법학연구』
　　　제31권 제4호, 연세대학교 법학연구원. 2021.12.

【국문초록】

공수처에 대한 과도한 기대에 비하여 근거 법률은 실효성 있게 작동하기 힘든 문제를 안고 있고, 필요한 검찰개혁은 정공법으로 해야 하는 것인데, 공수처 설립에 과도한 집중이 되면 시급한 검찰개혁조차 멀어진다. 그리고 이 법률은 공수처에 과도한 기대와 달리 정작 수사력을 강화시킬 수 있는 방안이 없다. 처음에 당시 부패방지위원회에 수사권을 부여하겠다는 '소박한' 아이디어에서 시작한 것이 심지어 우리나라의 최고권력자라고 할 수 있는 대통령까지도 수사하도록 확장되면서도 정작 이 부분이 개선된 바 없었다. 그러니 지금 공수처와 그 구성원들이 받는 비난의 상당 부분은 공수처보다는 법안을 이렇게 구성한 분들이 받아야 할 것이다.

이 연구의 주된 내용은 공수처에 어떤 무기가 필요할 것이고, 이를 활용하는 절차를 어떻게 두어야 할지, 외국의 사례들을 검토하여 우리 상황에 맞게 적용할 수 있을 것인지를 검토하는 것이다. 검찰개혁과 같은 다른 명분을 높이기보다 공수처를 수사, 재판 기관이나 軍, 교정시설과 같이 폐쇄적 조직체 내의 범죄를 보충적으로 수사함으로써 형사사법에 대한 신뢰를 유지하는 보충적 수사기관으로서 기능을 재설정할 필요가 있다.이러한 측면에서 공수처 수사가 제대로 수행될 수 있는 법제도 개선에 대해 전향적으로 접근해야 하고 필요한 경우 강화된 수사 방법을 도입할 필요가 있다.

물론 우리의 역사적 경험을 통해 수사기관이 적절한 통제 없이 그 권한을 남용할 때 어떤 참혹한 결과가 발생하는지 무수한 사례를 알고 있다. 그렇다면 이 문제는 영장 단계에서만 법원이 그 발부 여부, 범위만을 통제할 수 있는 지금의 형사소송법 체계를 벗어나서 별도의 수사절차법 제정을 통하여 허용되는 수사방법과 그 통제절차를 법률적으로 규정하고, 수사개시, 진행, 종결의 각 단계가 합리적 의사결정을 통해 이루어진 것인지, 혹시 먼지가 나올 때까지 털어대는 과도한 수사로 흐르지 않는지 통제하는 수사감독기구를 설립할 필요성은 없는지 재검토해 보아야 할 것이다.

◆ 주제어: 고위공직자 범죄 수사처, 압수수색의 제한, 감찰, 대배심, 특별수사기구

【Abstract】

Desirable improvement plan for the High-ranking Public Officials Crime Investigation Office Act

Keun－woo Lee*

Compared to the excessive expectations for the Corruption Investigation Office, the underlying law has problems that make it difficult to operate effectively, and the necessary prosecution reform must be done through a proper prosecution law, but if excessive focus is placed on establishing the Corruption Investigation Office, even urgent prosecution reform becomes distant. And contrary to the excessive expectations of the Corruption Investigation Office, this law does not actually have any way to strengthen its investigative power. What initially started out as a 'naive' idea of granting investigative authority to the Anti－Corruption Commission at the time was expanded to even investigate the President, the most powerful person in our country, but there was no improvement in this area. Therefore, much of the criticism that the Corruption Investigation Office and its members are currently receiving should be directed to those who structured the bill in this way rather than to the Corruption Investigation Office.

The main content of this study is to examine what weapons the Corruption Investigation Office will need, what procedures to use them should be, and whether they can be applied to our situation by reviewing foreign cases. Since that article only briefly mentioned the reference recruitment system, exclusion from application of Articles 110 and 111 of the Criminal Procedure Act, and strengthening of procedures, this study focused on strengthening investigative power through institutionalization of selective admissions and formation of an investigation deliberation organization similar to a grand jury., we would like to look at complementary systems from a broader perspective,

* Professor, Gachon University, Ph.D in Law

including punishment for various forms of obstruction of investigation.

◆ Key Words: high-ranking public official crime investigation office, restrictions on search and seizure, inspection, grand jury, special investigative body

한국형사소송법학회 『형사소송 이론과 실무』
제15권 제4호 (2023.12) 699~724면.
Theories and Practices of Criminal Procedure Vol. 15 No. 4 (December. 2023) pp. 699~724.
10.34222/kdps.2023.15.4.71

정보저장매체 임의제출 후 집행과정의 참여권 보장과 증거능력*
- 대법원 2023.9.18. 선고 2022도7453 전원합의체 판결 -

이 창 현**

목 차

Ⅰ. 판결개요

1. 공소사실

피고인은 2017.10.경 A로부터 그 아들 D의 대학원 지원에 사용할 목적으로 허위 인턴활동 확인서 발급을 부탁받고, 사실은 D가 피고인의 법무법인에서 인턴활동을 한 사실이 없음에도 그러한 인턴활동을 하였다는 내용의 확인서를 허위로 발급한 다음 A에게 전달하여 X대학교 및 Y대학교 대학원 입시에 이를 첨부서류로 제출하도록 함으로써, A, A의 남편 C, D와 공모하여 위계로써 X대학교 및 Y대학교 대학원 입학담당자들의 입학사정 업무를 방해하였다.

2. 사건경과

수사기관은 2019.8.27.경 A와 C의 자녀 입시·학사 비리 혐의, 사모펀드 투자 비리 혐의, ○○학원 비리 혐의 등과 관련된 △△대학교, ㅁㅁ사무실, ○○학원 등에

---

* 이 연구는 2023학년도 한국외국어대학교 교내학술연구비의 지원에 의해 이루어진 것입니다.
** 한국외대 법학전문대학원 교수, 법학박사

대한 압수·수색을 기점으로 각종 의혹에 대한 수사를 본격화하였다.

A는 압수·수색 등 수사에 대비하여 혐의사실과 관련된 전자정보가 저장된 컴퓨터 등을 은닉하고자, 2019.8.31.경 B에게 서재에 있던 컴퓨터에서 떼어낸 정보저장매체 2개 중 1개(HDD 1개), D의 컴퓨터에서 떼어낸 정보저장매체 2개(HDD 1개, SSD 1개) 등 A, C, D(이하 'A 등')가 주거지에서 사용하던 3개의 정보저장매체(이하 '이 사건 하드디스크')를 건네주면서 "수사가 끝날 때까지 숨겨놓으라."라는 취지로 지시하였다. B는 이 사건 하드디스크를 서울 양천구 소재 상가 지하 1층 헬스장 개인 보관함 등에 숨겨두었다. 이 사건 하드디스크에는 A가 은닉하고자 했던 증거들, 즉 자녀들의 대학과 대학원 입시에 활용한 인턴십 확인서 및 D, 피고인 등 관련자들의 문자메시지 등이 저장되어 있었다.

수사기관은 2019.9.10.경 B를 증거은닉혐의의 피의자로 입건하였고, B는 2019.9. 11. 수사기관에 이 사건 하드디스크를 임의제출하였다.

수사기관은 이 사건 하드디스크 임의제출 및 그에 저장된 전자정보에 관한 탐색·복제·출력 과정에서 B와 그 변호인에게 참여의사를 확인하고 참여기회를 부여하는 등 참여권을 보장하였는데, B측은 탐색·복제·출력 과정에 참여하지 않겠다는 의사를 밝혔다. 그러나 수사기관은 A 등에게는 위와 같은 참여의사를 확인하거나 참여기회를 부여하지 않았다.

제1심은 피고인에 대해 유죄가 인정된다며 징역 8월에 집행유예 2년을 선고하고, **원심**은 피고인의 항소를 기각하였는데, 피고인은 B가 이 사건 하드디스크를 임의제출하고 이를 집행하는 과정에서 B에게만 참여기회가 주어지고 그 소유자인 A 등에게는 참여권이 보장되지 않은 위법이 있어서 전자정보에 대한 증거능력이 없다고 주장하며 항소에 이어 상고하였다.

3. 판결요지

가. 다수의견(대법관 9인) : 상고기각

(1) 정보저장매체 내의 전자정보가 가지는 중요성은 헌법과 형사소송법이 구현하고자 하는 적법절차, 영장주의, 비례의 원칙과 함께 사생활의 비밀과 자유, 정보에 대한 자기결정권 등의 관점에서 유래된다.

압수의 대상이 되는 전자정보와 그렇지 않은 전자정보가 혼재된 정보저장매체나 그 복제본을 임의제출받은 수사기관이 그 정보저장매체 등을 수사기관 사무실 등으로 옮겨 이를 탐색·복제·출력하는 경우, 그와 같은 일련의 과정에서 형사소송법 제219조, 제121조에서 규정하는 **압수·수색영장의 집행을 받는 당사자**(이하 '**피압수자**')나 그 변호인에게 참여의 기회를 보장하고 압수된 전자정보의 파일 명세가 특정된 압수목록을 작성·교부하여야 하며, 범죄혐의사실과 무관한 전자정보의 임의적인 복제 등을 막기 위한 적절한 조치를 취하는 등 영장주의 원칙과 적법절차를 준수하여야 한다. 만약 그러한 조치가 취해지지 않았다면 피압수자측이 참여하지 않겠다는 의사를 명시적으로 표시하였거나 임의제출의 취지와 경과 또는 그 절차 위반행위가 이루어진 과정의 성질과 내용 등에 비추어 피압수자측에 절차 참여를 보장한 취지가 실질적으로 침해되었다고 볼 수 없을 정도에 해당한다는 등의 특별한 사정이 없는 이상 압수·수색이 적법하다고 평가할 수 없고, 비록 수사기관이 정보저장매체 또는 복제본에서 범죄혐의사실과 관련된 전자정보만을 복제·출력하였다고 하더라도 달리 볼 것은 아니다.

피해자 등 제3자가 피의자의 소유·관리에 속하는 정보저장매체를 임의제출한 경우에는 **실질적 피압수자**인 피의자가 수사기관으로 하여금 그 전자정보 전부를 무제한 탐색하는데 동의한 것으로 보기 어려울 뿐만 아니라 피의자 스스로 임의제출한 경우 피의자의 참여권 등이 보장되어야 하는 것과 견주어 보더라도 특별한 사정이 없는 한 피의자에게 참여권을 보장하고 압수한 전자정보 목록을 교부하는 등 피의자의 절차적 권리를 보장하기 위한 적절한 조치가 이루어져야 한다(대법원 2021.11.18. 선고 2016도348 전원합의체 판결 등 참조).

(2) 이와 같이 정보저장매체를 임의제출한 피압수자에 더하여 임의제출자 아닌 피의자에게도 참여권이 보장되어야 하는 '**피의자의 소유·관리에 속하는 정보저장매체**'라 함은, 피의자가 압수·수색 당시 또는 이와 시간적으로 근접한 시기까지 해당 정보저장매체를 현실적으로 지배·관리하면서 그 정보저장매체 내 전자정보 전반에 관한 전속적인 관리처분권을 보유·행사하고, 달리 이를 자신의 의사에 따라 제3자에게 양도하거나 포기하지 않은 경우로서, 피의자를 그 정보저장매체에 저장된 전자정보 전반에 대한 실질적인 압수·수색 당사자로 평가할 수 있는 경우를 말하는 것이다. 이에 해당하는지 여부는 민사법상 권리의 귀속에 따른 법률적·사후적 판단이 아니라 압수·수색 당시 외형적·객관적으로 인식 가능한 사실상의 상태

를 기준으로 판단하여야 한다. 이러한 정보저장매체의 외형적·객관적 지배·관리 등 상태와 별도로 단지 피의자나 그 밖의 제3자가 과거 그 정보저장매체의 이용 내지 개별 전자정보의 생성·이용 등에 관여한 사실이 있다거나 그 과정에서 생성된 전자정보에 의해 식별되는 정보주체에 해당한다는 사정만으로 그들을 실질적으로 압수·수색을 받는 당사자로 취급하여야 하는 것은 아니다(대법원 2022.1.27. 선고 2021도11170 판결 등 참조).

(3) 이 사건 하드디스크 및 그에 저장된 전자정보는 본범인 A 등의 혐의사실에 관한 증거이기도 하지만 동시에 은닉행위의 직접적인 목적물에 해당하므로 B의 증거은닉 혐의사실에 관한 증거이기도 하다. 따라서 B는 이 사건 하드디스크와 그에 저장된 전자정보에 관하여 실질적 이해관계가 있는 자에 해당한다. 이 사건 하드디스크 자체의 임의제출을 비롯하여 증거은닉 혐의사실 관련 전자정보의 탐색·복제·출력 과정 전체에 걸쳐 B는 참여의 이익이 있다. A는 자신과 C 등에 대한 수사가 본격화되자 B에게 은닉을 지시하면서 이 사건 하드디스크를 전달하였고, B는 이 사건 하드디스크가 발각되지 않도록 자신만이 아는 장소에 임의로 은닉하였다. 이후 B는 증거은닉혐의에 관한 피의자로 입건되자 수사기관에 은닉사실을 밝히면서 이 사건 하드디스크를 임의제출하였다. 이 사건 하드디스크의 은닉과 임의제출 경위, 그 과정에서 B와 A 등의 개입정도 등에 비추어 압수·수색 당시 또는 이에 근접한 시기에 이 사건 하드디스크를 현실적으로 점유한 사람은 B라고 할 것이고, 나아가 B는 그 무렵 위와 같은 경위로 이 사건 하드디스크를 현실적으로 점유한 이상 다른 특별한 사정이 없는 한 저장된 전자정보에 관한 관리처분권을 사실상 보유·행사할 수 있는 지위에 있는 사람도 B라고 볼 수 있다.

이에 반해 A는 임의제출의 원인된 범죄혐의사실인 증거은닉범행의 피의자가 아닐 뿐만 아니라 이 사건 하드디스크의 존재 자체를 은폐할 목적으로 막연히 '자신에 대한 수사가 끝날 때까지' 은닉할 것을 부탁하며 이 사건 하드디스크를 B에게 교부하였다. 이는 자신과 이 사건 하드디스크 및 그에 저장된 전자정보 사이의 외형적 연관성을 은폐·단절하겠다는 목적 하에 그 목적 달성에 필요하다면 '수사 종료'라는 불확정 기한까지 이 사건 하드디스크에 관한 전속적인 지배·관리권을 포기하거나 B에게 전적으로 양도한다는 의사를 표명한 것으로 볼 수 있다. 이로써 결과적으로 B는 이 사건 하드디스크에 내한 현실적·사실적 시배 및 그에 저상된 선자정보 전반에 관한 전속적인 관리처분권을 사실상 보유·행사할 수 있는 상태가 되었고, 자신이 임의로 선택한 장소에 이 사건 하드디스크를 은닉하였다가 이후 이를 수사기관에 임의제출함으로써 그 권한을 실제로 행사하였다.

따라서 증거은닉범행의 피의자로서 이 사건 하드디스크를 임의제출한 B에 더하여 임의제출자가 아닌 A 등에게도 참여권이 보장되어야 한다고 볼 수 없으므로 이 사건 하드디스크에 저장된 전자정보의 증거능력을 인정한 원심의 판단은 정당한 것으로 수긍할 수 있다.

나. 반대의견(대법관 3인)[1]

(1) 대법원은 위 대법원 2016도348 전원합의체 판결 및 대법원 2021도11170 판결 등에서 전자정보의 압수·수색에서 참여권이 보장되는 주체인 실질적 피압수자는 해당 정보저장매체를 현실적으로 지배·관리하면서 그 정보저장매체 내 전자정보 전반에 관한 전속적인 관리처분권을 보유·행사하는 자로서 그에 대한 실질적인 압수·수색의 당사자로 평가할 수 있는 사람이라고 하였다. 이러한 선례의 법리와 취지에 따르면, 강제처분의 직접 당사자이자 형식적 피압수자인 정보저장매체의 현실적 소지·보관자 외에 소유·관리자가 별도로 존재하고, 강제처분에 의하여 그의 전자정보에 대한 사생활의 비밀과 자유, 정보에 대한 자기결정권, 재산권 등을 침해받을 우려가 있는 경우, 그 소유·관리자는 참여권의 보장 대상인 실질적 피압수자라고 보아야 한다. 이때 실질적 피압수자가 압수·수색의 원인이 된 범죄혐의사실의 피의자일 것을 요하는 것은 아니다. 따라서 증거은닉범이 본범으로부터 증거은닉을 교사받아 소지·보관하고 있던 본범 소유·관리의 정보저장매체를 피의자의 지위에서 수사기관에 임의제출하였고, 본범이 그 정보저장매체에 저장된 전자정보의 탐색·복제·출력시 사생활의 비밀과 자유 등을 침해받지 않을 실질적인 이익을 갖는다고 평가될 수 있는 경우, 임의제출자이자 피의자인 증거은닉범과 함께 그러한 실질적 이익을 갖는 본범에게도 참여권이 보장되어야 한다.

(2) B의 임의제출 당시 및 이와 시간적으로 근접한 시기까지 본범인 A 등이 현실적인 점유 또는 B를 통한 점유매개관계를 바탕으로 이 사건 하드디스크를 지배

---

[1] 13인의 대법관 중 1인은 피고인과 공저로 출간한 적이 있는 등 피고인과의 개인적인 인연이 있다는 이유로 회피하였다.

·관리하면서 그에 저장된 전자정보에 관하여 법익 귀속 주체로서 전속적인 관리처분권을 보유·행사하고 있었고, 그에 대한 관리처분권이나 소유·지배를 상실한 바 없다. 따라서 A 등이 그 전자정보에 관한 실질적 피압수자라고 봄이 타당하다.

수사기관은 A에 대한 본범 피의사실의 수사 중 이 사건 하드디스크를 B로부터 임의제출 받아 압수한 뒤 그에 저장된 전자정보를 탐색·추출하는 등의 일련의 과정에서 피압수자인 B 외에 이 사건 하드디스크 및 전자정보의 실질적 피압수자인 A 등에게 참여의 기회를 보장하여야 한다. 그러나 수사기관은 그러한 일련의 과정에서 피압수자인 B 외에 실질적 피압수자인 A 등에게 참여권을 보장하지 않았다. 따라서 수사기관이 압수한 이 사건 하드디스크 내 전자정보는 위법수집증거에 해당하고 이를 유죄의 증거로 사용할 수 없다. 달리 그 예외를 인정할 특별한 사정도 발견하기 어렵다. 수사기관이 그 위법수집증거에 터잡아 수집한 관련자들의 진술 등도 위법수집증거에 기한 2차적 증거에 해당하여 역시 유죄 인정의 증거로 삼을 수 없다.

Ⅱ. 평 석

1. 쟁 점

대상판결은 대법원 2021.11.18. 선고 2016도348 전원합의체 판결과 대법원 2022.1.27. 선고 2021도11170 판결의 취지에 따라 형사소송법 제219조, 제121조에서 규정하는 압수·수색영장의 집행을 받는 당사자나 그 변호인에게 참여권을 보장하고 압수된 전자정보의 파일 명세가 특정된 압수목록을 작성·교부해야 한다고 하면서 위 당사자를 '피의자'가 아닌 '피압수자'라고 보고, 피해자 등 제3자가 피의자의 소유·관리에 속하는 정보저장매체를 임의제출한 경우에 한해 피의자를 '실질적 피압수자'라고 하여 그 피의자에게도 참여권보장 등이 이루어져야 한다고 하면서 실제 본범인 A 등을 실질적 피압수자로 볼 수 있는지에 대해 구체적으로 견해가 나뉘고 있다.

그래서 대상판결을 검토하고, 피압수자가 피의자가 아닌 경우에 임의제출물 집행 과정에서의 참여권보장과 관련된 형사소송법의 근거규정, 실질적 피압수자의 의미와 그 범위, 참여권이 인정되는 자가 수인인 경우 등을 논의하여 그 과정에서 수집한 전자정보에 대한 증거능력을 인정할 수 있는지에 대해 살펴보기로 한다.

2. 근거규정

형사소송법은 제121조에 의해 공판 중에 압수·수색영장을 집행하는 경우에 '검사, 피고인 또는 변호인은[2] 압수·수색영장의 집행에 참여할 수 있다'고 하고, 제219조의 준용규정에 의해 수사 중에 압수·수색영장의 집행에 있어서는 피고인 대신 피의자와 그 변호인에게 참여권을 보장해야 할 것으로 해석된다.[3] 그런데 판례는 대상판결의 반대의견에서도 설시된 바와 같이 대법원 2011.5.26.자 2009모1190 결정으로 처음 강제처분의 대상자인 피압수자[4] 또는 그 변호인에 대해 참여권을 인정하였고, 이후 피압수자와 피의자가 같은 사안에서 피압수자측에 참여권을 계속 보장하여 왔으며,[5] 최근 대법원 2021.11.18. 선고 2016도348 전원합의체 판결을 통해 피압수자와 피의자가 다른 사안에서 피해자 등 제3자를 피압수자로 하여 피의자 소유·관리의 정보저장매체에 대한 강제처분이 이루어질 때에 실질적 피압수자인 피의자에게 참여권을 인정해야 한다고 하여 참여권의 보장 주체를 피압수자에서 실질적 피압수자까지 확대하였고, 대상판결도 같은 입장이지만 원칙적으로 피의자가 아닌 피압수자에게 참여권이 인정되고, 피의자는 예외적으로 실질적 피압수

---

2) '피고인 또는 변호인'으로 규정되어 있으나 압수·수색영장의 집행에 대한 변호인의 참여권은 피고인과 중복하여 가지는 고유권으로 보는 것이 통설과 판례 입장이다(대법원 2020.11.26. 선고 2020도10729 판결).

3) 물론 형사소송법 제219조의 준용규정에 의해 '피의자 또는 변호인'(제121조) 외에도 공무소 등의 책임자(제123조 제1항), 주거주, 간수자 또는 이에 준하는 사람(같은 조 제2항), 이웃 사람 또는 지방공공단체의 직원(같은 조 제3항), 성년의 여자(제124조)도 참여권자가 될 수 있다. 이와 별도로 형사소송규칙 제110조에 의하면 검사 또는 사법경찰관이 압수, 수색, 검증을 함에는 피의자신문에서와 같이 검사의 경우는 검찰청 수사관 등이, 사법경찰관의 경우는 사법경찰관리를 참여하게 해야 한다.

4) 소재환/이선화, "디지털 증거 압수·수색 시 참여권자 관련 실무상 문제 – 대법원의 '실질적 피압수자'법리 중심으로", 「형사법의 신동향」 통권 제77호, 대검찰청, 2022.12., 340면에 의하면 형사소송법 제106조 제2항, 제108조, 제118조, 제129조, '검사와 사법경찰관의 상호협력과 일반적 수사준칙에 관한 규정(이하 '수사준칙')' 제38조 제1항 등을 근거로 '피압수자'의 의미는 압수·수색의 대상자로서 '압수할 물건'의 소유자, 소지자, 보관자라고 보고 있다.

5) 대법원 2019.7.11. 선고 2018도20504 판결; 대법원 2017.11.14. 선고 2017도3449 판결; 대법원 2017.9.21. 선고 2015도12400 판결 등.

자로 취급될 수 있는 경우에만 참여권이 주어진다고 보고 있는 것이다.[6) 그러나 위 제121조와 제219조의 규정 해석상 피의자에 대해서 예외적으로만 참여권을 인정한 다는 것으로 타당하다고 볼 수 없다.[7)

물론, 압수·수색영장의 사전제시와 관련하여 제118조의 '압수·수색영장은 처분

---

6) 많은 교과서들은 전자정보에 대한 압수·수색에서의 참여권의 주체를 형사소송법의 규정과 판 례 입장에 따라 다양하게 표현하고 있다. 김인회, 「형사소송법(제2판)」, 피앤씨미디어, 2018., 162면(피의자와 변호인); 김재환, 「형사소송법」, 법문사, 2013., 203면(피의자, 변호인); 김정 한, 「실무형사소송법」, 준커뮤니케이션즈, 2020., 302면(보통의 압수·수색영장의 집행 부분에 서 수사는 밀행주의가 원칙이므로 피고인과 달리 피의자에게는 참여권을 보장할 필요가 없다 고 주장); 노명선/이완규, 「형사소송법(제5판)」, 성균관대학교 출판부, 2017., 243면(피의자 또 는 변호인); 박찬걸, 「형사소송법」, 박영사, 2020., 384면(피압수자 또는 변호인); 배종대/이상 돈/정승환/이주원, 「형사소송법(제2판)」, 홍문사, 2016., 191면(피의자·변호인); 배종대/홍영 기, 「형사소송법(제3판)」, 홍문사, 2022., 168면(피수사자나 변호인); 손동권/신이철, 「형사소송 법(제5판)」, 세창출판사, 2022., 327면(피압수자 또는 변호인); 송광섭, 「형사소송법(개정2판)」, 형설출판사, 2019., 336면(피압수자나 변호인); 신동운, 「신형사소송법(제5판)」, 법문사, 2014., 423면(피압수·수색 당사자나 그 변호인); 신양균/조기영, 「형사소송법(제2판)」, 박영사, 2022., 218면(피압수자 측, 피의자 또는 변호인); 이승호/이인영/심희기/김정환, 「형사소송법강의(제2 판)」, 박영사, 2020., 197면(피압수·수색 당사자나 변호인); 이은모/김정환, 「형사소송법(제9 판)」, 박영사, 2023., 323면(피압수·수색 당사자나 그 변호인이지만 피해자 등 제3자가 피의자 의 소유·관리에 속하는 정보저장매체를 임의제출한 경우에는 실질적 피압수자인 피의자); 이 재상/조균석/이창온, 「형사소송법(제15판)」, 박영사, 2023., 242면(피압수자 측); 이주원, 「형사 소송법(제5판)」, 박영사, 2022., 183면(원칙적으로 피압수·수색 당사자 즉, 피압수자이며, 경 우에 따라서는 실질적 피압수자인 피의자도 여기에 포함된다고 주장); 이창현, 「형사소송법(제 9판)」, 정독, 2023., 444면과 448면('피압수자와 그 변호인'이라고 하면서도 피압수자는 피의자 로 보는 것이 타당하다고 주장); 임동규, 「형사소송법(제17판)」, 법문사, 2023., 244－245면(피 의자·피압수자 또는 변호인); 정승환, 「형사소송법」, 박영사, 2018., 182면(피의자·변호인); 정웅석/최창호/김한균, 「신형사소송법(제2판)」, 박영사, 2023., 242면(피압수자와 피의자가 분 리되는 경우에 형사소송법 제219조, 제123조 등에 따라 압수·수색 대상물을 사실상 점유·관 리하고 있는 피압수자, 즉, '관리책임자'에게만 참여권을 부여하는 것이 타당하다고 주장); 최영 승, 「형사소송법(제4판)」, 피앤씨미디어, 2016., 141면(피의자 및 변호인); 최호진, 「형사소송법 강의」, 준커뮤니케이션즈, 2020., 224면(피압수·수색 당사자나 그 변호인).

7) 소재환/이선화, 앞의 논문, 341면에 의하면 형사소송법 제219조 준용규정을 형식적으로 이해 한다면, 예컨대 사법경찰관의 압수·수색영장 집행시 검사의 참여권이 인정되어야 하는지 하 는 괴이한 혼란에 빠지게 된다고 하면서 대물적 강제처분에 대한 헌법상 영장주의 및 적법절 차 원칙은 대상물의 점유권을 침해당하는 과정에서 사생활의 비밀과 자유, 재산권 등을 보호 하기 위한 장치이므로 피압수자가 아닌 피의자 등 다른 사람에 대해서까지 참여권이 미친다 고 보기는 어렵다는 입장이다.

을 받는 자에게 반드시 제시하여야 하고,[8] 처분을 받는 자가 피고인(제219조의 준용규정에 의하면 피의자)인 경우에는 그 사본을 교부하여야 한다'는 내용에 의해 '처분을 받는 자'는 피의자와 피압수자가 다른 경우에 피압수자로 보아야 할 것이고, 또한 압수목록의 교부에 있어서도 제129조에 의하면 '압수한 경우에는 목록을 작성하여 소유자, 소지자, 보관자 기타 이에 준하는 자에게 교부하여야 한다'고 하면서[9] 피고인(제219조의 준용규정에 의하면 피의자)에 대해서는 언급이 없는 것을 보면 피의자 외에 피압수자에게도 참여권을 보장해야 할 것 같다. 따라서 위와 같이 혼란스런 규정의 정비가 우선적으로 필요하며, 실제 압수·수색은 공판 중에는 거의 없고 대부분 수사 중에 이루어지고 있는 실무의 현실을 반영하여 피고인에 대한 압수·수색 등의 대물적 강제처분 규정을 피의자에 대한 압수·수색 등에 준용할 것이 아니라 오히려 그 반대로 피의자에 대한 압수·수색 등의 규정을 두고 이를 피고인에 대한 압수·수색 등에 준용하는 것이 바람직할 것이다.[10]

이와 관련하여 전자정보 내지 디지털증거의 피압수자는 가상적 공간의 책임자 내지 주거주라고 할 수 있으므로 주거주 등 책임자의 참여권을 보장하고 있는 제123조를 근거로 피압수자의 참여권을 보장하는 것이 타당하다는 견해가 있고,[11] 압수·수색절차에서의 참여는 피압수자 지위에서의 참여와 피의자 등 사건관계인 지위에서의 참여가 있다고 하면서 프라이버시나 재산권이 침해되는 압수물의 소유자 등 피압수자의 지위에서 참여권보장이 필요하다고 하면서 그 근거는 형사소송

---

8) 이 경우에 판례는 영장의 원본을 제시해야 한다는 입장이 분명한데(대법원 2022.5.31. 선고 2016모587 결정; 대법원 2017.9.7. 선고 2015도10648 판결), 이흔재, "제3자 보관 전자정보에 대한 압수·수색영장의 집행과 피의자의 절차적 권리", 「형사법의 신동향」 통권 제76호, 대검찰청, 2022.9., 169면에 의하면 사본을 제시할 경우에 위·변조가 용이하기 때문에 법관이 발부한 영장이 아닌 위조한 영장이나 변조한 영장 등에 의한 압수·수색을 방지하기 위한 것으로 보인다고 해석하고 있다.
9) 최병각, "디지털 증거의 압수수색에서 관련성과 참여권", 「형사법연구」 제35권 제1호, 한국형사법학회, 2023.3., 331면에 의하면 '압수물의 소유자, 소지자, 보관자가 각각 다를 경우 그 모두에게 압수목록을 교부해야 한다는 의미는 아닐 것이다'라고 해석한다.
10) 위 판례들의 영향 때문인지 그 이후에 제정된 수사준칙 제38조, 제41조, 제42조 등에는 '피압수자'란 용어가 일반적으로 사용되고 있기도 하다.
11) 구길모, "디지털 증거 압수·수색과 참여권보장", 「형사법연구」 제34권 제4호, 한국형사법학회, 2022.12., 232-233면. 이에 대해 정웅석/최창호/김한균, 앞의 책, 241면에 의하면 형사소송법 제123조는 장소를 기준으로 한 규정이므로 '피압수자' 참여권의 근거규정으로 볼 수 없다며 비판적인 입장이다.

법 제115조, 제123조, 제129조, 제219조 등으로 보는 것이 타당하다는 견해도 있다.[12]

그리고 형사소송법 제121조 등은 원래 유체물에 대한 압수·수색시의 참여권 근거규정이지만 제106조 제3항의 신설로 전자정보에 대한 압수·수색 규정이 신설되면서 관련 참여권 근거규정이 별도로 추가되지 않은 것을 보면 전자정보에 대한 압수·수색에 있어서도 그대로 적용되는 것으로 보아야 할 것이다.[13] 또한 임의제출물의 경우에는 그 제출물의 점유취득과정에 강제력이 행사되지 않고 제출자의 의사에 반하지 않지만[14] 일단 영치되면 압류와 같이 제출자가 임의로 점유를 회복하지 못하고 강제적인 점유가 계속되어 압수에 포함된다고 하겠으므로[15] 임의제출물의 집행도 압수·수색영장의 의한 집행과 마찬가지로 취급된다고 본다.[16]

---

12) 이완규, "디지털 증거 압수절차상 피압수자 참여 방식과 관련성 범위 밖의 별건 증거 압수 방법", 「형사법의 신동향」 통권 제48호, 대검찰청, 2015.9., 105 – 109면.

13) 구길모, 앞의 논문, 231면.

14) 배종대/홍영기, 앞의 책, 125면에 의하면 임의제출물과 유류물에 대한 영치는 점유취득과정에 강제력이 행사되지 않기에 임의수사라는 주장을 하고 있다.

15) 따라서 임의제출물의 영치도 강제수사로 보는 것이 타당하며 다수 학설의 입장이기도 하다 (강동범, "체포현장에서 임의제출한 휴대폰의 압수와 저장정보의 수집", 「형사소송 이론과 실무」 한국형사소송법학회, 2022., 457면; 신동운, 앞의 책, 435면; 이은모/김정환, 앞의 책, 346면; 이재상/조균석/이창온, 앞의 책, 234면; 이창현, 앞의 책, 491면; 정웅석/최창호/김한균, 앞의 책, 280면). 그리고 김정한, "임의제출물의 압수에 관한 실무적 고찰", 「형사법의 신동향」 통권 제68호, 대검찰청, 2020.9., 256면에 의하면 임의제출물 압수를 임의수사로 보면서도 압수에 관한 절차 규정을 적용한다는 점을 수용한다면 임의수사인지 강제수사인지를 구별할 실익이 별로 없게 된다고 한다.

16) 강동범, 앞의 논문, 462 – 463면에 의하면 형사소송법 제218조에 의해 휴대폰과 같은 정보저장매체가 압수된 경우에 휴대폰 자체는 임의제출물의 압수로서 사후영장을 요하지 않지만, 거기에 저장된 전자정보를 수집하려면 ① 휴대폰(외장하드·USB 등 정보저장매체를 포함)에 저장된 전자정보는 유형물과는 전혀 다르고, ② 형사소송법 제106조 제3항을 신설한 취지는 전자정보의 특성을 고려한 것으로 저장매체뿐만 아니라 거기에 저장된 정보에 대한 압수도 영장주의의 적용을 받아야 한다는 점을 분명히 한 것이고, ③ 형사소송법 제106조는 제215조는 물론 제218조에도 준용되므로 제106조 제3항에 대한 해석과 판례는 휴대폰 임의제출에 대하여도 똑같이 적용되어야 하고, ④ 휴대폰에는 인간의 존엄과 가치에 직결되는 극히 민감한 내용을 포함한 사생활 정보, 사용자의 모든 영역에 걸친 이력 등의 정보가 혼재되어 있고 휴대폰과 거기에 저장된 정보는 분리가능히다는 등의 논기로 별도의 압수·수색영장을 빌부받아야 한다는 주장을 하고 있다.

3. 실질적 피압수자의 의미와 그 범위

판례는 대법원 2021.11.18. 선고 2016도348 전원합의체 판결[17]을 통해 피압수자가 아닌 피의자라도 실질적 피압수자[18]인 경우에는 참여권이 보장된다고 인정한 후에 대법원 2022.1.27. 선고 2021도11170 판결에서 피의자가 정보저장매체를 임의제출한 피압수자가 아니라도 압수·수색 당시나 이와 시간적으로 근접한 시기까지 해당 정보저장매체를 현실적으로 지배·관리하면서 그 정보저장매체 내 전자정보 전반에 관한 전속적인 관리처분권을 보유·행사하고 자신의 의사에 따라 제3자에게 양도하거나 포기하지 않은 경우라면 피의자의 소유·관리에 속하는 정보저장매체로 보아 피의자를 정보저장매체에 저장된 전자정보에 대한 실질적인 피압수자라고 하여 실질적인 피압수자의 의미를 분명히 하였다.[19]

대상판결은 본범인 A가 같은 C, D와 가족으로 함께 생활 중인 주거지에서 사용하던 컴퓨터에서 떼어낸 3개의 정보저장매체를 "수사가 끝날 때까지 숨겨놓으라"며 증거은닉범인 B에게 건네주고, B는 이를 헬스장 개인 보관함 등에 숨겨두었다가 증거은닉혐의로 입건되자 위와 같이 A로부터 건네받은 지 불과 11일 만에 수사기관에 임의제출한 것이다. 여기서 다수의견은 A 등이 수사종료라는 불확정 기한까지 전속적인 지배·관리권을 포기하거나 B에게 전적으로 양도한다는 의사를 표명한 것으로 볼 수 있고, 이에 따라 관리처분권을 사실상 보유·행사할 수 있는 B만이 실질적인 피압수자라고 판단한 반면에 반대의견은 다수의견이 실질적 피압수자를 너무 협소하게 파악하고 있다고 비판하면서 B의 임의제출 당시나 이와 근접한 시기까지 A 등은 정보저장매체를 현실적으로 또는 B를 매개로 지배·관리하면

---

17) 위 판례의 평석은 강동범, "2021년도 형사소송법 판례 회고", 「형사판례연구 [30]」 한국형사판례연구회, 2022.7., 572－578면 참조.

18) 김정헌, 「강제수사실무 절차론(제2판)」, 박영사, 2023., 171면에 의하면 위 전원합의체 판결에서 대법원이 '실질적 피압수자'란 개념을 처음으로 사용하여 압수를 당하지 않은 피의자에게도 참여권을 보장해야 한다고 밝혔으나 그 개념의 불명확성 및 강제수사에의 적용여부에 대한 혼선으로 인해 수사실무상 혼란을 피하기 어렵다는 비판이 제기된다고 한다.

19) 한편, 소재환/이선화, 앞의 논문, 347면에 의하면 '실질적 피압수자'라는 개념의 불명확성으로 인해 수사기관 실무자들의 예측가능성 확보가 어려워 보인다고 하면서, 압수·수색영장을 집행하는 현장은 피의자측이 현장에 없거나 문을 열어주지 않아 강제로 열어야 하는 경우, 영장집행에 강하게 항의하거나 은밀하게 증거를 인멸하려고 시도하는 등 다양한 돌발 상황이 발생할 수 있는 혼란스러운 상황 속에서 외관만으로 신속·정확하게 실질적인 피압수자를 판단하는 것은 현실적으로 쉽지 않은 수사기관의 과제가 될 것이라고 주장한다.

서 그에 저장된 전자정보에 관한 법익 귀속 주체로서 전속적 관리처분권을 여전히
보유·행사할 수 있는 지위에 있다고 보아야 하므로 A 등은 그 전자정보에 대한 실
질적 피압수자라고 판단하고 있는 것이다.

　그런데 실질적 피압수자의 의미와 그 범위에 관한 위와 같은 논의는 참여권보장
을 피압수자로 한정하여 해석해 오다가 피압수자와 피의자가 다른 경우에 피의자
에게도 예외적으로 피압수자와 같이 취급하여 참여권을 보장할 필요성이 있기 때
문에 불가피하게 도입되었다고 하겠다. 따라서 처음부터 형사소송법 제219조와 제
121조에 따라 피의자에게도 참여권을 보장해야 한다는 입장을 유지한다면 실질적
피압수자라는 용어가 불필요하여 나타나지도 않았을 것으로 보인다.[20]

　실제로 압수·수색 집행과정에서 참여권을 보장하는 이유는 압수·수색절차의 공
정성을 확보하고 집행을 받는 자의 이익을 보호하기 위한 것이며,[21] 특히, 전자정
보에 대한 압수·수색에 있어서는 정보가 대용량일 뿐만 아니라 압수의 대상이 되
는 관련정보와 그렇지 않은 관련없는 전자정보가 혼재되어 있고 이에 따라 사생활
의 비밀과 자유 등의 침해가 극심할 수 있으므로 이를 예방하고, 이후 압수목록 교
부 등을 통해 압수·수색영장 집행에 대한 신속한 구체절차로 마련된 준항고와 같
은 불복기회, 이후 공판기일에서의 증거능력 부인 등을 위해 필요하기 때문이다.

　최근 판례 중에 인터넷서비스업체가 보관하는 피의자의 전자정보에 대한 압수·
수색영장 집행에서 서비스이용자인 피의자에게 참여권을 보장하지 않은 위법이 있
다고 하였는데,[22] 위 판결에 의하면 실제 피의자가 아닌 인터넷서비스업체의 소유
·관리에 속하는 정보저장매체에 대한 압수·수색이라고 할 수 있으므로 피의자가
실질적 피압수자로 사실상 보기 어렵지만[23] 피의자의 참여권을 보장해야 한다는
입장을 보였다. 또한 고위공직자범죄수사처 검사가 검찰청 소속 검사인 준항고인을
피의자로 하여 대검찰청 감찰부 등에 대한 압수·수색영장을 집행하였으나 피의자

---

20) 대상판결의 다수의견에 대한 보충의견(대법관 3인)은 '실질적 피압수자 개념은 유체물을 전제
로 한 전통적인 압수·수색 법리가 예상하지 못한 전자정보 압수·수색에 관한 참여권 보장
국면에서 법령상 문언과 헌법상 적법절차 원리·영장주의를 중심으로 한 기본이념 및 현실의
괴리를 극복하기 위해 고안된 일종의 도구적 개념'이라고 한다.

21) 이은모/김정환, 앞의 책, 322면; 이재상/조균석/이창온, 앞의 책, 222면; 이창현, 앞의 책, 444
면; 정웅석/최창호/김한균, 앞의 책, 249면.

22) 대법원 2022.5.31.자 2016모587 결정.

23) 소재환/이선화, 앞의 논문, 347면에 의하면 위 판례가 어떤 이유로 피의자를 '실질적 피압수
자'로 보았는지에 대한 아무런 설명이 없다면서 비판적인 입장을 취하고 있다.

는 압수·수색 당시 압수·수색영장을 제시받지 못하였을 뿐만 아니라 참여를 위한 통지조차 받지 못한 사안에서 피의자인 준항고인이 불복의 대상이 되는 압수 등에 관한 처분을 구체적으로 특정하기 어려운 사정이 있으므로 법원이 석명권행사 등을 통해 피의자에게 불복하는 압수 등에 관한 처분을 특정할 수 있는 기회를 부여해야 한다고도 하였다.[24]

결국 피의자는 정보저장매체에 대해 현실적으로 소지·보관하고 있지 않고 그 관리처분권이 없는 경우조차도 압수·수색 집행과정에 가장 이해관계가 실질적으로 높을 수밖에 없으므로 예외적인 경우가 아니라 원칙적으로 실질적인 피압수자라고 보는 것이 타당하다고 판단된다.[25]

4. 참여권의 범위와 참여권이 보장된 자들이 수인인 경우

전자정보에 대한 압수·수색에 있어서는 압수·수색의 절차에 따라 구체적으로 참여권의 범위가 달라진다. 수사기관의 전자정보에 대한 압수·수색은 원칙적으로 ① 압수·수색영장 발부의 사유가 된 범죄혐의사실과 관련된 부분만을 문서 출력물로 수집하거나 ② 정보저장매체에 해당 파일을 복제하는 방식으로 이루어져야 하고, 예외적으로 그것이 불가능하거나 현저히 곤란하다고 인정되는 때에 한해 ③ 정보저장매체

---

24) 대법원 2023.1.12.자 2022모1566 결정.
25) 대법원 2021.11.25. 선고 2019도7342 판결은 피의자가 위장형 카메라를 모텔 호실 3곳의 내부에 몰래 설치하였으나 모텔업주가 수사기관에 임의제출한 사안에서 '임의제출된 각 위장형 카메라 및 그 메모리카드에 저장된 전자정보처럼 오직 불법촬영을 목적으로 방실 내 나체나 성행위 모습을 촬영할 수 있는 벽 등에 은밀히 설치되고, 촬영대상 목표물의 동작이 감지될 때에만 카메라가 작동하여 촬영이 이루어지는 등, 그 설치 목적과 장소, 방법, 기능, 작동원리상 소유자의 사생활의 비밀 기타 인격적 법익의 관점에서 그 소지·보관자의 임의제출에 따른 적법한 압수의 대상이 되는 전자정보와 구별되는 별도의 보호 가치 있는 전자정보의 혼재 가능성을 상정하기 어렵기 때문에 피의자에게 참여기회를 보장하지 않고 전자정보 압수목록을 작성·교부하지 않았다고 하더라도 증거능력이 인정된다.'고 하였다.
위 판결에 대해 전치홍, "대법원의 참여권 법리에 대한 비판적 검토 — 대법원 2021.11.18. 선고 2016도348 전원합의체 판결을 중심으로", 「형사소송 이론과 실무」, 한국형사소송법학회, 2022., 32면에서는 대법원의 '실질적 피압수자 법리'는 그 논리가 일관되지 못하다는 한계가 있다고 비판적이나 압수·수색 집행 전에는 위장형 카메라 설치자인 피의자를 당장 발견하거나 확인할 수 없는 경우이어서 참여권보장 자체가 불가능하기에 참여권자에 대한 통지에서 예외가 인정되는 '급속을 요하는 때'(제122조)로 볼 수 있을 것이다.

자체를 직접 반출하거나 ④ 정보저장매체에 들어있는 전자파일 전부를 하드카피나 이미징 등의 형태로 복제본을 만들어 반출하는 방식으로 압수·수색이 허용된다는 것이 판례 입장이고,26) 형사소송법 제106조 제3항의 해석에 따른 것이기도 하다.27)

여기서 위와 같이 원칙적인 압수·수색의 경우에는 관련 부분 출력과 해당 파일 복제로 인해 압수·수색절차가 이미 완료되었기에 그 집행 전에 급속을 요하는 때에는 피의자에게 사전통지를 하지 않고 피의자 등의 참여가 없이도 무방하지만(형사소송법 제122조 단서, 제219조) 예외적으로 정보저장매체 자체 또는 그 전부 복제본을 수사기관 등으로 옮겼을 때에는 이후 이를 탐색하여 범죄혐의사실과 관련된 전자정보를 문서로 출력하거나 파일로 복제하는 일련의 과정은 아직 압수·수색절차가 진행 중에 있는 것이고 이미 증거가 확보되었기에 급속을 요하는 경우라고 볼 수도 없으므로28) 위와 같이 탐색·출력·복제하기 전에 참여권이 있는 피의자 등에게 참여권을 보장해야 한다. 정보저장매체에 해당하는 임의제출물 압수29)에서도

---

26) 대법원 2023.6.1. 선고 2018도19782 판결; 대법원 2022.7.14.자 2019모2584 결정; 대법원 2021.11.18. 선고 2016도348 전원합의체 판결; 대법원 2015.7.16.자 2011모1839 전원합의체 결정; 대법원 2012.3.29. 선고 2011도10508 판결; 대법원 2011.5.26.자 2009모1190 결정 등.

27) 이에 대해 정웅석/최창호/김한균, 앞의 책, 237 – 238면; 조광훈, "정보저장매체의 분석행위의 입법론에 대한 타당성 검토", 「형사법의 신동향」 통권 제44호, 대검찰청, 2014.9., 49면에 의하면 현행법의 해석상 하드디스크 등 디지털 저장매체를 직접 압수하거나 일부 복사 또는 이미징 방법으로 복제하는 등의 행위가 있는 때에 압수·수색 집행은 종료되는 것이고, 그 이후에 그 내용을 검색하는 행위는 압수물의 내용을 알기 위한 수사기관의 내부적인 확인행위로 보는 임의수사라며 다른 입장을 취하고 있고, 이에 의하면 위의 경우에 집행이 이미 종료되었으므로 참여권보장이 불필요하게 된다. 그러나 위 일부 복사가 관련성이 있는 해당 파일에 한정하는 경우는 압수·수색 집행이 종료된 것으로 볼 수 있지만 저장매체 자체를 압수한 것에 그친 경우에는 탐색·출력·복제를 통해 혐의사실과 관련된 부분으로 한정해야 할 필요성이 있으므로 압수·수색 집행이 아직 종료되었다고 보기 어려울 것 같다.

28) 다만, 판례는 대법원 2022.5.31.자 2016모587 결정에서 인터넷서비스업체인 카카오 본사 서버에 보관된 전자정보에 대한 압수·수색영장의 집행에 의해 전자정보를 취득하는 과정에서 원심이 참여권자에게 통지하지 않을 수 있는 형사소송법 제122조 단서의 '급속을 요하는 때'에 해당하지 않는다고 한 것은 잘못이라고 판단한 것을 보면 '급속을 요하는 때'의 의미를 상당히 융통성 있게 보는 것 같다.

29) 권창국, "임의제출에 의한 수사기관의 전자정보 압수와 관련한 제 문제의 검토 – 대상판례 : 대법원 2021.11.18. 선고 2016도348 전원합의체 판결 및 대법원 2022.1.27. 선고 2021도11170 판결", 「사법」 제62호, 사법발전재단, 2022.12., 247면에 의하면 대법원 2010.1.28. 선고 2009도10092 판결 등을 언급하면서 '판례가 피의자 집에서 발견된 범행시 사용한 피의자 소유 쇠파이프를 피해자로부터 임의제출받은 사안에서, 임의제출권한이 없는 자로부터 제출

압수물에 대한 수사기관의 점유취득이 임의제출자의 의사에 따라 이루어진다는 점에서 차이가 있으나 그 압수의 효력은 압수·수색영장에 의한 경우와 같으므로 위와 마찬가지이다.[30)]

다음으로 피의자와 피압수자가 동일인이면서 피의자가 1인인 경우에는 문제가 없지만 피의자와 피압수자가 다르거나 피의자가 수인인 경우에 그 모두에게 항상 참여권을 보장해야 하는지가 문제된다. 대상판결에서도 피압수자는 증거은닉범인 B이지만 본범인 A 뿐만 아니라 C, D와 함께 피고인까지 피의자로 될 수 있는 자가 모두 4명이나 되는 것과 같다. 피의자와 피압수자는 형사소송법 제121조나 제118조, 제129조와 그 준용규정인 제219조에 의하면 참여권자인 것이 분명하며, 대상판결 등의 취지에 의해서도 실질적 피압수자에 해당할 수 있으므로 그 모두에게 참여권이 보장되어야 한다고 본다. 따라서 피의자가 피압수자는 아니라도 압수·수색의 집행 과정에 참여하겠다고 하면 수사기관은 당연히 참여기회를 주어야 하며 이를 위반하여 수집한 증거에 대해서는 위법수집증거에 해당하므로 원칙적으로 증거능력을 부정해야 할 것이다(형사소송법 제308조의2). 이에 대해서는 다음 항에서 좀 더 구체적으로 살펴보자.

5. 참여권의 보장과 증거능력 인정 여부

피의자와 피압수자, 또는 피의자들에게 참여권을 보장하는 것이 원칙이고 이에 따라 이를 위반하여 전자정보를 탐색·출력·복제한 경우에는 적법한 절차에 따르지 않고 수집한 증거가 되어 증거능력을 모두 부정해야 하는지가 논의될 수 있다.

먼저 수사기관의 입장에서 피의자와 피압수자 모두에게 참여권을 보장하려고 해도 당장 피의자가 누구인지, 또한 피의자들이 정확히 몇 명인지를 확인할 수 없거나 확인되는 경우라도 참여기회를 위한 통지가 불가능하거나 어려울 수도 있는 바와 같이 현실적으로 모두에게 참여권을 보장할 수 없는 경우가 얼마든지 발생할 수 있다. 판례에 의하면 수사기관이 압수·수색에 착수하면서 그 장소의 관리책임자에

받아 압수된 증거로 증거능력을 부정하는데, 만일 제출된 쇠파이프의 소유권자인 피의자가 동의하였다면 결론은 달라졌을 것이다'고 하지만, 위 피해자는 소유자 등이 아니어서 임의제출권한이 없기 때문에 비록 임의로 제출받는 형식을 취하였더라도 그것을 임의제출받았다고 할 수는 없으며, 또한 피의자가 증거동의를 하더라도 증거능력이 인정될 수 없다고 본다.

30) 대법원 2021.11.18. 선고 2016도348 전원합의체 판결.

게 압수·수색영장을 제시하였더라도 물건을 소지하고 있는 다른 사람으로부터 압수하고자 하는 경우에는 그 사람에게 별도로 압수·수색영장을 제시해야[31] 하지만 피의자 등이 현장에 없거나 현장에서 발견할 수 없는 경우 등 압수·수색영장 제시와 사본 교부가 현실적으로 불가능한 경우나 거부하는 때에는 압수·수색영장을 제시하지 않은 채 압수·수색을 하더라도 위법하다고 볼 수 없다고 한 바도 있다.[32] 다음으로 형사소송법 제122조에 의하면 압수·수색영장을 집행함에는 미리 집행의 일시와 장소를 참여권자(제121조에 규정한 자)에게 통지해야 하지만 참여권자가 참여하지 않는다는 의사를 명시한 때 또는 급속을 요하는 때에는 예외로 한다고 하여 참여권에의 통지에서도 그 예외를 인정하고 있다는 사실도 고려해야 한다.[33] 그리고 판례에서도 피의자는 참여권을 포기하였고 국선변호인에게는 미리 압수·수색영장의 집행일시와 장소를 통지하지 않아 변호인의 참여권이 보장되지 않은 채 집행된 사안에서 수사기관이 국선변호인에게 통지하지 않은 것이 의도적으로 변호인의 참여권보장을 회피하려는 것으로 보이지 않고 피의자가 법정에서까지 자백하면서 컴퓨터에 불법촬영 영상물이 저장되어 있다는 진술도 미리 하고 더 이상의 참여를 하지 않겠다고 한 상태이고 국선변호인이 선정되기 전인 구속전피의자심문단계 이전에 컴퓨터에 대한 탐색이 어느 정도 진행되었으며 국선변호인도 영장집행 상황을 문의하거나 그 과정에의 참여를 요구하지 않았던 사정에 비추어 수집한 증거의 증거능력을 예외적으로 인정한 사례도 있다.[34]

---

31) 대법원 2017.9.21. 선고 2015도12400 판결; 대법원 2009.3.12. 선고 2008도763 판결.

32) 대법원 2015.1.22. 선고 2014도10978 전원합의체 판결.

33) 최병각, 앞의 논문, 329면에 의하면 '급속을 요하는 때에 통지 의무의 예외를 인정하는 규정을 피고인·피의자측의 참여를 배제할 수 있는 근거로 삼는 것은 타당하지 않다. 미리 통지를 해야 하는 것이 원칙이나 법으로 정한 예외사유가 인정되면 미리 통지하지 않을 수 있을 뿐 예외사유가 있더라도 통지할 수 있는 것은 당연하고, 미리 통지를 받지 못하였어도 어떻게든 알고 참여하겠다는 피고인·피의자측을 참여하지 못하게 할 수는 없기 때문이다'라고 하는데, 참여권보장의 취지상 타당한 견해이다.

34) 대법원 2020.11.26. 선고 2020도10729 판결. 그 외에도 판례가 위법수집증거배제법칙의 예외를 인정한 사례는 다음과 같다. ① 압수수색영장에 피의자의 성명과 죄명 등을 모두 기재하고 야간집행을 허가하는 판사의 수기와 날인, 그 아래 서명날인란에 판사 서명, 영장 앞면과 별지 사이에 판사의 간인이 되어있는 등 형사소송법상 영장의 방식을 대부분 충족하면서 판사의 서명날인란에 서명은 있으나 날인만이 없었던 경우(대법원 2019.7.11. 선고 2018도20504 판결), ② 유류물과 임의제출물에 대해서는 영장없이 압수할 수가 있으므로 적법하게 압수한 후에 압수조서의 작성 및 압수목록의 작성·교부절차만을 이행하지 않은 경우(대법원 2022.

따라서 피의자 등 참여권이 보장된 모두에게 참여의 기회를 보장해야 하는 것이 원칙이라 할 수 있지만 예외를 인정해야 할 경우가 생길 수밖에 없을 것이다. 피의자와 피압수자 사이나 피의자들 사이에 이해관계가 일치하거나 매우 유사한 경우, 대상판결에서의 피고인의 경우와 같이 압수·수색영장 집행과정이 완료되기 전까지는 피압수자 외에 피의자나 추가적인 피의자들을 확인할 수가 없는 경우 등과 같이 수사기관이 피의자 등의 참여권보장을 의도적으로 회피하려는 것으로 보이지 않고 압수·수색 집행의 신속성과 효율성 등을 고려하여 피의자와 피압수자 혹은 피의자들 중 1인에 대해서만 참여권을 보장해도 위법수집증거배제법칙의 예외로서 그 전자정보의 증거능력을 인정해도 좋을 것이다. 즉, 압수·수색영장 집행과정에서 피의자와 피압수자 혹은 피의자들 모두에게 참여권을 보장하지 않은 상황에서 확보된 전자정보는 원칙적으로 증거능력이 없으나 참여권자들 사이에 이해관계가 일치하거나 유사한 경우 등이나 불가피한 경우에는 수사기관의 위와 같은 절차위반행위가 적법절차의 실질적인 내용을 침해하는 경우에 해당하지 않고, 오히려 그 증거의 증거능력을 배제하는 것이 형사사법정의를 실현하려고 한 취지에 반하는 결과를 초래하는 것으로 평가되는 예외적인 경우로 보아서 그 증거의 증거능력이 인정될 수 있을 것으로 보인다.35)

이는 판례가 형사소송법 제308조의2 해석에서 예외적인 경우를 함부로 인정하게

2.17. 선고 2019도4938 판결; 대법원 2022.1.13. 선고 2016도9596 판결; 대법원 2021.11.25. 선고 2019도7342 판결; 대법원 2011.5.26. 선고 2011도1902 판결), ③ 수사기관이 외국인을 체포하거나 구속하면서 지체없이 영사통보권 등이 있음을 고지하지 않았다면 위법하지만 Ⓐ 사법경찰관의 피의자신문시에 피의자는 체포통지를 피의자가 다니는 회사 사장에게만 하였는데 방어권보장에 문제가 없다고 답변하고, Ⓑ 이후 검사의 피의자신문시에 검사가 영사관에 체포와 구속사실을 알렸는지에 관해 질문을 하자 피의자가 '통보하지 않았으며 통보를 하지 않은 특별한 이유도 없다.'고 답변하고, Ⓒ 피의자가 수사기관과 공판에서 일관되게 자백한 것 등을 고려하여 피의자가 영사통보권 등을 고지받았더라도 영사의 조력을 구하였으리라고 보기 어렵고 수사기관이 피의자에게 영사통보권 등을 고지하지 않았더라도 그로 인해 피의자에게 실질적인 불이익이 초래되었다고 볼 수 없는 점 등에 비추어보면 절차위반의 내용과 정도가 중대하거나 절차 조항이 보호하고자 하는 외국인 피의자의 권리나 법익을 본질적으로 침해하였다고 볼 수 없다고 한 경우(대법원 2022.4.28. 선고 2021도17103 판결)이다.

35) 대상판결의 다수의견은 '피압수자측이 참여하지 않겠다는 의사를 명시적으로 표시하였거나 임의제출의 취지와 경과 또는 그 절차위반행위가 이루어진 과정의 성질과 내용 등에 비추어 피압수자측에 절차 참여를 보장한 취지가 실질적으로 침해되었다고 볼 수 없을 정도에 해당한다는 등의 특별한 사정이 없는 이상 압수·수색이 적법하다고 평가할 수 없다'고 하지만 이를 오히려 예외 인정의 판단기준으로 볼 수도 있을 것이다.

되면 결과적으로 원칙을 훼손하는 결과를 초래할 위험이 있으므로 구체적인 사안이 예외적인 경우에 해당하는지를 판단하는 과정에서 원칙을 훼손하는 결과가 초래되지 않도록 유념해야 한다는 입장을 취하고 있음36)을 고려하여 엄격한 기준에 따라 그 예외를 인정해야 할 것이다.

6. 대상판결에 대한 검토

대상판결은 압수·수색 집행과정에서의 참여권은 피압수자에게 있다는 전제하에 예외적으로 피압수자가 아닌 피의자도 실질적 피압수자라고 볼 수 있다면 참여권이 인정된다는 기존 판례의 취지에 따라 다수의견은 본범인 A 등은 실질적 피압수자로 인정되지 않는다고 보는 반면에 반대의견은 A 등도 실질적 피압수자로 인정된다고 보고 있다.

먼저 다수의견은 피압수자인 증거은닉범 B에게 참여권을 부여한 것으로 충분하여 적법하고 본범인 A 등까지 실질적 피압수자로 보아 참여권을 인정할 필요까지는 없다면서 참여권의 범위를 합리적 수준으로 설정함으로써 기본권보호와 실체적 진실발견이라는 형사사법의 이념을 조화롭게 구현해야 한다는 입장이다. 그러나 A 등이 B에게 정보저장매체를 "수사가 끝날 때까지 숨겨놓으라"고 하면서 건네주고 이를 B가 개인적으로 숨겼기에 ① 수사종료라는 불확정 기한까지 전속적인 지배·관리권을 포기하거나 ② B에게 전적으로 양도한다는 의사를 표명한 것으로 볼 수 있다고 하지만 이러한 주장은 타당하지 않다. '수사가 끝날 때까지'가 불확정 기한이긴 하지만 그렇다고 하여 전속적인 지배·관리권을 포기하였거나 양도하였다고 보기 보다는 그 기한까지 B에게 수사기관에 들키지 않도록 잘 숨겨서 보관해 달라는 취지로 부탁하였을 뿐이라고 이해하는 것이 더 합리적이다. 위와 같은 상황에서 A가 A 등이 형사처벌을 받을 수 있는 결정적인 증거가 포함된 정보저장매체에 대해 권리를 포기하거나 양도할 의사를 단정하거나 추정할 수는 도저히 없는 것이 아닐까. 더구나 A의 입장에서는 B가 단순히 잘 숨겨서 수사가 종료될 때까지 보관하지 않고 수사기관에 임의제출까지 할 것을 예상하거나 기대하지는 않았을 것이 너무나 분명하므로 위와 같이 B에게 정보저장매체에 대한 권리를 포기하거나 양도하게 되면 B가 단순히 숨겨서 보관하는 것이 아니라 마음대로 처분 등을 할 수 있기

---

36) 대법원 2011.4.28. 선고 2009도10412 판결; 대법원 2009.3.12. 선고 2008도763 판결.

때문에 이를 용납할 수는 도저히 없으며, 이에 따라 A 등은 정보저장매체에 대해 최소한 B를 매개로 계속 지배·관리하고자 하였을 것으로 보이므로 A등은 A가 B에게 정보저장매체를 건네준 후에도 실질적으로 그에 대한 지배·관리권을 계속 유지하고 있다고 보아야 할 것이다.[37]

　다음으로 반대의견은 B의 수사기관에 대한 임의제출 당시나 이와 근접한 시기까지 A 등은 정보저장매체를 현실적으로 또는 B를 매개로 지배·관리하고 전속적 관리·처분권을 보유·행사할 수 있는 지위에 있다고 본 것은 위와 같이 다수의견을 비판한 내용과 함께 B가 A로부터 정보저장매체를 건네받은 지 불과 11일 만에 수사기관에 임의제출한 것을 보면 적절한 판단이라고 보인다. 다만, 강제처분의 직접 당사자이자 정보저장매체의 현실적 소지·보관자에게 '형식적 피압수자'라는 용어를 사용한 것이 과연 적절한지 의문이며, 실질적 피압수자인 A 등에게 참여권을 보장하지 않았기에 압수한 전자정보는 위법수집증거에 해당하고 이에 터잡아 수집한 관련자들의 진술 등도 2차적 증거로서 모두 증거능력이 인정되지 않는다고 하면서 달리 예외를 인정할 특별한 사정을 발견하기 어렵다고 본 부분은 적절하지 않다. 'A 등'은 A와 C, D를 말하는데, A 외에 C와 D 중에 단 1인이라도 참여권이 보장되지 않았거나 더구나 대상판결의 피고인에 대한 참여권보장은 또 어떻게 될까. 당시 B로부터 정보저장매체를 임의제출받은 수사기관 입장에서는 피의자를 A와 B로 한정할지, 아니면 A의 남편 C와 그 아들인 D까지 포함해야 할지를 확보한 전자정보를 정밀하게 분석하고 추가적인 관련자들의 조사 등을 통해 비로소 결정할 수 있는 상황이기에 피의자들을 실질적 피압수자로 넓게 해석하는 경우에 그 모두에게 참여권을 보장해야 하는지에 대한 현실적인 문제가 생기는 것이며,[38] 이에 따라 참여권보장이 되지 않았더라도 예외적으로 적법절차의 실질적인 내용을 침해하지 않은

---

37) 대상판결의 다수의견도 이 사건 하드디스크 및 그에 저장된 전자정보는 B의 증거은닉 혐의사실에 관한 증거인 동시에 본범인 A 등의 혐의사실에 관한 증거라는 점을 인정하고 있어서 A 등에게도 참여의 이익이 있다는 것을 명시하지는 않았지만 사실상 받아들이고 있는 것 같다.

38) 대상판결의 반대의견에 대한 보충의견은 '얼마 전 택시에 두고 내리면서 잃어버린 스마트폰이 불법유통되어 보이스피싱 범죄에 이용되다가 수사기관에 압수된 상황과 스마트폰을 잠시 빌려가 사용하던 자녀가 지하철에서 불법촬영으로 적발되어 이를 수사기관에 임의제출하는 상황을 예로 들면서 피압수자이자 피의자인 보이스피싱범 또는 자녀에게만 참여권을 인정하는 것으로 참여권에 관한 절차적 적법성은 충족·완결되었다고 할 수 없다고 주장하고 있는데, 이런 경우에 피의자나 피압수자가 아닌 스마트폰 소유자에게 실질적 피압수자로 보아 참여권 보장을 하는 것이 타당할 것이다.

경우라고 볼 여지가 있다고 보아야 할 것이다.

결론적으로 다수의견과 반대의견은 피의자와 피압수자가 다른 경우에 실질적 피압수자의 범위에 대한 입장 차이지만 형사소송법상 참여권을 피압수자 외에 피의자에게도 원칙적으로 인정한다고 해석하면 그 논의의 의미는 사실상 없어지게 된다.

Ⅲ. 결 론

대상판결은 지금까지의 판례 취지에 따라 참여권보장은 피압수자에게 있다고 보고, 피의자와 피압수자가 다른 경우에 예외적으로 피의자를 실질적 피압수자로 볼 수 있는 경우에는 피의자에게도 참여권을 보장해 주어야 한다는 입장에서 다수의견은 A 등의 피의자들은 실질적 피압수자로 볼 수 없기에 참여권이 보장되지 않았지만 압수·수색 집행과정이 적법하다는 것이고, 반대의견은 A 등의 피의자들도 실질적 피압수자에 해당하므로 피압수자인 B 외에 A 등에게 참여권이 보장되지 않아서 위법하다는 것이다.

이에 대해서는 반대의견의 입장과 같이 A 등도 실질적 피압수자로 인정되어 원칙적으로 참여권을 보장하는 것이 타당하며, 다만 그에 따른 전자정보의 증거능력 인정 여부에 있어서는 피의자와 피압수자, 혹은 피의자들 사이와 같이 실질적 피압수자들이 수인인 경우에 수사기관 입장에서 적극적으로 확인이 될 뿐만 아니라 그들이 참여를 요구하는 경우에는 당연히 모두에게 참여권을 보장해야 하지만 그렇지 않고 당시 피의자들을 확인하기 어렵거나 그들의 이해관계가 일치 내지 유사한 경우 등에는 그 1인에게만 참여권을 보장해도 적법절차의 실질적인 내용을 침해한 것이 아니라고 보아 위법수집증거배제법칙의 예외를 인정하여 그 증거능력을 인정하는 것이 타당하다고 본다.

무엇보다도 형사소송법상 공판 중에 피고인에 대한 압수·수색에 관한 규정을 수사 중에 피의자에 대한 압수·수색절차에 준용하게 되고(제219조), 이에 따라 형사소송법 제121조에 의하면 참여권보장을 피의자에게 당연히 인정해야 할 것으로 보이지만 제118조, 제129조에 의하면 피압수자에게도 참여권을 보장해 주어야 될 것으로 규정이 혼란스럽기에 이에 따른 입법적인 정비가 조속히 실현되어야 할 것이다.

논문투고일 : 2023.10.13. 논문심사일 : 2023.12.21. 게재확정일 : 2023.12.30.

【참고문헌】

1. 단행본

김인회, 「형사소송법(제2판)」, 피앤씨미디어, 2018.

김재환, 「형사소송법」, 법문사, 2013.

김정한, 「실무형사소송법」, 준커뮤니케이션즈, 2020.

김정헌, 「강제수사실무 절차론(제2판)」, 박영사, 2023.

노명선/이완규, 「형사소송법(제5판)」, 성균관대학교 출판부, 2017.

박찬걸, 「형사소송법」, 박영사, 2020.

배종대/이상돈/정승환/이주원, 「형사소송법(제2판)」, 홍문사, 2016.

배종대/홍영기, 「형사소송법(제3판)」, 홍문사, 2022.

손동권/신이철, 「형사소송법(제5판)」, 세창출판사, 2022.

송광섭, 「형사소송법(개정2판)」, 형설출판사, 2019.

신동운, 「신형사소송법(제5판)」, 법문사, 2014.

신양균/조기영, 「형사소송법(제2판)」, 박영사, 2022.

이승호/이인영/심희기/김정환, 「형사소송법강의(제2판)」, 박영사, 2020.

이은모/김정환, 「형사소송법(제9판)」, 박영사, 2023.

이재상/조균석/이창온, 「형사소송법(제15판)」, 박영사, 2023.

이주원, 「형사소송법(제5판)」, 박영사, 2022.

이창현, 「형사소송법(제9판)」, 정독, 2023.

임동규, 「형사소송법(제17판)」, 법문사, 2023.

정승환, 「형사소송법」, 박영사, 2018.

정웅석/최창호/김한균, 「신형사소송법(제2판)」, 박영사, 2023.

최영승, 「형사소송법(제4판)」, 피앤씨미디어, 2016.

최호진, 「형사소송법강의」, 준커뮤니케이션즈, 2020.

2. 논문

강동범, "2021년도 형사소송법 판례 회고", 「형사판례연구 [30]」 한국형사판례연구
　　　회, 2022.7.

강동범, "체포현장에서 임의제출한 휴대폰의 압수와 저장정보의 수집", 「형사소송
　　　이론과 실무」 한국형사소송법학회, 2022.
구길모, "디지털 증거 압수·수색과 참여권보장", 「형사법연구」 제34권 제4호, 한국
　　　형사법학회, 2022.12.
권창국, "임의제출에 의한 수사기관의 전자정보 압수와 관련한 제 문제의 검토 -
　　　대상판례 : 대법원 2021.11.18. 선고 2016도348 전원합의체 판결 및 대법
　　　원 2022.1.27. 선고 2021도11170 판결", 「사법」 제62호, 사법발전재단,
　　　2022. 12.
김정한, "임의제출물의 압수에 관한 실무적 고찰", 「형사법의 신동향」 통권 제68호,
　　　대검찰청, 2020.9.
소재환/이선화, "디지털 증거 압수·수색 시 참여권자 관련 실무상 문제 - 대법원
　　　의 '실질적 피압수자'법리 중심으로", 「형사법의 신동향」 통권 제77호, 대
　　　검찰청, 2022.12.
이완규, "디지털 증거 압수절차상 피압수자 참여 방식과 관련성 범위 밖의 별건 증
　　　거 압수 방법", 「형사법의 신동향」 통권 제48호, 대검찰청, 2015.9.
이흔재, "제3자 보관 전자정보에 대한 압수·수색영장의 집행과 피의자의 절차적
　　　권리", 「형사법의 신동향」 통권 제76호, 대검찰청, 2022.9.
전치홍, "대법원의 참여권 법리에 대한 비판적 검토 - 대법원 2021.11.18. 선고
　　　2016도348 전원합의체 판결을 중심으로", 「형사소송 이론과 실무」, 한국
　　　형사소송법학회, 2022.
조광훈, "정보저장매체의 분석행위의 입법론에 대한 타당성 검토", 「형사법의 신동
　　　향」 통권 제44호, 대검찰청, 2014.9.
최병각, "디지털 증거의 압수수색에서 관련성과 참여권", 「형사법연구」 제35권 제1
　　　호, 한국형사법학회, 2023.3.

【국문초록】

　대상판결의 사안은 본범인 A가 B에게 정보저장매체를 건네주면서 은닉을 지시하고 이를 B가 받아서 은닉을 하던 중에 자신이 증거은닉 혐의로 형사입건이 되자 수사기관에 정보저장매체를 임의제출하였다. 수사기관이 B와 그 변호인에게는 정보저장매체에 저장된 전자정보에 관한 탐색·복제·출력과정에서 참여권을 보장하였으나 A 등에게는 참여권을 보장하지 않았다.

　대상판결은 압수·수색 집행과정에서의 참여권은 피압수자에게 있다는 전제하에 예외적으로 피압수자가 아닌 피의자도 실질적 피압수자라고 볼 수 있다면 참여권이 인정된다는 기존 판례의 취지에 따라 다수의견은 본범인 A 등은 실질적 피압수자로 인정되지 않는다고 보아 참여권보장이 적법하게 이루어졌기에 수집된 전자정보의 증거능력이 인정된다고 판단한 반면에 반대의견은 A 등도 실질적 피압수자로 인정되기 때문에 참여권보장이 되지 않아 수집된 전자정보는 위법하게 수집된 증거로 증거능력이 부정되어야 한다고 판단하였다.

　형사소송법 제219조에 의해 공판 중에 피고인에 대한 압수·수색에 관한 규정을 수사 중에 피의자에 대한 압수·수색절차에 준용하게 됨에 따라 형사소송법 제121조에 의하면 참여권을 피의자에게 당연히 보장해야 할 것으로 보이고, 제118조, 제129조에 의하면 피압수자에게도 참여권을 보장해야 할 것으로 보여 규정이 혼란스럽기에 이에 따른 입법적인 정비가 조속히 실현되어야 할 것이다.

　피의자와 피압수자가 다른 경우에 그 모두에게 참여권이 보장되어야 한다면 다수의견과 반대의견의 논의는 별로 의미가 없게 되며, 그렇지 않는 경우라도 대상판결의 반대의견과 같이 A 등도 실질적 피압수자로 인정하여 원칙적으로 참여권을 보장하는 것이 타당하다. 다만 그에 따른 전자정보의 증거능력 인정 여부에 있어서는 피의자와 피압수자, 혹은 피의자들 사이와 같이 실질적 피압수자들이 수인인 경우에 수사기관 입장에서 적극적으로 확인이 될 뿐만 아니라 그들이 참여를 요구하는 경우에는 당연히 모두에게 참여권을 보장해야 하지만 그렇지 않고 당시 피의자들을 확인하기 어렵거나 그들의 이해관계가 일치 내지 매우 유사한 경우 등에는 그 1인에게만 참여권을 보장하여도 적법절차의 실질적인 내용을 침해한 것이 아니라고 보아 위법수집증거배제법칙의 예외를 인정하여 그 증거능력을 인정하는 것이 타당하다.

◆ 주제어: 임의제출물, 전자정보, 디지털증거, 압수·수색, 참여권, 실질적 피압수자, 증거능력, 위법수집증거배제법칙

【Abstract】

Ensuring participation rights in the execution process after voluntary submission of information storage media and admissibility of evidence - Supreme Court sentenced on September 18, 2023, 2022도 7453 an en banc decision -

Lee, Chang－Hyun

In the case of the target judgment, when the principal offender A handed over the information storage medium to B and ordered it to be concealed, B received it and concealed it, he was criminally charged with concealing evidence and submitted the information storage medium to the investigative agency. The investigative agency guaranteed B and his attorney the right to participate in the process of searching, copying, and outputting electronic information stored in the information storage medium, but did not guarantee A and others the right to participate.

According to the purpose of the existing precedent that the right to participate is recognized if the suspect who is not the confiscated is exceptionally considered a real confiscated person, the majority opinion judged that the right to participate was recognized because the right to participate was legally guaranteed, while the opposition judged that the right to participate was not guaranteed because A and others were recognized as actual confiscated.

As Article 219 of the Criminal Procedure Act applies mutatis mutandis to the seizure and search procedures for the accused during the trial, Article 121 of the Criminal Procedure Act shows that the right to participate should be guaranteed to the suspect, and Articles 118 and 129 show that the right to participate is confusing, so legislative improvement should be realized as soon as possible.

---

* Professor, Law School, Hankuk University of Foreign Studies, Ph.D. in Law

If the right to participate is guaranteed to all of them if the suspect and the confiscated person are different, the discussion of the majority opinion and the dissenting opinion is meaningless, and even if not, it is reasonable to guarantee the right to participate by recognizing A as a substantial confiscated person, as in the objection of the target judgment. However, it is reasonable to acknowledge the evidence capability of the illegal collection evidence exclusion law by acknowledging the exception of the law of exclusion of illegal collection evidence, as well as actively confirming the right to participate in cases where there are several people, such as the suspect, the confiscated, or between the suspects, but if it is difficult to identify the suspects at the time or their interests are consistent or very similar, it is reasonable to admit the evidence capability by acknowledging the exception to the law of exclusion of illegal collection evidence.

◆ Key Words: voluntary submission, electronic information, digital evidence, search and seizure, right to participate, actual confiscated person, admissibility of evidence, law of exclusion of evidence for illegal collection

한국형사소송법학회 『형사소송 이론과 실무』
제15권 제4호 (2023.12) 725~757면.
Theories and Practices of Criminal Procedure Vol. 15 No. 4 (December. 2023) pp. 725~757.
10.34222/kdps.2023.15.4.97

법관의 부동성(不動性) 원칙과 공판중심주의

박 형 관*

목 차

Ⅰ. 서론

올해 초에도 어김없이 약 900명에 달하는 법관들에 대한 전국적 전보인사가 있었다.[1] 법관 정원이 3,214명[2]이므로 정원의 약 28%에 해당하는 법관들이 인사 대상이 된 것이다. 법관 정기인사는 한국에서 익숙한 풍경이라 대상자뿐만 아니라 국민들도 세계적으로 드문 현상이라는 점이 간과되는 것 같다. 오히려 전보 인사가 법관이 지역의 특정 집단이나 세력에 유착되는 것을 막고 법원조직에 적절히 활기를 불어넣는 순기능이 있다고 여겨지기도 한다. 그런데 위와 같은 전보인사로 인해 재판장이 변경되면 재판을 받는 당사자 등의 기본권이 침해되는 것이 아닐까? 스포츠 경기 중 심판이 특별한 이유 없이 교체되면 누구나 공정성에 관한 의문을 제

---

* 가천대학교 법과대학 경찰행정학과 교수, 법학박사.

1) 대법원은 2023. 1. 27. 법원장 25명에 대한 보임 및 전보 인사와 고등법원 부장판사, 고등법원 판사에 대한 전보 등 인사를 2023. 2. 20.자로 실시하였고, 2023. 2. 3. 지방법원 부장판사 이하 법관 870명에 대한 전보 등 법관 정기인사를 2023. 2. 20.자로 실시하였다('법원장, 고등법원 부장판사 및 고등법원 판사 인사', 대법원 보도자료 1. 27.자, '대법원, 지방법원 부장판사 이하 인사 실시,'대법원 2023. 2. 3. 자 각 보도자료 참조).

2) 각급 법원 판사 정원법 제1조 참조.

기할 것이다. 마찬가지로 재판 중 심판 주체가 단지 전보인사로 교체된다면 그러한 절차나 제도의 타당성도 의심스러운 것이다.

아래에서 보듯이(이 글 Ⅱ. 2.항) 대부분의 국가에서 법관은 의사에 반하여 다른 곳으로 전보되지 않는다. 법관의 부동성 원칙은 통상 법관의 동의 없이 승진이나 전보되지 않는다는 원칙이다.³⁾ 법관의 전보금지 원칙이라고 부르기도 한다. 이러한 법관의 부동성(不動性) 원칙은 국민이 공정하고 신속한 재판을 받을 권리를 보장하기 위한 장치이다. 전보 인사 자체가 불공정한 재판결과로 반드시 이어지는 것은 아니겠지만 재판이 지연되고 공정성이 훼손된다는 문제제기를 피하기 어렵다.

공판중심주의는 재판부의 유, 무죄 심증형성이 공개된 법정에서 이루어져야 한다는 원칙이다.⁴⁾ 공판중심주의는 형사재판의 핵심원칙으로 직접주의, 집중심리주의, 공개재판주의 등을 그 내용으로 한다. 한국에서 종래 수사기관이 작성한 조서에 의존하여 재판부가 유, 무죄의 심증을 형성하는 이른바 '조서재판주의'라는 관행이 있었고 이에 대한 반성으로 특히 공판중심주의가 강조되었다. 전보 인사를 통하여 법관의 경질이 있게 되면 종래 재판부가 유, 무죄에 관하여 형성한 심증은 제대로 판결에 반영되기 어렵게 된다. 공판절차가 갱신되어 새로 증거조사가 이루어지더라도 종래의 생생한 심증이 반영되기에는 뚜렷한 한계가 있다. 결국 잦은 재판부 변경은 공판중심주의 원칙을 훼손할 개연성이 높은 셈이다.

이 글은 공판중심주의의 실질적인 확립이라는 측면에서 법관의 부동성 원칙을 내용과 쟁점을 살펴보고 합리적인 개선의 방향을 제시하는 것을 목적으로 한다. 법관인사는 모든 종류의 재판에 영향을 미치는 것이지만 여기서는 공판중심주의 원칙과 관련된 형사공판절차와 관련하여 살펴보기로 한다. 법관인사제도는 통상 대법

---

3) 전윤경, "프랑스 사법관의 인사시스템과 그 시사점(1) – 최고사법관회의(Conseil supérieur de la magistrature)를 중심으로 –." 『형사법의 신동향』, 통권 60호 (대검찰청, 2018), 107쪽; 김종민, "사법부 독립과 대법원장의 인사권,"(법률신문 2022. 12. 5.) 각 참조. 프랑스 헌법 제64조에서 법관이 전보되지 않는다는 취지의 규정을 두고 있고 이를 통상 법관의 부동성 원칙이라 부른다. 이에 대한 좀 더 자세한 설명은 이 글 Ⅱ. 1.항 참조.

4) 대법원 2006. 12. 8. 2005도9730 판결; 대법원 2006. 11. 24. 선고 2006도4994 판결; 신동운, 『신형사소송법』, 제5판 (법문사, 2014), 830쪽 ; 이주원, 『형사소송법』, 제3판 (박영사, 2021), 298쪽; 정웅석, 최창호, 『형사소송법』, (대명출판사, 2018), 388쪽 등 참조. 한편 양형에 관한 심증형성도 공판절차에서 이루어져야 하므로 공판중심주의를 유, 무죄와 양형에 관한 심증 형성을 공판심리에 의하여 한다는 원칙으로 보아야 한다는 주장도 있다(차정인, "공판중심주의 실현방안 연구: 개정 형사소송법상 공판절차와 전문법칙 규정의 해석론과 입법론,"부산대학교 박사학위 논문, 2009, 17쪽).

원장의 인사권에 대한 합리적 통제나 법관의 독립성 보호의 관점에서 검토되었고 공판중심주의의 보장이라는 관점에서 다루어지지 않았다. 하지만 법관의 부동성 원칙이 제대로 보장되지 않으면 공판중심주의가 제대로 실현되기 어렵다. 법관의 부동성 원칙의 내용과 주요 국가들의 입법례를 살피고(Ⅱ), 공판중심주의와 법관의 부동성 원칙의 관련성을 본 다음 법관의 부동성 원칙의 합리적 보장 방안을 논하기로 한다(Ⅲ).

Ⅱ. 법관의 부동성 원칙

1. 법관의 부동성 원칙의 의의

주요 국가들은 아래에서 보는 바와 같이 다양한 방식으로 법관의 부동성 원칙을 보장하고 있다. 다만 헌법에 위 원칙을 규정하는 곳도 있고 법률로 보장하는 곳, 법관 임용방식의 특성에 따라 당연히 보장되는 곳 등 보장하는 방식과 강도는 다르다. 법관의 부동성이 필요한 이유들은 아래와 같이 살펴볼 수 있다. 첫째, 적법절차의 관점에서 중립적이고 독립적인 재판관이 재판의 시작과 끝까지 재판을 주재할 필요성이 있다. 자연적(自然的) 정의(正義)는 심판자가 분쟁의 당사자로부터 시종 주장을 듣고 이를 입증할 기회를 제공하도록 요청한다. 그런데 심판관이 변경되면 위 절차는 사실상 새로운 심판관에게는 제대로 보장되지 않는다. 따라서 심판관의 부동성이 자연적 정의와 적법절차의 당연한 요청이자 핵심적인 요소가 되는 것이다. 둘째, 부동성 원칙은 인사권의 남용을 방지하고 법관의 독립을 실질적으로 보장한다.[5] 사법부의 독립은 사실상 개별 법관의 독립을 의미한다. 법관이 사법부 외부로부터 부당한 압력을 받지 않아야 할 뿐만 아니라 사법부 내부에서도 부당한 압력을 받지 않아야 한다. 그런데 법관의 부동성 원칙이 보장되지 않으면 인사권자가 법관에게 직, 간접적인 압력을 행사할 수 있다. 즉 인사권자가 자신의 마음에 들지

---

5) 법관의 장기 근무제도 도입이 법관의 독립과 안정에 중요하다는 취지로, 윤찬영, "유럽의 법관 임용제도와 부판사제도 도입방안 - 오스트리아, 독일, 덴마크, 스웨덴에 관하여,"『법제연구』, 제61권 (한국법제연구원, 2021), 283쪽; 김영훈, "법관의 독립 확보를 위한 법관인사제도의 모색,"『법학연구』, 제27권 제2호 (연세대학교 법학연구원, 2017), 46 내지 50쪽 참조. 김영훈은 전보인사는 법관의 독립에 치명적일 수 있다고 주장하며 구체적으로 법관의 서열화로 인한 법관의 독립 약화, 국민의 법원에 대한 신뢰 약화 위험성 등을 거론한다.

않은 법관을 홀대하든가 아니면 자신의 정치적 성향이나 이해관계에 맞는 법관을 주요 부서에 배치할 수 있는 것이다. 한 지역에 장기간 근무함으로써 법관들이 사법부 내부 인사에서 어느 정도 독립성을 확보하고 생활도 안정될 수 있다.[6] 셋째, 국민이 공정하고 신속한 재판을 받을 권리를 보장하기 위하여 부동성 원칙이 필요하다. 재판부의 잦은 변경은 필연적으로 재판의 장기화를 가져온다. 아울러 판결은 구두변론을 원칙으로 함에도 불구하고,[7] 재판부의 변경으로 인하여 공판절차가 갱신되는 경우 서면 심리가 이루어질 가능성이 높아져 결국 충실한 심리를 거쳐 판결이 이루어지지 않게 된다.

법원의 부동성 원칙의 부작용도 생각해 볼 수 있다. 첫째, 법관이 한 곳에만 근무하는 경우 지역 세력과 유착되어 자칫 특정한 사람이나 단체 혹은 정당에 경도된 판결을 내리기 쉽고 경우에 따라 부패의 위험성이 있다. 둘째, 법관이 한 곳에서 평생 근무하는 경우 유능한 법관이 임용될 필요가 있는 곳에 신규 법관이 임용되기 어려울 수도 있다. 이러한 경우 유능한 인재들을 법관으로 임용하기 어렵게 된다.[8] 셋째, 법관들이 한 곳에만 근무하는 경우 오히려 지역에 안주하여 부실하게 업무를 수행할 우려도 있다.[9]

부동성 원칙에 관한 부정적인 시각도 일리가 있다. 만연히 원칙을 관철할 경우 법관이 지역에서 안주할 우려도 있고 좋은 곳이나 보직으로 이동할 기회가 없으므로 경쟁력도 없어질 우려가 있다. 하지만 위에서 본바와 같이 재판관이 재판중 변동되지 않아야 한다는 것은 당연한 헌법적 요청이다. 부동성 원칙을 유지하는 대부분의 나라의 법관들이 한국보다 더 부패하였다는 증거는 없고 그곳에서도 법관은 여전히 유능한 인재들이 선호하는 직업이다. 더욱이 과거와는 달리 현대는 기술의 발달로 법관을 포함한 공인들의 일거수일투족이 시민들에게 공개되어 시민에 의한 감시체제가 작동하고 있다. 무엇보다도 법관의 부동성 원칙이 헌법 정신에 부합하는 원칙이다. 반대론이 지적하는 부작용을 최소화할 수 있는 길을 모색할 필요가

---

6) 같은 취지, 김영훈, 앞의 논문, 51쪽.

7) 형사소송법 제37조 제1항.

8) 윤찬영, 앞의 논문(각주 5), 285쪽; 주기동, 사법부 독립과 법관 부동성 원칙, 법률신문 2022. 12. 24. 각 참조.

9) 프랑스의 사법제도를 설명하면서 인사이동은 사법관에게 직업적인 풍부함의 원천이 되고 사법조직(법원, 검찰청)에는 쇄신을 할 수 있는 좋은 기능을 제공하는 면도 있다는 언급하는 글로, 전윤경, "프랑스 사법관의 인사시스템과 그 시사점(2) ― 승진심사위원회를 중심으로 ―,"『형사법의 신동향』, 통권 제61호 (대검찰청, 2018), 12쪽 참조.

있다. 부작용이 있다고 하여 원칙과 예외를 뒤바꿔 전보인사를 원칙으로 하는 것은 타당하지 않다.

2. 주요 국가들의 부동성 원칙 보장

(1) 미국

미국은 연방제 국가로 연방과 각 주들이 나름의 법관 임용방식을 운영하고 있다. 하지만 다양한 임용방식에도 불구하고 법관의 부동성 원칙은 뚜렷하게 지켜지고 있다. 이는 법관의 임용과 근무방식을 살펴보면 너무 당연한 것이라 할 수 있다. 법관의 결원이 생긴 경우에 그 자리를 채우는 방식으로 선거나 지명권자의 지명을 통하여 법관 임용이 이루어지고 한번 임용되면 그 자리에서 계속 근무하기 때문이다.[10] 따라서 사법부 외부나 미국 연방이나 각 주 대법원장이 개별 판사에 대한 별다른 인사권을 행사할 수 없다. 자연스럽게 법관의 독립이 보장되는 셈이다.

연방판사의 경우 대통령이 상원의 인준을 거쳐 지명하고 연방대법원, 연방항소법원 및 연방지방법원의 판사는 종신직이다.[11] 연방대법원, 연방항소법원 및 연방지방법원 판사는 일정한 나이를 넘으면 원로판사의 지위를 갖고 자신의 선택에 따라 업무량을 조정할 수 있다.[12] 사건배당도 해당 법원에 제소되는 사건을 민사, 형사 등으로 구분하지 않고 동일하게 배당받기 때문에 사무분담의 변경으로 인한 법관의 경질은 없는 셈이다.[13] 다만 예외적으로 연방대법원장은 공공의 이익이 있는 경우 특정 연방항소법원의 법원장이나 판사의 요청에 따라 어떤 항소법원 판사라도 임시적으로 근무하도록 명할 수 있고, 연방항소법원의 법원장이나 당해 항소법원

---

10) 김주경, 『각국의 법관 다양화에 관한 연구』, 사법정책연구원 연구총서(2017-06), 2017, 23쪽.
11) 진현섭, 『미국과 영국에서의 법관 임용 실태 및 근무 환경에 관한 실증적 연구』, 사법정책연구원 연구총서(2023-09), 2023, 10쪽 참조. 미국 수정헌법 제3조에 따른 법관의 임기에 관하여 미국 연방헌법이나 법률이 명시적으로 정하고 있지 않지만 법관이 자발적으로 사임하거나 탄핵되지 않는 이상 일생 동안 직위를 계속 유지할 수 있다는 뜻으로 해석된다. 미국 연방법원 홈페이지에서도 비슷한 내용을 소개하고 있다(https://www.uscourts.gov/judges-judge-ships/about-federal-judges, 2023. 12. 09. 최종방문).
12) 예를 들면 65세가 넘고 최소 15년의 재판경력이 있거나 나이와 재판경력의 합이 80이 되면 원로판사의 자격이 있다. 다만 최소한 10년의 재판경력이 있어야 한다. 원로판사의 자격이 있더라도 원로판사를 선택할 것인지는 본인의 자유이다(앞의 미국연방법원 웹사이트 참조).
13) 김주경, 앞의 보고서, 23쪽; 진현섭, 앞의 보고서, 31쪽 참조.

담당 연방대법관(Circuit Justice)은 공공의 이익이 있는 경우 항소법원 판사로 하여금 당해 항소법원 관내 지방법원 판사로 임시 근무하도록 명할 수 있다.[14]

미국 각 주들의 경우 판사들이 선거에 의하여 선출되거나 주지사나 의회 등에 의하여 임명된다.[15] 선출되는 경우나 임명되는 경우를 막론하고 연방판사와 마찬가지로 특정한 법원에 임용되는 것이므로 통상 근무하는 동안 다른 관할권으로 전보되지 않는다. 다만 이례적으로 노스캐롤라이나 주는 1심법원 법관 중 순회법원(Circuit Court) 법관에 대하여, 사우스캐롤라이나 주는 지방법원(the Circuit Court) 법관에 대하여 특정 관할지구(judicial division) 또는 관할구역(judicial circuit) 내에서 주기적으로 근무지를 이동하며 근무하도록 하고 있다.[16] 물론 각 주의 대법원규칙 등에 정한 바에 따라 예외적으로 각 주 대법원장 또는 1심 법원장 등은 사법행정권 의 행사를 통하여 1심법원 법관들의 근무지를 지정할 수 있고, 1심 법원 법관들을 법원 내 민사부, 형사부 등 전담부에 배치함으로써 사무분담을 지정하거나 변경할 수 있다. 다만 이와 같은 사법행정권의 행사에 따른 근무지 이동이나 사무분담 변경이 정기적으로 이루어지는 것은 아니다.[17]

미국 연방이나 각 주의 경우 전임제 부판사(副判事) 또는 시간제 부판사를 별도로 임용하여 정규 판사의 업무 부담을 줄여주고 있다. 형사재판에서 연방부판사가 담당하는 역할은 각 법원에서 정하나 각종 영장이나 신청에 대한 심사, 사건을 종결시키는 효과가 없는 재판 전 쟁점 심리, 경죄 사건의 처리 등을 담당한다.[18]

(2) 영국

영국은 미국과 같이 선거로 선출되는 판사는 없지만 각급 법원별로 임용되므로 법

---

14) 28 U.S.C. §291 참조.
15) 임용방식은 대체로 정당입후보 선거방식(Partian Elections), 비정당 입후보 선거방식(Nonpartian Elections), 실적위주 선발방식(Merit–Selection), 주지사나 의회 임명방식(Gubernatorial or Legislative Appointment)으로 나뉜다{이에 관한 자세한 내용은, 박준선, "미국과 영국의 법관임용제도와 우리나라에의 시사점," 『법학논총』, 제37권 제3호 (전남대학교 법학연구소, 2017), 295쪽 참조}.
16) 진현섭, 163쪽. 노스캐롤라이나 주와 사우스캐롤라이나 주에서 일부 법관의 순환근무제를 유지하는 이유는 법관이 선출·임용 지역에서 오래 근무함에 따라 지역 내 후원자 또는 변호사와 유착관계가 형성되거나 이해관계의 충돌이 발생할 수 있는데, 순환근무제가 이를 억제한다는데 있다(진현섭, 위 보고서, 163쪽).
17) 진현섭, 앞의 보고서, 190쪽.
18) 자세한 내용은, 김주경, 앞의 보고서, 54 내지 63쪽 참조.

관이 부동성 원칙은 당연한 것으로 여겨지고 있다. 최고법관(Lord Chief Justice),[19] 대법원장(President of Supreme Court)[20]나 대법관(Supreme Court Justice)은 종신제가 원칙이고 일반 법관의 경우에도 임기가 정해지지 않았으며 정년이 70세이다.[21] 일단 특정한 지역의 법관으로 임용되면 그곳에서 계속 근무하는 것이 관례이고 법관의 의사에 반하여 전보되지 않는다.[22] 법관의 임용방식도 다양하여 정규 판사 이외에도 다양한 전문법관이나 부판사가 있다.[23] 한편 영국의 경우 법조인이 아닌 시민이 치안판사로 임명되고 이들이 형사재판의 대부분을 담당하는 점이 독특하다.[24] 치안판사도 각 지역법원에서 임명되고 비상근이므로 당연히 부동성이 보장된다.

영국에서도 미국과 마찬가지로 법관이 공석이 발생하는 경우 그 자리를 충원하는 형태로 법관의 충원이 이루어지고 일단 임명이 되는 경우 다른 법원으로 전보되지 않는다. 2005년 헌법개혁법(Constitutional Reform Act 2005) 이전에는 사실상 행정부가 법관임용 업무를 담당하면서 비공개로 임용절차가 진행되었다.[25] 이러한 임용방식이 지나치게 폐쇄적이라는 비판을 받게 되자 위 법률의 제정을 통하여 임용절차를 대폭 정비하였다. 법관인사위원회(Judicial Appointments Commission, JAC)라는 독립적인 법관임용심사기구를 설치하여 법관임용 권한을 대부분 위 위원회로 이전하였다.[26]

---

19) 영국 사법부의 수장으로 사법부를 대표한다.

20) 사법부의 수장이 아니고 당연히 그와 관련된 공식적인 업무를 수행하지 않는다(김주경, 앞의 보고서, 103쪽 참조).

21) 진현섭, 앞의 보고서, 220쪽.

22) 서창식, "해외 주요국의 법관 인사제도(지역법관제도)와 시사점," 『이슈와 논점』, 제836호 (국회입법조사처, 2014), 3쪽 참조.

23) 비상근 법관도 기록판사(Recorder), 치안판사(Magistrate), 부고등판사(Deputy High Court Judge), 부순회판사(Deputy Circuit Judge), 부 구역판사(Deputy District Judge) 등이 있다. 이에 관한 자세한 설명은, 김주경, 앞의 보고서 107 내지 119쪽 참조).

24) 치안판사는 경미한 형사사건을 담당하긴 하지만 단일범인 경우 6개월까지, 다수 범죄인 경우 1년형의 구금형까지 선고할 수 있고 전체 형사사건의 약 90%를 담당한다(김주경, 앞의 보고서, 110 내지 116쪽). 영국 치안판사에 관한 일반적인 설명은 영국 사법부 웹사이트 중 치안판사 설명 부분(https://www.judiciary.uk/about−the−judiciary/who−are−the−judiciary/magistrates/ 참조).

25) 박준선, 앞의 논문, 302쪽. 귀족원 의장이자 내각 각료인 Lord Chancellor가 고위법관들과 비공식, 비공개 회의를 열어 왕에게 제청하거나 수상의 자문에 응하여 추천할 자를 선정하여 왔다.

26) 영국 법관인사위원회는 위원장 1인과 위원 14인으로 구성된 독립적 법관임용기구이다(2005년

(3) 독일

독일은 일정한 법조 경력을 갖춘 사람 중에서 법관을 선발하는 경력 법관제도를 운용하고 있다. 미국과 같은 선출직 법관은 없다. 하지만 독일의 경우도 법관은 특정 법원에 임용되며 임용 후 본인의 동의 없이 승진, 전보나 파견되지 않는다. 독일 기본법(Grundgesetz für die Bundesrepublik Deutschland) 제97조 제2항은 전임(專任)으로 종국적으로 임명된 법관에 관하여 법원의 판결이나 법률에 정한 이유와 방식에 의하지 아니하고는 본인의 의사에 반하여 임기 전에 면직, 정직, 전보 및 퇴직되지 않는다는 취지로 법관의 부동성 원칙을 규정하고 있다.[27] 독일 법관법 (Deutsches Richtergesetz) 제30조 제1항은 정년보장 법관과 임기제 법관에 대하여 서면 동의없이 전보될 수 있는 사유들을 제1호 내지 4호로 규정한다.[28] 독일은 연방제 국가로 연방판사와 각 16개 주 판사로 나누어 임용되는데 일반적으로 본인이 희망하는 임지에서 정년까지 근무한다. 또한 독일은 전문법원이 세분화되어 있다. 독일은 헌법재판소 외에 대법원도 5개 분야에 별도로 존재한다.[29] 독일은 법관의

헌법개혁법 Schedule 12, Part 1, 1).

27) 독일 기본법 92조 제2항 전문은 다음과 같다.

    Die hauptamtlich und planmäßig endgültig angestellten Richter können wider ihren Willen nur kraft richterlicher Entscheidung und nur aus Gründen und unter den Formen, welche die Gesetze bestimmen, vor Ablauf ihrer Amtszeit entlassen oder dauernd oder zeitweise ihres Amtes enthoben oder an eine andere Stelle oder in den Ruhestand versetzt werden. DieGesetzgebung kann Altersgrenzen festsetzen, bei deren Erreichung auf Lebenszeit angestellte Richter in den Ruhestand treten. Bei Veränderung der Einrichtung der Gerichte oder ihrer ezirke können Richter an ein anderes Gericht versetzt oder aus dem Amte entfernt werden, jedoch nur unter Belassung des vollen Gehaltes(전임으로 그리고 계획에 따라 종국적으로 임명된 법관은 법원의 판결에 의하여 그리고 법률이 정하는 이유 및 형식에 의하여만 그의 의사에 반하여 임기의 만료 전에 면직되거나, 지속적 또는 일시적으로 정직되거나 전보 또는 퇴직될 수 있다. 의회는 법률로 정년을 정할 수 있고 정년에 달한 종신법관을 퇴직시킬 수 있다. 법원의 조직이나 구역이 변경되는 경우에 법관은 다른 법원으로 전보되거나 퇴직될 수 있지만, 봉급의 전액이 지급되어야 한다).

28) 그 예외 사유를 보면, 탄핵(1호), 공식 징계(2호), 법관법 제31조에 규정된 바와 같이 사법행정상 이익을 위한 경우(3호), 법관법 제32조에 규정된 법원의 조직변경(4호) 등이다.

29) 김주경, 앞의 보고서, 120쪽 참조. 대법원의 종류로 연방통상대법원, 연방행정대법원, 연방재정대법원, 연방노동대법원 및 연방사회대법원이 있다.

종류가 다양하며 정규 판사이외 부판사가 임용되어 다양한 업무를 처리한다.[30]

독일의 경우 위와 같은 전보금지 규정에 의하여 법관의 의사에 반하여 다른 법원으로 법관을 전보하는 것이 금지되어 장기근무가 가능하므로 법관의 전문화는 자연스럽게 이루어지지만 특정 법원에 법관수요가 생기더라도 법관 배치에 유연성을 잃는 문제가 있다.[31] 연방판사의 경우 연방법원의 업무를 담당하는 주무부서 장관이 법관선발위원회와 공동으로 법관 추천을 하고 대통령이 임명한다. 각 주마다 임명 방식이 다양하다. 법관선발위원회가 법관을 단독으로 추천하기도 하고 법무부장관과 법관대표인사위원회가 법관의 임명에 합의하지 못한 경우에만 법관선발위원회가 구성되어 관여하는 경우도 있다.

(4) 프랑스

프랑스 헌법 제64조 제4항은 "법관은 전보되지 아니한다(Les magistrats du siège sont inamovibles)"라고 규정하고 있다.[32] 또한 '사법관의 지위에 관한 조직법률규정하는 1958년 12월 22일자 58–1270호 법률명령(Ordonnance n°58–1270 du 22 décembre 1958 portant loi organique relative au statut de la magistrature, 이하, 사법관의 지위에 관한 조직명령)' 제4조는 "법관은 직무에서 배제되지 아니한다. 그 결과로 법관은 본인의 동의 없이는 승진을 포함하여 새로운 업무를 부여받지 아니한다"라고 규정한다.[33] 위 규정들은 법관의 부동성 원칙을 선언하고 있는 것으로 행정권력이 자의적으로 판사들의 의사에 반하여 신분상 불이익한 조치를 취함으로써 법관의 독립성이 훼손되는 것을 막기 위한 것이다.[34] 이로써 법관은 자신에게 압력

---

30) 이에 관한 자세한 설명은, 윤찬영, 앞의 논문(각주 4), 262쪽 참조. 독일 법관법은 법관을 '직업법관(Berufsrichter)'과 일반인이 재판에 참여하는 '명예법관(ehrenamtliche Richter)'으로 구별하고(제1조), 직업법관은 정년보장 법관(Richter auf Lebenszeit), 예비법관(Richter auf Probe), 임기제 법관(Richter auf Zeit), 수임법관(Richter kraft Auftrags)으로 구별한다(제10조 내지 제14조). 연방법률로 달리 정하지 않는 한 원칙적으로 정년보장 법관만이 재판을 담당할 수 있다(독일 법관법 제28조 제1항 참조). 일반법원에 대하여는 독일 법원조직법(Gerichtsverfassungsgesetz) 제22조 제5항과 제59조 제3항이 각 구역법원(Amtsgericht)과 지방법원(Landgericht)의 예비법관에 관하여 일정한 재판을 담당할 수 있도록 규정한다.

31) 윤찬영, 앞의 논문(각주 5), 267쪽.

32) 위 조항을 '파면되지 않는다'라고 번역하는 자료도 있다. 통상 '파면'은 징계에 따른 제재로 좁게 해석될 수 있으므로 전보되지 않는다고 번역하였다.

33) 위 법률명령의 내용에 관한 부연 설명은, 전윤경, 앞의 논문(각주 3), 107쪽 참조.

34) 프랑스에서 판사와 검사 모두 사법관으로 법무부에 소속되어 있고 같은 선발절차와 교육절차

으로 보이는 면직이나 해임, 직무이동, 직무정지처분으로부터 보호된다. 프랑스에서 위와 같은 법관의 부동성 보장 원칙은 최고사법평의회(Conséil superieur de la Magistrature)에 관한 규정과 함께 사법권 독립을 위한 핵심 제도로 정착되어 있다.[35]

위와 같은 부동성 원칙에 따라 법관은 자신의 희망에 의하여만 특정 사무분담을 받게 되므로 본인의 의사로 단일한 분야의 재판사무만을 맡을 수도 있다. 하지만 프랑스 법관들은 전보를 희망하는 경우가 많고 평균 근속 기간은 2017년 4월 1일 기준으로 사법관들이 한 지역에서 근무하는 평균 근속연수는 5.9년이라고 한다.[36] 또한 2001년 단행된 사법개혁으로 동일한 법원에서 특정 전문분야 사무분담을 10년간 담당한 이후에도 전보 신청이 없는 경우에는 자동적으로 해당 분야 사무분담을 면하고 그 법원 일반법관의 사무분담을 부여받게 되었는데 이는 법관의 이동을 보장하고 장기 근무로 인한 이해관계 충돌을 방지하기 것이다.[37] 승진 절차에서 전문성과 경력이 고려될 수 있으나 일단 공석이 발생하고 법관 자신이 전보를 신청한 경우에만 배치가 가능하다. 프랑스의 부동성 원칙은 결국 신규 법관이 선호하는 지역에 임용되기 어려운 결과를 가져 오기도 하는데 이 점을 지적하면서 프랑스가 채택한 법관의 부동성 원칙은 나름대로 경향교류 원칙을 통하여 성공적으로 법관 인사를 실시하고 있는 한국이 참고할 모델이 아니라는 비판적 견해도 있다.[38] 하지만 위와 같이 프랑스에서도 법관인사가 법관의 희망에 따라 나름 이루어지는데 최고사법관회의는 법관인사를 실시할 때 인사이동의 필요성과 안정성의 조화를 이루려고 노력하는 것으로 알려져 있다.[39]

를 거친다(전학선, "프랑스 법원의 인사관리시스템과 최고사법관회의," 『유럽헌법연구』, 제30권(유럽헌법학회, 2019) 389 내지 392쪽; 윤찬영, 유럽의 법관 임용제도와 사법위원회, 191쪽 참조).

35) 김종민, "사법부 독립과 대법원장의 인사권," 법률신문 2022. 12. 5. 자.

36) 전윤경, "프랑스 사법관의 인사시스템과 그 시사점(2) – 승진심사위원회(Commission d'avancement)를 중심으로 –," 『형사법의 신동향 통권』, 제61호, (대검찰청, 2018): 12쪽.

37) 윤찬영, "유럽의 법관임용제도와 사법위원회 – 이탈리아, 프랑스, 네덜란드에 관하여," 『법제』, 제695호 (법제처, 2021), 192쪽.

38) 주기동, "사법부 독립과 법관 부동성 원칙," 법률신문 2022. 12. 24 자 참조.

39) 전윤경, 앞의 논문(각주 36), 12쪽. 최고사법관 회의는 최초 임용시에는 3년, 통상적인 인사이동 전에 한 직무에 최소 2년 동안 실제 근무를 하여야 한다는 인사기준을 갖고 있고 예외적으로 개인 또는 가족 상황으로 거주지를 변경해야 하는 경우에는 예외를 인정한다고 한다(위 논문, 같은 쪽 참조).

(5) 일본

일본에서는 법률로 법관의 부동성 원칙이 규정되어 있다. 일본재판소법 제48조는 재판관은 "탄핵, 국민의 심사에 관한 법률에 의한 경우 또는 특별히 법률로 정하는 경우 심신의 장애로 인하여 직무를 집행할 수 없다고 재판을 받은 경우를 제외하고 의사에 반하여 면관, 전관, 전소, 직무의 정지 또는 보수의 감액을 전근을 강요받지 않는다"라고 법관의 부동성 원칙을 명시하고 있다. 하지만 일본은 1950년대 후반 무렵부터 광역인사시스템을 구축하고 전국 단위 판사 인사가 이루어지고 있다.40) 판사들이 최고재판소의 전근 명령에 불복하는 경우는 드물다.41) 이는 일본의 경우 한국과 비슷하게 일반 법관의 임기는 10년이고 최고법원인 최고재판소 사무총국42)이 그 재임용권한 등을 통하여 간접적으로 통제하기 때문이라고 한다.43)

최고재판소의 장관과 판사, 그리고 고등재판소장은 내각이 임명하고 일왕이 인증한다.44) 최고재판소 재판관 중 적어도 10인은 일정한 법조인 경력이 필요하다.45) 일반 법관은 최고 재판소가 지명한 자의 명부에 기초하여 내각이 임명한다.46) 최고재판소 판사는 임기가 없고 정년은 70세이다.47) 일반 재판관의 임기는 10년이지만

---

40) 이경주, "일본의 사법권 독립과 민주화,"『공법연구』, 제48권 제1호 (한국공법학회, 2019), 265쪽.
41) 新藤宗幸, 司法官僚－裁判所の権力者たち－, 岩波新書, 2009年, 200 － 201쪽(이경주, 앞의 논문, 265쪽에서 재인용).
42) 한국 대법원 법원행정처와 유사한 기능을 담당하는 일본 최고재판소의 기구이다. 사무총국의 간부들은 대부분 판사들이다. 사무총국은 최고재판소의 규칙 및 규정의 작성, 법무성과 교섭 및 조정기능 등 여러 기능을 행사하지만 중추기능은 인사에 관한 기능이다(이경주, 앞의 논문, 266, 267쪽).
43) 사법총국을 상부 조직으로 하고 사법총국에서 근무하는 사법 행정 간부들에 의하여 사법행정이 좌지우지되는 일본의 사법 문화에 대하여 법관의 독립을 해치는 관료사법이라는 비판이 오랫동안 제기되어 왔다(이경주, 앞의 논문, 269쪽 참조).
44) 일본 재판소법 제39조 참조. 다만 일왕의 임명이나 인증행위는 형식적인 것으로 사실상 내각이 임명한다{서보건, "일본의 사법제도와 재판관제도 개혁,"『영남법학』, 제31호 (영남대학교 법학연구소, 2010), 74쪽}.
45) 일본 재판소법 제41조. 따라서 5명까지 법조인 경력이 없더라도 식견이 높고 법률적 소양이 있는 사람이면 최고재판소 재판관으로 임명될 수 있다.
46) 일본 헌법 제80조 참조.
47) 일본 헌법은 최고재판소 재판관에 관한 국민심사제 규정을 두고 있다. 이에 의하면 최고재판소 재판관은 임명 후 최초 시행되는 중의원 총선거에서 국민심사에 부쳐지고 그 후 10년마다 반복된다. 만약 투표자의 과반수가 파면을 찬성하는 경우 해당 재판관은 파면된다(일본 헌법

대부분 정년인 65세까지 근무한다. 일본은 최고재판소 이외 고등재판소, 지방재판소, 가정재판소 및 간이재판소를 두고 있다.

위와 같은 일본의 법관 인사에 관한 법령과 실제 운용을 살펴보면 법관의 부동성 원칙이 법률상 보장되더라도 각 나라의 법률문화와 전통에 따라 운용되는 모습이 다를 수 있다는 점과 법관의 임기제가 운용되는 경우 법관이 재임용 여부에 관하여 많은 부담을 느낄 수밖에 없어 재임용권자의 여러 의사결정에 대체로 순응하는 모습을 보이게 된다는 점을 알 수 있다.

3. 한국의 모습 - 부동성 원칙의 배제

한국은 원칙적으로 법관의 부동성 원칙이 보장되지 않는다. 헌법이나 법원조직법 등은 법관의 부동성 원칙에 관한 규정을 두고 있지 않다. 오히려 법원조직법 등 관련 법령을 살피면 전국 단위의 전보 인사가 원칙이다. 대법원장은 판사에 대한 임명과 보직에 관한 거의 독점적인 권한을 행사하는데,[48] 이를 구체화하여 법원조직법 제44조의2 제3항은 대법원장이 평정기준에 따라 법관의 평정 결과를 전보 등의 인사관리에 반영하도록 규정한다. 법원인사규칙 제9조도 "판사의 전보는 효율적이고 안정적인 직무수행을 도모하고 인적 자원을 균형 있게 배치할 수 있도록 적절히 실시한다"라고 규정하여 전보 인사를 당연한 것으로 전제하고 있다. 다만 업무의 특성 등을 고려하여 일정한 경우에는 법관의 전보인사 범위가 일부 제한된다. 이를테면 고등법원 판사에 대하여는 특별한 사정이 없으면 지방법원, 가정법원, 행정법원 또는 회생법원으로 전보되지 않고,[49] 재직기간 중 특정 재판사무만을 담당하는 판사로 보임된 전담법관은 특별한 사정이 없으면 다른 법원으로 전보되지 아니한다.[50]

위와 같은 전보인사 원칙은 여러 부작용을 가져와 법원 내외에서 비판이 제기되

79조 참조).
48) 대법원장은 대법관을 제청할 수 있고(헌법 제104조), 자신이 제청권을 가지고 있는 대법관들로 구성된 대법관회의 동의를 얻어 대법관 아닌 법관을 임명할 수 있다(헌법 제104조 제3항). 대법원장은 판사에 대한 보직을 행하며(법원조직법 제44조 제1항), 판사에 대한 평정기준을 정하고 그 평정기준에 따라 평정을 실시하며 그 결과를 연임, 보직 및 전보 등의 인사관리에 반영한다(법원조직법 제44조의2)
49) 법원인사규칙 10조.
50) 법원인사규칙 11조의2

었다.51) 대법원장의 권한이 지나치게 비대해져 법관의 독립을 해칠 우려가 있다는 구조적인 비판52)에서부터 전보인사로 인하여 법관의 생활이 불안정해져 정착이 어렵다는 비판 등이 제기되었다. 대다수 법관들이 전보인사 제도의 틀 안에서 서울 등 수도권 근무를 희망하게 된다. 대법원은 이러한 사정을 감안하여 종래 경향교류 제도를 실시하여 오다가 법관의 안정적인 지역 정착을 촉진하기 위하여 이른바 '지역법관제도'를 도입한다.53) 이는 지역에 근무하기를 원하는 법관들에게 특정한 이유가 없는 한 희망하는 지역권역에서 근무하도록 하는 제도이다. 지역법관제도는 법관의 부동성 원칙을 실현하는 제도가 아니라 전보인사가 원칙인 상황에서 경향교류원칙이라는 예외에 대한 '예외(경향교류원칙)의 예외'로 탄생한 셈이다.54) 그런데 지역법관제도는 2014년 벌금형 선고 사건에서 1일 노역에 상응하는 금액을 지나치게 높게 정하여 여론의 뭇매를 맞게 된 이른바 '황제노역' 사건을 계기로 사실상 폐지되기에 이른다.55) 대법원이 지역법관제도의 폐지를 대책으로 내놓은 것은 바람직한 정책 방향이 아니라는 비판이 제기되었다.56)

---

51) 법원 내부에서 위와 같은 문제점을 잘 정리하여 지적하고 있는 글로, 김영훈, 앞의 논문, 46쪽 참조. 김영훈은 비록 소수라 하더라도 불규칙한 전보인사가 법관들에게 미치는 위하적 효력이 강하므로 전보인사는 법관의 독립에 치명적인 영향을 미칠 수 있으며 원칙에 따른 인사라 하더라도 법관의 독립과 국민의 사법신뢰에 부정적인 영향을 크게 미치므로 이는 반드시 개선되어야 한다고 주장한다.

52) 한국의 이른바 '제왕적 대법원장 제도'의 문제점에 대하여는 많은 비판이 이어지고 있다. 그중 일부 글을 보면, 임지봉, "법관인사제도의 개선방안 – 관련 법원조직법 개정안을 중심으로,"『입법학연구』, 제18권 제1호(한국입법학회, 2021), 37쪽; 한상희, "사법행정체계의 개혁,"『경희법학』, 제54권 제2호 (경희대학교 법학연구소, 2019), 63, 64쪽; 김영훈, 앞의 논문, 19쪽 등 참조.

53) 지역법관제는 대법원이 인사 관행을 2004년 이후 공식화한 것으로 그 내용을 간략히 살펴보면, 시행지역은 대전, 대구, 부산, 광주고등법원 관내 4개 지역으로 법관이 선호지역을 정기인사희망원에 적어내면 법원행정처가 심사를 거쳐 결정하고 지역법관으로 선정되면 고법 관내에서 10년 근무를 원칙으로 하는 형태였다.(서창식, "지역법관제도의 쟁점 평가 및 과제,"『이슈와 논점』, 제610호 (국회입법조사처, 2003) <표1> 참조.).

54) 같은 취지, 이국운, 앞의 논문, 254쪽.

55) 황제노역사건은 2010년 당시 광주고등법원에서 지역 기업인에게 254억원의 벌금에 대해 1일당 5억 원의 환형유치 노역 판결이 내려져 논란을 빚은 사건이다. 이후 2014. 5. 14. 선고하는 벌금이 1억원 이상 5억원 미만이면 300일 이상, 5억원 이상 50억원 미만이면 500일 이상, 50억원 이상이면 1천일 이상 노역장 유치기간을 정하도록 하는 취지로 형법 일부 개정이 이루어졌다(형법 제70조 제2항 참조).

56) 이국운, 앞의 논문, 252쪽: 서창식, 앞의 보고서, 4쪽.

4. 소결론

위에서 살핀 바와 같이 주요 국가들은 예외 없이 법관의 부동성 원칙을 보장하고 있다. 이는 법관의 부동성 원칙이 개개 국가의 문화나 법적 전통에 영향을 받기보다는 적법절차나 공정하고 신속한 재판을 권리의 실현을 위한 보편적 장치라는 점을 시사한다. 어찌 보면 부동성이 보장되는 것이 너무 당연하므로 한국을 제외하고 '지역법관제도'라는 용어 자체가 사용되지 않는다.[57] 법관 임용도 지역 단위로 필요한 수요가 있을 때 이루어진다. 유럽 국가들은 대체로 법관의 공석이 발생한 때에만 지원자들 가운데 선발을 통하여 법관을 임용한다.

물론 법관의 전보인사가 정례화된다고 하여 재판 결과가 불공정한 것은 아니다. 전보인사의 틀에서 법관들이 경쟁을 통하여 나름 주어진 소명을 수행한 면도 있고, 어떠한 법관인사제도가 효율적인지 아닌지도 여전한 숙제로 남아있다. 하지만 법관인사를 통한 법관의 경질은 적법절차와 신속하고 공정할 재판을 받을 권리에 반하고 아울러 공판중심주의의 원칙을 훼손할 개연성이 높다.

따라서 법관의 부동성 원칙을 보장하는 것은 적법절차와 국민의 기본권 보장이라는 측면에서 필수적이다. 잦은 사무부담 변경은 법관에게 공판중심주의 실현을 어렵게 한다.[58] 결국 "법관인사제도의 목표는 헌법상 삼권분립의 정신에 따라 법관의 독립을 해치지 않는 가운데 국민의 '공정하고 신속한 재판받을 권리'를 충족시켜야 하는 것이어야"[59] 한다는 점에서 지역법관제도를 원칙으로 삼아야 하고 나아가 이는 법관의 부동성 원칙의 보장으로 나아가야 할 것이다.[60] 법관의 부동성 원칙 보장은 정책적으로는 지역사회의 발전과 지역사회에 터 잡은 형사사법제도 발전에도 기여할 것이다.[61]

---

57) 서창식, 앞의 보고서, 2쪽.

58) "1년 내지 2년 주기로 사무부담이 변경되는 법원의 현실에서 신임 형사재판장에게 공판중심주의는 무겁고 어려운 과제일 수밖에 없다"라는 취지의 글로, 이재신, "공판중심주의적 법정심리를 위한 소고," 『재판자료: 형사법 실무연구』, 제123집 (법원행정처, 2012), 299쪽.

59) 이국운, 앞의 논문, 205쪽.

60) 같은 취지, 이국운, 앞의 논문, 254쪽. 이국운 교수는 부동성 원칙을 직접 언급하지 않았지만 예외로 취급받던 지역법관제도를 원칙으로 삼아야 한다고 주장한다.

61) 같은 취지, 김영훈, 앞의 논문, 51쪽. 김영훈은 우수한 인재인 법관이 지역에서 가족과 함께 생활하고 헌신하면 지역발전의 초석이 될 수 있을 뿐만 아니라 맞는 아동, 장애인, 성폭력 피해자 등 사회적 약자를 배려하는 사법시스템을 장기간의 안목을 가지고 계획하고, 지역의 유

Ⅲ. 공판중심주의와 법관의 부동성 원칙

1. 공판중심주의의 의의

공판중심주의 원칙은 재판부로 하여금 형사사건의 실체에 관한 유, 무죄 심증을 공개 법정에서 형성하도록 요청한다. 법관이 공개된 법정에서 당사자의 주장과 증거를 조사하고 이를 토대로 유, 무죄 심증을 형성하여야 한다는 것은 자연적 정의의 원칙에 따라 도출된다고 볼 수 있다는 점은 전술하였다. 헌법도 제12조 제1항 후문에서 "법률과 적법한 절차에 의하지 아니하고는 처벌·보안처분 또는 강제노역을 받지 아니한다"라고 적법절차의 원칙을 천명하고 제27조에서 재판받을 권리를 보장하고 있다.62) 공판중심주의는 위와 같은 헌법의 요청에서 유래한다고 보아야 한다.63) 대법원도 위 헌법 규정들을 구현하기 위하여 "형사소송법이 실체심리가 공개된 법정에서 검사와 피고인 양 당사자의 공격·방어활동에 의하여 행해져야 한다는 당사자주의와 공판중심주의, 공소사실의 인정은 법관의 면전에서 직접 조사한 증거만을 기초로 해야 한다는 직접심리주의와 증거재판주의를 기본원칙으로 채택하고 있다"고 판시한다.64) 공판중심주의의 세부 내용으로 공개재판주의, 직접주의, 구두변론주의가 포함되는 데에는 별다른 이론이 없다.65) 집중심리주의를 이에 포함시키는 견해도 있다.66) 재판장이 법정에서 심증을 형성하지 않는다면 공개재판

관단체와 협력하여 이를 지속적으로 추진할 수도 있다고 주장한다.

62) 헌법 제27조 제1항은 "모든 국민은 헌법과 국민이 정한 법관에 의하여 법률에 의한 재판을 받을 권리를 가진다"라고 규정하고 제3항은 "모든 국민은 신속한 재판을 받을 권리를 가진다. 형사피고인은 상당한 이유가 없는 한 지체없이 공개재판을 받을 권리를 가진다"라고 규정한다.

63) 같은 취지, 신동운, 앞의 책, 829쪽.

64) 이는 대법원의 일관된 입장이다(대법원 2019. 11. 28. 선고 2013도6385 판결; 대법원 2021. 6. 10. 선고 2020도15891 판결 등).

65) 신동운, 앞의 책, 830쪽; 정웅석 외, 앞의 책, 388쪽; 이은모,『형사소송법』,제6판 (박영사, 2010), 427쪽; 이주원,『형사소송법』, 제3판 (박영사, 2021), 299쪽 등. 다만 공판중심주의를 직접주의, 구두변론주의, 공개주의 등을 내용으로 하는 상위원칙으로 보기에는 너무 공허한 개념이라는 주장도 있다{배종대 외, 신형사소송법 5판 (홍문사, 2013), 406쪽}.

66) 이은모, 앞의 책, 427쪽; 이주원, 앞의 책, 299쪽 참조. 다만 집중심리를 통하여 공판중심주의가 실질적으로 활성화되는 것은 사실이지만 집중심리를 통하여만 법관이 유, 무죄의 심증을 공판정에서 형성하는 것은 아니므로 집중심리주의가 공판중심주의의 내용이라고 단정하기는 어렵다고 생각한다.

의 원칙에도 반하고 공판정 바깥에서 어떠한 경로로 심증을 형성하는지를 당사자가 알 수 없으므로 공정한 재판이 이루어진다고 보기 어렵다.

대법원은 직접주의와 관련하여 실질적 직접주의의 원칙을 강조한다. 즉 증거조사를 거친 자료라 하더라도 증명의 대상이 되는 사실과 가장 가까운 원본 증거를 재판을 기초로 삼아야 하고 원본 증거의 대체물을 사용하는 것은 원칙적으로 허용되어서는 안 된다고 강조한다.[67] 직접 원본 증거를 조사하는 방법을 통하여 사건에 대한 신선하고 정확한 심증을 형성하여 실체적 진실을 발견하고 공정한 재판을 실현할 수 있기 때문이다. 같은 흐름에서 대법원은 항소심이 1심 판결의 당부를 판단할 때도 "항소심 심리과정에서 심증 형성에 영향을 미칠 만한 객관적 사유가 새로 드러난 것이 없음에도 불구하고 제1심 판단을 재평가하여 사후심적으로 판단하여 뒤집고자 할 때에는, 제1심의 증거가치 판단이 명백히 잘못되었다거나 사실인정에 이르는 논증이 논리와 경험법칙에 어긋나는 등으로 그 판단을 그대로 유지하는 것이 현저히 부당하다고 볼 만한 합리적인 사정이 있어야 하고, 그러한 예외적 사정도 없이 제1심의 사실인정에 관한 판단을 함부로 뒤집어서는 아니 된다."라고 판시한다.[68]

위와 같이 공판중심주의는 형사재판의 중심 원리로 기능하고 있다. 그런데 법관의 잦은 전보인사는 공판중심주의적 공판절차 운영에 부정적 영향을 미치게 된다. 아래에서 구체적으로 살펴보기로 한다.

2. 법관의 전보인사가 공판절차에 미치는 영향

(1) 소송절차 지연

법관의 전보인사로 공판절차가 지연되는 것은 자연스럽기도 하다. 법관의 경질은 공판절차의 갱신이 필요하므로 이에 상당한 시간이 걸린다. 물론 인사를 앞둔 재판

---

67) 대법원 2006. 12. 8. 2005도9730 판결 참조.
68) 대법원 2023. 1. 12. 선고 2022도14645 판결 참조. 위 판결은 "특히 공소사실을 뒷받침하는 증거의 경우에는, 증인신문 절차를 진행하면서 진술에 임하는 증인의 모습과 태도를 직접 관찰한 제1심이 증인 진술의 신빙성을 인정할 수 없다고 판단하였음에도 불구하고, 항소심이 이를 뒤집어 그 진술의 신빙성을 인정할 수 있다고 판단하려면, 진술의 신빙성을 배척한 제1심의 판단을 수긍할 수 없는 충분하고도 납득할 만한 현저한 사정이 나타나는 경우"이어야 한다고 강조하면서 그것이 "공판중심주의, 그리고 법관의 면전에서 직접 조사한 증서만을 재판의 기초로 삼는 것을 원칙으로 하는 실질적 직접심리주의의 정신에 부합한다"라고 판시한다.

부가 집중심리를 통하여 사건을 마무리할 수도 있겠다. 하지만 현재 공판 실무를 보면 비록 형사소송법이 집중심리를 원칙으로 규정함에도 불구하고,[69] 인적, 물적 여건 등의 미비로 공판이 연일 개정되는 경우는 드물다. 실무상 공판기일은 2주에서 4주 간격으로 지정되는 사례가 흔한데 이로 인하여 사건이 복잡한 경우에는 증거조사에만 여러 해가 걸리기도 한다.[70] 재판지연현상은 최근 재판절차가 복잡하고 다양해지면서 한 사건에 소요되는 시간 자체가 늘어난 것이 원인이 되기도 하지만 전보인사로 인하여 지연되는 경우도 무시할 수 없다. 위와 같은 집중심리에 관한 규정은 공판중심주의를 실천하기 위하여 2007년 형사소송법의 일부 개정을 통하여 명문화된 것이다. 국민의 신속한 재판을 받을 권리를 보장하기 위하여 법률취지대로 원칙적으로 집중심리가 이루어져야 할 것이고 위 원칙을 제대로 실현하는 세부적인 제도나 장치들이 마련되어야 할 것이다.

(2) 공판절차의 갱신

구두주의, 직접주의의 요청에 따라 형사소송법은 공판개정 후 판사의 경질이 있는 경우에는 공판절차를 갱신하도록 규정한다.[71] 공판절차가 갱신되는 경우 종래 소송행위는 원칙적으로 무효가 된다. 다만 통설은 판사의 경질로 인한 갱신의 경우에는 절차형성행위는 유효하고 실체형성행위는 무효인 것으로 해석한다. 이러한 해석에 의하면 갱신 전 절차에서의 피고인의 진술이나 증인의 증언은 효력이 없다. 그렇지만 공판조서에 공판기일에서의 피고인이나 증인의 진술이 공판조서에 기재되고,[72] 공판조서는 공판기일의 진술을 기재한 서면으로 형사소송법 제311조에 따라 증거능력이 있으므로,[73] 종전 절차에서 증언했던 증인이 다시 출석하여 증언하

---

69) 집중심리주의를 규정하고 있는 형사소송법 제267조의2에 의하면, 공판기일의 심리는 집중되어야 하고(제1항), 이를 위하여 심리에 2일 이상이 필요한 경우에는 부득이한 사정이 없는 한 계속 개정되어야 하며(제2항), 재판장은 매일 계속 개정하지 못하는 경우라 하더라도 특별한 사정이 없는 한 전회의 공판기일부터 14일 이내로 다음 공판기일을 지정하여야 한다(제4항).
70) 이를테면 양승태 전 대법원장 사건의 경우 2019. 2. 11. 기소되었으나 아직 1심 선고가 내려지지 않았고(문화일보, '사법 농단' 양승태 전 대법원장 1심 선고, 내년 1월 말로 1개월 연기, 2023. 11. 30.자), 이른바 '울산선거개입' 사건이 경우도 2020. 1. 기소된 이후 2023. 11. 29. 약 4년에 이르러 1심이 선고되었다(연합뉴스, 1심만 4년 걸린 '울산 선거개입' 사건…임기 채운 뒤에야 실형, 2023. 11. 29. 자).
71) 형사소송법 제301조.
72) 형사소송법 제48조 제2항 참조.
73) 같은 취지, 정웅석 외, 앞의 책, 506쪽.

는 예는 드물고 실무상 공판조서가 서증으로 사용된다.

형사소송규칙은 공판절차 갱신절차에 대하여 자세한 규정을 두고 있다.[74] 이에 의하면 공판절차가 갱신되면 피고인의 인정신문절차, 검사의 공소요지 진술 등 절차가 다시 진행되고 피고인도 공소사실의 인정 여부나 정상에 관하여 진술할 기회를 부여받는다.[75] 재판장은 갱신 전의 공판기일에서의 피고인이나 피고인이 아닌 자의 진술 또는 법원의 검증결과를 기재한 조서에 관하여 증거조사를 하여야 한다.[76] 재판장은 갱신 전의 공판기일에서 증거조사된 서류 또는 물건에 관하여 다시 증거조사를 하여야 하지만 증거능력 없다고 인정되는 서류 또는 물건과 증거로 함이 상당하지 아니하다고 인정되고 검사, 피고인 및 변호인이 이의를 하지 아니하는 서류 또는 물건에 대하여는 증거조사를 하지 않을 수 있다.[77] 재판장은 증거조사를 해야 하는 경우 검사, 피고인 및 변호인의 동의가 있는 때에는 그 전부 또는 일부에 관하여 형사소송법 제292조·제292조의2·제292조의3에 규정된 엄격한 증명 절차에 갈음하여 상당하다고 인정하는 방법으로 할 수 있다.[78]

문제는 위와 같은 공판절차 갱신절차에서 다시 증거조사절차가 진행된다고 하더라도 결국 공판중심주의의 원칙이 제대로 보장되지 못한다는 점이다. 새로운 재판부는 단지 종래 증거들에 대한 증거조사절차를 통하여 심증을 형성하게 되므로 된 종전 재판부가 생생하게 가졌던 생생한 심증을 그대로 이어받기는 어렵다. 또한 대체로 공판조서나 서증 등에 의존하여 심증을 형성하므로 일종의 '조서'를 통한 재판이 이루어지는 셈이다. 더욱이 위와 같이 형사소송규칙은 피고인, 검사 등의 동의가 있는 경우 상당한 방법으로 증거조사를 할 수 있도록 규정하고 있어 대부분의 사안에서 증거서류에 대한 낭독이나 요지 고지 등이 없이 심리가 진행된다.

(3) 소송관계인에 미치는 영향

법관의 정기적 전보인사는 법관을 포함하여 당사자나 증인 등 소송관계인의 행

---

74) 위와 같이 대법원은 공판절차 갱신절차에서 증거조사에 관한 사항들을 대법원규칙으로 규정하고 있다. 그런데 증거조사의 내용과 방식에 관한 내용은 형사절차에서 중요한 사항인 점, 간이공판절차에 따른 증거조사 방식도 법률로 규정하는 점 등에 비추어 이를 법률로 규정하는 것이 타당하다고 할 수 있다.
75) 형사소송규칙 제144조 제1항 1호 내지 3호.
76) 형사소송규칙 제144조 제1항 4호.
77) 형사소송규칙 제144조 제1항 5호 참조.
78) 형사소송법 규칙 제144조 제2항 참조.

동 양식에 많은 영향을 주게 된다.

　우선 법관은 인사가 임박하거나 예정된 인사 시기까지 진행 중인 사건을 마무리하기 힘든 경우 재판절차의 진행을 늦출 수 있다.[79] 공판절차를 마무리하지 못한다면 새로운 재판부에 의하여 공판절차의 갱신이 필요하고 그 재판부가 주된 심리를 진행하는 것이 공판중심주의의 취지에 부합한다는 것을 알기 때문이다. 사실 인사 대상인 법관이 재판 진행을 많이 진행할수록 오히려 공판중심주의의 취지에 역행하게 된다. 새로운 재판부는 종래 공판기록 등을 검토하여 재판 진행을 하게 된다. 어쩔 수 없이 기록검토를 통하여 1차적으로 사안의 전모를 파악하고 공판절차 갱신절차에서 증거조사가 필요한 부분 등을 고려하게 된다. 이러한 한도에서 유, 무죄에 관한 심증형성이 기록 검토를 통하여 이루어진다고 할 수 있다.[80] 새로운 재판부로서는 재판이 장기화될 우려가 있으므로 모든 공판절차를 원점에서 다시 진행하는 것에 부담을 갖게 된다. 따라서 증인의 증언 등 종전 증거조사 결과에 의하여 유, 무죄에 관한 심증이 뚜렷하게 형성되지 않는 경우 다시 증거조사를 할 것인지 등에 관하여 현실적으로 고심하게 되리라 본다.

　피고인의 입장에서 본다면 재판부의 변경은 공판절차의 지연을 가져오므로 "상당한 이유가 없는 한 지체없이 공개재판을 받을 권리"[81]를 침해받는 셈이다. 종전 재판부에 행한 주장과 입증을 새로운 재판부에 해야 하므로 많은 부담이 생긴다. 하지만 법관의 경질은 피고인에게 유리하게 작용할 수도 있다. 피고인은 재판부가 전보인사 대상이라는 것을 알게 되면 두 방향으로 전략을 세울 수 있다. 현 재판부가 판결하는 것이 유리하다면 재판이 빨리 진행되도록 하고 불리하다고 판단하면 여러 가지 방법으로 재판을 지연하는 전략을 세운다.[82] 종전 재판부가 피고인에게 불리한 심증을 형성하고 있었던 경우이거나 피고인이 오히려 재판의 장기화를 원하고 있는 경우라면 재판부의 변경은 크게 반길 일이 된다. 공직선거법 위반 사건 등 재판결과에 따라 선거권이나 피선거권의 제한을 받게 될 우려가 있는 경우는 피고인이 오히려 재판절차가 지연되는 것을 선호할 수 있다. 한다. 구속 피고인의 경우 재판 지연 전략을 통하여 1심 재판이 6개월 이내 종결되지 못하여 구속취소나

---

79) 같은 취지의 글로, 김영훈, 앞의 논문, 49쪽.
80) 일본의 경우도 공판절차 갱신 후 재판부가 종래 공판기록을 읽고 쟁점을 파악하는 실무가 이루어진다는 글로, 三井 誠 外,『刑事訴訟法』, 第2版, (日本評論社, 2014), 407쪽 참조.
81) 헌법 제27조 제3항 후문 참조.
82) 같은 취지, 김영훈, 앞의 논문, 49쪽.

보석이 허가되는 상황을 기대할 여지도 있다.

피해자가 종전 재판절차에서 이미 피해 진술이나 주장을 한 상황이라면 법관의 경질로 피해자의 진술권이 침해될 우려가 있다. 피해자는 새로운 재판부에도 피해 진술을 함으로써 유, 무죄뿐만 아니라 양형에 관하여 법관이 생생한 심증을 형성하여 공정한 판결이 선고되기를 바랄 수 있다. 하지만 위 공판절차 갱신절차에 관한 내용에서 보듯이 피해자의 진술이 공판조서에 기재된 경우 동 조서에 대한 증거조사가 이루어지는 것으로 재판이 진행될 가능성이 높다. 이는 법관의 부동성 원칙이 지켜지지 않아 재판부의 변경이 생기는 경우 피해자의 진술권이 사실상 침해될 수 있다는 것을 의미한다. 피해자 이외 다른 참고인들이 종전 재판절차에서 진술한 경우 다시 증언이 행해지기 쉽지 않을 것이다.

검사도 법관의 경질이 있는 경우 새롭게 공판전략을 짜고 주장과 입증을 해야 할 것이다. 물론 피고인의 경우에서 살핀 바와 마찬가지로 현 재판부가 판결하는 것이 유리한지 아닌지에 따라 검사의 대응도 달라질 것이다.

(4) 공판중심주의 훼손

공판중심주의가 법관이 공판정에서 유, 무죄에 대한 심증을 형성하는 것이라고 한다면 재판부가 인사를 통하여 변경되는 것은 공판중심주의 원칙을 훼손하게 된다. 재판부가 바뀐다면 새로운 재판부가 공판절차를 갱신한다고 하더라도 종래 재판부가 형성한 유, 무죄에 관한 심증을 그대로 이어받기는 어렵다. 공판절차가 갱신되고 새로이 증거조사가 이루어진다고 하더라도 대부분의 경우 공판조서 등 기록의 검토를 통하여 갱신 전 이루어진 증거조사 결과를 파악하게 될 것이다. 이는 일종의 '조서'재판주의라 할 수 있다. 원래 조서재판주의의 폐해는 통상 수사기관이 작성한 조서에 의지하여 재판부가 유, 무죄에 관한 심증을 형성하는데 있었다. 그런데 법관의 교체로 인하여 공판절차가 갱신되는 경우 결국 새로운 재판부는 '조서'를 통하여 판결에 이르게 되므로 이와 유사한 문제점이 생기는 것이다. 또한 재판부가 바뀌면 피해자 등 주요 증인들이 갱신 전 공판절차에서 증언한 경우 그 내용이나 취지가 제대로 새로운 재판부에 전달되기 어렵다. 이는 피해자 진술권의 실질적 부분을 침해하는 것이다.

재판부의 변경은 극히 예외적인 경우에 한정되어야 할 것이다. 그런데 우리나라는 법관의 정기인사나 사무분장의 변경을 통하여 재판부의 변경이 매우 잦다. 재판

도중 재판부가 변경되는 것에 대하여 익숙하고 별다른 문제의식이 없다. 공판중심주의 원칙이 강조되고 이에 근거하여 수사단계에서 작성된 각종 전문증거들의 증거능력이 증명력에 대한 엄격한 심사가 이루어지고 있음에도 불구하고 우리는 법관의 전보인사 원칙을 만연하게 유지함으로써 공판중심주의를 실질적으로 훼손하는 사법문화를 계속 끌고 가는 셈이다.

3. 부동성 원칙의 합리적 보장

　법관의 부동성 원칙의 보장이 공판중심주의의 핵심요소라는 점은 앞서 보았다. 하지만 그와 같은 보장 자체가 공정하고 신속한 재판을 담보하는 것은 아니다. 법관이 평생 한 곳에 근무하더라도 재판절차를 부당하게 지연하고 부당한 재판을 할 수도 있는 것이다.[83] 반면 법관들이 정기적으로 전보된다고 하더라도 공정하고 신속한 재판이라는 목표를 국민의 눈높이에 맞게 달성할 수도 있는 것이다. 물론 부동성 원칙이 철저히 지켜지면 법관의 변경을 이유로 하는 공판절차 갱신은 거의 없을 것이기 때문에 그러한 한도에서 공판중심주의적 절차는 보장된다. 법관이 정기적으로 전보 인사로 이동하더라도 각 재판이 집중심리절차를 통하여 신속히 종결되면 공판중심주의가 형해화될 가능성은 낮아진다.

　위와 같이 법관의 부동성 원칙은 그 자체가 헌법상 원칙이라기보다 헌법상 적법절차 원칙이나 공정하고 신속한 재판을 받을 권리 등 국민의 기본권을 보장하기 위한 수단이라 하겠다. 따라서 부동성 원칙을 법령으로 정하더라도 다양한 방식을 고려할 수 있다. 법관의 정기인사 제도가 오랜 기간 하나의 법률문화로 유지되어 왔고 나름의 효용성을 갖추었다고 본다면 부동성 원칙을 도입하더라도 지나치게 전면적이고 엄격하게 적용하는 것은 사법 체제 전반에 혼란을 가져올 수 있다. 합리적인 보장방안을 모색할 필요가 있다.

　법관의 부동성 원칙을 철저히 관철하고자 한다면 모든 법관들에 대하여 특정법원에서 특정 업무를 담당하도록 임용하고 임기를 마칠 때까지 특별한 사정이 없는 한 변동이 없도록 하여야 할 것이다. 하지만 위 방안은 자칫 부동성 원칙의 부작용이 두드러질 수 있다. 선호되지 않는 지역에서 근무하거나 업무를 담당할 법관을

---

83) 적절한 견제 장치가 없다면 법관들이 평생 한 곳에 근무하는 경우 전보 인사의 부담에서 벗어나 오히려 자의적인 재판을 할 가능성은 항상 있다.

찾기 어려울 수도 있고 법관의 업무수행에 대한 적절한 견제장치가 마련되지 않는다면 법관이 지역에 지나치게 유착하거나 편의적인 업무수행의 가능성을 막기 어렵다.[84] 따라서 법관의 부동성 원칙을 보장하되 예외적으로 적용을 완화하는 것이 바람직하다.[85]

위와 같은 점을 고려하여 부동성 원칙의 적용에 관한 단계적 방안을 제시하고자 한다. 공판중심주의 원칙은 주로 1심 공판절차에 적용되므로 법관의 부동성 원칙을 각급 지방법원 판사로 임용되는 경우에 적용한다.[86] 따라서 법관 임용을 지방법원과 고등법원 판사 임용으로 이원화한다.[87] 부동성 원칙이 별다른 부작용 없이 뿌리를 내리면 2단계로 따라서 고등법원 판사 등에도 적용한다. 전문법관이나 원로법관 등도 제도의 취지를 살필 때 부동성 원칙이 적용되어야 한다. 지방법원 지원이나 시, 군법원 판사에게 부동성 원칙을 적용할 것인지 여부도 검토가 필요하다. 원로법관이 시, 군법원 판사로 임용되는 경우는 부동성 원칙을 적용하면 될 것이다. 그외의 경우 일반 법관을 처음부터 시, 군법원 판사로 임용하는 것은 유능한 인력을 찾기 어려울 수 있다는 점에서 적절하지 않다고 생각한다. 원로법관의 범위를 확대하는지 아니면 후술하는 바와 같은 부판사 제도를 도입하였을 때 부판사로 담당하게 하고 부판사는 전보인사의 대상이 되게 할 수도 있을 것이다.

지방법원에서 사무분담의 변경이 있는 경우에도 법관이 기존 수행하던 형사재판을 계속 담당하게 하여 불필요한 재판부의 변경을 막을 필요도 있다. 미국 연방법원의 사례와 같이 처음부터 민, 형사사건의 구분 없이 사건을 배당하는 방안도 중, 장기적으로 고려할 수 있겠다.

종래 법관인사제도의 개혁방안으로 법관을 권역별로 임용하는 방안이 꾸준히 제시되었다.[88] 권역별로 임용하면 근무기간이 장기화되고 법관의 생활도 안정되는

---

84) 법관을 선거로 뽑고 일정한 경우 주민들이 판사를 주민소환제를 통하여 소환할 수 있다면 주민에 의하여 법관의 업무수행에 대한 견제가 이루어지는 셈이다.

85) 법률로 부동성 원칙을 규정하되 대법원규칙으로 예외를 정할 수 있도록 위임하는 방안을 고려할 수 있다.

86) 물론 지방법원 판사라 하더라도 합의부 판사는 형사단독사건에 대한 항소심을 담당하므로 지방법원 판사에게 부동성 원칙을 적용하면 항소심 재판부의 상당수도 위 원칙의 적용대상이 되는 셈이다.

87) 현재 대법원은 고등법원 판사와 지방법원 판사에 대한 인사를 이원화하고 있다. 하지만 법관임용 당시부터 지방법원 판사와 고등법원 판사로 구별하여 임용하고 있는 것은 아니다.

88) 김영훈, 앞의 논문 50 내지 53쪽; 이국운, 앞의 논문, 254쪽 참조. 김영훈은 법관인사의 근본

장점이 있다. 하지만 권역이 넓으면 재판부의 변경으로 인한 공판중심주의 원칙의 침해 가능성이 지방법원 단위로 임용하는 경우보다 높다는 점에서 적절하지 않다고 생각된다. 고등법원 판사를 각 고등법원 단위로 임용할 것인지 아니면 전국적으로 일단 고등법원 판사로 임용할 것인지 선택지가 있다. 일단 고등법원 단위로 임용하고 전보인사의 대상이 되도록 운용해도 좋다고 생각한다. 고등법원 판사의 공석이 발생하였을 때 희망에 따라 지방법원 판사를 새로 임명하는 방안도 가능할 것이다.

4. 소결론

공판중심주의와 법관의 부동성 원칙 보장은 위와 같이 밀접한 관련을 맺고 있다. 공판중심주의를 실질적으로 보장하기 위하여 재판부의 변경은 최소한에 그쳐야 한다. 대법원장이 법관인사를 포함하여 사법행정에서 제왕적 권한을 행사한다고 비판을 받아 왔다. 법관의 부동성 원칙 보장은 이러한 문제점도 완화할 수 있다. 물론 현 법관 전보인사 제도가 해방 이후 사법제도가 뿌리내리는 과정에서 양질의 법조인을 전국 단위로 임용하고 정기인사를 통하여 전국에 같은 수준의 사법서비스를 제공하고 법관의 지역 유착으로 인한 부패를 예방하는 역할을 일부 수행해 온 점은 사실이다. 하지만 재판부의 잦은 변경은 적법절차 원칙에도 반하고 국민이 신속하고 공정한 재판을 받을 권리의 본질을 침해하는 면이 크므로 원칙적으로 보장하는 것이 필요하다. 다만 오랜 제도와 관행을 바꾸는 것이므로 성공에 필요한 여러 조건들을 심사숙고할 필요가 있다. 이를테면 아래와 같은 부판사 제도 도입 등 필요한 제도를 도입하거나 정비할 필요가 있겠다.

적인 해결책은 전면적인 장기 근무제도를 도입하는 것이라고 주장하면서 "새로이 임용되는 법관들에 대하여는 서울권, 인천권, 수원권, 충청권, 강원권, 전라권, 경북권, 경남권으로 권역을 나누어 임용하고 원칙적으로 임용된 지역권을 벗어나서는 전보가 되지 않도록 하는 제도를 도입하되, 이미 임용된 법관들에 대하여는 지역법관제를 부활하여 신청에 따라 지역에서 계속 근무하도록 하는" 방안을 제시한다.

Ⅳ. 관련 쟁점

1. 부판사 등 다양한 법관 임용제도 도입

공판중심주의가 효율적으로 실현되려면 구두변론과 공판준비절차가 활성화되어야 하므로 현재보다 많은 인적, 물적 자원이 확충될 필요성이 있다.[89] 공판준비절차나 각종 신청에 따른 심리 등은 굳이 정규 법관이 담당할 필요성이 없으므로 부판사를 임용하여 담당하도록 하는 것이 바람직하다. 부판사가 이를 담당한다면 정규 판사가 위와 같은 업무를 담당하기 위하여 사무분담 변경할 필요가 없게 되므로 재판절차에서 재판부 변경이 대폭 줄어들게 된다. 가사사건, 소년 사건, 노인 사건이나 마약 사건 등 통상적인 공판절차로 다루기보다 지역사회에 뿌리를 두고 이른바 '치료법원 또는 문제해결법원'[90] 방식으로 운용이 필요한 사안들도 많다. 획일적인 법관 임용이 아니라 다양한 법관 임용방식이 세계적인 추세이기도 하다.[91] 부판사는 오랜 법조경력을 갖춘 법조인이 담당할 수도 있고 정규 법관보다 완화된 자격요건을 갖춘 법조인이 담당할 수도 있을 것이다. 부판사는 전문법관의 기능을 수행할 수도 있고 경미 사건을 처리하거나 정규 법관의 업무를 조력하는 역할을 할 수도 있을 것이다. 사회 각 분야에서 전문화, 고도화가 빠르게 이루어짐에 따라 전문적인 경험이나 지식을 갖춘 법관이 필요한 영역도 많아지고 있다.[92]

---

[89] 같은 취지, 이완규, 『개정 형사소송법의 쟁점』, (탐구사, 2007), 63쪽; 임지봉, 앞의 논문, 52쪽; 박형관, "공판중심주의 틀에서 수사와 입증," 『형사소송 이론과 실무』, 제9권 제2호(한국형사소송법학회, 2017), 118쪽 참조.

[90] 문제해결법원은 처벌보다 범죄원인을 근원적으로 해결하려는 목적으로 미국에서 1980년대 1990년대 초반에 나타나기 시작한 실험적으로 고안된 법원의 형태이다. 법원이 형사절차의 진행 외에 피고인으로 하여금 법원의 지시에 따르도록 하여 피해자, 피고인 및 그리고 공동체 사회에 바람직한 결과를 도출하고자 노력하고 판사, 검사, 변호인 등이 당사자주의적 운용구조에서 벗어나 협력적으로 마치 팀의 구성원처럼 역할을 수행하게 된다{Mary K. Stohr and Anthony Walsh, Corrections - the essentials, 3rd Eds., (Sage, 2019), 87쪽; 이승호, "문제해결법원의 도입에 관한 검토", 『형사정책』, 제18권 제1호 (한국형사정책학회, 2006), 54쪽}

[91] 비교법적으로 각국의 법관 임용방식을 검토하고 우리나라에도 법관 임용방식의 다양화가 필요하다는 글로, 김주경, 『각국의 법관 다양화에 관한 연구』, 사법정책연구원 연구총서(2017-06), 2017, 225 내지 228쪽 참조.

[92] 특히 특허, 파산, 회생, 의료, 노동 등 분야에서는 전문성을 갖춘 변호사 등을 법관으로 임용할 필요성이 있다.

한국은 법조일원화 제도를 수용하여 2029년부터 법관으로 임용되려면 10년의 법
조경력이 필요하다.[93] 이는 오랜 기간의 능력과 경험을 갖춘 이들을 임용하여 국민
이 바라는 재판업무를 수행하도록 하기 위함이다. 위와 같이 임용된 법관들을 잦은
전보 인사의 대상이 되도록 하는 것은 불합리하다. 부판사 제도를 도입, 운영하면
부판사 중 검증된 자원을 정규 판사로 임용할 수 있을 것이다.[94] 부판사 제도의 도
입으로 사무분담 변경으로 인한 재판부 변경을 줄이고 공판준비절차의 활성화로
집중심리가 이루어진다면 공판중심주의 취지에도 부합하게 된다.

부판사의 경우는 통상 재판에 관여하는 경우가 제한될 것이므로 부동성 원칙을
보장하지 않더라도 공판중심주의 원칙을 크게 훼손하지는 않을 것이다. 다만 시,
군법원이나 전문법관으로 임용된 경우는 제도의 특성상 임용된 지역에 계속 근무
하도록 할 필요성이 있다.

2. 검사의 부동성 원칙

법관의 부동성 원칙을 보장하는 나라들 대부분은 검사의 부동성 원칙도 보장한
다. 검사의 역할과 기능에 비추어 법관에 준하여 보장하는 것이다. 독일, 프랑스 등
대륙법계에 속하는 유럽 국가들은 판사와 함께 검사를 사법관의 범주에 포함시켜
부동성 원칙을 판사에 준하여 보장한다.[95] 영미의 경우 판사와 마찬가지로 검사도
각 관할권별로 임용되기 때문에 관할권을 벗어나는 전보 인사가 없다.

한국의 경우 법관과 마찬가지로 검사에 대하여 정기적인 전보 인사가 이루어진
다. 수시 인사도 잦은 편이다. 검사가 바뀌더라도 수사나 공판절차가 갱신되지 않

---

93) 법원조직법 제42조 제2항. 다만 위 "제42조제2항의 개정규정에도 불구하고 2013년 1월 1일부
   터 2017년 12월 31일까지 판사를 임용하는 경우에는 3년 이상 제42조 제1항 각 호의 직에 있
   던 사람 중에서, 2018년 1월 1일부터 2024년 12월 31일까지 판사를 임용하는 경우에는 5년
   이상 제42조제1항 각 호의 직에 있던 사람 중에서, 2025년 1월 1일부터 2028년 12월 31일까
   지 판사를 임용하는 경우에는 7년 이상 제42조제1항 각 호의 직에 있던 사람 중에서 임용할
   수 있다"{법원조직법(법률10861호) 부칙 2조 개정}.
94) 같은 취지의 글, 윤찬영, 앞의 논문(각주 5), 287, 290쪽; 함영주, "미국 연방지방법원 부판사
   제를 활용한 우리 법관임용시스템의 개선방안,"『민사소송』, 제16권 제2호 (한국민사소송법학
   회), 490쪽.
95) 유주성, "프랑스 검찰의 인사제도와 비교법적 함의,"『강원법학』, 제54호 (강원대학교 비교법
   학연구소, 2018), 406쪽 참조.

는다. 검사동일체의 원칙이 적용되기 때문이기도 하고 공판절차에 심판의 주체인 법관과 달리 당사자의 지위를 갖기 때문이기도 하다.

그런데 검사도 수사단계에서 혐의유무를 밝혀 기소 여부를 결정하는 심판 주체로서 역할을 수행한다. 수사과정에서 당사자나 참고인 등을 조사하고 자료를 수집함으로써 혐의유무에 관한 심증을 형성한다. 그런데 수사나 공판 검사가 인사로 변경되는 경우 후임 검사는 사실 '기록'을 통하여 그 시점까지 이루어진 수사나 재판 상황을 파악할 수밖에 없다. 이는 공판중심주의 원칙에 직접 배치되는 것은 아니지만 피의자, 피해자 및 참고인 등은 자신의 주장이나 진술 등이 제대로 후임 검사에게 전달되지 못한다고 느낄 것이고 경우에 따라 후임 검사의 결정이 불공정하다고 판단하기 쉽다. 국민의 기본권을 보장하고 적법절차를 충실히 보장하여야 하는 관점에서 본다면 검사의 부동성 원칙도 원칙적으로 보장되어야 할 것이다. 물론 앞서 살핀바와 같이 부동성의 원칙을 관철하면 여러 부작용이 발생할 수 있지만 부동성 보장은 법관의 경우와 마찬가지로 적법절차 원칙 등 헌법적 요청에 따라 이루어져야 한다고 본다.

검사의 부동성 원칙이 보장되면 정치권 등 외부에서 전보 인사를 통하여 검사의 공정한 업무수행을 방해할 위험성을 방지할 수 있다. 검사의 독립성을 보장하는 핵심 장치가 되는 셈이다. 법관과 동일한 수준일 필요는 없으나 형사절차에서 국민의 기본권과 적법절차가 보장되는 수준이어야 한다. 검사장이나 검사를 지방검찰청 단위로 임용하는 방안도 생각할 수 있고, 검사는 임명 후 7년마다 적격심사를 받으므로,[96] 매 적격심사 기간 동안 원칙적으로 한 검찰청에 근무하도록 하는 방안도 가능하다고 본다.

V. 결 론

어떠한 법과 제도도 완벽하기는 어렵고 나라마다 사회, 문화적 전통에 따라 적합한 제도가 있기 마련이다. 한국은 정기적으로 법관 전보인사를 실시하는 이례적인 법관인사제도를 유지해왔다. 이러한 인사제도도 순기능이 있고 한국의 사법현실에서 나름의 역할을 한 것은 사실이지만 잦은 인사는 국민의 신속한 재판을 받을 권리와 공판중심주의를 침해하는 문제점이 있다. 당사자들이 아무런 귀책사유 없이

---

96) 검찰청법 제39조 제1항.

단지 법관인사로 인하여 바뀐 새로운 재판부에 주장과 입증을 새로이 해야 하는 것은 부당하고 적법절차 원칙의 취지에도 반한다. 대부분 국가들이 법관의 동의 없이 승진이나 전보를 하지 않는다는 법관의 부동성 원칙을 보장하는 이유도 여기에 있다. 법관의 부동성 원칙은 심판주체가 절차를 시종일관 관장하면서 당사자들의 주장과 입증의 기회를 충분히 보장하고 공정한 절차에 따라 최종 결론을 내리도록 하는 장치이고 형사재판에서 공판중심주의의 원칙을 실질적으로 보장하는 것이다. 비록 종래 전보인사 제도의 틀에서 한국 법관들이 공정하고 신속한 재판을 위해 노력해 왔다고 하더라도 이제 원칙으로 돌아갈 시점이 되었다. 기존 재판부의 유, 무죄에 관한 심증이나 진행된 당사자 사이의 생생한 공방을 새로운 재판부가 동일한 수준으로 인수하기 어렵고 공판절차 갱신이 이루어지더라도 한계가 뚜렷하다.

　법관의 부동성 원칙은 법관인사원칙의 하나로서가 아니라 피고인, 피해자 등 국민의 기본권 보장을 보장하고 적법절차 원칙을 실현한다는 차원에서 다루어져야 한다. 획기적으로 법관의 부동성을 보장하는 방법과 점진적 방식이 가능하다. 점진적 방식을 취한다면 우선 지방법원 판사들에게 우선적으로 보장하여 1심 재판절차가 보다 공판중심주의에 충실하게 운영되도록 할 필요가 있다. 아울러 부판사제도도 도입하여 집중심리가 이루어지도록 할 필요가 있다. 점차 재판이 지연되는 사례가 잦아지고 있다. 이제 법관의 부동성 원칙을 보장하여 공정하고 신속한 재판을 받을 국민의 권리를 보장하고 공판중심주의가 더욱 활성화되도록 할 시점이다.

논문투고일 : 2023.12.12.　논문심사일 : 2023.12.20.　게재확정일 : 2023.12.30.

【참고문헌】

국내문헌

김주경,『각국의 법관 다양화에 관한 연구』, 사법정책연구원 연구총서(2017–06), 2017.

배종대 외,『신형사소송법』, 5판 (홍문사, 2013)

신동운,『신형사소송법』, 제5판 (법문사, 2014).

이완규,『개정 형사소송법의 쟁점』, (탐구사, 2007)

이은모,『형사소송법』, 제6판 (박영사, 2010).

이주원,『형사소송법』, 제3판 (박영사, 2021).

정웅석, 최창호,『형사소송법』, (대명출판사, 2018).

진현섭,『미국과 영국에서의 법관 임용 실태 및 근무 환경에 관한 실증적 연구』, 사법정책연구원 연구총서(2023–09), 2023.

김영훈, "법관의 독립 확보를 위한 법관인사제도의 모색,"『법학연구』, 제27권 제2호 (연세대학교 법학연구원, 2017).

박준선, "미국과 영국의 법관임용제도와 우리나라에의 시사점,"『법학논총』, 제37권 제3호 (전남대학교 법학연구소, 2017).

박형관, "공판중심주의 틀에서 수사와 입증,"『형사소송 이론과 실무』, 제9권 제2호 (한국형사소송법학회, 2017).

서보건, "일본의 사법제도와 재판관제도 개혁,"『영남법학』, 제31호 (영남대학교 법학연구소, 2010).

서창식, "지역법관 제도의 쟁점 평가 및 과제,"『이슈와 논점』, 제610호 (국회입법조사처, 2003)

서창식, "해외 주요국의 법관 인사제도(지역법관제도)와 시사점,"『이슈와 논점』, 제836호 (국회입법조사처, 2014).

유주성, "프랑스 검찰의 인사제도와 비교법적 함의,"『강원법학』, 제54호 (강원대학교 비교법학연구소, 2018).

윤찬영, "유럽의 법관 임용제도와 부판사제도 도입방안 – 오스트리아, 독일, 덴마크, 스웨덴에 관하여,”『법제연구』, 제61권 (한국법제연구원, 2021).

윤찬영, “유럽의 법관임용제도와 사법위원회 – 이탈리아, 프랑스, 네덜란드에 관하여,”『법제』, 제695호 (법제처, 2021).

이경주, “일본의 사법권 독립과 민주화,”『공법연구』, 제48권 제1호 (한국공법학회, 2019).

이국운, “지역법관제도의 입법적 보완방향에 관한 소고: 사법정치학적 분석을 토대로,”『법과 사회』, 제47호 (법과 사회 이론 학회, 2014).

이승호, “문제해결법원의 도입에 관한 검토,”『형사정책』, 제18권 제1호 (한국형사정책학회, 2006).

이재신, “공판중심주의적 법정심리를 위한 소고,”『재판자료: 형사법 실무연구』, 제123집, (법원행정처, 2012).

이종수, “독일의 사법제도에 관한 소고(小考) – 특히 법관인사 등 사법행정을 중심으로 –,”『법학연구』, 제27권 제2호 (연세대학교 법학연구구원, 2017).

임지봉, “법관인사제도의 개선방안 – 관련 법원조직법 개정안을 중심으로,”『입법학연구』, 제18권 제1호 (한국입법학회, 2021).

전윤경, “프랑스 사법관의 인사시스템과 그 시사점(1) 1)– 최고사법관회의(Conseil supérieur de la magistrature)를 중심으로 –,”『형사법의 신동향』, 통권 제60호 (대검찰청, 2018).

전윤경, “프랑스 사법관의 인사시스템과 그 시사점(2) – 승진심사위원회를 중심으로 – ,”『형사법의 신동향』, 통권 제61호 (대검찰청, 2018).

전학선, “프랑스 법원의 인사관리시스템과 최고사법관회의,”『유럽헌법연구』, 제30권 (유럽헌법학회, 2019).

차정인, “공판중심주의 실현방안 연구: 개정 형사소송법상 공판절차와 전문법칙 규정의 해석론과 입법론,” 부산대학교 박사학위 논문, 2009.

한상희, “사법행정체계의 개혁,”『경희법학』, 제54권 제2호 (경희대학교 법학연구소, 2019).

함영주, “미국 연방지방법원 부판사제를 활용한 우리 법관임용시스템의 개선방안,”『민사소송』, 제16권 제2호 (한국민사소송법학회, 2012).

외국문헌

新藤宗幸, 『司法官僚－裁判所の権力者たち－』, (岩波新書, 2009年).

三井 誠 外, 『刑事訴訟法』, 第2版, (日本評論社, 2014).

Stohr, Mary K. and Anthony Walsh, Corrections — the essentials, 3rd Eds., (Sage, 2019)

【국문초록】

　한국은 법관에 대해 정기적으로 전보 인사를 행한다. 이는 비교법적으로 이례적이다. 위와 같은 인사원칙도 어느 정도 순기능이 있겠지만 국민의 신속한 재판을 받을 권리와 공판중심주의를 침해하는 문제점이 있다. 법관의 전보 인사로 재판부가 변경되는 것은 운동 경기 중 심판이 편의적으로 바뀌는 것과 같다. 당사자들이 아무런 귀책사유 없이 단지 법관인사로 인하여 바뀐 새로운 재판부에 주장과 입증을 새로이 해야 하는 것은 부당하고 적법절차 원칙의 취지에도 반한다. 대부분의 국가들이 법관의 동의 없이 승진이나 전보가 이루어지지 않는다는 부동성 원칙을 보장하는 이유도 여기에 있다.

　공판중심주의는 재판부의 유, 무죄 심증형성이 공개된 법정에서 이루어져야 한다는 원칙이다. 공판중심주의는 형사재판의 핵심원칙으로 직접주의, 집중심리주의, 공개재판주의 등을 그 내용으로 한다. 한국에서 종래 수사기관이 작성한 조서에 의존하여 재판부가 유, 무죄의 심증을 형성하는 이른바 '조서재판주의' 관행이 있었고 이에 대한 반성으로 특히 공판중심주의가 강조되었다.

　재판부가 바뀌는 경우 새로운 재판부가 종래 재판부가 형성한 심증을 이어받기 어렵다. 공판절차 갱신절차에 따라 다시 증거조사를 하더라도 한계가 있다. 결국 잦은 재판부 변경은 결국 공판중심주의 원칙을 실질적으로 훼손하는 셈이다.

　공정하고 신속한 재판을 보장하고 공판중심주의를 제대로 실현하려면 법관의 부동성 원칙이 보장되어야 한다. 이는 법관인사원칙의 하나로서가 아니라 피고인, 피해자 등 국민의 기본권 보장을 보장하고 적법절차 원칙을 실현한다는 차원에서 다루어져야 한다. 획기적으로 법관의 부동성을 보장하는 방법과 단계적으로 접근방식이 가능하다. 점진적 방식을 취한다면 우선 지방법원 판사들에게 우선적으로 보장하여 1심 재판절차가 보다 공판중심주의에 충실하게 운영되도록 할 필요가 있다. 아울러 부판사제도도 도입하여 집중심리가 이루어지도록 할 필요가 있다. 점차 재판이 지연되는 사례가 잦아지고 있다. 이제 법관의 부동성 원칙을 보장하여 공정하고 신속한 재판을 받을 국민의 권리를 보장하고 공판중심주의가 더욱 활성화되도록 할 시점이다.

◆ 주제어: 법관의 부동성 원칙, 공판중심주의, 법관인사, 집중심리주의, 공판절차 갱신

【Abstract】

The Principle of the Judge immobility and Public Trial Base Principle

Park, Hyungkwan*

Under the Korean Supreme Court Personnel Order, a regular transfer of judges to different jurisdictions is effected at preset terms. This practice is highly unusual and although the practice was undoubtedly a measure in securing a more sound legal system, troubling side effects have occurred. Two prominent examples include the undermining of the right of a citizen's right to a speedy trial and a weakening of the public trial principle. Changing judges during a trial is akin to changing an umpire during a sporting event. The practice is not only inefficient but places an unfair burden on the parties to reestablish their case anew before a new judge. This is an example of why most countries ensure the principle of judge immobility wherein judges are not moved to new jurisdictions nor promoted without consent.

The public trial base principle maintains that a judge's decision in rendering a guilty or not guilty verdict should be formed mainly in the open courts. This principle includes the principle of direct evidence investigation, concentration of trial procedure, and public trials among others. In the past, Korea criminal procedure had depended largely on the principle of protocol trials, wherein a decision was largely based on the investigating agent's protocols. In an effort to correct the possible biased nature of the practice, the public trial base principle has hence been increasingly emphasized.

When there is a change in the presiding judge, it is extremely difficult to ascertain the reasoning formed through the former trial procedure in rendering a guilty or not guilty decision. Even if the evidence is reinvestigated according to the renewal procedure of the trial, there are limits to what can clearly be reestablished. As a result, frequent changes in the trial bench are

---

* Professor, Gachon University, College of Law.

tantamount to practically undermining the public trial base principle.

To ensure a citizen's right to a fair and speedy trial and successfully establish the public trial base principle, the principle of judge immobility must be guaranteed. This should be effected not merely as a judicial personnel policy but as a principle in securing the constitutional right of the victim as well as the defendant and in keeping with due process. There are two options to introduce the principle of judge immobility: a comprehensive approach or a gradual introduction. Should the latter be adopted, it should first be introduced at the district court level. Further, in facilitating the preliminary trail procedure and the public trial base principle, the introduction of a vice－judge appointing system would be highly beneficial.

There has been an increasing delay in the trial procedure of major trials. It is high time to guarantee the principle of immobility of judges to ensure the right of citizens to receive fair and speedy trials and to further solidify the public trial base principle in our legal systems.

◆ Key Words: The judge immobility principle, Public trial base principle, Judge personnel policy, The principle of concentration of the trial procedure, Renewal of the trial procedure

한국형사소송법학회 『형사소송 이론과 실무』
제15권 제4호 (2023.12) 759~782면.
Theories and Practices of Criminal Procedure Vol. 15 No. 4 (December. 2023) pp. 759~782.
10.34222/kdps.2023.15.4.131

양형상 책임 반영과 예방 고려

김 한 균[*]

목 차

Ⅰ. 서론 : 형벌론에서 책임과 예방

형벌은 과거 범행사실에 책임을 물어 이를 상쇄하기 위한 목적으로 부과하는 공적 제재이며, 또한 예측가능한 장래 범죄위험을 일반적으로 경고하고 개별적으로 방지하기 위한 목적의 처분이기도 하다. 이에 책임원리(책임주의 또는 책임원칙)는 비난 목적은 물론이거니와 예방적 목적일지라도 행위자에게 지울 책임 범위를 초과하는 형벌을 부과하지 못하도록 법치국가적 한계를 정립함으로써 형벌론의 중심을 잡는다. 입법자는 해당 범죄유형에 속하는 범죄자 특성과 잠재적 범죄자로서의 일반인을 전제하고 범죄화와 형의 법정(형의 상하한, 형종, 형의 병과, 가중, 감면) 판단에서 책임과 예방 원리에 기초한다. 또한 구형하는 검사와 양형하는 법관은 각각 해당 행위자 개인과 비교가능한 동종 범죄자를 전제하고, 소추와 구형재량 판단과 양형재량 판단에서 책임과 예방 원리를 고려한다. 양형기준 권고형량범위와 양형인자 또는 집행유예참작사유 설정과 변경에서도, 형벌집행과 처우 단계에서도 고려해야 한다.

이처럼 책임과 예방은 형벌의 기초이자 한계이고, 또한 목적이며, 입법 결단과 양형판단의 정당성 기반으로서 요청되지만, 그 적극적 개념 내용과 해석에 대한 합

---

* 한국형사·법무정책연구원 선임연구위원, 법학박사.

의에 이르기는 어렵다. 통설은 책임 원리를 책임 인정 없이 형벌 없고, 책임 범위를
넘어선 형벌은 부당하다고 선언하면서 형벌 제한 원칙인 점에서 형벌과 양형의 기
본원칙이라고 본다.[1]

　이는 단지 제한의 기본 원칙이라기 보다는 정당화 원리로서 비난과 응보의 책임
은 형벌의 기본 내용으로 반영되어야 하고, 인정된 책임은 형벌로써 상쇄되어야 하
되, 인정된 책임 범위 안에서 예방 목적도 추구해야 마땅하다는 점을 전제로, 일반
적 경고가 필요하다고 해서 상정가능한 책임범위 상한을 초과해서도 안되지만, 개
별적 재범방지 필요가 없다고 해서 상정가능한 책임범위 하한마저 무시해서도 안
된다는 이중의 제한에 구속되어야 한다는 의미로 이해된다. 이처럼 책임 원리는 형
벌 정당성의 최소한을 지시해 준다. 한편 양형의 기본원리로서 비례성원칙은 형벌
의 중한 정도는 범죄자의 범행의 중한 정도에 비례해야 합당하고 정당한 처분으로
인정된다고 하여 형벌 정당성의 원칙적 내용을 지시해 준다. 이에 따라 책임에 상
응하는 형종을 선택하고 형량을 결정할 것이며, 그 내용은 형벌의 목적에 비추어
상당하고 필요한 최소한이어야 한다는 것이다.[2]

　다만 정당성 원리로서 책임원리와 비례성원칙이 정당한 형벌의 종류와 양을 도
출하는 양형의 구체적 기준이 되기는 어렵다. 이는 형벌 목적인 책임과 예방의 반
영 및 고려가 양형의 핵심기초[3]임에도 불구하고, 이제까지 우리 형법의 입법자는
형벌의 목적과 양형의 원칙을 제시하지 못했기 때문이다. 그런 가운데 책임과 예방
에 대한 형벌론적 논의 또한 형벌의 정당화 차원에 머물러 더 전개되지 못하고,[4]
판례 실무 또한 입법 태도와 이론 전개의 수준을 넘기 어려웠으며,[5] 이러한 사정은
양형기준제도 도입 이후에도 진전된 변화를 찾아보기 어렵다. 다만 양형위원회와

1) 김영환·최석윤,『양형의 형벌이론적 기초 및 개별적 양형단계에 관한 고찰』, 한국형사정책연
　구원, 1996, 78, 94-95면.; 조준현, "양형의 원리와 자유형의 집행",『교정연구』, 63(2),
　2014, 38면.; 신동운,『형법총론』15판, 2023, 392면.; 이상돈,『형법강론』4판, 2023, 189면.;
　이재상 외,『형법총론』11판, 10-11면.; 이형국·김혜경,『형법총론』7판, 2023, 264면
2) 영국법과 실무의 양형원칙은 처벌의 중한 정도는 범죄의 중한 정도의 수준에 비례해야
　(commensurate with the seriousness of the offence) 한다는 것이다.
3) 김영환·최석윤, 앞의 책, 34면.; 684.; 이종갑, "형벌이론과 양형",『한양법학』21, 2007, 684
　면.; 이보영, "양형의 필요충분조건으로서 책임과 예방에 관한 소고",『법학연구』21(1), 2010,
　176면.
4) 김영환, "양형의 법적 성격과 양형의 합리화",『형사정책연구』7(1), 1996, 173.; 김영환·최석
　윤, 같은 책, 18,22,75면.; 이보영, 같은 논문, 165면.
5) 김영환, 같은 논문, 177.

양형기준 제도는 '신뢰할 수 있는 공정하고 객관적인 양형'[6]을 목적으로 법적 근거와 이행 기반을 갖추면서 양형기준 설정·변경 원칙으로 피고인의 책임의 정도를 반영할 것과, 범죄의 일반예방과 특별예방을 고려해야 할 것을 명시[7]하였다. 본 논문에서는 이에 주목하여 양형에서 책임반영과 양형고려의 원리를 살펴보고자 한다.

Ⅱ. 양형의 기초와 목적으로서 책임과 예방

1. 양형책임과 예방양형

책임과 예방 이론의 실천적 차원은 책임상쇄적인 정의실현과 함께 사회현실적인 질서유지 기능에 대한 요청[8]에서 펼쳐지는데, 사회가 분화될수록 오히려 형벌에 대한 요청은 높아지고 예방 차원에서 확장되기도 한다. 형벌의 정당화와 목적과 그 한계 설정은 책임과 예방 개념 안에서 연속적으로 이해되는데, 행위자 행위에 대한 책임을 인정하고 묻기 위한 목적과 함께 잠재적 행위자나 해당 행위자의 장래 범죄 행위를 예방하기 위한 목적으로 형벌이 정당하게 부과되는 것이다. 여기서 책임과 일반예방, 특별예방은 형벌 부과의 기초인 동시에 각각 형벌의 법적 상한뿐만 아니라 하한을 설정하고 구체적 사안에서 개별 형량을 확정한다.

즉 형을 법정하는 입법단계에서 책임 개념과 책임원리는 불법행위에 대한 사회적 비난가능성을 확정지어 범죄화를 정당화한다. 또한 책임 정도의 위계에 대한 규범적 판단에 기해 법정형의 종류와 형량의 정도를 설정하게 된다. 형사입법자는 책임 범위 내에서 일반예방 내지 특별예방의 정책적 목적에 따라 형법적 개입을 정당화하고, 그 개입의 정도, 즉 형량의 상한과 하한[9] 범위를 조정한다. 이같은 형사입법자의 일반적 결단, 즉 법률적 양형[10]은 책임과 예방의 공통기반 위에서 형을 개

---

6) 법원조직법 제81조의 2 제1항
7) 법원조직법 제81조의 6 제2항
8) 이종갑, 앞의 논문, 673면.; 김영환·최석윤, 앞의 책, 85면.
9) 형벌목적을 예방이라 이해하고, 책임원리와 예방의 상호관계를 책임을 상한으로 하면서 예방의 관점을 반영하는 선에서 조화를 모색해야 하는 것이라 보는 견해(신동운, 앞의 책, 845면.)도 있으나 책임은 형벌부과의 근거이면서 목적이다. 즉 형벌은 과거의 불법행위에 대한 사회적 비난의 실현으로서 책임을 상쇄하는 것이며, 이를 응보(retribution)로 표현하기도 한다.(김영환·최석윤, 앞의 책, 82면.) 따라서 책임은 형벌의 최대한(상한)을 제한할 뿐만 아니라 최소한(하한)도 제한하는 것이다.

별적으로 양정하는 법관의 양형단계로 이행된다. 즉 양형법관은 형사입법자의 판단
에 따라 법정형과 처단형을 택한 뒤 개별 행위자와 행위의 책임을 가중하고 감경하
는 조건과 특별예방적 조건, 그리고 일반예방적 정책 조건을 고려하여 선고형을 구
체적으로 양정하게 된다. 그리고 선고형이 구금형(일부 선거범죄, 교통범죄의 경우
벌금형)인 한해서는 현행 양형기준이 권고형량범위의 상하한을 권고적으로 제시하
고 있다.

종래 불법에 대한 비난가능성으로서 책임과 구별하여 양형의 기초로서 양형책임
을 논함에 있어서는 행위자의 책임은 양형의 기초라는 의미 정도로 파악[11]하여 동
어반복적으로 설명하거나, 양형의 기초가 되는 책임으로서 행위에 대한 사회윤리적
관점에서 불법판단의 경중을 결정하는 요소인 행위불법과 범죄전후 정황까지 포괄
하므로, 형벌근거책임과 유관하되 실질을 달리하는 개념[12]이라 보거나, 또는 비난
가능성으로서의 책임을 예방에 의해 제약한 책임이라 하여[13] 독자적으로 이해하기
도 한다. 책임의 원리에 기초할 뿐만 아니라 예방의 정책도 고려할 때 비로소 공정
하고 합리적인 양형 판단이 완성된다는 점에서 보면, 책임원리 안에서 양형상 반영
될 책임을 양형책임이라 하고, 이와 함께 양형에서의 예방적 고려를 예방양형이라
할 것이다. 즉 양형책임 개념은 예방양형과 짝을 이뤄 설명되는 개념인 것이다.

---

10) 법률적 양형이란 입법단계에서 형의 양정으로서 법정형 확정뿐만 아니라 양형에 관한 법률규
    정도 포함된다. 적정한 형벌의 판단은 이로써 형사입법자와 형사법관의 공동책임이 된다.(김
    영환·최석윤, 앞의 책, 31면.) 그러나 양자의 분업적 협동이 깨어지거나 일방에 치우치게 된
    다면 심각한 충돌문제가 일어난다.(오경식·김혜경, "법률적 양형의 기본원리와 방향", 『형사
    법의 신동향』 33, 2011, 250 - 252면.) 이러한 지적은 법률적 양형이 설정한 요소와 범위내에
    서 법관의 양형이 이어지는 각 순차적 작용이라기 보다는 법관이 입법자의 의사를 존중하는
    만큼 입법자 또한 법관의 양형재량을 감안하여 상호조정함으로써 궁극적으로 객관적이고 공
    정한 양형에 이르러야 한다는 의미로 이해된다. 책임과 예방은 법률적 양형과 법관의 양형을
    일관되게 묶는 목적이 된다. 하지만 현실적으로 한국사회에서 과잉입법과 과소처벌을 통해 공
    동책임이 실현되지 못함에 따라 결국 중형주의, 대중영합적 엄벌주의(populist punitivism) 문
    제가 발생하게 된다. 그런 점에서 양형기준은 단순히 법관의 양형재량 합리화, 양형편차의 축
    소를 넘어서, 적정한 양형을 위해 입법자의 양형과 법관 양형의 공동책임을 실현하는 제도가
    되어야 할 필요가 있는 것이다.
11) 이형국·김혜경, 앞의 책, 610면.
12) 이재상 외, 앞의 책, 616 - 617면.; 신동운, 앞의 책, 843면.
13) 이종갑, 앞의 논문, 683면.; 조준현, 앞의 논문, 40면.

2. 양형의 원칙과 목적

한편 양형에 관하여 형법 제3장 제2절 형의 양정 제51조와 법원조직법 제8편 양형위원회 제81조의 2에서는 양형을 '형을 정함'이라고 정의하되, 현행법은 그 형의 목적과 형을 정하는 원칙에 대해서 아무런 규정을 두고 있지 아니하다. 독일 형법 제46조(Grundsätze der Strafzumessung) 제1항이 양형의 기본원칙으로써 책임원리와, 특별예방의 보충적 관점('행위자의 장래 사회 생활에 관해 예상가능한 효과 고려')을 규정한 것과 대비된다.[14)

뿐만 아니라 영국 2003년 형사사법법(Criminal Justice Act 2003) 제142조 양형목적(Purposes of sentencing) 제1항은 양형법관이 반드시 고려해야 하는 양형의 목적을 (a)범죄자 처벌[15), (b)일반예방과 범죄감소, (c)범죄자 교정 및 재사회화, (d)사회 보호(protection of the public), (e)피해회복(reparation)[16) 이라고 규정[17)한 경우,

---

14) 고봉진, "독일의 양형원리와 정책", 『법과 정책』 14(2), 2008, 27면.

15) 범죄자 처벌(punishment)이 그 자체로서 형벌의 목적인지, 아니면 범죄감소와 피해회복 목적을 위한 수단인지에 관해서는 견해가 나뉜다. (N.Walker, Why Punish? 1991, 34면.) 영미법에서 sentence는 유죄 피고인에 대하여 법관이 판단한 처벌을 뜻하고, sentencing은 법관의 처벌에 대한 판단절차와 그 결과를 뜻한다. (https://www.sentencingcouncil.org.uk/sentencing-and-the-council/how-sentencing-works/2023년 12월 1일 최종검색) 영국 2003년 법 해당 규정에서 형벌 또는 양형의 목적으로서 범죄자 처벌이라면 타 목적과 비교해 볼 때 범죄자에 대한 사회적 비난의 부과를 뜻한다고 볼 수 있다.

16) 피해회복 개념은 이를 중대한 인권침해 피해자를 위한 정의 회복에서 핵심요소로 보는 국제형법적 이해로부터 비롯되었다. 즉 과거청산사법 내지 이행기정의(transitional justice) 와 관련하여 치유를 위한 피해자의 필요를 인식하고 침해의 원인과 결과를 함께 해소해야 한다는 개념이다. 피해회복의 내용은 원상회복(Restitution), 피해배상(Compensation), 치유지원(Rehabilitation), 진상규명(Satisfaction), 재발방지(Guarantees of non-recurrence)다. (US Department of State, Transitional Justice Initiative: Reparation, 2016) 1974년 미국변호사협회의 표준범죄피해회복법(Uniform Crime Victims Reparations Act)에서는 범죄피해에 대한 국가적 사회적 회복조치를 뜻한다. 뉴질랜드 2002년 양형법(Sentencing Act) 제32조(Sentence of reparation)에 따르면 법관은 범죄자에 대해 (a) 재산상의 손실, (b) 정신적 위해, (c) 신체적 정신적 위해로 인한 사후적 손실 또는 피해에 대한 회복명령을 선고할 수 있다.

17) 책임(범죄자 처벌)과 예방(일반예방, 범죄자 교정)뿐만 아니라 사회보호와 피해자회복까지 포함하는 복수의 양형 목적을 선택적으로 규정한 영국 입법례는 양형의 본질상 개별 사안에 구체적으로 대응할 수 있도록 하기 위함이다. 다만 원칙적 목적을 인정하지 않고 열거적으로 규정함으로써 개별 법관의 양형 철학에 따른 자의적 선택이 가능하게 만든다는 비판도 있다. (Andrew Ashworth, Sentencing and Criminal Justice, 6th ed. 2015, 81면.; Julian V.

호주 빅토리아주 1991년 양형법(Sentencing Act 1991) 제5조(purposes of senten-cing) 제1항이 (a)정당한 형벌, (b)일반예방과 특별예방, (c)재사회화, (d) 공적 비난 (denunciation), (e)지역사회 보호(community protection)로 규정한 것처럼 복수의 목적 규정을 두는 경우와도 대비된다.

물론 우리 형법도 책임원리를 헌법 제10조에서 도출되는 기본원리로 삼고 있으며,[18] 형벌 목적 달성에 필요한 정도의 법정형은 행위자 책임과 범죄 예방효과에 비추어 판단하게 된다.[19] 하지만 헌법상의 근거만을 둔 경우와 형법상 명문의 근거를 둘 경우는 법관의 양형 판단에 있어서 엄연히 차이가 있다. 양형의 원칙에 대한 명문의 법률규정이 있을 경우 종래 항소사유로서 양형부당과 법리오해[20]의 구분은 다른 의미 차원을 갖게 될 것이기 때문이다. 즉 원칙적으로 양형부당은 상고이유가 될 수 없으나,[21] 양형 원칙규정 해석의 잘못을 이유로 상고도 가능하게 될 것이다.

또한 1992년 정부 형법개정법률안이 제44조(양형의 기준) 제1항에서 '형을 정함

Roberts, "영국의 양형개혁 : 최근 동향에 대한 고찰", 『형사정책연구』 제68호, 2006, 295-297면) 오히려 형벌목적의 다양성을 지향함으로써 복잡하고 다양한 행위관련 양형이 가능할 것이라는 견해로는 조준현, 앞의 논문, 46-47면.

18) 책임 없는 자에게 형벌을 부과할 수 없다는 형벌에 관한 책임주의는 형사법의 기본원리로서, 헌법상 법치국가의 원리에 내재하는 원리인 동시에, 국민 누구나 인간으로서의 존엄과 가치를 가지고 스스로의 책임에 따라 자신의 행동을 결정할 것을 보장하고 있는 헌법 제10조의 취지로부터 도출되는 원리이다.(헌재 2007. 11. 29. 2005헌가10 결정)

19) 법정형의 설정이 입법정책에 속한 사항이라 하더라도 어느 범죄에 대한 법정형이 그 범죄의 실태와 죄질의 경중, 이에 대한 행위자의 책임, 처벌규정의 보호법익 및 형벌의 범죄예방 효과 등에 비추어 지나치게 가혹한 것이어서 전체 형벌체계상 현저히 균형을 잃음으로써 다른 범죄자와의 관계에 있어서 헌법상 평등의 원리에 반하게 된다거나, 그러한 유형의 범죄에 대한 형벌 본래의 기능과 목적을 달성함에 있어 필요한 정도를 현저히 일탈함으로써 헌법 제37조 제2항의 과잉입법금지원칙에 반하는 등 입법재량권이 헌법규정이나 헌법상의 제 원리에 반하여 자의적으로 행사된 것으로 평가되는 경우에는 입법재량권을 남용하였거나 그 한계를 일탈한 것으로서 헌법에 반한다. (헌재 1995. 11. 30. 94헌가3)

20) 양형부당은 양형조건이 되는 사정에 관하여 제대로 심리하지 아니하였거나 이를 참작하지 아니한 경우를 뜻한다. (대법원 2022. 12. 15. 선고 2022도10452 판결) 법리오해는 법령 해석의 잘못, 법령 적용의 잘못 등이 있는 경우를 뜻한다.(대법원 2010.7.14. 선고, 2009마2105 결정)

21) 형의 양정은 사실심법관의 전권사항이므로 이를 들어 상고를 할 수 없으나, 현저한 양형부당을 바로 잡는 것은 법이 추구하는 정의이며, 형의 양정에 관하여 이유를 명시하지 아니하는 법제하에서 사실심법관의 형의 양정에 관한 현저한 개인차를 줄이고 상고에 의하여 양형의 기준을 일반화하여 형의 불균형을 해소하기 위해서 양형부당을 이유로 하는 상고가 예외적으로 허용되는 것이다.(대법원 1983. 3. 8., 선고, 82도3248, 판결)

에 있어 범인의 책임을 기초로 한다'고 제안했던 이유를 '양형기준을 합리화하고 형벌의 남용을 방지하기 위하여 책임주의를 선언'[22]하였다고 설명하였다는 점에서, 당시에는 오늘날의 양형기준제도를 상정하지 아니하였더라도, 현행 양형기준 취지와 동일하게 양형(재량)의 합리화를 위해서 양형의 기준원리에 대한 형법적 명문규정이 필요하다는 취지였던 것이다. 그러므로 양형의 기준이 되는 목적 규명과 법정은 양형 합리화의 중요한 조건이 된다.

Ⅲ. 양형 조건으로서 책임과 예방적 요소

1. 양형의 조건

현행 형법은 양형의 참작사유에 대해서 규정하는 방식으로 책임원리 내에서 책임반영(양형책임) 및 예방적 고려(예방양형)의 양형원리를 인정하고 있다. 즉 제51조(양형의 조건)에서 양형에서 '참작'해야 하는 기초사실로서 ① 범인의 연령, 성행, 지능과 환경, ②피해자에 대한 관계, ③ 범행의 동기, 수단과 결과, ④ 범행 후의 정황을 열거적으로 규정[23]함으로써, 양형책임과 예방양형의 원칙적 방향과 요소에 관해서는 명문의 근거를 둔 셈이다.[24] 즉 범죄자의 주관적 측면과 범행의 객관적

---

22) 政府 刑法改正法律案 (1992.7.) 3 – 4면.

23) 형법 제51조 규정은 1953년 제정형법 이래 가장 최근 형법 개정에 이르도록 동일한 내용이다. 1949년 정부형법초안 제50조에서도 "형을 정함에 있어서는 범인의 연령, 성행, 지능, 환경 및 피해자에 대한 관계와 범행의 동기, 수단, 결과 및 범행후의 정황을 참작하여야 한다."는 동일 내용이 각 호의 열거형식으로 바뀌었을 뿐이다. (제16회 국회임시회의속기록 제11호 (1953.6.27)『형법 제·개정 자료집』, 한국형사정책연구원, 2009, 165면)

24) 독일 형법의 경우 제46조 제1항에서 양형의 원칙을, 제2항에서 양형참작사유를 각각 규정한 태도와 비교된다. 그럼에도 우리 형법의 제51조를 일종의 양형원칙 규정으로 볼 수 있는 것은 형법 제2절 형의 양정 부분 가장 앞에 위치하면서 후술하는 바와 같이 선고유예와 집행유예의 참작사유가 될 뿐만 아니라 형사소송법상 검사의 소추재량의 참작사유이기도 하기 때문이다. 또한 우리 형법과 독일 형법이 예시한 양형참작사유는 대체로 같다.

형법 제51조	독일형법 제46조 제2항
범인의 연령, 성행, 지능과 환경	범행을 통하여 표출된 성향과 범행의지 행위자의 전력, 개인적·경제적 사정
피해자에 대한 관계	
	의무위반의 정도

측면을 모두 고려하도록 형식을 갖추었기 때문에, 양형에서 책임을 반영하고 예방을 고려하는 원칙적 방향을 제시하는 일정 역할을 맡을 수 있다.[25] 하지만 이러한 양형 조건, 양형의 기초사실, 또는 양형참작사유 규정은 구체적 조건을 예시적으로 나열할 뿐,[26] 책임과 예방 요소를 체계화하여 제시하지 못하고 있다.[27]

양형의 조건으로서 '범인의 연령과 지능'은 형법 제9조(형사미성년자)와 제10조(심신장애인)에 해당하는 사실 이외에 양형의 기초가 되는 사실을 가리킨다. 따라서 개별 행위자가 청소년이나 고령자인 경우, 심신상실 또는 미약에 이르지 아니할 정도의 정신적 장애나 지적 장애 행위자인 경우 고려할 수 있다. 예컨대 젊은 나이를 성행의 개선여지에 긍정적으로 본 판례[28]의 경우 연령을 특별예방적으로 고려한 경우라 할 것이다.

이어서 '범인의 성행(행실, 품행)'은 연령, 지능, 환경과 함께 제시된 사유이므로 교육, 직업, 사회적 지위, 건강상태, 전과전력까지 간접적으로 징표[29]되는 인적 측면을 고려할 수 있도록 하는 사유라 할 것이다. 예컨대 판례는 "성실한 생활태도" "방탕한 생활"을 범인의 성행과 관련하여 지적하고 있다.[30]

범행 동기, 수단, 결과	행위자의 범행동기 및 목적 실행행위의 유형과 범죄의 유책한 결과
범행 후의 정황	범행 후 행위자의 태도, 특히 피해배상을 위한 노력, 범죄피해자와의 화해를 위한 행위자의 노력

25) 뿐만 아니라 형사소송법 제247조(기소편의주의)에 따르면 검사의 소추재량 또한 형법 제51조의 양형조건을 참작해야 한다. 이 점을 볼 때 형법 제51조의 양형 조건으로 제시된 기초사실은 소추재량의 판단에서나 양형재량의 판단에서나 책임과 예방의 관점에서 파악되는 것이다.

26) 양형의 조건에 관하여 규정한 형법 제51조의 사항은 널리 형의 양정에 관한 법원의 재량사항에 속하고, 이는 열거적인 것이 아니라 예시적인 것이다. (대법원 2017. 8. 24., 선고, 2017도5977, 전원합의체 판결)

27) 이종갑, 앞의 논문, 684면.

28) 피고인이 이 사건 범죄사실을 인정하는 점, 초범인 점, 피고인이 아직 젊은 나이로 어려운 경제형편에서 공무원 시험을 준비하고 있는 등 성행의 개선여지가 큰 점 등은 피고인에게 유리한 정상이다. (전주지방법원 2017. 11. 30. 선고 2017고단1848 판결)

29) 고봉진, 앞의 논문, 37면.

30) 평소에 성실한 생활태도를 외면하고 도박과 방탕한 생활을 일삼아 그로 인하여 많은 채무를 부담하게 되었고, 피해자 및 그의 가족들과 종전에 친분관계가 있었음에도 불구하고 오로지 돈을 마련할 목적으로 .... 인간의 존엄성을 저버리고 물욕에 눈이 어두워 타인의 고귀한 생명을 가벼이 파괴하여 버리는 피고인의 잔인한 성격을 그대로 표출한 것이다. (대법원 1993. 6. 8., 선고, 93도1021, 판결)

　범행후 정황에 관하여는 형법 제52조(자수, 자복) 이외에 양형에 참작할 사실로
서 특히 피해회복이나 피해자와의 화해 노력이 해당된다.[31] 예컨대 판례는 형사소
송절차에서 피고인 행태에 대해 재범위험과 관련하여 가중사유로 판단한다.[32]

　무엇보다 제51조의 양형조건 규정은 각각 제59조(선고유예의 요건)[33] 제62조(집
행유예의 요건)[34]의 기본요건이 되고, 선고유예 요건으로서 '뉘우치는 정상(개전의
정상)', 집행유예 요건으로서 '정상참작 사유'는 예방적 요소가 된다.[35] 이에 비해
형법 제53조(정상참작감경)[36]의 조건으로서 정상참작사유는 제51조의 양형조건뿐
만 아니라 양형책임과 예방양형 요소전반을 가리킬 것이므로,[37] 집행유예요건으로

---

31) 고봉진, 앞의 논문, 37면.

32) 형법 제51조 제4호에서 양형의 조건의 하나로 정하고 있는 범행 후의 정황 가운데에는 형사
소송절차에서의 피고인의 태도나 행위를 들 수 있는데, 모든 국민은 형사상 자기에게 불리한
진술을 강요당하지 아니할 권리가 보장되어 있으므로(헌법 제12조 제2항), 형사소송절차에서
피고인은 방어권에 기하여 범죄사실에 대하여 진술을 거부하거나 거짓 진술을 할 수 있고, 이
경우 범죄사실을 단순히 부인하고 있는 것이 죄를 반성하거나 후회하고 있지 않다는 인격적
비난요소로 보아 가중적 양형의 조건으로 삼는 것은 결과적으로 피고인에게 자백을 강요하는
것이 되어 허용될 수 없다고 할 것이나, 그러한 태도나 행위가 피고인에게 보장된 방어권 행
사의 범위를 넘어 객관적이고 명백한 증거가 있음에도 진실의 발견을 적극적으로 숨기거나
법원을 오도하려는 시도에 기인한 경우에는 가중적 양형의 조건으로 참작될 수 있다. (대법원
2001. 3. 9., 선고, 2001도192, 판결); 반면 수사 및 재판과정에서 범행 모두를 시인하면서 용
서를 빌고 참회하고 있는 점 등에 비추어 사형으로 처단하는 것은 부당한 양형이라 보기도 한
다. (대법원 2001. 3. 9., 선고, 2000도5736, 판결)

33) 형법 제59조 ① 1년 이하의 징역이나 금고, 자격정지 또는 벌금의 형을 선고할 경우에 제51
조의 사항을 고려하여 뉘우치는 정상이 뚜렷할 때에는 그 형의 선고를 유예할 수 있다.

34) 형법 제62조 ① 3년 이하의 징역이나 금고 또는 500만원 이하의 벌금의 형을 선고할 경우에
제51조의 사항을 참작하여 그 정상에 참작할 만한 사유가 있는 때에는 1년 이상 5년 이하의
기간 형의 집행을 유예할 수 있다.

35) 뉘우치는 정상이나 정상참작사유가 불확정 개념이어서 법관재량에 의존하기 때문에 재범가능
성 예측과 같은 사실적 개념으로 대체되어야 하고, 재사회화 필요기간에 대한 범죄학적 연구가
뒷받침되어야 한다는 지적도 나온다. (김영환·최석윤, 앞의 책, 193면.) 물론 제51조의 양형참
작사유들도 재범예측의 조건이며, 범죄학적 연구결과에 기초해야 한다. 선고유예와 집행유예요
건이 제51조와 연계되어 있기 때문에 불확실하며 전적으로 재량에 맡겨져 있는 것은 아니다.

36) 형법 제53조 범죄의 정상(情狀)에 참작할 만한 사유가 있는 경우에는 그 형을 감경할 수 있다.

37) 피고인이 외국에서 기소되어 미결구금되었다가 무죄판결을 받은 이후 다시 그 행위로 국내에
서 처벌받는 경우, 공판 과정에서 외국에서의 미결구금 사실이 밝혀진다면, 양형에 관한 여러
사정들과 함께 그 미결구금의 원인이 된 사실과 공소사실의 동일성의 정도, 미결구금 기간,
해당 국가에서 이루어진 미결구금의 특수성 등을 고려하여 필요한 경우 형법 제53조의 작량
감경 등을 적용하고, 나아가 이를 양형의 조건에 관한 사항으로 참작하여 최종의 선고형을 정

서의 정상참작사유와는 구별될 것이다.

양형조건	선고유예요건	집행유예요건	정상참작감경
범인의 연령, 성행, 지능환경 피해자에 대한 관계 범행동기, 수단과 결과 범행후 정황			정상참작사유
	뉘우치는 정상	정상참작사유	

2. 양형의 판단

법원도 형법 제51조에 근거하여 양형을 이해한다. 즉 '법정형을 기초로 하여 형법 제51조에서 정한 양형의 조건이 되는 사항을 두루 참작하여 합리적이고 적정한 범위 내에서 이루어지는 재량 판단'이라 이해하면서,[38] 양형의 판단재량과 그 범위에 관하여는 죄형 균형 원칙이나 책임원리에 비추어 볼 때 내재적 한계가 있다고 인정하며,[39] 책임원리를 양형심리와 양형판단방법의 적법성에 대한 기준으로 본다.[40]

다만 제51조의 예시적 규정으로부터 각 참작사유를 교량함에 기준이 될 양형원리나 양형책임에 대한 원칙적 한계가 도출되지는 못할 것인데[41], 이는 법원이 제51조에 대해 다음과 같이 해석하고 있기 때문이다. 첫째, 제51조가 정한 양형조건에 포섭되지 않는 양형의 기초사실이라 하더라도 사실입증이 된다면 핵심적인 형벌가중적 양형조건으로 삼을 수 있다.[42] 둘째, 범행의 동기, 범행의 도구 및 수법, 피고

함으로써 적정한 양형을 통해 피고인의 미결구금에 따른 불이익을 충분히 해소할 수 있다(대법원 2017. 8. 24., 선고, 2017도5977, 전원합의체 판결)

38) 대법원 2015. 7. 23., 선고, 2015도3260, 전원합의체 판결
39) 대법원 2020. 9. 3., 선고, 2020도8358, 판결
40) 사실심법원이 피고인에게 공소가 제기된 범행을 기준으로 형법 제51조가 정한 양형조건으로 포섭되지 않는 별도의 범죄사실에 해당하는 사정에 관하여 합리적인 의심을 배제할 정도의 증명력을 갖춘 증거에 따라 증명되지 않았는데도 핵심적인 형벌가중적 양형조건으로 삼아 형의 양정을 함으로써 피고인에 대하여 사실상 공소가 제기되지 않은 범행을 추가로 처벌한 것과 같은 실질에 이른 경우라면, 단순한 양형판단의 부당성을 넘어 죄형 균형 원칙이나 책임주의 원칙의 본질적 내용을 침해한 것이다. 이는 사실심법원의 양형심리와 양형판단 방법이 위법하다는 판단에 이르게 된다. (대법원 2020. 9. 3., 선고, 2020도8358, 판결)
41) 김영환·최석윤, 앞의 책, 43-44면.
42) 대법원 2020. 9. 3., 선고, 2020도8358, 판결

인의 성행, 전과, 연령, 직업과 환경 등의 양형의 조건을 참작하여 제1심의 형량이 적절하다고 판단된다고 하여 항소기각의 판결을 선고하였다면, 양형의 조건이 되는 사유에 관하여는 이를 판결에 일일이 명시하지 아니하여도 위법이 아니다.[43]

이로 인해 법원은 양형판단에서 "형법 제51조 소정의 양형조건들을 종합적으로 고려하고"[44] "형법 제51조의 양형조건을 모두 참작하여"[45] "형법 제51조 소정의 양형조건을 두루 종합하면"[46]이라 서술하는데 그치고 개별 양형참작사유를 구체적으로 살피지 못한다.

다만 제51조 규정의 예시적 형식은 양형 법관으로 하여금 특별한 사정을 고려해야 할 사안에서 양형의 조건이 되는 모든 사항을 참작하도록 권고하는 의미도 있다고 볼 수 있다.[47] 또한 제51조에는 범죄행위에 관련된 사유들과 더불어 피고인에 관련된 사유들이 더 많이 열거되어 있다는 점에 주목하는 해석[48]의 경우, 제51조 양형 조건의 네 가지 조건과 그 개별요소의 많고 적음을 산술비교한 해석이라기 보다는 양형법관으로 하여금 합리적 양형판단을 위해서는 범행에 대한 객관적 책임만큼 범죄행위자의 주관적 책임과 특별예방적 고려가 중요하다는 원칙적 해석이라

---

43) 대법원 1994. 12. 13., 선고, 94도2584, 판결
44) 예컨대 대구지방법원 2021. 6. 8. 선고 2020고합553 판결
45) 예컨대 울산지방법원 2022. 12. 23. 선고 2022고합333, 2022초기1705 판결
46) 예컨대 의정부지방법원 2020. 10. 15. 선고 2020노1604 판결
47) 사형을 선고함에 있어서는 <u>범인의 연령, 직업과 경력, 성행, 지능, 교육정도, 성장과정, 가족관계, 전과의 유무, 피해자와의 관계, 범행의 동기, 사전계획의 유무, 준비의 정도, 수단과 방법, 잔인하고 포악한 정도, 결과의 중대성, 피해자의 수와 피해감정, 범행 후의 심정과 태도, 반성과 가책의 유무, 피해회복의 정도, 재범의 우려</u> 등 양형의 조건이 되는 모든 사항을 참작하여 위와 같은 특별한 사정이 있음을 명확하게 밝혀야 한다. (대법원 2000. 7. 6., 선고, 2000도1507, 판결; 대법원 2001. 3. 9., 선고, 2000도5736, 판결)
48) 형법 제51조에는 범죄행위에 관련된 사유들과 더불어 <u>범죄행위자인 피고인에 관련된 사유들이 더 많이 열거되어 있다</u>는 점은 양형의 심리·판단 단계에서 주목되어야 할 부면이다. (대법원 2002. 10. 25., 선고, 2002도4298, 판결) 이에 비해 형법 제51조에 열거된 사항은 결과책임을 중시하고, 범죄자 개선과 재사회화는 부차적으로 고려하는 듯한 인상을 준다고 보기도 한다. (김영환·최석윤, 앞의 책, 22,44면.) 1953년 형법 신규제정문이 "형을 정함에 있어서는 범인의 연령, 성행, 지능, 환경 및 피해자에 대한 관계와 범행의 동기, 수단, 결과 및 범행후의 정황을 참작토록 함."(국가법령정보 https://www.law.go.kr/)이라 명시한 점을 볼 때 형법 제51조에서 형벌의 목적이나 양형의 원칙으로서 교화나 재사회화를 도출하기는 어렵지만, 양형판단에 있어서 범죄결과보다는 범죄행위자를 고려할 것을 강조하려는 입법자의 구상을 확인할 수 있다.

이해할 수 있다.

그리고 제51조의 각 조건의 참작은 형의 가중과 감경 양 방향으로 작용할 것인데, 책임의 원리에 기초한 예방의 정책적 고려가 함께 공정하고 합리적인 양형에 이르는 판단을 가능하게 한다는 점에서 볼 때 개별 참작사유는 각각 양형책임과 예방양형을 참작할 지점을 특정해 주는 것이라 이해할 수 있다. 다만 범인의 연령, 성행, 지능, 환경과 범행 후 정황의 사유의 제시는 특별예방적 고려에 더 주의를 기울이도록 하려는 취지의 규정으로 판단된다.

Ⅳ. 양형기준 설정 · 변경원칙으로서 책임반영과 예방고려

1. 양형기준제도하에서의 책임과 예방

종래 형벌 목적으로서 책임과 예방에 관한 논의에 부속된 양형책임 논의는 책임원리에 대한 설명의 일부였거나, 명문 규정을 둔 독일 형법의 이론을 전제로 한 논의[49]였다. 이제는 양형기준제도 시행 이래 대부분의 주요범죄에 대해 설정[50]된 양형기준을 전제로 양형에서 책임과 예방을 살펴보아야 할 것이다. 현행 양형기준 제도의 법적 기반인 법원조직법 제81조의6 제1항에 따르면 양형기준은 법관으로 하여금 합리적인 양형을 도출하는데 참고할 수 있는 구체적이고 객관적인 기준을 뜻한다. 이어서 제2항에 따르면 합리적 양형의 기준을 설정하거나 변경할 때 준수할 원칙들 중 첫째는 피고인의 책임의 정도를 반영할 것이며, 둘째는 범죄의 일반예방과 특별예방(피고인의 재범 방지 및 사회복귀)을 고려해야 한다는 것이다.

양형기준 설정 또는 수정에서 책임반영과 예방고려 대상은 범죄군 유형별 권고형량범위의 각 기본, 감경, 가중영역의 상하한, 특별양형인자와 일반양형인자, 감경요소와 가중요소, 그리고 집행유예의 주요참작사유와 일반참작사유, 부정적 사유와 긍정적 사유에 해당할 것이다. 대체적으로 양형인자 체계에 따르면, 형량범위를 결정하는 특별─일반 양형인자의 구분은 각각 가중과 감경방향의 책임반영과 예방고려의 규범적 평가에 따른다. 이러한 구분의 평가는 설정대상 범죄특성에 따라 판단을 달리 한다. 예컨대 처벌불원은 예방적 고려에 기해 감경요소로 평가되지만,

---

49) 이종갑, 앞의 논문, 682면.
50) 2023년 6월 현재 모두 46개 범죄유형에 대해 양형기준이 설정되어 있다.

2009년 시행된 성범죄 양형기준에서는 특별감경인자로, 2021년 시행된 디지털성범죄양형기준에서는 일반감경인자로 평가된다.

생각건대 책임과 예방은 양형판단의 기초이면서, 양형재량을 제한하는 근거이기 때문에, 양형기준 설정·변경에서의 책임반영과 예방고려의 원칙은 곧 양형법관의 개별 양형판단에 있어서 합리성을 보장하는 원칙이 될 것이다. 다만 애초 법이 책임반영과 예방고려를 양형기준 설정·변경 원칙으로서 규정하였다 해도, 개별 양형기준의 설정·변경에 대한 논의와 의결과정, 그리고 그 결과물인 구체적 양형기준의 형종 및 형량기준과 양형인자 체계에서 그 취지가 실현되고 있는지 확인 판단하기 어렵다.

결국 양형기준 설정·변경에서 명문의 원칙에 따른 책임 반영과 예방 고려가 경시되거나 실현되지 못한다면, 책임의 초과반영이나 과소반영, 일반예방적 고려의 과잉이나 특별예방적 고려의 부재로 이어질 것이다. 또한 기본－가중－감경 형량범위의 부당한 설정이나 특별－일반 양형인자 구분의 부당한 설정 또는 미설정도 문제될 것이다. 결국 양형의 합리화에 기여하기 어렵다는 부정적 평가를 마주하게 될 것이며, 공정하고 객관적인 개별 양형 판단에도 부정적 영향을 미치게 될 것이다.

2. 규범적 조정과 책임반영-예방고려 원칙

종래 양형기준에서 형량범위의 설정근거로서 제시하는 규범적 조정이란 법정형 체계에 비춘 정합성이나, 입법자 의사 및 형사정책적 고려에 따른 형량범위 상하한의 수정을 뜻한다. 비교적 새로운 범죄유형으로서 양형기준 설정의 정책적 필요성에도 불구하고 설정의 통계적 기초로 삼을 양형판단례 축적이 부족한 사안에서는 규범적 조정으로 메꾸게 될 불가피한 경우도 있겠으나, 종래 양형실무에서 벗어나는 설정 내지 수정에 규범적 조정을 활용하는 데는 소극적인 경우가 대부분이다. 한편으로 최근 디지털성범죄 양형기준[51]의 경우 권고형량범위의 설정에서 해당 범죄유형에 특유한 입법정책적 변화가 반영되었음을 감안하더라도 '규범적 조정'[52]이라는 표현으로 포괄되어 있어 책임반영이나 예방고려 여부와 정도에 대한 평가가 힘들다.

---

51) 2021년 1월 1일 시행, 2023년 4월 24일 제2차 수정 및 2023년 7월 1일 시행.
52) 양형실무에 대한 개선 의견이 높고, 보다 엄정한 양형을 바라는 국민적 공감대가 형성되어 있는 범죄 및 법정형이 상향 조정된 범죄에 관해서는 형량 범위를 설정할 때 <u>적절한 규범적 조정</u>이 이루어졌다. (양형위원회, 『양형기준 2023』, 2023, 844면)

물론 양형기준 설정 대상 범죄군 선정 단계에서는 국민의 법감정과 국민적 관심사 뿐만 아니라 범죄 발생 빈도 및 사회적 영향 정도 등의 요소를 고려한다.[53] 하지만, 기준 내용의 설정·변경에서는 정책 현실에 대한 고려가 규범적 조정을 명분으로 반영되기 어렵다. 현행 양형기준제도가 양형을 정책합리적인 방향으로 이끌어가는 규범적 조정보다는 기존 양형 실무를 평균적인 방향으로 안정화(양형편차의 해소)하는데서 양형 합리화의 의미를 찾고 있기 때문인 것으로 판단된다. 양형위원회의 유사입법적 기능에 대한 의문이 제기될 수 있기 때문이기도 하다.[54] 이처럼 양형기준 제도의 운영에서 규범적 조정이 그 정책적 효용을 현실적으로 기대하기 어려운 공허한 장치이거나 의문의 대상이라면, 오히려 법에 규정된 원칙인 책임반영과 예방고려에 주목해야 할 것이다.

그렇다면 양형기준 설정·변경에서 법정형과 양형판단례에 먼저 반영 및 고려된 책임과 예방의 내용을 그대로 따르면 될 것인가? 양형기준 제도의 취지인 양형의 합리화를 고려한다면 양형기준 고유의 반영과 고려 판단이 필요하다. 양형기준제의 입법자는 양형기준을 설정·변경할 때 범죄의 죄질, 범정 및 피고인의 책임의 정도를 반영할 것, 범죄의 일반예방과 피고인의 재범 방지 및 사회복귀를 고려할 것을 원칙으로 준수하여야 한다고 규정하였으므로[55], 양형기준으로 하여금 실정법과 판결례에서의 반영과 고려 외에도 합리화에 필요한 판단을 하도록 한 것이라 보아야 한다.

이에 양형기준 설정·변경에서 책임반영과 예방고려의 원칙을 어떻게 구체적으로 적용할 것인지의 문제를 가장 최근 설정되고 2차례 변경된 (2021~23년) 디지털성범죄 양형기준을 예로 살펴 본다.

(1) 디지털성범죄 양형기준의 설정 – 아동성착취물범죄 유형의 경우

2020년 양형위원회는 디지털성범죄 양형기준 설정에서 "보다 엄정한 양형을 바라는 국민적 공감대가 형성되어 있는 범죄에 관해서는 적절한 규범적 조정을 가할

---

53) 양형위원회, 양형기준 2023, 828면.
54) 규범적 조정을 양형기준 설정을 통해 형량범위를 규범적으로 조정하고 양형인자를 신설 또는 배제하는 정책적 판단을 고려하는 규범적 접근방식이라 이해할 때, 양형위원회의 적극적 정책 기능이나 사실상의 입법 기능에 대해서는 양형기준을 준수할 법관부터 공감을 얻기 쉽지 않을 것이다. (김한균, "디지털 성범죄 양형과 양형기준의 규범적 조정", 『형사정책』 32(2), 한국형사정책학회, 2020, 24면.)
55) 법원조직법 제81조의 6 제1항 제1호 및 제2호

수 있음 ”을 확인하면서, 예컨대 “아동청소년성착취물 범죄의 특수한 사항으로서 아동·청소년에게 심각한 피해를 초래하는 경우가 많고, 그 양형에 대한 사회적 관심과 비판이 높아지고 있음”[56] 을 인정하였다. 이에 형량범위를 검토하면서 소유형 2(영리 등 목적 판매 등), 소유형 3(배포 등), 소유형 5(구입 등) 범죄에 대해서는 상향된 법정형[57]을 적용한 양형 사례가 축적되어 있지 않아 참고할 양형 실무가 없는 상황에서 법정형이 동일하거나 유사한 범죄의 양형기준(유사한 성격의 성범죄 또는 성매매범죄)에서 정한 형량 범위를 참고하였다[58]는 것이다.

살펴보면, 소유형 2(판매)에 대해서는 대폭 가중된 법정형에 따른 양형실무가 아직 형성되지 않은 만큼 양형기준 설정 단계에서는 규범적 조정에 신중을 기하고, 양형실무의 추이를 분석하여 추후 적절하게 반영할 필요가 있다고 유보하면서, 법정형이 동일한 종전 성범죄 내지 성매매범죄의 권고형량범위를 최대한 수용하면서 구성요건적 행위가 다양하게 포괄되어 있다는 점 한편으로 엄벌의 필요성에 대한 사회적 요구가 높다는 점을 감안하였다. 그 결과 상한을 다소 높이는 범위에서 규범적 조정을 함으로써 엄벌의 필요성에 관한 사회적 요구를 충족하였다는 것이다.[59]

그런데 양형위원회는 양형실무의 부재 상태를 전제로 규범적 조정의 신중필요성, 엄벌 필요성에 대한 사회적 요구 수용필요성 사이에서 단지 법정형이 동일한 (5년 이상의 징역) 성범죄 내지 성매매범죄의 권고형량범위 상한을 ‘다소 높이는’조정 외에는 책임 반영과 예방 고려에 대한 별다른 노력을 보이지 아니하였다.

무엇보다도 입법자가 소유형 2(영리 등 목적 판매 등) 범죄에 해당하는 법정형을 가중하면서 상한 10년 이하를 하한 5년 이상으로 개정한 취지는 처벌 하한의 상향을 통한 ‘엄벌’인 것인데 이에 대한 검토는 보이지 아니하며, 예컨대 종래 동일하게 5년 이상의 법정형 대상인 청소년강간(유사성교)[60]에 대한 양형기준 권고형량범위

---

56) 양형위원회, 「디지털 성범죄 양형기준안」 설명자료, 2020, 10면.
57) 2020년 개정 아동·청소년의 성보호에 관한 법률 [법률 제17338호] 제11조는 영리목적 판매 범죄의 법정형을 10년 이하에서 5년 이상으로 (제2항), 배포 등 범죄의 법정형을 7년 이하에서 3년 이상으로 (제3항), 구입 등 범죄의 법정형을 1년 이하에서 1년 이상으로 (제5항) 대폭 가중하였다.
58) 양형위원회, 「디지털 성범죄 양형기준안」 설명자료, 11면.
59) 같은 자료, 16－17면.
60) 청소년성보호법 제7조(아동·청소년에 대한 강간·강제추행 등) ② 아동·청소년에 대하여 폭행이나 협박으로 구강·항문 등 신체(성기는 제외한다)의 내부에 성기를 넣는 행위, 성기·항문에 손가락 등 신체(성기는 제외한다)의 일부나 도구를 넣는 행위에 해당하는 행위를 한 자

에 비교하여 오히려 하한은 그대로 두고 상한을 높이는데 그쳤다.[61]

　2020년 청소년성보호법 개정문에 따르면, '아동 · 청소년성착취물 관련 범죄에 대한 처벌이 지나치게 관대해 실효성이 떨어진다는 비판이 커지고 있는바, 아동 · 청소년성착취물 관련 범죄에 대한 처벌을 강화함으로써 경각심을 제고'하기 위함[62]이라 하여, 해당 범죄에 대한 비난을 제고하고 또한 예방의 효과를 더 높이는데 형벌가중의 취지가 있다. 법개정의 하한 상향을 통한 형벌가중 의미의 반영이나 고려는 권고형량범위 상한을 단순 비교 조정하는 정도로 축소하는데 그친 것이다. 법정형과 달리 양형이 '관대'하기 때문에 책임을 제대로 묻지 못하고 예방 효과도 거두기 어렵다는 비판을 입법자가 수용한 법개정이 다시금 양형기준 설정을 통해 수용되려면, 상한을 조정하기보다는 하한을 높이는 방향이어야 하지 않을지에 대한 고려가 보이지 않는다.

　소유형 3(배포)의 경우 또한 마찬가지다. 법정형이 동일한 종전 성범죄의 권고형량범위를 최대한 수용하면서, 엄벌의 필요성에 대한 사회적 요구가 높다는 점 등을 감안하여 법정형이 동일한 성범죄의 권고 형량범위보다 더 높이 설정하였다는 것이다.[63] 그런데 종래 동일하게 3년 이상의 법정형 대상인 장애인청소년간음[64]에 대한 양형기준 권고형량범위에 비교하여 여전히 하한은 그대로 두고 상한을 높이는데 그쳤다.[65]

　는 5년 이상의 유기징역에 처한다.

61) 아동청소년성착취물 영리목적 판매범죄 유형 양형기준 권고형량범위

	감경	기본	가중
성범죄양형기준 가. 강간죄(13세이상) 유형2 (청소년강간)	2년6월-5년	4년-7년	6년-9년
디지털성범죄양형기준 아동청소년성착취물 유형2 (영리 등 목적 판매 등)	2년6월-5년	4년-8년	6년-12년

62) 국가법령정보센터(https://www.law.go.kr/lsInfoP.do?lsiSeq=218489&ancYd=20200602&ancNo=17338&efYd=20200602&nwJoYnInfo=N&efGubun=Y&chrClsCd=010202&ancYnChk=0#0000)

63) 양형위원회, 「디지털 성범죄 양형기준안」 설명자료, 18면.

64) 청소년성보호법 제8조(장애인인 아동 · 청소년에 대한 간음 등) ① 19세 이상의 사람이 13세 이상의 장애 아동 · 청소년을 간음하거나 13세 이상의 장애 아동 · 청소년으로 하여금 다른 사람을 간음하게 하는 경우에는 3년 이상의 유기징역에 처한다.

65) 아동청소년성착취물 배포 범죄 유형 양형기준 권고형량범위

이에 비해 소유형 5(구입 등)범죄의 경우 구성요건적 행위에 시청이 추가되면서 구입 경로·성착취물의 불법성 정도의 광범위성을 감안할 때 개별 판단이 필요할 것인 만큼 형량범위를 다소 넓게 정해야 합리적인 양형이 이루어질 수 있다고 보면서, 장애인에 대한 위계·위력 추행죄의 권고 형량 범위를 참고하되, 죄책의 정도를 감안하여 다소 하향하는 방향으로 권고 형량 범위를 설정하였다는 것이다.[66] 즉 종래 동일하게 1년 이상의 법정형 대상인 장애인 위계·위력추행죄[67]에 대한 양형기준 권고형량범위에 비교하여 상하한을 공히 하향조정하였다.[68] 여기서는 죄책의 정도를 감안하였다 하나, 아동성착취물의 구입과 시청 행위의 책임을 장애인 위계·위력 추행죄에 비교하여 단지'다소 하향'하였다는데는 책임 반영의 고민이 별로 보이지 않는다. 입법자가 동 범죄유형에 대하여 1년 이하의 법정형을 1년 이상의 법정형으로 전환 개정한 예방적 취지의 고려 또한 찾아보기 어렵다.

생각건대, 양형위원회가 주목한"아동청소년성착취물 범죄의 특수한 사항"이나 "아동·청소년에게 심각한 피해 초래"에 대하여 축적된 판결례나 연구 기반이 부족한 상태에서 법정형의 산술적 동일성을 기준으로 종래 성폭력범죄 양형기준과 단

	감경	기본	가중
성범죄양형기준 다. 장애인(13세이상)대상 성범죄 유형2 (의제간음/강제추행)	1년6월-3년	2년6월-5년	4년-6년
디지털성범죄양형기준 아동청소년성착취물 유형4 (배포 등)	1년6월-4년	2년6월-6년	4년-8년

66) 양형위원회, 「디지털 성범죄 양형기준안」 설명자료, 19면.
67) 성폭력처벌법 제6조(장애인에 대한 강간·강제추행 등) ⑥ 위계 또는 위력으로써 신체적인 또는 정신적인 장애가 있는 사람을 추행한 사람은 <u>1년 이상의</u> 유기징역 또는 1천만원 이상 3천만원 이하의 벌금에 처한다.
68) 아동청소년성착취물 구입·시청 범죄 유형 양형기준 권고형량범위

	감경	기본	가중
성범죄양형기준 다. 장애인(13세이상)대상 성범죄 유형2 (위제간음/강제추행) [위계위력추행은 상하한을 2분의 1로 감경]	9월-1년6월	1년3월-2년6월	2년-3년
디지털성범죄양형기준 아동청소년성착취물 유형5 (구입 등)	6월-1년4월	10월-2년	1년6월-3년

순비교할 수 밖에 없었던 한계는 피하기 어려웠을 것으로 보인다. 다만 적어도 아동성착취 범죄 양형조건으로서 성인 가해자와 아동청소년 피해자(피해자에 대한 관계), 디지털 성착취의 잔혹성과 피해결과의 지속성(범행의 수단과 결과), 범행 후의 디지털 특성상의 정황(2차피해 지속확산)을 고려해야 한다면, 책임 반영의 결과가 산술적으로 형량범위 상한 상향하는데 그칠 것이 아니며,[69] (일반)예방 고려는 형량범위 하한을 향해야 할 것이다.

(2) 디지털성범죄 양형기준의 변경 – 아동성착취물범죄 유형의 경우

2021년 최초 디지털성범죄 양형기준 아동성착취물 범죄유형에서 '처벌불원'은 일반감경인자 중의 하나로 규정되었다. 이를 피고인이 자신의 범행에 대하여 진심으로 뉘우치고, 합의를 위한 진지한 노력을 기울여 피해에 대한 상당한 보상이 이루어졌으며, 피해자가 처벌불원의 법적·사회적 의미를 정확히 인식하면서 받아들여 피고인의 처벌을 원하지 않는 경우를 의미한다고 정의하였다.

2022년 제1차 수정 디지털성범죄 양형기준에서는 해당 양형인자를 '처벌불원 또는 실질적 피해 회복'으로 변경하면서,'처벌불원'을 피고인이 자신의 범행에 대하여 진심으로 뉘우치고, 피해자나 유족(피해자가 사망한 경우)이 처벌불원의 법적·사회적 의미를 정확히 인식하면서 이를 받아들여 피고인의 처벌을 원하지 않는 경우를 의미한다고 재정의하였다.[70] 또한 제1차 수정에서는 '합의를 위한 진지한 노력과 피해에 대한 상당한 보상 실현'을 처벌불원의 전제에서 배제하였다. 이는 '실질적 피해회복(공탁 포함)'에 대한 정의 규정을 별도로 제시한데다가, 진심으로 뉘우침 이외의 처벌불원의 내용에 다시 피해에 대한 상당한 보상을 전제할 경우 오히려 보상을 빌미로 피해자의 처벌불원을 강압하는데서 야기될 2차피해 위험이 있다고 판단하였기 때문이다.

2023년 제2차 수정 디지털성범죄 양형기준에서는 처벌불원과 함께 일반감경인자인 '진지한 반성'에 대한 정의를 추가하였다. 기존 '처벌불원'의 정의 내용에 '자신의 범행에 대하여 진심으로 뉘우치고'가 포함되어 있는데, 이와 별개로 진지한 반성에 대해 '범행을 인정한 구체적 경위, 피해 회복 또는 재범 방지를 위한 자발적 노력

---

69) 책임은 형벌의 최대한(상한)을 제한할 뿐만 아니라 최소한(하한)도 제한하는 것이기 때문이다. 본 논문의 각주 9번 참조.
70) 양형위원회, 합의 관련 양형요소 정비에 따른 수정 양형기준 의결의 건, 2021.12.6.

여부 등을 조사, 판단한 결과 피고인이 자신의 범행에 대하여 진심으로 뉘우치고 있다고 인정되는 경우'를 의미한다고 정의하였다.[71] 처벌불원에서 진지한 반성은 피해자의 처벌불원 의사의 전제가 되는 가해자의 행위로서 피해자가 인식하고 받아들이는 판단주체다. 진지한 반성 자체에 대한 정의는 '진심으로 뉘우치고 있다고 인정되는 경우'라 하여 동어반복일 것이나, 양형법관이 판단주체로서 범행인정의 구체적 경위, 피해회복 또는 재범방지의 자발적 노력을 조사하여 판단하도록 한다는 점이 핵심이다.

이처럼 디지털성범죄 양형기준의 변경 경과는 양형편차보다는 죄책을 반영하는데 미흡한 '관대한'양형에 대하여 양형기준 설정시기부터 시행 이후에도 계속되는 비판에 대한 대응이라 할 수 있다. 그 변경은 권고형량범위의 직접적 조정보다는 감경인자의 엄격한 적용 방향을 택하였다. 우리 양형기준은 서술식 양형기준이므로 양형기준에 포함된 양형인자 정의 내용도 일종의 기준적 역할을 한다는 점에서 감경인자 재정의를 통한 감경의 신중함을 의도한 것이다. 일반적으로 진심으로 뉘우쳐 피해자로부터 인정받고 처벌불원의 의사를 응답받았다면 특별예방적 측면에서 감경에 긍정적 요인이 된다. 피해회복과 재범방지를 위한 노력이 인정되는 진지한 반성의 경우 역시 마찬가지다. 그런데 디지털성범죄 양형기준 1차 변경에서의'처벌불원'인자의 내용제한은 해당 양형인자에 관하여 (특별)예방적 고려를 디지털성범죄 2차피해의 특성에 부합되도록 신중할 것을 요청한다. 범죄자의 재범방지 판단에 긍정적으로 작용하는 요소가 피해자에게는 2차 피해의 결과로 나타날 수 있기 때문이다. 또한 2차변경에서의 '진지한 반성'인자의 내용구체화도 디지털성범죄자 특성에 부합되도록 (특별)예방적 고려의 신중을 기하도록 하기 위함이다.

V. 결 론

현행 형법이 형벌 목적과 양형 원칙 규정을 두고 있지 않은 가운데 도입 시행된 양형기준의 법제(법원조직법 제81조의 6 제2항)는 양형기준 설정·변경 원칙으로 피고인의 책임 정도를 반영할 것과, 범죄의 예방을 고려해야 할 것을 규정한다. 공정하고 합리적인 양형은 책임의 원리에 기초할 뿐만 아니라 예방의 정책도 고려할 때 보장될 것이므로, 책임원리 안에서 양형상 반영될 책임을 양형책임이라 하고, 이와

---

71) 양형위원회, 양형기준 정비 결과에 따른 양형기준 수정안 확정의 건, 2023.2.13.

짝 지워 양형에서의 예방적 고려를 예방양형이라 할 것이다. 양형책임과 예방양형의 원칙적 방향과 요소에 관해서는 형법 제51조(양형의 조건) 규정을 근거삼을 수 있겠으나, 책임과 예방 요소를 체계화하여 제시한다고 보기 어렵다. 판례도 형법 제51조에 근거하여 책임원리를 양형심리와 양형판단의 기준으로 보지만, 제51조의 예시적 규정으로부터 각 참작사유를 교량하는데 기준이 될 양형원리를 이끌어 내지는 못한다.

책임과 예방이 합리적으로 반영·고려된 양형은 양형기준 설정·변경에서 책임 반영과 예방 고려의 문제로 파악할 수 있을 것인데, 형량범위 설정이나 특별−일반 양형인자 구분의 합리성을 높이기 위해 현행 양형기준은 규범적 조정이라는 장치를 두고 있다. 하지만 양형기준제도의 운영이 기존 양형 실무를 양형편차를 줄여 평균화하는데서 양형 합리화의 의미를 찾고 있기 때문에 규범적 조정의 적극적 효용을 기대하기는 현실적으로 어렵다. 이는 법원에 속한 양형위원회의 예정되거나 의도된 한계이기도 하다.

무엇보다 양형기준 근거법이 양형기준을 설정·변경할 때 범죄의 죄질, 범정 및 피고인의 책임의 정도를 반영할 것, 범죄의 일반예방과 피고인의 재범 방지 및 사회복귀를 고려할 것을 원칙으로 준수하여야 한다고 규정하였으므로, 불분명한 규범적 조정보다는 책임반영과 예방고려의 원칙을 통해 양형합리화에 필요한 책임반영과 예방고려의 고유한 판단도 할 수 있어야 할 것이다. 양형기준의 고유한 판단이란 실정법과 판결례에 반영되고 고려된 책임과 예방에 기초하되, 법원과 형사사법체계와 한국 사회의 현실과 인식 연구분석을 통해 양형정책 결정에 합리적으로 기여함을 뜻한다. 이로써 향후 양형위원회가 새로운 범죄유형이나 변화된 범행이나 범죄피해 양상에 따른 사회적 요청을 수용하여 새로운 양형기준을 설정하거나, 이제까지 대다수 범죄에 대해 설정해 온 양형기준을 변경 검토함에 있어서, 양형합리화 제도기능의 '합리화'를 좀 더 진전시켜 나갈 수 있을 것이다.

논문투고일 : 2023.12.12.   논문심사일 : 2023.12.20.   게재확정일 : 2023.12.30.

【참고문헌】

고봉진, 독일의 양형원리와 정책, 법과 정책 14(2), 제주대학교 법과정책연구소, 2008

김영환·최석윤, 양형의 형벌이론적 기초 및 개별적 양형단계에 관한 고찰, 한국형사정책연구원, 1996

김영환, 양형의 법적 성격과 양형의 합리화, 형사정책연구 7(1), 한국형사정책연구원. 1996

김한균, 디지털 성범죄 양형과 양형기준의 규범적 조정, 형사정책 32(2), 한국형사정책학회, 2020

신동운, 형법총론 제15판, 법문사, 2023

양형위원회, 양형기준 2023, 2023

이보영, 양형의 필요충분조건으로서 책임과 예방에 관한 소고, 법학연구 21(1), 충남대학교 법학연구소, 2010

이상돈, 형법강론 제4판, 박영사, 2023

이종갑, 형벌이론과 양형, 한양법학 21, 한양대학교 법학연구소, 2007

이재상 외, 형법총론 11판, 박영사, 2022

이형국·김혜경, 형법총론 7판, 법문사, 2023

오경식·김혜경, 법률적 양형의 기본원리와 방향, 형사법의 신동향 33, 대검찰청, 2011

조준현, 양형의 원리와 자유형의 집행, 교정연구 63, 한국교정학회, 2014

최석윤, 양형위원회와 양형이론, 형사정책연구 18(3), 한국형사정책연구원, 2007

Ashworth, Andrew, Sentencing and Criminal Justice, 6th ed. OUP, 2015

Roberts, Julian V. (김한균 역), 영국의 양형개혁 : 최근 동향에 대한 고찰, 형사정책연구 68, 한국형사정책연구원, 2006

US Department of State, Transitional Justice Initiative: Reparation, 2016

Walker,Nagel, Why Punish?, OUP, 1991

【국문초록】

책임의 원칙에 기초할 뿐만 아니라 예방의 정책도 고려할 때 비로소 공정하고 합리적인 양형판단이 완성된다는 점에서 보면, 대부분 주요 범죄에 대해 설정된 양형기준을 전제로 양형론상 책임과 예방을 살펴보아야 한다. 현행 양형기준 제도의 법적 기반인 법원조직법 제81조의6 제2항에 따르면 합리적 양형의 기준을 설정하거나 변경할 때 준수할 원칙들 중 첫째는 피고인의 책임의 정도를 반영할 것이며, 둘째는 범죄의 일반예방과 특별예방(피고인의 재범 방지 및 사회복귀)을 고려해야 한다는 것이다.

따라서 양형기준에서 책임과 예방의 의미 차원은 권고형량범위 설정과 양형인자 및 집행유예참작사유의 설정에서 책임반영과 예방고려가 실현되어야 한다는데 있다. 책임원리 안에서 양형상 반영될 책임을 양형책임이라 하고, 양형에서의 예방적 고려를 예방양형이라 할 것이다. 즉 양형책임 개념은 예방양형과 짝을 이뤄 정의되는 개념인 것이다. 이처럼 형벌 목적인 책임과 예방의 반영 및 고려가 양형의 핵심 기초임에도 불구하고, 이제까지 우리 형법에서 입법자는 형벌의 목적과 양형의 원칙을 제시하지 않았고, 책임과 예방에 대한 형벌론적 논의는 형벌의 정당화 차원에 머물러 더 전개되지 못하며, 판례 실무 또한 입법 태도와 이론 전개의 수준을 넘기 어려웠다

형벌의 목적과 양형의 기준원칙에 대한 명문 규정의 입법 필요성에 대한 논의가 진전되기를 기대하는 한편으로, 현행 양형기준제에서 책임 반영과 예방 고려의 원칙이 법제화된 만큼, 책임과 예방 원리에 대한 성찰은 양형의 합리화, 나아가 국가형벌권의 정당화의 근거로서 실천적 의미를 얻게 될 것이라 본다. 또한 종래 규범적 조정이 양형기준 제도의 운영현실에서 양형정책적 효용을 기대하기 어려운 공허한 장치라면, 오히려 양형기준의 설정과 변경에 있어서 법에 규정된 원칙인 책임반영과 예방고려에 주목해야 할 것이다.

◈ 주제어: 책임원리, 일반예방, 특별예방, 양형책임, 양형기준, 양형의 합리화

【Abstract】

Criminal Responsibility and Prevention of Crime as the Rationale of Sentencing

Kim, Han−Kyun*

This essay aims to review the rationale of sentencing in Korean criminal laws and procedures to understand how to secure rational sentencing with the rationales of sentencing, such as responsibility of offenders and general deterrence or specific deterrence. *Shuldprinzip* or principle of responsibility is the fundamental basis of criminal punishment, which also acknowledged as constitutional principle for criminal laws. However, Korean Penal Code has no definite provisions on the purpose(s) of punishment or sentencing.

Considering such statutory definition of the rationale is necessary for rationalizing sentencing discretion, Article 51 of the Penal Code is the only relevant provision on some 'general principles' of sentencing : In determining punishment, the following shall be taken into consideration: 1. The age, character and conduct, intelligence and environment of the offender; 2. Offender's relation to the victim; 3. The motive for the commission of the crime, the means and the result; 4. Circumstances after the commission of the crime.

Also, Korean sentencing guideline system under the Court Organization Act has set some principles of setting or changing the sentencing criteria: 1. The nature of crimes, the circumstances of crimes, and the extent of the responsibilities of defendants shall be reflected; 2. The general deterrence, the prevention of defendants from committing crimes again and their return to society shall be taken consideration; 3. As long as there is no difference between the same kind of crimes and the similar kind of crimes in the sentencing elements that have to be taken into account, they shall not be

* Senior Research Fellow, Korean Institute of Criminology & Justice.

differently handled in the sentencing of them; 4. The sentencing shall not be discriminated against defendants on the grounds of their nationalities, religions, conscience, social statuses, etc. (Article 81−6(2))

Now the sentencing guideline system is taking the role of rationalizing sentencing discretion by both reflecting responsibilities of defendants and considering the general deterrence of crimes or the prevention of defendants from re−offending and their rehabilitation, and further realizing the purposed of just punishment. According to the law, when setting and changing the sentencing guidelines, the guidelines should reflect the degree of responsibility of the defendant, and consider the general prevention of crime and the prevention of recidivism and social rehabilitation of the defendant. So for the rationalization of sentencing, it should be possible to make sentencing−policy judgments on responsibility and prevention considerations through the principles of responsibility and prevention considerations rather than unclear normative adjustments of sentencing guidelines.

◈ Key Words: rationale of sentencing, principle of responsibility, general deterrence, specific deterrence, sentencing guideline, rationalization of sentencing discretion

附 錄

편집위원회의 구성과 운영에 관한 규정

2009. 12. 11. 제정
2014. 11. 30. 개정
2016. 11. 16. 개정
2021. 1. 1. 개정

제1조(목적) 이 규정은 한국형사소송법학회(이하 '본회'라고 칭한다)가 발간하는 학술지 및 기타 간행물의 발간을 위한 편집위원회의 구성 기타 운영에 필요한 사항을 정함을 목적으로 한다.

제2조(위원회의 구성 및 임기) ① 편집위원회(이하 '위원회'라 한다)는 본회의 정회원 중에서 상임이사회가 선임하는 편집위원장 1인과 편집위원 12인 이내로 구성한다.(2021. 1. 1. 개정)

② 상임이사회는 본회의 정회원으로 대학 기타 연구기관이나 실무기관에서 10년 이상의 경력을 가진 자로서 형사소송법 분야의 연구실적이나 실무경력에 비추어 편집위원회의 업무수행이 적합하다고 판단되는 자 중에서 편집위원을 선임하여야 한다.

③ 편집위원장의 임기는 2년, 편집위원의 임기는 1년으로 하되, 연임할 수 있다.

제3조(업무) 위원회의 주요 업무는 다음과 같다.
1. 본회 학술지의 편집 및 출판
2. 본회 학술지 원고의 접수 및 게재여부 심사
3. 기타 간행물의 편집 및 출판
4. 편집위원회의 업무와 관련된 규정의 제정 및 개정
5. 편집위원회의 업무와 관련된 지침의 제정

제4조(운영) ① 위원회는 위원장이 필요하다고 판단하거나 편집위원 과반수의요구가 있는 경우에 위원장이 소집한다.

② 위원회의 의결은 편집위원 과반수의 출석과 출석위원 과반수의 찬성에 의한다.

③ 편집위원장은 위원회의 업무를 효율적으로 수행하기 위하여 편집간사를 둘 수 있다.

제5조(투고원고의 심사) ① 위원회는 본회 학술지 기타 간행물에 투고된 원고를 심사하여 그 게재여부를 의결한다. 다만, 투고원고를 심사함에 있어서는 다음 사항에 유의하여야 한다.

1. 본회의 설립 취지에 적합할 것

2. 한국형사소송법학의 발전에 실질적인 도움이 될 수 있는 독창성을 갖출 것

3. 기타 위원회에서 정한 심사기준에 부합할 것

② 위원회는 본회 학술지 및 기타 간행물에 투고된 원고의 심사결과에 의하여 그 게재여부를 판단하되, 심사등급은 '게재 가', '수정 후 게재', '수정 후 재심사', '게재 불가'로 나눈다.

③ 수정 및 보완을 요할 경우, 투고자는 이에 응하거나 서면으로 납득할 만한 답변을 해야 한다. 수정 제의에 대한 답변이 없을 경우 위원회는 원고의 게재를 거부할 수 있다.

④ '수정 후 재심사'는 의결된 원고가 수정 투고된 경우 위원회는 그 재심의를 위원장 또는 약간 명의 위원에게 위임할 수 있고, 재심의 결정은 '가' 또는 '부'로 한다.

제6조(본회 학술지의 발행) ① 본회 학술지는 연 4회 발간하며, 발행일은 매년 3월 31일, 6월 30일, 9월 30일, 12월 31일로 한다.(2014. 11. 30., 2021. 1. 1. 개정)

② 학술대회 발표논문 기타 학회에서 개최하는 학술발표회에서 발표된 논문은 본회 학술지의 특집호로 발행할 수 있다.

③ 본회 학술지에 게재된 논문은 본회의 홈페이지 기타 본회와 계약이 체결된 법률정보 사이트에 전자출판 할 수 있다.

제7조(규정 제정) ① 위원회는 본회 학술지에 투고된 원고의 심사기준 및 절차에 괸한 지침을 제정할 수 있다.

② 위원회는 본회 학술지에 투고되는 원고의 작성 및 문헌인용방법, 투고절차에 관한지침을 제정할 수 있다.

제8조(규정 개정) 이 규정의 개정은 이사회의 승인을 받아야 한다.

부   칙

이 규정은 2009년 12월 11일부터 시행한다.

부   칙

이 규정은 2014년 11월 30일부터 시행한다.

부   칙

이 규정은 2016년 1월 16일부터 시행한다.

부   칙

이 규정은 2021년 1월 1일부터 시행한다.

「형사소송 이론과 실무」 투고지침

2009. 12. 11. 제정
2014. 11. 30. 개정
2018. 11. 30. 개정
2021. 1. 1. 개정

제1조(목적) 본 지침은 한국형사소송법학회 편집위원회의 구성과 운영에 관한규정 (이하 '편집위원회 규정'이라고 한다) 제7조 제2항에 따라 본회 학술지에 투고하는 원고의 작성 및 문헌인용방법, 투고절차 등을 정함을 목적으로 한다.

제2조(논문제출) ① 투고원고는 형사소송법학분야에 관한 것이어야 하며, 다른 학술지 등에 발표되지 않은 것이어야 한다.

② 투고자는 원고마감기한(2월 말, 5월 말, 8월 말, 11월 말) 내에 투고지침에서 정하는 방법으로 투고신청서와 원고를 제출한다.(2014. 11. 30., 2021. 1. 1. 개정)

③ 투고원고는 파일 형식으로 제출하며, 투고신청서와 연구윤리확인서, 논문사용권 등 위임동의서와 인적 사항이 삭제된 심사용 파일을 학회 온라인논문투고시스템의 투고절차에 따라 투고한다. 단, 온라인 전산망의 장애 등으로 온라인투고시스템에 의한 투고가 불가능한 경우에는 편집간사에게 전자우편을 통하여 투고할 수 있다.(2018. 11. 30. 개정)

④ 투고원고의 분량은 200자 원고지 120매를 기준으로 하며, 이를 초과하는 경우 초과 게재료를 납부하도록 할 수 있다.(2018. 11. 30. 개정)

제3조(논문작성방법) ① 투고원고의 작성에 있어서는 편집위원회의 규정 및 이지침에 규정된 사항을 준수하여야 한다.

② 투고원고는 다음 각 호의 체제로 구성되어야 한다.

1. 제목(한글 및 외국어)
2. 저자명, 소속(한글 및 외국어)
3. 목차

4. 본문(항목번호는 I. 1. (1) 1) (가) 가) (a) a)의 순서로 함)

5. 주제어(5단어 내외의 한글 및 외국어)

6. 참고문헌

7. 초록(500단어 내외의 한글 및 외국어)

③ 투고원고는 『훈글』프로그램으로 작성하되, 다음 각 호의 형식에 따라야 한다.

1. 용지종류 및 여백 : A4, 위쪽 35mm, 오른쪽 및 왼쪽 30mm, 아래쪽 30mm

2. 글자모양 및 크기 : 휴먼명조체 11포인트(단 각주는 10포인트)

3. 줄간격 : 160%

④ 논문의 저자가 2인 이상인 경우에는 주저자(First Author)와 공동저자 (Corresponding Author)를 구분하고 주저자·공동저자의 순서로 표시하여야 한다.

⑤ 투고원고의 본문은 원칙적으로 한글로 작성되어야 한다. 다만 외국인의 원고 또는 기타 논문의 특성상 외국어로 작성되어야 하는 것은 외국어로 작성할 수 있으나 한글로 된 요약문을 첨부하여야 한다.

⑥ 본 조의 외국어란 영어, 독어, 불어, 중국어, 일어 중의 하나를 의미한다.

제4조(문헌인용의 방법) 다른 문헌의 내용을 인용하는 경우에는 다음 각 호의 방식에 의하고, 각주에서 그 출처를 밝혀야 한다.

1. 인용되는 내용이 많은 경우에는 별도의 문단으로 인용하고, 본문과 구별되도록 인용문단 위와 아래를 한 줄씩 띄우고 글자 크기를 10포인트 그리고 양쪽 여백을 15포인트로 설정한다.

2. 인용되는 내용이 많지 않은 경우에는 인용부호(" ")를 사용하여 표시한다.

3. 인용문의 내용 중 일부를 생략하는 경우에는 생략부호(…)를 사용하고, 내용을 변경하는 경우에는 변경표시([ ])를 하여야 한다.

4. 인용문의 일부를 강조하고자 할 때에는 한글, 중국어 및 일어는 밑줄을 쳐서 표시하고 영어, 독어 및 불어는 이탤릭체를 사용한다.

제5조(각주의 내용) ① 각주에서는 원칙적으로 한글을 사용하여야 하고, 인용되는

문헌이 외국문헌인 경우에도 저자명, 논문제목, 서명 또는 잡지명, 발행지, 출판사 등과 같은 고유명사를 제외한 나머지는 한글로 표기한다.

② 인용되는 문헌의 표기는 다음과 같이 표기한다.

1. 국내문헌 및 일본문헌

- 단행본 : 저자명, 『서명』, 판수(발행처, 출판연도), 인용면. [예 : 허균, 『형사소송법』, 제2판(삼우사, 1998), 100면]

- 정기간행물 : 저자명, "논문명", 『잡지명』, 권수(발행처, 간행연도), 인용면.[예 : 홍길동, "공소장의 변경", 『형사정책』, 제1권 제1호(한국형사정책학회, 2000), 1면]

- 기념논문집 : 저자명, "논문제목", ○○○선생기념논문집『기념논문집명』(발행처, 간행연도), 인용면. [예 : 홍길동, "관할의 개념", 허균선생회갑기념논문집『21세기 형사소송법의 방향』(삼우사, 2000), 1면]

- 국내문헌 및 일본문헌의 경우 공저자는 중점(·)으로 표기하고, 세 명이상인 경우에는 대표 저자만을 표기한 후 "외"라고 기재한다.

- 인용문헌이 편집물인 경우에는 저자명 뒤에 "편"이라고 기재한다.

- 인용문헌이 번역물인 경우에는 저자명 뒤에 사선(/)을 긋고, 번역자의 이름을 기입한 뒤 "역"이라고 기재한다.

- 기념논문집, 공청회 자료집 등은 서명 다음에 콜론(:)을 표시하고 그 내용을 표시한다.

2. 외국문헌

- 해당 국가에서 통용되는 인용방식에 따라 표시하거나 다음의 예에 따라 표시함.

- 저서 : Thomas Lee Hazen & David R. Rather, Securities Regulation, 6th ed.(Thomson, 2003), p.233.

- 논문 : Daniel R. Fischel, "The Economics of Lender Liability", Yale Law Journal, Vol.120, No.3(1998), p.233.

3. 기타

- 동일논문이나 서명이 다시 나오면 "앞의 각주 ○)의 책, 3면" 또는 "앞의 각주 ○)의 논문, 3-5면"으로 표기함.

- 바로 앞의 각주에서 인용된 문헌을 다시 인용하는 경우는 앞의 글(또는

앞의 책), 면의 순서로 표기한다.

- 하나의 각주에서 동일한 문헌을 다시 인용할 경우는 같은 글(또는 같은 책), 면의 순서로 표기한다.
- 외국문헌의 경우는 해당 국가에서 통용되는 논문, 판결 및 법조항의 인용방식에 따라 표시하면 됨.
- 신문기사의 경우 신문명, 일자, 인용면을 표기함.[예 : 동일일보, 2000. 10. 3. A3면]
- 페이지 단위는 면으로 하되, 여러 면에 걸쳐 인용할 경우는 인용페이지 사이에 대시(－)를 사용함.
- 문헌이 맨 처음에 인용될 때에는 저자, 기관, 서명 등은 full name을 명기함.

② 인용문헌이 여러 개인 경우에는 각각의 문헌 사이에 세미콜론(;)을 표기하여 구분한다.

③ 문헌을 재인용하는 경우에는 원래의 문헌을 표시한 후 괄호 안에 참조한 문헌을 기재한 후 "재인용"이라고 표시한다.

④ 제6조 및 본조 제1항 내지 제3항에 규정된 이외의 사항에 대하여는 한국 법학교수협의회에서 결정한 「논문작성 및 문헌인용에 관한 표준(2000)」에 따른다.

제6조(판례의 표시) ① 판례는 선고법원, 선고연월일, 사건번호 순으로 기재한다. [예 : 대법원 1996. 8. 29. 선고 94도39598 판결]

② 외국판례는 당해 국가에서 일반적으로 사용되는 표기방법에 따른다.

제7조(법령의 표시) ① 법령은 공식명칭을 사용하여야 한다.

② 법령의 이름이 긴 경우에는 (이하 ○○○이라고 한다)고 표시한 후 일반적으로 약칭을 사용할 수 있다.[예 : 성폭력범죄의 처벌 및 피해자보호 등에 관한 법률(이하 성폭력특별법이라고 한다)]

③ 법령의 조항은 "제○조 제○항 제○호"의 방식으로 기재하며, 필요한 경우에는 본문, 단서, 전문 또는 후문을 특정하여야 한다.

④ 외국의 법령은 당해 국가에서 일반적으로 사용되는 표기방법에 따른다.

제8조(표 및 그림의 표시) 표와 그림은 <표 1>, <그림 1>의 방식으로 일련번호와 제목을 표시하고, 표와 그림의 왼쪽 아랫부분에 그 출처를 명시하여야 한다.

제9조(논문연구윤리 준수) ① 투고원고는 본회의 논문연구윤리를 준수하여야 한다.
② 투고원고는 논문연구윤리 확인서를 제출한 경우에 한하여 게재될 수 있다.

제10조(논문사용권 등 위임동의서 제출) 투고원고는 논문사용권 및 복제·전송권 위임동의서를 제출한 경우에 한하여 학회지에 게재할 수 있다.

제11조(편집위원회의 결정 통보 및 수정원고 제출) ① 편집위원회는 투고원고에 대한 심사위원의 평가가 완료된 후 편집회의를 개최하여 투고원고에 대한 게재여부를 결정하고 투고자에게 통지한다.
② 편집위원회가 투고원고에 대하여 '수정 후 게재', '수정 후 재심사' 결정을 한 경우 투고자는 정해진 기간 내에 수정원고를 제출하여야 한다.

제12조(학회비 및 게재료 납부) ① 편집위원회에 의해 게재결정된 투고원고는 투고자가 당해 연도 회비를 납부한 경우에 한하여 학회지에 게재될 수 있다.
② 편집위원회에 의해 게재결정된 투고원고의 투고자는 다음의 구분에 의하여 게재료를 납부하여야 한다. 다만 편집위원회는 회원들의 투고 장려를 위해 게재료 납부를 면제할 수 있다.
1. 교수 및 실무계 : 편당 20만원
2. 강사 기타 : 편당 10만원
③ 투고원고의 분량이 200자 원고지 130매(외국어 초록 포함)을 초과하는 경우에는 1매당 2천원의 초과게재료를 납부하여야 한다.

제13조(투고자격의 제한) ① 본회 학술지에 게재된 논문은 다른 학술지에 다시게재할 수 없다.
② 편집위원회는 제1항에 위반한 투고자에 대하여 결정으로 일정기간 투고자격을 제한할 수 있다.

부   칙
이 규정은 2009년 12월 11일부터 시행한다.

부   칙
이규정은 2014년 11월 30일부터 시행한다.

부   칙
이규정은 2018년 11월 30일부터 시행한다.

부   칙
이 규정은 2021년 1월 1일부터 시행한다.

「형사소송 이론과 실무」 심사규정

2009. 12. 11. 제정
2018. 11. 30. 개정
2021. 1. 1. 개정

제1조(목적) 본 지침은 한국형사소송법학회 편집위원회의 구성과 운영에 관한규정 (이하 편집위원회 규정이라고 한다) 제7조 제2항에 따라 본회 학술지에 게재할 논문의 심사절차와 기준을 정함을 목적으로 한다.

제2조(원고모집의 공고) ① 편집위원장은 발간예정일 2개월 전(1월 말, 4월 말, 7월 말, 10월 말)에 각 회원에게 전자우편으로 본회 학술지의 원고를 모집하는 공문을 발송하고, 본회의 홈페이지를 통하여 원고모집에 관한 사항을 게시한다.(2018. 11. 30., 2021. 1. 1. 개정)

② 원고모집을 공고함에 있어서는 투고절차, 논문작성 및 문헌인용방법, 심사기준 및 절차에 관한 기본적인 사항을 고지하여야 한다.

제3조(원고의 접수) ① 편집간사는 원고를 접수하고, 논문투고자에게 온라인투고시스템을 통하여 접수결과를 통보한다.(2018. 11. 30. 개정)

② 편집간사는 투고자의 인적 사항, 논문제목, 접수일자, 분량 등을 기재한 접수결과표를 작성하여 투고원고를 편집위원장에게 송부한다.(2018. 11. 30. 개정)

③ 편집위원장은 투고원고가 편집위원회가 정한 투고지침에 현저히 위배된다고 판단하는 경우에는 투고자에게 수정을 요구할 수 있다.

제4조(심사위원의 선정 및 심사원고 송부) ① 편집위원장은 각 투고원고에 대해 3인의 심사위원을 선정하고, 각 심사위원에게 온라인 논문심사시스템으로 심사를 진행할 것을 통보한다.(2018. 11. 30. 개정)

② 심사위원을 선정함에 있어서는 해당 분야에 대한 심사위원의 전문성을 고려하고 심사의 공정성을 기할 수 있도록 유의한다.

③ 심사원고에 투고자의 인적사항에 기재되어서는 안 되며, 이미 기재되어 있는 경우에는 이를 삭제한다.

④ 심사위원에게는 소정의 심사료를 지급할 수 있다.

제5조(투고원고에 대한 심사) ① 심사위원은 투고원고를 심사하고 온라인 논문심사시스템에 심사결과를 입력한다.(2018. 11. 30. 개정)

② 일반논문의 경우, 심사위원은 다음과 같은 기준에 의하여 심사를 한다.

1. 논문체제와 내용의 적합성

2. 연구내용의 독창성

3. 연구방법과 결과의 명확성

4. 참고문헌 인용의 적절성

5. 연구결과의 기여도

6. 각주와 참고문헌의 형식 및 초록의 내용의 적절성

③ 번역논문의 경우, 심사위원은 다음과 같은 기준에 의하여 심사를 한다.

1. 번역의 필요성

2. 번역의 정확성

3. 학문적 기여도

④ 투고원고에 대한 게재여부의 심사평가는 다음의 기준에 의한다.

1. 수정이 필요 없을 때 : '게재가'

2. 간단한 수정이 필요할 때 : '수정 후 게재'

3. 대폭적 수정이 필요할 때 : '수정 후 재심사'

4. 전면적 수정·보완이 필요할 때 : '게재 불가'

제6조(투고원고에 대한 게재여부의 결정) ① 편집위원장은 심사위원의 심사평가가 완료된 후 투고원고에 대한 게재여부의 결정을 위한 편집회의를 개최한다.

② 편집위원장은 심사결과표를 작성하여 편집회의에 보고하고, 편집회의에서는 이를 토대로 게재여부를 결정한다. 다만 투고원고의 게재여부에 대한 최종결정이 있을 때까지 투고자 및 심사위원의 인적사항이 공개되지 않도록 유의하여야 한다.

③ 편집회의에서의 투고원고 여부의 결정은 다음의 기준에 의한다.

1. "수정 후 게재"는 원칙적으로 "게재 가"에 해당하며, 다만 심사위원의 수정의견을 투고자에게 권고한다.

2. 3인의 심사위원 모두 "게재 가"나 "수정 후 게재" 의견을 내거나, 2인의 심사위원이 "게재 가"나 "수정 후 게재" 의견을 내고 나머지 1인이 "수정 후 재심사" 의견을 낸 때에는 "게재 가"로 결정한다. 다만 후자의 경우 수정을 조건으로 할 수 있다.

3. 1인의 심사위원이 "제재 가"나 "수정 후 게재" 의견을 내고 2인이 "수정 후 재심사" 의견을 내거나 3인의 심사위원이 모두 "수정 후 재심사" 의견을 낸 때에는 "수정 후 재심사" 결정을 한다.

4. 투고원고에 대한 심사결과 심사위원 중 1인 이상이 "게재 불가" 의견을 낸 경우에는 게재하지 아니한다. 다만 2인이 "게재 가"나 "수정 후 게재" 의견을 내고 나머지 1인이 "게재 불가" 의견을 낸 때에는 "수정 후 재심사" 결정을 할 수 있다.

④ 수정원고에 대한 심사는 편집위원회의 규정 제5조 제4항에 따라 편집위원장이 직접 또는 약간의 심사위원에게 위임하여 게재 '가' 또는 '부'로 결정한다. 다만 "수정 후 재심사" 결정된 원고에 대하여 투고자가 수정을 거부한 경우에는 '부'로 결정한다.

⑤ 편집위원장은 게재결정이 내려진 투고원고가 타인의 원고를 표절한 것이거나 이미 다른 학술지에 게재한 사실이 있는 것으로 밝혀진 때에는 게재결정을 취소한다.

제7조(심사결과의 통보 및 이의신청) ① 편집위원장은 편집회의 후 즉시 각 투고자에게 판정결과 및 이유 그리고 사후 절차를 통보한다.

② 게재 '부' 판정을 받은 투고자는 편집위원장에게 이의신청을 할 수 있으며, 편집위원장은 이의신청에 대해서 인용 또는 기각 여부를 결정한다.

③ 편집위원장이 이의신청에 대해 인용결정을 한 때에는 심사위원을 다시 선정하고 심사를 의뢰하여 그 결과에 따라 '가' 또는 '부' 결정을 한다.

제8조(최종원고의 제출, 교정 및 편집) ① 게재 '가'의 결정을 통보받은 투고자는 정해진 기간 내에 최종원고를 작성하여 온라인논문투고시스템을 통해 제출

한다.

② 최종원고에 대한 교정 및 편집에 관한 사항은 편집위원장이 결정하며, 필요한 때에는 교정쇄를 투고자에게 송부하여 교정을 하게 할 수 있다.(2018. 11. 30. 개정)

제9조(논문게재예정증명서의 발급) 편집위원장은 본회 학술지의 발행 이전에 최종적으로 게재가 결정된 원고에 대하여 투고자의 신청이 있는 경우에는 '논문게재예정증명서'를 발급한다.

제10조(게재논문의 전자출판) 본회 학술지에 게재된 논문의 전자출판과 관련된사항은 편집위원회에서 결정된 바에 따른다.

제11조(비밀유지의무) 논문 등의 심사에 관여하는 자 또는 관여했던 자는 논문등의 제출자 및 심사위원의 인적사항 및 심사결과 등에 관하여 비밀을 유지하여야 한다.

부　　칙

이 규정은 2009년 12월 11일부터 효력을 발생한다.

부　　칙

이 규정은 2018년 11월 30일부터 시행한다.

부　　칙

이 규정은 2021년 1월 1일부터 시행한다.

연구윤리규정

2010. 6. 27. 제정

제1조 [목적] 이 규정은 연구윤리위반행위의 방지 및 건전한 연구윤리의 확보를 위한 기본적인 원칙과 방향을 제시하고, 한국형사소송법학회(이하 '본회'라 함) 회원의 연구윤리위반행위에 대한 조치와 절차 등을 규정함을 목적으로 한다.

제2조 [연구윤리위반행위] 연구윤리위반행위는 다음 각 호의 하나에 해당하는 것을 말한다.

1. "위조" – 존재하지 않는 데이터 또는 연구결과 등을 허위로 만들어 내는 행위

2. "변조" – 연구의 재료·장비·과정 등을 인위적으로 조작하거나 데이터를 임의로 변형·삭제함으로써 연구의 내용 또는 결과를 왜곡하는 행위

3. "표절" – 타인의 아이디어, 연구의 내용 또는 결과 등을 정당한 승인 또는 인용 없이 도용하는 행위

4. "부당한 논문저자 표시" – 연구내용 또는 결과에 대하여 과학적·기술적 공헌 또는 기여를 한 사람에게 정당한 이유 없이 논문저자 자격을 부여하지 않거나, 과학적·기술적 공헌 또는 기여를 하지 않은 자에게 감사의 표시 또는 예우 등을 이유로 논문저자 자격을 부여하는 행위

5. "중복게재" – 과거에 공간된 논문 등 저작물을 중복하여 출판하는 행위

6. "조사방해·부정은폐" – 본인 또는 타인의 연구윤리위반행위의 의혹에 대한 조사를 고의로 방해하거나 제보자에게 위해를 가하는 행위

제3조 [연구윤리위원회] ① 연구윤리위반행위의 조사·의결을 위하여 연구윤리위원회(이하 '위원회'라 함)를 둔다.

② 연구윤리위원회는 연구윤리위원장을 포함한 10인 이내의 위원으로 구성한다.

③ 연구윤리위원장(이하 '위원장'이라 함)은 본회의 연구윤리담당 상임이사로 한다.

④ 연구윤리위원(이하 '위원'이라 함)은 본회 회원 중에서 이사회가 선임한다.

⑤ 연구윤리위원의 임기는 1년으로 하며, 연임할 수 있다.

제4조 [연구윤리위원회의 조사] ① 위원장은 다음 각 호의 경우 위원회에 연구윤리 위반 여부의 조사를 요청하여야 한다.

1. 제보 등에 의하여 연구윤리위반행위에 해당한다는 의심이 있는 때

2. 본회 회원 10인 이상이 서면으로 연구윤리위반행위에 대한 조사를 요청 한 때

② 제보의 접수일로부터 만 5년 이전의 연구윤리위반행위에 대해서는 이를 접수하였더라도 처리하지 않음을 원칙으로 한다. 단, 5년 이전의 연구윤리 위반행위라 하더라도 피조사자가 그 결과를 직접 재인용하여 5년 이내에 후 속연구의 기획·수행, 연구결과의 보고 및 발표에 사용하였을 경우와 공공의 복지 또는 안전에 위험이 발생하거나 발생할 우려가 있는 경우에는 이를 처 리하여야 한다.

③ 연구윤리위반행위의 사실 여부를 입증할 책임은 위원회에 있다. 단, 피조 사자가 위원회에서 요구하는 자료를 고의로 훼손하였거나 제출을 거부하는 경우에 요구자료에 포함되어 있다고 인정되는 내용의 진실성을 입증할 책임 은 피조사자에게 있다.

④ 위원회는 제보자와 피조사자에게 의견진술, 이의제기 및 변론의 권리와 기회를 동등하게 보장하여야 하며 관련 절차를 사전에 알려주어야 한다.

제5조 [연구윤리위원회의 의결] ① 위원회의 연구윤리위반 결정은 재적위원 과반 수의 출석과 출석위원 3분의 2 이상의 찬성으로 의결한다.

② 조사·의결의 공정을 기하기 어려운 사유가 있는 위원은 당해 조사·의결에 관여할 수 없다. 이 경우 당해 위원은 재적위원의 수에 산입하지 아니한다.

제6조 [제보자의 보호] ① 제보자는 연구윤리위반행위를 인지한 사실 또는 관련 증 거를 위원회에 알린 자를 말한다.

② 제보자는 구술·서면·전화·전자우편 등 가능한 모든 방법으로 제보할 수 있으며 실명으로 제보함을 원칙으로 한다. 단, 익명의 제보라 하더라도

서면 또는 전자우편으로 논문명, 구체적인 연구윤리위반행위의 내용과 증거를 포함하여 제보한 경우 위원회는 이를 실명 제보에 준하여 처리하여야 한다.

③ 위원회는 제보자가 연구윤리위반행위 신고를 이유로 부당한 압력 또는 위해 등을 받지 않도록 보호해야 할 의무를 지니며 이에 필요한 시책을 마련하여야 한다.

④ 제보자의 신원에 관한 사항은 정보공개의 대상이 되지 않으며, 제보자가 신고를 이유로 제3항의 불이익을 받거나 자신의 의지에 반하여 신원이 노출될 경우 위원회 및 위원은 이에 대한 책임을 진다.

⑤ 제보자는 연구윤리위반행위의 신고 이후 진행되는 조사 절차 및 일정 등을 알려줄 것을 위원회에 요구할 수 있으며, 위원회는 이에 성실히 응하여야 한다.

⑥ 제보 내용이 허위인 줄 알았거나 알 수 있었음에도 불구하고 이를 신고한 제보자는 보호 대상에 포함되지 않는다.

제7조 [피조사자의 보호] ① 피조사자는 제보 또는 위원회의 인지에 의하여 연구윤리위반행위의 조사 대상이 된 자 또는 조사 수행 과정에서 연구윤리위반행위에 가담한 것으로 추정되어 조사의 대상이 된 자를 말하며, 조사과정에서의 참고인이나 증인은 이에 포함되지 아니한다.

② 위원회는 검증 과정에서 피조사자의 명예나 권리가 부당하게 침해되지 않도록 주의하여야 한다.

③ 연구윤리위반행위에 대한 의혹은 판정 결과가 확정되기 전까지 외부에 공개되어서는 아니 된다.

④ 피조사자는 연구윤리위반행위의 조사·처리절차 및 처리일정 등을 알려줄 것을 위원회에 요구할 수 있으며, 위원회는 이에 성실히 응하여야 한다.

제8조 [예비조사] ① 예비조사는 연구윤리위반행위의 의혹에 대하여 조사할 필요가 있는지 여부를 결정하기 위한 절차를 말하며, 신고 접수일로부터 30일 이내에 착수하여야 한다.

② 예비조사 결과 피조사자가 연구윤리위반행위 사실을 모두 인정한 경우에는 본조사 절차를 거치시 않고 바로 판정을 내릴 수 있다.

③ 예비조사에서 본조사를 실시하지 않는 것으로 결정할 경우 이에 대한 구체적인 사유를 결정일로부터 10일 이내에 제보자에게 문서 또는 전자우편으로 통보한다. 단, 익명제보의 경우는 그러하지 않다.

④ 제보자는 예비조사 결과에 대해 불복하는 경우 통보를 받은 날로부터 30일 이내에 위원회에 이의를 제기할 수 있다.

제9조 [본조사] ① 본조사는 연구윤리위반행위의 사실 여부를 입증하기 위한 절차를 말하며, 예비조사에서 본조사의 필요성이 인정된 경우 즉시 착수하여야 한다.

② 위원회는 제보자와 피조사자에게 의견진술의 기회를 주어야 하며, 본조사결과를 확정하기 이전에 이의제기 및 변론의 기회를 주어야 한다. 당사자가 이에 응하지 않을 경우에는 이의가 없는 것으로 간주한다.

③ 제보자와 피조사자의 이의제기 또는 변론 내용과 그에 대한 처리결과는 조사결과 보고서에 포함되어야 한다.

제10조 [판정] ① 판정은 본조사결과를 확정하고 이를 제보자와 피조사자에게문서 또는 전자우편으로 통보하는 절차를 말하며, 본조사에 의하여 연구윤리위반이 인정된 경우 즉시 판정하여야 한다.

② 예비조사 착수 이후 판정에 이르기까지의 모든 조사 일정은 6개월 이내에 종료되어야 한다.

③ 제보자 또는 피조사자가 판정에 불복할 경우에는 통보를 받은 날로부터 30일 이내에 본회 회장에게 이의신청을 할 수 있으며, 본회 회장은 이의신청 내용이 합리적이고 타당하다고 판단할 경우 이사회의 결정으로 임시조사위원회를 구성하여 재조사를 실시하여야 한다.

제11조 [위원회의 권한과 의무] ① 위원회는 조사과정에서 제보자·피조사자·증인 및 참고인에 대하여 진술을 위한 출석을 요구할 수 있고 피조사자에게 자료의 제출을 요구할 수 있으며, 이 경우 피조사자는 반드시 이에 응하여야 한다.

② 위원회 및 위원은 제보자의 신원 등 위원회의 직무와 관련하여 알게 된 사항에 대하여 비밀을 유지하여야 한다.

제12조 [조사의 기록과 정보의 공개] ① 위원회는 조사 과정의 모든 기록을 음성, 영상, 또는 문서의 형태로 5년 이상 보관하여야 한다.

② 조사결과 보고서는 판정이 끝난 이후 공개할 수 있다. 단, 증인·참고인·자문에 참여한 자의 명단 등은 당사자에게 불이익을 줄 가능성이 있을 경우 공개하지 않을 수 있다.

제13조 [연구윤리위반행위에 대한 조치] 위원회가 연구윤리위반행위로 결정한때에는 다음 각 호의 조치를 취하여야 한다.

1. 투고원고를 '형사소송이론과 실무' 논문목록에서 삭제
2. 투고자에 대하여 3년 이상 '형사소송이론과 실무'에 논문투고 금지
3. 위반사항을 한국형사소송법학회 홈페이지에 1년간 공고
4. 한국연구재단에 위반내용에 대한 세부적인 사항 통보

제14조 [연구윤리에 대한 교육] 위원회는 본회 회원의 연구윤리의식을 고취시키기 위하여 연구수행과정에서 준수해야 할 연구윤리 규범, 부정행위의 범위, 부정행위에 대한 대응방법 및 검증절차 등에 관한 교육을 실시하여야 한다.

제15조 [규정의 개정] 이 규정의 개정은 이사회의 의결에 의한다.

부   칙 (2010.06.27)

제1조 [시행일] 이 규정은 이사회의 결의가 있는 날로부터 시행한다.

부   칙

이 규정은 2021년 1월 1일부터 시행한다.

한국형사소송법학회 학술상 수여에 관한 규정

2021. 1. 1. 제정

1. 명칭

　이 학술상의 명칭은 '한국형사소송법학회 학술상'(이하 '학술상'이라고 칭한다)이라고 한다.

2. 목적

　이 학술상은 형사소송법 분야에 대한 연구의욕을 고취시켜 한국 형사소송법 분야의 학문과 실무의 발전 및 법문화 창달에 기여함을 목적으로 한다.

3. 운영

　이 학술상은 학술상기금을 별도로 조성하여 관리하고, 그 기금 중에서 매년 1회 최우수상과 우수상 수상자를 각각 선정하여 상패 및 소정의 상금을 수여한다.

4. 수상대상

　(1) 당해 학술상 심사일로부터 1년 전부터 직전까지 발간된 「형사소송 이론과 실무」에 게재된 논문 중에서 선정한다.

　(2) 한국 형사소송법학이나 그 실무의 발전에 실질적으로 기여한 논문을 대상으로 한다.

　(3) 수상자는 최우수상과 우수상 각 1인을 원칙으로 하되, 공동저술 논문이 선정된 경우에는 복수의 저술자가 공동수상자로 된다. 공동수상자에게는 각각 상패를 수여하되, 상금의 경우 매년 책정된 일정액을 공동수상자의 수만큼 나누어 수여한다.

5. 학술상심사위원회

　(1) 학술상심사위원회는 회장, 편집위원장, 학술고문 중 2인, 부회장 중 1인, 총무이사 중 1인, 기획이사 중 1인, 연구이사 중 1인, 재무이사 중 1인, 집행이사 중 1인으로 구성한다. 단 심사대상 논문의 저자는 당해 학술상 심사에 참여할 수 없다.

　(2) 학술상심사위원회 위원장은 한국형사소송법학회장으로 한다.

(3) 편집위원회가 수상대상 논문을 심사하여 수상대상 후보자를 학술상심사위원회에 추천한다. 편집위원장이 심사대상 논문의 저자인 경우에는 그 논문을 수상 대상에서 제외한다. 심사대상 논문의 저자인 편집위원은 당해 학술상 심사에 참여할 수 없다.

(5) 학술상심사위원회는 추천된 후보자 중에서 학술상 수상자를 선정한다.

6. 기금관리

(1) 기금의 관리는 학회 재무이사가 관장한다.

(2) 심사 및 선정을 위하여 기금을 사용할 수 있다.

부   칙

이 규정은 2021년 1월 1일부터 시행한다.

편집위원회

형사소송 이론과 실무 (2023)

초판발행   2024년 6월 30일

지은이   (사)한국형사소송법학회
펴낸이   안종만 · 안상준

편　집   한두희
기획/마케팅   정연환
표지디자인   이수빈
제　작   고철민 · 김원표

펴낸곳   (주) **박영사**
서울특별시 금천구 가산디지털2로 53, 210호(가산동, 한라시그마밸리)
등록　1959. 3. 11. 제300-1959-1호(倫)

전　화   02)733-6771
f a x   02)736-4818
e-mail   pys@pybook.co.kr
homepage   www.pybook.co.kr
ISBN   979-11-303-4797-4　93360

정　가   53,000원